命理天地 18

西洋占星術精解

益群書店 印行

目錄

目錄

序言

「占星術」近年來在國內漸漸成為人們熱門的話題，不論是雜誌、報紙、電視或廣播中皆有許多關於星座的分析和看法，可說已造成一股旋風。這股旋風吹來得太急、太快，在一陣騷動中，許多人對占星術還是存有很多的疑問和誤解，這是由於占星術屬於外來的文化，而國內的翻譯作品又不足的緣故。我們對占星術不以片面的散文式敘述為滿足，尤其有些人對占星術的誤解極深，其中有些書籍也不乏過於武斷主觀。

筆者從研究占星術以來，從懷疑到求證的過程，累積了不少心得。對周遭的人、事、物起了强烈的好奇心，特別是一大片的人，甚至是那些素未謀面的人，發現自己對「人性」有種永無止盡的好奇心，並且渴望用顯微鏡來解剖人的靈魂（不知道這是否和上昇星座在水瓶座有關）。對占星學的初學者而言，學習占星術有個很大的好處，就是可以在人性知識方面獲得普遍的認識。以此觀點作為出發點來看看整個社會環境，可以使你跟這個世界的各色人等有種基本的認知。更進一步，它可以影響到你的生活，可以更了解自己的潛能和性格。我想這是很重要的，因為我們人類最善於「自欺」。

當然，在草創之初，也許有很多地方敘述得不夠完整，部分觀念也不是三言兩語就可以交代清楚，這是事實。在進入本書之前，有幾點事項仍要請讀者注意：

一、除了占星必備的知識外，在分析出生圖的時候，只是表達了我（筆者）對一些問題的關心和觀點而已，那些答案一部份屬於個人主觀的認定，讀者和其他研究者或許會有不同的意見。不過因爲占星術流傳至今日已有上千年的歷史了，經過不少占星家的努力，可說達到相當的系統化、客觀化的境界，行星對人的影響力被系統化的傳述下來，準確度很高，是可以驗證的。

二、出生圖可以解答的問題很多，不過本書僅以人們最常發生疑問的事項，來作爲解析的方向。其他日常生活的問題如時間、身體狀況……等，由於涉及比較專門的占星學，在本書中並未列入考慮。另外一些比較實際的問題，如財務方面還是請專家指導較爲合適。

三、計算出生圖時，要有正確的出生時間。如果不確知正確的生辰，那還是不要計算上昇星座和天頂較好。不過這樣一來就會少了很重要的線索。因此，若幫別人畫出生圖的話，必須明白這一切的論斷有可能是不準確的。

四、所謂的「宮」也是人爲設計的，真正的宮角度大小未必會像我們用尺畫的每一宮都是三十度。因此在計算行星宮位的時候，可以自行在行星所靠近前後兩宮加以判斷，看看何者較接近自己的特性。

寫這本書的同時，筆者對於許多觀念不斷地在反省和參考，希望思考出用何種方式才能使讀者更清晰、明白的了解其內容和觀點。在叙述的過程中，筆者予以討論，但答案是否正確，則不敢完全保證。或許讀者看完此書會發現，原來出生圖中也有許多玄妙之處，而這點也只能靠個人意會了。最重要的，還是要解答困惑。

陳德馨

導讀

學習任何事物，都有其過程，占星術也不例外。如果讀者學習過其他種類的命理，如：紫微斗數，你就會發現，其實排命盤是件再簡單不過的事，資料齊全的話，三分鐘就可以排好。不過命理並非那麼簡單，徒具形式而對基本星之特性沒有徹底了解的話，學到的也只是一種僵硬的模式而已，更糟的是因此而作出荒謬的判斷，那就實在非余所願了。在讀此書之前，我想讀者必須了解：

一、每個太陽星座的特性

二、每個行星所代表的意義（此指九大行星）

三、基本的相位詮釋方法（即行星間彼此形成的角度所產生的影響）

這三點是基本知識。其次對宮的意義，各行星在各宮所代表的意義也很重要。如果以上都能深入了解的話，最後就是出生圖的實際演練作業了。剛開始不懂之處一定很多，可以先從了解自己做起。先畫一份自己的出生圖，然後再看看書上所述是否和自己的個性很接近。或是圖中顯示出的某些性格是所忽略的地方。

把基本的占星知識都了解透徹以後，接下來就是活盤演練了。本書要說明的即是詮釋出生圖的含意。在第一章第一節裡，我們先教你如何製作出生圖。然後在第二節裡，我們要介紹一般現代占星家所採用的七種出生圖型態。第三節則介紹一些主要相位和各宮所代表的意義。這些在分析一張出生圖的時候，都是常會用到的「工具」。不過此處介紹的僅是一種概括性的含意。如果要清楚了解每顆星在不同星座，不同宮位的性質，還是要參考其他的占星入門書籍（在此限於篇幅無法一一列出）。

在第二章裡，則分別以性格、職業和科系、感情、財運和整體分析批判，來分別說明每個案例的圖主所代表的意義。這些問題除了是一般人常遭遇到的，也是占星家們常處理的題材。

㈠性格分析判斷

①以整張出生圖的觀點來綜合判斷。通常太陽的所在位置影響個人甚鉅。它的宮位尤其重要，因此與太陽有關的相位格外重要。另外，月亮星座和上昇星座也是形成人格中的主要部分。

②在占星上，第一宮的行星也會影響外貌和脾氣，因此第一宮中的行星要加重考慮。

③再來就是考慮到行星之間的相位了。這個部分錯綜複雜，有時還要考慮到它們所在的宮位。大致來說，對相和四分相位是人格中主要的特徵。它所帶來的影響雖大都是負面的，

不過有時卻是一種精力之源。這些負面相位反而會成爲人格中的主要特徵。

④合相也是焦點之一，如果合相的位置很敏感（比方說和天頂在同一個位置），那就有很大的影響。

三分相位、六分相位是一種和諧的關係，不過本書只討論三分相位。六分相位的影響較三分相位小，爲了不使分析過於複雜，故在此不加引用。有很多三分相位的人，心智和個人協調良好，經常是比較好運的。不過這類人會把事情都看得太容易，而較沒有積極、進取的力量。嚴格來說，四分相位和對相多的人比三分相位多的人有更多的力量和潛能，更容易從艱苦中獲得成功。

(二)選什麼樣的職業？科系？

職業的選擇其實是一種事在人爲的結果。不過在占星上我們卻可以指出，此人比較容易成功的發展方向在何處？以及他具有何種潛能？如果深受金星影響，往美容、與美有關的行業自然稱心如意。如果是土星，一般公務員、行政人員、政治人物、專家等都很適合。如果是海王星，就跟藝術有關，不過，當然不會每張出生圖在職業上只受到一種影響，所以在此我們須注意小心評估各種因素，然後才能做出正確的判斷。例如我們不會鼓勵海王星在第二宮的人從事財務工作，如果海王星又和天頂或水星成對相就更不宜，因爲這些人通常對問題不容易搞懂，常須花時間去分析才行。

科系選擇方面，一般是父母與尚在就學的人比較關心的問題，尤其是孩童的出生圖。我們知道，一般父母都很關心未來子女的「前途」如何。在出生圖中，如果顯示了子女有高度的藝術能力，則應該多鼓勵往這方面發展，也就較容易成功且快樂。

(三)感情生活分析判斷

金星的位置通常可以看出此人對感情所抱持的態度。一般來說，談論感情的成敗還是要配合另一半的出生圖才能詳細評估，只看一方是不能斷定彼此的關係。不過此處所討論的是個人的態度和看法。這是一種先天的態度。例如第五宮或第七宮有土星，通常對婚姻和愛情具有負面和消極的看法。土星也是苦悶的象徵，因此不利感情。如果第五宮有太陽或金星的正面相位，反而是一種很有利的相位，比起第五宮和第七宮有土星的人是很不一樣的。占星家必須仔細評估各種可能性，並告訴圖主感情中可能存在的隱憂。

(四)財運分析判斷

此處所指的是一種對錢財所抱持的看法。如果第二宮、第八宮、第十宮、第四宮的相位好的話，則對財務相當有利（重要性依次遞減）。當然，至於是否會發財則無法從出生圖中看出，我們只能說此人的理財方式和金錢慾望之强弱，如果很强烈的話（指相位好）是具備了發財的實力，是否真的會發財則要看流年。不過一般在占星上，占星家通常還是採保守的態度來討論財運，畢竟我們不能冒險把一家公司或個人財產的投資經營完全交給占星家去處理，比較實際的問題還是請財務專家指導較好。

㈤綜合判斷

某些人覺得棘手的問題，對其他人來說卻可能是輕而易舉的事。生活就像看病一樣，每個病人的症狀都不同，痛苦的部位和輕重程度也不一樣，而醫生通常都會根據他的經驗而對症下藥，以減輕痛苦。而占星的對象如果是人，也就脫離不了日常生活，而出生圖便可以幫助人了解其優缺點，且指出最需要注意的地方在何處。當然，最主要的還是要能解答疑惑。

第一章 出生圖的解說

第一節　出生圖的繪製和計算

●個人的天體圖

出生圖中記載著一個人出生時天上星辰運行的情形，此外還包含了地平線以下，在天空中見不到的星象。不過普通星星並不包括在內，主要還是以十個行星的運行爲主。

出生圖中央的小圓代表地球，由於地球是我們生長的地方，自然就成爲出生圖的起點。環繞在地球四周的是黃道十二宮，每一宮固定佔有卅度。占星上的主要行星運行的路線皆不離這條黃道帶的範圍；這些行星以不同的速度逐一通過黃道帶上的各宮，而後又經最後一宮回到第一宮繞行不已。以下用標準的出生圖來解釋各類名詞。

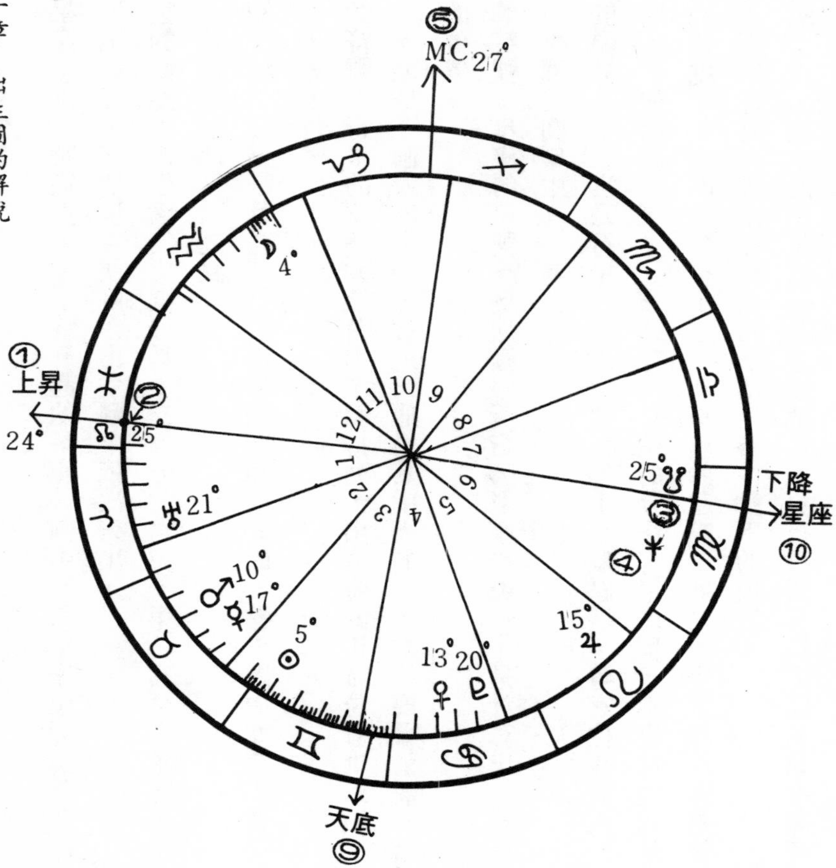
⑤
MC 27°
①
上昇
24°
②
25°
4°
21°
10°
17°
5°
13°
20°
15°
25°
③
④
下降星座
⑩
天底
⑨
1
2
3
4
5
6
7
8
9
10
11
12

一、上昇星座：出生時從東方地平線升起的星座。圖中上昇星座位置爲雙魚座24度；計算出上昇星座以後，其他星座便可在出生圖中依次列出。

二、第一宮的始點：出生圖的內圓分爲十二等分的宮位，第一宮佔有東方地平線下方三十度區域。始點表示此宮的起點。

三、月亮的交點：交點是月亮繞行黃道帶最南和最北的一點；圖中北交點在雙魚座，南交點在對面的處女座。

四、行星的符號：行星的符號圍繞著出生圖排列，出生時的正確位置則以數字標示。

五、天頂：天頂是一個人出生時，黃道正通過其中天的那一點。簡單的說，就是頭頂正上方天空的位置。

六、星座的符號：星座的符號（例如圖中所指天蠍座符號）—是計算出上昇星座後，依次安置在出生圖的圓環中。

七、宮位的區分：十二宮乃行星在黃道上運行的十二個區域，各宮位和個人生活中的各方面都有關，例如財產、事業、家庭等。宮位的分法有很多種，本書採用的是等宮法。

八、星座的始點：星座的始點標示了一新星座的起點；此命盤中上昇星座是雙魚座24度。

九、天底：下界正好和天頂相對，乃指出生時在腳下的位置。

十、相位線：出生圖中的相位線，乃是從地球所見行星與行星之間的角度關係。相位是詮釋出生圖的主要依據。

二、下降星座：位置在上昇星座地平線另一端的盡頭，是出生時西方地平線下降的星座。圖中位置爲處女座。

任何時刻皆可算出行星運行時和地球所形成的角度—占星學上，出生時辰對個人未來發展具有決定性的影響力。出生圖上所計算出來的度數，記載了出生時各行星在天空的位置，因此出生圖因各人出生的時間、地點而有所不同。

星座符號

符號	星座	符號	星座
♈	牡羊座	♎	天秤座
♉	金牛座	♏	天蠍座
♊	雙子座	♐	射手座
♋	巨蠍座	♑	摩羯座
♌	獅子座	♒	水瓶座
♍	處女座	♓	雙魚座

行星符號

符號	行星	符號	行星
☉	太陽	♄	土星
☽	月亮	♅	天王星
☿	水星	♆	海王星
♀	金星	♇	冥王星
♂	火星	☊	月亮北交點
♃	木星	☋	月亮南交點

●製作出生圖

繪製出生圖必須經由許多步驟，以下就是製作的過程。

一、在一張紙上畫一個直徑不小於12公分的圓，並以圓心爲中心，另外各以比原來半徑小一公分和一·五公分的同心圓，將圓周劃分爲十二等分，每等分各佔三十度。

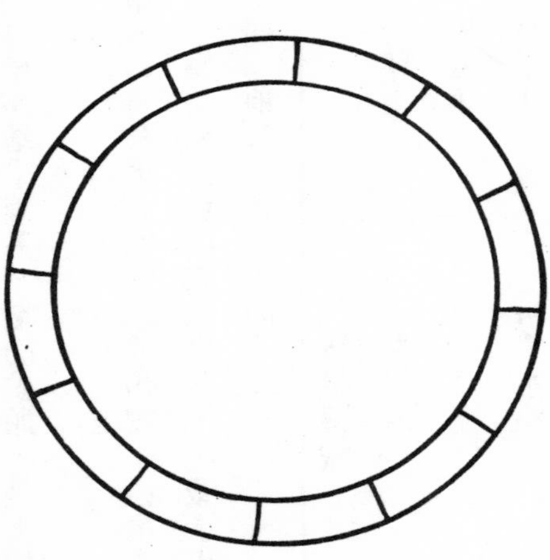

二、上昇星座和天頂的計算方法

製作出生圖的第一步驟就是算出上昇星座和天頂。計算時必須經過東西兩個不同經度和出生時間上午和下午爲標準。

首先，第一步驟須將當地出生時間改爲格林威治時間（GMT）。以台灣爲例，台灣的經度大約在東經120度左右，和英國格林威治標準時時差爲8小時。

出生地：台灣（東經120度，北緯25度）

出生時：早上8時20分

根據時差的計算，將當地出生時間調整爲格林威治時間應將出生時間減少8小時。

當地時間早上8時20分減8小時＝格林威治時間0時20分

當地時間下午8時20分減8小時＝格林威治時間中午12時20分

三、算出格林威治時間和正午的差距

算出出生時的格林威治時間後，接著要算出格林威治時間（GMT）和正午之差距，以上列爲準。

格林威治時間0時20分　格林威治時間12時20分

與正午差距11時40分　與正午差距20分

四、求出格林威治時間和正午之差距之後，我們進一步要算出格林威治恒星時間。格林威治恒星時間必須參考本書最後的表格（恒星時間表），找出年、月、日之恒星時間。例如一九六九年六月廿一日出生者，恒星時間則爲5時五十八分2秒。

五、找出出生當天中午的恒星時間，我們要求出格林威治恒星時間。方法是以恒星時間5時58分2秒加上或減掉剛才第3步驟所求得之間隔差距時間。（上午減、下午加）

出生當天中午恒星時間

上午5時58分2秒減3小時　下午17時58分2秒加3小時

⇓上午2時58分2秒　⇓下午20時58分2秒

（注意，演算結果超過24小時並不會影響最後的計算）

六、爲了求得正確的格林威治恒星時間，我們必須應用「時間加速值」，時差的加速值是每小時增加或減少10秒，換句話說是每6分鐘增加或減少1秒。以台灣爲例，時差爲8小時，並且在東經120度的位置，因此以第5步驟求出的格林威治時間加上或減掉加速值。

時差

8小時（每小時10秒）等於加速值1分20秒

格林威治恒星時間

上午2時58分2秒減1分20秒　下午2時58分2秒加1分20秒

⇓2時56分42秒　⇓2時59分22秒

七、求出出生時的格林威治恒星時間後，接著要換算成出生當地的恒星時間。出生地和格林威治之間的距離所造成的時差，稱爲經度時，換算的方法是將出生地的經度乘以4，所得的算位爲分。以台灣爲例，時差爲8小時，因此出生當地的恒星時間求法爲（東經減，西經加）。

格林威治恒星時間（東經）

2時56分42秒加8時等於10時56分42秒

八、求出出生地的恒星時間，是找出上昇星座和天頂的重要條件。書後的附錄，列舉了每隔4分鐘各緯度當地恒星時間的上昇星座和天頂，讀者應以最接近出生地的緯度作標準。上昇星座的計算公式乍看之下雖頗複雜，但多運用幾次後就能得心應手。其公式如下：

・公式・

① 求出出生當地格林威治時間（GMT）

② GMT和正午之差距

③ GMT恒星時間加減②之結果

④ ③的結果加減時間加速值

⑤ ④的結果加減時差

※以一九六九年六月二十一日下午8時40分爲例，其計算公式爲：

・舉例・

① GMT ＝20時40分

－8時

12時40分

② 12時40分（下午）

－12時

40分

③ 恒星時間（附表）

（下午加）

1969年6月21日爲

5時58分2秒

＋ 40分

6時38分2秒

④ 6時38分 2秒

＋ 1分20秒

6時39分22秒

⑤ 6時39分22秒

＋8時

14時39分22秒

再翻到書後查出上昇星座的位置爲摩羯座29度，天頂在天蠍座16度。

九、查本書後的行星位置表，就可找出出生當天行星的位置，以一九六九年六月二十一日爲例，其行星位置是這樣的：

太陽爲雙子座29度
月亮爲處女座12度
水星爲雙子座8度
金星爲金牛座14度
火星爲射手座3度
木星爲處女座28度
天王星爲處女座29度
海王星爲天蠍座26度
冥王星爲處女座22度
土星爲金牛座5度
上昇星座水瓶座0度

把這些行星位置記在另一張紙上。

十、在出生圖中每一等分以上昇星度數打點，並且以逆時鐘方向繞著內圓和對面那一點用直線連起來，而後以逆時鐘方向在內圓的每一等分上標上一到十二的數字，第一宮是在上昇星座下方的那一部分。

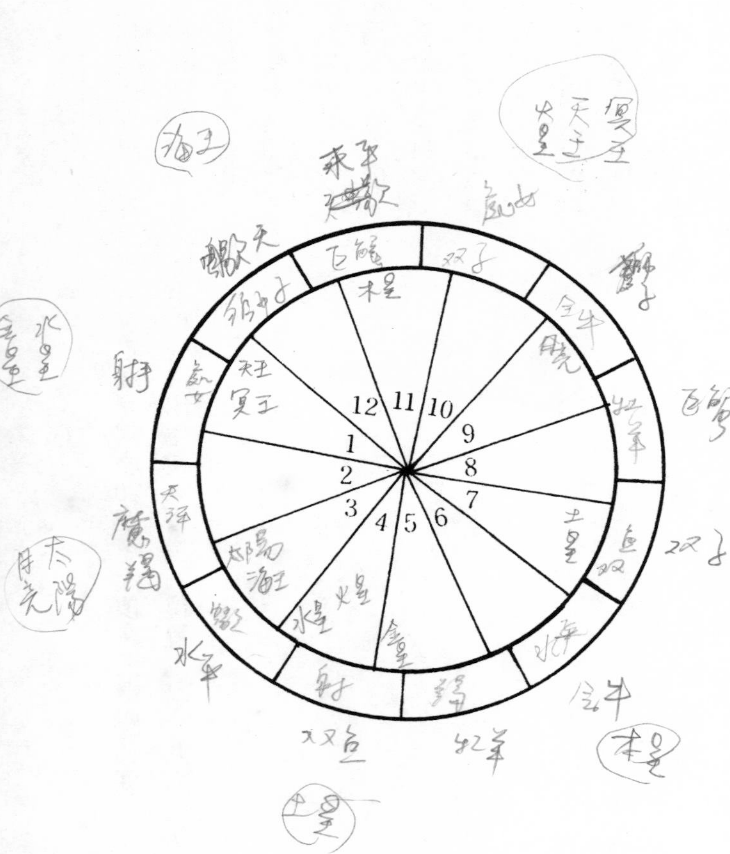

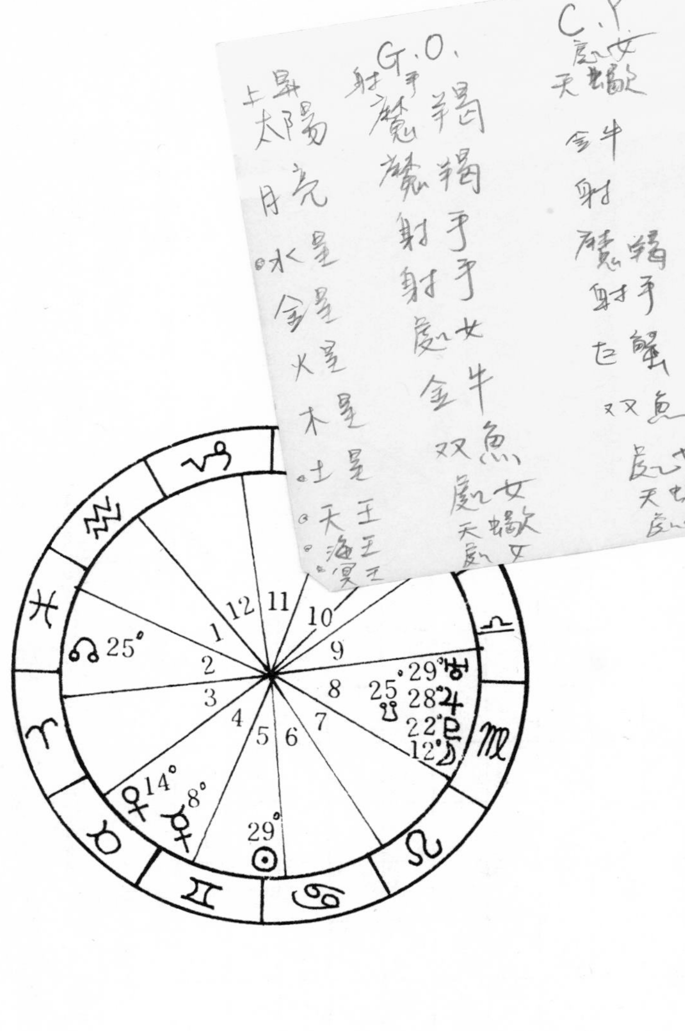

方向在外圓每一等分標上星座的標誌。

的記號和英文大寫字母ＭＣ標天頂的位置—天底的位置

十三、當兩個行星間形成相位（行星與行星之間的角度）關係時，就將相關的兩點連接起來。對相和四分相位用黑色實線連起來。次要相位用虛線連起來。三分相位和六分相位用紅線連接。成合相的行星由於兩者的接近相當明顯，不需要標示。

十四、相位表

	☉	☽	☿	♀	♂	♃	♄	♅	♆	♇
☉	:	⊡	·	·	·		△		□	
☽			·		✳	·	⊻	·	☍	□
☿				✳				□		✳
♀					✳	□	□			☌
♂						·	·	△		·
♃							·		·	·
♄								·	⊼	
♅									∘	□
♆										L
♇										
A	∘	∘	∘	∘	∘	∘	∘	∘	∘	△
MC	∘	∘	∘	∘	∘	∘	△	∘	∘	∘

現成的出生圖上通常都包括有相位表，從太陽、月亮開始，記下各行星間的相位，再來是水星一直到冥王星。再以各相位的符號填入空格中。沒有相位時在空格中打一個點。

合相☌	對相☍	四分相位□	三分相位△	六分相位⚹
標準度0度	標準度180度	標準度90度	標準度120度	標準度60度
寬減度8～9度	寬減度8～9度	寬減度8～9度	寬減度8～9度	寬減度5～6度

另外還有半四分相位（相差45度）和半六分相位（相差30度），其影響力較不重要。現代占星家已鮮少採用。

（注意，如果確知出生時間，那麼各行星與上昇星座及天頂也應列入考慮，但是如果出生時間並不確定，最好還是不要算這兩者。）

附註：本書出生圖的繪製是採用等宮法（Equal House System）。由於分宮制有很多種，因此用等宮法製作有時行星所在的宮位，會和分宮法中行星所在的宮位不同。如果宮位不同，那麼兩組都可參考，然後決定哪一種最適合自己，也最正確。

第二節　七種出生圖的型態

在解說出生圖之前，我們先介紹一種占星理論。這是由美籍占星家馬克·艾德蒙·鍾斯提出的一種理論，他認爲行星分配的「型」表示此人的天性，因此，此種理論也是在論命時的一種重要指標。

行星的排列有時會產生一些特殊的意義。有時它可以强調某些星座的特徵。例如天秤座很强的人，如果他的出生圖也正好是屬於蹺蹺板型，那麼他便可以看到問題的兩面。並且天秤座在兩面衝突中，猶豫不決的傾向也會被蹺蹺板型的出生圖所加强。

還有，擴展型的出生圖—强調個人主義，被認爲與水瓶座有關。碗型和摩羯座有關。集團型和巨蟹座有關。火車頭型和牡羊座有關。而散落型的出生圖中，則有些行星落在雙子座或雙魚座，是需在行星位置上增加很大的穩定力。

●圖一　散落型（The Splash）

這是最容易認出的一型，主要條件是行星所佔的星座愈多愈好。此型的人傾向對一切事物的興趣。最糟的情況下會顯出精力的散漫。

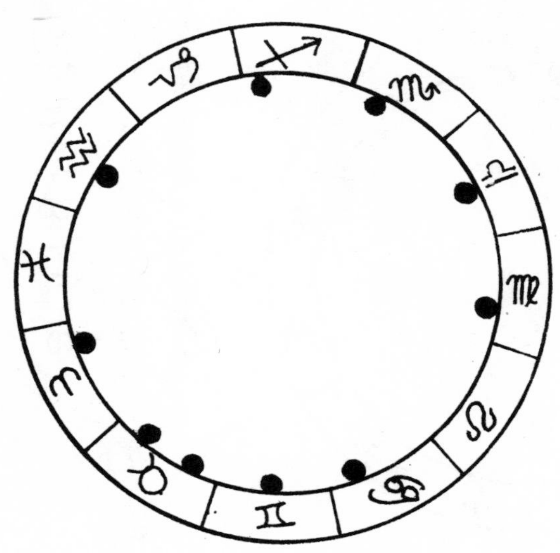

●圖二　集團型(The Bundle)

這是最少見的行星分配，其行星成爲一個小集團，分佈於相鄰的黃道帶上。這種人具有明顯的專家傾向，其思想和生活都有一定的範圍。

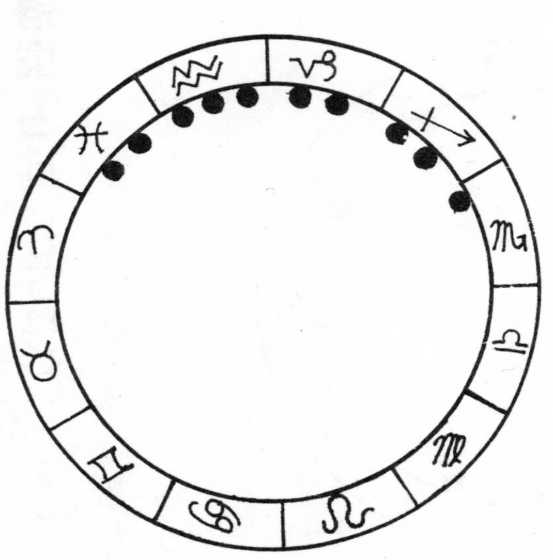

●圖三 火車頭型(The Locomotive)

火車頭型的人將驅力用於工作和問題上，並且有格外旺盛的精力需要發揮。

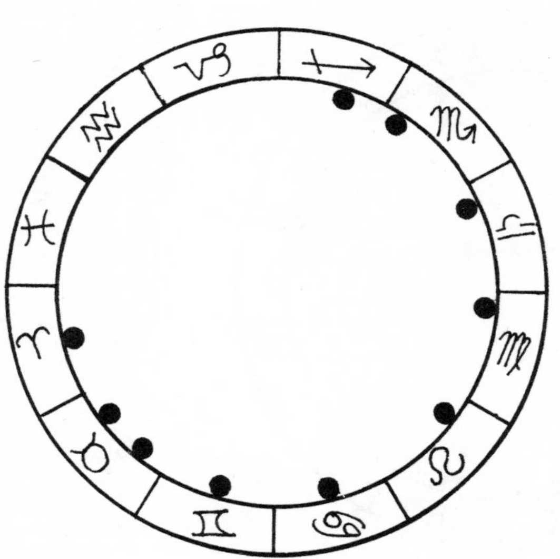

●圖四　碗型(The Bowl)

碗型的人獨立自主，容易汲取經驗。而前導的行星十分重要，比如木星在相合的星座中就會有利，但若是土星受剋，就會是負面的了。

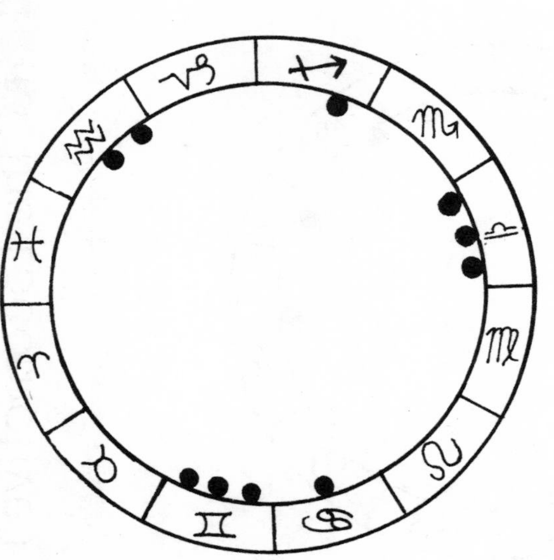

●圖五　提桶型(The Buchet)

提桶型有九個行星佔據出生圖的半圓，其另外一顆單星則落在另外半圓中，形成水桶的把手。提桶型的人之驅力來自目標的達成。而那顆單星可指出此目標的性質。

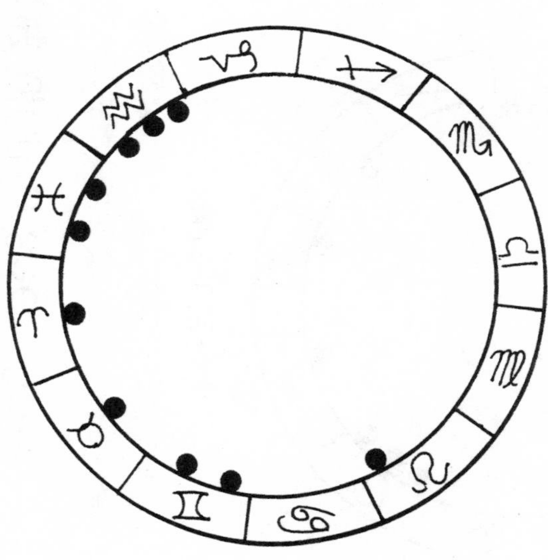

●圖六　蹺蹺板型(The See - Saw)

理想的蹺蹺板型應是兩組相對位置的行星，每一組有五個行星，或是圖中的兩塊空處不小於兩個星座的度數，也就是六十度，而這些行星的數目倒是可以有些差別。此型的人經常會考慮相反的觀點和意見，對生活也能從相反面去看。

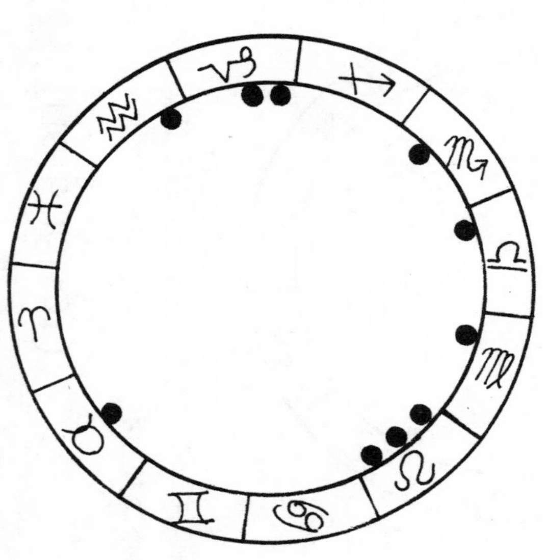

●圖七　擴展型(The Splay)

此型之人是屬於個人主義者。不喜歡過紀律或有組織的生活，對於嚴格作息的事物避之惟恐不及。

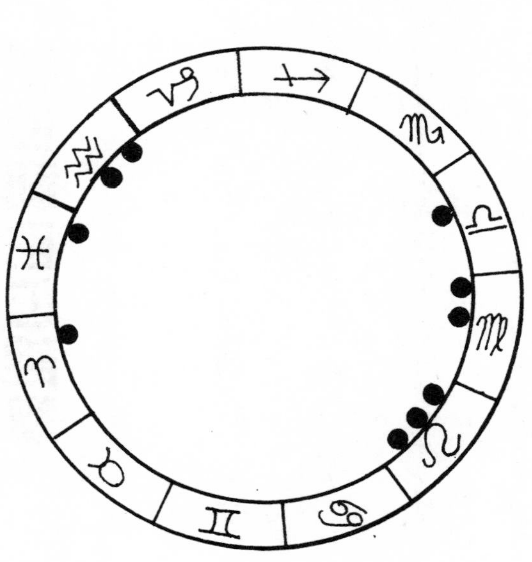

第三節　相位和宮位詮釋

●主要相位

所謂的「相位」就是在出生圖上找出行星間的相位，並加以解釋。行星在黃道上彼此形成某些角度和距離時，即造成相位。而相位的關係可以顯示出某些部分的個性會有完整而正面的發揮，而某些部分會有心理壓力和緊張的狀況。相位在一個人的出生圖上，是相當重要的因素。

相位的計算並不難，只是必須十分仔細，不可遺漏任何細節。因爲有些相位比較不容易注意到，而這些相位都是不容忽略的。

如果確知出生時間，那麼各行星與上昇星座及天頂之間的相位也應列入考慮。但如果出生的時間不確定，最好還是不要計算這兩者。

行星間具有某些距離角度時，即形成相位。例如合相是指兩行星在黃道的度數相同。而四分相位是指度數相差九十度。（例如太陽在金牛座15度，月亮在獅子座15度）三分相位是指度數相差一百二十度（例如金星在雙子座28度，木星在水瓶座28度）。

合相爲出生圖中的焦點，其效用是根據合相的行星和所在的宮位加强其正面或負面的特徵。對相强調出生的相對性，同時也能夠形成强而有力的統合環節。列如某人相當的喜歡不拘傳統和冒險行爲，但同時又必須有安全感。又例如射手座的火星和雙子座的水星彼此成對相的話（即相差一百八十度），這股心理能量就很大，這和合相的情況是不同的。一般來説合相和對相的影響都很大，只是合相的影響是較爲統一和諧的（必須不和其他行星形成負面相位），而對相則可能有比較負面的影響，不過這卻也往往成爲有力的内在潛能。在出生圖中有很多組對相的人，大多代表了此人比一般人更富潛力和能力，也常出現在成功者的出生圖上。

四分相位的影響力視位置而定，通常這些相位顯示緊張，或給予個性上的力量和驅力。有很多四分相位的人反而比三分相位的人更適合緊張、奮鬥的生活。因此在出生圖中有些四分相位比較好，否則會使人過於懶散而不積極。

三分相位是一種和諧的影響力，有助於個性堅强的人，但對膚淺的人則有不良的影響。

正確的相位度數可以有寬減度。例如一行星在巨蟹座13度，而另一行星在巨蟹座21度，仍然可以算是合相。雖然不是標準的合相，但它仍在寬減度之内。如果太陽在牡羊座15度，而月亮在巨蟹座22度，仍算是四分相位。但若月亮在巨蟹座24度，那麼寬減度就會太大，不能説這兩個行星是四分相位了。

至於計算相位的方法，我們在第一章已經提過了。必須在相位表中記下各行星的相位。計算時需小心，不要遺漏了重要的線索。

其實相位的計算並不難，最重要的是如何解釋它。例如對相强調出生圖中的兩極關係，不過應仔細評估它的影響（不完全是好的）。例如太陽在獅子座，土星在水瓶座，出生圖中又特別强調火象和風象時，此對相可以輕易地成爲此人的安全寄託。使他安定下來，緩和其過於衝動的毛病。不過如果一位女性的出生圖過於强調水象，而月亮和天王星成對相，則是十分累人的事。

合相是個焦點，會因十二宮和星座的關係而强調其正面或負面的特徵。有時行星成合相時，一星在一星座的結束，另一星在一星座的開始，雖這兩星的影響力會互相混合，但也不要忘了星座和十二宮的位置需加以仔細評估。

三分相位（相差一百二十度）和六分相位（差六十度）是有助益的。因此出生圖中出現這兩者相位，通常都有討人喜愛的個性。不過別高興得太早，或許有許多三分相位和六分相位的人，或許他是世界上最愉快的人，凡事對他而言都太容易弄到手了。古人認爲過多的三分相位是邪惡的象徵。其實有許多四分相位和對相的人才是真正具有强大的內在力量。

●相位圖形

有時諸相位也會形成某種圖形。相位的基本圖形有三種，等腰三角、大三角、大十字。

等腰三角：這是最常見的相位圖形。由兩個成對的行星和另一個在此二行星中間（因此和此二行星均成四分相位）的行星所形成。等腰三角是一種緊張的狀況，如果出生圖中其他部分可以抵消此三個行星彼此不利所造成的緊張，此相位就可成爲精力之源。等腰三角或阻礙正常的行爲形態，尤其當此圖形位於敏感位置時，表示行爲有超出常軌的可能。

大三角：大三角的相位圖形是由三個彼此互成三分相位的行星所構成，顯示個人適應良好。

大十字：最少見的相位圖型，包括了兩組對相。而這四個行星彼此成四分相位。大十字通常被稱爲「非大好即大壞）的圖形。的確如此。大十字的人都有個十字架要背負，而最有阻礙力量的大十字是在固定星座上的。

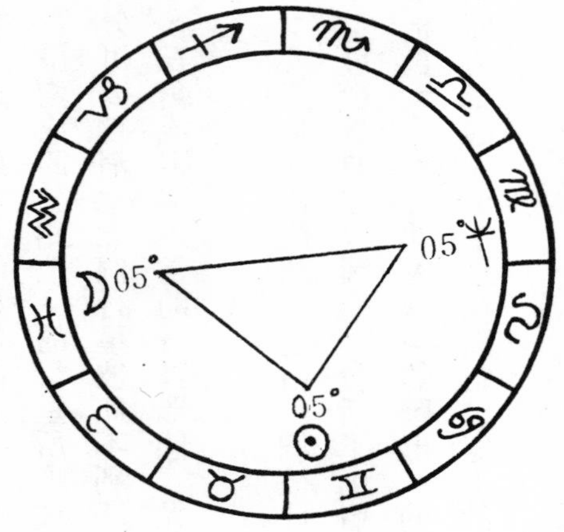

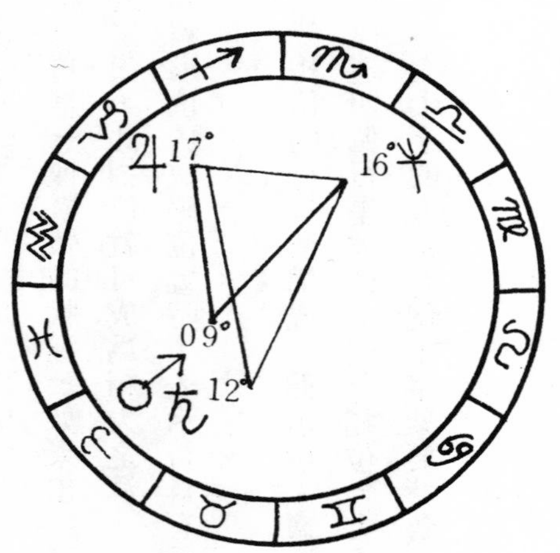

等腰三角

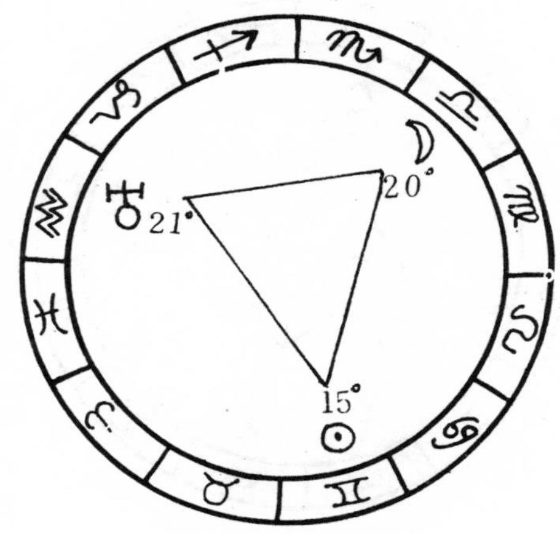

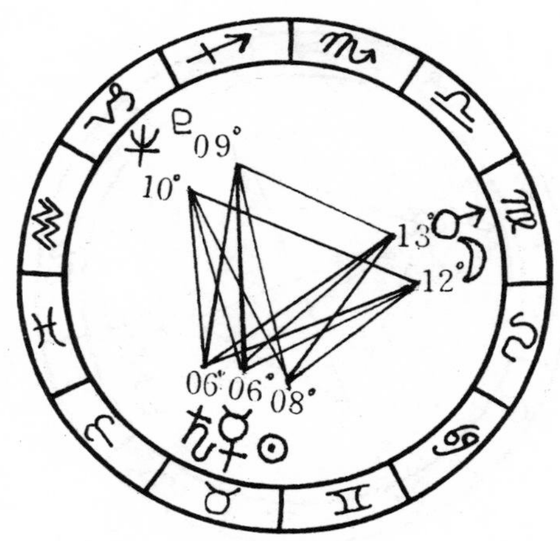

大 三 角

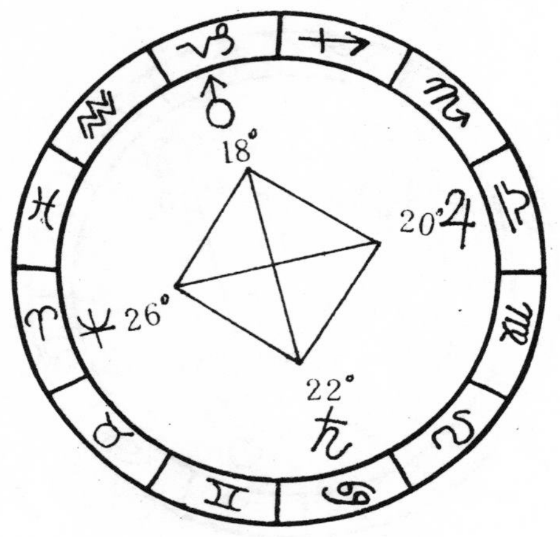

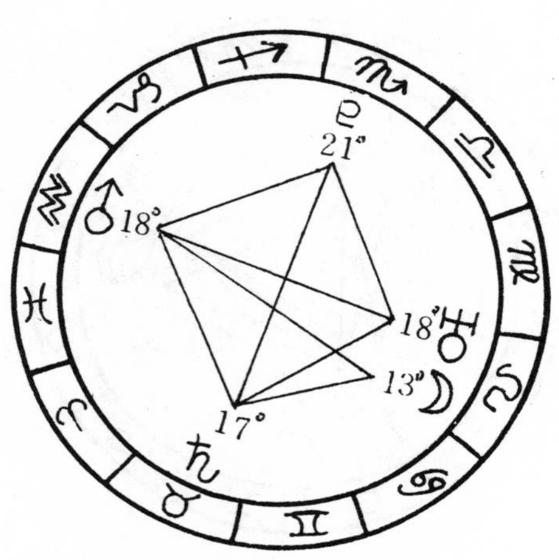

大 十 字

●黃道十二宮

出生圖的內圓分爲十二個等分，也就是我們所謂的「宮」。這些宮位在占星學上是爲了解一個人日常生活的重要依據。

如果出生圖中有一顆或數顆行星在某一宮內，那麼行星的特徵將會影響到該宮主宰的事物上。如果宮內沒有行星時，並非表示此人對該宮所主宰的事物缺乏興趣，必須根據位在本宮起點上的星座加以詮釋。

第一宮：通常可看出此人的性格、脾氣、喜好和外表，影響個人的舉止和給予外人的印象。

第二宮：個人財產及對財務的價值觀。也可以說是個人對物質生活的看法。此宮上的行星和星座可以看出收入的來源。

第三宮：兄弟姊妹、學校生活、教育狀況、人際關係、交通工具、語文能力和文學素養。有時和表達能力也有關係。

第四宮：主要以家庭生活爲主。和父母的態度及教育方式有關。

第五官：創造力、子女、冒險、新奇、羅曼史及個人主觀的愛好。如第五宮有不良的行星相位就意味著自我放縱或行爲不檢。

第六宮：工作和部屬關係。此宮也與健康有關。

第七宮：個人事業和情感的徵兆。可由本宮的起點星座測出婚姻對象。

第八宮：遺產、性關係、個人對死亡的態度。此外還和保險、股票、大生意有關。

第九宮：主宰高等教育、大學生活。具有深度的研究和心智探索。此外也與長途旅行、語言有關。

第十宮：代表社會地位、個人野心和一切家庭以外的發展。例如職業、成就、責任感、形象等。

第十一宮：爲團體活動、朋友、同事、社團、社會關係。精神和文化層次的活動。

第十二宮：本宮有遺世獨居的暗示。自我犧牲、幫助別人。不過此宮太旺的話則暗示著一種逃避，不合群的心理。

天頂：天頂和個人人格外在表現密切。同時也代表自我。天頂特別强調的是事業方面。

第二章　出生圖的詮釋（個案分析）

——分析個人出生圖上代表的性格、職業傾向、感情生活、財運和綜合判斷——

前幾天偶爾從書上看到這樣的句子：『除非你自己從閱讀中獲得愉悅，否則你得不到任何東西』，這句話引起我的沈思。我想，許多人把命理當作迷信，認爲荒誕不經。或者，真正對命理有興趣的人，有時卻無法忍受冷僻的分析和枯燥乏味的叙述，這就是爲什麼很多描寫星座的書都偏向幽默的散文式寫作方式，因爲它較容易爲大衆所接受。而要寫得幽默，卻又不是件簡單的事，尤其是命理方面。

正如同那句話的提示。其實，我們對占星學要作進一步深入的研究，這一關還是少不了的。只是『愉悅的心情，應該是一種追求真理的閒散』，如果能把握這個原則相信會獲益不少。衷心盼望讀者能運用一下自己的想像力，將其發揮到極至；如看到一張出生圖，不應只注意到冷僻的理論，而應想像一個活生生的人出現在自己面前，不但要觀察他的外表，更需了解他的動機和內心世界，透析其人格衝突，和那些不爲人所知的慾望。如果不深入了解，光是執著在字面上的解釋—例如看到某人有巨蟹座的上昇星座—就判定了這個人的個性，那絕對是個大大的錯誤。

說得明白點，我們真正要學習的是了解人性中內在的衝突、偏執與理想，進而想辦法解決這些問題。

常常有人問：「我有四個獅子座的小孩子，怎麼辦？」，問這個問題的人就完全誇張了占星學的功能了。想學占星就要有無盡的好奇心，它有點像是「形而上」的東西，如果你没有好奇心，那就得從現在開始培養。但如果你没有想像力，就會陷入瞎子摸象一般的困境。

爲了讓讀者對出生圖的詮釋有進一步的了解，筆者整理了十餘個案例，分別就其出生圖上代表的性格、職業傾向、感情生活、財運作分析及綜合判斷，或多或少可以作爲讀者推演出生圖的參考。

文質彬彬

前提：我們先從兩方面來談起：第一，出生圖有個很大的焦點是火星和海王星在第十宮成合相。理想主義。特別是水瓶座的上昇星座，代表直覺和未來。第二，有兩個大三角相位和一個等腰三角形相位。這是由水星、木星、天王星和上昇星座形成的一個大三角相位。由月亮、火星、水星形成的等腰三角形相位。大三角的人心智調和良好，事事順利，個人把生活組織得輕鬆隨意，但有可能顯得比較懶散，或經不起挫折。最標準的大三角是三個行星彼此角度呈一百二十度，會有比較好的影響。

有大三角的人特別要注意，是否有別的平衡力量不致使他過於安逸享福。等腰三角可能就是精力之源。

這兩個相位中水星都在其中，因此水星可能是最重要的影響力。特別水星又是其太陽星座的守護星。

●性格

太陽在第五宮雙子座，上昇星座在水瓶座

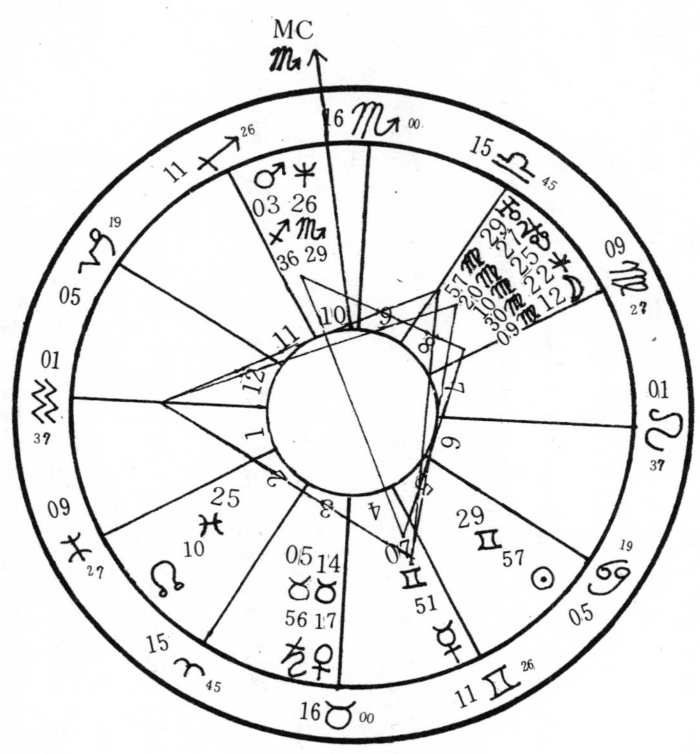

■西元一九六九年六月×日生，女性

有藝術家的天分，傲人的才華，有創造力。不過性格變幻莫測，經常出爾反爾。活潑好動，能言善道。喜好冒險和一切新奇有趣的事物。言詞犀利，好奇心和洞悉能力强，只是做任何事都只有三分鐘熱度。必須培養耐心和恒心，才華才會受人重視。

經常有怪異的想法和實驗的衝動。有可能偏激或走極端，不過一般情形下並不會如此。屬於相當獨立的個人主義者，喜好享樂，也十分享受人生。生活中的樂趣無窮，也很熱情。

太陽和天王星、木星、冥王星成四分相位，月亮在處女座

性情暴躁没有耐心，情緒緊張。不安、自負，過度樂觀。固執己見，有時會有奇言異行而驚嚇到別人。尤其精神緊張十分明顯。

有分析問題的能力、聰明、記性强。對事物表現出很挑剔的一面。常會批評身邊的人、事、物。

火星和海王星在第十宮成合相，天頂在天蠍座

理想主義，抱負很高卻不易達成。喜愛藝術如文學、舞蹈、詩歌之類。熱情、熱忱，有責任感。亦有理智的一面。

金星和土星在第三宮成合相

不善表達感情，容易感到孤寂。土星對金星而言是寒冷的。雖然不是標準的合相，但還在標準範圍之內。容易爲愛情犧牲。不過這種相位通常有晚婚的傾向。特別是水瓶座的上昇星座，對婚姻是十分理智的。

由於太陽的位置非常靠近巨蟹座，常會受到左右兩個星座的影響，而感受到兩個星座的影響力。上昇星座的位置，如果出生時間很準確的話，最好找出出生時的那個點，尤其是在兩個星座之間交界的位置。像這位小姐上昇星座已進入水瓶座，雖也會受到摩羯座的影響，但基本上還是要算水瓶座才對。如果出生時間不是很準確的話，嚴格說來兩者還是要一起評估。或者讀者也可以參考一下有關太陽星座的描述，看自己比較像哪一個星座。

基本上以這張出生圖來說，雖然太陽星座在雙子座和上昇星座在水瓶座都是很理智的星座，但是位置都很靠近巨蟹座和摩羯座，因此會受到影響。例如自以爲很理智，但卻常有情緒化的一面（不像真正巨蟹座那麼情緒化），思想很前衛和現代，卻又保守和冷漠，或者現實（摩羯座）。

基本上人不可能將星座上每種相位的各種特性都完全表現出來，否則每個人的個性準讓人眼花撩亂，不知如何是好了。例如太陽在出生圖上特別明顯的話（在第一宮、第五宮、第十宮），其特性的影響力就特別重要（比太陽在其他宮位的人要加重評估）。也因爲如此，雖然有人某些相位影響力很大，卻也不易觀察出來。像慢速行星之間的相位，除非位置在天頂或和太陽有相位，否則也不必太注意它（慢速行星指天王星、海王星、冥王星）。不過，像火星的負面特徵就很重要，如果火星和其他行星間有負面特徵，例如水星和火星成對相時，容易與他人口角，脾氣暴躁，因此如果火星位置不良，會使一個人脾氣非常壞，這點在占星上是必須考慮的一點。

●適合的職業與科系

前面說過，其水星相位很重要。因此也適合水星方面的職業，如記者、教師、作家、學者、語言學家等需要與人溝通的工作，不過有個例外是不適合當推銷員。雖本身口才不錯，不過水星和月亮及火星有不良相位，脾氣顯然不是很好，講話會得罪人，因此並不適合。

火星和海王星在第十宮成合相，自負而理想主義，但太陽又在第五宮，富有創造力，因此適合從事藝術工作。

太陽在第五宮雙子座，上昇星座在水瓶座

這種位置更說明了此人厭惡固定工作幾近火燒程度，基本上會要求不安和變動；枯燥乏味的工作絕對不適合。有可能換過很多工作，目標和方向也常在改變，因爲海王星帶給人的影響常是曖昧不明、飄忽不定的。如果能擬定一兩項目標努力去實踐，可以減少不安的程度，也可避免一事無成。

另外除了需要創造、想像力的工作之外，也適合做研究工作。

第九宮起點在天秤座，守護星是金星

第三宮內有金星和土星的合相

這是適合深造和求學的相位。不過要避免土星帶來不良影響（有悲觀傾向），最好找出自己有興趣的科目去研究。尤其，金星和天頂成對相，表示求學過程有所阻礙，導致心灰意冷。如果能專心致力於某種目標，也是相當不錯的。

以科系來說，文、史、哲方面都算適性，尤其是文科比較適合。

水星和上昇星座成三分相位

水星和火星、海王星成對相

適合語文方面的科系，有語文能力；不過不適合商科和理科。火星和海王星的影響使人容易迷糊，數字觀念也不是很強，必須花一段時間才能把一些事情弄懂。尤其數理方面更不宜嘗試，否則一定搞得焦頭爛額。

第五宮的太陽和第十宮的火星和海王星的合相，如有這種相位的孩童應鼓勵他往藝術方面發展，如繪畫、音樂、舞蹈方面。或上昇星座與太陽在金牛座、巨蟹座、摩羯座，或金星在金牛座和天秤座，可以算是比較接近藝術家的性格。

而太陽在獅子座和雙魚座，也是極富創造力，如果出生圖顯示特別有創造性的話（例如太陽在第五宮），應鼓勵其往這方面發展。

往往有人看到一個處女座的月亮和雙子座的水星，以爲是一個小心翼翼的人，其實若不注意看有顆海王星在對宮，上昇星座在水瓶座（標準的迷糊大師），包準此種論法一定會翻一個大跟斗。

金星和冥王星成三分相位，基本上對錢財還是很有概念。尤其天頂在天蠍座，對財務自有一套看法。因此從事財務工作雖不算很適合（因爲有過於草率的想法），但是此人還是可以勝任的。

●感情生活

太陽在第五宮雙子座和天王星、木星、冥王星成四分相位

上昇星座在水瓶座

太陽在第五宮，對愛情（或者説風流韻事）很積極，容易和異性親近。但是有負面相位通常會使得這些風流韻事成爲過往雲煙，此乃過於浮動的緣故。但此人卻樂此不疲，永遠有活力和精力。比較需要注意的是，過於輕浮將導致失敗的後果。例如過於放蕩和行爲不檢，絶對會影響感情生活的穩定，如果有這些習性一定要改正。

由於此人是個個人主義者，如果太固執己見，過分自私的話，對感情也相當不好。

金星在金牛座和土星成合相

金星和月亮及冥王星成三分相位

這個金星位置可以說是有好有壞。此人一定很重感情但卻不易表達，因爲土星限制了對愛情的表現。可能外表表現得冷酷內心卻似火燒般。爲愛犧牲的精神很强，但也很可能有晚婚或感情生活不順的傾向。

傳統上，月亮和金星的正面相位表示此人屬於理智型的人物，是從商和從政者的最佳相位。通常有幫夫運。

月亮和土星成三分相位，責任感强，也有實際的能力，此相位也是穩定的。只是畢竟土星帶給人的是一種苦悶的象徵，並且也有冷漠的傾向，因此才不利於感情。

第七宮在獅子座，守護星是太陽

太陽在第五宮有負面相位

第七宮的太陽是表示配偶有支配慾，但也是一種好的相位。不過，太陽有負面相位，此相位的個性緊張、急躁、固執和意氣用事，這些相位都不太好，因此，夫妻和情人間一定常有口角發生。並且還有一個等腰三角形相位，其中還包括了水星和火星。如果配偶的月亮和自己的火星成四分相位的話，必定會引起爭執和吵鬧。因此，自己和配偶必須培養自己的興趣和嗜好，或者聚少離多的情形也可減少此相位帶來的不利之處。

●財運

第二宮沒有行星，不過雙魚座的第二宮，其守護星海王星在第十宮和火星成合相

火星和月亮、水星成負面相位

對錢財不是猶疑不定就是過於疏忽。雖有賺錢慾望，但也會浪費錢。尤其是喜歡獲得美好的事物。

錢財來源來自事業，因此事業的好壞對錢財十分重要。由於有理想主義的傾向，可能不會甘心自己去做賺錢的工作。

金星和冥王星成三分相位，天頂在天蠍座

有理財觀念。喜歡放縱自己享樂。不過理財還是傾向保守，以慢慢累積爲主。

月亮、冥王星、木星、天王星在第八宮

傳統上第八宮和做大生意有關，有時其來源來自配偶。因此財運還算不錯，可能是受到別人幫助的關係。

水星在第四宮，木星在第八宮

有繼承遺產的可能，或是自己對不動產方面有興趣，雖然第八宮有很多行星，但並不一定就非常重要，除非太陽和天頂也在其中。第八宮是第二宮的對宮，和財務也有關係，但是大多是間接的，例如合夥事業、配偶或遺產等，這方面運氣不錯。不過，由於月亮和天王星有一種變化和不確定性，處理財務還是謹慎小心爲妙。例如：股票和期貨、或其他性質的投資，千萬不可冒險，否則很可能會失敗。

●綜合判斷

此出生圖大致來說還算是很順的。除了人際關係可能不太好之外，感情方面雖有不利的影響，但也不致有大礙。最重要的是，大三角的相位在雙子座、水瓶座，還有二個行星靠近天秤座（在處女座），這三個位置心情浮動，比較不容易靜下來。凡事若想得太過草率和容易，再加上流年運不好的話，就更不容易應付。

幸好有個等腰三角形相位，平衡此三者太過安逸的個性。如何找出自己的目標和理想，相信是最重要的事。當然，一個富有創造力的人，如果太早結婚在家相夫教子，想必一定無法滿足。但如果太過理想化、漫無目標、精力虛擲的話，那真是大大的浪費時間。

對愛情的失望和不滿，可以轉移注意力發揮在工作和家庭方面，相信是會有益處的。善用自己的直覺和想像力，把等腰三角形不利影響變爲一種潛能，培養一些實際的能力是很重要的。

一級戰將

前提：這是張散落型的出生圖，行星所佔的星座數目很多。不過行星之間彼此的相位並沒有很多。比較令人注意的是太陽、水星和海王星在獅子座的合相。另一相位是由火星、金星和土星所形成等腰三角形的相位。等腰三角形的相位圖型通常是利多於弊。它是由兩個成對的行星和另一個在此二行星中間（故和此二行星均成四分相位）的行星所形成。如果出生圖中的其他地方能夠抵消這三個行星彼此不利所造成的緊張，此相位圖就可能成爲精力之源。

不過，必須留意的是，其他方面有無可抗衡的力量，因爲等腰三角形會阻礙正常的行爲形態。尤其此圖形位於敏感位置時，更表示行爲有異常出軌的可能。

●性格

太陽、水星、海王星在獅子座第九宮成合相

上昇星座在射手座和土星成合相，散落型出生圖

熱情、熱忱。心胸寬大、富有高度的創造力。勇於開創，走在時代的尖端。

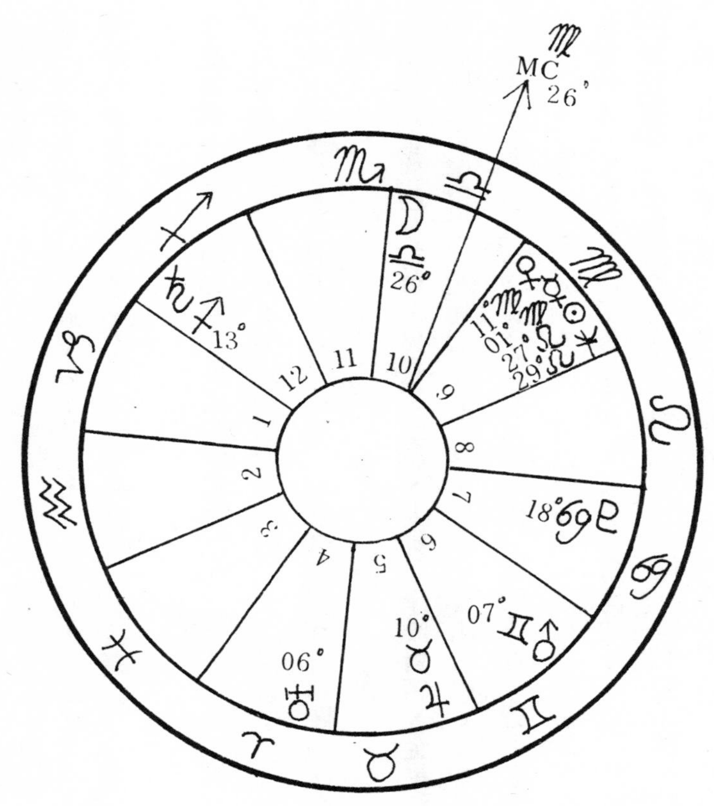

■西元一九二八年八月×日生

有過剩的精力要發揮，此精力通常發揮在創造性或改革性的事物上。野心不小，但對人卻是坦誠不欺的。

渴望名聲和地位，就算過程再辛苦也不會畏懼。此人必會爲了成功而犧牲了很多事物。帶點實際而冷淡的個性，土星的影響會使此人缺乏溫暖的表情。不過通常此態度是爲了掩飾易害羞的天性。

月亮在第十宮天秤座和冥王星成四分相位

天秤座的月亮使人容易心平氣和的面對事物。凡事要求公平、合理。處事公正、廉明，不過有時會猶豫不決。情緒發洩受阻，尤其影響配偶和合夥關係。有時會不由自主的改變整個生活方式。

金星和火星成四分相位，火星和土星、上昇星座成對相，金星和土星成四分相位

即等腰三角形相位，尤其上昇星座也在其中，因此此相位格外重要。此相位造成的緊張情勢卻有助於目標的達成，即土星處於射手座上昇的位置，必主宰了整個人格。射手座是比較叛逆的星座，勇於公然違抗權威，並且敢做別人不敢做的事。常有出人意料之舉，並且不在乎輿論壓力。火星的負面影響除了使人敏感而易衝動外，它也是精力的來源。因此，例如律師、立法委員、反對派前衛人士、救火員……等，此種緊張的相位卻有助於目標的達成。在此例中，此人的驅力還有太陽、水星和海王星的合相來平衡，另外第十宮的月亮更代表了

此人努力的目標。因此我們可以解釋爲，此人在工作上有絕佳的表現，特別是容易成名的職業。在這裡讀者可能有疑問。其實道理很簡單，此人既有强烈渴望名聲的慾望，必會努力爬到最高位才能滿足。此等腰三角形相位反而成了一種必要的助力。另外，太陽及海王星的合相，一般被認爲有世代影響力，或者其思想能被同時代的人認同。而位於獅子座的太陽，更容易成爲領導人物的可能。本身也具有相當的領導能力和才幹，會獲得衆人的支持。

月亮在天秤座，金星和木星成三分相位

得人緣，表達方式極爲迷人，容易和大衆打交道使衆人心平氣和的極佳相位。不論是敵是友都會顯得相當和氣而討喜。很適合合夥事業，不管是任何性質的合夥皆可。

天頂在處女座，土星在射手座上昇

有嚴肅而盡責的做事態度。對時事和周遭的事常採懷疑的態度。心智能力很强，因此改革意願也很强。能夠正直無私地指出不公平的事，不畏權威的壓力。

●適合的職業與科系

上昇星座在射手座和土星成合相、火星在雙子座第六宮

個性不會特別固持傳統，對社會現象的不滿容易由文字或行動來表達。屬於有野心，白手起家的人物。

月亮在天秤座第十宮和冥王星成四分相位

天頂在處女座

實事求是。事業心很強，容易成爲社會上的要人，但本人卻毫無隱私可言。擁有名聲和地位。

太陽和水星、海王星在第九宮成合相

有高度的研究精神並富於創造力。關心國外的事物也有語文能力。如果從事研究工作會有很好的表現。

綜合以上各點，我們可以做以下的判斷。即最重要的一個等腰三角形的相位，土星相位使此人做事總是充滿雄心壯志和鬥志。天頂的相位使他具有高度的批判精神，而出生圖又屬散落型，有額外精力要發揮，因此相當適合做領導人物。雖然等腰三角形相位使人行爲容易脱離常軌，但是良好的金星相位，卻有助於此人在做出異軍突起的舉動時，仍能在危難中發揮避免危險的作法（因爲金星使人不喜愛冒險）。

由於此人對事物的看法不拘一般傳統，因此最好避開枯燥乏味的工作，以免白白浪費了天生的創造力。

此人會爲了成功而犧牲很多事物，即使努力的過程多困難也在所不惜。但換來的領導地位對他而言卻不是最適合他的。因爲他過於精神緊張，如果責任過重反而會不勝負荷。因此有可能做了一段時間的領導後又會退居做幕後功臣。有時是自己因心繫其他事物而甘願做總經理而不做董事長。

火星在第六宮雙子座，月亮在第十宮天秤座，天頂在處女座

有強烈和人溝通的需要，並且有批判精神。個性不拘傳統，很適合當批判性雜誌社社長或是任何傳播事業。

●感情生活

土星在射手座上昇，月亮在天秤座第十宮，太陽在獅子座第九宮

由這個位置來看，此人事業心極强，並且很容易獲得聲望。可能有工作狂，其精力往往發揮在和事業相關的問題上。有正義感，可能爲了公衆的事到處奔走，因此他的另一半必須要有此體認，婚姻才會和諧。然而，他有寬闊的眼界和世俗的野心，這點是不可抹殺的。

木星在金牛座第五宮和金星成三分相位

第五宮的木星戀愛運極佳，本身也有享樂之心。並且金星和木星成三分相位，表達方式極爲迷人，很容易擄獲對方的歡心。因此，雖然工作慾極强，卻也不會忽略生活中（包括感情生活）應有的樂趣。

太陽在獅子座，上昇星座在射手座，金星在處女座和土星成四分相位

熱情、熱忱、坦率的個性，使此人極有創造性的思維能力。乍看之下十分大而化之且憨直，不過感情卻十分細緻，對另一半要求完美，因此可能在感情對象上有過於挑剔的傾向。經常性的口角會破壞彼此的關係。有時是因此人對配偶部分微不足道的缺點，也會看成天大的錯誤。

土星在圖中有被加强的趨勢，而土星對金星的影響也格外重要。婚姻或愛情中會有不快樂或情感表達受挫的感受，特別是此相位又和火星成對相和四分相位。可能造成圖主對愛情的表達時而熱情、時而冷淡。過度敏感的個性容易導致口角和糾紛。此時必須很有技巧地找出創造性的渲洩管道，否則很容易因意氣用事而導致分分合合的情形。

冥王星在巨蟹座第七宮，天王星在第四宮

具有高度的想像力和直覺，也會體貼關心另一半。可能交遊廣闊，而有經常不在家或常搬家的傾向。對家庭所抱持的觀念和一般人不同。很可能有反社會人格。因此對感情和婚姻必須比別人更加小心經營才是。

●財運

第二宮在摩羯座，守護星是土星

土星和金星成四分相位，和火星成對相

對金錢處理十分肯定且慾望强烈，並且是經由個人的努力和勤勉，尤其是事業的成功而引導財運。

非常節儉，處理金錢一絲不苟。不喜冒險投機，以儲蓄爲原則。雖然如此，一生中還是有絶佳的發財良機。

火星的負面相位會使得財務波動，但是由於有雄厚的賺錢能力，偶而會有浪費的情形。給人感覺時而大方，時而小氣。

土星和天王星成三分相位

有時有奇特的財路造成財運上激烈的變化。有時是利用自己獨創的手法而賺取金錢。雖然自己並不期待有意外之財，但卻可以按著自己的計劃逐步實現理想。

本身愛財惜財的傾向十分明顯，最好避免因愛情或工作關係引起的財務糾紛或損失。由於處理財務傾向保守，不妨投資可靠的房地產或把錢財交給適當的會計師代爲理財。投資古董也十分理想。而圖主之財運綜合來說，還是來自個人的勤勉、努力所得。

●綜合判斷

所謂時勢造英雄，英雄造時勢。一個射手座上昇的土星究竟造就了什麼樣的人格呢?另外，土星和天王星成三分相位，也是重要的關鍵。

傳統上，射手座的上昇星座或天頂星座通常使人充滿改革色彩，如果本人對社會改革、政治改革有決心，而出生圖中又有過人的精力需要發揮，很有可能會出來搞社會運動。不過話說回來，是否會從事某項事業還是屬於個人意願的範圍，我們從出生圖中並不能肯定的指出此人一定會走向這條路。除非我們有此人的背景資料，否則此處所談的仍是一種「傾向」而已。

不過我們可以肯定的是，此人十分有正義感，凡事要求公平合理，並且也有相當的公衆魅力。如果從事反對黨派的事業，一定會表現得十分出色。

很多成功者或是在上位者往往有很重的土星相位，或者第十宮特別强旺，代表的是一種社會地位和野心。這也説明了土星人格中的主要特徵即野心强、責任感重大。

通常有很多四分相位或對相的人也具備這項特質，而四分相位和對相也常是精力之源。雖然這些相位常常帶給人一種壓力、驅力和阻礙、挫折，甚至是心神不寧，無法獲得平靜。但這些相位卻可幫助一個人從挫折中磨鍊出更堅强的鬥志和毅力。

反之，有很多三分相位的，或是金星特質明顯的，反而會貪圖安逸享樂。雖然生活過得很順利，但是會缺乏鬥志，原因是此人會覺得凡事都太容易得到手了。甚至有些三分相位多的人反而比四分相位多的人傾向邪惡。讀者不妨參考一下自己的出生圖，看看自己是屬於何者？

女強人

前提：這張出生圖有很多焦點。有兩組合相，一是第三宮火星和海王星的合相。另外，木星和天王星在第一宮上昇。冥王星在第十二宮上昇，並且和木星、天王星成合相。這種相有强烈的個性，並且有頑固的可能。

太陽在第十宮，事業心强是不用懷疑的。只是金星和月亮都有行星對沖，特別是此種影響力被加强時，則有失敗的可能。

●性格

太陽在巨蟹座，上昇星座在處女座，並且木星、天王星在第一宮上昇天頂在雙子座和水星成合相

在占星上，第一宮的行星有重要的地位，因此第一宮的木星使人眼界寬廣、度量大而且樂天知命。和天王星的合相，使人迫切需要獨立、自由、不受拘束，並且在性格上會有反傳統的傾向。或者在衣著打扮或外表上有特異獨行的行爲出現。這些特性多半是指內在性格。不過，冥王星在第十二宮上昇，有强烈的權力情結，不易消失。特別和木星、天王星的合相

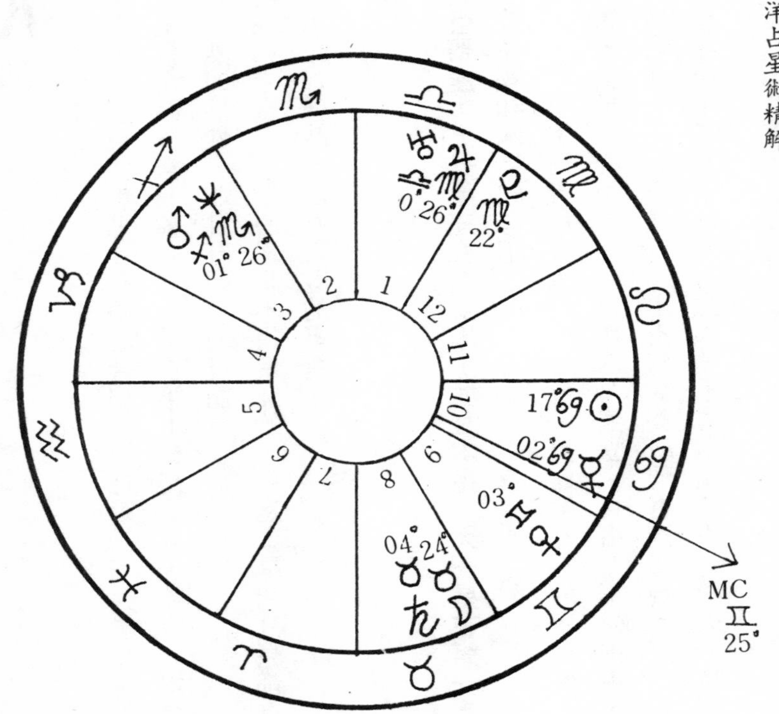

■西元一九六九年七月×日生

會有很驚人的威力，實在不易控制。不過，可能從外表看不太出來，或者本人也不易察覺。請特別注意月亮、金星和上昇的三顆行星有三分相位，使得這種傾向會很自然地表達出來，成爲人格的主要特徵。

巨蟹座的太陽予人的感覺是文雅、甜美的，甚至有種察覺不到的害羞。個性活潑大方，可以輕易和人打成一片。和她一起充滿活潑的氣氛。

月亮在金牛座、上昇星座在處女座

很重實質的感覺，現實爲生活最重要的考量。本身很希望擁有金錢，很可能是不安全感在作祟。

月亮、金星和火星、海王星成對相

這種相位對女性較爲不利，除了脾氣暴躁、十分情緒化以外，還非常的理想主義。有可能逃避現實或酗酒。有時判斷力很差或有容易受騙的傾向。

金星和火星相沖，精力不易控制、易暴易怒。加上月亮的影響，此人很容易受多種情緒上的折磨（尤其月亮爲其守護星），特別是情感脆弱。情場上的不如意將兵敗如山倒一樣全無招架之力。

月亮在金牛座，木星、天王星在第一宮上昇

非常固執，不聽人勸。雖然表現十分隨和，但自傲和獨斷獨行會導致失敗。

●適合的職與科系

太陽在第十宮，水星和天頂成合相

這種人常處於一種不安和好動的狀態（雖然金牛座的月亮給予其穩定的力量），因此如果選擇職業的話，當然不宜靜態的工作，否則很容易就會掛冠求去。

第一宮和第十宮强，表示此人企圖心旺盛，希望有一番作爲，如果有機會會不擇手段地傾向自行創業。當然成功的機會也滿大的，除了工作十分努力之外，第五宮和第七宮内都没有行星，使她能全心全意的專心在事業上。由她的火星相位來看，工作會過度賣力但卻漫無目標。期望過高會導致不滿。射手座的火星和雙子座的金星對沖，這種相位最好避免合夥，否則很容易口角。

若在外謀事，除了新聞業外，很難滿足其需求。有可能換很多工作。只是新聞工作也許不大適合，因其並不具强烈的社交性。勉强的説，適合開家店面做做小生意或許不錯。

木星、天王星在上昇位置和水星、天頂成四分相位

這種相位的影響是使人自大、或自以爲了不起。並且在精神上出現過多的壓力（天王星的影響），此壓力可能是來自事業上的。這種凡事毫不在乎的行爲並不好，反而增加麻煩。有時在事業經營上會顛倒是非去做，容易給人一種不務正業的印象。尤其天頂、水星和天王星的位置都有一種充滿變化的不定性，說實在只適合副業，要正常經營事業需要有正當的引導才行，這點十分重要。

另外，第七宮和第十一宮沒有行星，傾向獨資。因此資本的大小就很重要。稍不注意可能會週轉不靈或遇到莫明的麻煩。

在選擇科系方面，不適合理科，文科才算適性。第三宮的海王星和第九宮的金星，有藝術特質，可以往這方面發展。最好是唸商科，和經營自己未來事業有關的行業。否則，唸新聞系也是很適合的。只是若從事新聞業的話，個性太強也不適合與人共事，這點必須注意。

●感情生活

太陽在巨蟹座第十宮，第五宮起點在摩羯座

由於第五宮和第七宮都沒有行星，這是被動的傾向，多半等人來追，但卻有冷漠傾向。

金星在雙子座

金星和木星、天王星成三分相位，和火星、海王星成對相

雖然表達感情的能力很強，强烈的情感卻會引起誤會和口角。衝動和情緒化的負面象徵也會影響感情關係。通常金星正面特徵會被火星、月亮的負面象徵所蓋過。

由於事業心强，姻緣有可能較遲。最好事業還沒有成就前先不要談婚姻大事，否則婚後容易不滿，甚至很挑剔、苛刻。

通常金星有不良相位的人，不是對感情容易失望，就是對婚姻、愛情通常不抱正面的看法。上昇星座在處女座者往往有獨身的傾向，通常他們覺得自己一個人就可以過的很好，也沒有爲人父母的慾望。因此配偶在這點上必須諒解。尤其要能接受其事業心强的特質。

在占星學上，什麼星座和什麼星座的人合得來與否只是一種很籠統的猜測，多半會流於武斷。不過在男女關係上，有幾項規則卻是被公認爲有利的影響。

一、甲方的太陽和乙方的上昇星座在同一星座

二、甲方的太陽在乙方出生圖第七宮的始點星座

三、女方的太陽和男方的天頂在同一個星座

四、男方的太陽和女方的月亮成合相或女方的太陽和男方的月亮成合相

五、男方的火星和女方的金星有正面相位

如果以上五項都配合得好的話，可以算是非常適合的一對。不過如果是以下的相位卻有不利的影響，例如男方的火星和女方的月亮成四分相位，是相當不好的，容易發生口角。或是甲方和乙方的太陽和上昇星座成四分相位，這是一種緊張的關係。如果是半六分相位（也就是相鄰星座），會產生不和諧的情況。

以此命來說，必須找個能尊重她的配偶，並且能適應其急性子的人。由於她有自大的毛病，並且眼光很高，多半會有挑剔的傾向。即使理想的對象出現也不易心動。

●財運

第二宮沒有行星

對錢財沒有概念。

第八宮（對宮）有土星

因此不能算是很好。金牛座的月亮有助於穩定。

第二宮的起點星座在天秤座，守護星是金星

喜歡攫獲美的事物。

金星和木星、天王星有正面三分相位

有利於錢財的獲得。但金錢容易流於疏忽或花過頭。

金星和火星、海王星成對相

有可能理想過高，形成眼高手低的毛病。財務波動難免，最好避免與人有金錢上的往來以減少損失。

希望以藝術特質來創造金運，只要和美有關的工作都可以接受。只要不是經商貿易，財務上算是不錯的（因受金星之影響）。

綜合判斷

此出生圖圖主雖然有不少優點，但負面象徵卻主宰了整個人格。包括剛愎自用、固執己見、自大…等缺點。一般來說，一個人的個性會影響事業、婚姻、甚至財運，因此性格上的缺點若能改正或許是非常具有潛力的人才。不過，最重要的是如何調整自己的心態，以免常有患得患失之感。

一般來說不宜早婚，尤其在心性尚未成熟之前，會弄得一團糟。

允文允武

前題：每看一張出生圖，最重要的不是分析每種相位的詮釋，而是要看出這張圖形背後所代表的意義。每當仔細推敲過後，總不難發現「人是被命運所決定」的事實。或許有些人會反對說：「這未免太宿命了吧！」

毛姆（英國著名小說家）在他的寫作回憶錄中曾提及他所認爲的宿命論。他說：「宿命論者認爲，你不能在生活中踏出一個没受到此刻的『你』推動的步伐；而『你』不僅是你的肌肉、神經、内臟和頭腦，『你』還是你的習慣，你的意見和你的思想。不管你對它們知覺的程度多小，不管它們會多矛盾，多無理和多偏頗，它確實就存在那兒影響你的行動和反應」。

我想讀者不難了解，雖每個人知覺程度不同，但很顯然地，在很多人的意見、行動，甚至外貌都有規則可循，所謂的規則就是她自己的特性。但這些特性又是被命運所決定的。

人和人之間雖然個性彼此都不同，也不能找到兩個個性、脾氣、外貌都一樣的，但是人其實有些地方還是很類似的。很多命理和哲學派别把人分成四類，稱這四類是人類

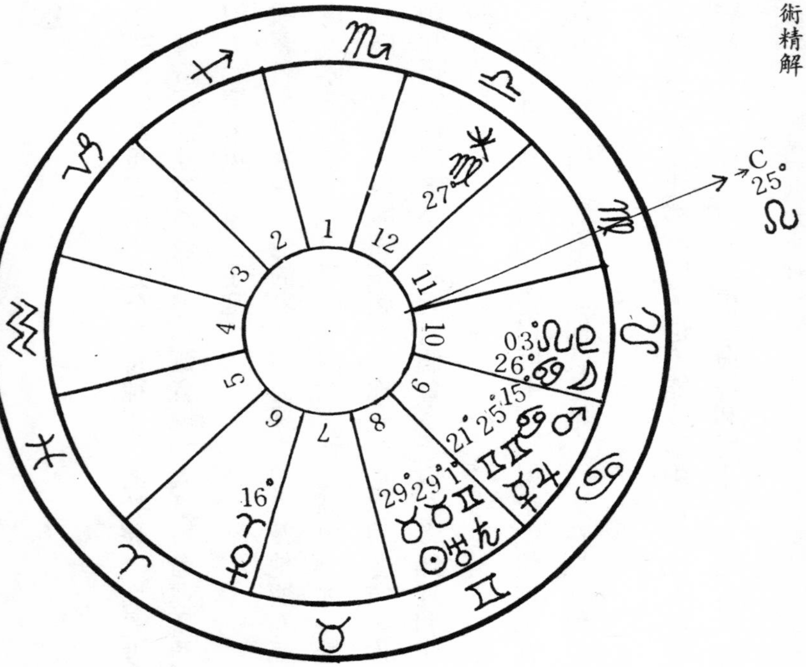

■西元一九四二年五月×日下午六時生

的原型。在占星上，太陽系的行星只有十顆，星座只有十二個，再怎麼變還是脫離不了我們所討論的範疇。

●性格

上昇星座在天秤座，太陽在金牛座

此人是個美男子，因其太陽和上昇星座守護星是金星。金星的特質就是溫馴、迷人、有外交家的風範。有強烈的社交性和藝術特質，愛好美的事物。

太陽在金牛座，和天王星、土星成合相，天頂在獅子座

相當的固執，並且很有野心。雖然不乏創造性的思想，但過於頑固會令人討厭，尤其配偶可能很難忍受。

這種相位和金星守護的他實爲互相矛盾，土星使其成爲一個孤獨、冷酷的人，甚至不顧一切追求名利，爬上高位，爲了滿足世俗的虛榮，他會顯出相當的耐心和野心。缺乏溫暖的表情，不一定固持傳統，但對自己的想法可用「雖千萬人阻之，吾往矣」來形容。

爲成功付出很大的代價，甚至包括生活的樂趣。

水星和木星在雙子座第九宮成合相，火星在第九宮

可能比較嚴肅而緩慢。

位，有語言天分，並且活力充沛。相當會說話，並且腦筋靈活，雖然土星的影響使得說話時

樂觀又聰明並且有些自負。在這裡又顯出他頑固的一面。而水星和上昇星座的有正面相

月亮和冥王星在巨蟹座和獅子座第十宮成合相

相當衝動並且十分情緒化，尤其在平常平穩控制得宜的脾氣下突然冒出來，顯得相當驚人。由於這個位置很敏感，要用很大的意志力去控制才行。感情豐富，並且有大量情感需要發洩，尤其是在事業方面。

天頂在獅子座，冥王星在第十宮，太陽和土星成合相

可能有權力情結，有相當的野心要爬到最高位，即使在這個過程中會顯得很虛僞，或使一些手段也在所不惜。

金星和火星成四分相位，太陽和海王星成三分相位

相當敏感而容易受傷，在感情上表達不宜就容易不合。對受苦難的人格外敏感。

提桶型的出生圖，把手為金星，金星為其守護星

金星在第六宮，並和天頂成正面相位

表示工作會滿意，而且很自然就可以做的很好。

金星和火星成四分相位

敏感而易怒，尤其在事業上會面臨很大的壓力，但這股驅力卻是代表一種執著的雄心壯志。不易安靜下來，適合具有挑戰性的工作。

●適合的職業與科系

月亮和冥王星在第十宮，金星在第六宮，天頂在獅子座

由第十宮的位置看，他的職業是充滿了變化和不確定性。可能有極高的聲望，本人也會運用此聲望來達成他的野心。有强烈的母性本能，事業心强，工作賣力，會得到社會上的肯定。很可能居於領導地位並容易接近權力核心。他不太可能屈就於一個小小的位置上就能滿足，因爲這樣很容易讓他感到失望和不滿。他需要一個大大的舞台和空間供他一展長才，屈居人下會使他覺得挫折重重。

如果以從商和從政來看，從政更能發揮他無限的潛能。第九宮有水星和木星的合相，腦筋靈活而聰明，適合機動性動態的工作，應變能力也很强。適合當研發部門的首長或是秘書長，以滿足他研究的長才。語言能力强也很適合當外交方面的官員。但因爲脾氣不是很好，這種忍辱負重的工作會吃力不討好。

由於個性略微暴躁，需要在工作上投入大量感情，否則會有麻煩出現，因此比較吃力不討好的工作交給他做卻可以甘之如飴。可以說愈困難、愈花時間和體力去克服的工作對他愈

適合。對別人來說可能覺得是個爛攤子的工作，但他會撿來做，並且會盡全力做好。如果是協調方面的工作，雖不違其本性，對他而言也是一種自我挑戰，但卻有可能會愈做愈累。此乃本身脾氣不佳也不太有耐心的緣故。

從商的話，財務和事業要分開，因爲水星、木星和海王星有負面相位，不善理財，錢財交給別人處理比較有利。

在科系方面，文科比理科好。腦筋清楚，並有研究的精神。最好的科系是外文系，因爲他有語言天分。非常適合做研究工作，即使將來從事的並非研究工作，對事物也具有深入研究的興趣。如果要選理科的話，不妨選一科自己感興趣的科目去鑽研，會相當有成就的。

●感情生活

事業心强、野心也大，必定把生活重心都放在事業和新的計劃上。他過著相當忙碌的人生，可能把感情放在次要的地位。不過，話雖如此，此人還算是一個好爸爸，我們可從下面幾方面來看。

太陽在金牛座，月亮在巨蟹座，上昇星座在天秤座

他相當的顧家、愛家，希望婚後家庭保持美滿和諧，配偶會得到一定的物質保障是他所能提供最好的愛情保證。喜歡照顧別人、保護別人，深具同情心並且很敏感。

文雅的紳士，對待配偶或愛人包容力大，也會很忠實。

太陽在金牛座和天王星、土星成合相

和牛一樣固執且嚴肅，並且野心勃勃，追求名利。要改變他的想法簡直是不可能的事。另一半最好能看清楚這點，否則很快就會失去耐性。

火星在巨蟹座和牡羊座、金星成四分相位

敏感而衝動，如果處理不好很容易影響感情關係，進而失望和不滿。由於他還算講理，只要不太過分還不至於有大麻煩出現。

月亮在巨蟹座和冥王星成合相

情緒時好時壞，脾氣陰晴不定。這是受到潮汐影響的暫時性變化。情緒低落時很可能會意氣用事，尤其金星在牡羊座，會有爭執。不過只要了解這只是暫時性的變化就好。千萬不要在心情不好時弄出麻煩來。

金星在牡羊座，和天頂成正面相位

挑對象的標準很高，尤其欣賞美麗的事物，因此美可能是擇偶的第一考慮。本身很熱情衝動，容易一見鍾情，並且不易改變心意。對愛人很大方，且包容力强。

第五宮內無行星，表示不會有什麼豐富的變愛史。第五宮的起點是天王星在第八宮內，和太陽、土星成合相，可能結婚時會成爲當時社會大衆的話題。但仍有嚴肅的成分。

●財運

太陽、天王星、土星在第八宮

很可能繼承遺產，有奇特的財路。不過理財方式傾向保守謹慎。有可能結婚的對象具有雄厚財力而本身獲得不少幫助。不宜做高風險的投資。

第二宮的起點在天蠍座，守護星冥王星在第十宮

有月亮和冥王星的合相，財務有波動之情形。雖然拼命工作存了不少錢，但花的金錢也相當可觀。可能是花在交際應酬上。不過這對他而言卻是必須且有意義的。一般來說是不宜經商。

上昇星座在天秤座和木星成正面相位

木星和海王星成四分相位、金星和火星成四分相位

對錢財有輕忽的傾向。雖然錢財不虞匱乏，但卻不善理財。最好請財務專家代爲理財較爲妥當。

有時很大方，有時又很小氣。大部分時候是對別人大方對自己比較隨便一點。

第八宮的天王星有時使得金運起激烈的變化。雖然自己也會珍惜錢財，但天王星的變化有時卻不是自己所能控制的。在作任何投資以前要慎重評估。有時也有人是被別人連累而損失金錢。

●綜合判斷

從外表來看，此類人的確是很具有金星特質的人。牡羊座的金星，相當有進取心，人緣亦佳，相當討喜。而我們隱約也可以看出土星和天王星對他的影響。他有世俗的野心，並且會爬到一個負重責的職位。

這種人生其實也沒什麼不好，位子爬得愈高，擔子就愈重。對他們而言，奮鬥的人生才是有意義的。你能說他是「庸庸碌碌」嗎？

「不經一番寒徹骨，焉得梅花撲鼻香」是其最佳寫照；「高、還要再高一點」山頂上的風景才是他認爲最美麗的地方。當然他也有開闊的眼界和卓越的處事能力，簡言之，他有相當的潛能，假以時日，可以成爲國之棟樑。最重要的是要能把潛力發揮出來，如此才能真有一番作爲。

美中不足

前提：這是個很典型的提手型出生圖，除土星外，其他九個行星佔了另外一個半圓。因此土星的影響力很大。尤其此女命上昇星座在摩羯座，更強調了土星的性質。還有另一個焦點是，太陽、木星、水星、金星在同一宮成合相，並且天頂也在其中，該宮氣勢很強，可能成爲性格中的主要部分。

●性格

太陽在天蠍座和木星、金星、水星成合相、上昇星座在摩羯座

性情爽朗、大方、迷人，頗得人緣，全身散發一種難以抗拒的魅力。乍見之下給人印象是保守、尊重禮儀、注重外表修飾。情感表達得體，予人良好之印象。有藝術氣質。在溫和的外表下，私底下野心勃勃，總是渴望達成某種目標。

土星的負面特徵卻可能使其好運受挫，其壓力來自家庭。有土星負面象徵的人，常覺得生命中有重責要背負，並且整個好心情和順利的事都會有所阻礙。要克制這一點並不容易，要花很長的一段時間來控制。土星所影響的不安、不快樂和不和諧會和本身的性格起衝突，

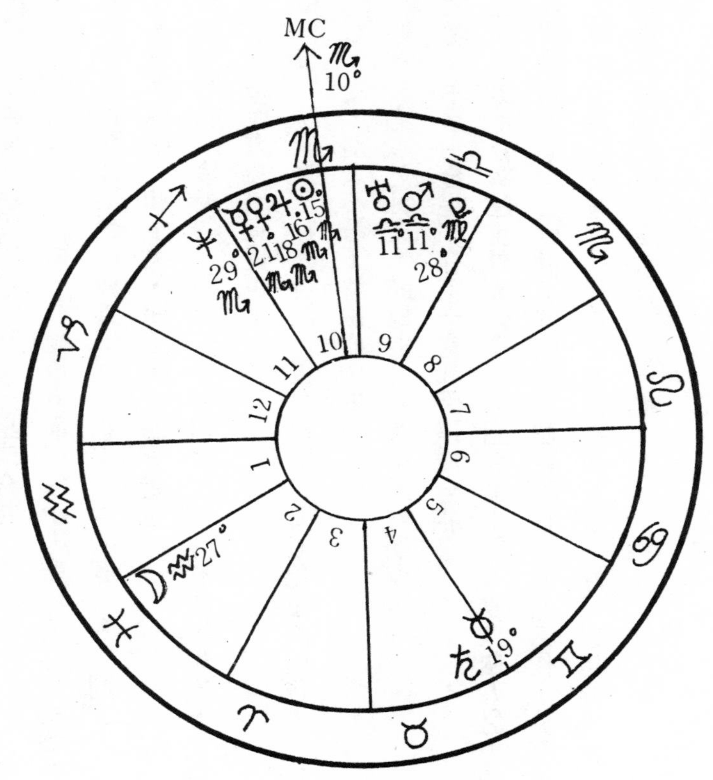

■西元一九七〇年十一月×日生，女性

甚至容易鑽牛角尖而想不開。這些性格可能是因爲自私自利、欠缺思考的結果。

水星、金星和土星成對相，和海王星成合相

容易憂慮、孤寂、害怕。在愛情方面也以給人難堪的態度來掩蓋害羞。其實本質是善良而和氣的，並且喜好幻想，極爲敏感，急需別人的認可和贊同。

月亮在水瓶座，和水星、海王星成四分相位

喜不拘傳統、珍視個人獨立。但也傾向友善、慈悲，表達方式特別，甚至有古怪的想法或行爲。洞悉能力强，直覺也强。

精神很容易緊張，容易自欺，也很善變。要避免想法前後不一致或太過狡猾精明。通常性格變幻莫測，別人不易了解她心中的想法。

重友情、愛結交朋友，也是別人心目中的好朋友。

太陽、木星、金星、在第十宮和天頂成合相

通常表示十分幸運，事業心强，可能有工作狂，並且個人努力的方向和人生目標一致。雖然有其限制，但本身可以了解此限制並克服它。雖然工作十分努力，但也不會忘了生活中的其他樂趣。對事物通常抱著正面而積極的看法。好好運用此天性，並努力去克制不安和容易沮喪的一面，此相位反而有助於目標之達成。

●適合的職業與科系

太陽在天蠍座，月亮在水瓶座

這種人具有很強烈的求知慾和廣泛的好奇心。天蠍座的人不管從事何種行業都很好，因其不達目的，絕不中止的個性。並且土星相位使得她事事守規距和紀律，這也是軍人的絕佳相位。

第十宮强旺的女性，月亮在水瓶座，很少能待在家裡相夫教子，那實在抹煞了她們本身卓越的工作能力。因此在選擇職業方面，最好是能夠充分表現自己能力的工作，或擔任責任重大的職務也很好。這種工作實在太多了，不勝枚舉，像金融保險、醫師、占星師、調查員和任何研究工作都可以。而一般單調、重複性的工作也可以適應，只要哪個工作有足夠的保障並且能滿足其野心都算適合。

金星和木星都在第十宮，不但有助於工作的獲得和拓展，運氣也比別人好（例如在福利不錯的公司上班）。如果該工作很枯燥乏味，也會想辦法使工作看起來很有趣而心情愉快。

月亮在第二宮，並和第十宮的水星有四分相位

此種相位對錢財很精明並且很會儲蓄，雖有波動，但算是進大多於出。此人會辛勤工作存下可觀的金錢。

值得注意的是，第十宮的對宮（第四宮）有顆土星對沖，此星時常會妨礙事情的正常發展，因此可能有不順的情形發生。例如不明原因無故拖延，或突然調到一個工作繁重的單位。有時是家中的變故而影響了工作，例如父母、子女和夫妻關係等，必須用很大的毅力去克服困難。

火星和天王星在第九宮成合相

有很大的潛力，精神亢奮。有意氣用事的傾向，最好把此精力完全發揮在工作上，才能避免過度緊張導致崩潰。需要有正常的渲洩管道，和正常的作息，否則很容易處在危險中。在選擇科系方面，文法商很適合其金星特質，若唸商科也可以唸得不錯。只是必須培養一些較不古怪的特質，否則求學的過程很難平順。

水星和海王星的合相使她想像力豐富，或者也可以考慮往寫作方面發展。因此念文學系也算適應。

火星和天王星的合相是個焦點，最好能找出自己感興趣的科目深入研究，可能會有不錯的成績。或是唸觀光科、外交學系也不錯，可滿足喜好旅遊的個性。

●感情生活

金星在第十宮，和木星、太陽成合相，和土星對沖

此金星位置乍看十分穩定及和諧，此人感情豐富、有藝術氣質，也有助於感情的表達。此種特質容易吸引異性，很容易和異性交往，身邊也不乏追求者。第五宮的起點在金牛座，守護星是金星，和異性結交的機會很多，但卻要避免感情過度氾濫而演變成三角戀愛。

土星很明顯對金星而言是寒冷的。通常會抑制自己的感情。可能事業心過强，或太强調物質而犧牲某種事物。心胸狹窄造成感情關係中不快樂與不和諧。

第七宮的起點在巨蟹座，其守護星是月亮

月亮相位在水瓶座。而月亮和水星、海王星成四分相位，感情關係中常有口角出現，甚至有時不清楚另一半的秘密。由於重視自己的獨立，這點配偶必須要諒解。

金星在天蠍座，月亮在水瓶座

天蠍座的金星最能發揮性感的成分，表示性生活十分熱烈而滿意。只是天蠍座的金星有强烈的情緒性和佔有慾，常會吃醋。這必定會和月亮在水瓶座的影響力起衝突。非常熱情、熱忱，但也有情緒化的一面，要平衡並不容易。

具有摩羯座的上昇星座，通常摩羯座的妻子會督促丈夫上進，並幫助丈夫的事業。也會盡力使自己力爭上游。自我犧牲的精神很强，也十足的忠實。

●財運

月亮在第二宮水瓶座

財務有波動的情形。雖然如此，由於月亮司土地，因此表示有儲蓄的觀念，並且有所積蓄。但是錢財的多寡卻不是此人最關心的，也許外表給人感覺很風光，私底下卻並不富有，可說是虛有其表而已。話雖如此，也會有一定的物質水準。

第二宮的起點在水瓶座，守護星天王星在天秤座和火星成合相

火星和天王星的合相，其金運變化可能採獨創的手法來獲得金錢。當然波動是難免，自己也喜歡如此。很可能從事股票或其他投機事業。會拼命賺錢，但又不知節儉，有浪費的可能。對於錢財的事以小心處理爲妙，否則可能從高峰跌至谷底。

太陽在天蠍座，第八宮的起點在獅子座，守護星是太陽

傳統上天蠍座的太陽和做大生意、大事業有關，很可能接觸到不動產之事。不過貪圖不動產會有麻煩出現，最好是順其自然。

此種相位最好的理財方式是，把最主要的部分拿去銀行定存，只留下部分在身邊花用，才能避免意外的損失，也不會使自己花過頭。

●綜合判斷

此命在女性來說打個平均分數，還在八十分以上。事業成功，又常有幸運之神伴隨，當然過的是順心如意了。只是每個人都一樣，每件事總有美中不足之處。雖然個性愉悅，品味不凡，但操勞還是難免，尤其是家庭之事可能是問題之源。如能看清自己的限制在哪裡，能夠克服困難，一飛沖天的話，成功的機會還是滿大的。

天蠍座的氣勢很强，個性和脾氣都深受影響，恐怕也不是一顆水瓶座的月亮能夠平衡的了。如果爆發那驚人的蠍子脾氣，想必是很驚人的。以天蠍座排除萬難的個性，去克服火星和天王星合相所產生的爆發力，把缺點變成優點，如果能做到這點，算是成功了一半。

在憂鬱的土星性格冒出來時，多找幾個朋友傾吐一下自己的心事吧！不要什麼苦都埋在心裡。尤其找一個體貼的伴侶，恐怕是妳一生中最重要的事了。

土星人格

前提：這是一張標準的提桶型出生圖，除土星外，其他九顆行星落在另外一個半圓上。因此土星相位對此人相當重要，它的好壞對此人有決定性的影響。以這個位置而言，月亮和土星成四分相位，太陽、天頂和土星成對相。土星在第四宮，這種人家庭的重擔有可能落在他的肩上，而情緒也因此容易沮喪、低落。很可能常爲了家庭的事在煩惱，這點很難擺脱。

傳統上有太陽和土星的相位被視爲「長壽」的象徵，而此對相强調對等的關係、强調自我訓練。使得此人不易放鬆，並且有一個十字架要背負。

月亮在摩羯座上昇，月亮特徵被加强。不過由於月亮受剋（即受其他行星的不利影響），因此此人情緒必很容易受到多種折磨，不能平順地表達感情。不過月亮同時也和金星、木星等良性行星成正面相位，有助於化解那種憂愁。但是我們必須注意的是，通常負面特徵才是影響人格最重要的部分。

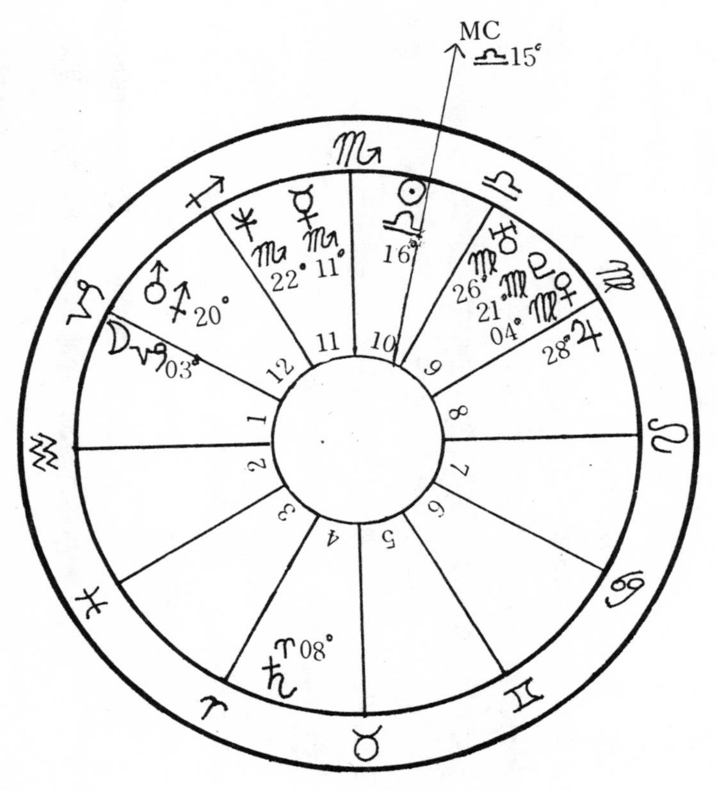

■西元一九六七年十月×日上午十一時三十分生，男性（提桶型）

●性格

太陽在天秤座和天頂成合相，月亮在摩羯座上昇提桶型出生圖，前導行星是土星

予人一種充滿自信，野心勃勃的感覺。摩羯座和天秤座是完全迥異的兩個星座，因此人格中融合兩者會讓人很難去想像到底會變成如何。這就要看兩者何者的正面特徵較爲明顯而定。

在此出生圖中太陽和月亮都和土星有相位。我們先看太陽相位吧。由於太陽和天頂是個極相近的合相，工作努力是不用懷疑的，天秤座懶散的個性因此而加强。而土星在對宮，時時刻刻不忘提醒自己的責任，具有很强烈的責任感。

摩羯座的上昇星座，也是由土星所守護，特別是月亮在其中，情緒必十分明顯表現出摩羯座的特性，包括保守、小心、謹慎。這些特質隨著年齡愈大會愈明顯。不過月亮和土星成四分相位，這種相位十分不好，所有的好心情都會受阻，時時不快。對於天秤座來說是十分痛苦的，因爲金星所守護的天秤座是愛好美及和平的，而土星對金星而言卻是十分的寒冷。可以說個人毫無快樂可言。

月亮和金星、木星成三分相位

金星和木星成合相

這個處女座的金星位置不錯，可輕易表達迷人的風采。得人緣，個性親切，心胸寬大。這也是其個性中較悅人的部分。

摩羯座的月亮和冥王星、天王星成四分相位

由於月亮被加强，這個相位更加强了其任性的個性和情緒化，如果身爲女性，則是十分累人的事。尤其火星也和冥王星、王天星有四分相位，精力旺盛，但也有任性、不聽人勸的狂躁。可能有暴力傾向，因此必須培養自制力。非常不喜歡例行公事，尤其火星和木星也成三分相位，需要身體和心靈上正面的渲洩，有助於往樂觀的方向去想。在男性出生圖中，火星的相位很重要，因爲火星支配肌肉和行動，活動力的强弱也深受影響。如果和其他行星有相位時，它可以加强其效果，使之更容易具體的表現出來。如果是負面相位，其效果會更明顯。此圖中火星和天王星、冥王星成四分相位，且火星在射手座，其任性的特徵很明顯。再加上月亮的影響，個人很容易因沮喪而有情緒化的行爲出現。

月亮和天王星成四分相位，天王星在第九宮

雖然心智能力很强，具備了研究才能，不過突然的心智活動容易使之崩潰。通常這類人容易高估問題，容易不安、焦慮、性急。這部分才能需靠其他正面特徵來平衡。

水星在天蠍座，第九宮有諸多行星、上昇星在摩羯座

這種人做事深思熟慮，當然伴隨著些許才氣。人家俗稱「詭計多端」就是這種人。通常也是極佳的幕僚人才。

海王星和木星成四分相位

對受苦者十分敏感，可能導致一意孤行（此處是指反而不重視真正要解決的問題）。這種相位也對錢財十分不利。

整體看來，此人大致來說是有目標、有理想的，只是土星的影響使得個人會覺得生活過得很艱辛，那是由於他把整個心思都放在這顆—土星身上。

●適合的職業與科系

以選擇職業來說，太陽在天秤座和天頂成合相，這種相位對要用體力付出而獲得酬勞的工作不會感興趣，最好能找個合天秤座的工作。例如圖中顯示了由月亮和金星、木星所形成的三分相位，水星在第十一宮，强調了社交性，這種相位很容易與人打成一片（雖然摩羯座的月亮並不是喜歡社交的），因此往這方面發展會有利。可以當傑出的業務促銷員。雖然水星在天蠍座並不是個具有多麼犀利的口才，但誠實不欺又很有出息反而是現代業務員應有的條件。再加上火星相位（火星的天王星、冥王星成四分相位），這種人才不慣於靜著不動，因此動態活動工作比靜態的要好。如果做個規規矩矩的上班族，朝九晚五恐怕會不適應。

水星在天蠍座，第九宮有天王星、冥王星和金星

具備研究才能，因此如做企劃方面的工作也會十分出色。有複雜的思維能力，反應快，也有適應環境、市場的能力。而工作也十分賣力，可能獲得較高的地位。

第十宮的位置看來，有一種需要別人認同的心理，因此如果受雇於人，工作場所不是很好的話，有可能傾向自己創業。

有勇氣面對任何問題，也不會輕易被問題打敗。天蠍座的水星有解決問題的能力。

選擇科系方面，商科是最佳選擇。因爲性格十分切實際，完全考慮現實面，穩定的生活和經濟保障是他唯一追求的目標。不過這是考慮他的性格需求。以第九宮的位置來看，不管唸什麼科系都會十分愉快，本身求知慾就很强，也很聰明，是所謂「考試專家」的典型。不過文、史、哲對他而言較不適合，文學、藝術類若和現實生活脱節的話就不感興趣。

其實天秤座和摩羯座的藝術家爲數不少，他們內在有一種特異的協調性，可以創造出最動人的音樂和最優美的詩歌。不過這兩個星座還有個共同的特點就是對舒適生活的追求，要求生活品質（不一定要高，但要有保障）。不過此圖主卻受土星影響太重，藝術變成次要的生活目標了。

●感情生活

月亮在第一宮摩羯座上昇，第七宮在巨蟹座

月亮和土星、天王星成四分相位，金星在處女座

這種相位易於和女性親近，並獲得異性的鼎力相助。不過這也是過於敏感的性格。有時因情緒而困擾感情。容易因一時不如意、任性的行爲、口角而導致分手，而此人其實是十分重感情的，反而因爲如此感情的影響十分重要。

月亮在第一宮，生活上時常因爲意外事件而有所變動，因此對感情也格外不利。由於個人常會有極端的情緒變化，雖然大多只是暫時性的。但是爆發出來的力量都十分驚人。過度苛責配偶，或要求對方完美的想法也是不對的。人並沒有十全十美的，因一些小事而吵架對婚姻或愛情絕對是有負面的影響。

月亮和金星、木星成三分相位

此相位有助於緩和火星、月亮與天王星的那種緊張情勢，雖然圖主仍十分頑固且暴躁。不過一般來說負面特徵會比正面特徵來得明顯，尤其月亮和火星都很靠近上昇星座。因此，配偶是否能忍耐就十分重要。例如另一半的月亮相位和圖主射手座的火星成四分相位的話，就容易起口角。但對方的月亮和圖主的月亮又成三分相位的話，反而會因情緒充分流露而不易分開。

月亮和土星成四分相位

女性關係形成緊張情勢，有時要維持也很困難。感情關係因情緒導致不諧調十分明顯。因此，這種相位的感情談起來是十分累人的，一不小心就會弄得一團糟，要他本身控制也不容易，完全有一種身不由己的感覺，如果本身也不想求變求好，則離婚機率很高。不過説起來也很矛盾，天秤座和摩羯座都是十分顧及家庭和配偶的人，因此圖主十分珍視婚姻關係，這點也是有利的因素之一。若能把月亮和金星、木星的三分相位特徵表現出來，不要被負面特徵影響太大，情況就會改觀。

適合他的對象有太陽在天秤座或摩羯座的，或上昇星座在天秤座或摩羯座的，尤其月亮也在摩羯座的，人生觀一致，就成功了一半。最不適合水瓶座、射手座的太陽及上昇星座，或者强調水瓶座和射手座者也不適合，雙方不易溝通。

●財運

第二宮的起點在水瓶座，守護星為天王星

天王星並不利於財運，因爲它有被動的性質。有奇特的財路，甚至有投機的行爲出現，這點很難控制。尤其天王星在第九宮內，有可能因發明或研究新商品而獲利，手法新穎，因此是否朝這方面努力將是關鍵。但若從事高風險的投資—如股票、期貨等，必須十分小心。此人的理財方式絕不是守舊型的，定存在銀行生利息對他而言毫無魅力可言。有時甚至會沈

溺在孤注一擲的賭注中。

月亮在第一宮摩羯座，保守、小心、謹慎的特質很明顯，也影響到理財方式。不過月亮和天王星的負面相位是在地象星座，波動也許不會那麼明顯。個人會有所警覺。

金星和木星成合相，可以因合夥事業而賺錢。木星在第八宮，有繼承遺產的可能。投機事業也許會帶來好運。

天王星和火星有相位，表示賺錢慾望很强，可能夢想立即擁有一大筆財富，本身也會相當努力。不過切記還是不要忽略基本努力的功夫。

●綜合判斷

感情對其影響比其他方面更為深遠。此處的感情是指親情和愛情，這些相位對感情都不太好，因此可能耗費一生的時間在處理這些問題。而第四宮的—土星，父母、房子成為生命中的重擔，也是其努力的目標。

有時我們不禁覺得很同情，很多人也是常常有那種「不為己」的情操，為了家庭而付出了大半生的時光，而本身卻毫無休息的時間。享樂對他們而言是多麼奢侈的事情啊！傳統的土星可不會允許人們這麼做的。勤勉和不怕失敗是他一生的目標。這些事情對他是很有意義的。土星的子民們，就讓他操心吧！這是他的習慣。只是如果能放鬆一點會更好。

知足常樂

前提：這張出生圖最明顯的就是天王星、木星、冥王星在天頂成合相，且此合相和太陽有三分相位。此合相和月亮成四分相位。這種合相使人在事業上有領導能力，眼界寬廣並且極需要獨立、不凡。而太陽相位使此相位非常穩定，對事物容易感到滿足而幸福，可以說是有善良的個性。只是月亮和此相位的負面特徵卻可能使人過度樂觀而變得有點懶散，太陽和土星都在金牛座，更加强被動的特徵。

十二宮裡有火星和海王星，分別和水星及太陽成對相，這兩組對相的衝突可能使人容易有逃避現實，或不合群的心態。尤其木星、天王星在天頂，要求不平凡並且不合傳統。觀念可能和一般人極不一樣，野心也不小，必須培養一些實際的能力才行。

●性格

太陽在金牛座和木星、天王星、冥王星成三分相位

上昇星座在射手座、木星和天王星在天頂

開朗的樂天派，木星特質十分明顯，天生就有排除憂愁的能力。心地善良、脾氣好、溫

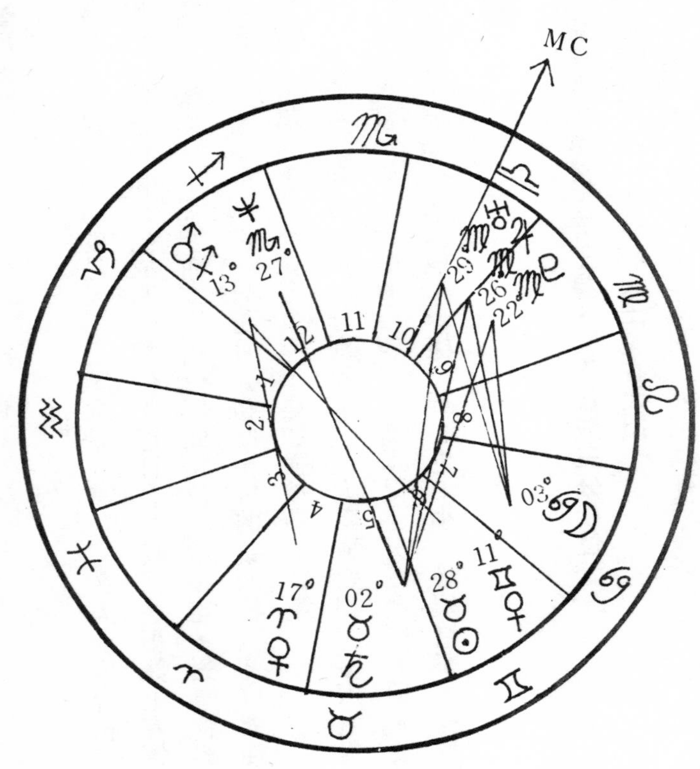

■西元一九六九年五月×日晚上八時四十分生，女性

和、熱忱。有很高的心智能力及領導能力、度量大、有容忍的雅量。

天王星在天頂，火星在十二宮，射手座和金星成三分相位

或許有點古怪、觀念超乎傳統。不喜與人交往更加强了孤獨的性質，不過活潑和急切表達感情的能力可以彌補這個缺點。

木星、天王星、冥王星和天頂成合相

月亮和木星、天王星、冥王星成四分相位

這種相位使人極需要不平凡。樂觀、進取、對人生抱持正確而樂觀的態度。是很精明的生意人。性格是平易近人，不過月亮相位會使得此人有點懶散，不過這也是一般成功人物出生圖上容易出現的特徵。旁人的鼓勵和支持或許有所幫助。

和木星相異的特質是天王星的影響，此人也有任性、頑固、乖戾的一面，很難輕易接受別人的看法。渴望獨立。或許相當有創意（這點是金牛座的太陽所沒有的優點），但必須克制自己走極端的傾向。

金牛座的太陽加上射手座的上昇星座，言語誠實不欺，非常大而化之的一個人。由於自己誠實，也希望別人會誠實。不過或許有點呆板。時常渴望心智上的挑戰和刺激，但本身也必須有安全感。不過太陽在第六宮，表面上予人溫和、好脾氣的印象，但實際上會有挑剔的傾向。

太陽在金牛座，天頂在天秤座、上昇星座在射手座

愛美的特徵十分明顯，只是此人有易發胖的體質，會使美麗的容貌因身材變形而喪失。對美有直覺和纖細的感受。金星在第四宮，居家環境必須舒適宜人，否則會很難忍受，本人可能也很愛待在家中。

月亮在巨蟹座和冥王星成四分相位
水星和火星成對相

要特別注意的是情緒衝動的精神失調，易暴易怒，伴隨著任性和反叛的個性，配偶和家人都需要有所諒解。若不設法找出情緒發洩的管道，容易引起不安和心理疾病。例如擁有一展長才的工作，或者有管理錢財的機會都很好。其實這些負面相位卻對其過於安定的個性有益。

●適合的職業與科系

天頂在天秤座和木星、天王星、冥王星成合相

職業運良好，雖然工作目標很可能時常改變，但始終保持著正確而樂觀的態度，因此會獲得上司的賞識。太陽和水星在第六宮，很適合在一般公家機關上班，或是在規模大的組織裡工作。

這種相位其實不管處於任何環境都能適應。也許會有從政的慾望。其實從政是相當適合的，只是能否從政是無法由出生圖裡窺之。如果從事於平凡而呆板的工作，雖然不會排斥，但心中容易不滿而有所渴求。必須克制對權力的渴望，否則容易失望和不滿。但由於出生圖中具有不凡的領導能力和寬廣的眼界，如果有機會讓其坐上較高的位置，會做得不錯。

本人可能渴望擔任需要判斷力和承擔重大壓力的工作，或是希望在事業上能有所表現，但由於太陽和海王星對相使人個性軟弱，判斷力差，而月亮和木星的不良相位也使個人過於懶散，自然這兩項缺點對事業會有所影響。不過此人終究還是幸運的，木星的傲骨會使其提昇到更高的境界。個人縱使在事業上不盡如意，也不會太難過。

在選擇職業上，除了從政或公家機關外，也可從事一般的行政工作。由於個人變動性不大，固定而穩定的收入對其而言是比較好的。若當秘書工作也不錯。

本身對美有特殊的才能，也可從事與美感相關的工作—如美容設計師、聲樂家、甚至室內設計都很適合。

火星和海王星在十二宮，直覺和靈感很強，不過藝術能力則有待培養，看自己是否有寫作的天分。通常這種相位也適合作社會服務工作，或其他幕後工作。

在選擇科系方面，不適合理科和冷門科系，其他科系都很適合。月亮在巨蟹座有助於良好的記性，可以唸歷史，或考古學系。如果不排斥的話可以唸商科也不錯。企業管理或行政方面或許很適合。不過若問此人最想唸什麼科系，她或許會說—政治系。

射座的上昇星座，多半不喜歡在窮酸的環境長大，這個星座素有貴族星之稱，也許渴望接受高等教育，或在一流的大學裡唸書。雖木星之子心智能力不凡，但有半途而廢的缺點，因此選擇一兩項目標努力去充實是很重要的，否則會變成樣樣通、樣樣鬆。

●感情生活

月亮在第七宮巨蟹座，上昇星座為射手座

金星在牡羊座和火星成三分相位

有善變的傾向，甚至傾向雜交。對愛情事件非常急切，容易一見鍾情。

第七宮起點在雙子座，守護星是水星

水星和火星成對相

脾氣暴躁可能會影響婚姻生活，原因是對另一半要求得太高了。不過自己對另一半還是期望保持愉悅的態度，和心智上的契合。

土星在第五宮金牛座，太陽在金牛座，月亮在巨蟹座

土星相位表示對愛情不是沒信心，就是沒興趣。可能有情感上的苦惱。生活容易枯燥乏味沒有樂趣。子女可能成爲負擔。這種相位的母親對子女十分嚴格。

雖然會一見鍾情，但多半等人來追而錯過很多好機會，有時過於嚴肅也會使人誤解。

月亮在第七宮和天王星、木星、冥王星成四分相位

除了善變的不良影響外，由於主觀强烈而非常固執，任性、不安、焦躁，很容易溝通不良。

適合的對象有太陽或上昇星座在射手座或雙子座，月亮在巨蟹座者。再次者爲牡羊座的男孩。

最不適合的對象爲太陽或上昇星座爲天蠍座者，因爲性格相差太遠。

射手座的上昇星座容易有獨身主義的傾向，特別是第五宮的土星對愛情不抱正面看法。而事業心很强的女性，可能相當晚婚。不過，善變的感情也會因年齡稍長而穩定下來。水星在第六宮，可能是在工作的場所認識未來的伴侶，不妨往這方面考慮。

●財運

第二宮没有主星，就以摩羯座來推斷其理財方式。理財方式保守，靠辛勤工作努力而得來。雖然如此，只要付出心血，還是會有可觀的財富。

第二宮的起點和天頂、太陽有個大三角相位

金錢來源應不缺乏，物質生活過得不錯。若不是很富裕，也有可觀的精神上的美滿與富足。只是此人這點看得很開。

金錢來自於工作的薪水，最多也只是跟會或買一些績優股票。由於和太陽、木星都有相位，財運還算是相當不錯的。

不過值得一提的是，月亮和木星的負面相位，金星在牡羊座，對金錢有疏忽的傾向，要防止花過頭的衝動。例如家中的擺設之類很容易會花過頭，須加以克制。

●綜合判斷

對女人來說，此出生圖事業心太强，所以辛勞難免。不過由於太陽相位穩定，因此在人生旅途上應該可以走得很平順。這是她的好處。本性善良，喜歡幫助他人，當然也會獲得別人的幫助。最怕的是此人非常被動，易產生過度隱密的傾向。而眼光過高，只喜歡幻想而缺乏實際努力的功夫也是不對的。千萬不要半途而廢，才會有成功的一天。

此命當然免不了會感到生活有點枯燥乏味，除了工作以外就是家裡。也許是因不想交朋友，也不愛社交。如果多交些朋友（有益的），相信會很有幫助的。

魚與熊掌不能兼得

前提：太陽在十一宮，第十二宮內有水星和火星的合相，第三宮內有木星和天王星，上昇星座在雙子座，這些相位都顯示圖主是個很聰明、腦筋清楚的人。聰慧並且多才多藝。比較值得注意的是海王星的相位。海王星有重視精神和晦澀的特質，圖中海王星和太陽、水星、火星成對相，並且水星和火星在十二宮，這種相位具有逃避現實的傾向，有可能活在自己幻想的世界裡，不問世事、不切實際，並且也因此減弱了個性。當出現這種相位時，就要從出生圖中找出個性中比較實際的部分，看是否能加以平衡。可喜的是我們發現他的土星位置在第十宮牡羊座上，並且土星和月亮和木星有三分相位，這些相位可以培養他積極、負責、可靠的個性，並且也會使他雄心壯志，野心不小。

還有，圖中的木星在獅子座的位置，木星和土星、金星有三分相位，木星和水星、火星卻有四分相位，通常這個時候此種影響力還是算好的，有高度的幽默感，不過可能會過度樂觀或有反叛的行爲出現。

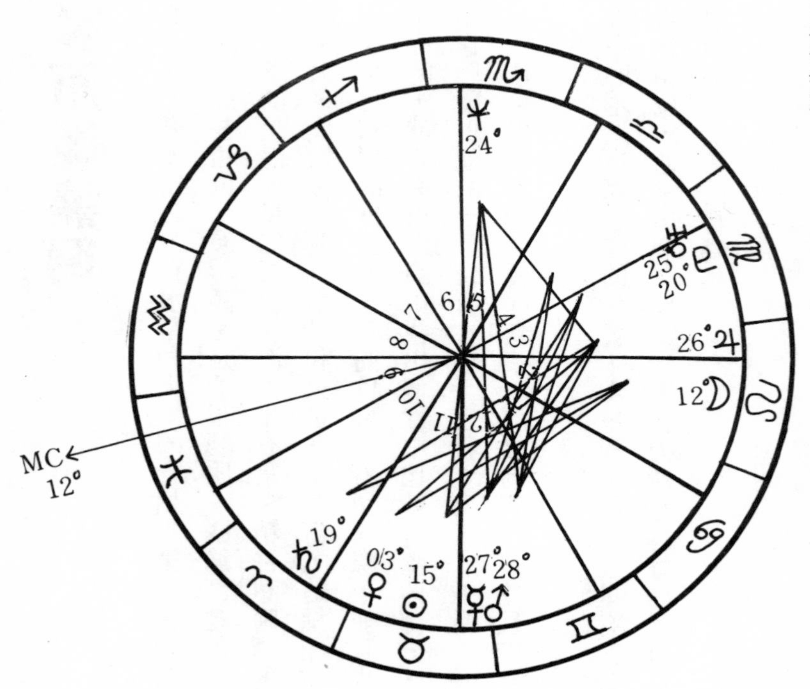

■西元一九六八年五月×日生

●性格

太陽在金牛座第十一宮，月亮在獅子座，上昇星座在雙子座

性格平實怡人，口才好，社交圈很廣，不過會略帶有一點神經質。喜歡動腦筋，分析事情。獅子座的月亮是很熱情、熱忱的，不吝付出感情，但也要求回報。

雙子座常以遊戲人生的態度來看待生活，本人也可能帶給別人許多歡樂。人格中或多或少有衝突的一面，因此別人很難了解他們。通常是多才多藝且聰慧的。或許語文能力很强。

天頂在雙魚座

水星和火星在金牛座第十二宮成合相，與海王星成對相

木星和海王星、（水星、火星）分別成四分相位

這是兩個等腰三角形相位，其中水星和火星還成合相。由於其中木星和（水星、火星）及海王星成四分相位，這相位除了可能使人眼界過於寬廣外，還有流於逃避現實的傾向。心智能力很强、心靈活潑，只是這些能力很可能會用在不好的方面。有時因爲溝通不良而導致口角，或是此人過於不問世事，使得自己藉著酒精或聲光娛樂來麻醉自己。這種驅力有時會導致不時出現反叛和誇張的言行，因此應培養三思而後行的習慣。

天頂在雙魚座，更加强了追求理想的特質。愛作夢，夢想可能大得高不可攀。不過此人還是有實現野心的力量。

木星和土星及金星成三分相位

可以緩和等腰三角形那種過於叛逆和誇張的慾望。此相位使人有自覺力，雖然有盲目樂觀的傾向，但還不致於因此看不清自己的限制和能力。通常表達情感還算討人喜愛，人緣不錯。

水星和火星在十二宮成合相，和天王星、冥王星成三分相位

火星和天王星之間的相位都會使人有充沛的精力。不管做任何事都判斷力極佳，並且工作十分努力而獲致成功。通常記性很好，並且極有戲劇感，有天才般的思考方式。不過由於水星和火星的位置在十二宮，個性隱密，因此必須要找出正確的渲洩管道，且要多培養充足的常識以遏阻精力的衝動。精神緊張、難以接受紀律。

土星在第十宮，和月亮及木星有正面相位

對男性而言，這個相位相當不錯。很可能會成功。不過在努力的過程中也許相當無情。土星的正面特徵如謹慎、可靠、小心等特徵十分明顯。野心很大，也許要付出很多的精神才能達到，但對此人而言這點是十分重要的。

分析了以上的特質，易給人一種眼花撩亂的感覺。不過大致上來說，圖主正面相位還是比負面相位來的多，性格中的衝突還不致於太明顯。何況等腰三角形相位中，火星、木星、

水星、海王星之間的相位還算是一種精神上的偏離，這些星的組合其實還是很柔和的。大抵這種人在人生旅途上是順境多於逆境，對他而言，精神上的快樂一定大於物質上或團體上的快樂。總之，他是個有思想的人。

●適合的職業與科系

火星和水星在十二宮成合相

這種相位有孤獨的傾向，或許內心有著不喜與人交往的想法。但十二宮有代表醫療和社會服務的含意在內，因此如果有醫學能力，可以當醫生會相當適合。

水星、火星和木星、海王星有負面相位，雖然這是很多成功者有的相位，樂觀、眼界寬廣，且有高度的想像力和哲學方面的思維能力。不過還是得培養一些實際的能力，否則夢想也許會大得令人吃不消，而且也不宜太沈溺在脫離現實的想法中。不過此相位有助於高度的創造性能力，尤其水星火星和天王星還有正面相位，或許可朝藝術或寫作方面發展，有文藝方面的潛能。

土星在第十宮和月亮、木星成三分相位

這個相位相當好，如果可以把等腰三角所引起的緊張和驅力全部運用到事業上的話，不失爲好的影響。由於土星的影響適合的工作有數學家、政治家、科學家、醫生、工程師、牙

醫或任何管理工作。土星影響所及或許使人會按部就班一步一步地爬上最高的位置，而那個是很高且必須負重責的位置。

土星一般使人有抑制力。安全感和穩定的收入是此人選擇職業的首要考慮條件。總是埋頭苦幹，按部就班地朝著訂定目標前進。也許會熱中名利。

工作相當努力而盡責，執著於事業上的成就及地位，因而忽略了生活的情趣，這點家人和配偶都應諒解。

月亮在第二宮獅子座，上昇星座在雙子座

由於有增加收入的慾望，可能考慮從事副業。例如當專欄作家、翻譯工作…等。

水星和火星成合相，第三宮有木星、天王星、冥王星，有能力從事辛勤的心智工作。可以培養靈感和才能，也許可從事寫作。不過必須克制工作過度的危險。

如果選擇科系的話，第三宮的木星是很適合求學的，如果有讀書的喜好，成績應該會很好。可以唸醫學，以結合自己服務社會工作的一種意願。

其實這種相位的人心智能力强，並且頭腦清楚，或許唸心理學系會滿有成就。

而此人若有文藝的喜好，唸文學系也算適合。不過哲學系或許比文學系更好。

以土星在第十宮的位置來看，不管此人唸什麼科系，他必定會爬到最上位爲止，或許這可以滿足其一種要求別人的讚譽。這點也許是他考慮科系很重要的一點。如果那個科系對他的未來地位或名聲没什麼幫助的話，就不會考慮。例如唸數學系，如覺得自己無法在這方面達到頂尖的程度，可能就會放棄。而唸政治系，也許是爲了以後想從政而鋪路。唸醫學系，就會想當到某家大醫院的院長爲止。所以説，他選科系也許興趣只佔一小部分考慮，只要該科系對未來地位很有幫助的話，並不會在乎任何科系。

●感情生活

金星在金牛座，金星和月亮成四分相位 金星和木星成三分相位

佔有慾强，有把對方視如己物的傾向。不過這個位置的金星通常有姣好的容貌。此星座的金星有明顯的藝術氣質，尤其金星和木星有三分相位，表達方式極爲迷人。再加上口才不錯，如果用心的話，對象很容易被迷倒。

不過，還有一個月亮和金星的負面相位，使得表達感情時可能過於武斷或有容易受騙的傾向。這種相位通常和另一半不容易溝通，而容易意氣用事。

海王星在第五宮，海王星和水星、火星、太陽成對相和木星成四分相位

第五宮海王星的負面相位，雖然談戀愛時或許感覺很美好，但是判斷力很差，容易隨便地就談起戀愛。選擇異性時並不會很仔細評估，往往容易失敗。也許也會有放縱自己，沈溺

在不正常的情慾中。

海王星的影響也許會使人著重感覺，但卻忽略對方的人品和人格特質是否適合自己。或許會一意孤行。

第七宮的起點在射手座，守護星是木星

木星和土星、金星成三分相位

木星和水星、火星成四分相位

自己極愛自由，也會給對方自由。或許談戀愛時極反傳統、率性而為。不過也許結婚也是十分有利的，只是必須防止自己過度樂觀，或在婚姻之外找樂趣，或是對方過度奢侈的傾向。水星、火星和木星的四分相位具有高度的幽默感，善用這些幽默感或許會有好的影響。必須克制住極端的傾向。這種相位的男姓對婚姻尤應特別小心，過度理想化和過度樂觀都必須抑制下來。

適合的婚配有太陽在雙子座或射手座，月亮在獅子座或金牛座。太陽在天秤座的妻子也不錯（天秤座在圖主的第4宮內），她必定會把家裡整理得很舒適怡人。

●財運

太陽在金牛座，月亮在第二宮獅子座

金星和月亮成四分相位，土星在第十宮

財務或許會有波動的情形，不善理財。話雖如此，由於本身很努力的緣故，會累積不少錢財。本身有儲蓄的觀念，也許會一時興起投資的念頭。但是必須小心謹慎，因爲財務波動難免。爲避免波動得太厲害，對於高風險的投資最好能免則免。

獅子座的月亮重視聲光之娛，而金星和木星間有三分相位，可能會奢侈浪費。也許圖主的觀念認爲賺錢就是要用來享受。

太陽和月亮成四分相位

不適合從商，否則易有損失。財富以慢慢累積的方式爲主。或許圖主也相當關心經濟狀況，通常量入爲出是最佳的理財方式。

月亮和第十宮的土星成三分相位，收入大多來自事業上，或是一般薪水階級。個人如果工作努力，也會累積可觀的財富。

●綜合判斷

這張出生圖具備了很多易成功的條件，乍看還真是令人羨慕。好像人一生下來造物主就分配了人不平等的待遇。這種人執著於事業上的成就，勢必犧牲很多快樂或者愛情。不過造物主似乎已考慮到這點，所以給了他一個不錯的金星和木星位置，真是快樂得似神仙。

海王星受剋的關係，他在感情上可能傾向於浪漫而不著邊際的愛情，選擇對象如不小心謹慎的話，很可能給了自己一段永遠消化不了的婚姻。由於自己又很有責任感，分分合合的情形總是難免。不過，我想一般女人看到這種男人應該是又愛又怕，愛是愛他的才氣，怕也是怕他才氣過了頭，理想也高過了頭。

理想和現實間總是要作一個取捨。多多培養現實生活應有的常識會比較好，除非真要成爲一名隱士，否則想要面面俱到也不是件容易的事。

木星女孩與母親

前提：這張出生圖圖主其實是筆者過去在一家貿易公司上班時的女同事，當我第一眼看到她時，我就發現她是射手座的，果然不錯。她非常熱情、熱忱，而且有驚人的直腸子。你該看看她拒絕推銷時的快人快語和不喜歡被打擾時不高興的模樣。她們總是坦白得嚇人。而同一個部門裡還有三個射手座的女孩，真是夠刺激！我們部門的女主管是摩羯座的，而我自己是雙子座的。某次我向射手座的女同事抱怨主管太嚴格又太囉唆，結果她回答得很妙：「哎！妳在說她呀！別傻了，要在這裡做事就不要去討厭她，否則是自找罪受」。

另一位（也是射手座的）說：「她不聰明，但是工作很努力可以彌補這個缺點」。這段對話是否可以讓所有是主管階級的人，對自己部屬的星座應該要有所警覺與了解呢？

圖主太陽和水星都在第一宮射手座，並且水星和上昇星座成合相。因此射手座的氣勢很旺，成爲主要的人格特徵。此時月亮相位就很重要，看看是否可以糾正一些人格，不要使此人完全受射手座的影響。

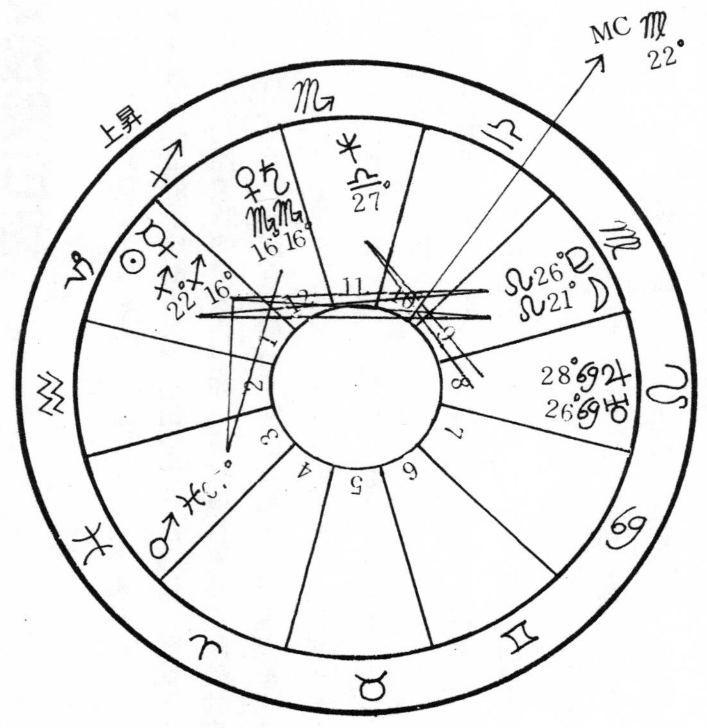

■西元一九五四年十二月十四日生，女性

月亮在獅子座和冥王星成合相，並且和太陽、水星有正面三分相位，這種合相使此人有高度的情緒性，隨時會爆發出來。月亮位置高度的情緒性也在火象星中，可能是生氣時真的很氣憤，但脾氣發過就算了，不會再去左思右想的。只是若要控制自己的情緒則要有八匹馬的力量才可以。

第一宮太強旺，可能發展出自私的可能。什麼事都先考慮自己，對別人的需要卻無動於衷。太過自私也會使此人人格之內有所衝突，這點不可不慎。

第十二宮內有金星和土星的合相，也許喜歡獨處，會發展出不喜與人交往的傾向。或許自己感情上的苦處也會悶在心裡而不對別人提起。

●性格

太陽和水星在射手座第一宮，水星和上昇星座成合相

月亮在獅子座、天頂在處女座和太陽成四分相位

會表現出極明顯的射手座特徵，如活潑、樂觀、多才多藝、良好的判斷力、擅長思考、正直而誠實。這些特質都很明顯。不過太陽在第一宮的位置往往會有自私的可能。因爲此人太感覺到自己了，或許會變得過度自私而不顧別人的感受。

水星和上昇星座成合相，心靈活動很多、擅長思考、反應很快，很可能有雙重性格或前後想法不一致的傾向，故旁人要能多接納才行。不過或許會有固執的傾向，不願接納別人的意見。必須多看多聽周遭的聲音才不會使心靈變得陳腐。

月亮和冥王星在獅子座成合相，此合相和太陽、水星有三分相位

或許是情感太强烈，情緒時好時壞，自己很難控制，此合相如果與很情緒化的火星、天王星有相位時，在女性來說就會有很大的麻煩出現。不過在此圖中和太陽、水星的三分相位有助於平和這種緊張不安的感覺。自己會想辦法去解決（或許是內省），而不致太過情緒化而影響別人。通常這種三分相位都很容易使人平靜下來，使不安、煩躁、緊張的程度降到最低。

火星在雙魚座和第一宮的水星成四分相位

在自己的想法中，有爲他人犧牲自己的强烈慾望。這和第一宮的水星會起强烈的衝突。也許會因此不善處理人際關係方面的事。太陽在射手座的人本來就有不拘小節的特質，此相位在與人相處時更應格外小心，或許是因自私而與他人發生口角也不一定。

火星和金星、土星成三分相位，月亮在獅子座

這相位對射手座來說具有穩定的作用。可以嚴守紀律，且可以在組織嚴密的單位工作。本人也很能接受這些。也許自己本身就强調自我訓練。

組織能力很强，也能在困境中求生存。

火星在雙魚座、天頂在處女座

有服務的精神，慈悲而容易同情別人，這點和射手座溫暖而熱忱的心相似。不過處女座還是個十分冷靜而現實的人。因此雖然會同情別人但亦有冷靜自持的一面。

此種强調火象的女性，通常性格十分堅强，可以說如果她不想做的事全世界就沒有一個人喊得動她。只是本人還是有守紀律、堅忍的特質，愈困難的事反而對她愈有挑戰性也愈喜歡。如果她想的話，可以忍受比別人多十倍的痛苦。

●適合的職業與科系？

這位女同事在從事目前這項工作之前（她現在是某大公司的祕書）是一家進出口貿易公司的主管，以她第十宮的位置來看，壓力必定很大。不過月亮在獅子座的人其實並不喜歡聽命於人，當主管也是滿適合的，因爲她有很强的組織能力。不過，太過情緒化的特點則必須用很大的意志力去克服。

另外第十宮處女座的守護星是水星，水星在第一宮上昇的位置，這種位置容易不安，下決定前會前後不一致，對她而言這個職位的精神壓力是很大的。水星又有追求完美的特質，而水星在出生圖中又被强調的話，在工作方面有追求完美的傾向。但此人的反應是一流的，心智能力也很强，在需要非常勞心的工作上可以做得很好。

不過水星和火星之間有四分相位，容易工作過度，這點很危險。這位女同事就曾說她在那家公司當主管的時候，每天都在公司忙到很晚才回家，有時還必須去國外考察，導致無法兼顧家庭，她因而放棄這個令她喜愛的工作（她有兩個子女）。而她現在的工作—祕書，其實是相當適合的。她不但很會應付突發狀況，甚至在工作上做得非常完美，連她的上司都挑不到毛病（她上司是處女座的）。她時時刻刻處在一種很緊張的狀態（我們認爲緊張，她自己卻怡然自得），因爲她的上司—即處女座的老闆，只要發現一點點小錯就會大發脾氣（不是對她，而是對他摩羯座的太太），那麼這位太太就會時時刻刻耳提面命、非常小心謹慎地告訴這位祕書千萬不能犯錯（她有點歇斯底里）。但是水星主宰的她有個很大的優點就是可以在最短的時間內完成最多事情，判斷力絕佳。還有，她的語文能力很强（英文），這點也符合水星的特質。這兩位老闆就常在別人面前誇讚她是個非常能幹的好幫手，真的再也找不到這麼能幹的人了。

如果不透過分析，還真不能了解一位射手座的女人能夠這麼細心、謹慎又同時具有絕佳的反應和判斷力。

太陽在射手座，月亮在獅子座，這種相位通常使人有大而化之、不拘小節的個性。據她告訴我，她也不是十分喜歡這種工作（講得太客氣了，簡直是太委曲她了），不過她爲了現實，還是必須要忍耐。前面說過，她有火星和土星的正面相位，並且土星在天蠍座，也許這種相位是一種强調紀律性和忍耐的能力，她甚至可以克服自己的本性去從事她並不太感興趣的工作。這種相位也是海軍軍人妻子的絕佳相位（事實上她丈夫是某海軍副船長，長年不住在家裡）。

其實只要符合水星特質的工作她都可以適應的：教師、語言學家、作家、新聞事業都不錯。最好避免過於單調乏味的工作，否則易有變動。

在科系方面，可以朝語文方面發展應該有不錯的成就。另外月亮和冥王星在第九宮，有孜孜不倦研究的能力，可以選擇自己感興趣的科系去攻讀，會有不錯的成績。

火星在第三宮，在功課方面相當好强，在學校讀書時可能變得過於喜歡爭第一而引起强烈的競爭心，這點須注意。

●感情生活

金星和土星在第十二宮成合相
金星和土星與火星成三分相位

金星和土星間所有的相位都會抑制感情，並顯示有犧牲的精神。合相有個很大的缺點就是抑制一般愛情的表現，因而不能結婚，或是有晚婚的傾向。有時是家裡有年長的雙親要奉養，這份責任感可能掩過個人的感情。

在現實生活裡，由於她先生要跑船的緣故，她的確飽嚐了孤獨的滋味。據其所言，每當先生外出跑船時，那段時間特別難熬。生活上不如意的事情也無人可傾訴。晚上忙完了孩子們的事以後，常一個人獨自流淚，不知道過了多少個這樣的夜晚。但只要每天早上一起來，又是信心十足地出門去應對每天緊張又煩忙的工作。

土星對金星而言是相當寒冷的，通常當事人都會遇到一種因責任感和愛情之間的衝突，一般爲愛犧牲的精神很強，有時有晚婚的傾向。金星和火星間有三分相位，表示對愛情事件十分急切，此人需要充分表達的自由，否則會變成容易緊張。相當熱情、熱忱。不過土星的影響也許有些微的抑制力，不致傾向雜交。由於金星和土星的位置在十二宮，可能對愛情十分保密，不喜公開的談戀愛。有任何悲傷愁苦的事也會默默忍受不願對外人訴説。

天王星在第八宮和木星成合相，性觀念極開通而超出傳統，配合她火星、金星相位，性生活是很多變化且熱烈的，並且會滿意。情感很强烈，佔有慾也很强。有放縱自己的傾向，有時容易發胖。

第七宮的起點星座是雙子座，守護星是水星

水星和上昇星座成合相，水星和火星有四分相位

這是個好的影響，能輕易認同對方的人格。或許意見上和觀念上會起爭執，但這是一般夫妻之間常會發生的事，影響並不很大。强烈的情感可以彌補不一致之處。因此到目前爲止

她的婚姻還是很穩固。

太陽和上昇星座在射手座，水星在射手座上昇

在情感上，她需要適度的空間來容納他所崇尚的自由，佔有慾過强或束縛太多會導致有掙脫的念頭。而她先生跑船的工作正好能讓她無拘無束地過自己想過的生活（這還包括很穩定且富裕的經濟生活）。

當然土星對金星而言還是滿苦悶的，有時這不僅影響感情關係，通常也影響人際關係。因此我也建議她，往好的地方發展，不要想那些不如意的事情。例如事業的誘導或是教育子女，那些不如意的感覺就會淡多了。

●財運

第二宮的起點在摩羯座，守護星是土星

金星和土星在天蠍座成合相

理財方式傾向保守，以慢慢累積的方式爲主。不過不會過度節儉，金星的影響還是會使人出手滿大方的，很捨得花錢買自己喜歡的東西，雖說如此，還是會儘量量入爲出。本人不會有一步登天或夢想一夕致富的念頭，總是埋頭苦幹，以儲蓄爲主要的理財方式。

月亮在獅子座和冥王星成合相

據我觀察，獅子座的月亮最容易會浪費，在金錢上懶得精打細算，總是以自己的喜好爲主。尤其她又有雙重的射手座影響，很難叫他們懂得一塊錢的意義。一不小心就會花過頭。

木星和海王星成四分相位

木星和天王星在第八宮成合相

木星在第八宮很容易因合夥關係而獲利，又稱爲間接財運。有繼承遺產的可能。有時此好運來自配偶，或嫁給有錢人。有的人會因股票或保險賺大錢。不過由於同宮還有一顆天王星，天王星主宰變化，因此在各種投資活動上要很小心，否則會吃大虧，這方面不可冒險。話雖如此，由於個人的努力，還是賺了不少錢，本人也會努力賺錢的。

●綜合判斷

這是張提桶型的出生圖，火星是把手，其他九個行星在另一個半圓。火星是此人所努力的目標。她本人也的確符合了這項特質。火星在雙魚座，並且火星也是第五宮起點牡羊座的守護星，並且火星和金星、土星間有三分相位，有爲他人犧牲自己的强烈慾望，例如丈夫、家庭、子女或上司。

在表面上看，她的確是個特級的木星女子，並且給人感覺相當自私（第一宮內有兩大行星），顯然這和她火星相位爲人犧牲的特質是背道而馳的。也許這就是爲什麼我們人總是那麼矛盾的原因。而她本人也許未曾察覺，但出生圖卻解釋了一切。

正如他的上昇星—水星的特質，她容易感到不安，尤其是受自私和强烈情感的影響，因而飽受折磨。這兩種衝突時常在交戰中。如果能少點自私，多關懷別人，把火星的正面特徵表現出來會對自己比較好。

過剛必折

前提：此張出生圖有很多四分相位，其中形成了太陽和水星的合相，天王星和冥王星的合相及木星間的等腰三角形相位。這是一張緊張的驅力，個人有股精力和衝突需要發洩，如果沒有正確渲洩的管道，行爲容易偏離常軌，不過這股驅力通常也會形成一種助力幫助此人達成目標。因此我們必須找出其精力之源。例如月亮相位，月亮在摩羯座第一宮可以糾正一些射手座的水星和太陽的不良相位影響，使這些驅力和衝突變成一種有用的能力。另外還有一個金星和木星的正面相位，如果好好利用這股潛力，有助於化解這種緊張的趨勢。

不過具體來說，這種過多的四分相位雖然看起來比普通人要「精彩」，但是對於一位女性來說，仍屬十分累人的事。十件事裡大概有八件是她感到不滿意的，如果沒有正確的誘導，長期下來會使個人充滿挫敗感，甚至此種心情也會影響周遭的人。這時，她身旁的人的關心對她就很有助益——例如配偶或好友。如果有兩個以等腰三角形相位的人無法從生活目標，或其他人身上獲得必要的引導和幫助的話，行爲便容易脱離常軌，很難控制。因爲此時此刻她無法正確地判斷事物。

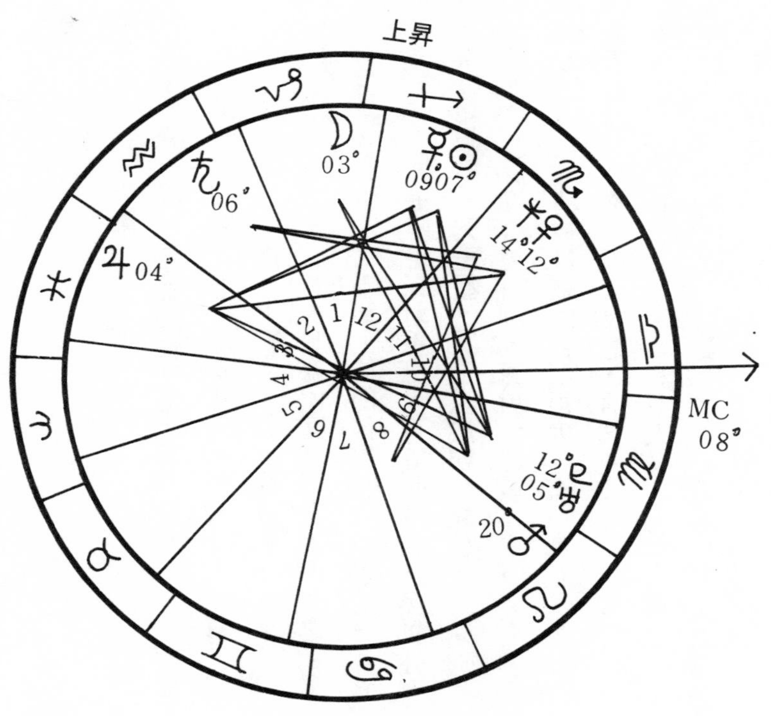

■西元一九六二年十一月三十日早上八時生，女性

●性格

太陽和水星在射手座第十二宮成合相

月亮在摩羯座第一宮，上昇星座在射手座

太陽和上昇星座都在射手座，這個星座的特徵十分明顯—如活潑、樂觀、正直、誠實…等特質。不過由於太陽的位置在十二宮，較太陽在第一宮者有隱匿的傾向。

木星主宰的射手座太樂觀了，無論什麼事都有大而化之的傾向。而她的太陽和水星位置只差了兩度，在占星上如果太陽和水星的位置相差不超過5度的話，有頑固的傾向，較難容納異己的事物。而上昇星座也在射手座，可算是相當典型的木星女孩。

太陽、水星和木星、天王星、冥王星成四分相位

這是一個非常緊張的極端相位，對男性比較不利。不但脾氣十分急躁，也十分暴躁，可以說是很煩人的特點。精神緊張的程度很大。有一個很大的缺點必須知道，如過於樂觀或自大、自以爲了不起的性格會引人反感，言語直率得令人受不了，一意孤行更會破壞了人際關係。很容易不安，而且情形嚴重。尤其此人又不易與人溝通，心理疏通的管道會阻塞。總之此人容易自我封閉、自我折磨，對女性來講，這不是個可以隨遇而安的相位，因此她的月亮和火星相位就特別重要。

月亮在摩羯座第一宮，月亮和天王星、冥王星成三分相位

這是個具有高度情緒性影響的相位，相當情緒化，隨時會發作，因此會影響婚姻與人際關係。不過月亮在摩羯座的位置有助於糾正射手座負面的影響，如過於樂觀、粗心大意、行事誇大及不夠謹慎的缺點。個人會較傾向小心，謹慎、嚴格。通常工作很努力、責任感强，負責盡職。

相當重視直覺，也很有決心和毅力。這些優點都很明顯，因此個人必須善用這些優點使等腰三角形所引起的緊張和不安程度降到最低。

金星和海王星成合相，金星和火星成四分相位

金星和木星成三分相位、金星和土星成四分相位

有過度敏感的傾向，而且會表現出來，很難掩飾。通常不切實際，在情感關係中容易與人起口角。或常會感到失望。通常負面象徵比正面象徵更容易影響此人。不過金星和木星的正面相位倒不失爲有用的影響力，表達方式迷人，通常此相位有助於使人心平氣和地面對周圍的人、事、物。這種對人喜愛的性格對其人格很有助益（尤其出生圖中木星有被加强的趨勢），天頂在天秤座的位置，其守護星是金星，因此如金星和木星的正面特徵被太陽和天頂的守護星所加强，如果把握此項特質，也許前項所述那種令人不快的特質影響力可望被降到最低。

●適合的職業與科系？

月亮在第一宮摩羯座的位置，這種人野心勃勃，時常渴望居上位，因此選擇工作時，升遷管道暢通的工作特別重要，否則摩羯座的野心不被滿足，也許會掛冠求去。

據月亮相位在個人出生圖中位在上昇、第一宮、第十宮天頂的位置時，比較會從事有聲望的工作。如作家、政治家、或者部長級的人物。像筆者就曾算過國內一些重要官員的出生圖，很多人的月亮都在天頂或第十宮位置，這不能說完全是巧合。

月亮和天王星、冥王星有三分相位，有高度的情緒性，並且憎恨傳統。這種相位有高度的直覺，常出現在占星家的出生圖上。由於有走極端的傾向，因此選擇工作時若能選擇能夠表現情感的如演員、記者等較充滿變化和衝勁的工作，較能滿足她個性上特殊的需求。若是從事一般常態性的辦公室朝九晚五的工作，因爲不耐靜，個人緊張的驅力無從發洩則會有不良影響。

天頂在天秤座，其守護星是金星

金星和海王星成合相，金星和火星、土星成四分相位

可以從事適合天秤座的職業如：美容師、公關、接待等，或者和鑑賞能力、藝術能力有關，且環境令人愉快的工作。通常不喜歡獨挑大樑，適合與人合作。若經商的話適合與人合夥。不適合在環境髒污或設備簡陋的地方工作。

通常對工作目標有不切實際的傾向，或是毫無計劃，精力虛擲。此合相有創造能力，不妨趁年輕時培養藝術創造力，可以走出自己的一條路。

不過土星和火星的影響，常會使金星主宰的天秤座心情容易沮喪、消沈，或是過度敏感引起口角。因此若是能從事木星影響的職業如：老師、演説家、作家、出版業等可以減低此負面影響。最好能避免過於沈悶和呆板的工作，因爲她總是喜歡處於不斷的變動當中。

在選擇科系方面，第三宮有木星，喜愛學校生活（不過這是指大學以前的教育），第九宮的天王星在深造或求學的過程中會有變動，突然的心智活動會使之崩潰，因此做事需講求方法。由於有藝術能力，不妨朝藝術方面發展，不過此人仍有不切實際的想法，造成眼高手低、虎頭蛇尾。因此需在早期就選定一、兩項目標去努力充實，比較會有成就。當然理科是比較不適合的（和金星、海王星特質迥異），唸起來會很痛苦，因此不要多走一段冤枉路。

●感情生活

上昇星座在射手座，其守護星是木星

天頂在天秤座，其守護星是金星

金星和木星成三分相位

前面筆者說過，圖主金星和木星被加强，對感情的表達是相當有利的影響。對感情有很强的表達能力，而且方式迷人，重視夫妻間的情趣，並能心平氣和、樂觀地面對問題。

金星和土星、火星有四分相位

金星和海王星成合相

對愛情或婚姻理想過高，因而產生不滿。任性和口角的行爲也常常發生，有時連一些雞毛蒜皮的小事也會影響到與配偶之間的感情。因此身爲她先生的人一定十分累人。這種女性常會奪夫權，好像没有丈夫說話的餘地似的。有時也是因爲自己會抑制感情的成分而增加夫妻不和睦的現象。不過這個相位的影響卻無大礙，熱情和樂觀的天性一定可以解決這種不愉快的感受。只是如果太過任性一定會有不良的影響。

金星在天蝎座

第五宮的起點在牡羊座，守護星是火星

火星在第八宮獅子座，火星和金星成四分相位

因性而結合的可能性很强。性慾很强，也很熱情，重視肉慾和任何感官上的快樂。因性生活協調與否也影響感情關係。金星的天蠍座最能表現情感特徵，而第八宮的火星會加强其性別特徵。不過金星在天蠍座有個矛盾之處，就是佔有慾和醋勁很强，可能由於情感太强烈的緣故，這和太陽、上昇星座在射手座追求自由的特質會起衝突。演變成自己想佔有對方，但卻不想被佔有。個人必定常會面對這種衝突矛盾的情緒。

第七宮的起點星座是雙子座，守護行星是水星

水星和太陽成合相，和天王星，木星成四分相位

個人必須和對方有心智上的契合，她不但對對方的肉體感興趣，對方也必須有旗鼓相當的慧黠和智能。

這種相位可能選擇正直而可靠的人作終身伴侶，而此對相也許會發揮相當的支配能力。她對婚姻的看法相當樂觀而自由，不過過於樂觀易演變成外遇，或是不照一般夫唱婦隨的關係維繫，這樣就容易有危機出現。正面的月亮相位有助於等腰三角形這種異於常態的行為出現，這就是筆者前面已強調過的。

她適合的對象有同樣太陽或上昇為射手座的男性，如果是對宮雙子座也不錯，相反性質反而能吸引。不適合天蠍座和摩羯座，這是半六分相位，個性不合，容易處不來。

●財運

第二宮起點是摩羯座，其守護星是土星

土星就在第二宮水瓶座內

必須辛勤工作才能賺錢，土星在第二宮很少會有意外之財，大多是一分耕耘才會有一分收獲。雖說如此個人還是滿重視錢財的多寡。

土星和金星、海王星有負面相位，雖然個人十分節儉，不過無形中會浪費金錢。有時會因自私（爲了金錢的事）或爲了物質上的改善而與人有衝突。

火星在第八宮的位置，有的人會嫁給花錢毫無節制的配偶因而在財務上有所損失。

土星和天秤座的天頂有正面相位，有助於激起大志，因此金錢也是此人所關心的事情。對舒適生活的需要渴望從工作中獲得金錢而來。

由於理財方式傾向保守，個人也不會從事高風險的投資—如股票、期貨之類。最適合的方式是跟會，或是把錢存在銀行裡最爲妥當。如要經商買賣，最好能從事比較安全的投資，否則很容易有損失。此外，這種相位的人收入多半要付出勞力才能有所得，財富或許也會很可觀，不過個人必須努力才行，因此事業的好壞也大大影響財運。有極端的土星在第二宮相位的人，要得到報酬必須付出相當的努力。很少能輕鬆擁有財富（例如金星那樣，是不可能的事）。

●綜合判斷

像出生圖上這種很多四分相位和對相的人，顯然並不是好脾氣的人，個性過於剛强和突出，很容易造成別人的誤解。不過這種人卻由於多種衝突而產生驅力，也就是成功者所必備的條件。而能否善用這種潛能，把能量由體內釋放出來，將是成功與否的關鍵。然而，個人有半途而廢的缺點，如果對事物只有三分鐘熱度而不能堅持到底的話，是很難有所成就的。不過若照圖中所分析的，避免從事太枯燥乏味的工作，成功率較高，也比較會有成就感。

一位女性太過剛强是好是壞呢？這個問題一直是具有爭議性的話題。不過筆者個人的看法是—「過剛必折」，剛强的人，主觀意識也强，若不能適時調整心態，不管從事任何事都難免予人過於霸氣的感覺。而且加上東方社會普　有性別歧視的陰影存在，這是誰也不能否認的事實。一般女性要與男性一較長短，可能要更具實力才行。—去看看我們國會和那些立委、官員們，幾乎清一色是男性。因此，這類女性要在社會上一展頭角，「實力」是最重要的，否則，空有滿腦子的理想卻無法實現，野心無法滿足，也許也只能抱憾終身了。

圖主特別須注意的是，避開等腰三角形的負面影響，把金星、木星之三分相位發揮至極限，會比較快樂。同時做丈夫的也會比較疼愛這樣快樂的女人。

桃花滾滾

前提：金星在第一宮，天頂在天秤座，其守護星也是金星，第一宮的行星在占星學上有著重要的地位。它主宰著人格中主要部分，人的外貌和脾氣必深受其影響。另一個重要焦點是太陽，太陽在出生圖中位於第二宮的位置，重視物質生活和經濟狀況。尤其水星也在其中，時時有增加收入的慾望，是其特點之二。出生圖中有兩個明顯的等腰三角形相位，即爲太陽和海王星、木星所形成的等腰三角形。不過這三個行星都還算是溫和的，不像火星、天王星、月亮等有較情緒化的影響力，至於它的影響如何，以下我們就其所在的宮位和星座加以探討。

●性格

金星在第一宮摩羯座
上昇星座在摩羯座
太陽在水瓶座第二宮

金星的特質十分明顯，此人具有社交魅力，態度文雅友善，適應力強、愛美並且懂得欣

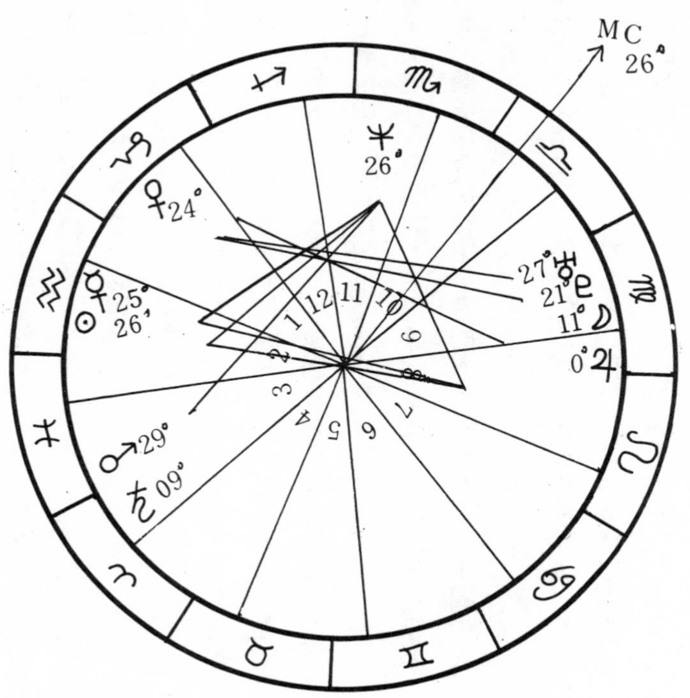

■西元一九六八年二月×日生

賞美，通常是文靜且高雅的。不過金星所在的星座位置—摩羯座，此位置的守護星是土星，對金星而言十分寒冷，傳統上金星是使此人具有美貌的臉孔。通常會爲心愛的人做重大的犧牲，或是分離、孤獨。表達感情的方式並不熱烈，但是很忠誠。這個位置上的人有時會藉著婚姻或其他關係來求取社會地位的傾向。

相當固持傳統、尊敬長輩、通常觀念保守，守舊。

據筆者觀察，金星在第一宮的人，如果家境不錯，容易有被寵壞的傾向。對舒適生活的喜好會變得難以控制。有時會過分依賴身邊的人，而變得有點懶惰。雖然別人也許會厭惡他們這種特性，但金星的魅力太大了，他們會很有技巧地使別人平息怒氣（常當和事佬），要對他們真的生氣很難，除非真的很殘忍才有可能如此。

像火星或土星特質明顯的人，也許對金星主宰的人頗爲厭惡，認爲他們太過懶散而沒有責任感。因此，像這種金星在第一宮的人，就要看看出生圖中火星和土星相位是否可以平衡這種懶惰的傾向。

太陽和水星都在第二宮，關心經濟狀況，有可能予人一種勢利眼的感覺。或是太注重物質生活、佔有慾過强也是其特點。像這種相位雖然金錢運不錯，不過在別人眼裡或許會覺得銅臭味太重而起反感。這種人是討價還價的高手，除非第二宮比他强才可能贏過他，通常很容易成爲很好的採購人才。

太陽在水瓶座

太陽和木星、海王星成負面相位

眼界寬廣，但容易心不在焉並有盲目樂觀的傾向。這是一個等腰三角形相位，太陽和水星都在其中，行爲脱離常軌的可能性很强（尤其太陽的守護星是天王星，天王星主宰的是突發狀況）。天王星主宰變化，又處在這種相位中，心不在焉和迷糊的特性有時會妨礙整個人格的正常運作。就好的方面來説，此相位也許給人較强的藝術能力和心智能力。如果善用這些能力會有一番不錯的成就。但若這種能力誤導的話，反而使人太過理想化而忽略了充實自己的實力。更甚者則非常固執，對別人的忠告常當耳邊風，因而時常出現狀況。這就叫作—皇帝不急、急死太監。

火星在雙魚座和海王星成三分相位

土星在牡羊座

可能不切實際，過度浪漫和敏感。這種火星相位對金星所主宰的他來説，其所需的實際力量並無助益。反而常因過於同情別人而犧牲自己，結果換來精力混亂虛擲。

金星和天王星、冥王星成三分相位

月亮在處女座和上昇星座成三分相位

由於金星和天王星在出生圖中有被加强的趨勢（金星在第一宮，天王星是太陽水瓶星座的守護星）。這個三分相位有正面的絶佳表現，通常這種相位與朋友十分親密、浪漫，或許也會很敏感、熱情。此相位使工作時特別心情愉快。

處女座的月亮在此有很好的表現，包括細心、謹慎、理智⋯⋯等優點，不過或許依賴感會過强。

●適合的職業與科系

金星在第一宮摩羯座，天頂在天秤座，其守護星是金星

强調金星特質。這種人喜歡呼朋引伴、不甘寂寞，並且不善獨處，因此不適合獨挑大樑的工作，否則會不堪負荷。常是没有主見的，因此應多培養自作主張的能力。

金星和天王星有正面相位，加强了藝術能力，再加上火星和海王星有三分相位，表示有很好的藝術潛能，通常色彩感覺豐富，也有音樂細胞。如果在孩童的出生圖上出現了此種特質，應鼓勵其往音樂、美術方面發展。而適合金星的職業有美容師、接待、服裝設計師或任何環境愉快的工作都適合。

其實金星主宰的人適合任何工作，但骯髒、氣氛不佳的工作環境不包括在內。由於金星的影響力使人具有機靈、聰明的特性，還有外交手腕，所以容易使其成爲走在時代尖端且受歡迎的人。

在科系方面因太陽和水星在第二宮，重視物質生活，對財務有興趣，因此唸商科是滿適合的，唸財經方面的科系也容易成功。

月亮在處女座第九宮，並且和上昇星座有正面三分相位，分析能力强，並且很有生意眼光。這種相位很適合讀書和工作。此人多半對健康、飲食、化學、藥物、園藝有興趣，可以往這些方向去尋找自己較感興趣的學科去攻讀。月亮在第九宮的人很有可能移居國外。

不過必須强調的是，金星對人的影響當然是利多於弊，不過圖主金星在摩羯座的位置，並不是金星的好位置，因此有些金星的負面特徵會出現，例如懶惰、游移不定，把凡事都看得太簡單、容易到手，所以不管工作或讀書均可能有敷衍了事的傾向。工作拖到最後一分鐘才做，考試也到考前一個小時才開始準備，自己對此應有所警覺。

天王星和冥王星在第九宮成合相

求學態度不穩定，突然的心智活動會使之崩潰。尤其天王星是太陽水瓶座的守護星，影響力格外重要。有些天王星位置不良的人，如果天王星在出生圖中又顯得很重要時，常會導致精神失常。或有時會有異於常人的舉動，通常是一般人無法理解的事。因此對於這種人，親友的幫助對他十分重要，心理建設方面也應有良好的誘導。

火星在第二宮，顯示此人相當聰明，反應也很快。只是火星和海王星的三分相位或許可以減低其焦慮和處處爭第一的好强心。在學校時宜控制自己的精力，以免變得攻擊性過强。

●感情生活

金星在第一宮的人，感情表達能力很强，在感情的關係中很有自信，並且善於處理感情關係。不過金星在摩羯座這個位置十分寒冷，也許對感情表達並不熱烈。

第五宮的起點在金牛座，守護星是金星
天頂在天秤座，守護星是金星

這種極强調金星的人，重視社交生活，結交異性毫無困難，甚至會給人一種很「桃花」的傾向。只是面對討厭的人態度會變得很冷淡，甚至會拒人於千里之外。不過這種桃花不致於使人有放蕩和行爲不檢的傾向（第五宮受剋者例外）。摩羯座畢竟還是一個很守本分、保守的人，如果自己情感表露得太過放縱，會隨時自我警惕不可流於過度邪惡和放肆任性。

金星迷人的特質表現出來以後，身邊會不乏追求者。尤其金星和天王星、冥王星有三分相位。金星也是第五宮金牛座的守護星，戀愛運不錯，一生可談多次戀愛。此人也喜歡沈溺在戀愛的感覺裡。這種人時時刻刻都在追尋一種伴侶關係。不過她的眼光也很高，摩羯座有一種想藉著婚姻或其他關係來求取社會地位的傾向，因此選擇對象時會給人一種冷靜、世故的感覺。話雖如此，金星特質使其有審美觀念，或許重視對方的外表、穿著更勝於對方的人品。

不過金星在摩羯座者不管如何還是會遇到一些不利情感的影響，如孤獨、失望或是分離等。會爲所愛的人做重大的犧牲。

太陽、水星在第二宮、木星在第八宮

很可能嫁給有錢人，或者本人在選擇對象時就會刻意挑選家境富裕者。有時是因自己太重視物質生活的緣故，因而導致束縛過多。自己對舒適生活有很大的喜好，因此必須有很多錢才能達到這個目的，通常會想依賴對方。即使經由相親而結婚，此人也不會反對。

第七宮起點在巨蟹座，守護星是月亮

月亮在處女座第九宮，和上昇星座成三分相位

也許結婚的對象是學長、同學之類。也有可能是別人介紹的。因結婚而搬至國外長期居住的可能性很高。不過要防止月亮的變化，否則與異性之間的關係會有不穩定的影響。面對不喜歡的追求者，會表現出很不友善的態度，容易導致誤解。

她適合的對象有太陽星座在摩羯座或巨蟹座者，或太陽在天秤座，金牛座者（尤其是天秤座較爲適合）。如果上昇星座在摩羯座或雙魚座，和她的太陽成半六分相位，彼此性格不合，比較不適應。

●財運

第二宮內有太陽和水星，第八宮有木星，而金星又在第一宮的位置（金星被加强），這種相位的人一輩子都不怕没錢用。本人很重視物質生活，也有賺錢的能力，隨時有增加收入的慾望，很可能有個人獨創的一套理財方式，手法特別。只是此人有愛慕虛榮的傾向，往往購買很多高級的奢侈品，如珠寶、各類首飾、各國錢幣…等。

從事投機事業會有高度的警覺性，不過，太陽和木星、海王星的負面相位會使此人有投機的傾向，此時更應小心，因爲很容易因判斷錯誤而有所損失。海王星在十一宮，這種相位也有人會容易被朋友連累而損失金運的。

水星在第二宮，或許會因爲寫作或演說而走金運也說不定，不過此人常動腦筋在賺錢方面，若太過自信會使此人不務正業，反而變得收入不穩定。

第二宮的太陽三方有個等腰三角形相位，雖然太陽在此宮使得財運不錯，但也要避免因財務起糾紛。過於性急或隨便可能會使手邊原有的意外之財發生變故，而落得一文不值。

第八宮的木星適合與人合夥，可從合夥人那兒獲得利益（當然金星相位也很重要，看適不適合與人合夥）。或者很可能會繼承遺產，或是從配偶那兒得到利益。但是木星的不調和相位更使得此人奢侈浪費，必須加以克制。此人金星相位强，木星又受剋時，奢侈浪費情形更爲嚴重，花錢不知節制。有時過分相信自己的幸運，又過分依賴別人而忽視自己基本努力的功夫。

●綜合判斷

本章談了很多有關「金星」的影響。金星由於影響一個人的情感、愛人的能力和表達能力，因此在占星上也算是一顆相當重要的行星，對女性而言尤其重要（有人說愛情是女人生命的全部，是男人生命的一部分）。圖主金星在第一宮並沒有受剋，意味著她有受歡迎的潛能，並且在愛情事件裡渴望和諧，也善於處理社交生活。以傳統的眼光來看，此種女性應該算是很幸福的了，別人都愛她，她也知道自己是很有魅力的，誰能說這不是身爲女性最大的幸福呢？

不過筆者前面也提過，受土星和火星影響的人一定十分厭惡這種金星的人；凡事利用自己的魅力和社交來討好別人的行爲。或許別人會陶醉在這種魅力中，但金星之女性若不培養一些積極、認真的個性和態度，終究會被別人所輕視（雖然他們還是會愛她）。當然，我這裡說的也是比較極端的例子─如這位圖主。像筆者常觀察到有些女性常會用撒嬌的方式來獲得她想要的東西。一位楚楚動人的金星之女，不需費太多口舌就可輕易說服老闆加薪，讓她如願以償地買到剛剛看中意的新衣或帽子。多半她會得到她想要的。例如唐朝的楊貴妃或許有個超級的金星相位，才能使皇帝將三千寵愛集於一身，也說不定。

還有值得一提的是，圖主可能過分重視社交生活而忽略了生活中的其他環節。這種交際花型的女人，也許有她的好處吧！這是顯而易見的，不然爲什麼她的老闆總是對她言聽計從呢？要罵她又不忍心，不罵她又心裡直冒火。如果讀者真的懂金星的影響，自然也就會明白了。

看山不像山

前提：這張出生圖有三個大三角相位，包括月亮、土星、木星、冥王星和上昇星座的五個位置，這三個大三角的位置是位在摩羯座、金牛座和處女座三個土象星中。大三角的作用本就是可以給予人在性格上一種內在的穩定與和諧感，落在土象星上會更加強這種穩定性，使個人的內在調和良好，通常這種人凡事都是很順利且心情愉快的。不過在土象星的大三角，也許給人一種頑固死板的特質，因此，就要看出圖中其他部分是否可以平衡這大三角的影響。因過多的大三角常使人把事物看得太簡單，太輕鬆如意，如果遭遇人生挫折時就不容易克服。因此，有些占星家認爲過多的大三角是一種邪惡的象徵。

其中，月亮相位最爲穩定，月亮在金牛座的人本來就不容易衝動，而圖主又有很多行星與月亮有三分相位，這是應該加分的地方。

太陽、水星、金星和天王星、冥王星、上昇星座有負面四分相位，這是代表一種緊張的驅力，可以平衡一下圖主過於穩定的個性，而給予個性上一點緊張的活力。基本上這也是一種好的影響。

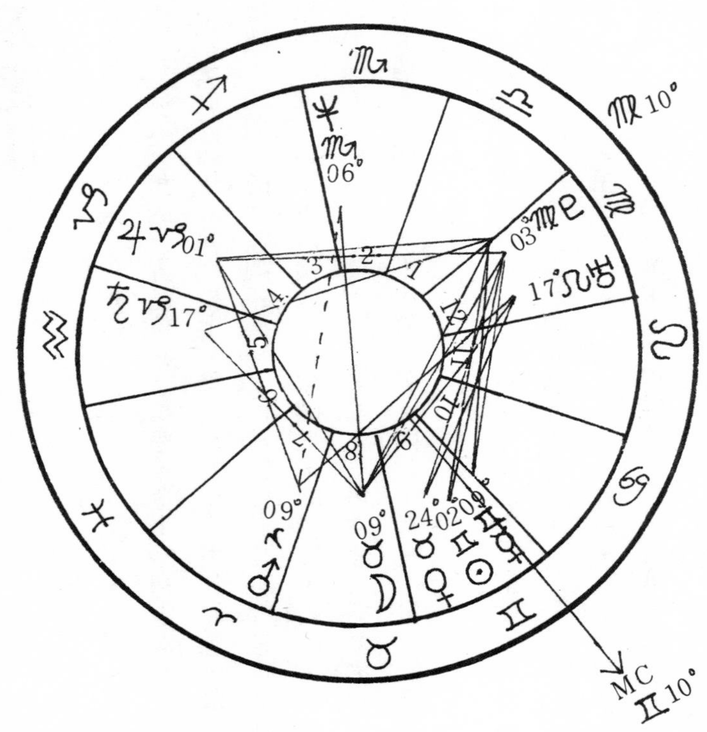

■西元一九六〇年五月×日中午十一時三十分生

冥王星在十二宮處女座與上昇星座成合相，任何與上昇星座成合相的行星都要加以考慮，在此圖中「冥王星」的影響力非常重要，應特別注意。另外，水星是太陽和上昇星座（雙子座與處女座）的守護星，水星和太陽在天頂的位置。因此水星相位也將是影響性格的主要部分。

●性格

太陽在雙子座，上昇星座在處女座
太陽、水星和天頂成合相
上昇星座和月亮、土星、木星成三分相位

和雙子座同為水星守護的處女座，沒有雙子座輕浮的毛病。也有人稱這種人為「鬧鐘人」，事實上也是如此。這種人時時刻刻都處在一種忙碌的狀態，有很強的行動力。工作十分勤奮、實際，講究細節。凡事一板一眼，很討厭馬虎和草率的行為及想法。生活十分規律。

冥王星在處女座十二宮上昇

任何與冥王星形成相位的行星，都會受到深奧、騷亂和權力的影響。與上昇星座的合相會加強上昇星座的特徵。處女座重分析、專一的特質會被增強。有強烈的個性，言語中肯。冥王星還賦予人一種改變生活型態、重新開始的特質。合相在十二宮，這些傾向會在潛意識

中發生作用。有可能產生根深蒂固的心理疾病。

月亮在金牛座和金星、天王星成四分相位

月亮和海王星成對相

太陽、水星和冥王星及上昇星座成四分相位

情緒十分緊張、生活壓力大，這點是很難避免的。情感和情緒表達缺乏技巧，容易使人厭煩。或許會因此而遭人誤解。非常固執，別人很難改變其想法。

敏感而容易自欺，必須以性格中較實際的部分來克制這種傾向。

天王星受剋使此人的情緒變得十分緊張而敏感，而天王星、冥王星又位在十二宮中，個人緊張的情緒無法鬆懈的話，要靠心理治療來解決。此人要表現出正面的人格並不容易。

通常這種天王星的負面相位會人緣不佳，使人易孤獨、寂寞，必須找出其他較悅人的部分來平衡。

月亮在金牛座和木星、土星、冥王星、上昇星座成三分相位，土星在第五宮摩羯座

月亮星座的特徵十分明顯。做事有大志並充滿決心。通常喜愛與人交往，並且有很强的財務能力。通常值得信賴、可靠，做事謹愼、小心，具有實際的能力。爲人也相當熱情。

不過，土星在第五宮摩羯座，生活容易變得枯燥而乏味。土星傳統上就是摩羯座的守護星，因此土星的正面特徵十分明顯。野心很大，也許因而忽略了日常生活的享樂而做了很多自我犧牲的事。經濟方面很吝嗇，非常節儉。

●適合職業與科系

水星在天頂的位置，本來是十分適合從事新聞、傳播及其他屬於水星的行業。太陽在雙子座並和天頂成合相，精力充沛，工作慾望很强，也有本事從事新聞業。不過她的月亮相位三方（即一百二十度的方向）和摩羯座、處女座的大三角相位，是位在固定星座上的，因此對水星職業是否能適應是個問題。而新聞業屬於日夜顛倒的工作，有時須整天24小時待命，對她或許負荷過重。

具有喜歡與人溝通的特質和教育性的事務，所以可以從事教職。不過如果是教育較小的孩子，或許會過於嚴格。

月亮在金牛座，上昇星座在處女座，土星在摩羯座
月亮與上昇星座及土星成三分相位

有强烈的財務能力，可以從事與公共財務有關的事業。不過此處是指在公司行號謀職而言。若是自己創業，月亮和海王星成對相，判斷力差，偏好速成發財法，或許會有很大的失敗。另外，雖然太陽在第九宮，事業心强，給人一種很有出息的感覺，不過天頂的水星卻使得事業易有變動，因此，個人最好在設備完善，福利制度好的公司工作較能長久。

以太陽在天頂及冥王星在上昇的位置來看，基本上有種類似權力情結的心理，並且有需要別人認同的强烈渴望，故此人在工作上喜歡做能控制一切的工作，而且也有很强的工作能力，確實能在工作上委以重任。此人喜歡在大企業工作，或是各種運輸業方面的相關企業能帶來好運。

在選擇科系方面，太陽在第九宮，求知慾强，適合作深入的研究工作或繼續深造。水星也在第九宮，或許有語言天分或渴望接受高等教育，因此，個人必須培養這方面的能力以適應未來。第九宮的金星，如果唸大學，大學時代必非常快樂，與外國人關係良好。甚至可能嫁給外國人，繼而出國定居。

不過，第九宮太陽，水星、金星有些負面相位，或許會阻礙了一般的進展。不過，這股驅力必須要把握住，否則很容易因爲很多大三角相位過於安於現狀而放棄繼續深造，那是十分可惜的事。

這種適合深造的相位，其實只要是她有興趣的科系都很適合。第一個優先考慮的應該是外文系，因爲語文能力被加强的緣故。而唸商學系也相當適合，特別是分析和研究方面的工作，必定可以做得很完美。另外新聞、傳播方面的科系也可以考慮。

●感情生活

第五宮內有土星，土星在摩羯座

土星和月亮及上昇星座成三分相位

太陽和天頂成合相

土星的相位會抑制其他行星的作用，因此土星在第五宮，對戀愛事件感覺遲鈍，可以說是個完全無法享受愛情的人。尤其是對愛情有一種抑制情感的成分，因而會覺得苦悶，或者擔心自己無法吸引對方。或許表現感情的方式予人一種無聊、乏味之感。或許會太過嚴肅，缺乏情趣，不懂得放鬆自己。

火星在第七宮牡羊座與木星成四分相位

火星是牡羊座的守護星，火星在此星座更加强了此行星之作用。對配偶也許是活潑而熱切的，但是火星受剋卻可能引起混亂和失望，及或許會發生口角。必須克制自己的攻擊性和任性的行為，否則容易出意外。

金星在金牛座、金星和天王星、冥王星成四分相位

月亮在第八宮金牛座

關心性生活，也許會好色。重肉體慾望，不過可以克制自己强烈的性衝動。

重視個人自由，在情感方面的看法不合乎傳統，因此選擇伴侶或合夥關係宜慎重，否則會造成雙方關係破裂。情感表達時容易緊張、笨拙，不擅表達情感。不過金星在金牛座的人佔有慾很強，因此此人應培養一些個人的嗜好，不宜過分干涉對方，使對方窒悶受縛。

金星在金牛座較好的影響是使人有藝術欣賞的能力，但一般來說人緣不是很好。

不過雖說圖主在出生圖中不利感情的因素很多，但是大三角相位有助於平衡、調和內在的性格，大多使人性情溫良、平靜，討人喜愛，尤其又位於土象星座中，筆者相信以這種穩重的個性，在戀愛或婚姻的道路上雖不能達到盡善盡美，甚至有些單調、有些衝突，但是不會有大礙。當然，能否白頭偕老，我們不能單從一張出生圖就看得出來婚姻或戀愛的成敗，必須配合配偶的出生圖才可說得準確。其實圖主生活上壓力顯然是來自事業上的，因此事業的成敗對她而言十分重要，如果配偶能支持她在事業上的堅持，能多包容、鼓勵她，那麼性情溫和、善良的她一定可以感受到並且加倍回報的。

●財運

第二宮內有海王星，海王星和月亮成對相

土星、木星在摩羯座

雖然日常生活十分節儉，但在管理自己財務時會有疏忽的傾向。對財務方面的事很有興

趣，也適合理財，但卻不適合投資。月亮和海王星的對相通常使人一時興起發財夢，但投資方向容易錯誤，會迅速嚐到失敗的後果，不可不慎。

第二宮起點在天秤座，守護星是金星

金星在財帛宮是一種好的影響，重視錢財，也會存錢。或許從事與美感有關的職業會使其獲益。不過金星和天王星、冥王星有四分相位，在財務方面必須小心、謹慎，如果過度投資會發生困難。好處是通常此人在錢財方面從不感到匱乏，或許和此人工作十分努力有關。但此人不喜歡用勞力或體力去賺取金錢。

第八宮的月亮在金牛座，適合理財，尤其月亮相位和其他行星有許多正面相位，月亮特徵十分明顯。

由於不適合投資，而本人理財方式也傾向保守，因此高風險的投資絕對不宜。另外像房地產、或者自己開店、與人合夥方面也要多小心，以防止損失。

●綜合判斷

這個人可以說是最不像雙子座的雙子座了。我們知道，通常上昇星座可以改變人的外貌和脾氣，而這個處女座的上昇星座，造就了土象星的三個大三角相位，也給予了這個風象星座的女人一種非常穩定的內在人格。其實對於容易不安、多做少成和虎頭蛇尾的雙子星座而

言，這些相位都很好，可以糾正許多雙子座輕浮、善變等毛病。

另外，太陽、水星、金星的四分相位，倒是給了圖主足夠的驅力去應付生活上的壓力，而不致使圖主過於安逸被動。我們可以說，她或許是世界上最快樂的人了。在事業上的壓力對她而言也是一種好的影響，如果沒有壓力，反而對她不好，有可能產生心理方面的問題。

這張出生圖給了我們一個很好的啓示，很多習慣從太陽星座來判斷性格的人，如遇到像這樣的出生圖，一定會栽了個大跟斗。誰說雙子座的人就一定有輕浮和虎頭蛇尾的毛病！

靜如處子、動如脫兔

前題：這張出生圖是某位好友託我幫忙分析一位四十歲出頭的女士。首先我先介紹一下這位女士的背景。她家境小康，高中畢業後曾做了兩年的海空運公司打字員。後來考上三專。專科畢業後，她仍從事打字工作達十八年之久。三十六歲那年她換工作，換了一個和她原來性質完全不同的工作—業務員，只是她還是在海空運公司服務。她相當早婚，大約二十歲左右就結婚了，那時她才高中剛畢業。

從她的出生圖來看，筆者非常可以理解這位女士（我們以下就稱呼她「安」吧！）的工作態度，天頂摩羯座，天頂和太陽、月亮有三分相位，成了一個在固定星座上的大三角。這種人從來就與世無爭，過著一種祥和安寧的生活，容易獲得滿足。天頂的摩羯座其守護星是土星，土星在第六宮，代表可能從事一種相當刻板、苦悶的工作，水星在第六宮更加强了此一特質。

另外，第五宮內有金星和冥王星的合相，此合相和月亮、火星成了一個等腰三角形相位，這是值得我們探討的相位。

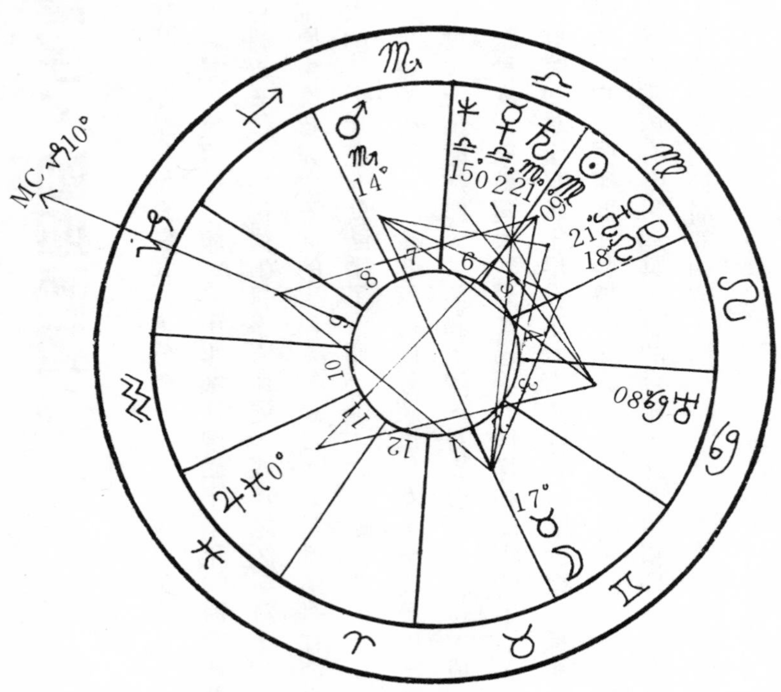

■西元一九五〇年九月×日晚上八時生，女性

●性格

太陽在處女座第五宮

太陽和天頂、月亮成三分相位

第五宮是太陽所在的好宮位，通常能充分享受生命中的種種樂趣。此宮的小孩十分樂觀進取，如果太陽又落在非常有創造性的星座中，如雙魚座、獅子座，很適合藝術工作。個人內在調和良好，人格中沒有太多衝突，但是很可能缺乏雄心壯志。

上昇星座在牡羊座和海王星成對相

無論如何，這個相位一定會減弱了性格，通常使人產生一些失望和混亂的情況。不過牡羊座外在還是給人一種精力旺盛、樂觀、開朗的感覺。

太陽、金星、冥王星在第五宮，太陽和木星成對相

金星和冥王星在獅子座成合相和月亮、火星成四分相位

這是個等腰三角形相位，具有高度的情緒性隨時會爆發，且很難克制。而且風流韻事過多，如果太早婚會有麻煩出現，如果婚姻的對象無法滿足其渴望的話，出軌的機率很高。個人必須檢討自己的私生活，否則容易流於過於放蕩而行爲不檢。在這方面，安自己就表示她業務員的工作有很多與異性接觸的機會。有一次她的客户和她談生意，該客户居然約在某某

飯店的套房裡，她卻一點警覺性也沒有仍然神色自若地赴約。她說事後想想那位客户是有意要設計她的，但她冷靜和自制的態度不但化解了危機，而且也沒有撕破臉。

第五宮內行星的負面相位，會使得個人有冒險傾向，若不加以克制真的會有麻煩出現。而太陽—木星的對相，也使個人過於樂觀和大意。

月亮和火星成對相，情感强烈，但容易衝動、易與他人發生口角。這點易衝動的個性必須以其他部分加以平衡，否則會很麻煩。

上昇星座在牡羊座，月亮在金牛座

這個月亮相位十分好，可以平衡牡羊座自私、衝動和過度急切的毛病，對財務也相當有利。

提桶型出生圖，其把手是木星在雙魚座十一宮

此位置是傳教士的最佳相位，對受苦者十分同情而敏感，心地善良、慈悲。此人有很多朋友，也樂於與人爲交。可以達到較高的層次。不過這個行星位置和太陽對沖，個人可能傾向不安和遲疑不決，奢侈的可能性很大。

●適合的職業與科系

天頂在摩羯座和太陽、月亮成三分相位

土星、水星在第六宮，太陽在處女座

這種大三角相位追求的是一種安定和安全感，多半不喜歡參與競爭性强烈的商業活動或社交活動，因此打字工作也十分適合。不過摩羯座畢竟是具有野心的星座，總是渴望著升遷或加薪，因此如果有機會，只要那個機會不是太不合實際的話，摩羯座一定會緊抓著不放，他們很少會浪費時間。

這種人極喜歡規律的生活，也很能適應需要耐心和恒心的工作。不過對她而言，個人能力或許很强，不過那是在工作方面，她並沒有强烈的社交傾向，這對「業務員」一極需圓融人際關係的工作，似乎不太適合。不過她的上昇星座在牡羊座，我們知道，上昇星座可以改變任何人的外觀和內在性格。必要時，牡羊座的女人可以從事任何行業，克服任何困難，她們太樂觀了，也太聰明了（屈居於人下，被人呼來喚去的工作不適合）。通常她們是驕傲得可以，並且有自私的傾向。因此年紀愈大，上昇星座的特徵就愈明顯，我想沒什麼理由可以使一個牡羊座的女人在做了十幾年的打字工作以後還繼續待下去。據安自己說，她自己就十分高興她作的這個決定。其實她換工作也是在一個非常偶然的機會下產生的。在這十幾年的時光中，她不斷加强自己的語文能力。在三十五歲那年被她的上司所賞識，派她去國外考察並搜集一些資料回來。我想這算是她一生中的轉捩點。沒想到就在短短的半年中她結識了不少外國客户，回國後，她就被轉調爲負責該地區業務拓展的專員。其實她或許沒有發現，這份工作更能激發她過人的反應與判斷力，並且可充分發洩過人的精力。

牡羊座的人具有開創的精神，因此她後來的這工作對她而言是很不錯的。只是後來不知什麼原因，也許是該公司部門改組了以後，她負責的澳洲區域被取消，因而她也離開了該公司，而到另外一家同性質的公司上班。後來這份工作因比較安定，也符合她需要安全感的特性。

在科系方面，出生圖中顯示有創造力，因此不適合太死板的科系。此人相當重實際，故選擇科系大都以此爲主要考慮。比較好的情況下使此人相當有創意，可以考慮往藝術方面發展。另外，像商業、文書之類也相當適合。

●感情生活

太陽在第五宮，金星和冥王星在獅子座第五宮成合相

金星和月亮，火星成四分相位

戀愛運不錯，有極佳的異性緣。獅子座的金星十分具有喜劇感，使太陽在處女座那種對愛情看法十分含蓄而寂寞的特性增加許多活力。尤其第五宮本來就是獅子座的固定位置，更加强了此特性。但這個行星位置會影響人渴望羅曼史和戀愛事件，有可能風流韻事很多。自我放縱的情形很明顯，必須加以克制。不過安雖然有不少羅曼史，但她的婚姻仍然穩固。原

因是個人可以很技巧地把注意力放在工作和孩子上面（子女也是第五宮內主宰的項目），何況她的太陽相位十分穩固，就算有暗盤的關係，也絕不會持續太久。其實女人有這種相位也使得個人增添了很多魅力，也是很多表演工作者（如演員）所必須的。

其實不管是男人、女人，很難說結了婚以後就完全對配偶以外的異性不感興趣，而安這種相位更不例外。所謂的風流韻事，也很可能是精神上的，更可增添個人生活上許多浪漫的色彩。

火星在天蠍座第七宮和月亮成對相

火星和金星、冥王星成四分相位

重感情。過於敏感的個性導致在感情和家庭生活上易有口角發生。也許常對情感產生失望和不滿的情緒。脾氣十分暴躁，不易控制。這種相位最好和配偶能夠有一種聚少離多的特性，可減低摩擦。或者把這股精力完全發揮在工作上，才有可能疏導壓力。此相位如果沒有正確的誘導，很可能使行爲出現異於常軌，須克制。

火星和天王星成三分相位

精力充沛，對配偶熱情，但較難接受紀律。

●財運

月亮在第二宮金牛座

月亮和火星成對相，月亮和金星、冥王星成四分相位

財務有波動的情形，在談生意時很精明，很會儲蓄。月亮在金牛座本來很適合理財，但因爲此出生圖中月亮有很多不良相位的影響，最好不要從事理財工作，否則容易有混亂和糾紛產生，例如被人連累而負債，或者從事投資時過於衝動而未考慮現實導致損失。

月亮和太陽、土星、天頂成三分相位

固定收入和安全感是此人首先考慮的理財方式，冒險的程度降到最低。因此若充分掌握這個相位所帶來的好處，努力工作也可累積不少財富，大多以儲蓄的方式爲主。不過，個人如果想以迅速致富的方法來理財、投資的話，可能很快就會嚐到惡果。

例如她的工作是業務員，以工作的方式創造業績來帶動財運，相當適合。其他任何投機的理財方式則不宜輕易嘗試。

●綜合判斷

安的出生圖中三分相位，對相和四分相位分佈得相當平均，不過一般來說，負面特徵才

是人格中的主要部分，因此在解釋出生圖的時候，必須考慮何者影響較大，並且設法找出解決的辦法。

安位在土象星座的大三角相位，可以說相當穩固，尤其包括了太陽和月亮，因此這個大三角可輕易抵消掉出生圖中比較情緒化和不穩的部分。不管在人生的道路上遭遇何種挫折，個性和諧十分明顯，也懂得如何化解危機。而上昇星座在牡羊座，宛如帶給生命一種强而有力的影響，不致使個人生活過於枯燥和呆板，給人一種充滿生命力的感覺。

我們千萬不要忽略了出生圖中的把手—雙魚座的木星，木星才是此人一生中所追求的目標。但願這顆木星真的能帶來好運，且它也可以修正一些牡羊座太過自私和殘忍的影響力。木星可以帶領她到更高，更完美的精神領域中。

我們可以靜下來想像，安坐在書桌前靜靜沈思的模樣，或許什麼都不想，只顧陶醉在一種安祥、寧靜，但有些寂寞的氣氛中。也可能穿著緊身套裝、踩著高達三吋的高跟鞋在大雨中叫計程車。或一大清早和一位高大、粗壯的外國客户在希爾頓共進早餐，你瞧她那副自信又認真的模樣，或許又表現得有點浪漫。但卻忽然搖身一變，變得要命的現實。這些都是她嗎？是的，我早就說過，人性本來就是很複雜的，而占星學可以幫助我們找到一些完美的解答。

合圖

一般人求教於占星最常問的問題是：「哪些星座的人可以和諧相處？」或是：「我和什麼星座的人結婚最好？」

對於占星家而言，這個問題可以說是困難之至。雖然有很多星象書籍列出各星座和那些星座之間比較調和。但是一個人經過出生圖的分析之後，如果只憑太陽星座或上昇星座來分析的話，那些狀況就代表一種過於籠統的危險。兩個人之間是否合得來，要從兩人的出生圖和推運圖比較過後才能看得出來，而不是隨隨便便就可以一言以蔽之的。

合圖可以看出基本元素，看出此關係之驅力爲何？兩個人可以成功嗎？還是只是一時被愛情沖昏了頭？

如果一男一女想結婚，我們就分析計算兩人的出生圖。和出生時的出生圖一樣，如資料愈完整，合圖的準確度就愈高。如果不知道正確的出生時間，就無法推算出正確的上昇星座和天頂的位置。只有當天行星的位置可以參考。這樣一來，占星家必須告訴他的顧客（對象）他的推論可能並不正確。

繪製完雙方的出生圖後，我們有三個問題要先知道。

甲方的太陽星座和乙方的上昇星座在同一星座嗎？

甲方的太陽星座也正是乙方第七宮起點上的星座嗎？

女方的太陽是不是男方天頂所在的星座？

很多的占星書籍上把這三點列爲男女關係中最重要的考慮指標，從這三點可以大致看出男女雙方關係是不是很美滿？不過，如果是相對的星座，仍會很完美。例如甲方的太陽在射手座，乙的上昇星座在雙子座。

其他考慮方面，如合圖中行星之間彼此的相位也會形成某種關係。在這個步驟中，一般認爲合圖中出生圖行星可以有五度的寬減度，這和個人出生八至九度是不一樣的。

在合圖中，對行星的解釋也不可超過範圍。例如兩人出生圖中有月亮所形成的相位，可顯示他們對情緒將如何表達。男性的火星和女性的金星有相位，表示雙方有性吸引力。水星之間的相位表示心智上的束縛。如果水星和火星間有相位，必須決定這是一種和諧的關係或是爭執的傾向。

以下我們舉兩個本書中曾分析過的出生圖做爲兩對男女的例子。我們以A、B、C、D四個符號來代表。我們先看A和B的合圖，然後再看C和D的合圖。

●男性A與女性B的合圖

男性A的出生圖

太陽和天頂在天秤座

上昇星座在摩羯座，月亮在摩羯座上昇

水星在天蠍座

太陽與土星成對相

個性深思熟慮、謹慎、小心。有强烈的責任感。個性積極進取。不過有時會猶豫不決。

上昇星座在摩羯座，火星在射手座，和木星、金星成三分相位

個性保守、傳統。不過也能接受頗不平的狀況。人生觀積極，通常是精力旺盛的。

月亮和土星成四分相位，月亮在摩羯座

影響心情，容易沮喪、失望、不滿。個人覺得生活過得很艱辛、憂患意識很强。

金星在處女座，第七宮在巨蟹座

金星和木星在第九宮成合相　太陽在天秤座

重感情。重視與配偶及合夥人的關係。較好的情況下，迷人的氣質可以化解不必要的爭執。但太過重視貞潔和過分干涉對方，而容易導致誤解和口角。

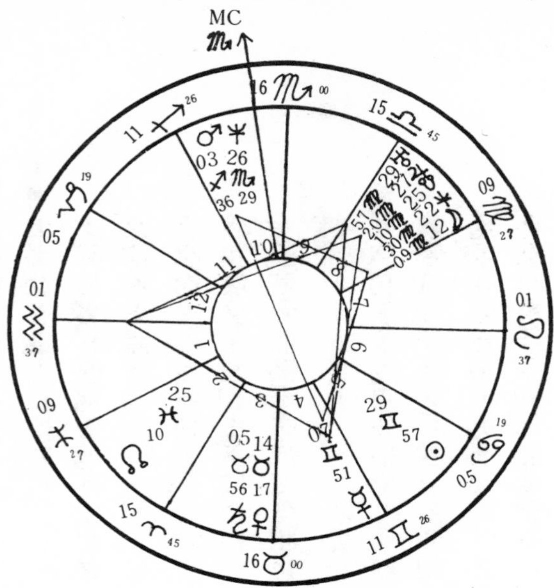

■西元一九六九年六月×日生，女性

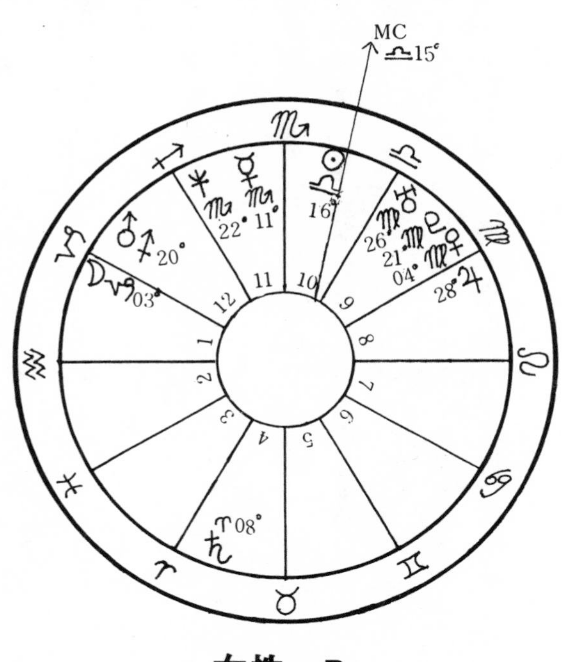

女性　B
男性　A

太陽和天頂在天秤座成合相，太陽和土星成對相

工作慾强，野心很大。不過略微缺乏獨立自主的個性，也許會考慮合夥事業。有時配偶對這點必須諒解。

女性B的出生圖

太陽在雙子座第五宮，上昇星座在水瓶座

太陽和木星、天王星、冥王星成四分相位

個性急躁、自我意識强。精力十分旺盛，聰明、活潑。不過有點善變。

金星在金牛座和土星成合相

金星和月亮冥王星成三分相位

爲愛犧牲的程度很强。不過會抑制愛情的表現。熱情但佔有慾過强是其缺點。發展個人興趣可以彌補。

太陽在雙子座第五宮有負面相位

有藝術家的氣質和創造力。不過可能過於放縱自己、太過輕浮的舉止容易導致誤解。

水星在雙子座和火星成對相

月亮在處女座

過分挑剔對方，易生口角。不易理智面對問題。這點很難克制。凡事要求理性解決。

月亮在處女座

金星在金牛座與土星成合相

在愛情方面不太熱情，過於實事求是。可能晚婚。

上昇星座在水瓶座

上昇星座和水星、天王星、木星成三分相位

水瓶座的正面特徵十分明顯。人道主義、善良、求知慾強，可能有極不合傳統的想法和行爲。重視自由、獨立。

A和B的合圖

男方的上昇星座和女方的太陽成對相

男方的上昇星座和女方的月亮成三分相位

男方的月亮與女方的太陽成對相

可以認同對方的人格，也頗能接受與欣賞對方。

男方的水星和女方的金星成對相

女方的水星和男方的金星成四分相位

對事物看法差異很大，不能理智面對問題。

男方的火星和女方的月亮成四分相位

男方的月亮和女方的月亮成三分相位

容易起爭執而發生口角，會導致情緒化的行為出現，不過失望情緒容易傳達，因此造成拖延的狀況。

男方的火星和女方的太陽成對相

在一起會有摩擦，男方或許會有暴力行為出現。

男方的太陽和天頂在天秤座、上昇星座在摩羯座

女方的太陽在雙子座，上昇星座在水瓶座，天頂在天蠍座

個性容易不合。摩羯座守舊和保守的態度對雙子座和水瓶座那種輕浮、忽視傳統、先進的思想會覺得格格不入。傳統上摩羯座和水瓶座都是由土星所守護的，兩人的關係可能會變得很冷漠。不過由金星主宰的天秤座有溫和、理性的特質，應使這些長處發揮出來，才有可能和睦相處。

女方的月亮和男方的金星成合相

女方的太陽在雙子座，男方的太陽在天秤座

在一起可以協調彼此不一致之處。

大致上來分析，A和B是個性不同的兩種人，彼此差異很大。也會起爭執。不過或許彼此可以認同對方的態度和情緒，反而使他們更不能順利分手。在一起的話要多加考慮。

●男性C與女性D的合圖

男性C的出生圖

太陽在金牛座，上昇星座在雙子座

太陽、水星和海王星成對相

個性溫和、實際。不過也有理性、多才多藝和多變的一面。常有健忘或糊塗的一面而導致混亂的場面。

水星和火星在金牛座十二宮成合相

心智能力很强，不過有隱密的傾向。

太陽在金牛座，天頂在雙魚座

有重直覺、精神和理想的傾向。但也會考慮現實。

上昇星座在雙子座

太陽和水星、火星、金星在金牛座

太陽、金星在第十一宮

愛好自由，不喜被束縛，不過又極端的具有佔有慾。

土星在第十宮

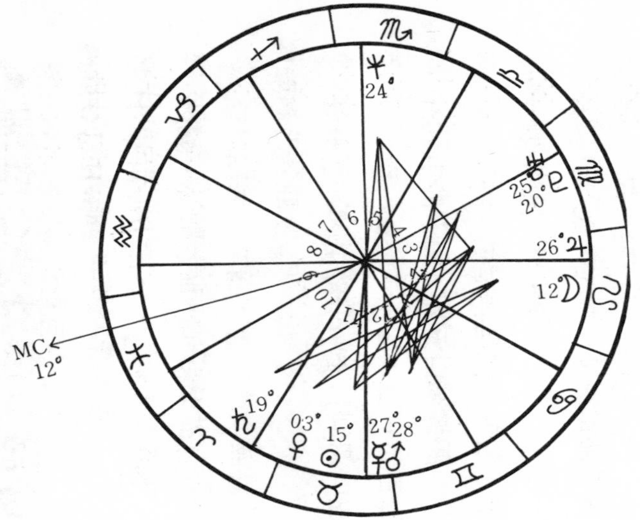

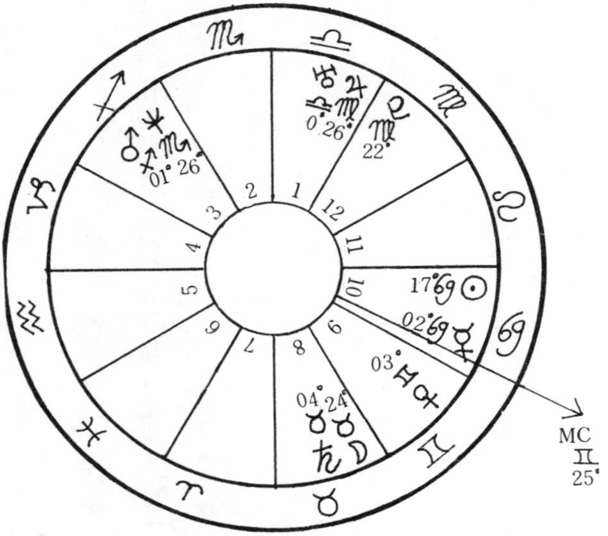

男性 C
女性 D

野心勃勃，想要在事業上有一番成就。重精神生活和社交。通常人緣不錯

海王星在第五宮有負面相位

金星在金牛座、月亮在獅子座

第七宮如射手座

對感情關係有點隨便，有縱慾的危險。尤其有尚未看清對方人品就輕易陷入的傾向。

女性D的出生圖

太陽在巨蟹座、上昇星座在處女座

金星在雙子座

重視伴侶關係。個性實際，需要安全感。活潑、聰明。

天王星和木星在第一宮成合相

個性不承傳統，通常心胸寬大、個性爽朗。

太陽在巨蟹座，月亮在金牛座，上昇星座在處女座

重視錢財和錢財的獲得，可能太過現實。

水星和上昇星座成合相

水星在巨蟹座，月亮在金牛座

有固執己見的傾向，應該讓自己理性的本能來判定對方的意見，不可讓心靈變得陳腐。

金星和天頂在雙子座

太陽和水星在巨蟹座

非常深情，常回憶過去。不過表達情感的能力很強，也深爲了解對方。

C和D的合圖

女方的天頂和男方的上昇星座成合相

女方的月亮和男方的火星、水星成合相

男女的天頂和女方的太陽成三分相位

對彼此的人格可以認同，可以互相吸引、欣賞。

男方的水星、火星與女方的金星成合相

有性吸引力，友誼能深厚發展。

男方火星與女方火星成對相

男方水星與女方金星成合相

雖可能會有爭執，不太平順，不過雙方可以找到改變生活型態的方式而互相協調。

太陽在金牛座

男方的上昇星座在雙子座，月亮在獅子座

女方的太陽星座在巨蟹座，月亮在金牛座

彼此個性有很大的不一致處，情緒表達方式也很不一樣。男方對愛情若不能專心或太過善變一定會引起女方的反感。女方若能克制她的佔有慾和依賴性，情況才會比較好。只是彼此要適應還是有些困難。

後序

親愛的讀者，如果本身對占星術真的有興趣，還是必須經過幾個階段才能融會貫通。其步驟是：

一、了解每顆行星、每個星座的基本含意。

二、出生圖的分析和解説。

三、大運、流年的精確推論。

——這部分要相當熟練以後才能夠判斷正確，否則就有很大的誤差。

在學習的過程中，很難預估要多久的時間才能學會，有人在幾個月内就可以意會，有人卻始終停留在第一個階段。我非常希望能與讀者共享這份知識的喜悦，因此我計劃寫作有關出生圖基本分析的書籍和大運、流年的論書。屆時，不知讀者您接受的程度將如何呢？這幾本書將摒棄一些失之爲武斷的論述，並擺脱星座叢書抄襲的惡性循環，盼能帶給讀者耳目一新的感受。不過，在此有個小小的建議，希望各位還是要先了解每顆行星的基本含意，才能融會貫通。請參考益群書店出版，也是由我改寫的—西洋占星術入門。

在看完了本書—西洋占星術精解之後，不知讀者是否覺得很有趣呢？不管您信也好，不信也罷，其實占星術正猶如命運般的謎題一樣，到目前爲止還沒有獲得真正的解答。就像很多不變的真理，有著累積所有人類生活經驗的總體歸納，它幫助我們瞭解「人性」。而我相信很多聰明的讀者不會忽視「人性」在個人生命中的重要性。

心靈的讀者是不會盲目相信毫無根據的論斷，就如同我開始研究占星術之時，心中充滿了懷疑和矛盾，那種心情就像沒有親眼見過上帝，卻要相信它存在的滋味。因此，讀者們必定有很多關於占星的問題，而我也非常期望知道讀者對此書的反應如何?所以對此書如有任何批評指教，歡迎寫信到——「板橋市信義路二二之一號二F　陳德馨收就可以了，或者可在下午時間；電話（〇二）九五六五〇八二，我當盡力解答您的各種問題」（來信請附上回郵信封）。

陳德馨　謹識

⊙附錄

●符號象徵

♈牡羊座	♉金牛座	♊雙子座	♋巨蟹座
♌獅子座	♍處女座	♎天秤座	♏天蠍座
♐射手座	♑摩羯座	♒水瓶座	♓雙魚座
☉太　陽	☽月　亮	☿水　星	♀金　星
♂火　星	♃木　星	♄土　星	♅天王星
♆海王星	♇冥王星		

1910的行星位置

1

	1	2	3	4	5	6	7	8	9	10	11	12	13	14	15	16	17	18	19	20	21	22	23	24	25	26	27	28	29	30	31
☉	♑ 10	11	12	13	14	15	16	17	18	19	20	21	22	23	24	25	26	27	28	29 0	♒ 0	1	2	3	4	5	6	7	8	9	10
☽	♍ 17	29	♎ 11	23	♏ 5	17	29	♐ 11	24	♑ 7	20	♒ 4	18	♓ 2	16	♈ 0	14	28	♉ 12	26	♊ 10	24	♋ 8	21	♌ 5	18	♍ 0	13	25	♎ 7	19
☿	♑ 26	28	29 0	♒ 1	2	3	5	6	7	8	9	10	11	11	12	12	12	R 12	12	11	10	10	9	8	6	5	4	3	1	0	♑ 29
♀	♒ 23	24	24	25	25	26	27	27	27	28	28	29	29	29	29 0	♓ 0	0	0	1	1	1	1	D 1	1	1	1	0	0	29	♒ 29	29
♂	♈ 18	18	19	20	20	21	21	22	22	23	23	24	24	25	25	26	27	27	28	28	29	29 0	♉ 0	1	1	2	2	3	4	4	5

♃ 1 ♎13, 10 14　♄ 1 ♈16, 15 17, 31 18　♅ 1 ♑20, 10 21, 25 22　♆ 1R ♋18, 25 17　♇ 1 ♊25

2

	1	2	3	4	5	6	7	8	9	10	11	12	13	14	15	16	17	18	19	20	21	22	23	24	25	26	27	28	29	30	31
☉	♒ 11	12	13	14	15	16	17	18	19	20	21	22	23	24	25	26	27	28	29 0	♓ 1	2	3	4	5	6	7	8	9			
☽	♏ 1	13	25	♐ 7	19	♑ 2	15	29	♒ 12	27	♓ 11	26	♈ 10	25	♉ 9	23	♊ 7	21	♋ 4	18	♌ 1	14	26	♍ 9	21	♎ 3	15	27			
☿	♑ 28	R 28	27	27	27	26	26	D 26	27	27	27	28	28	29	29 0	♒ 0	1	2	3	4	5	6	8	9	10	11	12	13			
♀	♒ 29	R 28	28	27	27	26	26	25	24	24	23	23	22	21	21	20	20	19	19	18	18	17	17	16	16	16	16	15			
♂	♉ 5	6	6	7	7	8	9	9	10	11	11	12	12	13	13	14	15	15	16	17	17	18	18	19	19	20	21	21			

♃ 1R ♎14, 25 13　♄ 1 ♈18, 15 19, 25 20　♅ 1 ♑22, 10 23　♆ 1R ♋17　♇ 1 ♊25

3

	1	2	3	4	5	6	7	8	9	10	11	12	13	14	15	16	17	18	19	20	21	22	23	24	25	26	27	28	29	30	31
☉	♓ 10	11	12	13	14	15	16	17	18	19	20	21	22	23	24	25	26	27	28	29	29 0	♈ 1	2	3	4	5	6	7	8	9	10
☽	♏ 9	21	♐ 3	15	27	♑ 10	23	♒ 8	21	♓ 5	20	♈ 5	20	♉ 5	19	♊ 4	18	♋ 1	15	28	♌ 10	23	♍ 6	18	♎ 0	12	24	♏ 6	17	29	♐ 11
☿	♒ 15	16	18	19	20	22	23	25	26	28	29 0	♓ 1	2	4	6	7	9	10	12	14	16	17	19	21	23	25	26	28	29 0	♈ 2	4
♀	♒ 15	R 15	15	15	D 15	15	15	15	15	15	16	16	16	17	17	17	18	18	19	19	20	20	21	21	22	22	23	24	24	25	26
♂	♉ 22	23	23	24	24	25	26	26	27	27	28	29	29	29 0	♊ 0	1	2	3	3	3	4	5	5	6	7	7	8	9	9	10	10

♃ 1R ♎13, 10 12, 15 11, 25 10, 31 9　♄ 1 ♈20, 5 21, 15 22, 25 23, 31 24　♅ 1 ♑23, 5 24, 31 25　♆ 1R ♋16　♇ 1 ♊25

4

	1	2	3	4	5	6	7	8	9	10	11	12	13	14	15	16	17	18	19	20	21	22	23	24	25	26	27	28	29	30	31
☉	♈ 11	12	13	14	15	16	17	18	19	20	20	21	22	23	24	25	26	27	28	29 0	♉ 0	1	2	3	4	5	6	7	8	9	
☽	♐ 23	♑ 6	18	♒ 1	15	29	♓ 13	28	♈ 13	28	♉ 13	28	♊ 13	27	♋ 11	24	♌ 7	20	♍ 3	15	27	♎ 9	21	♏ 3	14	26	♐ 8	20	♑ 2	15	
☿	♈ 6	8	10	12	14	16	18	20	22	25	27	29	♉ 1	3	5	7	9	11	13	15	16	18	20	21	23	24	26	27	28	29 0	
♀	♒ 27	27	28	29	29 0	♓ 1	2	2	3	4	5	6	7	8	9	9	10	11	12	13	14	15	16	17	18	19	20	21	22	23	
♂	♊ 11	11	12	13	14	14	15	15	16	17	17	18	18	19	20	20	21	22	22	23	23	24	25	25	26	26	27	28	28	29	

♃ 1R ♎9, 10 8, 20 7, 28 6　♄ 1 ♈24, 10 25, 15 26, 25 27, 30 28　♅ 1 ♑24, 5 25　♆ 1 ♋16　♇ 1 ♊25

5

	1	2	3	4	5	6	7	8	9	10	11	12	13	14	15	16	17	18	19	20	21	22	23	24	25	26	27	28	29	30	31
☉	♉ 10	11	12	13	14	15	16	17	18	19	20	21	22	23	24	25	26	27	27	28	29 0	♊ 0	1	2	3	4	5	6	7	8	9
☽	♑ 27	♒ 10	24	♓ 7	22	♈ 6	21	♉ 6	22	♊ 7	21	♋ 6	20	♌ 3	17	29	♍ 12	24	♎ 6	18	29	♏ 11	23	♐ 5	17	29	♑ 12	24	♒ 7	20	♓ 3
☿	♊ 1	2	3	4	4	5	6	6	6	7	7	7	8	8	R 8	7	7	7	7	6	6	5	4	4	4	3	3	2	1	1	0
♀	♓ 24	25	26	27	28	29	29 0	♈ 1	2	3	4	5	6	8	9	10	11	12	13	14	15	16	17	18	20	21	22	23	24	25	26
♂	♊ 29	♋ 0	1	1	2	3	3	4	4	5	6	6	7	8	8	9	10	10	11	11	12	12	13	14	15	15	16	16	17	18	18

♃ 1R ♎6, 10 5, 25 4　♄ 1 ♈28, 10 29, 17 ♉0, 25 1　♅ 1R ♑25　♆ 1 ♋16, 10 17　♇ 1 ♊25, 31 26

6

	1	2	3	4	5	6	7	8	9	10	11	12	13	14	15	16	17	18	19	20	21	22	23	24	25	26	27	28	29	30	31
☉	♊ 10	11	12	13	14	15	16	17	18	19	19	20	21	22	23	24	25	26	27	28	29	29 0	♋ 1	2	3	4	5	6	7	8	
☽	♓ 17	♈ 1	16	♉ 0	15	♊ 0	15	29	♋ 14	28	♌ 12	25	♍ 8	20	♎ 3	14	26	♏ 8	20	♐ 2	14	26	♑ 9	21	♒ 4	17	♓ 0	14	28	♈ 12	
☿	♊ 0	♉ 29	R 29	29	29	29	29	D 29	29	29	29	♊ 0	0	1	2	2	3	4	5	5	6	7	9	10	11	12	14	15	17	18	
♀	♈ 27	28	29 0	♉ 1	2	3	4	5	6	7	9	10	11	12	13	14	16	17	18	19	20	21	22	24	25	26	27	28	29 0	♊ 0	
♂	♋ 19	19	20	21	21	22	23	23	24	24	25	26	26	27	27	28	29	29	♌ 0	0	1	2	2	3	4	4	5	5	6	7	

♃ 1 ♎4, 15 5　♄ 1 ♉1, 5 2, 15 3, 26 4　♅ 1R ♑24　♆ 1 ♋17, 1R 18　♇ 1 ♊26

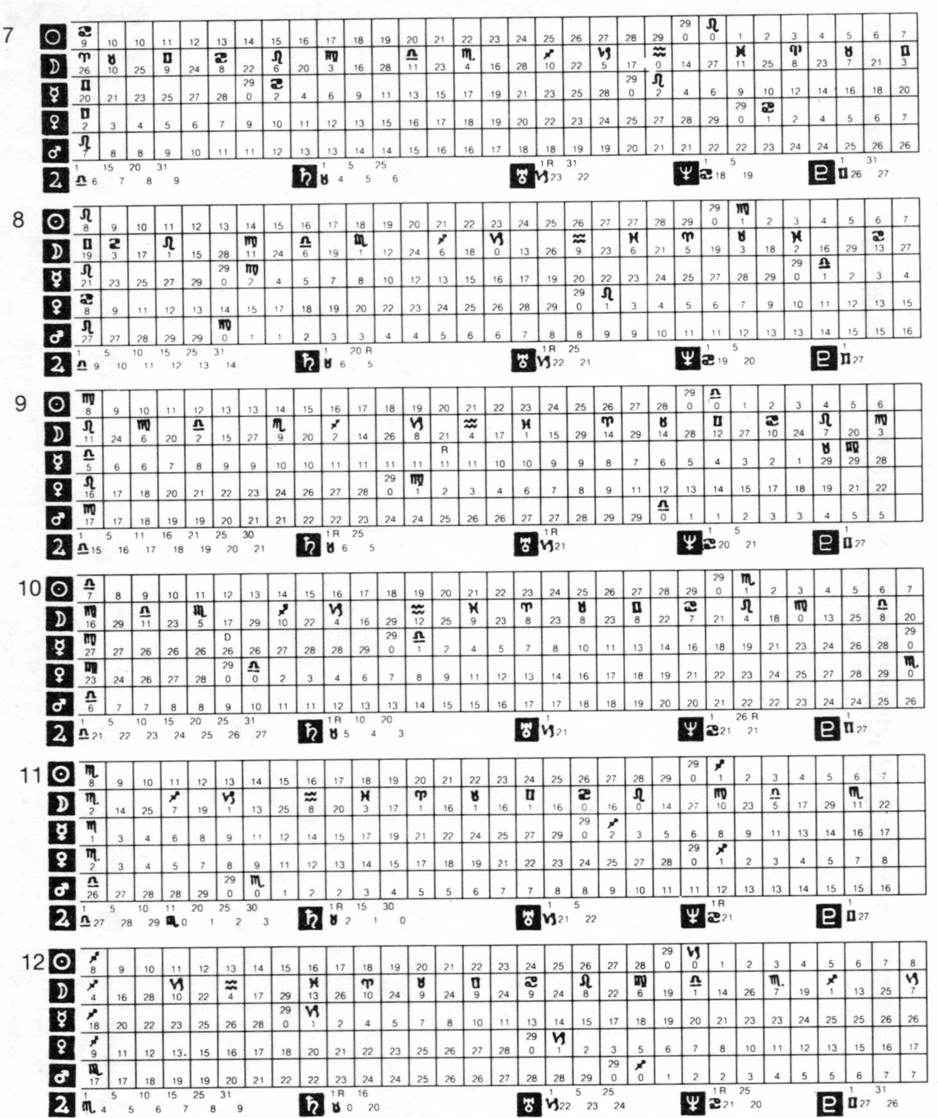

7	☉	♋ 9	10	10	11	12	13	14	15	16	17	18	19	20	21	22	23	24	25	26	27	28	29	29 / 0	♌ 0	1	2	3	4	5	6	7
	☽	♈ 26	♉ 10	25	♊ 9	24	♋ 8	22	♌ 6	20	♍ 3	16	28	♎ 11	23	♏ 4	16	28	♐ 10	22	♑ 5	17	♒ 0	14	27	♓ 11	25	♈ 8	23	♉ 7	21	♊ 3
	☿	♊ 20	21	23	25	27	28	29 / 0	♋ 2	4	6	9	11	13	15	17	19	21	23	25	28	29 / 0	♌ 2	4	6	9	10	12	14	16	18	20
	♀	♊ 2	3	4	5	6	7	9	10	11	12	13	15	16	17	18	19	20	22	23	24	25	27	28	29	29 / 0	♋ 1	2	4	5	6	7
	♂	♌ 7	8	8	9	10	11	11	12	13	13	14	14	15	16	16	17	18	18	19	19	20	21	21	22	22	23	24	24	25	26	26

♃ 1: ♎ 6, 15: 7, 20: 8, 31: 9 ♄ 1: ♉ 4, 5: 5, 25: 6 ♅ 1R: ♑ 23, 31: 22 ♆ 1: ♋ 18, 5: 19 ♇ 1: ♊ 26, 31: 27

8	☉	♌ 8	9	10	11	12	13	14	15	16	17	18	19	20	21	22	23	24	25	26	27	27	28	29	29 / 0	♍ 1	2	3	4	5	6	7
	☽	♊ 19	♋ 3	17	♌ 1	15	28	♍ 11	24	♎ 6	19	♏ 1	12	24	♐ 6	18	♑ 0	13	26	♒ 9	23	♓ 6	21	♈ 5	19	♉ 3	18	♓ 2	16	29	♋ 13	27
	☿	♌ 21	23	25	27	29	29 / 0	♍ 2	4	5	7	8	10	12	13	15	16	17	19	20	22	23	24	25	27	28	29	29 / 0	♎ 1	2	3	4
	♀	♋ 8	9	11	12	13	14	15	17	18	19	20	22	23	24	25	26	28	29	29 / 0	♌ 1	3	4	5	6	7	9	10	11	12	13	15
	♂	♌ 27	27	28	29	29	♍ 0	1	1	2	3	3	4	4	5	6	6	7	8	8	9	9	10	11	11	12	13	13	14	15	15	16

♃ 1: ♎ 9, 5: 10, 10: 11, 15: 12, 25: 13, 31: 14 ♄ 1: ♉ 6, 20R: 5 ♅ 1R: ♑ 22, 25: 21 ♆ 1: ♋ 19, 5: 20 ♇ 1: ♊ 27

9	☉	♍ 8	9	10	11	12	13	13	14	15	16	17	18	19	20	21	22	23	24	25	26	27	28	29 / 0	♎ 0	1	2	3	4	5	6	
	☽	♌ 11	24	♍ 6	20	♎ 2	15	27	♏ 9	20	♐ 2	14	26	♑ 8	21	♒ 4	17	♓ 1	15	29	♈ 14	29	♉ 14	28	♊ 12	27	♋ 10	24	♌ 7	20	♍ 3	
	☿	♎ 5	6	6	7	8	9	9	10	10	11	11	11	11	R 11	11	10	10	9	9	8	7	6	5	4	3	2	1	♉ 29	♍ 29	28	
	♀	♌ 16	17	18	20	21	22	23	24	26	27	28	29 / 0	♍ 1	2	3	4	6	7	8	9	11	12	13	14	15	17	18	19	21	22	
	♂	♍ 17	17	18	19	19	20	21	21	22	22	23	24	24	25	26	26	27	27	28	29	29	♎ 0	1	1	2	3	3	4	5	5	

♃ 1: ♎ 15, 5: 16, 11: 17, 16: 18, 21: 19, 25: 20, 30: 21 ♄ 1R: ♉ 6, 25: 5 ♅ 1R: ♑ 21 ♆ 1: ♋ 20, 5: 21 ♇ 1: ♊ 27

10	☉	♎ 7	8	9	10	11	12	13	14	15	16	17	18	19	20	21	22	23	24	25	26	27	28	29	29 / 0	♏ 1	2	3	4	5	6	7
	☽	♍ 16	29	♎ 11	23	♏ 5	17	29	♐ 10	22	♑ 4	16	29	♒ 12	25	♓ 9	23	♈ 8	23	♉ 8	23	♊ 8	22	♋ 7	21	♌ 4	18	♍ 0	13	25	♎ 8	20
	☿	♍ 27	27	26	26	26	D 26	26	27	28	28	29	29 / 0	♎ 1	2	4	5	7	8	10	11	13	14	16	18	19	21	23	24	26	28	29 / 0
	♀	♍ 23	24	26	27	28	29 / 0	♎ 0	2	3	4	6	7	8	9	11	12	13	14	16	17	18	19	21	22	23	24	25	27	28	29	♏ 0
	♂	♎ 6	7	7	8	8	9	10	11	11	12	13	13	14	15	15	16	17	17	18	18	19	20	20	21	22	22	23	24	24	25	26

♃ 1: ♎ 21, 5: 22, 10: 23, 15: 24, 20: 25, 25: 26, 31: 27 ♄ 1R: ♉ 5, 10: 4, 20: 3 ♅ 1: ♑ 21 ♆ 1: ♋ 21, 26R: 21 ♇ 1: ♊ 27

11	☉	♏ 8	9	10	11	12	13	14	15	16	17	18	19	20	21	22	23	24	25	26	27	28	29	29 / 0	♐ 1	2	3	4	5	6	7	
	☽	♏ 2	14	25	♐ 7	19	♑ 1	13	25	♒ 8	20	♓ 3	17	♈ 1	16	♉ 1	16	♊ 1	16	♋ 0	16	♌ 0	14	27	♍ 10	23	♎ 5	17	29	♏ 11	22	
	☿	♏ 1	3	4	6	8	9	11	12	14	15	17	19	21	22	24	25	27	29	29 / 0	♐ 2	3	5	6	8	9	11	13	14	16	17	
	♀	♏ 2	3	4	5	7	8	9	11	12	13	14	15	17	18	19	21	22	23	24	25	27	28	29 / 0	♐ 1	2	3	4	5	7	8	
	♂	♎ 26	27	28	28	29	29 / 0	♏ 0	1	2	2	3	4	5	5	6	7	7	8	8	9	10	11	11	12	13	13	14	15	15	16	

♃ 1: ♎ 27, 5: 28, 10: 29, 11: ♏ 0, 20: 1, 25: 2, 30: 3 ♄ 1R: ♉ 2, 15: 1, 30: 0 ♅ 1: ♑ 21, 5: 22 ♆ 1R: ♋ 21 ♇ 1: ♊ 27

12	☉	♐ 8	9	10	11	12	13	14	15	16	17	18	19	20	21	22	23	24	25	26	27	28	29 / 0	♑ 0	1	2	3	4	5	6	7	8
	☽	♐ 4	16	28	♑ 10	22	♒ 4	17	29	♓ 13	26	♈ 10	24	♉ 9	24	♊ 9	24	♋ 9	24	♌ 8	22	♍ 6	19	♎ 1	14	26	♏ 7	19	♐ 1	13	25	♑ 7
	☿	♐ 18	20	22	23	25	26	28	29 / 0	♑ 1	2	4	5	7	8	10	11	13	14	15	17	18	19	20	21	23	23	24	25	25	26	26
	♀	♐ 9	11	12	13.	15	16	17	18	20	21	22	23	25	26	27	28	29 / 0	♑ 1	2	3	5	6	7	8	10	11	12	13	15	16	17
	♂	♏ 17	17	18	19	19	20	21	22	22	23	24	24	25	26	26	27	28	28	29	29 / 0	♐ 0	1	2	2	3	4	5	5	6	7	7

♃ 1: ♏ 4, 5: 5, 10: 6, 15: 7, 25: 8, 31: 9 ♄ 1R: ♉ 0, 16: 20 ♅ 1: ♑ 22, 5: 23, 25: 24 ♆ 1R: ♋ 21, 25: 20 ♇ 1: ♊ 27, 31: 26

1911的行星位置

1

	1	2	3	4	5	6	7	8	9	10	11	12	13	14	15	16	17	18	19	20	21	22	23	24	25	26	27	28	29	30	31
☉	♑ 10	11	12	13	14	15	16	17	18	19	20	21	22	23	24	25	26	27	28	29	29 0	♒ 1	2	3	4	5	6	7	8	9	10
☽	♑ 19	♒ 1	14	27	♓ 10	23	♈ 6	20	♉ 4	18	♊ 3	17	♋ 2	17	♌ 2	16	♍ 0	14	27	♎ 9	22	♏ 4	16	27	♐ 9	21	♑ 3	15	28	♒ 10	23
☿	♑ 26	R 26	26	25	25	24	23	21	20	19	17	16	15	14	13	12	11	11	10	10	10	10	10	11	11	11	12	13	14	14	15
♀	♑ 18	20	21	22	23	25	26	27	28	29 0	♒ 1	2	3	5	6	7	9	10	11	12	13	15	16	17	18	20	21	22	24	25	24
♂	♐ 8	9	9	10	11	12	12	13	14	15	15	16	17	17	18	19	20	20	21	22	22	23	24	24	25	26	27	27	28	29	29 0

♃ 1 5 10 20 25 / ♏9 10 11 12 13　♄ 1 20 / ♈29 ♉0　♅ 1 10 31 / ♑24 25 26　♆ 1R 25 / ♋20 19　♇ ♊26

2

	1	2	3	4	5	6	7	8	9	10	11	12	13	14	15	16	17	18	19	20	21	22	23	24	25	26	27	28
☉	♒ 11	12	13	14	15	16	17	18	19	20	21	22	23	24	25	26	27	28	29 0	♓ 0	1	2	3	4	5	6	7	8
☽	♓ 6	20	♈ 3	17	♉ 1	15	29	♊ 13	27	♋ 12	26	♌ 10	24	♍ 8	21	♎ 4	17	29	♏ 12	23	♐ 5	17	29	♑ 11	23	♒ 6	19	♓ 2
☿	♑ 16	17	18	19	20	21	23	24	25	26	28	29	29 0	♒ 1	3	4	6	7	9	10	12	13	15	16	18	19	21	22
♀	♒ 27	28	29 0	♓ 1	2	4	5	6	7	9	10	11	12	14	15	16	17	19	20	21	22	23	25	26	27	28	29 0	♈ 1
♂	♑ 0	1	2	2	3	4	5	5	6	7	7	8	9	10	10	11	12	13	13	14	15	15	16	17	18	18	19	20

♃ 1 10 / ♏13 14　♄ 1 10 25 / ♉0 1 2　♅ 1 15 / ♑26 27　♆ 1R / ♋19　♇ 1 / ♊26

3

	1	2	3	4	5	6	7	8	9	10	11	12	13	14	15	16	17	18	19	20	21	22	23	24	25	26	27	28	29	30	31
☉	♓ 9	10	11	12	13	14	15	16	17	18	19	20	21	22	23	24	25	26	27	28	29 0	0	1	2	3	4	5	6	7	8	9
☽	♓ 16	29	♈ 13	27	♉ 11	25	♊ 10	24	♋ 8	22	♌ 6	20	♍ 3	17	29	♎ 12	25	♏ 7	19	♐ 1	13	25	♑ 7	19	♒ 1	14	27	♓ 10	24	♈ 8	22
☿	♒ 24	26	28	29 0	1	3	4	6	8	10	11	13	15	17	19	21	23	25	27	28	29 0	♈ 2	5	6	8	10	13	15	17	19	21
♀	♈ 2	3	5	6	7	8	10	11	12	13	14	16	17	18	19	21	22	23	24	25	27	28	29	♉ 0	2	3	4	5	6	8	9
♂	♑ 20	21	22	23	23	24	25	26	27	27	28	29	29	0	1	2	♒ 2	3	4	5	5	6	7	8	8	9	10	11	11	12	13

♃ 1R 31 / ♏14 13　♄ 1 5 15 26 31 / ♉2 3 4 5 6　♅ 1 10 / ♑27 28　♆ 1R 31D / ♋19 19　♇ 1 / ♊26

4

	1	2	3	4	5	6	7	8	9	10	11	12	13	14	15	16	17	18	19	20	21	22	23	24	25	26	27	28	29	30
☉	♈ 10	11	12	13	14	15	16	17	18	19	20	21	22	23	24	25	26	27	28	29	29 0	♉ 1	2	3	4	5	6	7	8	9
☽	♉ 7	21	♊ 6	20	♋ 5	19	♌ 3	16	29	♍ 13	26	♎ 9	21	♏ 3	15	27	♐ 9	21	♑ 3	15	27	♒ 9	22	♓ 5	18	♈ 2	16	♉ 1	16	♊ 1
☿	♈ 23	25	26	28	29 0	♉ 2	3	5	6	8	9	11	12	13	14	15	15	16	17	17	18	18	18	18	R 18	18	18	18	17	17
♀	♉ 10	11	13	14	15	16	17	19	20	21	22	23	25	26	27	28	29 0	♊ 1	2	3	4	5	6	8	9	10	11	13	14	15
♂	♒ 13	14	15	16	16	17	18	19	19	20	21	22	23	23	24	25	25	26	27	28	28	29	29 0	♓ 0	1	2	3	4	4	5

♃ 1R 10 15 25 / ♏13 12 11 10　♄ 1 10 20 25 / ♉6 7 8 9　♅ 1 5 / ♑28 29　♆ 1 15 / ♋18 19　♇ 1 / ♊26

5

	1	2	3	4	5	6	7	8	9	10	11	12	13	14	15	16	17	18	19	20	21	22	23	24	25	26	27	28	29	30	31
☉	♉ 10	11	12	13	14	15	16	17	18	19	19	20	21	22	23	24	25	26	27	28	29	29 0	♊ 1	2	3	4	5	6	7	8	9
☽	♊ 16	♋ 0	15	29	♌ 13	27	♍ 10	23	♎ 5	18	♏ 0	13	0	♐ 12	24	6	♑ 18	29	♒ 6	18	♓ 0	13	27	♈ 10	25	♉ 9	24	♊ 8	24	♋ 9	24
☿	♉ 16	R 16	15	15	14	13	13	12	12	11	10	10	10	9	9	9	9	9	D 9	9	9	9	10	10	10	11	12	12	13	14	15
♀	♊ 16	17	18	19	21	22	23	24	25	27	28	29	29 0	♋ 1	2	3	5	6	7	8	9	10	11	13	14	15	16	17	18	20	21
♂	♓ 6	6	7	8	9	10	10	11	12	13	13	14	15	16	16	17	18	18	19	20	21	21	22	23	24	24	25	26	27	27	28

♃ 1R 10 20 31 / ♏9 8 7 6　♄ 1 10 20 25 / ♉10 11 12 13　♅ 1 5R / ♑29 29　♆ 1 / ♋19　♇ 1 25 / ♊26 27

6

	1	2	3	4	5	6	7	8	9	10	11	12	13	14	15	16	17	18	19	20	21	22	23	24	25	26	27	28	29	30
☉	♊ 10	11	12	13	14	14	15	16	17	18	19	20	21	22	23	24	25	26	27	28	29	29 0	♋ 1	2	3	4	5	6	7	8
☽	♌ 9	23	♍ 6	20	♎ 2	15	27	♏ 9	21	♐ 3	15	27	♑ 9	20	♒ 2	15	27	♓ 10	22	♈ 6	19	♉ 3	18	♊ 2	18	♋ 3	18	♌ 3	18	♍ 2
☿	♉ 15	16	17	18	19	21	22	23	25	26	28	29	29 0	♊ 2	4	5	7	9	11	13	14	16	18	20	22	25	26	29	♋ 1	3
♀	♋ 22	23	24	25	26	27	28	29 0	♌ 1	2	3	4	5	6	7	8	9	10	11	12	13	15	16	17	18	19	20	21	22	23
♂	♓ 29	29 0	♈ 0	1	2	2	3	4	5	5	6	7	7	8	9	10	10	11	12	12	13	14	15	16	16	17	17	18	19	19

♃ 1R 5 25 / ♏6 5 4　♄ 1 5 15 20 30 / ♉13 14 15 16 17　♅ 1R 15 / ♑29 28　♆ 1 5 / ♋19 20　♇ 1 / ♊27

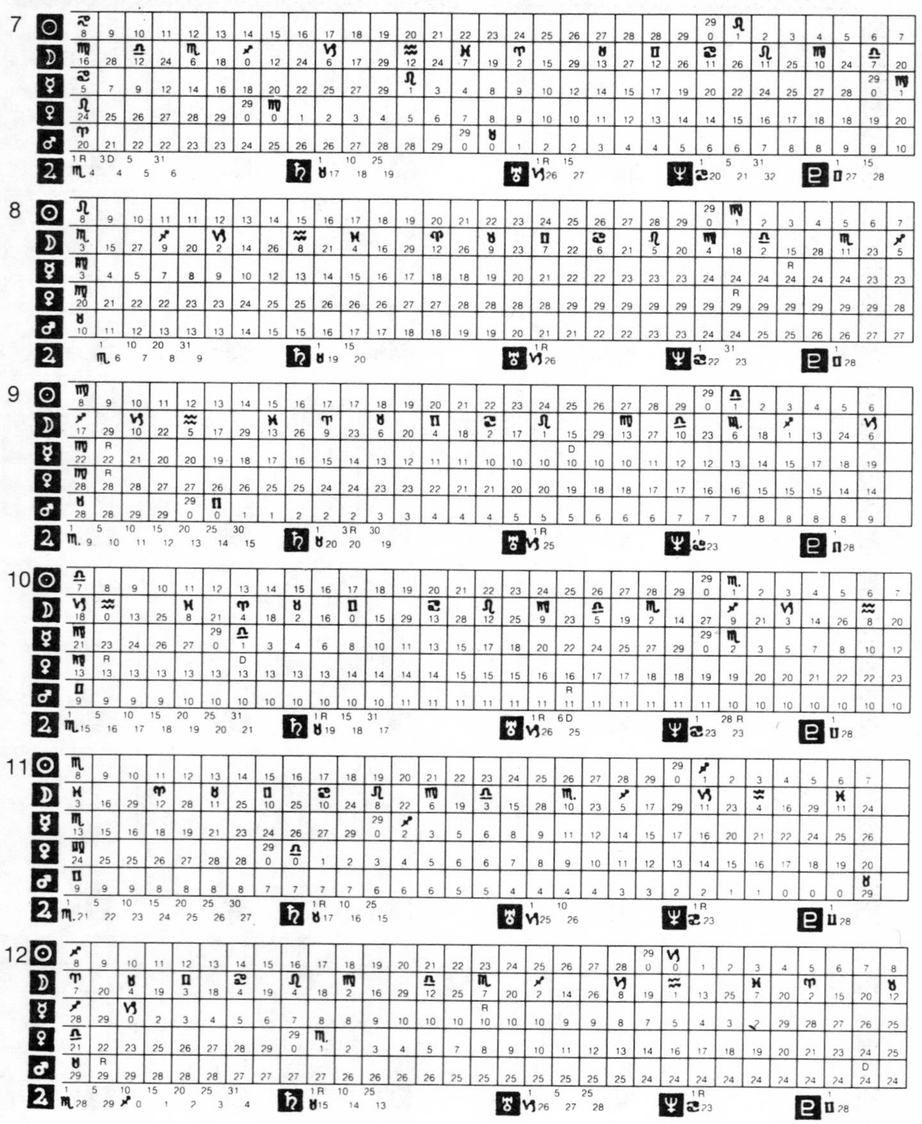

7	☉	♋ 8	9	10	11	12	13	14	15	16	17	18	19	20	21	22	23	24	25	26	27	28	28	29	29 0	♌ 1	2	3	4	5	6	7
	☽	♍ 16	28	♎ 12	24	♏ 6	18	♐ 0	12	24	♑ 6	17	29	♒ 12	24	♓ 7	19	♈ 2	15	29	♉ 13	27	♊ 12	26	♋ 11	26	♌ 11	25	♍ 10	24	♎ 7	20
	☿	♋ 5	7	9	12	14	16	18	20	22	25	27	29	♌ 1	3	4	8	9	10	12	14	15	17	19	20	22	24	25	27	28	29 0	♍ 1
	♀	♌ 24	25	26	27	28	29	29 0	♍ 0	1	2	3	4	5	6	7	8	9	10	10	11	12	13	14	14	15	16	17	18	18	19	20
	♂	♈ 20	21	22	22	23	23	24	25	26	26	27	28	28	29	29 0	♉ 0	1	2	2	3	4	4	5	6	6	7	8	8	9	9	10

♃ 1R 3D 5 31 — ♏4 4 5 6 ♄ 1 10 25 — ♉17 18 19 ♅ 1R 15 — ♑26 27 ♆ 1 5 31 — ♋20 21 32 ♇ 1 15 — ♊27 28

8	☉	♌ 8	9	10	11	11	12	13	14	15	16	17	18	19	20	21	22	23	24	25	26	27	28	29	29 0	♍ 1	2	3	4	5	6	7
	☽	♏ 3	15	27	♐ 9	20	♑ 2	14	26	♒ 8	21	♓ 4	16	29	♈ 12	26	♉ 9	23	♊ 7	22	♋ 6	21	♌ 5	20	♍ 4	18	♎ 2	15	28	♏ 11	23	♐ 5
	☿	♍ 3	4	5	7	8	9	10	12	13	14	15	16	17	18	18	19	20	21	22	22	23	23	23	24	24	24	R 24	24	24	23	23
	♀	♍ 20	21	22	22	23	23	24	25	25	26	26	26	27	27	28	28	28	28	29	29	29	29	29	29	R 29	29	29	29	29	29	28
	♂	♉ 10	11	12	13	13	13	14	15	15	16	17	17	18	18	19	19	20	21	21	22	22	23	23	24	24	25	25	26	26	27	27

♃ 1 10 20 31 — ♏6 7 8 9 ♄ 1 15 — ♉19 20 ♅ 1R — ♑26 ♆ 1 31 — ♋22 23 ♇ 1 — ♊28

9	☉	♍ 8	9	10	11	12	13	14	15	16	17	17	18	19	20	21	22	23	24	25	26	27	28	29	29 0	♎ 1	2	3	4	5	6	
	☽	♐ 17	29	♑ 10	22	♒ 5	17	29	♓ 13	26	♈ 9	23	♉ 6	20	♊ 4	18	♋ 2	17	♌ 1	15	29	♍ 13	27	♎ 10	23	♏ 6	18	♐ 1	13	24	♑ 6	
	☿	♍ 22	R 22	21	20	20	19	18	17	16	15	14	13	12	11	11	10	10	10	D 10	10	10	11	12	12	13	14	15	17	18	19	
	♀	♍ 28	R 28	28	27	27	26	26	25	25	24	24	23	23	22	21	21	20	20	19	18	18	17	17	16	16	15	15	15	14	14	
	♂	♉ 28	28	29	29	29 0	♊ 0	1	1	2	2	2	3	3	4	4	4	5	5	5	6	6	6	7	7	7	8	8	8	8	9	

♃ 1 5 10 15 20 25 30 — ♏9 10 11 12 13 14 15 ♄ 1 3R 30 — ♉20 20 19 ♅ 1R — ♑25 ♆ 1 — ♋23 ♇ 1 — ♊28

10	☉	♎ 7	8	9	10	11	12	13	14	15	16	17	18	19	20	21	22	23	24	25	26	27	28	29	29 0	♏ 1	2	3	4	5	6	7
	☽	♑ 18	♒ 0	13	25	♓ 8	21	♈ 4	18	♉ 2	16	♊ 0	15	29	♋ 13	28	♌ 12	25	♍ 9	23	♎ 5	19	♏ 2	14	27	♐ 9	21	♑ 3	14	26	♒ 8	20
	☿	♍ 21	23	24	26	27	29 0	♎ 1	3	4	6	8	10	11	13	15	17	18	20	22	24	25	27	29	29 0	♏ 2	3	5	7	8	10	12
	♀	♍ 13	R 13	13	13	13	13	D 13	13	13	13	14	14	14	14	15	15	15	16	16	17	17	18	18	19	19	20	20	21	22	22	23
	♂	♊ 9	9	9	9	10	10	10	10	10	10	10	10	11	11	11	11	11	11	R 11	11	11	11	11	11	10	10	10	10	10	10	10

♃ 1 5 10 15 20 25 31 — ♏15 16 17 18 19 20 21 ♄ 1R 15 31 — ♉19 18 17 ♅ 1R 6D — ♑26 25 ♆ 1 28R — ♋23 23 ♇ 1 — ♊28

11	☉	♏ 8	9	10	11	12	13	14	15	16	17	18	19	20	21	22	23	24	25	26	27	28	29	29 0	♐ 1	2	3	4	5	6	7	
	☽	♓ 3	16	29	♈ 12	28	♉ 11	25	♊ 10	25	♋ 10	24	♌ 8	22	♍ 6	19	♎ 3	15	28	♏ 10	23	♐ 5	17	29	♑ 11	23	♒ 4	16	29	♓ 11	24	
	☿	♏ 13	15	16	18	19	21	23	24	26	27	29	29 0	♐ 2	3	5	6	8	9	11	12	14	15	17	16	20	21	22	24	25	26	
	♀	♍ 24	25	25	26	27	28	28	29 0	♎ 0	1	2	3	4	5	6	6	7	8	9	10	11	12	13	14	15	16	17	18	19	20	
	♂	♊ 9	9	9	8	8	8	8	7	7	7	7	6	6	6	5	5	4	4	4	4	3	3	2	2	1	1	0	0	0	♉ 29	

♃ 1 5 10 15 20 25 30 — ♏21 22 23 24 25 26 27 ♄ 1R 10 25 — ♉17 16 15 ♅ 1 10 — ♑25 26 ♆ 1R — ♋23 ♇ 1 — ♊28

12	☉	♐ 8	9	10	11	12	13	14	15	16	17	18	19	20	21	22	23	24	25	26	27	28	29 0	♑ 0	1	2	3	4	5	6	7	8
	☽	♈ 7	20	♉ 4	19	♊ 3	18	♋ 4	19	♌ 4	18	♍ 2	16	29	♎ 12	25	♏ 7	20	♐ 2	14	26	♑ 8	19	♒ 1	13	25	♓ 7	20	♈ 2	15	20	♉ 12
	☿	♐ 28	29	♑ 0	2	3	4	5	6	7	8	8	9	10	10	10	R 10	10	10	9	9	8	7	5	4	3	2	29	28	27	26	25
	♀	♎ 21	22	23	25	26	27	28	29	29 0	♏ 1	2	3	4	5	7	8	9	10	11	12	13	14	16	17	18	19	20	21	23	24	25
	♂	♉ 29	R 29	29	28	28	28	27	27	27	27	26	26	26	26	25	25	25	25	25	25	25	24	24	24	24	24	24	24	24	D 24	24

♃ 1 5 10 15 20 25 31 — ♏28 29 ♐0 1 2 3 4 ♄ 1R 10 25 — ♉15 14 13 ♅ 1 5 25 — ♑26 27 28 ♆ 1R — ♋23 ♇ 1 — ♊28

1912的行星位置

1

	1	2	3	4	5	6	7	8	9	10	11	12	13	14	15	16	17	18	19	20	21	22	23	24	25	26	27	28	29	30	31
☉	♑10	11	12	13	14	15	16	17	18	19	20	21	22	23	24	25	26	27	28	29	29 0	♒1	2	3	4	5	6	7	8	9	10
☽	♉27	♊11	26	♋12	27	♌12	27	♍12	25	♎9	22	♏4	17	29	♐11	23	♑5	16	29	♒10	22	♓4	17	29	♈12	24	♉8	21	♊5	20	♋5
☿	♐25	24	24	24	D 24	24	24	25	25	26	27	27	28	29	29 0	♑1	2	3	4	5	7	8	9	11	12	13	14	16	17	18	20
♀	♏26	27	28	29 0	♐1	2	3	4	5	7	8	9	10	11	13	14	15	16	17	18	20	21	22	23	24	26	27	28	29 0	♑0	2
♂	♉24	24	24	24	24	25	25	25	25	25	25	25	25	26	26	26	26	26	27	27	27	27	28	28	28	28	28	29	29	29 0	♊0

♃ 1 5 10 15 20 25 31 — ♐4 5 6 7 8 9 10　♄ 1R 16D — ♉13 13　♅ 1 15 3029 31 — ♑28 29 0 ♒0　♆ 1 — ♋22　♇ 1 15 — ♊28 27

2

	1	2	3	4	5	6	7	8	9	10	11	12	13	14	15	16	17	18	19	20	21	22	23	24	25	26	27	28	29	30	31
☉	♒11	12	13	14	15	16	17	18	19	20	21	22	23	24	25	26	27	28	29	♓0	1	2	3	4	5	6	7	8	9		
☽	♋20	♌5	20	♍5	20	♎4	17	♏0	13	25	♐8	20	♑1	13	25	♒7	19	♓1	0 14	26	♈9	21	♉5	18	♊1	15	29	♋14	29		
☿	♑21	23	24	26	27	29	29 0	♒2	4	5	7	8	10	11	13	15	16	19	20	21	23	25	27	29	29 0	♓2	4	6	8		
♀	♑3	4	5	7	8	9	10	11	13	14	15	16	17	19	20	21	22	24	25	26	27	28	29 0	♒1	2	3	5	6	7		
♂	♊0	0	1	1	2	2	2	3	3	3	4	4	5	5	5	6	6	7	7	8	8	9	9	9	10	10	11	11	11		

♃ 1 5 15 20 29 — ♐10 11 12 13 14　♄ 1 10 29 — ♉13 14 15　♅ 1 15 — ♒0 1　♆ 1R 10 — ♋22 21　♇ 1 — ♊27

3

	1	2	3	4	5	6	7	8	9	10	11	12	13	14	15	16	17	18	19	20	21	22	23	24	25	26	27	28	29	30	31
☉	♓10	11	12	13	14	15	16	17	18	19	20	21	22	23	24	25	26	27	28	29 0	♈0	1	2	3	4	5	6	7	8	9	10
☽	♌14	28	♍13	28	♎12	25	♏8	21	♐4	16	28	♑10	22	♒3	15	28	♓10	22	♈5	18	♉1	15	28	♊12	26	♋10	25	♌9	23	♍8	22
☿	♓9	11	13	15	17	19	21	23	25	27	29	29 0	♈2	5	6	8	10	12	14	15	17	19	20	21	23	24	25	26	27	28	28
♀	♒8	9	11	12	13	14	16	17	18	19	20	22	23	24	25	27	28	29	29 0	♓1	3	4	5	6	8	9	10	11	13	14	15
♂	♊12	13	13	14	14	14	15	15	16	16	17	17	18	18	19	19	20	20	21	21	22	22	23	23	24	25	25	26	26	27	27

♃ 1 15 — ♐14 15　♄ 1 10 20 31 — ♉15 16 17 18　♅ 1 5 31 — ♒1 2 3　♆ 1R — ♋21　♇ 1 — ♊27

4

	1	2	3	4	5	6	7	8	9	10	11	12	13	14	15	16	17	18	19	20	21	22	23	24	25	26	27	28	29	30	31
☉	♈11	12	13	14	15	16	17	18	19	20	21	22	23	24	25	26	27	28	29	29 0	♉1	2	3	4	5	6	7	8	9	10	
☽	♎6	20	♏3	16	29	♐11	24	♑6	18	29	♒11	23	♓5	18	♈1	14	27	♉11	25	♊9	23	♋7	21	♌6	20	♍4	18	♎1	15	28	
☿	♈28	29	29	29	29	R 29	29	29	29	28	28	28	27	26	26	25	24	24	23	22	22	21	20	20	20	19	19	19	D 19	19	
♀	♓16	17	19	20	21	22	24	25	26	27	28	29 0	♈1	2	3	5	6	7	8	10	11	12	13	14	16	17	18	19	21	22	
♂	♊28	28	29	29	29 0	♋0	1	1	2	2	3	4	4	5	5	6	6	7	8	8	9	9	10	10	11	11	12	12	13	14	

♃ 1R 26 — ♐15 14　♄ 1 10 26 — ♉18 19 21　♅ 1 — ♒3　♆ 1 2D — ♋21 21　♇ 1 — ♊27

5

	1	2	3	4	5	6	7	8	9	10	11	12	13	14	15	16	17	18	19	20	21	22	23	24	25	26	27	28	29	30	31
☉	♉11	12	12	13	14	15	16	17	18	19	20	21	22	23	24	25	26	27	28	29	29 0	♊1	2	3	4	5	6	7	8	9	10
☽	♏12	24	♐7	19	♑2	14	25	♒7	19	♓1	13	26	♈9	22	♉5	19	♊4	18	♋3	18	♌2	16	♍1	15	28	♎12	25	♏8	20	♐3	15
☿	♈19	19	20	20	20	21	21	22	23	24	24	25	26	27	28	29 0	♉0	2	3	4	6	7	8	10	11	13	14	16	18	19	21
♀	♈23	24	25	27	28	29	29 0	♉1	3	4	5	6	8	9	10	11	13	14	15	16	18	19	20	21	22	24	25	26	27	28	29 0
♂	♋14	15	15	16	17	17	18	18	19	20	20	21	21	22	22	23	23	24	25	25	26	26	27	28	28	29	29	29 0	♌0	1	2

♃ 1R 10 15 25 31 — ♐14 13 12 11 10　♄ 1 10 20 25 — ♉22 23 24 25　♅ 1 8R — ♒3 3　♆ 1 25 — ♋21 22　♇ 1 31 — ♊27 28

6

	1	2	3	4	5	6	7	8	9	10	11	12	13	14	15	16	17	18	19	20	21	22	23	24	25	26	27	28	29	30	31
☉	♊10	11	12	13	14	15	16	17	18	19	20	21	22	23	24	25	26	27	28	29	29 0	♋0	1	2	3	4	5	6	7	8	
☽	♐28	♑10	22	♒4	15	27	♓9	22	♈4	17	♉0	14	28	♊12	27	♋12	27	♌12	27	♍11	25	♎8	22	♏5	17	♐0	12	24	♑6	18	
☿	♉23	25	27	28	29 0	♊2	4	6	8	10	13	15	17	19	21	23	26	28	29 0	2	4	7	9	11	13	15	17	19	21	23	
♀	♊1	2	3	6	6	7	8	10	11	12	13	15	16	17	18	19	21	22	23	24	26	27	28	29	29 0	♋2	3	4	5	7	
♂	♌2	3	3	4	5	5	6	6	7	7	8	9	9	10	11	11	12	12	13	14	14	15	15	16	17	17	18	18	19	20	

♃ 1R 10 20 25 — ♐10 9 8 7　♄ 1 10 20 30 — ♉26 27 28 29　♅ 1R 20 — ♒3 2　♆ 1 30 — ♋22 23　♇ 1 — ♊28

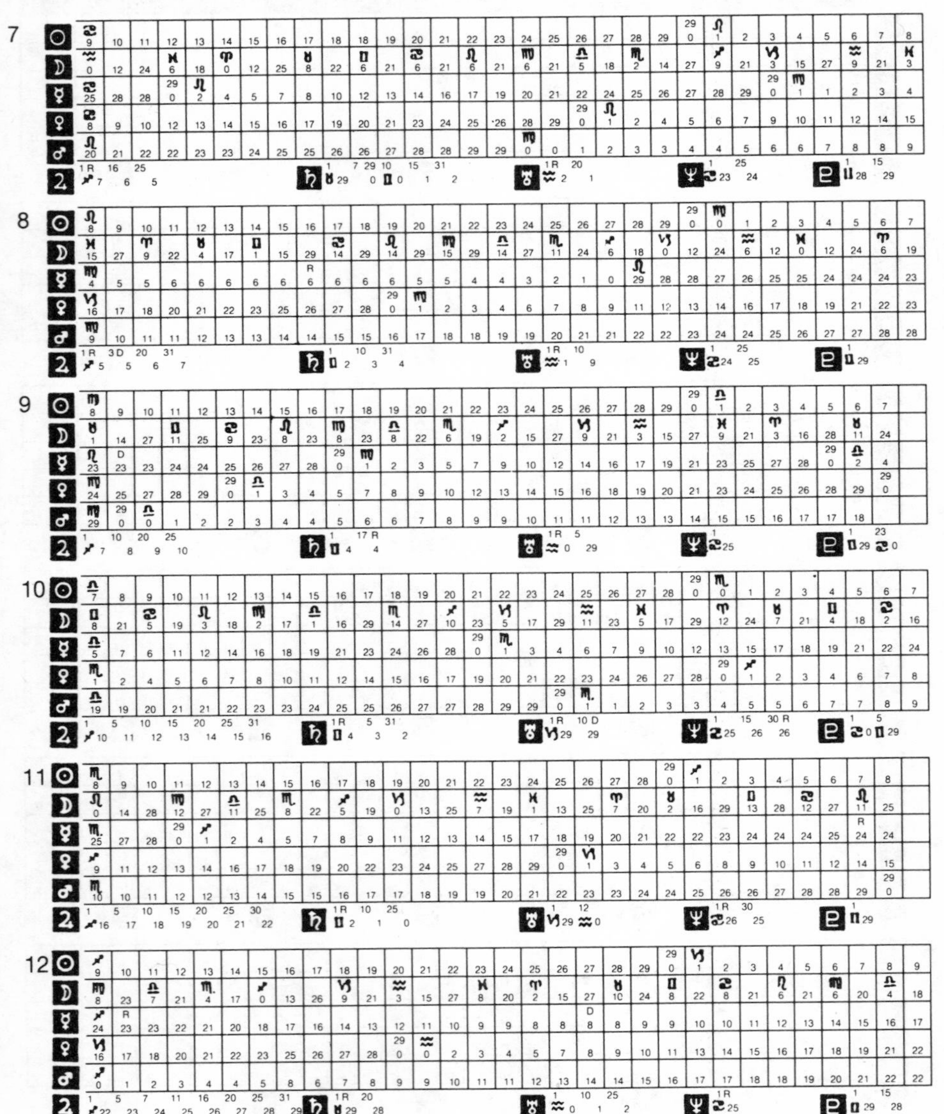

7	1	2	3	4	5	6	7	8	9	10	11	12	13	14	15	16	17	18	19	20	21	22	23	24	25	26	27	28	29	30	31
☉	♋ 9	10	11	12	13	14	15	16	17	18	18	19	20	21	22	23	24	25	26	27	28	29	29 0	♌ 1	2	3	4	5	6	7	8
☽	♒ 0	12	24	♓ 6	18	♈ 0	12	25	♉ 8	22	♊ 6	21	♋ 6	21	♌ 6	21	♍ 6	21	♎ 5	18	♏ 2	14	27	♐ 9	21	♑ 3	15	27	♒ 9	21	♓ 3
☿	♋ 25	28	28	29 0	♌ 2	4	5	7	8	10	12	13	14	16	17	19	20	21	22	24	25	26	27	28	29	29 0	♍ 1	1	2	3	4
♀	♋ 8	9	10	12	13	14	15	16	17	19	20	21	23	24	25	·26	28	29	29 0	♌ 1	2	4	5	6	7	9	10	11	12	14	15
♂	♌ 20	21	22	22	23	23	24	25	25	26	26	27	28	28	29	29	♍ 0	0	1	2	3	3	4	4	5	6	6	7	8	8	9

♃	1R 16 25	♐7 6 5
♄	1 7 29 10 15 31	♉29 0 ♊0 1 2
♅	1R 20	♒2 1
♆	1 25	♋23 24
♇	1 15	♊28 29

8	1	2	3	4	5	6	7	8	9	10	11	12	13	14	15	16	17	18	19	20	21	22	23	24	25	26	27	28	29	30	31
☉	♌ 8	9	10	11	12	13	14	15	16	17	18	19	20	21	22	23	24	25	26	27	28	29	29 0	♍ 0	1	2	3	4	5	6	7
☽	♓ 15	27	♈ 9	22	♉ 4	17	♊ 1	15	29	♋ 14	29	♌ 14	29	♍ 15	29	♎ 14	27	♏ 11	24	♐ 6	18	♑ 0	12	24	♒ 6	12	♓ 0	12	24	♈ 6	19
☿	♍ 4	5	5	6	6	6	6	6	R 6	6	6	6	5	5	4	4	3	2	1	0	♌ 29	28	28	27	26	25	25	24	24	24	23
♀	♑ 16	17	18	20	21	22	23	25	26	27	28	29 0	♍ 1	2	3	4	6	7	8	9	11	12	13	14	16	17	18	19	21	22	23
♂	♍ 9	10	11	11	12	13	13	14	14	15	15	16	17	18	18	19	19	20	21	21	22	22	23	24	24	25	26	27	27	28	28

♃	1R 3D 20 31	♐5 5 6 7
♄	1 10 31	♊2 3 4
♅	1R 10	♒1 9
♆	1 25	♋24 25
♇	1	♊29

9	1	2	3	4	5	6	7	8	9	10	11	12	13	14	15	16	17	18	19	20	21	22	23	24	25	26	27	28	29	30	31
☉	♍ 8	9	10	11	12	13	14	15	16	17	18	19	20	21	22	23	24	25	26	27	28	29	29 0	♎ 1	2	3	4	5	6	7	
☽	♉ 1	14	27	♊ 11	25	♋ 9	23	♌ 8	23	♍ 8	23	♎ 8	22	♏ 6	19	♐ 2	15	27	♑ 9	21	♒ 3	15	27	♓ 9	21	♈ 3	16	28	♉ 11	24	
☿	♌ 23	D 23	23	24	24	25	26	27	28	29 0	♍ 1	2	3	5	7	9	10	12	14	16	17	19	21	23	25	27	28	29 0	♎ 2	4	
♀	♍ 24	25	27	28	29	29 0	♎ 1	3	4	5	7	8	9	10	12	13	14	15	16	18	19	20	21	23	24	25	26	28	29	29 0	
♂	♍ 29	29 0	♎ 0	1	2	2	3	4	4	5	6	6	7	8	9	9	10	11	11	12	13	13	14	15	15	16	17	17	18		

♃	1 10 20 25	♐7 8 9 10
♄	1 17R	♊4 4
♅	1R 5	♒0 29
♆	1	♋25
♇	1 23	♊29 ♋0

10	1	2	3	4	5	6	7	8	9	10	11	12	13	14	15	16	17	18	19	20	21	22	23	24	25	26	27	28	29	30	31
☉	♎ 7	8	9	10	11	12	13	14	15	16	17	18	19	20	21	22	23	24	25	26	27	28	29 0	♏ 0	1	2	3	4	5	6	7
☽	♊ 8	21	♋ 5	19	♌ 3	18	♍ 2	17	♎ 1	16	29	♏ 14	27	♐ 10	23	♑ 5	17	29	♒ 11	23	♓ 5	17	29	♈ 12	24	♉ 7	21	♊ 4	18	♋ 2	16
☿	♎ 5	7	6	11	12	14	16	18	19	21	23	24	26	28	29 0	♏ 1	3	4	6	7	9	10	12	13	15	17	18	19	21	22	24
♀	♏ 1	2	4	5	6	7	8	10	11	12	14	15	16	17	19	20	21	22	23	24	26	27	28	29 0	♐ 1	2	3	4	6	7	8
♂	♎ 19	19	20	21	21	22	23	23	24	25	25	26	27	27	28	29	29	29 0	♏ 1	1	2	3	3	4	5	5	6	7	7	8	9

♃	1 5 10 15 20 25 31	♐10 11 12 13 14 15 16
♄	1R 5 31	♊4 3 2
♅	1R 10D	♑29 29
♆	1 15 30R	♋25 26 26
♇	1 5	♋0 ♊29

11	1	2	3	4	5	6	7	8	9	10	11	12	13	14	15	16	17	18	19	20	21	22	23	24	25	26	27	28	29	30	31
☉	♏ 8	9	10	11	12	13	14	15	16	17	18	19	20	21	22	23	24	25	26	27	28	29 0	♐ 1	2	3	4	5	6	7	8	
☽	♌ 0	14	28	♍ 12	27	♎ 11	25	♏ 8	22	♐ 5	19	♑ 0	13	25	♒ 7	19	♓ 1	13	25	♈ 7	20	♉ 2	16	29	♊ 13	28	♋ 12	27	♌ 11	25	
☿	♏ 25	27	28	29 0	♐ 1	2	4	5	7	8	9	11	12	13	14	15	17	18	19	20	21	22	22	23	24	24	24	25	R 24	24	
♀	♐ 9	11	12	13	14	16	17	18	19	20	22	23	24	25	27	28	29	29 0	♑ 1	3	4	5	6	8	9	10	11	12	14	15	
♂	♏ 10	10	11	12	12	13	14	15	15	16	17	17	18	19	19	20	21	22	23	23	24	24	25	26	26	27	28	28	29	29 0	

♃	1 5 10 15 20 25 30	♐16 17 18 19 20 21 22
♄	1R 10 25	♊2 1 0
♅	1 12	♑29 ♒0
♆	1R 30	♋26 25
♇	1	♊29

12	1	2	3	4	5	6	7	8	9	10	11	12	13	14	15	16	17	18	19	20	21	22	23	24	25	26	27	28	29	30	31
☉	♐ 9	10	11	12	13	14	15	16	17	18	19	20	21	22	23	24	25	26	27	28	29	29 0	♑ 1	2	3	4	5	6	7	8	9
☽	♍ 8	23	♎ 7	21	♏ 4	17	♐ 0	13	26	♑ 9	21	♒ 3	15	27	♓ 8	20	♈ 2	15	27	♉ 10	24	♊ 8	22	♋ 8	21	♌ 6	21	♍ 6	20	♎ 4	18
☿	♐ 24	R 23	23	22	21	20	18	17	16	14	13	12	11	10	9	9	8	8	D 8	8	9	9	10	10	11	12	13	14	15	16	17
♀	♑ 16	17	18	20	21	22	23	25	26	27	28	29 0	♒ 0	2	3	4	5	7	8	9	10	11	13	14	15	16	17	18	19	21	22
♂	♐ 0	1	2	3	4	4	5	8	6	7	8	9	9	10	11	11	12	13	14	14	15	16	17	17	18	18	19	20	21	22	22

♃	1 5 7 11 16 20 25 31	♐22 23 24 25 26 27 28 29
♄	1R 20	♉29 28
♅	1 10 25	♒0 1 2
♆	1R	♋25
♇	1 15	♊29 28

1913的行星位置

		1	2	3	4	5	6	7	8	9	10	11	12	13	14	15	16	17	18	19	20	21	22	23	24	25	26	27	28	29	30	31
1	☉	♑ 10	11	12	13	14	15	16	17	18	19	20	21	22	23	24	25	26	27	28	29 0	♒ 1	2	3	4	5	6	7	8	9	10	11
	☽	♏ 1	14	27	♐ 10	22	♑ 5	17	29	♒ 11	23	♓ 5	17	29	♈ 11	23	♉ 5	18	♊ 1	15	29	♋ 14	28	♌ 15	♍ 0	16	29	♎ 14	28	♏ 11	24	♐ 7
	☿	♐ 18	19	21	22	23	25	26	27	29	29 0	♑ 2	3	5	6	7	9	10	12	13	15	16	18	19	21	23	24	26	27	28	29 0	♒ 2
	♀	♒ 23	24	25	27	28	29	29 0	♓ 1	2	4	5	6	7	8	9	10	12	13	14	15	16	17	18	19	21	22	23	24	25	26	27
	♂	♐ 23	24	24	25	26	27	27	28	29	29 0	♑ 0	1	2	3	4	4	5	6	7	7	8	9	9	10	11	12	12	13	14	15	16

♃ 1 3 29 5· 10 15 20 25 31
♐29 0 ♑0 1 3 4 5 6

♄ 1R 29D
♉27 27

♅ 1 15 31
♒2 3 4

♆ 1R 18
♋25 24

♇ 1
♊28

		1	2	3	4	5	6	7	8	9	10	11	12	13	14	15	16	17	18	19	20	21	22	23	24	25	26	27	28	29	30	31
2	☉	♒ 12	13	14	15	16	17	18	19	20	21	22	23	24	25	26	27	28	29	29 0	♓ 1	2	3	4	5	6	7	8	9			
	☽	♐ 20	♑ 2	14	28	♒ 6	20	♓ 2	14	25	♈ 7	19	♉ 1	14	27	♊ 10	24	♋ 9	23	♌ 8	23	♍ 8	23	♎ 8	23	♏ 7	20	♐ 4	16			
	☿	♒ 4	5	7	9	10	12	14	16	17	19	21	23	24	26	28	29 0	♓ 2	4	6	7	9	11	13	15	17	18	21	22			
	♀	♓ 28	28	♈ 0	1	3	4	5	6	7	8	9	10	11	12	13	14	15	16	17	18	19	19	20	21	22	23	24	25			
	♂	♑ 16	17	18	19	19	20	21	21	22	23	24	25	25	26	27	28	28	29	29 0	♒ 0	1	2	3	4	4	5	6	7			

♃ 1 5 10 15 20 25
♑6 7 8 9 10 11

♄ 1 25
♉27 28

♅ 1 20
♒4 5

♆ 1R 16
♋24 23

♇ 1R
♊28

		1	2	3	4	5	6	7	8	9	10	11	12	13	14	15	16	17	18	19	20	21	22	23	24	25	26	27	28	29	30	31
3	☉	♓ 10	11	12	13	14	15	16	17	18	19	20	21	22	23	24	25	28	27	28	29	29 0	♈ 1	2	3	4	5	6	7	8	9	10
	☽	♐ 29	♑ 11	23	♒ 5	17	29	♓ 11	22	♈ 4	16	29	♉ 11	23	♊ 6	20	♋ 3	17	♌ 1	16	♍ 1	16	♎ 1	16	♏ 1	15	29	♐ 12	25	♑ 8	20	♒ 2
	☿	♓ 24	26	27	29	29 0	♈ 2	3	5	6	7	8	9	10	10	11	12	12	12	R 12	12	11	11	10	9	9	8	7	6	6	5	4
	♀	♈ 25	26	27	28	29	29 0	♉ 0	1	2	3	3	4	5	5	6	6	7	8	8	9	9	10	10	10	11	11	11	12	12	12	12
	♂	♒ 7	8	9	10	11	11	12	13	14	14	15	16	17	18	18	19	20	21	22	22	23	24	25	25	26	27	28	28	29	29 0	♓ 1

♃ 1 5 10 15 20 31
♑11 12 13 14 15 16

♄ 1 15 26
♉28 29 ♊0

♅ 1 10 31
♒5 6 7

♆ 1R
♋23

♇ 1
♊28

		1	2	3	4	5	6	7	8	9	10	11	12	13	14	15	16	17	18	19	20	21	22	23	24	25	26	27	28	29	30	31
4	☉	♈ 11	12	13	14	15	16	17	18	19	20	21	22	23	24	25	26	27	28	28	29 0	♉ 0	1	2	3	4	5	6	7	8	9	
	☽	♒ 14	26	♓ 7	19	♈ 1	13	25	♉ 8	20	♊ 3	16	29	♋ 13	27	♌ 11	26	♍ 10	25	♎ 10	24	♏ 9	23	♐ 7	20	♑ 3	16	26	♒ 10	22	♓ 4	
	☿	♈ 3	R 2	2	1	0	0	0 29	♓ 29	29	29	D 29	29	29	29 0	♈ 0	1	1	2	2	3	4	5	6	6	7	8	9	11	12	13	
	♀	♉ 12	12	12	R 12	12	12	12	12	12	11	11	11	10	10	10	9	9	8	8	7	6	6	5	4	4	3	3	2	1	1	
	♂	♓ 1	2	3	4	5	5	6	7	8	8	9	10	11	12	12	13	14	15	15	16	17	18	18	19	20	21	22	22	23	24	

♃ 1 10
♑16 17

♄ 1 5 15 25 30
♊0 1 2 3 4

♅ 1
♒7

♆ 1R
♋23

♇ 1
♊29

		1	2	3	4	5	6	7	8	9	10	11	12	13	14	15	16	17	18	19	20	21	22	23	24	25	26	27	28	29	30	31
5	☉	♉ 10	11	12	13	14	15	16	17	18	19	20	21	22	23	24	25	26	27	28	29	29 0	♊ 0	1	2	3	4	5	6	7	8	9
	☽	♓ 18	28	♈ 10	22	♉ 4	17	♊ 0	13	27	♋ 10	24	♌ 8	22	♍ 6	20	♎ 5	18	♏ 3	17	♐ 1	15	28	♑ 11	24	♒ 6	18	♓ 0	12	24	♈ 5	18
	☿	♈ 14	15	17	18	20	21	22	24	25	27	28	29 0	♉ 2	4	5	7	9	11	13	14	16	18	20	22	24	28	29	♊ 1	3	5	7
	♀	♉ 0	R 29	♈ 29	29	28	28	27	27	27	26	26	26	26	26	26	D 26	26	26	26	26	26	26	27	27	27	28	28	29	29	29	29 0
	♂	♓ 25	25	26	27	28	28	29	29 0	♈ 1	2	2	3	4	5	5	6	7	8	8	9	10	11	11	12	13	14	14	15	16	17	18

♃ 1 5R 31
♑17 17 16

♄ 1 10 20 25
♊4 5 6 7

♅ 1 13R
♒7 7

♆ 1 25
♋23 24

♇ 1
♊29

		1	2	3	4	5	6	7	8	9	10	11	12	13	14	15	16	17	18	19	20	21	22	23	24	25	26	27	28	29	30	31
6	☉	♊ 10	11	12	13	14	15	16	17	18	19	19	20	21	22	23	24	25	26	27	28	29	29 0	♋ 1	2	3	4	5	6	7	8	
	☽	♉ 0	13	26	♊ 9	23	♋ 6	20	♌ 5	19	♍ 3	17	♐ 1	15	29	♏ 13	27	♐ 10	23	♑ 6	19	♒ 2	14	26	♓ 8	20	♈ 2	13	26	♉ 8	21	
	☿	♊ 10	12	14	16	18	21	23	25	27	29 0	♋ 1	3	5	7	9	11	12	14	16	18	19	21	23	24	26	27	29	29 0	♌ 1	3	
	♀	♉ 0	1	1	2	3	3	4	5	5	6	6	7	8	9	10	10	11	12	13	14	14	15	16	17	18	19	19	20	21	22	
	♂	♈ 18	19	20	21	21	22	23	23	24	25	26	26	27	28	29	29 0	♉ 0	1	1	2	3	4	5	5	6	7	7	8	8	9	

♃ 1 15 25 30
♑16 15 14 13

♄ 1 10 20 29
♊8 9 10 11

♅ 1R 30
♒7 6

♆ 1 25
♋24 25

♇ 1
♊29

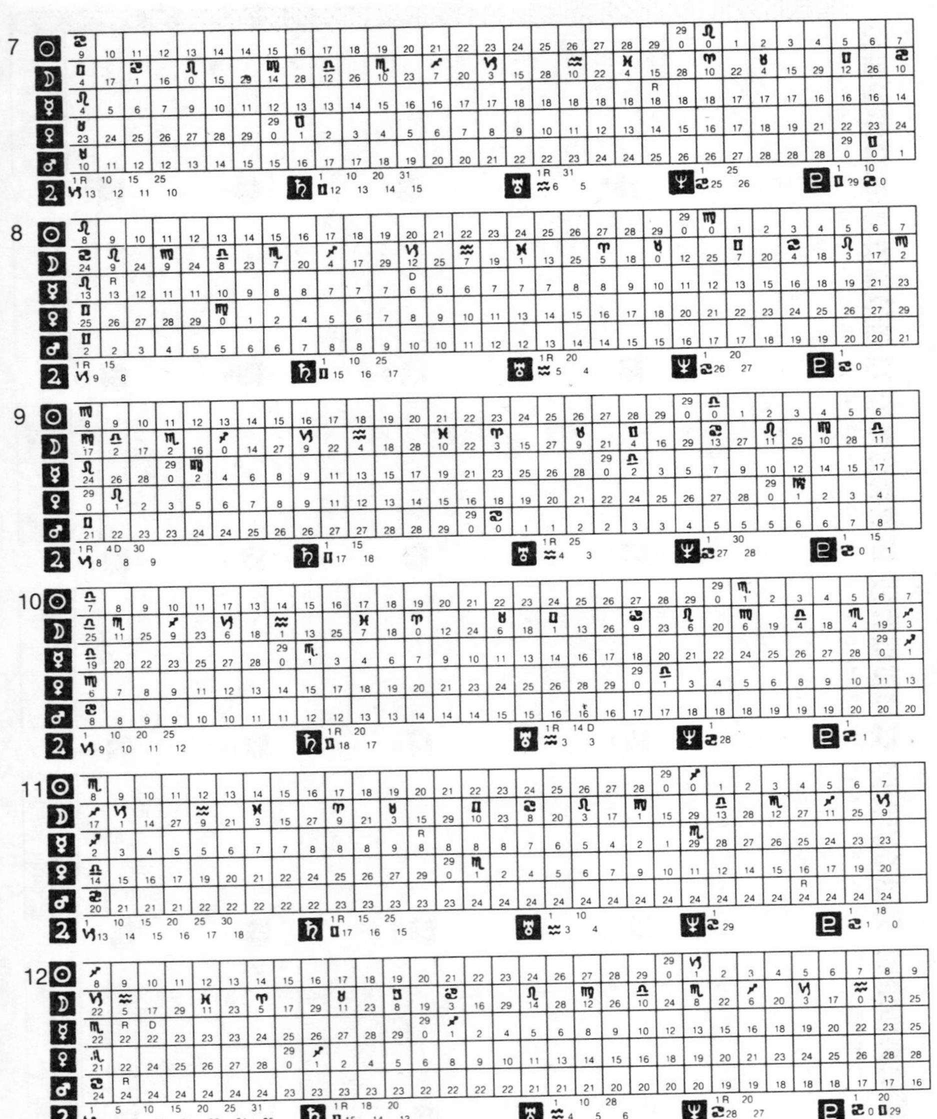

7																															
☉	♋ 9	10	11	12	13	14	14	15	16	17	18	19	20	21	22	23	24	25	26	27	28	29	29 / 0	♌ 0	1	2	3	4	5	6	7
☽	♊ 4	17	♋ 1	16	♌ 0	15	29	♍ 14	28	♎ 12	26	♏ 10	23	♐ 7	20	♑ 3	15	28	♒ 10	22	♓ 4	15	28	♈ 10	22	♉ 4	15	29	♊ 12	26	♋ 10
☿	♌ 4	5	6	7	9	10	11	12	13	13	14	15	16	16	17	17	18	18	18	18	18	R 18	18	18	17	17	17	16	16	16	14
♀	♉ 23	24	25	26	27	28	29	29 / 0	♊ 1	2	3	4	5	6	7	8	9	10	11	12	13	14	15	16	17	18	19	21	22	23	24
♂	♉ 10	11	12	12	13	14	15	15	16	17	17	18	19	20	20	21	22	22	23	24	24	25	26	26	27	28	28	28	29 / 0	♊ 0	1

♃ 1R 10 15 25 / ♑13 12 11 10 — ♄ 1 10 20 31 / ♊12 13 14 15 — ♅ 1R 31 / ♒6 5 — ♆ 1 25 / ♋25 26 — ♇ 1 10 / ♊29 ♋0

8																															
☉	♌ 8	9	10	11	12	13	14	15	16	17	18	19	20	21	22	23	24	25	26	27	28	29	29 / 0	♍ 0	1	2	3	4	5	6	7
☽	♋ 24	♌ 9	24	♍ 9	24	♎ 8	23	♏ 7	20	♐ 4	17	29	♑ 12	25	♒ 7	19	♓ 1	13	25	♈ 5	18	♉ 0	12	25	♊ 7	20	♋ 4	18	♌ 3	17	♍ 2
☿	♌ 13	R 13	12	11	11	10	9	8	8	7	7	7	D 6	6	6	7	7	7	8	8	9	10	11	12	13	15	16	18	19	21	23
♀	♊ 25	26	27	28	29	♍ 0	1	2	4	5	6	7	8	9	10	11	13	14	15	16	17	18	20	21	22	23	24	25	26	27	29
♂	♊ 2	2	3	4	5	5	6	6	7	8	8	9	10	10	11	12	12	13	14	14	15	15	16	17	17	18	19	19	20	20	21

♃ 1R 15 / ♑9 8 — ♄ 1 10 25 / ♊15 16 17 — ♅ 1R 20 / ♒5 4 — ♆ 1 20 / ♋26 27 — ♇ 1 / ♋0

9																															
☉	♍ 8	9	10	11	12	13	14	15	16	17	18	19	20	21	22	23	24	25	26	27	28	29	29 / 0	♎ 0	1	2	3	4	5	6	
☽	♍ 17	♎ 2	17	♏ 2	16	♐ 0	14	27	♑ 9	22	♒ 4	18	28	♓ 10	22	♈ 3	15	27	♉ 9	21	♊ 4	16	29	♋ 13	27	♌ 11	25	♍ 10	28	♎ 11	
☿	♌ 24	26	28	29 / 0	♍ 2	4	6	8	9	11	13	15	17	19	21	23	25	26	28	29 / 0	♎ 2	3	5	7	9	10	12	14	15	17	
♀	29 / 0	♌ 1	2	3	5	6	7	8	9	11	12	13	14	15	16	18	19	20	21	22	24	25	26	27	28	29 / 0	♍ 1	2	3	4	
♂	♊ 21	22	23	23	24	24	25	26	26	27	27	28	28	29	29 / 0	♋ 0	1	1	2	2	3	3	4	5	5	5	6	6	7	8	

♃ 1R 4D 30 / ♑8 8 9 — ♄ 1 15 / ♊17 18 — ♅ 1R 25 / ♒4 3 — ♆ 1 30 / ♋27 28 — ♇ 1 15 / ♋0 1

10																															
☉	♎ 7	8	9	10	11	17	13	14	15	16	17	18	19	20	21	22	23	24	25	26	27	28	29	29 / 0	♏ 1	2	3	4	5	6	7
☽	♎ 25	♏ 11	25	♐ 9	23	♑ 6	18	♒ 1	13	25	♓ 7	18	♈ 0	12	24	♉ 6	18	♊ 1	13	26	♋ 9	23	♌ 6	20	♍ 6	19	♎ 4	18	♏ 4	19	♐ 3
☿	♎ 19	20	22	23	25	27	28	29 / 0	♏ 1	3	4	6	7	9	10	11	13	14	16	17	18	20	21	22	24	25	26	27	28	29 / 0	♐ 1
♀	♍ 6	7	8	9	11	12	13	14	15	17	18	19	20	21	23	24	25	26	28	29	29 / 0	♎ 1	3	4	5	6	8	9	10	11	13
♂	♋ 8	8	9	9	10	10	11	11	12	12	13	13	14	14	14	15	15	16	16	16	17	17	18	18	18	19	19	19	20	20	20

♃ 1 10 20 25 / ♑9 10 11 12 — ♄ 1R 20 / ♊18 17 — ♅ 1R 14D / ♒3 3 — ♆ 1 / ♋28 — ♇ 1 / ♋1

11																															
☉	♏ 8	9	10	11	12	13	14	15	16	17	18	19	20	21	22	23	24	25	26	27	28	29 / 0	♐ 0	1	2	3	4	5	6	7	
☽	♐ 17	♑ 1	14	27	♒ 9	21	♓ 3	15	27	♈ 9	21	♉ 3	15	29	♊ 10	23	♋ 8	20	♌ 3	17	♍ 1	15	29	♎ 13	28	♏ 12	27	♐ 11	25	♑ 9	
☿	♐ 2	3	4	5	5	6	7	7	8	8	8	9	R 8	8	8	8	7	6	5	4	2	1	♏ 29	28	27	26	25	24	23	23	
♀	♎ 14	15	16	17	19	20	21	22	24	25	26	27	29	29 / 0	♏ 1	2	4	5	6	7	9	10	11	12	14	15	16	17	19	20	
♂	♋ 20	21	21	21	22	22	22	22	22	23	23	23	23	23	24	24	24	24	24	24	24	24	24	24	24	24	R 24	24	24	24	

♃ 1 10 15 20 25 30 / ♑13 14 15 16 17 18 — ♄ 1R 15 25 / ♊17 16 15 — ♅ 1 10 / ♒3 4 — ♆ 1 / ♋29 — ♇ 1 18 / ♋1 0

12																															
☉	♐ 8	9	10	11	12	13	14	15	16	17	18	19	20	21	22	23	24	26	27	28	29	29 / 0	♑ 1	2	3	4	5	6	7	8	9
☽	♑ 22	♒ 5	17	29	♓ 11	23	♈ 5	17	29	♉ 11	23	♊ 8	19	♋ 3	16	29	♌ 14	28	♍ 12	26	♎ 10	24	♏ 8	22	♐ 6	20	♑ 3	17	♒ 0	13	25
☿	♏ 22	R 22	D 22	23	23	23	24	25	26	27	28	29	29 / 0	♐ 1	2	4	5	6	8	9	10	12	13	15	16	18	19	20	22	23	25
♀	♏ 21	22	24	25	26	27	28	29 / 0	♐ 1	2	4	5	6	8	9	10	11	13	14	15	16	18	19	20	21	23	24	25	26	28	28
♂	♋ 24	R 24	24	24	24	24	24	23	23	23	23	23	22	22	22	22	21	21	21	20	20	20	20	19	19	18	18	18	17	17	16

♃ 1 5 10 15 20 25 31 / ♑18 19 20 21 22 24 25 — ♄ 1R 18 20 / ♊15 14 13 — ♅ 1 10 28 / ♒4 5 6 — ♆ 1R 20 / ♋28 27 — ♇ 1 20 / ♋0 ♊29

1914的行星位置

月		1	2	3	4	5	6	7	8	9	10	11	12	13	14	15	16	17	18	19	20	21	22	23	24	25	26	27	28	29	30	31
1	☉	♑10	11	12	13	14	15	16	17	18	19	20	21	22	23	24	25	26	27	28	29 0	♒0	1	2	3	4	5	6	7	8	9	10
	☽	♓7	19	♈1	13	24	♉7	19	♊1	14	27	♋11	25	♌9	23	♍8	22	♎6	21	♏5	19	♐2	16	29	♑12	25	♒8	21	♓3	15	27	♈9
	☿	♐26	28	29 0	♑1	2	4	6	7	9	10	12	13	15	17	18	20	21	23	25	26	28	29 0	♒1	3	5	6	8	10	11	13	15
	♀	♑0	1	3	4	5	6	8	9	10	12	13	14	15	17	18	19	20	21	23	24	25	26	28	28	29 0	♒1	3	4	5	7	8
	♂	♋16	R 16	15	15	15	14	14	13	13	13	12	12	11	11	11	10	10	10	9	9	9	8	8	8	8	8	7	7	7	7	6

♃ 1 5 10 15 21 29 25 31 — ♑25 26 27 28 0 ♒1 2
♄ 1R 20 — ♊12 11
♅ 1 15 — ♒6 7
♆ 1R 25 — ♋27 26
♇ 1 — ♊29

月		1	2	3	4	5	6	7	8	9	10	11	12	13	14	15	16	17	18	19	20	21	22	23	24	25	26	27	28	29	30	31
2	☉	♒11	12	13	14	15	16	17	18	19	20	21	22	23	24	25	26	27	28	29 0	♓1	2	3	4	5	6	7	8	9			
	☽	♈21	♉2	14	27	♊9	22	♋5	19	♌3	18	♍2	17	♎2	17	♏1	15	29	♐13	26	♑9	22	♒5	17	29	♓11	23	♈5	17			
	☿	♒17	19	20	22	24	26	28	29 0	♓1	3	5	6	8	10	11	13	15	16	17	19	20	21	22	23	23	24	24	24			
	♀	♒9	10	12	13	14	15	17	18	19	20	22	23	24	25	27	28	29	♓0	2	3	4	5	7	8	9	10	12	13			
	♂	♋6	R 6	6	6	6	6	6	6	6	6	6	6	D 6	6	6	6	6	6	6	6	6	6	6	6	6	6	7	7			

♃ 1 5 10 15 20 25 — ♒2 3 4 5 7 8
♄ 1R 12D — ♊11 11
♅ 1 20 — ♒8 9
♆ 1R — ♋26
♇ 1 — ♊29

月		1	2	3	4	5	6	7	8	9	10	11	12	13	14	15	16	17	18	19	20	21	22	23	24	25	26	27	28	29	30	31
3	☉	♓10	11	12	13	14	15	16	17	18	19	20	21	22	23	24	25	26	27	28	29	29 0	♈1	2	3	4	5	6	7	8	9	10
	☽	♈29	♉11	23	♊5	17	♋0	13	27	♌11	26	♍10	25	♎11	26	♏11	25	♐9	23	♑6	19	♒2	14	25	♓8	20	♈2	14	26	♉8	19	♊2
	☿	♓24	R 24	24	24	23	23	22	21	20	19	18	17	16	15	15	14	13	12	11	11	11	11	11	D 11	11	11	11	12	12	12	13
	♀	♓14	15	17	18	19	20	22	23	24	25	27	28	29	♈0	2	3	4	5	7	8	9	10	12	13	14	15	17	18	19	20	22
	♂	♋7	7	7	7	8	8	8	9	9	9	9	9	10	10	10	11	11	11	12	12	12	13	13	13	14	14	14	15	15	16	16

♃ 1 6 10 15 20 25 31 — ♒9 10 11 12 13 14 15
♄ 1 10 25 — ♊11 12 13
♅ 1 10 — ♒9 10
♆ 1R — ♋25
♇ 1 — ♊29

月		1	2	3	4	5	6	7	8	9	10	11	12	13	14	15	16	17	18	19	20	21	22	23	24	25	26	27	28	29	30	31
4	☉	♈11	11	12	13	14	15	16	17	18	19	20	21	22	23	24	25	26	27	28	29 0	♉0	1	2	3	4	5	6	7	8	9	
	☽	♊14	26	♋9	22	♌5	19	♍4	18	♎4	19	♏4	19	♐4	18	♑2	16	29	♒11	23	♓5	17	29	♈11	23	♉5	17	29	♊11	23	6	
	☿	♓14	15	15	16	17	18	19	20	21	22	23	24	26	27	28	29 0	♈1	2	4	5	7	8	10	11	13	15	16	18	20	21	
	♀	♈23	24	25	27	28	29	29 0	♉1	3	4	5	6	8	9	10	11	13	14	15	16	17	19	20	21	22	24	25	26	27	28	
	♂	♋16	17	17	17	18	18	19	19	20	20	20	21	21	22	22	23	23	24	24	24	25	25	26	26	27	27	28	28	29	29	

♃ 1 5 10 20 25 — ♒15 16 17 18 19
♄ 1 10 20 30 — ♊13 14 15 16
♅ 1 5 — ♒10 11
♆ 1R — ♋25
♇ 1 — ♊29

月		1	2	3	4	5	6	7	8	9	10	11	12	13	14	15	16	17	18	19	20	21	22	23	24	25	26	27	28	29	30	31
5	☉	♉10	11	12	13	14	15	16	17	18	19	20	21	22	23	23	24	25	26	27	28	29 0	♊0	1	2	3	4	5	6	7	8	9
	☽	♋18	♌2	15	29	♍13	27	♎12	27	♏12	27	♐12	27	♑11	24	♒7	20	♓2	14	26	♈8	20	♉1	13	25	♊8	20	♋3	16	29	♌12	25
	☿	♈23	25	27	29 0	♉1	3	5	6	8	10	12	15	17	19	21	23	26	28	29 0	♊2	4	7	9	11	13	15	17	19	21	23	25
	♀	29 0	♊1	2	3	5	6	7	8	10	11	12	13	14	16	17	18	19	20	22	23	24	25	27	28	29	29 0	♋1	3	4	5	6
	♂	29 0	♌0	0	1	1	2	3	3	4	4	5	5	6	6	7	7	8	8	9	9	10	10	11	12	12	13	13	14	14	15	15

♃ 1 5 10 25 — ♒19 20 21 22
♄ 1 5 15 25 31 — ♊16 17 18 19 20
♅ 1 18R — ♒11 11
♆ 1 15 — ♋25 26
♇ 1 25 — ♊29 ♋0

月		1	2	3	4	5	6	7	8	9	10	11	12	13	14	15	16	17	18	19	20	21	22	23	24	25	26	27	28	29	30	31
6	☉	♊10	11	12	13	14	15	16	17	18	19	19	20	21	22	23	24	25	26	27	28	29	29 0	♋1	2	3	4	5	6	7	8	
	☽	♍9	23	♎7	22	♏6	21	♐6	20	♑5	19	♒2	15	28	♓10	22	♈4	16	28	♉10	22	♊4	17	29	♋12	25	♌9	27	♍6	20	♎4	
	☿	♊27	28	29 0	♋2	4	5	7	8	10	11	13	14	15	17	18	19	20	21	22	23	24	25	25	26	27	27	28	28	28	28	
	♀	♋7	9	10	11	12	13	15	16	17	18	19	21	22	23	24	25	27	28	29	29 0	♌1	3	4	5	6	7	9	10	11	12	
	♂	♌16	16	17	18	18	19	19	20	20	21	21	22	23	23	24	24	25	25	26	27	27	28	28	29	29	29 0	♍0	1	1	2	

♃ 1 12R 30 — ♒22 22 21
♄ 1 10 15 25 30 — ♊20 21 22 23 24
♅ 1R — ♒11
♆ 1 20 — ♋26 27
♇ 1 — ♋0

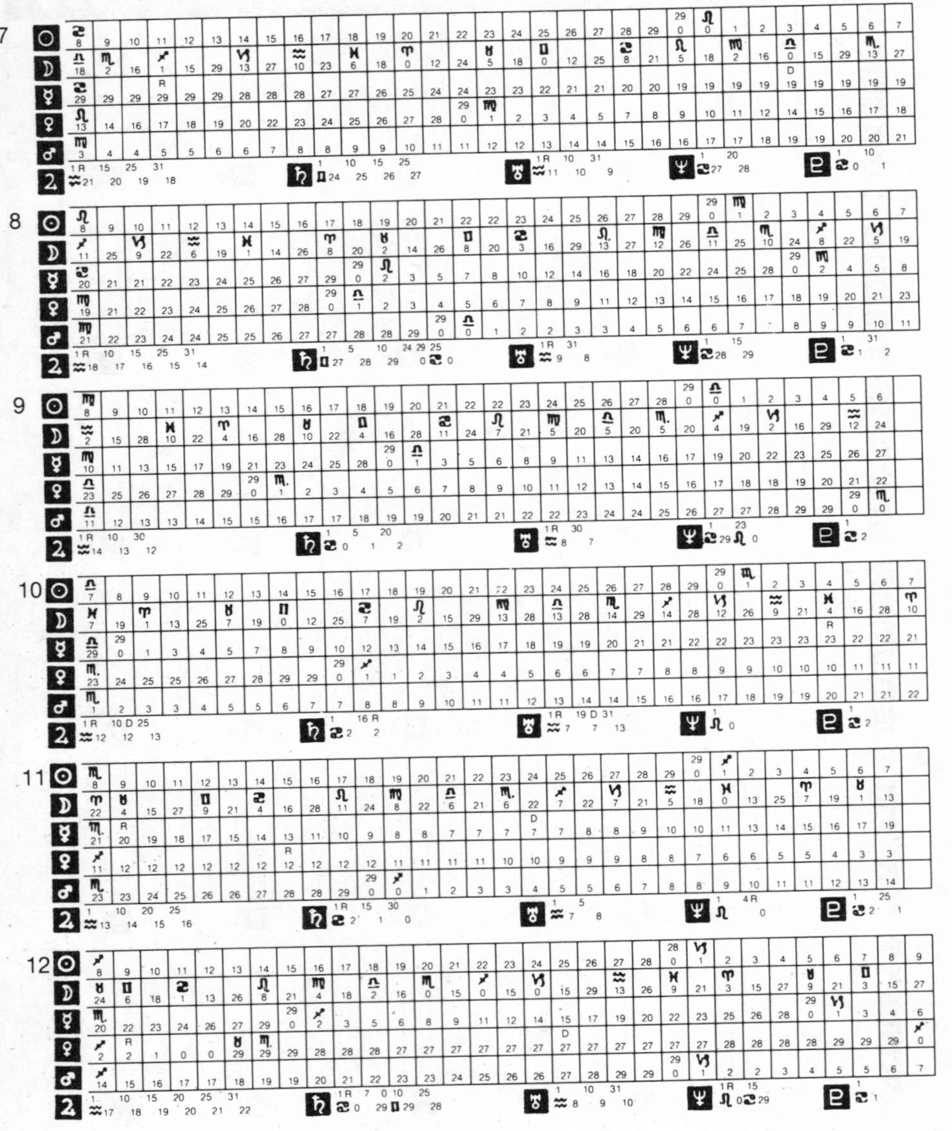

7																														
☉	♋ 8	9	10	11	12	13	14	15	16	17	18	19	20	21	22	23	24	25	26	27	28	29	29 0	♌ 0	1	2	3	4	5	6	7
☽	♎ 18	♏ 2	16	♐ 1	15	29	♑ 13	27	♒ 10	23	♓ 6	18	♈ 0	12	24	♉ 5	18	♊ 0	12	25	♋ 8	21	♌ 5	18	♍ 2	16	♎ 0	15	29	♏ 13	27
☿	♋ 29	29	29	R 29	29	29	28	28	28	27	27	26	25	24	24	23	23	22	21	21	20	20	19	19	19	19	D 19	19	19	19	19
♀	♌ 13	14	16	17	18	19	20	22	23	24	25	26	27	28	29 0	♍ 1	2	3	4	5	7	8	9	10	11	12	14	15	16	17	18
♂	♍ 3	4	4	5	5	6	6	7	8	8	9	9	10	11	11	12	12	13	14	14	15	16	16	17	17	18	19	19	20	20	21

♃ 1R 15 25 31 — ♒21 20 19 18
♄ 1 10 15 25 — ♊24 25 26 27
♅ 1R 10 31 — ♒11 10 9
♆ 1 20 — ♋27 28
♇ 1 10 — ♋0 1

8																														
☉	♌ 8	9	10	11	12	13	14	15	16	17	18	19	20	21	22	22	23	24	25	26	27	28	29	29 0	♍ 1	2	3	4	5	6	7
☽	♐ 11	25	♑ 9	22	♒ 6	19	♓ 1	14	26	♈ 8	20	♉ 2	14	26	♊ 8	20	♋ 3	16	29	♌ 13	27	♍ 12	26	♎ 11	25	♏ 10	24	♐ 8	22	♑ 5	19
☿	♋ 20	21	21	22	23	24	25	26	27	29	29 0	♌ 2	3	5	7	8	10	12	14	16	18	20	22	24	25	28	29 0	♍ 2	4	5	8
♀	♍ 19	21	22	23	24	25	26	27	28	29 0	♎ 1	2	3	4	5	6	7	8	9	11	12	13	14	15	16	17	18	19	20	21	23
♂	♍ 21	22	23	24	24	25	25	26	27	27	28	28	29	29 0	♎ 0	1	2	2	3	3	4	5	6	6	7	[illegible]	8	9	9	10	11

♃ 1R 10 15 25 31 — ♒18 17 16 15 14
♄ 1 5 10 24 29 25 — ♊27 28 29 0♋ 0
♅ 1R 31 — ♒9 8
♆ 1 15 — ♋28 29
♇ 1 31 — ♋1 2

9																														
☉	♍ 8	9	10	11	12	13	14	15	16	17	18	19	20	21	22	22	23	24	25	26	27	28	29 0	♎ 0	1	2	3	4	5	6	
☽	♒ 2	15	28	♓ 10	22	♈ 4	16	28	♉ 10	22	♊ 4	16	28	♋ 11	24	♌ 7	21	♍ 5	20	♎ 5	20	♏ 5	20	♐ 4	19	♑ 2	16	29	♒ 12	24	
☿	♍ 10	11	13	15	17	19	21	23	24	25	28	29 0	♎ 1	3	5	6	8	9	11	13	14	16	17	19	20	22	23	25	26	27	
♀	♎ 23	25	26	27	28	29	29 0	♏ 1	2	3	4	5	6	7	8	9	10	11	12	13	14	15	16	17	18	18	19	20	21	22	
♂	♎ 11	12	13	13	14	15	15	16	17	17	18	19	19	20	21	21	22	22	23	24	24	25	26	27	27	28	29	29	29 0	♏ 0	

♃ 1R 10 30 — ♒14 13 12
♄ 1 5 20 — ♋0 1 2
♅ 1R 30 — ♒8 7
♆ 1 23 — ♋29 ♌0
♇ 1 — ♋2

10																														
☉	♎ 7	8	9	10	11	12	13	14	15	16	17	18	19	20	21	22	23	24	25	26	27	28	29	29 0	♏ 1	2	3	4	5	6	7
☽	♓ 7	19	♈ 1	13	25	♉ 7	19	♊ 0	12	25	♋ 7	19	♌ 2	15	29	♍ 13	28	♎ 13	28	♏ 14	29	♐ 14	28	♑ 12	26	♒ 9	21	♓ 4	16	28	♈ 10
☿	♎ 29	29 0	1	3	4	5	7	8	9	10	12	13	14	15	16	17	18	19	19	20	21	21	22	22	23	23	23	R 23	22	22	21
♀	♏ 23	24	25	25	26	27	28	29	29	29 0	♐ 1	1	2	3	4	4	5	6	6	7	7	8	8	9	9	10	10	10	11	11	11
♂	♏ 1	2	3	3	4	5	5	6	7	7	8	8	9	10	11	11	12	13	14	14	15	16	16	17	18	19	19	20	21	21	22

♃ 1R 10D 25 — ♒12 12 13
♄ 1 16R — ♋2 2
♅ 1R 19D 31 — ♒7 7 13
♆ 1 — ♌0
♇ 1 — ♋2

11																														
☉	♏ 8	9	10	11	12	13	14	15	16	17	18	19	20	21	22	23	24	25	26	27	28	29	29 0	♐ 1	2	3	4	5	6	7	
☽	♈ 22	♉ 4	15	27	♊ 9	21	♋ 4	16	28	♌ 11	24	♍ 8	22	♎ 6	21	♏ 6	22	♐ 7	22	♑ 7	21	♒ 5	18	♓ 0	13	25	♈ 7	19	♉ 1	13	
☿	♏ 21	R 20	19	18	17	15	14	13	11	10	9	8	8	7	7	7	D 7	7	8	8	9	10	10	11	13	14	15	16	17	19	
♀	♐ 11	12	12	12	12	12	12	R 12	12	12	12	11	11	11	11	10	10	9	9	9	8	8	7	6	6	5	5	4	3	3	
♂	♏ 23	23	24	25	26	26	27	28	28	29	29 0	♐ 0	1	2	3	3	4	5	5	6	7	8	8	9	10	11	11	12	13	14	

♃ 1 10 20 25 — ♒13 14 15 16
♄ 1R 15 30 — ♋2 1 0
♅ 1 5 — ♒7 8
♆ 1 4R — ♌ 0
♇ 1 25 — ♋2 1

12																														
☉	♐ 8	9	10	11	12	13	14	15	16	17	18	19	20	21	22	23	24	25	26	27	28	28 0	♑ 1	2	3	4	5	6	7	8	9
☽	♉ 24	♊ 6	18	♋ 1	13	26	♌ 8	21	♍ 4	18	♎ 2	16	♏ 0	15	♐ 0	15	♑ 0	15	29	♒ 13	26	♓ 9	21	♈ 3	15	27	♉ 9	21	♊ 3	15	27
☿	♏ 20	22	23	24	26	27	29	29 0	♐ 2	3	5	6	8	9	11	12	14	15	17	19	20	22	23	25	26	28	29 0	♑ 1	3	4	6
♀	♐ 2	R 2	1	0	0	♉ 29	♏ 29	29	28	28	28	27	27	27	27	27	27	D 27	27	27	27	27	27	28	28	28	28	29	29	29	♐ 0
♂	♐ 14	15	16	17	17	18	19	19	20	21	22	23	23	24	25	26	26	27	28	29	29	29 0	♑ 1	2	2	3	4	5	5	6	7

♃ 1 10 15 20 25 31 — ♒17 18 19 20 21 22
♄ 1R 7 0 10 25 — ♋0 29♊29 28
♅ 1 10 31 — ♒8 9 10
♆ 1R 15 — ♌0♋29
♇ 1 — ♋1

1915的行星位置

1

	1	2	3	4	5	6	7	8	9	10	11	12	13	14	15	16	17	18	19	20	21	22	23	24	25	26	27	28	29	30	31
☉	♑ 10	11	12	13	14	15	16	17	18	19	20	21	22	23	24	25	26	27	28	29	29 0	♒ 1	2	3	4	5	6	7	8	9	10
☽	♋ 10	22	♌ 5	18	♍ 1	15	28	♎ 12	26	♏ 10	25	♐ 9	24	♑ 8	23	♒ 7	20	♓ 4	16	29	♈ 11	23	♉ 5	17	29	♊ 11	23	♋ 5	18	♌ 1	14
☿	♑ 7	9	11	12	14	15	17	19	20	22	24	25	27	29	29 0	♒ 2	4	5	7	9	11	12	14	16	17	19	21	22	24	26	27
♀	♐ 0	1	2	2	3	3	4	5	5	6	7	7	8	9	10	10	11	12	13	14	15	15	16	17	18	19	20	21	22	23	24
♂	♑ 8	8	9	10	11	11	12	13	14	14	15	16	17	17	18	19	20	21	21	22	23	24	24	25	26	27	28	28	29	29 0	♒ 1

♃ 1 5 10 15 17 22 26 31 / ♒22 23 24 25 26 27 28 29　♄ 1R 20 / ♊27 26　♅ 1 20 / ♒10 11　♆ 1R / ♋29　♇ 1 / ♋0

2

	1	2	3	4	5	6	7	8	9	10	11	12	13	14	15	16	17	18	19	20	21	22	23	24	25	26	27	28	29	30	31
☉	♒ 11	12	13	14	15	16	17	18	19	20	21	22	23	24	25	26	27	28	29 0	♓ 1	2	3	4	5	6	7	8	9			
☽	♌ 27	♍ 11	25	♎ 9	23	♏ 7	21	♐ 5	20	♑ 4	18	♒ 1	15	28	♓ 11	24	♈ 7	19	♉ 1	13	25	♊ 7	19	♋ 1	13	26	♌ 9	22			
☿	♒ 28	29 0	♓ 1	2	3	5	6	6	7	8	8	8	R 8	8	7	7	6	5	4	3	2	1	♉ 29	♒ 29	28	27	26	25			
♀	♐ 25	26	27	28	29	29 0	♑ 1	2	3	4	5	6	7	8	9	10	11	12	13	14	15	16	18	19	20	21	22	23			
♂	♒ 1	2	3	4	5	5	6	7	8	9	9	10	11	12	13	13	14	15	16	16	17	18	19	20	20	21	22	23			

♃ 1 4 10 15 20 25 28 / ♒29 ♓0 1 3 4 5 6　♄ 1R 27D / ♊25 25　♅ 1 5 20 / ♒11 12 13　♆ 1R / ♋29　♇ 1 / ♋0

3

	1	2	3	4	5	6	7	8	9	10	11	12	13	14	15	16	17	18	19	20	21	22	23	24	25	26	27	28	29	30	31
☉	♓ 9	10	11	12	13	14	15	16	17	18	19	20	21	22	23	24	25	26	27	28	29 0	♈ 0	1	2	3	4	5	6	7	8	9
☽	♍ 6	20	♎ 4	19	♏ 3	18	♐ 2	16	♑ 0	14	28	♒ 11	24	♓ 7	20	♈ 2	15	27	♉ 9	21	♊ 3	15	27	♋ 8	21	♌ 4	17	♍ 0	14	29	♎ 13
☿	♒ 24	R 24	24	23	23	D 23	23	23	23	24	24	25	25	26	27	27	28	29	29 0	♓ 1	2	3	4	5	6	8	9	10	11	13	14
♀	♑ 24	25	26	27	28	29 0	♒ 1	2	3	4	5	6	8	9	10	11	12	13	15	16	17	18	19	20	21	23	24	25	26	27	28
♂	♒ 23	24	25	26	27	28	28	29	29 0	♓ 0	1	2	3	4	5	5	6	7	8	8	9	10	11	12	12	13	14	15	16	16	17

♃ 1 5 10 15 17 22 26 31 / ♓6 7 8 9 10 11 12 13　♄ 1 20 / ♊25 26　♅ 1 15 / ♒13 14　♆ 1R 15 / ♋28 27　♇ 1 / ♋0

4

	1	2	3	4	5	6	7	8	9	10	11	12	13	14	15	16	17	18	19	20	21	22	23	24	25	26	27	28	29	30	31
☉	♈ 10	11	12	13	14	15	16	17	18	19	20	21	22	23	24	25	26	27	28	29	29 0	♉ 1	2	3	4	5	6	7	8	9	
☽	♎ 28	♏ 13	28	♐ 13	27	♑ 11	25	♒ 8	21	♓ 4	17	29	♈ 11	23	♉ 6	17	29	♊ 11	23	♋ 5	17	29	♌ 12	25	♍ 8	22	♎ 7	21	♏ 7	22	
☿	♓ 16	17	18	20	21	23	25	26	28	29 0	♈ 1	3	4	6	8	10	11	13	15	17	19	21	23	25	27	29 0	1	3	5	7	
♀	29 0	♓ 1	2	3	4	6	7	8	9	10	11	13	14	15	16	17	19	20	21	22	23	24	25	27	28	29	29 0	♈ 1	3	4	
♂	♓ 18	18	19	20	21	22	23	23	24	25	26	26	27	28	29	29 0	♈ 0	1	2	3	4	4	5	6	6	7	8	9	10	10	

♃ 1 5 10 15 20 25 30 / ♓13 14 15 16 17 18 19　♄ 1 10 20 / ♊26 27 28　♅ 1 5 / ♒14 15　♆ 1 10D / ♋27 27　♇ 1 / ♋0

5

	1	2	3	4	5	6	7	8	9	10	11	12	13	14	15	16	17	18	19	20	21	22	23	24	25	26	27	28	29	30	31
☉	♉ 10	11	12	13	14	15	16	17	18	19	19	20	21	22	23	24	25	26	27	28	29	29 0	♊ 1	2	3	4	5	6	7	8	9
☽	♐ 7	22	♑ 7	21	♒ 5	18	♓ 1	14	26	♈ 8	20	♉ 2	14	26	♊ 8	20	♋ 2	14	26	♌ 8	21	♍ 4	17	♎ 1	15	29	♏ 15	♐ 0	16	♑ 1	16
☿	♉ 10	12	14	16	18	20	23	25	27	29	♊ 1	3	5	7	9	11	12	14	16	18	19	21	22	24	25	26	27	29	29 0	♋ 1	2
♀	♈ 5	6	7	9	10	11	12	14	15	16	17	18	19	21	22	23	24	25	27	28	29	29 0	♉ 1	3	4	5	6	8	9	10	11
♂	♈ 11	12	13	14	14	15	16	17	17	18	19	19	20	21	22	23	23	24	25	26	26	27	28	28.	29	29 0	♈ 1	1	2	3	4

♃ 1 10 15 20 25 31 / ♓20 21 22 23 24 25　♄ 1 11 29 15 20 31 / ♊29 0 ♋0 1 2　♅ 1 21R / ♒16 15　♆ 1 15 / ♋27 28　♇ 1 25 / ♋0 1

6

	1	2	3	4	5	6	7	8	9	10	11	12	13	14	15	16	17	18	19	20	21	22	23	24	25	26	27	28	29	30	31
☉	♊ 10	10	11	12	13	14	15	16	17	18	19	20	21	22	23	24	25	26	27	28	29	29 0	♋ 0	1	2	3	4	5	6	7	
☽	♒ 0	14	27	♓ 10	23	♈ 5	18	29	♉ 11	23	♊ 5	17	29	♋ 11	23	♌ 5	18	♍ 0	13	27	♎ 10	24	♏ 9	24	♐ 9	24	♑ 8	24	♒ 8	22	
☿	♋ 3	4	5	5	6	7	7	8	8	8	9	9	9	R 9	9	9	9	9	8	8	7	7	6	6	6	5	4	3	3	2	
♀	♉ 12	14	15	16	17	18	20	21	22	23	24	26	27	28	29 0	♊ 0	1	3	4	5	6	8	9	10	11	13	14	15	16	17	
♂	♉ 4	5	6	7	7	8	9	10	11	11	12	13	13	14	15	16	16	17	18	19	19	20	21	21	22	23	24	24	25	26	

♃ 1 10 15 30 / ♓25 26 27 28　♄ 1 5 15 20 30 / ♋2 3 4 5 6　♅ 1R / ♒15　♆ 1 20 / ♋28 29　♇ 1 / ♋1

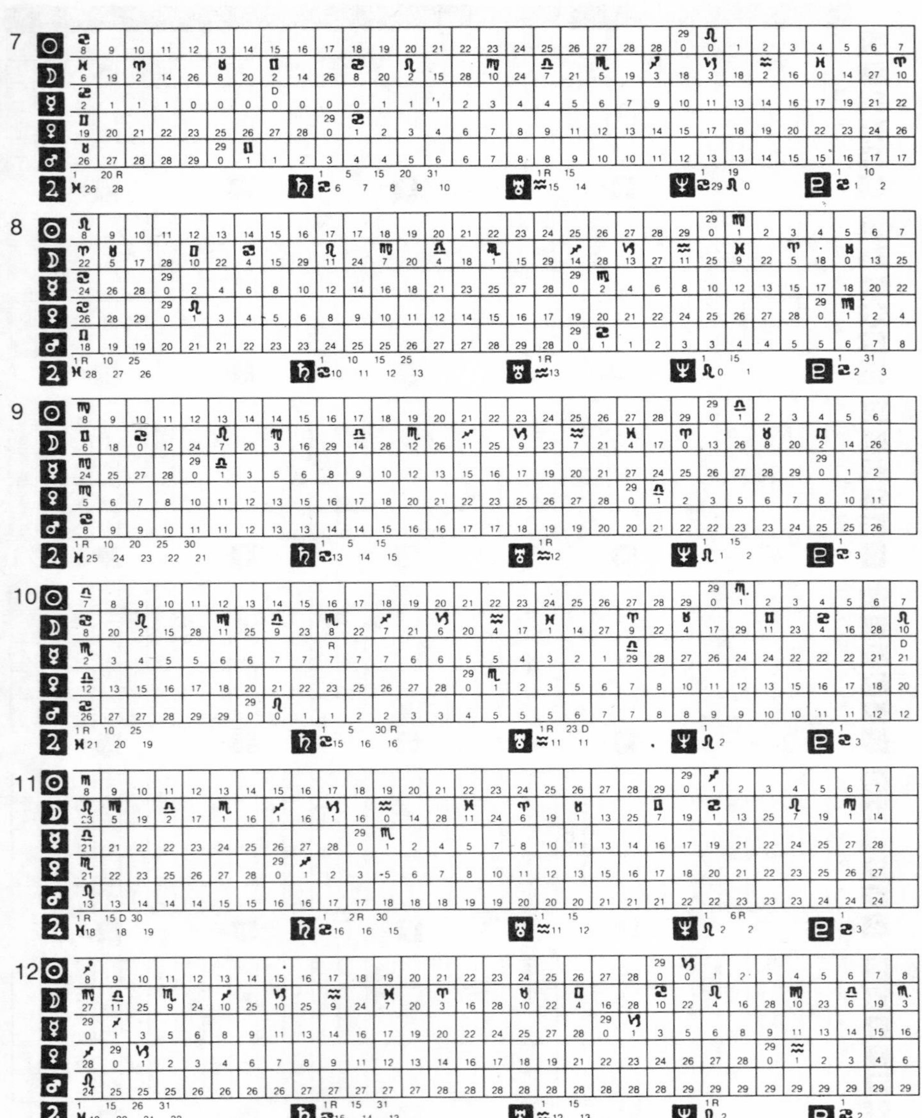

7																															
☉	♋ 8	9	10	11	12	13	14	15	16	17	18	19	20	21	22	23	24	25	26	27	28	28	29 0	♌ 0	1	2	3	4	5	6	7
☽	♓ 6	19	♈ 2	14	26	♉ 8	20	♊ 2	14	26	♋ 8	20	♌ 2	15	28	♍ 10	24	♎ 7	21	♏ 5	19	♐ 3	18	♑ 3	18	♒ 2	16	♓ 0	14	27	♈ 10
☿	♋ 2	1	1	1	0	0	0	D 0	0	0	0	1	1	1	2	3	4	4	5	6	7	9	10	11	13	14	16	17	19	21	22
♀	♊ 19	20	21	22	23	25	26	27	28	29 0	♋ 1	2	3	4	6	7	8	9	11	12	13	14	15	17	18	19	20	22	23	24	26
♂	♉ 26	27	28	28	29	29 0	♊ 1	1	2	3	4	4	5	6	6	7	8	8	9	10	10	11	12	13	13	14	15	15	16	17	17

♃ 1: ♓26 · 20R: 28 ♄ 1: ♋6 · 5: 7 · 15: 8 · 20: 9 · 31: 10 ♅ 1R: ♒15 · 15: 14 ♆ 1: ♋29 · 19: ♌0 ♇ 1: ♋1 · 10: 2

8																															
☉	♌ 8	9	10	11	12	13	14	15	16	17	17	18	19	20	21	22	23	24	25	26	27	28	29	29 0	♍ 1	2	3	4	5	6	7
☽	♈ 22	♉ 5	17	28	♊ 10	22	♋ 4	15	29	♌ 11	24	♍ 7	20	♎ 4	18	♏ 1	15	29	♐ 14	28	♑ 13	27	♒ 11	25	♓ 9	22	♈ 5	18	♉ 0	13	25
☿	♋ 24	26	28	29 0	2	4	6	8	10	12	14	16	18	21	23	25	27	28	29 0	♍ 2	4	6	8	10	12	13	15	17	18	20	22
♀	♋ 26	28	29	29 0	♌ 1	3	4	5	6	8	9	10	11	12	14	15	16	17	19	20	21	22	24	25	26	27	28	29 0	♍ 1	2	4
♂	♊ 18	19	19	20	21	21	22	23	23	24	25	25	26	27	27	28	29	28	29 0	♋ 1	1	2	3	3	4	4	5	5	6	7	8

♃ 1R: ♓28 · 10: 27 · 25: 26 ♄ 1: ♋10 · 10: 11 · 15: 12 · 25: 13 ♅ 1R: ♒13 ♆ 1: ♌0 · 15: 1 ♇ 1: ♋2 · 31: 3

9																															
☉	♍ 8	9	10	11	12	13	14	14	15	16	17	18	19	20	21	22	23	24	25	26	27	28	29	29 0	♎ 1	2	3	4	5	6	
☽	♊ 6	18	♋ 0	12	24	♌ 7	20	♍ 3	16	29	♎ 14	28	♏ 12	26	♐ 11	25	♑ 9	23	♒ 7	21	♓ 4	17	♈ 0	13	26	♉ 8	20	♊ 2	14	26	
☿	♍ 24	25	27	28	29 0	♎ 1	3	5	6	8	9	10	12	13	15	16	17	19	20	21	27	24	25	26	27	28	29	29 0	1	2	
♀	♍ 5	6	7	8	10	11	12	13	15	16	17	18	20	21	22	23	25	26	27	28	29 0	♎ 1	2	3	5	6	7	8	10	11	
♂	♋ 8	9	9	10	11	11	12	13	13	14	14	15	16	16	17	17	18	19	19	20	20	21	22	22	23	23	24	25	25	26	

♃ 1R: ♓25 · 10: 24 · 20: 23 · 25: 22 · 30: 21 ♄ 1: ♋13 · 5: 14 · 15: 15 ♅ 1R: ♒12 ♆ 1: ♌1 · 15: 2 ♇ 1: ♋3

10																															
☉	♎ 7	8	9	10	11	12	13	14	15	16	17	18	19	20	21	22	23	24	25	26	27	28	29	29 0	♏ 1	2	3	4	5	6	7
☽	♋ 8	20	♌ 2	15	28	♍ 11	25	♎ 9	23	♏ 8	22	♐ 7	21	♑ 6	20	♒ 4	17	♓ 1	14	27	♈ 9	22	♉ 4	17	29	♊ 11	23	♋ 4	16	28	♌ 10
☿	♏ 2	3	4	5	5	6	6	7	7	R 7	7	7	6	6	5	5	4	3	2	1	♎ 29	28	27	26	24	24	22	22	22	21	D 21
♀	♎ 12	13	15	16	17	18	20	21	22	23	25	26	27	28	29 0	♏ 1	2	3	5	6	7	8	10	11	12	13	15	16	17	18	20
♂	♋ 26	27	27	28	29	29	29 0	♌ 0	1	1	2	2	3	3	4	5	5	5	6	7	7	8	8	9	9	10	10	11	11	12	12

♃ 1R: ♓21 · 10: 20 · 25: 19 ♄ 1: ♋15 · 5: 16 · 30R: 16 ♅ 1R: ♒11 · 23D: 11 ♆ 1: ♌2 ♇ 1: ♋3

11																															
☉	♏ 8	9	10	11	12	13	14	15	16	17	18	19	20	21	22	23	24	25	26	27	28	29	29 0	♐ 1	2	3	4	5	6	7	
☽	♌ 23	♍ 5	19	♎ 2	17	♏ 1	16	♐ 1	16	♑ 1	16	♒ 0	14	28	♓ 11	24	♈ 6	19	♉ 1	13	25	♊ 7	19	♋ 1	13	25	♌ 7	19	♍ 1	14	
☿	♎ 21	21	22	22	23	24	25	26	27	28	29 0	♏ 1	2	4	5	7	8	10	11	13	14	16	17	19	21	22	24	25	27	28	
♀	♏ 21	22	23	25	26	27	28	29 0	♐ 1	2	3	5	6	7	8	10	11	12	13	15	16	17	18	20	21	22	23	25	26	27	
♂	♌ 13	13	14	14	14	15	15	16	16	17	17	18	18	18	19	19	20	20	20	21	21	21	22	22	23	23	23	24	24	24	

♃ 1R: ♓18 · 15D: 18 · 30: 19 ♄ 1: ♋16 · 2R: 16 · 30: 15 ♅ 1: ♒11 · 15: 12 ♆ 1: ♌2 · 6R: 2 ♇ 1: ♋3

12																															
☉	♐ 8	9	10	11	12	13	14	15	16	17	18	19	20	21	22	23	24	25	26	27	28	29 0	♑ 0	1	2	3	4	5	6	7	8
☽	♍ 27	♎ 11	25	♏ 9	24	♐ 10	25	♑ 10	25	♒ 9	24	♓ 7	20	♈ 3	16	28	♉ 10	22	♊ 4	16	28	♋ 10	22	♌ 4	16	28	♍ 10	23	♎ 6	19	♏ 3
☿	29 0	♐ 1	3	5	6	8	9	11	13	14	16	17	19	20	22	24	25	27	28	29 0	♑ 1	3	5	6	8	9	11	13	14	15	16
♀	♐ 28	29 0	♑ 1	2	3	4	6	7	8	9	11	12	13	14	16	17	18	19	21	22	23	24	26	27	28	29 0	♒ 1	2	3	4	6
♂	♌ 24	25	25	25	26	26	26	26	27	27	27	27	27	28	28	28	28	28	28	28	28	28	29	29	29	29	29	29	29	29	29

♃ 1: ♓19 · 15: 20 · 26: 21 · 31: 22 ♄ 1R: ♋15 · 15: 14 · 31: 13 ♅ 1: ♒12 · 15: 13 ♆ 1R: ♌2 ♇ 1: ♋2

1916的行星位置

1

	1	2	3	4	5	6	7	8	9	10	11	12	13	14	15	16	17	18	19	20	21	22	23	24	25	26	27	28	29	30	31
☉	♑ 10	11	12	13	14	15	16	17	18	19	20	21	22	23	24	25	26	27	28	29	29 0	♒ 1	2	3	4	5	6	7	8	9	10
☽	♏ 19	♐ 2	18	♑ 3	18	♒ 3	18	♓ 2	16	29	♈ 12	25	♉ 7	19	♊ 1	13	25	♋ 7	19	♌ 1	13	25	♍ 7	20	♎ 3	16	29	♏ 13	27	♐ 12	26
☿	♑ 19	21	22	24	26	27	29	29 0	♒ 2	4	5	7	8	10	11	13	14	15	17	18	19	19	20	21	21	22	R 22	22	21	21	20
♀	♒ 7	8	9	11	12	13	14	16	17	18	19	21	22	[illegible]	24	25	27	28	29	29 0	♓ 2	3	4	5	7	8	9	10	11	13	14
♂	♌ 29	R 29	29	29	29	29	29	29	29	29	29	29	29	28	28	28	28	28	27	27	27	27	26	26	26	25	25	25	24	24	24

♃ 1: ♓22, 5: 23, 10: 24, 20: 25, 25: 26, 31: 27　♄ 1R: ♋13, 10: 12, 25: 11　♅ 1: ♒14, 20: 15　♆ 1R: ♌2, 10: 1　♇ 1: ♋2, 31: 1

2

	1	2	3	4	5	6	7	8	9	10	11	12	13	14	15	16	17	18	19	20	21	22	23	24	25	26	27	28	29	30	31
☉	♒ 11	12	13	14	15	16	17	18	19	20	21	22	23	24	25	26	27	28	29 0	♓ 0	1	2	3	4	5	6	7	8	9		
☽	♑ 11	26	♒ 11	25	♓ 10	24	♈ 7	20	♉ 3	15	28	♊ 10	21	♋ 3	15	27	♌ 9	21	♍ 4	17	29	♎ 13	26	♏ 10	24	♐ 8	22	♑ 6	21		
☿	♒ 19	R 18	17	16	15	14	12	11	10	9	8	8	7	7	6	6	6	D 6	6	6	7	7	8	8	9	10	11	11	12		
♀	♓ 15	16	18	19	20	21	22	24	25	26	27	28	29 0	♈ 1	2	3	4	6	7	8	9	10	12	13	14	15	16	18	19		
♂	♌ 23	R 23	22	22	21	21	21	21	20	20	19	19	19	18	18	17	17	17	16	16	16	15	15	15	14	14	14	13	13		

♃ 1: ♓28, 10: 29, 12: ♈0, 15: 1, 20: 2, 25: 3, 29: 4　♄ 1R: ♋11, 5: 10, 29: 9　♅ 1: ♒15, 5: 16, 25: 17　♆ 1R: ♌1, 15: 0　♇ 1: ♋1

3

	1	2	3	4	5	6	7	8	9	10	11	12	13	14	15	16	17	18	19	20	21	22	23	24	25	26	27	28	29	30	31
☉	♓ 10	11	12	13	14	15	16	17	18	19	20	21	22	23	24	25	26	27	28	29 0	♈ 0	1	2	3	4	5	6	7	8	9	10
☽	♒ 5	19	♓ 4	18	♈ 2	15	28	♉ 11	23	♊ 5	17	29	♋ 11	23	♌ 5	17	29	♍ 13	26	♎ 9	23	♏ 7	21	♐ 5	19	♑ 3	17	♒ 1	15	29	♓ 13
☿	♒ 13	14	15	16	18	19	20	21	22	24	25	26	28	29 0	♓ 1	2	3	5	6	8	10	11	13	14	16	18	19	21	23	25	26
♀	♈ 20	21	22	24	25	26	27	28	29 0	♉ 1	2	3	4	5	6	7	9	10	11	12	13	14	15	17	18	19	20	21	22	23	24
♂	♌ 13	R 13	12	12	12	12	11	11	11	11	11	11	11	10	10	10	10	10	10	10	10	D 10	10	10	10	10	10	10	11	11	11

♃ 1: ♈4, 5: 5, 10: 6, 15: 7, 20: 8, 25: 10, 31: 11　♄ 1R: ♋9, 12D: 9, 25: 10　♅ 1: ♒17, 15: 18　♆ 1R: ♌0, 20: ♋29　♇ 1: ♋1

4

	1	2	3	4	5	6	7	8	9	10	11	12	13	14	15	16	17	18	19	20	21	22	23	24	25	26	27	28	29	30	31
☉	♈ 11	12	13	14	15	16	17	18	19	20	21	22	23	24	25	26	27	28	29	29 0	♉ 1	2	3	4	5	6	7	8	9	10	
☽	♓ 27	♈ 10	23	♉ 6	19	♊ 1	13	25	♋ 7	19	♌ 1	13	25	♍ 8	21	♎ 4	18	♏ 2	16	♐ 1	15	29	♑ 14	28	♒ 12	26	♓ 9	23	♈ 6	19	
☿	♓ 28	29 0	2	4	6	7	9	11	13	15	17	19	22	24	26	28	29 0	♉ 2	4	6	8	11	13	15	17	19	21	22	24	26	
♀	♉ 25	27	28	29	29 0	♊ 1	2	3	4	5	6	7	8	9	10	11	12	13	14	15	16	17	18	19	20	21	22	23	24	25	
♂	♌ 11	11	11	11	12	12	12	12	12	13	13	13	13	14	14	14	14	15	15	15	15	16	16	16	16	17	17	17	18	18	

♃ 1: ♈11, 5: 12, 10: 14, 15: 15, 20: 16, 25: 17, 30: 18　♄ 1: ♋10, 20: 11, 30: 12　♅ 1: ♒18, 5: 19　♆ 1R: ♋29, 10D: 29　♇ 1: ♋1

5

	1	2	3	4	5	6	7	8	9	10	11	12	13	14	15	16	17	18	19	20	21	22	23	24	25	26	27	28	29	30	31
☉	♉ 11	12	13	14	14	15	16	17	18	19	20	21	22	23	24	25	26	27	28	29	29 0	♊ 1	2	3	4	5	6	7	8	9	10
☽	♉ 2	15	27	♊ 9	21	♋ 3	15	27	♌ 9	21	♍ 3	16	29	♎ 12	26	♏ 10	25	♐ 10	25	♑ 9	24	♒ 8	23	♓ 6	20	♈ 3	16	29	♉ 11	24	♊ 6
☿	♉ 28	29 0	♊ 1	3	4	6	7	8	10	11	12	13	14	15	15	16	17	17	18	18	19	19	19	19	R 19	19	19	19	18	18	18
♀	♊ 26	27	28	29	29 0	♋ 0	1	2	3	4	5	5	6	7	8	8	9	10	10	11	12	12	13	14	14	15	15	16	16	17	17
♂	♌ 18	19	19	20	20	20	21	21	21	22	22	23	23	23	24	24	25	25	26	26	27	27	27	28	28	29	29	29 0	♍ 0	1	1

♃ 1: ♈19, 10: 21, 15: 22, 20: 23, 25: 24, 31: 25　♄ 1: ♋12, 15: 13, 25: 14, 31: 15　♅ 1: ♒19, 15: 20, 25R: 20　♆ 1: ♋29, 2: ♌0　♇ 1: ♋1, 20: 2

6

	1	2	3	4	5	6	7	8	9	10	11	12	13	14	15	16	17	18	19	20	21	22	23	24	25	26	27	28	29	30	31
☉	♊ 10	11	12	13	14	15	16	17	18	19	20	21	22	23	24	25	26	27	28	29	29 0	♋ 1	1	2	3	4	5	6	7	8	
☽	♊ 18	♋ 0	12	24	♌ 5	17	29	♍ 11	24	♎ 7	20	♏ 4	18	♐ 3	18	♑ 3	18	♒ 3	18	♓ 2	16	♈ 0	13	26	♉ 8	21	♊ 3	15	27	♋ 9	
☿	♊ 17	R 17	16	15	15	15	14	13	13	12	12	12	11	11	11	11	11	D 11	11	11	11	11	12	12	13	13	14	15	16	17	
♀	♋ 17	18	18	18	19	19	19	19	19	20	20	R 20	20	19	19	19	19	19	19	18	18	18	17	17	16	16	15	15	14	13	
♂	♍ 2	2	3	3	4	4	5	5	6	6	7	7	8	8	9	9	10	10	11	11	12	12	13	13	14	15	15	16	16	17	

♃ 1: ♈25, 5: 26, 10: 27, 15: 28, 20: 29, 26: ♉0　♄ 1: ♋15, 10: 16, 20: 17, 25: 18　♅ 1R: ♒20, 5: 19　♆ 1: ♌0, 10: 1　♇ 1: ♋2, 30: 3

7																															
☉	♋ 9	10	11	12	13	14	15	16	17	18	19	20	21	22	22	23	24	25	26	27	28	29	29 0	♌ 1	2	3	4	5	6	7	8
☽	♋ 21	♌ 2	14	26	♍ 8	20	♎ 3	16	29	♏ 13	27	♐ 12	26	♑ 12	27	♒ 12	27	♓ 11	25	♈ 9	22	♉ 5	18	♊ 0	12	24	♋ 6	18	29	♌ 11	23
☿	♊ 18	19	20	21	22	23	25	26	28	29 0	♋ 1	3	5	6	8	10	12	14	16	18	20*	22	24	27	29	♌ 0	3	5	7	9	11
♀	♋ 13	R 12	12	11	10	10	9	8	8	7	7	6	6	5	5	5	4	4	4	4	3	3	3	3	D 3	3	3	3	3	4	4
♂	♍ 17	18	18	18	20	20	21	21	22	22	23	24	24	25	25	26	26	27	28	28	29	29	29 0	♎ 1	1	2	2	3	4	4	5

♃ 1 10 15 25 ♉ 1 2 3 4 ♄ 1 5 10 20 25 ♋ 18 19 20 21 22 ♅ 1R 20 ♒ 19 18 ♆ 1 10 ♌ 1 2 ♇ 1 ♋ 3

8																															
☉	♌ 9	10	11	12	13	13	14	15	16	17	18	19	20	21	22	23	24	25	26	27	28	29	29 0	♍ 1	2	3	4	5	6	7	8
☽	♍ 5	17	♎ 0	13	25	♏ 9	22	♐ 6	21	♑ 5	20	♒ 5	20	♓ 5	20	♈ 4	18	♉ 1	14	27	♊ 9	21	♋ 3	14	26	♌ 8	20	♍ 2	14	27	♎ 10
☿	♌ 13	15	17	19	21	23	25	27	29	29 0	♍ 2	4	6	7	9	11	12	14	16	17	19	20	22	23	25	26	28	29	29 0	2	3
♀	♋ 4	4	5	5	5	6	6	6	7	7	8	8	9	10	10	11	12	12	13	14	14	15	16	17	17	18	19	20	21	21	22
♂	♎ 5	6	7	7	8	9	9	10	10	11	12	12	13	14	14	15	15	16	17	17	18	19	19	20	21	21	22	22	23	24	24

♃ 1 5 25R ♉ 4 5 5 ♄ 1 5 10 20 31 ♋ 22 23 24 25 26 ♅ 1R 15 ♒ 18 17 ♆ 1 5 31 ♌ 2 3 4 ♇ 1 25 ♋ 3 4

9																														
☉	♍ 9	9	10	11	12	13	14	15	16	17	18	19	20	21	22	23	24	25	26	27	28	29	29 0	♎ 1	2	3	4	5	6	7
☽	♎ 23	♏ 6	19	♐ 3	16	♑ 1	15	29	♒ 14	29	♓ 13	28	♈ 12	26	♉ 9	22	♊ 5	17	29	♋ 11	23	♌ 4	16	28	♍ 11	23	♎ 6	19	♏ 2	16
☿	♎ 4	5	7	8	9	10	11	12	13	14	15	16	17	17	18	19	19	20	20	20	20	21	R 21	20	20	20	19	19	18	17
♀	♋ 23	24	25	26	27	28	29	29 0	♌ 0	1	2	3	4	5	6	7	8	9	10	11	12	13	14	15	16	17	19	20	21	22
♂	♎ 25	26	26	27	28	28	29	29 0	♏ 0	1	2	2	3	4	4	5	6	6	7	8	8	9	10	10	11	12	13	13	14	15

♃ 1R 20 30 ♉ 5 4 3 ♄ 1 5 15 30 ♋ 26 27 28 29 ♅ 1R 10 ♒ 17 16 ♆ ♌ 4 ♇ 1 ♋ 4

10																															
☉	♎ 8	9	10	11	12	13	14	15	16	17	18	19	20	21	22	23	24	25	26	27	28	29	29 0	♏ 1	2	3	4	5	6	7	8
☽	♏ 29	♐ 13	27	♑ 11	25	♒ 10	24	♓ 8	22	♈ 6	20	♉ 4	17	♊ 0	13	25	♋ 7	19	♌ 0	12	24	♍ 6	19	♎ 2	15	28	♏ 12	26	♐ 10	24	♑ 8
☿	♎ 16	R 15	14	13	12	10	9	8	7	7	6	6	5	D 5	5	6	6	7	8	8	9	11	12	13	14	16	17	19	20	22	24
♀	♌ 23	24	25	26	27	28	29 0	♍ 0	2	3	4	5	6	7	8	9	11	12	13	14	15	16	18	19	20	21	22	23	25	26	27
♂	♏ 15	16	17	17	18	19	19	20	21	22	22	23	24	24	25	26	27	27	28	29	29	29 0	♐ 1	2	2	3	4	4	5	6	7

♃ 1R 10 15 25 26 0 27 ♉ 3 2 1 0 29 ♈ 29 ♄ 1 17 ♋ 29 ♌ 0 ♅ 1R 26D ♒ 16 16 ♆ 1 10 ♌ 4 5 ♇ 1 ♋ 4

11																														
☉	♏ 9	10	11	12	13	14	15	16	17	18	19	20	21	22	23	24	25	26	27	28	29 0	♐ 0	1	2	3	4	5	6	7	8
☽	♑ 22	♒ 6	20	♓ 4	18	♈ 2	16	29	♉ 12	25	♊ 8	21	♋ 3	15	27	♌ 8	20	♍ 2	14	27	♎ 9	23	♏ 6	20	♐ 5	19	♑ 4	18	♒ 3	17
☿	♎ 25	27	28	29 0	♏ 1	3	5	6	8	10	11	13	14	16	18	19	21	22	24	26	27	29	29 0	♐ 2	4	5	7	8	10	11
♀	♍ 28	29	29 0	♎ 2	3	4	5	6	8	9	10	11	12	14	15	16	17	18	20	21	22	23	24	26	27	28	29	29 0	♏ 2	3
♂	♐ 7	8	9	10	10	11	12	12	13	14	15	15	16	17	18	18	19	20	21	21	22	23	24	24	25	26	27	27	28	29

♃ 1R 10 15 25 ♈ 29 28 27 26 ♄ 1 12R ♌ 0 0 ♅ 1 ♒ 16 ♆ 1 7R ♌ 5 5 ♇ 1 ♋ 4

12																															
☉	♐ 9	10	11	12	13	14	15	16	17	18	19	20	21	22	23	24	25	26	27	28	29	29 0	♑ 1	2	3	4	5	6	7	8	9
☽	♓ 1	15	29	♈ 12	26	♉ 9	22	♊ 4	17	29	♋ 11	23	♌ 5	16	28	♍ 10	22	♎ 5	17	♏ 0	14	28	♐ 13	27	♑ 12	27	♒ 12	27	♓ 11	26	♈ 9
☿	♐ 13	15	16	18	19	21	22	24	25	27	29	29 0	♑ 2	3	5	6	8	10	11	13	14	16	17	19	20	22	23	24	26	27	28
♀	♏ 4	5	7	8	9	10	12	13	14	15	16	18	19	20	21	23	24	25	26	28	29	29 0	♐ 1	3	4	5	6	8	9	10	11
♂	29 0	♑ 0	1	2	3	3	4	5	6	7	7	8	9	10	10	11	12	13	13	14	15	16	17	17	18	19	20	20	21	22	23

♃ 1R 10 21D ♈ 26 25 25 ♄ 1R 7 0 10 31 ♌ 0 29 ♋ 28 29 ♅ 1 15 ♒ 16 17 ♆ 1R 10 ♌ 5 4 ♇ 1 20 ♋ 4 3

1917的行星位置

月		1	2	3	4	5	6	7	8	9	10	11	12	13	14	15	16	17	18	19	20	21	22	23	24	25	26	27	28	29	30	31
1	☉	♑ 10	11	12	13	14	15	16	17	18	19	20	21	22	23	24	25	26	27	28	29 0	♒ 1	2	3	4	5	6	7	8	9	10	11
	☽	♈ 23	♉ 6	19	♊ 1	13	26	♋ 8	19	♌ 1	13	25	♍ 7	19	♎ 1	13	26	♏ 9	22	♐ 5	20	♑ 5	20	♒ 5	21	♓ 5	20	♈ 5	19	♉ 2	15	28
	☿	29 0	♒ 1	2	3	4	4	5	5	5	R 5	5	5	4	4	3	2	0	29	28	27	26	24	23	22	21	21	20	20	20	19	20
	♀	♐ 12	14	15	16	17	19	20	21	22	24	25	26	27	29	29 0	♑ 1	2	4	5	6	7	9	10	11	12	14	15	16	17	19	20
	♂	♑ 24	24	25	26	27	27	28	29	29 0	♒ 1	1	2	3	4	5	5	6	7	8	8	9	10	11	12	12	13	14	15	16	16	17

♃ 1 5 20 31 / ♈25 26 27 28　♄ 1R 15 25 / ♋28 27 26　♅ 1 5 25 / ♒17 18 19　♆ 1R 20 / ♌4 3　♇ 1 31 / ♋3 2

月		1	2	3	4	5	6	7	8	9	10	11	12	13	14	15	16	17	18	19	20	21	22	23	24	25	26	27	28	29	30	31
2	☉	♒ 12	13	14	15	16	17	18	19	20	21	22	23	24	25	26	27	28	29	29 0	♓ 1	2	3	4	5	6	7	8	9			
	☽	♊ 10	23	♋ 5	16	28	♌ 10	22	♍ 4	16	28	♎ 10	22	♏ 5	18	♐ 1	15	29	♑ 13	28	♒ 13	29	♓ 14	29	♈ 13	27	♉ 11	24	♊ 7			
	☿	♑ 20	20	20	21	21	22	23	23	24	25	26	27	28	29	29 0	1	3	4	5	6	8	9	10	12	13	14	16	17			
	♀	♑ 21	22	24	25	26	27	29	29 0	♒ 1	2	4	5	6	7	9	10	11	12	14	15	16	17	19	20	21	22	24	25			
	♂	♒ 18	19	20	20	21	22	23	23	24	25	26	27	27	28	29	29 0	♓ 1	1	2	3	4	5	5	6	7	8	8	9			

♃ 1 5 12 29 15 20 25 28 / ♈28 29 0 ♉0 1 2 3　♄ 1R 5 20 / ♋26 25 24　♅ 1 10 28 / ♒19 20 21　♆ 1R 25 / ♌3 2　♇ 1 / ♋2

月		1	2	3	4	5	6	7	8	9	10	11	12	13	14	15	16	17	18	19	20	21	22	23	24	25	26	27	28	29	30	31
3	☉	♓ 10	11	12	13	14	15	16	17	18	19	20	21	22	23	24	25	26	27	28	29	29 0	♈ 1	2	3	4	5	6	7	8	9	10
	☽	♊ 19	♋ 1	13	25	♌ 7	19	♍ 1	13	25	♎ 7	19	♏ 2	15	28	♐ 11	25	♑ 9	23	♒ 7	22	♓ 7	22	♈ 7	21	♉ 5	19	♊ 2	15	28	♋ 10	22
	☿	♒ 19	20	22	23	25	26	28	29 0	♓ 1	3	5	6	8	10	11	13	15	17	19	20	22	24	26	28	29 0	♈ 2	4	6	8	10	12
	♀	♒ 26	27	29	29 0	1	2	4	5	6	7	9	10	11	12	13	15	16	17	18	20	21	22	23	25	26	27	28	29 0	♈ 1	2	3
	♂	♓ 10	11	12	12	13	14	15	16	16	17	18	19	20	20	21	22	23	23	24	25	26	27	27	28	29	29 0	♈ 0	1	2	3	4

♃ 1 5 10 15 20 25 31 / ♉3 4 5 6 7 8 9　♄ 1R 25 D 31 / ♋24 23 24　♅ 1 20 / ♒21 22　♆ 1R / ♌2　♇ 1 / ♋2

月		1	2	3	4	5	6	7	8	9	10	11	12	13	14	15	16	17	18	19	20	21	22	23	24	25	26	27	28	29	30	31
4	☉	♈ 11	12	13	14	15	16	17	18	19	20	21	22	23	24	25	26	27	28	29	29 0	♉ 1	2	3	4	5	6	6	7	8	9	
	☽	♌ 3	15	27	♍ 9	21	♎ 4	16	29	♏ 12	25	♐ 8	22	♑ 5	19	♒ 3	18	♓ 2	16	♈ 1	15	29	♉ 13	27	♊ 10	23	♋ 5	18	29	♌ 11	23	
	☿	♈ 14	16	18	20	22	24	26	28	29 0	♉ 2	4	6	8	10	11	13	15	16	18	19	20	22	23	24	25	26	26	27	28	28	
	♀	♈ 5	6	7	8	10	11	12	13	15	16	17	18	19	21	22	23	24	26	27	28	29 0	♉ 1	2	3	4	6	7	8	9	10	
	♂	♈ 4	5	6	7	7	8	9	10	11	11	12	13	14	14	15	16	17	17	18	19	20	20	21	22	23	23	24	25	26	27	

♃ 1 5 10 15 20 25 30 / ♉9 10 11 12 14 15 16　♄ 1 30 / ♋24 25　♅ 1 10 / ♒22 23　♆ 1R 13 D / ♌2 2　♇ 1 / ♋2

月		1	2	3	4	5	6	7	8	9	10	11	12	13	14	15	16	17	18	19	20	21	22	23	24	25	26	27	28	29	30	31
5	☉	♉ 10	11	12	13	14	15	16	17	18	19	20	21	22	23	24	25	26	27	28	29	29 0	♊ 1	2	3	4	4	5	6	7	8	9
	☽	♍ 5	17	29	♎ 12	25	♏ 8	21	♐ 5	18	♑ 2	16	♒ 0	14	29	♓ 13	27	♈ 11	25	♉ 9	22	♊ 5	18	♋ 1	13	25	♌ 7	19	♍ 1	13	25	♎ 7
	☿	♉ 29	29	29	29	29	R 29	29	29	29	28	28	28	27	27	25	25	25	24	24	23	23	22	22	21	21	21	21	20	20	D 20	21
	♀	♉ 12	13	14	15	17	18	19	20	22	23	24	25	27	28	29	29 0	♊ 1	3	4	5	6	8	9	10	11	13	14	15	16	17	18
	♂	♈ 27	28	29	29 0	♉ 0	1	2	3	3	4	5	6	6	7	8	8	9	10	11	11	12	13	14	14	15	16	17	17	18	19	19

♃ 1 5 10 12 15 20 25 31 / ♉16 17 18 19 20 21 22 23　♄ 1 15 25 / ♋25 26 27　♅ 1 20 29 R / ♒23 24 24　♆ 1 31 / ♌2 3　♇ 1 / ♋3

月		1	2	3	4	5	6	7	8	9	10	11	12	13	14	15	16	17	18	19	20	21	22	23	24	25	26	27	28	29	30	31
6	☉	♊ 10	11	12	13	14	15	16	17	18	19	20	21	22	23	24	25	26	26	27	28	29	29 0	♋ 1	2	3	4	5	6	7	8	
	☽	♎ 20	♏ 3	16	29	♐ 13	28	♑ 12	26	♒ 11	25	♓ 10	24	♈ 8	21	♉ 5	18	♊ 1	14	27	♋ 9	22	♌ 4	16	27	♍ 9	21	♎ 3	15	28	♏ 11	
	☿	♉ 21	21	21	22	22	23	23	24	25	26	27	27	28	29 0	♊ 1	2	3	4	6	7	9	10	12	13	15	17	18	20	22	24	
	♀	♊ 20	21	22	24	25	26	27	28	29 0	♋ 1	2	3	5	6	7	8	9	11	12	13	14	16	17	18	19	21	22	23	24	25	
	♂	♉ 20	21	22	22	23	24	25	25	26	27	27	28	29	29 0	♊ 0	1	2	2	3	4	5	5	6	7	7	8	9	9	10	11	

♃ 1 7 10 15 20 25 29 29 30 / ♉24 25 26 27 28 29 0 ♊0　♄ 1 5 15 24 30 / ♋27 28 29 ♌0 1　♅ 1R 10 / ♒24 23　♆ 1 / ♌3　♇ 1 20 / ♋3 4

7																															
☉	♋ 9	10	11	12	13	14	15	16	17	17	18	19	20	21	22	23	24	25	26	27	28	29	29 0	♌ 1	2	3	4	5	6	7	8
☽	[illegible] 24	♐ 8	22	♑ 6	21	♒ 6	21	♓ 5	20	♈ 4	18	♉ 2	15	28	♊ 11	24	♋ 6	18	♌ 0	12	24	♍ 6	18	29	♎ 12	24	♏ 6	19	♐ 2	16	♑ 0
☿	♊ 26	28	29 0	♋ 2	4	6	8	11	13	15	17	19	21	23	26	28	29 0	♌ 2	4	6	8	10	12	14	15	17	19	21	23	24	26
♀	♋ 27	28	29	29 0	♌ 2	3	4	5	6	8	9	10	11	13	14	15	16	17	19	20	21	22	23	25	26	27	28	29 0	♍ 1	2	3
♂	♊ 12	12	13	14	14	15	16	16	17	18	19	19	20	21	21	22	23	23	24	25	25	26	27	27	28	29	29	29 0	♋ 1	1	2

♃ 1 5 10 15 20 25 31 / ♊ 0 1 2 3 4 5 6
♄ 1 10 20 25 31 / ♌ 1 2 3 4 5
♅ 1R 25 / ♒ 23 22
♆ 1 5 31 / ♌ 3 4 5
♇ 1 / ♋ 4

8																															
☉	♌ 8	9	10	11	12	13	14	15	16	17	18	19	20	21	22	23	24	25	26	27	28	29	29 0	♍ 1	2	2	3	4	5	6	7
☽	♑ 14	29	♒ 14	29	♓ 15	29	♈ 14	28	♉ 12	25	♊ 8	21	♋ 3	15	27	♌ 9	21	♍ 3	15	27	♎ 8	21	♏ 3	15	28	♐ 11	25	♑ 8	23	♒ 8	23
☿	♌ 28	29 0	♍ 1	3	4	6	7	9	10	11	13	14	16	17	18	19	21	22	23	24	25	26	27	28	29	29 0	♎ 0	1	2	2	3
♀	♍ 4	6	7	8	9	10	12	13	14	15	17	18	19	20	21	23	24	25	26	27	29	29 0	♎ 1	2	3	5	6	7	8	9	11
♂	♋ 3	3	4	5	5	6	7	7	8	9	9	10	11	11	12	13	13	14	15	15	16	17	17	18	18	19	20	20	21	22	22

♃ 1 5 10 15 20 31 / ♊ 6 7 7 8 9 10
♄ 1 10 20 25 / ♌ 5 6 7 8
♅ 1R 20 / ♒ 22 21
♆ 1 31 / ♌ 5 6
♇ 1 5 / ♋ 4 5

9																															
☉	♍ 8	9	10	11	12	13	14	15	16	17	18	19	20	21	22	23	24	25	26	27	28	29	29 0	♎ 1	2	3	4	5	6	7	
☽	♓ 8	23	♈ 8	23	♉ 7	21	♊ 5	17	♋ 0	12	24	♌ 6	18	29	♍ 12	24	♎ 6	18	♏ 0	12	25	♐ 8	21	♑ 4	18	♒ 2	16	♓ 1	16	♈ 2	
☿	♎ 3	3	4	4	4	R 4	4	4	3	3	2	1	1	♉ 29	♍ 29	28	27	26	25	24	23	22	21	20	20	20	19	D 19	20	20	
♀	♎ 12	13	14	15	17	18	19	20	21	23	24	25	26	27	29	29 0	♏ 1	2	3	5	6	7	8	9	10	12	13	14	15	16	
♂	♋ 23	24	24	25	25	26	27	27	28	29	29	29 0	♌ 1	1	2	2	3	4	4	5	5	6	7	7	8	8	9	10	10	11	

♃ 1 10 / ♊ 10 11
♄ 1 10 20 30 / ♌ 9 10 11 12
♅ 1R 15 / ♒ 21 20
♆ 1 30 / ♌ 6 7
♇ 1 / ♋ 5

10																															
☉	♎ 8	9	10	11	12	12	13	14	15	16	17	18	19	20	21	22	23	24	25	26	27	28	29 0	♏ 0	1	2	3	4	5	6	7
☽	♈ 17	♉ 1	16	29	♊ 13	26	♋ 9	21	♌ 3	15	27	♍ 8	20	♎ 2	14	27	♏ 9	22	♐ 5	18	♑ 1	14	28	♒ 12	26	♓ 11	25	♈ 10	25	♉ 10	24
☿	♍ 20	21	22	23	24	25	26	27	29	29 0	♎ 2	3	5	7	8	10	12	13	15	17	18	20	22	24	25	27	29	29 0	♏ 2	4	5
♀	♏ 18	19	20	21	22	23	25	26	27	28	29	♐ 0	2	3	4	5	6	7	9	10	11	12	13	14	15	17	18	19	20	21	22
♂	♌ 11	12	13	13	14	14	15	16	16	17	17	18	19	19	20	20	21	21	22	23	23	24	24	25	26	26	27	27	28	28	29

♃ 1R 25 / ♊ 11 10
♄ 1 15 31 / ♌ 12 13 14
♅ 1R 30D / ♒ 20 26
♆ 1 / ♌ 7
♇ 1 / ♋ 5

11																															
☉	♏ 8	9	10	11	12	13	14	15	16	17	18	19	20	21	22	23	24	25	26	27	28	29 0	♐ 0	1	2	3	4	5	6	7	
☽	♊ 8	21	♋ 4	17	29	♌ 11	23	♍ 5	17	29	♎ 11	23	♏ 5	18	♐ 1	14	28	♑ 11	25	♒ 9	23	♓ 7	21	♈ 5	20	♉ 4	18	♊ 2	16	28	
☿	♏ 7	9	10	12	13	15	17	18	20	21	23	25	26	28	29 0	♐ 1	2	4	5	7	9	10	12	13	15	16	18	19	21	22	
♀	♐ 23	25	26	27	28	29	29 0	♑ 1	2	4	5	6	7	8	9	10	11	12	13	14	15	17	18	19	20	21	22	23	24	25	
♂	♌ 29	29 0	♑ 0	1	1	2	3	3	4	4	5	5	6	6	7	7	8	8	9	9	10	10	11	11	12	12	13	13	14	14	

♃ 1R 5 15 20 30 / ♊ 10 9 8 7 6
♄ 1 26R / ♌ 14 14
♅ 1 / ♒ 20
♆ 1 10R / ♌ 7 7
♇ 1 / ♋ 5

12																															
☉	♐ 9	10	11	12	13	14	15	16	17	18	19	20	21	22	23	24	25	26	27	28	29 0	♑ 0	1	2	3	4	5	6	7	8	9
☽	♋ 12	24	♌ 7	19	♍ 1	13	25	♎ 6	19	♏ 1	14	26	♐ 10	23	♑ 7	21	♒ 5	19	♓ 4	18	♈ 2	16	♉ 0	14	28	♊ 11	24	♋ 7	20	♌ 2	15
☿	♐ 24	25	27	28	29 0	♑ 1	2	4	5	7	8	9	11	12	13	14	15	16	17	18	18	19	19	20	R 20	19	19	18	18	17	16
♀	♑ 26	27	28	29	29 0	♒ 1	2	3	4	5	6	6	7	8	9	10	11	12	13	13	14	15	16	17	17	18	19	19	20	21	21
♂	♍ 15	15	16	16	17	17	18	18	19	19	20	20	20	21	21	22	22	22	23	23	24	24	24	24	25	25	25	26	26	26	27

♃ 1R 5 15 25 31 / ♊ 6 5 4 3 2
♄ 1R 31 / ♌ 14 13
♅ 1 15 / ♒ 20 21
♆ 1R 25 / ♌ 7 8
♇ 1 28 / ♋ 5 4

1918的行星位置

1

	1	2	3	4	5	6	7	8	9	10	11	12	13	14	15	16	17	18	19	20	21	22	23	24	25	26	27	28	29	30	31
☉	♑ 10	11	12	13	14	15	16	17	18	19	20	21	22	23	24	25	26	27	28	29 0	♒ 0	1	2	3	4	5	6	7	8	9	10
☽	♌ 27	♍ 9	20	♎ 2	14	26	♏ 9	21	♐ 4	18	♑ 1	15	♒ 0	15	29	♓ 14	29	♈ 13	27	♉ 11	24	♊ 8	21	♋ 3	16	28	♌ 11	23	♍ 5	17	29
☿	♑ 14	13	12	11	9	8	7	6	5	4	4	4	3	D 3	3	4	4	4	5	6	6	7	8	9	10	11	12	13	14	15	17
♀	♒ 22	23	23	24	24	25	25	26	26	26	27	27	27	28	28	28	28	28	28	28	R 28	28	28	28	28	28	27	27	27	26	26
♂	♊ 27	R 27	28	28	29	29	29	29	29	29	29 0	♎ 0	0	1	1	1	1	1	2	2	2	2	2	2	2	2	3	3	3	3	3

♃ 1R ♊ 2, 20: 1, 28 D: 1 — ♄ 1R ♌ 13, 15: 12, 25: 11 — ♅ 1 ♒ 21, 10: 22, 31: 23 — ♆ 1R ♌ 6, 31: 5 — ♇ 1 ♋ 4

2

	1	2	3	4	5	6	7	8	9	10	11	12	13	14	15	16	17	18	19	20	21	22	23	24	25	26	27	28	29	30	31
☉	♒ 12	13	14	15	16	17	18	19	20	21	22	23	24	25	26	27	28	29	29 0	♓ 1	2	3	4	5	6	7	8	9			
☽	♎ 10	22	♏ 4	17	29	♐ 12	25	♑ 9	23	♒ 8	23	♓ 8	23	♈ 8	23	♉ 7	21	♊ 5	18	♋ 0	13	25	♌ 7	20	♍ 2	13	25	♎ 7			
☿	♑ 18	19	20	22	23	24	26	27	29	29 0	♒ 1	3	4	6	7	9	10	12	13	15	17	18	20	22	23	25	27	28			
♀	♒ 25	R 25	24	24	23	23	22	21	21	20	19	19	18	18	17	17	16	16	15	15	14	14	13	13	13	13	13	13			
♂	♎ 3	3	3	R 3	3	3	3	3	3	3	2	2	2	2	2	2	2	2	1	1	1	1	0	0	♉ 29	♍ 29	29	29			

♃ 1 ♊ 1, 10: 2, 25: 3 — ♄ 1R ♌ 11, 10: 10, 20: 9 — ♅ 1 ♒ 23, 15: 24 — ♆ 1R ♌ 5 — ♇ 1 ♋ 4, 15: 3

3

	1	2	3	4	5	6	7	8	9	10	11	12	13	14	15	16	17	18	19	20	21	22	23	24	25	26	27	28	29	30	31
☉	♓ 10	11	12	13	14	15	16	17	18	19	20	21	22	23	24	25	26	27	28	29	29 0	♈ 1	2	3	4	5	6	7	8	9	10
☽	♎ 19	♏ 1	13	26	♐ 8	21	♑ 4	17	♒ 1	16	♓ 1	16	♈ 2	17	♉ 2	16	♊ 0	14	27	♋ 10	22	♌ 5	17	29	♍ 10	22	♎ 4	16	28	♏ 10	22
☿	♓ 0	2	4	5	7	9	11	13	15	17	18	20	22	24	26	28	29 0	♈ 2	4	6	8	10	12	14	16	18	20	22	23	25	27
♀	♒ 13	R 13	D 13	13	13	13	13	13	13	14	14	14	15	15	16	16	17	17	18	18	19	19	20	21	21	22	23	23	24	25	26
♂	♍ 29	R 28	28	28	27	27	27	26	26	26	25	25	24	24	24	23	23	22	22	22	21	21	21	20	20	19	19	19	18	18	18

♃ 1 ♊ 3, 5: 4, 15: 5, 20: 6, 31: 7 — ♄ 1R ♌ 9, 10: 8 — ♅ 1 ♒ 24, 5: 25, 20: 26 — ♆ 1R ♌ 5, 10: 4 — ♇ 1 ♋ 3

4

	1	2	3	4	5	6	7	8	9	10	11	12	13	14	15	16	17	18	19	20	21	22	23	24	25	26	27	28	29	30	31
☉	♈ 11	12	13	14	15	16	17	18	19	20	21	22	23	24	25	26	26	27	28	29 0	♉ 0	1	2	3	4	5	6	7	8	9	
☽	♐ 5	17	♑ 0	13	26	♒ 10	25	♓ 9	25	♈ 10	25	♉ 10	25	♊ 9	23	♋ 6	19	♌ 1	13	25	♍ 7	19	♎ 1	13	25	♏ 7	19	♐ 2	14	27	
☿	♈ 28	29 0	♉ 1	2	4	5	6	7	8	8	9	9	10	10	10	10	R 10	10	10	10	9	9	8	8	7	6	6	5	4	4	
♀	♒ 26	27	28	29	29 0	♓ 0	1	2	3	4	5	6	7	8	8	9	10	11	12	13	14	15	16	17	18	19	20	21	22	23	
♂	♍ 17	R 17	17	17	16	16	16	16	15	15	15	15	15	14	14	14	14	14	14	14	14	14	14	14	14	D 14	14	14	14	14	

♃ 1 ♊ 8, 10: 9, 15: 10, 20: 11, 25: 12, 30: 13 — ♄ 1R ♌ 8, 5: 7, 9 D: 7, 20: 8 — ♅ 1 ♒ 26, 15: 27 — ♆ 1R ♌ 4, 15 D: 4 — ♇ 1 ♋ 3, 20: 4

5

	1	2	3	4	5	6	7	8	9	10	11	12	13	14	15	16	17	18	19	20	21	22	23	24	25	26	27	28	29	30	31
☉	♉ 10	11	12	13	14	15	16	17	18	19	20	21	22	23	24	25	26	27	28	29	29 0	♊ 0	1	2	3	4	5	6	7	8	9
☽	♑ 10	23	♒ 7	20	♓ 5	19	♈ 4	19	♉ 3	18	♊ 3	17	♋ 1	14	27	♌ 9	22	♍ 4	16	28	♎ 10	21	♏ 4	16	28	♐ 11	24	♑ 7	20	♒ 3	17
☿	♉ 3	R 3	2	2	1	1	1	0	0	0	0	0	1	1	1	2	2	3	3	4	5	6	6	7	8	9	10	12	13	14	15
♀	♓ 24	25	26	27	28	29 0	♈ 1	2	3	4	5	6	7	8	9	10	11	12	13	15	16	17	18	19	20	21	22	23	25	26	27
♂	♍ 14	14	14	14	14	14	15	15	15	15	15	15	16	16	16	16	16	17	17	17	17	18	18	18	18	19	19	19	20	20	20

♃ 1 ♊ 13, 5: 14, 10: 15, 15: 16, 20: 18, 25: 19, 31: 20 — ♄ 1 ♌ 8, 15: 9, 31: 10 — ♅ 1 ♒ 27, 25: 28 — ♆ 1 ♌ 4, 25: 5 — ♇ 1 ♋ 4

6

	1	2	3	4	5	6	7	8	9	10	11	12	13	14	15	16	17	18	19	20	21	22	23	24	25	26	27	28	29	30	31
☉	♊ 10	11	12	13	14	15	16	17	18	19	20	21	21	22	23	24	25	26	27	28	29	29 0	♋ 1	2	3	4	5	6	7	8	
☽	♓ 1	15	29	♈ 14	28	♉ 13	27	♊ 11	25	♋ 9	22	♌ 5	17	29	♍ 12	24	♎ 6	18	29	♏ 12	24	♐ 7	20	♑ 3	16	29	♒ 14	28	♓ 12	26	
☿	♉ 17	18	19	21	22	24	26	27	29 0	♊ 1	2	4	6	8	10	12	14	16	18	20	22	24	27	29	1	3	5	8	10	12	
♀	♈ 28	29	29 0	♉ 1	2	4	5	6	7	8	9	10	12	13	14	15	16	17	18	20	21	22	23	24	25	27	28	29	29 0	♊ 1	
♂	♍ 21	21	21	22	22	23	23	23	24	24	24	25	25	26	26	27	27	27	28	28	29	29	29 0	♎ 0	1	1	2	2	3	3	

♃ 1 ♊ 20, 5: 21, 10: 22, 15: 24, 20: 25, 25: 26, 30: 27 — ♄ 1 ♌ 10, 10: 11, 20: 12, 30: 13 — ♅ 1R ♒ 28, 15: 27 — ♆ 1 ♌ 5, 30: 6 — ♇ 1 ♋ 4, 20: 5

7 ☉	♋ 9	10	11	12	13	13	14	15	16	17	18	19	20	21	22	23	24	25	26	27	28	29	29 0	♌ 0	1	2	3	4	5	6	7
☽	♈ 10	25	♉ 9	23	♊ 7	20	♋ 4	17	♌ 0	13	25	♍ 8	20	♎ 2	14	26	♏ 7	20	♐ 2	15	28	♑ 11	25	♒ 9	23	♓ 8	23	♈ 7	21	♉ 6	20
☿	♋ 14	16	18	20	22	24	26	28	29 0	♌ 2	4	6	7	9	11	13	14	16	18	19	21	22	24	25	26	28	29	29 0	♍ 2	3	4
♀	♊ 2	4	5	6	7	8	9	11	12	13	14	15	16	18	19	20	21	22	24	25	26	27	28	29 0	♋ 1	2	3	4	5	7	8
♂	♎ 4	4	5	5	6	6	7	7	8	8	9	9	10	10	11	11	12	12	12	14	14	15	15	16	16	17	17	18	19	19	20

♃ 1 5 10 13 29 15 20 25 31 — ♊27 28 29 0 ♋0 1 3 4
♄ 1 10 15 25 31 — ♌13 14 15 16
♅ 1R 31 — ♒27 26
♆ 1 31 — ♌6 7
♇ 1 — ♋5

8 ☉	♌ 8	9	10	11	12	13	14	15	16	17	18	19	20	21	22	23	24	25	26	26	27	28	29 0	♎ 0	1	2	3	4	5	6	7
☽	♊ 3	17	♋ 0	13	26	♌ 9	21	♍ 4	16	28	♎ 10	22	♏ 4	16	28	♐ 10	23	♑ 6	19	♒ 3	18	♓ 2	17	♈ 2	17	♉ 2	16	♊ 0	14	27	♋ 10
☿	♍ 5	6	7	8	9	10	11	12	13	14	14	15	15	16	16	16	17	17	R 17	17	17	16	16	15	15	14	14	13	12	11	10
♀	♋ 9	10	11	13	14	15	16	17	19	20	21	22	24	25	26	27	28	29 0	♌ 1	2	3	4	5	7	8	9	11	12	13	14	15
♂	♎ 20	21	22	22	23	23	24	25	25	26	26	27	28	28	29	29	29 0	♏ 1	1	2	3	3	4	4	5	6	6	7	8	8	9

♃ 1 5 10 15 20 25 31 — ♋4 5 6 7 8 9 10
♄ 1 10 20 25 — ♌17 18 19 20
♅ 1R 25 — ♒26 25
♆ 1 25 — ♌7 8
♇ 1 — ♋6

9 ☉	♍ 8	9	10	11	12	13	14	15	16	17	18	19	20	21	22	23	24	25	26	27	28	28	29 0	♎ 0	1	2	3	4	5	6	
☽	♋ 23	♌ 6	18	♍ 0	13	25	♎ 6	18	♏ 0	12	24	♐ 6	18	♑ 1	14	27	♒ 11	26	♓ 11	26	♈ 11	26	♉ 11	26	♊ 10	24	♋ 7	20	♌ 3	15	
☿	♍ 9	R 8	7	6	6	5	4	4	3	3	3	D 3	3	4	4	5	6	7	8	9	10	12	13	15	16	18	20	21	23	25	
♀	♌ 17	18	19	20	22	23	24	25	25	28	29	29 0	♍ 1	3	4	5	6	8	9	10	11	13	14	15	16	18	19	20	21	22	
♂	♏ 10	10	11	12	12	13	14	14	15	16	16	17	18	18	19	20	20	21	22	22	23	24	24	25	26	26	27	28	28	29	

♃ 1 5 15 20 30 — ♋10 11 12 13 14
♄ 1 10 20 30 — ♌21 22 23 24
♅ 1R 20 — ♒25 24
♆ 1 25 — ♌8 9
♇ 1 — ♋6

10 ☉	♎ 7	8	9	10	11	12	13	14	15	16	17	18	19	20	21	22	23	24	25	26	27	28	29	29 0	♏ 1	2	3	4	5	6	7
☽	♌ 27	♍ 10	22	♎ 3	15	27	♏ 9	21	♐ 3	15	27	♑ 10	23	♒ 6	20	♓ 4	19	♈ 4	19	♉ 5	20	♊ 5	19	♋ 3	16	29	♌ 12	24	♍ 7	19	♎ 0
☿	♍ 27	29	29 0	♎ 2	4	5	7	9	11	13	14	16	18	19	21	23	25	26	28	29 0	♏ 1	3	4	6	8	9	11	12	14	16	17
♀	♍ 24	25	26	27	28	29 0	♎ 1	2	4	5	6	7	9	10	11	12	14	15	16	17	19	20	21	23	24	25	26	27	28	29 0	♏ 1
♂	29 0	♐ 0	1	2	3	4	4	5	6	8	7	8	9	9	10	11	11	12	13	14	14	15	16	17	17	18	19	19	20	21	22

♃ 1 10 25 — ♋14 15 16
♄ 1 10 20 31 — ♌24 25 26 27
♅ 1R — ♒24
♆ 1 — ♌9
♇ 1 — ♋6

11 ☉	♏ 8	9	10	11	12	13	14	15	16	17	18	19	20	21	22	23	24	25	26	27	28	29	29 0	♐ 1	2	3	4	5	6	7	
☽	♎ 12	24	♏ 6	18	♐ 0	12	24	♑ 7	19	♒ 2	16	29	♓ 13	28	♈ 13	28	♉ 13	28	♊ 13	27	♋ 11	25	♌ 8	21	♍ 3	15	27	♎ 9	21	♏ 3	
☿	♏ 19	20	22	23	25	26	28	29 0	♐ 1	2	4	5	7	8	9	11	12	14	15	16	18	19	20	22	23	24	25	27	28	29	
♀	♏ 2	4	5	6	8	9	10	11	13	14	15	16	18	19	20	21	23	24	25	26	28	29	29 0	♐ 1	3	4	5	6	8	9	
♂	♐ 22	23	24	25	25	26	27	28	28	29	29 0	♑ 1	1	2	3	4	4	5	6	7	7	8	9	10	11	11	12	13	14	14	

♃ 1 4R 15 30 — ♋16 16 15 14
♄ 1 15 — ♌27 28
♅ 1R 4D — ♒24 24
♆ 1 12R — ♌9 9
♇ 1 — ♋6

12 ☉	♐ 8	9	10	11	12	13	14	15	16	17	18	19	20	21	22	23	24	25	26	27	28	29 0	♑ 1	2	3	4	5	6	7	8	9
☽	♏ 15	27	♐ 9	21	♑ 4	16	29	♒ 13	26	♓ 10	24	♈ 8	22	♉ 7	21	♊ 6	21	♋ 5	19	♌ 2	16	28	♍ 11	23	♎ 5	17	29	♏ 11	23	♐ 5	17
☿	29 0	♑ 1	1	2	3	3	3	3	R 3	3	3	3	2	1	♉ 29	♐ 29	27	26	25	23	22	21	20	19	18	18	18	17	D 17	18	18
♀	♐ 10	11	13	14	15	16	18	19	20	21	23	24	25	27	28	29	29 0	♑ 2	3	4	5	7	8	9	10	12	13	14	15	17	18
♂	♑ 15	16	17	17	18	18	20	21	21	22	23	24	24	25	26	27	28	28	29	29 0	♒ 1	2	2	3	4	5	5	6	7	8	9

♃ 1R 10 20 31 — ♋14 13 12 11
♄ 1 10R — ♌28 28
♅ 1 20 — ♒24 25
♆ 1R — ♌9
♇ 1 15 — ♋6 5

1919的行星位置

月	星	1	2	3	4	5	6	7	8	9	10	11	12	13	14	15	16	17	18	19	20	21	22	23	24	25	26	27	28	29	30	31
1	☉	♑ 10	11	12	13	14	15	16	17	18	19	20	21	22	23	24	25	26	27	28	29	29 0	♒ 1	2	3	4	5	6	7	8	9	10
	☽	♐ 29	♑ 13	26	♒ 9	23	♓ 7	20	♈ 5	19	♉ 3	17	♊ 1	15	29	♋ 13	27	♌ 10	23	♍ 6	19	♎ 1	13	25	♏ 7	19	♐ 1	13	26	♑ 8	21	♒ 5
	☿	♐ 18	19	19	20	21	22	23	24	25	26	27	28	29 0	♑ 1	2	3	5	6	7	9	10	11	13	14	16	17	19	20	22	23	25
	♀	♑ 19	20	22	23	24	25	27	28	29	♒ 0	2	3	4	5	7	8	9	10	12	13	14	16	17	18	19	21	22	23	24	26	27
	♂	♒ 9	10	11	12	13	13	14	15	16	16	17	18	19	20	20	21	22	23	24	24	25	26	27	28	28	29	29 0	♓ 1	1	2	3

♃ 1R 5 10 20 31 — ♋11 10 9 8 7
♄ 1R 5 25 — ♌28 27 26
♅ 1 15 31 — ♒25 26 27
♆ 1R 5 — ♌9 8
♇ 1 — ♋5

月	星	1	2	3	4	5	6	7	8	9	10	11	12	13	14	15	16	17	18	19	20	21	22	23	24	25	26	27	28	29	30	31
2	☉	♒ 11	12	13	14	15	16	17	18	19	20	21	22	23	24	25	26	27	28	29 0	♓ 1	2	3	4	5	6	7	8	9			
	☽	♒ 18	♓ 2	17	♈ 1	15	29	♉ 14	28	♊ 12	25	♋ 9	22	♌ 6	19	♍ 2	14	27	♎ 9	21	♏ 3	15	26	♐ 8	20	♑ 3	16	29	♒ 13			
	☿	♑ 26	28	29 0	♒ 1	3	4	6	7	9	11	12	14	16	17	19	21	23	24	26	28	29 0	♓ 2	3	5	7	9	11	13			
	♀	♒ 28	29 0	♓ 1	2	3	4	6	7	8	9	11	12	13	14	15	17	18	19	20	22	23	24	25	27	28	29	29 0	♈ 2			
	♂	♓ 4	5	5	6	7	8	9	9	10	11	12	12	13	14	15	16	16	17	18	19	20	20	21	22	23	23	24	25			

♃ 1R 10 — ♋7 6
♄ 1R 5 20 — ♌26 25 24
♅ 1 20 — ♒27 28
♆ 1R 10 — ♌8 7
♇ 1 20 — ♋5 4

月	星	1	2	3	4	5	6	7	8	9	10	11	12	13	14	15	16	17	18	19	20	21	22	23	24	25	26	27	28	29	30	31
3	☉	♓ 10	11	12	13	14	15	16	17	18	19	20	21	22	23	24	25	26	27	28	29	29 0	♈ 1	2	3	4	5	6	7	8	9	10
	☽	♒ 27	♓ 11	26	♈ 11	25	♉ 10	24	♊ 9	22	♋ 5	19	♌ 2	15	28	♍ 11	23	♎ 5	17	29	♏ 11	23	♐ 5	16	29	♑ 11	24	♒ 7	21	♓ 5	19	♈ 4
	☿	♓ 15	17	19	20	22	24	26	28	29 0	♈ 2	4	5	7	9	10	12	13	15	16	17	18	19	20	21	21	22	22	22	R 22	22	22
	♀	♈ 3	4	5	7	8	9	10	12	13	14	15	16	18	19	20	21	23	24	25	26	27	29	29 0	♉ 1	2	4	5	6	7	8	10
	♂	♓ 26	27	27	28	29	29 0	♈ 0	1	2	3	3	4	5	6	7	7	8	9	10	10	11	12	13	14	14	15	16	17	17	18	19

♃ 1R 3D 31 — ♋6 6 7
♄ 1R 20 — ♌23 22
♅ 1 10 — ♒28 29
♆ 1R 31 — ♌7 6
♇ 1 — ♋4

月	星	1	2	3	4	5	6	7	8	9	10	11	12	13	14	15	16	17	18	19	20	21	22	23	24	25	26	27	28	29	30	31
4	☉	♈ 11	12	13	14	15	15	16	17	18	19	20	21	22	23	24	25	26	27	28	29	29 0	♉ 1	2	3	4	5	6	7	8	9	
	☽	♈ 19	♉ 4	19	♊ 4	19	♋ 2	16	29	♌ 12	25	♍ 8	20	♎ 2	14	26	♏ 8	20	♐ 1	13	25	♑ 7	20	♒ 2	16	29	♓ 13	28	♈ 12	28	♉ 13	
	☿	♈ 21	R 21	21	20	19	19	18	17	16	16	15	14	13	13	12	12	11	11	11	11	10	D 10	11	11	11	11	12	12	13	14	
	♀	♉ 11	12	13	14	16	17	18	19	21	22	23	24	25	27	28	29	29 0	♊ 1	2	4	5	6	7	8	10	11	12	13	14	16	
	♂	♈ 20	20	21	22	23	23	24	25	26	26	27	28	29	29	29 0	♉ 1	2	2	3	4	5	5	6	7	7	8	9	10	10	11	

♃ 1 10 15 25 30 — ♋7 8 9 10 11
♄ 1R 5 24D — ♌22 21 21
♅ 1 20 — ♓0 1
♆ 1R — ♌6
♇ 1 30 — ♋4 5

月	星	1	2	3	4	5	6	7	8	9	10	11	12	13	14	15	16	17	18	19	20	21	22	23	24	25	26	27	28	29	30	31
5	☉	♉ 10	11	12	13	14	15	16	17	18	19	20	21	22	22	23	24	25	26	27	28	29	29 0	♊ 1	2	3	4	5	6	7	8	9
	☽	♉ 28	♊ 13	28	♋ 12	26	♌ 9	22	♍ 5	17	29	♎ 11	23	♏ 5	17	28	♐ 10	22	♑ 4	17	29	♒ 12	25	♏ 8	22	♐ 7	21	♑ 6	21	♒ 6	21	♓ 6
	☿	♈ 14	15	16	16	17	18	19	20	21	23	24	25	26	28	29	29 0	♉ 2	3	5	6	8	10	11	13	15	16	18	20	22	24	26
	♀	♊ 17	18	19	20	21	23	24	25	26	27	28	29 0	♋ 1	2	3	4	5	6	8	9	10	11	12	13	14	15	17	18	19	20	21
	♂	♉ 12	13	13	14	15	16	16	17	18	18	19	20	21	21	22	23	23	24	25	26	26	27	28	28	29	29 0	♊ 1	1	2	3	4

♃ 1 10 15 20 25 31 — ♋11 12 13 14 15 16
♄ 1 15 — ♌21 22
♅ 1 — ♓1
♆ 1 10 — ♌6 7
♇ 1 — ♋5

月	星	1	2	3	4	5	6	7	8	9	10	11	12	13	14	15	16	17	18	19	20	21	22	23	24	25	26	27	28	29	30	31
6	☉	♊ 10	11	12	13	14	15	16	16	17	18	19	20	21	22	23	24	25	26	27	28	29	29 0	♋ 1	2	3	4	5	6	7	8	
	☽	♋ 20	♌ 4	18	♍ 1	13	26	♎ 8	20	♏ 2	13	25	♐ 7	19	♑ 1	14	26	♒ 9	22	♓ 5	19	♈ 2	16	♉ 1	15	♊ 0	15	29	♋ 14	28	♌ 12	
	☿	♉ 28	29 0	♊ 2	4	6	8	10	13	15	17	19	21	24	26	28	29 0	♋ 2	4	6	9	11	13	15	16	18	20	22	24	26	27	
	♀	♋ 22	23	24	26	27	28	29	29 0	♌ 1	2	3	4	5	6	7	9	10	11	12	13	14	15	16	17	18	19	20	21	22	23	
	♂	♊ 4	5	6	6	7	8	8	9	10	10	11	12	13	13	14	15	15	16	17	17	18	19	19	20	21	22	22	23	24	24	

♃ 1 5 10 15 20 25 30 — ♋16 17 18 19 20 21 22
♄ 1 5 15 30 — ♌22 23 24 25
♅ 1 7R — ♓1 1
♆ 1 25 — ♌7 8
♇ 1 20 — ♋5 6

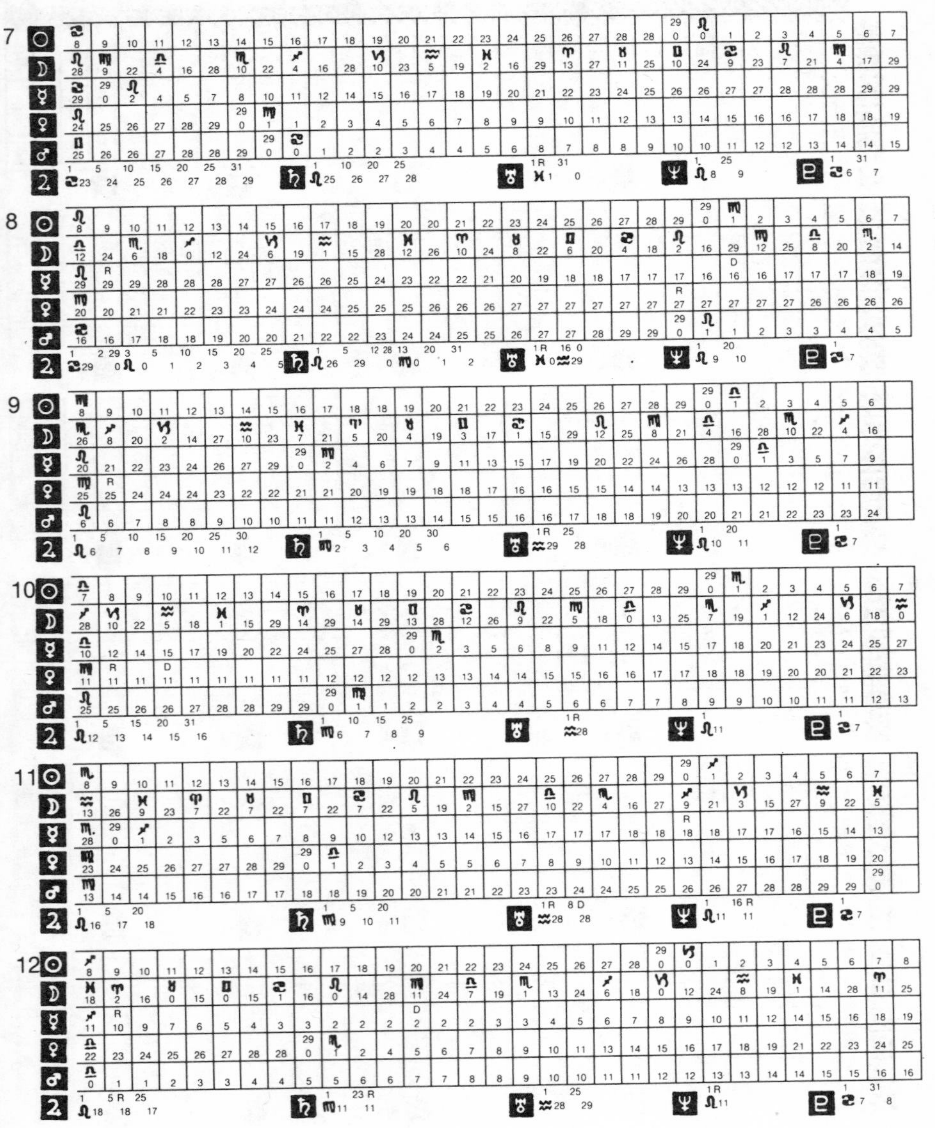

7

	1	2	3	4	5	6	7	8	9	10	11	12	13	14	15	16	17	18	19	20	21	22	23	24	25	26	27	28	29	30	31
☉	♋8	9	10	11	12	13	14	15	16	17	18	19	20	21	22	23	24	25	26	27	28	28	29 0	♌0	1	2	3	4	5	6	7
☽	♌28	♍9	22	♎4	16	28	♏10	22	♐4	16	28	♑10	23	♒5	19	♓2	16	29	♈13	27	♉11	25	♊10	24	♋9	23	♌7	21	♍4	17	29
☿	♋29	29 0	♌2	4	5	7	8	10	11	12	14	15	16	17	18	19	20	21	22	23	24	25	26	26	27	27	28	28	28	29	29
♀	♌24	25	26	27	28	29	29 0	♍1	1	2	3	4	5	6	7	8	9	9	10	11	12	13	13	14	15	16	16	17	18	18	19
♂	♊25	26	26	27	28	28	29	29 0	♋0	1	2	2	3	4	4	5	6	8	7	8	8	9	10	10	11	12	12	13	14	14	15

♃ 1 5 10 15 20 25 31 — ♋23 24 25 26 27 28 29
♄ 1 10 20 25 — ♌25 26 27 28
♅ 1R 31 — ♓1 0
♆ 1 25 — ♌8 9
♇ 1 31 — ♋6 7

8

	1	2	3	4	5	6	7	8	9	10	11	12	13	14	15	16	17	18	19	20	21	22	23	24	25	26	27	28	29	30	31
☉	♌8	9	10	11	12	13	14	15	16	17	18	19	20	20	21	22	23	24	25	26	27	28	29	29 0	♍1	2	3	4	5	6	7
☽	♎12	24	♏6	18	♐0	12	24	♑6	19	♒1	15	28	♓12	26	♈10	24	♉8	22	♊6	20	♋4	18	♌2	16	29	♍12	25	♎8	20	♏2	14
☿	♌29	R 29	29	28	28	28	27	27	26	26	25	24	23	22	22	21	20	19	18	18	17	17	17	16	D 16	16	17	17	17	18	19
♀	♍20	20	21	21	22	23	23	24	24	24	25	25	25	26	26	26	27	27	27	27	27	27	R 27	27	27	27	27	26	26	26	26
♂	♋16	16	17	18	18	19	20	20	21	22	22	23	24	24	25	25	26	27	27	28	29	29	29 0	♌1	1	2	3	3	4	4	5

♃ 1 2 29 3 5 10 15 20 25 — ♋29 0♌ 0 1 2 3 4 5
♄ 1 5 12 28 13 20 31 — ♌26 29 0 ♍0 1 2
♅ 1R 16 0 — ♓0 ♒29
♆ 1 20 — ♌9 10
♇ 1 — ♋7

9

	1	2	3	4	5	6	7	8	9	10	11	12	13	14	15	16	17	18	19	20	21	22	23	24	25	26	27	28	29	30	31
☉	♍8	9	10	11	12	13	14	15	16	17	18	18	19	20	21	22	23	24	25	26	27	28	29	29 0	♎1	2	3	4	5	6	
☽	♏26	♐8	20	♑2	14	27	♒10	23	♓7	21	♈5	20	♉4	19	♊3	17	♋1	15	29	♌12	25	♍8	21	♎4	16	28	♏10	22	♐4	16	
☿	♌20	21	22	23	24	26	27	29	29 0	♍2	4	6	7	9	11	13	15	17	19	20	22	24	26	28	29 0	♎1	3	5	7	9	
♀	♍25	R 25	24	24	24	23	22	22	21	21	20	19	19	18	18	17	16	16	15	15	14	14	13	13	13	12	12	12	11	11	
♂	♌6	6	7	8	8	9	10	10	11	11	12	13	13	14	15	15	16	16	17	18	18	19	20	20	21	21	22	23	23	24	

♃ 1 5 10 15 20 25 30 — ♌6 7 8 9 10 11 12
♄ 1 5 10 20 30 — ♍2 3 4 5 6
♅ 1R 25 — ♒29 28
♆ 1 20 — ♌10 11
♇ 1 — ♋7

10

	1	2	3	4	5	6	7	8	9	10	11	12	13	14	15	16	17	18	19	20	21	22	23	24	25	26	27	28	29	30	31
☉	♎7	8	9	10	11	12	13	14	15	16	17	18	19	20	21	22	23	24	25	26	27	28	29	29 0	♏1	2	3	4	5	6	7
☽	♐28	♑10	22	♒5	18	♓1	15	29	♈14	29	♉14	29	♊13	28	♋12	26	♌9	22	♍5	18	♎0	13	25	♏7	19	♐1	12	24	♑6	18	♒0
☿	♎10	12	14	15	17	19	20	22	24	25	27	28	29 0	♏2	3	5	6	8	9	11	12	14	15	17	18	20	21	23	24	25	27
♀	♍11	R 11	11	D 11	11	11	11	11	11	12	12	12	12	13	13	14	14	15	15	16	16	17	17	18	18	19	20	20	21	22	23
♂	♌25	25	26	26	27	28	28	29	29	29 0	♍1	1	2	2	3	4	4	5	6	6	7	7	8	9	9	10	10	11	11	12	13

♃ 1 5 15 20 31 — ♌12 13 14 15 16
♄ 1 10 15 25 — ♍6 7 8 9
♅ 1R — ♒28
♆ 1 — ♌11
♇ 1 — ♋7

11

	1	2	3	4	5	6	7	8	9	10	11	12	13	14	15	16	17	18	19	20	21	22	23	24	25	26	27	28	29	30	31
☉	♏8	9	10	11	12	13	14	15	16	17	18	19	20	21	22	23	24	25	26	27	28	29	29 0	♐1	2	3	4	5	6	7	
☽	♒13	26	♓9	23	♈7	22	♉7	22	♊7	22	♋7	22	♌5	19	♍2	15	27	♎10	22	♏4	16	27	♐9	21	♑3	15	27	♒9	22	♓5	
☿	♏28	29 0	♐1	2	3	5	6	7	8	9	10	12	13	13	14	15	16	17	17	17	18	18	R 18	18	17	17	16	15	14	13	
♀	♍23	24	25	26	27	27	28	29	29 0	♎1	2	3	4	5	5	6	7	8	9	10	11	12	13	14	15	16	17	18	19	20	
♂	♍13	14	14	15	16	16	17	17	18	18	19	20	20	21	21	22	23	23	24	24	25	25	26	26	27	28	28	29	29	29 0	

♃ 1 5 20 — ♌16 17 18
♄ 1 5 20 — ♍9 10 11
♅ 1R 8D — ♒28 28
♆ 1 16R — ♌11 11
♇ 1 — ♋7

12

	1	2	3	4	5	6	7	8	9	10	11	12	13	14	15	16	17	18	19	20	21	22	23	24	25	26	27	28	29	30	31
☉	♐8	9	10	11	12	13	14	15	16	17	18	19	20	21	22	23	24	25	26	27	28	29 0	♑0	1	2	3	4	5	6	7	8
☽	♓18	♈2	16	♉0	15	♊0	15	♋1	16	♌0	14	28	♍11	24	♎7	19	♏1	13	24	♐6	18	♑0	12	24	♒8	19	♓1	14	28	♈11	25
☿	♐11	R 10	9	7	6	5	4	3	3	2	2	2	D 2	2	2	3	3	4	5	6	7	8	9	10	11	12	14	15	16	18	19
♀	♎22	23	24	25	26	27	28	28	29 0	♏1	2	4	5	6	7	8	9	10	11	13	14	15	16	17	18	19	21	22	23	24	25
♂	♎0	1	1	2	3	3	4	4	5	5	6	6	7	7	8	8	9	10	10	11	11	12	12	13	13	14	14	15	15	16	16

♃ 1 5R 25 — ♌18 18 17
♄ 1 23R — ♍11 11
♅ 1 25 — ♒28 29
♆ 1R — ♌11
♇ 1 31 — ♋7 8

1920的行星位置

1

	1	2	3	4	5	6	7	8	9	10	11	12	13	14	15	16	17	18	19	20	21	22	23	24	25	26	27	28	29	30	31
☉	♑ 10	11	12	13	14	15	16	17	18	19	20	21	22	23	24	25	26	27	28	29	29 0	♒ 1	2	3	4	5	6	7	8	9	10
☽	♉ 9	24	♊ 9	23	♋ 8	23	♌ 8	22	♍ 6	20	♎ 3	15	27	♏ 9	21	♐ 3	15	27	♑ 9	21	♒ 3	16	28	♓ 11	25	♈ 8	21	♉ 5	19	♊ 3	18
☿	♐ 20	22	23	24	26	27	29	29 0	♑ 2	3	5	6	8	9	11	12	14	15	17	18	20	22	23	25	26	28	29 0	♒ 1	3	5	6
♀	♏ 26	28	28	29 0	♐ 1	2	4	5	6	7	8	9	11	12	13	14	15	17	18	19	20	21	23	24	25	26	27	28	29 0	♑ 1	2
♂	♎ 17	17	18	18	19	19	19	20	20	21	21	22	22	23	23	24	24	24	25	25	26	26	27	27	27	28	28	29	29	29	29

♃	1R	5	15	25	31	
	♌ 17	16	15	14	13	
♄	1R	31				
	♍ 11	10				
♅	1	22				
	♒ 29	♓ 0				
♆	1R	15				
	♌ 11	10				
♇	1					
	♋ 6					

2

	1	2	3	4	5	6	7	8	9	10	11	12	13	14	15	16	17	18	19	20	21	22	23	24	25	26	27	28	29	30	31
☉	♒ 11	12	13	14	15	16	17	18	19	20	21	22	23	24	25	26	27	28	29 0	♓ 0	1	2	3	4	5	6	7	8	9		
☽	♋ 2	17	♌ 2	16	♍ 0	14	27	♎ 10	23	♏ 5	17	29	♐ 11	23	♑ 5	17	29	♒ 12	25	♓ 8	21	♈ 5	18	♉ 2	16	♊ 0	14	28	♋ 12		
☿	♒ 8	10	12	13	15	17	19	20	22	24	26	28	29 0	♓ 1	3	5	7	9	10	12	14	16	18	19	21	23	24	26	27		
♀	♑ 3	5	6	7	8	10	11	12	13	14	16	17	18	19	21	22	23	24	26	27	28	29	29 0	♒ 1	3	4	5	6	8		
♂	♏ 0	0	1	1	1	2	2	2	3	3	3	4	4	4	4	5	5	5	6	6	6	6	7	7	7	7	7	8	8		

♃	1R	10	15	26
	♌ 13	12	11	10
♄	1R	15	25	
	♍ 10	9	8	
♅	1	10	25	
	♓ 0	1	2	
♆	1R	20		
	♌ 10	9		
♇	1			
	♋ 6			

3

	1	2	3	4	5	6	7	8	9	10	11	12	13	14	15	16	17	18	19	20	21	22	23	24	25	26	27	28	29	30	31
☉	♓ 10	11	12	13	14	15	16	17	18	19	20	21	22	23	24	25	26	27	28	29 0	♈ 0	1	2	3	4	5	6	7	8	9	10
☽	♋ 27	♌ 11	25	♍ 9	22	♎ 5	18	♏ 1	13	25	♐ 7	19	♑ 1	13	25	♒ 7	20	♓ 3	16	♈ 0	14	28	♉ 12	27	♊ 11	25	♋ 9	23	♌ 7	21	♍ 4
☿	♓ 28	29 0	1	2	2	3	4	4	4	5	R 4	4	4	4	3	2	1	1	♉ 29	♓ 29	28	27	26	26	25	24	23	23	22	22	22
♀	♒ 9	10	11	13	14	15	16	17	19	20	21	22	24	24	26	27	28	29 0	♓ 1	2	3	5	6	7	8	9	11	12	13	14	16
♂	♏ 8	8	8	8	8	9	9	9	9	9	8	9	9	9	R 9	9	9	9	9	9	9	9	8	8	8	8	8	8	8	7	7

♃	1R	5	26
	♌ 10	9	8
♄	1R	10	20
	♍ 8	7	6
♅	1	10	31
	♓ 2	3	4
♆	1R		
	♌ 9		
♇	1		
	♋ 6		

4

	1	2	3	4	5	6	7	8	9	10	11	12	13	14	15	16	17	18	19	20	21	22	23	24	25	26	27	28	29	30	31
☉	♈ 11	12	13	14	15	16	17	18	19	20	21	22	23	24	25	26	27	28	29	29 0	♉ 1	2	3	4	5	6	7	8	9	10	
☽	♍ 18	♎ 1	14	28	♏ 9	21	♐ 3	15	27	♑ 9	20	♒ 3	15	28	♓ 11	24	♈ 8	23	♉ 7	22	♊ 6	21	♋ 6	20	♌ 4	18	♍ 1	15	28	♎ 10	
☿	♓ 22	R 22	D 22	22	22	22	22	23	23	24	25	25	26	27	28	29	29 0	♈ 1	2	3	4	5	6	8	9	10	12	13	15	16	
♀	♓ 17	18	19	21	22	23	24	25	27	28	29	29 0	♈ 2	3	4	5	6	8	9	10	11	13	14	15	16	18	19	20	21	22	
♂	♏ 7	R 7	7	6	6	6	6	5	5	5	4	4	4	3	3	3	2	2	1	1	1	0	♉ 29	♎ 29	29	29	28	28	28	27	

♃	1R	4D	26
	♌ 8	8	9
♄	1R	5	
	♍ 6	5	
♅	1	20	
	♓ 4	5	
♆	1R	19D	
	♌ 9	9	
♇	1		
	♋ 6		

5

	1	2	3	4	5	6	7	8	9	10	11	12	13	14	15	16	17	18	19	20	21	22	23	24	25	26	27	28	29	30	31
☉	♉ 11	12	13	14	15	16	16	17	18	19	20	21	22	23	24	25	26	27	28	29	29 0	♊ 1	2	3	4	5	6	7	8	9	10
☽	♎ 23	♏ 6	17	29	♐ 11	23	♑ 5	17	29	♒ 11	23	♓ 8	19	♈ 2	16	♉ 1	15	♊ 0	15	♋ 0	15	♌ 0	14	28	♍ 11	25	♎ 7	20	♏ 2	14	26
☿	♈ 18	19	21	22	24	26	27	29	♉ 1	3	4	6	8	10	12	14	16	18	20	22	24	27	29	♊ 1	3	5	7	10	12	14	16
♀	♈ 24	26	26	27	28	29 0	♉ 1	2	3	5	6	7	8	10	11	12	13	15	16	17	18	19	21	22	23	24	26	27	28	29	0
♂	♎ 27	R 27	26	26	26	25	25	25	24	24	24	24	23	23	23	23	22	22	22	22	22	22	22	21	21	21	21	21	21	21	21

♃	1	10	20	25	31
	♌ 9	10	11	12	13
♄	1R	7D			
	♍ 5	5			
♅	1				
	♓ 5				
♆	1				
	♌ 9				
♇	1				
	♋ 6				

6

	1	2	3	4	5	6	7	8	9	10	11	12	13	14	15	16	17	18	19	20	21	22	23	24	25	26	27	28	29	30	31
☉	♊ 10	11	12	13	14	15	16	17	18	19	20	21	22	23	24	25	26	27	28	29	29 0	♋ 0	1	2	3	4	5	6	7	8	
☽	♐ 8	20	♑ 2	14	26	♒ 8	20	♓ 2	15	28	♈ 11	25	♉ 9	24	♊ 8	24	♋ 9	24	♌ 9	24	♍ 8	21	♎ 4	17	29	♏ 11	23	♐ 5	17	29	
☿	♊ 18	20	23	25	27	29	29 0	♋ 2	4	6	8	10	11	13	15	16	18	19	21	22	24	25	26	27	29	29 0	1	2	3	4	
♀	♊ 2	3	4	5	7	8	9	10	11	13	14	15	16	18	19	20	21	23	24	25	26	27	28	29 0	♋ 1	2	4	5	6	7	
♂	♎ 21	21	21	21	21	21	21	21	22	22	22	22	22	22	22	23	23	23	23	23	24	24	24	24	25	25	25	26	26	26	

♃	1	10	15	20	25	30
	♌ 13	14	15	16	17	18
♄	1	10	25			
	♍ 5	6	7			
♅	1	10R				
	♓ 5	5				
♆	1	20				
	♌ 9	10				
♇	1	15				
	♋ 6	7				

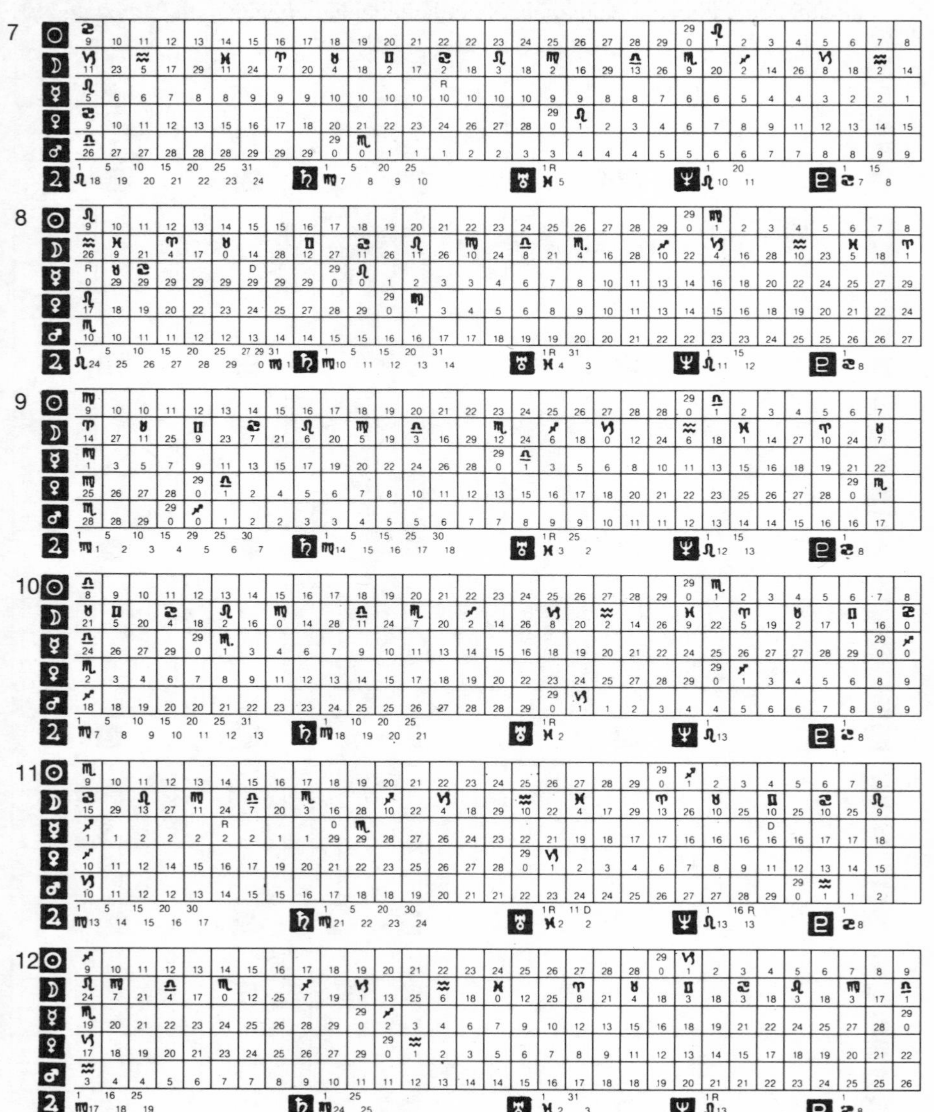

7 ☉	♋ 9	10	11	12	13	14	15	16	17	18	19	20	21	22	22	23	24	25	26	27	28	29	29 0	♌ 1	2	3	4	5	6	7	8
☽	♑ 11	23	♒ 5	17	29	♓ 11	24	♈ 7	20	♉ 4	18	♊ 2	17	♋ 2	18	♌ 3	18	♍ 2	16	29	♎ 13	26	♏ 9	20	♐ 2	14	26	♑ 8	18	♒ 2	14
☿	♌ 5	6	6	7	8	8	9	9	9	10	10	10	10	R 10	10	10	10	9	9	8	8	7	6	6	5	4	4	3	2	2	1
♀	♋ 9	10	11	12	13	15	16	17	18	20	21	22	23	24	26	27	28	29 0	♌ 1	2	3	4	6	7	8	9	11	12	13	14	15
♂	♎ 26	27	27	28	28	28	29	29	29	29 0	♏ 0	1	1	1	2	2	3	3	4	4	4	5	5	6	6	7	7	8	8	9	9

♃ 1 5 10 15 20 25 31 — ♌18 19 20 21 22 23 24
♄ 1 5 20 25 — ♍7 8 9 10
♅ 1R — ♓5
♆ 1 20 — ♌10 11
♇ 1 15 — ♋7 8

8 ☉	♌ 9	10	11	12	13	14	15	15	16	17	18	19	20	21	22	23	24	25	26	27	28	29	29 0	♍ 1	2	3	4	5	6	7	8
☽	♒ 26	♓ 9	21	♈ 4	17	♉ 0	14	28	♊ 12	27	♋ 11	26	♌ 11	26	♍ 10	24	♎ 8	21	♏ 4	16	28	♐ 10	22	♑ 4	16	28	♒ 10	23	♓ 5	18	♈ 1
☿	R 0	♉ 29	♋ 29	29	29	29	D 29	29	29	29 0	♌ 0	1	2	3	3	4	6	7	8	10	11	13	14	16	18	20	22	24	25	27	29
♀	♌ 17	18	19	20	22	23	24	25	27	28	29	29 0	♍ 1	3	4	5	6	8	9	10	11	13	14	15	16	18	19	20	21	22	24
♂	♏ 10	10	11	11	12	12	13	14	14	15	15	16	16	17	17	18	19	19	20	20	21	22	22	23	23	24	25	25	26	26	27

♃ 1 5 10 15 20 25 27 29 31 — ♌24 25 26 27 28 29 0 ♍1
♄ 1 5 15 20 31 — ♍10 11 12 13 14
♅ 1R 31 — ♓4 3
♆ 1 15 — ♌11 12
♇ 1 — ♋8

9 ☉	♍ 9	10	10	11	12	13	14	15	16	17	18	19	20	21	22	23	24	25	26	27	28	28	29 0	♎ 1	2	3	4	5	6	7	
☽	♈ 14	27	♉ 11	25	♊ 9	23	♋ 7	21	♌ 6	20	♍ 5	19	♎ 3	16	29	♏ 12	24	♐ 6	18	♑ 0	12	24	♒ 6	18	♓ 1	14	27	♈ 10	24	♉ 7	
☿	♍ 1	3	5	7	9	11	13	15	17	19	20	22	24	26	28	29 0	♎ 1	3	5	6	8	10	11	13	15	16	18	19	21	22	
♀	♍ 25	26	27	28	29 0	♎ 1	2	4	5	6	7	8	10	11	12	13	15	16	17	18	20	21	22	23	25	26	27	28	29 0	♏ 1	
♂	♏ 28	28	29	29 0	♐ 0	1	2	2	3	3	4	5	5	6	7	7	8	9	9	10	11	11	12	13	14	14	15	16	16	17	

♃ 1 5 10 15 29 25 30 — ♍1 2 3 4 5 6 7
♄ 1 5 15 25 30 — ♍14 15 16 17 18
♅ 1R 25 — ♓3 2
♆ 1 15 — ♌12 13
♇ 1 — ♋8

10 ☉	♎ 8	9	10	11	12	13	14	15	16	17	18	19	20	21	22	23	24	25	26	27	28	29	29 0	♏ 1	2	3	4	5	6	7	8
☽	♉ 21	♊ 5	20	♋ 4	18	♌ 2	16	♍ 0	14	28	♎ 11	24	♏ 7	20	♐ 2	14	26	♑ 8	20	♒ 2	14	26	♓ 9	22	♈ 5	19	♉ 2	17	♊ 1	16	♋ 0
☿	♎ 24	26	27	29	29 0	♏ 1	3	4	6	7	9	10	11	13	14	15	16	18	19	20	21	22	24	25	26	27	27	28	29	29 0	♐ 0
♀	♏ 2	3	4	6	7	8	9	11	12	13	14	15	17	18	19	20	22	23	24	25	27	28	29	29 0	♐ 1	3	4	5	6	8	9
♂	♐ 18	18	19	20	20	21	22	23	23	24	25	25	26	27	28	28	29	29 0	♑ 1	1	2	3	4	4	5	6	6	7	8	9	9

♃ 1 5 10 15 20 25 31 — ♍7 8 9 10 11 12 13
♄ 1 10 20 25 — ♍18 19 20 21
♅ 1R — ♓2
♆ 1 — ♌13
♇ 1 — ♋8

11 ☉	♏ 9	10	11	12	13	14	15	16	17	18	19	20	21	22	23	24	25	26	27	28	29	29 0	♐ 1	2	3	4	5	6	7	8	
☽	♋ 15	29	♌ 13	27	♍ 11	24	♎ 7	20	♏ 3	16	28	♐ 10	22	♑ 4	18	29	♒ 10	22	♓ 4	17	29	♈ 13	26	♉ 10	25	♊ 10	25	♋ 10	25	♌ 9	
☿	♐ 1	1	2	2	2	R 2	2	1	1	0 29	♏ 29	28	27	26	24	23	22	21	19	18	17	17	16	16	16	D 16	16	17	17	18	
♀	♐ 10	11	12	14	15	16	17	19	20	21	22	23	25	26	27	28	29 0	♑ 1	2	3	4	6	7	8	9	11	12	13	14	15	
♂	♑ 10	11	12	12	13	14	15	15	16	17	18	18	19	20	21	21	22	23	24	24	25	26	27	27	28	29	29 0	♒ 1	1	2	

♃ 1 5 15 20 30 — ♍13 14 15 16 17
♄ 1 5 20 30 — ♍21 22 23 24
♅ 1R 11D — ♓2 2
♆ 1 16R — ♌13 13
♇ 1 — ♋8

12 ☉	♐ 9	10	11	12	13	14	15	16	17	18	19	20	21	22	23	24	25	26	27	28	28	29 0	♑ 1	2	3	4	5	6	7	8	9
☽	♌ 24	♍ 7	21	♎ 4	17	♏ 0	12	25	♐ 7	19	♑ 1	13	25	♒ 6	18	♓ 0	12	25	♈ 8	21	♉ 4	18	♊ 3	18	♋ 3	18	♌ 3	18	♍ 3	17	♎ 1
☿	♏ 19	20	21	22	23	24	25	26	28	29	29 0	♐ 2	3	4	6	7	9	10	12	13	15	16	18	19	21	22	24	25	27	28	29 0
♀	♑ 17	18	19	20	21	23	24	25	26	27	29	29 0	♒ 1	2	3	5	6	7	8	9	11	12	13	14	15	17	18	19	20	21	22
♂	♒ 3	4	4	5	6	7	7	8	9	10	11	11	12	13	14	14	15	16	17	18	18	19	20	21	21	22	23	24	25	25	26

♃ 1 16 25 — ♍17 18 19
♄ 1 25 — ♍24 25
♅ 1 31 — ♓2 3
♆ 1R — ♌13
♇ 1 — ♋8

1921的行星位置

1

	1	2	3	4	5	6	7	8	9	10	11	12	13	14	15	16	17	18	19	20	21	22	23	24	25	26	27	28	29	30	31
☉	♑ 10	11	12	13	14	15	16	17	19	20	21	22	23	24	25	26	27	28	29	29 0	♒ 1	2	3	4	5	6	7	8	9	10	11
☽	♎ 14	27	♏ 9	22	♐ 4	16	28	♑ 10	22	♒ 3	15	27	♓ 9	21	♈ 4	16	29	♉ 13	27	♊ 11	26	♋ 11	26	♌ 11	27	♍ 11	26	♎ 10	23	♏ 6	18
☿	♑ 1	3	5	6	8	9	11	12	14	16	17	19	21	22	24	26	27	29	29 0	♒ 2	4	6	7	9	11	13	14	16	18	20	21
♀	♒ 24	25	26	27	28	29 0	♓ 1	2	3	4	5	6	7	9	10	11	12	13	14	15	17	18	19	20	21	22	23	24	25	26	27
♂	♒ 27	28	28	29	29 0	♓ 1	2	2	3	4	5	5	6	7	8	9	9	10	11	12	12	13	14	15	15	16	17	18	19	19	20

♃ ♍19 19 18　♄ (4R 17) ♍25 25 24　♅ (1 26) ♓3 4　♆ (1R 23) ♌13 12　♇ (1R 31) ♋8 7

2

	1	2	3	4	5	6	7	8	9	10	11	12	13	14	15	16	17	18	19	20	21	22	23	24	25	26	27	28	29	30	31
☉	♒ 12	13	14	15	16	17	18	19	20	21	22	23	24	25	26	27	28	29	29 0	♓ 1	2	3	4	5	6	7	8	9			
☽	♐ 1	13	25	♑ 7	18	♒ 0	12	24	♓ 6	19	♈ 1	13	26	♉ 9	23	♊ 6	20	♋ 5	19	♌ 4	20	♍ 5	19	♎ 4	16	♏ 1	14	♐ 27			
☿	♒ 23	25	27	28	29 0	♓ 2	3	5	6	8	9	11	12	13	14	15	16	17	17	17	17	R 17	17	17	17	16	15	14			
♀	♓ 28	29 0	♈ 1	2	3	4	5	6	7	8	9	10	11	12	13	14	15	16	17	17	18	19	20	21	22	23	24	25			
♂	♓ 21	22	22	23	24	25	25	26	27	28	29	29	29 0	♈ 1	2	2	3	4	5	5	6	7	8	8	9	10	11	11			

♃ (1R 18 25 28) ♍17 16 15 14　♄ (1R 10 25) ♍24 23 22　♅ (1 13 25) ♓4 5 6　♆ (1) ♌12　♇ (1) ♋7

3

	1	2	3	4	5	6	7	8	9	10	11	12	13	14	15	16	17	18	19	20	21	22	23	24	25	26	27	28	29	30	31
☉	♓ 10	11	12	13	14	15	16	17	18	19	20	21	22	23	24	25	26	27	28	29	29 0	♈ 1	2	3	4	5	6	7	8	9	10
☽	♐ 9	21	♑ 3	15	27	♒ 9	21	♓ 3	15	28	♈ 10	23	♉ 6	19	♊ 3	17	♋ 1	15	29	♌ 14	28	♍ 13	28	♎ 12	26	♏ 9	22	♐ 5	17	29	♑ 11
☿	♓ 13	R 12	11	10	9	8	7	7	6	5	5	4	4	3	3	D 3	3	4	4	4	5	5	6	6	7	8	9	9	10	11	12
♀	♈ 25	26	27	28	28	29	29 0	♉ 1	1	2	3	3	4	4	5	6	6	7	7	7	8	8	9	9	9	9	10	10	10	10	10
♂	♈ 12	13	14	14	15	16	17	17	18	19	20	20	21	22	23	23	24	25	26	26	27	28	29	29	29 0	♉ 1	1	2	3	4	4

♃ (1R 8 15 24) ♍14 13 12 11　♄ (1R 10 22) ♍22 21 20　♅ (1 15) ♓6 7　♆ (1R) ♌11　♇ (1) ♋7

4

	1	2	3	4	5	6	7	8	9	10	11	12	13	14	15	16	17	18	19	20	21	22	23	24	25	26	27	28	29	30	31
☉	♈ 11	12	13	14	15	16	17	18	19	20	21	22	23	24	25	26	27	28	29	29 0	♉ 1	2	3	4	5	6	7	7	8	9	
☽	♑ 23	♒ 5	17	29	♓ 11	24	♈ 6	19	♉ 3	16	29	♊ 14	28	♋ 12	26	♌ 10	24	♍ 8	23	♎ 7	20	♏ 4	17	♐ 0	13	26	♑ 7	19	♒ 1	13	
☿	♓ 13	14	16	17	18	19	21	22	23	25	26	27	29	29 0	♈ 2	4	5	7	8	10	12	13	15	17	19	21	23	24	26	28	
♀	♉ 10	R 10	10	10	10	10	9	9	9	8	8	8	7	7	6	6	5	5	4	3	3	2	1	1	♉ 29	♈ 29	28	28	28	27	
♂	♉ 5	6	7	7	8	9	9	10	11	12	12	13	14	15	15	16	17	17	18	19	20	20	21	22	22	23	24	25	25	26	

♃ (1R 9 29) ♍11 10 9　♄ (1R 5 22) ♍20 19 18　♅ (1 9 25) ♓7 8 9　♆ (1R 22D) ♌11 11　♇ (1) ♋7

5

	1	2	3	4	5	6	7	8	9	10	11	12	13	14	15	16	17	18	19	20	21	22	23	24	25	26	27	28	29	30	31
☉	♉ 10	11	12	13	14	15	16	17	18	19	20	21	22	23	24	25	26	27	28	29	29 0	♊ 1	2	3	4	5	5	6	7	8	9
☽	♒ 26	♓ 7	19	♈ 2	15	28	♉ 11	25	♊ 9	24	♋ 8	22	♌ 7	21	♍ 5	19	♎ 3	16	29	♏ 13	26	♐ 0	21	♑ 3	15	27	♒ 9	21	♓ 3	15	27
☿	♈ 29 ♉ 0	2	4	6	8	11	13	15	17	19	21	24	26	28	29 0	♊ 2	4	6	8	11	13	15	16	18	20	22	24	25	27	29	29 ♋ 0
♀	♈ 27	R 26	26	26	25	25	25	24	24	24	24	24	24	D 24	24	24	24	24	24	24	25	25	25	26	26	26	27	27	28	28	29
♂	♉ 27	27	28	28	29	29 0	♊ 1	2	2	3	4	4	5	6	6	7	8	9	9	10	11	11	12	13	13	14	15	15	16	17	17

♃ (1R 6D 31) ♍9 9 10　♄ (1R 21D) ♍18 18　♅ (1) ♓9　♆ (1) ♌11　♇ (1) ♋7

6

	1	2	3	4	5	6	7	8	9	10	11	12	13	14	15	16	17	18	19	20	21	22	23	24	25	26	27	28	29	30	31
☉	♊ 10	11	12	13	14	15	16	17	18	19	20	21	22	23	24	25	26	27	27	28	29 0	♋ 0	1	2	3	4	5	6	7	8	
☽	♈ 10	23	♉ 6	20	♊ 4	18	♋ 3	18	♌ 3	17	♍ 2	16	29	♎ 13	26	♏ 9	22	♐ 5	17	29	♑ 12	24	♒ 6	17	29	♓ 11	23	♈ 5	18	♉ 1	
☿	♋ 2	3	5	6	7	9	10	11	12	13	14	15	16	17	17	18	19	19	20	20	20	20	21	21	R 21	21	20	20	20	20	
♀	♈ 29	29 0	♉ 1	1	2	3	3	4	5	5	6	7	8	8	9	10	11	12	12	13	14	15	16	17	18	19	20	20	21	22	
♂	♊ 18	19	19	20	21	22	22	23	24	24	25	26	26	27	28	28	29	29 0	♋ 0	1	2	2	3	4	4	5	6	6	7	8	

♃ (1 12 21 29) ♍10 11 12 13　♄ (1 24) ♍18 19　♅ (1 14R) ♓9 9　♆ (1 12) ♌11 12　♇ (1) ♋8

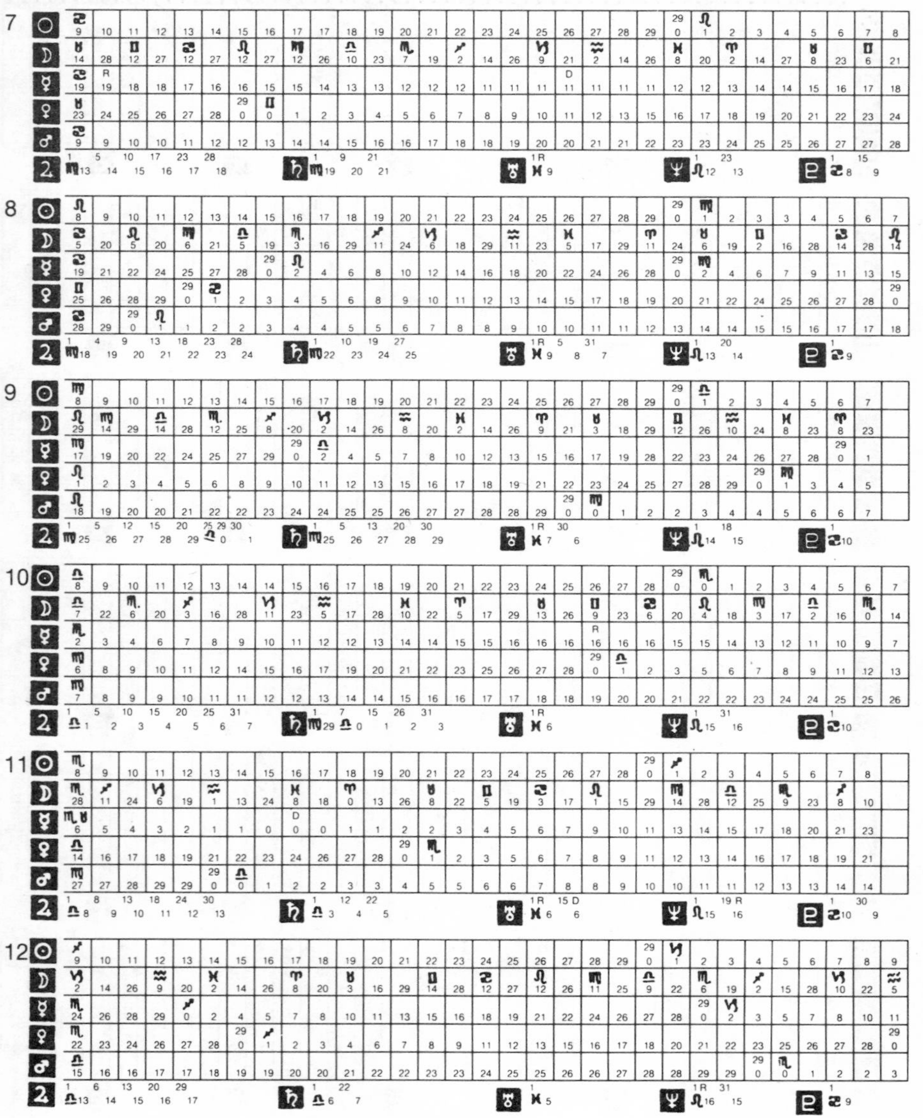

7

	1	2	3	4	5	6	7	8	9	10	11	12	13	14	15	16	17	18	19	20	21	22	23	24	25	26	27	28	29	30	31
☉	♋9	10	11	12	13	14	15	16	17	17	18	19	20	21	22	23	24	25	26	27	28	29	29 0	♌1	2	3	4	5	6	7	8
☽	♉14	28	♊12	27	♋12	27	♌12	27	♍12	26	♎10	23	♏7	19	♐2	14	26	♑9	21	♒2	14	26	♓8	20	♈2	14	27	♉8	23	♊6	21
☿	♋19	R 19	18	18	17	16	16	15	15	14	13	13	12	12	12	11	11	11	D 11	11	11	11	12	12	13	14	14	15	16	17	18
♀	♉23	24	25	26	27	28	29 0	♊0	1	2	3	4	5	6	7	8	9	10	11	12	13	15	16	17	18	19	20	21	22	23	24
♂	♋9	9	10	10	11	12	12	13	14	14	15	16	16	17	18	18	19	20	20	21	21	22	23	23	24	25	25	26	27	27	28

♃ (1, 5, 10, 17, 23, 28) ♍13 14 15 16 17 18　♄ (1, 9, 21) ♍19 20 21　♅ (1R) ♓9　♆ (1, 23) ♌12 13　♇ (1, 15) ♋8 9

8

	1	2	3	4	5	6	7	8	9	10	11	12	13	14	15	16	17	18	19	20	21	22	23	24	25	26	27	28	29	30	31
☉	♌8	9	10	11	12	13	14	15	16	17	18	19	20	21	22	23	24	25	26	27	28	29	29 0	♍1	2	3	3	4	5	6	7
☽	♋5	20	♌5	20	♍6	21	♎5	19	♏3	16	29	♐11	24	♑6	18	29	♒11	23	♓5	17	29	♈11	24	♉6	19	♊2	16	28	♋14	28	♌14
☿	♋19	21	22	24	25	27	28	29 0	♌2	4	6	8	10	12	14	16	18	20	22	24	26	28	29 0	♍2	4	6	7	9	11	13	15
♀	♊25	26	28	29	29 0	♋1	2	3	4	5	6	8	9	10	11	12	13	14	15	17	18	19	20	21	22	24	25	26	27	28	29 0
♂	♋28	29	29 0	♌1	1	2	2	3	4	4	5	5	6	7	8	8	9	10	10	11	11	12	13	14	14	15	15	16	17	17	18

♃ (1, 4, 9, 13, 18, 23, 28) ♍18 19 20 21 22 23 24　♄ (1, 10, 19, 27) ♍22 23 24 25　♅ (1R, 5, 31) ♓9 8 7　♆ (1, 20) ♌13 14　♇ (1) ♋9

9

	1	2	3	4	5	6	7	8	9	10	11	12	13	14	15	16	17	18	19	20	21	22	23	24	25	26	27	28	29	30	
☉	♍8	9	10	11	12	13	14	15	16	17	18	19	20	21	22	23	24	25	26	27	28	29	29 0	♎1	2	3	4	5	6	7	
☽	♌29	♍14	29	♎14	28	♏12	25	♐8	20	♑2	14	26	♒8	20	♓2	14	26	♈9	21	♉3	18	29	♊12	26	♒10	24	♓8	23	♈8	23	
☿	♍17	19	20	22	24	25	27	29	29 0	♎2	4	5	7	8	10	12	13	15	16	17	19	28	22	23	24	26	27	28	29 0	1	
♀	♌1	2	3	4	5	6	8	9	10	11	12	13	15	16	17	18	19	21	22	23	24	25	27	28	29	29 0	♍1	3	4	5	
♂	♌18	19	20	20	21	22	22	23	24	24	25	25	26	27	27	28	28	29	29 0	♍0	1	2	2	3	4	4	5	6	6	7	

♃ (1, 5, 12, 15, 20, 25, 29, 30) ♍25 26 27 28 29 ♎0 1　♄ (1, 5, 13, 20, 30) ♍25 26 27 28 29　♅ (1R, 30) ♓7 6　♆ (1, 18) ♌14 15　♇ (1) ♋10

10

	1	2	3	4	5	6	7	8	9	10	11	12	13	14	15	16	17	18	19	20	21	22	23	24	25	26	27	28	29	30	31
☉	♎8	9	10	11	12	13	14	14	15	16	17	18	19	20	21	22	23	24	25	26	27	28	29 0	♏0	1	2	3	4	5	6	7
☽	♎7	22	♏6	20	♐3	16	28	♑11	23	♒5	17	28	♓10	22	♈5	17	29	♉13	26	♊9	23	♋6	20	♌4	18	♍3	17	♎2	16	♏0	14
☿	♏2	3	4	6	7	8	9	10	11	12	12	13	14	14	15	15	16	16	16	R 16	16	16	15	15	14	13	12	11	10	9	7
♀	♍6	8	9	10	11	12	14	15	16	17	19	20	21	22	23	25	26	27	28	29 0	♎1	2	3	5	6	7	8	9	11	12	13
♂	♍7	8	9	9	10	11	11	12	12	13	14	14	15	16	16	17	17	18	18	19	20	20	21	22	22	23	24	24	25	25	26

♃ (1, 5, 10, 15, 20, 25, 31) ♎1 2 3 4 5 6 7　♄ (1, 7, 15, 26, 31) ♍29 ♎0 1 2 3　♅ (1R) ♓6　♆ (1, 31) ♌15 16　♇ (1) ♋10

11

	1	2	3	4	5	6	7	8	9	10	11	12	13	14	15	16	17	18	19	20	21	22	23	24	25	26	27	28	29	30	
☉	♏8	9	10	11	12	13	14	15	16	17	18	19	20	21	22	23	24	25	26	27	28	29 0	♐1	2	3	4	5	6	7	8	
☽	♏28	♐11	24	♑6	19	♒1	13	24	♓8	18	♈0	13	26	♉8	22	♊5	19	♋3	17	♌1	15	29	♍14	28	♎12	25	♏9	23	♐8	10	
☿	♏♉6	5	4	3	2	1	1	0	D 0	0	1	1	2	2	3	4	5	6	7	9	10	11	13	14	15	17	18	20	21	23	
♀	♎14	16	17	18	19	21	22	23	24	26	27	28	29 0	♏1	2	3	5	6	7	8	9	11	12	13	14	16	17	18	19	21	
♂	♍27	27	28	29	29	29 0	♎0	1	2	2	3	3	4	5	5	6	6	7	8	8	9	10	10	11	11	12	13	13	14	14	

♃ (1, 8, 13, 18, 24, 30) ♎8 9 10 11 12 13　♄ (1, 12, 22) ♎3 4 5　♅ (1R, 15D) ♓6 6　♆ (1, 19R) ♌15 16　♇ (1, 30) ♋10 9

12

	1	2	3	4	5	6	7	8	9	10	11	12	13	14	15	16	17	18	19	20	21	22	23	24	25	26	27	28	29	30	31
☉	♐9	10	11	12	13	14	15	16	17	18	19	20	21	22	23	24	25	26	27	28	29	29 0	♑1	2	3	4	5	6	7	8	9
☽	♑2	14	26	♒9	20	♓2	14	26	♈8	20	♉3	16	29	♊14	28	♋12	27	♌12	26	♍11	25	♎9	22	♏6	19	♐2	15	28	♑10	22	♒5
☿	♏24	26	28	29	♐0	2	4	5	7	8	10	11	13	15	16	18	19	21	22	24	26	27	28	29 0	♑2	3	5	7	8	10	11
♀	♏22	23	24	26	27	28	29 0	♐1	2	3	4	6	7	8	9	11	12	13	15	16	17	18	20	21	22	23	25	26	27	28	29 0
♂	♎15	16	16	17	17	18	19	19	20	20	21	22	22	23	23	24	25	25	26	26	27	28	28	29	29	29 0	♏0	1	2	2	3

♃ (1, 6, 13, 20, 29) ♎13 14 15 16 17　♄ (1, 22) ♎6 7　♅ (1) ♓5　♆ (1R, 31) ♌16 15　♇ (1) ♋9

1922的行星位置

1

	1	2	3	4	5	6	7	8	9	10	11	12	13	14	15	16	17	18	19	20	21	22	23	24	25	26	27	28	29	30	31
☉	♑ 10	11	12	13	14	15	16	17	18	19	20	21	22	23	24	25	26	27	28	29 0	♒ 1	2	3	4	5	6	7	8	9	10	11
☽	♒ 17	28	♓ 10	22	♈ 4	16	28	♉ 11	24	♊ 8	22	♋ 6	21	♌ 6	21	♍ 6	21	♎ 5	19	♏ 3	16	29	♐ 12	24	♑ 7	19	♒ 1	13	25	♓ 7	19
☿	♑ 13	15	16	18	20	21	23	25	26	28	29 0	♒ 1	3	5	6	8	10	11	13	14	16	18	19	21	22	23	25	26	27	28	29
♀	♑ 1	2	3	5	6	7	8	10	11	12	13	15	16	17	18	20	21	22	24	25	26	27	29	29 0	♒ 1	2	4	5	6	7	9
♂	♏ 3	4	5	5	6	6	7	7	8	9	9	10	10	11	11	12	13	13	14	14	15	15	16	16	17	18	18	19	19	20	20

♃ 1 10 / ♎17 18　♄ 1 17 R / ♎7 7　♅ 1 10 31 / ♓6 7 8　♆ 1R / ♌15　♇ 1 31 / ♋9 8

2

	1	2	3	4	5	6	7	8	9	10	11	12	13	14	15	16	17	18	19	20	21	22	23	24	25	26	27	28	29	30	31
☉	♒ 12	13	14	15	16	17	18	19	20	21	22	23	24	25	26	27	28	29	29 0	♓ 1	2	3	4	5	6	7	8	9			
☽	♈ 1	12	24	♉ 7	19	♊ 2	16	29	♋ 14	29	♌ 14	29	♍ 14	29	♎ 14	28	♏ 12	26	♐ 9	21	♑ 4	16	28	♒ 10	22	♓ 4	16	28			
☿	♒29 ♓0	♓ 0	1	1	R 1	1	1	♉ 0	♒ 29	29	28	27	26	25	24	22	21	20	19	18	18	17	17	16	16	16	D 16	16			
♀	♒ 10	11	12	14	15	16	17	19	20	21	22	24	25	26	27	29	29 0	♓ 1	2	4	5	6	7	9	10	11	12	14			
♂	♏ 21	21	22	22	23	24	24	25	25	26	26	27	27	28	28	29	29	29 0	♐ 0	1	1	2	2	3	3	4	4	5			

♃ 1 3R / ♎18 18　♄ 1R 28 / ♎7 6　♅ 1 18 / ♓8 9　♆ 1R 25 / ♌15 14　♇ 1 / ♋8

3

	1	2	3	4	5	6	7	8	9	10	11	12	13	14	15	16	17	18	19	20	21	22	23	24	25	26	27	28	29	30	31
☉	♓ 10	11	12	13	14	15	16	17	18	19	20	21	22	23	24	25	26	27	28	29	29 0	♈ 1	2	3	4	5	6	7	8	9	10
☽	♈ 9	21	♉ 3	16	28	♊ 11	25	♋ 8	22	♌ 7	22	♍ 7	22	♎ 8	22	♏ 7	21	♐ 5	18	♑ 1	13	25	♒ 7	19	♓ 1	13	24	♈ 6	18	♉ 1	13
☿	♒ 16	16	17	17	18	18	19	20	21	22	23	23	24	26	27	28	29	29 0	♓ 1	3	4	5	7	8	9	11	12	14	15	17	18
♀	♓ 15	16	17	19	20	21	22	24	25	26	27	29	29 0	♈ 1	2	4	5	6	7	9	10	11	12	14	15	16	17	19	20	21	22
♂	♐ 5	6	6	7	7	8	8	8	9	9	10	10	11	11	12	12	12	13	13	14	14	14	15	15	16	16	16	17	17	17	18

♃ 1R 10 19 27 31 / ♎18 17 16 15 14　♄ 1R 16 28 / ♎6 5 4　♅ 1 8 25 / ♓9 10 11　♆ 1R 31 / ♌14 13　♇ 1 / ♋8

4

	1	2	3	4	5	6	7	8	9	10	11	12	13	14	15	16	17	18	19	20	21	22	23	24	25	26	27	28	29	30	31
☉	♈ 11	12	13	14	15	16	17	18	19	20	21	22	23	24	25	26	27	28	28	29 0	♉ 0	1	2	3	4	5	6	7	8	9	
☽	♉ 25	♊ 8	21	♋ 4	18	♌ 2	16	♍ 1	16	♎ 1	16	♏ 0	15	29	♐ 13	26	♑ 9	21	♒ 4	16	28	♓ 9	21	♈ 3	15	27	♉ 10	22	♊ 5	18	
☿	♓ 20	22	23	25	27	28	29 0	♈ 2	4	5	7	9	11	13	15	17	19	21	23	25	27	29 0	♉ 1	3	5	7	10	12	14	16	
♀	♈ 23	25	26	27	28	29 0	♉ 1	2	3	5	6	7	8	10	11	12	13	14	16	17	18	19	21	22	23	24	25	27	28	29	
♂	♐ 18	18	19	19	19	20	20	20	21	21	21	21	22	22	22	22	23	23	23	23	24	24	24	24	24	24	24	25	25	25	

♃ 1R 12 20 29 / ♎14 13 12 11　♄ 1R 11 26 / ♎4 3 2　♅ 1 14 / ♓11 12　♆ 1R 24 D / ♌13 13　♇ 1 / ♋8

5

	1	2	3	4	5	6	7	8	9	10	11	12	13	14	15	16	17	18	19	20	21	22	23	24	25	26	27	28	29	30	31
☉	♉ 10	11	12	13	14	15	16	17	18	19	20	21	22	23	24	25	26	27	28	29	29 0	♊ 0	1	2	3	4	5	6	7	8	9
☽	♋ 1	15	29	♌ 13	27	♍ 11	25	♎ 10	24	♏ 9	23	♐ 7	21	♑ 4	17	29	♒ 12	24	♓ 6	17	29	♈ 11	23	♉ 6	18	♊ 1	14	28	♋ 12	25	♌ 9
☿	♉ 19	20	22	24	26	28	29 0	♊ 2	4	6	8	9	11	12	14	15	17	18	19	21	22	23	24	25	26	27	27	28	29	29	29
♀	♊ 0	2	3	4	5	7	8	9	10	11	13	14	15	16	17	19	20	21	22	24	25	26	27	28	29 0	♋ 1	2	3	4	6	7
♂	♐ 25	25	25	25	25	25	25	R 25	25	25	25	25	25	25	25	25	25	24	24	24	24	24	24	23	23	23	23	23	22	22	22

♃ 1R 10 31 / ♎11 10 9　♄ 1R 19 / ♎2 1　♅ 1 10 / ♓12 13　♆ 1 / ♌13　♇ 1 31 / ♋8 9

6

	1	2	3	4	5	6	7	8	9	10	11	12	13	14	15	16	17	18	19	20	21	22	23	24	25	26	27	28	29	30	31
☉	♊ 10	11	12	13	14	15	16	17	18	19	20	21	22	23	24	24	25	26	27	28	29	29 0	♋ 1	2	3	4	5	6	7	8	
☽	♌ 23	♍ 8	22	♎ 6	20	♏ 4	18	♐ 2	16	29	♑ 12	25	♒ 7	20	♓ 2	13	25	♈ 7	19	♉ 1	14	27	♊ 10	23	♋ 7	21	♌ 6	20	♍ 4	19	
☿	♋ 0	0	1	1	1	R 1	1	0	0	♉ 29	♊ 29	29	29	28	28	27	27	26	26	25	24	24	23	23	23	22	22	22	22	D 22	
♀	♋ 8	9	10	12	13	14	15	16	18	19	20	21	22	24	25	26	27	28	29 0	♌ 1	2	3	4	6	7	8	9	10	11	13	
♂	♐ 21	R 21	21	21	20	20	20	19	19	19	18	18	18	17	17	17	16	16	16	16	15	15	15	14	14	14	14	13	13	13	

♃ 1R 6D 10 30 / ♎9 9 10　♄ 1R 3D 18 / ♎1 1　♅ 1 19R / ♓13 13　♆ 1 19 / ♌13 14　♇ 1 / ♋9

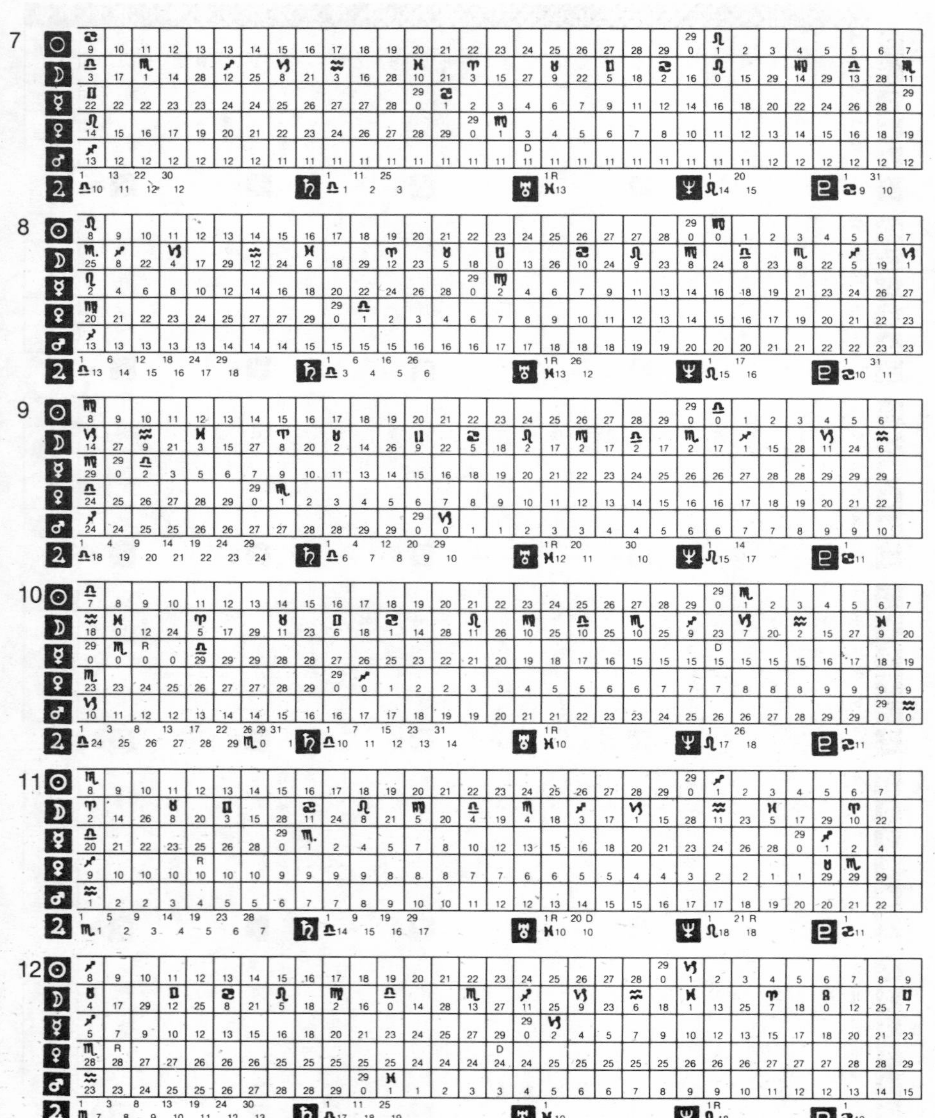

7	☉	♋ 9	10	11	12	13	13	14	15	16	17	18	19	20	21	22	23	24	25	26	27	28	29	29 0	♌ 1	2	3	4	5	5	6	7
	☽	♎ 3	17	♏ 1	14	28	♐ 12	25	♑ 8	21	♒ 3	16	28	♓ 10	21	♈ 3	15	27	♉ 9	22	♊ 5	18	♋ 2	16	♌ 0	15	29	♍ 14	29	♎ 13	28	♏ 11
	☿	♊ 22	22	22	23	23	24	24	25	26	27	27	28	29 0	♋ 1	2	3	4	6	7	9	11	12	14	16	18	20	22	24	26	28	29 0
	♀	♌ 14	15	16	17	19	20	21	22	23	24	26	27	28	29	29 0	♍ 1	3	4	5	6	7	8	10	11	12	13	14	15	16	18	19
	♂	♐ 13	12	12	12	12	12	12	11	11	11	11	11	11	11	11	11	D 11	11	11	11	11	11	11	11	11	12	12	12	12	12	12

♃ 1 13 22 30
♎10 11 12 12
♄ 1 11 25
♎1 2 3
♅ 1R
♓13
♆ 1 20
♌14 15
♇ 1 31
♋9 10

8	☉	♌ 8	9	10	11	12	13	14	15	16	17	18	19	20	21	22	23	24	25	26	27	27	28	29 0	♍ 0	1	2	3	4	5	6	7
	☽	♏ 25	♐ 8	22	♑ 4	17	29	♒ 12	24	♓ 6	18	29	♈ 12	23	♉ 5	18	♊ 0	13	26	♋ 10	24	♌ 9	23	♍ 8	24	♎ 8	23	♏ 8	22	♐ 5	19	♑ 1
	☿	♌ 2	4	6	8	10	12	14	16	18	20	22	24	26	28	29 0	♍ 2	4	6	7	9	11	13	14	16	18	19	21	23	24	26	27
	♀	♍ 20	21	22	23	24	25	27	27	29	29 0	♎ 1	2	3	4	6	7	8	9	10	11	12	13	14	15	16	17	19	20	21	22	23
	♂	♐ 13	13	13	13	13	14	14	14	15	15	15	15	16	16	16	17	17	18	18	18	19	19	20	20	20	21	21	22	22	23	23

♃ 1 6 12 18 24 29
♎13 14 15 16 17 18
♄ 1 6 16 26
♎3 4 5 6
♅ 1R 26
♓13 12
♆ 1 17
♌15 16
♇ 1 31
♋10 11

9	☉	♍ 8	9	10	11	12	13	14	15	16	17	18	19	20	21	22	23	24	25	26	27	28	29	29 0	♎ 0	1	2	3	4	5	6	
	☽	♑ 14	27	♒ 9	21	♓ 3	15	27	♈ 8	20	♉ 2	14	26	♊ 9	22	♋ 5	18	♌ 2	17	♍ 2	17	♎ 2	17	♏ 2	17	♐ 1	15	28	♑ 11	24	♒ 6	
	☿	♍ 29	29 0	♎ 2	3	5	6	7	9	10	11	13	14	15	16	18	19	20	21	22	23	24	25	26	26	27	28	28	29	29	29	
	♀	♎ 24	25	26	27	28	29	29 0	♏ 1	2	3	4	5	6	7	8	9	10	11	12	13	14	15	16	16	17	18	19	20	21	22	
	♂	♐ 24	24	25	25	26	26	27	27	28	28	29	29	29 0	♑ 0	1	1	2	3	3	4	4	5	6	6	7	7	8	9	9	10	

♃ 1 4 9 14 19 24 29
♎18 19 20 21 22 23 24
♄ 1 4 12 20 29
♎6 7 8 9 10
♅ 1R 20 30
♓12 11 10
♆ 1 14
♌15 17
♇ 1
♋11

10	☉	♎ 7	8	9	10	11	12	13	14	15	16	17	18	19	20	21	22	23	24	25	26	27	28	29	29 0	♏ 1	2	3	4	5	6	7
	☽	♒ 18	♓ 0	12	24	♈ 5	17	29	♉ 11	23	♊ 6	18	♋ 1	14	28	♌ 11	26	♍ 10	25	♎ 10	25	♏ 10	25	♐ 9	23	♑ 7	20	♒ 2	15	27	♓ 9	20
	☿	29 0	♏ 0	R 0	0	♎ 29	29	29	28	28	27	26	25	23	22	21	20	19	18	17	16	15	15	15	D 15	15	15	15	16	17	18	19
	♀	♏ 23	23	24	25	26	27	27	28	29	29 0	♐ 0	1	2	2	3	3	4	5	5	6	6	7	7	7	8	8	8	9	9	9	9
	♂	♑ 10	11	12	12	13	14	14	15	16	16	17	17	18	19	19	20	21	21	22	23	23	24	25	26	26	27	28	29	29	29 0	♒ 0

♃ 1 3 8 13 17 22 26 29 31
♎24 25 26 27 28 29 ♏0 1
♄ 1 7 15 23 31
♎10 11 12 13 14
♅ 1R
♓10
♆ 1 26
♌17 18
♇ 1
♋11

11	☉	♏ 8	9	10	11	12	13	14	15	16	17	18	19	20	21	22	23	24	25	26	27	28	29	29 0	♐ 1	2	3	4	5	6	7	
	☽	♈ 2	14	26	♉ 8	20	♊ 3	15	28	♋ 11	24	♌ 8	21	♍ 5	20	♎ 4	19	♏ 4	18	♐ 3	17	♑ 1	15	28	♒ 11	23	♓ 5	17	29	♈ 10	22	
	☿	♎ 20	21	22	23	25	26	28	29 0	♏ 1	2	4	5	7	8	10	12	13	15	16	18	20	21	23	24	26	28	29 0	♐ 1	2	4	
	♀	♐ 9	10	10	10	R 10	10	10	9	9	9	9	8	8	8	7	7	6	6	5	5	4	4	3	2	2	1	1	♉ 29	♏ 29	29	
	♂	♒ 1	2	2	3	4	5	5	6	7	7	8	9	10	10	11	12	12	13	14	15	15	16	17	17	18	19	20	20	21	22	

♃ 1 5 9 14 19 23 28
♏1 2 3 4 5 6 7
♄ 1 9 19 29
♎14 15 16 17
♅ 1R 20 D
♓10 10
♆ 1 21 R
♌18 18
♇ 1
♋11

12	☉	♐ 8	9	10	11	12	13	14	15	16	17	18	19	20	21	22	23	24	25	26	27	28	29 0	♑ 1	2	3	4	5	6	7	8	9
	☽	♉ 4	17	29	♊ 12	25	♋ 8	21	♌ 5	18	♍ 2	16	♎ 0	14	28	♏ 13	27	♐ 11	25	♑ 9	23	♒ 6	18	♓ 1	13	25	♈ 7	18	♉ 0	12	25	♊ 7
	☿	♐ 5	7	9	10	12	13	15	16	18	20	21	23	24	25	27	29	29 0	♑ 2	4	5	7	9	10	12	13	15	17	18	20	21	23
	♀	♏ 28	R 28	27	27	26	26	26	25	25	25	25	25	24	24	24	D 24	24	25	25	25	25	25	26	26	26	27	27	27	28	28	29
	♂	♒ 23	23	24	25	25	26	27	28	28	29	29 0	♓ 1	1	2	3	3	4	5	6	6	7	8	9	9	10	11	12	12	13	14	15

♃ 1 3 8 13 19 24 30
♏7 8 9 10 11 12 13
♄ 1 11 25
♎17 18 19
♅ 1
♓10
♆ 1R
♌18
♇ 1
♋10

1923的行星位置

1

	1	2	3	4	5	6	7	8	9	10	11	12	13	14	15	16	17	18	19	20	21	22	23	24	25	26	27	28	29	30	31
☉	♑ 10	11	12	13	14	15	16	17	18	19	20	21	22	23	24	25	26	27	28	29	29 0	♒ 1	2	3	4	5	6	7	8	9	10
☽	♊ 20	♋ 3	17	♌ 1	15	29	♍ 13	27	♎ 11	25	♏ 9	23	♐ 7	21	♑ 4	19	♒ 1	14	26	♓ 9	21	♈ 2	14	26	♉ 8	20	♊ 2	15	28	♋ 11	25
☿	♑ 24	26	28	29 0	♒ 1	2	4	5	6	8	9	10	11	12	13	14	14	15	15	R 15	15	14	14	13	12	11	10	9	8	6	5
♀	♏ 29	29 0	♐ 1	1	2	2	3	4	5	5	6	7	8	8	9	10	11	12	13	13	14	15	16	17	18	19	20	21	22	23	24
♂	♓ 15	16	17	17	18	19	20	20	21	22	23	23	24	25	26	26	27	28	28	29	29 0	♈ 1	1	2	3	4	4	5	6	6	7

♃ 1: ♏13, 5: 14, 12: 15, 20: 16, 28: 17　♄ 1: ♎19, 18: 20, 30 R: 20　♅ 1: ♓10, 15: 11　♆ 1 R: ♌18, 31: 17　♇ 1: ♋10, 31: 9

2

	1	2	3	4	5	6	7	8	9	10	11	12	13	14	15	16	17	18	19	20	21	22	23	24	25	26	27	28
☉	♒ 11	12	13	14	15	16	17	18	19	20	21	22	23	24	25	26	27	28	29 0	♓ 1	2	3	4	5	6	7	8	9
☽	♌ 9	24	♍ 8	23	♎ 7	22	♏ 5	20	♐ 4	17	♑ 1	14	27	♒ 10	22	♓ 5	17	29	♈ 11	22	♉ 4	16	28	♊ 10	23	♋ 6	19	♌ 3
☿	♒ 4	R 3	2	1	0	♉ 29	♑ 29	29	29	D 29	29	28	29	♒ 0	1	1	2	3	3	4	5	6	7	8	9	10	11	13
♀	♑ 25	26	27	28	29	29 0	♑ 1	2	3	4	5	6	7	8	9	10	11	12	13	15	16	17	18	19	20	21	22	23
♂	♈ 8	9	9	10	11	12	12	13	14	14	15	16	17	17	18	19	19	20	21	22	22	23	24	24	25	26	27	27

♃ 1: ♏17, 9: 18　♄ 1 R: ♎20, 28: 19　♅ 1: ♓11, 5: 12, 23: 13　♆ 1 R: ♌17, 28: 18　♇ 1: ♋9

3

	1	2	3	4	5	6	7	8	9	10	11	12	13	14	15	16	17	18	19	20	21	22	23	24	25	26	27	28	29	30	31
☉	♓ 10	11	12	13	14	15	16	17	18	19	20	21	22	23	24	25	26	27	28	29	29 0	♈ 1	2	3	4	5	6	7	8	9	10
☽	♌ 17	♍ 2	17	♎ 2	17	♏ 2	16	♐ 0	14	28	♑ 11	24	♒ 7	19	♓ 1	13	25	♈ 7	19	♉ 1	13	25	♊ 7	19	♋ 1	14	27	♌ 11	25	♍ 10	25
☿	♒ 14	15	16	18	19	20	22	23	25	26	27	29	29 0	♓ 2	4	5.	7	8	10	12	13	15	17	18	20	22	24	26	27	29 0	♈ 1
♀	♑ 25	26	27	28	29	29 0	♒ 1	2	4	5	6	7	8	9	10	12	13	14	15	16	17	19	20	21	22	23	24	25	27	28	29
♂	♈ 28	29	29	0	1	2	2	3	4	4	5	6	7	7	8	9	9	10	11	11	12	13	14	14	15	16	16	17	18	18	19

♃ 1: ♏18, 6 R: 18　♄ 1 R: ♎19, 22: 18, 31: 17　♅ 1: ♓13, 13: 14, 31: 15　♆ 1 R: ♌16, 31: 15　♇ 1: ♋9

4

	1	2	3	4	5	6	7	8	9	10	11	12	13	14	15	16	17	18	19	20	21	22	23	24	25	26	27	28	29	30
☉	♈ 11	12	13	14	15	16	17	18	19	20	20	21	22	23	24	25	26	27	28	29	29 0	♉ 1	2	3	4	5	6	7	8	9
☽	♎ 10	25	♏ 10	25	♐ 10	24	♑ 8	21	♒ 4	16	28	♓ 10	22	♈ 4	16	28	♉ 10	22	♊ 4	16	28	♋ 11	23	♌ 7	20	♍ 4	18	♎ 3	18	♏ 3
☿	♈ 3	5	7	9	11	13	15	17	19	21	23	26	28	29 0	♉ 2	4	6	8	10	12	14	16	18	19	21	23	24	26	27	29
♀	29 0	♓ 1	3	4	5	6	7	8	10	11	12	13	14	16	17	18	19	20	21	23	24	25	26	27	29	29 0	♈ 1	2	3	5
♂	♉ 20	20	21	22	23	23	24	25	25	26	27	27	28	29	29	29 0	♊ 1	1	2	3	4	4	5	6	6	7	8	8	9	10

♃ 1 R: ♏18, 10: 17, 20: 16, 28: 15　♄ 1 R: ♎17, 17: 16, 30: 15　♅ 1: ♓15, 20: 15　♆ 1 R: ♌15, 27 D: 15　♇ 1: ♋9

5

	1	2	3	4	5	6	7	8	9	10	11	12	13	14	15	16	17	18	19	20	21	22	23	24	25	26	27	28	29	30	31
☉	♉ 10	11	12	13	14	15	16	17	18	19	20	21	22	23	24	24	25	26	27	28	29	29 0	♊ 1	2	3	4	5	6	7	8	9
☽	♏ 19	♐ 4	18	♑ 3	15	29	♒ 13	25	♓ 7	19	♈ 1	13	25	♉ 7	19	♊ 1	13	25	♋ 8	20	♌ 3	16	♍ 0	14	28	♎ 12	27	♏ 12	27	♐ 12	27
☿	♉ 29 0	♊ 1	3	4	5	6	7	7	8	9	9	10	10	10	11	11	11	R 11	11	10	10	10	9	9	8	8	7	7	6	6	5
♀	♈ 6	7	8	9	11	12	13	14	15	17	18	19	20	21	23	24	25	26	27	29	29 0	♉ 1	2	3	5	6	7	8	9	11	12
♂	♊ 10	11	12	12	13	14	14	15	16	16	17	18	18	19	20	20	21	22	22	23	24	24	25	26	26	27	28	28	29	29 0	♋ 0

♃ 1 R: ♏14, 14: 13, 22: 12, 31: 11　♄ 1 R: ♎15, 19: 14, 31: 13　♅ 1: ♓16, 16: 17　♆ 1: ♌15　♇ 1: ♋9, 31: 10

6

	1	2	3	4	5	6	7	8	9	10	11	12	13	14	15	16	17	18	19	20	21	22	23	24	25	26	27	28	29	30
☉	♊ 10	11	12	13	14	15	16	17	18	19	19	20	21	22	23	24	25	26	27	28	29	29 0	♋ 1	2	3	4	5	6	7	7
☽	♑ 11	25	♒ 8	21	♓ 4	16	28	♈ 10	21	♉ 3	15	27	♊ 9	22	♋ 4	17	♌ 0	13	27	♍ 10	24	♎ 8	22	♏ 7	21	♐ 6	21	♑ 5	19	♒ 3
☿	♊ 5	R 4	4	3	3	3	2	2	2	D 2	2	2	3	3	3	4	4	5	5	6	7	8	9	10	11	12	13	14	15	17
♀	♉ 13	14	15	17	18	19	20	21	23	24	25	26	27	29	29 0	♊ 1	2	3	5	6	7	8	10	11	12	13	14	16	17	18
♂	♋ 1	2	2	3	4	4	5	6	6	7	7	8	9	9	10	11	11	12	13	13	14	15	15	16	17	17	18	19	19	20

♃ 1 R: ♏11, 12: 10, 30: 9　♄ 1 R: ♎13, 17 D: 13　♅ 1: ♓17, 23 R: 17　♆ 1: ♌15, 14: 18　♇ 1: ♋10

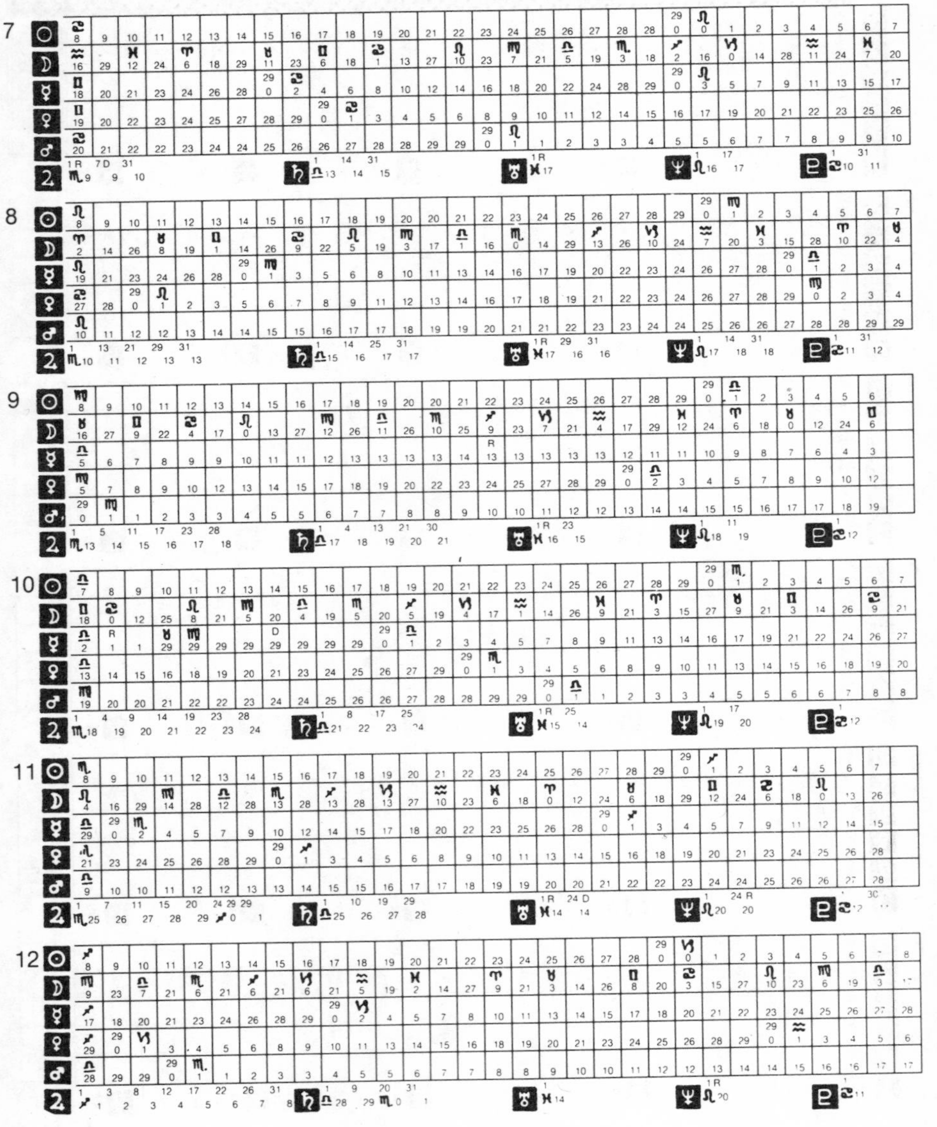

7																															
☉	♋ 8	9	10	11	12	13	14	15	16	17	18	19	20	21	22	23	24	25	26	27	28	28	29 0	♌ 0	1	2	3	4	5	6	7
☽	♒ 16	29	♓ 12	24	♈ 6	18	29	♉ 11	23	♊ 6	18	♋ 1	13	27	♌ 10	23	♍ 7	21	♎ 5	19	♏ 3	18	♐ 2	16	♑ 0	14	28	♒ 11	24	♓ 7	20
☿	♊ 18	20	21	23	24	26	28	29 0	♋ 2	4	6	8	10	12	14	16	18	20	22	24	28	29	29 0	♌ 3	5	7	9	11	13	15	17
♀	♊ 19	20	22	23	24	25	27	28	29	29 0	♋ 1	3	4	5	6	8	9	10	11	12	14	15	16	17	19	20	21	22	23	25	26
♂	♋ 20	21	22	22	23	24	24	25	26	26	27	28	28	29	29	29 0	♌ 1	1	2	3	3	4	5	5	6	7	7	8	9	9	10

♃ 1R 7D 31 — ♏9 9 10　♄ 1 14 31 — ♎13 14 15　♅ 1R — ♓17　♆ 1 17 — ♌16 17　♇ 1 31 — ♋10 11

8																															
☉	♌ 8	9	10	11	12	13	14	15	16	17	18	19	20	20	21	22	23	24	25	26	27	28	29	29 0	♍ 1	2	3	4	5	6	7
☽	♈ 2	14	26	♉ 8	19	♊ 1	14	26	♋ 9	22	♌ 5	19	♍ 3	17	♎ 1	16	♏ 0	14	29	♐ 13	26	♑ 10	24	♒ 7	20	♓ 3	15	28	♈ 10	22	♉ 4
☿	♌ 19	21	23	24	26	28	29 0	♍ 1	3	5	6	8	10	11	13	14	16	17	19	20	22	23	24	26	27	28	29 0	♎ 1	2	3	4
♀	♋ 27	28	29 0	♌ 1	2	3	5	6	7	8	9	11	12	13	14	16	17	18	19	21	22	23	24	26	27	28	29	♍ 0	2	3	4
♂	♌ 10	11	12	12	13	14	14	15	15	16	17	17	18	19	19	20	21	21	22	23	23	24	24	25	26	26	27	28	28	29	29

♃ 1 13 21 29 31 — ♏10 11 12 13 13　♄ 1 14 25 31 — ♎15 16 17 17　♅ 1R 29 31 — ♓17 16 16　♆ 1 14 31 — ♌17 18 18　♇ 1 31 — ♋11 12

9																														
☉	♍ 8	9	10	11	12	13	14	15	16	17	18	19	20	20	21	22	23	24	25	26	27	28	29	29 0	♎ 1	2	3	4	5	6
☽	♉ 16	27	♊ 9	22	♋ 4	17	♌ 0	13	27	♍ 12	26	♎ 11	26	♏ 10	25	♐ 9	23	♑ 7	21	♒ 4	17	29	♓ 12	24	♈ 6	18	♉ 0	12	24	♊ 6
☿	♎ 5	6	7	8	9	9	10	11	11	12	13	13	13	13	14	R 13	13	13	13	13	12	11	11	10	9	8	7	6	4	3
♀	♍ 5	7	8	9	10	12	13	14	15	17	18	19	20	22	23	24	25	27	28	29	29 0	♎ 2	3	4	5	7	8	9	10	12
♂	29 0	♍ 1	1	2	3	3	4	5	5	6	7	7	8	8	9	10	10	11	12	12	13	14	14	15	15	16	17	17	18	19

♃ 1 5 11 17 23 28 — ♏13 14 15 16 17 18　♄ 1 4 13 21 30 — ♎17 18 19 20 21　♅ 1R 23 — ♓16 15　♆ 1 11 — ♌18 19　♇ 1 — ♋12

10																															
☉	♎ 7	8	9	10	11	12	13	14	15	16	17	18	19	20	21	22	23	24	25	26	27	28	29	29 0	♏ 1	2	3	4	5	6	7
☽	♊ 18	♋ 0	12	25	♌ 8	21	♍ 5	20	♎ 4	19	♏ 5	20	♐ 5	19	♑ 4	17	♒ 1	14	26	♓ 9	21	♈ 3	15	27	♉ 9	21	♊ 3	14	26	♋ 9	21
☿	♎ 2	R 1	1	♉ 29	♍ 29	29	29	D 29	29	29	29	29 0	♎ 1	2	3	4	5	7	8	9	11	13	14	16	17	19	21	22	24	26	27
♀	♎ 13	14	15	16	18	19	20	21	23	24	25	26	27	29	29 0	♏ 1	3	4	5	6	8	9	10	11	13	14	15	16	18	19	20
♂	♍ 19	20	20	21	22	22	23	24	24	25	26	26	27	28	28	29	29	29 0	♎ 1	1	2	3	3	4	5	5	6	6	7	8	8

♃ 1 4 9 14 19 23 28 — ♏18 19 20 21 22 23 24　♄ 1 8 17 25 — ♎21 22 23 24　♅ 1R 25 — ♓15 14　♆ 1 17 — ♌19 20　♇ 1 — ♋12

11																														
☉	♏ 8	9	10	11	12	13	14	15	16	17	18	19	20	21	22	23	24	25	26	27	28	29	29 0	♐ 1	2	3	4	5	6	7
☽	♌ 4	16	29	♍ 14	28	♎ 12	28	♏ 13	28	♐ 13	28	♑ 13	27	♒ 10	23	♓ 6	18	♈ 0	12	24	♉ 6	18	29	♊ 12	24	♋ 6	18	♌ 0	13	26
☿	♎ 29	29 0	♏ 2	4	5	7	9	10	12	14	15	17	18	20	22	23	25	26	28	29 0	♐ 1	3	4	5	7	9	11	12	14	15
♀	♏ 21	23	24	25	26	28	29	29 0	♐ 1	3	4	5	6	8	9	10	11	13	14	15	16	18	19	20	21	23	24	25	26	28
♂	♎ 9	10	10	11	12	12	13	13	14	15	15	16	17	17	18	19	19	20	20	21	22	22	23	24	24	25	26	26	27	28

♃ 1 7 11 15 20 24 29 29 — ♏25 26 27 28 29 ♐0 1　♄ 1 10 19 29 — ♎25 26 27 28　♅ 1R 24D — ♓14 14　♆ 1 24R — ♌20 20　♇ 1 30 — ♋12

12																															
☉	♐ 8	9	10	11	12	13	14	15	16	17	18	19	20	21	22	23	24	25	26	27	28	29 0	♑ 0	1	2	3	4	5	6	7	8
☽	♍ 9	23	♎ 7	21	♏ 6	21	♐ 6	21	♑ 6	21	♒ 5	19	♓ 2	14	27	♈ 9	21	♉ 3	14	26	♊ 8	20	♋ 3	15	27	♌ 10	23	♍ 6	19	♎ 3	17
☿	♐ 17	18	20	21	23	24	26	28	29	29 0	♑ 2	4	5	7	8	10	11	13	14	15	17	18	20	21	22	23	24	25	26	27	28
♀	♐ 29	29 0	♑ 1	3	4	5	6	8	9	10	11	13	14	15	16	18	19	20	21	23	24	25	26	28	29	29 0	♒ 1	3	4	5	6
♂	♎ 28	29	29	29 0	♏ 1	1	2	3	3	4	5	5	6	7	7	8	8	9	10	10	11	12	12	13	14	14	15	16	16	17	17

♃ 1 3 8 12 17 22 26 31 — ♐1 2 3 4 5 6 7 8　♄ 1 9 20 31 — ♎28 29 ♏0 1　♅ 1 — ♓14　♆ 1R — ♌20　♇ 1 — ♋11

1924的行星位置

1

	1	2	3	4	5	6	7	8	9	10	11	12	13	14	15	16	17	18	19	20	21	22	23	24	25	26	27	28	29	30	31
☉	♑ 10	11	12	13	14	15	16	17	18	19	20	21	22	23	24	25	26	27	28	29	29 0	♒ 1	2	3	4	5	6	7	8	9	10
☽	♏ 1	15	♐ 0	15	29	♑ 14	29	♒ 13	26	♓ 10	22	♈ 5	17	29	♉ 11	23	♊ 5	17	29	♋ 11	24	♌ 6	19	♍ 3	16	29	♎ 13	27	♏ 12	26	♐ 10
☿	♑ 28	29	29	R 29	29	28	28	27	26	25	24	22	21	20	19	17	16	15	14	13	13	13	13	D 13	13	13	13	14	14	15	15
♀	♒ 8	9	10	11	12	14	15	16	17	19	20	21	22	24	25	26	27	29	29 0	♓ 1	2	3	5	6	7	8	10	11	12	13	14
♂	♏ 18	19	19	20	21	21	22	23	23	24	25	25	26	26	27	28	28	29	29 0	♐ 0	1	2	2	3	4	4	5	5	6	7	7

♃ 1 5 10 15 20 26 31 / ♐8 9 10 11 12 13 14　♄ 1 22 / ♏1 2　♅ 1 21 / ♓14 15　♆ 1R 31 / ♌20 19　♇ 1 / ♋11

2

	1	2	3	4	5	6	7	8	9	10	11	12	13	14	15	16	17	18	19	20	21	22	23	24	25	26	27	28	29	30	31
☉	♒ 11	12	13	14	15	16	17	18	19	20	21	22	23	24	25	26	27	28	29 0	♓ 0	1	2	3	4	5	6	7	8	9		
☽	♐ 24	♑ 9	23	♒ 7	21	♓ 4	17	♈ 0	13	25	♉ 7	19	♊ 1	12	24	♋ 7	19	♌ 2	15	28	♍ 12	26	♎ 10	24	♏ 8	23	♐ 7	21	♑ 5		
☿	♑ 16	17	18	19	20	21	22	23	24	26	27	28	29	29 0	♒ 2	3	4	6	7	9	10	11	13	14	16	17	19	21	22		
♀	♓ 16	17	18	19	21	22	23	24	25	27	28	29	29 0	♈ 1	3	4	5	6	7	9	10	11	12	13	15	16	17	18	19		
♂	♐ 8	9	9	10	11	11	12	12	13	14	14	15	16	16	17	18	18	19	20	20	21	21	22	23	23	24	25	25	26		

♃ 1 7 14 21 29 / ♐14 15 16 17 18　♄ 1 11R / ♏2 2　♅ 1 10 28 / ♓15 16 17　♆ 1R 29 / ♌19 18　♇ 1 / ♋10

3

	1	2	3	4	5	6	7	8	9	10	11	12	13	14	15	16	17	18	19	20	21	22	23	24	25	26	27	28	29	30	31
☉	♓ 10	11	12	13	14	15	16	17	18	19	20	21	22	23	24	25	26	27	28	29 0	♈ 0	1	2	3	4	5	6	7	8	9	10
☽	♑ 19	♒ 3	16	29	♓ 13	25	♈ 8	20	♉ 3	15	27	♊ 8	20	♋ 2	14	27	♌ 10	23	♍ 6	20	♎ 5	19	♏ 4	19	♐ 3	18	♑ 2	16	29	♒ 13	26
☿	♒ 24	25	27	29	29 0	♓ 2	4	5	7	9	11	12	14	16	18	20	22	24	26	28	29 0	♈ 2	4	6	8	10	12	14	16	18	20
♀	♈ 21	22	23	24	25	26	28	29	29 0	♉ 1	2	3	4	6	7	8	9	10	11	12	13	15	16	17	18	19	20	21	22	24	25
♂	♐ 26	27	28	28	29	29 0	♑ 0	1	2	2	3	3	4	5	5	6	7	7	8	8	9	10	10	11	12	12	13	13	14	15	15

♃ 1 12 / ♐18 19　♄ 1R 22 31 / ♏2 1 0　♅ 1 17 / ♓17 18　♆ 1R 31 / ♌18 17　♇ 1 / ♋10

4

	1	2	3	4	5	6	7	8	9	10	11	12	13	14	15	16	17	18	19	20	21	22	23	24	25	26	27	28	29	30	31
☉	♈ 11	12	13	14	15	16	17	18	19	20	21	22	23	24	25	26	27	28	29	29 0	♉ 1	2	3	4	5	6	7	8	9	10	
☽	♓ 9	22	♈ 4	17	29	♉ 11	23	♊ 5	17	28	♋ 10	23	♌ 5	18	♍ 1	14	28	♎ 13	28	♏ 13	28	♐ 13	28	♑ 12	26	♒ 10	23	♓ 6	19	♈ 1	
☿	♈ 22	24	26	28	29 0	♉ 1	3	5	6	8	10	11	12	14	15	16	17	18	18	19	20	20	21	21	21	21	R 21	21	21	21	
♀	♉ 26	27	28	29	29 0	♊ 1	2	3	4	5	6	7	8	10	11	12	13	14	15	16	17	17	18	19	20	21	22	23	24	25	
♂	♑ 16	17	17	18	18	19	20	20	21	21	22	23	23	24	24	25	26	26	27	27	28	29	29	29 0	♒ 0	1	2	2	3	3	

♃ 1 6R / ♐19 19　♄ 1R 6D 30 / ♏0 ♎29 28　♅ 1 4 24 / ♓18 19 20　♆ 1R 28D / ♌17 17　♇ 1 / ♋10

5

	1	2	3	4	5	6	7	8	9	10	11	12	13	14	15	16	17	18	19	20	21	22	23	24	25	26	27	28	29	30	31
☉	♉ 11	12	13	14	15	16	17	17	18	19	20	21	22	23	24	25	26	27	28	29	29 0	♊ 1	2	3	4	5	6	7	8	9	10
☽	♈ 13	25	♉ 8	20	♊ 1	13	25	♋ 7	19	♌ 1	13	26	♍ 9	23	♎ 7	21	♏ 8	21	♐ 7	22	♑ 7	21	♒ 6	19	♓ 3	16	26	♈ 10	23	♉ 5	17
☿	♉ 20	R 20	20	19	19	18	17	17	16	16	15	14	14	14	13	13	12	12	12	12	D 12	12	12	12	13	13	13	14	15	15	16
♀	♊ 26	27	28	29	29	29 0	♋ 1	2	3	3	4	5	6	6	7	8	9	9	10	10	11	12	12	13	13	14	14	15	15	15	16
♂	♒ 4	4	5	6	6	7	7	8	8	9	9	10	11	11	12	12	13	13	14	14	15	15	16	16	17	17	18	18	19	19	20

♃ 1 R 11 21 29 / ♐19 18 17 16　♄ 1R 17 31 / ♎28 27 26　♅ 1 21 / ♓20 21　♆ 1 31 / ♌17 18　♇ 1 31 / ♋10 11

6

	1	2	3	4	5	6	7	8	9	10	11	12	13	14	15	16	17	18	19	20	21	22	23	24	25	26	27	28	29	30	31
☉	♊ 10	11	12	13	14	15	16	17	18	19	20	21	22	23	24	25	26	27	26	29	29 0	♋ 0	1	2	3	4	5	6	7	8	
☽	♉ 29	♊ 10	22	♋ 4	16	28	♌ 10	23	♍ 5	18	♎ 2	16	♏ 0	15	29	♐ 10	♑ 0	15	♒ 0	14	28	♓ 12	25	♈ 7	20	♉ 2	14	26	♊ 7	19	
☿	♉ 17	18	18	19	20	21	23	24	25	26	28	29	29 0	♊ 2	3	5	7	8	10	12	14	16	17	19	21	23	26	28	29 0	♋ 2	
♀	♋ 16	16	17	17	17	17	17	17	17	R 17	17	17	17	17	17	17	16	16	16	15	15	14	14	13	13	12	12	11	10	10	
♂	♒ 20	21	21	22	22	23	23	24	24	24	25	25	26	26	26	27	27	28	28	28	29	29	29	29 0	♓ 0	0	1	1	1	2	

♃ 1R 14 22 30 / ♐15 14 13 12　♄ 1R 29D / ♎26 25　♅ 1 26R / ♓21 21　♆ 1 / ♌18　♇ 1 / ♋11

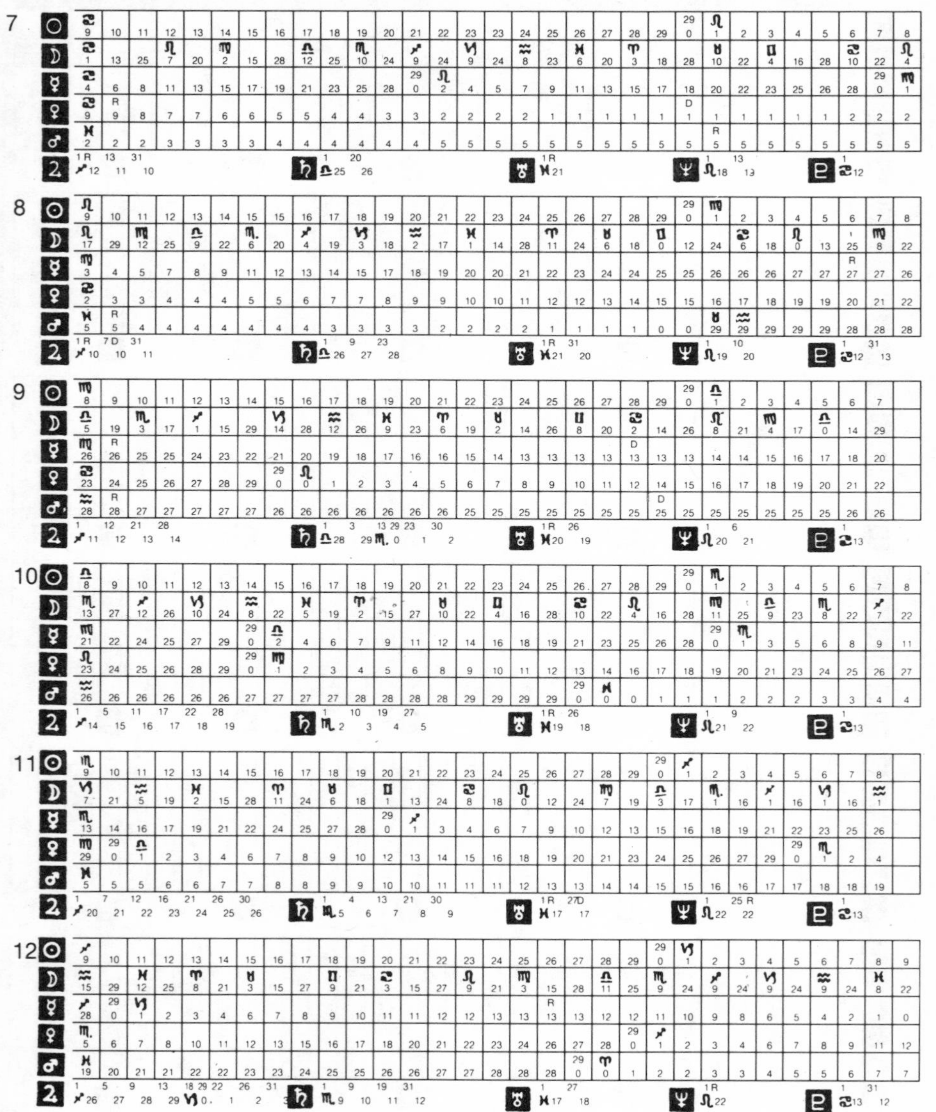

7																															
☉	♋ 9	10	11	12	13	14	15	16	17	18	19	20	21	22	23	23	24	25	26	27	28	29	29 0	♌ 1	2	3	4	5	6	7	8
☽	♋ 1	13	25	♌ 7	20	♍ 2	15	28	♎ 12	25	♏ 10	24	♐ 9	24	♑ 9	24	♒ 8	23	♓ 6	20	♈ 3	18	28	♉ 10	22	♊ 4	16	28	♋ 10	22	♌ 4
☿	♋ 4	6	8	11	13	15	17	19	21	23	25	28	29 0	♌ 2	4	5	7	9	11	13	15	17	18	20	22	23	25	26	28	29 0	♍ 1
♀	♋ 9	R 9	8	7	7	6	6	5	5	4	4	3	3	2	2	2	2	1	1	1	1	1	D 1	1	1	1	1	1	2	2	2
♂	♓ 2	2	2	3	3	3	3	4	4	4	4	4	4	5	5	5	5	5	5	5	5	5	5	R 5	5	5	5	5	5	5	5

♃ 1R 13 31 — ♐12 11 10 ♄ 1 20 — ♎25 26 ♅ 1R — ♓21 ♆ 1 13 — ♌18 13 ♇ 1 — ♋12

8																															
☉	♌ 9	10	11	12	13	14	15	15	16	17	18	19	20	21	22	23	24	25	26	27	28	29	29 0	♍ 1	2	3	4	5	6	7	8
☽	♌ 17	29	♍ 12	25	♎ 9	22	♏ 6	20	♐ 4	19	♑ 3	18	♒ 2	17	♓ 1	14	28	♈ 11	24	♉ 6	18	♊ 0	12	24	♋ 6	18	♌ 0	13	25	♍ 8	22
☿	♍ 3	4	5	7	8	9	11	12	13	14	15	17	18	19	20	20	21	22	23	24	24	25	25	26	26	26	27	27	R 27	27	26
♀	♋ 2	3	3	4	4	4	5	5	6	7	7	8	9	9	10	10	11	12	12	13	14	15	15	16	17	18	19	19	20	21	22
♂	♓ 5	R 5	4	4	4	4	4	4	4	3	3	3	3	2	2	2	2	1	1	1	1	0	0	♉ 29	♒ 29	29	29	29	28	28	28

♃ 1R 7D 31 — ♐10 10 11 ♄ 1 9 23 — ♎26 27 28 ♅ 1R 31 — ♓21 20 ♆ 1 10 — ♌19 20 ♇ 1 31 — ♋12 13

9																															
☉	♍ 8	9	10	11	12	13	14	15	16	17	18	19	20	21	22	23	24	25	26	27	28	29	29 0	♎ 1	2	3	4	5	6	7	
☽	♎ 5	19	♏ 3	17	♐ 1	15	29	♑ 14	28	♒ 12	26	♓ 9	23	♈ 6	19	♉ 2	14	26	♊ 8	20	♋ 2	14	26	♌ 8	21	♍ 4	17	♎ 0	14	29	
☿	♍ 26	R 26	25	25	24	23	22	21	20	19	18	17	16	16	15	14	13	13	13	13	D 13	13	13	14	14	15	16	17	18	20	
♀	♋ 23	24	25	26	27	28	29	29 0	♌ 0	1	2	3	4	5	6	7	8	9	10	11	12	14	15	16	17	18	19	20	21	22	
♂	♒ 28	R 28	27	27	27	27	27	26	26	26	26	26	26	26	25	25	25	25	25	25	25	D 25	25	25	25	25	25	25	26	26	

♃ 1 12 21 28 — ♐11 12 13 14 ♄ 1 3 13 29 23 30 — ♎28 29 ♏0 1 2 ♅ 1R 26 — ♓20 19 ♆ 1 6 — ♌20 21 ♇ 1 — ♋13

10																															
☉	♎ 8	9	10	11	12	13	14	15	16	17	18	19	20	21	22	23	24	25	26.	27	28	29	29 0	♏ 1	2	3	4	5	6	7	8
☽	♏ 13	27	♐ 12	26	♑ 10	24	♒ 8	22	♓ 5	19	♈ 2	15	27	♉ 10	22	♊ 4	16	28	♋ 10	22	♌ 4	16	28	♍ 11	25	♎ 9	23	♏ 8	22	♐ 7	22
☿	♍ 21	22	24	25	27	29	29 0	♎ 2	4	6	7	9	11	12	14	16	18	19	21	23	25	26	28	29 0	♏ 1	3	5	6	8	9	11
♀	♌ 23	24	25	26	28	29	29 0	♍ 1	2	3	4	5	6	8	9	10	11	12	13	14	16	17	18	19	20	21	23	24	25	26	27
♂	♒ 26	26	26	26	26	26	27	27	27	27	28	28	28	28	29	29	29	29	29 0	♓ 0	0	1	1	1	2	2	2	3	3	4	4

♃ 1 5 11 17 22 28 — ♐14 15 16 17 18 19 ♄ 1 10 19 27 — ♏2 3 4 5 ♅ 1R 26 — ♓19 18 ♆ 1 9 — ♌21 22 ♇ 1 — ♋13

11																															
☉	♏ 9	10	11	12	13	14	15	16	17	18	19	20	21	22	23	24	25	26	27	28	29	29 0	♐ 1	2	3	4	5	6	7	8	
☽	♑ 7	21	♒ 5	19	♓ 2	15	28	♈ 11	24	♉ 6	18	♊ 1	13	24	♋ 8	18	♌ 0	12	24	♍ 7	19	♎ 3	17	♏ 1	16	♐ 1	16	♑ 1	16	♒ 1	
☿	♏ 13	14	16	17	19	21	22	24	25	27	28	29 0	♐ 1	3	4	6	7	9	10	12	13	15	16	18	19	21	22	23	25	26	
♀	♍ 29	29 0	♎ 1	2	3	4	6	7	8	9	10	12	13	14	15	16	18	19	20	21	23	24	25	26	27	29	29 0	♏ 1	2	4	
♂	♓ 5	5	5	6	6	7	7	8	8	9	9	10	10	11	11	11	12	13	13	14	14	15	15	16	16	17	17	18	18	19	

♃ 1 7 12 16 21 26 30 — ♐20 21 22 23 24 25 26 ♄ 1 4 13 21 30 — ♏5 6 7 8 9 ♅ 1R 27D — ♓17 17 ♆ 1 25R — ♌22 22 ♇ 1 — ♋13

12																															
☉	♐ 9	10	11	12	13	14	15	16	17	18	19	20	21	22	23	24	25	26	27	28	29	29 0	♑ 1	2	3	4	5	6	7	8	9
☽	♒ 15	29	♓ 12	25	♈ 8	21	♉ 3	15	27	♊ 9	21	♋ 3	15	27	♌ 9	21	♍ 3	15	28	♎ 11	25	♏ 9	24	♐ 9	24	♑ 9	24	♒ 9	24	♓ 8	22
☿	♐ 28	29 0	♑ 1	2	3	4	6	7	8	9	10	11	11	12	12	13	13	R 13	13	12	12	11	10	9	8	6	5	4	2	1	0
♀	♏ 5	6	7	8	10	11	12	13	15	16	17	18	20	21	22	23	24	26	27	28	29 0	♐ 1	2	3	4	6	7	8	9	11	12
♂	♓ 19	20	21	21	22	22	23	23	24	25	25	26	26	27	27	28	28	28	29 0	♈ 0	1	2	2	3	3	4	5	5	6	7	7

♃ 1 5 9 13 18 29 22 26 31 — ♐26 27 28 29 ♑0. 1 2 3 ♄ 1 9 19 31 — ♏9 10 11 12 ♅ 1 27 — ♓17 18 ♆ 1R — ♌22 ♇ 1 31 — ♋13 12

1925的行星位置

月	星	1	2	3	4	5	6	7	8	9	10	11	12	13	14	15	16	17	18	19	20	21	22	23	24	25	26	27	28	29	30	31
1	☉	♑ 10	11	12	13	14	15	16	17	18	19	20	21	22	23	24	25	26	27	28	29 0	♒ 1	2	3	4	5	6	7	8	9	10	11
	☽	♈ 6	18	♉ 0	12	24	♊ 6	18	♋ 0	12	24	♌ 6	18	♒ 0	12	25	♎ 8	21	♏ 4	18	♐ 3	17	♑ 2	17	♒ 2	17	♓ 2	16	♈ 0	13	26	♉ 9
	☿	♐ 29	R 28	28	27	27	27	D 27	27	27	27	28	29	29	29 0	♑ 1	2	3	4	5	6	7	8	9	11	12	13	14	16	17	19	20
	♀	♐ 13	14	16	17	18	19	21	22	23	24	26	27	28	29	29 0	♑ 2	3	4	6	7	8	9	11	12	13	14	16	17	18	19	21
	♂	♈ 8	8	9	10	10	11	12	12	13	13	14	15	15	16	17	17	18	18	19	20	20	21	22	22	23	23	24	25	25	26	26

♃ 1: ♑3, 4: 4, 9: 5, 13: 6, 18: 7, 22: 8, 27: 9, 31: 10　♄ 1: ♏12, 13: 13, 31: 14　♅ 1: ♓18, 25: 19　♆ 1R: ♌22, 31: 21　♇ 1: ♋12

月	星	1	2	3	4	5	6	7	8	9	10	11	12	13	14	15	16	17	18	19	20	21	22	23	24	25	26	27	28	29	30	31
2	☉	♒ 12	13	14	15	16	17	18	19	20	21	22	23	24	25	26	27	28	29	29 0	♓ 1	2	3	4	5	6	7	8	9			
	☽	♉ 21	♊ 3	15	27	♋ 9	20	♌ 2	14	27	♍ 9	22	♎ 5	18	♏ 1	15	28	♐ 12	27	♑ 11	26	♒ 11	25	♓ 10	24	♈ 8	21	♉ 4	17			
	☿	♑ 21	23	24	26	27	29	29 0	♒ 2	3	5	6	8	9	11	13	14	16	17	19	21	23	24	26	28	29 0	♓ 1	3	5			
	♀	♑ 22	23	24	26	27	28	29 0	♒ 1	2	3	4	6	7	8	9	11	12	13	14	15	17	18	19	20	22	23	24	25			
	♂	♈ 27	28	29	29	29 0	♉ 1	1	2	2	3	4	4	5	6	6	7	8	8	9	10	10	11	11	12	13	13	14	15			

♃ 1: ♑10, 5: 11, 10: 12, 15: 13, 20: 14, 25: 15　♄ 1: ♏14, 22R: 14　♅ 1: ♓19, 14: 20　♆ 1R: ♌21　♇ 1: ♋12, 20: 11

月	星	1	2	3	4	5	6	7	8	9	10	11	12	13	14	15	16	17	18	19	20	21	22	23	24	25	26	27	28	29	30	31
3	☉	♓ 10	11	12	13	14	15	16	17	18	19	20	21	22	23	24	25	26	27	28	29	29 0	♈ 1	2	3	4	5	6	7	8	9	10
	☽	♉ 29	♊ 11	23	♋ 5	17	29	♌ 11	23	♍ 5	18	♎ 1	14	28	♏ 11	25	♐ 9	23	♑ 7	22	♒ 6	20	♓ 4	18	♈ 2	16	29	♉ 12	25	♊ 7	19	♋ 1
	☿	♓ 7	9	10	12	14	16	18	20	22	24	26	28	29 0	♈ 2	4	6	8	10	11	13	15	17	18	20	22	23	24	26	27	28	29
	♀	♒ 27	28	29	0	2	3	4	5	7	8	9	10	12	13	14	15	17	18	19	20	22	23	24	25	27	26	29	29 0	♈ 2	3	4
	♂	♉ 15	16	17	17	18	19	19	20	20	21	22	22	23	24	24	25	26	26	27	28	28	29	29	29 0	♊ 1	1	2	3	3	4	5

♃ 1: ♑15, 3: 16, 9: 17, 15: 18, 22: 19, 30: 20　♄ 1R: ♏14, 31: 13　♅ 1: ♓20, 4: 21, 21: 22　♆ 1R: ♌21, 31: 20　♇ 1: ♋11

月	星	1	2	3	4	5	6	7	8	9	10	11	12	13	14	15	16	17	18	19	20	21	22	23	24	25	26	27	28	29	30	31
4	☉	♈ 11	12	13	14	15	16	17	18	19	20	21	22	23	24	25	26	27	28	29	29 0	♉ 1	2	3	4	5	5	6	7	8	9	
	☽	♋ 13	25	♌ 7	19	♍ 1	14	26	♎ 10	23	♏ 7	21	♐ 5	20	♑ 4	18	♒ 3	17	♓ 0	14	28	♈ 11	24	♉ 7	20	♊ 3	15	27	♋ 9	21	♌ 2	
	☿	29 0	♉ 0	1	2	2	2	2	R 2	2	2	2	2	1	1	♉ 29	♈ 29	29	28	27	27	26	25	25	24	24	23	23	22	22	22	
	♀	♈ 5	7	8	9	10	11	13	14	15	16	18	19	20	21	23	24	25	26	28	29	29 0	♉ 1	3	4	5	6	8	9	10	11	
	♂	♊ 5	6	7	7	8	9	9	10	10	11	12	12	13	14	14	15	16	16	17	17	18	19	19	20	21	21	22	23	23	24	

♃ 1: ♑20, 9: 21, 22: 22　♄ 1R: ♏13, 18: 12, 30: 11　♅ 1: ♓22, 9: 23, 29: 24　♆ 1R: ♌20　♇ 1: ♋11

月	星	1	2	3	4	5	6	7	8	9	10	11	12	13	14	15	16	17	18	19	20	21	22	23	24	25	26	27	28	29	30	31
5	☉	♉ 10	11	12	13	14	15	16	17	18	19	20	21	22	23	24	25	26	27	28	29	29 0	♊ 1	2	3	4	5	5	6	7	8	9
	☽	♌ 14	26	♍ 9	21	♎ 5	18	♏ 2	16	♐ 1	15	♑ 0	15	29	♒ 13	27	♓ 11	25	♈ 8	21	♉ 4	16	♊ 11	23	♋ 5	5	17	29	♌ 11	23	♍ 5	17
	☿	♈ 22	R 22	D 22	22	22	23	23	23	24	25	25	26	27	27	28	29	29 0	♉ 1	2	4	5	6	7	9	10	11	13	14	16	17	19
	♀	♉ 12	14	15	16	17	19	20	21	22	23	25	26	27	28	29 0	♊ 1	2	3	5	6	7	8	9	11	12	13	14	15	17	18	19
	♂	♊ 24	25	26	26	27	28	28	29	29 0	♋ 0	1	1	2	3	3	4	5	5	6	7	7	8	8	9	10	10	11	12	12	13	14

♃ 1: ♑22, 11R: 22　♄ 1R: ♏11, 15: 10, 30: 9　♅ 1: ♓24, 27: 25　♆ 1R: ♌20　♇ 1: ♋12

月	星	1	2	3	4	5	6	7	8	9	10	11	12	13	14	15	16	17	18	19	20	21	22	23	24	25	26	27	28	29	30	31
6	☉	♊ 10	11	12	13	14	15	16	17	18	19	20	21	22	23	24	25	26	27	28	29	29 0	♋ 0	1	2	3	4	5	6	7	8	
	☽	♍ 29	♎ 13	26	♏ 10	25	♐ 9	24	♑ 9	24	♒ 9	24	♓ 8	21	♈ 5	18	♉ 1	13	26	♊ 8	20	♋ 2	14	26	♌ 7	19	♍ 1	13	26	♎ 8	21	
	☿	♓ 21	22	24	26	28	29 0	♊ 1	3	5	7	9	12	14	18	18	20	22	24	27	29 0	♋ 1	3	5	8	10	12	14	16	18	20	
	♀	♊ 21	22	23	24	25	27	28	29	29 0	♋ 2	3	4	5	6	8	9	10	11	13	14	15	16	17	19	20	21	22	24	25	26	
	♂	♋ 14	15	15	16	17	17	18	19	19	20	20	21	22	22	23	24	24	25	26	26	27	27	28	29	29	29 0	♌ 1	1	2	2	

♃ 1R: ♑22, 11: 21, 21: 20, 29: 19　♄ 1R: ♏9, 20: 8　♅ 1: ♓25　♆ 1: ♌20　♇ 1: ♋12, 30: 13

7																															
☉	♋ 9	10	11	12	13	14	15	16	17	18	18	19	20	21	22	23	24	25	26	27	28	29	29 0	♌ 1	2	3	4	5	6	7	8
☽	♏ 5	19	♐ 3	18	♑ 3	18	♒ 3	18	♓ 3	17	♈ 1	15	28	♉ 10	23	♊ 5	17	29	♋ 11	23	♌ 4	16	28	♍ 10	22	♎ 5	17	♏ 0	14	28	♐ 12
☿	♋ 22	24	26	28	29 0	♌ 1	3	5	6	8	10	11	13	14	16	17	19	20	21	23	24	25	27	28	29	29 0	♍ 1	2	3	4	5
♀	♋ 27	29	29 0	♌ 1	2	3	5	6	7	8	9	11	12	13	14	16	17	18	19	20	22	23	24	25	27	28	29	29 0	♍ 1	3	4
♂	♌ 3	4	4	5	6	6	7	7	8	9	9	10	11	11	12	13	13	14	14	15	16	16	17	18	18	19	19	20	21	21	22

♃ 1R 7 15 23 31 — ♑19 18 17 16 15 ♄ 1R 12D — ♏8 8 ♅ 1R — ♓25 ♆ 1 9 31 — ♌20 21 22 ♇ 1 — ♋13

8																															
☉	♌ 8	9	10	11	12	13	14	15	16	17	18	19	20	21	22	23	24	25	26	27	28	29	29 0	♍ 0	1	2	3	4	5	6	7
☽	♐ 26	♑ 11	26	♒ 11	26	♓ 11	26	♈ 10	24	♉ 7	19	♊ 2	14	26	♋ 8	20	♌ 1	13	25	♍ 7	19	♎ 2	14	27	♏ 10	24	♐ 7	21	♑ 6	20	♒ 5
☿	♍ 5	6	7	7	8	8	9	9	9	9	9	R 9	9	9	9	8	8	7	6	6	5	4	3	2	1	0	♉ 29	♌ 29	28	28	27
♀	♍ 5	6	7	9	10	11	12	14	15	16	17	18	20	21	22	23	24	26	27	28	29 0	♎ 0	2	3	4	5	6	8	9	10	11
♂	♌ 23	23	24	25	25	26	26	27	28	28	29	29 0	♍ 0	1	2	2	3	3	4	5	5	6	7	7	8	9	9	10	10	11	12

♃ 1R 11 26 — ♑15 14 13 ♄ 1 22 — ♏8 9 ♅ 1R 31 — ♓25 24 ♆ 1 31 — ♌22 23 ♇ 1 — ♋14

9																															
☉	♍ 8	9	10	11	12	13	14	15	16	17	18	19	20	21	22	23	24	25	26	27	28	29	29 0	♎ 1	2	3	4	5	6	7	
☽	♒ 20	♓ 5	20	♈ 4	18	♉ 2	15	28	♊ 10	23	♋ 5	16	28	♌ 10	22	♍ 4	16	29	♎ 11	24	♏ 7	21	♐ 4	18	♑ 2	16	♒ 0	15	29	♓ 14	
☿	♌ 27	R 26	26	D 26	26	27	27	28	28	29	29 0	♍ 1	2	4	5	7	8	10	11	13	15	17	18	20	22	24	26	28	29 0	♎ 1	
♀	♎ 12	14	15	16	17	18	20	22	23	24	25	27	28	29	29 0	♏ 0	2	3	4	5	6	7	9	10	11	12	13	15	16	17	
♂	♍ 12	13	14	14	15	16	16	17	17	18	19	19	20	21	21	22	23	23	24	25	25	26	26	27	28	28	29	29 0	♎ 0	1	

♃ 1R 9D — ♑13 13 ♄ 1 5 16 26 — ♏9 10 11 12 ♅ 1R 29 — ♓24 23 ♆ 1 30 — ♌23 24 ♇ 1 — ♋14

10																															
☉	♎ 8	9	10	11	12	12	13	14	15	16	17	18	19	20	21	22	23	24	25	26	27	28	29 0	♏ 0	:	2	3	4	5	6	7
☽	♓ 28	♈ 12	26	♉ 10	23	♊ 5	18	♋ 1	13	24	♌ 6	18	♍ 0	12	25	♎ 7	20	♏ 4	17	♐ 1	15	29	♑ 13	27	♒ 11	25	♓ 9	23	♈ 7	21	♉ 5
☿	♎ 3	5	7	8	10	12	14	15	17	19	20	22	24	26	27	29	29 0	♏ 2	4	5	7	8	10	11	13	15	16	18	19	21	22
♀	♏ 18	19	20	22	23	24	25	26	27	29	29 0	♐ 1	2	3	4	6	7	8	9	10	11	12	14	15	16	17	18	19	20	22	23
♂	♎ 2	2	3	4	4	5	5	6	7	7	8	9	9	10	11	11	12	13	13	14	15	15	16	17	17	18	19	19	20	21	21

♃ 1 8 18 26 — ♑13 14 15 16 ♄ 1 6 15 23 31 — ♏12 13 14 15 16 ♅ 1R 29 — ♓23 22 ♆ 1 — ♌24 ♇ 1 — ♋14

11																															
☉	♏ 8	9	10	11	12	13	14	15	16	17	18	19	20	21	22	23	24	25	26	27	28	29 0	♐ 1	2	3	4	5	6	7	8	
☽	♉ 18	♊ 1	14	26	♋ 8	20	♌ 2	14	26	♍ 8	20	♎ 3	15	29	♏ 12	26	♐ 10	25	♑ 9	23	♒ 8	22	♓ 6	20	♈ 4	17	♉ 1	14	27	♊ 9	
☿	♏ 24	25	27	28	29 0	♐ 1	2	4	5	7	8	9	11	12	13	14	16	17	18	19	20	21	22	23	24	25	26	26	27	27	
♀	♐ 24	25	26	27	28	29 0	♑ 0	2	3	4	5	6	7	8	9	10	11	12	13	15	16	17	18	19	20	21	22	23	24	25	
♂	♎ 22	23	23	24	24	25	26	26	27	28	28	29	29 0	♏ 0	1	2	2	3	4	4	5	6	6	7	8	8	9	10	10	11	

♃ 1 8 14 19 25 30 — ♑17 18 19 20 21 22 ♄ 1 9 18 26 — ♏16 17 18 19 ♅ 1R 30 — ♓22 21 ♆ 1 27R — ♌24 24 ♇ 1 — ♋14

12																															
☉	♐ 9	10	11	12	13	14	15	16	17	18	19	20	21	22	23	24	25	26	27	28	29	29 0	♑ 1	2	3	4	5	6	7	8	9
☽	♊ 22	♋ 4	16	28	♌ 10	22	♍ 4	16	28	♎ 10	23	♏ 7	20	♐ 4	19	♑ 4	18	♒ 3	18	♓ 2	17	♈ 0	14	27	♉ 10	23	♊ 6	18	♋ 1	13	25
☿	♐ 27	R 27	27	26	26	25	24	23	22	21	19	18	16	15	14	13	12	12	11	11	11	D 11	11	11	12	12	13	14	15	16	17
♀	♑ 26	27	28	29	29 0	♒ 1	2	3	3	4	5	6	7	8	9	10	11	11	12	13	14	14	15	16	17	17	18	19	19	20	20
♂	♏ 12	13	13	14	15	15	16	17	17	18	19	19	20	21	21	22	23	23	24	25	25	26	27	27	28	28	29	♐ 0	1	2	2

♃ 1 5 10 14 19 23 28 31 — ♑22 23 24 25 26 27 28 29 ♄ 1 5 4 23 31 — ♏19 20 21 22 23 ♅ 1R 31 — ♓21 22 ♆ 1R — ♌24 ♇ 1 — ♋14

1926的行星位置

1

	1	2	3	4	5	6	7	8	9	10	11	12	13	14	15	16	17	18	19	20	21	22	23	24	25	26	27	28	29	30	31
☉	♑10	11	12	13	14	15	16	17	18	19	20	21	22	23	24	25	26	27	28	29 0	♒1	2	3	4	5	6	7	8	9	10	11
☽	♌7	19	♍0	12	24	♎6	19	♏1	14	28	♐12	27	♑12	27	♒12	27	♓12	26	♈10	24	♉7	20	♊3	15	29	♋10	22	♌3	15	27	♍9
☿	♐18	19	20	21	22	24	25	26	27	29	29 0	♑1	3	4	6	7	9	10	12	13	14	16	17	19	21	22	24	25	26	28	29 0
♀	♒21	22	22	23	23	23	24	24	25	25	25	25	26	26	26	26	26	R 26	26	26	26	25	25	25	25	24	24	24	23	23	22
♂	♐3	4	4	5	6	6	7	8	8	9	10	11	11	12	13	13	14	15	15	16	17	17	18	19	20	20	21	22	22	23	24

♃ 1 6 11 14 18 23 27 31 — ♑29 ♒0 1 2 3 4 5 6　♄ 1 14 29 — ♏23 24 25　♅ 1 31 — ♓22 23　♆ 1R — ♌24　♇ 1 — ♋13

2

	1	2	3	4	5	6	7	8	9	10	11	12	13	14	15	16	17	18	19	20	21	22	23	24	25	26	27	28	29	30	31
☉	♒12	13	14	15	16	17	18	19	20	21	22	23	24	25	26	27	28	29	29 0	♓1	2	3	4	5	6	7	8	9			
☽	♍21	♎3	15	27	♏10	23	♐7	20	♑5	19	♒4	20	♓5	20	♈5	19	♉3	17	29	♊12	25	♋7	19	♌0	12	24	♍6	18			
☿	♒2	3	5	7	8	10	12	13	15	17	18	20	22	24	25	27	29 0	♓1	3	5	7	8	10	12	14	16	18	20			
♀	♒22	R 21	20	20	19	19	18	17	17	16	16	15	14	14	13	13	13	12	12	11	11	11	11	10	10	10	10	D 10			
♂	♐24	25	26	27	27	28	29	29	29 0	♑1	2	2	3	4	4	5	6	6	7	8	9	9	10	11	11	12	13	14			

♃ 1 4 8 13 17 21 28 — ♒6 7 8 9 10 11 12　♄ 1 24 — ♏25 26　♅ 1 19 — ♓23 24　♆ 1R 28 — ♌23 23　♇ 1 — ♋13

3

	1	2	3	4	5	6	7	8	9	10	11	12	13	14	15	16	17	18	19	20	21	22	23	24	25	26	27	28	29	30	31
☉	♓10	11	12	13	14	15	16	17	18	19	20	21	22	23	24	25	26	27	28	29	29 0	♈1	2	3	4	5	6	7	8	9	10
☽	♍29	♎12	24	♏7	20	♐3	16	29	♑14	28	♒13	28	♓13	28	♈13	27	♉11	25	♊3	21	♋3	15	27	♌9	21	♍3	14	27	♎9	21	♏4
☿	♓22	23	25	27	29	29 0	♈2	4	5	7	8	9	10	11	12	13	13	14	14	15	15	R 15	14	14	14	13	12	12	11	10	9
♀	♒10	10	10	11	11	11	11	11	12	12	13	13	13	14	14	15	15	16	17	17	18	18	19	20	21	21	22	23	24	24	25
♂	♑14	15	16	16	17	18	19	19	20	21	21	22	23	24	24	25	26	26	27	28	28	29	29 0	♒1	2	2	3	4	4	5	6

♃ 1 2 7 12 18 21 26 31 — ♒12 13 14 15 16 17 18 19　♄ 1 6R 31 — ♏26 26 25　♅ 1 9 26 — ♓24 25 26　♆ 1R 31 — ♌23 22　♇ 1 31 — ♋13 12

4

	1	2	3	4	5	6	7	8	9	10	11	12	13	14	15	16	17	18	19	20	21	22	23	24	25	26	27	28	29	30	31
☉	♈11	12	13	14	15	16	17	18	19	20	21	22	23	24	25	26	27	28	29	29 0	♉0	1	2	3	4	5	6	7	8	9	
☽	♏17	29	♐13	26	♑10	24	♒8	23	♓7	22	♈7	21	♉5	19	♊3	18	29	♋11	23	♌5	17	29	♍11	23	♎5	17	♏9	13	26	♐10	
☿	♈9	R 8	7	6	5	5	4	4	3	3	3	2	2	D 2	3	3	3	3	4	4	5	5	6	7	8	8	9	10	11	12	
♀	♒26	27	28	28	29	29 0	♓1	2	3	4	5	6	6	7	8	9	10	11	12	13	14	15	16	17	18	19	20	21	22	23	
♂	♒7	7	8	8	9	10	11	12	12	13	14	15	15	16	17	17	18	19	20	20	21	22	22	23	24	25	25	26	27	28	

♃ 1 6 11 17 24 30 — ♒19 20 21 22 23 24　♄ 1R 27 — ♏25 24　♅ 1 14 — ♓26 27　♆ 1R — ♌22　♇ 1 — ♋12

5

	1	2	3	4	5	6	7	8	9	10	11	12	13	14	15	16	17	18	19	20	21	22	23	24	25	26	27	28	29	30	31
☉	♉10	11	12	13	14	15	16	17	18	19	20	21	22	23	24	25	26	27	28	29	29 0	♊0	1	2	3	4	5	6	7	8	9
☽	♐23	♑7	21	♒5	19	♓3	17	♈2	16	♉0	14	28	♊11	24	♋7	19	♌1	13	25	♍7	18	♎1	13	26	♏9	22	♐5	19	♑3	17	♒1
☿	♈14	15	16	17	18	20	21	22	24	26	27	28	29 0	♉2	3	5	7	8	10	12	14	16	18	19	21	23	26	28	29 0	♊2	4
♀	♓24	26	27	28	29	29 0	♈1	2	3	4	5	6	7	8	9	11	12	13	14	15	16	17	18	19	20	22	23	24	25	26	27
♂	♒29	29	29 0	♓0	1	2	3	3	4	5	5	6	7	8	8	9	10	10	11	12	13	13	14	15	15	16	17	18	18	19	20

♃ 1 9 20 — ♒24 25 26　♄ 1R 11 24 31 — ♏24 23 22 21　♅ 1 31 — ♓28 29　♆ 1R 3D — ♌22 22　♇ 1 — ♋13

6

	1	2	3	4	5	6	7	8	9	10	11	12	13	14	15	16	17	18	19	20	21	22	23	24	25	26	27	28	29	30	31
☉	♊10	11	12	13	14	15	16	17	18	19	20	21	22	23	23	24	25	26	27	28	29	29 0	♋1	2	3	4	5	6	7	8	
☽	♒16	♓0	14	28	♈12	26	♉10	23	♊7	20	♋2	15	27	♌9	21	♍3	15	27	♎9	21	♏4	17	♐0	14	28	♑12	27	♒12	26	♓11	
☿	♊6	8	11	13	15	17	19	21	24	26	28	29 0	♋2	4	6	8	10	12	14	16	17	19	21	23	24	26	27	29	29 0	♌2	
♀	♈28	29 0	♉1	2	3	4	5	6	7	9	10	11	12	13	14	15	17	18	19	20	21	22	24	25	26	27	28	29 0	♊1	2	
♂	♓20	21	22	23	23	24	25	25	26	27	27	28	28	29	29 0	♈1	2	2	3	4	4	5	6	6	7	8	8	9	10	10	

♃ 1 8 16R 28 — ♒26 27 27　♄ 1R 27 — ♏21 28　♅ 1 — ♓29　♆ 1 — ♌22　♇ 1 30 — ♋13 14

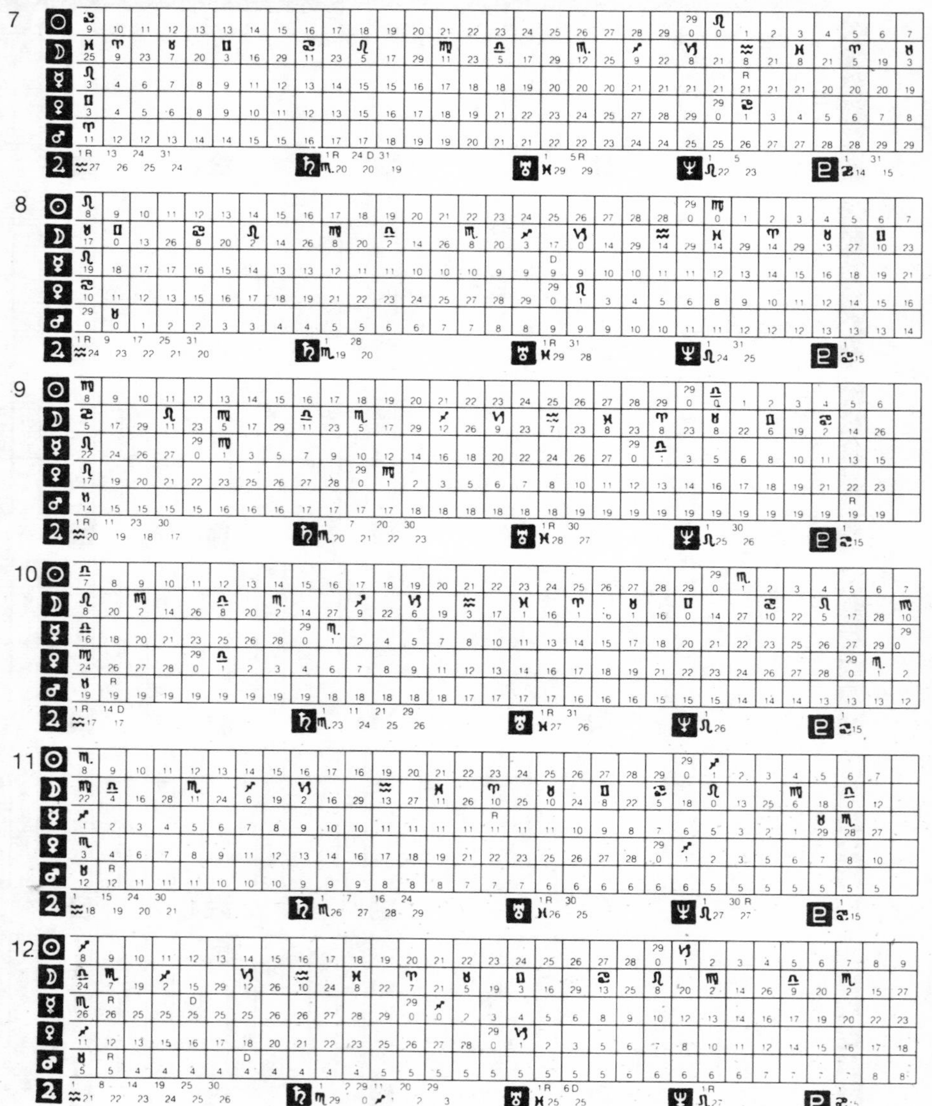

7	1	2	3	4	5	6	7	8	9	10	11	12	13	14	15	16	17	18	19	20	21	22	23	24	25	26	27	28	29	30	31
☉	♋ 9	10	11	12	13	13	14	15	16	17	18	19	20	21	22	23	24	25	26	27	28	29	29 0	♌ 0	1	2	3	4	5	6	7
☽	♓ 25	♈ 9	23	♉ 7	20	♊ 3	16	29	♋ 11	23	♌ 5	17	29	♍ 11	23	♎ 5	17	29	♏ 12	25	♐ 9	22	♑ 8	21	♒ 8	21	♓ 8	21	♈ 5	19	♉ 3
☿	♌ 3	4	6	7	8	9	11	12	13	14	15	15	16	17	18	18	19	20	20	20	21	21	21	21	R 21	21	21	20	20	20	19
♀	♊ 3	4	5	6	8	9	10	11	12	13	15	16	17	18	19	21	22	23	24	25	27	28	29	29 0	♋ 1	3	4	5	6	7	8
♂	♈ 11	12	12	13	14	14	15	15	16	17	17	18	19	19	20	21	21	22	22	23	24	24	25	25	26	27	27	28	28	29	29

♃ 1R 13 24 31 / ♒27 26 25 24 — ♄ 1R 24D 31 / ♏20 20 19 — ♅ 1 5R / ♓29 29 — ♆ 1 5 / ♌22 23 — ♇ 1 31 / ♋14 15

8	1	2	3	4	5	6	7	8	9	10	11	12	13	14	15	16	17	18	19	20	21	22	23	24	25	26	27	28	29	30	31
☉	♌ 8	9	10	11	12	13	14	15	16	17	18	19	20	21	22	23	24	25	26	27	28	28	29 0	♍ 0	1	2	3	4	5	6	7
☽	♉ 17	♊ 0	13	26	♋ 8	20	♌ 2	14	26	♍ 8	20	♎ 2	14	26	♏ 8	20	♐ 3	17	♑ 0	14	29	♒ 14	29	♓ 14	29	♈ 14	29	♉ 3	27	♊ 10	23
☿	♌ 19	18	17	17	16	15	14	13	13	12	11	11	10	10	10	9	9	D 9	9	10	10	11	11	12	13	14	15	16	18	19	21
♀	♋ 10	11	12	13	15	16	17	18	19	21	22	23	24	25	27	28	29	29 0	♌ 1	3	4	5	6	8	9	10	11	12	14	15	16
♂	29 0	♉ 0	1	2	2	3	3	4	4	5	5	6	6	7	7	8	8	9	9	9	10	10	11	11	12	12	12	13	13	13	14

♃ 1R 9 17 25 31 / ♒24 23 22 21 20 — ♄ 1 28 / ♏19 20 — ♅ 1R 31 / ♓29 28 — ♆ 1 31 / ♌24 25 — ♇ 1 / ♋15

9	1	2	3	4	5	6	7	8	9	10	11	12	13	14	15	16	17	18	19	20	21	22	23	24	25	26	27	28	29	30	31
☉	♍ 8	9	10	11	12	13	14	15	16	17	18	19	20	21	22	23	24	25	26	27	28	29	29 0	♎ 0	1	2	3	4	5	6	
☽	♋ 5	17	29	♌ 11	23	♍ 5	17	29	♎ 11	23	♏ 5	17	29	♐ 12	26	♑ 9	23	♒ 7	23	♓ 8	23	♈ 8	23	♉ 8	22	♊ 6	19	♋ 2	14	26	
☿	♌ 22	24	26	27	29 0	♍ 1	3	5	7	9	10	12	14	16	18	20	22	24	26	27	29 0	♎ 1	3	5	6	8	10	11	13	15	
♀	♌ 17	19	20	21	22	23	25	26	27	28	29 0	♍ 1	2	3	5	6	7	8	10	11	12	13	14	16	17	18	19	21	22	23	
♂	♉ 14	15	15	15	15	16	16	16	17	17	17	17	18	18	18	18	18	18	19	19	19	19	19	19	19	19	19	19	R 19	19	

♃ 1R 11 23 30 / ♒20 19 18 17 — ♄ 1 7 20 30 / ♏20 21 22 23 — ♅ 1R 30 / ♓28 27 — ♆ 1 30 / ♌25 26 — ♇ 1 / ♋15

10	1	2	3	4	5	6	7	8	9	10	11	12	13	14	15	16	17	18	19	20	21	22	23	24	25	26	27	28	29	30	31
☉	♎ 7	8	9	10	11	12	13	14	15	16	17	18	19	20	21	22	23	24	25	26	27	28	29	29 0	♏ 1	2	3	4	5	6	7
☽	♌ 8	20	♍ 2	14	26	♎ 8	20	♏ 2	14	27	♐ 9	22	♑ 6	19	♒ 3	17	♓ 1	16	♈ 1	16	♉ 1	16	♊ 0	14	27	♋ 10	22	♌ 5	17	28	♍ 10
☿	♎ 16	18	20	21	23	25	26	28	29 0	♏ 1	2	4	5	7	8	10	11	13	14	15	17	18	20	21	22	23	25	26	27	29	29 0
♀	♍ 24	26	27	28	29 0	♎ 1	2	3	4	6	7	8	9	11	12	13	14	16	17	18	19	21	22	23	24	26	27	28	29 0	♏ 1	2
♂	♉ 19	R 19	19	19	19	19	19	19	19	18	18	18	18	18	17	17	17	17	16	16	16	15	15	15	14	14	14	13	13	13	12

♃ 1R 14D / ♒17 17 — ♄ 1 11 21 29 / ♏23 24 25 26 — ♅ 1R 31 / ♓27 26 — ♆ 1 / ♌26 — ♇ 1 / ♋15

11	1	2	3	4	5	6	7	8	9	10	11	12	13	14	15	16	17	18	19	20	21	22	23	24	25	26	27	28	29	30	31
☉	♏ 8	9	10	11	12	13	14	15	16	17	16	19	20	21	22	23	24	25	26	27	28	29	29 0	♐ 1	2	3	4	5	6	7	
☽	♍ 22	♎ 4	16	28	♏ 11	24	♐ 6	19	♑ 2	16	29	♒ 13	27	♓ 11	26	♈ 10	25	♉ 10	24	♊ 8	22	♋ 5	18	♌ 0	13	25	♍ 6	18	♎ 0	12	
☿	♐ 1	2	3	4	5	6	7	8	9	10	10	11	11	11	11	R 11	11	11	10	9	8	7	6	5	3	2	1	♉ 29	♏ 28	27	
♀	♏ 3	4	6	7	8	9	11	12	13	14	16	17	18	19	21	22	23	25	26	27	28	29 0	♐ 1	2	3	5	6	7	8	10	
♂	♉ 12	R 12	11	11	11	10	10	10	9	9	9	8	8	8	7	7	7	6	6	6	6	6	6	5	5	5	5	5	5	5	

♃ 1 15 24 30 / ♒18 19 20 21 — ♄ 1 7 16 24 / ♏26 27 28 29 — ♅ 1R 30 / ♓26 25 — ♆ 1 30R / ♌27 27 — ♇ 1 / ♋15

12	1	2	3	4	5	6	7	8	9	10	11	12	13	14	15	16	17	18	19	20	21	22	23	24	25	26	27	28	29	30	31
☉	♐ 8	9	10	11	12	13	14	15	16	17	18	19	20	21	22	23	24	25	26	27	28	29 0	♑ 1	2	3	4	5	6	7	8	9
☽	♎ 24	♏ 7	19	♐ 2	15	29	♑ 12	26	♒ 10	24	♓ 8	22	♈ 7	21	♉ 5	19	♊ 3	16	29	♋ 13	25	♌ 8	20	♍ 2	14	26	♎ 9	20	♏ 2	15	27
☿	♏ 26	R 26	25	25	D 25	25	25	26	26	27	28	29	29 0	♐ 0	2	3	4	5	6	8	9	10	12	13	14	16	17	19	20	22	23
♀	♐ 11	12	13	15	16	17	18	20	21	22	23	25	26	27	28	29 0	♑ 1	2	3	5	6	7	8	10	11	12	14	15	16	17	18
♂	♉ 5	R 5	4	4	4	4	D 4	4	4	4	4	5	5	5	5	5	5	5	5	5	6	6	6	6	6	7	7	7	7	8	8

♃ 1 8 14 19 25 30 / ♒21 22 23 24 25 26 — ♄ 1 2 29 11 20 29 / ♏29 0 ♐1 2 3 — ♅ 1R 6D / ♓25 25 — ♆ 1R / ♌27 — ♇ 1 / ♋15

1927的行星位置

月	星	1	2	3	4	5	6	7	8	9	10	11	12	13	14	15	16	17	18	19	20	21	22	23	24	25	26	27	28	29	30	31
1	☉	♑ 10	11	12	13	14	15	16	17	18	19	20	21	22	23	24	25	26	27	28	29	29 0	♒ 1	2	3	4	5	6	7	8	9	10
	☽	♐ 10	24	♑ 7	21	♒ 6	20	♓ 5	19	♈ 3	18	♉ 2	15	29	♊ 12	26	♋ 8	21	♌ 4	16	28	♍ 10	22	♎ 4	16	28	♏ 10	22	♐ 5	18	♑ 1	15
	☿	♐ 24	26	27	29	29 0	♑ 2	4	5	7	8	10	11	13	14	16	18	19	21	22	24	26	27	29	29 0	♒ 2	4	6	7	9	11	13
	♀	♑ 20	21	22	24	25	26	27	29	29 0	♒ 1	2	4	5	6	7	9	10	11	12	14	15	16	17	19	20	21	22	24	26	26	27
	♂	♉ 8	8	9	9	9	10	10	10	11	11	11	12	12	12	13	13	14	14	14	15	15	16	16	16	17	17	18	18	19	19	19

♃ 1 ♒26，4 27，9 28，13 29，18 ♓0，22 1，27 2，31 3　♄ 1 ♐3，8 4，19 5，31 6　♅ 1 ♓26　♆ 1R ♌26　♇ 1 ♋15，31 14

月	星	1	2	3	4	5	6	7	8	9	10	11	12	13	14	15	16	17	18	19	20	21	22	23	24	25	26	27	28	29	30	31
2	☉	♒ 11	12	13	14	15	16	17	18	19	20	21	22	23	24	25	26	27	28	29 0	♓ 1	2	3	4	5	6	7	8	9			
	☽	♑ 29	♒ 14	29	♓ 14	29	♈ 14	28	♉ 12	26	♊ 9	22	♋ 5	18	♌ 0	13	25	♍ 7	19	♎ 1	12	24	♏ 6	18	♐ 1	13	26	♑ 9	23			
	☿	♒ 14	16	18	20	21	23	25	27	29	29 0	♓ 2	4	6	8	9	11	13	14	16	17	19	20	22	23	24	25	26	26			
	♀	♒ 29	29 0	♓ 1	2	4	5	6	7	9	10	11	12	13	15	16	17	19	20	21	22	24	25	26	27	29	29 0	♈ 1	2			
	♂	♉ 20	20	21	21	22	22	23	23	24	24	25	25	26	26	27	27	28	28	29	29	29	♊ 0	1	1	2	2	3	3			

♃ 1 ♓3，4 4，9 5，13 6，17 7，21 8，25 9　♄ 1 ♐6，17 7　♅ 1 ♓27，24 28　♆ 1R ♌26，28 25　♇ 1 ♋14

月	星	1	2	3	4	5	6	7	8	9	10	11	12	13	14	15	16	17	18	19	20	21	22	23	24	25	26	27	28	29	30	31
3	☉	♓ 10	11	12	13	14	15	16	17	18	19	20	21	22	23	24	25	26	27	28	29	29 0	♈ 1	2	3	4	5	6	7	8	9	10
	☽	♒ 8	22	♓ 7	23	♈ 8	23	♉ 8	22	♊ 6	19	♋ 2	15	27	♌ 10	22	♍ 4	16	27	♎ 9	21	♏ 3	15	27	♐ 10	22	♑ 5	10	♒ 2	16	♓ 1	16
	☿	♓ 27	27	27	R 27	27	27	27	26	26	25	24	23	22	21	20	19	18	17	17	16	15	15	14	14	14	14	D 14	14	14	14	15
	♀	♈ 3	5	6	7	8	10	11	12	13	15	16	17	18	20	21	22	23	24	26	27	28	29 0	♉ 1	2	3	4	5	7	8	9	10
	♂	♊ 4	4	5	5	6	6	7	7	8	9	9	10	10	11	11	12	12	13	14	14	15	15	16	16	17	17	18	19	19	20	20

♃ 1 ♓10，8 11，10 12，14 13，18 14，22 15，27 16，31 17　♄ 1 ♐7，18R 7　♅ 1 ♓28，14 29，31 ♈0　♆ 1R ♌25，31 24　♇ 1 ♋14

月	星	1	2	3	4	5	6	7	8	9	10	11	12	13	14	15	16	17	18	19	20	21	22	23	24	25	26	27	28	29	30	31
4	☉	♈ 11	12	13	14	15	15	16	17	18	19	20	21	22	23	24	25	26	27	28	29	29 0	♉ 1	2	3	4	5	6	7	8	9	
	☽	♈ 1	16	♉ 1	16	♊ 1	15	28	♋ 11	24	♌ 7	19	♍ 1	13	24	♎ 6	18	♏ 0	12	24	♐ 7	19	♑ 2	15	28	♒ 11	25	♓ 10	24	♈ 9	26	
	☿	♓ 15	16	16	17	17	18	19	20	21	22	23	24	25	26	27	29	29 0	♈ 1	2	4	5	7	8	10	11	13	14	16	18	19	
	♀	♉ 11	13	14	15	16	17	19	20	21	22	24	25	26	27	28	29 0	♊ 1	2	3	4	5	7	8	9	10	11	13	14	15	16	
	♂	♊ 21	21	22	23	23	24	24	25	25	26	27	27	28	28	29	29	♋ 0	1	1	2	2	3	4	4	5	5	6	7	7	8	

♃ 1 ♓17，4 18，9 19，13 20，18 21，22 22，27 23　♄ 1R ♐7，30 6　♅ 1 ♈0，18 1　♆ 1R ♌24　♇ 1 ♋14

月	星	1	2	3	4	5	6	7	8	9	10	11	12	13	14	15	16	17	18	19	20	21	22	23	24	25	26	27	28	29	30	31
5	☉	♉ 10	11	12	13	14	15	16	17	18	19	20	21	22	23	23	24	25	26	27	28	29	29 0	♊ 1	2	3	4	5	6	7	8	9
	☽	♉ 10	24	♊ 9	23	♋ 7	20	♌ 3	15	27	♍ 9	21	♎ 3	15	27	♏ 9	21	♐ 3	16	29	♑ 12	25	♒ 8	22	♓ 6	20	♈ 4	19	♉ 4	18	♊ 3	17
	☿	♈ 21	23	24	26	28	29 0	♉ 2	4	6	8	10	12	14	16	18	20	22	24	27	29	♊ 1	3	5	8	10	12	14	16	18	20	22
	♀	♊ 17	18	20	21	22	23	24	25	27	28	29	29 0	♋ 1	2	3	5	6	7	8	9	10	11	13	14	15	16	17	18	19	20	22
	♂	♋ 8	9	9	10	11	11	12	12	13	14	14	15	15	16	17	17	18	18	19	20	20	21	21	22	23	23	24	24	25	26	26

♃ 1 ♓24，7 25，12 26，18 27，24 28，30 29　♄ 1R ♐6，17 5，31 4　♅ 1 ♈1，9 2　♆ 1R ♌24，6D 24　♇ 1 ♋14

月	星	1	2	3	4	5	6	7	8	9	10	11	12	13	14	15	16	17	18	19	20	21	22	23	24	25	26	27	28	29	30	31
6	☉	♊ 10	11	12	13	14	14	15	16	17	18	19	20	21	22	23	24	25	26	27	28	29	29 0	♋ 1	2	3	4	5	6	7	8	
	☽	♋ 1	15	28	♌ 11	23	♍ 5	17	29	♎ 11	28	♏ 5	17	29	♐ 12	25	♑ 8	21	♒ 5	19	♓ 2	17	♈ 1	15	29	♉ 14	28	♊ 12	26	♋ 9	23	
	☿	♊ 24	26	28	29 0	♋ 2	3	5	7	8	10	11	13	14	16	17	18	20	21	22	23	24	25	26	27	28	28	29	29 0	♌ 0	1	
	♀	♋ 23	24	25	26	27	28	29	29 0	♌ 1	2	3	5	6	7	8	9	10	11	12	13	14	15	16	17	18	19	20	21	22	23	
	♂	♋ 27	27	28	29	29	29 0	♌ 0	1	2	2	3	3	4	5	5	6	7	7	8	8	9	10	10	11	11	12	13	13	14	14	

♃ 1 6 29 14 23 / ♓29 0 ♈1 2　♄ 1R ♐4，14 3，30 2　♅ 1 ♈3　♆ 1 ♌24，30 25　♇ 1 ♋14，30 15

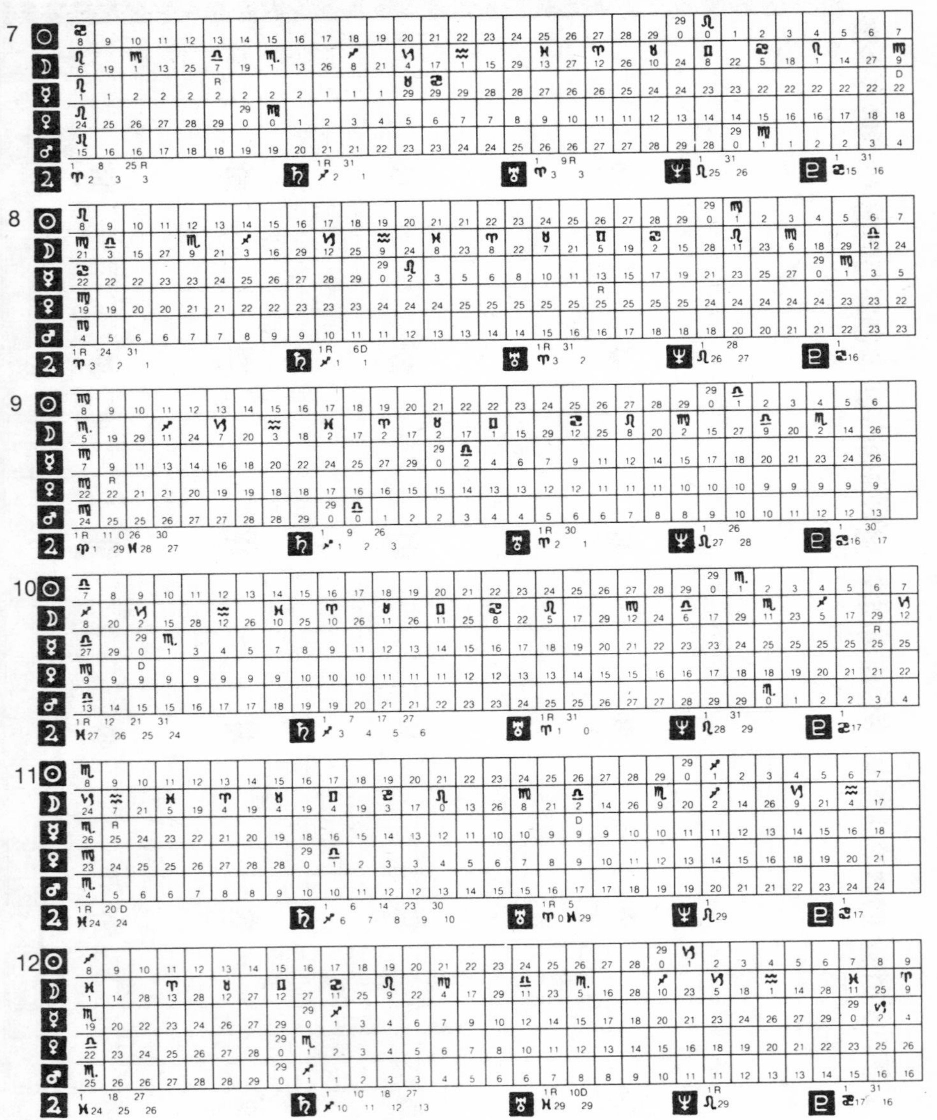

7																														
☉ ♋ 8	9	10	11	12	13	14	15	16	17	18	19	20	21	22	23	24	25	26	27	28	29	29 0	♌ 0	1	2	3	4	5	6	7
☽ ♌ 6	19	♍ 1	13	25	♎ 7	19	♏ 1	13	26	♐ 8	21	♑ 4	17	♒ 1	15	29	♓ 13	27	♈ 12	26	♉ 10	24	♊ 8	22	♋ 5	18	♌ 1	14	27	♍ 9
☿ ♌ 1	1	2	2	2	R 2	2	2	2	1	1	1	♉ 29	♋ 29	29	28	28	27	26	26	25	24	24	23	23	22	22	22	22	22	D 22
♀ ♌ 24	25	26	27	28	29	29 0	♍ 0	1	2	3	4	5	6	7	7	8	9	10	11	11	12	13	14	14	15	16	16	17	18	18
♂ ♌ 15	16	16	17	18	18	19	19	20	21	21	22	23	23	24	24	25	26	26	27	27	28	29	28	29 0	♍ 1	1	2	2	3	4

♃	♄	♅	♆	♇
1 8 25R ♈ 2 3 3	1R 31 ♐ 2 1	1 9R ♈ 3 3	1 31 ♌ 25 26	1 31 ♋ 15 16

8																														
☉ ♌ 8	9	10	11	12	13	14	15	16	17	18	19	20	21	21	22	23	24	25	26	27	28	29	29 0	♍ 1	2	3	4	5	6	7
☽ ♍ 21	♎ 3	15	27	♏ 9	21	♐ 3	16	29	♑ 12	25	♒ 9	24	♓ 8	23	♈ 8	22	♉ 7	21	♊ 5	19	♋ 2	15	28	♌ 11	23	♍ 6	18	29	♎ 12	24
☿ ♋ 22	22	22	23	23	24	25	26	27	28	29	29 0	♌ 2	3	5	6	8	10	11	13	15	17	19	21	23	25	27	29 0	♍ 1	3	5
♀ ♍ 19	19	20	20	21	21	22	22	23	23	23	24	24	24	25	25	25	25	25	R 25	25	25	25	24	24	24	24	24	23	23	22
♂ ♍ 4	5	6	6	7	7	8	9	9	10	11	11	12	13	13	14	14	15	16	16	17	18	18	18	20	20	21	21	22	23	23

♃	♄	♅	♆	♇
1R 24 31 ♈ 3 2 1	1R 6D ♐ 1 1	1R 31 ♈ 3 2	1 28 ♌ 26 27	1 ♋ 16

9																														
☉ ♍ 8	9	10	11	12	13	14	15	16	17	18	19	20	21	22	22	23	24	25	26	27	28	29	29 0	♎ 1	2	3	4	5	6	
☽ ♏ 5	19	29	♐ 11	24	♑ 7	20	♒ 3	18	♓ 2	17	♈ 2	17	♉ 2	17	♊ 1	15	29	♋ 12	25	♌ 8	20	♍ 2	15	27	♎ 9	20	♏ 2	14	26	
☿ ♍ 7	9	11	13	14	16	18	20	22	24	25	27	29	29 0	♎ 2	4	6	7	9	11	12	14	15	17	18	20	21	23	24	26	
♀ ♍ 22	R 22	21	21	20	19	19	18	18	17	16	16	15	15	14	13	13	12	12	11	11	11	10	10	10	9	9	9	9	9	
♂ ♍ 24	25	25	26	27	27	28	28	29	29 0	♎ 0	1	2	2	3	4	4	5	6	6	7	8	8	9	10	10	11	12	12	13	

♃	♄	♅	♆	♇
1R 11 0 26 30 ♈ 1 29 ♓ 28 27	1 9 26 ♐ 1 2 3	1R 30 ♈ 2 1	1 26 ♌ 27 28	1 30 ♋ 16 17

10																														
☉ ♎ 7	8	9	10	11	12	13	14	15	16	17	18	19	20	21	22	23	24	25	26	27	28	29	29 0	♏ 1	2	3	4	5	6	7
☽ ♐ 8	20	♑ 2	15	28	♒ 12	26	♓ 10	25	♈ 10	26	♉ 11	26	♊ 11	25	♋ 8	22	♌ 5	17	29	♍ 12	24	♎ 6	17	29	♏ 11	23	♐ 5	17	29	♑ 12
☿ ♎ 27	29	29 0	♏ 1	3	4	5	7	8	9	11	12	13	14	15	16	17	18	19	20	21	22	23	23	24	25	25	25	25	R 25	25
♀ ♍ 9	9	D 9	9	9	9	9	9	10	10	10	11	11	11	12	12	13	13	14	15	15	16	16	17	18	18	19	20	21	21	22
♂ ♎ 13	14	15	15	16	17	17	18	19	19	20	21	21	22	23	23	24	25	25	26	27	27	28	29	29	♏ 0	1	2	2	3	4

♃	♄	♅	♆	♇
1R 12 21 31 ♓ 27 26 25 24	1 7 17 27 ♐ 3 4 5 6	1R 31 ♈ 1 0	1 31 ♌ 28 29	1 ♋ 17

11																														
☉ ♏ 8	9	10	11	12	13	14	15	16	17	18	19	20	21	22	23	24	25	26	27	28	29	29 0	♐ 1	2	3	4	5	6	7	
☽ ♑ 24	♒ 7	21	♓ 5	19	♈ 4	19	♉ 4	19	♊ 4	19	♋ 3	17	♌ 0	13	26	♍ 8	21	♎ 2	14	26	♏ 9	20	♐ 2	14	26	♑ 9	21	♒ 4	17	
☿ ♏ 26	R 25	24	23	22	21	20	19	18	16	15	14	13	12	11	10	10	9	D 9	9	10	10	11	11	12	13	14	15	16	18	
♀ ♍ 23	24	25	25	26	27	28	28	29 0	♎ 1	2	3	3	4	5	6	7	8	9	10	11	12	13	14	15	16	18	19	20	21	
♂ ♏ 4	5	6	6	7	8	8	9	10	10	11	12	12	13	14	15	15	16	17	17	18	19	19	20	21	21	22	23	24	24	

♃	♄	♅	♆	♇
1R 20D ♓ 24 24	1 6 14 23 30 ♐ 6 7 8 9 10	1R 5 ♈ 0 ♓ 29	1 ♌ 29	1 ♋ 17

12																														
☉ ♐ 8	9	10	11	12	13	14	15	16	17	18	19	20	21	22	23	24	25	26	27	28	29 0	♑ 1	2	3	4	5	6	7	8	9
☽ ♓ 1	14	28	♈ 13	28	♉ 12	27	♊ 12	27	♋ 11	25	♌ 9	22	♍ 4	17	29	♎ 11	23	♏ 5	16	28	♐ 10	23	♑ 5	18	♒ 1	14	28	♓ 11	25	♈ 9
☿ ♏ 19	20	22	23	24	26	27	29	29 0	♐ 1	3	4	6	7	9	10	12	14	15	17	18	20	21	23	24	26	27	29	29 0	♑ 2	4
♀ ♎ 22	23	24	25	26	27	28	29 0	♏ 1	2	3	4	5	6	7	8	10	11	12	13	14	15	16	18	19	20	21	22	23	25	26
♂ ♏ 25	26	26	27	28	28	29	29 0	♐ 1	1	2	3	3	4	5	6	6	7	8	8	9	10	11	11	12	13	13	14	15	16	16

♃	♄	♅	♆	♇
1 18 27 ♓ 24 25 26	1 10 18 27 ♐ 10 11 12 13	1R 10D ♓ 29 29	1R ♌ 29	1 31 ♋ 17 16

1928的行星位置

1

	1	2	3	4	5	6	7	8	9	10	11	12	13	14	15	16	17	18	19	20	21	22	23	24	25	26	27	28	29	30	31
☉	♑10	11	12	13	14	15	16	17	18	19	20	21	22	23	24	25	26	27	28	29	29 0	♒1	2	3	4	5	6	7	8	9	10
☽	♈23	♉7	22	♊6	21	♋5	19	♌3	16	29	♍12	25	♎7	19	♏1	12	24	♐6	19	♑1	14	27	♒10	24	♓8	22	♈6	20	♉4	18	♊2
☿	♑5	7	8	10	12	13	15	16	18	20	21	23	25	26	28	29 0	♒1	3	5	7	8	10	12	14	15	17	19	20	22	24	25
♀	♏27	28	29	0	2	3	4	5	6	8	9	10	11	12	14	15	16	17	18	20	21	22	23	24	26	26	28	29	29 0	♑2	3
♂	♐17	18	18	19	20	21	21	22	23	24	24	25	26	26	27	28	29	29	29 0	♑1	2	2	3	4	5	5	6	7	8	8	9

♃	♄	♅	♆	♇
1 4 11 17 23 28	1 5 15 25	1 13	1R	1 31
♓26 27 28 29 ♈0 1	♐13 14 15 16	♓29 ♈0	♌28	♋16 15

2

	1	2	3	4	5	6	7	8	9	10	11	12	13	14	15	16	17	18	19	20	21	22	23	24	25	26	27	28	29	30	31
☉	♒11	12	13	14	15	16	17	18	19	20	21	22	23	24	25	26	27	28	29 0	♓0	1	2	3	4	5	6	7	8	9		
☽	♊16	♋0	14	28	♌11	24	♍7	20	♎2	15	27	♏8	20	♐2	14	26	♑9	22	♒5	19	♓3	17	♈2	15	♉1	15	29	♊13	17		
☿	♒27	28	29 0	♓1	3	4	5	7	8	8	9	10	10	11	11	R 11	10	10	9	9	8	7	6	5	4	3	2	1	0 29		
♀	♑4	5	6	8	9	10	11	13	14	15	16	17	19	20	21	22	24	25	26	27	28	29 0	♒1	2	3	5	6	7	8		
♂	♑10	11	11	12	13	13	14	15	16	16	17	18	19	19	20	21	22	22	23	24	25	25	26	27	28	29	29	29 0	♒1		

♃	♄	♅	♆	♇
1 7 12 17 21 26 29	1 6 20	1 8 28	1R 29	1
♈2 3 4 5 6 7 8	♐16 17 18	♈0 1 2	♌28 27	♋15

3

	1	2	3	4	5	6	7	8	9	10	11	12	13	14	15	16	17	18	19	20	21	22	23	24	25	26	27	28	29	30	31
☉	♓10	11	12	13	14	15	16	17	18	15	20	21	22	23	24	25	26	27	28	29 0	♈0	1	2	3	4	5	6	7	8	9	10
☽	♋11	24	♌7	20	♍3	16	28	♎11	23	♏5	16	28	♐10	22	♑4	17	29	♒13	27	♓11	26	♈10	25	♉10	25	♊10	24	♋7	21	♌4	17
☿	♒29	R 28	27	27	26	26	28	26	D 26	26	26	27	27	28	28	29	29	29 0	♓1	2	3	4	5	6	7	8	9	10	12	13	14
♀	♒9	11	12	13	14	16	17	18	19	20	22	23	24	25	27	28	29	29 0	♓2	3	4	5	6	8	9	10	11	13	14	15	16
♂	♒2	2	3	4	5	5	6	7	8	8	9	10	11	11	12	13	14	14	15	16	17	18	18	19	20	21	21	22	23	24	24

♃	♄	♅	♆	♇
1 5 10 14 18 22 27 31	1 16 29R	1 17	1R	1
♈8 9 10 11 12 13 14 15	♐18 19 19	♈2 3	♌27	♋15

4

	1	2	3	4	5	6	7	8	9	10	11	12	13	14	15	16	17	18	19	20	21	22	23	24	25	26	27	28	29	30	31
☉	♈11	12	13	14	15	16	17	18	19	20	21	22	23	24	25	26	27	28	29	29 0	♉1	2	3	4	5	6	7	8	9	10	
☽	♍0	12	25	♎7	19	♏1	13	25	♐7	18	♑0	13	25	♒8	21	♓5	19	♈4	19	♉4	19	♊4	19	♋3	17	♌1	14	27	♍10	22	
☿	♓16	17	18	20	21	23	24	26	27	29	29 0	♈2	4	6	7	9	11	13	14	16	18	20	22	24	26	28	29 0	♉2	4	6	
♀	♓17	19	20	21	22	24	25	26	27	29	29 0	♈1	2	3	5	6	7	8	10	11	12	13	15	16	17	18	19	21	22	23	
♂	♒25	26	27	27	28	29	29 0	♓1	1	2	3	4	4	5	6	7	7	8	9	10	10	11	12	13	14	14	15	16	17	17	

♃	♄	♅	♆	♇
1 4 8 12 16 20 25 29	1R 30	1 22	1R	1
♈15 16 17 18 19 20 21 22	♐19 18	♈4 5	♌26	♋15

5

	1	2	3	4	5	6	7	8	9	10	11	12	13	14	15	16	17	18	19	20	21	22	23	24	25	26	27	28	29	30	31
☉	♉11	12	13	14	15	15	16	17	18	19	20	21	22	23	24	25	26	27	28	29	29 0	♊1	2	3	4	5	6	7	8	9	10
☽	♎4	16	28	♏10	22	♐4	15	27	♑9	22	♒4	17	♓0	14	28	♈12	27	♉12	27	♊12	27	♋12	26	♌10	23	♍6	19	♎1	13	25	♏7
☿	♉8	10	13	15	17	19	21	23	26	28	29 0	♊2	4	6	8	10	12	14	15	17	19	21	22	24	25	27	28	29 0	♋1	2	3
♀	♈24	26	27	28	29	0	2	3	4	5	7	8	9	10	12	13	14	15	16	18	19	20	21	23	24	25	26	27	29	29 0	♊1
♂	♓18	19	20	20	21	22	23	23	24	25	26	27	27	28	29	29 0	♈0	1	2	3	3	4	5	6	6	7	8	9	9	10	11

♃	♄	♅	♆	♇
1 3 7 12 16 21 25 30	1R 21 31	1 13	1R	1
♈22 23 24 25 26 27 28 28	♐18 17 16	♈5 6	♌26	♋15

6

	1	2	3	4	5	6	7	8	9	10	11	12	13	14	15	16	17	18	19	20	21	22	23	24	25	26	27	28	29	30	31
☉	♊10	11	12	13	14	15	16	17	18	19	20	21	22	23	24	25	26	27	28	29	29 0	♋0	1	2	3	4	5	6	7	8	
☽	♏19	♐1	12	24	♑6	19	♒1	14	27	♓10	23	♈7	22	♉6	21	♊6	21	♋6	20	♌5	18	♍2	15	27	♎10	22	♏4	15	27	♐9	
☿	♋4	5	6	7	8	8	9	10	10	11	11	12	12	12	12	12	R 12	12	12	12	11	11	11	10	10	9	9	8	7	7	
♀	♊2	4	5	6	7	8	10	11	12	13	15	16	17	18	20	20	22	23	24	26	27	28	29 0	♋1	2	3	4	5	7	8	
♂	♈12	12	13	14	15	15	16	17	18	18	19	20	20	21	22	23	23	24	25	26	26	27	28	28	29	29 0	♉1	1	2	3	

♃	♄	♅	♆	♇
1 4 29 9 14 19 25 30	1R 18 30	1 11	1 24	1 30
♈29 0 ♉1 2 3 4 5	♐16 15 14	♈6 7	♌26 27	♋15 16

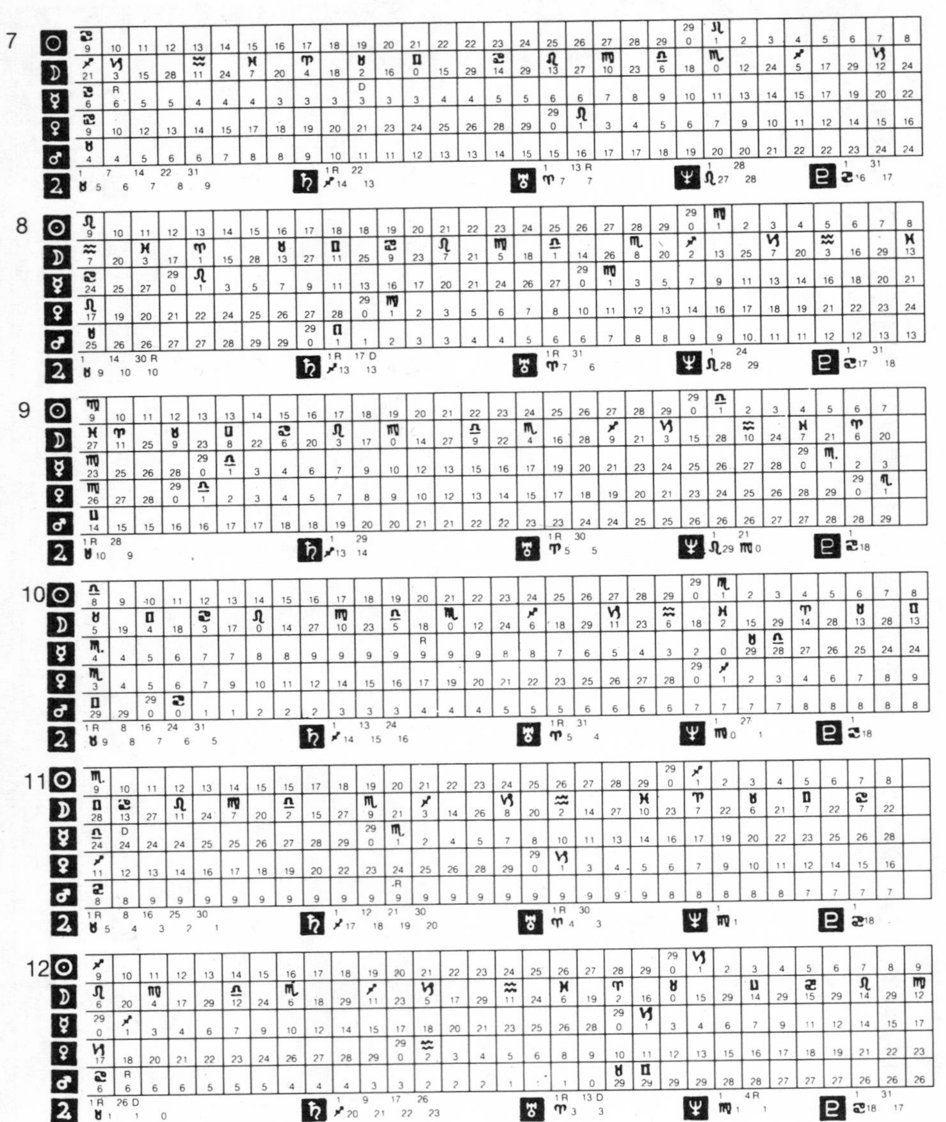

7 ☉	♋ 9	10	11	12	13	14	15	16	17	18	19	20	21	22	22	23	24	25	26	27	28	29	29 0	♌ 1	2	3	4	5	6	7	8
☽	♐ 21	♑ 3	15	28	♒ 11	24	♓ 7	20	♈ 4	18	♉ 2	16	♊ 0	15	29	♋ 14	29	♌ 13	27	♍ 10	23	♎ 6	18	♏ 0	12	24	♐ 5	17	29	♑ 12	24
☿	♋ 6	R 6	5	5	4	4	4	3	3	3	D 3	3	3	4	4	5	5	6	6	7	8	9	10	11	13	14	15	17	19	20	22
♀	♋ 9	10	12	13	14	15	17	18	19	20	21	23	24	25	26	28	29	29 0	♌ 1	3	4	5	6	7	9	10	11	12	14	15	16
♂	♉ 4	4	5	6	6	7	8	8	9	10	11	11	12	13	13	14	15	15	16	17	17	18	19	20	20	21	22	22	23	24	24

♃ 1 7 14 22 31 / ♉ 5 6 7 8 9 — ♄ 1 R 22 / ♐ 14 13 — ♅ 1 13 R / ♈ 7 7 — ♆ 1 28 / ♌ 27 28 — ♇ 1 31 / ♋ 16 17

8 ☉	♌ 9	10	11	12	13	14	15	16	17	18	18	19	20	21	22	23	24	25	26	27	28	29	29 0	♍ 1	2	3	4	5	6	7	8
☽	♒ 7	20	♓ 3	17	♈ 1	15	28	♉ 13	27	♊ 11	25	♋ 9	23	♌ 7	21	♍ 5	18	♎ 1	14	26	♏ 8	20	♐ 2	13	25	♑ 7	20	♒ 3	16	29	♓ 13
☿	♋ 24	25	27	29 0	♌ 1	3	5	7	9	11	13	16	17	20	21	24	26	27	29 0	♍ 1	3	5	7	9	11	13	14	16	18	20	21
♀	♌ 17	19	20	21	22	24	25	26	27	28	29 0	♍ 1	2	3	5	6	7	8	10	11	12	13	14	16	17	18	19	21	22	23	24
♂	♉ 25	26	26	27	27	28	29	29	29 0	♊ 1	1	2	3	3	4	4	5	6	6	7	8	8	9	9	10	11	11	12	12	13	13

♃ 1 14 30 R / ♉ 9 10 10 — ♄ 1 R 17 D / ♐ 13 13 — ♅ 1 R 31 / ♈ 7 6 — ♆ 1 24 / ♌ 28 29 — ♇ 1 31 / ♋ 17 18

9 ☉	♍ 9	10	11	12	13	13	14	15	16	17	18	19	20	21	22	23	24	25	26	27	28	29	29 0	♎ 1	2	3	4	5	6	7
☽	♓ 27	♈ 11	25	♉ 9	23	♊ 8	22	♋ 6	20	♌ 3	17	♍ 0	14	27	♎ 9	22	♏ 4	16	28	♐ 9	21	♑ 3	15	28	♒ 10	24	♓ 7	21	♈ 6	20
☿	♍ 23	25	26	28	29 0	♎ 1	3	4	6	7	9	10	12	13	15	16	17	19	20	21	23	24	25	26	27	28	29 0	♏ 1	2	3
♀	♍ 26	27	28	29 0	♎ 1	2	3	4	5	7	8	9	10	12	13	14	15	17	18	19	20	21	23	24	25	26	28	29	29 0	♏ 1
♂	♊ 14	15	15	16	16	17	17	18	18	19	20	20	21	21	22	22	23	23	24	24	25	25	26	26	26	27	27	28	28	29

♃ 1 R 28 / ♉ 10 9 — ♄ 1 29 / ♐ 13 14 — ♅ 1 R 30 / ♈ 5 5 — ♆ 1 21 / ♌ 29 ♍ 0 — ♇ 1 / ♋ 18

10 ☉	♎ 8	9	10	11	12	13	14	15	16	17	18	19	20	21	22	23	24	25	26	27	28	29	29 0	♏ 1	2	3	4	5	6	7	8
☽	♉ 5	19	♊ 4	18	♋ 3	17	♌ 0	14	27	♍ 10	23	♎ 5	18	♏ 0	12	24	♐ 6	18	29	♑ 11	23	♒ 6	18	♓ 2	15	29	♈ 14	28	♉ 13	28	♊ 13
☿	♏ 4	4	5	6	7	7	8	8	9	9	9	9	R 9	9	9	8	8	7	6	5	4	3	2	0	♉ 29	♎ 28	27	26	25	24	24
♀	♏ 3	4	5	6	7	9	10	11	12	14	15	16	17	19	20	21	22	23	25	26	27	28	29 0	♐ 1	2	3	4	6	7	8	9
♂	♊ 29	29	29 0	♋ 0	1	1	2	2	2	3	3	3	4	4	4	5	5	5	6	6	6	6	7	7	7	7	8	8	8	8	8

♃ 1 R 8 16 24 31 / ♉ 9 8 7 6 5 — ♄ 1 13 24 / ♐ 14 15 16 — ♅ 1 R 31 / ♈ 5 4 — ♆ 1 27 / ♍ 0 1 — ♇ 1 / ♋ 18

11 ☉	♏ 9	10	11	12	13	14	15	15	17	18	19	20	21	22	23	24	25	26	27	28	29	29 0	♐ 1	2	3	4	5	6	7	8
☽	♊ 28	♋ 13	27	♌ 11	24	♍ 7	20	♎ 2	15	27	♏ 9	21	♐ 3	14	26	♑ 8	20	♒ 2	14	27	♓ 10	23	♈ 7	22	♉ 6	21	♊ 7	22	♋ 7	22
☿	♎ 24	D 24	24	24	25	25	26	27	28	29	29 0	♏ 1	2	4	5	7	8	10	11	13	14	16	17	19	20	22	23	25	26	28
♀	♐ 11	12	13	14	16	17	18	19	20	22	23	24	25	26	28	29	29 0	♑ 1	3	4	5	6	7	9	10	11	12	14	15	16
♂	♋ 8	8	9	9	9	9	9	9	9	9	9	R 9	9	9	9	9	9	9	9	9	9	8	8	8	8	8	7	7	7	7

♃ 1 R 8 16 25 30 / ♉ 5 4 3 2 1 — ♄ 1 12 21 30 / ♐ 17 18 19 20 — ♅ 1 R 30 / ♈ 4 3 — ♆ 1 / ♍ 1 — ♇ 1 / ♋ 18

12 ☉	♐ 9	10	11	12	13	14	15	16	17	18	19	20	21	22	23	24	25	26	27	28	29	29 0	♑ 1	2	3	4	5	6	7	8	9
☽	♌ 6	20	♍ 4	17	29	♎ 12	24	♏ 6	18	29	♐ 11	23	♑ 5	17	29	♒ 11	24	♓ 6	19	♈ 2	16	♉ 0	15	29	♊ 14	29	♋ 15	29	♌ 14	29	♍ 12
☿	29 0	♐ 1	3	4	6	7	9	10	12	14	15	17	18	20	21	23	25	26	28	29 0	♑ 1	3	4	6	7	9	11	12	14	15	17
♀	♑ 17	18	20	21	22	23	24	26	27	28	29	29 0	♒ 2	3	4	5	6	8	9	10	11	12	13	15	16	17	18	19	21	22	23
♂	♋ 6	R 6	6	6	5	5	5	4	4	4	3	3	2	2	2	1	[illegible]	1	0	♉ 29	♊ 29	29	29	28	28	27	27	27	26	26	26

♃ 1 R 26 D / ♉ 1 1 0 — ♄ 1 9 17 26 / ♐ 20 21 22 23 — ♅ 1 R 13 D / ♈ 3 3 — ♆ 1 4 R / ♍ 1 1 — ♇ 1 31 / ♋ 18 17

1929的行星位置

1	1	2	3	4	5	6	7	8	9	10	11	12	13	14	15	16	17	18	19	20	21	22	23	24	25	26	27	28	29	30	31
☉	♑ 10	11	12	13	14	15	16	17	18	19	20	21	22	23	24	25	26	27	28	29 0	♒ 1	2	3	4	5	6	7	8	9	10	11
☽	♍ 25	♎ 8	21	♏ 3	15	26	♐ 8	20	♑ 2	14	26	♒ 8	21	♓ 3	16	29	♈ 13	26	♉ 10	24	♋ 8	23	♌ 8	23	♍ 8	22	♎ 6	20	♏ 3	16	29
☿	♑ 19	20	22	24	25	27	28	29 0	♒ 2	3	5	7	8	10	11	13	14	16	17	18	19	20	21	22	23	24	24	24	R 24	24	24
♀	♒ 24	25	26	28	29	29 0	♓ 1	2	3	4	6	7	8	9	10	11	12	13	15	16	17	18	19	20	21	22	23	24	26	27	28
♂	♊ 25	R 25	25	24	24	24	23	23	23	23	23	22	22	22	22	22	21	21	21	21	21	21	21	21	21	21	D 21	21	21	21	21

♃ 1: ♉0　13: 1　25: 2　♄ 1: ♐24　12: 25　21: 26　31: 27　♅ 1: ♈3　17: 4　♆ 1R: ♍1　31: 0　♇ 1: ♋17

2	1	2	3	4	5	6	7	8	9	10	11	12	13	14	15	16	17	18	19	20	21	22	23	24	25	26	27	28	29	30	31
☉	♒ 12	13	14	15	16	17	18	19	20	21	22	23	24	25	26	27	28	29	29 0	♓ 1	2	3	4	5	6	7	8	9			
☽	♏ 11	23	♐ 5	17	28	♑ 10	22	♒ 5	17	♓ 0	13	26	♈ 9	23	♉ 7	21	♊ 5	19	♋ 3	17	♌ 2	16	♍ 0	14	28	♎ 11	24	♏ 7			
☿	♒ 23	R 23	22	21	20	19	17	16	15	14	13	12	11	10	10	9	9	9	9	D 9	9	9	10	10	11	11	12	13			
♀	♓ 29	29 0	♈ 1	2	3	4	5	6	7	8	9	10	11	12	13	14	15	16	16	17	18	19	20	21	22	23	23	24			
♂	♊ 21	21	21	21	21	21	22	22	22	22	22	22	23	23	23	23	23	24	24	24	24	24	25	25	25	26	26	26			

♃ 1: ♉3　10: 4　17: 5　23: 6　28: 7　♄ 1: ♐27　12: 28　25: 29　♅ 1: ♈4　12: 5　♆ 1R: ♍0　20: 29♌　♇ 1: ♋16

3	1	2	3	4	5	6	7	8	9	10	11	12	13	14	15	16	17	18	19	20	21	22	23	24	25	26	27	28	29	30	31
☉	♓ 10	11	12	13	14	15	16	17	18	19	20	21	22	23	24	25	26	27	28	29	29 0	♈ 1	2	3	4	5	6	7	8	9	10
☽	♏ 19	♐ 1	13	24	♑ 6	18	♒ 0	13	26	♓ 9	22	♈ 6	19	♉ 3	17	♊ 1	15	29	♋ 14	28	♌ 12	26	♍ 10	23	♎ 6	19	♏ 2	14	27	♐ 9	20
☿	♒ 13	14	15	16	17	18	19	20	21	23	24	25	26	28	29	29 0	♓ 2	3	5	6	8	9	11	12	14	15	17	19	20	22	24
♀	♈ 25	26	26	27	28	29	29	29 0	♉ 1	1	2	2	3	4	4	4	5	5	6	6	6	7	7	7	7	8	8	8	8	R 8	8
♂	♊ 27	27	27	28	28	28	29	29	29	29 0	♋ 0	0	1	1	2	2	2	3	3	3	4	4	5	5	6	6	7	7	7	8	8

♃ 1: ♉7　6: 8　12: 9　17: 10　21: 11　26: 12　31: 13　♄ 1: ♐29　15: ♑0　♅ 1: ♈6　22: 7　♆ 1R: ♌29　♇ 1: ♋16

4	1	2	3	4	5	6	7	8	9	10	11	12	13	14	15	16	17	18	19	20	21	22	23	24	25	26	27	28	29	30	31
☉	♈ 11	12	13	14	15	16	17	18	19	20	21	22	23	24	25	26	27	28	29	29 0	♉ 1	2	3	4	5	6	6	7	8	9	
☽	♑ 2	14	26	♒ 8	21	♓ 4	17	♈ 0	14	28	♉ 13	27	♊ 12	26	♋ 11	25	♌ 9	22	♍ 6	19	♎ 2	15	28	♏ 10	23	♐ 5	17	28	♑ 10	22	
☿	♓ 26	27	29 0	♈ 1	3	5	7	8	10	12	14	16	18	20	22	25	27	29	♉ 1	3	5	7	9	12	14	16	18	20	22	24	
♀	♉ 8	R 8	7	7	7	7	6	6	6	5	5	4	4	3	3	2	1	1	0	♉ 29	♈ 29	28	28	27	27	26	25	25	24	24	
♂	♋ 9	9	10	10	11	11	12	12	13	13	14	14	14	15	15	16	16	17	17	18	18	19	19	20	21	21	22	22	23	23	

♃ 1: ♉13　4: 14　9: 15　13: 16　18: 17　22: 18　26: 19　30: 20　♄ 1: ♑0　10R: 0　♅ 1: ♈7　8: 8　27: 9　♆ 1R: ♌29　30: 28　♇ 1: ♋16

5	1	2	3	4	5	6	7	8	9	10	11	12	13	14	15	16	17	18	19	20	21	22	23	24	25	26	27	28	29	30	31
☉	♉ 10	11	12	13	14	15	16	17	18	19	20	21	22	23	24	25	26	27	28	29	29 0	♊ 1	2	3	4	4	5	6	7	8	9
☽	♒ 4	16	29	♓ 12	25	♈ 8	23	♉ 7	22	♊ 6	21	♋ 6	21	♌ 5	19	♍ 3	16	29	♎ 12	25	♏ 7	19	♐ 1	13	25	♑ 7	19	♒ 1	13	25	♓ 7
☿	♉ 26	27	29 0	♊ 1	3	4	6	7	9	10	11	13	14	15	16	17	18	18	19	20	20	21	21	22	22	22	22	R 22	22	22	22
♀	♈ 24	R 23	23	23	22	22	22	22	22	22	21	D 21	22	22	22	22	22	22	23	23	23	24	24	24	25	25	26	26	27	27	28
♂	♋ 24	24	25	25	26	26	27	27	28	28	29	29	29 0	♌ 1	1	2	2	3	3	4	4	5	6	6	7	7	8	8	9	10	10

♃ 1: ♉20　5: 21　9: 22　13: 23　17: 24　22: 25　26: 26　30: 27　♄ 1R: ♑0　5: ♐29　31: 28　♅ 1: ♈9　18: 10　♆ 1R: ♌28　10D: 28　♇ 1: ♋16　31: 17

6	1	2	3	4	5	6	7	8	9	10	11	12	13	14	15	16	17	18	19	20	21	22	23	24	25	26	27	28	29	30	31
☉	♊ 10	11	12	13	14	15	16	17	18	19	20	21	22	23	24	25	26	27	28	28	29 0	♋ 0	1	2	3	4	5	6	7	8	
☽	♓ 20	♈ 3	17	♉ 1	15	♊ 0	15	♋ 0	15	♌ 0	15	29	♍ 13	26	♎ 9	22	♏ 4	16	28	♐ 10	22	♑ 4	16	28	♒ 10	22	♓ 4	16	29	♈ 12	
☿	♊ 22	R 21	21	21	20	20	19	18	18	17	17	16	16	15	15	15	14	14	14	14	D 14	14	14	14	14	15	15	16	16	17	
♀	♈ 29	29	29 0	♉ 1	1	2	3	3	4	5	6	6	7	8	9	10	11	11	12	13	14	15	16	17	18	19	20	20	21	22	
♂	♌ 11	11	12	12	13	13	14	15	15	16	16	17	18	18	19	19	20	20	21	22	22	23	23	24	25	25	26	26	27	28	

♃ 1: ♉27　3: 28　8: 29　12: ♊0　16: 1　21: 2　25: 3　30: 4　♄ 1R: ♐28　22: 27　30: 26　♅ 1: ♈10　16: 11　♆ 1: ♌28　18: 29　♇ 1: ♋17

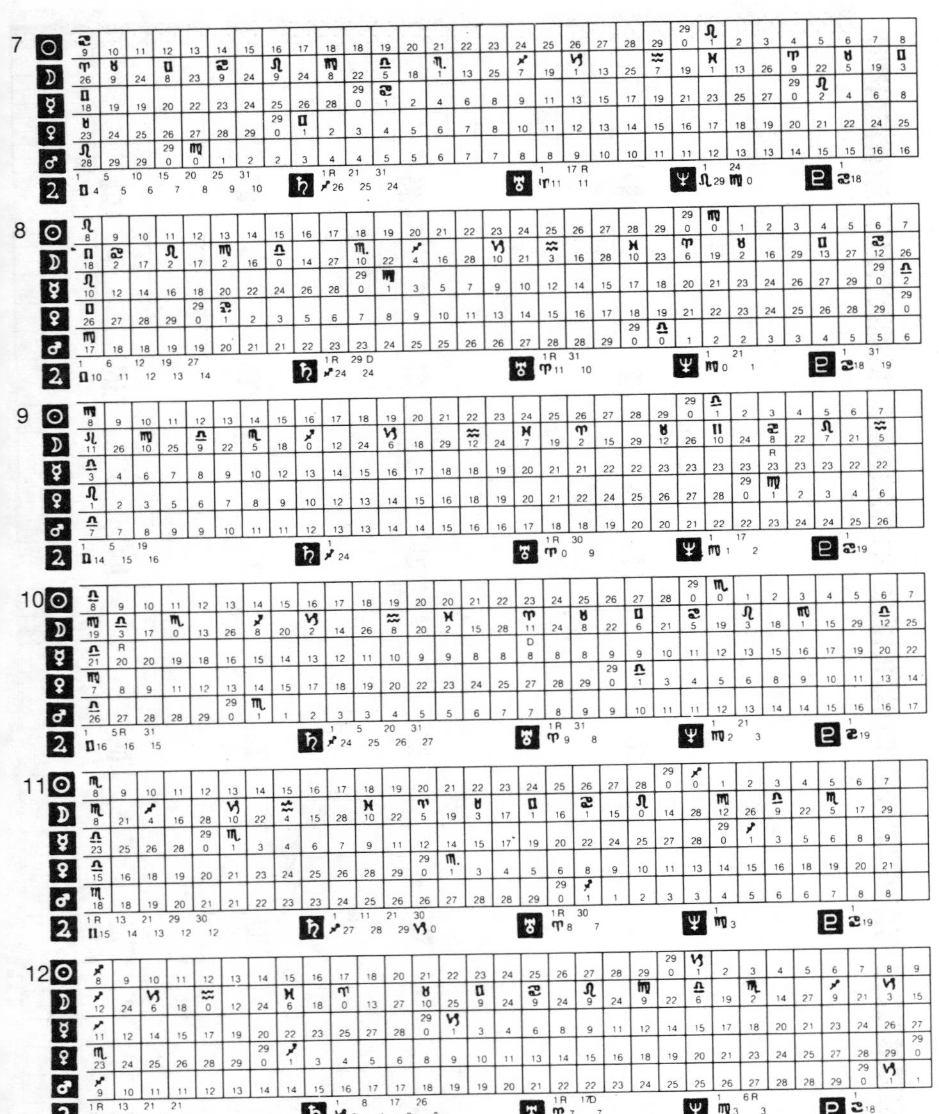

7 ☉	♋ 9	10	11	12	13	14	15	16	17	18	18	19	20	21	22	23	24	25	26	27	28	29	29 0	♌ 1	2	3	4	5	6	7	8
☽	♈ 26	♉ 9	24	♊ 8	23	♋ 9	24	♌ 9	24	♍ 8	22	♎ 5	18	♏ 1	13	25	♐ 7	19	♑ 1	13	25	♒ 7	19	♓ 1	13	26	♈ 9	22	♉ 5	19	♊ 3
☿	♊ 18	19	19	20	22	23	24	25	26	28	29 0	♋ 1	2	4	6	8	9	11	13	15	17	19	21	23	25	27	29 0	♌ 2	4	6	8
♀	♉ 23	24	25	26	27	28	29	29 0	♊ 1	2	3	4	5	6	7	8	10	11	12	13	14	15	16	17	18	19	20	21	22	24	25
♂	♌ 28	29	29	29 0	♍ 0	1	2	2	3	4	4	5	5	6	7	7	8	8	9	10	10	11	11	12	13	13	14	15	15	16	16

♃ 1 5 10 15 20 25 31 / ♊4 5 6 7 8 9 10 ♄ 1R 21 31 / ♐26 25 24 ♅ 1 17R / ♈11 11 ♆ 1 24 / ♌29 ♍0 ♇ 1 / ♋18

8 ☉	♌ 8	9	10	11	12	13	14	15	16	17	18	19	20	21	22	23	24	25	26	27	28	29	29 0	♍ 0	1	2	3	4	5	6	7
☽	♊ 18	♋ 2	17	♌ 2	17	♍ 2	16	♎ 0	14	27	♏ 10	22	♐ 4	16	28	♑ 10	21	♒ 3	16	28	♓ 10	23	♈ 6	19	♉ 2	16	29	♊ 13	27	♋ 12	26
☿	♌ 10	12	14	16	18	20	22	24	26	28	29 0	♍ 1	3	5	7	9	10	12	14	15	17	18	20	21	23	24	26	27	29	29 0	♎ 2
♀	♊ 26	27	28	29	29 0	♋ 1	2	3	5	6	7	8	9	10	11	13	14	15	16	17	18	19	21	22	23	24	25	26	28	29	29 0
♂	♍ 17	18	18	19	19	20	21	21	22	23	23	24	25	25	26	26	27	28	28	29	29 0	♎ 0	1	2	2	3	3	4	5	5	6

♃ 1 6 12 19 27 / ♊10 11 12 13 14 ♄ 1R 29D / ♐24 24 ♅ 1R 31 / ♈11 10 ♆ 1 21 / ♍0 1 ♇ 1 31 / ♋18 19

9 ☉	♍ 8	9	10	11	12	13	14	15	16	17	18	19	20	21	22	23	24	25	26	27	28	29	29 0	♎ 1	2	3	4	5	6	7	
☽	♌ 11	26	♍ 10	25	♎ 9	22	♏ 5	18	♐ 0	12	24	♑ 6	18	29	♒ 12	24	♓ 7	19	♈ 2	15	29	♉ 12	26	♊ 10	24	♋ 8	22	♌ 7	21	♒ 5	
☿	♎ 3	4	6	7	8	9	10	12	13	14	15	16	17	18	18	19	20	21	21	22	22	23	23	23	23	R 23	23	23	22	22	
♀	♌ 1	2	3	5	6	7	8	9	10	12	13	14	15	16	18	19	20	21	22	24	25	26	27	28	29 0	♍ 1	2	3	4	6	
♂	♎ 7	7	8	9	9	10	11	11	12	13	13	14	14	15	16	16	17	18	18	19	20	20	21	22	22	23	24	24	25	26	

♃ 1 5 19 / ♊14 15 16 ♄ 1 / ♐24 ♅ 1R 30 / ♈0 9 ♆ 1 17 / ♍1 2 ♇ 1 / ♋19

10 ☉	♎ 8	9	10	11	12	13	14	15	16	17	18	19	20	20	21	22	23	24	25	26	27	28	29 0	♏ 0	1	2	3	4	5	6	7
☽	♍ 19	♎ 3	17	♏ 0	13	26	♐ 8	20	♑ 2	14	26	♒ 8	20	♓ 2	15	28	♈ 11	24	♉ 8	22	♊ 6	21	♋ 5	19	♌ 3	18	♍ 1	15	29	♎ 12	25
☿	♎ 21	R 20	20	19	18	16	15	14	13	12	11	10	9	9	8	8	D 8	8	8	9	9	10	11	12	13	15	16	17	19	20	22
♀	♍ 7	8	9	11	12	13	14	15	17	18	19	20	22	23	24	25	27	28	29	29 0	♎ 1	3	4	5	6	8	9	10	11	13	14
♂	♎ 26	27	28	28	29	29 0	♏ 1	1	2	3	3	4	5	5	6	7	7	8	9	9	10	11	11	12	13	14	14	15	16	16	17

♃ 1 5R 31 / ♊16 16 15 ♄ 1 5 20 31 / ♐24 25 26 27 ♅ 1R 31 / ♈9 8 ♆ 1 21 / ♍2 3 ♇ 1 / ♋19

11 ☉	♏ 8	9	10	11	12	13	14	15	16	17	18	19	20	21	22	23	24	25	26	27	28	29 0	♐ 0	1	2	3	4	5	6	7	
☽	♏ 8	21	♐ 4	16	28	♑ 10	22	♒ 4	15	28	♓ 10	22	♈ 5	19	♉ 3	17	♊ 1	16	♋ 1	15	♌ 0	14	28	♍ 12	26	♎ 9	22	♏ 5	17	29	
☿	♎ 23	25	26	28	29 0	♏ 1	3	4	6	7	9	11	12	14	15	17	19	20	22	24	25	27	28	29 0	♐ 1	3	5	6	8	9	
♀	♎ 15	16	18	19	20	21	23	24	25	26	28	29	29 0	♏ 1	3	4	5	6	8	9	10	11	13	14	15	16	18	19	20	21	
♂	♏ 18	18	19	20	21	21	22	23	23	24	25	26	26	27	28	28	29	29 0	♐ 1	1	2	3	3	4	5	6	6	7	8	8	

♃ 1R 13 21 29 30 / ♊15 14 13 12 12 ♄ 1 11 21 30 / ♐27 28 29 ♑0 ♅ 1R 30 / ♈8 7 ♆ 1 / ♍3 ♇ 1 / ♋19

12 ☉	♐ 8	9	10	11	12	13	14	15	16	17	18	20	21	22	23	24	25	26	27	28	29	29 0	♑ 1	2	3	4	5	6	7	8	9
☽	♐ 12	24	♑ 6	18	♒ 0	12	24	♓ 6	18	♈ 0	13	27	♉ 10	25	♊ 9	24	♋ 9	24	♌ 9	24	♍ 9	22	♎ 6	19	♏ 2	14	27	♐ 9	21	♑ 3	15
☿	♐ 11	12	14	15	17	19	20	22	23	25	27	28	29 0	♑ 1	3	4	6	8	9	11	12	14	15	17	18	20	21	23	24	26	27
♀	♏ 23	24	25	26	28	29	29 0	♐ 1	3	4	5	6	8	9	10	11	13	14	15	16	18	19	20	21	23	24	25	27	28	29	29 0
♂	♐ 9	10	11	11	12	13	14	14	15	16	17	17	18	19	19	20	21	22	22	23	24	25	25	26	27	28	28	29	29 0	♑ 1	1

♃ 1R 13 21 21 / ♊11 10 9 8 ♄ 1 8 17 26 / ♑0 1 2 3 ♅ 1R 17D / ♈7 7 ♆ 1 6R / ♍3 3 ♇ 1 / ♋18

1930的行星位置

1

	1	2	3	4	5	6	7	8	9	10	11	12	13	14	15	16	17	18	19	20	21	22	23	24	25	26	27	28	29	30	31
☉	♑ 10	11	12	13	14	15	16	17	18	19	20	21	22	23	24	25	26	27	28	29 0	♒ 1	2	3	4	5	6	7	8	9	10	11
☽	♑ 27	♒ 9	20	♓ 2	14	27	♈ 9	22	♉ 5	18	♊ 2	17	♋ 2	17	♌ 3	18	♍ 3	18	♎ 2	15	29	♏ 11	24	♐ 5	18	♑ 0	12	24	♒ 5	17	28
☿	♑ 29	29 0	♒ 1	2	4	5	5	6	7	7	8	8	8	R 8	8	7	6	5	4	3	2	1	♑ 29	28	27	26	25	24	23	23	22
♀	♑ 2	3	4	5	7	8	9	10	12	13	14	15	17	18	19	20	22	23	24	25	27	28	29	♒ 0	2	3	4	5	7	8	9
♂	♑ 2	3	4	4	5	6	7	7	8	9	10	10	11	12	13	14	14	15	16	17	17	18	19	20	20	21	22	23	23	24	25

♃	♄	♅	♆	♇
1R 11 31D	1 12 28 30	1 21	1R 31	1
♊ 8 7 6	♑ 4 5 6 7	♈ 7 8	♍ 3 2	♋ 18

2

	1	2	3	4	5	6	7	8	9	10	11	12	13	14	15	16	17	18	19	20	21	22	23	24	25	26	27	28	29	30	31
☉	♒ 12	13	14	15	16	17	18	19	20	21	22	23	24	25	26	27	28	29	29 0	♓ 1	2	3	4	5	6	7	8	9			
☽	♓ 11	24	♈ 6	18	♉ 1	14	27	♊ 11	26	♋ 10	25	♌ 11	26	♍ 11	26	♎ 10	24	♏ 7	20	♐ 3	15	27	♑ 9	20	♒ 2	14	26	♓ 8			
☿	♑ 22	R 22	D 22	22	23	23	23	24	25	25	26	27	28	29	29 0	♒ 1	2	3	4	5	6	8	9	10	12	13	14	16			
♀	♒ 11	12	13	14	16	17	18	19	21	22	23	24	26	27	28	29 0	♓ 1	2	3	4	6	7	8	9	11	12	13	14			
♂	♑ 26	27	27	28	29	29 0	♒ 0	1	2	3	4	4	5	6	7	7	8	9	10	11	11	12	13	14	14	15	16	17			

♃	♄	♅	♆	♇
1 20	1 8 19	1 17	1R	1 28
♊ 6 7	♑ 7 8 9	♈ 8 9	♍ 2	♋ 18 17

3

	1	2	3	4	5	6	7	8	9	10	11	12	13	14	15	16	17	18	19	20	21	22	23	24	25	26	27	28	29	30	31
☉	♓ 10	11	12	13	14	15	16	17	18	19	20	21	22	23	24	25	26	27	28	29	29 0	♈ 1	2	3	4	5	6	7	8	9	10
☽	♓ 21	♈ 3	15	28	♉ 11	24	♊ 8	21	♋ 5	20	♌ 4	19	♍ 4	19	♎ 4	18	♏ 2	15	28	♐ 11	23	♑ 5	17	29	♒ 11	23	♓ 5	17	29	♈ 12	25
☿	♒ 17	19	20	21	23	24	26	28	29	29 0	♓ 2	4	6	7	9	11	12	14	16	18	20	21	23	25	27	29 0	♈ 1	3	5	7	9
♀	♓ 16	17	18	19	21	22	23	24	26	27	28	29 0	♈ 1	2	3	4	6	7	8	9	10	12	13	14	15	17	18	19	20	22	23
♂	♒ 18	18	19	20	21	21	22	23	24	25	25	26	27	28	28	29	29 0	♓ 1	2	2	3	4	5	6	6	7	8	9	9	10	11

♃	♄	♅	♆	♇
1 13 20 27	1 19	1 8 26	1R 31	1
♊ 8 9 10 11	♑ 10 11	♈ 9 10 11	♍ 2 1	♋ 17

4

	1	2	3	4	5	6	7	8	9	10	11	12	13	14	15	16	17	18	19	20	21	22	23	24	25	26	27	28	29	30	31
☉	♈ 11	12	13	14	15	16	17	18	19	20	21	22	23	24	25	26	27	28	29	29 0	♉ 0	1	2	3	4	5	6	7	8	9	
☽	♉ 8	21	♊ 5	18	♋ 2	16	♌ 0	15	29	♍ 14	28	♎ 12	26	♏ 10	23	♐ 6	18	♑ 1	13	25	♒ 7	19	♓ 1	13	25	♈ 8	20	♉ 4	17	♊ 1	
☿	♈ 11	13	15	17	19	21	23	25	27	29 0	♉ 1	3	5	7	9	11	13	15	16	18	19	21	22	23	25	26	27	28	29	29	
♀	♈ 24	25	27	28	29	29 0	♉ 1	3	4	5	6	8	9	10	11	13	14	15	16	18	19	20	21	22	24	25	26	27	29	29 0	
♂	♓ 12	13	13	14	15	16	16	17	18	19	20	20	21	22	23	23	24	25	26	27	27	28	29	29 0	♈ 0	1	2	3	4	4	

♃	♄	♅	♆	♇
1 3 8 14 19 24 29	1 22R	1 13 30	1R	1
♊ 11 12 13 14 15 16 17	♑ 11 11	♈ 11 12 13	♍ 1	♋ 17

5

	1	2	3	4	5	6	7	8	9	10	11	12	13	14	15	16	17	18	19	20	21	22	23	24	25	26	27	28	29	30	31
☉	♉ 10	11	12	13	14	15	16	17	18	19	20	21	22	23	24	25	26	27	28	29	29 0	♊ 0	1	2	3	4	5	6	7	8	9
☽	♊ 15	29	♋ 13	27	♌ 11	26	♍ 10	24	♎ 8	21	♏ 5	18	♐ 1	14	26	♑ 9	21	♒ 3	15	27	♓ 9	21	♈ 3	16	29	♉ 12	26	♊ 10	24	♋ 9	23
☿	29 ♉ 0	♊ 1	1	2	2	2	2	2	R 2	2	2	2	2	1	1	0	0 29	♉ 29	29	28	28	27	26	26	25	25	25	24	24	24	24
♀	♊ 1	2	3	5	6	7	8	10	11	12	13	14	16	17	18	19	21	22	23	24	25	27	28	29	29 0	♋ 1	3	4	5	6	7
♂	♈ 5	6	7	7	8	9	10	10	11	12	13	14	14	15	16	17	17	18	19	20	20	21	22	23	23	24	25	26	26	27	28

♃	♄	♅	♆	♇
1 4 9 13 18 22 27 31	1R	1 22	1R 12D 31	1 31
♊ 17 18 19 20 21 22 23 24	♑ 11	♈ 13 14	♍ 0 0 1	♋ 17 18

6

	1	2	3	4	5	6	7	8	9	10	11	12	13	14	15	16	17	18	19	20	21	22	23	24	25	26	27	28	29	30	31
☉	♊ 10	11	12	13	14	15	16	17	18	19	20	21	22	23	24	24	25	26	27	28	29	29 0	♋ 1	2	3	4	5	6	7	8	
☽	♌ 8	22	♍ 7	21	♎ 4	18	♏ 1	14	27	♐ 10	22	♑ 5	17	29	♒ 11	23	♓ 5	17	29	♈ 11	24	♉ 7	20	♊ 4	18	♋ 3	18	♌ 3	18	♍ 3	
☿	♉ 24	R 24	D 24	24	24	24	25	25	26	26	27	28	29	29 0	♊ 0	1	3	4	5	6	7	9	10	12	13	15	16	18	20	21	
♀	♋ 9	10	11	12	13	15	16	17	18	19	21	22	23	24	25	27	28	29	29 0	♌ 1	3	4	5	6	7	9	10	11	12	13	
♂	♈ 29	29	29 0	♉ 1	2	2	3	4	5	5	6	7	8	8	9	10	10	11	12	13	13	14	15	16	16	17	18	18	19	20	

♃	♄	♅	♆	♇
1 5 9 13 18 22 27 30	1R 25 30	1 20	1	1 30
♊ 24 25 26 27 28 29 ♋ 0 1	♑ 10 9 8	♈ 14 15	♍ 1	♋ 18 19

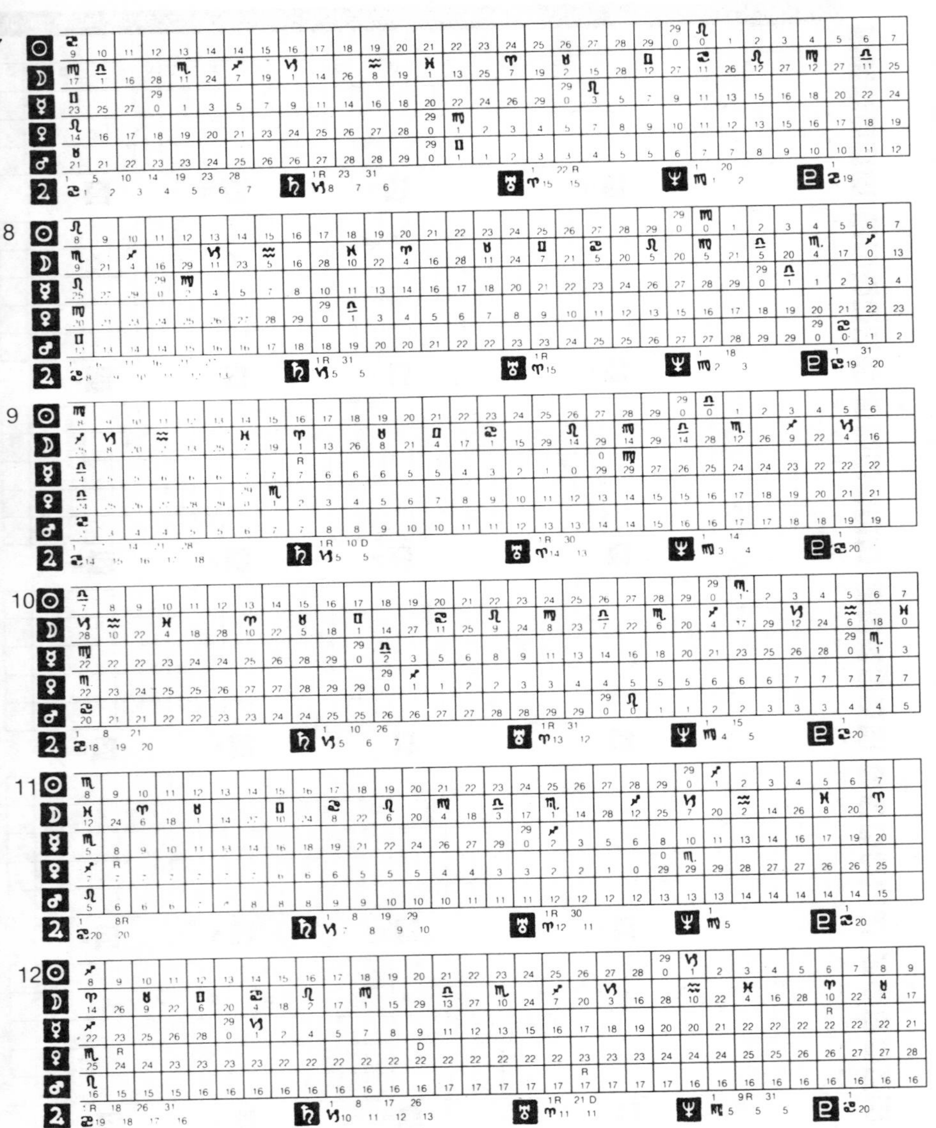

7 ☉	♋ 9	10	11	12	13	14	14	15	16	17	18	19	20	21	22	23	24	25	26	27	28	29	29 0	♌ 0	1	2	3	4	5	6	7
☽	♍ 17	♎ 1	16	28	♏ 11	24	♐ 7	19	♑ 1	14	26	♒ 8	19	♓ 1	13	25	♈ 7	19	♉ 2	15	28	♊ 12	27	♋ 11	26	♌ 12	27	♍ 12	27	♎ 11	25
☿	♊ 23	25	27	29 0	1	3	5	7	9	11	14	16	18	20	22	24	26	29	29 0	♌ 3	5	7	9	11	13	15	16	18	20	22	24
♀	♌ 14	16	17	18	19	20	21	23	24	25	26	27	28	29 0	♍ 1	2	3	4	5	7	8	9	10	11	12	13	15	16	17	18	19
♂	♉ 21	21	22	23	23	24	25	26	26	27	28	28	29	29 0	♊ 1	1	2	3	3	4	5	5	6	7	7	8	9	10	10	11	12

♃ 1 5 10 14 19 23 28 / ♋1 2 3 4 5 6 7 　♄ 1R 23 31 / ♑8 7 6 　♅ 1 22R / ♈15 15 　♆ 1 20 / ♍1 2 　♇ 1 / ♋19

8 ☉	♌ 8	9	10	11	12	13	14	15	16	17	18	19	20	21	22	23	24	25	26	27	28	29	29 0	♍ 0	1	2	3	4	5	6	7
☽	♏ 9	21	♐ 4	16	29	♑ 11	23	♒ 5	16	28	♓ 10	22	♈ 4	16	28	♉ 11	24	♊ 7	21	♋ 5	20	♌ 5	20	♍ 5	21	♎ 5	20	♏ 4	17	♐ 0	13
☿	♌ 25	27	29	29 0	♍ 2	4	5	7	8	10	11	13	14	16	17	18	20	21	22	23	24	26	27	28	29	29 0	♎ 1	1	2	3	4
♀	♍ 20	21	23	24	25	26	27	28	29	29 0	♎ 1	3	4	5	6	7	8	9	10	11	12	13	15	16	17	18	19	20	21	22	23
♂	♊ 12	13	14	14	15	16	16	17	18	18	19	20	20	21	22	22	23	23	24	25	25	26	27	27	28	29	29	29 0	♋ 0	1	2

♃ 1 6 11 16 21 26 / ♋8 9 10 11 12 13 　♄ 1R 31 / ♑5 5 　♅ 1R / ♈15 　♆ 1 18 / ♍2 3 　♇ 1 31 / ♋19 20

9 ☉	♍ 8	9	10	11	12	13	14	15	16	17	18	19	20	21	22	23	24	25	26	27	28	29	29 0	♎ 0	1	2	3	4	5	6
☽	♐ 25	♑ 8	20	♒ 2	13	25	♓ 7	19	♈ 1	13	26	♉ 8	21	♊ 4	17	♋ 1	15	29	♌ 14	29	♍ 14	29	♎ 14	28	♏ 12	26	♐ 9	22	♑ 4	16
☿	♎ 4	5	5	6	6	6	7	7	R 7	6	6	6	5	5	4	3	2	1	0	0 29	♍ 29	27	26	25	24	24	23	22	22	22
♀	♎ 24	25	26	27	28	29	29 0	♏ 1	2	3	4	5	6	7	8	9	10	11	12	13	14	15	15	16	17	18	19	20	21	21
♂	♋ 2	3	4	4	5	5	6	7	7	8	8	9	10	10	11	11	12	13	13	14	14	15	16	16	17	17	18	18	19	19

♃ 1 [illegible] 14 21 28 / ♋14 15 16 17 18 　♄ 1R 10D / ♑5 5 　♅ 1R 30 / ♈14 13 　♆ 1 14 / ♍3 4 　♇ 1 / ♋20

10 ☉	♎ 7	8	9	10	11	12	13	14	15	16	17	18	19	20	21	22	23	24	25	26	27	28	29	29 0	♏ 1	2	3	4	5	6	7
☽	♑ 28	♒ 10	22	♓ 4	18	28	♈ 10	22	♉ 5	18	♊ 1	14	27	♋ 11	25	♌ 9	24	♍ 8	23	♎ 7	22	♏ 6	20	♐ 4	17	29	♑ 12	24	♒ 6	18	♓ 0
☿	♍ 22	22	22	23	24	24	25	26	28	29	29 0	♎ 2	3	5	6	8	9	11	13	14	16	18	20	21	23	25	26	28	29 0	♏ 1	3
♀	♏ 22	23	24	25	25	26	27	27	28	29	29	29 0	♐ 1	1	2	2	3	3	4	4	5	5	5	6	6	6	7	7	7	7	7
♂	♋ 20	21	21	22	22	23	23	24	24	25	25	26	26	27	27	28	28	29	29	29 0	♌ 0	1	1	2	2	3	3	3	4	4	5

♃ 1 8 21 / ♋18 19 20 　♄ 1 10 26 / ♑5 6 7 　♅ 1R 31 / ♈13 12 　♆ 1 15 / ♍4 5 　♇ 1 / ♋20

11 ☉	♏ 8	9	10	11	12	13	14	15	16	17	18	19	20	21	22	23	24	25	26	27	28	29	29 0	♐ 1	2	3	4	5	6	7
☽	♓ 12	24	♈ 6	18	♉ 1	14	27	♊ 10	24	♋ 8	22	♌ 6	20	♍ 4	18	♎ 3	17	♏ 1	14	28	♐ 12	25	♑ 7	20	♒ 2	14	26	♓ 8	20	♈ 2
☿	♏ 5	8	9	10	11	13	14	16	18	19	21	22	24	26	27	29	29 0	♐ 2	3	5	6	8	10	11	13	14	16	17	19	20
♀	♐ 7	R 7	7	7	7	7	7	6	6	6	5	5	5	4	4	3	3	2	2	1	0	0 29	♏ 29	29	28	27	27	26	26	25
♂	♌ 5	6	6	6	7	7	8	8	8	9	9	10	10	10	11	11	11	12	12	12	12	13	13	13	14	14	14	14	14	15

♃ 1 8R / ♋20 20 　♄ 1 8 19 29 / ♑7 8 9 10 　♅ 1R 30 / ♈12 11 　♆ 1 / ♍5 　♇ 1 / ♋20

12 ☉	♐ 8	9	10	11	12	13	14	15	16	17	18	19	20	21	22	23	24	25	26	27	28	29 0	♑ 1	2	3	4	5	6	7	8	9
☽	♈ 14	26	♉ 9	22	♊ 6	20	♋ 4	18	♌ 2	17	♍ 1	15	29	♎ 13	27	♏ 10	24	♐ 7	20	♑ 3	16	28	♒ 10	22	♓ 4	16	28	♈ 10	22	♉ 4	17
☿	♐ 22	23	25	26	28	29 0	♑ 1	2	4	5	7	8	9	11	12	13	15	16	17	18	19	20	20	21	22	22	22	R 22	22	22	21
♀	♏ 25	R 24	24	23	23	23	23	22	22	22	22	22	D 22	22	22	22	22	22	23	23	23	24	24	24	25	25	26	26	27	27	28
♂	♌ 16	15	15	15	16	16	16	16	16	16	16	16	16	17	17	17	17	17	R 17	17	17	17	16	16	16	16	16	16	16	16	16

♃ 1R 18 26 31 / ♋19 18 17 16 　♄ 1 8 17 26 / ♑10 11 12 13 　♅ 1R 21D / ♈11 11 　♆ 1 9R 31 / ♍5 5 5 　♇ 1 / ♋20

1931的行星位置

1

	1	2	3	4	5	6	7	8	9	10	11	12	13	14	15	16	17	18	19	20	21	22	23	24	25	26	27	28	29	30	31
☉	♑ 10	11	12	13	14	15	16	17	18	19	20	21	22	23	24	25	26	27	28	28	29 0	♒ 1	2	3	4	5	6	7	8	9	10
☽	♊ 0	14	28	♋ 12	27	♌ 12	27	♍ 11	26	♎ 10	24	♏ 7	21	♐ 4	17	29	♑ 12	24	♒ 6	18	♓ 0	12	24	♈ 6	18	29	♉ 12	25	♊ 8	22	♋ 6
☿	♑ 20	R 19	18	17	16	14	13	12	10	9	8	8	7	6	6	6	D 6	6	6	7	7	8	8	9	10	11	12	13	14	15	16
♀	♏ 28	29	29 0	♐ 0	1	2	2	3	4	5	5	6	7	8	9	10	10	11	12	13	14	15	16	17	18	19	20	21	22	23	24
♂	♌ 15	R 15	15	15	14	14	14	14	13	13	13	12	12	12	11	11	11	10	10	10	9	9	8	8	8	7	7	6	6	6	5

♃ 1R ♋16, 10: 15, 17: 14, 25: 13　♄ 1 ♑14, 11: 15, 20: 16, 29: 17　♅ 1 ♈11, 26: 12　♆ 1R ♍5　♇ 1 ♋20, 31: 19

2

	1	2	3	4	5	6	7	8	9	10	11	12	13	14	15	16	17	18	19	20	21	22	23	24	25	26	27	28	29	30	31
☉	♒ 11	12	13	14	15	16	17	18	19	20	21	22	23	24	25	26	27	28	29 0	♓ 1	2	3	4	5	6	7	8	9			
☽	♋ 20	♌ 5	20	♍ 6	21	♎ 5	20	♏ 4	17	♐ 1	14	26	♑ 9	21	♒ 3	15	27	♓ 9	21	♈ 3	14	26	♉ 8	21	♊ 3	16	♋ 0	14			
☿	♑ 17	18	19	21	22	23	24	26	27	28	29 0	♒ 1	3	4	6	7	9	10	12	13	15	16	18	19	21	23	24	26			
♀	♐ 25	26	27	28	29	29 0	♑ 1	2	3	4	5	6	7	8	9	10	12	13	14	15	16	17	18	19	20	21	23	24			
♂	♌ 5	R 4	4	4	4	3	3	2	2	2	1	1	1	0	0	0 29	♋ 29	29	29	29	29	29	28	28	28	28	28	28			

♃ 1R ♋12, 16: 11, 28: 10　♄ 1 ♑17, 7: 18, 16: 19, 26: 20　♅ 1 ♈12, 21: 13　♆ 1R ♍5, 28: 4　♇ 1 ♋19

3

	1	2	3	4	5	6	7	8	9	10	11	12	13	14	15	16	17	18	19	20	21	22	23	24	25	26	27	28	29	30	31
☉	♓ 10	11	12	13	14	15	16	17	18	19	20	21	22	23	24	25	26	27	28	29	29 0	♈ 1	2	3	4	5	6	7	8	9	10
☽	♋ 28	♌ 13	28	♍ 14	29	♎ 14	29	♏ 13	27	♐ 10	23	♑ 6	18	♒ 0	12	24	♓ 6	18	29	♈ 11	23	♉ 6	18	♊ 0	13	26	♋ 9	23	♌ 7	22	♍ 7
☿	♒ 28	29 0	♓ 1	3	5	6	8	10	12	14	16	18	19	21	23	25	27	29 0	♈ 1	3	5	7	9	11	13	15	17	19	21	23	25
♀	♑ 25	26	27	28	29 0	♒ 0	2	3	4	5	6	7	9	10	11	12	13	14	15	17	18	19	20	21	22	24	25	26	27	28	29 0
♂	♋ 28	R 28	27	27	27	27	27	27	D 27	27	27	27	27	27	28	28	28	28	28	28	28	28	28	29	29	29	29	29	29	29 0	♌ 0

♃ 1R ♋10, 7D, 25: 11　♄ 1 ♑20, 10: 21, 24: 22　♅ 1 ♈13, 13: 14, 31: 15　♆ 1R ♍4, 31: 3　♇ 1 ♋19

4

	1	2	3	4	5	6	7	8	9	10	11	12	13	14	15	16	17	18	19	20	21	22	23	24	25	26	27	28	29	30	31
☉	♈ 10	11	12	13	14	15	16	17	18	19	20	21	22	23	24	25	26	27	28	29	29 0	♉ 1	2	3	4	5	6	7	8	9	
☽	♍ 22	♎ 7	22	♏ 7	21	♐ 5	19	♑ 2	15	27	♒ 9	21	♓ 3	15	26	♈ 8	20	♉ 2	15	27	♊ 10	23	♋ 6	20	♌ 3	17	♍ 2	16	♎ 1	15	
☿	♈ 26	28	29 0	♉ 1	3	4	5	7	8	9	10	10	11	12	12	13	13	13	13	R 13	13	13	13	12	12	11	11	10	10	9	
♀	♓ 1	2	3	4	5	7	8	9	10	11	12	14	15	16	17	18	20	21	22	23	24	26	27	28	29	29 0	♈ 2	3	4	5	
♂	♌ 0	1	1	1	1	2	2	2	3	3	3	3	4	4	4	5	5	6	6	6	7	7	7	8	8	9	9	9	10	10	

♃ 1 ♋11, 7: 12, 17: 13, 25: 14　♄ 1 ♑22, 15: 23　♅ 1 ♈15, 17: 16　♆ 1R ♍3　♇ 1 ♋19

5

	1	2	3	4	5	6	7	8	9	10	11	12	13	14	15	16	17	18	19	20	21	22	23	24	25	26	27	28	29	30	31
☉	♉ 10	11	12	13	14	15	16	17	18	19	20	21	22	23	24	24	25	26	27	28	29	29 0	♊ 1	2	3	4	5	6	7	8	9
☽	♏ 0	15	29	♐ 13	27	♑ 10	23	♒ 5	17	29	♓ 11	23	♈ 5	17	29	♉ 11	24	♊ 7	20	♋ 3	16	♌ 0	14	28	♍ 12	26	♎ 11	25	♏ 9	23	♐ 8
☿	♉ 8	R 8	7	6	6	5	5	4	4	4	4	3	3	D 3	4	4	4	4	5	5	6	6	7	8	9	9	10	11	12	13	15
♀	♈ 6	8	9	10	11	12	13	15	16	17	18	19	21	22	23	24	26	27	28	29	29 0	♉ 1	3	4	5	6	8	9	10	11	12
♂	♌ 11	11	11	12	12	13	13	14	14	14	15	15	16	16	17	17	18	18	19	19	20	20	21	21	22	22	23	23	24	24	25

♃ 1 ♋15, 8: 16, 14: 17, 20: 18, 25: 19, 31: 20　♄ 1 ♑23, 4R: 23, 31: 22　♅ 1 ♈16, 8: 17, 26: 18　♆ 1R ♍3, 15D: 3　♇ 1 ♋19

6

	1	2	3	4	5	6	7	8	9	10	11	12	13	14	15	16	17	18	19	20	21	22	23	24	25	26	27	28	29	30	31
☉	♊ 10	11	12	13	14	15	16	17	18	18	19	20	21	22	23	24	25	26	27	28	29	29 0	♋ 1	2	3	4	5	6	7	8	
☽	♐ 21	♑ 5	18	♒ 1	13	25	♓ 7	19	♈ 1	13	25	♉ 7	20	♊ 2	15	29	♋ 13	27	♌ 11	25	♍ 9	23	♎ 7	21	♏ 5	19	♐ 3	17	♑ 0	13	
☿	♉ 16	17	18	20	21	22	24	25	27	29	29 0	♊ 2	4	5	7	9	11	13	15	17	19	21	23	25	28	29 0	♋ 2	4	5	8	
♀	♉ 14	15	16	17	18	20	21	22	23	24	26	27	28	29 0	♊ 1	2	3	4	5	7	8	9	10	11	13	14	15	16	17	19	
♂	♌ 25	26	26	27	27	28	28	29	29	29 0	♍ 0	1	1	2	2	3	4	4	5	5	6	6	7	7	8	9	9	10	10	11	

♃ 1 ♋20, 5: 21, 10: 22, 14: 23, 19: 24, 24: 25, 29: 26　♄ 1R ♑22, 29: 21　♅ 1 ♈18, 25: 19　♆ 1 ♍3　♇ 1 ♋19, 30: 20

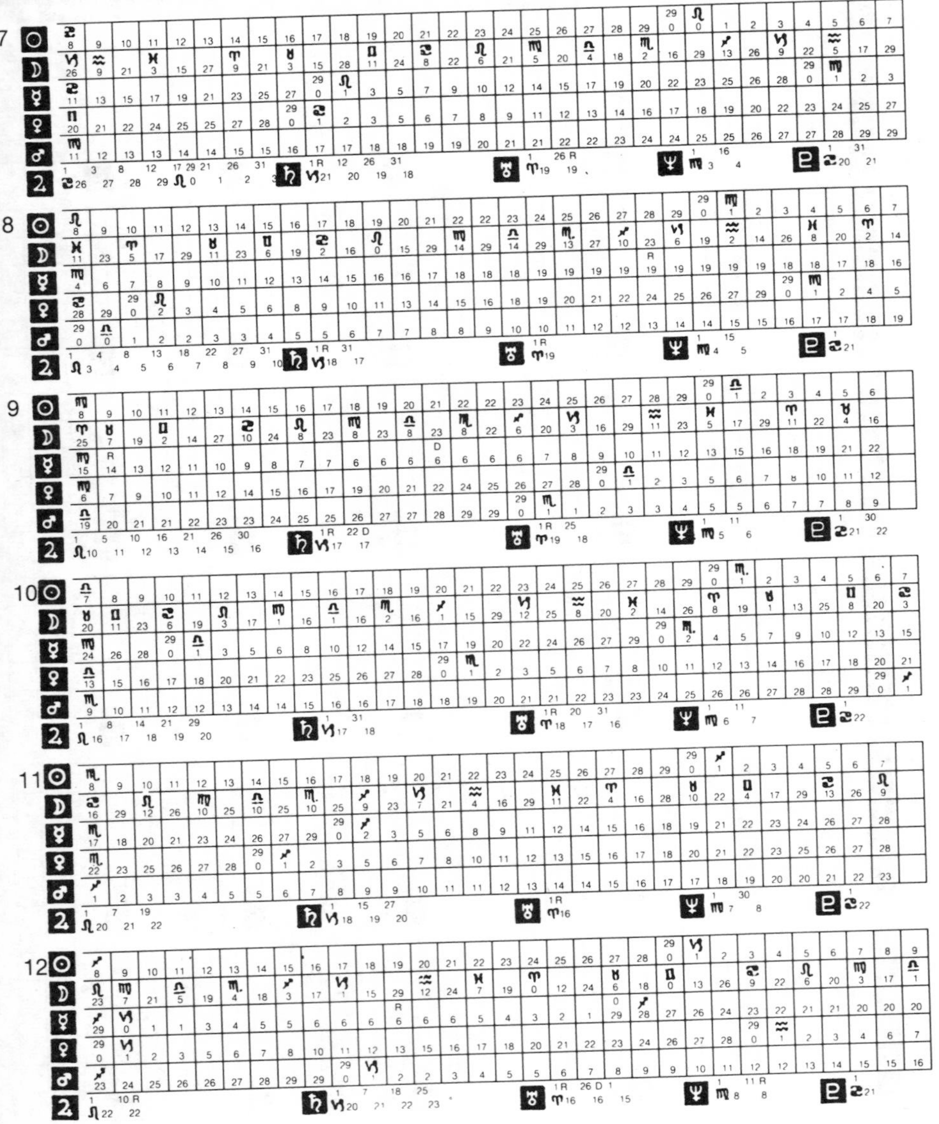

7																															
☉	♋ 8	9	10	11	12	13	14	15	16	17	18	19	20	21	22	23	24	25	26	27	28	29	29 0	♌ 0	1	2	3	4	5	6	7
☽	♑ 26	♒ 9	21	♓ 3	15	27	♈ 9	21	♉ 3	15	28	♊ 11	24	♋ 8	22	♌ 6	21	♍ 5	20	♎ 4	18	♏ 2	16	29	♐ 13	26	♑ 9	22	♒ 5	17	29
☿	♋ 11	13	15	17	19	21	23	25	27	29 0	♌ 1	3	5	7	9	10	12	14	15	17	19	20	22	23	25	26	28	29 0	♍ 1	2	3
♀	♊ 20	21	22	24	25	25	27	28	29 0	♋ 1	2	3	5	6	7	8	9	11	12	13	14	16	17	18	19	20	22	23	24	25	27
♂	♍ 11	12	13	13	14	14	15	15	16	17	17	18	18	19	19	20	21	21	22	22	23	24	24	25	25	26	27	27	28	29	29

♃ 1 3 8 12 17 29 21 26 31
♋26 27 28 29 ♌0 1 2 3
♄ 1R 12 26 31
♑21 20 19 18
♅ 1 26R
♈19 19
♆ 1 16
♍3 4
♇ 1 31
♋20 21

8																															
☉	♌ 8	9	10	11	12	13	14	15	16	17	18	19	20	21	22	22	23	24	25	26	27	28	29	29 0	♍ 1	2	3	4	5	6	7
☽	♓ 11	23	♈ 5	17	29	♉ 11	23	♊ 6	19	♋ 2	16	♌ 0	15	29	♍ 14	29	♎ 14	29	♏ 13	27	♐ 10	23	♑ 6	19	♒ 2	14	26	♓ 8	20	♈ 2	14
☿	♍ 4	6	7	8	9	10	11	12	13	14	15	16	16	17	18	18	18	19	19	19	19	R 19	19	19	19	19	18	18	17	18	16
♀	♋ 28	29	29 0	♌ 2	3	4	5	6	8	9	10	11	13	14	15	16	18	19	20	21	22	24	25	26	27	29	29 0	♍ 1	2	4	5
♂	29 0	♎ 0	1	2	2	3	3	4	5	5	6	7	7	8	8	9	10	10	11	12	12	13	14	14	15	15	16	17	17	18	19

♃ 1 4 8 13 18 22 27 31
♌3 4 5 6 7 8 9 10
♄ 1R 31
♑18 17
♅ 1R
♈19
♆ 1 15
♍4 5
♇ 1
♋21

9																															
☉	♍ 8	9	10	11	12	13	14	15	16	17	18	19	20	21	22	22	23	24	25	26	27	28	29	29 0	♎ 1	2	3	4	5	6	
☽	♈ 25	♉ 7	19	♊ 2	14	27	♋ 10	24	♌ 8	23	♍ 8	23	♎ 8	23	♏ 8	22	♐ 6	20	♑ 3	16	29	♒ 11	23	♓ 5	17	29	♈ 11	22	♉ 4	16	
☿	♍ 15	R 14	13	12	11	10	9	8	7	7	6	6	6	D 6	6	6	6	7	8	9	10	11	12	13	15	16	18	19	21	22	
♀	♍ 6	7	9	10	11	12	14	15	16	17	19	20	21	22	24	25	26	27	28	29 0	♎ 1	2	3	5	6	7	8	10	11	12	
♂	♎ 19	20	21	21	22	23	23	24	25	25	26	27	27	28	29	29	29 0	♏ 1	1	2	3	3	4	5	5	6	7	7	8	9	

♃ 1 5 10 16 21 26 30
♌10 11 12 13 14 15 16
♄ 1R 22D
♑17 17
♅ 1R 25
♈19 18
♆ 1 11
♍5 6
♇ 1 30
♋21 22

10																															
☉	♎ 7	8	9	10	11	12	13	14	15	16	17	18	19	20	21	22	23	24	25	26	27	28	29	29 0	♏ 1	2	3	4	5	6	7
☽	♉ 20	♊ 11	23	♋ 6	19	♌ 3	17	♍ 1	16	♎ 1	16	♏ 2	16	♐ 1	15	29	♑ 12	25	♒ 8	20	♓ 2	14	26	♈ 8	19	♉ 1	13	25	♊ 8	20	♋ 3
☿	♍ 24	26	28	29 0	♎ 1	3	5	6	8	10	12	14	15	17	19	20	22	24	26	27	29	29 0	♏ 2	4	5	7	9	10	12	13	15
♀	♎ 13	15	16	17	18	20	21	22	23	25	26	27	28	29 0	♏ 1	2	3	5	6	7	8	10	11	12	13	14	16	17	18	20	21
♂	♏ 9	10	11	12	12	13	14	14	15	16	16	17	18	18	19	20	21	21	22	23	23	24	25	26	26	27	28	28	29	29 0	♐ 1

♃ 1 8 14 21 29
♌16 17 18 19 20
♄ 1 31
♑17 18
♅ 1R 20 31
♈18 17 16
♆ 1 11
♍6 7
♇ 1
♋22

11																															
☉	♏ 8	9	10	11	12	13	14	15	16	17	18	19	20	21	22	23	24	25	26	27	28	29	29 0	♐ 1	2	3	4	5	6	7	
☽	♋ 16	29	♌ 12	26	♍ 10	25	♎ 10	25	♏ 10	25	♐ 9	23	♑ 7	21	♒ 4	16	29	♓ 11	22	♈ 4	16	28	♉ 10	22	♊ 4	17	29	♋ 13	26	♌ 9	
☿	♏ 17	18	20	21	23	24	26	27	29	29 0	♐ 2	3	5	6	8	9	11	12	14	15	16	18	19	21	22	23	24	26	27	28	
♀	♏ 22	23	25	26	27	28	29 0	♐ 1	2	3	5	6	7	8	10	11	12	13	15	16	17	18	20	21	22	23	25	26	27	28	
♂	♐ 1	2	3	3	4	5	5	6	7	8	9	9	10	11	11	12	13	14	14	15	16	17	17	18	19	20	20	21	22	23	

♃ 1 7 19
♌20 21 22
♄ 1 15 27
♑18 19 20
♅ 1R
♈16
♆ 1 30
♍7 8
♇ 1
♋22

12																															
☉	♐ 8	9	10	11	12	13	14	15	16	17	18	19	20	21	22	23	24	25	26	27	28	29 0	♑ 1	2	3	4	5	6	7	8	9
☽	♌ 23	♍ 7	21	♎ 5	19	♏ 4	18	♐ 3	17	♑ 1	15	29	♒ 12	24	♓ 7	19	♈ 0	12	24	♉ 6	18	♊ 0	13	26	♋ 9	22	♌ 6	20	♍ 3	17	♎ 1
☿	♐ 29	♑ 0	1	1	3	4	5	5	6	6	6	R 6	6	6	5	4	3	2	1	0 29	♐ 28	27	26	24	23	22	21	21	20	20	20
♀	29 0	♑ 1	2	3	5	6	7	8	10	11	12	13	15	16	17	18	20	21	22	23	24	26	27	28	29 0	♒ 1	2	3	4	6	7
♂	♐ 23	24	25	26	26	27	28	29	29	29 0	♑ 1	2	2	3	4	5	5	6	7	8	9	9	10	11	12	12	13	14	15	15	16

♃ 1 10R
♌22 22
♄ 1 7 18 25
♑20 21 22 23
♅ 1R 26D 1
♈16 16 15
♆ 1 11R
♍8 8
♇ 1
♋21

1932的行星位置

1

	1	2	3	4	5	6	7	8	9	10	11	12	13	14	15	16	17	18	19	20	21	22	23	24	25	26	27	28	29	30	31
☉	♑ 10	11	12	13	14	15	16	17	18	19	20	21	22	23	24	25	26	27	28	29	29 0	♒ 1	2	3	4	5	6	7	8	9	10
☽	♎ 15	29	♏ 14	28	♐ 12	26	♑ 10	23	♒ 7	19	♓ 2	14	26	♈ 8	20	♉ 2	14	26	♊ 8	21	♋ 4	17	♌ 1	15	29	♍ 14	28	♎ 12	26	♏ 11	25
☿	♐ 20	D 20	20	21	21	22	23	24	25	26	27	28	29	29 0	♑ 1	2	3	5	6	7	9	10	11	13	14	16	17	18	20	21	23
♀	♒ 8	9	11	12	13	14	16	17	18	19	21	22	23	[illegible]	25	27	28	29	29 0	♓ 2	3	4	5	7	8	9	10	11	13	14	15
♂	♑ 17	18	19	19	20	21	22	22	23	24	25	26	26	27	28	29	29 0	♒ 0	1	2	3	3	4	5	6	6	7	8	9	10	10

♃	1R 20 28 31	♌ 21 20 19 18
♄	1 11 20 28	♑ 24 25 26 27
♅	1 31	♈ 15 16
♆	1R 31	♍ 8 7
♇	1 31	♋ 21 20

2

	1	2	3	4	5	6	7	8	9	10	11	12	13	14	15	16	17	18	19	20	21	22	23	24	25	26	27	28	29	30	31
☉	♒ 11	12	13	14	15	16	17	18	19	20	21	22	23	24	25	26	27	28	29 0	♓ 0	1	2	3	4	5	6	7	8	9		
☽	♐ 8	22	♑ 6	19	♒ 2	15	28	♓ 10	22	♈ 4	16	28	♉ 10	22	♊ 4	16	29	♋ 12	25	♌ 9	24	♍ 8	23	♎ 8	22	♏ 7	21	♐ 5	19		
☿	♑ 24	26	27	29	29 0	♒ 2	4	5	7	8	10	12	13	15	17	18	20	22	24	25	27	29	29 0	♓ 3	4	6	8	10	12		
♀	♓ 16	17	19	20	21	22	24	25	26	27	28	29 0	♈ 1	2	3	4	6	7	8	9	10	12	13	14	15	16	17	19	20		
♂	♒ 11	12	13	14	14	15	16	17	18	18	19	20	21	21	22	23	24	25	25	26	27	28	28	29	29 0	♓ 1	2	3	3		

♃	1R 12 20 28	♌ 18 17 16 15
♄	1 6 14 24	♑ 27 28 29 ♒ 0
♅	1 25	♈ 16 17
♆	1R 29	♍ 7 6
♇	1	♋ 20

3

	1	2	3	4	5	6	7	8	9	10	11	12	13	14	15	16	17	18	19	20	21	22	23	24	25	26	27	28	29	30	31
☉	♓ 11	12	13	14	15	16	17	18	19	20	21	22	23	24	25	26	27	28	29	29 0	♈ 0	1	2	3	4	5	6	7	8	9	10
☽	♑ 3	16	29	♒ 12	24	♓ 6	19	♈ 1	12	24	♉ 6	18	29	♊ 12	24	♋ 7	20	♌ 3	17	♍ 1	16	♎ 1	16	♏ 1	16	♐ 1	15	29	♑ 13	26	♒ 9
☿	♓ 14	16	18	20	21	23	25	27	29 0	♈ 1	3	5	7	8	10	12	13	15	16	18	19	20	21	22	23	23	24	24	25	25	R 25
♀	♈ 21	22	23	25	26	27	28	29	29 0	♉ 1	3	4	5	6	7	8	9	11	12	13	14	15	16	17	18	20	21	22	23	24	25
♂	♓ 4	5	6	6	7	8	9	10	10	11	12	13	13	14	15	16	17	18	18	19	20	21	21	22	23	24	25	25	26	27	28

♃	1R 9 23	♌ 15 14 13
♄	1 16 28	♒ 1 2 3
♅	1 16 31	♈ 17 18 19
♆	1R	♍ 6
♇	1	♋ 20

4

	1	2	3	4	5	6	7	8	9	10	11	12	13	14	15	16	17	18	19	20	21	22	23	24	25	26	27	28	29	30	31
☉	♈ 11	12	13	14	15	16	17	18	19	20	21	22	23	24	25	26	27	28	29	29 0	♉ 1	2	3	4	5	6	7	8	9	10	
☽	♒ 21	♓ 3	15	27	♈ 9	21	♉ 3	15	27	♊ 9	21	♋ 3	16	29	♌ 12	26	♍ 10	24	♎ 9	24	♏ 10	25	♐ 10	24	♑ 8	22	♒ 5	18	♓ 0	13	
☿	♈ 25	R 25	24	24	23	23	22	22	21	20	19	19	18	17	17	16	15	15	14	14	14	14	14	D 14	14	14	14	14	15	15	
♀	♉ 26	27	28	29	♊ 0	1	2	4	5	6	7	8	9	10	11	12	13	14	15	16	17	17	18	19	20	21	22	23	24	25	
♂	♓ 28	29	29 0	♈ 1	2	2	3	4	5	5	6	7	8	9	9	10	11	12	12	13	14	15	15	16	17	18	19	19	20	21	

♃	1R 9 24	♌ 12 D 13
♄	1 14	♒ 3 4
♅	1 21	♈ 19 20
♆	1R 30	♍ 6 5
♇	1	♋ 20

5

	1	2	3	4	5	6	7	8	9	10	11	12	13	14	15	16	17	18	19	20	21	22	23	24	25	26	27	28	29	30	31
☉	♉ 11	12	13	14	15	16	17	18	19	19	20	21	22	23	24	25	26	27	28	29	29 0	♊ 1	2	3	4	5	6	7	8	9	10
☽	♓ 25	♈ 6	18	♉ 0	12	24	♊ 6	18	♋ 0	12	25	♌ 8	21	♍ 5	19	♎ 3	18	♏ 3	18	♐ 3	18	♑ 3	17	♒ 1	14	27	♓ 9	21	♈ 3	15	27
☿	♈ 16	16	17	18	19	19	20	21	22	23	24	26	27	28	29 0	♉ 1	2	3	5	6	8	9	11	13	14	16	18	19	21	23	25
♀	♊ 26	27	27	28	29	29 0	♋ 1	2	2	3	4	5	5	6	7	7	8	9	9	10	10	11	11	12	12	13	13	13	14	14	14
♂	♈ 21	22	23	24	25	25	26	27	28	28	29	29 0	♉ 1	1	2	3	4	4	5	6	7	7	8	9	10	10	11	12	13	13	14

♃	1 9 19 27	♌ 13 14 15 16
♄	1 15R	♒ 4 4
♅	1 9 30	♈ 20 21 22
♆	1R 16D	♍ 5 5
♇	1	♋ 20

6

	1	2	3	4	5	6	7	8	9	10	11	12	13	14	15	16	17	18	19	20	21	22	23	24	25	26	27	28	29	30	31
☉	♊ 10	11	12	13	14	15	16	17	18	19	20	21	22	23	24	25	26	27	28	29	29 0	♋ 0	1	2	3	4	5	6	7	8	
☽	♉ 9	21	♊ 3	15	27	♋ 10	22	♌ 5	18	♍ 1	15	29	♎ 13	27	♏ 12	27	♐ 12	26	♑ 11	25	♒ 9	22	♓ 5	17	29	♈ 12	23	♉ 5	17	29	
☿	♉ 27	29 0	♊ 1	3	5	7	9	11	14	16	18	20	21	24	27	29 0	♋ 1	3	5	7	10	12	14	16	17	19	21	23	25	27	
♀	♋ 15	15	15	15	15	15	15	R 15	15	15	15	15	15	14	14	14	13	13	13	12	12	11	10	10	9	9	8	7	7	6	
♂	♉ 15	15	16	17	18	18	19	20	21	21	22	23	23	24	25	26	26	27	28	29	29	29 0	♊ 1	1	2	3	3	4	5	6	

♃	1 3 10 16 22 27	♌ 16 17 18 19 20 21
♄	1R 30	♒ 4 3
♅	1 28	♈ 22 23
♆	1	♍ 5
♇	1 30	♋ 20 21

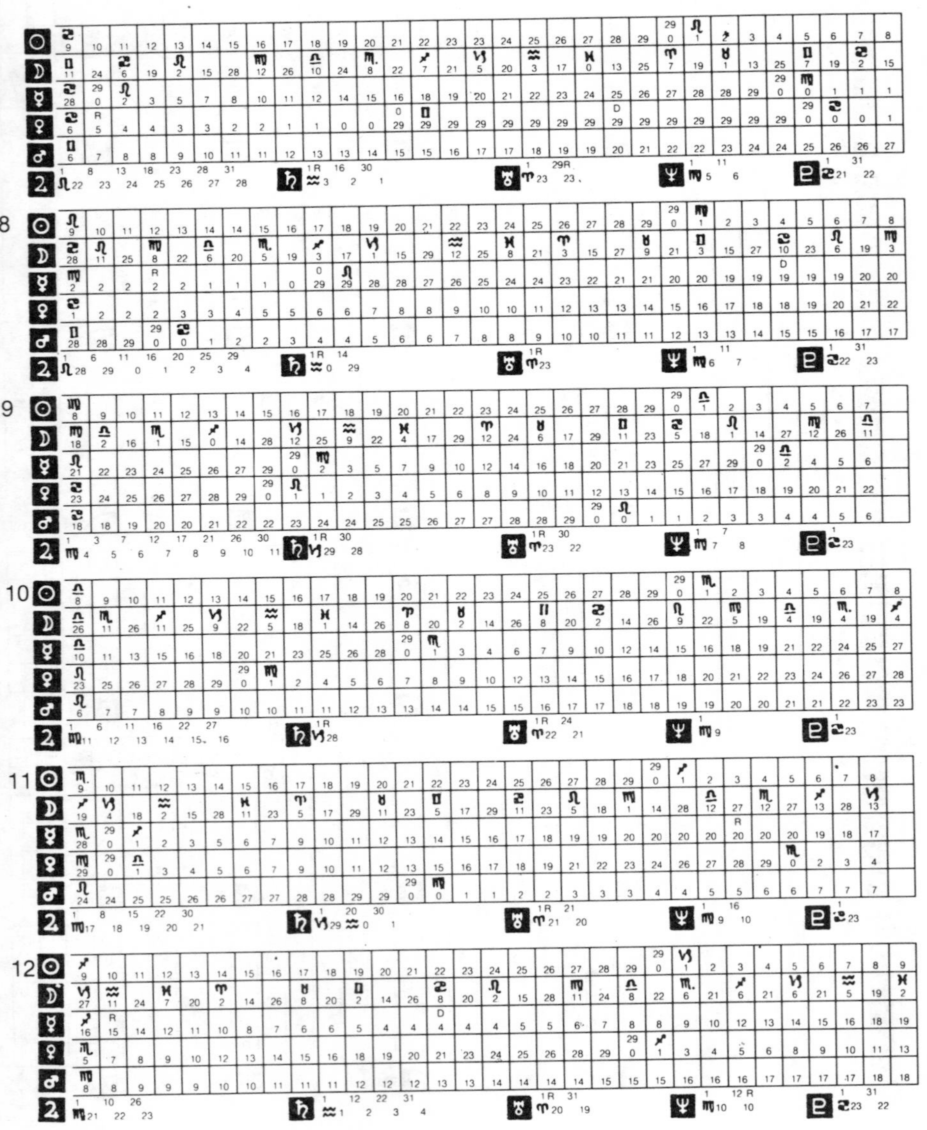

7 ☉	♋ 9	10	11	12	13	14	15	16	17	18	19	20	21	22	23	23	24	25	26	27	28	29	29 0	♌ 1	2	3	4	5	6	7	8
☽	♊ 11	24	♋ 6	19	♌ 2	15	28	♍ 12	26	♎ 10	24	♏ 8	22	♐ 7	21	♑ 5	20	♒ 3	17	♓ 0	13	25	♈ 7	19	♉ 1	13	25	♊ 7	19	♋ 2	15
☿	♋ 28	29 0	♌ 2	3	5	7	8	10	11	12	14	15	16	18	19	20	21	22	23	24	25	26	27	28	28	29	29 0	♍ 0	1	1	1
♀	♋ 6	R 5	4	4	3	3	2	2	1	1	0	0	0 29	♊ 29	29	29	29	29	29	29	D 29	29	29	29	29	29	29	29 0	♋ 0	0	1
♂	♊ 6	7	8	8	9	10	11	11	12	13	13	14	15	15	16	17	17	18	19	19	20	21	22	22	23	24	24	25	26	26	27

♃ 1: ♌22, 8: 23, 13: 24, 18: 25, 23: 26, 28: 27, 31: 28 — ♄ 1R: ♒3, 16: 2, 30: 1 — ♅ 1: ♈23, 29R: 23 — ♆ 1: ♍5, 11: 6 — ♇ 1: ♋21, 31: 22

8 ☉	♌ 9	10	11	12	13	14	14	15	16	17	18	19	20	21	22	23	24	25	26	27	28	29	29 0	♍ 1	2	3	4	5	6	7	8
☽	♋ 28	♌ 11	25	♍ 8	22	♎ 6	20	♏ 5	19	♐ 3	17	♑ 1	15	29	♒ 12	25	♓ 8	21	♈ 3	15	27	♉ 9	21	♊ 3	15	27	♋ 10	23	♌ 6	19	♍ 3
☿	♍ 2	2	2	R 2	2	1	1	1	0	0 29	♌ 29	28	28	27	26	25	24	24	23	22	21	21	20	20	19	19	D 19	19	19	20	20
♀	♋ 1	2	2	2	3	3	4	5	5	6	6	7	8	8	9	10	10	11	12	13	13	14	15	16	17	18	18	19	20	21	22
♂	♊ 28	28	29	29 0	♋ 0	1	2	2	3	4	4	5	6	6	7	8	8	9	10	10	11	11	12	13	13	14	15	15	16	17	17

♃ 1: ♌28, 6: 29, 11: 0, 16: 1, 20: 2, 25: 3, 29: 4 — ♄ 1R: ♒0, 14: 29 — ♅ 1R: ♈23 — ♆ 1: ♍6, 11: 7 — ♇ 1: ♋22, 31: 23

9 ☉	♍ 8	9	10	11	12	13	14	15	16	17	18	19	20	21	22	23	24	25	26	27	28	29	29 0	♎ 1	2	3	4	5	6	7	
☽	♍ 18	♎ 2	16	♏ 1	15	♐ 0	14	28	♑ 12	25	♒ 9	22	♓ 4	17	29	♈ 12	24	♉ 6	17	29	♊ 11	23	♋ 5	18	♌ 1	14	27	♍ 12	26	♎ 11	
☿	♌ 21	22	23	24	25	26	27	29	29 0	♍ 2	3	5	7	9	10	12	14	16	18	20	21	23	25	27	29	29 0	♎ 2	4	5	6	
♀	♋ 23	24	25	26	27	28	29	29 0	♌ 1	1	2	3	4	5	6	8	9	10	11	12	13	14	15	16	17	18	19	20	21	22	
♂	♋ 18	18	19	20	20	21	22	22	23	24	24	25	25	26	27	27	28	28	29	29 0	♌ 0	1	1	2	3	3	4	4	5	6	

♃ 1: ♍4, 3: 5, 7: 6, 12: 7, 17: 8, 21: 9, 26: 10, 30: 11 — ♄ 1R: ♑29, 30: 28 — ♅ 1R: ♈23, 30: 22 — ♆ 1: ♍7, 7: 8 — ♇ 1: ♋23

10 ☉	♎ 8	9	10	11	12	13	14	15	16	17	18	19	20	21	22	23	24	25	26	27	28	29	29 0	♏ 1	2	3	4	5	6	7	8
☽	♎ 26	♏ 11	26	♐ 11	25	♑ 9	22	♒ 5	18	♓ 1	14	26	♈ 8	20	♉ 2	14	26	♊ 8	20	♋ 2	14	26	♌ 9	22	♍ 5	19	♎ 4	19	♏ 4	19	♐ 4
☿	♎ 10	11	13	15	16	18	20	21	23	25	26	28	29 0	♏ 1	3	4	6	7	9	10	12	14	15	16	18	19	21	22	24	25	27
♀	♌ 23	25	26	27	28	29	29 0	♍ 1	2	4	5	6	7	8	9	10	12	13	14	15	16	17	18	20	21	22	23	24	26	27	28
♂	♌ 6	7	7	8	9	9	10	10	11	11	12	13	13	14	14	15	15	16	17	17	18	18	19	19	20	20	21	21	22	23	23

♃ 1: ♍11, 6: 12, 11: 13, 16: 14, 22: 15, 27: 16 — ♄ 1R: ♑28 — ♅ 1R: ♈22, 24: 21 — ♆ 1: ♍9 — ♇ 1: ♋23

11 ☉	♏ 9	10	11	12	13	14	15	16	17	18	19	20	21	22	23	24	25	26	27	28	29	29 0	♐ 1	2	3	4	5	6	7	8	
☽	♐ 19	♑ 4	18	♒ 2	15	28	♓ 11	23	♈ 5	17	29	♉ 11	23	♊ 5	17	29	♋ 11	23	♌ 5	18	♍ 1	14	28	♎ 12	27	♏ 12	27	♐ 13	28	♑ 13	
☿	♏ 28	29 0	♐ 1	2	3	5	6	7	9	10	11	12	13	14	15	16	17	18	19	19	20	20	20	20	R 20	20	20	19	18	17	
♀	♍ 29	29 0	♎ 1	3	4	5	6	7	9	10	11	12	13	15	16	17	18	19	21	22	23	24	26	27	28	29	♏ 0	2	3	4	
♂	♌ 24	24	25	25	26	26	27	27	28	28	29	29	29 0	♍ 0	1	1	2	2	3	3	3	4	4	5	5	6	6	7	7	7	

♃ 1: ♍17, 8: 18, 15: 19, 22: 20, 30: 21 — ♄ 1: ♑29, 20: ♒0, 30: 1 — ♅ 1R: ♈21, 21: 20 — ♆ 1: ♍9, 16: 10 — ♇ 1: ♋23

12 ☉	♐ 9	10	11	12	13	14	15	16	17	18	19	20	21	22	23	24	25	26	27	28	29	29 0	♑ 1	2	3	4	5	6	7	8	9
☽	♑ 27	♒ 11	24	♓ 7	20	♈ 2	14	26	♉ 8	20	♊ 2	14	26	♋ 8	20	♌ 2	15	28	♍ 11	24	♎ 8	22	♏ 6	21	♐ 6	21	♑ 6	21	♒ 5	19	♓ 2
☿	♐ 16	R 15	14	12	11	10	8	7	6	6	5	4	4	D 4	4	4	5	5	6	7	8	8	9	10	12	13	14	15	16	18	19
♀	♏ 5	7	8	9	10	12	13	14	15	16	18	19	20	21	23	24	25	26	28	29	29 0	♐ 1	3	4	5	6	8	9	10	11	13
♂	♍ 8	8	9	9	9	10	10	11	11	11	12	12	12	13	13	14	14	14	14	15	15	15	16	16	16	17	17	17	17	18	18

♃ 1: ♍21, 10: 22, 26: 23 — ♄ 1: ♒1, 12: 2, 22: 3, 31: 4 — ♅ 1R: ♈20, 31: 19 — ♆ 1: ♍10, 12R: 10 — ♇ 1: ♋23, 31: 22

1933的行星位置

1

	1	2	3	4	5	6	7	8	9	10	11	12	13	14	15	16	17	18	19	20	21	22	23	24	25	26	27	28	29	30	31
☉	♑10	11	12	13	14	15	16	17	18	19	20	21	22	23	24	25	26	27	28	29 0	♒1	2	3	4	5	6	7	8	9	10	11
☽	♓16	28	♈10	23	♉4	16	28	♊10	22	♋4	17	29	♌12	25	♍8	21	♎4	18	♏2	16	♐0	15	29	♑14	29	♒13	27	♓10	23	♈5	18
☿	♐20	22	23	24	26	27	29	29 0	♑1	3	4	6	7	9	10	12	13	15	16	18	20	21	23	24	26	28	29 0	♒1	2	4	6
♀	♐14	15	16	17	19	20	21	22	24	25	26	27	29	29 0	♑1	2	4	5	6	7	9	10	11	12	14	15	16	17	19	20	21
♂	♍18	18	18	19	19	19	19	19	19	19	20	20	20	20	20	20	20	20	20	20	R 20	20	20	20	20	20	20	20	20	20	19

♃	♄	♅	♆	♇
1 8 R 31 ♍23 23 22	1 9 17 26 ♒4 5 6 7	1 31 ♈19 20	1R 31 ♍10 9	1 ♋22

2

	1	2	3	4	5	6	7	8	9	10	11	12	13	14	15	16	17	18	19	20	21	22	23	24	25	26	27	28	29	30	31
☉	♒12	13	14	15	16	17	18	19	20	21	22	23	24	25	26	27	28	29	29 0	♓1	2	3	4	5	6	7	8	9			
☽	♉1	12	24	♊6	18	♋0	12	25	♌8	21	♍4	17	♎1	15	29	♏13	27	♐11	25	♑10	24	♒8	21	♓5	18	♈1	14	25			
☿	♒7	9	11	13	14	16	18	20	21	23	25	27	29	29 0	♓2	4	6	8	10	11	13	15	17	19	21	22	24	25			
♀	♑22	24	25	26	27	29	29 0	♒1	2	4	5	6	7	9	10	11	12	14	15	16	17	19	20	21	22	24	25	26			
♂	♍19	R 19	19	19	19	18	18	18	18	17	17	17	17	16	16	16	15	15	15	14	14	14	13	13	12	12	12	11			

♃	♄	♅	♆	♇
1R 15 24 28 ♍22 21 20 19	1 12 20 28 ♒8 9 10 11	1 28 ♈20 21	1R ♍9	1 28 ♋22 21

3

	1	2	3	4	5	6	7	8	9	10	11	12	13	14	15	16	17	18	19	20	21	22	23	24	25	26	27	28	29	30	31
☉	♓10	11	12	13	14	15	16	17	18	19	20	21	22	23	24	25	26	27	28	29	29 0	♈1	2	3	4	5	6	7	8	9	10
☽	♉8	20	♊2	14	26	♋8	20	♌3	16	29	♍12	26	♎10	25	♏9	24	♐8	22	♑6	20	♒4	18	♓1	14	27	♈9	22	♉4	16	28	♊10
☿	♓27	29	29 0	♈1	2	3	4	5	6	6	7	7	7	R 7	7	7	6	6	5	4	4	3	2	1	0 29	♓29	29	28	27	26	26
♀	♒27	29	29 0	♓1	2	4	5	6	7	9	10	11	12	14	15	16	17	19	20	21	22	24	25	26	27	29	29 0	♈1	2	3	5
♂	♍11	R 10	10	10	9	9	8	8	8	7	7	7	6	6	6	5	5	5	4	4	4	3	3	3	3	2	2	2	2	2	2

♃	♄	♅	♆	♇
1R 11 19 28 31 ♍19 18 17 16 15	1 11 21 31 ♒11 12 13 14	1 20 ♈21 22	1R 31 ♍9 8	1 ♋21

4

	1	2	3	4	5	6	7	8	9	10	11	12	13	14	15	16	17	18	19	20	21	22	23	24	25	26	27	28	29	30	31
☉	♈11	12	13	14	15	16	17	18	19	20	21	22	23	24	25	26	27	28	29	29 0	♉1	2	3	4	5	6	7	8	9	10	
☽	♊22	♋4	16	28	♌11	24	♍7	20	♎5	19	♏4	19	♐4	18	♑3	17	♒1	14	28	♓11	23	♈6	18	♉1	13	25	♊7	18	♋0	12	
☿	♓25	R 25	25	25	24	D 24	25	25	25	25	26	26	27	27	28	29	29 0	♈1	2	2	3	5	6	7	8	9	11	12	13	15	
♀	♈6	7	8	10	11	12	13	15	16	17	18	20	21	22	23	25	26	27	28	29 0	♉1	2	3	4	6	7	8	9	11	12	
♂	♍1	R 1	1	1	1	1	1	1	1	1	1	D 1	1	1	1	1	1	1	1	1	1	1	1	1	2	2	2	2	2	3	

♃	♄	♅	♆	♇
1R 18 30 ♍15 14 13	1 15 30 ♒14 15 16	1 7 25 ♈22 23 24	1R 30 ♍8 7	1 ♋21

5

	1	2	3	4	5	6	7	8	9	10	11	12	13	14	15	16	17	18	19	20	21	22	23	24	25	26	27	28	29	30	31
☉	♉10	11	12	13	14	15	16	17	18	19	20	21	22	23	24	25	26	27	28	29	29 0	♊1	2	3	4	5	6	7	7	8	9
☽	♋24	♌6	19	♍2	15	29	♎13	27	♏12	27	♐13	28	♑13	27	♒11	25	♓8	21	♈3	15	28	♉10	22	♊4	15	27	♋9	21	♌3	15	28
☿	♈16	17	19	20	22	24	25	27	28	29 0	♉2	4	5	7	9	11	13	15	17	19	21	23	25	27	29 0	♊2	4	6	8	11	13
♀	♉13	14	16	17	18	19	20	22	23	24	25	26	28	29	29 0	♊2	3	4	5	6	8	9	10	11	13	14	15	16	18	19	20
♂	♍3	3	3	3	4	4	4	4	5	5	5	6	6	6	7	7	7	8	8	8	9	9	9	10	10	10	11	11	12	12	12

♃	♄	♅	♆	♇
1R 10D 31 ♍13 13 14	1 27R ♒16 16	1 13 31 ♈24 25 26	1R 19D ♍7 7	1 31 ♋21 22

6

	1	2	3	4	5	6	7	8	9	10	11	12	13	14	15	16	17	18	19	20	21	22	23	24	25	26	27	28	29	30	31
☉	♊10	11	12	13	14	15	16	17	18	19	20	21	22	23	24	25	26	27	28	29	29 0	♋0	1	2	3	4	5	6	7	8	
☽	♍10	24	♎7	21	♏6	21	♐6	21	♑6	21	♒6	20	♓4	17	♈0	12	25	♉7	19	♊1	12	24	♋6	18	♌0	12	25	♍7	20	♎3	
☿	♊15	17	19	21	24	26	28	29 0	♋2	4	5	7	9	11	13	14	16	18	19	21	22	24	25	27	28	29	29 0	♌2	3	4	
♀	♊21	22	24	25	26	27	29	29 0	♋1	2	3	5	6	7	8	10	11	12	13	14	16	17	18	19	21	22	23	24	26	27	
♂	♍13	13	14	14	14	15	15	16	16	17	17	18	18	19	19	19	20	20	21	21	22	22	23	23	24	24	25	25	26	26	

♃	♄	♅	♆	♇
1 13 23 30 ♍14 15 16 17	1R 30 ♒16 15	1 30 ♈26 27	1 30 ♍7 8	1 ♋22

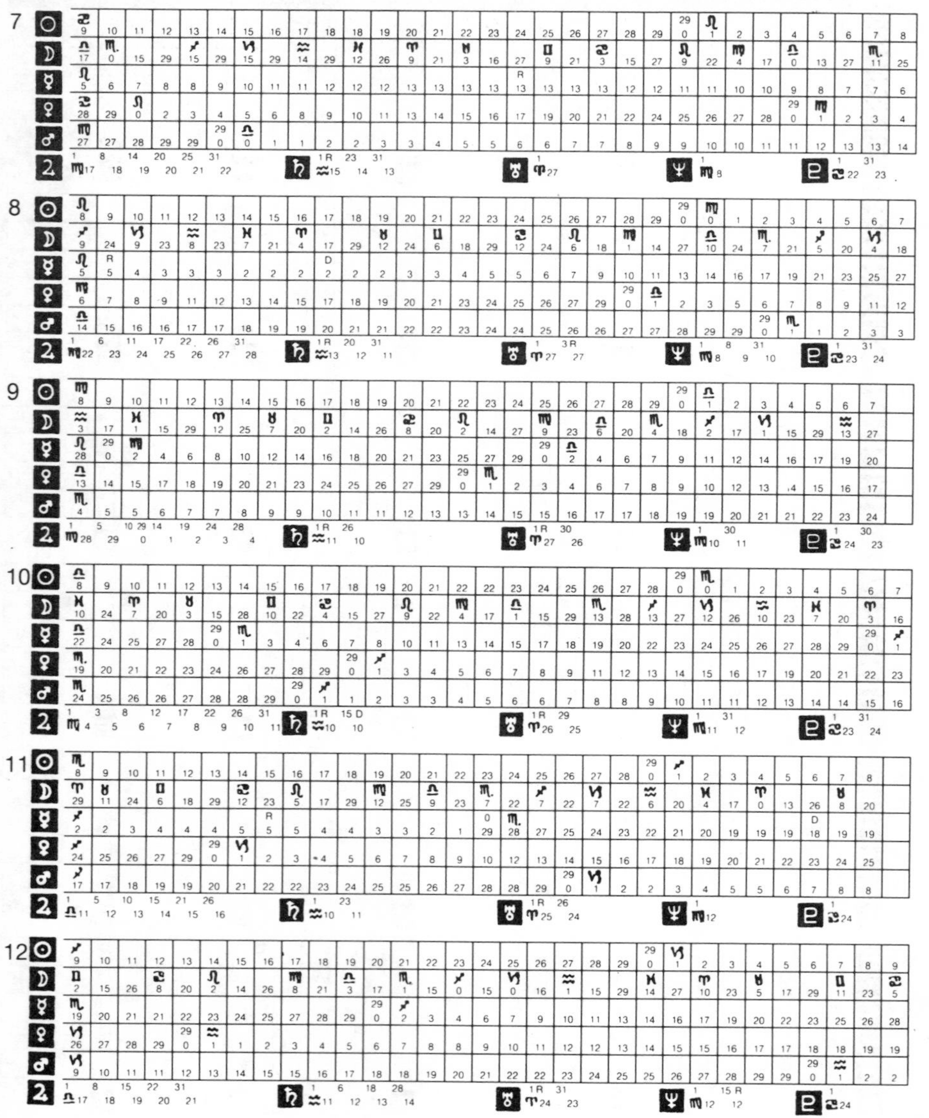

7																															
☉	♋ 9	10	11	12	13	14	15	16	17	18	18	19	20	21	22	23	24	25	26	27	28	29	29 0	♌ 1	2	3	4	5	6	7	8
☽	♎ 17	♏ 0	15	29	♐ 15	29	♑ 15	29	♒ 14	29	♓ 12	26	♈ 9	21	♉ 3	16	27	♊ 9	21	♋ 3	15	27	♌ 9	22	♍ 4	17	♎ 0	13	27	♏ 11	25
☿	♌ 5	6	7	8	8	9	10	11	11	12	12	12	13	13	13	13	R 13	13	13	13	12	12	11	11	10	10	9	8	7	7	6
♀	♋ 28	29	♌ 0	2	3	4	5	6	8	9	10	11	13	14	15	16	17	19	20	21	22	24	25	26	27	28	29 0	♍ 1	2	3	4
♂	♍ 27	27	28	29	29	29 0	♎ 0	1	1	2	2	3	3	4	5	5	6	6	7	7	8	9	9	10	10	11	11	12	13	13	14

♃ 1 8 14 20 25 31 / ♍17 18 19 20 21 22 ♄ 1R 23 31 / ♒15 14 13 ♅ 1 / ♈27 ♆ 1 / ♍8 ♇ 1 31 / ♋22 23

8																															
☉	♌ 8	9	10	11	12	13	14	15	16	17	18	19	20	21	22	23	24	25	26	27	28	29	29 0	♍ 0	1	2	3	4	5	6	7
☽	♐ 9	24	♑ 9	23	♒ 8	23	♓ 7	21	♈ 4	17	29	♉ 12	24	♊ 6	18	29	♋ 12	24	♌ 6	18	♍ 1	14	27	♎ 10	24	♏ 7	21	♐ 5	20	♑ 4	18
☿	♌ 5	R 5	4	3	3	3	2	2	2	D 2	2	2	3	3	4	5	5	6	7	9	10	11	13	14	16	17	19	21	23	25	27
♀	♍ 6	7	8	9	11	12	13	14	15	17	18	19	20	21	23	24	25	26	27	29	29 0	♎ 1	2	3	5	6	7	8	9	11	12
♂	♎ 14	15	16	16	17	17	18	19	19	20	21	21	22	22	23	24	24	25	26	26	27	27	28	29	29	29 0	♏ 1	1	2	3	3

♃ 1 6 11 17 22 26 31 / ♍22 23 24 25 26 27 28 ♄ 1R 20 31 / ♒13 12 11 ♅ 1 3R / ♈27 27 ♆ 1 8 31 / ♍8 9 10 ♇ 1 31 / ♋23 24

9																														
☉	♍ 8	9	10	11	12	13	14	15	16	17	18	19	20	21	22	23	24	25	26	27	28	29	29 0	♎ 1	2	3	4	5	6	7
☽	♒ 3	17	♓ 1	15	29	♈ 12	25	♉ 7	20	♊ 2	14	26	♋ 8	20	♌ 2	14	27	♍ 9	23	♎ 6	20	♏ 4	18	♐ 2	17	♑ 1	15	29	♒ 13	27
☿	♌ 28	29 0	♍ 2	4	6	8	10	12	14	16	18	20	21	23	25	27	29	29 0	♎ 2	4	6	7	9	11	12	14	16	17	19	20
♀	♎ 13	14	15	17	18	19	20	21	23	24	25	26	27	29	29 0	♏ 1	2	3	4	6	7	8	9	10	12	13	14	15	16	17
♂	♏ 4	5	5	6	7	7	8	9	9	10	11	11	12	13	13	14	15	15	16	17	17	18	19	19	20	21	21	22	23	24

♃ 1 5 10 29 14 19 24 28 / ♍28 29 0 1 2 3 4 ♄ 1R 26 / ♒11 10 ♅ 1R 30 / ♈27 26 ♆ 1 30 / ♍10 11 ♇ 1 30 / ♋24 23

10																															
☉	♎ 8	9	10	11	12	13	14	15	16	17	18	19	20	21	22	22	23	24	25	26	27	28	29 0	♏ 0	1	2	3	4	5	6	7
☽	♓ 10	24	♈ 7	20	♉ 3	15	28	♊ 10	22	♋ 4	15	27	♌ 9	22	♍ 4	17	♎ 1	15	29	♏ 13	28	♐ 13	27	♑ 12	26	♒ 10	23	♓ 7	20	♈ 3	16
☿	♎ 22	24	25	27	28	29 0	♏ 1	3	4	6	7	8	10	11	13	14	15	17	18	19	20	22	23	24	25	26	27	28	29	29 0	♐ 1
♀	♏ 19	20	21	22	23	24	26	27	28	29	29 0	♐ 1	3	4	5	6	7	8	9	11	12	13	14	15	16	17	19	20	21	22	23
♂	♏ 24	25	26	26	27	28	28	29	29 0	♐ 1	1	2	3	3	4	5	6	6	7	8	8	9	10	11	11	12	13	14	14	15	16

♃ 1 3 8 12 17 22 26 31 / ♍4 5 6 7 8 9 10 11 ♄ 1R 15D / ♒10 10 ♅ 1R 29 / ♈26 25 ♆ 1 31 / ♍11 12 ♇ 1 31 / ♋23 24

11																														
☉	♏ 8	9	10	11	12	13	14	15	16	17	18	19	20	21	22	23	24	25	26	27	28	29 0	♐ 1	2	3	4	5	6	7	8
☽	♈ 29	♉ 11	24	♊ 6	18	29	♋ 12	23	♌ 5	17	29	♍ 12	25	♎ 9	23	♏ 7	22	♐ 7	22	♑ 7	22	♒ 6	20	♓ 4	17	♈ 0	13	26	♉ 8	20
☿	♐ 2	2	3	4	4	4	5	R 5	5	4	4	3	3	2	1	0 29	♏ 28	27	25	24	23	22	21	20	19	19	19	D 18	19	19
♀	♐ 24	25	26	27	29	29 0	♑ 1	2	3	4	5	6	7	8	9	10	12	13	14	15	16	17	18	19	20	21	22	23	24	25
♂	♐ 17	17	18	19	19	20	21	22	22	23	24	25	25	26	27	28	28	29	29 0	♑ 1	2	2	3	4	5	5	6	7	8	8

♃ 1 5 10 15 21 26 / ♎11 12 13 14 15 16 ♄ 1 23 / ♒10 11 ♅ 1R 26 / ♈25 24 ♆ 1 / ♍12 ♇ 1 / ♋24

12																															
☉	♐ 9	10	11	12	13	14	15	16	17	18	19	20	21	22	23	24	25	26	27	28	29	29 0	♑ 1	2	3	4	5	6	7	8	9
☽	♊ 2	15	26	♋ 8	20	♌ 2	14	26	♍ 8	21	♎ 3	17	♏ 1	15	♐ 0	15	♑ 0	16	♒ 1	15	29	♓ 14	27	♈ 10	23	♉ 5	17	29	♊ 11	23	♋ 5
☿	♏ 19	20	21	21	22	23	24	25	27	28	29	29 0	♐ 2	3	4	6	7	9	10	11	13	14	16	17	19	20	22	23	25	26	28
♀	♑ 26	27	28	29	29 0	♒ 1	1	2	3	4	5	6	7	8	8	9	10	11	12	12	13	14	15	15	16	17	17	18	18	19	19
♂	♑ 9	10	11	11	12	13	14	15	15	16	17	18	18	19	20	21	22	22	23	24	25	25	26	27	28	29	29	29 0	♒ 1	2	2

♃ 1 8 15 22 31 / ♎17 18 19 20 21 ♄ 1 6 18 28 / ♒11 12 13 14 ♅ 1R 31 / ♈24 23 ♆ 1 15R / ♍12 12 ♇ 1 / ♋24

1934的行星位置

1		1	2	3	4	5	6	7	8	9	10	11	12	13	14	15	16	17	18	19	20	21	22	23	24	25	26	27	28	29	30	31
	☉	♑ 10	11	12	13	14	15	16	17	18	19	20	21	22	23	24	25	26	27	28	29 0	♒ 1	2	3	4	5	6	7	8	9	10	11
	☽	♋ 17	29	♌ 11	23	♍ 5	17	29	♎ 13	26	♏ 9	24	♐ 8	23	♑ 8	24	♒ 9	24	♓ 8	22	♈ 5	19	♉ 2	14	26	♊ 8	20	♋ 2	14	26	♌ 8	20
	☿	29 0	♑ 1	3	4	6	7	9	10	12	14	15	17	18	20	22	23	25	27	28	29 0	♒ 2	3	5	7	8	10	12	14	15	17	19
	♀	♒ 20	20	21	21	22	22	22	23	23	23	23	23	23	23	R 23	23	23	23	23	23	23	22	22	22	21	21	21	20	20	19	18
	♂	♒ 3	4	5	6	6	7	8	9	10	10	11	12	13	14	14	15	16	17	17	18	19	20	21	21	22	23	24	25	25	26	27

♃ 1: ♎21　18: 22　27: 23　♄ 1: ♒14　6: 15　15: 16　24: 17　31: 18　♅ 1R: ♈23　3D: 23　31: 24　♆ 1R: ♍12　♇ 1: ♋24　31: 23

2		1	2	3	4	5	6	7	8	9	10	11	12	13	14	15	16	17	18	19	20	21	22	23	24	25	26	27	28
	☉	♒ 12	13	14	15	16	17	18	19	20	21	22	23	24	25	26	27	28	29	29 0	♓ 1	2	3	4	5	6	7	8	9
	☽	♍ 2	14	27	♎ 9	22	♏ 6	19	♐ 3	17	♊ 2	17	♒ 2	17	♓ 1	16	♈ 0	14	27	♉ 10	23	♊ 5	17	29	♋ 10	22	♌ 4	16	28
	☿	♒ 21	22	24	26	28	29 0	♓ 1	3	5	6	8	9	11	12	14	15	16	17	18	19	19	20	20	20	R 20	20	20	19
	♀	♒ 18	R 17	17	16	15	15	14	13	13	12	12	11	11	10	10	10	9	9	9	8	8	8	8	8	8	D 8	8	8
	♂	♒ 28	29	29	29 0	♓ 1	2	2	3	4	5	6	6	7	8	9	10	10	11	12	13	14	14	15	16	17	17	18	19

♃ 1: ♎23　7R: 23　28: 22　♄ 1: ♒18　9: 19　18: 20　26: 21　♅ 1: ♈24　♆ 1R: ♍12　28: 11　♇ 1: ♋23

3		1	2	3	4	5	6	7	8	9	10	11	12	13	14	15	16	17	18	19	20	21	22	23	24	25	26	27	28	29	30	31
	☉	♓ 10	11	12	13	14	15	16	17	18	19	20	21	22	23	24	25	26	27	28	29	29 0	♈ 1	2	3	4	5	6	7	8	9	10
	☽	♍ 11	23	♎ 6	19	♏ 3	16	♐ 0	14	28	♑ 12	26	♒ 11	25	♓ 10	24	♈ 8	22	♉ 5	18	♊ 0	13	25	♋ 7	18	♌ 0	12	24	♍ 7	19	♎ 2	15
	☿	♓ 19	R 18	17	16	15	14	13	12	11	10	9	9	8	7	7	7	6	6	D 6	6	6	7	7	7	8	8	9	10	11	11	12
	♀	♒ 8	8	8	9	9	9	10	10	10	11	11	12	12	13	13	14	14	15	16	16	17	18	18	19	20	21	21	22	23	24	25
	♂	♓ 20	21	21	22	23	24	24	25	26	27	28	28	29	29 0	♈ 1	1	2	3	4	5	5	6	7	8	8	9	10	11	12	12	13

♃ 1R: ♎22　17: 21　26: 20　31: 19　♄ 1: ♒21　7: 22　16: 23　25: 24　♅ 1: ♈25　24: 26　♆ 1R: ♍11　31: 10　♇ 1: ♋23　31: 22

4		1	2	3	4	5	6	7	8	9	10	11	12	13	14	15	16	17	18	19	20	21	22	23	24	25	26	27	28	29	30
	☉	♈ 11	12	13	14	15	16	17	18	19	20	21	22	23	24	25	25	26	27	28	29 0	♉ 0	1	2	3	4	5	6	7	8	9
	☽	♎ 29	♏ 13	27	♐ 11	25	♑ 9	23	♒ 7	21	♓ 5	19	♈ 3	16	♉ 0	13	26	♊ 8	21	♋ 3	14	26	♌ 8	20	♍ 2	15	27	♎ 11	24	♏ 8	22
	☿	♓ 13	14	15	16	17	18	20	21	22	23	25	26	27	29	29 0	♈ 2	3	5	6	8	10	11	13	15	16	18	20	22	24	25
	♀	♒ 26	26	27	28	29	29 0	♓ 1	2	3	4	5	6	6	7	8	9	10	11	12	13	14	15	17	17	18	19	20	22	23	24
	♂	♈ 14	15	15	16	17	18	18	19	20	21	21	22	23	24	24	25	26	27	27	28	29	29 0	♉ 0	1	2	3	3	4	5	6

♃ 1R: ♎19　11: 18　19: 17　27: 16　♄ 1: ♒24　5: 25　17: 26　30: 27　♅ 1: ♈26　11: 27　28: 28　♆ 1R: ♍10　♇ 1: ♋22

5		1	2	3	4	5	6	7	8	9	10	11	12	13	14	15	16	17	18	19	20	21	22	23	24	25	26	27	28	29	30	31
	☉	♉ 10	11	12	13	14	15	16	17	18	19	20	21	22	23	24	25	26	27	28	29	29 0	♊ 0	1	2	3	4	5	6	7	8	9
	☽	♐ 6	21	♑ 5	20	♒ 4	18	♓ 2	16	29	♈ 13	26	♉ 9	22	♊ 4	17	29	♋ 11	23	♌ 4	16	28	♍ 10	23	♎ 5	19	♏ 2	16	♐ 1	15	♑ 0	15
	☿	♈ 27	29 0	♉ 1	3	5	7	9	11	14	16	18	20	22	24	27	29	♊ 1	3	5	7	10	12	14	16	18	19	21	23	25	27	28
	♀	♓ 25	26	27	28	29	29 0	♈ 1	2	3	4	5	6	8	9	10	11	12	13	14	15	16	18	19	20	21	22	23	24	25	27	28
	♂	♉ 6	7	8	9	9	10	11	12	12	13	14	15	15	16	17	17	18	19	20	20	21	22	23	23	24	25	25	26	27	28	28

♃ 1R: ♎15　19: 14　31: 13　♄ 1: ♒27　24: 28　♅ 1: ♈28　17: 29　♆ 1R: ♍10　21D: 10　♇ 1: ♋22　31: 23

6		1	2	3	4	5	6	7	8	9	10	11	12	13	14	15	16	17	18	19	20	21	22	23	24	25	26	27	28	29	30
	☉	♊ 10	11	12	13	14	15	16	17	18	19	20	21	22	23	24	24	25	26	27	28	29	29 0	♋ 1	2	3	4	5	6	7	8
	☽	♒ 0	14	29	♓ 13	26	♈ 10	23	♉ 6	18	♊ 1	13	25	♋ 7	19	♌ 1	13	24	♍ 6	18	♎ 1	14	27	♏ 10	25	♐ 9	24	♑ 9	24	♒ 9	24
	☿	29 0	♋ 2	3	5	6	8	9	10	12	13	14	15	16	17	18	19	20	20	21	22	22	23	23	23	24	24	24	R 24	24	24
	♀	♈ 29	29 0	♉ 1	2	3	4	6	7	8	9	10	11	13	14	15	16	17	18	19	21	22	23	24	25	26	28	29	29 0	♊ 1	2
	♂	♉ 29	29 0	♊ 1	1	2	3	3	4	5	5	6	7	8	8	9	10	10	11	12	12	13	14	15	15	16	17	17	18	19	19

♃ 1R: ♎13　11D: 13　♄ 1: ♒28　9R: 28　♅ 1: ♈29　6: ♉0　30: 1　♆ 1: ♍9　29: 10　♇ 1: ♋23　30: 24

7	☉	♋ 9	10	11	12	13	14	14	15	16	17	18	19	20	21	22	23	24	25	26	27	28	29	29 0	♌ 0	1	2	3	4	5	6	7
	☽	♓ 8	23	♈ 6	20	♉ 3	15	28	♊ 10	22	♋ 4	16	28	♌ 10	21	♍ 3	15	27	♎ 10	23	♏ 6	19	♐ 3	18	♑ 2	17	♒ 3	18	♓ 3	17	♈ 2	16
	☿	♋ 23	23	23	22	22	21	21	20	20	19	18	18	17	16	16	15	15	15	14	14	14	D 14	14	14	14	15	15	16	16	17	18
	♀	♊ 3	5	6	7	8	9	11	12	13	14	15	16	18	19	20	21	22	24	25	26	27	28	29 0	♋ 1	2	3	4	6	7	8	9
	♂	♊ 20	21	21	22	23	23	24	25	26	26	27	28	28	29	29 0	♋ 0	1	2	2	3	4	4	5	6	6	7	8	8	9	10	10

♃ 1 15 24 31 / ♎14 15 16 17 ♄ 1R 17 31 / ♒28 27 26 ♅ 1 / ♉1 ♆ 1 31 / ♍10 11 ♇ 1 / ♋24

8	☉	♌ 8	9	10	11	12	13	14	15	16	17	18	19	20	21	22	23	24	25	26	27	28	29	29 0	♍ 0	1	2	3	4	5	6	7
	☽	♈ 29	♉ 12	25	♊ 7	19	♋ 1	13	25	♌ 7	18	♍ 0	12	24	♎ 7	19	♏ 2	15	29	♐ 12	27	♑ 11	26	♒ 11	26	♓ 11	26	♈ 10	24	♉ 8	21	♊ 4
	☿	♋ 19	20	21	22	24	25	27	28	29 0	♌ 1	3	5	7	9	11	13	15	17	19	21	23	25	27	29	29 0	♍ 3	5	7	8	10	12
	♀	♋ 10	12	13	14	15	16	18	19	20	21	22	24	25	26	27	28	29 0	♌ 1	2	3	5	6	7	8	9	11	12	13	14	16	17
	♂	♋ 11	12	12	13	14	14	15	16	16	17	18	18	19	19	20	21	21	22	23	23	24	25	25	26	27	27	28	29	29	29 0	♌ 0

♃ 1 8 15 21 27 31 / ♎17 18 19 20 21 22 ♄ 1R 15 29 / ♒26 25 24 ♅ 1 7R / ♉1 1 ♆ 1 31 / ♍11 12 ♇ 1 31 / ♋24 25

9	☉	♍ 8	9	10	11	12	13	14	15	16	17	18	19	20	21	22	23	24	25	26	27	28	29	29 0	♎ 0	1	2	3	4	5	6	
	☽	♊ 16	28	♋ 10	22	♌ 3	15	27	♍ 9	21	♎ 4	16	29	♏ 12	25	♐ 9	23	♑ 7	21	♒ 5	20	♓ 5	19	♈ 4	18	♉ 2	16	29	♊ 12	24	♋ 6	
	☿	♍ 14	16	18	20	21	23	25	27	28	29 0	♎ 2	3	5	6	8	10	11	13	14	16	17	19	20	22	23	24	26	27	28	29 0	
	♀	♌ 18	19	20	22	23	24	25	27	28	29	29 0	♍ 2	3	4	5	6	8	9	10	11	13	14	15	16	18	19	20	21	23	24	
	♂	♌ 1	2	2	3	4	4	5	6	6	7	7	8	9	9	10	11	11	12	12	13	14	14	15	15	16	17	17	18	19	19	

♃ 1 7 12 17 22 27 / ♎22 23 24 25 26 27 ♄ 1R 12 30 / ♒24 23 22 ♅ 1R 30 / ♉1 0 ♆ 1 29 / ♍12 13 ♇ 1 30 / ♋25 26

10	☉	♎ 7	8	9	10	11	12	13	14	15	16	17	18	19	20	21	22	23	24	25	26	27	28	29	29 0	♏ 1	2	3	4	5	6	7
	☽	♋ 18	♌ 0	12	24	♍ 6	18	♎ 0	13	26	♏ 9	22	♐ 6	19	♑ 3	17	♒ 1	15	29	♓ 14	28	♈ 13	27	♉ 10	24	♊ 7	20	♋ 2	14	26	♌ 8	20
	☿	♏ 1	2	4	5	6	7	8	9	10	11	12	13	14	15	16	16	17	18	18	18	19	19	R 19	19	18	18	17	16	16	14	13
	♀	♍ 25	26	28	29	29 0	♎ 1	3	4	5	6	8	9	10	11	13	14	15	16	18	19	20	21	23	24	25	26	28	29	29 0	♏ 1	3
	♂	♌ 20	20	21	22	22	23	23	24	25	25	26	26	27	28	28	29	29	29 0	♍ 1	1	2	2	3	4	4	5	5	6	6	7	8

♃ 1 6 11 15 20 25 29 / ♎28 29 ♏0 1 2 3 4 ♄ 1R 27D 31 / ♒22 22 21 ♅ 1R 10 / ♉0 ♈29 ♆ 1 31 / ♍13 14 ♇ 1 / ♋26

11	☉	♏ 8	9	10	11	12	13	14	15	16	17	18	19	20	21	22	23	24	25	26	27	28	29 0	♐ 0	1	2	3	4	5	6	7	
	☽	♍ 2	14	26	♎ 8	21	♏ 5	18	♐ 2	16	♑ 0	14	28	♒ 12	26	♓ 10	24	♈ 8	22	♉ 6	19	♊ 2	15	28	♋ 10	22	♌ 4	16	27	♍ 9	21	
	☿	♏ 12	11	10	8	7	6	5	4	4	3	3	D 3	3	3	4	4	5	6	7	8	9	10	11	13	14	15	17	18	20	21	
	♀	♐ 4	5	6	8	9	10	11	13	14	15	16	18	19	20	21	23	24	25	26	28	29	29 0	♐ 1	3	4	5	7	8	9	10	
	♂	♍ 8	9	9	10	10	11	12	12	13	13	14	14	15	16	16	17	17	18	18	19	19	20	21	21	22	22	23	23	24	24	

♃ 1 3 7 12 17 21 26 30 / ♏4 5 6 7 8 9 10 1 ♄ 1 20 / ♒21 22 ♅ 1R 30 / ♈29 28 ♆ 1 / ♍14 ♇ 1 / ♋26

12	☉	♐ 8	9	10	11	12	13	14	15	16	17	18	19	20	21	22	23	24	25	26	27	28	29 0	♑ 1	2	3	4	5	6	7	8	9
	☽	♎ 4	16	29	♏ 13	26	♐ 11	25	♑ 9	24	♒ 9	23	♓ 7	21	♈ 5	19	♉ 2	15	28	♊ 11	24	♋ 6	18	♌ 0	12	24	♍ 5	17	29	♎ 12	24	♓ 7
	☿	♏ 23	24	26	27	29	29 0	♐ 2	3	5	6	8	9	11	12	14	16	17	19	20	22	23	25	27	28	29 0	♑ 1	3	4	6	8	9
	♀	♐ 12	13	14	15	17	18	19	20	22	23	24	25	27	28	29	29 0	♑ 2	3	4	5	7	8	9	10	12	13	14	15	17	18	19
	♂	♍ 25	25	26	26	27	27	28	28	29	29	29 0	♎ 0	1	1	2	2	3	3	4	4	5	5	6	6	7	7	8	8	8	9	9

♃ 1 6 11 16 21 27 31 / ♏11 12 13 14 15 16 17 ♄ 1 8 21 31 / ♒22 23 24 25 ♅ 1R 31 / ♈28 27 ♆ 1 17R / ♍14 14 ♇ 1 31 / ♋26 25

1935的行星位置

月	星	1	2	3	4	5	6	7	8	9	10	11	12	13	14	15	16	17	18	19	20	21	22	23	24	25	26	27	28	29	30	31
1	☉	♑ 10	11	12	13	14	15	16	17	18	19	20	21	22	23	24	25	26	27	28	29 0	♒ 0	1	2	3	4	5	6	7	8	9	10
	☽	♏ 20	♐ 4	18	♑ 3	18	♒ 3	18	♓ 3	17	♈ 2	15	29	♉ 12	25	♊ 8	20	♋ 3	15	27	♌ 9	20	♍ 2	14	26	♎ 8	20	♏ 3	15	29	♐ 12	26
	☿	♑ 11	12	14	16	17	19	21	22	24	26	27	29	29 0	♒ 2	4	6	7	9	11	12	14	16	17	19	20	22	23	25	26	28	29
	♀	♑ 21	22	23	24	26	27	28	29 0	♒ 1	2	3	4	6	7	8	9	11	12	13	14	16	17	18	19	21	22	23	24	26	27	28
	♂	♎ 10	10	11	11	11	12	12	13	13	13	14	15	15	15	16	16	16	17	17	18	18	18	19	19	19	19	19	20	20	20	21

♃	♄	♅	♆	♇
1 8 14 21 30	1 10 20 28	1	1R	1 31
♏17 18 19 20 21	♒25 26 27 28	♈27	♍14	♋25 24

月	星	1	2	3	4	5	6	7	8	9	10	11	12	13	14	15	16	17	18	19	20	21	22	23	24	25	26	27	28	29	30	31
2	☉	♒ 11	12	13	14	15	16	17	18	19	20	21	22	23	24	25	26	27	28	29 0	♓ 1	2	3	4	5	6	7	8	9			
	☽	♑ 11	26	♒ 11	26	♓ 11	26	♈ 11	25	♉ 9	22	♊ 5	17	29	♋ 12	24	♌ 5	17	29	♍ 11	23	♎ 5	17	29	♏ 12	25	♐ 8	21	♑ 5			
	☿	29 0	♓ 1	2	2	3	3	4	R 4	4	3	3	2	1	0	0 29	♒ 28	27	26	25	24	23	22	21	20	20	19	19	19			
	♀	29 0	♓ 1	2	3	4	6	7	8	9	11	12	13	14	16	17	18	19	21	22	23	24	25	27	28	29	♈ 0	2	3			
	♂	♎ 21	21	21	22	22	22	22	22	23	23	23	23	23	24	24	24	24	24	24	24	24	24	24	24	24	24	R 24	24			

♃	♄	♅	♆	♇
1 9 24	1 14 29 22 28	1 9	1R 28	1
♏21 22 23	♒28 ♓0 1 2	♈27 28	♍14 13	♋24

月	星	1	2	3	4	5	6	7	8	9	10	11	12	13	14	15	16	17	18	19	20	21	22	23	24	25	26	27	28	29	30	31
3	☉	♓ 10	11	12	13	14	15	16	17	18	19	20	21	22	23	24	25	26	27	28	29	29 0	♈ 1	2	3	4	5	6	7	8	9	10
	☽	♑ 19	♒ 4	19	♓ 4	19	♈ 4	19	♉ 4	17	♊ 1	14	26	♋ 9	21	♌ 2	14	26	♍ 8	20	♎ 2	14	26	♏ 9	22	♐ 4	18	♑ 1	15	29	♒ 13	28
	☿	♒ 19	D 19	19	19	19	20	20	21	21	22	23	23	24	25	26	27	28	29 0	♓ 1	2	3	4	5	7	8	9	11	12	14	15	17
	♀	♈ 4	5	7	8	9	10	12	13	14	15	16	18	19	20	21	23	24	25	26	27	29	29 0	♉ 1	2	4	5	6	7	8	10	11
	♂	♎ 24	R 24	24	24	24	24	24	24	24	24	24	23	23	23	23	23	22	22	22	22	21	21	21	21	20	20	20	19	19	19	18

♃	♄	♅	♆	♇
1 10R	1 11 20 29	1 8 27 28	1R 31	1
♏23 22	♓2 3 4 5	♈28 29 29 ♉0	♍13 12	♋24

月	星	1	2	3	4	5	6	7	8	9	10	11	12	13	14	15	16	17	18	19	20	21	22	23	24	25	26	27	28	29	30	31
4	☉	♈ 11	12	13	14	15	16	17	18	19	20	21	22	22	23	24	25	26	27	28	29	29 0	♉ 1	2	3	4	5	6	7	8	9	
	☽	♓ 13	28	♈ 13	27	♉ 12	26	♊ 9	22	♋ 5	17	29	♌ 11	23	♍ 4	16	28	♎ 11	23	♏ 6	18	♐ 1	15	28	♑ 12	25	♒ 9	23	♓ 8	22	♈ 7	
	☿	♓ 18	20	21	23	24	26	28	29 0	♈ 1	3	5	6	8	10	12	14	16	18	20	22	24	26	28	29 0	♉ 2	4	6	8	10	13	
	♀	♉ 12	13	14	16	17	18	19	20	22	23	24	25	26	28	29	29 0	♊ 1	2	4	5	6	7	8	10	11	12	13	14	15	17	
	♂	♎ 18	R 17	17	17	16	16	16	15	15	14	14	14	13	13	12	12	12	11	11	11	10	10	10	9	9	9	9	8	8	8	

♃	♄	♅	♆	♇
1R 18 27 30	1 7 17 29	1 15 30	1R	1
♏22 21 20 19	♓5 6 7 8	♉0 1 2	♍12	♋24

月	星	1	2	3	4	5	6	7	8	9	10	11	12	13	14	15	16	17	18	19	20	21	22	23	24	25	26	27	28	29	30	31
5	☉	♉ 10	11	12	13	14	15	16	17	18	19	20	21	22	23	24	25	25	26	27	28	29	29 0	♊ 1	2	3	4	5	5	7	8	9
	☽	♈ 21	♉ 6	20	♊ 4	17	♋ 0	13	25	♌ 7	19	♍ 1	12	24	♎ 7	19	♏ 1	14	27	♐ 11	24	♑ 8	22	♒ 6	20	♓ 4	19	♈ 3	17	♉ 1	15	29
	☿	♉ 15	17	19	21	23	25	27	29 0	♊ 1	3	5	7	9	11	12	14	15	17	18	20	21	22	23	25	26	27	28	29	29 0	♋ 0	1
	♀	♊ 18	19	20	21	22	24	25	26	27	28	29 0	♋ 1	2	3	4	5	6	7	9	10	11	12	13	14	15	16	17	19	20	21	22
	♂	♎ 8	R 7	7	7	7	7	7	6	6	6	6	6	6	6	6	6	6	D 6	6	6	6	6	6	6	6	6	6	7	7	7	7

♃	♄	♅	♆	♇
1R 13 21 29	1 13 31	1 20	1R 24D 31	1
♏19 18 17 16	♓8 9 10	♉2 3	♍12 12 12	♋24

月	星	1	2	3	4	5	6	7	8	9	10	11	12	13	14	15	16	17	18	19	20	21	22	23	24	25	26	27	28	29	30	31
6	☉	♊ 10	11	12	13	14	15	16	17	18	19	19	20	21	22	23	24	25	26	27	28	29	29 0	♋ 1	2	3	4	5	6	7	8	
	☽	♊ 12	25	♋ 8	20	♌ 3	15	27	♍ 9	20	♎ 2	14	27	♏ 10	23	♐ 6	20	♑ 4	18	♒ 2	17	♓ 1	15	29	♈ 14	28	♉ 11	25	♊ 8	21	♋ 4	
	☿	♋ 2	2	3	3	3	3	4	4	R 4	4	4	4	3	3	3	2	2	1	0	0 29	♊ 29	29	28	28	27	27	26	26	26	25	
	♀	♋ 23	24	25	26	27	28	29 0	♌ 1	2	3	4	5	6	7	8	9	10	11	12	13	14	15	16	17	18	19	20	21	22	23	
	♂	♎ 7	7	8	8	8	8	8	9	9	9	9	10	10	10	11	11	11	11	12	12	12	13	13	14	14	14	15	15	15	16	

♃	♄	♅	♆	♇
1R 8 22 30	1 22R	1 9 30	1	1 30
♏16 15 14 13	♓10 10	♉3 4 5	♍12	♋24 25

7																															
☉	♋ 8	9	10	11	12	13	14	15	16	17	18	19	20	21	22	23	24	25	26	27	28	29	29 0	♌ 0	1	2	3	4	5	6	7
☽	♋ 18	29	♌ 11	23	♍ 5	17	28	♎ 10	23	♏ 5	18	♐ 1	14	28	♑ 12	27	♒ 12	26	♓ 11	26	♈ 10	24	♉ 8	22	♊ 5	18	♋ 1	13	25	♌ 7	19
☿	♊ 25	R 25	D 25	25	25	26	26	26	27	27	28	29	29 0	♋ 0	1	2	4	5	6	7	9	10	12	14	15	17	19	21	23	25	27
♀	♌ 24	25	26	27	28	29	29 0	♍ 0	1	2	3	4	5	6	6	7	8	9	10	10	11	12	12	13	14	14	15	16	16	17	17
♂	♎ 16	17	17	18	18	18	19	19	20	20	21	21	22	22	23	23	24	24	25	25	26	26	27	27	28	28	29	29	29 0	♏ 0	1

♃ 1R 12D 31 — ♏13 13 14 ♄ 1R 31 — ♓10 9 ♅ 1 — ♉5 ♆ 1 31 — ♍12 13 ♇ 1 31 — ♋25 26

8																															
☉	♌ 8	9	10	11	12	13	14	15	16	17	18	19	20	21	22	22	23	24	25	26	27	28	29	29 0	♍ 1	2	3	4	5	6	7
☽	♍ 1	13	25	♎ 7	19	♏ 1	13	26	♐ 9	22	♑ 6	20	♒ 5	20	♓ 5	20	♈ 5	20	♉ 4	18	♊ 2	15	28	♋ 10	22	♌ 4	16	28	♍ 10	22	♎ 4
☿	♋ 29	29 0	3	5	7	9	11	13	15	17	19	21	23	25	27	29 0	♍ 1	3	5	7	8	10	12	14	15	17	19	21	22	24	25
♀	♍ 18	18	19	19	20	20	21	21	21	22	22	22	22	22	22	23	23	R 23	23	22	22	22	22	22	22	21	21	20	20	20	19
♂	♏ 1	2	3	3	4	4	5	5	6	6	7	8	8	9	9	10	11	11	12	12	13	14	14	15	16	16	17	17	18	19	19

♃ 1 13 23 31 — ♏14 15 16 17 ♄ 1R 15 29 — ♓9 8 7 ♅ 1 12R — ♉5 5 ♆ 1 29 — ♍13 14 ♇ 1 31 — ♋26 27

9																															
☉	♍ 8	9	10	11	12	13	14	15	16	17	18	19	20	21	22	23	23	24	25	26	27	28	29 0	♎ 0	1	2	3	4	5	6	
☽	♎ 16	28	♏ 10	22	♐ 5	18	♑ 1	15	29	♒ 13	28	♓ 14	29	♈ 14	29	♉ 14	28	♊ 11	24	♋ 7	19	♌ 1	3	25	♍ 7	19	♎ 1	13	25	♏ 7	
☿	♍ 27	28	29 0	♎ 2	3	4	6	7	9	10	11	13	14	15	17	18	19	20	21	22	24	25	26	26	27	28	29	29 0	♏ 0	1	
♀	♍ 19	R 18	18	17	16	16	15	15	14	13	13	12	12	11	10	10	9	9	9	8	8	7	7	7	7	7	7	6	6	D 6	
♂	♏ 20	21	21	22	23	23	24	24	25	26	26	27	28	28	29	29 0	♐ 0	1	2	3	3	4	5	5	6	7	7	8	9	9	

♃ 1 7 13 19 25 30 — ♏17 18 19 20 21 22 ♄ 1R 11 25 — ♓7 6 5 ♅ 1R 30 — ♉5 4 ♆ 1 26 — ♍14 15 ♇ 1 — ♋27

10																															
☉	♎ 7	8	9	10	11	12	13	14	15	16	17	18	19	20	21	22	23	24	25	26	27	28	29	29 0	♏ 1	2	3	4	5	6	7
☽	♏ 19	♐ 2	14	27	♑ 10	24	♒ 8	22	♓ 7	22	♈ 7	22	♉ 7	22	♊ 5	20	♋ 3	16	28	♌ 10	22	♍ 4	15	28	♎ 10	22	♏ 4	16	29	♐ 11	24
☿	♏ 1	2	2	2	2	R 2	2	2	2	1	1	0 29	♎ 29	28	27	26	25	23	22	21	20	19	18	18	17	17	D 17	17	18	18	19
♀	♍ 7	7	7	7	7	7	8	8	8	9	9	9	10	10	11	11	12	12	13	14	14	15	16	16	17	18	19	19	20	21	22
♂	♐ 10	11	12	12	13	14	14	15	16	17	17	18	19	19	20	21	22	22	23	24	24	25	26	27	27	28	29	29 0	♑ 0	1	2

♃ 1 6 11 16 21 26 31 — ♏22 23 24 25 26 27 28 ♄ 1R 31 — ♓4 3 ♅ 1R 31 — ♉4 3 ♆ 1 27 — ♍15 16 ♇ 1 — ♋27

11																															
☉	♏ 8	9	10	11	12	13	14	15	16	17	18	19	20	21	22	23	24	25	26	27	28	29	29 0	♐ 1	2	3	4	5	6	7	
☽	♑ 7	20	♒ 4	18	♓ 2	16	♈ 1	16	♉ 1	15	♊ 0	14	28	♋ 11	24	♌ 6	18	♍ 0	12	24	♎ 6	18	♏ 0	12	25	♐ 8	21	♑ 4	17	♒ 1	
☿	♎ 19	20	21	22	24	25	26	28	29	29 0	♏ 2	3	5	7	8	10	11	13	14	16	18	19	21	22	24	25	27	29	29 0	♐ 2	
♀	♍ 23	23	24	25	26	27	28	29	29 0	♎ 1	2	2	3	4	5	6	7	8	9	10	11	12	14	15	16	17	18	19	20	21	
♂	♑ 3	3	4	5	6	6	7	8	9	9	10	11	12	12	13	14	15	15	16	17	18	19	19	20	21	22	22	23	24	25	

♃ 1 4 9 29 13 18 22 27 30 — ♏28 29 ♐0 1 2 3 4 5 ♄ 1R 8D 30 — ♓3 3 4 ♅ 1R 30 — ♉3 2 ♆ 1 — ♍16 ♇ 1 — ♋27

12																															
☉	♐ 8	9	10	11	12	13	14	15	16	17	18	19	20	21	22	23	24	25	26	27	28	29 0	♑ 1	2	3	4	5	6	7	8	9
☽	♒ 15	29	♓ 13	27	♈ 11	26	♉ 10	24	♊ 8	22	♋ 5	19	♌ 1	14	26	♍ 8	20	♎ 2	14	26	♏ 8	20	♐ 3	16	29	♑ 13	27	♒ 11	25	♓ 10	24
☿	♐ 3	5	6	8	10	11	13	14	16	17	19	21	22	24	25	27	29	29 0	♑ 2	3	5	6	8	10	11	13	14	16	18	19	21
♀	♎ 22	23	24	25	26	27	29	29 0	♏ 1	2	3	4	5	6	8	9	20	11	12	13	15	16	17	18	19	20	21	23	24	25	26
♂	♑ 25	26	27	28	29	29	29 0	♒ 1	2	2	3	4	5	6	6	7	8	9	9	10	11	12	13	13	14	15	16	16	17	18	19

♃ 1 6 10 15 19 24 29 — ♐5 6 7 8 9 10 11 ♄ 1 19 31 — ♓4 5 6 ♅ 1R 31 — ♉2 1 ♆ 1 20R 31 — ♍16 16 16 ♇ 1 31 — ♋27 26

1936的行星位置

1

	1	2	3	4	5	6	7	8	9	10	11	12	13	14	15	16	17	18	19	20	21	22	23	24	25	26	27	28	29	30	31
☉	♑10	11	12	13	14	15	16	17	18	19	20	21	22	23	24	25	26	27	28	29	29 0	♒1	2	3	4	5	6	7	8	9	10
☽	♈8	22	♉6	20	♊4	17	♋1	14	27	♌9	22	♍4	16	28	♎10	22	♏4	16	28	♐11	24	♑8	22	♒6	20	♓5	20	♈4	19	♉3	17
☿	♑22	24	26	27	29	29 0	♒2	3	5	6	8	9	10	12	13	14	15	16	16	17	17	17	R 17	17	16	16	15	14	13	12	10
♀	♏27	29	29 0	♐1	2	3	4	6	7	8	9	10	12	13	14	15	16	18	19	20	21	22	23	25	26	27	29 0	♑0	1	2	3
♂	♒20	20	21	22	23	24	24	25	26	27	27	28	29	29 0	♓1	1	2	3	4	4	5	6	7	8	8	9	10	11	12	12	13

♃ (1) ♐11 (2) 12 (7) 13 (11) 14 (17) 15 (22) 16 (28) 17　♄ (1) ♓6 (12) 7 (22) 8 (31) 9　♅ (1) ♉1　♆ (1) ♍16　♇ (1R) ♋26 (18) 25

2

	1	2	3	4	5	6	7	8	9	10	11	12	13	14	15	16	17	18	19	20	21	22	23	24	25	26	27	28	29	30	31
☉	♒11	12	13	14	15	16	17	18	19	20	21	22	23	24	25	26	27	29	29 0	♓1	2	3	4	5	6	7	8	9	10		
☽	♊1	14	27	♋10	23	♌5	18	♍0	12	24	♎6	18	♏0	12	24	♐6	19	♑2	15	29	♒14	29	♓14	29	♈14	29	♉13	27	♊11		
☿	♒10	8	7	6	5	4	3	2	2	2	1	1	D 1	2	2	2	3	3	4	5	5	6	7	8	9	10	11	12	13		
♀	♑5	6	7	8	9	11	12	13	14	16	17	18	19	20	22	23	24	25	27	28	29	29 0	♒1	3	4	5	6	8	9		
♂	♓14	15	15	16	17	18	19	19	20	21	22	23	24	25	25	26	26	27	28	29	29	29 0	♈1	2	2	3	4	5	5		

♃ (1) ♐17 (2) 18 (8) 19 (16) 20 (22) 21　♄ (1) ♓9 (9) 10 (17) 11 (25) 12　♅ (1) ♉1 (11) 2　♆ (1R) ♍16 (12) 15　♇ (1R) ♋25

3

	1	2	3	4	5	6	7	8	9	10	11	12	13	14	15	16	17	18	19	20	21	22	23	24	25	26	27	28	29	30	31
☉	♓11	12	13	14	15	16	17	18	19	20	21	22	23	24	25	26	27	28	29	29 0	♈1	2	3	4	5	6	7	8	9	10	11
☽	♊24	♋7	20	♌2	15	27	♍9	21	♎3	14	26	♏8	20	♐2	15	27	♑10	24	♒7	22	♓7	22	♈7	22	♉8	22	♊7	20	♋4	17	29
☿	♒14	15	17	18	19	20	22	23	24	26	27	29	29 0	♓2	3	5	6	8	9	11	13	14	16	18	20	21	23	25	27	29	29 0
♀	♒10	11	13	14	15	16	17	19	20	21	22	25	26	27	28	28	29 0	♓1	2	3	5	6	7	8	10	11	12	13	14	16	17
♂	♈5	7	8	9	9	10	11	12	12	13	14	15	15	16	17	18	18	19	20	21	21	22	23	24	24	25	26	27	27	28	29

♃ (1) ♐22 (10) 23 (24) 24　♄ (1) ♓12 (4) 13 (12) 14 (21) 15 (29) 16　♅ (1) ♉2 (10) 3 (30) 4　♆ (1R) ♍15 (20) 14　♇ (1R) ♋25

4

	1	2	3	4	5	6	7	8	9	10	11	12	13	14	15	16	17	18	19	20	21	22	23	24	25	26	27	28	29	30	31
☉	♈11	12	13	14	15	16	17	18	19	20	21	22	23	24	25	26	27	28	29	29 0	♉1	2	3	4	5	6	7	8	9	10	
☽	♌12	24	♍6	18	♎0	11	23	♏5	17	29	♐12	24	♑7	19	♒3	16	♓1	15	♈0	15	♉1	16	♊1	15	29	♋13	26	♌8	21	♍3	
☿	♈2	4	6	8	10	12	14	16	18	20	22	24	27	29	29 1	♉3	5	7	9	11	13	15	17	19	21	23	24	26	27	29	
♀	♓18	19	21	22	23	24	26	27	28	29	29 0	♈2	3	4	5	7	8	9	10	11	13	14	15	16	18	19	20	21	23	24	
♂	♈29	29 0	♉1	2	3	3	4	5	5	6	7	8	8	9	10	11	11	12	13	13	14	15	16	16	17	18	19	19	20	21	

♃ (1) ♐24 (11R) 24 (27) 23　♄ (1) ♓16 (7) 17 (16) 18 (26) 19　♅ (1) ♉4 (17) 5　♆ (1R) ♍14　♇ (1R) ♋25

5

	1	2	3	4	5	6	7	8	9	10	11	12	13	14	15	16	17	18	19	20	21	22	23	24	25	26	27	28	29	30	31
☉	♉11	12	13	14	15	16	17	18	19	20	21	22	23	23	24	25	26	27	28	29	29 0	♊1	2	3	4	5	5	7	8	9	10
☽	♍18	27	♎8	20	♏2	14	26	♐9	21	♑3	16	29	♒13	26	♓10	25	♈9	24	♉9	24	♊9	23	♋7	21	♌4	17	29	♍11	23	♎5	17
☿	29 0	♊2	3	4	6	7	8	9	10	10	11	12	12	13	13	13	13	14	14	R 13	13	13	13	13	12	12	11	11	10	10	9
♀	♈25	26	27	29	29 0	♉1	2	4	5	6	7	9	10	11	12	13	15	16	17	18	20	21	22	23	24	26	27	28	29 0	♊1	2
♂	♉21	22	23	24	24	25	26	26	27	28	29	29 0	♊0	1	1	2	3	3	4	5	6	6	7	8	8	9	10	10	11	12	13

♃ (1R) ♐23 (11) 22 (21) 21 (30) 20　♄ (1) ♓19 (8) 20 (21) 21　♅ (1) ♉5 (4) 6 (22) 7　♆ (1R) ♍14 (21) 13 (25D) 13 (29) 14　♇ (1) ♋25

6

	1	2	3	4	5	6	7	8	9	10	11	12	13	14	15	16	17	18	19	20	21	22	23	24	25	26	27	28	29	30	31
☉	♊11	12	13	14	15	16	17	17	18	19	20	21	22	23	24	25	26	27	28	29	29 0	♋1	2	3	4	5	6	7	8	8	
☽	♎29	♏11	23	♐5	18	♑0	13	26	♒10	23	♓7	21	♈5	20	♉4	19	♊3	17	♋1	15	29	♌12	24	♍7	19	♎1	13	25	♏7	19	
☿	♊R 9	8	7	7	7	6	6	5	5	5	5	5	D 5	5	5	6	6	7	7	8	8	9	10	11	12	12	14	15	16	17	
♀	♊3	4	5	7	8	9	10	12	13	14	15	17	18	19	20	21	23	24	25	26	28	29 0	♋0	1	3	4	5	6	7	9	
♂	♊13	14	15	15	16	17	17	18	19	19	20	21	22	22	23	23	24	25	26	26	27	28	28	29	29 0	♋0	1	2	2	3	

♃ (1R) ♐20 (7) 19 (15) 18 (23) 17　♄ (1) ♓21 (8) 22　♅ (1) ♉7 (11) 8　♆ (1) ♍14　♇ (1) ♋25 (10) 26

7																															
☉	♋ 9	10	11	12	13	14	15	16	17	18	19	20	21	22	23	24	25	26	27	28	28	29	29 0	♌ 1	2	3	4	5	6	7	8
☽	♐ 1	14	26	♑ 9	23	♒ 6	20	♓ 4	18	♈ 2	16	♉ 1	15	29	♊ 13	27	♋ 10	24	♌ 7	20	♍ 2	15	27	♎ 9	21	♏ 3	15	27	♐ 9	22	♑ 4
☿	♊ 19	20	21	23	24	26	27	29 0	♋ 1	3	5	7	9	11	13	15	17	19	21	23	25	27	29 0	♌ 2	4	6	8	10	12	14	16
♀	♋ 10	11	12	14	15	16	17	18	20	21	22	23	25	26	27	28	29 0	♌ 1	2	3	4	6	7	8	9	11	12	13	14	16	17
♂	♋ 4	4	5	6	6	7	8	8	9	10	10	11	12	12	13	14	14	15	16	16	17	18	18	19	20	20	21	21	22	23	23

♃ 1R 11 26 / ♐15 15 14 ♄ 1 4R 29 / ♓22 22 21 ♅ 1 7 / ♉8 9 ♆ 1 27 / ♍14 15 ♇ 1 10 / ♋26 27

8																															
☉	♌ 9	10	11	12	13	14	15	16	17	18	19	20	21	21	22	23	24	25	26	27	28	29	29 0	♍ 1	2	3	4	5	6	7	8
☽	♑ 18	♒ 1	15	29	♓ 14	28	♈ 13	27	♉ 12	26	♊ 10	23	♋ 7	20	♌ 3	16	28	♍ 11	23	♎ 5	17	29	♏ 11	23	♐ 5	17	♑ 0	12	26	♒ 10	24
☿	♌ 18	20	22	24	25	27	29 0	♍ 1	3	4	6	8	9	11	12	14	16	17	19	20	21	23	24	26	27	28	29 0	♎ 1	2	3	4
♀	♌ 18	19	20	22	23	24	25	27	28	29	29 0	♍ 2	3	4	5	7	8	9	10	11	13	14	15	16	18	19	20	21	23	24	25
♂	♋ 24	25	25	26	27	27	28	29	29 0	♌ 0	1	1	2	2	3	4	4	5	6	6	7	8	8	9	10	10	11	11	12	13	13

♃ 1R 12D 27 / ♐14 14 15 ♄ 1R 17 / ♓21 20 ♅ 1 15R / ♉9 9 ♆ 1 26 / ♍15 16 ♇ 1 12 / ♋27 28

9																															
☉	♍ 9	10	11	12	13	14	15	16	17	18	19	19	20	21	22	23	24	25	26	27	28	29	29 0	♎ 1	2	3	4	5	6	7	
☽	♓ 8	23	♈ 8	23	♉ 8	22	♊ 6	20	♋ 4	17	♌ 0	12	25	♍ 7	20	♎ 2	14	26	♏ 7	19	♐ 1	13	25	♑ 8	21	♒ 4	18	♓ 2	17	♈ 2	
☿	♎ 5	7	8	9	10	10	11	12	13	14	14	15	15	16	16	16	16	16	R 16	16	15	15	14	13	12	12	11	11	8	7	
♀	♍ 26	27	29	29 0	♎ 1	2	4	5	6	7	9	10	11	12	14	15	16	17	18	20	21	22	23	25	26	27	28	29 0	♍ 1	2	
♂	♌ 14	15	15	16	17	17	18	18	19	20	20	21	22	22	23	24	24	25	25	26	27	27	28	29	29	29 0	♍ 0	1	2	2	

♃ 1 11 20 28 / ♐15 16 17 18 ♄ 1R 13 26 / ♓19 18 17 ♅ 1R 22 / ♉9 8 ♆ 1 22 / ♍16 17 ♇ 1 / ♋28

10																															
☉	♎ 8	9	10	11	12	13	14	15	16	17	18	19	20	21	22	23	24	25	26	27	28	29	29 0	♏ 1	2	3	4	5	6	7	8
☽	♈ 17	♉ 2	17	♊ 2	16	♋ 0	14	27	♌ 10	22	♍ 4	17	29	♎ 11	23	♏ 4	16	28	♐ 10	22	♑ 4	17	29	♒ 12	26	♓ 10	25	♈ 10	25	♉ 10	26
☿	R 6	♎ 5	4	3	2	2	1	1	1	D 1	1	2	2	3	4	5	6	7	8	9	11	12	14	15	17	18	20	22	23	25	27
♀	♏ 3	4	6	7	8	9	11	12	13	14	15	17	18	19	20	22	23	24	25	27	28	29	29 0	♐ 1	3	4	5	6	8	9	10
♂	♍ 3	4	4	5	6	6	7	7	8	9	9	10	10	11	12	12	13	13	14	15	15	16	16	17	18	18	19	20	20	21	21

♃ 1 8 12 18 24 29 / ♐18 19 20 21 22 23 ♄ 1R 11 / ♓17 16 ♅ 1R 20 / ♉8 7 ♆ 1 21 / ♍17 18 ♇ 1 / ♋28

11																															
☉	♏ 9	10	11	12	13	14	15	16	17	18	19	20	21	22	23	24	25	26	27	28	29	29 0	♐ 1	2	3	4	5	6	7	8	
☽	♊ 11	25	♋ 9	23	♌ 6	19	♍ 1	14	26	♎ 9	20	♏ 1	13	25	♐ 7	19	♑ 1	14	26	♒ 9	22	♓ 5	19	♈ 4	18	♉ 3	18	♊ 3	18	♋ 3	
☿	♎ 29	29 0	♏ 2	3	5	7	8	10	11	13	15	16	18	19	21	23	24	26	27	29	29 1	♐ 2	4	5	7	8	10	12	13	15	
♀	♐ 11	12	14	15	16	17	19	20	21	22	23	25	26	27	28	29 0	♑ 1	2	3	4	5	7	8	9	10	12	13	14	15	16	
♂	♍ 22	23	23	24	24	25	26	26	27	27	28	29	29	29 0	♎ 0	1	2	2	3	3	4	5	5	6	6	7	7	8	9	9	

♃ 1 3 8 13 18 23 27 / ♐23 24 25 26 27 28 29 ♄ 1R 3 19D / ♓16 15 15 ♅ 1R 14 / ♉7 6 ♆ 1 / ♍18 ♇ 1 / ♋28

12																															
☉	♐ 9	10	11	12	13	14	15	16	17	18	19	20	21	22	23	24	25	26	27	28	29	29 0	♑ 2	3	4	5	6	7	8	9	10
☽	♋ 17	♌ 1	14	27	♍ 10	22	♎ 4	16	28	♏ 10	22	♐ 4	16	28	♑ 10	23	♒ 6	19	♓ 2	16	♈ 0	14	28	♉ 12	27	♊ 12	26	♋ 11	25	♌ 9	22
☿	♐ 16	18	19	21	22	24	26	27	29	29 0	♑ 2	3	5	6	8	9	11	12	14	15	17	18	20	21	22	24	25	26	27	28	29
♀	♑ 18	19	20	21	23	24	25	26	27	29	29 0	♒ 1	2	3	4	6	7	8	9	10	12	13	14	15	16	17	19	20	21	22	23
♂	♎ 10	10	11	12	12	13	13	14	14	15	16	16	17	17	18	19	19	20	20	21	21	22	22	23	24	24	25	25	26	26	27

♃ 1 2 29 3 6 11 16 19 24 / ♐29 0 0 1 2 3 4 5 ♄ 1 4 26 / ♓15 16 17 ♅ 1R 14 / ♉6 5 ♆ 1 21R / ♍18 18 ♇ 1R / ♋28

1937的行星位置

		1	2	3	4	5	6	7	8	9	10	11	12	13	14	15	16	17	18	19	20	21	22	23	24	25	26	27	28	29	30	31
1	☉	♑ 11	12	13	14	15	16	17	18	19	20	21	22	23	24	25	26	27	28	29	29 0	♒ 1	2	3	4	5	6	7	8	9	10	11
	☽	♍ 5	18	♎ 0	12	24	♏ 6	18	♐ 0	12	24	♑ 7	19	♒ 2	16	29	♓ 13	26	♈ 10	24	♉ 9	23	♊ 7	21	♋ 5	19	♌ 3	17	♍ 0	13	26	♎ 8
	☿	29 0	♒ 0	1	1	R 1	1	1	0	0 29	♑ 29	28	26	25	24	22	21	20	19	18	17	16	16	15	15	15	D 15	15	15	16	16	17
	♀	♒ 24	26	27	28	29	29 0	♓ 1	3	4	5	6	7	8	9	10	12	13	14	15	16	17	18	19	20	21	23	24	25	26	27	28
	♂	♎ 27	28	29	29	29 0	♏ 0	1	1	2	2	3	3	4	4	5	6	6	7	7	8	8	9	9	10	18	11	11	12	12	13	13
	♃	1 2 6 10 15 19 23 28 ♑6 7 8 9 10 11 12 13	♄ 1 9 20 30 ♓17 18 19 20	♅ 1R 14D ♉5 5	♆ 1R ♍18	♇ 1R 15 ♋28 27																										
2	☉	♒ 12	13	14	15	16	17	18	19	20	21	22	23	24	25	26	27	28	29	29 0	♓ 1	2	3	4	5	6	7	8	9			
	☽	♎ 20	♏ 2	14	26	♐ 8	20	♑ 2	15	28	♒ 11	25	♓ 8	23	♈ 7	21	♉ 5	20	♊ 4	18	♋ 2	15	29	♌ 12	25	♍ 8	21	♎ 4	16			
	☿	♑ 11	18	19	20	21	21	22	24	25	26	27	28	29	29 0	♒ 2	3	4	6	7	8	10	11	13	14	16	17	19	20			
	♀	29 0	♈ 0	1	2	3	4	5	6	7	8	9	10	11	12	13	14	15	15	16	17	18	19	20	21	21	22	23	24			
	♂	♏ 14	14	16	15	16	16	16	17	17	18	18	18	19	19	20	20	21	21	21	22	23	23	23	24	24	25	25	25			
	♃	1 2 6 11 16 21 26 ♑13 14 15 16 17 18 19	♄ 1 8 17 26 ♓20 21 22 23	♅ 1 12 ♉5 6	♆ 1R 21 ♍18 17	♇ 1R 13 ♋27 26																										
3	☉	♓ 10	11	12	13	14	15	16	17	18	19	20	21	22	23	24	25	26	27	28	29	29 0	♈ 1	2	3	4	5	6	7	8	9	10
	☽	♎ 28	♏ 10	22	♐ 4	16	28	♑ 10	23	♒ 6	19	♓ 3	17	♈ 2	16	♉ 1	16	♊ 0	14	28	♋ 12	26	♌ 9	22	♍ 5	17	♎ 0	12	24	♏ 6	18	♐ 0
	☿	♒ 22	23	25	26	28	29 0	♓ 1	3	5	6	8	10	12	14	15	17	19	21	23	25	27	29	29 1	♈ 3	5	7	9	11	13	15	17
	♀	♈ 24	25	26	27	27	28	29	29	29 0	♉ 0	1	1	2	2	3	3	4	4	4	5	5	5	5	5	5	5	5	R 5	5	5	5
	♂	♏ 26	26	27	27	27	28	28	28	29	29	29	29	29 0	♐ 0	0	1	1	1	1	2	2	2	2	3	3	3	3	3	4	4	4
	♃	1 3 9 15 22 29 ♑19 20 21 22 23 24	♄ 1 6 14 22 30 ♓23 24 25 26 27	♅ 1 12 ♉6 7	♆ 1R 30 ♍17 16	♇ 1R ♋25																										
4	☉	♈ 11	12	13	14	15	16	17	18	19	20	21	22	23	24	25	26	27	28	29	29 0	♉ 1	2	3	4	5	6	7	8	9	18	
	☽	♐ 12	24	♑ 6	18	♒ 1	14	27	♓ 11	25	♈ 10	25	♉ 10	25	♊ 10	24	♋ 9	22	♌ 6	19	♍ 2	14	27	♎ 9	21	♏ 3	15	27	♐ 8	20	♑ 2	
	☿	♈ 19	21	23	25	27	29	29 1	♉ 3	4	6	8	9	11	13	14	15	16	18	19	20	21	21	22	23	23	24	24	24	24	R 24	
	♀	♉ R 5	5	4	4	4	3	3	2	2	1	1	0	0	0 29	♈ 28	28	27	26	26	25	25	24	23	23	22	22	21	21	21	20	
	♂	♐ 4	4	4	4	5	5	5	5	5	5	5	5	5	5	R 5	5	5	5	5	5	5	5	4	4	4	4	4	4	4	3	
	♃	1 6 16 ♑24 25 26	♄ 1 7 16 25 29 26 ♓27 28 29 0 0	♅ 1 2 20 ♉7 8 9	♆ 1R ♍16	♇ 1R 13D ♋25 26																										
5	☉	♉ 11	12	13	14	15	16	16	17	18	19	20	21	22	23	24	25	26	27	28	29	29 0	♊ 1	2	3	4	5	6	7	8	9	10
	☽	♑ 14	27	♒ 9	22	♓ 5	19	♈ 4	18	♉ 3	18	♊ 4	19	♋ 3	18	♌ 2	15	29	♍ 11	24	♎ 6	18	♏ 0	12	24	♐ 6	17	29	♑ 11	24	♒ 6	19
	☿	♉ R 24	24	23	23	23	22	22	21	21	20	19	19	18	18	17	17	16	16	15	15	15	15	15	D 15	15	15	15	16	16	16	17
	♀	♈ R 20	20	19	19	19	19	19	19	D 19	19	19	19	19	20	20	20	20	21	21	21	22	22	23	23	24	24	25	25	26	27	27
	♂	♐ R 3	3	3	2	2	2	2	1	1	1	0	0	0	0 29	♏ 29	29	28	28	28	27	27	27	26	26	26	25	25	25	24	24	24
	♃	1 16R 29 ♑27 27 26	♄ 1 4 14 26 ♈0 1 2 3	♅ 1 7 25 ♉9 10 11	♆ 1R 29 D ♍16 16	♇ 1 14 ♋26 27																										
6	☉	♊ 11	11	12	13	14	15	16	17	18	19	20	21	22	23	24	25	26	27	28	29	29 0	♋ 1	2	3	3	4	5	6	7	8	
	☽	♓ 1	15	28	♈ 13	27	♉ 12	27	♊ 12	27	♋ 12	26	♌ 11	24	♍ 8	20	♎ 3	15	27	♏ 9	21	♐ 3	14	26	♑ 8	21	♒ 3	16	28	♓ 11	25	
	☿	♉ 18	18	19	20	21	21	22	23	24	26	27	28	29 0	♊ 1	2	3	5	6	8	10	11	13	15	17	19	21	23	25	27	29	
	♀	♈ 28	29	29	29 0	♉ 1	1	2	3	4	5	5	6	7	8	9	10	10	11	12	13	14	15	16	17	18	19	23	21	22	23	
	♂	♏ R 23	23	23	22	22	22	22	21	21	21	21	20	20	20	20	20	20	20	19	19	19	19	19	19	19	19	D 19	19	19	19	
	♃	1R 13 24 ♑26 25 24	♄ 1 10 ♈3 4	♅ 1 14 ♉11 12	♆ 1 ♍16	♇ 1 ♋27																										

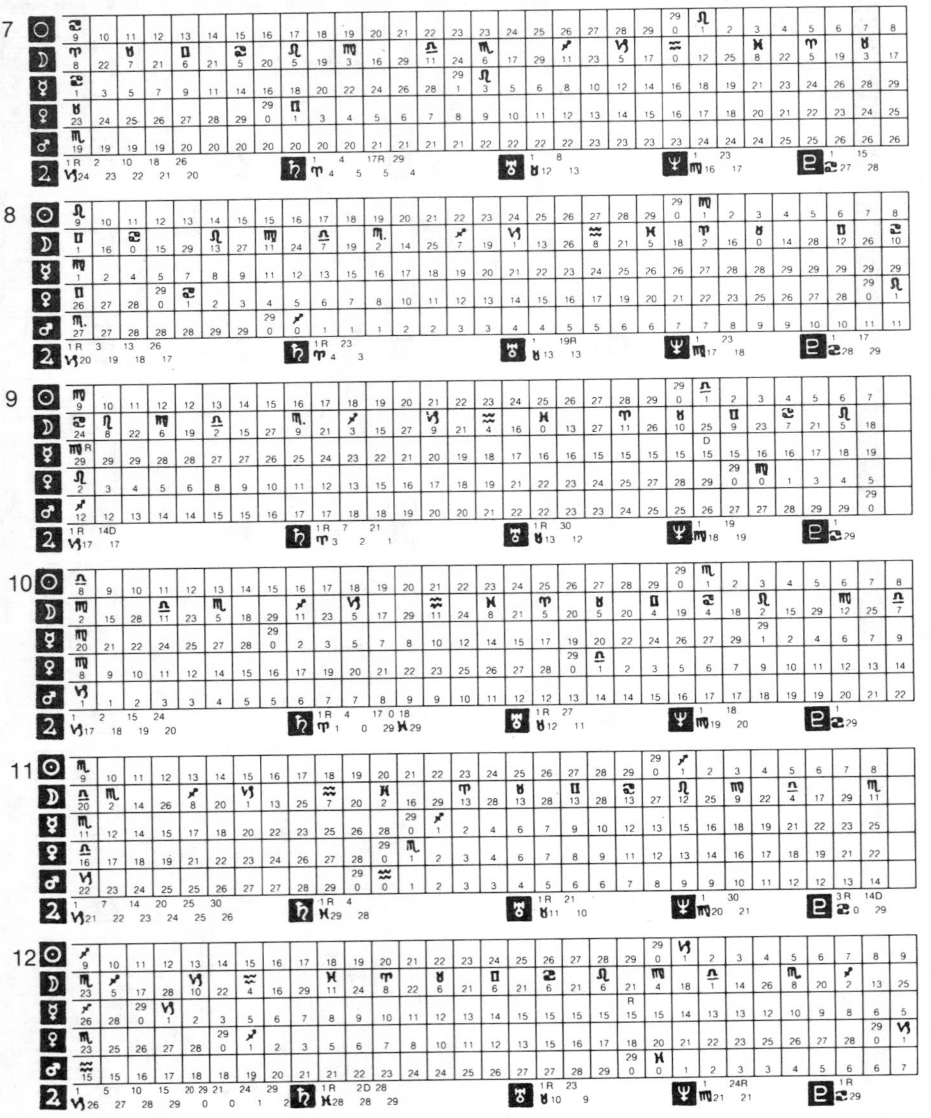

7

	1	2	3	4	5	6	7	8	9	10	11	12	13	14	15	16	17	18	19	20	21	22	23	24	25	26	27	28	29	30	31
☉	♋ 9	10	11	12	13	14	15	16	17	18	19	20	21	22	23	23	24	25	26	27	28	29	29 0	♌ 1	2	3	4	5	6	7	8
☽	♈ 8	22	♉ 7	21	♊ 6	21	♋ 5	20	♌ 5	19	♍ 3	16	29	♎ 11	24	♏ 6	17	29	♐ 11	23	♑ 5	17	♒ 0	12	25	♓ 8	22	♈ 5	19	♉ 3	17
☿	♋ 1	3	5	7	9	11	14	16	18	20	22	24	26	28	29 1	♌ 3	5	6	8	10	12	14	16	18	19	21	23	24	26	28	29
♀	♉ 23	24	25	26	27	28	29	29 0	♊ 1	3	4	5	6	7	8	9	10	11	12	13	14	15	16	17	18	20	21	22	23	24	25
♂	♏ 19	19	19	19	20	20	20	20	20	20	20	21	21	21	21	22	22	22	22	23	23	23	23	24	24	24	25	25	26	26	26

♃ 1R 2 10 18 26 / ♑24 23 22 21 20 ♄ 1 4 17R 29 / ♈4 5 5 4 ♅ 1 8 / ♉12 13 ♆ 1 23 / ♍16 17 ♇ 1 15 / ♋27 28

8

	1	2	3	4	5	6	7	8	9	10	11	12	13	14	15	16	17	18	19	20	21	22	23	24	25	26	27	28	29	30	31
☉	♌ 9	10	11	12	13	14	15	15	16	17	18	19	20	21	22	23	24	25	26	27	28	29	29 0	♍ 1	2	3	4	5	6	7	8
☽	♊ 1	16	♋ 0	15	29	♌ 13	27	♍ 11	24	♎ 7	19	♏ 2	14	25	♐ 7	19	♑ 1	13	26	♒ 8	21	♓ 5	18	♈ 2	16	♉ 0	14	28	♊ 12	26	♋ 10
☿	♍ 1	2	4	5	7	8	9	11	12	13	15	16	17	18	19	20	21	22	23	24	25	26	26	27	28	28	29	29	29	29	29
♀	♊ 26	27	28	29 0	♋ 1	2	3	4	5	6	7	8	10	11	12	13	14	15	16	17	19	20	21	22	23	25	26	27	28	29 0	♌ 1
♂	♏ 27	27	28	28	28	29	29	29 0	♐ 0	1	1	1	2	2	3	3	4	4	5	5	6	6	7	7	8	9	9	10	10	11	11

♃ 1R 3 13 26 / ♑20 19 18 17 ♄ 1R 23 / ♈4 3 ♅ 1 19R / ♉13 13 ♆ 1 23 / ♍17 18 ♇ 1 17 / ♋28 29

9

	1	2	3	4	5	6	7	8	9	10	11	12	13	14	15	16	17	18	19	20	21	22	23	24	25	26	27	28	29	30
☉	♍ 9	10	11	12	12	13	14	15	16	17	18	19	20	21	22	23	24	25	26	27	28	29	29 0	♎ 1	2	3	4	5	6	7
☽	♋ 24	♌ 8	22	♍ 6	19	♎ 2	15	27	♏ 9	21	♐ 3	15	27	♑ 9	21	♒ 4	16	♓ 0	13	27	♈ 11	26	♉ 10	25	♊ 9	23	♋ 7	21	♌ 5	18
☿	♍R 29	29	29	28	28	27	27	26	25	24	23	22	21	20	19	18	17	16	16	15	15	15	15	D 15	15	16	16	17	18	19
♀	♌ 2	3	4	5	6	8	9	10	11	12	13	15	16	17	18	19	21	22	23	24	25	27	28	29	29 0	♍ 0	1	3	4	5
♂	♐ 12	12	13	14	14	15	15	16	17	17	18	18	19	20	20	21	22	22	23	23	24	25	25	26	27	27	28	29	29	29 0

♃ 1R 14D / ♑17 17 ♄ 1R 7 21 / ♈3 2 1 ♅ 1R 30 / ♉13 12 ♆ 1 19 / ♍18 19 ♇ 1 / ♋29

10

	1	2	3	4	5	6	7	8	9	10	11	12	13	14	15	16	17	18	19	20	21	22	23	24	25	26	27	28	29	30	31
☉	♎ 8	9	10	11	12	13	14	15	16	17	18	19	20	21	22	23	24	25	26	27	28	29	29 0	♏ 1	2	3	4	5	6	7	8
☽	♍ 2	15	28	♎ 11	23	♏ 5	18	29	♐ 11	23	♑ 5	17	29	♒ 11	24	♓ 8	21	♈ 5	20	♉ 5	20	♊ 4	19	♋ 4	18	♌ 2	15	29	♍ 12	25	♎ 7
☿	♍ 20	21	22	24	25	27	28	29 0	2	3	5	7	8	10	12	14	15	17	19	20	22	24	26	27	29	29 1	2	4	6	7	9
♀	♍ 8	9	10	11	12	14	15	16	17	19	20	21	22	23	25	26	27	28	29 0	♎ 1	2	3	5	6	7	9	10	11	12	13	14
♂	♑ 1	1	2	3	3	4	5	5	6	7	7	8	9	9	10	11	12	12	13	14	14	15	16	17	17	18	19	19	20	21	22

♃ 1 2 15 24 / ♑17 18 19 20 ♄ 1R 4 17 0 18 / ♈1 0 29 ♓29 ♅ 1R 27 / ♉12 11 ♆ 1 18 / ♍19 20 ♇ 1 / ♋29

11

	1	2	3	4	5	6	7	8	9	10	11	12	13	14	15	16	17	18	19	20	21	22	23	24	25	26	27	28	29	30
☉	♏ 9	10	11	12	13	14	15	16	17	18	19	20	21	22	23	24	25	26	27	28	29	29 0	♐ 1	2	3	4	5	6	7	8
☽	♎ 20	♏ 2	14	26	♐ 8	20	♑ 1	13	25	♒ 7	20	♓ 2	16	29	♈ 13	28	♉ 13	28	♊ 13	28	♋ 13	27	♌ 12	25	♍ 9	22	♎ 4	17	29	♏ 11
☿	♏ 11	12	14	15	17	18	20	22	23	25	26	28	29 0	♐ 1	2	4	6	7	9	10	12	13	15	16	18	19	21	22	23	25
♀	♎ 16	17	18	19	21	22	23	24	26	27	28	29 0	♏ 1	2	3	4	6	7	8	9	11	12	13	14	16	17	18	19	21	22
♂	♑ 22	23	24	25	25	26	27	27	28	29	29 0	♒ 0	1	2	3	3	4	5	6	6	7	8	9	9	10	11	12	12	13	14

♃ 1 7 14 20 25 30 / ♑21 22 23 24 25 26 ♄ 1R 4 / ♓29 28 ♅ 1R 21 / ♉11 10 ♆ 1 30 / ♍20 21 ♇ 3R 14D / ♋0 29

12

	1	2	3	4	5	6	7	8	9	10	11	12	13	14	15	16	17	18	19	20	21	22	23	24	25	26	27	28	29	30	31
☉	♐ 9	10	11	12	13	14	15	16	17	18	19	20	21	22	23	24	25	26	27	28	29	29 0	♑ 1	2	3	4	5	6	7	8	9
☽	♏ 23	♐ 5	17	28	♑ 10	22	♒ 4	16	29	♓ 11	24	♈ 8	22	♉ 6	21	♊ 6	21	♋ 6	21	♌ 6	21	♍ 4	18	♎ 1	14	26	♏ 8	20	♐ 2	13	25
☿	♐ 26	28	29 0	♑ 1	2	3	5	6	7	8	9	10	11	12	13	14	15	15	15	15	R 15	15	14	13	13	12	10	9	8	6	5
♀	♏ 23	25	26	27	28	29 0	♐ 1	2	3	5	6	7	8	10	11	12	13	15	16	17	18	20	21	22	23	25	26	27	28	29 0	♑ 1
♂	♒ 15	15	16	17	18	18	19	20	21	21	22	23	24	24	25	26	27	27	28	29	29 0	♓ 0	1	2	3	3	4	5	6	6	7

♃ 1 5 10 15 20 29 21 24 29 / ♑26 27 28 29 0 0 1 2 ♄ 1R 2D 28 / ♓28 28 29 ♅ 1R 23 / ♉10 9 ♆ 1 24R / ♍21 21 ♇ 1R / ♋29

1938的行星位置

月	星	1	2	3	4	5	6	7	8	9	10	11	12	13	14	15	16	17	18	19	20	21	22	23	24	25	26	27	28	29	30	31
1	☉	♑ 10	11	12	13	15	16	17	18	19	20	21	22	23	24	25	26	27	28	29	29 0	♒ 1	2	3	4	5	6	7	8	9	10	11
	☽	♑ 7	19	♒ 1	13	26	♓ 8	21	♈ 4	17	♉ 1	15	29	♊ 14	29	♋ 14	29	♌ 14	29	♍ 12	26	♎ 9	22	♏ 4	17	28	♐ 10	22	♑ 4	16	28	♒ 10
	☿	R 5	♑ 3	2	1	0	0 29	♐ 29	29	29	D 29	29	29 0	♑ 0	1	1	2	3	4	5	6	7	8	9	10	11	12	13	15	16	17	18
	♀	♑ 2	4	5	6	7	9	10	11	12	14	15	16	17	19	20	21	22	24	25	26	27	29	29 0	♒ 1	2	4	5	6	7	9	10
	♂	♓ 8	9	10	10	11	12	13	13	14	15	16	16	17	18	19	19	20	21	22	22	23	24	25	25	26	27	28	28	29	29 0	♈ 1

♃ 1 2 6 11 15 19 23 28
♒2 3 4 5 6 7 8 9

♄ 1 14 15 26
♓29 0 ♈0 1

♅ 1R 18D
♉9 9

♆ 1R 16
♍21 20

♇ 1R 16
♋29 28

月	星	1	2	3	4	5	6	7	8	9	10	11	12	13	14	15	16	17	18	19	20	21	22	23	24	25	26	27	28	29	30	31
2	☉	♒ 12	13	14	15	16	17	18	19	20	21	22	23	24	25	26	27	28	29	29 0	♓ 1	2	3	4	5	6	7	8	9			
	☽	♒ 23	♓ 5	18	♈ 1	14	28	♉ 11	25	♊ 9	24	♋ 8	23	♌ 7	22	♍ 6	20	♎ 4	17	♏ 0	12	25	♐ 5	18	♑ 0	12	24	♒ 6	19			
	☿	♑ 20	21	23	24	25	27	28	29 0	♒ 1	3	4	6	7	9	10	12	14	15	17	19	20	22	24	25	27	29	29 1	♓ 2			
	♀	♒ 11	12	14	15	16	17	19	20	21	22	24	25	26	28	29	29 0	♓ 1	3	4	5	6	8	9	10	11	13	14	15			
	♂	♈ 1	2	3	4	4	5	6	7	7	8	9	9	10	11	12	12	13	14	15	15	15	16	17	18	18	19	20	21			

♃ 1 5 9 14 18 22 26
♒10 11 12 13 14 15 16

♄ 1 6 15 24
♈1 2 3 4

♅ 1 12
♉10 11

♆ 1R
♍20

♇ 1R
♋28

月	星	1	2	3	4	5	6	7	8	9	10	11	12	13	14	15	16	17	18	19	20	21	22	23	24	25	26	27	28	29	30	31
3	☉	♓ 10	11	12	13	14	15	16	17	18	19	20	21	22	23	24	25	26	27	28	29	29 0	♈ 1	2	3	4	5	6	7	8	9	10
	☽	♓ 1	14	27	♈ 11	24	♉ 8	22	♊ 6	20	♋ 4	18	♌ 3	17	♍ 1	15	29	♎ 12	25	♏ 8	20	♐ 2	14	26	♑ 8	20	♒ 2	14	27	♓ 10	23	♈ 6
	☿	♓ 4	6	8	10	11	13	15	17	19	21	23	25	27	29 0	♈ 1	3	5	7	9	11	13	14	16	18	20	21	23	25	26	27	29
	♀	♓ 16	18	19	20	21	23	24	25	26	28	29	29 0	♉ 1	1	2	3	4	4	5	6	6	7	8	9	9	10	11	11	12	13	14
	♂	♈ 22	23	23	24	25	26	26	27	28	29	29	29 0	♉ 1	1	2	3	4	4	5	6	6	7	8	9	9	10	11	11	12	13	14

♃ 1 3 7 12 16 21 26 31
♒16 17 18 19 20 21 22 23

♄ 1 5 13 21 29
♈4 5 6 7 8

♅ 1 14
♉10 11

♆ 1R 3
♍20 19

♇ 1R 19
♋28 27

月	星	1	2	3	4	5	6	7	8	9	10	11	12	13	14	15	16	17	18	19	20	21	22	23	24	25	26	27	28	29	30	31
4	☉	♈ 11	12	13	14	15	16	17	18	19	20	21	22	23	24	25	26	27	28	29	29 0	♉ 1	2	3	4	5	6	7	8	9	9	
	☽	♈ 20	♉ 4	18	♊ 2	17	♋ 1	15	29	♌ 13	27	♍ 11	24	♎ 8	21	♏ 3	16	28	♐ 10	22	♑ 4	16	28	♒ 10	22	♓ 5	18	♈ 1	15	29	♉ 13	
	☿	29 0	♉ 1	2	3	3	4	5	5	5	5	5	R 5	5	5	4	4	3	3	2	1	1	0	θ 29	♈ 29	28	27	27	26	26	25	
	♀	♈ 25	26	27	28	29 0	♉ 1	2	3	5	6	7	8	10	11	12	13	15	16	17	18	19	21	22	23	24	26	27	28	29 0	♊ 1	
	♂	♉ 14	15	16	16	17	18	19	19	20	21	21	22	23	23	24	25	25	26	27	28	28	29	29 0	♊ 0	1	2	2	3	4	4	

♃ 1 5 10 16 22 29
♒23 24 25 26 27 28

♄ 1 6 14 22
♈8 9 10 11

♅ 1 4 22
♉11 12 13

♆ 1R 9
♍19 18

♇ 1R 27D
♋27 27

月	星	1	2	3	4	5	6	7	8	9	10	11	12	13	14	15	16	17	18	19	20	21	22	23	24	25	26	27	28	29	30	31
5	☉	♉ 10	11	12	13	14	15	16	17	18	19	20	21	22	23	24	25	26	27	28	29	29 0	♊ 1	2	3	4	5	6	7	7	8	9
	☽	♉ 28	♊ 12	27	♋ 11	26	♌ 10	24	♍ 8	21	♎ 4	17	♏ 0	12	24	♐ 7	19	♑ 0	12	24	♒ 6	18	♓ 0	13	26	♈ 9	23	♉ 7	21	♊ 6	21	♋ 6
	☿	R 25	♈ 25	25	25	25	D 25	25	25	26	26	26	27	28	28	29	29 0	♉ 0	1	2	3	4	5	7	8	9	10	12	13	14	16	17
	♀	♊ 2	3	4	5	7	8	9	10	11	13	14	15	16	18	19	20	21	22	24	25	26	27	28	29 0	♋ 1	2	3	4	6	7	8
	♂	♊ 5	6	7	7	8	9	9	10	11	11	12	13	13	14	15	15	16	17	17	18	19	19	20	21	21	22	23	23	24	25	25

♃ 1 6 14 29 15 24
♒28 29 0 ♓0 1

♄ 1 10 19 30
♈12 13 14 15

♅ 1 9 27
♉13 14 15

♆ 1R 30 D
♍18 18

♇ 1 25
♋27 28

月	星	1	2	3	4	5	6	7	8	9	10	11	12	13	14	15	16	17	18	19	20	21	22	23	24	25	26	27	28	29	30	31
6	☉	♊ 10	11	12	13	14	15	16	17	18	19	20	21	22	23	24	25	26	27	28	28	29	29 0	♋ 1	2	3	4	5	6	7	8	
	☽	♋ 21	♌ 5	20	♍ 4	18	♎ 1	14	27	♏ 9	21	♐ 3	15	27	♑ 9	21	♒ 3	15	27	♓ 9	22	♈ 4	17	♉ 1	15	♊ 0	14	♋ 0	15	♌ 0	15	
	☿	♉ 19	20	22	24	25	27	29	29 1	♊ 3	5	6	8	10	13	15	17	19	21	23	25	28	29 0	♋ 2	4	6	8	11	13	15	17	
	♀	♋ 9	11	12	13	14	15	17	18	19	20	21	22	24	25	26	27	28	29 0	♌ 1	2	3	4	6	7	8	9	10	11	13	14	
	♂	♊ 26	27	27	28	29	29	29 0	♋ 0	1	2	3	3	4	5	5	6	7	7	8	9	9	10	11	11	12	13	13	14	15	15	

♃ 1 8 22 R
♓1 2 2

♄ 1 10 25
♈15 16 17

♅ 1 16
♉15 15

♆ 1
♍18

♇ 1 17
♋28 29

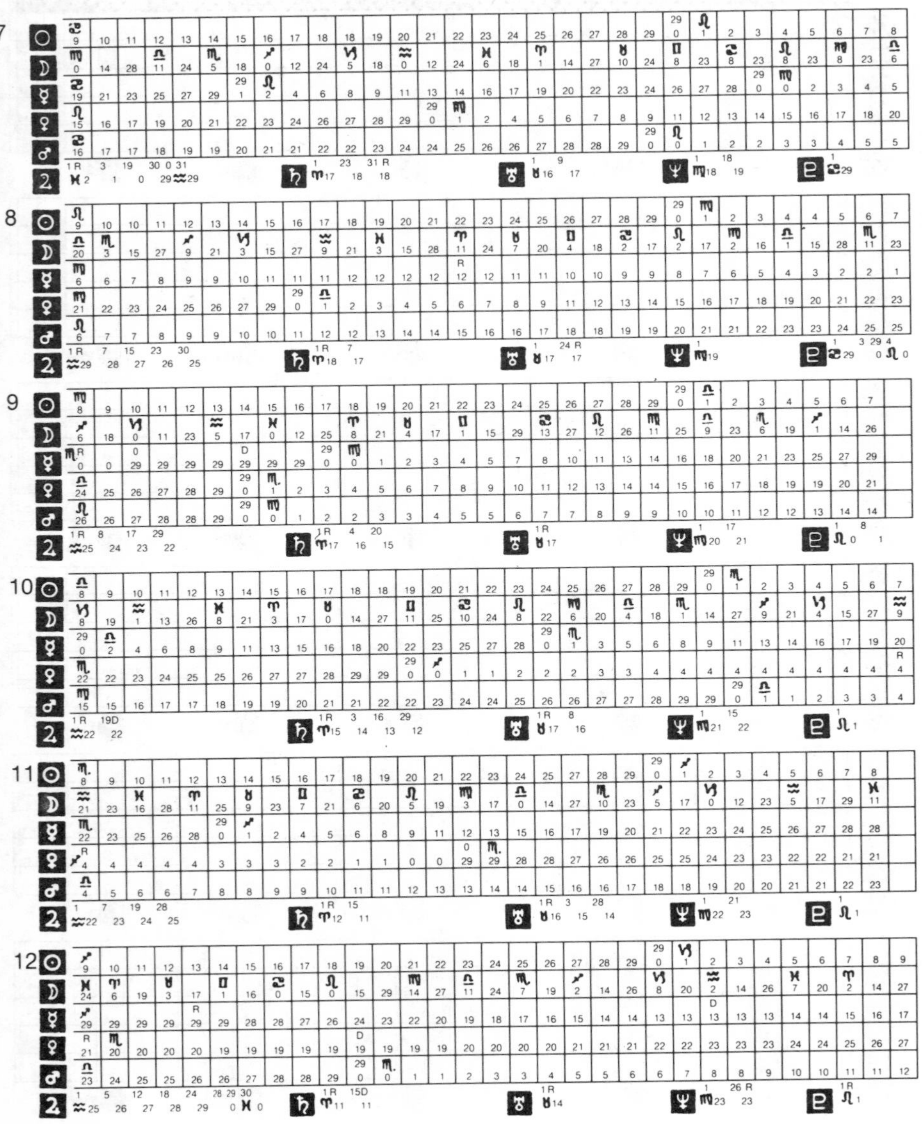

7																															
☉	♋ 9	10	11	12	13	14	15	16	17	18	18	19	20	21	22	23	24	25	26	27	28	29	29 0	♌ 1	2	3	4	5	6	7	8
☽	♍ 0	14	28	♎ 11	24	♏ 5	18	♐ 0	12	24	♑ 5	18	♒ 0	12	24	♓ 6	18	♈ 1	14	27	♉ 10	24	♊ 8	23	♋ 8	23	♌ 8	23	♍ 8	23	♎ 6
☿	♋ 19	21	23	25	27	29	29 1	♌ 2	4	6	8	9	11	13	14	16	17	19	20	22	23	24	26	27	28	29 0	♍ 0	2	3	4	5
♀	♌ 15	16	17	19	20	21	22	23	24	26	27	28	29	29 0	♍ 1	2	4	5	6	7	8	9	11	12	13	14	15	16	17	18	20
♂	♋ 16	17	17	18	19	19	20	21	21	22	22	23	24	24	25	26	26	27	28	28	29	29 0	♌ 0	1	2	2	3	3	4	5	5

♃ 1R 3 19 30 0 31 — ♓2 1 0 29♒29 ♄ 1 23 31R — ♈17 18 18 ♅ 1 9 — ♉16 17 ♆ 1 18 — ♍18 19 ♇ 1 — ♋29

8																															
☉	♌ 9	10	10	11	12	13	14	15	16	17	18	19	20	21	22	23	24	25	26	27	28	29	29 0	♍ 1	2	3	4	4	5	6	7
☽	♎ 20	♏ 3	15	27	♐ 9	21	♑ 3	15	27	♒ 9	21	♓ 3	15	28	♈ 11	24	♉ 7	20	♊ 4	18	♋ 2	17	♌ 2	17	♍ 2	16	♎ 1	15	28	♏ 11	23
☿	♍ 6	6	7	8	9	9	10	11	11	11	12	12	12	12	R 12	12	11	11	10	10	9	9	8	7	6	5	4	3	2	2	1
♀	♍ 21	22	23	24	25	26	27	29	29 0	♎ 1	2	3	4	5	6	7	8	9	11	12	13	14	15	16	17	18	19	20	21	22	23
♂	♌ 6	7	7	8	9	9	10	10	11	12	12	13	14	14	15	16	16	17	18	18	19	19	20	21	21	22	23	23	24	25	25

♃ 1R 7 15 23 30 — ♒29 28 27 26 25 ♄ 1R 7 — ♈18 17 ♅ 1 24R — ♉17 17 ♆ 1 — ♍19 ♇ 1 3 29 4 — ♋29 0 ♌0

9																														
☉	♍ 8	9	10	11	12	13	14	15	16	17	18	19	20	21	22	23	24	25	26	27	28	29	29 0	♎ 1	2	3	4	5	6	7
☽	♐ 6	18	♑ 0	11	23	♒ 5	17	♓ 0	12	25	♈ 8	21	♉ 4	17	♊ 1	15	29	♋ 13	27	♌ 12	26	♍ 11	25	♎ 9	23	♏ 6	19	♐ 1	14	26
☿	♍R 0	0	0 29	29	29	29	D 29	29	29	29 0	♍ 0	1	2	3	4	5	7	8	10	11	13	14	16	18	20	21	23	25	27	29
♀	♎ 24	25	26	27	28	29	29 0	♏ 1	2	3	4	5	6	7	8	9	10	11	12	13	14	14	15	16	17	18	19	19	20	21
♂	♌ 26	26	27	28	28	29	29 0	♍ 0	1	2	2	3	3	4	5	5	6	7	7	8	9	9	10	10	11	12	12	13	14	14

♃ 1R 8 17 29 — ♒25 24 23 22 ♄ 1R 4 20 — ♈17 16 15 ♅ 1R — ♉17 ♆ 1 17 — ♍20 21 ♇ 1 8 — ♌0 1

10																															
☉	♎ 8	9	10	11	12	13	14	15	16	17	18	18	19	20	21	22	23	24	25	26	27	28	29	29 0	♏ 1	2	3	4	5	6	7
☽	♑ 8	19	♒ 1	13	26	♓ 8	21	♈ 3	17	♉ 0	14	27	♊ 11	25	♋ 10	24	♌ 8	22	♍ 6	20	♎ 4	18	♏ 1	14	27	♐ 9	21	♑ 4	15	27	♒ 9
☿	29 0	♎ 2	4	6	8	9	11	13	15	16	18	20	22	23	25	27	28	29 0	♏ 1	3	5	6	8	9	11	13	14	16	17	19	20
♀	♏ 22	22	23	24	25	25	26	27	27	28	29	29	29 0	♐ 0	1	1	2	2	2	3	3	4	4	4	4	4	4	4	4	4	R 4
♂	♍ 15	15	16	17	17	18	19	19	20	21	21	22	22	23	24	24	25	26	26	27	27	28	29	29	29 0	♎ 1	1	2	3	3	4

♃ 1R 19D — ♒22 22 ♄ 1R 3 16 29 — ♈15 14 13 12 ♅ 1R 8 — ♉17 16 ♆ 1 15 — ♍21 22 ♇ 1 — ♌1

11																														
☉	♏ 8	9	10	11	12	13	14	15	16	17	18	19	20	21	22	23	24	25	27	28	29	29 0	♐ 1	2	3	4	5	6	7	8
☽	♒ 21	23	♓ 16	28	♈ 11	25	♉ 9	23	♊ 7	21	♋ 6	20	♌ 5	19	♍ 3	17	♎ 0	14	27	♏ 10	23	♐ 5	17	♑ 0	12	23	♒ 5	17	29	♓ 11
☿	♏ 22	23	25	26	28	29 0	♐ 1	2	4	5	6	8	9	11	12	13	15	16	17	19	20	21	22	23	24	25	26	27	28	28
♀	♐R 4	4	4	4	4	3	3	3	2	2	1	1	0	0	0 29	♏ 29	28	28	27	26	26	25	25	24	23	23	22	22	21	21
♂	♎ 4	5	6	6	7	8	8	9	9	10	11	11	12	13	13	14	14	15	16	16	17	18	18	19	20	20	21	21	22	23

♃ 1 7 19 28 — ♒22 23 24 25 ♄ 1R 15 — ♈12 11 ♅ 1R 3 28 — ♉16 15 14 ♆ 1 21 — ♍22 23 ♇ 1 — ♌1

12																															
☉	♐ 9	10	11	12	13	14	15	16	17	18	19	20	21	22	23	24	25	26	27	28	29	29 0	♑ 1	2	3	4	5	6	7	8	9
☽	♓ 24	♈ 6	19	♉ 3	17	♊ 1	16	♋ 0	15	♌ 0	15	29	♍ 14	27	♎ 11	24	♏ 7	19	♐ 2	14	26	♑ 8	20	♒ 2	14	26	♓ 7	20	♈ 2	14	27
☿	♐ 29	29	29	29	R 29	29	28	28	27	26	24	23	22	20	19	18	17	16	15	14	14	13	13	D 13	13	13	14	14	15	16	17
♀	R 21	♏ 20	20	20	20	19	19	19	19	19	D 19	19	19	19	20	20	20	20	21	21	21	22	22	23	23	23	24	24	25	26	27
♂	♎ 23	24	25	25	26	26	27	28	28	29	29 0	♏ 0	1	1	2	3	3	4	5	5	6	6	7	8	8	9	10	10	11	11	12

♃ 1 5 12 18 24 28 29 30 — ♒25 26 27 28 29 0 ♓0 ♄ 1R 15D — ♈11 11 ♅ 1R — ♉14 ♆ 1 26R — ♍23 23 ♇ 1R — ♌1

1939的行星位置

1

	1	2	3	4	5	6	7	8	9	10	11	12	13	14	15	16	17	18	19	20	21	22	23	24	25	26	27	28	29	30	31
☉	♑ 10	11	12	13	14	15	16	17	18	19	20	21	22	23	24	25	26	28	29	29 0	♒ 1	2	3	4	5	6	7	8	9	10	11
☽	♉ 11	24	♊ 9	23	♋ 8	24	♌ 9	24	♍ 9	23	♎ 7	21	♏ 4	16	29	♐ 11	23	♑ 5	17	29	♒ 11	22	♓ 4	16	28	♈ 11	23	♉ 6	19	♊ 3	17
☿	♐ 17	18	19	20	21	23	24	25	26	27	29	29 0	♑ 1	3	4	6	7	8	10	11	13	14	16	17	19	20	22	23	25	26	28
♀	♏ 27	28	29	29 0	♐ 0	1	2	3	3	4	5	6	7	8	8	9	10	11	12	13	14	15	16	17	18	19	20	21	22	23	24
♂	♏ 13	13	14	15	15	16	16	17	18	18	19	19	20	21	21	22	23	23	24	24	25	26	26	27	27	28	28	29	29 0	♐ 1	1

	日	位置
♃	1 3 8 13 18 22 27 31	♓0 1 2 3 4 5 6 7
♄	1 13 28	♈11 12 13
♅	1R 2 22D	♉14 13 13
♆	1R 30	♍23 22
♇	1R	♌0

2

	1	2	3	4	5	6	7	8	9	10	11	12	13	14	15	16	17	18	19	20	21	22	23	24	25	26	27	28	29	30	31
☉	♒ 12	13	14	15	16	17	18	19	20	21	22	23	24	25	26	27	28	29	29 0	♓ 1	2	3	4	5	6	7	8	9			
☽	♋ 1	16	♌ 2	17	♍ 2	17	♎ 2	16	♏ 0	13	25	♐ 8	20	♑ 2	14	26	♒ 7	19	♓ 1	13	26	♈ 8	20	♉ 3	16	29	♊ 12	26			
☿	♑ 29	29 1	♒ 3	4	6	8	9	11	13	14	16	18	19	21	23	25	27	28	29 0	♓ 2	4	6	8	9	11	13	15	17			
♀	♐ 25	26	27	28	29	29 0	♑ 1	2	3	4	5	6	7	9	10	11	12	13	14	15	16	17	18	20	21	22	23	24			
♂	♐ 2	2	3	4	4	5	5	6	7	7	8	8	9	10	10	11	11	12	13	13	14	14	15	16	16	17	17	18			

	日	位置
♃	1 4 9 13 17 21 26	♓7 8 9 10 11 12 13
♄	1 9 19	♈13 14 15
♅	1 10	♉13 14
♆	1R	♍22
♇	1R 7 0 8	♌0 29 ♋29

3

	1	2	3	4	5	6	7	8	9	10	11	12	13	14	15	16	17	18	19	20	21	22	23	24	25	26	27	28	29	30	31
☉	♓ 10	11	12	13	14	15	16	17	18	19	20	21	22	23	24	25	26	27	28	29	29 0	♈ 1	2	3	4	5	6	7	8	9	10
☽	♋ 11	25	♌ 10	25	♍ 10	25	♎ 10	24	♏ 8	21	♐ 4	16	29	♑ 11	22	♒ 4	16	28	♓ 10	22	♈ 5	17	♉ 0	13	26	♊ 9	23	♋ 7	21	♌ 5	20
☿	♓ 19	21	23	25	26	28	29 0	♈ 2	3	5	7	8	10	11	12	13	14	15	16	16	17	17	17	17	R 17	17	16	16	15	15	14
♀	♑ 25	26	27	29	29 0	♒ 1	2	3	4	6	7	8	9	10	11	12	14	15	16	17	18	19	21	22	23	24	25	26	28	29	29 0
♂	♐ 18	19	20	20	21	21	22	23	23	24	24	25	26	26	27	27	28	28	29	29	29 0	♑ 1	1	2	2	3	3	4	4	5	5

	日	位置
♃	1 2 6 10 14 18 22 27	♓13 14 15 16 17 18 19 20
♄	1 10 18 26	♈16 17 18 19
♅	1 15	♉14 15
♆	1R 11	♍22 21
♇	1R	♋29

4

	1	2	3	4	5	6	7	8	9	10	11	12	13	14	15	16	17	18	19	20	21	22	23	24	25	26	27	28	29	30	31
☉	♈ 11	12	13	14	15	16	17	18	19	20	21	22	23	24	25	26	27	28	29	29 0	♉ 0	1	2	3	4	5	6	7	8	9	
☽	♍ 4	19	♎ 4	18	♏ 2	16	29	♐ 12	24	♑ 7	19	♒ 1	12	24	♓ 6	18	♈ 1	13	26	♉ 9	22	♊ 6	20	♋ 3	18	♌ 2	16	♍ 0	14	29	
☿	R 13	♈ 12	12	11	10	9	9	8	7	7	6	6	6	5	5	5	D 5	5	6	6	6	7	7	8	8	9	10	11	11	12	
♀	♓ 1	2	4	5	6	7	8	9	11	12	13	14	15	17	18	19	20	21	23	24	25	26	27	29	29 0	♈ 1	2	3	5	6	
♂	♑ 6	7	7	8	8	9	9	10	10	11	11	12	12	13	13	14	14	15	15	16	16	17	17	18	18	19	19	20	20	20	

	日	位置
♃	1 4 8 13 17 22 26	♓21 22 23 24 25 26 27
♄	1 3 11 19 27	♈19 20 21 22 23
♅	1 6 24	♉15 16 17
♆	1R 20	♍21 20
♇	1R 13D	♋29 29

5

	1	2	3	4	5	6	7	8	9	10	11	12	13	14	15	16	17	18	19	20	21	22	23	24	25	26	27	28	29	30	31
☉	♉ 10	11	12	13	14	15	16	17	18	19	20	21	22	23	24	25	26	27	28	29	29 0	♊ 0	1	2	3	4	5	6	7	8	9
☽	♎ 13	27	♏ 10	24	♐ 7	20	♑ 2	14	26	♒ 8	20	♓ 2	14	26	♈ 9	21	♉ 4	18	♊ 1	15	♋ 0	14	28	♌ 13	27	♍ 11	25	♎ 9	23	♏ 6	19
☿	♈ 13	14	15	16	18	19	20	21	23	24	25	27	28	29 0	♉ 1	3	4	6	8	9	11	13	15	17	19	21	22	24	27	29	29 0
♀	♈ 7	8	9	11	12	13	14	15	17	18	19	20	21	23	24	25	26	27	29	29 0	♉ 1	2	3	5	6	7	8	9	11	12	13
♂	♑ 21	21	22	22	23	23	23	24	24	25	25	25	26	26	27	27	27	28	28	28	29	29	29	29	29 0	♒ 0	0	1	1	1	1

	日	位置
♃	1 6 11 29 12 16 22 27	♓28 29 0 ♈0 1 2 3
♄	1 5 14 22	♈23 24 25 26
♅	1 12 29	♉17 18 19
♆	1R	♍20
♇	1	♋29

6

	1	2	3	4	5	6	7	8	9	10	11	12	13	14	15	16	17	18	19	20	21	22	23	24	25	26	27	28	29	30	31
☉	♊ 10	11	12	13	14	15	16	17	18	19	20	21	22	23	23	24	25	26	27	28	29	29 0	♋ 1	2	3	4	5	6	7	8	
☽	♐ 2	15	28	♑ 10	22	♒ 5	16	28	♓ 10	22	♈ 4	17	29	♉ 13	26	♊ 10	24	♋ 9	24	♌ 8	23	♒ 8	22	♎ 6	20	♏ 3	16	29	♐ 12	24	
☿	♊ 3	5	7	9	11	14	16	18	20	22	25	27	29	29 1	♋ 3	5	7	9	11	13	15	17	19	20	22	24	25	27	29	29 0	
♀	♉ 14	15	17	18	19	20	21	23	24	25	26	28	29	29 0	♊ 1	2	4	5	6	7	8	10	11	12	13	15	16	17	18	19	
♂	♒ 2	2	2	2	3	3	3	3	3	3	3	4	4	4	4	4	4	4	4	4	4	4	R 4	4	4	4	4	4	4	4	

	日	位置
♃	1 3 9 17 28	♈3 4 5 6 7
♄	1 11 22	♈27 28 29
♅	1 17	♉19 20
♆	1R 2D	♍20 20
♇	1 14 29 15	♋29 0 ♌0

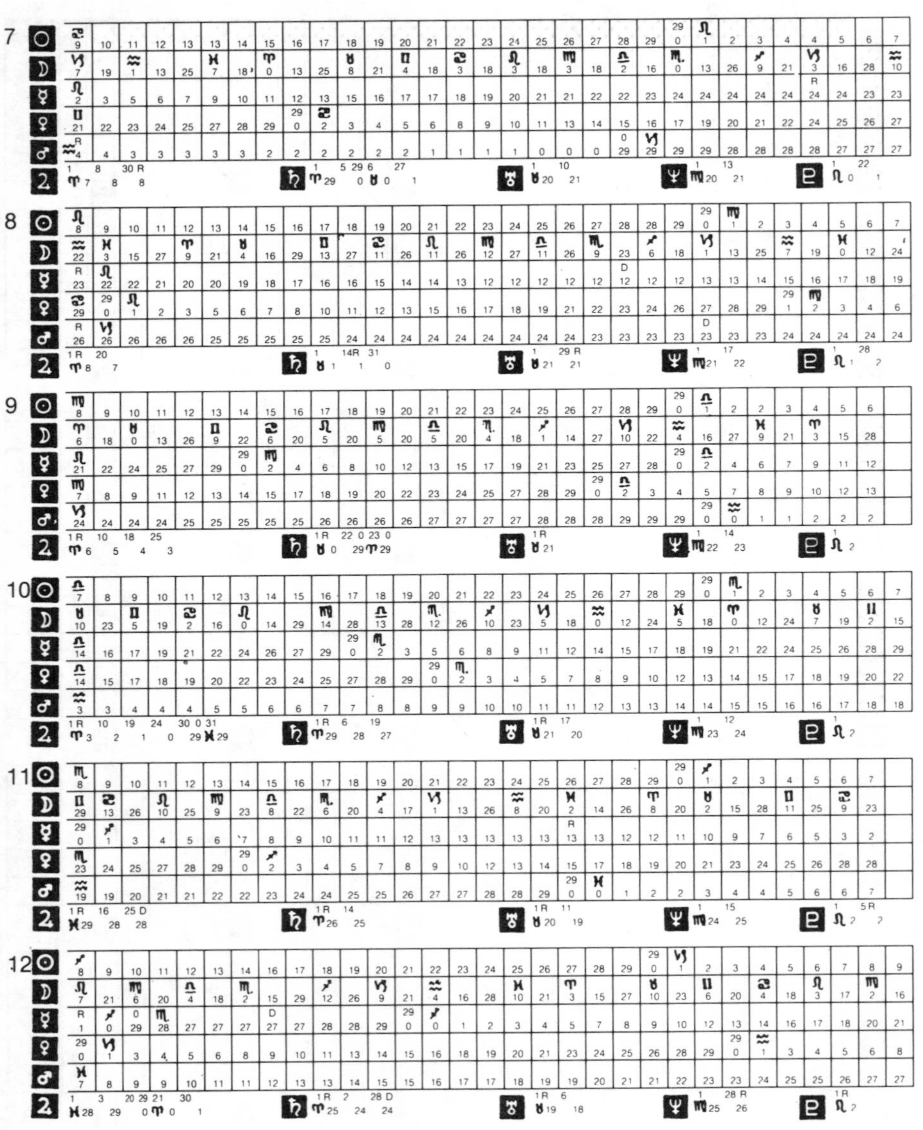

7																															
☉	♋ 9	10	11	12	13	13	14	15	16	17	18	19	20	21	22	23	24	25	26	27	28	29	29 0	♌ 1	2	3	4	4	5	6	7
☽	♑ 7	19	♒ 1	13	25	♓ 7	18	♈ 0	13	25	♉ 8	21	♊ 4	18	♋ 3	18	♌ 3	18	♍ 3	18	♎ 2	16	♏ 0	13	26	♐ 9	21	♑ 3	16	28	♒ 10
☿	♌ 2	3	5	6	7	9	10	11	12	13	15	16	17	17	18	19	20	21	21	22	22	23	24	24	24	24	24	R 24	24	23	23
♀	♊ 21	22	23	24	25	27	28	29	29 0	♋ 2	3	4	5	6	8	9	10	11	13	14	15	16	17	19	20	21	22	24	25	26	27
♂	♒ R 4	4	3	3	3	3	3	2	2	2	2	2	2	1	1	1	1	0	0	0	0 29	♑ 29	29	29	28	28	28	28	27	27	27

♃ 1 8 30 R ♈ 7 8 8 ♄ 1 5 29 6 27 ♈ 29 0 ♉ 0 1 ♅ 1 10 ♉ 20 21 ♆ 1 13 ♍ 20 21 ♇ 1 22 ♌ 0 1

8																															
☉	♌ 8	9	10	11	12	13	14	15	16	17	18	19	20	21	22	23	24	25	26	27	28	28	29	29 0	♍ 1	2	3	4	5	6	7
☽	♒ 22	♓ 3	15	27	♈ 9	21	♉ 4	16	29	♊ 13	27	♋ 11	26	♌ 11	26	♍ 12	27	♎ 11	26	♏ 9	23	♐ 6	18	♑ 1	13	25	♒ 7	19	♓ 0	12	24
☿	R 23	♌ 22	22	21	20	20	19	18	17	16	16	15	14	14	13	12	12	12	12	12	D 12	12	12	13	13	14	15	16	17	18	19
♀	♋ 29	29 0	♌ 1	2	3	5	6	7	8	10	11	12	13	15	16	17	18	19	21	22	23	24	26	27	28	29	29 1	♍ 2	3	4	6
♂	R 26	♑ 26	26	26	26	25	25	25	25	25	24	24	24	24	24	24	24	24	24	23	23	23	23	D 23	23	23	24	24	24	24	24

♃ 1 R 20 ♈ 8 7 ♄ 1 14R 31 ♉ 1 1 0 ♅ 1 29 R ♉ 21 21 ♆ 1 17 ♍ 21 22 ♇ 1 28 ♌ 1 2

9																															
☉	♍ 8	9	10	11	12	13	14	15	16	17	18	19	20	21	22	23	24	25	26	27	28	29	29 0	♎ 1	2	2	3	4	5	6	
☽	♈ 6	18	♉ 0	13	26	♊ 9	22	♋ 6	20	♌ 5	20	♍ 5	20	♎ 5	20	♏ 4	18	♐ 1	14	27	♑ 10	22	♒ 4	16	27	♓ 9	21	♈ 3	15	28	
☿	♌ 21	22	24	25	27	29	29 0	♍ 2	4	6	8	10	12	13	15	17	19	21	23	25	27	28	29 0	♎ 2	4	6	7	9	11	12	
♀	♍ 7	8	9	11	12	13	14	15	17	18	19	20	22	23	24	25	27	28	29	29 0	♎ 2	3	4	5	7	8	9	10	12	13	
♂	♑ 24	24	24	24	25	25	25	25	25	26	26	26	26	27	27	27	27	28	28	28	29	29	29	29 0	♒ 0	1	1	2	2	2	

♃ 1 R 10 18 25 ♈ 6 5 4 3 ♄ 1 R 22 0 23 0 ♉ 0 29 ♈ 29 ♅ 1 R ♉ 21 ♆ 1 14 ♍ 22 23 ♇ 1 ♌ 2

10																															
☉	♎ 7	8	9	10	11	12	13	14	15	16	17	18	19	20	21	22	23	24	25	26	27	28	29	29 0	♏ 1	2	3	4	5	6	7
☽	♉ 10	23	♊ 5	19	♋ 2	16	♌ 0	14	29	♍ 14	28	♎ 13	28	♏ 12	26	♐ 10	23	♑ 5	18	♒ 0	12	24	♓ 5	18	♈ 0	12	24	♉ 7	19	♊ 2	15
☿	♎ 14	16	17	19	21	22	24	26	27	29	29 0	♏ 2	3	5	6	8	9	11	12	14	15	17	18	19	21	22	24	25	26	28	29
♀	♎ 14	15	17	18	19	20	22	23	24	25	27	28	29	29 0	♏ 2	3	4	5	7	8	9	10	12	13	14	15	17	18	19	20	22
♂	♒ 3	3	4	4	4	5	5	6	6	7	7	8	8	9	9	10	10	11	11	12	13	13	14	14	15	15	16	16	17	18	18

♃ 1 R 10 19 24 30 0 31 ♈ 3 2 1 0 29 ♓ 29 ♄ 1 R 6 19 ♈ 29 28 27 ♅ 1 R 17 ♉ 21 20 ♆ 1 12 ♍ 23 24 ♇ 1 ♌ 2

11																															
☉	♏ 8	9	10	11	12	13	14	15	16	17	18	19	20	21	22	23	24	25	26	27	28	29	29 0	♐ 1	2	3	4	5	6	7	
☽	♊ 29	♋ 13	26	♌ 10	25	♍ 9	23	♎ 8	22	♏ 6	20	♐ 4	17	♑ 1	13	26	♒ 8	20	♓ 2	14	26	♈ 8	20	♉ 2	15	28	♊ 11	25	♋ 9	23	
☿	29 0	♐ 1	3	4	5	6	7	8	9	10	11	11	12	13	13	13	13	13	R 13	13	12	12	11	10	9	7	6	5	3	2	
♀	♏ 23	24	25	27	28	29	29 0	♐ 2	3	4	5	7	8	9	10	12	13	14	15	17	18	19	20	21	23	24	25	26	28	28	
♂	♒ 19	19	20	21	21	22	22	23	24	24	25	25	26	27	27	28	28	29	29 0	♓ 0	1	2	2	3	4	4	5	6	6	7	

♃ 1 R 16 25 D ♓ 29 28 28 ♄ 1 R 14 ♈ 26 25 ♅ 1 R 11 ♉ 20 19 ♆ 1 15 ♍ 24 25 ♇ 1 5 R ♌ 2 2

12																															
☉	♐ 8	9	10	11	12	13	14	16	17	18	19	20	21	22	23	24	25	26	27	28	29	29 0	♑ 1	2	3	4	5	6	7	8	9
☽	♌ 7	21	♍ 6	20	♎ 4	18	♏ 2	15	29	♐ 12	26	♑ 9	21	♒ 4	16	28	♓ 10	21	♈ 3	15	27	♉ 10	23	♊ 6	20	♋ 4	18	♌ 3	17	♍ 2	16
☿	R 1	♐ 0	0 29	♏ 28	27	27	27	D 27	27	28	28	29	29 0	♐ 0	1	2	3	4	5	7	8	9	10	12	13	14	16	17	18	20	21
♀	29 0	♑ 1	3	4	5	6	8	9	10	11	13	14	15	16	18	19	20	21	23	24	25	26	28	29	29 0	♒ 1	3	4	5	6	8
♂	♓ 7	8	9	9	10	11	11	12	13	13	14	15	15	16	17	17	18	19	19	20	21	21	22	23	23	24	25	25	26	27	27

♃ 1 3 20 29 21 30 ♓ 28 29 0 ♈ 0 1 ♄ 1 R 2 28 D ♈ 25 24 24 ♅ 1 R 6 ♉ 19 18 ♆ 1 28 R ♍ 25 26 ♇ 1 R ♌ 2

1940的行星位置

月	星	1	2	3	4	5	6	7	8	9	10	11	12	13	14	15	16	17	18	19	20	21	22	23	24	25	26	27	28	29	30	31
1	☉	♑ 10	11	12	13	14	15	16	17	18	19	20	21	22	23	24	25	26	27	28	29	29 0	♒ 1	2	3	4	5	6	7	8	9	10
	☽	♎ 1	15	28	♏ 12	25	♐ 9	22	♑ 4	17	29	♒ 12	24	♓ 5	18	26	♈ 11	23	♉ 5	18	♊ 1	14	28	♋ 12	27	♌ 12	27	♍ 12	26	♎ 11	25	♏ 9
	☿	♐ 23	24	26	27	28	29 0	♑ 2	3	5	6	8	9	11	12	14	15	17	19	20	22	23	25	27	28	29 0	♒ 2	3	5	7	9	10
	♀	♒ 9	10	11	12	14	15	16	17	19	20	21	22	24	25	26	27	29	29 0	♓ 1	2	3	5	6	7	8	10	11	12	13	14	16
	♂	♓ 28	29	29 0	♈ 0	1	2	2	3	4	4	5	6	6	7	8	8	9	10	10	11	12	12	13	14	14	15	16	17	17	18	19

♃ 1 7 14 20 26
♈1 2 3 4 5

♄ 1 22
♈24 25

♅ 1R 20 27D
♉18 17 17

♆ 1R
♍25

♇ 1R 13
♌2 1

月	星	1	2	3	4	5	6	7	8	9	10	11	12	13	14	15	16	17	18	19	20	21	22	23	24	25	26	27	28	29	30	31
2	☉	♒ 11	13	14	15	16	17	18	19	20	21	22	23	24	25	26	24	28	29	29 0	♓ 1	2	3	4	5	6	7	8	9	10		
	☽	♏ 22	♐ 6	19	♑ 1	14	28	♒ 8	20	♓ 2	14	26	♈ 8	20	♉ 2	14	26	♊ 9	22	♋ 6	20	♌ 5	20	♍ 5	20	♎ 4	19	♏ 4	19	♐ 2		
	☿	♒ 12	14	15	17	19	21	22	24	26	28	29 0	♓ 2	3	5	7	9	11	12	14	16	17	19	20	22	23	24	26	27	28		
	♀	♓ 17	18	19	21	22	23	24	25	27	28	29	29 0	♈ 1	3	4	5	6	7	9	10	11	12	13	14	16	17	18	19	20		
	♂	♈ 18	20	21	21	22	23	23	24	25	25	26	27	27	28	29	29	29 0	♉ 1	1	2	3	4	4	5	6	6	7	8	8		

♃ 1 6 11 16 21 25
♈6 7 8 9 10 11

♄ 1 8 20
♈25 26 27

♅ 1
♉18

♆ 1R 10
♍25 24

♇ 1R 29
♌1 0

月	星	1	2	3	4	5	6	7	8	9	10	11	12	13	14	15	16	17	18	19	20	21	22	23	24	25	26	27	28	29	30	31
3	☉	♓ 11	12	13	14	15	16	17	18	19	20	21	22	23	24	25	26	27	28	29	29 0	♈ 1	2	3	4	5	6	7	8	9	10	11
	☽	♐ 15	28	♑ 11	23	♒ 5	17	29	♓ 11	23	♈ 5	17	28	♉ 10	23	♊ 5	18	♋ 1	15	28	♌ 13	28	♍ 13	28	♎ 13	28	♏ 13	27	♐ 11	24	♑ 7	20
	☿	♓ 28	29	29	29 0	♈ 0	R 0	0	0 29	♓ 29	28	27	27	26	25	24	23	22	21	20	20	19	18	18	17	17	17	16	16	D 16	17	17
	♀	♈ 22	23	24	25	26	27	28	29 0	♉ 1	2	3	4	5	7	8	9	10	11	12	13	14	15	17	18	19	20	21	22	23	24	25
	♂	♉ 9	10	10	11	12	12	13	14	14	15	16	16	17	18	18	19	20	20	21	22	22	23	24	24	25	26	26	27	28	28	29

♃ 1 5 9 14 18 22 26 31
♈12 13 14 15 16 17 18 19

♄ 1 2 11 20 29 21 28
♈27 28 29 0 ♉0 1

♅ 1 15
♉18 19

♆ 1R 19
♍24 23

♇ 1R
♌0

月	星	1	2	3	4	5	6	7	8	9	10	11	12	13	14	15	16	17	18	19	20	21	22	23	24	25	26	27	28	29	30	31
4	☉	♈ 12	13	14	15	16	17	18	18	19	20	21	22	23	24	25	26	27	28	29	29 0	♉ 1	2	3	4	5	6	7	8	9	10	
	☽	♒ 2	14	26	♓ 8	20	♈ 2	14	26	♉ 8	20	♊ 2	15	28	♋ 11	24	♌ 8	22	♍ 7	22	♎ 6	21	♏ 6	21	♐ 5	19	♑ 3	15	28	♒ 11	23	
	☿	♓ 17	18	18	18	19	20	20	21	22	23	24	25	26	27	28	29	29 0	♈ 1	3	4	5	7	8	10	11	12	14	16	17	19	
	♀	♉ 26	27	29	29 0	♊ 1	2	3	4	5	6	7	8	9	10	11	12	13	14	15	16	17	18	19	20	20	21	22	23	24	25	
	♂	29 0	♊ 0	1	2	2	3	4	4	5	6	6	7	8	8	9	10	10	11	12	12	13	14	14	15	15	16	17	17	18	19	

♃ 1 4 8 12 16 20 24 29
♈19 20 21 22 23 24 25 26

♄ 1 5 13 21 29
♉1 2 3 4 5

♅ 1 6 25
♉19 20 21

♆ 1R
♍23

♇ 1R 13D
♌0 0

月	星	1	2	3	4	5	6	7	8	9	10	11	12	13	14	15	16	17	18	19	20	21	22	23	24	25	26	27	28	29	30	31
5	☉	♉ 11	12	13	14	15	16	17	18	19	20	21	22	23	24	25	25	26	27	28	29	29 0	♊ 1	2	3	4	5	6	7	8	9	10
	☽	♓ 5	17	28	♈ 10	22	♉ 4	17	29	♊ 12	25	♋ 8	21	♌ 5	19	♍ 3	17	♎ 1	16	♏ 0	15	29	♐ 13	27	♑ 11	24	♒ 7	19	♓ 1	13	25	♈ 7
	☿	♈ 20	22	24	26	27	29 1	♉ 3	5	7	9	11	13	15	17	19	21	23	25	27	28	29 0	♊ 2	4	6	8	11	13	15	17	19	21
	♀	♊ 26	26	27	28	29	29 0	♋ 0	1	2	3	3	4	5	5	6	7	7	8	8	9	9	10	10	11	11	11	12	12	12	12	13
	♂	♊ 19	20	21	21	22	23	23	24	25	25	26	27	27	28	28	29	29 0	♋ 0	1	2	2	3	4	4	5	6	6	7	8	8	9

♃ 1 3 7 11 16 29 17 20 25
♈26 27 28 29 0 ♉0 1 2

♄ 1 7 15 23
♉5 6 7 8

♅ 1 12 30
♉21 22 23

♆ 1R 2
♍23 22

♇ 1 25
♌0 1

月	星	1	2	3	4	5	6	7	8	9	10	11	12	13	14	15	16	17	18	19	20	21	22	23	24	25	26	27	28	29	30	31
6	☉	♊ 11	12	13	14	15	16	17	18	18	19	20	21	22	23	24	25	26	27	28	29	29 0	♋ 1	2	3	4	5	6	7	8	9	
	☽	♈ 18	♉ 0	13	25	♊ 8	21	♋ 4	18	♌ 2	15	29	♍ 14	28	♎ 12	26	♏ 10	24	♐ 8	22	♑ 6	19	♒ 2	14	27	♓ 9	21	♈ 3	14	26	♉ 8	
	☿	♊ 23	25	27	29 0	♋ 1	3	5	6	8	10	11	13	14	16	17	19	20	21	22	24	25	26	27	28	29	29 0	♌ 1	1	2	3	
	♀	♋ 13	13	13	13	13	13	13	13	12	12	12	12	11	11	11	10	10	9	9	8	8	7	6	6	5	5	4	3	3	2	
	♂	♋ 9	10	11	11	12	13	13	14	15	15	16	16	17	18	18	19	20	20	21	22	22	23	24	24	25	25	28	27	27	28	

♃ 1 3 8 12 18 23 28
♉3 4 5 6 7 8 9

♄ 1 8 15 30
♉9 10 11 12

♅ 1 17
♉23 24

♆ 1R
♍22

♇ 1
♌1

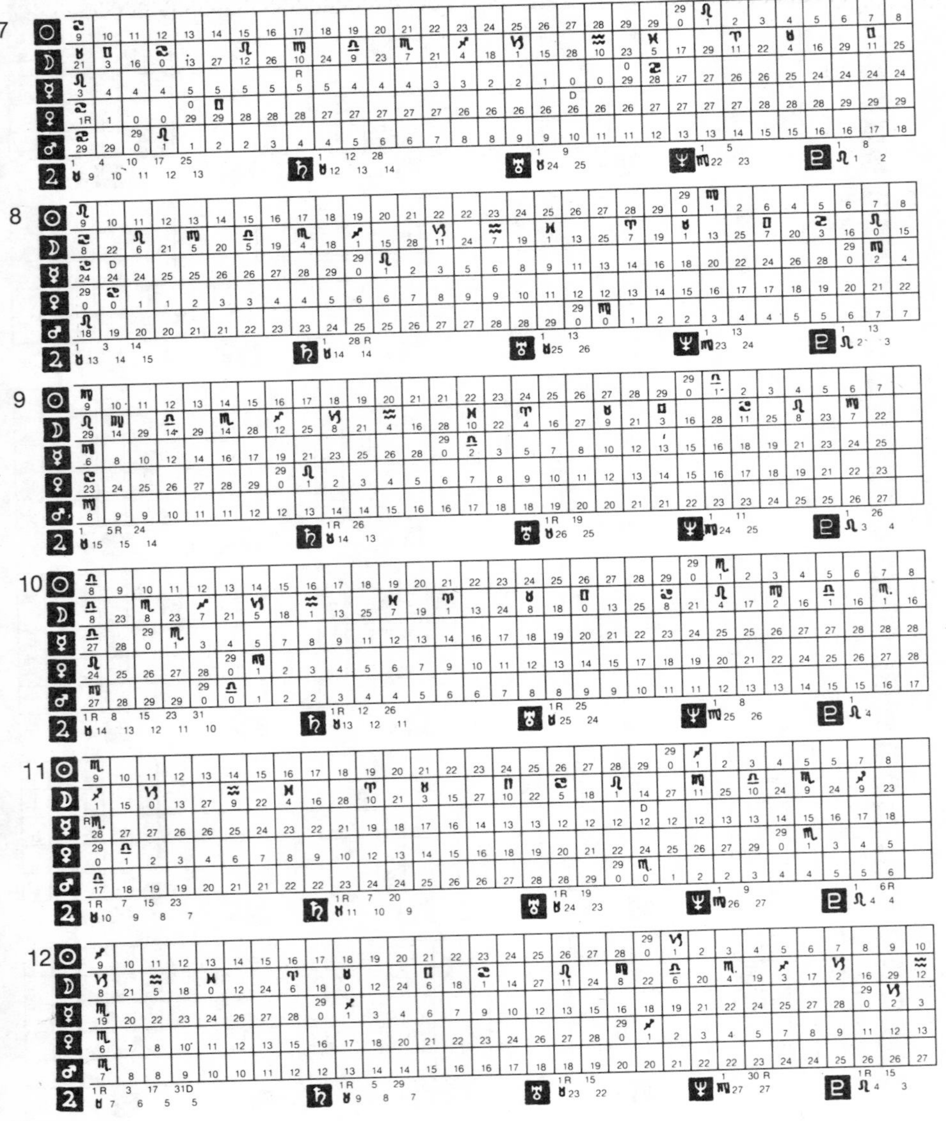

7 ☉	♋ 9	10	11	12	13	14	15	16	17	18	19	20	21	22	23	24	25	26	27	28	29	29	29 0	♌ 1	2	3	4	5	6	7	8
☽	♉ 21	♊ 3	16	♋ 0	13	27	♌ 12	26	♍ 10	24	♎ 9	23	♏ 7	21	♐ 4	18	♑ 1	15	28	♒ 10	23	♓ 5	17	29	♈ 11	22	♉ 4	16	29	♊ 11	25
☿	♌ 3	4	4	4	5	5	5	5	R 5	5	4	4	4	3	3	2	2	1	0	0	0 29	♋ 28	27	27	26	26	25	24	24	24	24
♀	♋ 1R	1	0	0	0 29	♊ 29	28	28	28	27	27	27	27	27	26	26	26	26	D 26	26	26	27	27	27	27	28	28	28	29	29	29
♂	♋ 29	29	29 0	♌ 1	1	2	2	3	4	4	5	6	6	7	8	8	9	9	10	11	11	12	13	13	14	15	15	16	16	17	18

♃ 1 4 10 17 25 / ♉ 9 10 11 12 13　♄ 1 12 28 / ♉12 13 14　♅ 1 9 / ♉24 25　♆ 1 5 / ♍22 23　♇ 1 8 / ♌ 1 2

8 ☉	♌ 9	10	11	12	13	14	15	16	17	18	19	20	21	22	22	23	24	25	26	27	28	29	29 0	♍ 1	2	6	4	5	6	7	8
☽	♋ 8	22	♌ 6	21	♍ 5	20	♎ 5	19	♏ 4	18	♐ 1	15	28	♑ 11	24	♒ 7	19	♓ 1	13	25	♈ 7	19	♉ 1	13	25	♊ 7	20	♋ 3	16	♌ 0	15
☿	♋ 24	D 24	24	25	25	26	26	27	28	29	29 0	♌ 1	2	3	5	6	8	9	11	13	14	16	18	20	22	24	26	28	29 0	♍ 2	4
♀	29 0	♋ 0	1	1	2	3	3	4	4	5	6	6	7	8	9	9	10	11	12	12	13	14	15	16	17	17	18	19	20	21	22
♂	♌ 18	19	20	20	21	21	22	23	23	24	25	25	26	27	27	28	28	29	29 0	♍ 0	1	2	2	3	4	4	5	5	6	7	7

♃ 1 3 14 / ♉13 14 15　♄ 1 28 R / ♉14 14　♅ 1 13 / ♉25 26　♆ 1 13 / ♍23 24　♇ 1 13 / ♌ 2 3

9 ☉	♍ 9	10	11	12	13	14	15	16	17	18	19	20	21	21	22	23	24	25	26	27	28	29	29 0	♎ 1	2	3	4	5	6	7
☽	♌ 29	♍ 14	29	♎ 14	29	♏ 14	28	♐ 12	25	♑ 8	21	♒ 4	16	28	♓ 10	22	♈ 4	16	27	♉ 9	21	♊ 3	16	28	♋ 11	25	♌ 8	23	♍ 7	22
☿	♍ 6	8	10	12	14	16	17	19	21	23	25	26	28	29 0	♎ 2	3	5	7	8	10	12	13	15	16	18	19	21	23	24	25
♀	♋ 23	24	25	26	27	28	29	29 0	♌ 1	2	3	4	5	6	7	8	9	10	11	12	13	14	15	16	17	18	19	21	22	23
♂	♍ 8	9	9	10	11	11	12	12	13	14	14	15	16	16	17	18	18	19	20	20	21	21	22	23	23	24	25	25	26	27

♃ 1 5R 24 / ♉15 15 14　♄ 1R 26 / ♉14 13　♅ 1R 19 / ♉26 25　♆ 1 11 / ♍24 25　♇ 1 26 / ♌ 3 4

10 ☉	♎ 8	9	10	11	12	13	14	15	16	17	18	19	20	21	22	23	24	25	26	27	28	29	29 0	♏ 1	2	3	4	5	6	7	8
☽	♎ 8	23	♏ 8	23	♐ 7	21	♑ 5	18	♒ 1	13	25	♓ 7	19	♈ 1	13	24	♉ 8	18	♊ 0	13	25	♋ 8	21	♌ 4	17	♍ 2	16	♎ 1	16	♏ 1	16
☿	♎ 27	28	29 0	♏ 1	3	4	5	7	8	9	11	12	13	14	16	17	18	19	20	21	22	23	24	25	25	26	27	27	28	28	28
♀	♌ 24	25	26	27	28	29 0	♍ 1	2	3	4	5	6	7	9	10	11	12	13	14	15	17	18	19	20	21	22	24	25	26	27	28
♂	♍ 27	28	29	29	29 0	♎ 0	1	2	2	3	4	4	5	6	6	7	8	8	9	9	10	11	11	12	13	13	14	15	15	16	17

♃ 1R 8 15 23 31 / ♉14 13 12 11 10　♄ 1R 12 26 / ♉13 12 11　♅ 1R 25 / ♉25 24　♆ 1 8 / ♍25 26　♇ 1 / ♌ 4

11 ☉	♏ 9	10	11	12	13	14	15	16	17	18	19	20	21	22	23	24	25	26	27	28	29	29 0	♐ 1	2	3	4	5	5	7	8
☽	♐ 1	15	♑ 0	13	27	♒ 9	22	♓ 4	16	28	♈ 10	21	♉ 3	15	27	♊ 10	22	♋ 5	18	♌ 1	14	27	♍ 11	25	♎ 10	24	♏ 9	24	♐ 9	23
☿	R♏ 28	27	27	26	26	25	24	23	22	21	19	18	17	16	14	13	13	12	12	12	D 12	12	12	13	13	14	15	16	17	18
♀	29 0	♎ 1	2	3	4	6	7	8	9	10	12	13	14	15	16	18	19	20	21	22	24	25	26	27	29	29 0	♏ 1	3	4	5
♂	♎ 17	18	19	19	20	21	21	22	22	23	24	24	25	26	26	27	28	28	29	29 0	♏ 0	1	2	2	3	4	4	5	5	6

♃ 1R 7 15 23 / ♉10 9 8 7　♄ 1R 7 20 / ♉11 10 9　♅ 1R 19 / ♉24 23　♆ 1 9 / ♍26 27　♇ 1 6R / ♌ 4 4

12 ☉	♐ 9	10	11	12	13	14	15	16	17	18	19	20	21	22	23	24	25	26	27	28	29 0	♑ 1	2	3	4	5	6	7	8	9	10
☽	♑ 8	21	♒ 5	18	♓ 0	12	24	♈ 6	18	♉ 0	12	24	♊ 6	18	♋ 1	14	27	♌ 11	24	♍ 8	22	♎ 6	20	♏ 4	19	♐ 3	17	♑ 2	16	29	♒ 12
☿	♏ 19	20	22	23	24	26	27	28	29 0	♐ 1	3	4	6	7	9	10	12	13	15	16	18	19	21	22	24	25	27	28	29 0	♑ 2	3
♀	♏ 6	7	8	10	11	12	13	15	16	17	18	20	21	22	23	24	26	27	28	29 0	♐ 1	2	3	4	5	7	8	9	11	12	13
♂	♏ 7	8	8	9	10	10	11	12	12	13	14	14	15	16	16	17	18	18	19	20	20	21	22	22	23	24	24	25	26	26	27

♃ 1R 3 17 31D / ♉7 6 5 5　♄ 1R 5 29 / ♉9 8 7　♅ 1R 15 / ♉23 22　♆ 1 30R / ♍27 27　♇ 1R 15 / ♌ 4 3

1941的行星位置

1

	1	2	3	4	5	6	7	8	9	10	11	12	13	14	15	16	17	18	19	20	21	22	23	24	25	26	27	28	29	30	31
☉	♑ 11	12	13	14	15	16	17	18	19	20	21	22	23	24	25	26	27	28	29	29 0	♒ 1	2	3	4	5	6	7	8	9	10	11
☽	♒ 25	♓ 8	20	♈ 2	14	26	♉ 8	19	♊ 2	14	27	♋ 10	23	♌ 7	21	♍ 5	19	♎ 3	17	♏ 1	15	29	♐ 13	27	♑ 11	24	♒ 7	21	♓ 3	16	28
☿	♑ 5	6	9	9	11	13	14	16	18	19	21	22	24	26	27	29 0	♒ 1	2	4	6	8	9	11	13	15	16	18	20	21	23	25
♀	♐ 14	16	17	18	19	21	22	23	24	26	27	28	29 0	♑ 1	2	3	4	6	7	8	9	11	12	13	14	16	17	18	19	21	22
♂	♏ 28	28	29	29 0	♐ 0	1	2	2	3	4	4	5	6	6	7	8	8	9	10	10	11	12	12	13	14	15	15	16	17	17	18

♃ 1 13 28 / ♉5 6 7　♄ 1R 9D 20 / ♉7 7 8　♅ 1R 30D / ♉22 22　♆ 1R / ♍27　♇ 1R / ♌3

2

	1	2	3	4	5	6	7	8	9	10	11	12	13	14	15	16	17	18	19	20	21	22	23	24	25	26	27	28	29	30	31
☉	♒ 12	13	14	15	16	17	18	19	20	21	22	23	24	25	26	27	28	29	29 0	♓ 0	2	3	4	5	7	8	9	10			
☽	♈ 10	22	♉ 3	15	27	♊ 9	22	♋ 5	18	♌ 1	15	♍ 0	14	29	♎ 13	28	♏ 12	26	♐ 10	24	♑ 7	21	♒ 4	16	29	♓ 12	24	♈ 8			
☿	♒ 27	28	29 0	♓ 1	3	4	6	7	8	9	10	11	12	13	13	13	R 13	13	12	12	11	10	10	9	8	7	5	4			
♀	♑ 23	24	26	27	28	29 0	♒ 1	2	3	4	6	7	8	9	11	12	13	14	16	17	18	19	21	22	23	24	26	27			
♂	♐ 19	19	20	21	21	22	23	23	24	25	25	26	27	27	28	29	29 0	♑ 0	1	2	2	3	4	4	5	6	6	7			

♃ 1 6 14 21 27 / ♉7 8 9 10 11　♄ 1 13 27 / ♉8 9 10　♅ 1 / ♉22　♆ 1R 18 / ♍27 26　♇ 1R 2 / ♌3 2

3

	1	2	3	4	5	6	7	8	9	10	11	12	13	14	15	16	17	18	19	20	21	22	23	24	25	26	27	28	29	30	31
☉	♓ 11	12	13	14	16	16	17	18	19	20	21	22	23	24	25	26	27	27	28	29	29 0	♈ 1	2	3	4	5	6	7	8	9	10
☽	♈ 18	♉ 0	11	23	♊ 5	17	♋ 0	13	26	♌ 9	23	♍ 8	22	♎ 7	22	♏ 7	22	♐ 6	20	♑ 4	18	♒ 1	13	26	♓ 8	20	♈ 2	14	26	♉ 8	20
☿	♓ 4	3	2	1	0	0	0 29	♒ 29	29	28	28	D 28	29	29	29	29 0	♓ 0	1	2	2	3	4	5	6	7	8	9	10	11	12	13
♀	♒ 28	29 0	♓ 1	2	3	4	6	7	8	9	11	12	13	14	16	17	18	19	20	22	23	24	26	27	28	29	29 0	♈ 1	2	3	4
♂	♑ 8	8	9	10	11	11	12	13	13	14	15	15	16	17	17	18	19	19	20	21	22	22	23	21	24	25	26	26	27	28	28

♃ 1 5 10 16 21 26 30 / ♉11 12 13 14 15 16 17　♄ 1 10 20 27 / ♉10 11 12 13　♅ 1 15 / ♉22 23　♆ 1R 28 / ♍26 25　♇ 1R / ♌2

4

	1	2	3	4	5	6	7	8	9	10	11	12	13	14	15	16	17	18	19	20	21	22	23	24	25	26	27	28	29	30	31
☉	♈ 11	12	13	14	15	16	17	18	19	20	21	22	23	24	25	26	27	28	29	29 0	♉ 1	2	3	4	5	5	7	8	9	10	
☽	♊ 2	14	26	♋ 8	21	♌ 4	17	♍ 1	16	♎ 1	16	♏ 1	16	♐ 1	16	♑ 0	14	27	♒ 10	23	♓ 5	18	♈ 0	11	23	♉ 5	17	29	♊ 11	23	
☿	♓ 14	16	17	18	20	21	23	24	26	27	29	29 0	♈ 2	3	5	7	8	10	12	14	15	17	19	21	23	25	27	29 0	♉ 1	3	
♀	♈ 7	8	9	10	12	13	14	15	17	18	19	20	22	23	24	25	26	28	29	29 0	♉ 1	3	4	5	6	8	9	10	11	13	
♂	♑ 29	29 0	♒ 1	1	2	3	3	4	5	5	6	7	7	8	9	10	10	11	12	12	13	14	14	15	16	16	17	18	18	19	

♃ 1 4 9 13 17 22 26 / ♉17 18 19 20 21 22 23　♄ 1 6 15 23 30 / ♉13 14 15 16 17　♅ 1 7 26 / ♉23 24 25　♆ 1R / ♍25　♇ 1R 21D / ♌2 2

5

	1	2	3	4	5	6	7	8	9	10	11	12	13	14	15	16	17	18	19	20	21	22	23	24	25	26	27	28	29	30	31
☉	♉ 11	12	13	14	15	16	17	17	18	19	20	21	22	23	24	25	26	27	28	29	29 0	♊ 1	2	3	4	5	6	7	8	9	10
☽	♋ 5	17	♌ 0	13	26	♍ 10	24	♎ 9	24	♏ 9	24	♐ 9	24	♑ 9	23	♒ 6	19	♓ 2	14	27	♈ 8	20	♉ 2	14	26	♊ 8	20	♋ 2	14	27	♌ 10
☿	♉ 5	7	9	11	14	16	18	20	22	24	27	29	29 1	♊ 3	5	7	9	11	13	15	17	18	20	22	23	25	27	28	29 0	♋ 1	2
♀	♉ 14	15	16	17	19	20	21	22	24	25	26	27	29	29 0	♊ 1	2	3	5	6	7	8	10	11	12	13	15	16	17	18	19	21
♂	♒ 20	21	21	22	23	23	24	25	25	26	27	27	28	29	29	29 0	♓ 1	1	2	3	3	4	5	5	6	7	7	8	9	9	10

♃ 1 5 9 13 17 22 26 29 27 / ♉24 25 26 27 28 29 0 ♊0　♄ 1 8 15 24 / ♉17 18 19 20　♅ 1 14 31 / ♉25 26 27　♆ 1R 18 / ♍25 24　♇ 1R / ♌2

6

	1	2	3	4	5	6	7	8	9	10	11	12	13	14	15	16	17	18	19	20	21	22	23	24	25	26	27	28	29	30	31
☉	♊ 11	12	13	13	14	15	15	17	18	19	20	21	22	23	24	25	26	27	28	29	29 0	♋ 1	2	3	3	4	5	6	7	8	
☽	♌ 23	♍ 6	20	♎ 4	18	♏ 3	18	♐ 3	18	♑ 3	17	♒ 1	15	28	♓ 11	23	♈ 5	17	29	♉ 11	22	♊ 4	17	29	♋ 11	24	♌ 7	20	♍ 3	17	
☿	♋ 3	5	6	7	8	9	10	11	12	12	13	14	14	14	15	15	15	15	15	R 15	15	15	15	14	14	13	13	12	12	11	
♀	♊ 22	23	24	26	27	28	29	29 1	♋ 2	3	4	5	7	8	9	10	11	13	14	15	16	18	19	20	21	22	24	25	26	27	
♂	♓ 11	11	12	13	13	14	15	16	16	17	17	18	18	19	20	20	21	22	22	23	23	24	25	25	26	26	27	28	28	29	

♃ 1 3 8 12 17 21 26 30 / ♊1 2 3 4 5 6 7 8　♄ 1 9 18 27 / ♉21 22 23 24　♅ 1 18 / ♉27 28　♆ 1D 23 / ♍24 25　♇ 1 23 / ♌2 3

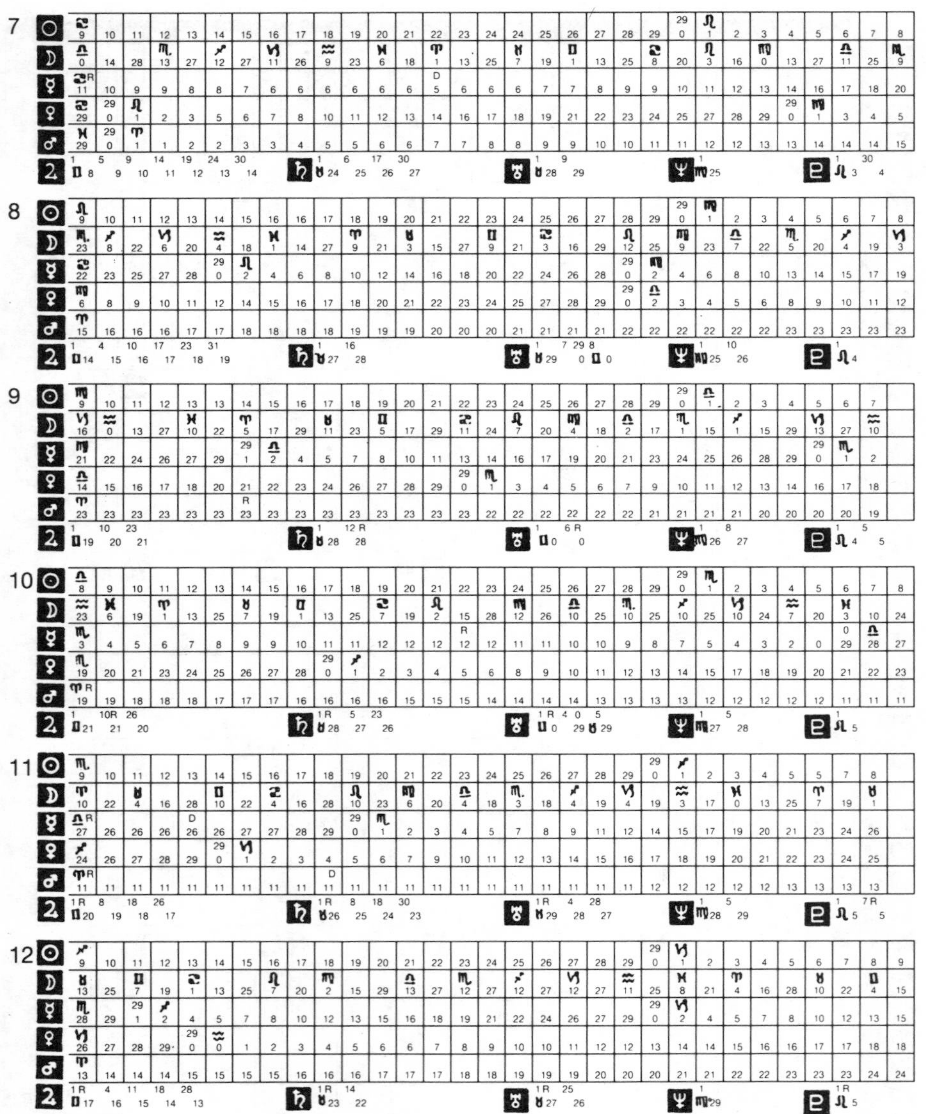

7 ☉	♋ 9	10	11	12	13	14	15	16	17	18	19	20	21	22	23	24	24	25	26	27	28	29	29 0	♌ 1	2	3	4	5	6	7	8
☽	♎ 0	14	28	♏ 13	27	♐ 12	27	♑ 11	26	♒ 9	23	♓ 6	18	♈ 1	13	25	♉ 7	19	♊ 1	13	25	♋ 8	20	♌ 3	16	♍ 0	13	27	♎ 11	25	♏ 9
☿	♋R 11	10	9	9	8	8	7	6	6	6	6	6	6	D 5	6	6	6	7	7	8	9	9	10	11	12	13	14	16	17	18	20
♀	♋ 29	29 0	♌ 1	2	3	5	6	7	8	10	11	12	13	14	16	17	18	19	21	22	23	24	25	27	28	29	29 0	♍ 1	3	4	5
♂	♓ 29	29 0	♈ 1	1	2	2	3	3	4	5	5	6	6	7	7	8	8	9	9	10	10	11	11	12	12	13	13	14	14	14	15

♃ 1 5 9 14 19 24 30 / ♊8 9 10 11 12 13 14 — ♄ 1 6 17 30 / ♉24 25 26 27 — ♅ 1 9 / ♉28 29 — ♆ 1 / ♍25 — ♇ 1 30 / ♌3 4

8 ☉	♌ 9	10	11	12	13	14	15	16	16	17	18	19	20	21	22	23	24	25	26	27	28	29	29 0	♍ 1	2	3	4	5	6	7	8
☽	♏ 23	♐ 8	22	♑ 6	20	♒ 4	18	♓ 1	14	27	♈ 9	21	♉ 3	15	27	♊ 9	21	♋ 3	16	29	♌ 12	25	♍ 9	23	♎ 7	22	♏ 5	20	♐ 4	19	♑ 3
☿	♋ 22	23	25	27	28	29 0	♌ 2	4	6	8	10	12	14	16	18	20	22	24	26	28	29 0	♍ 2	4	6	8	10	13	14	15	17	19
♀	♍ 6	8	9	10	11	12	14	15	16	17	18	20	21	22	23	24	25	27	28	29	29 0	♎ 2	3	4	5	6	8	9	10	11	12
♂	♈ 15	16	16	16	17	17	18	18	18	18	19	19	19	20	20	20	21	21	21	21	22	22	22	22	22	22	23	23	23	23	23

♃ 1 4 10 17 23 31 / ♊14 15 16 17 18 19 — ♄ 1 16 / ♉27 28 — ♅ 1 7 29 8 / ♉29 0 ♊0 — ♆ 1 10 / ♍25 26 — ♇ 1 / ♌4

9 ☉	♍ 9	10	11	12	13	13	14	15	16	17	18	19	20	21	22	23	24	25	26	27	28	29	29 0	♎ 1	2	3	4	5	6	7	
☽	♑ 16	♒ 0	13	27	♓ 10	22	♈ 5	17	29	♉ 11	23	♊ 5	17	29	♋ 11	24	♌ 7	20	♍ 4	18	♎ 2	17	♏ 1	15	♐ 1	15	29	♑ 13	27	♒ 10	
☿	♍ 21	22	24	26	27	29	29 1	♎ 2	4	5	7	8	10	11	13	14	16	17	19	20	21	23	24	25	26	28	29	29 0	♏ 1	2	
♀	♎ 14	15	16	17	18	20	21	22	23	24	26	27	28	29	29 0	♏ 1	3	4	5	6	7	9	10	11	12	13	14	16	17	18	
♂	♈ 23	23	23	23	23	23	R 23	23	23	23	23	23	23	23	23	22	22	22	22	22	22	21	21	21	21	20	20	20	20	19	

♃ 1 10 23 / ♊19 20 21 — ♄ 1 12R / ♉28 28 — ♅ 1 6R / ♊0 0 — ♆ 1 8 / ♍26 27 — ♇ 1 5 / ♌4 5

10 ☉	♎ 8	9	10	11	12	13	14	15	16	17	18	19	20	21	22	23	24	25	26	27	28	29	29 0	♏ 1	2	3	4	5	6	7	8
☽	♒ 23	♓ 6	19	♈ 1	13	25	♉ 7	19	♊ 1	13	25	♋ 7	19	♌ 2	15	28	♍ 12	26	♎ 10	25	♏ 10	25	♐ 10	25	♑ 10	24	♒ 7	20	♓ 3	10	24
☿	♏ 3	4	5	6	7	8	9	9	10	11	11	12	12	12	R 12	12	11	11	10	10	9	8	7	5	4	3	2	0	0 29	♎ 28	27
♀	♏ 19	20	21	23	24	25	26	27	28	29 0	♐ 1	2	3	4	5	6	8	9	10	11	12	13	14	15	17	18	19	20	21	22	23
♂	♈R 19	19	18	18	18	17	17	17	16	16	16	16	15	15	15	14	14	14	14	13	13	13	13	12	12	12	12	12	11	11	11

♃ 1 10R 26 / ♊21 21 20 — ♄ 1R 5 23 / ♉28 27 26 — ♅ 1R 4 0 5 / ♊0 29 ♉29 — ♆ 1 5 / ♍27 28 — ♇ 1 / ♌5

11 ☉	♏ 9	10	11	12	13	14	15	16	17	18	19	20	21	22	23	24	25	26	27	28	29	29 0	♐ 1	2	3	4	5	5	7	8	
☽	♈ 10	22	♉ 4	16	28	♊ 10	22	♋ 4	16	28	♌ 10	23	♍ 6	20	♎ 4	18	♏ 3	18	♐ 4	19	♑ 4	19	♒ 3	17	♓ 0	13	25	♈ 7	19	♉ 1	
☿	♎R 27	26	26	26	D 26	26	27	27	28	29	29 0	♏ 1	2	3	4	5	7	8	9	11	12	14	15	17	19	20	21	23	24	26	
♀	♐ 24	26	27	28	29	29 0	♑ 1	2	3	4	5	6	7	9	10	11	12	13	14	15	16	17	18	19	20	21	22	23	24	25	
♂	♈R 11	11	11	11	11	11	11	11	11	D 11	11	11	11	11	11	11	11	11	11	11	11	12	12	12	12	12	13	13	13	13	

♃ 1R 8 18 26 / ♊20 19 18 17 — ♄ 1R 8 18 30 / ♉26 25 24 23 — ♅ 1R 4 28 / ♉29 28 27 — ♆ 1 5 / ♍28 29 — ♇ 1 7R / ♌5 5

12 ☉	♐ 9	10	11	12	13	14	15	16	17	18	19	20	21	22	23	24	25	26	27	28	29	29 0	♑ 1	2	3	4	5	6	7	8	9
☽	♉ 13	25	♊ 7	19	♋ 1	13	25	♌ 7	20	♍ 2	15	29	♎ 13	27	♏ 12	27	♐ 12	27	♑ 12	27	♒ 11	25	♓ 8	21	♈ 4	16	28	♉ 10	22	♊ 4	15
☿	♏ 28	29	29 1	♐ 2	4	5	7	8	10	12	13	15	16	18	19	21	22	24	26	27	29	29 0	♑ 2	4	5	7	8	10	12	13	15
♀	♑ 26	27	28	29·	29 0	♒ 0	1	2	3	4	5	6	6	7	8	9	10	10	11	12	12	13	14	14	15	16	16	17	17	18	18
♂	♈ 13	14	14	14	15	15	15	15	16	16	16	17	17	17	18	18	19	19	19	20	20	20	21	21	22	22	23	23	23	24	24

♃ 1R 4 11 18 28 / ♊17 16 15 14 13 — ♄ 1R 14 / ♉23 22 — ♅ 1R 25 / ♉27 26 — ♆ 1 / ♍29 — ♇ 1R / ♌5

1942的行星位置

1

	1	2	3	4	5	6	7	8	9	10	11	12	13	14	15	16	17	18	19	20	21	22	23	24	25	26	27	28	29	30	31
☉	♑ 10	11	13	14	15	16	17	18	19	20	21	22	23	24	25	26	27	28	29	29 0	♒ 1	2	3	4	5	6	7	8	9	10	11
☽	♊ 27	♋ 10	22	♌ 4	17	29	♍ 12	26	♎ 9	23	♏ 7	21	♐ 6	20	♑ 5	20	♒ 5	19	♓ 3	16	29	♈ 12	24	♉ 6	18	♊ 0	12	24	♋ 6	18	♌ 1
☿	♑ 17	18	20	21	23	25	26	28	29 0	♒ 1	3	5	6	8	9	11	13	14	16	17	18	20	21	22	23	24	25	26	26	27	27
♀	♒ 18	19	19	19	20	20	20	20	20	21	21	21	R 21	21	21	20	20	20	20	19	19	19	18	18	17	17	16	16	15	14	14
♂	♈ 25	25	26	26	27	27	28	28	29	29	29 0	♉ 0	1	1	2	2	3	3	4	4	5	5	6	6	7	7	8	8	9	9	10

♃ 1R 5 17 / ♊13 12 11　♄ 1R 3 23D / ♉22 21 21　♅ 1R / ♉26　♆ 1R / ♍29　♇ 1R 9 / ♌5 4

2

	1	2	3	4	5	6	7	8	9	10	11	12	13	14	15	16	17	18	19	20	21	22	23	24	25	26	27	28	29	30	31
☉	♒ 12	13	14	15	16	17	18	19	20	21	22	23	24	25	26	27	28	29	29 0	♓ 1	2	3	4	5	6	7	8	9			
☽	♌ 13	26	♍ 9	22	♎ 6	20	♏ 3	17	♐ 2	16	♑ 0	15	29	♒ 13	27	♓ 11	24	♈ 7	20	♉ 2	14	26	♊ 8	20	♋ 2	14	26	♌ 9			
☿	♒R 26	26	26	25	24	23	22	21	20	19	18	17	16	15	14	13	12	12	11	11	11	11	D 11	11	12	12	13	13			
♀	♒R 13	13	12	11	11	10	10	9	9	8	8	7	7	6	6	6	6	5	5	5	5	5	D 5	5	5	5	5	6			
♂	♉ 10	11	12	12	13	13	14	14	15	16	16	17	17	18	18	19	20	20	21	21	22	22	23	24	24	25	25	26			

♃ 1R 5D 24 / ♊11 11 12　♄ 1 11 / ♉21 22　♅ 1R 4D / ♉26 26　♆ 1R / ♍29　♇ 1R 25 / ♌4 3

3

	1	2	3	4	5	6	7	8	9	10	11	12	13	14	15	16	17	18	19	20	21	22	23	24	25	26	27	28	29	30	31
☉	♓ 10	11	12	13	14	15	16	17	18	19	20	21	22	23	24	25	26	27	28	29	29 0	♈ 1	2	3	4	5	6	7	8	9	10
☽	♌ 22	♍ 5	18	♎ 2	16	♏ 0	14	28	♐ 13	27	♑ 11	25	♒ 9	22	♓ 6	19	♈ 2	15	27	♉ 10	22	♊ 4	15	28	♋ 10	22	♌ 4	17	29	♍ 13	27
☿	♒ 14	15	15	16	17	18	19	20	21	22	23	24	25	27	28	29 0	♓ 1	2	3	4	6	7	9	10	12	13	15	17	18	20	22
♀	♒ 6	6	6	7	7	8	8	8	9	9	10	11	11	12	12	13	14	14	15	16	16	17	18	19	19	20	21	22	23	24	24
♂	♉ 26	27	28	28	29	29	29 0	♊ 0	1	2	2	3	3	4	5	5	6	6	7	8	8	9	9	10	11	11	12	12	13	14	14

♃ 1 8 17 25 / ♊12 13 14 15　♄ 1 3 15 26 / ♉22 23 24 25　♅ 1 14 / ♉26 27　♆ 1R / ♍28　♇ 1R / ♌3

4

	1	2	3	4	5	6	7	8	9	10	11	12	13	14	15	16	17	18	19	20	21	22	23	24	25	26	27	28	29	30	31
☉	♈ 11	12	13	14	15	16	17	18	19	20	21	22	23	24	25	26	27	28	29	29 0	♉ 1	2	3	4	5	6	7	8	9	10	
☽	♎ 11	25	♏ 10	24	♐ 9	23	♑ 8	22	♒ 6	19	♓ 2	15	28	♈ 11	23	♉ 6	18	♊ 0	12	24	♋ 6	18	♌ 0	12	25	♍ 7	21	♎ 5	19	♏ 4	
☿	♓ 23	25	27	28	29 0	♈ 2	4	6	8	9	11	13	15	17	19	21	23	26	28	29 0	♉ 2	4	6	8	10	12	15	17	19	21	
♀	♒ 25	26	27	28	29	29 0	♓ 1	2	3	4	5	6	7	8	9	10	11	12	13	14	15	16	17	18	19	20	21	22	23	24	
♂	♊ 15	15	16	17	17	18	18	19	20	20	21	21	22	23	23	24	25	25	26	26	27	28	28	29	29	29 0	♋ 1	1	2	2	

♃ 1 7 13 19 24 29 / ♊16 17 18 19 20 21　♄ 1 5 14 22 30 / ♉25 26 27 28 29　♅ 1 8 27 / ♉27 28 29　♆ 1R 7 / ♍28 27　♇ 1R 16D / ♌3 3

5

	1	2	3	4	5	6	7	8	9	10	11	12	13	14	15	16	17	18	19	20	21	22	23	24	25	26	27	28	29	30	31
☉	♉ 10	11	12	13	14	15	16	17	18	19	20	21	22	23	24	25	26	27	28	29	29 0	♊ 1	2	3	4	5	6	6	7	8	9
☽	♏ 19	♐ 4	19	♑ 3	18	♒ 2	16	29	♓ 12	25	♈ 8	20	♉ 2	15	27	♊ 9	21	♋ 2	14	26	♌ 8	20	♍ 3	16	29	♎ 13	27	♏ 12	27	♐ 12	27
☿	♉ 23	25	27	29	29 0	♊ 2	4	6	7	9	10	12	13	14	16	17	18	19	20	21	21	22	23	23	24	24	25	25	25	25	25
♀	♓ 25	26	27	28	29	29 0	♈ 1	2	4	5	6	7	8	9	10	11	12	13	15	16	17	18	19	20	21	22	24	25	26	27	28
♂	♋ 3	4	4	5	5	6	7	7	8	9	9	10	10	11	12	12	13	13	14	15	15	16	17	17	18	18	19	20	20	21	21

♃ 1 4 9 14 18 23 28 / ♊21 22 23 24 25 26 27　♄ 1 8 29 9 16 24 31 / ♉29 0 ♊0 1 2 3　♅ 1 15 29 16 / ♉29 0 ♊0　♆ 1R. / ♍27　♇ 1 / ♌3

6

	1	2	3	4	5	6	7	8	9	10	11	12	13	14	15	16	17	18	19	20	21	22	23	24	25	26	27	28	29	30	31
☉	♊ 10	11	12	13	14	15	16	17	18	19	20	21	22	23	24	25	26	27	28	28	29	29 0	♋ 1	2	3	4	5	6	7	8	
☽	♑ 13	27	♒ 12	26	♓ 9	22	♈ 5	17	♉ 0	12	24	♊ 6	18	♋ 0	11	23	♌ 5	17	♍ 0	12	25	♎ 8	22	♏ 6	20	♐ 5	21	♑ 6	21	♒ 6	
☿	R 25	♊ 25	25	24	24	24	23	23	22	22	21	21	20	20	19	19	18	18	17	17	17	17	17	17	D 17	17	17	17	18	18	
♀	♈ 29	29 0	♉ 2	3	4	5	6	7	8	10	11	12	13	14	15	17	18	19	20	21	22	23	25	26	27	28	29 0	♊ 1	2	3	
♂	♋ 22	23	23	24	25	25	26	26	27	28	28	29	29	29 0	♌ 1	1	2	2	3	4	4	5	6	6	7	7	8	9	9	10	

♃ 1 5 10 29 11 14 19 23 27 / ♊28 29 0 ♋0 1 2 3 4　♄ 1 8 16 24 / ♊3 4 5 6　♅ 1 18 / ♊1 2　♆ 1R 8D / ♍27 27　♇ 1 7 / ♌3 4

7																															
☉	♋ 9	10	11	12	13	14	15	16	17	18	19	19	20	21	22	23	24	25	26	27	28	29	29 0	♌ 1	2	3	4	5	6	7	8
☽	♒ 21	♓ 5	18	♈ 1	14	27	♉ 9	21	♊ 3	15	26	♋ 8	20	♌ 2	14	27	♍ 9	22	♎ 5	18	♏ 2	16	♐ 0	15	29	♑ 14	29	♒ 14	29	♓ 13	27
☿	♊ 19	19	20	21	22	22	23	24	26	27	28	29 0	♋ 1	2	4	5	7	9	11	12	14	16	18	20	22	24	26	28	29 1	3	5
♀	♊ 4	5	6	8	9	10	11	12	13	15	16	17	18	19	21	22	23	24	25	27	28	29	29 0	♋ 1	3	4	5	6	7	9	10
♂	♌ 11	11	12	12	13	14	14	15	16	16	17	17	18	19	19	20	21	21	22	22	23	24	24	25	26	26	27	27	28	29	29

♃ 1 2 8 11 16 20 24 29 / ♋4 5 6 7 8 9 10 11 ♄ 1 3 12 21 / ♊6 7 8 9 ♅ 1 8 / ♊2 3 ♆ 1 / ♍27 ♇ 1 7 / ♌4 5

8																															
☉	♌ 9	10	10	11	12	13	14	15	16	17	18	19	20	21	22	23	24	25	26	27	28	29	29 0	♍ 1	2	3	4	5	5	6	7
☽	♈ 10	23	♉ 5	17	29	♊ 11	23	♋ 5	17	29	♌ 11	24	♍ 6	19	♎ 2	15	28	♏ 12	26	♐ 10	25	♑ 9	24	♒ 8	23	♓ 7	21	♈ 5	18	♉ 1	13
☿	♌ 7	9	11	13	15	17	19	21	23	25	27	29	29 1	♍ 3	4	6	8	10	11	13	15	16	18	20	21	23	24	26	27	29	29 0
♀	♋ 11	12	13	15	16	17	18	19	21	22	23	24	25	27	28	29	29 0	♌ 2	3	4	5	6	8	9	10	11	13	14	15	16	17
♂	29 0	♍ 1	1	2	2	3	4	4	5	6	6	7	8	8	9	9	10	11	11	12	13	13	14	14	15	16	16	17	18	18	19

♃ 1 2 7 12 17 22 27 / ♋11 12 13 14 15 16 17 ♄ 1 14 / ♊10 11 ♅ 1 3 / ♊3 4 ♆ 1 6 / ♍27 28 ♇ 1 21 / ♌5 6

9																															
☉	♍ 8	9	10	11	12	13	14	15	16	17	18	19	20	21	22	23	24	25	26	27	28	29	29 0	♎ 1	2	3	4	5	6	7	
☽	♉ 25	♊ 8	19	♋ 1	13	25	♌ 7	20	♍ 2	15	28	♎ 11	25	♏ 9	23	♐ 7	21	♑ 5	20	♒ 4	18	♓ 2	16	29	♈ 13	26	♉ 9	21	♊ 3	15	
☿	♎ 1	3	4	6	7	8	9	11	12	13	14	15	16	17	18	19	20	21	22	23	23	24	24	25	25	26	26	R 26	25	25	
♀	♌ 19	20	21	22	24	25	26	27	28	29 0	♍ 1	2	3	5	6	7	8	10	11	12	13	15	16	17	18	20	21	22	23	25	
♂	♍ 20	20	21	22	22	23	23	24	25	25	25	27	27	28	29	29	29 0	♎ 1	1	2	2	3	4	4	5	6	6	7	8	9	

♃ 1 2 7 13 20 27 / ♋17 18 19 20 21 22 ♄ 1 25R / ♊12 12 ♅ 1 10R / ♊4 4 ♆ 1 6 / ♍28 29 ♇ 1 / ♌6

10																															
☉	♎ 8	9	10	11	12	13	14	15	16	17	18	19	20	21	22	22	23	24	25	26	27	28	29 0	♏ 0	1	2	3	4	5	6	7
☽	♊ 27	♋ 9	21	♌ 3	15	28	♍ 10	23	♎ 7	21	♏ 5	19	♐ 3	18	♑ 2	16	♒ 0	14	28	♓ 12	25	♈ 8	21	♉ 4	17	29	♊ 11	23	♋ 5	17	29
☿	R 25	♎ 24	24	23	22	21	20	19	18	17	16	14	13	12	12	11	11	10	D 10	10	10	11	12	12	13	14	15	16	17	19	20
♀	♍ 26	27	28	29	29 1	♎ 2	3	4	6	7	8	9	11	12	13	14	16	17	18	19	21	22	23	24	26	27	28	29 0	♏ 1	2	3
♂	♎ 9	10	10	11	12	12	13	14	14	15	16	16	17	18	18	19	20	20	21	22	22	23	24	24	25	26	26	27	28	28	29

♃ 1 5 15 31 / ♋22 23 24 25 ♄ 1R 19 / ♊12 11 ♅ 1R 18 / ♊4 3 ♆ 1 3 29 4 31 / ♍29 0 ♎0 1 ♇ 1 8 / ♌6 7

11																															
☉	♏ 8	9	10	11	12	13	14	15	16	17	18	19	20	21	22	24	25	26	27	28	29	29 0	♐ 1	2	3	4	5	6	7	8	
☽	♌ 11	23	♍ 5	18	♎ 1	15	29	♏ 13	28	♐ 13	28	♑ 13	27	♒ 11	25	♓ 9	22	♈ 5	18	♉ 1	13	25	♊ 8	20	♋ 2	14	25	♌ 7	19	♍ 1	
☿	♎ 21	23	24	26	27	29	29 1	♏ 2	4	5	7	9	10	12	13	15	17	18	20	21	23	25	26	28	29 0	♐ 1	2	4	6	7	
♀	♏ 5	6	7	8	10	11	12	13	15	16	17	18	20	21	22	23	25	26	27	28	29 0	♐ 1	2	3	5	6	7	9	10	11	
♂	29 0	♏ 0	1	2	2	3	4	4	5	6	6	7	8	9	9	10	10	11	12	12	13	14	14	15	16	17	17	18	19	19	

♃ 1 13R 24 / ♋26 25 24 ♄ 1R 6 19 / ♊11 10 9 ♅ 1R 14 / ♊3 2 ♆ 1 / ♎1 ♇ 1 8R / ♌7 7

12																															
☉	♐ 9	10	11	12	13	14	15	16	17	18	19	20	21	22	23	24	25	26	27	28	29	29 0	♑ 1	2	3	4	5	6	7	8	9
☽	♍ 13	26	♎ 9	23	♏ 7	21	♐ 6	22	♑ 7	22	♒ 7	21	♓ 5	19	♈ 2	15	28	♉ 10	22	♊ 4	17	28	♋ 10	22	♌ 4	16	28	♍ 10	22	♎ 5	18
☿	♐ 9	10	12	13	16	17	18	20	21	23	24	26	28	29 0	♑ 1	2	4	5	7	9	10	12	13	15	17	18	20	21	23	24	26
♀	♐ 12	13	15	16	17	18	20	21	22	24	25	26	27	29	29 0	♑ 1	2	4	5	6	7	9	10	11	12	14	15	16	17	19	20
♂	♏ 20	21	21	22	23	23	24	25	26	26	27	28	28	29	29 0	♐ 0	1	2	3	3	4	5	5	6	7	7	8	9	10	10	11

♃ 1R 10 20 28 / ♋24 23 22 21 ♄ 1R 2 14 26 / ♊9 8 7 6 ♅ 1R 8 / ♊2 1 ♆ 1 19 / ♎1 2 ♇ 1R 11 / ♌7 6

1943的行星位置

1

	1	2	3	4	5	6	7	8	9	10	11	12	13	14	15	16	17	18	19	20	21	22	23	24	25	26	27	28	29	30	31
☉	♑ 10	11	12	13	14	15	16	17	18	19	20	21	22	23	24	26	27	28	29	29 0	♒ 1	2	3	4	5	6	7	8	9	10	11
☽	♏ 1	15	29	♐ 14	29	♑ 15	♒ 0	15	♓ 0	14	28	♈ 11	24	♉ 7	19	♊ 2	14	25	♋ 7	19	♌ 1	13	25	♍ 7	19	♎ 2	14	27	♏ 11	24	♐ 8
☿	♑ 27	29	29 0	♒ 1	3	4	5	6	7	8	9	10	10	10	R 11	10	10	9	9	8	7	6	5	3	2	1	0	0 29	♑ 27	26	26
♀	♑ 21	22	24	25	26	27	29	29 0	♒ 1	2	4	5	6	7	9	10	11	12	14	15	16	18	19	20	21	23	24	25	28	28	29
♂	♐ 12	12	13	14	15	15	16	17	17	18	19	20	20	21	22	22	23	24	25	25	26	27	27	28	29	29 0	♑ 0	1	2	3	3

♃ 1R 5 12 20 28 / ♋21 20 19 18 17　♄ 1R 16 / ♊6 5　♅ 1R 7 / ♊1 0　♆ 1 5R 18 / ♎2 2 1　♇ 1R / ♌6

2

	1	2	3	4	5	6	7	8	9	10	11	12	13	14	15	16	17	18	19	20	21	22	23	24	25	26	27	28
☉	♒ 12	13	14	15	16	17	18	19	20	21	22	23	24	25	26	27	28	29	29 0	♓ 1	2	3	4	5	6	7	8	9
☽	♐ 23	♑ 8	23	♒ 8	23	♓ 8	22	♈ 6	20	♉ 3	16	28	♊ 10	22	♋ 4	16	28	♌ 10	22	♍ 4	16	29	♎ 11	24	♏ 7	21	♐ 4	18
☿	R 25	♑ 25	25	24	24	D 25	25	25	26	26	27	27	28	29	29 0	♒ 0	1	2	3	5	6	7	8	9	10	12	13	14
♀	29 0	♓ 1	3	4	5	6	7	9	10	11	12	14	15	16	17	19	20	21	22	24	25	26	27	29	29 0	♈ 1	2	4
♂	♑ 4	5	5	6	7	8	8	9	10	11	11	12	13	14	14	15	16	16	17	18	19	19	20	21	22	22	23	24

♃ 1R 6 17 / ♋17 16 15　♄ 1R 8D 27 / ♊5 5 6　♅ 1R 8D / ♊0 0　♆ 1R / ♎1　♇ 1R / ♌5

3

	1	2	3	4	5	6	7	8	9	10	11	12	13	14	15	16	17	18	19	20	21	22	23	24	25	26	27	28	29	30	31
☉	♓ 10	11	12	13	14	15	16	17	18	19	20	21	22	23	24	25	26	27	28	29	29 0	♈ 1	2	3	4	5	6	7	8	9	10
☽	♑ 3	17	♒ 2	16	♓ 1	16	♈ 0	14	28	♉ 11	24	♊ 6	18	♋ 0	12	24	♌ 6	18	♍ 0	12	25	♎ 8	21	♏ 4	18	♐ 1	15	29	♑ 13	27	♒ 12
☿	♒ 16	17	18	20	21	23	24	26	27	29	29 0	♓ 2	3	5	7	8	10	12	13	15	17	19	21	22	24	26	28	29 0	♈ 2	4	6
♀	♈ 5	6	7	8	10	11	12	13	15	16	17	18	20	21	22	23	24	26	27	28	29 0	♉ 1	2	3	4	5	7	8	9	10	11
♂	♑ 25	25	26	27	28	28	29	29 0	♒ 1	1	2	3	4	4	5	6	7	7	8	9	10	10	11	12	13	13	14	15	16	16	17

♃ 1R 12D / ♋15 15　♄ 1 17 30 / ♊6 7 8　♅ 1 11 / ♊0 1　♆ 1R 10 / ♎1 0　♇ 1R 30 / ♌5 4

4

	1	2	3	4	5	6	7	8	9	10	11	12	13	14	15	16	17	18	19	20	21	22	23	24	25	26	27	28	29	30
☉	♈ 11	12	13	14	15	16	17	18	19	20	21	22	23	24	25	26	27	28	29	29 0	♉ 0	1	2	3	4	5	6	7	8	9
☽	♒ 26	♓ 10	24	♈ 8	22	♉ 6	19	♊ 2	14	26	♋ 8	20	♌ 2	14	26	♍ 8	20	♎ 3	16	♏ 0	14	28	♐ 12	26	♑ 10	24	♒ 8	22	♓ 6	20
☿	♈ 8	10	12	14	16	18	20	22	24	26	28	29 0	♉ 3	5	7	8	10	12	14	16	19	19	21	22	24	25	26	28	29	29 0
♀	♉ 13	14	15	16	17	19	20	21	22	23	25	26	27	28	29 0	♊ 1	2	3	4	5	7	8	9	10	11	12	14	15	16	17
♂	♒ 18	19	19	20	21	22	22	23	24	25	25	26	27	28	28	29	29 0	♓ 1	1	2	3	4	4	5	6	7	7	8	9	10

♃ 1 3 15 24 / ♋15 16 17 18　♄ 1 10 19 28 / ♊8 9 10 11　♅ 1 7 27 / ♊1 2 3　♆ 1R 17 0 18 / ♎0 29♍29　♇ 1R 17 0 / ♌4 4

5

	1	2	3	4	5	6	7	8	9	10	11	12	13	14	15	16	17	18	19	20	21	22	23	24	25	26	27	28	29	30	31
☉	♉ 10	11	12	13	14	15	16	17	18	19	20	21	22	23	24	25	26	27	28	29	29 0	♊ 0	1	2	3	4	5	6	7	8	9
☽	♈ 4	18	♉ 1	14	27	♊ 10	22	♋ 4	16	28	♌ 10	22	♍ 4	16	28	♎ 11	25	♏ 8	22	♐ 7	21	♑ 6	21	♒ 5	19	♓ 3	17	♈ 1	14	27	♉ 10
☿	♊ 1	2	2	3	4	4	4	5	5	5	5	5	R 5	5	5	4	4	4	3	3	2	1	1	0	0	0 29	♉ 29	28	28	27	27
♀	♊ 18	20	21	22	23	24	25	26	28	29	29 0	♋ 1	2	3	4	6	7	8	9	10	11	12	14	15	16	17	18	19	20	21	22
♂	♓ 10	11	12	13	13	14	15	16	16	17	18	19	19	20	21	22	22	23	24	25	25	26	27	28	28	29	29 0	♈ 1	1	2	3

♃ 1 8 15 21 26 / ♋19 20 21 22 23　♄ 1 7 15 23 30 / ♊11 12 13 14 15　♅ 1 15 31 / ♊3 4 5　♆ 1R / ♍29　♇ 1 5 / ♌4 5

6

	1	2	3	4	5	6	7	8	9	10	11	12	13	14	15	16	17	18	19	20	21	22	23	24	25	26	27	28	29	30
☉	♊ 10	11	12	13	14	15	16	17	18	19	20	21	22	23	23	24	25	26	27	28	29	29 0	♋ 1	2	3	4	5	6	7	8
☽	♉ 23	♊ 5	18	♋ 0	12	24	♌ 6	18	♍ 0	12	24	♎ 5	19	♏ 3	16	♐ 1	15	♑ 0	15	♒ 0	15	29	♓ 14	28	♈ 11	24	♉ 7	20	♊ 3	15
☿	♉R 27	27	27	27	D 27	27	27	27	27	28	28	29	29	29 0	♊ 1	2	3	4	5	6	7	8	9	10	12	13	15	16	18	19
♀	♋ 23	24	26	27	28	29	29 0	♌ 1	2	3	4	5	6	7	8	9	10	11	12	13	14	15	16	17	18	19	20	21	22	23
♂	♈ 4	4	5	6	7	7	8	9	10	10	11	12	12	13	14	15	15	16	17	17	18	19	20	20	21	22	22	23	24	26

♃ 1 6 11 16 21 26 30 29 / ♋24 25 26 27 28 29 0　♄ 1 7 15 23 30 / ♊15 16 17 18 19　♅ 1 19 / ♊6 6　♆ 1R 11D / ♍28 29　♇ 1 25 / ♌5 6

7																															
☉	♋ 9	10	11	12	13	14	14	15	16	17	18	19	20	21	22	23	24	25	26	27	28	29	29 0	♌ 1	2	3	4	5	5	6	7
☽	♊ 27	♋ 9	21	♌ 3	15	27	♍ 8	20	♎ 3	15	28	♏ 11	25	♐ 9	24	♑ 9	24	♒ 9	24	♓ 8	23	♈ 7	21	♉ 4	17	♊ 0	12	24	♋ 6	18	♌ 0
☿	♊ 21	23	24	26	28	29 0	♋ 2	4	6	8	10	12	15	17	19	21	23	25	27	29 0	♌ 2	4	6	8	10	12	14	16	17	18	21
♀	♌ 24	25	26	27	28	29	29 0	♍ 0	1	2	3	4	4	5	6	7	8	8	9	10	10	11	12	12	13	14	14	15	15	16	16
♂	♈ 25	26	27	27	28	29	29 0	♉ 0	1	2	2	3	4	4	5	6	6	7	8	8	9	10	10	11	12	12	13	14	14	15	16

	♃	♄	♅	♆	♇
	1 5 10 14 19 23 28	1 9 17 26	1 8 31	1	1
	♌ 0 1 2 3 4 5 6	♊ 19 20 21 22	♊ 6 7 8	♍ 29	♌ 6

8																															
☉	♌ 8	9	10	11	12	13	14	15	16	17	18	19	20	21	22	23	24	25	26	27	28	28	29	29 0	♍ 1	2	3	4	5	6	7
☽	♌ 12	24	♍ 5	17	29	♎ 12	24	♏ 7	20	♐ 4	18	♑ 2	17	♒ 2	17	♓ 2	17	♈ 2	16	♉ 0	13	26	♊ 9	21	♋ 3	15	27	♌ 9	21	♍ 2	14
☿	♌ 23	25	27	28	29 0	♍ 2	3	5	6	8	10	11	13	14	15	17	18	20	21	22	23	25	26	27	28	29	29 0	♎ 1	2	3	4
♀	♍ 17	17	18	18	18	19	19	19	19	20	20	20	20	20	20	R 20	20	20	20	19	19	19	19	18	18	18	17	17	16	16	15
♂	♉ 16	17	18	18	19	19	20	21	21	22	22	23	24	24	25	25	26	27	27	28	28	29	29 0	♊ 0	1	1	2	2	3	3	4

	♃	♄	♅	♆	♇
	1 6 10 15 20 24 29	1 4 15 27	1	1 2 29 3	1 5
	♌ 7 8 9 10 11 12 13	♊ 22 23 24 25	♊ 8	♍ 29 0 ♎ 0	♌ 6 7

9																															
☉	♍ 8	9	10	11	12	13	14	15	16	17	18	19	20	21	22	23	24	25	26	27	28	29	29 0	♎ 1	2	3	3	4	5	6	
☽	♍ 27	♎ 9	21	♏ 4	17	♐ 0	14	27	♑ 12	28	♒ 11	26	♓ 11	25	♈ 10	24	♉ 8	22	♊ 5	17	♋ 0	11	24	♌ 5	17	29	♍ 11	23	♎ 6	18	
☿	♎ 5	6	6	7	8	8	8	9	9	9	9	R 9	9	8	8	7	7	6	5	4	3	2	1	0	0 29	♍ 28	27	26	25	25	
♀	♍ R 15	14	13	13	12	11	11	10	10	9	8	8	7	7	6	6	6	5	5	5	4	4	4	4	4	4	D 4	4	4	4	
♂	♊ 4	5	5	6	6	7	7	8	8	9	9	10	10	11	11	12	12	12	13	13	14	14	14	15	15	16	16	16	17	17	

	♃	♄	♅	♆	♇
	1 3 7 12 17 23 26	1 13	1 15R	1 3 30	1 11
	♌ 13 14 15 16 17 18 19	♊ 25 26	♊ 8 8	♎ 0 1 2	♌ 7 8

10																															
☉	♎ 7	8	9	10	11	12	13	14	15	16	17	18	19	20	21	22	23	24	25	28	27	28	29	29 0	♏ 1	2	3	4	5	6	7
☽	♏ 1	14	27	♐ 10	24	♑ 8	22	♒ 6	20	♓ 5	19	♈ 4	18	♉ 3	16	♊ 0	13	25	♋ 8	20	♌ 2	14	25	♍ 7	19	♎ 2	14	27	♏ 10	23	♐ 7
☿	R 25	♍ 24	24	D 24	25	25	26	26	27	28	29 0	♎ 1	2	3	5	6	8	9	11	12	14	16	17	19	21	22	24	26	27	29 0	♏ 1
♀	♍ 4	4	5	5	5	6	6	6	7	7	8	8	9	9	10	10	11	12	12	13	14	14	15	16	17	17	18	19	20	21	21
♂	♊ 17	18	18	18	19	19	19	19	20	20	20	20	20	20	21	21	21	21	21	21	21	22	22	22	22	22	22	R 22	22	22	22

	♃	♄	♅	♆	♇
	1 3 9 15 22 29	1 10R	1R 30	1 29	1
	♌ 19 20 21 22 23 24	♊ 26 26	♊ 8 7	♎ 2 3	♌ 8

11																															
☉	♏ 8	9	10	11	12	13	14	15	16	17	18	19	20	21	22	23	24	25	26	27	28	29	29 0	♐ 1	2	3	4	5	6	7	
☽	♐ 21	♑ 5	19	♒ 3	17	♓ 1	15	29	♈ 13	27	♉ 11	25	♊ 8	21	♋ 3	16	28	♌ 9	21	♍ 3	15	27	♎ 9	22	♏ 5	19	♐ 2	16	♑ 1	15	
☿	♏ 2	4	6	7	9	11	12	14	15	17	19	20	22	23	25	27	28	29 0	♐ 1	3	4	6	8	9	11	12	14	15	17	19	
♀	♍ 22	23	24	25	26	27	28	29	29 0	♐ 1	2	3	4	5	6	7	8	9	10	11	12	13	14	15	16	17	18	19	20	21	
♂	♊ R 22	21	21	21	21	21	21	21	21	20	20	20	20	19	19	19	19	18	18	18	17	17	17	16	16	16	15	15	14	14	

	♃	♄	♅	♆	♇
	1 7 17	1R 5 22	1R 25	1	1 10R
	♌ 24 25 26	♊ 26 25 24	♊ 7 6	♎ 3	♌ 8 8

12																															
☉	♐ 8	9	10	11	12	14	15	16	17	18	19	20	21	22	23	24	25	26	27	28	29	29 0	♑ 1	2	3	4	5	6	7	8	9
☽	♑ 29	♒ 14	28	♓ 12	26	♈ 10	23	♉ 7	20	♊ 3	16	29	♋ 11	24	♌ 6	17	29	♍ 11	23	♎ 5	17	♏ 0	13	27	♐ 10	25	♑ 9	24	♒ 9	24	♓ 8
☿	♐ 20	21	23	24	26	27	29	29 0	♑ 2	3	5	6	8	9	11	12	13	15	16	17	18	20	21	22	22	23	24	24	25	R 25	25
♀	♎ 22	23	24	26	27	28	29	29 0	♏ 1	2	3	5	6	7	8	9	10	11	13	14	15	16	17	18	20	21	22	23	24	25	27
♂	♊ R 14	13	13	13	12	12	11	11	11	10	10	10	9	9	9	8	8	8	7	7	7	7	6	6	6	6	6	5	5	5	5

	♃	♄	♅	♆	♇
	1 7 14R 20	1R 5 17 30	1R 19	1 7	1R
	♌ 26 27 27 26	♊ 24 23 22 21	♊ 6 5	♎ 3 4	♌ 8

1944的行星位置

1

	1	2	3	4	5	6	7	8	9	10	11	12	13	14	15	16	17	18	19	20	21	22	23	24	25	26	27	28	29	30	31
☉	♑ 10	11	12	13	14	15	16	17	18	19	20	21	22	23	24	25	26	27	28	29	29 0	♒ 1	2	3	4	5	6	7	8	9	11
☽	♓ 22	♈ 6	20	♉ 4	17	♊ 0	13	26	♋ 8	20	♌ 2	14	26	♍ 7	19	♎ 1	13	25	♏ 8	21	♐ 4	18	♑ 3	17	♒ 2	17	♓ 2	17	♈ 2	16	♉ 0
☿	♑R 24	23	23	22	21	19	18	17	15	14	13	12	11	10	9	9	8	8	8	D 8	8	9	9	10	10	11	12	13	13	14	15
♀	♏ 28	29	29 0	♐ 1	3	4	5	6	7	9	10	11	12	13	15	16	17	18	19	21	22	23	24	25	27	28	29	29 0	♑ 2	3	4
♂	♊R 5	5	5	5	4	4	4	4	4	D 4	4	4	4	4	5	5	5	5	5	5	5	5	6	6	6	6	6	6	7	7	7

♃ 1R 9 19 / ♌26 25 24　♄ 1R 12 / ♊21 20　♅ 1R 23 / ♊5 4　♆ 1 7R / ♎4 4　♇ 1R 10 / ♌8 7

2

	1	2	3	4	5	6	7	8	9	10	11	12	13	14	15	16	17	18	19	20	21	22	23	24	25	26	27	28	29	30	31
☉	♒ 12	13	14	15	16	17	18	19	20	21	22	23	24	25	26	27	28	29	29 0	♓ 1	2	3	4	5	6	7	8	9	10		
☽	♉ 14	27	♊ 10	22	♋ 5	17	29	♌ 11	22	♍ 4	16	28	♎ 10	22	♏ 4	17	♐ 0	13	27	♑ 11	25	♒ 10	25	♓ 11	26	♈ 11	25	♉ 9	23		
☿	♑ 16	17	18	20	21	22	23	24	26	27	28	29 0	♒ 1	2	4	5	7	8	10	11	13	14	16	17	19	21	22	24	25		
♀	♑ 5	6	8	9	10	11	12	14	15	16	17	19	20	21	22	23	25	26	27	28	29 0	♒ 1	2	3	5	6	7	8	9		
♂	♊ 7	8	8	8	8	9	9	9	10	10	10	11	11	11	12	12	12	13	13	13	14	14	14	15	15	16	16	16	17		

♃ 1R 4 12 20 28 / ♊23 22 21 20 19　♄ 1R 2 21D / ♊20 19 19　♅ 1R 13D / ♊4 4　♆ 1R 5 / ♎4 3　♇ 1R 24 / ♌7 6

3

	1	2	3	4	5	6	7	8	9	10	11	12	13	14	15	16	17	18	19	20	21	22	23	24	25	26	27	28	29	30	31
☉	♓ 11	12	13	14	15	16	17	18	19	20	21	22	23	24	25	26	27	28	29	29 0	♈ 1	2	3	4	5	6	7	8	9	10	11
☽	♊ 6	19	♋ 2	14	26	♌ 8	19	♍ 1	13	25	♎ 7	19	♏ 1	14	26	♐ 9	22	♑ 6	20	♒ 4	19	♓ 4	19	♈ 4	19	♉ 4	18	♊ 2	15	28	♋ 10
☿	♒ 27	29	29 0	♐ 2	4	6	7	9	11	13	15	17	19	20	22	24	26	28	29 0	♑ 2	4	6	8	10	12	14	16	18	20	22	24
♀	♒ 11	12	13	14	16	17	18	19	20	22	23	24	25	27	28	29	29 0	♓ 2	3	4	5	6	8	9	10	11	13	14	15	16	18
♂	♊ 17	18	18	19	19	19	20	20	21	21	22	22	23	23	24	24	24	25	25	26	26	27	27	28	28	29	29	29 0	♋ 0	1	1

♃ 1R 7 19 / ♌19 18 17　♄ 1 9 29 / ♊19 20 21　♅ 1 3 / ♊4 5　♆ 1R 19 / ♎3 2　♇ 1R / ♌5

4

	1	2	3	4	5	6	7	8	9	10	11	12	13	14	15	16	17	18	19	20	21	22	23	24	25	26	27	28	29	30	31
☉	♈ 12	13	14	15	16	17	18	19	19	20	21	22	23	24	25	26	27	28	29	29 0	♉ 1	2	3	4	5	6	7	8	9	10	
☽	♋ 22	♌ 4	16	28	♍ 10	22	♎ 4	16	28	♏ 11	23	♐ 6	19	♑ 3	16	♒ 0	14	28	♓ 13	28	♈ 12	27	♉ 12	26	♊ 10	23	♋ 6	18	♌ 1	13	
☿	♈ 26	28	29 0	♉ 1	3	4	6	7	8	10	11	12	13	13	14	15	15	16	16	16	16	R 16	16	16	15	15	14	14	13	13	
♀	♓ 19	20	21	22	24	25	26	27	29	29 0	♈ 1	2	4	5	6	7	8	10	11	12	13	15	16	17	18	20	21	22	23	24	
♂	♋ 2	2	3	3	4	4	5	5	6	6	7	8	8	9	9	10	10	11	11	12	12	13	13	14	15	15	16	16	17	17	

♃ 1R 13D / ♌17 17　♄ 1 11 22 / ♊21 22 23　♅ 1 5 26 / ♊5 6 7　♆ 1R 26 / ♎2 1　♇ 1R 20D / ♌6 5

5

	1	2	3	4	5	6	7	8	9	10	11	12	13	14	15	16	17	18	19	20	21	22	23	24	25	26	27	28	29	30	31
☉	♉ 11	12	13	14	15	16	17	18	19	20	21	22	23	24	24	25	26	27	28	29	29 0	♊ 1	2	3	4	5	6	7	8	9	10
☽	♌ 24	♍ 6	18	♎ 0	12	24	♏ 7	20	♐ 3	16	♑ 0	13	27	♒ 11	25	♓ 9	23	♈ 8	22	♉ 5	20	♊ 4	18	♋ 1	14	25	♌ 8	20	♍ 2	14	26
☿	♉R 12	11	11	10	10	9	9	8	8	7	7	6	6	6	6	D 6	6	7	7	7	8	8	9	9	10	11	12	12	13	14	15
♀	♈ 26	27	28	29 0	♉ 1	2	3	4	5	7	8	9	10	12	13	14	15	17	18	19	20	21	23	24	25	26	28	29	29 0	♊ 1	2
♂	♋ 18	18	19	20	20	21	21	22	22	23	23	24	25	25	26	26	27	28	28	29	29	29 0	♌ 0	1	1	2	3	3	4	4	5

♃ 1 8 19 28 / ♌17 18 19 20　♄ 1 11 19 27 / ♊24 25 26 27　♅ 1 14 31 / ♊7 8 9　♆ 1R / ♎1　♇ 1 / ♌6

6

	1	2	3	4	5	6	7	8	9	10	11	12	13	14	15	16	17	18	19	20	21	22	23	24	25	26	27	28	29	30	31
☉	♊ 11	12	13	14	15	16	17	18	18	19	20	21	22	23	24	25	26	27	28	29	29 0	♋ 1	2	3	4	5	6	7	8	9	
☽	♎ 8	20	♏ 3	15	28	♐ 12	25	♑ 9	23	♒ 7	22	♓ 6	20	♈ 4	18	♉ 2	16	♊ 0	13	26	♋ 9	22	♌ 4	16	28	♍ 10	22	♎ 4	16	28	
☿	♉ 16	18	19	20	21	23	24	25	27	28	29 0	♊ 1	3	5	7	8	10	12	14	16	18	20	22	24	26	29	29 1	♋ 3	5	7	
♀	♊ 4	5	6	7	9	10	11	12	14	15	16	17	18	20	21	22	23	25	26	27	28	29 0	♋ 1	2	3	4	6	7	8	9	
♂	♌ 6	6	7	7	8	8	9	10	10	11	11	12	13	13	14	14	15	16	16	17	17	18	19	19	20	20	21	22	22	23	

♃ 1 4 11 18 24 30 / ♌20 21 22 23 24 25　♄ 1 4 12 20 29 21 27 / ♊27 28 29 0 ♋0 1　♅ 1 17 / ♊9 10　♆ 1R 13D / ♎1 1　♇ 1 11 / ♌6 7

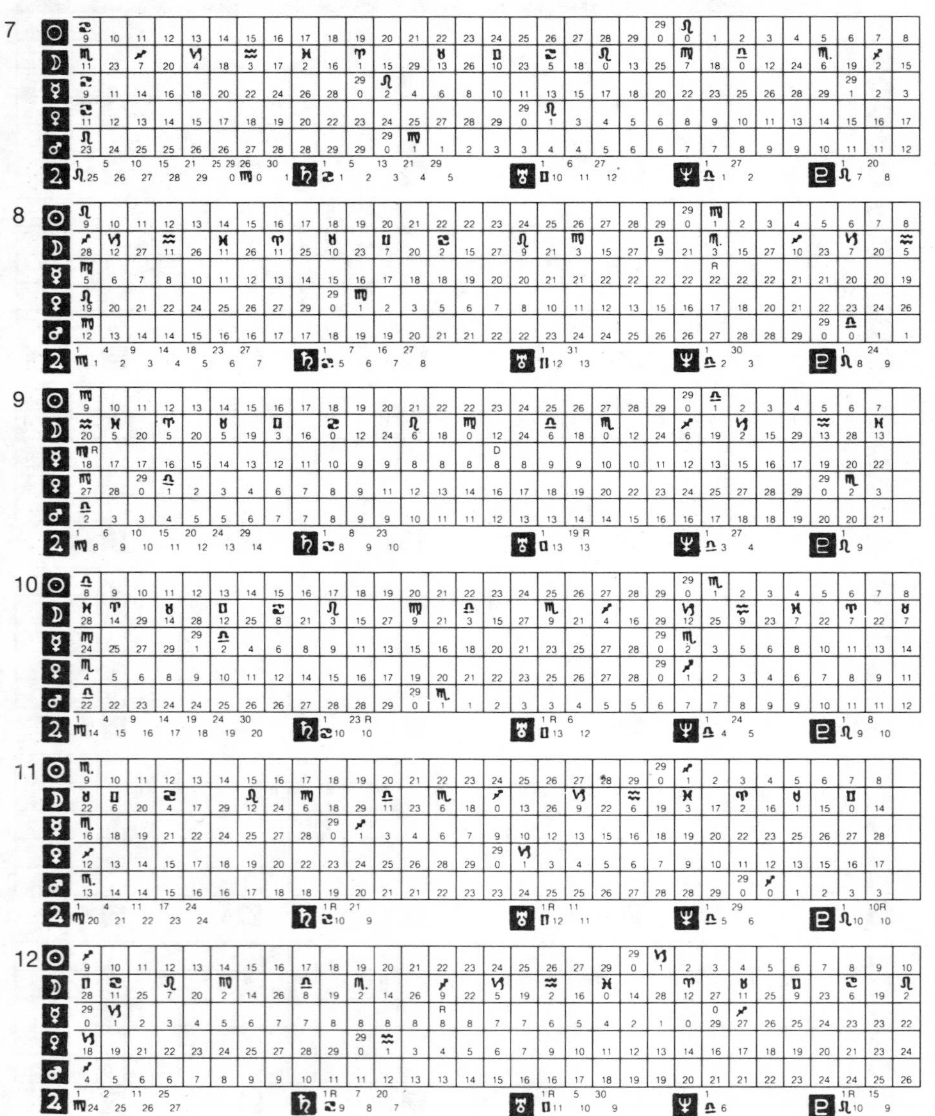

7	☉	♋ 9	10	11	12	13	14	15	16	17	18	19	20	21	22	23	24	25	26	27	28	29	29 0	♌ 0	1	2	3	4	5	6	7	8
	☽	♏ 11	23	♐ 7	20	♑ 4	18	♒ 3	17	♓ 2	16	♈ 1	15	29	♉ 13	26	♊ 10	23	♋ 5	18	♌ 0	13	25	♍ 7	18	♎ 0	12	24	♏ 6	19	♐ 2	15
	☿	♋ 9	11	14	16	18	20	22	24	26	28	29 0	♌ 2	4	6	8	10	11	13	15	17	18	20	22	23	25	26	28	29	29 1	2	3
	♀	♋ 11	12	13	14	15	17	18	19	20	22	23	24	25	27	28	29	29 0	♌ 1	3	4	5	6	8	9	10	11	13	14	15	16	17
	♂	♌ 23	24	25	25	26	26	27	28	28	29	29	29 0	♍ 1	1	2	3	3	4	4	5	6	6	7	7	8	9	9	10	11	11	12

♃	1 5 10 15 21 25 29 26 30 ♌25 26 27 28 29 0 ♍0 1
♄	1 5 13 21 29 ♋1 2 3 4 5
♅	1 6 27 ♊10 11 12
♆	1 27 ♎1 2
♇	1 20 ♌7 8

8	☉	♌ 9	10	11	12	13	14	15	16	17	18	19	20	21	22	22	23	24	25	26	27	28	29	29 0	♍ 1	2	3	4	5	6	7	8
	☽	♐ 28	♑ 12	27	♒ 11	26	♓ 11	26	♈ 11	25	♉ 10	23	♊ 7	20	♋ 2	15	27	♌ 9	21	♍ 3	15	27	♎ 9	21	♏ 3	15	27	♐ 10	23	♑ 7	20	♒ 5
	☿	♍ 5	6	7	8	10	11	12	13	14	15	16	17	18	18	19	20	20	21	21	22	22	22	22	R 22	22	22	21	21	20	20	19
	♀	♌ 19	20	21	22	24	25	26	27	29	29 0	♍ 1	2	3	5	6	7	8	10	11	12	13	15	16	17	18	20	21	22	23	24	26
	♂	♍ 12	13	14	14	15	16	16	17	17	18	19	19	20	21	21	22	22	23	24	24	25	26	26	27	28	28	29	29 0	♎ 0	1	1

♃	1 4 9 14 18 23 27 ♍1 2 3 4 5 6 7
♄	1 7 16 27 ♋5 6 7 8
♅	1 31 ♊12 13
♆	1 30 ♎2 3
♇	1 24 ♌8 9

9	☉	♍ 9	10	11	12	13	14	15	16	17	18	19	20	21	22	22	23	24	25	26	27	28	29	29 0	♎ 1	2	3	4	5	6	7	
	☽	♒ 20	♓ 5	20	♈ 5	20	♉ 5	19	♊ 3	16	♋ 0	12	24	♌ 6	18	♍ 0	12	24	♎ 6	18	♏ 0	12	24	♐ 6	19	♑ 2	15	29	♒ 13	28	♓ 13	
	☿	♍ R 18	17	17	16	15	14	13	12	11	10	9	9	8	8	8	D 8	8	9	9	10	10	11	12	13	15	16	17	19	20	22	
	♀	♍ 27	28	29 0	♎ 1	2	3	4	6	7	8	9	11	12	13	14	16	17	18	19	20	22	23	24	25	27	28	29	29 0	♏ 2	3	
	♂	♎ 2	3	3	4	5	5	6	7	7	8	9	9	10	11	11	12	13	13	14	14	15	16	16	17	18	18	19	20	20	21	

♃	1 6 10 15 20 24 29 ♍8 9 10 11 12 13 14
♄	1 8 23 ♋8 9 10
♅	1 19 R ♊13 13
♆	1 27 ♎3 4
♇	1 ♌9

10	☉	♎ 8	9	10	11	12	13	14	15	16	17	18	19	20	21	22	23	24	25	26	27	28	29	29 0	♏ 1	2	3	4	5	6	7	8
	☽	♓ 28	♈ 14	29	♉ 14	28	♊ 12	25	♋ 8	21	♌ 3	15	27	♍ 9	21	♎ 3	15	27	♏ 9	21	♐ 4	16	29	♑ 12	25	♒ 9	23	♓ 7	22	♈ 7	22	♉ 7
	☿	♍ 24	25	27	29	29 1	♎ 2	4	6	8	9	11	13	15	16	18	20	21	23	25	27	28	29 0	♏ 2	3	5	6	8	10	11	13	14
	♀	♏ 4	5	6	8	9	10	11	12	14	15	16	17	19	20	21	22	23	25	26	27	28	29 0	♐ 1	2	3	4	6	7	8	9	11
	♂	♎ 22	22	23	24	24	25	26	26	27	28	28	29	29 0	♏ 1	1	2	3	3	4	5	5	6	7	7	8	9	9	10	11	11	12

♃	1 4 9 14 19 24 30 ♍14 15 16 17 18 19 20
♄	1 23 R ♋10 10
♅	1 R 6 ♊13 12
♆	1 24 ♎4 5
♇	1 8 ♌9 10

11	☉	♏ 9	10	11	12	13	14	15	16	17	18	19	20	21	22	23	24	25	26	27	28	29	29 0	♐ 1	2	3	4	5	6	7	8	
	☽	♉ 22	♊ 6	20	♋ 4	17	29	♌ 12	24	♍ 6	18	29	♎ 11	23	♏ 6	18	♐ 0	13	26	♑ 9	22	♒ 6	19	♓ 3	17	♈ 2	16	♉ 1	15	♊ 0	14	
	☿	♏ 16	18	19	21	22	24	25	27	28	29 0	♐ 1	3	4	6	7	9	10	12	13	15	16	18	19	20	22	23	25	26	27	28	
	♀	♐ 12	13	14	15	17	18	19	20	22	23	24	25	26	28	29	29 0	♑ 1	3	4	5	6	7	9	10	11	12	13	15	16	17	
	♂	♏ 13	14	14	15	16	16	17	18	18	19	20	21	21	22	23	23	24	25	25	26	27	28	28	29	29 0	♐ 0	1	2	3	3	

♃	1 4 11 17 24 ♍20 21 22 23 24
♄	1R 21 ♋10 9
♅	1R 11 ♊12 11
♆	1 29 ♎5 6
♇	1 10R ♌10 10

12	☉	♐ 9	10	11	12	13	14	15	16	17	18	19	20	21	22	23	24	25	26	27	29	29 0	♑ 1	2	3	4	5	6	7	8	9	10
	☽	♊ 28	♋ 11	25	♌ 7	20	♍ 2	14	26	♎ 8	19	♏ 2	14	26	♐ 9	22	♑ 5	19	♒ 2	16	♓ 0	14	28	♈ 12	27	♉ 11	25	♊ 9	23	♋ 6	19	♌ 2
	☿	29 0	♑ 1	2	3	4	5	6	7	7	8	8	8	8	R 8	8	7	7	6	5	4	2	1	0	0 29	♐ 27	26	25	24	23	23	22
	♀	♑ 18	19	21	22	23	24	25	27	28	29	29 0	♒ 1	3	4	5	6	7	9	10	11	12	13	14	16	17	18	19	20	21	23	24
	♂	♐ 4	5	6	6	7	8	9	9	10	11	11	12	13	13	14	15	16	16	17	18	19	19	20	21	21	22	23	24	24	25	26

♃	1 2 11 25 ♍24 25 26 27
♄	1R 7 20 ♋9 8 7
♅	1R 5 30 ♊11 10 9
♆	1 ♎6
♇	1R 15 ♌10 9

1945的行星位置

1

	1	2	3	4	5	6	7	8	9	10	11	12	13	14	15	16	17	18	19	20	21	22	23	24	25	26	27	28	29	30	31
☉	♑ 11	12	13	14	15	16	17	18	19	20	21	22	23	24	25	26	27	28	29	29 0	♒ 1	2	3	4	5	6	7	8	9	10	11
☽	♌ 15	27	♍ 10	22	♎ 3	15	27	♏ 9	22	♐ 4	17	♑ 0	14	28	♒ 12	26	♓ 10	25	♈ 9	23	♉ 8	21	♊ 5	19	♋ 2	15	28	♌ 11	23	♍ 5	17
☿	R 22	♐ 22	D 22	23	23	24	24	25	26	26	27	28	29	29 0	♑ 1	2	4	5	6	7	9	10	11	13	14	15	17	18	20	21	23
♀	♒ 25	26	27	29	29 0	♓ 1	2	3	4	5	6	8	9	10	11	12	13	14	15	16	18	19	20	21	22	23	24	25	26	27	28
♂	♐ 27	27	28	29	29 0	♑ 0	1	2	3	3	4	5	6	6	7	8	9	9	10	11	12	12	13	14	15	15	16	17	18	18	19

♃ 1 ♍27, 12R 27, 29 26　♄ 1R ♋6, 14 5, 28 4　♅ 1R ♊9　♆ 1 ♎6, 8R 6　♇ 1R ♌9

2

	1	2	3	4	5	6	7	8	9	10	11	12	13	14	15	16	17	18	19	20	21	22	23	24	25	26	27	28	29	30	31
☉	♒ 12	13	14	15	16	17	18	19	20	21	22	23	24	25	26	27	28	29	29 0	♓ 2	3	4	5	6	7	8	9	10			
☽	♍ 29	♎ 11	23	♏ 5	17	29	♐ 12	25	♑ 8	22	♒ 6	20	♓ 5	20	♈ 5	19	♉ 4	18	♊ 2	16	29	♋ 12	25	♌ 7	20	♍ 2	14	26			
☿	♑ 24	25	27	28	29 0	2	3	5	6	8	9	11	13	14	16	18	19	21	23	25	26	28	29 0	♓ 2	4	5	7	9			
♀	♓ 29	29 0	♈ 1	2	3	4	5	6	7	8	9	10	11	12	13	14	14	15	16	17	18	19	20	20	21	22	22	23			
♂	♑ 20	21	21	22	23	24	25	25	26	27	28	28	29	29 0	♒ 1	1	2	3	4	5	5	6	7	8	9	9	10	11			

♃ 1R ♍26, 12 25, 21 24　♄ 1R ♋4, 20 30　♅ 1R ♊9, 16D 9　♆ 1R ♎6, 16 5　♇ 1R ♌9, 2 8

3

	1	2	3	4	5	6	7	8	9	10	11	12	13	14	15	16	17	18	19	20	21	22	23	24	25	26	27	28	29	30	31
☉	♓ 11	12	13	14	15	16	17	18	19	20	21	22	23	24	25	26	27	28	29	29 0	♈ 1	1	2	3	4	5	6	7	8	9	10
☽	♎ 8	20	♏ 2	13	25	♐ 8	20	♑ 3	16	29	♒ 14	28	♓ 13	28	♈ 13	29	♉ 14	28	♊ 12	26	♋ 9	22	♌ 4	17	29	♍ 11	23	♎ 5	17	28	♏ 10
☿	♓ 11	13	15	17	19	21	23	24	26	28	29 0	♈ 2	4	6	8	10	11	13	15	16	18	19	21	22	23	24	25	26	26	27	27
♀	♈ 24	25	25	26	27	27	28	28	29	29	29 0	♉ 0	1	1	1	2	2	2	2	3	3	3	3	3	R 3	3	3	3	3	2	2
♂	♒ 12	12	13	14	15	15	16	17	18	19	19	20	21	22	22	23	24	25	25	26	27	28	29	29	29 0	♓ 1	2	2	3	4	5

♃ 1R ♍24, 2 23, 10 22, 17 21, 25 20　♄ 1R ♋3, 6D 3, 19 4　♅ 1 ♊9　♆ 1R ♎5, 28 4　♇ 1R ♌8, 29 7

4

	1	2	3	4	5	6	7	8	9	10	11	12	13	14	15	16	17	18	19	20	21	22	23	24	25	26	27	28	29	30	31
☉	♈ 11	12	13	14	15	16	17	18	19	20	21	22	23	24	25	26	27	28	29	29 0	♉ 1	2	3	4	5	6	7	8	9	10	
☽	♏ 22	♐ 4	16	29	♑ 12	25	♒ 8	22	♓ 6	21	♈ 6	22	♉ 7	22	♊ 7	21	♋ 5	18	♌ 1	13	26	♍ 8	20	♎ 2	14	25	♏ 7	19	♐ 1	14	
☿	♈ 27	27	27	R 27	27	27	26	26	25	25	24	23	23	22	21	20	19	19	18	18	17	17	17	17	16	16	D 16	17	17	17	
♀	♉ R 2	2	1	1	0	0	0 29	♈ 29	28	28	27	27	26	25	25	24	23	23	22	22	21	21	20	20	19	19	18	18	18	18	
♂	♓ 6	6	7	8	9	9	10	11	12	13	13	14	15	16	16	17	18	19	20	20	21	22	23	23	24	25	26	26	27	28	

♃ 1R ♍20, 3 19, 13 18, 26 17　♄ 1 ♋4, 10 5, 24 6　♅ 1 ♊9, 2 10, 25 11　♆ 1R ♎4　♇ 1R ♌7, 20D 7

5

	1	2	3	4	5	6	7	8	9	10	11	12	13	14	15	16	17	18	19	20	21	22	23	24	25	26	27	28	29	30	31
☉	♉ 11	12	13	14	15	16	17	17	18	19	20	21	22	23	24	25	26	27	28	28	29	29 0	♊ 1	2	3	4	6	7	8	9	10
☽	♐ 26	♑ 8	21	♒ 4	18	♓ 1	16	♈ 0	15	♉ 0	15	♊ 0	15	29	♋ 13	27	♌ 10	22	♍ 4	17	28	♎ 10	22	♏ 4	16	28	♐ 11	23	♑ 5	18	♒ 1
☿	♈ 17	18	18	19	19	20	21	22	22	23	24	25	26	27	29	29 0	♉ 1	2	3	5	6	8	9	11	12	14	15	17	19	21	22
♀	♈ R 17	17	17	17	17	17	D 17	17	17	17	17	17	18	18	18	19	19	19	20	20	21	21	22	22	23	23	24	25	25	26	27
♂	♓ 29	29 0	0	1	2	3	3	4	5	6	6	7	8	9	10	10	11	12	13	13	14	15	16	16	17	18	19	19	20	21	22

♃ 1R ♍17, 15D 17　♄ 1 ♋6, 5 7, 15 8, 24 9　♅ 1 ♊11, 13 12, 31 13　♆ 1R ♎4, 8 3　♇ 1 ♌7, 11 8

6

	1	2	3	4	5	6	7	8	9	10	11	12	13	14	15	16	17	18	19	20	21	22	23	24	25	26	27	28	29	30	31
☉	♊ 11	12	13	13	14	15	16	17	18	19	20	21	22	23	24	25	26	27	28	29	29 0	♋ 1	2	3	4	4	5	6	7	8	
☽	♒ 14	28	♓ 12	26	♈ 10	25	♉ 9	24	♊ 9	23	♋ 7	21	♌ 5	18	♍ 0	13	25	♎ 7	19	♏ 1	12	25	♐ 7	19	♑ 2	15	28	♒ 11	25	♓ 9	
☿	♉ 24	26	28	29 0	♊ 2	4	6	8	10	12	14	17	19	21	23	25	28	29 0	♋ 2	4	6	8	10	13	15	17	19	20	22	24	
♀	♈ 27	28	29	29	29 0	♉ 1	2	3	3	4	5	6	7	8	9	9	10	11	12	13	14	15	16	17	18	19	20	21	22	23	
♂	♈ 22	23	24	25	25	26	27	28	28	29	29 0	♉ 1	1	2	3	4	4	5	6	6	7	8	9	9	10	11	12	12	13	14	

♃ 1 ♍18, 15 19, 25 20　♄ 1 ♋9, 2 10, 10 11, 18 12, 28 13　♅ 1 ♊13, 17 14　♆ 1R ♎3, 15D 3　♇ 1 ♌8

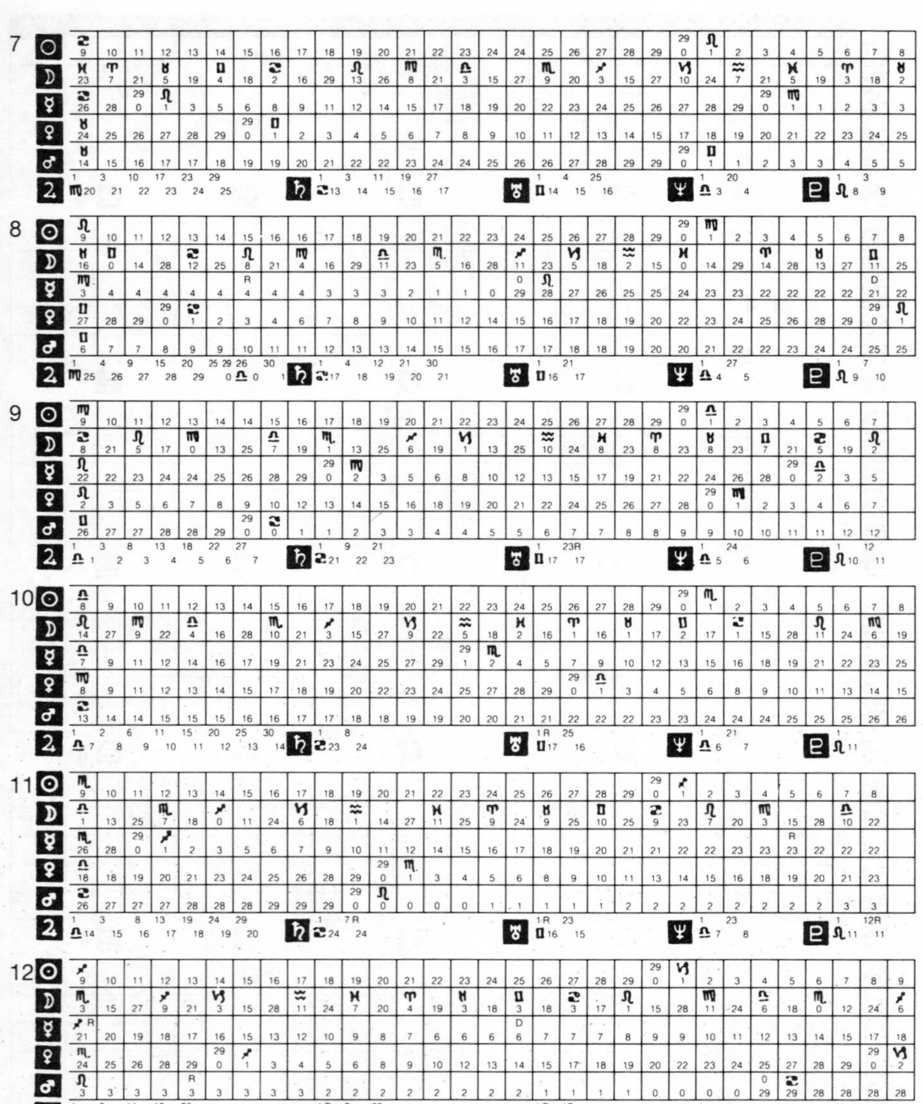

7	☉	♋ 9	10	11	12	13	14	15	16	17	18	19	20	21	22	23	24	24	25	26	27	28	29	29 0	♌ 1	2	3	4	5	6	7	8
	☽	♓ 23	♈ 7	21	♉ 5	19	♊ 4	18	♋ 2	16	29	♌ 13	26	♍ 8	21	♎ 3	15	27	♏ 9	20	♐ 3	15	27	♑ 10	24	♒ 7	21	♓ 5	19	♈ 3	18	♉ 2
	☿	♋ 26	28	29 0	♌ 1	3	5	6	8	9	11	12	14	15	17	18	19	20	22	23	24	25	26	27	28	29	29 0	♍ 1	1	2	3	3
	♀	♉ 24	25	26	27	28	29	29 0	♊ 1	2	3	4	5	6	7	8	9	10	11	12	13	14	15	17	18	19	20	21	22	23	24	25
	♂	♉ 14	15	16	17	17	18	19	19	20	21	22	22	23	24	24	25	26	26	27	28	29	29	29 0	♊ 1	1	2	3	3	4	5	5

♃ 1 ♍20, 3 21, 10 22, 17 23, 23 24, 29 25 ♄ 1 ♋13, 3 14, 11 15, 19 16, 27 17 ♅ 1 ♊14, 4 15, 25 16 ♆ 1 ♎3, 20 4 ♇ 1 ♌8, 3 9

8	☉	♌ 9	10	11	12	13	14	15	16	16	17	18	19	20	21	22	23	24	25	26	27	28	29	29 0	♍ 1	2	3	4	5	6	7	8
	☽	♉ 16	♊ 0	14	28	♋ 12	25	♌ 8	21	♍ 4	16	29	♎ 11	23	♏ 5	16	28	♐ 11	23	♑ 5	18	♒ 2	15	♓ 0	14	29	♈ 14	28	♉ 13	27	♊ 11	25
	☿	♍ 3	4	4	4	4	4	R 4	4	4	3	3	3	2	1	1	0	0 29	♌ 28	27	26	25	25	24	23	23	22	22	22	22	D 21	22
	♀	♊ 27	28	29	29 0	♋ 1	2	3	4	6	7	8	9	10	11	12	14	15	16	17	18	19	20	22	23	24	25	26	28	29	29 0	♌ 1
	♂	♊ 6	7	7	8	9	9	10	11	11	12	13	13	14	15	15	16	17	17	18	18	19	20	20	21	22	22	23	24	24	25	25

♃ 1 ♍25, 4 26, 9 27, 15 28, 20 29, 25 29 0 ♎, 26 0, 30 1 ♄ 1 ♋17, 4 18, 12 19, 21 20, 30 21 ♅ 1 ♊16, 21 17 ♆ 1 ♎4, 27 5 ♇ 1 ♌9, 7 10

9	☉	♍ 9	10	11	12	13	14	14	15	16	17	18	19	20	21	22	23	24	25	26	27	28	29	29 0	♎ 1	2	3	4	5	6	7	
	☽	♋ 8	21	♌ 5	17	♍ 0	13	25	♎ 7	19	♏ 1	13	25	♐ 6	19	♑ 1	13	25	♒ 10	24	♓ 8	23	♈ 8	23	♉ 8	23	♊ 7	21	♋ 5	19	♌ 2	
	☿	♌ 22	22	23	24	24	25	26	28	29	29 0	♍ 2	3	5	6	8	10	12	13	15	17	19	21	22	24	26	28	29 0	♎ 2	3	5	
	♀	♌ 2	3	5	6	7	8	9	10	12	13	14	15	16	18	19	20	21	22	24	25	26	27	28	29 0	♍ 1	2	3	4	6	7	
	♂	♊ 26	27	27	28	28	29	29 0	♋ 0	1	1	2	3	3	4	4	5	5	6	7	7	8	8	9	9	10	10	11	11	12	12	

♃ 1 ♎1, 3 2, 8 3, 13 4, 18 5, 22 6, 27 7 ♄ 1 ♋21, 9 22, 21 23 ♅ 1 ♊17, 23R 17 ♆ 1 ♎5, 24 6 ♇ 1 ♌10, 12 11

10	☉	♎ 8	9	10	11	12	13	14	15	16	17	18	19	20	21	22	23	24	25	26	27	28	29	29 0	♏ 1	2	3	4	5	6	7	8
	☽	♌ 14	27	♍ 9	22	♎ 4	16	28	♏ 10	21	♐ 3	15	27	♑ 9	22	♒ 5	18	♓ 2	16	♈ 1	16	♉ 1	17	♊ 2	17	♋ 1	15	28	♌ 11	24	♍ 6	19
	☿	♎ 7	9	11	12	14	16	17	19	21	23	24	25	27	29	29 1	♏ 2	4	5	7	9	10	12	13	15	16	18	19	21	22	23	25
	♀	♍ 8	9	11	12	13	14	15	17	18	19	20	22	23	24	25	27	28	29	29 0	♎ 1	3	4	5	6	8	9	10	11	13	14	15
	♂	♋ 13	14	14	15	15	15	16	16	17	17	18	18	19	19	20	20	21	21	22	22	22	23	23	24	24	24	25	25	25	26	26

♃ 1 ♎7, 2 8, 6 9, 11 10, 15 11, 20 12, 25 13, 30 14 ♄ 1 ♋23, 8 24 ♅ 1R ♊17, 25 16 ♆ 1 ♎6, 21 7 ♇ 1 ♌11

11	☉	♏ 9	10	11	12	13	14	15	16	17	18	19	20	21	22	23	24	25	26	27	28	29	29 0	♐ 1	2	3	4	5	6	7	8	
	☽	♎ 1	13	25	♏ 7	18	♐ 0	11	24	♑ 6	18	♒ 1	14	27	♓ 11	25	♈ 9	24	♉ 9	25	♊ 10	25	♋ 9	23	♌ 7	20	♍ 3	15	28	♎ 10	22	
	☿	♏ 26	28	29 0	♐ 1	2	3	5	6	7	9	10	11	12	14	15	16	17	18	19	20	21	21	22	22	23	23	R 23	22	22	22	
	♀	♎ 18	18	19	20	21	23	24	25	26	28	29	29 0	♏ 1	3	4	5	6	8	9	10	11	13	14	15	16	18	19	20	21	23	
	♂	♋ 26	27	27	27	28	28	28	29	29	29	29 0	♌ 0	0	0	0	1	1	1	1	1	2	2	2	2	2	2	2	2	3	3	

♃ 1 ♎14, 3 15, 8 16, 13 17, 19 18, 24 19, 29 20 ♄ 1 ♋24, 7R 24 ♅ 1R ♊16, 23 15 ♆ 1 ♎7, 23 8 ♇ 1 ♌11, 12R 11

12	☉	♐ 9	10	11	12	13	14	15	16	17	18	19	20	21	22	23	24	25	26	27	28	29	29 0	♑ 1	2	3	4	5	6	7	8	9
	☽	♏ 3	15	27	♐ 9	21	♑ 3	15	28	♒ 11	24	♓ 7	20	♈ 4	19	♉ 3	18	♊ 3	18	♋ 3	17	♌ 1	15	28	♍ 11	24	♎ 6	18	♏ 0	12	24	♐ 6
	☿	♐ R 21	20	19	18	17	16	15	13	12	10	9	8	7	6	6	6	D 6	7	7	7	8	9	9	10	11	12	13	14	15	17	18
	♀	♏ 24	25	26	28	29	29 0	♐ 1	3	4	5	6	8	9	10	12	13	14	15	17	18	19	20	22	23	24	25	27	28	29	29 0	♑ 2
	♂	♌ 3	3	3	3	R 3	3	3	3	3	2	2	2	2	2	2	2	2	1	1	1	1	0	0	0	0	0 29	♋ 29	28	28	28	28

♃ 1 ♎20, 5 21, 11 22, 18 23, 25 24 ♄ 1R ♋24, 7 23, 23 22 ♅ 1R ♊15, 17 14 ♆ 1 ♎8 ♇ 1 ♌11

1946的行星位置

1

	1	2	3	4	5	6	7	8	9	10	11	12	13	14	15	16	17	18	19	20	21	22	23	24	25	26	27	28	29	30	31
☉	♑ 10	12	13	14	15	16	17	18	19	20	21	22	23	24	25	26	27	28	29	29 0	♒ 1	2	3	4	5	6	7	8	9	10	11
☽	♐ 18	♑ 0	12	25	♒ 8	21	♓ 4	17	♈ 1	15	29	♉ 13	28	♊ 12	27	♋ 11	25	♌ 9	23	♍ 6	19	♎ 2	14	26	♏ 8	20	♐ 2	14	26	♑ 8	21
☿	♐ 19	20	22	23	24	26	27	28	29 0	♑ 1	3	4	5	7	8	10	11	13	14	16	18	19	21	22	24	25	27	29	29 0	♒ 2	3
♀	♑ 3	4	5	7	8	9	10	12	13	14	15	17	18	19	21	22	23	24	26	27	28	29 0	♒ 1	2	3	4	5	7	8	9	11
♂	♋R 27	27	27	26	26	26	25	25	24	24	24	23	23	22	22	22	21	21	20	20	20	19	19	19	18	18	18	17	17	17	16

♃	1 2 12 26	♎24 25 26 27
♄	1R 5 17 30	♋22 21 20 19
♅	1R 13	♊14 14
♆	1 10R	♎8 9
♇	1R 15	♌11 10

2

	1	2	3	4	5	6	7	8	9	10	11	12	13	14	15	16	17	18	19	20	21	22	23	24	25	26	27	28	29	30	31
☉	♒ 12	13	14	15	16	17	18	19	20	21	22	23	24	25	26	27	28	29	29 0	♓ 1	2	3	4	5	6	7	8	9			
☽	♒ 3	17	♓ 0	14	28	♈ 12	26	♉ 10	24	♊ 8	22	♋ 5	20	♌ 4	18	♍ 1	14	27	♎ 9	22	♏ 4	16	28	♐ 9	21	♑ 3	16	28			
☿	♒ 5	7	8	10	12	14	15	17	19	21	22	24	26	28	29 0	♓ 1	3	5	7	9	11	13	14	16	18	20	22	23			
♀	♒ 12	13	14	16	17	18	19	21	22	23	24	26	27	28	29 0	♓ 1	2	3	4	6	7	8	9	11	12	13	14	16			
♂	♋R 18	16	16	15	15	15	15	15	15	14	14	14	14	14	14	14	14	14	14	14	14	D 14	14	14	14	14	14	14			

♃	1 11R 26	♎27 27 26
♄	1R 13	♋19 18
♅	1R 20D	♊13 13
♆	1R 28	♎8 7
♇	1R 28	♌10 9

3

	1	2	3	4	5	6	7	8	9	10	11	12	13	14	15	16	17	18	19	20	21	22	23	24	25	26	27	28	29	30	31
☉	♓ 10	11	12	13	14	15	16	17	18	19	20	21	22	23	24	25	26	27	28	29	29 0	♈ 1	2	3	4	5	6	7	8	9	10
☽	♒ 12	25	♓ 9	23	♈ 7	22	♉ 6	21	♊ 5	19	♋ 3	17	♌ 0	14	27	♍ 10	23	♎ 5	18	♏ 0	12	24	♐ 5	17	29	♑ 11	24	♒ 6	19	♓ 3	17
☿	♓ 25	27	28	29 0	♈ 1	3	4	5	6	7	8	9	9	9	10	10	R 10	9	9	9	8	7	7	6	5	4	3	2	2	1	0
♀	♓ 17	18	19	21	22	23	24	26	27	28	29 0	♈ 1	2	3	4	6	7	8	9	11	12	13	14	16	17	18	19	21	22	23	24
♂	♋ 14	14	14	14	14	15	15	15	15	15	15	16	16	16	16	17	17	17	17	18	18	18	18	19	19	19	20	20	20	21	21

♃	1R 13 23 31	♎26 25 24 23
♄	1 12 20D 27	♋18 17 17 18
♅	1 28	♊13 14
♆	1R	♎7
♇	1R	♌9

4

	1	2	3	4	5	6	7	8	9	10	11	12	13	14	15	16	17	18	19	20	21	22	23	24	25	26	27	28	29	30	31
☉	♈ 11	12	13	14	15	16	17	18	19	20	21	22	23	24	25	26	27	28	29	29 0	♉ 1	2	3	4	5	6	7	8	9	10	
☽	♈ 1	16	♉ 1	16	♊ 1	15	♋ 0	14	27	♌ 11	24	♍ 7	19	♎ 2	14	26	♏ 8	20	♐ 2	14	26	♑ 8	20	♒ 2	15	28	♓ 11	25	♈ 10	25	
☿	♉R 29	29	28	28	28	27	27	27	D 27	27	28	28	28	29	29	29 0	♈ 0	1	2	3	3	4	5	6	7	9	10	11	12	13	
♀	♈ 25	27	28	29	29 0	♉ 2	3	4	5	7	8	9	10	12	13	14	15	17	18	19	20	21	23	24	25	26	27	29	29 0	♊ 1	
♂	♋ 21	22	22	22	23	23	23	24	24	25	25	25	26	26	27	27	27	28	28	29	29	29 0	♏ 0	0	1	1	2	2	3	3	

♃	1R 8 17 24	♎23 22 21 20
♄	1 23	♋18 19
♅	1 23	♊14 15
♆	1R 6	♎7 6
♇	1R 22D	♌9 9

5

	1	2	3	4	5	6	7	8	9	10	11	12	13	14	15	16	17	18	19	20	21	22	23	24	25	26	27	28	29	30	31
☉	♉ 10	11	12	13	14	15	16	17	18	19	20	21	22	23	24	25	26	27	28	29	29 0	♊ 1	2	3	4	5	6	7	7	8	9
☽	♉ 10	25	♊ 10	25	♋ 9	23	♌ 7	21	♍ 4	16	29	♎ 11	23	♏ 5	17	29	♐ 11	23	♑ 4	16	29	♒ 11	24	♓ 7	20	♈ 4	18	♉ 3	18	♊ 3	18
☿	♈ 15	16	17	19	20	22	23	25	26	28	29 0	♉ 1	3	5	7	8	10	12	14	16	18	20	22	24	26	29	29 1	♊ 3	5	7	9
♀	♊ 2	4	5	6	7	8	10	11	12	13	15	16	17	18	19	21	22	23	24	25	27	28	29	29 0	♋ 1	3	4	5	6	7	9
♂	♌ 4	4	5	5	6	6	7	7	8	8	9	9	9	10	10	11	12	12	13	13	14	14	15	15	16	16	17	17	18	18	19

♃	1R 3 13 26	♎20 19 18 17
♄	1 7 19 29	♋19 20 21 22
♅	1 12 30	♊15 16 17
♆	1R 23	♎6 5
♇	1	♌9

6

	1	2	3	4	5	6	7	8	9	10	11	12	13	14	15	16	17	18	19	20	21	22	23	24	25	26	27	28	29	30	31
☉	♊ 10	11	12	13	14	15	16	17	18	19	20	21	22	23	24	25	26	27	28	29	29	29 0	♋ 1	2	3	4	5	6	7	8	
☽	♋ 3	18	♌ 2	16	♍ 0	13	26	♎ 8	20	♏ 2	14	26	♐ 8	20	♑ 1	13	26	♒ 8	20	♓ 3	16	♈ 0	13	27	♉ 12	27	♊ 12	27	♋ 12	26	
☿	♊ 11	14	16	18	20	22	24	27	29	29 1	♋ 3	5	7	8	10	12	14	16	17	19	21	22	24	25	27	28	29 0	♌ 1	2	3	
♀	♋ 10	11	12	14	15	16	17	18	19	21	22	23	24	26	27	28	29	29 0	♌ 1	3	4	5	6	7	8	10	11	12	13	14	
♂	♌ 19	20	21	21	22	22	23	23	24	24	25	25	26	27	27	28	28	29	29	29 0	♍ 0	1	2	2	3	3	4	4	5	6	

♃	1R 15D	♎17 17
♄	1 7 16 24	♋22 23 24 25
♅	1 16	♊17 18
♆	1R 17D	♎5 5
♇	1 13	♌9 10

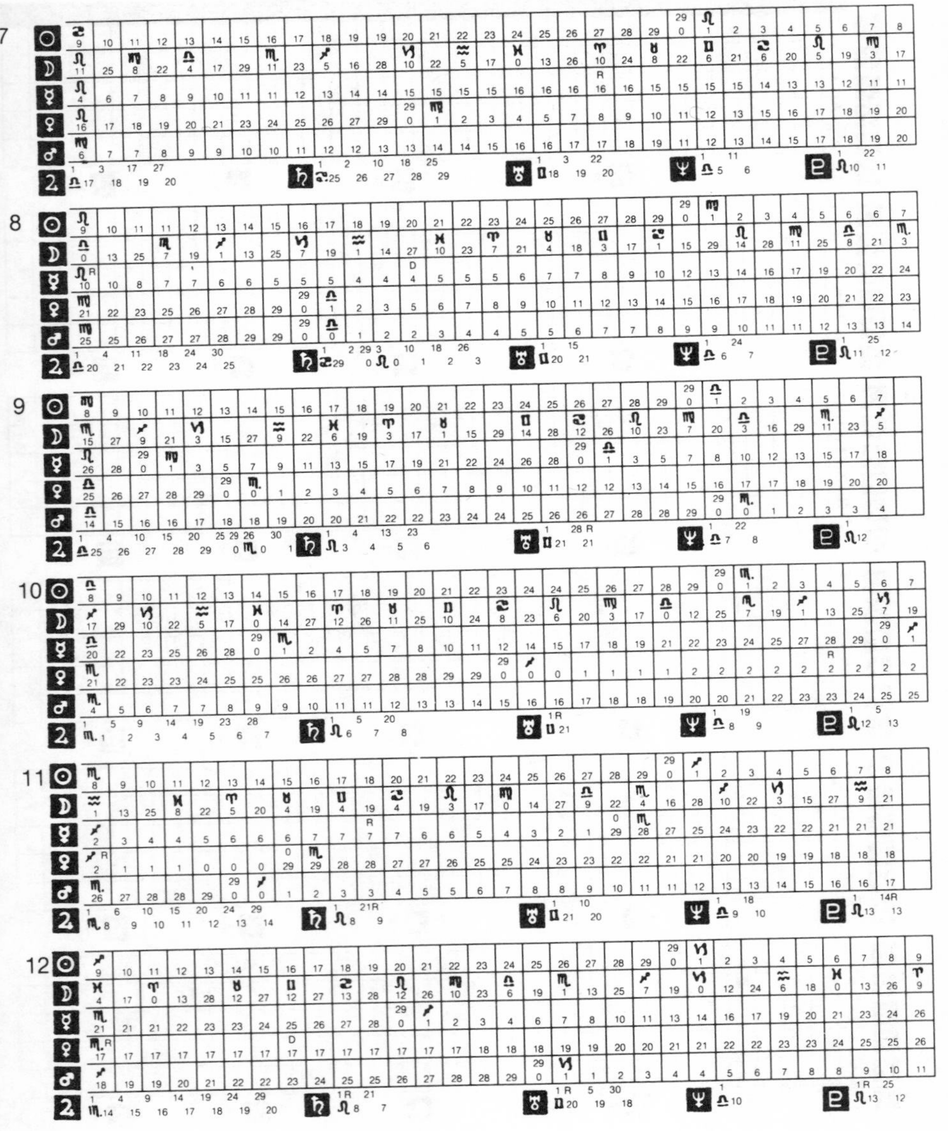

7																															
☉	♋ 9	10	11	12	13	14	15	16	17	18	19	19	20	21	22	23	24	25	26	27	28	29	29 0	♌ 1	2	3	4	5	6	7	8
☽	♌ 11	25	♍ 8	22	♎ 4	17	29	♏ 11	23	♐ 5	16	28	♑ 10	22	♒ 5	17	♓ 0	13	26	♈ 10	24	♉ 8	22	♊ 6	21	♋ 6	20	♌ 5	19	♍ 3	17
☿	♌ 4	6	7	8	9	10	11	11	12	13	14	14	15	15	15	15	16	16	16	R 16	16	15	15	15	15	14	13	13	12	11	11
♀	♌ 16	17	18	19	20	21	23	24	25	26	27	29	29 0	♍ 1	2	3	4	5	7	8	9	10	11	12	13	15	16	17	18	19	20
♂	♍ 6	7	7	8	9	9	10	10	11	12	12	13	13	14	14	15	16	16	17	17	18	19	11	12	13	14	15	17	18	19	20

♃ 1 3 17 27 / ♎ 17 18 19 20　♄ 1 2 10 18 25 / ♋ 25 26 27 28 29　♅ 1 3 22 / ♊ 18 19 20　♆ 1 11 / ♎ 5 6　♇ 1 22 / ♌ 10 11

8																															
☉	♌ 9	10	11	11	12	13	14	15	16	17	18	19	20	21	22	23	24	25	26	27	28	29	29 0	♍ 1	2	3	4	5	6	6	7
☽	♎ 0	13	25	♏ 7	19	♐ 1	13	25	♑ 7	19	♒ 1	14	27	♓ 10	23	♈ 7	21	♉ 4	18	♊ 3	17	♋ 1	15	29	♌ 14	28	♍ 11	25	♎ 8	21	♏ 3
☿	♌ R 10	10	8	7	7	6	6	5	5	5	4	4	D 4	5	5	5	6	7	7	8	9	10	12	13	14	16	17	19	20	22	24
♀	♍ 21	22	23	25	26	27	28	29	29 0	♎ 1	2	3	5	6	7	8	9	10	11	12	13	14	15	16	17	18	19	20	21	22	23
♂	♍ 25	25	26	27	27	28	29	29	29 0	♎ 0	1	2	2	3	4	4	5	5	6	7	7	8	9	9	10	11	11	12	13	13	14

♃ 1 4 11 18 24 30 / ♎ 20 21 22 23 24 25　♄ 1 2 29 3 10 18 26 / ♋ 29 0 ♌ 0 1 2 3　♅ 1 15 / ♊ 20 21　♆ 1 24 / ♎ 6 7　♇ 1 25 / ♌ 11 12

9																														
☉	♍ 8	9	10	11	12	13	14	15	16	17	18	19	20	21	22	23	24	25	26	27	28	29	29 0	♎ 1	2	3	4	5	6	7
☽	♏ 15	27	♐ 9	21	♑ 3	15	27	♒ 9	22	♓ 6	19	♈ 3	17	♉ 1	15	29	♊ 14	28	♋ 12	26	♌ 10	23	♍ 7	20	♎ 3	16	29	♏ 11	23	♐ 5
☿	♌ 26	28	29 0	♍ 1	3	5	7	9	11	13	15	17	19	21	22	24	26	28	29 0	♎ 1	3	5	7	8	10	12	13	15	17	18
♀	♎ 25	26	27	28	29	29 0	♏ 0	1	2	3	4	5	6	7	8	9	10	11	12	12	13	14	15	16	17	17	18	19	20	20
♂	♎ 14	15	16	16	17	18	18	19	20	20	21	22	22	23	24	24	25	26	26	27	28	28	29	29 0	♏ 0	1	2	3	3	4

♃ 1 4 10 15 20 25 29 26 30 / ♎ 25 26 27 28 29 0 ♏ 0 1　♄ 1 4 13 23 / ♌ 3 4 5 6　♅ 1 28 R / ♊ 21 21　♆ 1 22 / ♎ 7 8　♇ 1 / ♌ 12

10																															
☉	♎ 8	9	10	11	12	13	14	15	16	17	18	19	20	21	22	23	24	24	25	26	27	28	29	29 0	♏ 1	2	3	4	5	6	7
☽	♐ 17	29	♑ 10	22	♒ 5	17	♓ 0	14	27	♈ 12	26	♉ 11	25	♊ 10	24	♋ 8	23	♌ 6	20	♍ 3	17	♎ 0	12	25	♏ 7	19	♐ 1	13	25	♑ 7	19
☿	♎ 20	22	23	25	26	28	29 0	♏ 1	2	4	5	7	8	10	11	12	14	15	17	18	19	21	22	23	24	25	27	28	29	29 0	♐ 1
♀	♏ 21	22	23	23	24	25	25	26	26	27	27	28	28	29	29	29 0	♐ 0	0	1	1	1	1	2	2	2	2	2	R 2	2	2	2
♂	♏ 4	5	6	7	7	8	9	9	10	11	11	12	13	13	14	15	16	16	17	18	18	19	20	20	21	22	23	23	24	25	25

♃ 1 5 9 14 19 23 28 / ♏ 1 2 3 4 5 6 7　♄ 1 5 20 / ♌ 6 7 8　♅ 1R / ♊ 21　♆ 1 19 / ♎ 8 9　♇ 1 5 / ♌ 12 13

11																														
☉	♏ 8	9	10	11	12	13	14	15	16	17	18	20	21	22	23	24	25	26	27	28	29	29 0	♐ 1	2	3	4	5	6	7	8
☽	♒ 1	13	25	♓ 8	22	♈ 5	20	♉ 4	19	♊ 4	19	♋ 4	19	♌ 3	17	♍ 0	14	27	♎ 9	22	♏ 4	16	28	♐ 10	22	♑ 3	15	27	♒ 9	21
☿	♐ 2	3	4	4	5	6	6	6	7	7	R 7	7	6	6	5	4	3	2	1	0 29	♏ 28	27	25	24	23	22	22	21	21	21
♀	♐ R 2	1	1	1	0	0	0	0 29	♏ 29	28	28	27	27	26	25	25	24	23	23	22	22	21	21	20	20	19	19	18	18	18
♂	♏ 26	27	28	28	29	29 0	♐ 0	1	2	3	3	4	5	5	6	7	8	8	9	10	11	11	12	13	13	14	15	16	16	17

♃ 1 6 10 15 20 24 29 / ♏ 8 9 10 11 12 13 14　♄ 1 21R / ♌ 8 9　♅ 1 10 / ♊ 21 20　♆ 1 18 / ♎ 9 10　♇ 1 14R / ♌ 13 13

12																															
☉	♐ 9	10	11	12	13	14	15	16	17	18	19	20	21	22	23	24	25	26	27	28	29	29 0	♑ 1	2	3	4	5	6	7	8	9
☽	♓ 4	17	♈ 0	13	28	♉ 12	27	♊ 12	27	♋ 13	28	♌ 12	26	♍ 10	23	♎ 6	19	♏ 1	13	25	♐ 7	19	♑ 0	12	24	♒ 6	18	♓ 0	13	26	♈ 9
☿	♏ 21	21	21	22	23	23	24	25	26	27	28	29 0	♐ 1	2	3	4	6	7	8	10	11	13	14	16	17	19	20	21	23	24	26
♀	♏ R 17	17	17	17	17	17	17	D 17	17	17	17	17	17	17	18	18	18	19	19	20	20	21	21	22	22	23	23	24	25	25	26
♂	♐ 18	19	19	20	21	22	22	23	24	25	25	26	27	28	28	29	29 0	♑ 1	1	2	3	4	4	5	6	7	8	8	9	10	11

♃ 1 4 9 14 19 24 29 / ♏ 14 15 16 17 18 19 20　♄ 1R 21 / ♌ 8 7　♅ 1R 5 30 / ♊ 20 19 18　♆ 1 / ♎ 10　♇ 1R 25 / ♌ 13 12

1947的行星位置

1

	1	2	3	4	5	6	7	8	9	10	11	12	13	14	15	16	17	18	19	20	21	22	23	24	25	26	27	28	29	30	31
☉	♑ 10	11	12	13	14	15	16	17	18	19	20	21	22	23	25	26	27	28	29	29 0	♒ 1	2	3	4	5	6	7	8	9	10	11
☽	♈ 22	♉ 6	20	♊ 5	20	♋ 5	20	♌ 6	20	♍ 5	19	♎ 2	15	28	♏ 10	22	♐ 4	16	27	♑ 9	21	♒ 3	15	28	♓ 10	23	♈ 8	19	♉ 2	16	♊ 0
☿	♐ 27	29	29 1	♑ 2	4	5	7	8	10	11	13	15	16	18	19	21	23	24	26	28	29 0	♒ 1	3	4	6	8	9	11	13	15	16
♀	♏ 27	27	28	29	29 0	♐ 0	1	2	3	4	5	5	6	7	8	9	10	11	12	13	14	15	16	17	18	19	20	21	22	23	24
♂	♑ 11	12	13	14	14	15	16	17	17	18	19	20	21	21	22	23	24	24	25	26	27	28	28	29	29 0	♒ 1	1	2	3	4	5

♃ 1 ♏20　4 21　10 22　17 23　23 24　31 25　｜　♄ 1R ♏7　6 6　19 5　31 4　｜　♅ 1R ♊18　31 17　｜　♆ 1 ♎10　13R 10　｜　♇ 1R ♌12

2

	1	2	3	4	5	6	7	8	9	10	11	12	13	14	15	16	17	18	19	20	21	22	23	24	25	26	27	28	29	30	31
☉	♒ 12	13	14	15	16	17	18	19	20	21	22	23	24	25	26	27	28	29	29 0	♓ 1	2	3	4	5	6	7	8	9			
☽	♊ 14	29	♋ 14	29	♌ 13	28	♍ 13	27	♎ 10	23	♏ 6	18	♐ 0	12	24	♑ 6	18	♒ 0	12	24	♓ 7	20	♈ 3	16	29	♉ 13	26	♊ 10			
☿	♒ 18	20	22	24	25	27	29	29 1	♓ 2	4	6	8	9	11	12	14	15	17	18	19	20	21	22	22	23	23	23	R 23			
♀	♐ 25	26	27	28	29	29 0	♑ 1	2	3	4	6	7	8	9	10	11	12	13	14	15	17	18	19	20	21	22	23	24			
♂	♒ 5	6	7	8	8	9	10	11	12	12	13	14	15	16	16	17	18	19	20	20	21	22	23	23	24	25	26	27			

♃ 1 ♏25　10 26　23 27　｜　♄ 1R ♌4　13 3　28 2　｜　♅ 1R ♊17　25D 17　｜　♆ 1R ♎10　｜　♇ 1R ♌12　9 11

3

	1	2	3	4	5	6	7	8	9	10	11	12	13	14	15	16	17	18	19	20	21	22	23	24	25	26	27	28	29	30	31
☉	♓ 10	11	12	13	14	15	16	17	18	19	20	21	22	23	24	25	26	27	28	29	29 0	♈ 1	2	3	4	5	6	7	8	9	10
☽	♊ 25	♋ 9	23	♌ 8	22	♍ 7	21	♎ 4	18	♏ 1	14	26	♐ 8	20	♑ 2	14	26	♒ 8	20	♓ 2	15	29	♈ 12	26	♉ 9	23	♊ 7	21	♋ 5	20	♌ 4
☿	♓ R 22	22	21	21	20	19	18	17	16	15	14	13	12	11	11	10	10	9	9	9	9	D 9	9	9	9	10	10	11	11	12	13
♀	♑ 26	27	28	29	29 0	♒ 1	2	4	5	6	7	8	9	11	12	13	14	15	16	18	19	20	21	22	23	25	26	27	28	29 0	♓ 1
♂	♒ 27	28	29	29 0	♓ 1	1	2	3	4	4	5	5	7	8	8	9	10	11	12	12	13	14	15	15	16	17	18	19	19	20	21

♃ 1 ♏27　14R 27　｜　♄ 1R ♌2　27 1　｜　♅ 1 ♊17　20 18　｜　♆ 1R ♎10　9 9　｜　♇ 1R ♌11

4

	1	2	3	4	5	6	7	8	9	10	11	12	13	14	15	16	17	18	19	20	21	22	23	24	25	26	27	28	29	30	31
☉	♈ 11	12	13	14	15	16	17	18	19	20	21	22	23	24	25	26	27	28	29	29 0	♉ 1	2	2	3	4	5	6	7	8	9	
☽	♌ 18	♍ 2	16	29	♎ 13	26	♏ 9	22	♐ 4	16	28	♑ 10	21	♒ 3	16	28	♓ 11	24	♈ 7	21	♉ 5	19	♊ 3	18	♋ 2	16	♌ 1	15	29	♍ 12	
☿	♓ 13	14	15	16	17	18	19	20	21	22	24	25	26	28	29	29 0	♈ 2	3	5	6	8	9	11	12	14	16	18	19	21	23	
♀	♓ 2	3	4	5	6	8	9	10	11	12	14	15	16	17	18	20	21	22	23	24	26	27	28	29	29 0	♈ 1	3	4	5	6	
♂	♓ 22	22	23	24	25	26	26	27	28	29	29 0	♈ 0	1	2	3	3	4	5	5	6	7	8	9	10	10	11	12	13	13	14	

♃ 1R ♏27　2 26　15 25　25 24　｜　♄ 1R ♌1　4D 1　10 2　｜　♅ 1 ♊18　20 19　｜　♆ 1R ♎9　13 8　｜　♇ 1R ♌11　11 10　22D 18

5

	1	2	3	4	5	6	7	8	9	10	11	12	13	14	15	16	17	18	19	20	21	22	23	24	25	26	27	28	29	30	31
☉	♉ 10	11	12	13	14	15	16	17	18	19	20	21	22	23	24	25	26	27	28	29	29	29 0	♊ 1	2	3	4	5	6	7	8	9
☽	♍ 26	♎ 9	22	♏ 5	17	♐ 0	12	24	♑ 6	18	29	♒ 11	24	♓ 6	19	♈ 2	15	29	♉ 13	27	♊ 12	27	♋ 12	27	♌ 11	25	♍ 9	23	♎ 6	19	♏ 2
☿	♈ 25	27	28	29 0	♉ 2	4	6	8	10	12	15	17	19	21	23	25	28	29 0	♊ 2	4	6	8	11	13	15	17	19	21	23	25	26
♀	♈ 7	9	10	11	12	13	15	16	17	18	20	21	22	23	24	26	27	28	29	29 0	♉ 2	3	4	5	6	8	9	10	11	13	14
♂	♈ 15	16	16	17	18	19	20	20	21	22	23	23	24	25	26	26	27	28	29	29	29 0	♉ 1	2	2	3	4	5	5	6	7	7

♃ 1R ♏24　3 23　11 22　19 21　27 20　｜　♄ 1 ♌2　7 3　22 4　｜　♅ 1 ♊19　11 20　28 21　｜　♆ 1R ♎8　｜　♇ 1 ♌10　4 11

6

	1	2	3	4	5	6	7	8	9	10	11	12	13	14	15	16	17	18	19	20	21	22	23	24	25	26	27	28	29	30	31
☉	♊ 10	11	12	13	14	15	16	17	18	19	20	21	22	23	24	24	25	26	27	28	29	29 0	♋ 1	2	3	4	5	6	7	8	
☽	♏ 14	26	♐ 8	20	♑ 2	14	26	♒ 8	20	♓ 2	14	27	♈ 10	23	♉ 7	21	♊ 6	21	♋ 6	21	♌ 6	21	♍ 5	19	♎ 3	16	29	♏ 11	23	♐ 5	
☿	♊ 28	29 0	♋ 1	3	5	6	8	9	11	12	13	14	16	17	18	19	20	21	22	23	23	24	25	25	26	26	26	26	27	27	
♀	♉ 15	16	17	19	20	21	22	23	25	26	27	28	29 0	♊ 1	2	3	4	5	7	8	9	10	12	13	14	15	16	18	19	20	
♂	♉ 8	9	10	11	11	12	13	13	14	15	16	16	17	18	19	19	20	21	21	22	23	24	24	25	26	27	27	28	29	29	

♃ 1R ♏20　5 19　16 18　｜　♄ 1 ♌4　3 5　13 6　22 7　｜　♅ 1 ♊21　14 22　｜　♆ 1R ♎8　20D 8　｜　♇ 1 ♌11

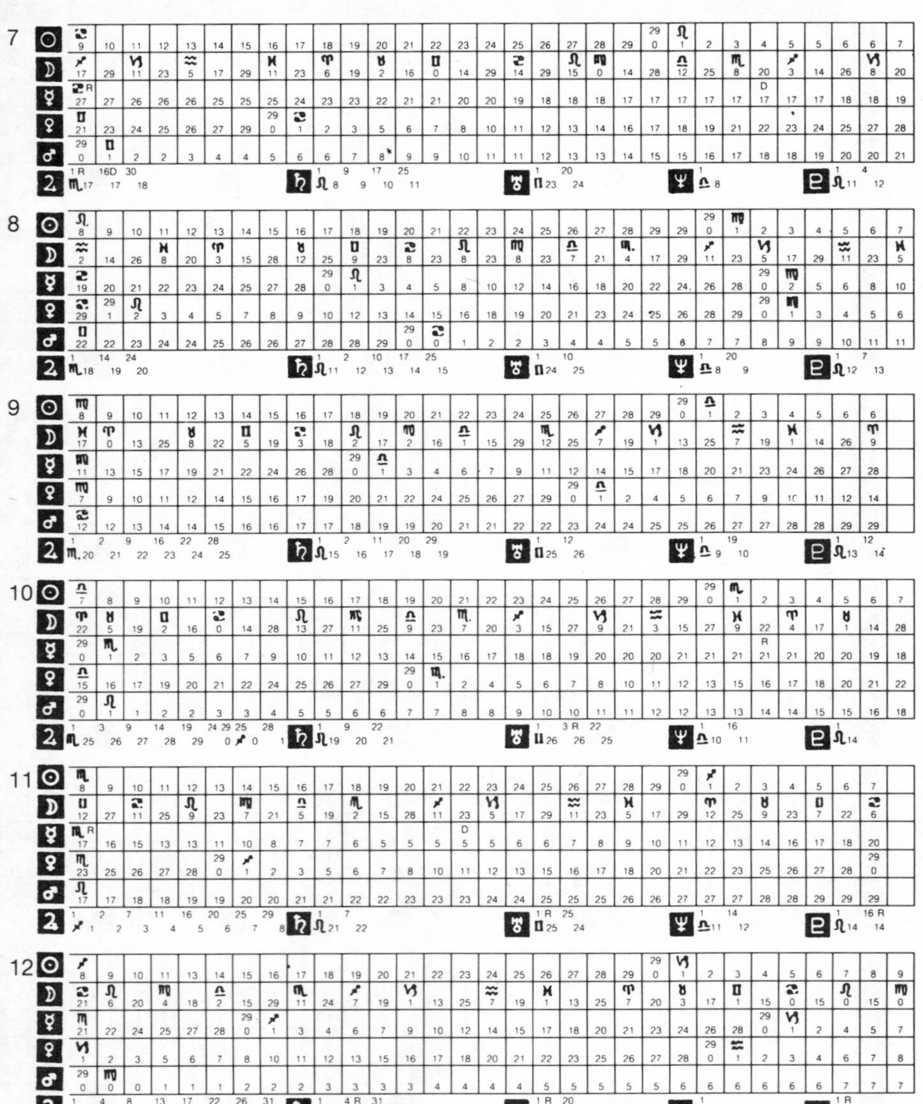

7 ☉	♋ 9	10	11	12	13	14	15	16	17	18	19	20	21	22	23	24	25	26	27	28	29	29 0	♌ 1	2	3	4	5	5	6	6	7
☽	♐ 17	29	♑ 11	23	♒ 5	17	29	♓ 11	23	♈ 6	19	♉ 2	16	♊ 0	14	29	♋ 14	29	♌ 15	♍ 0	14	28	♎ 12	25	♏ 8	20	♐ 3	14	26	♑ 8	20
☿	♋ R 27	27	26	26	26	25	25	25	24	23	23	22	21	21	20	20	19	18	18	18	17	17	17	17	17	D 17	17	17	18	18	19
♀	♊ 21	23	24	25	26	27	29	29 0	♋ 1	2	3	5	6	7	8	10	11	12	13	14	16	17	18	19	21	22	23	24	25	27	28
♂	29 0	♊ 1	2	2	3	4	4	5	6	6	7	8*	9	9	10	11	11	12	13	13	14	15	15	16	17	18	18	19	20	20	21

♃ 1R ♏17, 16D 17, 30 18 ♄ 1 ♌8, 9 9, 17 10, 25 11 ♅ 1 ♊23, 20 24 ♆ 1 ♎8 ♇ 1 ♌11, 4 12

8 ☉	♌ 8	9	10	11	12	13	14	15	16	17	18	19	20	21	22	23	24	25	26	27	28	29	29	29 0	♍ 1	2	3	4	5	6	7
☽	♒ 2	14	26	♓ 8	20	♈ 3	15	28	♉ 12	25	♊ 9	23	♋ 8	23	♌ 8	23	♍ 8	23	♎ 7	21	♏ 4	17	29	♐ 11	23	♑ 5	17	29	♒ 11	23	♓ 5
☿	♋ 19	20	21	22	23	24	25	27	28	29 0	♌ 1	3	4	5	8	10	12	14	16	18	20	22	24	26	28	29 0	♍ 2	5	6	8	10
♀	♋ 29	29 1	♌ 2	3	4	5	7	8	9	10	12	13	14	15	16	18	19	20	21	23	24	25	26	28	29	29 0	♍ 1	3	4	5	6
♂	♊ 22	22	23	24	24	25	26	26	27	28	28	29	29 0	♋ 0	1	2	2	3	4	4	5	5	6	7	7	8	9	9	10	11	11

♃ 1 ♏18, 14 19, 24 20 ♄ 1 ♌11, 2 12, 10 13, 17 14, 25 15 ♅ 1 ♊24, 10 25 ♆ 1 ♎8, 20 9 ♇ 1 ♌12, 7 13

9 ☉	♍ 8	9	10	11	12	13	14	15	16	17	18	19	20	21	22	23	24	25	26	27	28	29	29 0	♎ 1	2	3	4	5	6	6	
☽	♓ 17	♈ 0	13	25	♉ 8	22	♊ 5	19	♋ 3	18	♌ 2	17	♍ 2	16	♎ 1	15	29	♏ 12	25	♐ 7	19	♑ 1	13	25	♒ 7	19	♓ 1	14	26	♈ 9	
☿	♍ 11	13	15	17	19	21	22	24	26	28	29 0	♎ 1	3	4	6	7	9	11	12	14	15	17	18	20	21	23	24	26	27	28	
♀	♍ 7	9	10	11	12	14	15	16	17	19	20	21	22	24	25	26	27	29	29 0	♎ 1	2	4	5	6	7	9	10	11	12	14	
♂	♋ 12	12	13	14	14	15	16	16	17	17	18	19	19	20	21	21	22	22	23	24	24	25	25	26	27	27	28	28	29	29	

♃ 1 ♏20, 2 21, 9 22, 16 23, 22 24, 28 25 ♄ 1 ♌15, 2 16, 11 17, 20 18, 29 19 ♅ 1 ♊25, 12 26 ♆ 1 ♎9, 19 10 ♇ 1 ♌13, 12 14

10 ☉	♎ 7	8	9	10	11	12	13	14	15	16	17	18	19	20	21	22	23	24	25	26	27	28	29	29 0	♏ 1	2	3	4	5	6	7
☽	♈ 22	♉ 5	19	♊ 2	16	♋ 0	14	28	♌ 13	27	♍ 11	25	♎ 9	23	♏ 7	20	♐ 3	15	27	♑ 9	21	♒ 3	15	27	♓ 9	22	♈ 4	17	♉ 1	14	28
☿	29 0	♏ 1	2	3	5	6	7	9	10	11	12	13	14	15	16	17	18	18	19	20	20	20	21	21	21	R 21	21	20	20	19	18
♀	♎ 15	16	17	19	20	21	22	24	25	26	27	29	29 0	♏ 1	2	4	5	6	7	8	10	11	12	13	15	16	17	18	20	21	22
♂	29 0	♌ 1	1	2	2	3	3	4	5	5	6	6	7	7	8	8	9	10	10	11	11	12	12	13	13	14	14	15	15	16	18

♃ 1 ♏25, 3 26, 9 27, 14 28, 19 29, 24 29 0, 25 ♐0, 28 1 ♄ 1 ♌19, 9 20, 22 21 ♅ 1 ♊26, 3R 26, 22 25 ♆ 1 ♎10, 16 11 ♇ 1 ♌14

11 ☉	♏ 8	9	10	11	12	13	14	15	16	17	18	19	20	21	22	23	24	25	26	27	28	29	29 0	♐ 1	2	3	4	5	6	7	
☽	♊ 12	27	♋ 11	25	♌ 9	23	♍ 7	21	♎ 5	19	♏ 2	15	28	♐ 11	23	♑ 5	17	29	♒ 11	23	♓ 5	17	29	♈ 12	25	♉ 9	23	♊ 7	22	♋ 6	
☿	♏ R 17	16	15	13	13	11	10	8	7	7	6	5	5	5	D 5	5	6	6	7	8	9	10	11	12	13	14	16	17	18	20	
♀	♏ 23	25	26	27	28	29 0	♐ 1	2	3	5	6	7	8	10	11	12	13	15	16	17	18	20	21	22	23	25	26	27	28	29 0	
♂	♌ 17	17	18	18	19	19	20	20	21	21	22	22	23	23	23	24	24	25	25	25	26	26	27	27	27	28	28	29	29	29	

♃ 1 ♐1, 2 2, 7 3, 11 4, 16 5, 20 6, 25 7, 29 8 ♄ 1 ♌21, 7 22 ♅ 1R ♊25, 25 24 ♆ 1 ♎11, 14 12 ♇ 1 ♌14, 16R 14

12 ☉	♐ 8	9	10	11	13	14	15	16	17	18	19	20	21	22	23	24	25	26	27	28	29	29 0	♑ 1	2	3	4	5	6	7	8	9
☽	♋ 21	♌ 6	20	♍ 4	18	♎ 2	15	29	♏ 11	24	♐ 7	19	♑ 1	13	25	♒ 7	19	♓ 1	13	25	♈ 7	20	♉ 3	17	♊ 1	15	♋ 0	15	♌ 0	15	♍ 0
☿	♏ 21	22	24	25	27	28	29 0	♐ 1	3	4	6	7	9	10	12	14	15	17	18	20	21	23	24	26	28	29 0	♑ 1	2	4	5	7
♀	♑ 1	2	3	5	6	7	8	10	11	12	13	15	16	17	18	20	21	22	23	25	26	27	28	29 0	♒ 1	2	3	4	6	7	8
♂	29 0	♍ 0	0	1	1	1	2	2	2	3	3	3	3	4	4	4	4	5	5	5	5	5	6	6	6	6	6	6	7	7	7

♃ 1 ♐8, 4 9, 8 10, 13 11, 17 12, 22 13, 26 14, 31 15 ♄ 1 ♌22, 4R 22, 31 21 ♅ 1R ♊24, 20 23 ♆ 1 ♎12 ♇ 1R ♌14

1948的行星位置

1

	1	2	3	4	5	6	7	8	9	10	11	12	13	14	15	16	17	18	19	20	21	22	23	24	25	26	27	28	29	30	31
☉	♑ 10	11	12	13	14	15	16	17	18	19	20	21	22	23	24	25	26	27	28	29	0	1	2	3	4	5	6	7	9	10	11
☽	♍ 14	29	♎ 12	26	♏ 9	21	♐ 4	16	28	♑ 10	22	♒ 4	16	28	♓ 9	21	♈ 4	16	28	♉ 11	25	♊ 9	23	♋ 8	23	♌ 8	24	♍ 9	24	♎ 8	22
☿	♑ 9	10	12	13	15	17	18	20	22	23	25	27	28	29 / 0	♒ 2	3	5	7	8	10	12	14	15	17	19	20	22	23	25	26	28
♀	♒ 9	11	12	13	14	16	17	18	19	21	22	23	24	[illegible]	27	28	29	29 / 0	♓ 2	3	4	5	6	8	9	10	11	13	14	15	16
♂	♍ 7	7	7	7	7	7	7	7	R 7	7	7	7	7	7	7	7	7	6	6	6	6	6	6	5	5	5	5	4	4	4	4

♃ 1: ♐15 · 4: 16 · 9: 17 · 14: 18 · 19: 19 · 24: 20 · 30: 21
♄ 1R: ♌21 · 17: 20 · 30: 19
♅ 1R: ♊23 · 13: 22
♆ 1: ♎12 · 11: 13 · 15R: 13 · 18: 12
♇ 1R: ♌14 · 24: 13

2

	1	2	3	4	5	6	7	8	9	10	11	12	13	14	15	16	17	18	19	20	21	22	23	24	25	26	27	28	29	30	31
☉	♒ 12	13	14	15	16	17	18	19	20	21	22	23	24	25	26	27	28	29	29 / 0	♓ 1	2	3	4	5	6	7	8	9	10		
☽	♏ 5	18	♐ 1	13	25	♑ 7	19	♒ 1	13	25	♓ 6	18	♈ 1	13	25	♉ 8	21	♊ 4	17	♋ 2	16	♌ 1	16	♍ 2	17	♎ 2	16	♏ 0	14		
☿	♒ 29	29 / 0	♓ 2	3	4	5	5	6	6	6	R 6	6	5	5	4	3	2	1	0	0 / 29	♒ 28	27	26	25	24	23	22	22	22		
♀	♓ 18	19	29	21	22	23	25	26	27	28	29 / 0	♈ 1	2	3	4	5	7	8	9	10	11	13	14	15	16	17	19	20	21		
♂	♍ R 3	3	3	2	2	2	1	1	0	0	0	0 / 29	♌ 29	28	28	28	27	27	27	26	26	25	25	25	24	24	23	23	23		

♃ 1: ♐21 · 4: 22 · 10: 23 · 16: 24 · 23: 25
♄ 1R: ♌19 · 12: 18 · 24: 17
♅ 1R: ♊22
♆ 1R: ♎12
♇ 1R: ♌13

3

	1	2	3	4	5	6	7	8	9	10	11	12	13	14	15	16	17	18	19	20	21	22	23	24	25	26	27	28	29	30	31
☉	♓ 11	12	13	14	15	16	17	18	19	20	21	22	23	24	25	26	27	28	29	29 / 0	♈ 1	2	3	4	5	6	7	8	9	10	11
☽	♏ 27	♐ 9	22	♑ 4	16	28	♒ 10	21	♓ 3	15	28	♈ 10	22	♉ 5	18	♊ 1	14	27	♋ 11	26	♌ 10	25	♍ 10	25	♎ 10	24	♏ 8	22	♐ 5	18	♑ 0
☿	♒ R 21	21	21	D 21	21	22	22	22	23	23	24	25	26	26	27	28	29	29 / 0	♓ 1	2	3	4	6	7	8	10	11	12	14	15	16
♀	♈ 22	23	24	25	27	28	29	29 / 0	♉ 1	2	4	5	6	7	8	9	10	11	13	14	15	16	17	18	19	20	21	22	24	25	26
♂	♌ R 22	22	22	21	21	21	21	20	20	20	20	19	19	19	19	19	18	18	18	18	18	18	18	18	18	18	18	18	18	D 18	18

♃ 1: ♐26 · 10: 27 · 21: 28
♄ 1R: ♌17 · 9: 16 · 31: 15
♅ 1R: ♊22 · 2D: 22
♆ 1R: ♎12 · 18: 11
♇ 1R: ♌13 · 8: 12

4

	1	2	3	4	5	6	7	8	9	10	11	12	13	14	15	16	17	18	19	20	21	22	23	24	25	26	27	28	29	30	31
☉	♈ 12	13	14	15	16	17	18	19	20	21	21	22	23	24	25	26	27	28	29	29 / 0	♉ 1	2	3	4	5	6	7	8	9	10	
☽	♑ 12	24	♒ 6	18	♓ 0	12	24	♈ 6	19	♉ 1	14	27	♊ 11	24	♋ 8	22	♌ 6	21	♍ 5	19	♎ 4	18	♏ 2	16	♐ 0	13	25	♑ 8	20	♒ 2	
☿	♓ 18	19	21	22	24	26	27	29	29 / 1	♈ 2	4	6	7	9	11	13	15	17	19	21	23	25	27	29	29 / 1	♉ 3	5	7	9	11	
♀	♉ 27	28	29	29 / 0	♊ 1	2	3	4	5	6	7	8	9	10	11	12	13	14	15	16	17	18	19	19	20	21	22	23	24	25	
♂	♌ 18	18	18	18	18	18	18	18	18	18	19	19	19	19	19	20	20	20	20	20	21	21	21	21	22	22	22	22	23	23	

♃ 1: ♐28 · 15R: 28
♄ 1R: ♌15 · 17D: 15
♅ 1: ♊22 · 14: 23
♆ 1R: ♎11 · 24: 10
♇ 1R: ♌12 · 25D: 12

5

	1	2	3	4	5	6	7	8	9	10	11	12	13	14	15	16	17	18	19	20	21	22	23	24	25	26	27	28	29	30	31
☉	♉ 11	12	13	14	15	16	17	18	19	20	21	22	23	24	25	25	26	27	28	29	29 / 0	♊ 1	2	3	4	5	6	7	8	9	10
☽	♒ 14	26	♓ 8	20	♈ 2	15	27	♉ 10	23	♊ 7	21	♋ 5	19	♌ 3	17	♍ 1	16	♎ 0	14	28	♏ 11	25	♐ 8	21	♑ 3	16	28	♒ 10	22	♓ 4	16
☿	♉ 14	16	18	20	22	24	26	28	29 / 0	♊ 2	4	6	8	10	12	14	15	17	18	20	21	23	24	25	27	28	29	29 / 0	♋ 1	2	3
♀	♊ 25	26	27	28	28	29	29 / 0	♋ 1	1	2	3	3	4	5	5	6	6	7	7	8	8	8	9	9	9	10	10	10	10	10	11
♂	♌ 23	24	24	24	25	25	25	26	26	26	27	27	28	28	28	29	29	29 / 0	♍ 0	0	1	1	2	2	3	3	3	4	4	5	5

♃ 1R: ♐28 · 10: 27 · 21: 26 · 30: 25
♄ 1: ♌15 · 3: 16 · 24: 17
♅ 1: ♊23 · 7: 24 · 26: 25
♆ 1R: ♎10
♇ 1: ♌12

6

	1	2	3	4	5	6	7	8	9	10	11	12	13	14	15	16	17	18	19	20	21	22	23	24	25	26	27	28	29	30	31
☉	♊ 11	12	13	14	15	16	17	18	19	19	20	21	22	23	24	25	26	27	28	29	29 / 0	♋ 1	2	3	4	5	6	7	8	9	
☽	♓ 28	♈ 10	23	♉ 5	19	♊ 2	16	♋ 0	15	29	♌ 14	28	♍ 12	27	♎ 10	24	♏ 8	21	♐ 4	17	29	♑ 12	24	♒ 6	18	♓ 0	12	24	♈ 6	18	
☿	♋ 3	4	5	5	6	6	6	7	7	7	R 7	7	6	6	6	6	5	5	4	4	3	3	2	1	1	0	0	0 / 29	♊ 29	29	
♀	♋ 11	11	R 11	11	10	10	10	10	10	9	9	9	8	8	7	7	6	6	5	5	4	3	3	2	2	1	0	0	0 / 29	♊ 29	
♂	♍ 6	6	7	7	8	8	8	9	9	10	10	11	11	12	12	13	13	14	15	15	16	16	17	17	18	18	19	19	20	20	

♃ 1R: ♐25 · 7: 24 · 15: 23 · 23: 22
♄ 1: ♌17 · 7: 18 · 18: 19 · 28: 20
♅ 1: ♊25 · 12: 26 · 29: 27
♆ 1R: ♎10 · 21D: 10
♇ 1: ♌12 · 9: 13

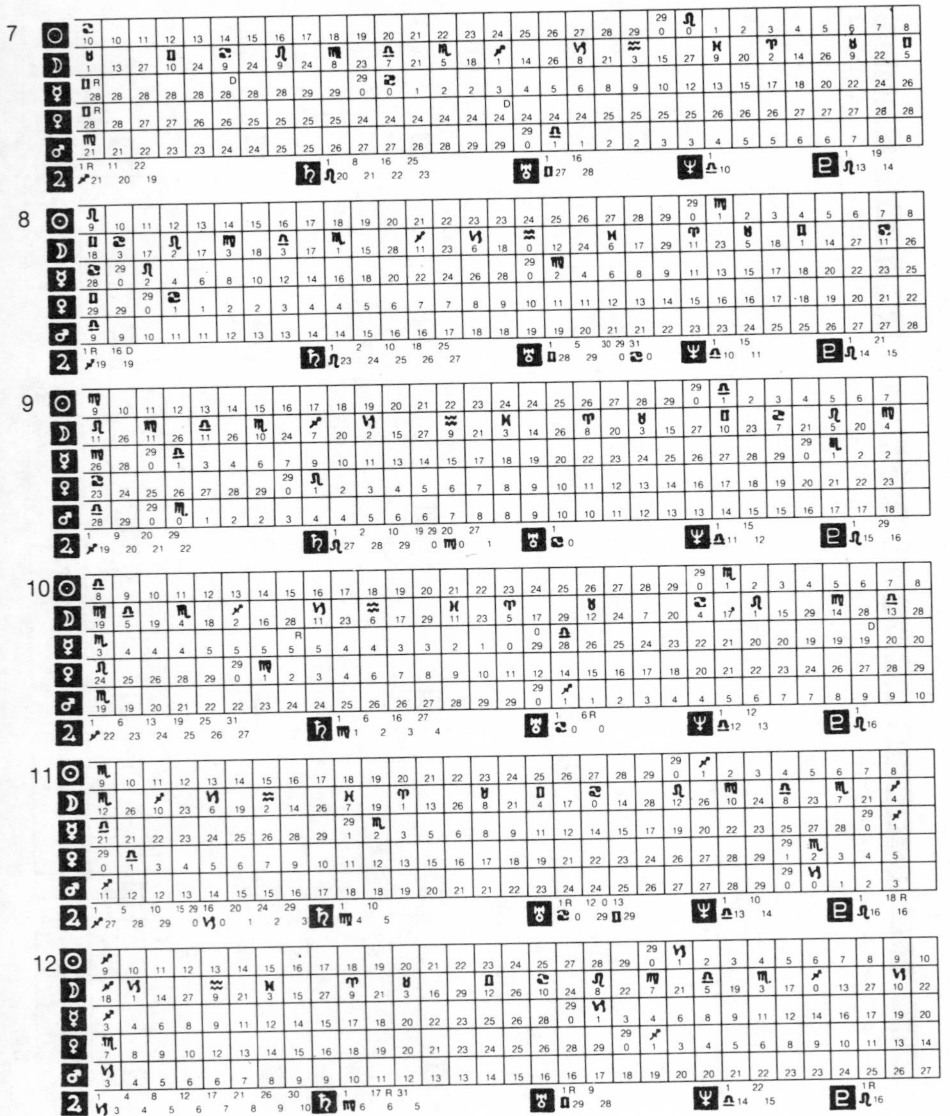

7

	1	2	3	4	5	6	7	8	9	10	11	12	13	14	15	16	17	18	19	20	21	22	23	24	25	26	27	28	29	30	31
☉	♋ 10	10	11	12	13	14	15	16	17	18	19	20	21	22	23	24	25	26	27	28	29	29 0	♌ 0	1	2	3	4	5	6	7	8
☽	♉ 1	13	27	♊ 10	24	♋ 9	24	♌ 9	24	♍ 8	23	♎ 7	21	♏ 5	18	♐ 1	14	26	♑ 8	21	♒ 3	15	27	♓ 9	20	♈ 2	14	26	♉ 9	22	♊ 5
☿	♊R 28	28	28	28	28	D 28	28	28	29	29	29 0	♋ 0	1	2	2	3	4	5	6	8	9	10	12	13	15	17	18	20	22	24	26
♀	♊R 28	28	27	27	26	26	25	25	25	25	24	24	24	24	24	D 24	24	24	24	25	25	25	25	26	26	26	27	27	27	28	28
♂	♍ 21	21	22	23	23	24	24	25	25	26	27	27	28	28	29	29	29 0	♎ 1	1	2	2	3	3	4	5	5	6	6	7	8	8

♃ 1R 11 22 / ♐21 20 19 ♄ 1 8 16 25 / ♌20 21 22 23 ♅ 1 16 / ♊27 28 ♆ 1 / ♎10 ♇ 1 19 / ♌13 14

8

	1	2	3	4	5	6	7	8	9	10	11	12	13	14	15	16	17	18	19	20	21	22	23	24	25	26	27	28	29	30	31
☉	♌ 9	10	11	12	13	14	15	16	17	18	19	20	21	22	23	23	24	25	26	27	28	29	29 0	♍ 1	2	3	4	5	6	7	8
☽	♊ 18	♋ 3	17	♌ 2	17	♍ 3	18	♎ 3	17	♏ 1	15	28	♐ 11	23	♑ 6	18	♒ 0	12	24	♓ 6	17	29	♈ 11	23	♉ 5	18	♊ 1	14	27	♋ 11	26
☿	♋ 28	29 0	♌ 2	4	6	8	10	12	14	16	18	20	22	24	26	28	29 0	♍ 2	4	6	8	9	11	13	15	17	18	20	22	23	25
♀	♊ 29	29	29 0	♋ 1	1	2	2	3	4	4	5	6	7	7	8	9	10	11	11	12	13	14	15	16	16	17	18	19	20	21	22
♂	♎ 9	9	10	11	11	12	13	13	14	14	15	16	16	17	18	18	19	19	20	21	21	22	23	23	24	25	25	26	27	27	28

♃ 1R 16D / ♐19 19 ♄ 1 2 10 18 25 / ♌23 24 25 26 27 ♅ 1 5 30 29 31 / ♊28 29 0 ♋0 ♆ 1 15 / ♎10 11 ♇ 1 21 / ♌14 15

9

	1	2	3	4	5	6	7	8	9	10	11	12	13	14	15	16	17	18	19	20	21	22	23	24	25	26	27	28	29	30
☉	♍ 9	10	11	12	13	14	15	16	17	18	19	20	21	22	23	24	24	25	26	27	28	29	29 0	♎ 1	2	3	4	5	6	7
☽	♌ 11	26	♍ 11	26	♎ 11	26	♏ 10	24	♐ 7	20	♑ 2	15	27	♒ 9	21	♓ 3	14	26	♈ 8	20	♉ 3	15	27	♊ 10	23	♋ 7	21	♌ 5	20	♍ 4
☿	♍ 26	28	29 0	♎ 1	3	4	6	7	9	10	11	13	14	15	17	18	19	20	22	23	24	25	26	27	28	29	29 0	♏ 1	2	2
♀	♋ 23	24	25	26	27	28	29	29 0	♌ 1	2	3	4	5	6	7	8	9	10	11	12	13	14	16	17	18	19	20	21	22	23
♂	♎ 28	29	29 0	♏ 0	1	2	2	3	4	4	5	6	6	7	8	8	9	10	10	11	12	13	13	14	15	15	16	17	17	18

♃ 1 9 20 29 / ♐19 20 21 22 ♄ 1 2 10 19 29 20 27 / ♌27 28 29 0 ♍0 1 ♅ 1 / ♋0 ♆ 1 15 / ♎11 12 ♇ 1 29 / ♌15 16

10

	1	2	3	4	5	6	7	8	9	10	11	12	13	14	15	16	17	18	19	20	21	22	23	24	25	26	27	28	29	30	31
☉	♎ 8	9	10	11	12	13	14	15	16	17	18	19	20	21	22	23	24	25	26	27	28	29	29 0	♏ 1	2	3	4	5	6	7	8
☽	♍ 19	♎ 5	19	♏ 4	18	♐ 2	16	28	♑ 11	23	♒ 6	17	29	♓ 11	23	♈ 5	17	29	♉ 12	24	7	20	♋ 4	17	♌ 1	15	29	♍ 14	28	♎ 13	28
☿	♏ 3	4	4	4	5	5	5	R 5	5	4	4	3	3	2	1	0	0 29	♎ 28	26	25	24	23	22	21	20	20	19	19	D 19	20	20
♀	♌ 24	25	26	28	29	29 0	♍ 1	2	3	4	6	7	8	9	10	11	12	14	15	16	17	18	20	21	22	23	24	26	27	28	29
♂	♏ 19	19	20	21	22	22	23	24	24	25	26	26	27	28	29	29	29 0	♐ 1	1	2	3	4	4	5	6	7	7	8	9	9	10

♃ 1 6 13 19 25 31 / ♐22 23 24 25 26 27 ♄ 1 6 16 27 / ♍1 2 3 4 ♅ 1 6R / ♋0 0 ♆ 1 12 / ♎12 13 ♇ 1 / ♌16

11

	1	2	3	4	5	6	7	8	9	10	11	12	13	14	15	16	17	18	19	20	21	22	23	24	25	26	27	28	29	30
☉	♏ 9	10	11	12	13	14	15	16	17	18	19	20	21	22	23	24	25	26	27	28	29	29 0	♐ 1	2	3	4	5	6	7	8
☽	♏ 12	26	♐ 10	23	♑ 6	19	♒ 2	14	26	♓ 7	19	♈ 1	13	26	♉ 8	21	♊ 4	17	♋ 0	14	28	♌ 12	26	♍ 10	24	♎ 8	23	♏ 7	21	♐ 4
☿	♎ 21	21	22	23	24	25	26	28	29	29 1	♏ 2	3	5	6	8	9	11	12	14	15	17	19	20	22	23	25	27	28	29 0	♐ 1
♀	29 0	♎ 1	3	4	5	6	7	9	10	11	12	13	15	16	17	18	19	21	22	23	24	26	27	28	29	29 1	♏ 2	3	4	5
♂	♐ 11	12	12	13	14	15	15	16	17	18	18	19	20	21	21	22	23	24	24	25	26	27	27	28	29	29 0	♑ 0	1	2	3

♃ 1 5 10 15 29 16 20 24 29 / ♐27 28 29 0 ♑0 1 2 3 ♄ 1 10 / ♍4 5 ♅ 1R 12 0 13 / ♋0 29 ♊29 ♆ 1 10 / ♎13 14 ♇ 1 18R / ♌16 16

12

	1	2	3	4	5	6	7	8	9	10	11	12	13	14	15	16	17	18	19	20	21	22	23	24	25	26	27	28	29	30	31
☉	♐ 9	10	11	12	13	14	15	16	17	18	19	20	21	22	23	24	25	27	28	29	29 0	♑ 1	2	3	4	5	6	7	8	9	10
☽	♐ 18	♑ 1	14	27	♒ 9	21	♓ 3	15	27	♈ 9	21	♉ 3	16	29	♊ 12	26	♋ 10	24	♌ 8	22	♍ 7	21	♎ 5	19	♏ 3	17	♐ 0	13	27	♑ 10	22
☿	♐ 3	4	6	8	9	11	12	14	15	17	18	20	22	23	25	26	28	29 0	♑ 1	3	4	6	8	9	11	12	14	16	17	19	20
♀	♏ 7	8	9	10	12	13	14	15	16	18	19	20	21	23	24	25	26	28	29	29 0	♐ 1	3	4	5	6	8	9	10	11	13	14
♂	♑ 3	4	5	6	6	7	8	9	9	10	11	12	13	13	14	15	16	16	17	18	19	20	20	21	22	23	23	24	25	26	27

♃ 1 4 8 12 17 21 26 30 / ♑3 4 5 6 7 8 9 10 ♄ 1 17R 31 / ♍6 6 5 ♅ 1R 9 / ♊29 28 ♆ 1 22 / ♎14 15 ♇ 1R / ♌16

1949的行星位置

1

	1	2	3	4	5	6	7	8	9	10	11	12	13	14	15	16	17	18	19	20	21	22	23	24	25	26	27	28	29	30	31
☉	♑ 11	12	13	14	15	16	17	18	19	20	21	22	23	24	25	26	27	28	29	29 0	♒ 1	2	3	4	5	6	7	8	9	10	11
☽	♒ 5	17	29	♓ 11	23	♈ 5	17	29	♉ 11	24	♊ 7	20	♋ 4	18	♌ 3	18	♍ 2	17	♎ 2	16	♏ 0	14	27	♐ 10	23	♑ 6	19	♒ 1	13	26	♓ 8
☿	♑ 22	24	25	27	29	29 0	♒ 2	3	5	6	8	9	11	12	13	14	16	17	18	18	19	20	20	20	R 20	19	19	18	17	16	15
♀	♐ 15	16	18	19	20	21	23	24	25	26	28	29	29 0	♑ 1	3	4	5	6	8	9	10	11	13	14	15	16	18	19	20	21	23
♂	♑ 27	28	29	29 0	♒ 0	1	2	3	4	4	5	6	7	8	8	9	10	11	11	12	13	14	15	15	16	17	18	19	19	20	21

♃ 1 3 7 12 16 21 25 29 / ♑10 11 12 13 14 15 16 17　♄ 1R 22 / ♍5 4　♅ 1R 2 30 / ♊28 27 26　♆ 1 16R / ♎15 15　♇ 1R 6 / ♌16 15

2

	1	2	3	4	5	6	7	8	9	10	11	12	13	14	15	16	17	18	19	20	21	22	23	24	25	26	27	28	29	30	31
☉	♒ 12	13	14	15	16	17	18	19	20	21	22	23	24	25	26	27	29	29 0	♓ 1	2	3	4	5	6	7	8	9	10			
☽	♓ 19	♈ 1	13	25	♉ 7	19	♊ 2	15	28	♋ 12	26	♌ 11	26	♍ 11	26	♎ 11	26	♏ 10	24	♐ 7	20	♑ 3	16	28	♒ 10	22	♓ 4	16			
☿	♒ R 15	13	12	10	9	8	7	6	6	5	5	4	4	4	D 4	4	5	5	5	6	7	7	8	9	10	10	11	12			
♀	♑ 24	25	26	28	29	29 0	♒ 1	3	4	5	6	8	9	10	11	13	14	15	16	17	19	20	21	22	24	25	26	27			
♂	♒ 22	23	23	24	25	26	26	27	28	29	29 0	♓ 0	1	2	3	4	4	5	6	7	8	8	9	10	11	11	12	13			

♃ 1 3 7 12 17 22 27 / ♑17 18 19 20 21 22 23　♄ 1R 6 19 / ♍4 3 2　♅ 1R / ♊26　♆ 1R 10 / ♎15 14　♇ 1R 19 / ♌15 14

3

	1	2	3	4	5	6	7	8	9	10	11	12	13	14	15	16	17	18	19	20	21	22	23	24	25	26	27	28	29	30	31
☉	♓ 11	12	13	14	15	16	17	18	19	20	21	22	23	24	25	26	27	28	29	29 0	♈ 1	2	3	4	5	5	6	7	8	9	10
☽	♓ 28	♈ 10	22	♉ 4	16	28	♊ 10	23	♋ 6	20	♌ 4	19	♍ 4	19	♎ 4	20	♏ 4	19	♐ 3	17	♑ 0	13	25	♒ 7	19	♓ 1	13	25	♈ 7	19	♉ 1
☿	♒ 14	15	16	17	18	19	20	22	23	24	26	27	29	29 0	♓ 1	3	4	6	7	9	11	12	14	16	17	19	21	22	24	26	28
♀	♒ 29	29 0	♓ 1	2	4	5	6	7	9	10	11	12	14	15	16	17	19	20	21	22	24	25	26	27	29	29 0	♈ 1	2	4	5	6
♂	♓ 14	15	15	16	17	18	19	19	20	21	22	22	23	24	25	26	26	27	28	29	29 0	♈ 0	1	2	3	3	4	5	6	7	7

♃ 1 4 9 15 21 28 / ♑23 24 25 26 27 28　♄ 1R 3 16 / ♍2 1 0　♅ 1R 5D / ♊26 26　♆ 1R 27 / ♎14 13　♇ 1R / ♌14

4

	1	2	3	4	5	6	7	8	9	10	11	12	13	14	15	16	17	18	19	20	21	22	23	24	25	26	27	28	29	30	31
☉	♈ 11	12	13	14	15	16	17	18	19	20	21	22	23	24	25	26	27	28	29	29 0	♉ 1	2	3	4	5	6	7	8	9	10	
☽	♉ 13	25	♊ 7	20	♋ 2	16	29	♌ 13	28	♍ 12	27	♎ 13	28	♏ 13	27	♐ 11	25	♑ 9	21	♒ 4	16	28	♓ 10	22	♈ 4	16	27	♉ 10	22	♊ 4	
☿	29 0	♈ 1	3	5	7	9	11	13	15	17	19	21	23	25	27	29 0	♉ 2	4	6	8	10	12	14	16	18	20	22	24	26	27	
♀	♈ 7	9	10	11	12	14	15	16	17	18	20	21	22	23	25	26	27	28	29 0	♉ 1	2	3	5	6	7	8	9	11	12	13	
♂	♈ 8	9	10	10	11	12	13	13	14	15	16	17	17	18	19	20	20	21	22	23	23	24	25	26	26	27	28	29	29	29 0	

♃ 1 4 12 29 13 23 / ♑28 29 0 ♒0 1　♄ 1R 3 0 4 / ♍0 29 ♌29　♅ 1 7 / ♊26 27　♆ 1R / ♎13　♇ 1R 26D / ♌14 14

5

	1	2	3	4	5	6	7	8	9	10	11	12	13	14	15	16	17	18	19	20	21	22	23	24	25	26	27	28	29	30	31
☉	♉ 11	12	13	14	15	16	17	18	19	19	20	21	22	23	24	25	26	27	28	29	29 0	♊ 1	2	3	4	5	6	7	8	9	10
☽	♊ 17	29	♋ 12	26	♌ 9	23	♍ 7	22	♎ 6	21	♏ 6	21	♐ 5	19	♑ 3	17	♒ 0	12	25	♓ 7	19	♈ 0	12	24	♉ 6	18	♊ 1	13	26	♋ 9	23
☿	♉ 29	29 0	♊ 2	3	5	6	7	9	10	11	12	13	13	14	15	15	16	16	16	17	17	17	R 17	17	16	16	16	15	15	15	14
♀	♉ 14	16	17	18	19	21	22	23	24	26	27	28	29	29 0	♊ 2	3	4	5	7	8	9	10	12	13	14	15	16	18	19	20	21
♂	♉ 1	2	2	3	4	5	5	6	7	8	8	9	10	11	11	12	13	14	14	15	16	16	17	18	19	19	20	21	22	22	23

♃ 1 9 21R 30 / ♒1 2 2 1　♄ 1R 2D 29 29 30 / ♌29 29 0 ♍0　♅ 1 3 23 / ♊27 28 29　♆ 1R 5 / ♎13 12　♇ 1 / ♌14

6

	1	2	3	4	5	6	7	8	9	10	11	12	13	14	15	16	17	18	19	20	21	22	23	24	25	26	27	28	29	30	31
☉	♊ 11	12	13	13	14	15	16	17	18	19	20	21	22	23	24	25	26	27	28	29	29 0	♋ 1	2	3	4	5	5	6	7	8	
☽	♌ 6	20	♍ 4	18	♎ 2	17	♏ 1	15	♐ 0	14	28	♑ 11	25	♒ 8	20	♓ 3	15	27	♈ 8	20	♉ 2	14	27	♊ 9	22	♋ 5	19	♌ 3	17	♍ 1	
☿	♊ R 14	13	12	12	11	11	10	10	9	9	9	9	8	8	8	D 8	8	9	9	9	10	10	11	11	12	13	14	14	15	16	
♀	♊ 23	24	25	26	27	29	29 0	♋ 1	2	4	5	6	7	8	10	11	12	13	15	16	17	18	19	21	22	23	24	26	27	28	
♂	♉ 24	24	25	26	27	27	28	29	29	29 0	♊ 1	2	2	3	4	4	5	6	7	7	8	9	9	10	11	11	12	13	14	14	

♃ 1R 17 27 0 28 / ♒1 0 29 ♑29　♄ 1 14 27 / ♍0 1 2　♅ 1 9 29 10 26 / ♊29 0 ♋0 1　♆ 1R 24D / ♎12 12　♇ 1 29 / ♌14 15

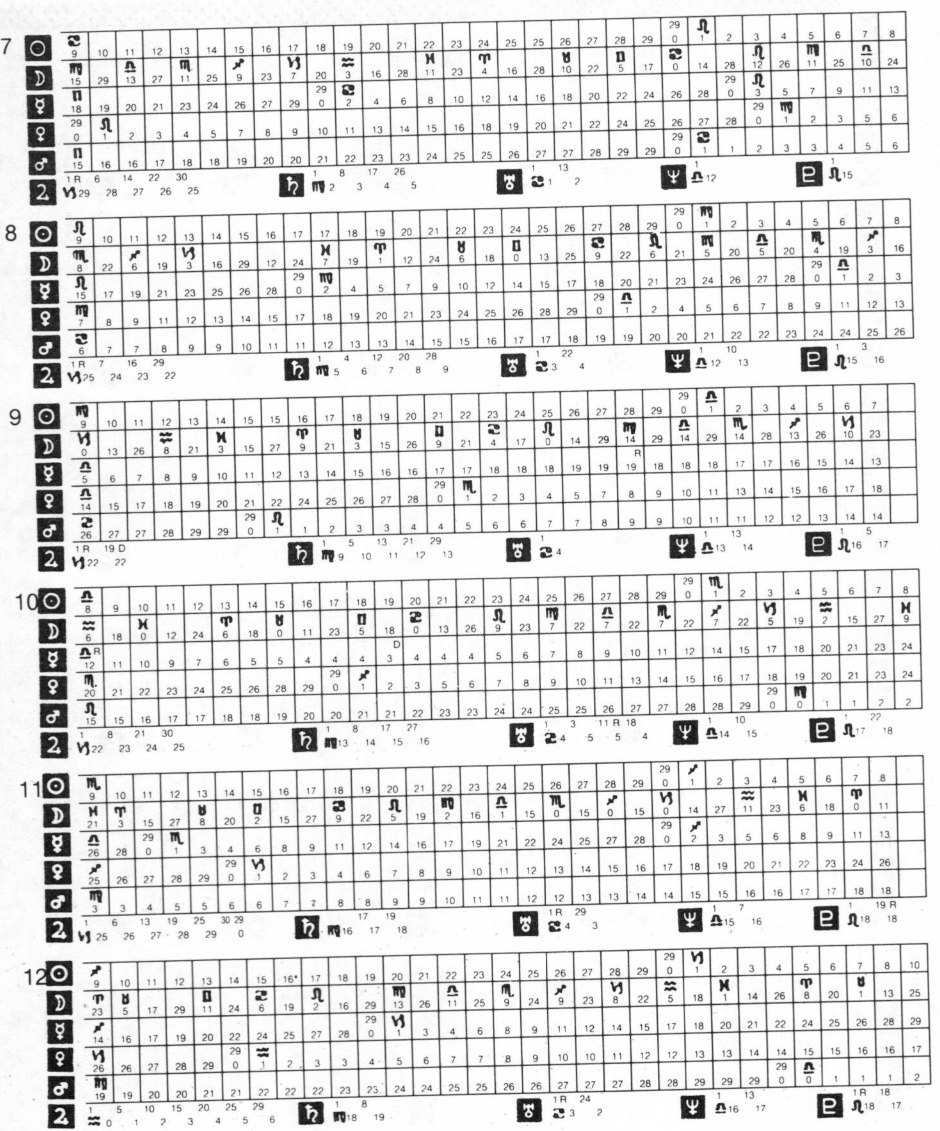

1950的行星位置

月	行星	1	2	3	4	5	6	7	8	9	10	11	12	13	14	15	16	17	18	19	20	21	22	23	24	25	26	27	28	29	30	31
1	☉	♑ 11	12	13	14	15	16	17	18	19	20	21	22	23	24	25	26	27	28	29	29 0	♒ 1	2	3	4	5	6	7	8	9	10	11
	☽	♊ 7	20	♋ 3	16	20	♌ 12	26	♍ 10	23	♎ 7	21	♏ 5	20	♐ 4	18	♑ 2	16	♒ 0	13	26	♓ 9	21	♈ 4	15	27	♉ 9	21	♊ 3	15	28	♋ 11
	☿	29 0	♒ 1	2	2	3	3	4	R 4	3	3	3	2	1	1	♑ 29	27	26	25	24	23	22	21	20	19	18	18	18	18	D 18	18	18
	♀	♒ 17	17	17	18	18	18	18	18	18	R 18	18	18	18	18	17	17	17	17	16	16	16	15	15	14	14	13	12	12	11	11	10
	♂	♎ 2	2	3	3	3	4	4	4	5	5	5	6	6	6	7	7	7	7	8	8	8	8	8	9	9	9	9	9	10	10	10

♃ 1 3 7 11 16 20 24 28 / ♒6 7 8 9 10 11 12 13　♄ 1R 21 / ♍19 18　♅ 1R 17 / ♋2 1　♆ 1 18R / ♎17 17　♇ 1R / ♌17

月	行星	1	2	3	4	5	6	7	8	9	10	11	12	13	14	15	16	17	18	19	20	21	22	23	24	25	26	27	28	29	30	31
2	☉	♒ 12	13	14	15	16	17	18	19	20	21	22	23	24	25	26	27	28	29	29 0	♓ 1	2	3	4	5	6	7	8	9			
	☽	♋ 24	♌ 7	21	♍ 5	20	♎ 4	18	♏ 2	16	♐ 1	14	28	♑ 12	25	♒ 9	22	♓ 5	17	29	♈ 11	23	♉ 5	17	29	♊ 11	23	♋ 6	18			
	☿	♑ 18	19	19	20	21	22	22	23	24	25	26	27	29	29 0	♒ 1	2	3	5	6	7	8	10	11	12	14	15	17	18			
	♀	♒R 10	9	8	7	7	6	6	5	5	4	4	4	4	3	3	3	3	3	3	D 3	3	3	3	3	3	3	4	4			
	♂	♎ 10	10	10	10	10	10	10	10	11	11	11	R 11	11	10	10	10	10	10	10	10	10	10	10	10	9	9	9	9			

♃ 1 2 6 10 14 18 23 27 / ♒13 14 15 16 17 18 19 20　♄ 1R 9 23 / ♍18 17 16　♅ 1R 27 / ♋1 0　♆ 1R 24 / ♎17 16　♇ 1R 6 / ♌17 16

月	行星	1	2	3	4	5	6	7	8	9	10	11	12	13	14	15	16	17	18	19	20	21	22	23	24	25	26	27	28	29	30	31
3	☉	♓ 10	11	12	13	14	15	16	17	18	19	20	21	22	23	24	25	26	27	28	29	29 0	♈ 1	2	3	4	5	6	7	8	9	10
	☽	♌ 2	16	♍ 0	14	29	♎ 13	28	♏ 13	27	♐ 11	25	♑ 9	22	♒ 5	18	♓ 1	13	26	♈ 8	20	♉ 2	13	25	♊ 7	19	♋ 1	14	27	♌ 10	23	♍ 8
	☿	♒ 20	21	23	24	26	28	29 0	♓ 1	2	4	6	8	9	11	13	15	16	18	20	22	24	26	28	29 0	♈ 2	3	5	8	10	12	14
	♀	♒ 4	5	5	5	6	6	7	7	8	8	9	10	10	11	12	12	13	14	14	15	16	17	17	18	19	20	21	22	22	23	24
	♂	♎R 9	8	8	8	8	7	7	7	6	6	6	5	5	5	4	4	4	3	3	2	2	2	1	1	0	0	0	0 29	♍ 29	29	28

♃ 1 3 7 12 18 21 26 30 / ♒20 21 22 23 24 25 26 27　♄ 1R 7 20 / ♍16 15 14　♅ 1R 9D 21 / ♋0 8 1　♆ 1R / ♎16　♇ 1R 27 / ♌16 15

月	行星	1	2	3	4	5	6	7	8	9	10	11	12	13	14	15	16	17	18	19	20	21	22	23	24	25	26	27	28	29	30	31
4	☉	♈ 11	12	13	14	15	16	17	18	19	20	21	22	23	24	25	26	27	28	29	29 0	♉ 1	2	3	4	5	6	7	8	9	10	
	☽	♍ 22	♎ 7	22	♏ 7	22	♐ 7	21	♑ 5	19	♒ 2	15	28	♓ 10	23	♈ 5	17	28	♉ 10	22	♊ 4	16	28	♋ 10	22	♌ 5	18	♍ 2	16	♎ 0	15	
	☿	♈ 16	18	20	22	24	26	28	29 0	♉ 2	4	6	7	9	11	12	14	15	17	18	20	21	22	23	24	24	25	26	26	26	27	
	♀	♒ 25	26	27	28	29	29 0	♓ 1	2	3	4	5	6	7	8	9	10	11	12	13	14	15	16	17	18	19	20	21	22	23	24	
	♂	♍R 28	27	27	27	26	26	26	25	25	25	25	24	24	24	24	23	23	23	23	23	22	22	22	22	22	22	22	22	22	22	

♃ 1 4 10 15 29 16 20 26 / ♒27 28 29 0 ♓0 1 2　♄ 1R 3 23 / ♍14 13 12　♅ 1 28 / ♋1 2　♆ 1R 5 / ♎16 15　♇ 1R 28D / ♌14 15

月	行星	1	2	3	4	5	6	7	8	9	10	11	12	13	14	15	16	17	18	19	20	21	22	23	24	25	26	27	28	29	30	31
5	☉	♉ 11	11	12	13	14	15	16	17	18	19	20	21	22	23	24	25	26	27	28	29	29 0	♊ 1	2	3	4	5	6	7	8	8	9
	☽	♏ 0	15	♐ 1	16	♑ 0	15	28	♒ 12	25	♓ 7	20	♈ 2	14	25	♉ 7	19	♊ 1	13	25	♋ 7	19	♌ 2	15	28	♍ 11	25	♎ 9	24	♏ 9	24	♐ 9
	☿	♉ 27	27	R 27	27	27	27	26	26	25	25	24	24	23	23	22	22	21	20	20	20	19	19	18	18	18	18	D 18	18	18	18	19
	♀	♓ 25	26	27	28	29 0	♈ 1	2	3	4	5	6	7	8	9	11	12	13	14	15	16	17	18	20	21	22	23	24	25	26	28	29
	♂	♍R 22	22	D 22	22	22	22	22	22	22	22	22	22	22	22	22	23	23	23	23	23	23	24	24	24	24	25	25	25	25	26	26

♃ 1 3 10 17 27 / ♓2 3 4 5 6　♄ 1R 15D / ♍12 12　♅ 1 20 / ♋2 3　♆ 1R 16 / ♎15 14　♇ 1 29 / ♌15 16

月	行星	1	2	3	4	5	6	7	8	9	10	11	12	13	14	15	16	17	18	19	20	21	22	23	24	25	26	27	28	29	30	31
6	☉	♊ 10	11	12	13	14	15	16	17	18	19	20	21	22	23	24	25	26	27	28	29	29 0	♋ 0	1	2	3	4	5	6	7	8	
	☽	♐ 24	♑ 9	23	♒ 7	21	♓ 4	16	28	♈ 10	22	♉ 4	16	28	♊ 10	22	♋ 4	16	29	♌ 12	25	♍ 8	21	♎ 5	19	♏ 3	18	♐ 3	18	♑ 2	17	
	☿	♉ 19	20	20	21	21	22	23	24	24	25	27	28	29	29 0	♊ 1	2	4	5	6	8	9	11	13	15	16	18	20	22	24	26	
	♀	29 0	♉ 1	2	3	4	6	7	8	9	10	11	13	14	15	16	17	18	20	21	22	23	24	25	27	28	29	29 0	♊ 1	2	3	
	♂	♍ 26	27	27	27	27	28	28	29	29	29	29	29 0	♎ 0	1	1	1	2	2	3	3	4	4	4	5	5	6	6	7	7	8	

♃ 1 10 25 R / ♓6 7 7　♄ 1 6 25 / ♍12 13 14　♅ 1 7 24 / ♋3 4 5　♆ 1R 26D / ♎14 14　♇ 1 / ♌16

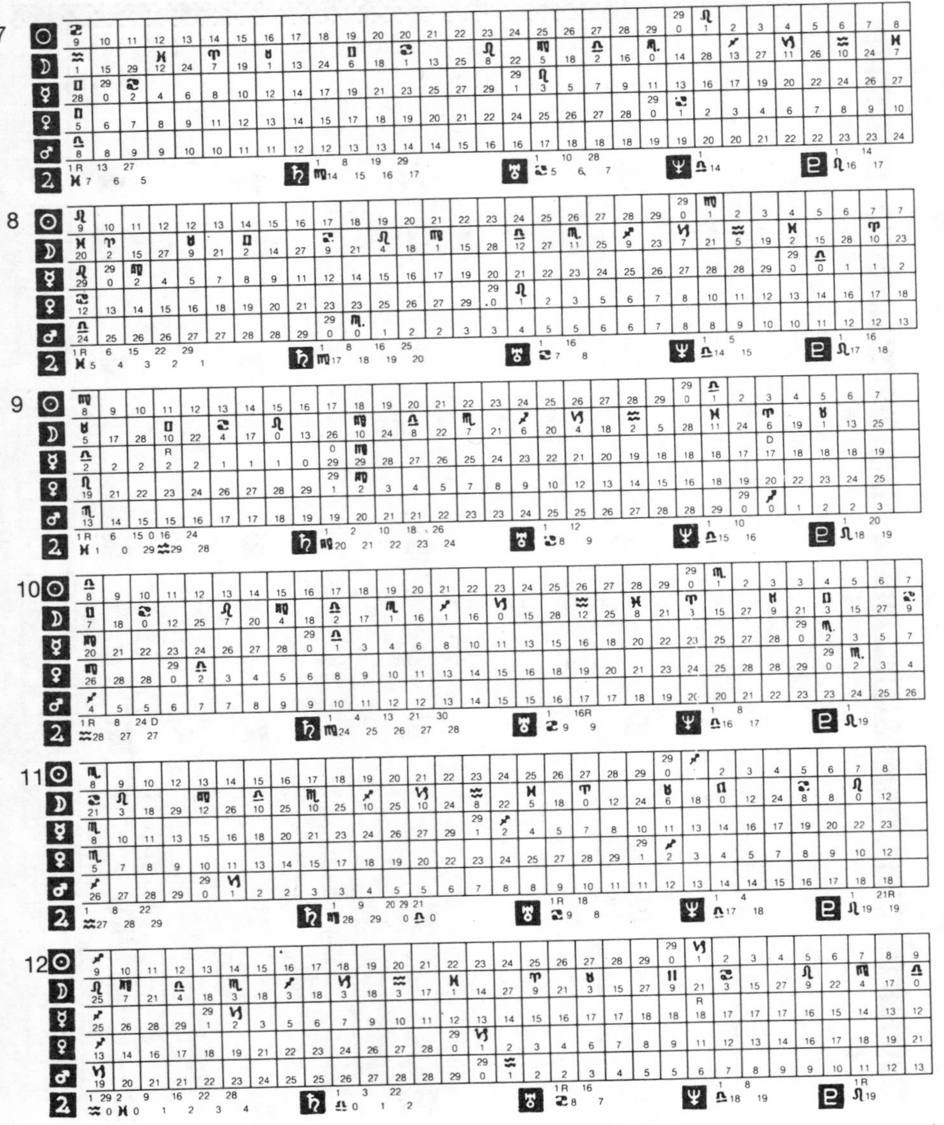

7	1	2	3	4	5	6	7	8	9	10	11	12	13	14	15	16	17	18	19	20	21	22	23	24	25	26	27	28	29	30	31
☉	♋ 9	10	11	12	13	14	15	16	17	18	19	20	20	21	22	23	24	25	26	27	28	29	29 0	♌ 1	2	3	4	5	6	7	8
☽	♒ 1	15	29	♓ 12	24	♈ 7	19	♉ 1	13	24	♊ 6	18	♋ 1	13	25	♌ 8	22	♍ 5	18	♎ 2	16	♏ 0	14	28	♐ 13	27	♑ 11	26	♒ 10	24	♓ 7
☿	♊ 28	29 0	♋ 2	4	6	8	10	12	14	17	19	21	23	25	27	29	29 1	♌ 3	5	7	9	11	13	16	17	19	20	22	24	26	27
♀	♊ 5	6	7	8	9	11	12	13	14	15	17	18	19	20	21	22	24	25	26	27	28	29 0	♋ 1	2	3	4	6	7	8	9	10
♂	♎ 8	8	9	9	10	10	11	11	12	12	13	13	14	14	15	16	16	17	18	18	18	19	19	20	20	21	22	22	23	23	24

♃ 1R 13 27 / ♓7 6 5 ♄ 1 8 19 29 / ♍14 15 16 17 ♅ 1 10 28 / ♋5 6 7 ♆ 1 / ♎14 ♇ 1 14 / ♌16 17

8	1	2	3	4	5	6	7	8	9	10	11	12	13	14	15	16	17	18	19	20	21	22	23	24	25	26	27	28	29	30	31
☉	♌ 9	10	11	12	12	13	14	15	16	17	18	19	20	21	22	23	24	25	26	27	28	29	29 0	♍ 1	2	3	4	5	6	7	7
☽	♓ 20	♈ 2	15	27	♉ 9	21	♊ 2	14	27	♋ 9	21	♌ 4	18	♍ 1	15	28	♎ 12	27	♏ 11	25	♐ 9	23	♑ 7	21	♒ 5	19	♓ 2	15	28	♈ 10	23
☿	♌ 29	29 0	♍ 2	4	5	7	8	9	11	12	14	15	16	17	19	20	21	22	23	24	25	26	27	28	28	29	29 0	♎ 0	1	1	2
♀	♋ 12	13	14	15	16	18	19	20	21	23	23	25	26	27	29	29 .0	♌ 1	2	3	5	6	7	8	10	11	12	13	14	16	17	18
♂	♎ 24	25	26	26	27	27	28	28	29	29 0	♏ 0	1	2	2	3	3	4	5	5	6	6	7	8	8	9	10	10	11	12	12	13

♃ 1R 6 15 22 29 / ♓5 4 3 2 1 ♄ 1 8 16 25 / ♍17 18 19 20 ♅ 1 16 / ♋7 8 ♆ 1 5 / ♎14 15 ♇ 1 16 / ♌17 18

9	1	2	3	4	5	6	7	8	9	10	11	12	13	14	15	16	17	18	19	20	21	22	23	24	25	26	27	28	29	30
☉	♍ 8	9	10	11	12	13	14	15	16	17	18	19	20	21	22	23	24	25	26	27	28	29	29 0	♎ 1	2	3	4	5	6	7
☽	♉ 5	17	28	♊ 10	22	♋ 4	17	♌ 0	13	26	♍ 10	24	♎ 8	22	♏ 7	21	♐ 6	20	♑ 4	18	♒ 2	5	28	♓ 11	24	♈ 6	19	♉ 1	13	25
☿	♎ 2	2	2	R 2	2	1	1	1	0	0 29	♍ 29	28	27	26	25	24	23	22	21	20	19	18	18	18	17	D 17	18	18	18	19
♀	♌ 19	21	22	23	24	26	27	28	29	29 1	♍ 2	3	4	5	7	8	9	10	12	13	14	15	16	18	19	20	22	23	24	25
♂	♏ 13	14	15	15	16	17	17	18	19	19	20	21	21	22	23	23	24	25	25	26	27	28	28	29	29 0	♐ 0	1	2	2	3

♃ 1R 6 15 0 16 24 / ♓1 0 29 ♒29 28 ♄ 1 2 10 18 26 / ♍20 21 22 23 24 ♅ 1 12 / ♋8 9 ♆ 1 10 / ♎15 16 ♇ 1 20 / ♌18 19

10	1	2	3	4	5	6	7	8	9	10	11	12	13	14	15	16	17	18	19	20	21	22	23	24	25	26	27	28	29	30	31
☉	♎ 8	9	10	11	12	13	14	15	16	17	18	19	20	21	22	23	24	25	26	27	28	29	29 0	♏ 1	2	3	3	4	5	6	7
☽	♊ 7	18	♋ 0	12	25	♌ 7	20	♍ 4	18	♎ 2	17	♏ 1	16	♐ 1	16	♑ 0	15	28	♒ 12	25	♓ 8	21	♈ 3	15	27	♉ 9	21	♊ 3	15	27	♋ 9
☿	♍ 20	21	22	23	24	26	27	28	29 0	♎ 1	3	4	6	8	10	11	13	15	16	18	20	22	23	25	27	28	29 0	♏ 2	3	5	7
♀	♍ 26	28	28	29 0	♎ 2	3	4	5	6	8	9	10	11	13	14	15	16	18	19	20	21	23	24	25	28	28	29	29 0	♏ 2	3	4
♂	♐ 4	5	5	6	7	7	8	9	9	10	11	12	12	13	14	15	15	16	17	17	18	19	20	20	21	22	23	23	24	25	26

♃ 1R 8 24 D / ♒28 27 27 ♄ 1 4 13 21 30 / ♍24 25 26 27 28 ♅ 1 16R / ♋9 9 ♆ 1 8 / ♎16 17 ♇ 1 / ♌19

11	1	2	3	4	5	6	7	8	9	10	11	12	13	14	15	16	17	18	19	20	21	22	23	24	25	26	27	28	29	30
☉	♏ 8	9	10	12	13	14	15	16	17	18	19	20	21	22	23	24	25	26	27	28	29	29 0	♐	2	3	4	5	6	7	8
☽	♋ 21	♌ 3	18	29	♍ 12	26	♎ 10	25	♏ 10	25	♐ 10	25	♑ 10	24	♒ 8	22	♓ 5	18	♈ 0	12	24	♉ 6	18	♊ 0	12	24	♋ 8	8	♌ 0	12
☿	♏ 8	10	11	13	15	16	18	20	21	23	24	26	27	29	29 1	♐ 2	4	5	7	8	10	11	13	14	16	17	19	20	22	23
♀	♏ 5	7	8	9	10	11	13	14	15	17	18	19	20	22	23	24	25	27	28	29	29 1	♐ 2	3	4	5	7	8	9	10	12
♂	♐ 26	27	28	29	29 0	♑ 1	2	2	3	3	4	5	5	6	7	8	8	9	10	11	11	12	13	14	14	15	16	17	18	18

♃ 1 8 22 / ♒27 28 29 ♄ 1 9 20 29 21 / ♍28 29 0 ♎0 ♅ 1R 18 / ♋9 8 ♆ 1 4 / ♎17 18 ♇ 1 21R / ♌19 19

12	1	2	3	4	5	6	7	8	9	10	11	12	13	14	15	16	17	18	19	20	21	22	23	24	25	26	27	28	29	30	31
☉	♐ 9	10	11	12	13	14	15	16	17	18	19	20	21	22	23	24	25	26	27	28	29	29 0	♑ 1	2	3	4	5	6	7	8	9
☽	♌ 25	♍ 7	21	♎ 4	18	♏ 3	18	♐ 3	18	♑ 3	18	♒ 3	17	♓ 1	14	27	♈ 9	21	♉ 3	15	27	♊ 9	21	♋ 3	15	27	♌ 9	22	♍ 4	17	♎ 0
☿	♐ 25	26	28	29	29 1	♑ 2	3	5	6	7	9	10	11	12	13	14	15	16	17	17	18	18	R 18	17	17	17	16	15	14	13	12
♀	♐ 13	14	16	17	18	19	21	22	23	24	26	27	28	29 0	♑ 1	2	3	4	6	7	8	9	11	12	13	14	16	17	18	19	21
♂	♑ 19	20	21	21	22	23	24	25	25	26	27	28	28	29	29 0	♒ 1	2	2	3	4	5	5	6	7	8	9	9	10	11	12	13

♃ 1 29 2 9 16 22 28 / ♒0 ♓0 1 2 3 4 ♄ 1 3 22 / ♎0 1 2 ♅ 1R 16 / ♋8 7 ♆ 1 8 / ♎18 19 ♇ 1R / ♌19

1951的行星位置

1

	1	2	3	4	5	6	7	8	9	10	11	12	13	14	15	16	17	18	19	20	21	22	23	24	25	26	27	28	29	30	31
☉	♑ 10	11	12	13	14	15	16	17	18	19	20	21	23	24	25	26	27	28	29	29 0	♒ 1	2	3	4	5	6	7	8	9	10	11
☽	♎ 14	28	♏ 12	26	♐ 11	26	♑ 11	26	♒ 11	25	♓ 9	22	♈ 5	18	♉ 0	12	24	♊ 5	17	29	♋ 11	24	♌ 6	18	♍ 1	14	27	♎ 11	24	♏ 9	22
☿	♑R 11	9	7	6	5	4	3	2	2	2	1	D 1	2	2	2	3	3	4	5	5	6	7	8	9	10	11	13	14	15	16	17
♀	♑ 22	23	24	26	27	28	29 0	♒ 1	2	3	5	6	7	[illegible]	9	11	12	13	15	16	17	18	20	21	22	23	25	26	27	28	29 0
♂	♒ 13	14	15	16	16	17	18	19	20	20	21	22	23	24	24	25	26	27	28	28	29	29 0	♓ 1	1	2	3	4	5	5	6	7

♃	♄	♅	♆	♇
1 2 7 12 17 22 26 31	1 11R	1R 9	1 29R	1R 25
♓4 5 6 7 8 9 10 11	♎2 2	♋7 6	♎19 19	♌19 18

2

	1	2	3	4	5	6	7	8	9	10	11	12	13	14	15	16	17	18	19	20	21	22	23	24	25	26	27	28	29	30	31
☉	♒ 12	13	14	15	16	17	18	19	20	21	22	23	24	25	26	27	28	29	29 0	♓ 1	2	3	4	5	6	7	8	9			
☽	♐ 6	21	♑ 5	20	♒ 5	19	♓ 3	17	♈ 0	13	25	♉ 8	20	♊ 2	14	25	♋ 7	20	♌ 2	14	27	♍ 10	24	♎ 7	21	♏ 5	19	♐ 3			
☿	♑ 18	20	21	22	24	25	27	28	29 0	♒ 1	2	4	5	7	8	10	12	13	15	16	19	20	21	23	25	26	28	29 0			
♀	♓ 1	2	3	4	6	7	8	10	11	12	13	15	16	17	18	20	21	22	23	24	26	27	28	29 0	♈ 1	2	3	4			
♂	♓ 8	9	9	10	11	12	12	13	14	15	16	16	17	18	19	19	20	21	22	23	23	24	25	26	26	27	28	29			

♃	♄	♅	♆	♇
1 4 8 13 17 21 25	1R 21	1R 4	1R	1R
♓11 12 13 14 15 16 17	♎1 0	♋6 5	♎19	♌18

3

	1	2	3	4	5	6	7	8	9	10	11	12	13	14	15	16	17	18	19	20	21	22	23	24	25	26	27	28	29	30	31
☉	♓ 10	11	12	13	14	15	16	17	18	19	20	21	22	23	24	25	26	27	28	29	29 0	♈ 1	2	3	4	5	6	7	8	9	10
☽	♐ 17	♑ 1	16	♒ 0	14	28	♓ 11	25	♈ 8	21	♉ 3	15	28	♊ 9	21	♋ 3	15	27	♌ 10	22	♍ 6	19	♎ 3	16	♏ 1	15	29	♐ 14	28	♑ 12	26
☿	♓ 2	3	5	7	9	11	13	14	16	18	20	22	24	26	28	29 0	♈ 2	4	6	8	10	12	14	16	17	19	21	23	24	26	28
♀	♈ 5	7	8	9	10	12	13	14	15	17	18	19	20	21	23	24	25	26	28	29	29 0	♉ 1	3	4	5	6	7	9	10	11	12
♂	29 0	♈ 0	1	2	3	3	4	5	6	6	7	8	9	10	10	11	12	13	13	14	15	16	16	17	18	19	19	20	21	22	22

♃	♄	♅	♆	♇
1 2 6 10 14 18 22 26	1R 7 0 8 20	1R 13D	1R 7	1R 8
♓17 18 19 20 21 22 23 24	♎0 29♍29 28	♋5 5	♎19 18	♌18 17

4

	1	2	3	4	5	6	7	8	9	10	11	12	13	14	15	16	17	18	19	20	21	22	23	24	25	26	27	28	29	30	31
☉	♈ 11	12	13	14	15	16	17	18	19	20	21	22	23	24	25	26	27	28	29	29 0	♉ 1	2	3	3	4	5	6	7	8	9	
☽	♒ 10	24	♓ 7	20	♈ 3	16	29	♉ 11	23	♊ 6	17	29	♋ 11	23	♌ 5	18	♍ 0	13	27	♎ 11	25	♏ 10	24	♐ 9	24	♑ 9	23	♒ 7	21	♓ 4	
☿	♈ 29	29 0	♉ 2	3	4	5	6	6	7	7	8	8	8	R 8	8	8	8	7	7	6	6	5	4	4	3	2	2	1	1	0	
♀	♉ 13	15	16	17	18	20	21	22	23	24	26	27	28	29	29 0	♊ 1	3	4	5	6	7	9	10	11	12	13	14	16	17	18	
♂	♈ 23	24	25	25	26	27	28	28	29	29 0	♉ 1	1	2	3	4	4	5	6	7	7	8	9	10	10	11	12	12	13	14	15	

♃	♄	♅	♆	♇
1 4 8 12 17 21 29 22 26	1R 2 16	1 20	1R 14	1R 30D
♓25 26 27 28 29 0♈0 1	♍28 27 26	♋5 6	♎18 17	♌17 17

5

	1	2	3	4	5	6	7	8	9	10	11	12	13	14	15	16	17	18	19	20	21	22	23	24	25	26	27	28	29	30	31
☉	♉ 10	11	12	13	14	15	16	17	18	19	20	21	22	23	24	25	26	27	28	29	29 0	♊ 1	2	2	3	4	5	6	7	8	9
☽	♓ 17	♈ 0	13	25	♉ 8	20	♊ 2	14	25	♋ 8	19	♌ 1	14	26	♍ 8	21	♎ 5	19	♏ 3	18	♐ 3	18	♑ 4	18	♒ 3	17	♓ 1	14	27	♈ 10	22
☿	0R 29	♈ 29	29	28	28	28	28	D 28	28	28	28	29	29	29	29 0	♉ 1	1	2	3	4	4	5	6	7	9	10	11	12	13	14	16
♀	♊ 19	20	21	22	24	25	26	27	28	29	29 1	♋ 2	3	4	5	6	7	8	10	11	12	13	14	15	16	17	18	20	21	22	23
♂	♉ 15	16	17	18	18	19	20	20	21	22	23	23	24	25	25	26	27	28	28	29	29 0	♊ 0	1	2	3	3	4	5	5	6	7

♃	♄	♅	♆	♇
1 5 10 15 20 25 31	1R 5 28D	1 15	1R 29	1
♈2 3 4 5 6 7 8	♍26 25 25	♋6 7	♎17 16	♌17

6

	1	2	3	4	5	6	7	8	9	10	11	12	13	14	15	16	17	18	19	20	21	22	23	24	25	26	27	28	29	30	31
☉	♊ 10	11	12	13	14	15	16	17	18	19	20	21	22	23	24	25	25	26	27	28	29	29 0	♋ 1	2	3	4	5	6	7	8	
☽	♉ 5	17	29	♊ 11	23	♋ 5	16	28	♌ 10	22	♍ 5	17	♎ 0	13	27	♏ 12	26	♐ 12	27	♑ 12	27	♒ 12	26	♓ 10	24	♈ 7	19	♉ 2	14	26	
☿	♉ 17	19	20	22	23	25	27	28	29 0	♊ 2	4	6	8	10	12	14	16	18	20	22	24	26	28	29 0	♋ 3	5	7	9	12	14	
♀	♋ 24	25	26	27	28	29	29 0	♌ 1	2	3	5	6	7	8	9	10	11	12	13	14	15	16	17	18	18	19	20	21	22	23	
♂	♊ 8	8	9	10	10	11	12	12	13	14	14	15	16	17	17	18	19	19	20	21	21	22	23	23	24	25	25	26	27	27	

♃	♄	♅	♆	♇
1 6 12 18 27	1 21	1 3 20	1R 28D	1 20
♈8 9 10 11 12	♍25 26	♋7 8 9	♎16 16	♌17 18

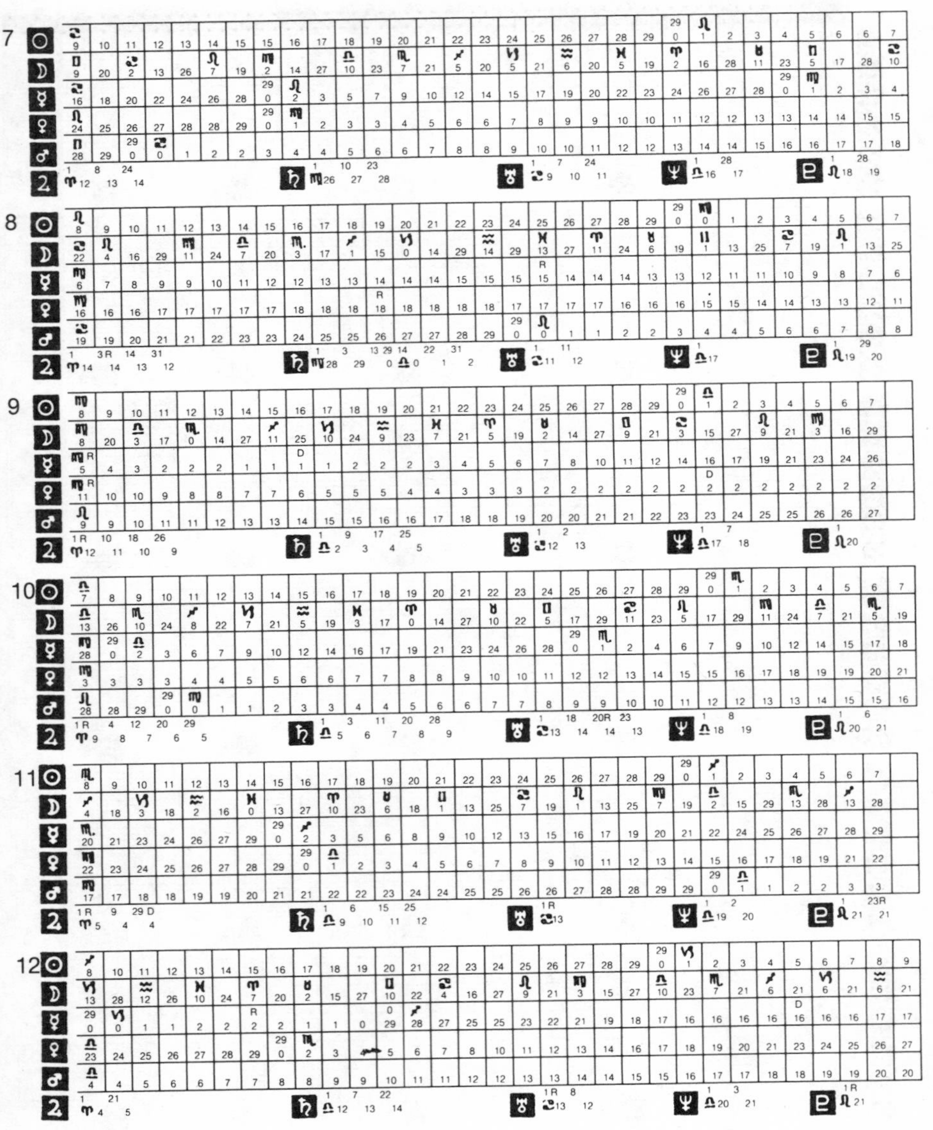

7																															
☉	♋9	10	11	12	13	14	15	15	16	17	18	19	20	21	22	23	24	25	26	27	28	29	29 0	♌1	2	3	4	5	6	6	7
☽	♊9	20	♋2	13	26	♌7	19	♍2	14	27	♎10	23	♏7	21	♐5	20	♑5	21	♒6	20	♓5	19	♈2	16	28	♉11	23	♊5	17	28	♋10
☿	♋16	18	20	22	24	26	28	29 0	♌2	3	5	7	9	10	12	14	15	17	19	20	22	23	24	26	27	28	29 0	♍1	2	3	4
♀	♌24	25	26	27	28	28	29	29 0	♍1	2	3	3	4	5	6	6	7	8	9	9	10	10	11	12	12	13	13	14	14	15	15
♂	♊28	29	29 0	♋0	1	2	2	3	4	4	5	6	6	7	8	8	9	10	10	11	12	12	13	14	14	15	16	16	17	17	18

♃ 1 8 24: ♈12 13 14 — ♄ 1 10 23: ♍26 27 28 — ♅ 1 7 24: ♋9 10 11 — ♆ 1 28: ♎16 17 — ♇ 1 28: ♌18 19

8																															
☉	♌8	9	10	11	12	13	14	15	16	17	18	19	20	21	22	23	24	25	26	27	28	29	29 0	♍0	1	2	3	4	5	6	7
☽	♋22	♌4	16	29	♍11	24	♎7	20	♏3	17	♐1	15	♑0	14	29	♒14	29	♓13	27	♈11	24	♉6	19	♊1	13	25	♋7	19	♌1	13	25
☿	♍6	7	8	9	9	10	11	12	12	13	13	14	14	14	15	15	15	R 15	14	14	14	13	13	12	11	11	10	9	8	7	6
♀	♍16	16	16	17	17	17	17	17	18	18	18	R 18	18	18	18	18	17	17	17	17	16	16	16	15	15	14	14	13	13	12	11
♂	♋19	19	20	21	21	22	23	23	24	25	25	26	27	27	28	29	29 0	♌0	1	1	2	2	3	4	4	5	6	6	7	8	8

♃ 1 3R 14 31: ♈14 14 13 12 — ♄ 1 3 13 29 14 22 31: ♍28 29 0 ♎0 1 2 — ♅ 1 11: ♋11 12 — ♆ 1: ♎17 — ♇ 1 29: ♌19 20

9																														
☉	♍8	9	10	11	12	13	14	15	16	17	18	19	20	21	22	23	24	25	26	27	28	29	29 0	♎1	2	3	4	5	6	7
☽	♍8	20	♎3	17	♏0	14	27	♐11	25	♑10	24	♒9	23	♓7	21	♈5	19	♉2	14	27	♊9	21	♋3	15	27	♌9	21	♍3	16	29
☿	♍R 5	4	3	2	2	2	1	1	D 1	1	2	2	2	3	4	5	6	7	8	10	11	12	14	16	17	19	21	23	24	26
♀	♍R 11	10	10	9	8	8	7	7	6	5	5	5	4	4	3	3	3	2	2	2	2	2	2	D 2	2	2	2	2	2	2
♂	♌9	9	10	11	11	12	13	13	14	15	15	16	16	17	18	18	19	20	20	21	21	22	23	23	24	25	25	26	26	27

♃ 1R 10 18 26: ♈12 11 10 9 — ♄ 1 9 17 25: ♎2 3 4 5 — ♅ 1 2: ♋12 13 — ♆ 1 7: ♎17 18 — ♇ 1: ♌20

10																															
☉	♎7	8	9	10	11	12	13	14	15	16	17	18	19	20	21	22	23	24	25	26	27	28	29	29 0	♏1	2	3	4	5	6	7
☽	♎13	26	♏10	24	♐8	22	♑7	21	♒5	19	♓3	17	♈0	14	27	♉10	22	♊5	17	29	♋11	23	♌5	17	29	♍11	24	♎7	21	♏5	19
☿	♍28	29 0	♎2	3	6	7	9	10	12	14	16	17	19	21	23	24	26	28	29 0	♏1	2	4	6	7	9	10	12	14	15	17	18
♀	♍3	3	3	3	4	4	5	5	6	6	7	7	8	8	9	10	10	11	12	12	13	14	15	15	16	17	18	19	19	20	21
♂	♌28	28	29	29 0	♍0	1	1	2	3	3	4	4	5	6	6	7	7	8	9	9	10	10	11	12	12	13	13	14	15	15	16

♃ 1R 4 12 20 29: ♈9 8 7 6 5 — ♄ 1 3 11 20 28: ♎5 6 7 8 9 — ♅ 1 18 20R 23: ♋13 14 14 13 — ♆ 1 8: ♎18 19 — ♇ 1 6: ♌20 21

11																														
☉	♏8	9	10	11	12	13	14	15	16	17	18	19	20	21	22	23	24	25	26	27	28	29	29 0	♐1	2	3	4	5	6	7
☽	♐4	18	♑3	18	♒2	16	♓0	13	27	♈10	23	♉6	18	♊1	13	25	♋7	19	♌1	13	25	♍7	19	♎2	15	29	♏13	28	♐13	28
☿	♏20	21	23	24	26	27	29	29 0	♐2	3	5	6	8	9	10	12	13	15	16	17	19	20	21	22	24	25	26	27	28	29
♀	♍22	23	24	25	26	27	28	29	29 0	♎1	2	3	4	5	6	7	8	9	10	11	12	13	14	15	16	17	18	19	21	22
♂	♍17	17	18	18	19	19	20	21	21	22	22	23	24	24	25	25	26	26	27	28	28	29	29	29 0	♎1	1	2	2	3	3

♃ 1R 9 29D: ♈5 4 4 — ♄ 1 6 15 25: ♎9 10 11 12 — ♅ 1R: ♋13 — ♆ 1 2: ♎19 20 — ♇ 1 23R: ♌21 21

12																															
☉	♐8	10	11	12	13	14	15	16	17	18	19	20	21	22	23	24	25	26	27	28	29	29 0	♑1	2	3	4	5	6	7	8	9
☽	♑13	28	♒12	26	♓10	24	♈7	20	♉2	15	27	♊10	22	♋4	16	27	♌9	21	♍3	15	27	♎10	23	♏7	21	♐6	21	♑6	21	♒6	21
☿	29 0	♑0	1	1	2	2	R 2	2	1	1	0	0 29	♐28	27	25	25	23	22	21	19	18	17	16	16	16	16	D 16	16	16	17	17
♀	♎23	24	25	26	27	28	29	29 0	♏2	3	[illegible]	5	6	7	8	10	11	12	13	14	16	17	18	19	20	21	23	24	25	26	27
♂	♎4	4	5	6	6	7	7	8	8	9	9	10	11	11	12	12	13	13	14	14	15	15	16	17	17	18	18	19	19	20	20

♃ 1 21: ♈4 5 — ♄ 1 7 22: ♎12 13 14 — ♅ 1R 8: ♋13 12 — ♆ 1 3: ♎20 21 — ♇ 1R: ♌21

1952的行星位置

1

	1	2	3	4	5	6	7	8	9	10	11	12	13	14	15	16	17	18	19	20	21	22	23	24	25	26	27	28	29	30	31
☉	♑ 10	11	12	13	14	15	16	17	18	19	20	21	22	23	24	25	26	27	28	29	29 0	♒ 1	2	3	4	5	7	8	9	10	11
☽	♓ 6	20	♈ 3	17	29	♉ 12	24	♊ 7	19	♋ 1	12	24	♌ 6	18	♍ 0	12	24	♎ 6	19	♏ 2	16	♐ 0	14	29	♑ 14	29	♒ 14	29	♓ 14	28	♈ 12
☿	♐ 18	18	18	20	21	22	23	24	25	27	28	29	29 0	1	3	4	5	7	8	10	11	13	14	15	17	18	20	21	23	24	26
♀	♏ 29	29 0	♐ 1	2	3	4	5	7	8	9	10	11	13	14	15	16	18	19	20	21	22	24	25	26	27	29	29 0	♑ 1	2	3	5
♂	♎ 21	21	22	22	23	23	24	24	25	25	26	26	27	27	28	28	29	29	29	29 0	♏ 0	1	1	2	2	3	3	4	4	4	5

♃ 1 ♈6, 9 7, 17 8, 23 9, 29 10　♄ 1 ♎14, 25R 14　♅ 1R ♋12, 2 11, 26 10　♆ 1 ♎21, 24R 21　♇ 1R ♌21, 12 20

2

	1	2	3	4	5	6	7	8	9	10	11	12	13	14	15	16	17	18	19	20	21	22	23	24	25	26	27	28	29	30	31
☉	♒ 12	13	14	15	16	17	18	19	20	21	22	23	24	25	26	27	28	29	29 0	♓ 1	2	3	4	5	6	7	8	9	10		
☽	♈ 26	♉ 9	21	♊ 3	16	27	♋ 9	21	♌ 3	15	27	♍ 9	21	♎ 3	16	29	♏ 12	25	♐ 9	23	♑ 8	23	♒ 7	22	♓ 7	22	♈ 6	20	♉ 4		
☿	♑ 27	29	29 1	♒ 2	4	5	7	9	10	12	14	15	17	19	20	22	24	26	28	29 0	♓ 1	3	5	7	9	10	12	14	16		
♀	♑ 6	7	8	9	11	12	13	14	16	17	18	19	20	22	23	24	25	27	28	29	29 0	♒ 1	3	4	5	6	8	9	10		
♂	♏ 5	6	6	6	7	7	8	8	8	9	9	9	10	10	11	11	11	12	12	12	12	13	13	13	14	14	14	14	15		

♃ 1 ♈10, 4 11, 9 12, 14 13, 19 14, 24 15, 29 16　♄ 1R ♎14, 27 13　♅ 1R ♋10　♆ 1R ♎21　♇ 1R ♌20, 23 19

3

	1	2	3	4	5	6	7	8	9	10	11	12	13	14	15	16	17	18	19	20	21	22	23	24	25	26	27	28	29	30	31
☉	♓ 11	12	13	14	15	16	17	18	19	20	21	22	23	24	25	26	27	28	29	29 0	♈ 1	2	3	4	5	6	7	8	9	10	11
☽	♉ 17	♊ 0	12	24	♋ 6	18	♌ 0	11	23	♍ 5	18	♎ 0	13	26	♏ 9	22	♐ 6	20	♑ 4	18	♒ 2	17	♓ 1	16	♈ 0	14	28	♉ 12	25	♊ 7	20
☿	♓ 18	20	22	24	26	28	29 0	♈ 1	3	5	8	8	10	11	13	14	15	16	17	18	19	19	19	20	20	20	R 20	20	19	19	18
♀	♒ 11	13	14	15	16	17	19	20	21	22	24	25	26	27	29	29 0	♓ 1	2	3	5	6	7	8	10	11	12	13	15	16	17	18
♂	♏ 15	15	15	16	16	16	16	16	17	17	17	17	17	17	17	18	18	18	18	18	18	18	18	18	R 18	18	18	18	18	18	18

♃ 1 ♈16, 4 17, 9 18, 13 19, 17 20, 22 21, 26 22, 30 23　♄ 1R ♎13, 14 12, 26 11　♅ 1R ♋10, 3 9, 10D 9　♆ 1R ♎21, 16 20　♇ 1R ♌19

4

	1	2	3	4	5	6	7	8	9	10	11	12	13	14	15	16	17	18	19	20	21	22	23	24	25	26	27	28	29	30	31
☉	♈ 12	13	14	15	16	17	18	19	20	21	22	23	23	24	25	26	27	28	29	29 0	♉ 1	2	3	4	5	6	7	8	9	10	
☽	♋ 2	14	26	♌ 8	20	♍ 2	14	26	♎ 9	22	♏ 5	19	♐ 3	17	♑ 1	15	29	♒ 13	27	♓ 11	25	♈ 9	23	♉ 6	20	♊ 3	15	28	♋ 10	22	
☿	♈ 18	17	16	16	15	14	13	12	12	11	10	10	9	9	9	8	8	8	D 8	8	9	9	9	10	10	11	11	12	13	14	
♀	♓ 20	21	22	23	24	26	27	28	29 0	♈ 1	2	3	4	5	7	8	9	10	12	13	14	15	16	18	19	20	21	23	24	25	
♂	♏ 18	18	17	17	17	17	17	17	16	16	16	16	16	15	15	15	15	14	14	14	13	13	13	12	12	12	11	11	11	10	

♃ 1 ♈23, 3 24, 8 25, 12 26, 16 27, 20 28, 24 29, 28 29 ♉0　♄ 1R ♎11, 9 10, 23 9　♅ 1 ♋10　♆ 1R ♎20, 22 19　♇ 1R ♌19

5

	1	2	3	4	5	6	7	8	9	10	11	12	13	14	15	16	17	18	19	20	21	22	23	24	25	26	27	28	29	30	31
☉	♉ 11	12	13	14	15	16	17	18	19	20	21	22	23	24	25	26	26	27	28	29	29 0	♊ 1	2	3	4	5	6	7	8	9	10
☽	♌ 4	15	27	♍ 9	22	♎ 4	17	♏ 1	14	28	♐ 12	27	♑ 11	26	♒ 10	24	♓ 8	22	♈ 5	19	♉ 2	15	28	♊ 11	24	♋ 6	18	♌ 0	12	23	♍ 5
☿	♈ 14	15	16	17	18	20	21	22	23	24	26	27	28	29 0	♉ 1	3	4	6	7	9	11	13	14	16	18	20	22	24	26	28	29 0
♀	♈ 26	28	29	29 0	♉ 1	2	4	5	6	7	9	10	11	12	14	15	16	17	18	20	21	22	23	25	26	27	28	29 0	♊ 1	2	3
♂	♏ 10	9	9	9	8	8	8	7	7	7	6	6	5	5	5	5	4	4	4	3	3	3	3	2	2	2	2	2	2	1	1

♃ 1 ♉0, 2 1, 7 2, 11 3, 15 4, 20 5, 24 6, 28 7　♄ 1R ♎9, 10 8　♅ 1 ♋10, 7 11, 29 12　♆ 1R ♎19　♇ 1 ♌19

6

	1	2	3	4	5	6	7	8	9	10	11	12	13	14	15	16	17	18	19	20	21	22	23	24	25	26	27	28	29	30	31
☉	♊ 11	12	13	14	15	16	17	18	19	20	20	21	22	23	24	25	26	27	28	29	29 0	♋ 1	2	3	4	5	6	7	8	9	
☽	♍ 17	♎ 0	12	25	♏ 9	23	♐ 7	21	♑ 6	21	♒ 6	20	♓ 5	19	♈ 2	16	29	♉ 12	25	♊ 8	20	♋ 2	14	25	♌ 8	20	♍ 2	14	26	♎ 8	
☿	♊ 2	4	6	8	10	12	15	17	18	21	23	26	28	29 0	♋ 2	4	6	8	10	12	14	16	18	20	22	23	25	27	29	29 0	
♀	♊ 4	6	7	8	9	11	12	13	14	15	17	18	19	20	22	23	24	25	26	28	29	29 0	♋ 1	3	4	5	6	8	9	10	
♂	♏ R 1	1	1	1	1	1	1	1	1	D 1	1	1	1	1	1	1	1	1	1	1	2	2	2	2	2	2	3	3	3	3	

♃ 1 ♉7, 2 8, 7 9, 11 10, 16 11, 21 12, 29 13　♄ 1R ♎8, 11D 8　♅ 1 ♋12, 15 13　♆ 1R ♎19, 14 18, 30D 18　♇ 1 ♌19

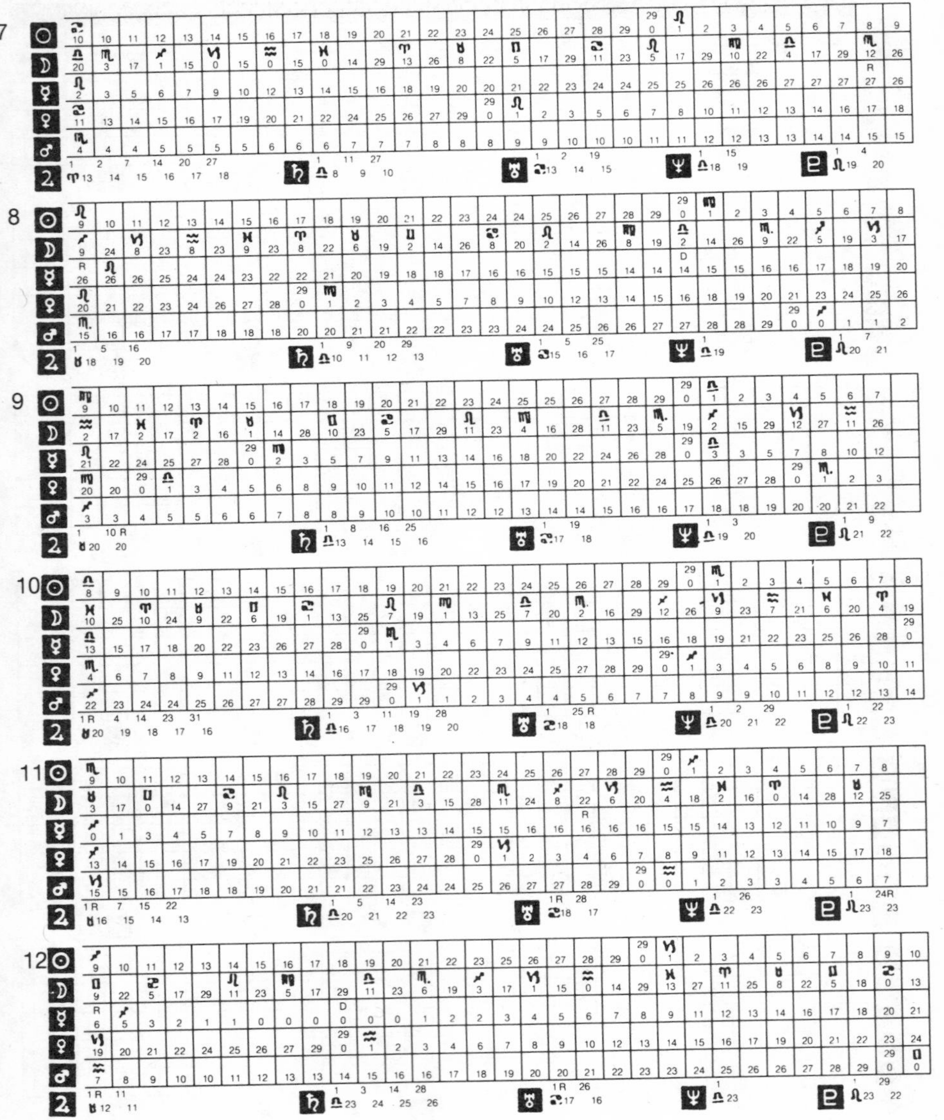

7																														
☉	♋ 10	10	11	12	13	14	15	16	17	18	19	20	21	22	23	24	25	26	27	28	29	29 0	♌ 1	2	3	4	5	6	7	8	9
☽	♎ 20	♏ 3	17	♐ 1	15	♑ 0	15	♒ 0	15	♓ 0	14	29	♈ 13	26	♉ 8	22	♊ 5	17	29	♋ 11	23	♌ 5	17	29	♍ 10	22	♎ 4	17	29	♏ 12	26
☿	♌ 2	3	5	6	7	9	10	12	13	14	15	16	18	19	20	20	21	22	23	24	24	25	25	26	26	26	27	27	27	R 27	26
♀	♋ 11	13	14	15	16	17	19	20	21	22	24	25	26	27	29	29 0	♌ 1	2	3	5	6	7	8	10	11	12	13	14	16	17	18
♂	♏ 4	4	4	5	5	5	5	6	6	6	7	7	7	8	8	8	9	9	10	10	10	11	11	12	12	13	13	14	14	15	15

♃ 1 2 7 14 20 27 / ♈13 14 15 16 17 18 ♄ 1 11 27 / ♎8 9 10 ♅ 1 2 19 / ♋13 14 15 ♆ 1 15 / ♎18 19 ♇ 1 4 / ♌19 20

8																														
☉	♌ 9	10	11	12	13	14	15	16	17	18	19	20	21	22	23	24	24	25	26	27	28	29	29 0	♍ 1	2	3	4	5	6	7	8
☽	♐ 9	24	♑ 8	23	♒ 8	23	♓ 9	23	♈ 8	22	♉ 6	19	♊ 2	14	26	♋ 8	20	♌ 2	14	26	♍ 8	19	♎ 2	14	26	♏ 9	22	♐ 5	19	♑ 3	17
☿	R 26	♌ 26	26	25	24	24	23	22	22	21	20	19	18	18	17	16	16	15	15	15	14	14	D 14	15	15	16	16	17	18	19	20
♀	♌ 20	21	22	23	24	26	27	28	29 0	♍ 1	2	3	4	5	7	8	9	10	12	13	14	15	16	18	19	20	21	23	24	25	26
♂	♏ 15	16	16	17	17	18	18	18	20	20	21	21	22	22	23	23	24	24	25	26	26	27	27	28	28	29	29 0	♐ 0	1	1	2

♃ 1 5 16 / ♉18 19 20 ♄ 1 9 20 29 / ♎10 11 12 13 ♅ 1 5 25 / ♋15 16 17 ♆ 1 / ♎19 ♇ 1 7 / ♌20 21

9																														
☉	♍ 9	10	11	12	13	14	15	16	17	18	19	20	21	22	23	24	25	25	26	27	28	29	29 0	♎ 1	2	3	4	5	6	7	
☽	♒ 2	17	♓ 2	17	♈ 2	16	♉ 1	14	28	♊ 10	23	♋ 5	17	29	♌ 11	23	♍ 4	16	28	♎ 11	23	♏ 5	19	♐ 2	15	29	♑ 12	27	♒ 11	26	
☿	♌ 21	22	24	25	27	28	29 0	♍ 2	3	5	7	9	11	13	14	16	18	20	22	24	26	28	29 0	♎ 3	3	5	7	8	10	12	
♀	♍ 20	20	29 0	♎ 1	3	4	5	6	8	9	10	11	12	14	15	16	17	19	20	21	22	24	25	26	27	28	29 0	♏ 1	2	3	
♂	♐ 3	3	4	5	5	6	6	7	8	8	9	10	10	11	12	12	13	14	14	15	16	16	17	18	18	19	20	·20	21	22	

♃ 1 10 R / ♉20 20 ♄ 1 8 16 25 / ♎13 14 15 16 ♅ 1 19 / ♋17 18 ♆ 1 3 / ♎19 20 ♇ 1 9 / ♌21 22

10																														
☉	♎ 8	9	10	11	12	13	14	15	16	17	18	19	20	21	22	23	24	25	26	27	28	29	29 0	♏ 1	2	3	4	5	6	7	8
☽	♓ 10	25	♈ 10	24	♉ 9	22	♊ 6	19	♋ 1	13	25	♌ 7	19	♍ 1	13	25	♎ 7	20	♏ 2	16	29	♐ 12	26	♑ 9	23	♒ 7	21	♓ 6	20	♈ 4	19
☿	♎ 13	15	17	18	20	22	23	26	27	28	29 0	♏ 1	3	4	6	7	9	11	12	13	15	16	18	19	21	22	23	25	26	28	29 0
♀	♏ 4	6	7	8	9	11	12	13	14	16	17	18	19	20	22	23	24	25	27	28	29	29• 0	♐ 1	3	4	5	6	8	9	10	11
♂	♐ 22	23	24	24	25	26	27	27	28	29	29	29 0	♑ 1	1	2	3	4	4	5	6	7	7	8	9	9	10	11	12	12	13	14

♃ 1R 4 14 23 31 / ♉20 19 18 17 16 ♄ 1 3 11 19 28 / ♎16 17 18 19 20 ♅ 1 25 R / ♋18 18 ♆ 1 2 29 / ♎20 21 22 ♇ 1 22 / ♌22 23

11																														
☉	♏ 9	10	11	12	13	14	15	16	17	18	19	20	21	22	23	24	25	26	27	28	29	29 0	♐ 1	2	3	4	5	6	7	8	
☽	♉ 3	17	♊ 0	14	27	♋ 9	21	♌ 3	15	27	♍ 9	21	♎ 3	15	28	♏ 11	24	♐ 8	22	♑ 6	20	♒ 4	18	♓ 2	16	♈ 0	14	28	♉ 12	25	
☿	♐ 0	1	3	4	5	7	8	9	10	11	12	13	13	14	15	15	16	16	R 16	16	16	15	15	14	13	12	11	10	9	7	
♀	♐ 13	14	15	16	17	19	20	21	22	23	25	26	27	28	29 0	♑ 1	2	3	4	6	7	8	9	11	12	13	14	15	17	18	
♂	♑ 15	15	16	17	18	18	19	20	21	21	22	23	24	24	25	26	27	27	28	29	29 0	♒ 0	1	2	3	3	4	5	6	7	

♃ 1R 7 15 22 / ♉16 15 14 13 ♄ 1 5 14 23 / ♎20 21 22 23 ♅ 1R 28 / ♋18 17 ♆ 1 26 / ♎22 23 ♇ 1 24R / ♌23 23

12																														
☉	♐ 9	10	11	12	13	14	15	16	17	18	19	20	21	22	23	25	26	27	28	29	29 0	♑ 1	2	3	4	5	6	7	8	9	10
☽	♊ 9	22	♋ 5	17	29	♌ 11	23	♍ 5	17	29	♎ 11	23	♏ 6	19	♐ 3	17	♑ 1	15	♒ 0	14	29	♓ 13	27	♈ 11	25	♉ 8	22	♊ 5	18	♋ 0	13
☿	R 6	♐ 5	3	2	1	1	0	0	0	D 0	0	0	1	2	2	3	4	5	6	7	8	9	11	12	13	14	16	17	18	20	21
♀	♑ 19	20	21	22	24	25	26	27	29	29 0	♒ 1	2	3	4	6	7	8	9	10	12	13	14	15	16	17	19	20	21	22	23	24
♂	♒ 7	8	9	10	10	11	12	13	13	14	15	16	16	17	18	19	20	20	21	22	23	23	24	25	26	26	27	28	29	29 0	♊ 0

♃ 1R 11 / ♉12 11 ♄ 1 3 14 28 / ♎23 24 25 26 ♅ 1R 26 / ♋17 16 ♆ 1 / ♎23 ♇ 1 29 / ♌23 22

1953的行星位置

		1	2	3	4	5	6	7	8	9	10	11	12	13	14	15	16	17	18	19	20	21	22	23	24	25	26	27	28	29	30	31
1	☉	♑ 11	12	13	14	15	16	17	18	19	20	21	22	23	24	25	26	27	28	29	29 0	♒ 1	2	3	4	5	6	7	8	9	10	11
	☽	♋ 25	♌ 7	19	♍ 1	13	25	♎ 7	19	♏ 1	14	27	♐ 10	25	♑ 9	24	♒ 9	24	♓ 8	23	♈ 8	22	♉ 5	19	♊ 2	15	27	♋ 10	22	♌ 4	16	28
	☿	♐ 23	24	25	27	28	29 0	♑ 1	3	4	6	7	9	10	12	13	15	17	18	20	21	23	24	26	28	29 0	♒ 1	3	4	6	8	9
	♀	♒ 25	26	28	29	29 0	♓ 1	2	3	5	6	7	8	9	10	11	12	13	15	16	17	18	19	20	21	22	23	24	25	26	27	28
	♂	♓ 1	2	3	3	4	5	6	6	7	8	9	10	10	11	12	13	13	14	15	16	16	17	18	19	20	20	21	22	23	23	24

♃ 1R 2 4D 8 29 / ♉ 11 10 10 11 12　♄ 1 17 / ♎ 26 27　♅ 1R 14 / ♋ 16 15　♆ 1 25R / ♎ 23 23　♇ 1R / ♌ 22

		1	2	3	4	5	6	7	8	9	10	11	12	13	14	15	16	17	18	19	20	21	22	23	24	25	26	27	28	29	30	31
2	☉	♒ 12	13	14	15	16	17	18	19	20	21	22	23	25	26	27	28	29	29 0	♓ 1	2	3	4	5	6	7	8	9	10			
	☽	♍ 9	21	♎ 3	15	27	♏ 9	22	♐ 5	19	♑ 2	17	♒ 2	17	♓ 2	17	♈ 2	17	♉ 1	15	28	♊ 12	24	♋ 7	19	♌ 1	13	24	♍ 6			
	☿	♒ 11	13	15	16	18	20	22	24	25	27	29 0	♓ 1	3	4	6	8	10	12	13	15	17	19	20	22	23	25	26	27			
	♀	♓ 29	29 0	♈ 1	2	3	4	5	6	7	8	9	10	11	11	12	13	14	15	16	17	17	18	19	20	20	21	22	23			
	♂	♓ 25	26	26	27	28	29	29	29 0	♈ 1	2	2	3	4	5	5	6	7	8	9	9	10	11	12	12	13	14	14	15			

♃ 1 9 17 24 / ♉ 12 13 14 15　♄ 1 5R 23 / ♎ 27 27 26　♅ 1R 14 / ♋ 15 14　♆ 1R / ♎ 23　♇ 1R 13 / ♌ 22 21

		1	2	3	4	5	6	7	8	9	10	11	12	13	14	15	16	17	18	19	20	21	22	23	24	25	26	27	28	29	30	31
3	☉	♓ 11	12	13	14	15	16	17	18	19	20	21	22	23	24	25	26	27	28	29	29 0	♈ 1	2	3	4	5	6	7	8	8	9	10
	☽	♍ 18	♎ 0	12	24	♏ 6	19	♐ 1	14	27	♑ 11	25	♒ 10	25	♓ 10	25	♈ 10	25	♉ 10	24	♊ 7	21	♋ 3	16	28	♌ 10	21	♍ 3	15	27	♎ 9	21
	☿	♓ 29	29 0	♈ 0	1	2	2	2	2	R 2	2	2	1	1	0	0 29	♓ 28	27	26	25	25	24	23	22	22	21	21	20	20	20	19	19
	♀	♈ 23	24	24	25	26	26	27	27	28	28	29	29	29	29 0	♉ 0	0	0	1	1	1	1	1	R 1	1	1	1	0	0	0	0	0 29
	♂	♈ 16	17	17	18	19	20	20	21	22	23	23	24	25	26	26	27	28	29	29	29 0	♉ 1	1	2	3	4	4	5	6	7	7	8

♃ 1 3 8 14 19 25 30 / ♉ 15 16 17 18 19 20 21　♄ 1R 16 31 / ♎ 26 25 24　♅ 1R 23D / ♋ 14 14　♆ 1R 25 / ♎ 23 22　♇ 1R / ♌ 21

		1	2	3	4	5	6	7	8	9	10	11	12	13	14	15	16	17	18	19	20	21	22	23	24	25	26	27	28	29	30	31
4	☉	♈ 11	12	13	14	15	16	17	18	19	20	21	22	23	24	25	26	27	28	29	29 0	♉ 1	2	3	4	5	6	7	8	9	10	
	☽	♏ 3	16	28	♐ 11	24	♑ 7	21	♒ 5	19	♓ 4	18	♈ 3	18	♉ 3	18	♊ 2	16	29	♋ 12	24	♌ 5	18	♍ 0	12	24	♎ 5	18	♏ 0	12	25	
	☿	♓ R 19	D 19	20	20	20	21	21	22	23	23	24	25	26	27	28	29	29 0	♈ 1	2	3	4	6	7	8	10	11	12	14	15	17	
	♀	R 29	♈ 28	28	27	27	26	26	25	25	24	23	22	22	21	21	20	20	19	19	18	18	17	17	16	16	16	16	15	15	15	
	♂	♉ 9	9	10	11	12	12	13	14	14	15	16	17	17	18	19	19	20	21	22	22	23	24	24	25	26	27	27	28	29	29	

♃ 1 3 8 13 17 22 26 30 / ♉ 21 22 23 24 25 26 27 28　♄ 1R 13 26 / ♎ 24 23 22　♅ 1 27 / ♋ 14 15　♆ 1R / ♎ 22　♇ 1R 3 / ♌ 21 20

		1	2	3	4	5	6	7	8	9	10	11	12	13	14	15	16	17	18	19	20	21	22	23	24	25	26	27	28	29	30	31
5	☉	♉ 11	12	13	14	15	16	17	18	19	20	20	21	22	23	24	25	26	27	28	29	29 0	♊ 1	2	3	4	5	6	7	8	9	10
	☽	♐ 8	21	♑ 4	18	♒ 1	15	29	♓ 14	28	♈ 13	27	♉ 12	26	♊ 10	24	♋ 7	20	♌ 2	14	26	♍ 8	20	♎ 2	14	26	♏ 8	21	♐ 4	17	♉ 1	14
	☿	♈ 18	20	22	23	25	27	28	29 0	♉ 2	4	6	8	10	12	14	16	18	20	22	24	26	28	29 1	♊ 3	5	7	9	12	14	15	18
	♀	R 15	♈ 15	14	D 14	15	15	15	15	15	15	16	16	16	16	17	17	18	18	19	19	20	20	21	21	22	23	23	24	25	25	26
	♂	29 0	♊ 1	1	2	3	4	4	5	6	6	7	8	8	9	10	10	11	12	12	13	14	15	15	16	17	17	18	19	19	20	21

♃ 1 5 9 29 10 13 18 22 26 / ♉ 28 29 0 ♊ 0 1 2 3 4　♄ 1R 11 31 / ♎ 22 21 20　♅ 1 23 / ♋ 15 16　♆ 1R 2 / ♎ 22 21　♇ 1R 2D / ♌ 29 28

		1	2	3	4	5	6	7	8	9	10	11	12	13	14	15	16	17	18	19	20	21	22	23	24	25	26	27	28	29	30	31
6	☉	♊ 11	12	13	14	14	15	16	17	18	19	20	21	22	23	24	25	26	27	28	29	29 0	♋ 1	2	3	4	5	6	7	8	8	
	☽	♑ 28	♒ 12	26	♓ 10	24	♈ 9	23	♉ 7	21	♊ 5	19	♋ 2	15	28	♌ 10	22	♍ 4	16	28	♎ 10	22	♏ 4	17	29	♐ 13	26	♑ 10	24	♒ 8	23	
	☿	♊ 20	22	24	26	28	29 0	♋ 2	4	6	7	9	11	13	14	16	17	19	20	22	23	24	26	27	28	29	29 0	♌ 1	2	3	4	
	♀	♈ 27	28	28	29	29 0	♉ 1	2	2	3	4	5	6	7	8	8	9	10	11	12	13	14	15	16	17	18	19	20	21	22	23	
	♂	♊ 21	22	23	23	24	25	25	26	27	27	28	29	29	29 0	♋ 1	1	2	3	3	4	5	5	6	7	7	8	9	9	10	11	

♃ 1 4 8 12 17 21 25 30 / ♊ 5 6 7 8 9 10 11 12　♄ 1R 24D / ♎ 20 20　♅ 1 11 28 / ♋ 16 17 18　♆ 1R / ♎ 21　♇ 1 / ♌ 21

7 ☉	♋ 9	10	11	12	13	14	15	16	17	18	19	20	21	22	23	24	25	26	26	27	28	29	29 0	♌ 1	2	3	4	5	6	7	8
☽	♓ 7	21	♈ 6	20	♉ 4	18	♊ 1	15	28	♋ 11	23	♌ 6	18	♍ 0	12	24	♎ 6	18	♏ 0	12	25	♐ 7	21	♑ 4	18	♒ 3	17	♓ 2	17	♈ 2	16
☿	♌ 4	5	6	6	7	7	7	8	8	8	R 8	8	8	7	7	7	6	6	5	5	4	3	3	2	1	1	0	0 29	♋ 29	28	28
♀	♉ 25	25	26	27	28	29	29 0	♊ 1	2	3	4	5	6	7	8	10	11	12	13	14	15	16	17	18	19	20	22	23	24	25	26
♂	♋ 11	12	13	13	14	15	15	16	17	17	18	19	19	20	21	21	22	23	23	24	24	25	26	26	27	28	28	29	♌ 0	0	1

♃ 1 5 9 14 19 24 28 / ♊12 13 14 15 16 17 18 — ♄ 1 16 / ♎20 21 — ♅ 1 14 31 / ♋18 19 20 — ♆ 1R 3D / ♎21 21 — ♇ 1 17 / ♌21 22

8 ☉	♌ 9	10	11	12	13	14	15	16	17	18	18	19	20	21	22	23	24	25	26	27	28	29	29 0	1	2	3	4	5	6	7	8
☽	♉ 0	14	28	♊ 11	24	♋ 7	20	♌ 2	14	27	♍ 9	20	♎ 2	14	26	♏ 8	20	♐ 3	16	29	♑ 12	27	♒ 11	26	♓ 11	26	♈ 11	26	♉ 11	25	♊ 8
☿	♋ R 27	27	27	27	D 27	27	28	28	28	29	29 0	♌ 1	2	3	4	5	6	8	9	11	12	14	16	17	19	21	23	25	27	29 0	♍ 1
♀	♊ 27	28	29	29 0	♋ 2	3	4	5	5	7	8	10	11	12	13	14	15	16	18	19	20	21	22	23	25	26	27	28	29	29 0	♌ 2
♂	♌ 2	2	3	4	4	5	5	6	7	7	8	9	9	10	11	11	12	13	13	14	14	15	16	16	17	18	18	18	20	20	21

♃ 1 3 9 15 21 28 / ♊18 19 20 21 22 23 — ♄ 1 5 18 29 / ♎21 22 23 24 — ♅ 1 18 / ♋20 21 — ♆ 1 30 / ♎21 22 — ♇ 1 17 / ♌22 23

9 ☉	♍ 9	10	11	12	13	14	15	16	16	17	18	19	20	21	22	23	24	25	26	27	28	29	29 0	♎ 1	2	3	4	5	6	7	
☽	♊ 21	♋ 4	17	29	♌ 11	23	♍ 5	17	29	♎ 11	23	♏ 5	17	29	♐ 11	24	♑ 7	21	♒ 5	19	♓ 4	19	♈ 5	20	♉ 5	20	♊ 4	18	♋ 1	14	
☿	♍ 3	5	7	9	11	13	15	16	18	20	22	24	26	28	29 0	♎ 1	3	5	6	8	9	11	13	14	16	17	19	21	22	24	
♀	♌ 3	4	5	6	7	9	10	11	12	13	15	16	17	18	19	21	22	23	24	25	27	28	28	29 0	♍ 2	3	4	5	6	8	
♂	♌ 21	22	23	23	24	25	25	26	27	27	28	28	29	29 0	♍ 0	1	2	2	3	3	4	5	5	6	7	7	8	9	9	10	

♃ 1 5 14 28 / ♊23 24 25 26 — ♄ 1 9 18 27 / ♎24 25 26 27 — ♅ 1 8 / ♋21 22 — ♆ 1 30 / ♎22 23 — ♇ 1 28 / ♌23 24

10 ☉	♎ 8	9	10	11	12	13	14	15	16	17	18	19	20	21	22	23	24	25	26	27	28	29	29 0	♏ 1	2	3	4	5	6	7	8
☽	♋ 26	♌ 9	21	♍ 2	14	26	♎ 8	20	♏ 2	14	26	♐ 8	21	♑ 4	17	♒ 0	14	28	♓ 13	28	♈ 13	28	♉ 13	28	♊ 12	26	♋ 10	23	♌ 5	17	29
☿	♎ 25	27	28	29 0	♏ 1	2	4	5	7	8	9	11	12	13	15	16	17	18	20	21	22	23	24	25	26	27	27	28	29	29	29 0
♀	♍ 9	10	11	12	14	15	16	18	19	20	21	22	24	25	25	27	28	29 0	♎ 1	2	4	5	6	7	8	10	11	12	13	15	16
♂	♍ 10	11	12	12	13	14	14	15	15	16	17	17	18	19	19	20	20	21	22	22	23	24	24	25	25	26	27	27	28	29	29

♃ 1 15R 31 / ♊25 26 26 — ♄ 1 5 14 22 29 23 30 / ♎27 28 29 0 ♏0 1 — ♅ 1 13 29R / ♋22 · 23 23 — ♆ 1 27 / ♎23 24 — ♇ 1 / ♌24

11 ☉	♏ 9	10	11	12	13	14	15	16	17	18	19	20	21	22	23	24	25	26	27	28	29	29 0	♐ 1	2	3	4	5	6	7	8	
☽	♍ 11	23	♎ 5	17	29	♏ 11	23	♐ 5	18	♑ 1	14	27	♒ 10	24	♓ 8	22	♈ 7	22	♉ 7	21	♊ 6	20	♋ 4	18	♌ 1	13	25	♍ 8	19	♎ 1	
☿	♐ 0	0	R 0	0	0	0 29	♏ 29	28	27	26	25	24	23	21	20	19	18	17	16	15	14	14	D 14	14	14	15	15	16	17	18	
♀	♎ 17	18	20	21	22	23	25	26	27	28	29 0	♏ 1	2	3	5	6	7	8	10	11	12	13	15	16	17	18	20	21	22	23	
♂	29 0	♎ 0	1	2	2	3	4	4	5	5	6	7	7	8	8	9	10	11	11	12	12	13	13	14	15	15	16	16	17	18	

♃ 1R 14 23 / ♊25 24 23 — ♄ 1 8 16 25 / ♏1 2 3 4 — ♅ 1R 14 / ♋23 22 — ♆ 1 24 / ♎24 25 — ♇ 1 17 27R / ♌24 25 25

12 ☉	♐ 9	10	11	12	13	14	15	16	17	18	19	20	21	22	23	24	25	26	27	28	29	29 0	♑ 1	2	3	4	5	6	8	9	10
☽	♎ 13	25	♏ 7	19	♐ 2	15	27	♑ 10	24	♒ 7	21	♓ 5	19	♈ 3	17	♉ 1	16	♊ 0	14	28	♋ 12	25	♌ 8	21	♍ 3	15	27	♎ 9	21	♏ 3	15
☿	♏ 19	20	21	22	23	24	26	27	28	29 0	♐ 1	3	4	6	7	8	10	11	13	14	16	17	19	20	22	23	25	26	28	29 0	♑ 1
♀	♏ 25	26	27	28	29 0	♐ 1	2	4	5	6	7	9	10	11	12	14	15	16	17	18	20	21	22	24	25	26	27	29	29 0	♑ 1	2
♂	♎ 18	19	19	20	21	21	22	23	23	24	24	25	26	26	27	27	28	28	29	29 0	♏ 0	1	2	2	3	3	4	5	6	6	6

♃ 1R 9 16 24 / ♊22 21 20 19 — ♄ 1 4 14 25 / ♏4 5 6 7 — ♅ 1R 20 / ♋22 21 — ♆ 1 / ♎25 — ♇ 1R 2 / ♌25 · 24

1954的行星位置

1

	1	2	3	4	5	6	7	8	9	10	11	12	13	14	15	16	17	18	19	20	21	22	23	24	25	26	27	28	29	30	31
☉	♑ 11	12	13	14	15	16	17	18	19	20	21	22	23	24	25	26	27	28	29	29 0	♒ 1	2	3	4	5	6	7	8	9	10	11
☽	♏ 27	♐ 10	23	♑ 6	19	♒ 3	17	♓ 1	15	♈ 0	14	28	♉ 12	26	♊ 10	24	♋ 7	20	♌ 3	16	29	♍ 11	23	♎ 5	17	29	♏ 11	23	♐ 5	18	♑ 1
☿	♑ 3	4	6	7	9	11	12	14	15	17	19	20	22	23	25	27	28	29 0	♒ 2	4	5	7	9	10	12	14	16	17	19	21	23
♀	♑ 4	5	6	7	9	10	11	12	14	15	16	17	19	20	21	22	24	25	26	27	29	29 0	♒ 1	3	4	5	6	8	9	10	11
♂	♏ 7	8	8	9	9	10	11	11	12	12	13	14	14	15	15	16	16	17	18	18	19	19	20	21	21	22	22	23	23	24	25

♃ 1R 10 22 ／ ♊ 18 17 16　♄ 1 8 27 ／ ♏ 7 8 9　♅ 1R 13 ／ ♋ 21 20　♆ 1 11 28R ／ ♎ 25 26 26　♇ 1R ／ ♌ 24

2

	1	2	3	4	5	6	7	8	9	10	11	12	13	14	15	16	17	18	19	20	21	22	23	24	25	26	27	28	29	30	31
☉	♒ 12	13	14	15	16	17	18	19	20	21	22	23	24	25	26	27	28	29	29 0	♓ 1	2	3	4	5	6	7	8	9			
☽	♑ 14	28	♒ 12	26	♓ 11	25	♈ 10	25	♉ 9	23	♊ 7	20	♋ 4	17	♌ 0	12	25	♍ 7	19	♎ 1	13	25	♏ 7	19	♐ 1	13	26	♑ 8			
☿	♒ 24	27	28	29 0	♓ 1	3	4	6	7	9	10	11	12	13	14	15	15	15	16	R 16	15	15	14	14	13	12	11	10			
♀	♒ 13	14	15	16	18	19	20	21	23	24	25	26	28	29	29 0	♓ 1	3	4	5	6	8	9	10	12	13	14	15	16			
♂	♏ 25	26	26	27	27	28	29	29	29 0	♐ 0	1	1	2	2	3	3	4	5	6	6	6	7	7	8	8	9	9	10			

♃ 1R 10D ／ ♊ 16 16　♄ 1 17R ／ ♏ 9 9　♅ 1R 6 ／ ♋ 20 19　♆ 1R 12 ／ ♎ 26 25　♇ 1R 4 ／ ♌ 24 23

3

	1	2	3	4	5	6	7	8	9	10	11	12	13	14	15	16	17	18	19	20	21	22	23	24	25	26	27	28	29	30	31
☉	♓ 10	11	12	13	14	15	16	17	18	19	20	21	22	23	24	25	26	27	28	29	29 0	♈ 1	2	3	4	5	6	7	8	9	10
☽	♑ 22	♒ 6	20	♓ 4	19	♈ 4	20	♉ 4	19	♊ 3	17	♋ 1	14	27	♌ 9	21	♍ 4	16	28	♎ 10	22	♏ 4	15	27	♐ 9	22	♑ 4	17	♒ 0	14	28
☿	♓R 9	8	7	6	5	4	4	3	2	2	2	1	1	1	1	1	2	2	3	3	4	4	5	6	7	8	8	9	11	12	13
♀	♓ 18	19	20	21	23	24	25	27	28	29	29 0	♈ 2	3	4	5	7	8	9	10	11	13	14	15	16	18	19	20	21	23	24	25
♂	♐ 10	11	11	12	12	13	14	14	15	15	16	16	17	17	17	18	18	19	19	20	20	21	21	22	22	23	23	24	24	24	25

♃ 1 13 22 30 ／ ♊ 17 18 19 20　♄ 1R 9 30 ／ ♏ 9 8 7　♅ 1R 27D ／ ♋ 19 19　♆ 1R ／ ♎ 25　♇ 1R 19 ／ ♌ 23 22

4

	1	2	3	4	5	6	7	8	9	10	11	12	13	14	15	16	17	18	19	20	21	22	23	24	25	26	27	28	29	30	31
☉	♈ 11	12	13	14	15	16	17	18	19	20	21	22	23	24	25	26	27	28	29	29 0	♉ 1	2	3	4	5	6	7	8	9	10	
☽	♓ 12	28	♈ 13	28	♉ 13	28	♊ 13	27	♋ 10	23	♌ 6	19	♍ 1	13	25	♎ 7	19	♏ 1	12	24	♐ 6	18	♑ 1	13	26	♒ 9	23	♓ 7	21	♈ 6	
☿	♓ 14	15	16	17	19	20	21	23	24	25	27	28	29 0	♈ 2	3	5	6	8	10	11	13	15	17	18	20	22	24	26	28	29 0	
♀	♈ 26	27	29	29 0	♉ 1	2	4	5	6	7	8	10	11	12	13	15	16	17	18	20	21	22	23	24	26	27	28	29 0	♊ 1	2	
♂	♐ 25	26	26	26	27	27	28	28	28	29	29	29 0	♑ 0	0	1	1	1	2	2	2	3	3	3	4	4	4	4	5	5	5	

♃ 1 8 12 18 24 29 ／ ♊ 20 21 22 23 24 25　♄ 1R 13 27 ／ ♏ 7 6 5　♅ 1 ／ ♋ 19　♆ 1R 4 ／ ♎ 25 24　♇ 1R ／ ♌ 22

5

	1	2	3	4	5	6	7	8	9	10	11	12	13	14	15	16	17	18	19	20	21	22	23	24	25	26	27	28	29	30	31
☉	♉ 11	12	12	13	14	15	16	17	18	19	20	21	22	23	24	25	26	27	28	29	29 0	♊ 1	2	3	4	5	6	7	8	9	9
☽	♈ 21	♉ 6	22	♊ 7	21	♋ 5	19	♌ 2	15	28	♍ 10	22	♎ 4	16	28	♏ 9	21	♐ 3	16	28	♑ 10	23	♒ 6	19	♓ 3	16	♈ 1	15	♉ 0	15	♊ 0
☿	♉ 2	4	6	8	10	12	15	17	19	21	23	25	28	29 0	♊ 2	4	6	8	10	12	14	16	18	20	21	23	25	26	28	29 0	♋ 1
♀	♊ 3	4	6	7	8	9	10	12	13	14	15	16	18	19	20	21	23	24	25	26	27	28	29 0	♋ 1	2	3	5	6	7	8	9
♂	♑ 5	6	6	6	6	6	7	7	7	7	7	7	7	8	8	8	8	8	8	8	8	8	R 8	8	8	8	8	8	8	8	8

♃ 1 4 9 14 19 24 29 25 28 ／ ♊ 25 26 27 28 29 0 ♋ 0 1　♄ 1R 10 25 ／ ♏ 5 4 3　♅ 1 14 ／ ♋ 19 20　♆ 1R 11 ／ ♎ 24 23　♇ 1R 4D ／ ♌ 22 22

6

	1	2	3	4	5	6	7	8	9	10	11	12	13	14	15	16	17	18	19	20	21	22	23	24	25	26	27	28	29	30	31
☉	♓ 10	11	12	13	14	15	16	17	18	19	20	21	22	23	24	25	26	27	28	29	29 0	♋ 0	1	2	3	4	5	6	7	8	
☽	♊ 15	29	♋ 14	27	♌ 11	23	♍ 6	18	♎ 0	12	24	♏ 6	18	♐ 0	12	25	♑ 7	20	♒ 3	16	29	♓ 13	27	♈ 11	26	♉ 10	25	♊ 9	24	♋ 8	
☿	♋ 2	4	5	6	8	9	10	11	12	13	14	15	15	16	16	17	17	18	18	18	18	18	R 18	18	18	18	17	17	17	16	
♀	♋ 11	12	13	14	15	17	18	19	20	21	23	24	25	26	27	29	29 0	♌ 1	2	3	5	6	7	8	9	10	12	13	14	15	
♂	♑R 7	7	7	7	7	7	7	6	6	6	6	5	5	5	5	4	4	4	4	3	3	3	2	2	2	1	1	1	1	0	

♃ 1 2 6 11 15 20 24 29 ／ ♋ 1 2 3 4 5 6 7 8　♄ 1R 15 ／ ♏ 3 2　♅ 1 5 23 ／ ♋ 20 21 22　♆ 1R ／ ♎ 23　♇ 1 18 ／ ♌ 22 23

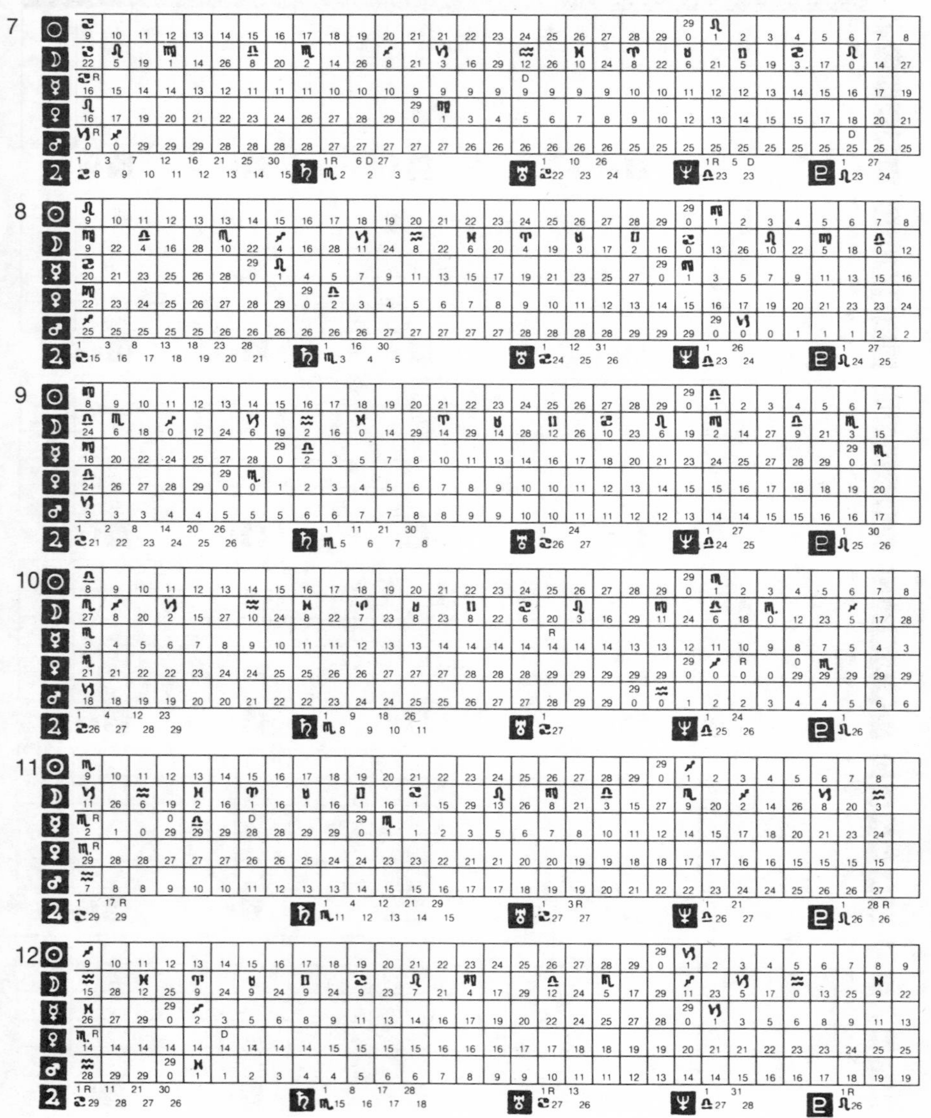

7																															
☉	♋ 9	10	11	12	13	14	15	16	17	18	19	20	21	21	22	23	24	25	26	27	28	29	29 / 0	♌ 1	2	3	4	5	6	7	8
☽	♋ 22	♌ 5	19	♍ 1	14	26	♎ 8	20	♏ 2	14	26	♐ 8	21	♑ 3	16	29	♒ 12	26	♓ 10	24	♈ 8	22	♉ 6	21	♊ 5	19	♋ 3.	17	♌ 0	14	27
☿	♋ R 16	15	14	14	13	12	11	11	11	10	10	10	9	9	9	9	D 9	9	9	9	10	10	11	12	12	13	14	15	16	17	19
♀	♌ 16	17	19	20	21	22	23	24	26	27	28	29	29 / 0	♍ 1	3	4	5	6	7	8	9	10	12	13	14	15	15	17	18	20	21
♂	♑ R 0	♐ 0	29	29	29	28	28	28	28	27	27	27	27	27	26	26	26	26	26	26	25	25	25	25	25	25	25	25	D 25	25	25

♃ 1 ♋8, 3 9, 7 10, 12 11, 16 12, 21 13, 25 14, 30 15 ♄ 1R ♏2, 6D 2, 27 3 ♅ 1 ♋22, 10 23, 26 24 ♆ 1R ♎23, 5D 23 ♇ 1 ♌23, 27 24

8																															
☉	♌ 9	10	11	12	13	13	14	15	16	17	18	19	20	21	22	23	24	25	26	27	28	29	29 / 0	♍ 1	2	3	4	5	6	7	8
☽	♍ 9	22	♎ 4	16	28	♏ 10	22	♐ 4	16	28	♑ 11	24	♒ 8	22	♓ 6	20	♈ 4	19	♉ 3	17	♊ 2	16	♋ 0	13	26	♌ 10	22	♍ 5	18	♎ 0	12
☿	♋ 20	21	23	25	26	28	29 / 0	♌ 1	4	5	7	9	11	13	15	17	19	21	23	25	27	29 / 0	♍ 1	3	5	7	9	11	13	15	16
♀	♍ 22	23	24	25	26	27	28	29	29 / 0	♎ 2	3	4	5	6	7	8	9	10	11	12	13	14	15	16	17	19	20	21	23	23	24
♂	♐ 25	25	25	25	25	26	26	26	26	26	26	27	27	27	27	27	28	28	28	28	29	29	29	29 / 0	♑ 0	0	1	1	1	2	2

♃ 1 ♋15, 3 16, 8 17, 13 18, 18 19, 23 20, 28 21 ♄ 1 ♏3, 16 4, 30 5 ♅ 1 ♋24, 12 25, 31 26 ♆ 1 ♎23, 26 24 ♇ 1 ♌24, 27 25

9																															
☉	♍ 8	9	10	11	12	13	14	15	16	17	18	19	20	21	22	23	24	25	26	27	28	29	29 / 0	♎ 1	2	3	4	5	6	7	
☽	♎ 24	♏ 6	18	♐ 0	12	24	♑ 6	19	♒ 2	16	♓ 0	14	29	♈ 14	29	♉ 14	28	♊ 12	26	♋ 10	23	♌ 6	19	♍ 2	14	27	♎ 9	21	♏ 3	15	
☿	♍ 18	20	22	24	25	27	28	29 / 0	♎ 2	3	5	7	8	10	11	13	14	16	17	18	20	21	23	24	25	27	28	29	29 / 0	♏ 1	
♀	♎ 24	26	27	28	29	29 / 0	♏ 0	1	2	3	4	5	6	7	8	9	10	10	11	12	13	14	15	15	16	17	18	18	19	20	
♂	♑ 3	3	3	4	4	5	5	5	6	6	7	7	8	8	9	9	10	10	11	11	12	12	13	14	14	15	15	16	16	17	

♃ 1 ♋21, 2 22, 8 23, 14 24, 20 25, 26 26 ♄ 1 ♏5, 11 6, 21 7, 30 8 ♅ 1 ♋26, 24 27 ♆ 1 ♎24, 27 25 ♇ 1 ♌25, 30 26

10																															
☉	♎ 8	9	10	11	12	13	14	15	16	17	18	19	20	21	22	23	24	25	26	27	28	29	29 / 0	♏ 1	2	3	4	5	6	7	8
☽	♏ 27	♐ 8	20	♑ 2	15	27	♒ 10	24	♓ 8	22	♈ 7	23	♉ 8	23	♊ 8	22	♋ 6	20	♌ 3	16	29	♍ 11	24	♎ 6	18	♏ 0	12	23	♐ 5	17	28
☿	♏ 3	4	5	6	7	8	9	10	11	11	12	13	13	14	14	14	14	R 14	14	14	13	13	12	11	10	9	8	7	5	4	3
♀	♏ 21	21	22	22	23	24	24	25	25	26	26	27	27	27	28	28	28	29	29	29	29	29	29 / 0	♐ 0	R 0	0	0 / 29	♏ 29	29	29	29
♂	♑ 18	18	19	19	20	20	21	22	22	23	24	24	25	25	26	27	27	28	29	29	29 / 0	♒ 0	1	2	2	3	4	4	5	6	6

♃ 1 ♋26, 4 27, 12 28, 23 29 ♄ 1 ♏8, 9 9, 18 10, 26 11 ♅ 1 ♋27 ♆ 1 ♎25, 24 26 ♇ 1 ♌26

11																															
☉	♏ 9	10	11	12	13	14	15	16	17	18	19	20	21	22	23	24	25	26	27	28	29	29 / 0	♐ 1	2	3	4	5	6	7	8	
☽	♑ 11	26	♒ 6	19	♓ 2	16	♈ 1	16	♉ 1	16	♊ 1	16	♋ 1	15	29	♌ 13	26	♍ 8	21	♎ 3	15	27	♏ 9	20	♐ 2	14	26	♑ 8	20	♒ 3	
☿	♏ R 2	1	0	0 / 29	♎ 29	29	D 28	28	29	29	29 / 0	♏ 1	1	2	3	5	6	7	8	10	11	12	14	15	17	18	20	21	23	24	
♀	♏ R 29	28	28	27	27	27	26	26	25	24	24	23	23	22	21	21	20	20	19	19	18	18	17	17	16	16	15	15	15	15	
♂	♒ 7	8	8	9	10	10	11	12	13	13	14	15	15	16	17	17	18	19	19	20	21	22	22	23	24	24	25	26	26	27	

♃ 1 ♋29, 17R 29 ♄ 1 ♏11, 4 12, 12 13, 21 14, 29 15 ♅ 1 ♋27, 3R 27 ♆ 1 ♎26, 21 27 ♇ 1 ♌26, 28R 26

12																															
☉	♐ 9	10	11	12	13	14	15	16	17	18	19	20	21	22	23	24	25	26	27	28	29	29 / 0	♑ 1	2	3	4	5	6	7	8	9
☽	♒ 15	28	♓ 12	25	♈ 9	24	♉ 9	24	♊ 9	24	♋ 9	23	♌ 7	21	♍ 4	17	29	♎ 12	24	♏ 5	17	29	♐ 11	23	♑ 5	17	♒ 0	13	25	♓ 9	22
☿	♓ 26	27	29	29 / 0	♐ 2	3	5	6	8	9	11	13	14	16	17	19	20	22	24	25	27	28	29 / 0	♑ 1	3	5	6	8	9	11	13
♀	♏ R 14	14	14	14	14	D 14	14	14	14	15	15	15	15	16	16	16	17	17	18	18	19	19	20	21	21	22	23	23	24	25	25
♂	♒ 28	29	29	29 / 0	♓ 1	1	2	3	4	4	5	6	6	7	8	9	9	10	11	11	12	13	14	14	15	16	16	17	18	19	19

♃ 1R ♋29, 11 28, 21 27, 30 26 ♄ 1 ♏15, 8 16, 17 17, 28 18 ♅ 1R ♋27, 13 26 ♆ 1 ♎27, 31 28 ♇ 1R ♌26

1955的行星位置

月	星	1	2	3	4	5	6	7	8	9	10	11	12	13	14	15	16	17	18	19	20	21	22	23	24	25	26	27	28	29	30	31
1	☉	♑ 10	11	12	13	14	15	16	17	18	19	21	22	23	24	25	26	27	28	29	29 0	♒ 1	2	3	4	5	6	7	8	9	10	11
	☽	♈ 6	20	♉ 4	18	♊ 3	18	♋ 2	17	♌ 1	15	29	♍ 12	25	♎ 7	20	♏ 2	14	25	♐ 7	18	♑ 1	14	26	♒ 9	22	♓ 5	19	♈ 3	16	♉ 0	14
	☿	♑ 14	16	18	19	21	22	24	26	28	29 0	♒ 1	2	4	6	7	9	11	12	14	15	17	19	20	21	23	24	25	26	27	28	29
	♀	♏ 26	27	28	28	29	29 0	♐ 1	2	3	3	4	5	6	7	8	9	10	11	12	13	14	15	16	17	18	19	20	21	22	23	24
	♂	♓ 20	21	21	22	23	24	24	25	26	26	27	28	29	29	29 0	♈ 1	2	2	3	4	4	5	6	7	7	8	9	9	10	11	12

♃ 1R ♋26　7 25　15 24　22 23　30 22　♄ 1 ♏18　8 19　22 20　♅ 1R ♋26　8 25　♆ 1 ♎28　30R 28　♇ 1R ♌26　27 25

月	星	1	2	3	4	5	6	7	8	9	10	11	12	13	14	15	16	17	18	19	20	21	22	23	24	25	26	27	28	29	30	31
2	☉	♒ 12	13	14	15	16	17	18	19	20	21	22	23	24	25	26	27	28	29	29 0	♓ 1	2	3	4	5	6	7	8	9			
	☽	♉ 29	♊ 13	27	♋ 11	25	♌ 9	23	♍ 7	20	♎ 3	15	27	♏ 10	21	♐ 3	15	27	♑ 9	22	♒ 4	17	♓ 1	15	28	♈ 13	27	♉ 11	25			
	☿	♒ 29	29	R 29	29	29	28	28	27	26	25	24	23	21	20	19	18	17	16	16	15	15	14	14	14	D 14	14	14	15			
	♀	♐ 25	26	27	28	29	29 0	♑ 2	3	4	5	6	7	8	9	10	12	13	14	15	16	17	18	19	20	22	23	24	25			
	♂	♈ 12	13	14	14	15	16	17	17	18	19	19	20	21	21	22	23	24	24	25	26	26	27	28	29	29	29 0	♉ 1	1			

♃ 1R ♋22　7 21　18 20　♄ 1 ♏20　14 21　♅ 1R ♋24　♆ 1R ♎28　28 27　♇ 1R ♌25

月	星	1	2	3	4	5	6	7	8	9	10	11	12	13	14	15	16	17	18	19	20	21	22	23	24	25	26	27	28	29	30	31
3	☉	♓ 10	11	12	13	14	15	16	17	18	19	20	21	22	23	24	25	26	27	28	29	29 0	♈ 1	2	3	4	5	6	7	8	9	10
	☽	♊ 10	24	♋ 8	21	♌ 5	19	♍ 2	15	28	♎ 11	23	♏ 5	17	29	♐ 11	23	♑ 5	17	29	♒ 12	25	♓ 9	23	♈ 8	22	♉ 7	22	♊ 6	20	♋ 4	18
	☿	♒ 15	15	16	17	17	18	19	20	21	22	23	24	25	26	27	28	29 0	♓ 1	2	4	5	6	8	9	11	12	13	15	16	18	19
	♀	♑ 26	27	28	29 0	♒ 1	2	3	4	5	7	8	9	10	11	12	14	15	16	17	18	19	21	22	23	24	25	27	29	29	29 0	♓ 1
	♂	♉ 2	3	3	4	5	5	6	7	8	8	9	10	10	11	12	12	13	14	15	15	16	17	17	18	19	19	20	21	21	22	23

♃ 1R ♋20　8 19　17D 19　25 20　♄ 1R ♏21　15 20　♅ 1R ♋24　2 23　♆ 1R ♎27　♇ 1R ♌25　18 24

月	星	1	2	3	4	5	6	7	8	9	10	11	12	13	14	15	16	17	18	19	20	21	22	23	24	25	26	27	28	29	30	31
4	☉	♈ 11	12	13	14	15	16	17	18	19	20	21	22	23	24	25	26	27	28	29	29 0	♉ 1	2	3	4	4	5	6	7	8	9	
	☽	♌ 2	15	28	♍ 11	24	♎ 7	19	♏ 2	14	26	♐ 7	19	♑ 1	13	25	♒ 7	20	♓ 3	17	♈ 1	16	♉ 1	16	♊ 1	16	♋ 0	15	29	♌ 12	25	
	☿	♓ 22	23	24	26	28	29 0	♈ 1	3	5	7	9	10	12	14	15	18	20	22	24	27	29	29 1	♉ 3	5	7	9	11	14	16	18	
	♀	♓ 2	4	5	6	7	8	10	11	12	13	14	15	17	18	19	20	21	23	24	25	26	27	29	29 0	♈ 1	2	3	5	6	7	
	♂	♉ 23	24	25	25	26	27	28	28	29	29 0	♊ 0	1	2	2	3	4	4	5	6	6	7	8	8	9	10	10	11	12	12	13	

♃ 1 ♋20　12 21　23 22　♄ 1R ♏20　8 19　23 18　♅ 1D ♋23　♆ 1R ♎27　12 26　♇ 1R ♌24

月	星	1	2	3	4	5	6	7	8	9	10	11	12	13	14	15	16	17	18	19	20	21	22	23	24	25	26	27	28	29	30	31
5	☉	♉ 10	11	12	13	14	15	16	17	18	19	20	21	22	23	24	25	26	27	28	29	29 0	♊ 1	2	3	3	4	5	6	7	8	9
	☽	♍ 8	21	♎ 4	16	28	♏ 10	22	♐ 4	16	28	♑ 10	22	♒ 4	16	29	♓ 12	28	♈ 10	24	♉ 9	24	♊ 9	24	♋ 9	24	♌ 8	22	♍ 5	18	♎ 1	13
	☿	♉ 20	22	24	26	28	29 0	♊ 2	3	5	7	9	10	12	13	15	16	18	19	20	21	22	23	24	25	25	26	26	27	27	28	28
	♀	♈ 8	9	11	12	13	14	15	17	18	19	20	22	23	24	25	26	28	29	29 0	♉ 1	2	4	5	6	7	8	10	11	12	13	14
	♂	♊ 14	14	15	16	16	17	18	18	19	20	20	21	22	22	23	24	24	25	26	26	27	28	28	29	29	29 0	♋ 1	1	2	3	3

♃ 1 ♋23　8 24　15 25　21 26　27 27　♄ 1R ♏18　7 17　20 15　♅ 1 ♋24　29　♆ 1R ♎26　22 25　♇ 1R ♌24　5D 24

月	星	1	2	3	4	5	6	7	8	9	10	11	12	13	14	15	16	17	18	19	20	21	22	23	24	25	26	27	28	29	30	31
6	☉	♊ 10	11	12	13	14	15	16	17	18	19	20	21	22	23	24	25	26	26	27	28	29	29 0	♋ 1	2	3	4	5	6	7	8	
	☽	♎ 25	♏ 7	19	♐ 1	13	25	♑ 7	19	♒ 1	13	25	♓ 8	21	♈ 5	19	♉ 3	18	♊ 3	18	♋ 3	18	♌ 3	17	♍ 1	14	27	♎ 10	22	♏ 4	16	
	☿	♊ 28	28	28	R 28	28	28	28	27	27	27	26	26	25	25	24	23	23	22	22	21	21	21	20	20	20	20	20	D 20	20	20	
	♀	♉ 16	17	19	19	20	22	23	24	25	27	28	29	29 0	♊ 1	3	3	5	6	7	8	10	11	12	14	15	16	17	18	19	21	
	♂	♋ 4	5	5	6	7	7	8	9	9	10	11	11	12	13	13	14	14	15	16	16	17	18	18	19	20	20	21	22	22	23	

♃ 1 ♋27　2 28　7 29　12 29 0　13 ♌0　18 1　22 2　27 3　♄ 1R ♏16　4 15　24 14　♅ 1 ♋25　17 26　♆ 1R ♎25　♇ 1 ♌24

7																															
☉	♋ 9	10	11	12	13	14	15	16	16	17	18	19	20	21	22	23	24	25	26	27	28	29	29 0	♌ 1	2	3	4	5	6	7	7
☽	♏ 28	♐ 10	22	♑ 4	16	28	♒ 10	22	♓ 5	18	♈ 1	15	28	♉ 13	27	♊ 12	26	♋ 11	26	♌ 11	25	♍ 9	23	♎ 5	19	♏ 1	13	25	♐ 6	18	♑ 0
☿	♊ 20	21	21	22	22	23	24	24	25	26	27	28	29 0	♋ 1	2	4	5	7	8	10	12	14	15	17	19	21	23	25	27	29 0	♌ 1
♀	♊ 22	23	25	26	27	28	29	29 0	♋ 2	3	4	6	7	8	9	10	12	13	14	15	17	18	19	20	21	23	24	25	26	28	29
♂	♋ 24	24	25	25	26	27	27	28	29	29	29 0	♌ 1	1	2	2	3	4	4	5	6	6	7	8	8	9	9	10	11	11	12	13

♃ 1: ♌ 3, 2: 4, 7: 5, 12: 6, 18: 7, 21: 8, 26: 9, 30: 10 ♄ 1 R: ♏ 14, 18 R: 14 ♅ 1: ♋ 26, 5: 27, 21: 28 ♆ 1 R: ♎ 25, 8 D: 25 ♇ 1: ♌ 25

8																															
☉	♌ 8	9	10	11	12	13	14	15	16	17	18	19	20	21	22	23	24	25	26	27	28	29	29 0	♍ 1	1	2	3	4	5	6	7
☽	♑ 12	24	♒ 7	19	♓ 2	15	28	♈ 12	25	♉ 9	23	♊ 7	22	♋ 6	20	♌ 5	19	♍ 3	17	♎ 1	14	26	♏ 9	21	♐ 3	15	26	♑ 8	20	♒ 3	15
☿	♌ 4	6	8	10	12	14	16	18	20	22	24	26	28	29 0	♍ 2	4	5	7	9	11	12	14	15	17	19	21	22	24	25	27	28
♀	29 0	♌ 1	3	4	5	6	8	9	10	11	12	14	15	16	17	19	20	21	22	23	25	26	27	28	29 0	♍ 1	2	3	5	6	7
♂	♌ 13	14	15	15	16	17	17	18	18	19	20	20	21	22	22	23	24	24	25	25	26	27	27	28	28	29	29 0	♍ 1	1	2	2

♃ 1: ♌ 10, 3: 11, 8: 12, 12: 13, 17: 14, 22: 15, 26: 16, 31: 17 ♄ 1: ♏ 14, 12: 15, 31: 16 ♅ 1: ♋ 28, 7: 29, 24 29 25: 0 ♌ 0 ♆ 1: ♎ 25, 21: 26 ♇ 1: ♌ 25, 5: 26

9																															
☉	♍ 8	9	10	11	12	13	14	15	16	17	18	19	20	21	22	23	24	25	26	27	28	29	29 0	♎ 1	2	3	4	5	6	7	
☽	♒ 28	♓ 11	25	♈ 8	22	♉ 6	20	♊ 4	18	♋ 2	16	♌ 0	14	28	♍ 12	26	♎ 9	22	♏ 4	17	29	♐ 11	22	♑ 4	16	28	♒ 11	23	♓ 6	20	
☿	29 0	♎ 1	3	4	5	7	8	10	11	12	13	15	16	17	18	19	20	21	22	23	24	25	25	26	27	27	27	28	28	28	
♀	♍ 8	10	11	12	13	15	16	17	18	19	21	22	23	24	26	27	28	29 0	♎ 1	2	3	5	6	7	8	9	11	12	13	14	
♂	♍ 3	4	4	5	6	6	7	8	8	9	9	10	11	11	12	13	13	14	15	15	16	16	17	18	18	19	20	20	21	22	

♃ 1: ♌ 17, 5: 18, 9: 19, 14: 20, 19: 21, 24: 22, 30: 23 ♄ 1: ♏ 16, 14: 17, 25: 18 ♅ 1: ♌ 0, 13: 1 ♆ 1: ♎ 26, 25: 27 ♇ 1: ♌ 26, 5: 27

10																															
☉	♎ 8	9	9	10	11	12	13	14	15	16	17	18	19	20	21	22	23	24	25	26	27	28	29	29 0	♏ 1	2	3	4	5	6	7
☽	♈ 3	17	♉ 2	16	♊ 0	15	28	♋ 13	27	♌ 11	25	♍ 8	21	♎ 5	18	♏ 0	13	25	♐ 7	19	♑ 0	12	24	♒ 6	19	♓ 1	14	28	♈ 12	26	♉ 11
☿	♎ R 28	28	26	27	27	26	26	25	24	23	21	20	19	18	17	16	15	14	13	13	13	13	13	14	14	14	15	16	17	18	19
♀	♎ 16	17	18	19	21	22	23	24	26	27	28	29	29 1	♏ 2	3	4	6	7	8	9	11	12	13	14	16	17	18	19	21	22	23
♂	♍ 22	23	23	24	25	25	26	27	27	28	29	29	29 0	♎ 0	1	2	2	3	4	4	5	6	6	7	8	8	9	9	10	11	11

♃ 1: ♌ 23, 5: 24, 11: 26, 17: 26, 23: 27, 30: 28 ♄ 1: ♏ 18, 5: 19, 15: 20, 24: 21 ♅ 1: ♌ 1, 11: 2 ♆ 1: ♎ 27, 22: 28 ♇ 1: ♌ 27

11																															
☉	♏ 8	9	10	11	12	13	14	15	16	17	18	19	20	21	22	23	24	25	26	27	28	29 0	♐ 0	1	2	3	4	5	6	8	
☽	♉ 25	♊ 10	25	♋ 9	24	♌ 8	22	♍ 5	18	♎ 1	14	27	♏ 9	21	♐ 3	15	27	♑ 9	20	♒ 2	14	27	♓ 9	22	♈ 8	19	♉ 4	18	♊ 3	19	
☿	♎ 20	22	23	24	26	28	29	29 0	♏ 2	3	5	6	8	10	11	13	14	16	18	19	21	22	24	26	27	29	29 0	♐ 2	4	5	
♀	♏ 24	26	27	28	29	29 0	♐ 2	3	4	6	7	8	9	11	12	13	14	15	17	18	19	20	22	23	24	25	27	28	29	29 0	
♂	♎ 12	13	13	14	15	15	16	17	17	18	18	19	20	20	21	22	22	23	24	24	25	26	26	27	28	28	29	29	29 0	♏ 1	

♃ 1: ♌ 26, 7: 29, 17 29 18: 0 ♍ 0, 30: 1 ♄ 1: ♏ 22, 10: 23, 16: 24, 26: 25 ♅ 1: ♌ 2, 8 R: 2 ♆ 1: ♎ 28, 18: 29 ♇ 1: ♌ 26, 30 R: 28

12																															
☉	♐ 9	10	11	12	13	14	15	16	17	18	19	20	21	22	23	24	25	26	27	28	29	29 0	♑ 1	2	3	4	5	6	7	8	9
☽	♋ 4	19	♌ 3	18	♍ 2	15	28	♎ 11	24	♏ 6	18	♐ 0	12	24	♑ 6	17	29	♒ 11	23	♓ 5	16	♈ 1	14	28	♉ 12	26	♊ 11	26	♋ 12	27	♌ 12
☿	♐ 7	8	10	11	13	15	16	18	19	21	22	24	26	28	29	29 0	♑ 2	3	5	7	8	10	11	13	15	16	18	19	21	22	24
♀	♑ 2	3	4	5	7	8	9	10	12	13	14	15	17	18	19	20	22	23	24	25	27	28	29	29 0	♒ 2	3	4	5	6	8	9
♂	♏ 1	2	3	3	4	5	5	6	7	7	8	9	9	10	11	11	12	12	13	14	14	15	16	16	17	18	18	19	20	20	21

♃ 1: ♍ 1, 18 R: 1 ♄ 1: ♏ 25, 5: 26, 14: 27, 23: 28 ♅ 1 R: ♌ 2, 5: 1 ♆ 1: ♎ 29, 24 29 25: 0 ♏ 9 ♇ 1 R: ♌ 28

1956的行星位置

		1	2	3	4	5	6	7	8	9	10	11	12	13	14	15	16	17	18	19	20	21	22	23	24	25	26	27	28	29	30	31
1	☉	♑ 10	11	12	13	14	15	16	17	18	19	20	21	22	23	24	25	26	27	28	29	29 0	♒ 1	2	3	4	5	6	7	8	9	10
	☽	♌ 27	♍ 11	24	♎ 8	20	♏ 3	15	27	♐ 9	21	♑ 3	14	26	♒ 8	20	♓ 3	15	28	♈ 10	24	♉ 7	21	♊ 5	20	♋ 5	20	♌ 5	20	♍ 5	19	♎ 3
	☿	♑ 26	27	29	29 0	♒ 1	3	4	6	7	8	9	10	11	12	13	13	13	R 13	13	12	12	12	11	10	9	7	6	5	4	3	1
	♀	♒ 10	11	12	14	15	16	17	19	20	21	22	24	25	26	27	28	29 0	♓ 1	2	3	5	6	7	8	9	11	12	13	14	16	17
	♂	♏ 22	22	23	24	24	25	26	26	27	27	28	29	29	29 0	♐ 1	1	2	3	3	4	5	5	6	7	7	8	9	9	10	11	11

♃ 1R 4 18 0 19 27 / ♍ 1 0 29 ♌ 29 28　♄ 1 2 12 29 13 24 / ♏ 28 29 0 ♐ 0 1　♅ 1R 4 28 0 29 / ♌ 1 0 29 ♋ 29　♆ 1 / ♏ 0　♇ 1R 22 / ♌ 28 27

		1	2	3	4	5	6	7	8	9	10	11	12	13	14	15	16	17	18	19	20	21	22	23	24	25	26	27	28	29	30	31
2	☉	♒ 11	12	13	14	15	16	17	18	19	20	21	22	23	24	25	26	27	28	29 0	♓ 0	1	2	3	4	5	6	7	8	9		
	☽	♎ 16	29	♏ 12	24	♐ 6	18	29	♑ 11	23	♒ 5	17	29	♓ 12	25	♈ 7	21	♉ 4	17	♊ 1	15	29	♋ 14	29	♌ 13	28	♍ 12	27	♎ 11	24		
	☿	♒ R 0	29	29	28	28	27	27	D 27	27	27	28	28	29	29 0	♒ 0	1	1	2	3	4	5	6	7	8	9	10	12	13	14		
	♀	♓ 18	19	20	21	23	24	25	26	28	29 0	♈ 0	1	2	3	5	6	7	8	10	11	12	13	14	15	17	18	19	20	21		
	♂	♐ 12	13	13	14	15	15	16	17	17	18	18	19	20	20	21	22	22	23	24	24	25	26	25	27	28	28	29	29 0	♑ 0		

♃ 1R 4 12 28 27 / ♌ 28 27 26 25 24　♄ 1 18 / ♐ 1 2　♅ 1R 22 / ♋ 29 28　♆ 1R / ♏ 0　♇ 1R / ♌ 27

		1	2	3	4	5	6	7	8	9	10	11	12	13	14	15	16	17	18	19	20	21	22	23	24	25	26	27	28	29	30	31
3	☉	♓ 10	11	12	13	14	15	16	17	18	19	20	21	22	23	24	25	26	27	28	29 0	♈ 0	1	2	3	4	5	6	7	8	9	10
	☽	♏ 7	20	♐ 2	14	26	♑ 7	19	♒ 1	13	25	♓ 8	21	♈ 4	17	♉ 1	14	28	♊ 12	26	♋ 10	24	♌ 8	23	♍ 7	21	♎ 5	19	♏ 2	15	17	♐ 10
	☿	♒ 16	17	18	20	21	23	24	25	27	28	29 0	♓ 1	3	5	6	8	10	11	13	15	16	18	20	22	23	25	27	29 0	♈ 1	3	5
	♀	♈ 22	24	25	26	27	28	29	29 0	♉ 2	3	4	5	6	7	8	10	11	12	13	14	15	16	17	18	19	21	22	23	24	25	26
	♂	♑ 1	2	2	3	4	4	5	6	6	7	7	8	9	9	10	11	11	12	13	13	14	15	15	16	17	17	18	19	19	20	21

♃ 1R 7 16 30 / ♌ 4 23 22 21　♄ 1 12R / ♐ 2 2　♅ 1R / ♋ 28　♆ 1R 11 0 12 / ♏ 0 29 ♎ 29　♇ 1R 3 / ♌ 27 26

		1	2	3	4	5	6	7	8	9	10	11	12	13	14	15	16	17	18	19	20	21	22	23	24	25	26	27	28	29	30	31
4	☉	♈ 11	12	13	14	15	16	17	18	19	20	21	22	23	24	25	26	27	28	29	29 0	♉ 1	2	3	4	5	6	7	8	9	10	
	☽	♐ 22	♑ 3	15	27	♒ 9	21	♓ 4	16	29	♈ 13	26	♉ 10	24	♊ 8	23	♋ 7	21	♌ 5	19	♍ 3	17	♎ 1	14	27	♏ 10	23	♐ 5	17	29	♑ 11	
	☿	♈ 7	9	11	13	15	17	19	21	23	25	27	29 0	♉ 1	4	6	8	10	12	13	15	17	19	21	22	24	25	27	28	29 0	♊ 1	
	♀	♉ 27	28	29	29 0	♊ 1	2	3	4	5	6	7	8	9	10	11	12	13	14	15	16	17	17	18	19	20	21	22	23	23	24	
	♂	♑ 21	22	22	23	24	24	25	26	26	27	28	28	29	29 0	♒ 0	1	1	2	3	3	4	5	5	6	7	7	8	8	9	10	

♃ 1R 17D / ♌ 21 21　♄ 1R 12 29 / ♐ 2 1 0　♅ 1R 5D / ♋ 28 28　♆ 1R 20 / ♎ 29 28　♇ 1R / ♌ 26

		1	2	3	4	5	6	7	8	9	10	11	12	13	14	15	16	17	18	19	20	21	22	23	24	25	26	27	28	29	30	31
5	☉	♉ 11	12	13	13	14	15	16	17	18	19	20	21	22	23	24	25	26	27	28	29	29 0	♊ 1	2	3	4	5	6	7	8	9	9
	☽	♑ 23	♒ 5	17	29	♓ 12	24	♈ 7	21	♉ 5	19	♊ 3	18	♋ 3	17	♌ 2	16	♍ 0	14	27	♎ 11	24	♏ 7	19	♐ 1	14	26	♑ 8	20	♒ 1	13	25
	☿	♊ 2	3	4	5	5	6	7	7	8	8	8	8	8	R 8	8	8	8	8	7	7	6	6	5	5	4	4	3	3	2	2	1
	♀	♊ 25	26	27	27	28	29	29	29 0	♋ 1	1	2	3	3	4	4	5	5	6	6	7	7	7	7	8	8	8	8	8	8	8	R 9
	♂	♒ 10	11	12	12	13	13	14	15	15	16	16	17	18	18	19	19	20	21	21	22	22	23	24	24	25	25	26	27	27	28	28

♃ 1 5 19 29 / ♌ 21 22 23 24　♄ 1R 14 0 15 27 / ♐ 0 29 ♏ 29 28　♅ 1 17 / ♋ 28 29　♆ 1R / ♎ 28　♇ 1R 7D / ♌ 26 25

		1	2	3	4	5	6	7	8	9	10	11	12	13	14	15	16	17	18	19	20	21	22	23	24	25	26	27	28	29	30	31
6	☉	♊ 10	11	12	13	14	15	16	17	18	19	20	21	22	23	24	25	26	27	28	29	29 0	♋ 1	1	2	3	4	5	6	7	9	
	☽	♓ 7	20	♈ 2	16	29	♉ 13	27	♊ 12	27	♋ 12	27	♌ 12	25	♍ 10	24	♎ 8	21	♏ 4	16	28	♐ 10	23	♑ 4	16	28	♒ 10	22	♓ 4	16	28	
	☿	♊ R 1	0	0	0	0	0	D 0	0	0	0	1	1	2	2	3	3	4	5	6	6	7	8	10	11	12	13	15	16	17	19	
	♀	♋ R 8	8	8	8	8	8	7	7	7	6	6	6	5	5	4	4	3	2	2	1	1	0	0 29	♊ 29	28	27	27	26	26	25	
	♂	♒ 29	29	29 0	♓ 0	1	2	2	3	3	4	4	5	5	6	6	7	7	8	8	9	9	10	10	11	11	12	12	13	13	13	

♃ 1 6 13 20 26 / ♌ 24 25 26 27 28　♄ 1R 11 27 / ♏ 28 27 26　♅ 1 9 29 10 28 / ♋ 29 0 ♌ 0 1　♆ 1R / ♎ 27　♇ 1 / ♌ 26

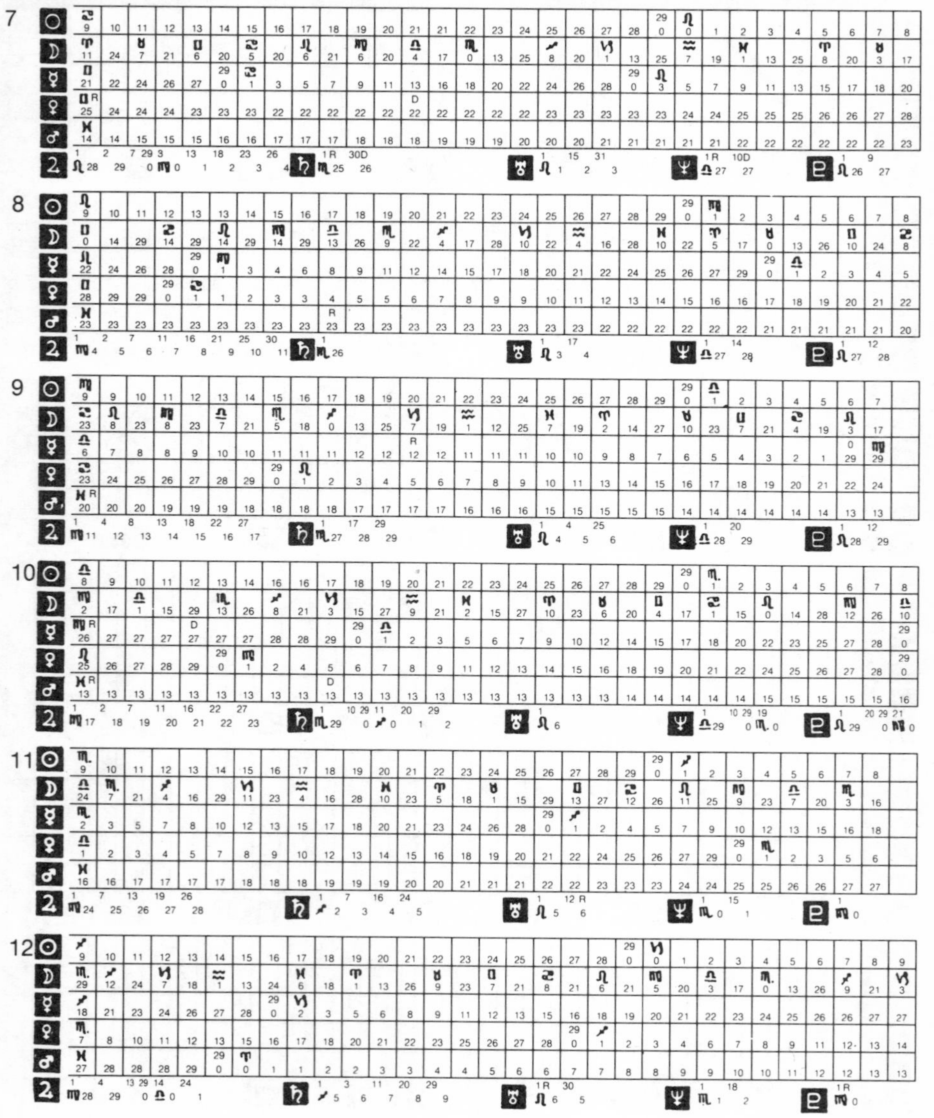

7

	1	2	3	4	5	6	7	8	9	10	11	12	13	14	15	16	17	18	19	20	21	22	23	24	25	26	27	28	29	30	31
☉	♋ 9	10	11	12	13	14	15	16	17	18	19	20	21	21	22	23	24	25	26	27	28	29 0	♌ 0	1	2	3	4	5	6	7	8
☽	♈ 11	24	♉ 7	21	♊ 6	20	♋ 5	20	♌ 6	21	♍ 6	20	♎ 4	17	♏ 0	13	25	♐ 8	20	♑ 1	13	25	♒ 7	19	♓ 1	13	25	♈ 8	20	♉ 3	17
☿	♊ 21	22	24	26	27	29 0	♋ 1	3	5	7	9	11	13	16	18	20	22	24	26	28	29 0	♌ 3	5	7	9	11	13	15	17	18	20
♀	♊ R 25	24	24	24	23	23	23	22	22	22	22	22	D 22	22	22	22	22	23	23	23	23	23	24	24	25	25	25	26	26	27	28
♂	♓ 14	14	15	15	15	16	16	17	17	17	18	18	18	19	19	19	20	20	20	21	21	21	21	21	22	22	22	22	22	22	23

♃ 1 2 7 29 3 13 18 23 26 / ♌ 28 29 0 ♍ 0 1 2 3 4
♄ 1R 30D / ♏ 25 26
♅ 1 15 31 / ♌ 1 2 3
♆ 1R 10D / ♎ 27 27
♇ 1 9 / ♌ 26 27

8

	1	2	3	4	5	6	7	8	9	10	11	12	13	14	15	16	17	18	19	20	21	22	23	24	25	26	27	28	29	30	31
☉	♌ 9	10	11	12	13	13	14	15	16	17	18	19	20	21	22	23	24	25	26	27	28	29	29 0	♍ 1	2	3	4	5	6	7	8
☽	♊ 0	14	29	♋ 14	29	♌ 14	29	♍ 14	29	♎ 13	26	♏ 9	22	♐ 4	17	28	♑ 10	22	♒ 4	16	28	♓ 10	22	♈ 5	17	♉ 0	13	26	♊ 10	24	♋ 8
☿	♌ 22	24	26	28	29 0	♍ 1	3	4	6	8	9	11	12	14	15	17	18	20	21	22	24	25	26	27	29	29 0	♎ 1	2	3	4	5
♀	♊ 28	29	29	29 0	♋ 1	1	2	3	3	4	5	5	6	7	8	9	9	10	11	12	13	14	15	16	16	17	18	19	20	21	22
♂	♓ 23	23	23	23	23	23	23	23	23	R 23	23	23	23	23	23	23	23	23	23	22	22	22	22	22	22	21	21	21	21	21	20

♃ 1 2 7 11 16 21 25 30 / ♍ 4 5 6 7 8 9 10 11
♄ 1 / ♏ 26
♅ 1 17 / ♌ 3 4
♆ 1 14 / ♎ 27 28
♇ 1 12 / ♌ 27 28

9

	1	2	3	4	5	6	7	8	9	10	11	12	13	14	15	16	17	18	19	20	21	22	23	24	25	26	27	28	29	30
☉	♍ 9	9	10	11	12	13	14	15	16	17	18	19	20	21	22	23	24	25	26	27	28	29	29 0	♎ 1	2	3	4	5	6	7
☽	♋ 23	♌ 8	23	♍ 8	23	♎ 7	21	♏ 5	18	♐ 0	13	25	♑ 7	19	♒ 1	12	25	♓ 7	19	♈ 2	14	27	♉ 10	23	♊ 7	21	♋ 4	19	♌ 3	17
☿	♎ 6	7	8	8	9	10	10	11	11	11	12	12	R 12	12	11	11	11	10	10	9	8	7	6	5	4	3	2	1	0 29	♍ 29
♀	♋ 23	24	25	26	27	28	29	29 0	♌ 1	2	3	4	5	6	7	8	9	10	11	13	14	15	16	17	18	19	20	21	22	24
♂	♓ R 20	20	20	19	19	19	18	18	18	18	17	17	17	17	16	16	16	15	15	15	15	15	15	14	14	14	14	14	13	13

♃ 1 4 8 13 18 22 27 / ♍ 11 12 13 14 15 16 17
♄ 1 17 29 / ♏ 27 28 29
♅ 1 4 25 / ♌ 4 5 6
♆ 1 20 / ♎ 28 29
♇ 1 12 / ♌ 28 29

10

	1	2	3	4	5	6	7	8	9	10	11	12	13	14	15	16	17	18	19	20	21	22	23	24	25	26	27	28	29	30	31
☉	♎ 8	9	10	11	12	13	14	16	16	17	18	19	20	21	22	23	24	25	26	27	28	29	29 0	♏ 1	2	3	4	5	6	7	8
☽	♍ 2	17	♎ 1	15	29	♏ 13	26	♐ 8	21	♑ 3	15	27	♒ 9	21	♓ 2	15	27	♈ 10	23	♉ 6	20	♊ 4	17	♋ 1	15	♌ 0	14	28	♍ 12	26	♎ 10
☿	♍ R 26	27	27	27	D 27	27	27	28	28	29	29 0	♎ 1	2	3	5	6	7	9	10	12	14	15	17	18	20	22	23	25	27	28	29 0
♀	♌ 25	26	27	28	29	29 0	♍ 1	2	4	5	6	7	8	9	11	12	13	14	15	16	18	19	20	21	22	24	25	26	27	28	29 0
♂	♓ R 13	13	13	13	13	13	13	13	13	D 13	13	13	13	13	13	13	13	13	13	13	14	14	14	14	14	15	15	15	15	15	16

♃ 1 2 7 11 16 22 27 / ♍ 17 18 19 20 21 22 23
♄ 1 10 29 11 20 29 / ♏ 29 0 ♐ 0 1 2
♅ 1 / ♌ 6
♆ 1 10 29 19 / ♎ 29 0 ♏ 0
♇ 1 20 29 21 / ♌ 29 0 ♍ 0

11

	1	2	3	4	5	6	7	8	9	10	11	12	13	14	15	16	17	18	19	20	21	22	23	24	25	26	27	28	29	30
☉	♏ 9	10	11	12	13	14	15	16	17	18	19	20	21	22	23	24	25	26	27	28	29	29 0	♐ 1	2	3	4	5	6	7	8
☽	♎ 24	♏ 7	21	♐ 4	16	29	♑ 11	23	♒ 4	16	28	♓ 10	23	♈ 5	18	♉ 1	15	29	♊ 13	27	♋ 12	26	♌ 11	25	♍ 9	23	♎ 7	20	♏ 3	16
☿	♏ 2	3	5	7	8	10	12	13	15	17	18	20	21	23	24	26	28	29 0	♐ 1	2	4	5	7	9	10	12	13	15	16	18
♀	♎ 1	2	3	4	5	7	8	9	10	12	13	14	15	16	18	19	20	21	22	24	25	26	27	29	29 0	♏ 1	2	3	5	6
♂	♓ 16	16	17	17	17	17	18	18	18	19	19	19	20	20	21	21	21	22	22	23	23	23	24	24	25	25	26	26	27	27

♃ 1 7 13 19 26 / ♍ 24 25 26 27 28
♄ 1 7 16 24 / ♐ 2 3 4 5
♅ 1 12R / ♌ 5 6
♆ 1 15 / ♏ 0 1
♇ 1 / ♍ 0

12

	1	2	3	4	5	6	7	8	9	10	11	12	13	14	15	16	17	18	19	20	21	22	23	24	25	26	27	28	29	30	31
☉	♐ 9	10	11	12	13	14	15	16	17	18	19	20	21	22	23	24	25	26	27	28	29 0	♑ 0	1	2	3	4	5	6	7	8	9
☽	♏ 29	♐ 12	24	♑ 7	18	♒ 1	13	24	♓ 6	18	♈ 1	13	26	♉ 9	23	♊ 7	21	♋ 8	21	♌ 6	21	♍ 5	20	♎ 3	17	♏ 0	13	26	♐ 9	21	♑ 3
☿	♐ 18	21	23	24	26	27	28	29 0	♑ 2	3	5	6	8	9	11	12	13	15	16	18	19	20	21	22	23	24	25	26	26	27	27
♀	♏ 7	8	10	11	12	13	15	16	17	18	20	21	22	23	25	26	27	28	29 0	♐ 1	2	3	4	6	7	8	9	11	12	13	14
♂	♓ 27	28	28	28	29	29 0	♈ 0	1	1	2	2	3	3	4	4	5	6	6	7	7	8	8	9	9	10	10	11	12	12	13	13

♃ 1 4 13 29 14 24 / ♍ 28 29 0 ♎ 0 1
♄ 1 3 11 20 29 / ♐ 5 6 7 8 9
♅ 1R 30 / ♌ 6 5
♆ 1 18 / ♏ 1 2
♇ 1R / ♍ 0

1957的行星位置

1

	1	2	3	4	5	6	7	8	9	10	11	12	13	14	15	16	17	18	19	20	21	22	23	24	25	26	27	28	29	30	31
☉	♑ 10	11	12	13	14	15	16	17	18	20	21	22	23	24	25	26	27	28	29	29 0	♒ 1	2	3	4	5	6	7	8	9	10	11
☽	♑ 15	27	♒ 9	21	♓ 3	15	27	♈ 9	21	♉ 4	17	♊ 1	15	29	♋ 14	29	♌ 15	♍ 0	14	29	♎ 13	27	♏ 10	23	♐ 6	18	♑ 0	12	24	♒ 6	18
☿	♑ R 27	27	26	26	25	24	24	22	21	20	18	17	16	15	14	13	12	11	11	11	D 11	11	11	12	12	12	13	14	14	15	16
♀	♐ 16	17	18	19	21	22	23	24	28	27	28	29 0	♑ 1	2	3	4	6	7	8	9	11	12	13	14	16	17	18	19	21	22	23
♂	♈ 14	14	15	16	16	17	17	18	18	19	20	20	21	21	22	23	23	24	24	25	26	26	27	27	28	29	29	29 0	♉ 0	1	2

♃	♄	♅	♆	♇
1 1R ♎ 1 1	1 7 17 28 ♐ 9 10 11 12	1R 23 ♌ 5 4	1 ♏ 2	1R 15 0 16 ♍ 0 29 ♌ 29

2

	1	2	3	4	5	6	7	8	9	10	11	12	13	14	15	16	17	18	19	20	21	22	23	24	25	26	27	28	29	30	31
☉	♒ 12	13	14	15	16	17	18	19	20	21	22	23	24	25	26	27	28	29 0	♓ 0	1	2	3	4	5	6	7	8	9			
☽	♓ 0	12	23	♈ 6	18	♉ 0	13	26	♊ 9	23	♋ 7	22	♌ 7	23	♍ 8	23	♎ 8	22	♏ 5	19	♐ 2	15	27	♑ 9	21	♒ 3	15	27			
☿	♑ 17	18	19	20	21	22	23	25	26	27	28	29 0	♒ 1	2	4	5	7	8	9	11	12	14	15	17	19	20	22	23			
♀	♑ 24	26	27	28	29 0	♒ 1	2	3	4	6	7	8	9	11	12	13	14	16	17	18	19	21	22	23	24	26	27	28			
♂	♉ 2	3	3	4	5	5	6	7	7	8	8	9	10	10	11	11	12	13	13	14	15	15	16	16	17	18	18	19			

♃	♄	♅	♆	♇
1R 7 19 0 20 ♎ 1 0 29 ♍ 29	1 11 ♐ 12 13	1R 16 ♌ 4 3	1 2R ♏ 2 2	1R 26 ♌ 29 28

3

	1	2	3	4	5	6	7	8	9	10	11	12	13	14	15	16	17	18	19	20	21	22	23	24	25	26	27	28	29	30	31
☉	♓ 10	11	12	13	14	15	16	17	18	19	20	21	22	23	24	25	26	27	28	29 0	♈ 0	1	2	3	4	5	6	7	8	9	10
☽	♓ 9	21	♈ 3	15	27	♉ 10	22	♊ 5	19	♋ 2	16	♌ 1	16	♍ 1	16	♎ 1	16	♏ 0	14	28	♐ 11	23	♑ 6	18	♒ 0	12	23	♓ 5	17	29	♈ 12
☿	♒ 26	27	28	29 0	♓ 2	3	5	7	9	10	12	14	16	18	20	21	23	25	27	29 0	♈ 1	3	5	7	9	11	13	15	17	19	21
♀	29 0	♓ 1	2	3	4	6	7	8	9	11	12	13	14	16	17	18	19	21	22	23	24	26	27	28	29 0	♈ 2	3	4	6	7	7
♂	♉ 20	20	21	21	22	23	23	24	25	25	26	26	27	28	28	29	29 0	♊ 0	1	1	2	3	3	4	5	5	6	7	7	8	8

♃	♄	♅	♆	♇
1R 8 16 24 ♍ 28 27 26 25	1 4 23R ♐ 13 14 14	1R 23 ♌ 3 2	1R 22 ♏ 2 1	1R ♌ 28

4

	1	2	3	4	5	6	7	8	9	10	11	12	13	14	15	16	17	18	19	20	21	22	23	24	25	26	27	28	29	30	31
☉	♈ 11	12	13	14	15	16	17	18	19	20	21	22	23	24	25	26	27	28	29	29 0	♉ 1	2	3	4	5	5	6	7	8	9	
☽	♈ 24	♉ 6	19	♊ 2	15	28	♋ 13	17	♌ 11	25	♍ 10	25	♎ 10	24	♏ 8	22	♐ 6	19	♑ 1	14	26	♒ 8	20	♓ 2	14	26	♈ 8	20	♉ 3	16	
☿	♈ 23	25	27	29 0	♉ 1	2	4	6	7	9	10	11	13	14	15	16	16	17	18	18	19	19	19	19	R 19	19	19	18	18	18	
♀	♈ 8	9	10	12	13	14	15	17	18	19	20	22	23	24	25	27	28	29	29 0	♉ 2	3	4	5	6	8	9	10	11	13	14	
♂	♊ 9	10	10	11	12	12	13	13	14	15	15	16	17	17	18	18	19	20	20	21	22	22	23	23	24	26	26	26	27	27	

♃	♄	♅	♆	♇
1R 10 21 ♍ 24 23 22	1R 12 ♐ 14 13	1R 10D 27 ♌ 2 2 3	1R 30 ♏ 1 0	1R 22 ♌ 28 27

5

	1	2	3	4	5	6	7	8	9	10	11	12	13	14	15	16	17	18	19	20	21	22	23	24	25	26	27	28	29	30	31
☉	♉ 10	11	12	13	14	15	16	17	18	19	20	21	22	23	24	25	26	27	28	29	29 0	♊ 1	2	3	3	4	5	6	7	8	9
☽	♉ 29	♊ 12	26	♋ 10	23	♌ 8	22	♍ 6	20	♎ 5	19	♏ 3	17	♐ 0	14	27	♑ 9	22	♒ 4	16	28	♓ 10	22	♈ 4	16	28	♉ 11	24	♊ 8	22	♋ 6
☿	♉ R 17	16	16	15	15	14	14	13	12	12	11	11	10	10	10	10	10	10	D 10	10	10	10	10	11	11	12	12	13	14	15	15
♀	♉ 15	16	18	19	20	21	23	24	25	26	27	29	29 0	♊ 1	2	4	5	6	7	9	10	11	12	13	15	16	17	18	20	21	22
♂	♊ 28	29	29	29 0	♋ 0	1	2	2	3	4	4	5	5	6	7	7	8	9	9	10	10	11	12	12	13	14	14	15	15	16	17

♃	♄	♅	♆	♇
1R 8 19D 29 ♍ 22 21 21 22	1R 4 19 ♐ 13 12 11	1 31 ♌ 3 4	1R ♏ 0	1R 9D 27 ♌ 27 27 28

6

	1	2	3	4	5	6	7	8	9	10	11	12	13	14	15	16	17	18	19	20	21	22	23	24	25	26	27	28	29	30	31
☉	♊ 10	11	12	13	14	15	16	17	18	19	20	21	22	23	24	25	26	26	27	28	29 0	♋ 0	1	2	3	4	5	6	7	8	
☽	♋ 20	♌ 4	19	♍ 3	17	♎ 1	15	29	♏ 12	26	♐ 9	22	♑ 5	17	♒ 0	12	24	♓ 6	18	29	♈ 12	24	♉ 6	19	♊ 3	16	♋ 0	15	29	♌ 14	
☿	♉ 16	17	18	19	20	22	23	24	25	27	28	29 0	♊ 1	3	4	6	8	10	11	13	15	17	19	21	23	25	27	29 0	♋ 2	4	
♀	♊ 23	24	26	27	28	29 0	♋ 1	2	3	4	5	7	8	9	10	12	13	14	15	16	18	19	20	21	23	24	25	26	27	29	
♂	♋ 17	18	19	19	20	20	21	22	22	23	24	24	25	25	26	27	27	28	29	29	29 0	♌ 0	1	2	2	3	4	4	5	5	

♃	♄	♅	♆	♇
1 16 26 ♍ 22 23 24	1R 15 30 ♐ 10 9 8	1 21 ♌ 4 5	1R 16 0 17 ♏ 0 29 ♎ 29	1 ♌ 28

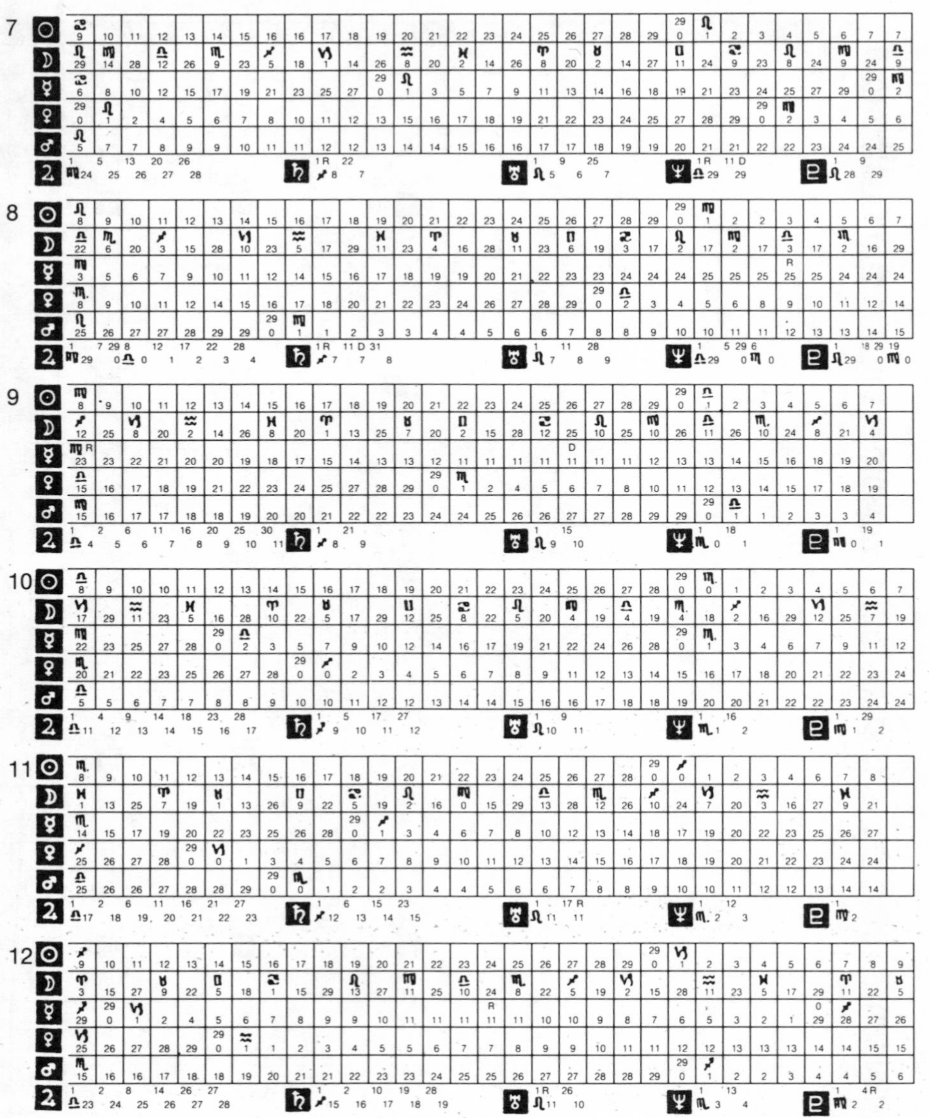

7

	1	2	3	4	5	6	7	8	9	10	11	12	13	14	15	16	17	18	19	20	21	22	23	24	25	26	27	28	29	30	31
☉	♋ 9	10	11	12	13	14	15	16	16	17	18	19	20	21	22	23	24	25	26	27	28	29	29 0	♌ 1	2	3	4	5	6	7	7
☽	♌ 29	♍ 14	28	♎ 12	26	♏ 9	23	♐ 5	18	♑ 1	14	26	♒ 8	20	♓ 2	14	26	♈ 8	20	♉ 2	14	27	♊ 11	24	♋ 9	23	♌ 8	24	♍ 9	24	♎ 9
☿	♋ 6	8	10	12	15	17	19	21	23	25	27	29 0	♌ 1	3	5	7	9	11	13	14	16	18	19	21	23	24	25	27	29	29 0	♍ 2
♀	29 0	♌ 1	2	4	5	6	7	8	10	11	12	13	15	16	17	18	19	21	22	23	24	25	27	28	29	29 0	♍ 2	3	4	5	6
♂	♌ 5	7	7	8	9	9	10	11	11	12	12	13	14	14	15	16	16	17	17	18	19	19	20	21	21	22	22	23	24	24	25

♃ 1 5 13 20 26 / ♍24 25 26 27 28 — ♄ 1R 22 / ♐8 7 — ♅ 1 9 25 / ♌5 6 7 — ♆ 1R 11D / ♎29 29 — ♇ 1 9 / ♌28 29

8

	1	2	3	4	5	6	7	8	9	10	11	12	13	14	15	16	17	18	19	20	21	22	23	24	25	26	27	28	29	30	31
☉	♌ 8	9	10	11	12	13	14	15	16	17	18	19	20	21	22	23	24	25	26	27	28	29	29 0	♍ 1	2	2	3	4	5	6	7
☽	♎ 22	♏ 6	20	♐ 3	15	28	♑ 10	23	♒ 5	17	29	♓ 11	23	♈ 4	16	28	♉ 11	23	♊ 6	19	♋ 3	17	♌ 2	17	♍ 2	17	♎ 3	17	♏ 2	16	29
☿	♍ 3	5	6	7	9	10	11	12	14	15	16	17	18	19	19	20	21	22	23	23	24	24	24	25	25	25	R 25	25	24	24	24
♀	♍ 8	9	10	11	12	14	15	16	17	18	20	21	22	23	24	26	27	28	29	29 0	♎ 2	3	4	5	6	8	9	10	11	12	14
♂	♌ 25	26	27	27	28	29	29	29 0	♍ 1	1	2	3	3	4	4	5	6	6	7	8	8	9	10	10	11	11	12	13	13	14	15

♃ 1 7 29 8 12 17 22 28 / ♍29 0♎ 0 1 2 3 4 — ♄ 1R 11D 31 / ♐7 7 8 — ♅ 1 11 28 / ♌7 8 9 — ♆ 1 5 29 6 / ♎29 0♏ 0 — ♇ 1 18 29 19 / ♌29 0♍ 0

9

	1	2	3	4	5	6	7	8	9	10	11	12	13	14	15	16	17	18	19	20	21	22	23	24	25	26	27	28	29	30	31
☉	♍ 8	9	10	11	12	13	14	15	16	17	18	19	20	21	22	23	24	25	26	27	28	29	29 0	♎ 1	2	3	4	5	6	7	
☽	♐ 12	25	♑ 8	20	♒ 2	14	26	♓ 8	20	♈ 1	13	25	♉ 7	20	♊ 2	15	28	♋ 12	25	♌ 10	25	♍ 10	26	♎ 11	26	♏ 10	24	♐ 8	21	♑ 4	
☿	♍ R 23	23	22	21	20	20	19	18	17	15	14	13	13	12	11	11	11	11	D 11	11	11	12	13	13	14	15	16	18	19	20	
♀	♎ 15	16	17	18	19	21	22	23	24	25	27	28	29	29 0	♏ 1	2	4	5	6	7	8	10	11	12	13	14	15	17	18	19	
♂	♍ 15	16	17	17	18	18	19	20	20	21	22	22	23	24	24	25	26	26	27	27	28	29	29	29 0	♎ 1	1	2	3	3	4	

♃ 1 2 6 11 16 20 25 30 / ♎4 5 6 7 8 9 10 11 — ♄ 1 21 / ♐8 9 — ♅ 1 15 / ♌9 10 — ♆ 1 18 / ♏0 1 — ♇ 1 19 / ♍0 1

10

	1	2	3	4	5	6	7	8	9	10	11	12	13	14	15	16	17	18	19	20	21	22	23	24	25	26	27	28	29	30	31
☉	♎ 8	9	10	10	11	12	13	14	15	16	17	18	19	20	21	22	23	24	25	26	27	28	29 0	♏ 0	1	2	3	4	5	6	7
☽	♑ 17	29	♒ 11	23	♓ 5	16	28	♈ 10	22	♉ 5	17	29	♊ 12	25	♋ 8	22	♌ 5	20	♍ 4	19	♎ 4	19	♏ 4	18	♐ 2	16	29	♑ 12	25	♒ 7	19
☿	♍ 22	23	25	27	28	29 0	♎ 2	3	5	7	9	10	12	14	16	17	19	21	22	24	26	28	29 0	♏ 1	3	4	6	7	9	11	12
♀	♏ 20	21	22	23	25	26	27	28	29 0	♐ 0	2	3	4	5	6	7	8	9	11	12	13	14	15	16	17	18	20	21	22	23	24
♂	♎ 5	5	6	7	7	8	8	9	10	10	11	12	12	13	14	14	15	16	16	17	18	18	19	20	20	21	22	22	23	24	24

♃ 1 4 9 14 18 23 28 / ♎11 12 13 14 15 16 17 — ♄ 1 5 17 27 / ♐9 10 11 12 — ♅ 1 9 / ♌10 11 — ♆ 1 16 / ♏1 2 — ♇ 1 29 / ♍1 2

11

	1	2	3	4	5	6	7	8	9	10	11	12	13	14	15	16	17	18	19	20	21	22	23	24	25	26	27	28	29	30	31
☉	♏ 8	9	10	11	12	13	14	15	16	17	18	19	20	21	22	23	24	25	26	27	28	29 0	♐ 0	1	2	3	4	6	7	8	
☽	♓ 1	13	25	♈ 7	19	♉ 1	13	26	♊ 9	22	♋ 5	19	♌ 2	16	♍ 0	15	29	♎ 13	28	♏ 12	26	♐ 10	24	♑ 7	20	♒ 3	16	27	♓ 9	21	
☿	♏ 14	15	17	19	20	22	23	25	26	28	29 0	♐ 1	3	4	6	7	8	10	12	13	14	18	17	19	20	22	23	25	26	27	
♀	♐ 25	26	27	28	29 0	♑ 0	1	3	4	5	6	7	8	9	10	11	12	13	14	15	16	17	18	19	20	21	22	23	24	24	
♂	♎ 25	26	26	27	28	28	29	29 0	♏ 0	1	2	2	3	4	4	5	6	6	7	8	8	9	10	10	11	12	12	13	14	14	

♃ 1 2 6 11 16 21 27 / ♎17 18 19 20 21 22 23 — ♄ 1 6 15 23 / ♐12 13 14 15 — ♅ 1 17R / ♌11 11 — ♆ 1 12 / ♏2 3 — ♇ 1 / ♍2

12

	1	2	3	4	5	6	7	8	9	10	11	12	13	14	15	16	17	18	19	20	21	22	23	24	25	26	27	28	29	30	31
☉	♐ 9	10	11	12	13	14	15	16	17	18	19	20	21	22	23	24	25	26	27	28	29	29 0	♑ 1	2	3	4	5	6	7	8	9
☽	♈ 3	15	27	♉ 9	22	♊ 5	18	♋ 1	15	29	♌ 13	27	♍ 11	25	♎ 10	24	♏ 8	22	♐ 5	19	♑ 2	15	28	♒ 11	23	♓ 5	17	29	♈ 11	22	♉ 5
☿	♐ 29	29 0	♑ 1	2	4	5	6	7	8	9	9	10	11	11	11	R 11	11	10	10	9	8	7	6	5	3	2	1	0 29	♐ 28	27	26
♀	♑ 25	26	27	28	29	29 0	♒ 1	1	2	3	4	5	5	6	7	7	8	9	9	10	11	11	12	12	13	13	13	14	14	15	15
♂	♏ 15	16	16	17	18	18	19	20	21	21	22	23	23	24	25	25	26	27	27	28	28	29	29 0	♐ 1	2	2	3	4	4	5	6

♃ 1 2 8 14 26 27 / ♎23 24 25 26 27 28 — ♄ 1 2 10 19 28 / ♐15 16 17 18 19 — ♅ 1R 26 / ♌11 10 — ♆ 1 13 / ♏3 4 — ♇ 1 4R / ♍2 2

1958的行星位置

1

	1	2	3	4	5	6	7	8	9	10	11	12	13	14	15	16	17	18	19	20	21	22	23	24	25	26	27	28	29	30	31
☉	♑ 10	11	12	13	14	15	16	17	18	19	20	21	22	23	24	25	26	27	28	29 0	♒ 0	1	2	4	5	6	7	8	9	10	11
☽	♉ 17	♊ 0	13	26	♋ 10	24	♌ 9	23	♍ 8	22	♎ 6	21	♏ 4	18	♐ 2	15	28	♑ 11	24	♒ 6	19	♓ 1	13	25	♈ 7	18	♉ 0	12	25	♊ 7	20
☿	♐ 26	25	25	25	D 25	25	25	26	26	27	27	28	29	29 0	♑ 1	2	3	4	5	6	8	9	10	11	13	14	15	17	18	19	21
♀	♒ 15	15	15	15	16	16	16	R 16	16	16	15	15	15	15	15	14	14	13	13	13	12	11	11	10	10	9	8	8	7	7	6
♂	♐ 6	7	8	8	9	10	11	11	12	13	13	14	15	15	16	17	18	18	19	20	20	21	22	23	23	24	25	25	26	27	28

♃ 1 4 13 29 14 25 / ♎28 29 0 ♏0 1　　♄ 1 5 15 25 / ♐19 20 21 22　　♅ 1R 21 / ♌10 9　　♆ 1 / ♏4　　♇ 1R 10 / ♍2 1

2

	1	2	3	4	5	6	7	8	9	10	11	12	13	14	15	16	17	18	19	20	21	22	23	24	25	26	27	28	29	30	31
☉	♒ 12	13	14	15	16	17	18	19	20	21	22	23	24	25	26	27	28	29	29 0	♓ 1	2	3	4	5	6	7	8	9			
☽	♋ 4	18	♌ 2	17	♍ 2	17	♎ 2	17	♏ 1	15	29	♐ 12	25	♑ 8	21	♒ 3	15	27	♓ 10	21	♈ 3	15	27	♉ 9	21	♊ 3	16	29			
☿	♑ 22	24	25	27	28	29 0	♒ 1	3	4	6	7	9	11	12	14	15	17	19	20	22	24	26	27	29 0	♓ 1	3	5	6			
♀	♒ R 5	5	4	4	3	3	2	2	2	1	1	1	1	0	0	0	0	D 0	0	0	0	1	1	1	1	2	2	2			
♂	♐ 28	29	29 0	♑ 0	1	2	3	3	4	5	5	6	7	8	8	9	10	10	11	12	13	13	14	15	15	16	17	18			

♃ 1 15R / ♏1 1　　♄ 1 4 17 / ♐22 23 24　　♅ 1R 13 / ♌9 8　　♆ 1R / ♏4　　♇ 1R 23 / ♍1 0

3

	1	2	3	4	5	6	7	8	9	10	11	12	13	14	15	16	17	18	19	20	21	22	23	24	25	26	27	28	29	30	31
☉	♓ 10	11	12	13	14	15	16	17	18	19	20	21	22	23	24	25	26	27	28	29	29 0	♈ 1	2	3	4	5	6	7	8	9	10
☽	♋ 12	26	♌ 10	25	♍ 10	26	♎ 11	26	♏ 10	25	♐ 8	22	♑ 5	18	♒ 0	12	24	♓ 6	18	♈ 0	12	24	♉ 6	18	♊ 0	12	25	♋ 7	21	♌ 5	19
☿	♓ 8	10	12	14	16	18	20	22	24	26	28	29 0	♈ 1	3	5	6	9	11	13	14	16	18	19	21	22	24	25	26	27	28	29
♀	♒ 3	3	4	4	5	5	6	6	7	7	8	9	9	10	11	12	12	13	14	15	15	16	17	18	19	20	20	21	22	23	24
♂	♑ 18	19	20	21	21	22	23	23	24	25	26	26	27	28	29	29	29 0	♒ 1	1	2	3	4	4	5	6	7	7	8	9	10	10

♃ 1R 8 20 0 21 30 / ♏1 0 29 ♎29 28　　♄ 1 5 / ♐24 25　　♅ 1R 13 / ♌8 7　　♆ 1R / ♏4　　♇ 1R / ♍0

4

	1	2	3	4	5	6	7	8	9	10	11	12	13	14	15	16	17	18	19	20	21	22	23	24	25	26	27	28	29	30	31
☉	♈ 11	12	13	14	15	16	17	18	19	20	21	22	23	24	25	25	26	27	28	29 0	♉ 0	1	2	3	4	5	6	7	8	9	
☽	♍ 4	19	♎ 4	19	♏ 4	19	♐ 3	17	♑ 1	14	27	♒ 9	21	♓ 3	15	27	♈ 9	21	♉ 3	15	27	♊ 9	22	♋ 4	17	♌ 1	14	28	♍ 13	27	
☿	♈ 29	29 0	♉ 0	0	0	R 0	0	0	0	0 29	♈ 29	28	28	27	26	26	25	24	23	23	22	22	21	21	20	20	20	20	20	D 20	
♀	♒ 25	26	27	28	29	29 0	♓ 1	2	3	4	5	6	7	8	9	10	11	12	13	14	15	16	17	18	19	20	21	22	23	24	
♂	♒ 11	12	12	13	14	15	15	16	17	18	18	19	20	21	21	22	23	24	24	25	26	26	27	28	29	29	29 0	♓ 1	2	2	

♃ 1 7 15 23 / ♎28 27 26 25　　♄ 1 4R / ♐25 25　　♅ 1R 15D / ♌7 7　　♆ 1R 2 / ♏4 3　　♇ 1R 12 0 13 / ♍0 29 ♌29

5

	1	2	3	4	5	6	7	8	9	10	11	12	13	14	15	16	17	18	19	20	21	22	23	24	25	26	27	28	29	30	31
☉	♉ 10	11	12	13	14	15	16	17	18	19	20	21	22	23	24	25	26	27	28	28	29 0	♊ 0	1	2	3	4	5	6	7	8	9
☽	♎ 12	27	♏ 12	27	♐ 11	26	♑ 9	23	♒ 5	18	♓ 0	12	24	♈ 6	18	29	♉ 11	24	♊ 6	18	♋ 1	14	27	♌ 11	25	♍ 9	23	♎ 7	22	♏ 6	21
☿	♈ 20	20	20	21	21	21	22	22	23	24	25	25	26	27	28	29	29 0	♉ 1	3	4	5	6	8	9	11	12	14	15	17	18	20
♀	♓ 26	27	28	29	29 0	♈ 1	2	3	4	5	6	8	9	10	11	12	13	14	16	17	18	19	20	21	22	23	25	26	27	28	29
♂	♓ 3	4	5	5	6	7	7	8	9	10	10	11	12	13	13	14	15	16	16	17	18	18	19	20	21	21	22	23	24	24	25

♃ 1R 10 20 / ♎24 23 22　　♄ 1R 4 22 / ♐25 24 23　　♅ 1 17 / ♌7 8　　♆ 1R 9 / ♏3 2　　♇ 1R 11D / ♌29 29

6

	1	2	3	4	5	6	7	8	9	10	11	12	13	14	15	16	17	18	19	20	21	22	23	24	25	26	27	28	29	30	31
☉	♊ 10	11	12	13	14	15	16	17	18	19	20	21	21	22	23	24	25	26	27	28	29 0	♋ 0	1	2	3	4	5	6	7	8	
☽	♐ 5	20	♑ 4	17	♒ 1	14	26	♓ 8	20	♈ 2	14	26	♉ 8	20	♊ 2	15	28	♋ 11	24	♌ 8	22	♍ 5	19	♎ 4	18	♏ 2	16	♐ 0	14	28	
☿	♉ 22	24	26	28	29 0	♊ 1	3	5	7	9	11	13	15	18	20	22	24	26	29	29 1	♋ 4	6	9	10	12	14	16	18	20	22	
♀	29 0	♉ 2	3	4	5	6	7	8	9	11	12	13	14	15	17	18	19	20	21	23	24	25	26	27	28	29 0	♊ 1	2	3	4	
♂	♓ 26	26	27	28	29	29	29 0	♈ 1	1	2	3	4	4	5	6	6	7	8	9	9	10	11	11	12	13	13	14	15	15	16	

♃ 1R 6 19D / ♎12 21 21　　♄ 1R 5 19 / ♐23 22 21　　♅ 1 13 / ♌8 9　　♆ 1R / ♏2　　♇ 1 10 29 11 / ♌29 0 ♍0

7																														
☉	♋ 9	10	11	11	12	13	14	15	16	17	18	19	20	21	22	23	24	25	26	27	28	29	29 0	♌ 1	2	2	3	4	5	6	7
☽	♑ 12	26	♒ 9	22	♓ 4	16	20	♈ 10	22	♉ 4	16	28	♊ 10	23	♋ 6	20	♌ 4	18	♍ 2	16	♎ 0	15	29	♏ 13	27	♐ 11	24	♑ 8	21	♒ 4	17
☿	♋ 23	25	27	29 0	♌ 1	3	4	6	8	9	11	12	14	15	17	18	19	21	22	23	25	26	27	28	29	29 0	♍ 1	2	3	3	4
♀	♊ 5	7	8	9	10	11	12	13	15	16	17	18	19	21	22	23	24	25	27	28	29	29 0	♋ 1	3	4	5	6	7	9	10	11
♂	♈ 17	17	18	19	20	20	21	22	22	23	24	24	25	25	26	27	27	28	29	29	29 0	♉ 1	1	2	2	3	4	4	5	6	6

♃ (1, 2, 18, 28) ♎21 22 23 24 — ♄ (1R, 3, 20) ♐21 20 19 — ♅ (1, 3, 19) ♌9 10 11 — ♆ (1R, 14) ♏2 2 — ♇ (1, 24) ♍0 1

8																														
☉	♌ 8	9	10	11	12	13	14	15	16	17	18	19	20	21	22	23	24	25	25	26	27	28	29 0	♍ 0	1	2	3	4	5	6	7
☽	♓ 0	12	24	♈ 6	18	♉ 0	12	24	♊ 6	18	♋ 1	15	28	♌ 12	27	♍ 11	26	♎ 11	25	♏ 9	24	♐ 7	21	♑ 14	18	♒ 1	13	26	♓ 8	21	♈ 3
☿	♍ 5	5	6	6	7	7	7	7	R 7	7	7	7	6	6	5	5	4	3	3	2	1	0	0 29	♌ 28	27	27	26	25	25	25	24
♀	♋ 12	14	15	16	17	18	20	21	22	23	24	26	27	28	29	29 0	♌ 2	3	4	5	6	8	9	10	11	13	14	15	16	18	19
♂	♉ 7	7	8	9	9	10	10	11	11	12	13	13	14	14	15	15	16	16	17	17	18	18	19	19	20	20	21	21	22	22	23

♃ (1, 6, 13, 20, 26) ♎24 25 26 27 28 — ♄ (1R, 23D) ♐19 19 — ♅ (1, 5, 21) ♌11 12 13 — ♆ (1) ♏2 — ♇ (1, 25) ♍1 2

9																														
☉	♍ 8	9	10	11	12	13	14	15	16	17	18	19	20	21	22	23	24	25	26	27	27	28	29 0	♎ 0	1	2	3	4	5	6	
☽	♈ 14	26	♉ 8	20	♊ 2	14	26	♋ 9	23	♌ 6	21	♍ 5	20	♎ 5	20	♏ 5	20	♐ 4	18	♑ 1	15	28	♒ 10	23	♓ 5	17	29	♈ 11	23	♉ 5	
☿	♌ R 24	24	D 24	25	25	26	26	27	28	29	29 0	♍ 2	3	4	6	8	9	11	13	15	16	18	20	22	24	25	27	29 0	♎ 1	3	
♀	♌ 20	21	22	24	25	26	27	29	29 0	♍ 1	2	4	5	6	7	8	10	11	12	13	15	16	17	18	20	21	22	23	25	26	
♂	♉ 23	23	24	24	25	25	25	26	26	27	27	27	28	28	28	29	29	29	29	29 0	♊ 0	0	0	1	1	1	1	1	2	2	

♃ (1, 7, 29, 8, 12, 17, 23, 28) ♎29 0 ♏0 1 2 3 4 — ♄ (1, 25) ♐19 20 — ♅ (1, 7, 27) ♌13 14 15 — ♆ (1, 14) ♏2 3 — ♇ (1, 24) ♍2 3

10																														
☉	♎ 7	8	9	10	11	12	13	14	15	16	17	18	19	20	21	22	23	24	25	26	27	28	29 0	♏ 0	1	2	3	4	5	6	7
☽	♉ 17	28	♊ 10	23	♋ 5	18	♌ 1	15	29	♒ 13	28	♓ 13	28	♈ 14	29	♉ 13	27	♊ 11	24	♋ 7	20	♌ 2	14	26	♍ 8	20	♎ 2	14	25	♏ 7	20
☿	♎ 4	8	9	10	12	13	15	17	18	20	22	24	25	27	28	29 0	♏ 2	3	5	6	8	10	11	13	14	16	17	19	20	22	23
♀	♍ 27	28	29 0	♎ 1	2	3	5	6	7	8	10	11	12	13	15	16	17	18	20	21	22	23	25	26	27	28	29 0	♏ 1	2	3	5
♂	♊ 2	2	2	2	2	2	2	2	2	R 2	2	2	2	2	2	2	2	2	1	1	1	1	1	1	0	0	0	0 29	♉ 29	29	29

♃ (1, 2, 7, 12, 17, 21, 26, 30) ♏4 5 6 7 8 9 10 11 — ♄ (1, 12, 24) ♐20 21 22 — ♅ (1, 24) ♌15 16 — ♆ (1, 14) ♏3 4 — ♇ (1) ♍3

11																														
☉	♏ 8	9	10	11	12	13	14	15	16	17	18	19	20	21	22	23	24	25	26	27	28	29 0	♐ 0	1	2	3	4	5	6	7	
☽	♋ 2	14	27	♌ 10	24	♍ 8	22	♎ 6	21	♏ 6	22	♐ 7	21	♑ 5	20	♒ 3	16	29	♓ 11	23	♈ 5	17	29	♉ 10	22	♊ 4	17	29	♋ 11	24	
☿	♏ 25	26	28	28	29 0	♐ 2	3	5	6	7	9	10	11	13	14	15	16	17	19	20	21	22	22	23	24	24	25	25	25	R 25	
♀	♏ 6	7	8	10	11	12	13	15	16	17	18	20	21	22	23	25	26	27	28	29 0	♐ 1	2	4	5	6	7	9	10	11	12	
♂	♉ R 28	28	28	27	27	27	26	26	26	25	25	25	24	24	23	23	23	22	22	22	21	21	21	20	20	20	19	19	19	19	

♃ (1, 4, 9, 13, 18, 22, 27) ♏11 12 13 14 15 16 17 — ♄ (1, 4, 14, 23) ♐22 23 24 25 — ♅ (1, 22R) ♌16 18 — ♆ (1, 10) ♏4 5 — ♇ (1, 6) ♍3 4

12																														
☉	♐ 8	9	10	11	12	13	14	15	16	17	18	19	20	21	23	24	25	26	27	28	29	29 0	♑ 1	2	3	4	5	6	7	8	9
☽	♌ 7	20	♍ 4	17	♎ 1	16	♏ 0	15	♐ 0	15	29	♑ 14	28	♒ 11	24	♓ 7	19	♈ 1	13	25	♉ 7	19	♊ 1	13	25	♋ 8	21	♌ 4	17	♍ 1	14
☿	♐ R 25	25	24	23	23	22	21	19	18	17	15	14	13	11	11	10	9	9	9	D 9	9	10	10	11	11	12	13	14	15	16	17
♀	♐ 14	15	16	17	18	20	21	22	24	25	26	27	29	29 0	♑ 1	2	4	5	6	7	9	10	11	12	14	15	16	17	19	20	21
♂	♉ R 18	18	18	18	17	17	17	17	17	17	17	16	16	16	16	16	16	16	16	D 16	16	16	16	16	16	16	16	17	17	17	17

♃ (1, 2, 6, 11, 16, 21, 26) ♏17 18 19 20 21 22 23 — ♄ (1, 2, 10, 19, 27) ♐25 26 27 28 29 — ♅ (1R, 20) ♌18 16 — ♆ (1, 8) ♏5 6 — ♇ (1, 6R) ♍4 4

1959的行星位置

1

	1	2	3	4	5	6	7	8	9	10	11	12	13	14	15	16	17	18	19	20	21	22	23	24	25	26	27	28	29	30	31
☉	♑ 10	11	12	13	14	15	16	17	18	19	20	21	22	23	24	25	26	27	28	29 0	♒ 0	1	2	3	4	5	6	7	8	9	10
☽	♍ 28	♎ 12	26	♏ 10	24	♐ 9	23	♑ 8	22	♒ 6	19	♓ 2	15	27	♈ 9	21	♉ 3	15	27	♊ 9	21	♋ 4	17	♌ 0	13	27	♍ 11	25	♎ 9	23	♏ 7
☿	♐ 18	19	20	22	23	24	26	27	28	29 0	♑ 1	2	4	5	7	9	10	11	13	14	16	17	18	20	22	23	25	26	28	29 0	1
♀	♑ 23	24	25	26	28	29	29 0	♒ 1	3	4	5	6	8	9	10	11	13	14	15	16	18	19	20	21	23	24	25	26	28	29	29 0
♂	♉ 17	17	17	18	18	18	18	18	19	19	19	19	20	20	20	20	21	21	21	22	22	22	23	23	24	24	24	24	25	25	26

♃ 1 7 12 18 25 / ♏24 25 26 27 28　♄ 1 6 29 8 14 23 / ♐29 0 0 ♑1 2　♅ 1R 18 / ♌15 14　♆ 1 / ♏6　♇ 1R 6 / ♍4 3

2

	1	2	3	4	5	6	7	8	9	10	11	12	13	14	15	16	17	18	19	20	21	22	23	24	25	26	27	28	29	30	31
☉	♒ 11	12	13	14	15	16	17	18	19	21	22	23	24	25	26	27	28	29	29 0	♓ 1	2	3	4	5	6	7	8	9			
☽	♏ 21	♐ 5	19	♑ 3	17	♒ 1	14	27	♓ 10	23	♈ 5	17	29	♉ 11	23	♊ 4	17	29	♋ 12	25	♌ 8	22	♍ 6	20	♎ 4	19	♏ 3	18			
☿	♒ 3	4	6	8	9	11	13	15	16	18	20	22	23	25	27	29	29 1	♓ 2	4	6	8	10	12	14	16	17	19	21			
♀	♓ 1	3	4	5	6	8	9	10	11	13	14	15	16	18	19	20	21	22	24	25	26	27	29	29 0	♈ 1	2	4	5			
♂	♉ 26	26	27	27	28	28	28	29	29	29 0	♊ 0	1	1	1	2	2	3	3	4	4	5	5	6	6	7	7	8	8			

♃ 1 10 29 11 21 / ♏28 0 ♐0 1　♄ 1 2 12 24 / ♑2 3 4 5　♅ 1R 18 / ♌14 13　♆ 1 7R / ♏6 6　♇ 1R 21 / ♍3 2

3

	1	2	3	4	5	6	7	8	9	10	11	12	13	14	15	16	17	18	19	20	21	22	23	24	25	26	27	28	29	30	31
☉	♓ 10	11	12	13	14	15	16	17	18	19	20	21	22	23	24	25	26	27	28	29	29 0	♈ 1	2	3	4	5	5	7	8	9	10
☽	♐ 2	16	♑ 0	13	27	♒ 10	23	♓ 6	19	♈ 1	13	25	♉ 7	19	♊ 1	12	15	♋ 7	19	♌ 2	16	♍ 0	14	28	♎ 13	28	♏ 13	28	♐ 12	25	♑ 10
☿	♓ 23	25	26	28	29 0	♈ 1	3	4	6	7	8	9	10	11	12	12	12	12	R 13	12	12	11	11	11	10	9	9	8	7	6	6
♀	♈ 5	7	9	10	11	12	13	15	16	17	18	20	21	22	23	24	26	27	28	29 0	♉ 1	2	3	4	5	7	8	9	10	11	13
♂	♊ 9	9	10	10	11	11	12	12	13	13	14	14	15	15	16	16	17	17	18	18	19	19	20	21	21	22	22	23	23	24	24

♃ 1 19R / ♐1 1　♄ 1 11 / ♑5 6　♅ 1R 8 / ♌13 12　♆ 1R / ♏5　♇ 1R / ♍2

4

	1	2	3	4	5	6	7	8	9	10	11	12	13	14	15	16	17	18	19	20	21	22	23	24	25	26	27	28	29	30	31
☉	♈ 11	11	12	13	14	15	16	17	18	19	20	21	22	23	24	25	26	27	28	29 0	♉ 0	1	2	3	4	5	6	7	8	9	
☽	♑ 24	♒ 7	20	♓ 3	15	28	♈ 10	22	♉ 4	15	27	♊ 9	21	♋ 3	15	28	♌ 11	24	♍ 8	22	♎ 6	21	♏ 6	22	♐ 7	22	♑ 6	20	♒ 4	17	
☿	♈ R 5	4	3	2	2	1	1	1	0	0	0	D 0	0	1	1	1	2	2	3	3	4	5	6	6	7	8	9	10	12	13	
♀	♉ 14	15	16	17	19	20	21	22	23	25	26	27	28	29 0	♊ 1	2	3	4	5	6	8	9	10	11	12	14	15	16	17	18	
♂	♊ 25	25	26	26	27	28	28	29	29	29 0	♋ 0	1	2	2	3	3	4	4	5	6	6	7	7	8	8	9	10	10	11	11	

♃ 1R 13 25 0 26 / ♐1 0 29♏29　♄ 1 7 17R 25 / ♑6 7 7 8　♅ 1R 20D / ♌12 12　♆ 1 R 11 / ♏6 5　♇ 1R 6 / ♍2 1

5

	1	2	3	4	5	6	7	8	9	10	11	12	13	14	15	16	17	18	19	20	21	22	23	24	25	26	27	28	29	30	31
☉	♉ 10	11	12	13	14	15	16	17	18	19	20	21	21	22	23	24	25	26	27	28	29 0	♊ 0	1	2	3	4	5	6	7	8	9
☽	♓ 0	12	25	♈ 7	19	♉ 1	12	24	♊ 5	18	♋ 0	12	24	♌ 7	20	♍ 3	16	♎ 0	15	♏ 0	15	♐ 0	15	♑ 0	15	29	♒ 13	26	♓ 9	22	♈ 4
☿	♈ 14	15	16	18	19	20	22	23	25	26	28	29 0	♉ 1	3	4	5	8	10	11	13	15	17	19	21	23	25	27	29 0	♊ 1	4	6
♀	♊ 19	20	22	23	24	25	26	27	29	29 0	♋ 1	2	3	4	5	6	8	9	10	11	12	13	14	15	16	18	19	20	21	22	23
♂	♋ 12	12	13	14	14	15	15	16	17	17	18	18	19	19	20	21	21	22	22	23	24	24	25	25	26	26	27	28	28	29	29

♃ 1R 3 11 19 27 / ♏29 28 27 26 25　♄ 1R 23 / ♑5 5　♅ 1 / ♌12　♆ 1R 18 / ♏5 4　♇ 1R 13D / ♍1 1

6

	1	2	3	4	5	6	7	8	9	10	11	12	13	14	15	16	17	18	19	20	21	22	23	24	25	26	27	28	29	30	31
☉	♊ 10	11	12	13	14	15	15	16	17	18	19	20	21	22	23	24	25	26	27	28	29	29 0	♋ 1	2	3	4	5	6	6	7	
☽	♈ 16	28	♉ 9	21	♊ 3	15	27	♋ 9	21	♌ 4	16	29	♍ 13	26	♎ 10	24	♏ 9	23	♐ 8	24	♑ 9	23	♒ 8	21	♓ 5	18	♈ 0	12	24	♉ 6	
☿	♊ 8	10	12	15	17	19	21	23	25	28	29 0	♋ 2	4	6	8	10	11	13	15	17	19	20	22	24	25	27	28	29 0	♌ 1	2	
♀	♋ 24	25	26	27	28	29 0	♌ 0	1	3	4	5	6	7	8	9	10	11	12	13	14	15	16	17	17	18	19	20	21	22	23	
♂	♌ 0	1	1	2	2	3	4	4	5	5	6	7	7	8	8	9	10	10	11	12	12	13	13	14	15	15	16	16	17	18	

♃ 1R 5 14 26 / ♏25 24 23 22　♄ 1R 8 22 / ♑5 4 3　♅ 1 24 / ♌13 14　♆ 1R / ♏4　♇ 1 19 / ♍1 2

7 ☉	♋ 8	9	10	11	12	13	14	15	16	17	18	19	20	21	22	23	24	25	26	27	27	28	29 0	♌ 0	1	2	3	4	5	6	7
☽	♉ 18	♊ 0	12	24	♋ 6	18	♌ 1	14	26	♍ 10	23	♎ 6	20	♏ 4	19	♐ 3	18	♑ 2	17	♒ 2	16	29	♓ 13	26	♈ 8	20	♉ 2	14	26	♊ 8	20
☿	♌ 4	5	6	7	9	10	11	12	13	14	14	15	16	16	17	18	18	18	19	19	19	R 19	19	18	18	18	18	17	17	16	16
♀	♌ 24	25	26	27	27	28	29	29 0	♍ 1	1	2	3	4	4	5	6	7	7	8	8	9	10	10	11	11	12	12	13	13	14	14
♂	♌ 18	18	19	20	21	21	22	22	23	24	24	25	26	26	27	27	28	29	29	29 0	♍ 0	1	2	2	3	4	4	5	5	6	7

♃ 1R 20D ♏22 22 — ♄ 1R 7 21 ♑3 2 1 — ♅ 1 13 29 ♌14 15 16 — ♆ 1R 17D ♏4 4 — ♇ 1 29 ♍2 3

8 ☉	♌ 8	9	10	11	12	13	14	15	16	17	18	19	19	20	21	22	23	24	25	26	27	28	29 0	♍ 0	1	2	3	4	5	6	7
☽	♋ 2	15	27	♌ 10	23	♍ 6	20	♎ 3	17	♏ 1	15	29	♐ 14	28	♑ 12	26	♒ 10	24	♓ 8	21	♈ 4	16	28	♉ 10	22	♊ 4	16	28	♋ 10	23	♌ 5
☿	♌ R 15	14	13	13	12	11	11	10	9	9	8	8	7	7	7	D 7	7	8	8	9	9	10	11	12	13	14	16	17	19	20	22
♀	♍ 14	15	15	15	15	15	15	16	16	16	R 16	16	15	15	15	15	15	14	14	14	13	13	12	12	11	11	10	10	9	9	8
♂	♍ 7	8	9	9	10	10	11	12	12	13	14	14	15	16	16	17	17	18	19	19	20	21	21	22	23	23	24	24	25	26	26

♃ 1 13 25 ♏22 23 24 — ♄ 1R 9 ♑1 0 — ♅ 1 14 31 ♌16 17 18 — ♆ 1 ♏4 — ♇ 1 29 ♍3 4

9 ☉	♍ 8	9	10	11	12	13	14	15	16	17	18	18	19	20	21	22	23	24	25	26	27	28	29 0	♎ 0	1	2	3	4	5	6	
☽	♌ 18	♍ 2	15	29	♎ 13	28	♏ 12	26	♐ 10	24	♑ 9	23	♒ 6	20	♓ 3	16	29	♈ 12	24	♉ 6	18	♊ 0	12	24	♋ 6	18	♌ 1	13	26	♍ 10	
☿	♌ 23	25	27	29	29 1	♍ 2	4	6	8	10	12	14	16	18	20	22	23	25	27	29	29 1	♎ 2	4	6	8	9	11	13	14	15	
♀	♍ R 7	7	6	5	5	4	4	3	3	2	2	1	1	1	0	0	0	0	0	0 29	♌ 29	D 29	29	29	29 0	♍ 0	0	0	0	1	
♂	♍ 27	28	28	29	29 0	♎ 0	1	1	2	3	3	4	5	5	6	7	7	8	9	9	10	11	11	12	13	13	14	15	15	16	

♃ 1 3 10 17 23 29 ♏24 25 26 27 28 29 — ♄ 1R 5D 30 ♑0 0 1 — ♅ 1 17 ♌18 19 — ♆ 1 10 ♏4 5 — ♇ 1 29 ♍4 5

10 ☉	♎ 7	8	9	10	11	12	13	14	15	16	17	18	19	20	21	22	23	24	25	26	27	28	29	29 0	♏ 1	2	3	4	5	6	7
☽	♍ 24	♎ 8	23	♏ 7	22	♐ 7	21	♑ 5	19	♒ 3	17	♓ 0	13	25	♈ 8	20	♉ 3	15	27	♊ 9	20	♋ 2	14	26	♌ 9	21	♍ 4	18	♎ 2	16	♏ 1
☿	♎ 18	19	21	23	24	26	27	28	29 0	♏ 2	3	5	6	8	9	11	12	14	15	16	18	19	20	22	23	24	26	27	28	28	29 0
♀	♍ 1	1	2	2	3	3	4	4	5	5	6	6	7	8	8	9	10	10	11	12	13	13	14	15	16	17	18	18	19	20	21
♂	♎ 17	17	18	19	19	20	21	21	22	23	23	24	25	25	26	27	27	28	29	29	29 0	♏ 1	1	2	3	3	4	5	5	6	7

♃ 1 5 29 6 10 16 21 26 30 ♏29 0 ♐0 1 2 3 4 5 — ♄ 1 18 ♑1 2 — ♅ 1 8 ♌19 20 — ♆ 1 11 ♏5 6 — ♇ 1 ♍5

11 ☉	♏ 8	9	10	11	12	13	14	15	16	17	18	19	20	21	22	23	24	25	26	27	28	29	29 0	♐ 1	2	3	4	5	6	7	
☽	♏ 16	♐ 1	16	♑ 1	16	♒ 0	13	27	♓ 10	22	♈ 5	17	29	♉ 11	23	♊ 5	17	29	♋ 11	23	♌ 5	17	♍ 0	13	26	♎ 10	24	♏ 9	24	♐ 9	
☿	♐ 1	3	4	5	5	6	7	8	8	9	9	9	9	R 9	9	9	8	7	6	5	4	3	2	1	0 29	♏ 28	27	25	25	24	
♀	♍ 22	23	24	25	26	27	28	29	29 0	♎ 1	2	3	4	5	6	7	8	9	10	11	12	13	14	15	16	17	18	20	21	22	
♂	♏ 7	8	9	9	10	11	12	12	13	14	14	15	16	16	17	18	18	19	20	21	21	22	23	23	24	25	25	26	27	28	

♃ 1 4 9 13 18 22 27 ♐5 6 7 8 9 10 11 — ♄ 1 12 22 ♑3 4 5 — ♅ 1 13 27R ♌20 21 21 — ♆ 1 7 ♏6 7 — ♇ 1 13 ♍5 6

12 ☉	♐ 8	9	10	11	12	13	14	15	16	17	18	19	20	21	22	23	24	25	26	27	28	29 0	♑ 0	1	2	3	4	6	7	8	9
☽	♐ 24	♑ 10	25	♒ 9	23	♓ 6	19	♈ 2	14	26	♉ 8	20	♊ 2	14	26	♋ 8	20	♌ 2	14	26	♍ 9	22	♎ 5	19	♏ 3	17	♐ 2	17	♑ 3	18	♒ 3
☿	♏ R 24	23	D 23	23	23	24	25	25	26	27	28	29	29 0	♐ 1	2	3	4	6	7	8	10	11	12	14	15	17	18	20	21	23	24
♀	♎ 23	24	25	26	27	28	29 0	♏ 1	2	3	4	5	6	8	9	10	11	12	13	15	16	17	18	19	21	22	23	24	25	26	28
♂	♏ 28	29	29 0	♐ 0	1	2	3	3	4	5	5	6	7	8	8	9	10	10	11	12	13	13	14	15	15	16	17	18	18	19	20

♃ 1 5 10 15 19 24 28 ♐12 13 14 15 16 17 18 — ♄ 1 10 19 28 ♑6 7 8 9 — ♅ 1R 10 ♌21 20 — ♆ 1 6 ♏7 8 — ♇ 1 8R ♍6 6

1960的行星位置

1

	1	2	3	4	5	6	7	8	9	10	11	12	13	14	15	16	17	18	19	20	21	22	23	24	25	26	27	28	29	30	31
☉	♑10	11	12	13	14	15	16	17	18	19	20	21	22	23	24	25	26	27	28	29	29 0	♒1	2	3	4	5	6	7	8	9	10
☽	♒17	♓1	15	28	♈11	23	♉5	17	28	♊11	23	♋5	17	29	♌11	24	♍6	19	♎2	15	29	♏13	27	♐11	26	♑11	26	♒11	25	♓9	23
☿	♐26	27	29	29 0	♑2	3	5	6	8	9	11	12	14	16	17	19	20	22	24	25	27	29	29 0	♒2	4	5	7	9	10	12	14
♀	♏29	29 0	♐1	2	4	5	6	7	8	10	11	12	13	14	16	17	18	19	20	22	23	24	25	27	28	29	29 0	♑1	3	4	5
♂	♐21	21	22	23	23	24	25	26	26	27	28	29	29	29 0	♑1	2	2	3	4	5	5	6	7	7	8	9	10	10	11	12	13

♃ 1 2 5 11 18 21 28 31 — ♐18 19 20 21 22 23 24 25 ♄ 1 5 14 22 31 — ♑9 10 11 12 13 ♅ 1R 16 — ♌20 19 ♆ 1 18 — ♏8 9 ♇ 1R 3 — ♍6 5

2

	1	2	3	4	5	6	7	8	9	10	11	12	13	14	15	16	17	18	19	20	21	22	23	24	25	26	27	28	29	30	31
☉	♒11	12	13	14	15	16	17	18	19	20	21	22	23	24	25	26	27	28	29 0	♓0	1	2	3	4	5	6	7	8	9		
☽	♈6	19	♉1	13	25	♊7	19	♋1	13	25	♌7	20	♍3	16	29	♎12	26	♏9	23	♐7	22	♑6	20	♒5	19	♓3	17	♈1	14		
☿	♒16	17	19	21	23	25	26	28	29 0	♓2	4	5	7	9	10	12	14	15	17	18	19	21	22	23	24	24	25	25	26		
♀	♑6	8	9	10	11	12	14	15	16	17	19	20	21	22	23	25	26	27	28	29 0	♒1	2	3	5	6	7	8	9	11		
♂	♑13	14	15	16	16	17	18	19	19	20	21	22	23	23	24	25	26	26	27	28	29	29	29 0	♒1	2	2	3	4	5		

♃ 1 5 11 17 23 — ♐25 26 27 28 29 ♄ 1 10 20 — ♑13 14 15 ♅ 1R 9 — ♌19 18 ♆ 1 10R — ♏9 9 ♇ 1R 21 — ♍5 4

3

	1	2	3	4	5	6	7	8	9	10	11	12	13	14	15	16	17	18	19	20	21	22	23	24	25	26	27	28	29	30	31
☉	♓10	11	12	13	14	15	16	17	18	19	20	21	22	23	24	25	26	27	28	29 0	♈0	1	2	3	4	5	6	7	8	9	10
☽	♈27	♉9	21	♊3	15	27	♋9	21	♌3	16	28	♍11	25	♎8	22	♏6	20	♐4	18	♑3	17	♒1	15	29	♓12	26	♈9	22	♉4	17	29
☿	♓R 25	25	25	24	24	23	22	22	21	20	19	18	17	16	15	14	13	13	13	12	12	12	12	D 12	12	12	12	13	13	14	14
♀	♒12	13	14	16	17	18	19	21	22	23	24	25	27	28	29	29 0	♓2	3	4	5	7	8	9	10	11	13	14	15	16	18	19
♂	♒5	6	7	8	8	9	10	11	12	12	13	14	15	15	16	17	18	18	19	20	21	22	22	23	24	25	25	26	27	28	28

♃ 1 29 2 9 18 31 — ♐0 ♑0 1 2 3 ♄ 1 2 16 — ♑15 16 17 ♅ 1R 4 — ♌18 17 ♆ 1R 4 — ♏9 8 ♇ 1R — ♍4

4

	1	2	3	4	5	6	7	8	9	10	11	12	13	14	15	16	17	18	19	20	21	22	23	24	25	26	27	28	29	30	31
☉	♈11	12	13	14	15	16	17	18	19	20	21	22	23	24	25	26	27	28	29	29 0	♉1	2	3	4	5	6	7	8	9	10	
☽	♊11	23	♋5	17	29	♌11	23	♍6	19	♎3	17	♏1	15	♐0	15	29	♑14	28	♒12	25	♓9	22	♈5	18	♉0	13	25	♊7	19	♋1	
☿	♓15	16	16	17	18	19	20	21	22	23	24	25	27	28	29	29 0	♈2	3	5	6	7	9	11	12	14	15	17	19	20	22	
♀	♓20	21	23	24	25	26	27	29	29 0	♈1	2	4	5	6	7	9	10	11	12	13	15	16	17	18	20	21	22	23	25	26	
♂	♒29	29 0	♓0	2	2	3	4	5	5	6	7	8	9	9	10	11	12	12	13	14	15	15	16	17	18	19	19	20	21	22	

♃ 1 20R — ♑3 3 ♄ 1 4 28R — ♑17 18 18 ♅ 1R 12 25 D — ♌17 16 16 ♆ 1R 19 — ♏8 7 ♇ 1R 2 — ♍4 3

5

	1	2	3	4	5	6	7	8	9	10	11	12	13	14	15	16	17	18	19	20	21	22	23	24	25	26	27	28	29	30	31
☉	♉11	12	13	14	14	15	16	17	18	19	20	21	22	23	24	25	26	27	28	29	29 0	♊1	2	3	4	5	6	7	8	9	10
☽	♋13	25	♌7	19	♍1	14	27	♎11	25	♏9	24	♐9	24	♑9	24	♒8	24	♓6	19	♈2	15	27	♉9	22	♊4	16	28	♋10	22	♌3	15
☿	♈24	26	28	29 0	♉1	3	5	7	9	11	13	15	18	20	22	24	26	28	29 0	♊3	5	7	9	11	14	16	18	20	22	24	26
♀	♈27	28	29 0	♉1	2	3	4	5	7	8	9	11	12	13	14	15	17	18	19	20	22	23	24	25	26	28	29	29 0	♊1	3	4
♂	♓22	23	24	25	25	26	27	28	28	29	29 0	♈1	2	2	3	4	5	5	6	7	8	8	9	10	11	11	12	13	14	14	15

♃ 1R 10 22 — ♑3 2 1 ♄ 1R 20 — ♑18 17 ♅ 1 6 — ♌16 17 ♆ 1R 27 — ♏7 5 ♇ 1R 14D — ♍3 3

6

	1	2	3	4	5	6	7	8	9	10	11	12	13	14	15	16	17	18	19	20	21	22	23	24	25	26	27	28	29	30	31
☉	♊10	11	12	13	14	15	16	17	18	19	20	21	22	23	24	25	26	27	28	29	29 0	♋1	1	2	3	4	5	6	7	8	
☽	♌27	♍10	23	♎6	19	♏3	18	♐3	18	♑3	18	♒3	18	♓2	16	29	♈12	24	♉7	19	♊1	13	25	♋7	19	♌0	12	24	♍7	19	
☿	♊27	29 0	♋1	3	4	6	8	9	11	11	14	15	16	17	19	20	21	22	23	24	25	26	26	27	28	28	29	29	29	29	
♀	♊5	6	8	9	10	11	12	14	15	16	17	19	20	21	22	23	25	26	27	28	29 0	♋1	2	3	5	6	7	8	9	11	
♂	♈16	17	17	18	19	20	20	21	22	23	23	24	25	26	26	27	28	28	29	29 0	♉1	1	2	3	4	4	5	6	6	7	

♃ 1R 10 0 11 17 25 — ♑0 29 29 28 27 ♄ 1R 10 25 — ♑17 16 15 ♅ 1 12 — ♌17 18 ♆ 1R — ♏6 ♇ 1 25 — ♍3 4

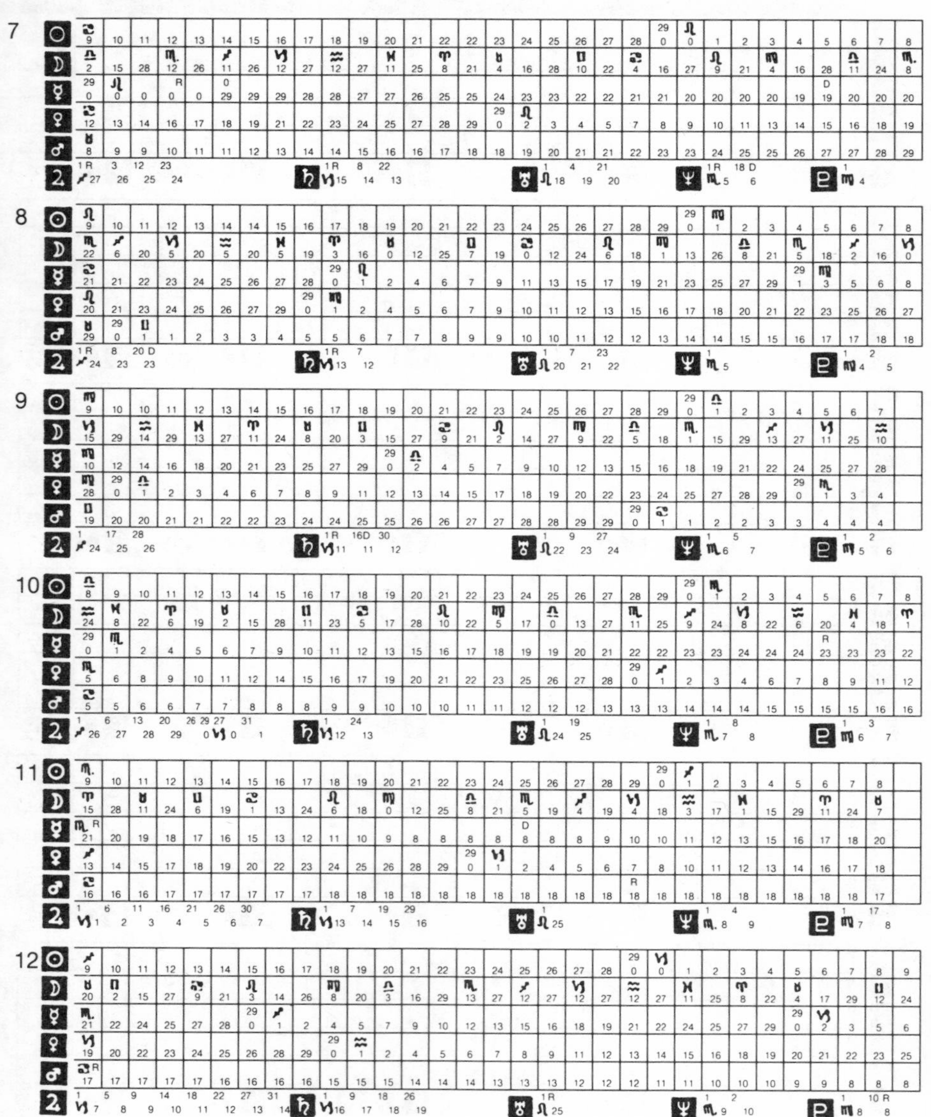

7

	1	2	3	4	5	6	7	8	9	10	11	12	13	14	15	16	17	18	19	20	21	22	23	24	25	26	27	28	29	30	31
☉	♋9	10	11	12	13	14	15	16	17	18	19	20	21	22	22	23	24	25	26	27	28	29 0	♌0	1	2	3	4	5	6	7	8
☽	♎2	15	28	♏12	26	♐11	26	♑12	27	♒12	27	♓11	25	♈8	21	♉4	16	28	♊10	22	♋4	16	27	♌9	21	♍4	16	28	♎11	24	♏8
☿	29 0	♌0	0	R 0	0	0 29	29	29	28	28	27	27	26	25	25	24	23	23	22	22	21	21	20	20	20	20	19	D 19	20	20	20
♀	♋12	13	14	16	17	18	19	21	22	23	24	25	27	28	29	29 0	♌2	3	4	5	7	8	9	10	11	13	14	15	16	18	19
♂	♉8	9	9	10	11	11	12	13	14	14	15	16	16	17	18	18	19	20	21	21	22	23	23	24	25	25	26	27	27	28	29

♃	♄	♅	♆	♇
1R 3 12 23	1R 8 22	1 4 21	1R 18D	1
♐27 26 25 24	♑15 14 13	♌18 19 20	♏5 6	♍4

8

	1	2	3	4	5	6	7	8	9	10	11	12	13	14	15	16	17	18	19	20	21	22	23	24	25	26	27	28	29	30	31
☉	♌9	10	11	12	13	14	14	15	16	17	18	19	20	21	22	23	24	25	26	27	28	29	29 0	♍1	2	3	4	5	6	7	8
☽	♏22	♐6	20	♑5	20	♒5	20	♓5	19	♈3	16	♉0	12	25	♊7	19	♋0	12	24	♌6	18	♍1	13	26	♎8	21	♏5	18	♐2	16	♑0
☿	♋21	21	22	23	24	25	26	27	28	29 0	♌1	2	4	6	7	9	11	13	15	17	19	21	23	25	27	29	29 1	♍3	5	6	8
♀	♌20	21	23	24	25	26	27	29	29 0	♍1	2	4	5	6	7	9	10	11	12	13	15	16	17	18	20	21	22	23	25	26	27
♂	♉29	29 0	♊1	1	2	3	3	4	5	5	6	7	7	8	9	9	10	10	11	12	12	13	14	14	15	15	16	17	17	18	18

♃	♄	♅	♆	♇
1R 8 20D	1R 7	1 7 23	1	1 2
♐24 23 23	♑13 12	♌20 21 22	♏5	♍4 5

9

	1	2	3	4	5	6	7	8	9	10	11	12	13	14	15	16	17	18	19	20	21	22	23	24	25	26	27	28	29	30
☉	♍9	10	10	11	12	13	14	15	16	17	18	19	20	21	22	23	24	25	26	27	28	29	29 0	♎1	2	3	4	5	6	7
☽	♑15	29	♒14	29	♓13	27	♈11	24	♉8	20	♊3	15	27	♋9	21	♌2	14	27	♍9	22	♎5	18	♏1	15	29	♐13	27	♑11	25	♒10
☿	♍10	12	14	16	18	20	21	23	25	27	29	29 0	♎2	4	5	7	9	10	12	13	15	16	18	19	21	22	24	25	27	28
♀	♍28	29 0	♎1	2	3	4	6	7	8	9	11	12	13	14	15	17	18	19	20	22	23	24	25	27	28	29	29 0	♏1	3	4
♂	♊19	20	20	21	21	22	22	23	24	24	25	25	26	26	27	27	28	28	29	29	29 0	♋1	1	2	2	3	3	4	4	4

♃	♄	♅	♆	♇
1 17 28	1R 16D 30	1 9 27	1 5	1 2
♐24 25 26	♑11 11 12	♌22 23 24	♏6 7	♍5 6

10

	1	2	3	4	5	6	7	8	9	10	11	12	13	14	15	16	17	18	19	20	21	22	23	24	25	26	27	28	29	30	31
☉	♎8	9	10	11	12	13	14	15	16	17	18	19	20	21	22	23	24	25	26	27	28	29	29 0	♏1	2	3	4	5	6	7	8
☽	♒24	♓8	22	♈6	19	♉2	15	28	♊11	23	♋5	17	28	♌10	22	♍5	17	♎0	13	27	♏11	25	♐9	24	♑8	22	♒6	20	♓4	18	♈1
☿	29 0	♏1	2	4	5	6	7	9	10	11	12	13	15	16	17	18	19	19	20	21	22	22	23	23	24	24	24	R 23	23	23	22
♀	♏5	6	8	9	10	11	12	14	15	16	17	19	20	21	22	23	25	26	27	28	29 0	♐1	2	3	4	6	7	8	9	11	12
♂	♋5	5	6	6	7	7	8	8	8	9	9	10	10	10	11	11	12	12	12	13	13	13	14	14	14	15	15	15	15	16	16

♃	♄	♅	♆	♇
1 6 13 20 26 29 27 31	1 24	1 19	1 8	1 3
♐26 27 28 29 0 ♑0 1	♑12 13	♌24 25	♏7 8	♍6 7

11

	1	2	3	4	5	6	7	8	9	10	11	12	13	14	15	16	17	18	19	20	21	22	23	24	25	26	27	28	29	30
☉	♏9	10	11	12	13	14	15	16	17	18	19	20	21	22	23	24	25	26	27	28	29	29 0	♐1	2	3	4	5	6	7	8
☽	♈15	28	♉11	24	♊6	19	♋1	13	24	♌6	18	♍0	12	25	♎8	21	♏5	19	♐4	19	♑4	18	♒3	17	♓1	15	29	♈11	24	♉7
☿	♏R 21	20	19	18	17	16	15	13	12	11	10	9	8	8	8	8	D 8	8	8	9	10	10	11	12	13	15	16	17	18	20
♀	♐13	14	15	17	18	19	20	22	23	24	25	26	28	29	29 0	♑1	2	4	5	6	7	8	10	11	12	13	14	16	17	18
♂	♋16	16	16	17	17	17	17	17	17	18	18	18	18	18	18	18	18	18	18	18	R 18	18	18	18	18	18	18	18	18	17

♃	♄	♅	♆	♇
1 6 11 16 21 26 30	1 7 19 29	1	1 4	1 17
♑1 2 3 4 5 6 7	♑13 14 15 16	♌25	♏8 9	♍7 8

12

	1	2	3	4	5	6	7	8	9	10	11	12	13	14	15	16	17	18	19	20	21	22	23	24	25	26	27	28	29	30	31
☉	♐9	10	11	12	13	14	15	16	17	18	19	20	21	22	23	24	25	26	27	28	29 0	♑0	1	2	3	4	5	6	7	8	9
☽	♉20	♊2	15	27	♋9	21	♌3	14	26	♍8	20	♎3	16	29	♏13	27	♐12	27	♑12	27	♒12	27	♓11	25	♈8	22	♉4	17	29	♊12	24
☿	♏21	22	24	25	27	28	29 0	♐1	2	4	5	7	9	10	12	13	15	16	18	19	21	22	24	25	27	29	29 0	♑2	3	5	6
♀	♑19	20	22	23	24	25	26	28	29	29 0	♒1	2	4	5	6	7	8	9	11	12	13	14	15	16	18	19	20	21	22	23	25
♂	♋R 17	17	17	17	17	16	16	16	16	15	15	15	14	14	14	13	13	13	12	12	12	11	11	10	10	10	9	9	8	8	8

♃	♄	♅	♆	♇
1 5 9 14 18 22 27 31	1 9 18 26	1R	1 2	1 10R
♑7 8 9 10 11 12 13 14	♑16 17 18 19	♌25	♏9 10	♍8 8

1961的行星位置

1	1	2	3	4	5	6	7	8	9	10	11	12	13	14	15	16	17	18	19	20	21	22	23	24	25	26	27	28	29	30	31
☉	♑ 11	12	13	14	15	16	17	18	19	20	21	22	23	24	25	26	27	28	29	29 0	♒ 1	2	3	4	5	6	7	8	9	10	11
☽	♋ 6	18	29	♌ 11	23	♍ 6	17	29	♎ 11	24	♏ 8	21	♐ 5	20	♑ 5	20	♒ 6	21	♓ 6	20	♈ 4	18	♉ 1	14	26	♊ 9	21	♋ 3	15	26	♌ 8
☿	♑ 8	10	11	13	15	16	18	19	21	23	24	26	28	29 0	♒ 1	3	4	6	8	10	11	13	15	16	18	20	21	23	25	26	28
♀	♒ 26	27	28	29	29 0	♓ 1	2	4	5	6	7	8	9	10	11	12	14	15	16	17	18	19	20	21	22	23	24	25	26	27	28
♂	♋R 7	7	6	6	6	5	5	5	4	4	4	3	3	3	2	2	2	2	1	1	1	1	1	0	0	0	0	0	0	0	0

♃ 1 ♑14, 4 15, 9 16, 13 17, 17 18, 22 19, 24 20, 30 21　♄ 1 ♑19, 4 20, 12 21, 21 22, 29 23　♅ 1R ♌25, 12 24　♆ 1 ♏10, 8 11　♇ 1R ♍10, 2 7

2	1	2	3	4	5	6	7	8	9	10	11	12	13	14	15	16	17	18	19	20	21	22	23	24	25	26	27	28	29	30	31
☉	♒ 12	13	14	15	16	17	18	20	21	22	23	24	25	26	27	28	29	29 0	♓ 1	2	3	4	5	6	7	8	9	10			
☽	♌ 20	♍ 2	14	26	♎ 8	21	♏ 4	17	♐ 0	14	28	♑ 13	28	♒ 14	29	♓ 14	28	♈ 12	26	♉ 10	23	♊ 5	17	29	♋ 11	23	5	17			
☿	29 0	♓ 1	2	3	4	5	6	7	8	8	9	9	R 9	8	8	7	6	6	5	4	3	2	1	0 29	♒ 28	27	26	26			
♀	♓ 29	29 0	♈ 1	2	3	4	5	6	7	8	9	10	10	11	12	13	14	15	15	16	17	18	18	19	20	21	21	22			
♂	♋R 0	0	0	0	0	D 0	0	0	0	0	0	0	0	0	0	0	0	0	1	1	1	1	1	2	2	2	2	2			

♃ 1 ♑21, 4 22, 8 23, 13 24, 18 25, 22 26, 27 27　♄ 1 ♑23, 7 24, 16 25, 26 ·26　♅ 1R ♌24, 8 23　♆ 1 ♏11, 11R 11　♇ 1R ♍7, 19 6

3	1	2	3	4	5	6	7	8	9	10	11	12	13	14	15	16	17	18	19	20	21	22	23	24	25	26	27	28	29	30	31
☉	♒ 11	12	13	14	15	16	17	18	19	20	21	22	23	24	25	26	27	28	29	29 0	♈ 1	2	3	4	5	6	7	8	9	10	11
☽	♌ 29	♍ 11	23	♎ 5	18	♏ 1	14	27	♐ 11	24	♑ 8	23	♒ 7	22	♓ 7	22	♈ 6	20	♉ 4	18	♊ 1	13	26	♋ 8	20	♌ 1	13	25	♍ 7	19	♎ 2
☿	♒R 25	25	24	24	24	24	D 24	24	24	25	25	26	26	27	27	28	29	29 0	♓ 1	2	3	4	5	6	7	8	10	11	12	14	15
♀	♈ 22	23	24	24	25	25	26	26	27	27	27	28	28	28	28	28	28	29	29	29	R 29	28	28	28	28	28	28	27	27	26	26
♂	♋ 3	3	3	3	4	4	4	5	5	5	5	6	6	6	7	7	8	8	8	9	9	9	10	10	11	11	11	12	12	13	13

♃ 1 ♑27, 4 28, 9 29, 15 0, 29 16 ♒0, 20 1, 27 2　♄ 1 ♑26, 9 27, 21 28　♅ 1R ♌23, 2 22　♆ 1R ♏11, 17 10　♇ 1R ♍6

4	1	2	3	4	5	6	7	8	9	10	11	12	13	14	15	16	17	18	19	20	21	22	23	24	25	26	27	28	29	30	31
☉	♉ 12	13	13	14	15	16	17	18	19	20	21	22	23	24	25	26	27	28	29	29 0	♉ 1	2	3	4	5	6	7	8	9	10	
☽	♎ 14	27	♏ 10	24	♐ 7	21	♑ 5	19	♒ 3	18	♓ 2	16	♈ 0	15	29	♉ 12	26	♊ 8	21	♋ 3	16	28	♌ 9	21	♍ 3	15	27	♎ 10	23	♏ 6	
☿	♉ 16	18	19	21	22	24	25	27	28	29 0	♈ 2	3	5	7	9	10	12	14	16	18	20	22	24	26	28	29 0	♓ 2	4	6	8	
♀	♈R 26	25	25	24	23	23	22	22	21	20	20	19	18	18	17	17	16	16	15	15	14	14	14	13	13	13	13	12	12	12	
♂	♋ 13	14	14	15	15	15	16	17	17	17	18	18	19	19	20	20	21	21	22	22	23	23	24	24	25	25	26	26	27	27	

♃ 1 ♒2, 2 3, 9 4, 18 5, 28 6　♄ 1 ♑28, 7 29　♅ 1R ♌21, 29D 21　♆ 1R ♏10, 28 9　♇ 1R ♍6, 3 5

5	1	2	3	4	5	6	7	8	9	10	11	12	13	14	15	16	17	18	19	20	21	22	23	24	25	26	27	28	29	30	31
☉	♉ 11	12	13	14	15	16	17	18	19	20	21	22	22	23	24	25	26	27	28	29	29 0	♊ 1	2	3	4	5	6	7	8	9	10
☽	♏ 20	♐ 4	18	♑ 2	16	♒ 0	14	28	♓ 12	26	♈ 10	24	♉ 7	21	♊ 4	17	29	♋ 11	23	♌ 5	17	29	♍ 11	23	♎ 5	18	♏ 1	15	29	♐ 13	27
☿	♉ 18	12	14	17	19	21	23	25	27	29 0	♊ 2	4	6	7	9	11	13	15	17	18	20	21	23	24	26	27	28	29 0	♋ 1	2	3
♀	♈R 12	D 12	12	12	13	13	13	13	13	14	14	14	15	15	16	16	17	17	18	18	19	19	20	21	21	22	23	23	24	25	26
♂	♋ 28	28	29	29	29	29 0	♌ 0	1	1	2	3	3	4	4	5	5	6	6	7	7	8	9	9	10	10	11	11	12	12	13	14

♃ 1 ♒6, 16 7, 26R 7　♄ 1 ♑29, 10R 29　♅ 1 ♌21, 27 20　♆ 1R ♏9　♇ 1R ♍5, 17D 5

6	1	2	3	4	5	6	7	8	9	10	11	12	13	14	15	16	17	18	19	20	21	22	23	24	25	26	27	28	29	30	31
☉	♊ 11	12	12	14	15	16	16	17	18	19	20	21	22	23	24	25	26	27	28	29	29 0	♋ 1	2	3	4	5	6	7	7	8	
☽	♑ 12	26	♒ 11	25	♓ 9	23	♈ 7	21	♉ 4	17	♊ 0	13	25	♋ 8	20	♌ 2	14	25	♍ 7	19	♎ 1	13	26	♏ 9	23	♐ 7	21	♑ 6	21	♒ 6	
☿	♋ 4	5	6	6	7	8	8	9	9	10	10	10	10	10	R 10	10	10	9	9	9	8	8	7	7	6	5	5	4	4	3	
♀	♈ 26	27	28	29	29 0	♉ 0	1	2	3	4	5	6	7	7	8	9	10	11	12	13	14	15	16	17	18	19	20	21	22	23	
♂	♌ 14	15	15	16	16	17	17	18	19	19	20	20	21	21	22	23	23	24	24	25	25	26	27	27	28	28	29	29 0	♍ 0	1	

♃ 1R ♒7, 4 6, 22 5　♄ 1R ♑29, 11 28, 28 27　♅ 1 ♌22, 24 23　♆ 1R ♏9, 7 8　♇ 1 ♍5, 28 6

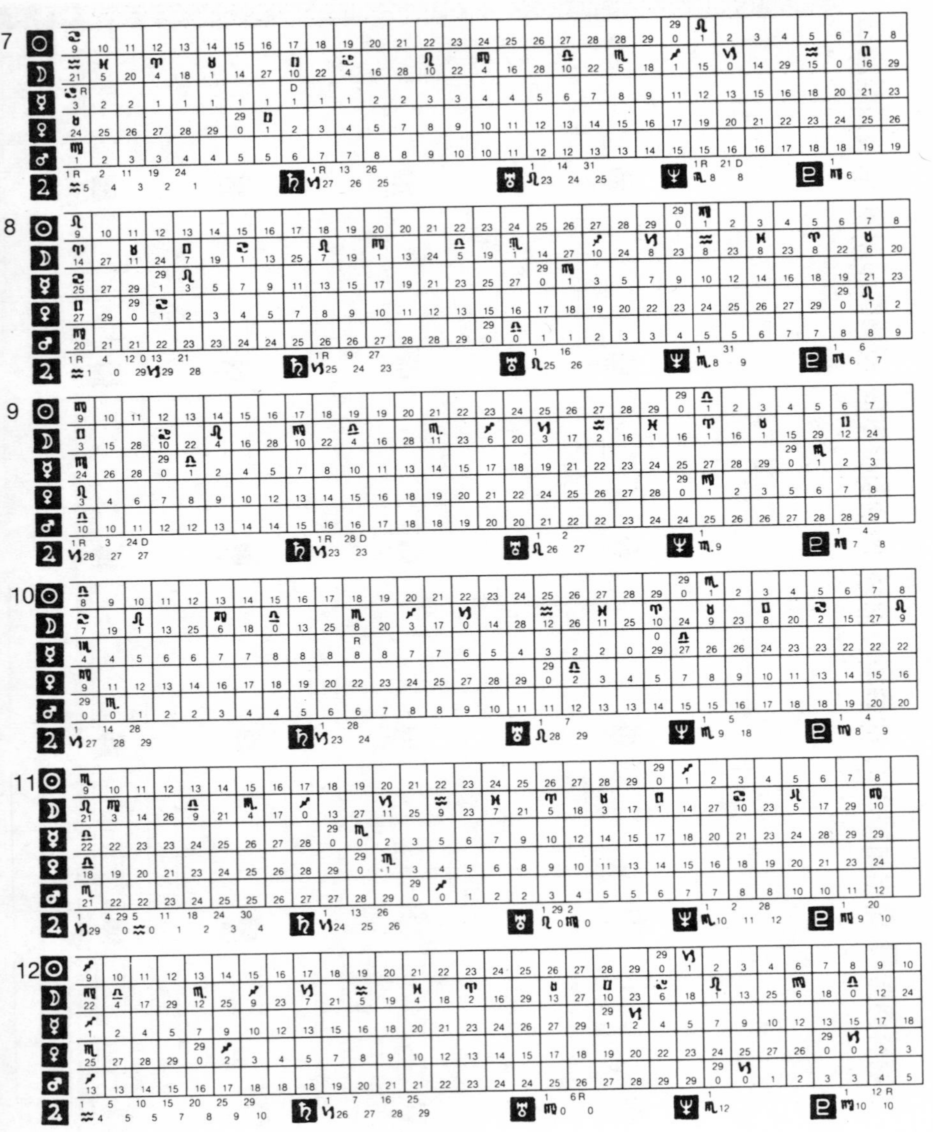

7

☉	♋9	10	11	12	13	14	15	16	17	18	19	20	21	22	23	24	25	26	27	28	28	29	29 0	♌1	2	3	4	5	6	7	8
☽	♒21	♓5	20	♈4	18	♉1	14	27	♊10	22	♋4	16	28	♌10	22	♍4	16	28	♎10	22	♏5	18	♐1	15	♑0	14	29	♒15	0	♓16	29
☿	♋R 3	2	2	1	1	1	1	1	D 1	1	1	2	2	3	3	4	4	5	6	7	8	9	11	12	13	15	16	18	20	21	23
♀	♉24	25	26	27	28	29	29 0	♊1	2	3	4	5	7	8	9	10	11	12	13	14	15	16	17	19	20	21	22	23	24	25	26
♂	♍1	2	3	3	4	4	5	5	6	7	7	8	8	9	10	10	11	12	12	13	13	14	15	15	16	16	17	18	18	19	19

♃ 1R 2 11 19 24 — ♒5 4 3 2 1 ♄ 1R 13 26 — ♑27 26 25 ♅ 1 14 31 — ♌23 24 25 ♆ 1R 21D — ♏8 8 ♇ 1 — ♍6

8

☉	♌9	10	11	12	13	14	15	16	17	18	19	20	20	21	22	23	24	25	26	27	28	29	29 0	♍1	2	3	4	5	6	7	8
☽	♈14	27	♉11	24	♊7	19	♋1	13	25	♌7	19	♍1	13	24	♎5	19	♏1	14	27	♐10	24	♑8	23	♒8	23	♓8	23	♈8	22	♉6	20
☿	♋25	27	29	29 1	♌3	5	7	9	11	13	15	17	19	21	23	25	27	29 0	♍1	3	5	7	9	10	12	14	16	18	19	21	23
♀	♊27	29	29 0	♋1	2	3	4	5	7	8	9	10	11	12	13	15	16	17	18	19	20	22	23	24	25	26	27	29	29 0	♌1	2
♂	♍20	21	21	22	23	23	24	24	25	26	26	27	28	28	29	29 0	♎0	1	1	2	3	3	4	5	5	6	7	7	8	8	9

♃ 1R 4 12 0 13 21 — ♒1 0 29♑29 28 ♄ 1R 9 27 — ♑25 24 23 ♅ 1 16 — ♌25 26 ♆ 1 31 — ♏8 9 ♇ 1 6 — ♍6 7

9

☉	♍9	10	11	12	13	14	15	16	17	18	19	19	20	21	22	23	24	25	26	27	28	29	29 0	♎1	2	3	4	5	6	7
☽	♊3	15	28	♋10	22	♌4	16	28	♍10	22	♎4	16	28	♏11	23	♐6	20	♑3	17	♒2	16	♓1	16	♈1	16	♉1	15	29	♊12	24
☿	♍24	26	28	29 0	♎1	2	4	5	7	8	10	11	13	14	15	17	18	19	21	22	23	24	25	27	28	29	29 0	♏1	2	3
♀	♌3	4	6	7	8	9	10	12	13	14	15	16	18	19	20	21	22	24	25	26	27	28	29 0	♍1	2	3	5	6	7	8
♂	♎10	10	11	12	12	13	14	14	15	16	16	17	18	18	19	20	20	21	22	22	23	24	24	25	26	26	27	28	28	29

♃ 1R 3 24D — ♑28 27 27 ♄ 1R 28D — ♑23 23 ♅ 1 2 — ♌26 27 ♆ 1 — ♏9 ♇ 1 4 — ♍7 8

10

☉	♎8	9	10	11	12	13	14	15	16	17	18	19	20	21	22	23	24	25	26	27	28	29	29 0	♏1	2	3	4	5	6	7	8
☽	♋7	19	♌1	13	25	♍6	18	♎0	13	25	♏8	20	♐3	17	♑0	14	28	♒12	26	♓11	25	♈10	24	♉9	23	♊8	20	♋2	15	27	♌9
☿	♏4	4	5	6	6	7	7	8	8	8	R 8	8	7	7	6	5	4	3	2	2	0	0 29	♎27	26	26	24	23	23	22	22	22
♀	♍9	11	12	13	14	16	17	18	19	20	22	23	24	25	27	28	29	29 0	♎2	3	4	5	7	8	9	10	11	13	14	15	16
♂	29 0	♏0	1	2	2	3	4	4	5	6	6	7	8	8	9	10	11	11	12	13	13	14	15	15	16	17	18	18	19	20	20

♃ 1 14 28 — ♑27 28 29 ♄ 1 28 — ♑23 24 ♅ 1 7 — ♌28 29 ♆ 1 5 — ♏9 18 ♇ 1 4 — ♍8 9

11

☉	♏9	10	11	12	13	14	15	16	17	18	19	20	21	22	23	24	25	26	27	28	29	29 0	♐1	2	3	4	5	6	7	8
☽	♌21	♍3	14	26	♎9	21	♏4	17	♐0	13	27	♑11	25	♒9	23	♓7	21	♈5	18	♉3	17	♊1	14	27	♋10	23	♌5	17	29	♍10
☿	♎22	22	23	23	24	25	26	27	28	29 0	♏0	2	3	5	6	7	9	10	12	14	15	17	18	20	21	23	24	28	29	29
♀	♎18	19	20	21	23	24	25	26	28	29	29 0	♏1	3	4	5	6	8	9	10	11	13	14	15	16	18	19	20	21	23	24
♂	♏21	22	22	23	24	25	25	26	27	27	28	29	29 0	♐0	1	2	2	3	4	5	5	6	7	7	8	8	10	10	11	12

♃ 1 4 29 5 11 18 24 30 — ♑29 0 ♒0 1 2 3 4 ♄ 1 13 26 — ♑24 25 26 ♅ 1 29 2 — ♌0 ♍0 ♆ 1 2 28 — ♏10 11 12 ♇ 1 20 — ♍9 10

12

☉	♐9	10	11	12	13	14	15	16	17	18	19	20	21	22	23	24	25	26	27	28	29	29 0	♑1	2	3	4	6	7	8	9	10
☽	♍22	♎4	17	29	♏12	25	♐9	23	♑7	21	♒5	19	♓4	18	♈2	16	29	♉13	27	♊10	23	♋6	18	♌1	13	25	♍6	18	♎0	12	24
☿	♐1	2	4	5	7	9	10	12	13	15	16	18	20	21	23	24	26	27	29	29 1	♑2	4	5	7	9	10	12	13	15	17	18
♀	♏25	27	28	29	29 0	♐2	3	4	5	7	8	9	10	12	13	14	15	17	18	19	20	22	23	24	25	27	26	29 0	♑0	2	3
♂	♐13	13	14	15	16	17	18	18	18	19	20	21	21	22	23	24	24	25	26	27	28	29	29	29 0	♑0	1	2	3	3	4	5

♃ 1 5 10 15 20 25 29 — ♒4 5 5 7 8 9 10 ♄ 1 7 16 25 — ♑26 27 28 29 ♅ 1 6R — ♍0 0 ♆ 1 — ♏12 ♇ 1 12R — ♍10 10

1962的行星位置

1

	1	2	3	4	5	6	7	8	9	10	11	12	13	14	15	16	17	18	19	20	21	22	23	24	25	26	27	28	29	30	31
☉	♑ 11	12	13	14	15	16	17	18	19	20	21	22	23	24	25	26	27	28	29	29 0	♒ 1	2	3	4	5	6	7	8	9	10	11
☽	♏ 7	20	♐ 3	17	♑ 1	15	♒ 0	15	29	♓ 14	28	♈ 12	26	♉ 10	23	♊ 7	19	♋ 2	15	27	♌ 9	21	♍ 3	15	26	♎ 8	20	♏ 2	15	28	♐ 11
☿	♑ 26	22	23	25	26	28	29 0	1	3	4	6	8	9	11	12	13	15	16	17	18	19	20	21	22	22	22	R 22	22	22	21	21
♀	♑ 4	6	7	8	9	11	12	13	14	16	17	18	19	21	22	23	24	26	27	28	29 0	♒ 1	2	3	4	6	7	8	9	11	12
♂	♑ 6	6	7	8	9	10	10	11	12	13	13	14	15	16	16	17	18	19	19	20	21	22	23	23	24	25	26	26	27	28	29

	♃	♄	♅	♆	♇
日	1 3 7 12 16 20 24 29	1 3 29 4 12 20 29	1R 10D 11	1 2	1R 3
位置	♒10 11 12 13 14 15 16 17	♑29 0 ♒0 1 2 3	♍0 29 ♌29′	♏12 13	♍10 9

2

	1	2	3	4	5	6	7	8	9	10	11	12	13	14	15	16	17	18	19	20	21	22	23	24	25	26	27	28	29	30	31
☉	♒ 12	13	14	16	16	17	18	19	20	21	22	23	24	25	26	27	28	29	29 0	♓ 1	2	3	4	5	6	7	8	9			
☽	♐ 25	♑ 9	23	♒ 8	23	♓ 8	23	♈ 8	22	♉ 6	20	♊ 4	16	29	♋ 12	24	♌ 6	18	♍ 0	11	23	♎ 5	17	29	♏ 11	24	♐ 6	19			
☿	♒ R 20	19	18	17	15	14	13	12	11	10	9	8	8	7	7	7	7	D 7	7	7	8	8	9	9	10	11	11	12			
♀	♒ 13	14	16	17	18	20	21	22	23	25	26	27	28	29 0	♓ 1	2	3	5	6	7	9	10	11	12	13	15	16	17			
♂	29 0	♒ 0	1	2	3	3	4	5	6	6	7	8	9	10	10	11	12	13	14	14	15	16	17	17	18	19	20	21			

	♃	♄	♅	♆	♇
日	1 6 10 14 19 23 27	1 6 15 24	1R 6 28	1 13R	1R 23
位置	♒18 19 20 21 22 23 24	♒3 4 5 6	♌29 28 27	♏13 13	♍9 8

3

	1	2	3	4	5	6	7	8	9	10	11	12	13	14	15	16	17	18	19	20	21	22	23	24	25	26	27	28	29	30	31
☉	♓ 10	11	12	13	14	15	16	17	18	19	20	21	22	23	24	25	26	27	28	29	29 0	♈ 1	2	3	4	5	6	7	8	9	10
☽	♑ 3	17	♒ 1	16	♓ 1	16	♈ 1	16	♉ 1	16	29	♊ 13	26	♋ 8	21	♌ 3	15	27	♍ 8	20	♎ 2	14	26	♏ 8	21	♐ 3	16	29	♑ 12	26	♒ 10
☿	♒ 13	14	15	16	17	18	20	21	22	23	24	26	27	28	29 0	♓ 1	3	4	6	7	9	10	12	13	15	17	18	20	22	23	25
♀	♓ 18	20	21	22	23	25	26	27	28	29 0	♈ 1	2	3	4	6	7	8	9	11	12	13	14	16	17	18	19	21	22	23	24	26
♂	♒ 21	22	23	24	24	25	26	27	28	28	29	29 0	♓ 1	2	2	3	4	5	5	6	7	8	9	9	10	11	12	13	13	14	15

	♃	♄	♅	♆	♇
日	1 3 8 12 16 21 26 29 26	1 5 15 27	1R 27	1R 29	1R
位置	♒24 25 26 27 28 29 0 ♓0	♒6 7 8 9	♌27 26	♏13 12	♍8

4

	1	2	3	4	5	6	7	8	9	10	11	12	13	14	15	16	17	18	19	20	21	22	23	24	25	26	27	28	29	30	31
☉	♈ 11	12	13	14	15	16	17	18	19	20	21	22	23	24	25	26	27	28	29	29 0	♉ 1	2	3	4	5	6	7	8	9	10	
☽	♒ 24	♓ 9	24	♈ 9	25	♉ 9	24	♊ 8	22	♋ 5	17	♌ 0	12	23	♍ 5	17	29	♎ 11	23	♏ 5	18	♐ 0	13	26	♑ 9	22	♒ 6	20	♓ 4	19	
☿	♓ 27	29	29 1	♈ 2	4	6	8	10	12	14	16	18	20	22	24	26	28	29 0	♉ 3	5	7	9	11	13	15	17	19	21	23	25	
♀	♈ 27	28	29 0	♉ 1	2	3	4	5	7	8	9	10	12	13	14	15	17	18	19	20	21	23	24	25	26	28	29	29 0	♊ 1	2	
♂	♓ 16	16	17	18	19	20	20	21	22	23	23	24	25	26	27	27	28	29	29 0	♈ 0	1	2	3	4	4	5	6	7	7	8	

	♃	♄	♅	♆	♇
日	1 4 9 14 19 25 30	1 10 29	1R	1R	1R 4
位置	♓1 2 3 4 5 6 7	♒9 10 11	♌26	♏12	♍8 7

5

	1	2	3	4	5	6	7	8	9	10	11	12	13	14	15	16	17	18	19	20	21	22	23	24	25	26	27	28	29	30	31
☉	♉ 11	12	13	14	15	15	16	17	18	19	20	21	22	23	24	25	26	27	28	28	29 0	♊ 1	2	3	4	5	6	7	8	9	10
☽	♈ 3	18	♉ 3	18	♊ 2	16	♋ 0	13	25	♌ 8	20	♍ 2	14	25	♎ 7	19	♏ 2	14	27	♐ 9	23	♑ 6	19	♒ 3	17	♓ 1	15	29	♈ 13	28	♉ 12
☿	♉ 27	29	29 0	♊ 2	3	5	6	8	9	10	12	13	14	15	16	16	17	18	18	19	19	20	20	20	20	1R 20	20	20	19	19	19
♀	♊ 4	5	6	7	9	10	11	12	13	15	16	17	18	19	21	22	23	24	25	27	28	29	29 0	♋ 2	3	4	5	6	8	9	10
♂	♈ 9	10	11	11	12	13	14	14	15	16	17	17	18	19	20	20	21	22	23	23	24	25	26	26	27	28	29	29 0	♉ 0	1	2

	♃	♄	♅	♆	♇
日	1 7 13 21 30	1 22R	1R 4D	1R 7	1R 19D
位置	♓7 8 9 10 11	♒11 11	♌26 26	♏12 11	♍7 7

6

	1	2	3	4	5	6	7	8	9	10	11	12	13	14	15	16	17	18	19	20	21	22	23	24	25	26	27	28	29	30	31
☉	♊ 11	11	12	13	14	15	16	17	18	19	20	21	22	23	24	25	26	27	28	29	29 0	♋ 1	2	2	3	4	5	6	7	8	
☽	♉ 26	♊ 11	24	♋ 8	21	♌ 3	16	28	♍ 10	22	♎ 3	15	27	♏ 10	22	♐ 5	18	♑ 2	15	29	♒ 13	27	♓ 12	26	♈ 10	24	♉ 8	22	♊ 6	20	
☿	♊ R 18	18	17	16	16	15	15	14	14	14	13	13	12	12	12	12	11	11	D 11	11	12	12	12	13	13	14	14	15	16	17	
♀	♋ 11	12	14	15	16	17	18	19	21	22	23	24	25	27	28	29	29 0	♌ 1	3	4	5	6	7	8	10	11	12	13	14	15	
♂	♉ 2	3	4	5	5	6	7	8	8	9	10	11	11	12	13	14	14	15	16	16	17	18	19	19	20	21	22	22	23	24	

	♃	♄	♅	♆	♇
日	1 11	1R 13	1 10	1R 19	1
位置	♓11 12	♒11 10	♌26 27	♏11 10	♍7

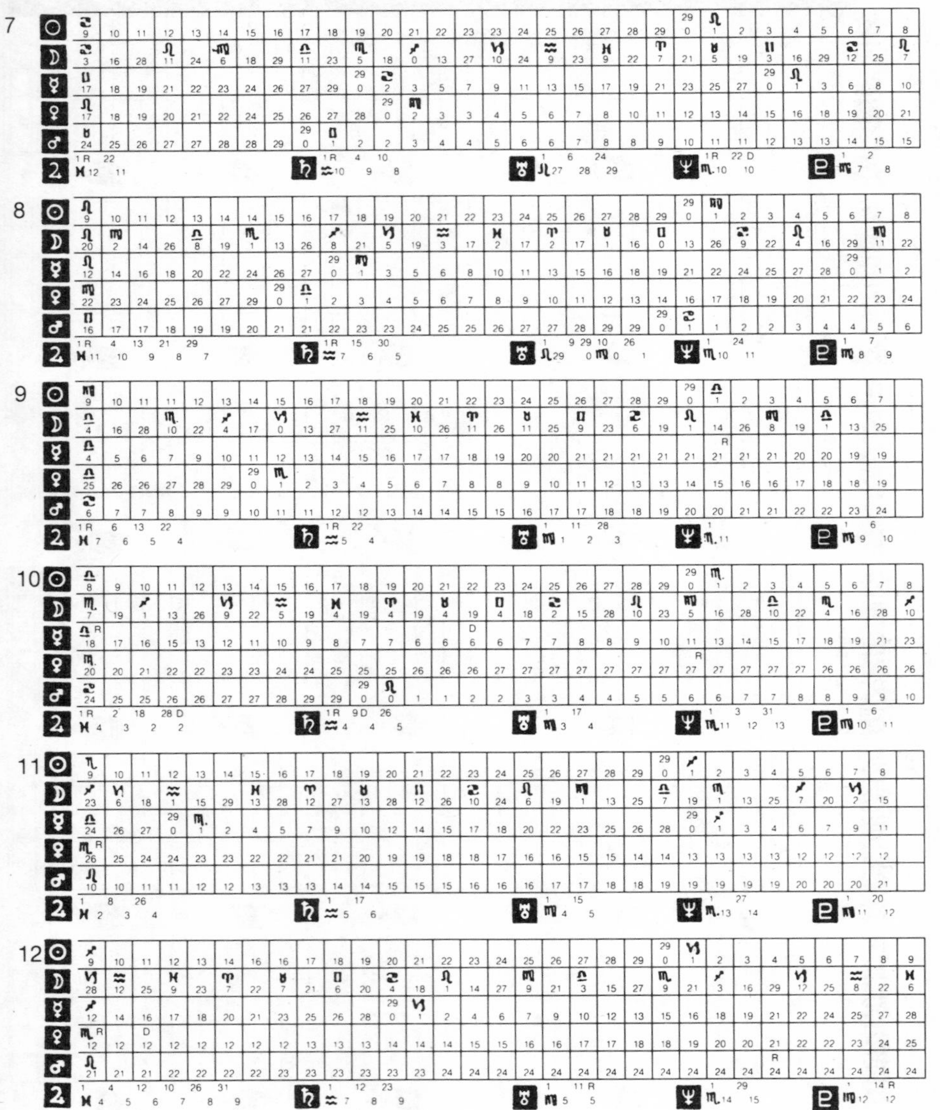

7																															
☉	♋ 9	10	11	12	13	14	15	16	17	18	19	20	21	22	23	23	24	25	26	27	28	29	29 0	♌ 1	2	3	4	5	6	7	8
☽	♋ 3	16	28	♌ 11	24	♍ 6	18	29	♎ 11	23	♏ 5	18	♐ 0	13	27	♑ 10	24	♒ 9	23	♓ 9	22	♈ 7	21	♉ 5	19	♊ 3	16	29	♋ 12	25	♌ 7
☿	♊ 17	18	19	21	22	23	24	26	27	29	29 0	♋ 2	3	5	7	9	11	13	15	17	19	21	23	25	27	29 0	♌ 1	3	6	8	10
♀	♌ 17	18	19	20	21	22	24	25	26	27	28	29 0	♍ 2	3	3	4	5	6	7	8	10	11	12	13	14	15	16	18	19	20	21
♂	♉ 24	25	26	27	27	28	28	29	29 0	♊ 1	2	2	3	4	4	5	6	6	7	8	8	9	10	11	11	12	13	13	14	15	15

♃ 1R 22 / ♓ 12 11 — ♄ 1R 4 10 / ♒ 10 9 8 — ♅ 1 6 24 / ♌ 27 28 29 — ♆ 1R 22 D / ♏ 10 10 — ♇ 1 2 / ♍ 7 8

8																															
☉	♌ 9	10	11	12	13	14	14	15	16	17	18	19	20	21	22	23	24	25	26	27	28	29	29 0	♍ 1	2	3	4	5	6	7	8
☽	♌ 20	♍ 2	14	26	♎ 8	19	♏ 1	13	26	♐ 8	21	♑ 5	19	♒ 3	17	♓ 2	17	♈ 2	17	♉ 1	16	♊ 0	13	26	♋ 9	22	♌ 4	16	29	♍ 11	22
☿	♌ 12	14	16	18	20	22	24	26	27	29 0	♍ 1	3	5	6	8	10	11	13	15	16	18	19	21	22	24	25	27	28	29 0	1	2
♀	♍ 22	23	24	25	26	27	29	29 0	♎ 1	2	3	4	5	6	7	8	9	10	11	12	13	14	16	17	18	19	20	21	22	23	24
♂	♊ 16	17	17	18	19	19	20	21	21	22	23	23	24	25	25	26	27	27	28	29	29	29 0	♋ 1	1	2	2	3	4	4	5	6

♃ 1R 4 13 21 29 / ♓ 11 10 9 8 7 — ♄ 1R 15 30 / ♒ 7 6 5 — ♅ 1 9 29 10 26 / ♌ 29 0 ♍ 0 1 — ♆ 1 24 / ♏ 10 11 — ♇ 1 7 / ♍ 8 9

9																															
☉	♍ 9	10	11	11	12	13	14	15	16	17	18	19	20	21	22	23	24	25	26	27	28	29	29 0	♎ 1	2	3	4	5	6	7	
☽	♎ 4	16	28	♏ 10	22	♐ 4	17	♑ 0	13	27	♒ 11	25	♓ 10	26	♈ 11	26	♉ 11	25	♊ 9	23	♋ 6	19	♌ 1	14	26	♍ 8	19	♎ 1	13	25	
☿	♎ 4	5	6	7	9	10	11	12	13	14	15	16	17	17	18	19	20	20	21	21	21	21	21	R 21	21	21	20	20	19	19	
♀	♎ 25	26	26	27	28	29	29 0	♏ 1	2	3	4	5	6	7	8	8	9	10	11	12	13	13	14	15	16	16	17	18	18	19	
♂	♋ 6	7	7	8	9	9	10	11	11	12	12	13	14	14	15	15	16	17	17	18	18	19	20	20	21	21	22	22	23	24	

♃ 1R 6 13 22 / ♓ 7 6 5 4 — ♄ 1R 22 / ♒ 5 4 — ♅ 1 11 28 / ♍ 1 2 3 — ♆ 1 / ♏ 11 — ♇ 1 6 / ♍ 9 10

10																															
☉	♎ 8	9	10	11	12	13	14	15	16	17	18	19	20	21	22	23	24	25	26	27	28	29	29 0	♏ 1	2	3	4	5	6	7	8
☽	♏ 7	19	♐ 1	13	26	♑ 9	22	♒ 5	19	♓ 4	19	♈ 4	19	♉ 4	19	♊ 4	18	♋ 2	15	28	♌ 10	23	♍ 5	16	28	♎ 10	22	♏ 4	16	28	♐ 10
☿	♎ R 18	17	16	15	13	12	11	10	9	8	7	7	6	6	D 6	6	7	7	8	8	9	10	11	13	14	15	17	18	19	21	23
♀	♏ 20	20	21	22	22	23	23	24	24	25	25	25	26	26	26	27	27	27	27	27	27	27	R 27	27	27	27	27	26	26	26	26
♂	♋ 24	25	25	26	26	27	27	28	29	29	29 0	♌ 0	1	1	2	2	3	3	4	4	5	5	6	6	7	7	8	8	9	9	10

♃ 1R 2 18 28 D / ♓ 4 3 2 2 — ♄ 1R 9D 26 / ♒ 4 4 5 — ♅ 1 17 / ♍ 3 4 — ♆ 1 3 31 / ♏ 11 12 13 — ♇ 1 6 / ♍ 10 11

11																															
☉	♏ 9	10	11	12	13	14	15	16	17	18	19	20	21	22	23	24	25	26	27	28	29	29 0	♐ 1	2	3	4	5	6	7	8	
☽	♐ 23	♑ 6	18	♒ 1	15	29	♓ 13	28	♈ 12	27	♉ 13	28	♊ 12	26	♋ 10	24	♌ 6	19	♍ 1	13	25	♎ 7	19	♏ 1	13	25	♐ 7	20	♑ 2	15	
☿	♎ 24	26	27	29 0	♏ 1	2	4	5	7	9	10	12	14	15	17	18	20	22	23	25	26	28	29 0	♐ 1	3	4	6	7	9	11	
♀	♏ R 26	25	24	24	23	23	22	22	21	21	20	19	19	18	18	17	16	16	15	15	14	14	13	13	13	13	12	12	12	12	
♂	♌ 10	10	11	11	12	12	13	13	13	14	14	15	15	15	16	16	16	17	17	18	18	19	19	19	19	19	20	20	20	21	

♃ 1 8 26 / ♓ 2 3 4 — ♄ 1 17 / ♒ 5 6 — ♅ 1 15 / ♍ 4 5 — ♆ 1 27 / ♏ 13 14 — ♇ 1 20 / ♍ 11 12

12																															
☉	♐ 9	10	11	12	13	14	16	16	17	18	19	20	21	22	23	24	25	26	27	28	29	29 0	♑ 1	2	3	4	5	6	7	8	9
☽	♑ 28	♒ 12	25	♓ 9	23	♈ 7	22	♉ 7	21	♊ 6	20	♋ 4	18	♌ 1	14	27	♍ 9	21	♎ 3	15	27	♏ 9	21	♐ 3	16	29	♑ 12	25	♒ 8	22	♓ 6
☿	♐ 12	14	16	17	18	20	21	23	25	26	28	29 0	♑ 1	2	4	6	7	9	10	12	13	15	16	18	19	21	22	24	25	27	28
♀	♏ R 12	12	D 12	12	12	12	12	12	13	13	13	14	14	14	15	15	16	16	17	17	18	18	19	20	20	21	22	22	23	24	25
♂	♌ 21	21	21	22	22	22	22	23	23	23	23	23	23	24	24	24	24	24	24	24	24	24	24	24	24	R 24	24	24	24	24	24

♃ 1 4 12 10 26 31 / ♓ 4 5 6 7 8 9 — ♄ 1 12 23 / ♒ 7 8 9 — ♅ 1 11 R / ♍ 5 5 — ♆ 1 29 / ♏ 14 15 — ♇ 1 14 R / ♍ 12 12

1963的行星位置

1

	1	2	3	4	5	6	7	8	9	10	11	12	13	14	15	16	17	18	19	20	21	22	23	24	25	26	27	28	29	30	31
☉	♑ 10	11	12	13	14	15	16	17	19	20	21	22	23	24	25	26	27	28	29	29 0	♒ 1	2	3	4	5	6	7	8	9	10	11
☽	♓ 20	♈ 4	18	♉ 2	17	♊ 1	15	29	♋ 13	26	♌ 9	22	♍ 4	17	29	♎ 11	23	♏ 4	16	29	♐ 11	24	♑ 7	20	♒ 4	18	♓ 2	16	♈ 1	15	29
☿	♑ 29	29 0	♒ 2	3	4	4	5	6	6	6	R 6	6	6	5	4	3	2	1	0	0 29	♑ 27	26	25	24	24	22	21	21	20	20	20
♀	♏ 25	26	27	29	29	29 0	♐ 1	1	2	3	4	5	6	7	8	9	10	11	12	13	14	15	16	17	18	19	20	21	22	23	24
♂	♌ R 24	24	24	24	24	23	23	23	23	23	22	22	22	22	21	21	21	21	20	20	20	19	19	19	18	18	17	17	17	16	16

♃ 1 6 11 16 21 26 30
♓ 9 10 11 12 13 14 15
♄ 1 10 19 27
♒ 10 11 12 13
♅ 1R 5
♍ 5 4
♆ 1
♏ 15
♇ 1R 10
♍ 12 11

2

	1	2	3	4	5	6	7	8	9	10	11	12	13	14	15	16	17	18	19	20	21	22	23	24	25	26	27	28	29	30	31
☉	♒ 12	13	14	15	16	17	18	19	20	21	22	23	24	25	26	27	28	29	29 0	♓ 1	2	3	4	5	6	7	8	9			
☽	♉ 13	27	♊ 11	25	♋ 8	22	♌ 5	17	♍ 0	12	25	♎ 7	19	♏ 1	12	24	♐ 6	19	♑ 1	14	28	♒ 12	26	♓ 11	25	♈ 10	25	♉ 10			
☿	♑ D 20	21	21	21	22	22	23	23	24	25	26	27	28	29	29 0	♒ 1	2	3	5	6	7	8	10	11	12	14	15	17			
♀	♐ 25	26	27	28	29 0	♑ 1	2	3	4	5	6	7	8	9	10	12	13	14	15	16	17	18	20	21	22	23	24	25			
♂	♌ 15	15	15	14	14	13	13	13	12	12	12	11	11	10	10	10	9	9	9	8	8	8	8	7	7	7	7	6			

♃ 1 4 8 13 17 21 25
♓ 15 16 17 18 19 20 21
♄ 1 4 13 21
♒ 13 14 15 16
♅ 1R 5 26
♍ 4 3 2
♆ 1 16R
♏ 15 15
♇ 1R 26
♍ 11 10

3

	1	2	3	4	5	6	7	8	9	10	11	12	13	14	15	16	17	18	19	20	21	22	23	24	25	26	27	28	29	30	31
☉	♓ 10	11	12	13	14	15	16	17	18	19	20	21	22	23	24	25	26	27	28	29	29 0	♈ 1	2	3	4	5	6	7	8	9	10
☽	♉ 24	♊ 8	22	♋ 5	18	♌ 1	14	26	♍ 9	21	♎ 3	15	27	♏ 9	21	♐ 3	15	27	♑ 10	22	♒ 8	20	♓ 4	19	♈ 4	19	♉ 4	19	♊ 4	18	♋ 2
☿	♒ 18	19	21	22	24	26	27	29	29 0	♓ 2	4	5	7	9	10	12	14	15	17	19	21	23	25	27	29	29 1	♈ 2	4	6	8	11
♀	♑ 26	28	29	29 0	♒ 1	2	3	5	6	7	8	9	10	12	13	14	15	16	17	19	20	21	22	23	24	26	27	28	29	29 0	♓ 2
♂	♌ R 6	6	6	6	6	5	5	5	5	5	5	5	5	5	5	5	D 5	5	5	5	5	5	5	5	5	5	6	6	6	6	6

♃ 1 2 6 10 14 18 22 26
♓ 21 22 23 24 25 26 27 28
♄ 1 2 11 21 31
♒ 16 17 18 19 20
♅ 1R 24
♍ 2 1
♆ 1R
♏ 15
♇ 1R
♍ 10

4

	1	2	3	4	5	6	7	8	9	10	11	12	13	14	15	16	17	18	19	20	21	22	23	24	25	26	27	28	29	30	31
☉	♈ 11	12	13	14	15	16	17	18	19	20	21	22	23	24	25	26	27	28	29	29 0	♉ 1	2	3	4	5	6	7	7	8	9	
☽	♋ 15	28	♌ 11	23	♍ 6	18	♎ 0	12	24	♏ 6	18	29	♐ 11	23	♑ 6	18	♒ 1	14	28	♓ 12	27	♈ 12	27	♉ 12	28	♊ 13	27	♋ 11	25	♌ 8	
☿	♈ 13	15	17	19	21	23	25	27	29 0	♉ 1	3	5	7	9	10	12	14	15	17	18	20	21	22	24	25	26	26	27	28	28	
♀	♓ 3	4	5	6	8	9	10	11	12	13	15	16	17	18	19	21	22	23	24	25	27	28	29	29 0	♈ 1	3	4	5	6	7	
♂	♌ 6	7	7	7	7	7	8	8	8	8	9	9	9	9	10	10	10	11	11	11	12	12	12	13	13	13	14	14	14	15	

♃ 1 4 29 5 8 12 16 21 25
♓ 29 0 ♈ 0 1 2 3 4 5
♄ 1 12 27
♒ 20 21 22
♅ 1R
♍ 1
♆ 1R 8
♏ 15 14
♇ 1R 7
♍ 0 9

5

	1	2	3	4	5	6	7	8	9	10	11	12	13	14	15	16	17	18	19	20	21	22	23	24	25	26	27	28	29	30	31
☉	♉ 10	11	12	13	14	15	16	17	18	19	20	21	22	23	24	25	26	27	28	29	29 0	♊ 1	2	3	4	5	5	6	7	8	9
☽	♌ 20	♍ 3	15	27	♎ 9	21	♏ 3	15	26	♐ 8	21	♑ 3	15	28	♒ 11	24	♓ 8	22	♈ 6	21	♉ 6	21	♊ 6	21	♋ 6	20	♌ 3	16	29	♍ 12	24
☿	♉ 29	29	29 0	♊ 0	0	R 0	0	0	0	0 29	♉ 29	29	28	28	27	27	26	25	25	25	24	23	23	22	22	22	22	21	21	21	D 21
♀	♈ 9	10	11	12	14	15	16	17	18	20	21	22	23	24	26	27	28	29	29 0	♉ 2	3	4	5	6	8	9	10	11	12	14	15
♂	♌ 15	15	16	16	17	17	17	18	18	19	19	20	20	21	21	21	22	22	23	23	24	24	25	25	25	26	27	27	27	28	28

♃ 1 4 9 13 18 23 29
♈ 6 7 8 9 10 11 12
♄ 1 22
♒ 22 23
♅ 1R 9D
♍ 1 1
♆ 1R 16
♏ 14 13
♇ 1R 21D
♍ 9 8

6

	1	2	3	4	5	6	7	8	9	10	11	12	13	14	15	16	17	18	19	20	21	22	23	24	25	26	27	28	29	30	31
☉	♊ 10	11	12	13	14	15	16	17	18	19	20	21	22	23	24	25	26	27	27	28	29	29 0	♋ 1	2	3	4	5	6	7	8	
☽	♎ 6	18	♏ 0	11	23	♐ 5	17	♑ 0	12	25	♒ 8	21	♓ 4	18	♈ 2	16	♉ 0	15	♊ 0	15	29	♋ 14	28	♌ 11	24	♍ 7	20	♎ 2	14	26	
☿	♉ 21	22	22	22	23	23	24	24	25	26	27	28	28	29	29 0	♊ 2	3	4	5	7	8	9	11	12	14	16	17	19	21	23	
♀	♉ 16	17	19	20	21	22	23	25	26	27	28	29 0	♊ 1	2	3	4	6	7	8	9	10	12	13	14	15	16	18	19	20	21	
♂	♌ 29	29	29 0	♍ 0	1	1	2	2	3	4	4	5	5	6	6	7	7	8	8	9	9	10	10	11	12	12	13	13	14	14	

♃ 1 3 9 16 22 30
♈ 12 13 14 15 16 17
♄ 1 3R 14
♒ 23 23 22
♅ 1 22
♍ 1 2
♆ 1R
♏ 13
♇ 1
♍ 9

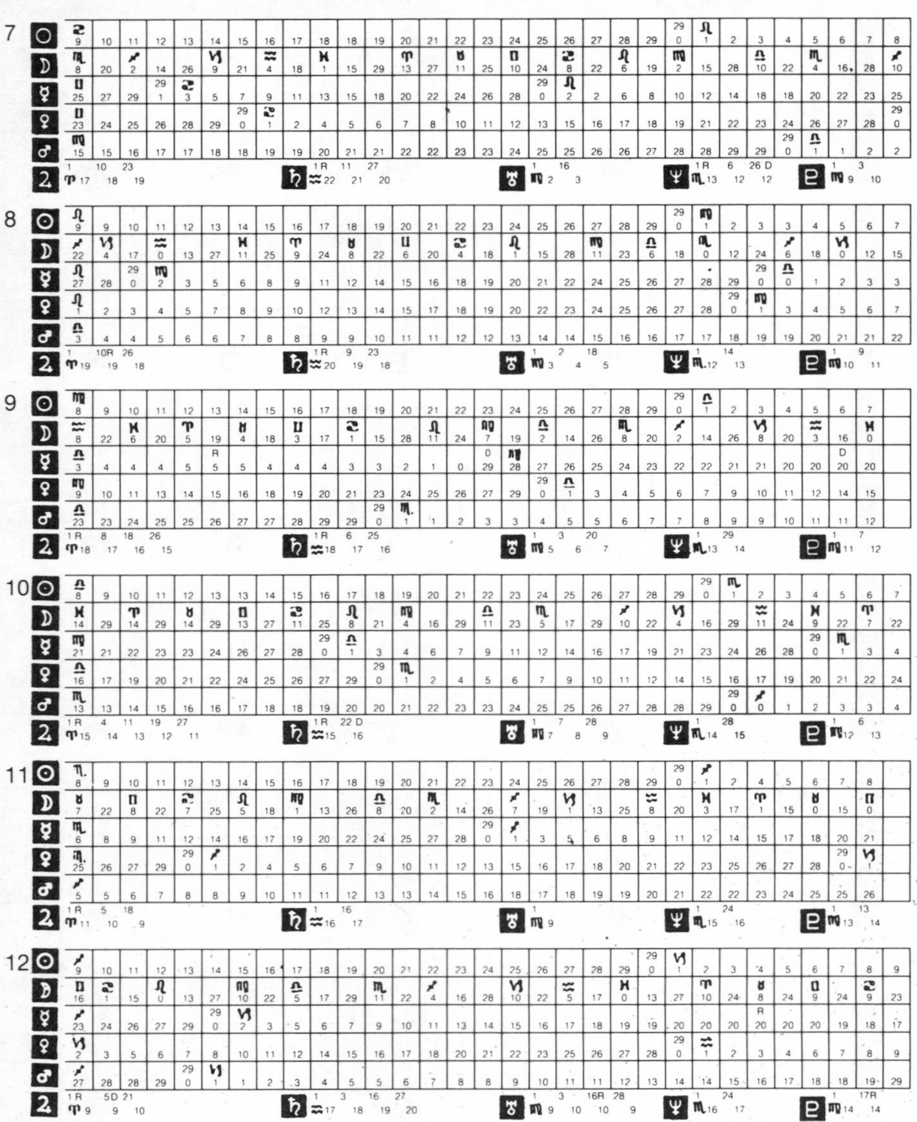

7																															
☉	♋ 9	10	11	12	13	14	15	16	17	18	18	19	20	21	22	23	24	25	26	27	28	29	29 0	♌ 1	2	3	4	5	6	7	8
☽	♏ 8	20	♐ 2	14	26	♑ 9	21	♒ 4	18	♓ 1	15	29	♈ 13	27	♉ 11	25	♊ 10	24	♋ 8	22	♌ 6	19	♍ 2	15	28	♎ 10	22	♏ 4	16	28	♐ 10
☿	♊ 25	27	29	29 1	♋ 3	5	7	9	11	13	15	18	20	22	24	26	28	29 0	♌ 2	2	6	8	10	12	14	18	18	20	22	23	25
♀	♊ 23	24	25	26	28	29	29 0	♋ 1	2	4	5	6	7	8	10	11	12	13	15	16	17	18	19	21	22	23	24	26	27	28	29 0
♂	♍ 15	15	16	17	17	18	18	19	19	20	21	21	22	22	23	23	24	25	25	26	26	27	28	28	29	29	29 0	♎ 1	1	2	2

♃ 1 10 23 — ♈ 17 18 19　♄ 1R 11 27 — ♒ 22 21 20　♅ 1 16 — ♍ 2 3　♆ 1R 6 26D — ♏ 13 12 12　♇ 1 3 — ♍ 9 10

8																															
☉	♌ 9	9	10	11	12	13	14	15	16	17	18	19	20	21	22	23	24	25	26	27	28	29	29 0	♍ 1	2	3	3	4	5	6	7
☽	♐ 22	♑ 4	17	♒ 0	13	27	♓ 11	25	♈ 9	24	♉ 8	22	♊ 6	20	♋ 4	18	♌ 1	15	28	♍ 11	23	♎ 6	18	♏ 0	12	24	♐ 6	18	♑ 0	12	15
☿	♌ 27	28	29 0	♍ 2	3	5	6	8	9	11	12	14	15	16	18	19	20	21	22	24	25	26	27	28	29	29 0	♎ 0	1	2	3	3
♀	♌ 1	2	3	4	5	7	8	9	10	12	13	14	15	17	18	19	20	22	23	24	25	26	27	28	29 0	♍ 1	3	4	5	6	7
♂	♎ 3	4	4	5	6	6	7	8	8	9	9	10	11	11	12	12	13	14	14	15	16	16	17	17	18	19	19	20	21	21	22

♃ 1 10R 26 — ♈ 19 19 18　♄ 1R 9 23 — ♒ 20 19 18　♅ 1 2 18 — ♍ 3 4 5　♆ 1 14 — ♏ 12 13　♇ 1 9 — ♍ 10 11

9																														
☉	♍ 8	9	10	11	12	13	14	15	16	17	18	19	20	21	22	23	24	25	26	27	28	29	29 0	♎ 1	2	3	4	5	6	7
☽	♒ 8	22	♓ 6	20	♈ 5	19	♉ 4	18	♊ 3	17	♋ 1	15	28	♌ 11	24	♍ 7	19	♎ 2	14	26	♏ 8	20	♐ 2	14	26	♑ 8	20	♒ 3	16	♓ 0
☿	♎ 3	4	4	4	5	R 5	5	4	4	4	3	3	2	1	0	0 29	♍ 28	27	26	25	24	23	22	22	21	21	20	20	D 20	20
♀	♍ 9	10	11	13	14	15	16	18	19	20	21	23	24	25	26	27	29	29 0	♎ 1	3	4	5	6	7	9	10	11	12	14	15
♂	♎ 23	23	24	25	25	26	27	27	28	29	29	29 0	♏ 1	1	2	3	3	4	5	5	6	7	7	8	9	9	10	11	11	12

♃ 1R 8 18 26 — ♈ 18 17 16 15　♄ 1R 6 25 — ♒ 18 17 16　♅ 1 3 20 — ♍ 5 6 7　♆ 1 29 — ♏ 13 14　♇ 1 7 — ♍ 11 12

10																															
☉	♎ 8	9	10	11	12	13	13	14	15	16	17	18	19	20	21	22	23	24	25	26	27	28	29	29 0	♏ 1	2	3	4	5	6	7
☽	♓ 14	29	♈ 14	29	♉ 14	29	♊ 13	27	♋ 11	25	♌ 8	21	♍ 4	16	29	♎ 11	23	♏ 5	17	29	♐ 10	22	♑ 4	16	29	♒ 11	24	♓ 9	22	♈ 7	22
☿	♍ 21	21	22	23	23	24	26	27	28	29 0	♎ 1	3	4	6	7	9	11	12	14	16	17	19	21	23	24	26	28	29 0	♏ 1	3	4
♀	♎ 16	17	19	20	21	22	24	25	26	27	29	29 0	♏ 1	2	4	5	6	7	9	10	11	12	14	15	16	17	19	20	21	22	24
♂	♏ 13	13	14	15	16	16	17	18	18	19	20	20	21	22	23	23	24	25	25	26	27	28	28	29	29 0	♐ 0	1	2	3	3	4

♃ 1R 4 11 19 27 — ♈ 15 14 13 12 11　♄ 1R 22D — ♒ 15 16　♅ 1 7 28 — ♍ 7 8 9　♆ 1 28 — ♏ 14 15　♇ 1 6 — ♍ 12 13

11																														
☉	♏ 8	9	10	11	12	13	14	15	16	17	18	19	20	21	22	23	24	25	26	27	28	29	29 0	♐ 1	2	4	5	6	7	8
☽	♉ 7	22	♊ 8	22	♋ 7	25	♌ 5	18	♍ 1	13	26	♎ 8	20	♏ 2	14	26	♐ 7	19	♑ 1	13	25	♒ 8	20	♓ 3	17	♈ 1	15	♉ 0	15	♊ 0
☿	♏ 6	8	9	11	12	14	16	17	19	20	22	24	25	27	28	29 0	♐ 1	3	5	6	8	9	11	12	14	15	17	18	20	21
♀	♏ 25	26	27	29	29 0	♐ 1	2	4	5	6	7	9	10	11	12	13	15	16	17	18	20	21	22	23	25	26	27	28	29 0	♑ 1
♂	♐ 5	5	6	7	8	8	9	10	11	11	12	13	13	14	15	16	18	17	18	19	19	20	21	22	22	23	24	25	25	26

♃ 1R 5 18 — ♈ 11 10 9　♄ 1 16 — ♒ 16 17　♅ 1 — ♍ 9　♆ 1 24 — ♏ 15 16　♇ 1 13 — ♍ 13 14

12																															
☉	♐ 9	10	11	12	13	14	15	16	17	18	19	20	21	22	23	24	25	26	27	28	29	29 0	♑ 1	2	3	4	5	6	7	8	9
☽	♊ 16	♋ 1	15	♌ 0	13	27	♍ 10	22	♎ 5	17	29	♏ 11	22	♐ 4	16	28	♑ 10	22	♒ 5	17	♓ 0	13	27	♈ 10	24	♉ 8	24	♊ 9	24	♋ 9	23
☿	♐ 23	24	26	27	29	29 0	♑ 2	3	5	6	7	9	10	11	13	14	15	16	17	18	19	19	20	20	20	R 20	20	20	19	18	17
♀	♑ 2	3	5	6	7	8	10	11	12	14	15	16	17	18	20	21	22	23	25	26	27	28	29 0	♒ 1	2	3	4	6	7	8	9
♂	♐ 27	28	28	29	29 0	♑ 1	1	2	3	4	5	5	6	7	8	8	9	10	11	11	12	13	14	14	15	16	17	18	18	19	29

♃ 1R 5D 21 — ♈ 9 9 10　♄ 1 3 16 27 — ♒ 17 18 19 20　♅ 1 3 16R 28 — ♍ 9 10 10 9　♆ 1 24 — ♏ 16 17　♇ 1 17R — ♍ 14 14

1964的行星位置

1

	1	2	3	4	5	6	7	8	9	10	11	12	13	14	15	16	17	18	19	20	21	22	23	24	25	26	27	28	29	30	31
☉	♑ 10	11	12	13	14	15	16	17	18	19	20	21	22	23	24	25	26	27	28	29	29 0	♒ 1	3	4	5	6	7	8	9	10	11
☽	♌ 7	21	♍ 5	18	♎ 1	13	25	♏ 7	19	♐ 1	13	25	♑ 7	18	♒ 2	14	27	♓ 10	24	♈ 7	21	♉ 5	19	♊ 3	18	♋ 2	17	♌ 1	15	29	♍ 13
☿	♑R 16	15	14	12	11	10	8	7	6	6	5	4	4	4	D 4	4	4	5	5	6	7	7	8	9	10	11	12	13	14	15	16
♀	♒ 11	12	13	14	16	17	18	19	20	22	23	24	25	27	28	29	29 0	♓ 2	3	4	5	6	8	9	10	11	13	14	15	16	17
♂	♑ 21	21	22	23	24	25	25	26	27	28	28	29	29 0	♒ 1	2	2	3	4	5	6	6	7	8	9	9	10	11	12	13	13	14

♃ (1) ♈10, (3) 11, (12) 12, (20) 13, (27) 14　♄ (1) ♒20, (6) 21, (15) 22, (24) 23　♅ (1R) ♍9　♆ (1) ♏17　♇ (1R) ♍14, (15) 13

2

	1	2	3	4	5	6	7	8	9	10	11	12	13	14	15	16	17	18	19	20	21	22	23	24	25	26	27	28	29	30	31
☉	♒ 12	13	14	15	16	17	18	19	20	21	22	23	24	25	26	27	28	29	29 0	♓ 1	2	3	4	5	6	7	8	9	10		
☽	♍ 26	♎ 9	21	♏ 3	15	27	♐ 9	21	♑ 3	15	27	♒ 10	23	♓ 5	20	♈ 4	18	♉ 2	16	♊ 0	14	28	♋ 12	26	♌ 10	24	♍ 7	21	♎ 4		
☿	♑ 18	19	20	21	22	24	25	26	28	29 0	♒ 1	2	4	5	7	8	10	11	13	14	16	17	18	21	22	24	26	27	29 0		
♀	♓ 19	20	21	22	23	25	26	27	28	29 0	♈ 1	2	3	4	5	7	8	9	10	11	12	14	15	16	17	18	19	21	22		
♂	♒ 15	16	17	17	18	19	20	21	21	22	23	24	24	25	26	27	28	28	29	29 0	♓ 1	2	2	3	4	5	6	6	7		

♃ (1) ♈14, (2) 15, (8) 16, (13) 17, (18) 18, (23) 19, (28) 20　♄ (1) ♒23, (2) 24, (10) 25, (18) 26, (26) 27　♅ (1R) ♍9, (4) 8, (27) 7　♆ (1) ♏17, (18R) 17　♇ (1R) ♍13

3

	1	2	3	4	5	6	7	8	9	10	11	12	13	14	15	16	17	18	19	20	21	22	23	24	25	26	27	28	29	30	31
☉	♓ 11	12	13	14	15	16	17	18	19	20	21	22	23	24	25	26	27	28	29	29 0	♈ 1	2	3	4	5	6	7	8	9	10	11
☽	♎ 16	29	♏ 11	23	♐ 5	17	29	♑ 11	23	♒ 5	18	♓ 1	15	29	♈ 13	28	♉ 12	27	♊ 11	25	♋ 9	23	♌ 6	20	♍ 3	16	29	♎ 12	25	♏ 7	19
☿	♓ 1	3	4	6	8	10	12	13	15	17	19	21	23	25	27	29 0	♈ 1	3	5	7	9	11	13	15	17	19	21	22	24	26	27
♀	♈ 23	24	25	26	28	29	29 0	♉ 1	2	3	4	5	7	8	9	10	11	12	13	14	15	17	18	19	20	21	22	23	24	25	26
♂	♓ 8	9	9	10	11	12	13	13	14	15	16	17	17	18	19	20	20	21	22	23	24	24	25	26	27	28	28	29	29 0	♈ 1	1

♃ (1) ♈20, (4) 21, (8) 22, (13) 23, (17) 24, (22) 25, (26) 26, (30) 27　♄ (1) ♒27, (6) 28, (15) 29, (24 29) 0, (25) ♓0　♅ (1R) ♍7, (22) 6　♆ (1R) ♏17　♇ (1R) ♍12

4

	1	2	3	4	5	6	7	8	9	10	11	12	13	14	15	16	17	18	19	20	21	22	23	24	25	26	27	28	29	30	31
☉	♈ 12	13	14	15	16	17	18	19	20	21	22	23	24	25	26	27	27	28	29	29 0	♉ 1	2	3	4	5	6	7	8	9	10	
☽	♐ 1	13	25	♑ 6	18	♒ 1	13	26	♓ 9	23	♈ 8	22	♉ 7	22	♊ 7	21	♋ 7	20	♌ 3	17	♍ 0	13	26	♎ 9	21	♏ 3	15	27	♐ 9	21	
☿	♈ 29	29 1	♉ 2	3	5	6	7	8	8	9	10	10	11	11	11	R 11	11	11	11	10	10	9	9	8	8	7	6	6	5	4	
♀	♉ 27	28	29	29 0	♊ 1	2	3	4	5	6	7	8	9	10	11	12	13	14	15	16	16	17	18	19	20	21	22	22	23	24	
♂	♈ 2	3	4	5	5	6	7	8	8	9	10	11	11	12	13	14	15	15	16	17	18	18	19	20	21	21	22	23	24	24	

♃ (1) ♈27, (3) 28, (8) 29, (12 29) 0, (13) ♉0, (16) 1, (20) 2, (24) 3　♄ (1) ♓0, (2) 1, (3) 2, (25) 3　♅ (1R) ♍5, (29) 5　♆ (1R) ♏17, (16) 16　♇ (1R) ♍12, (12) 11

5

	1	2	3	4	5	6	7	8	9	10	11	12	13	14	15	16	17	18	19	20	21	22	23	24	25	26	27	28	29	30	31
☉	♉ 11	12	13	14	15	16	17	18	19	20	21	22	23	24	25	26	27	28	29	29	29 0	♊ 1	2	3	4	5	6	7	8	9	10
☽	♑ 3	15	27	♒ 9	21	♓ 4	18	♈ 1	16	♉ 0	15	♊ 0	16	♋ 1	15	♌ 0	13	27	♍ 10	23	♎ 6	18	♏ 0	12	24	♐ 6	18	♑ 0	12	24	♒ 6
☿	♉R 3	3	3	2	2	2	1	1	1	D 1	1	1	1	2	2	3	3	4	4	5	6	6	7	8	9	10	11	12	14	15	16
♀	♊ 25	25	26	27	27	28	29	29	29 0	♋ 0	1	2	2	3	3	4	4	4	5	5	5	6	6	6	6	6	6	6	R 6	6	6
♂	♈ 25	26	27	28	28	29	29 0	♉ 1	1	2	3	4	4	5	6	7	7	8	9	9	10	11	12	12	13	14	15	15	16	17	18

♃ (1) ♉4, (3) 5, (7) 6, (11) 7, (15) 8, (20) 9, (24) 10, (28) 11　♄ (1) ♓3, (10) 4　♅ (1R) ♍5, (13D) 5, (26) 6　♆ (1R) ♏16, (24) 15　♇ (1R) ♍11, (22D) 11

6

	1	2	3	4	5	6	7	8	9	10	11	12	13	14	15	16	17	18	19	20	21	22	23	24	25	26	27	28	29	30	31
☉	♊ 11	12	13	14	15	16	17	18	19	20	21	22	22	23	24	25	26	27	28	29	29 0	♋ 1	2	3	4	5	6	7	8	9	
☽	♒ 18	♓ 0	13	26	♈ 10	24	♉ 9	24	♊ 9	24	♋ 9	24	♌ 9	23	♍ 6	20	♎ 3	15	27	♏ 9	21	♐ 3	15	27	♑ 9	21	♒ 3	15	27	♓ 10	
☿	♉ 17	19	20	22	23	25	26	28	29 0	♊ 1	3	5	7	9	11	13	15	17	19	21	23	25	27	29 0	♋ 2	4	6	8	10	12	
♀	♋R 6	6	6	6	5	5	5	4	4	3	3	2	2	1	1	0	0 29	♊ 29	28	27	27	26	26	25	24	24	23	23	22	22	
♂	♉ 18	19	20	20	21	22	23	23	24	25	26	26	27	28	28	29	29 0	♊ 1	1	2	3	3	4	5	6	6	7	8	8	9	

♃ (1) ♉11, (2) 12, (6) 13, (11) 14, (16) 15, (20) 16, (25) 17　♄ (1) ♓4, (8) 5, (15R) 5, (22) 4　♅ (1) ♍6　♆ (1R) ♏15　♇ (1) ♍11

7																															
☉	♋ 10	11	12	13	13	14	15	16	17	18	19	20	21	22	23	24	25	26	27	28	29	29 0	♌ 1	2	3	4	4	5	6	7	8
☽	♓ 23	♈ 6	20	♉ 4	18	♊ 2	17	♋ 2	17	♌ 2	17	♍ 1	15	28	♎ 11	24	♏ 6	18	♐ 0	12	24	♑ 6	17	♒ 0	12	24	♓ 7	20	♈ 3	16	♉ 0
☿	♋ 15	17	19	21	23	25	27	29	29 1	♌ 3	5	6	8	10	12	13	15	17	18	20	21	23	24	26	27	29	29 0	♍ 1	2	4	5
♀	♊ R 22	21	21	21	20	20	20	20	20	20	D 20	20	20	20	20	20	21	21	21	21	22	22	23	23	24	24	25	25	26	26	27
♂	♊ 10	10	11	12	13	13	14	15	15	16	17	17	18	19	19	20	21	22	22	23	24	24	25	26	26	27	28	28	29	29 0	♋ 0

♃						♄		♅			♆		♇	
1	5	12	18	24	31	1R	21	1	2	23	1R	27 D	1	2
♉ 18	19	20	21	22	23	♓ 4	3	♍ 6	7	8	♏ 15	15	♍ 11	12

8																															
☉	♌ 9	10	11	12	13	14	15	16	17	18	19	20	21	22	23	24	25	26	27	27	28	29	29 0	♍ 1	2	3	4	5	6	7	8
☽	♉ 14	28	♊ 12	27	♋ 11	26	♌ 11	25	♍ 9	23	♎ 7	20	♏ 2	14	26	♐ 8	20	♑ 2	14	26	♒ 8	21	♓ 3	16	♈ 0	13	27	♉ 11	24	♊ 8	23
☿	♍ 6	7	8	9	10	11	12	13	14	14	15	16	16	17	17	17	17	17	R 17	17	17	17	17	16	15	15	14	13	12	12	11
♀	♊ 27	28	29	29	29 0	♋ 1	1	2	3	4	4	5	6	7	8	8	9	10	11	12	13	14	15	15	16	17	18	19	20	21	22
♂	♋ 1	2	2	3	4	4	5	6	6	7	8	8	9	10	10	11	12	12	13	14	14	15	15	16	17	17	18	19	19	20	21

♃			♄			♅			♆	♇	
1	9	19	1R	6	20	1	10	26	1	1	8
♉ 23	24	25	♓ 3	2	1	♍ 8	9	10	♏ 15	♍ 12	13

9																															
☉	♍ 9	10	11	12	13	14	15	16	17	18	19	20	21	22	23	24	25	26	27	28	29	29	29 0	♎ 1	2	3	4	5	6	7	
☽	♋ 7	21	♌ 5	20	♍ 4	18	♎ 1	15	28	♏ 10	22	♐ 4	16	28	♑ 10	22	♒ 4	16	29	♓ 12	25	♈ 9	23	♉ 7	21	♊ 5	19	♋ 4	18	♌ 2	
☿	♍ 10	9	8	7	6	5	5	4	4	4	D 4	4	4	5	5	6	7	8	9	10	11	12	14	15	17	19	20	22	24	25	
♀	♋ 23	24	25	26	27	28	29	29 0	♌ 1	2	3	4	5	6	7	9	10	11	12	13	14	15	16	17	18	19	21	22	23	24	
♂	♋ 21	22	23	23	24	24	25	26	26	27	28	28	29	29	29 0	♌ 1	1	2	2	3	4	4	5	6	6	7	7	8	9	9	

♃				♄				♅			♆		♇	
1	5	15 R	23	1R	2	16 0	17	1	11	27	1	25	1	6
♉ 25	26	26	25	♓ 1	0	29	♒ 29	♍ 10	11	12	♏ 15	16	♍ 13	14

10																															
☉	♎ 8	9	10	11	12	13	14	15	16	17	18	19	20	21	22	23	24	25	26	27	28	29	29 0	♏ 1	2	3	4	5	6	7	8
☽	♌ 16	29	♍ 13	27	♎ 10	23	♏ 5	18	♐ 0	12	24	♑ 6	18	♒ 0	12	24	♓ 7	20	♈ 4	18	♉ 2	16	♊ 1	16	♋ 0	14	28	♌ 12	26	♍ 10	23
☿	♍ 27	29	29 1	♎ 3	4	6	8	10	11	13	15	17	18	20	22	24	25	27	29	29 0	♏ 2	3	5	7	8	10	11	13	15	16	18
♀	♌ 25	26	27	28	29 0	♍ 1	2	3	4	5	6	8	9	10	11	12	13	15	16	17	18	19	20	22	23	24	25	26	28	29	29 0
♂	♌ 10	10	11	12	12	13	13	14	14	15	16	16	17	17	18	18	19	20	20	21	21	22	22	23	24	24	25	25	26	26	27

♃				♄		♅		♆		♇	
1R	10	21	29	1R	4	1	15	1	25	1	5
♉ 25	24	23	22	♒ 29	28	♍ 12	13	♏ 16	17	♍ 14	15

11																															
☉	♏ 9	10	11	12	13	14	15	16	17	18	19	20	21	22	23	24	25	26	27	28	29	29 0	♐ 1	2	3	4	5	6	7	8	
☽	♎ 6	19	♏ 2	14	26	♐ 9	20	♑ 2	14	26	♒ 8	20	♓ 2	15	28	♈ 12	25	♉ 10	25	♊ 10	25	♋ 10	24	♌ 9	23	♍ 7	20	♎ 3	16	29	
☿	♏ 19	21	22	24	25	27	28	29 0	♐ 1	3	4	6	7	9	10	12	13	14	16	17	19	20	21	23	24	25	26	27	28	29 0	
♀	♎ 1	2	4	5	6	7	8	10	11	12	13	14	16	17	18	19	21	22	23	24	25	27	28	29	29 0	♏ 2	3	4	5	7	
♂	♌ 27	28	28	29	29	29 0	♍ 1	1	2	2	3	3	4	4	5	5	6	6	7	7	8	8	9	9	10	10	10	11	11	12	

♃					♄		♅		♆		♇	
1R	6	13	21	28	1D	29	1	6	1	21	1	13
♉ 22	21	20	19	18	♒ 28	29	♍ 13	14	♏ 17	18	♍ 15	16

12																															
☉	♐ 9	10	11	12	13	14	15	16	17	18	19	21	22	23	24	25	26	27	28	29	29 0	♑ 1	2	3	4	5	6	7	8	9	10
☽	♏ 11	23	♐ 5	17	29	♑ 11	22	♒ 4	16	28	♓ 11	23	♈ 5	19	♉ 4	18	♊ 3	18	♋ 3	18	♌ 3	18	♍ 2	16	♎ 0	13	26	♏ 8	20	♐ 2	14
☿	♑ 1	1	2	3	4	4	4	4	R 4	4	4	3	3	2	1	0 29	♐ 28	26	25	24	22	21	20	19	19	19	18	18	D 18	18	19
♀	♏ 8	9	10	11	13	14	15	16	18	19	20	21	23	24	25	26	28	29	29 0	♐ 1	3	4	5	6	8	9	10	11	13	14	15
♂	♍ 12	13	13	14	14	14	15	15	16	16	17	17	17	18	18	19	19	19	20	20	20	21	21	21	22	22	22	22	23	23	24

♃			♄					♅		♆		♇	
1R	7	18	1	16	29	17	28	1	20 R	1	20	1	18 R
♉ 18	17	16	♒ 29	0	♓ 0		1	♍ 14	14	♏ 18	19	♍ 16	16

1965的行星位置

1

	1	2	3	4	5	6	7	8	9	10	11	12	13	14	15	16	17	18	19	20	21	22	23	24	25	26	27	28	29	30	31
☉	♑ 11	12	13	14	15	16	17	18	19	20	21	22	23	24	25	26	27	28	29	29 0	♒ 1	2	3	4	5	6	7	8	9	10	11
☽	♐ 26	♑ 8	19	♒ 1	13	25	♓ 7	20	♈ 2	15	29	♉ 12	26	♊ 11	26	♋ 11	26	♌ 11	26	♍ 11	25	♎ 9	22	♏ 5	17	29	♐ 11	23	♑ 5	16	28
☿	♐ 19	20	20	21	22	23	24	25	26	27	28	29	29 0	♑ 2	3	4	5	7	8	9	11	12	14	15	16	18	19	21	22	24	25
♀	♐ 16	18	19	20	21	23	24	25	26	28	29	29 0	♑ 1	3	4	5	6	8	9	10	11	13	14	15	16	18	19	20	21	23	24
♂	♍ 24	24	24	24	25	25	25	25	26	26	26	26	26	26	27	27	27	27	27	27	27	27	27	27	28	28	28	28	28	28	27

♃ 1R 10D ♉16 16 ♄ 1 8 18 27 ♓1 2 3 4 ♅ 1R ♍14 ♆ 1 ♏19 ♇ 1R 23 ♍18 15

2

	1	2	3	4	5	6	7	8	9	10	11	12	13	14	15	16	17	18	19	20	21	22	23	24	25	26	27	28	29	30	31
☉	♒ 12	13	14	15	16	18	19	20	21	22	23	24	25	26	27	28	29	29 0	♓ 1	2	3	4	5	6	7	8	9	10			
☽	♒ 10	22	♓ 4	17	29	♈ 12	25	♉ 8	22	♊ 5	20	♋ 4	19	♌ 4	19	♍ 4	19	♎ 3	17	♏ 0	13	25	♐ 7	19	♑ 1	13	25	♒ 7			
☿	♑ 27	28	29 0	♒ 2	3	5	6	8	10	11	13	15	16	18	20	21	23	25	27	29	29 0	♓ 2	4	6	8	10	11	13			
♀	♑ 25	26	28	29	29 0	♒ 1	3	4	5	6	8	9	10	11	13	14	15	16	18	19	20	21	23	24	25	26	28	29			
♂	♍R 27	27	27	27	27	27	27	27	27	26	26	26	26	26	25	25	25	25	24	24	24	24	23	23	23	22	22	21			

♃ 1 2 13 21 28 ♉16 17 18 19 20 ♄ 1 4 13 21 ♓4 5 6 7 ♅ 1R 2 27 ♍14 13 12 ♆ 1 12 20R 27 ♏19 20 20 19 ♇ 1R ♍15

3

	1	2	3	4	5	6	7	8	9	10	11	12	13	14	15	16	17	18	19	20	21	22	23	24	25	26	27	28	29	30	31
☉	♓ 11	12	13	14	15	16	17	18	19	20	21	22	23	24	25	26	27	28	29	29 0	♈ 1	2	3	4	5	6	7	8	9	10	11
☽	♒ 19	♓ 1	14	26	♈ 9	22	♉ 5	19	♊ 3	16	♋ 0	15	29	♌ 14	28	♍ 13	27	♎ 11	25	♏ 8	21	♐ 3	15	27	♑ 9	21	♒ 3	15	27	♓ 9	22
☿	♓ 15	17	19	21	23	25	27	29	29 1	♈ 2	4	6	8	9	11	13	14	15	17	18	19	20	21	21	22	22	23	23	R 23	23	22
♀	29 0	♓ 1	3	4	5	6	8	9	10	11	13	14	15	16	18	19	20	21	23	24	25	26	27	29	29 0	♈ 1	2	4	5	6	7
♂	♍R 21	21	20	20	20	19	19	18	18	18	17	17	17	16	16	15	15	15	14	14	14	13	13	13	12	12	12	11	11	11	10

♃ 1 7 13 19 24 29 ♉20 21 22 23 24 25 ♄ 1 9 18 26 ♓8 9 10 11 ♅ 1R 22 ♍12 11 ♆ 1R ♏19 ♇ 1R 7 ♍15 14

4

	1	2	3	4	5	6	7	8	9	10	11	12	13	14	15	16	17	18	19	20	21	22	23	24	25	26	27	28	29	30	31
☉	♈ 12	13	14	15	15	16	17	18	19	20	21	22	23	24	25	26	27	28	29	29 0	♉ 1	2	3	4	5	6	7	8	9	10	
☽	♈ 5	18	♉ 2	15	29	♊ 13	27	♋ 11	25	♌ 10	24	♍ 8	22	♎ 6	19	♏ 3	16	29	♐ 11	23	♑ 5	17	29	♒ 11	23	♓ 5	17	♈ 0	13	27	
☿	♈R 22	22	21	21	20	19	18	18	17	16	15	15	14	13	13	12	12	12	11	11	11	D 11	11	12	12	12	13	13	14	14	
♀	♈ 9	10	11	12	14	15	16	17	19	20	21	22	24	25	26	27	28	29 0	♉ 1	2	3	5	6	7	8	10	11	12	13	15	
♂	♍ 10	10	10	10	9	9	9	9	9	9	9	9	8	8	8	8	8	8	8	D 8	8	8	8	8	8	9	9	9	9	9	

♃ 1 3 8 13 17 22 29 23 27 ♉25 26 27 28 29 0 ♊0 1 ♄ 1 4 14 24 ♓11 12 13 14 ♅ 1R 21 ♍11 10 ♆ 1R 26 ♏19 18 ♇ 1R 18 ♍14 13

5

	1	2	3	4	5	6	7	8	9	10	11	12	13	14	15	16	17	18	19	20	21	22	23	24	25	26	27	28	29	30	31
☉	♉ 11	12	13	14	15	16	17	18	19	20	21	22	23	23	24	25	26	27	28	29	29 0	♊ 1	2	3	4	5	6	7	8	9	10
☽	♉ 11	25	♊ 9	23	♋ 8	23	♌ 6	21	♍ 5	18	♎ 2	15	29	♏ 12	24	♐ 7	19	♑ 1	13	25	♒ 7	19	♓ 1	13	25	♈ 8	21	♉ 5	19	♊ 3	18
☿	♈ 15	16	16	17	18	19	20	21	22	23	25	26	27	28	29 0	♉ 1	3	4	6	7	9	10	12	14	15	17	19	21	23	25	27
♀	♉ 16	17	18	19	21	22	23	24	26	27	28	29 0	♊ 1	2	3	4	5	7	8	9	10	12	13	14	15	17	18	19	20	21	23
♂	♍ 9	9	9	10	10	10	10	10	11	11	11	11	11	12	12	12	12	13	13	14	14	14	14	15	15	15	16	16	16	17	17

♃ 1 5 10 14 18 23 27 31 ♊2 3 4 5 6 7 8 9 ♄ 1 6 20 ♓14 15 16 ♅ 1R 18D ♍10 10 ♆ 1 ♏18 ♇ 1R 25D ♍13 13

6

	1	2	3	4	5	6	7	8	9	10	11	12	13	14	15	16	17	18	19	20	21	22	23	24	25	26	27	28	29	30	31
☉	♊ 11	12	13	14	16	16	17	17	18	19	20	21	22	23	24	25	26	27	28	29	29 0	♋ 1	2	3	4	5	6	7	8	9	
☽	♋ 3	18	♌ 2	17	♍ 1	15	29	♎ 12	25	♏ 8	21	♐ 3	16	28	♑ 10	22	♒ 3	15	27	♓ 9	21	♈ 4	17	♉ 0	13	27	♊ 12	27	♋ 12	27	
☿	♉ 29	29 1	♊ 3	5	7	9	11	13	15	18	20	22	24	26	29	29 1	♋ 3	5	7	9	11	13	15	17	19	21	23	24	26	28	
♀	♊ 24	25	26	28	29	29 0	♋ 1	2	4	5	6	7	9	10	11	12	13	15	16	17	18	20	21	22	23	24	26	27	28	29 0	
♂	♍ 18	18	18	19	19	20	20	20	21	21	22	22	23	23	23	24	24	25	25	26	26	27	27	28	28	29	29	29 0	♎ 0	1	

♃ 1 4 9 13 17 22 26 ♊9 10 11 12 13 14 15 ♄ 1 12 28R ♓16 17 17 ♅ 1 13 ♍10 11 ♆ 1R 2 ♏18 17 ♇ 1 28 ♍13 14

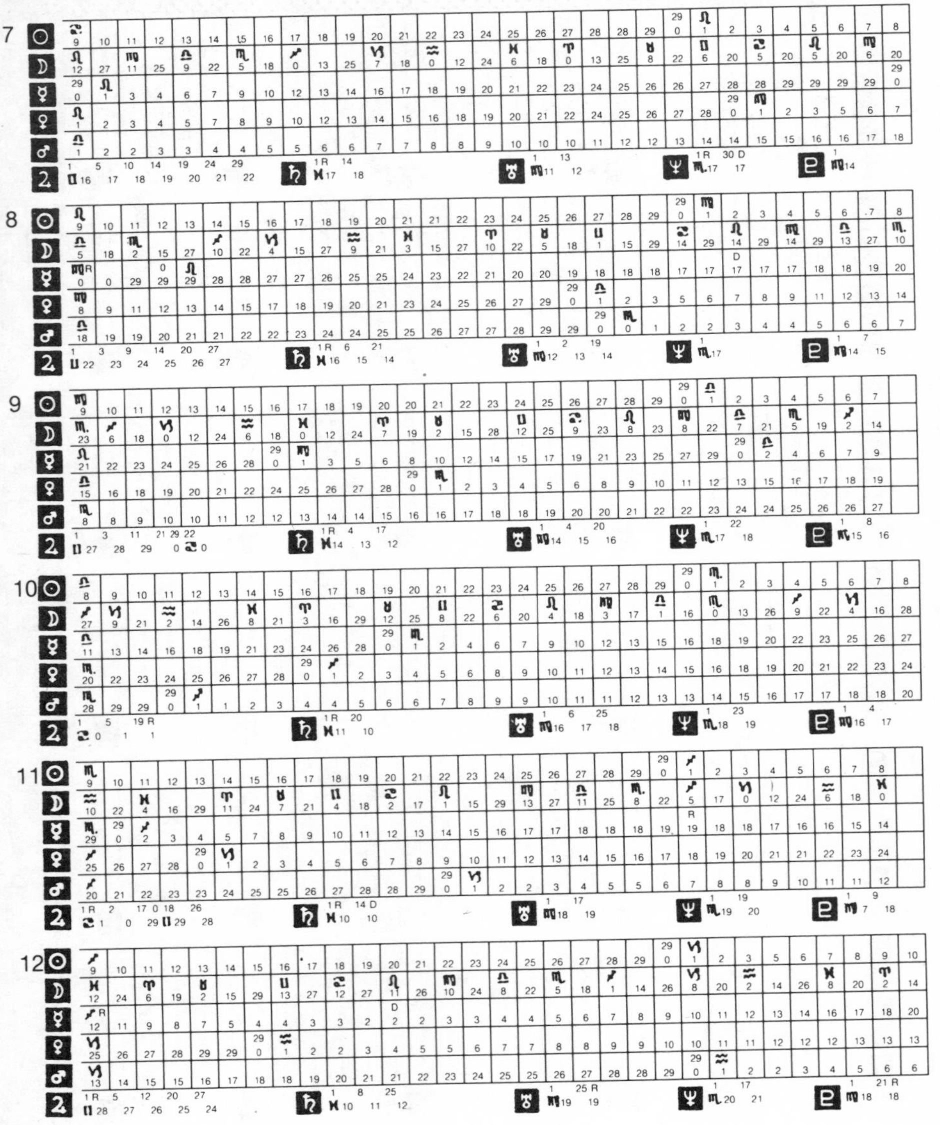

7																														
☉	♋ 9	10	11	12	13	14	15	16	17	18	19	20	21	22	23	24	25	26	27	28	28	29	29 0	♌ 1	2	3	4	5	6	7	8
☽	♌ 12	27	♍ 11	25	♎ 9	22	♏ 5	18	♐ 0	13	25	♑ 7	18	♒ 0	12	24	♓ 6	18	♈ 0	13	25	♉ 8	22	♊ 6	20	♋ 5	20	♌ 5	20	♍ 6	20
☿	29 0	♌ 1	3	4	6	7	9	10	12	13	14	16	17	18	19	20	21	22	23	24	25	26	26	27	28	28	29	29	29	29	29 0
♀	♌ 1	2	3	4	5	7	8	9	10	12	13	14	15	16	18	19	20	21	22	24	25	26	27	28	29 0	♍ 1	2	3	5	6	7
♂	♎ 1	2	2	3	3	4	4	5	5	6	6	7	7	8	8	9	10	10	10	11	12	12	13	14	14	15	15	16	16	17	18

♃ 1 5 10 14 19 24 29 — ♊16 17 18 19 20 21 22 ♄ 1R 14 — ♓17 18 ♅ 1 13 — ♍11 12 ♆ 1R 30D — ♏17 17 ♇ 1 — ♍14

8																														
☉	♌ 9	10	11	12	13	14	15	16	17	18	19	20	21	21	22	23	24	25	26	27	28	29	29 0	♍ 1	2	3	4	5	6	7	8
☽	♎ 5	18	♏ 2	15	27	♐ 10	22	♑ 4	15	27	♒ 9	21	♓ 3	15	27	♈ 10	22	♉ 5	18	♊ 1	15	29	♋ 14	29	♌ 14	29	♍ 14	29	♎ 13	27	♏ 10
☿	♍R 0	0	29	0 29	♌ 29	28	28	27	27	26	25	25	24	23	22	21	20	20	19	18	18	18	17	17	D 17	17	17	18	18	19	20
♀	♍ 8	9	11	12	13	14	15	17	18	19	20	21	23	24	25	26	27	29	29 0	♎ 1	2	3	5	6	7	8	9	11	12	13	14
♂	♎ 18	19	19	20	21	21	22	22	23	24	24	25	25	26	27	27	28	29	29	29 0	♏ 0	1	2	2	3	4	4	5	6	6	7

♃ 1 3 9 14 20 27 — ♊22 23 24 25 26 27 ♄ 1R 6 21 — ♓16 15 14 ♅ 1 2 19 — ♍12 13 14 ♆ 1 — ♏17 ♇ 1 7 — ♍14 15

9																													
☉	♍ 9	10	11	12	13	14	15	16	17	18	19	20	20	21	22	23	24	25	26	27	28	29	29 0	♎ 1	2	3	4	5	6	7
☽	♏ 23	♐ 6	18	♑ 0	12	24	♒ 6	18	♓ 0	12	24	♈ 7	19	♉ 2	15	28	♊ 12	25	♋ 9	23	♌ 8	23	♍ 8	22	♎ 7	21	♏ 5	19	♐ 2	14
☿	♌ 21	22	23	24	25	26	28	29 0	♍ 1	3	5	6	8	10	12	14	15	17	19	21	23	25	27	29	29 0	♎ 2	4	6	7	9
♀	♎ 15	16	18	19	20	21	22	24	25	26	27	28	29 0	♏ 1	2	3	4	5	6	8	9	10	11	12	13	15	16	17	18	19
♂	♏ 8	8	9	10	10	11	12	12	13	14	14	15	16	16	17	18	18	19	20	20	21	22	22	23	24	24	25	26	26	27

♃ 1 3 11 21 29 22 — ♊27 28 29 0 ♋0 ♄ 1R 4 17 — ♓14 13 12 ♅ 1 4 20 — ♍14 15 16 ♆ 1 22 — ♏17 18 ♇ 1 8 — ♍15 16

10																														
☉	♎ 8	9	10	11	12	13	14	15	16	17	18	19	20	21	22	23	24	25	26	27	28	29	29 0	♏ 1	2	3	4	5	6	7	8
☽	♐ 27	♑ 9	21	♒ 2	14	26	♓ 8	21	♈ 3	16	29	♉ 12	25	♊ 8	22	♋ 6	20	♌ 4	18	♍ 3	17	♎ 1	16	♏ 0	13	26	♐ 9	22	♑ 4	16	28
☿	♎ 11	13	14	16	18	19	21	23	24	26	28	29 0	♏ 1	2	4	6	7	9	10	12	13	15	16	18	19	20	22	23	25	26	27
♀	♏ 20	22	23	24	25	26	27	28	29 0	♐ 1	2	3	4	5	6	8	9	10	11	12	13	14	15	16	18	19	20	21	22	23	24
♂	♏ 28	29	29	29 0	♐ 1	1	2	3	4	4	5	6	6	7	8	9	9	10	11	11	12	13	13	14	15	16	17	17	18	18	20

♃ 1 5 19R — ♋0 1 1 ♄ 1R 20 — ♓11 10 ♅ 1 6 25 — ♍16 17 18 ♆ 1 23 — ♏18 19 ♇ 1 4 — ♍16 17

11																													
☉	♏ 9	10	11	12	13	14	15	16	17	18	19	20	21	22	23	24	25	26	27	28	29	29 0	♐ 1	2	3	4	5	6	7	8
☽	♒ 10	22	♓ 4	16	29	♈ 11	24	♉ 7	21	♊ 4	18	♋ 2	17	♌ 1	15	29	♍ 13	27	♎ 11	25	♏ 8	22	♐ 5	17	♑ 0	12	24	♒ 6	18	♓ 0
☿	♏ 29	29 0	♐ 2	3	4	5	7	8	9	10	11	12	13	14	15	16	17	17	18	18	18	19	R 19	18	18	17	16	16	15	14
♀	♐ 25	26	27	28	29 0	♑ 1	2	3	4	5	6	7	8	9	10	11	12	13	14	15	16	17	18	19	20	21	21	22	23	24
♂	♐ 20	21	22	23	23	24	25	25	26	27	28	28	29	29 0	♑ 1	2	2	3	4	5	5	6	7	8	8	9	10	11	11	12

♃ 1R 2 17 0 18 26 — ♋1 0 29 ♊29 28 ♄ 1R 14D — ♓10 10 ♅ 1 17 — ♍18 19 ♆ 1 19 — ♏19 20 ♇ 1 9 — ♍ 7 18

12																														
☉	♐ 9	10	11	12	13	14	15	16	17	18	19	20	21	22	23	24	25	26	27	28	29	29 0	♑ 1	2	3	5	6	7	8	9	10
☽	♓ 12	24	♈ 6	19	♉ 2	15	29	♊ 13	27	♋ 12	27	♌ 11	26	♍ 10	24	♎ 8	22	♏ 5	18	♐ 1	14	26	♑ 8	20	♒ 2	14	26	♓ 8	20	♈ 2	14
☿	♐R 12	11	9	8	7	5	4	4	3	3	2	D 2	2	3	3	4	4	5	6	7	8	9	10	11	12	13	14	16	17	18	20
♀	♑ 25	26	27	28	29	29	29 0	♒ 1	2	2	3	4	5	5	6	7	7	8	8	9	9	10	10	11	11	12	12	12	13	13	13
♂	♑ 13	14	15	15	16	17	18	18	19	20	21	21	22	23	24	25	25	26	27	28	28	29	29 0	♒ 1	2	2	3	4	5	6	6

♃ 1R 5 12 20 27 — ♊28 27 26 25 24 ♄ 1 8 25 — ♓10 11 12 ♅ 1 25R — ♍19 19 ♆ 1 17 — ♏20 21 ♇ 1 21R — ♍18 18

1966的行星位置

月	行星	1	2	3	4	5	6	7	8	9	10	11	12	13	14	15	16	17	18	19	20	21	22	23	24	25	26	27	28	29	30	31
1	☉	♑ 11	12	13	14	15	16	17	18	19	20	21	22	23	24	25	26	27	28	29	29 0	♒ 1	2	3	4	5	6	7	8	9	10	11
	☽	♈ 27	♉ 10	23	♊ 7	21	♋ 6	21	♌ 6	21	♍ 6	20	♎ 5	18	♏ 2	15	28	♐ 10	23	♑ 5	17	29	♒ 11	23	♓ 5	17	29	♈ 11	23	♉ 5	18	♊ 1
	☿	♐ 21	22	24	25	27	28	29 0	1	2	4	5	7	8	10	11	13	14	16	18	19	21	22	24	26	27	29	29 0	♒ 2	4	5	7
	♀	♒ 13	13	13	13	R 13	13	13	13	13	13	12	12	12		11	11	10	10	9	9	8	7	7	6	6	5	4	4	3	3	2
	♂	♒ 7	8	9	9	10	11	12	13	13	14	15	16	17	17	18	19	20	21	21	22	23	24	24	25	26	27	28	28	29	29 0	♓ 1

行星	日期	位置
♃	1R 4 13 24	♊ 24 23 22 21
♄	1 7 18 28	♓ 12 13 14 15
♅	1R	♍ 19
♆	1 27	♏ 21 22
♇	1R	♍ 18

月	行星	1	2	3	4	5	6	7	8	9	10	11	12	13	14	15	16	17	18	19	20	21	22	23	24	25	26	27	28	29	30	31
2	☉	♒ 12	13	14	15	16	17	18	19	20	21	22	23	24	25	26	27	28	29	29 0	♓ 1	2	3	4	5	3	7	8	9			
	☽	♊ 15	29	♋ 13	28	♌ 14	29	♍ 14	29	♎ 14	28	♏ 12	25	♐ 7	20	♑ 2	14	26	♒ 8	20	♓ 2	14	26	♈ 8	20	♉ 2	14	27	♊ 10			
	☿	♒ 9	10	12	14	16	17	19	21	23	25	26	28	29 0	♓ 2	4	6	7	9	11	13	15	16	18	20	22	23	25	26			
	♀	♒ R 2	1	1	0	0	0 29	♑ 29	29	28	28	28	28	28	28	D 28	28	28	27	28	28	29	29	29	29	29 0	♒ 0	0	1			
	♂	♓ 2	2	3	4	5	6	6	7	8	9	9	10	11	12	13	13	14	15	16	17	17	18	19	20	20	21	22	23			

行星	日期	位置
♃	1R 15D	♊ 21 21
♄	1 6 15 23	♓ 15 16 17 18
♅	1R 27	♍ 18 17
♆	1 22R	♏ 22 22
♇	1R 2	♍ 18 17

月	行星	1	2	3	4	5	6	7	8	9	10	11	12	13	14	15	16	17	18	19	20	21	22	23	24	25	26	27	28	29	30	31
3	☉	♓ 10	11	12	13	14	15	16	17	18	19	20	21	22	23	24	25	26	27	28	29	29 0	♈ 1	2	3	4	5	6	7	8	9	10
	☽	♊ 24	♋ 8	22	♌ 7	22	♍ 7	22	♎ 7	22	♏ 6	20	♐ 3	16	29	♑ 11	23	♒ 5	17	29	♓ 11	23	♈ 5	17	29	♉ 11	24	♊ 7	20	♋ 4	17	♌ 1
	☿	♓ 28	29	29 0	♈ 1	2	3	4	5	5	5	5	R 5	5	5	4	4	3	2	1	1	0	0 29	♓ 29	28	26	25	25	24	24	23	23
	♀	♒ 1	2	2	3	4	4	5	5	6	7	7	8	9	9	10	11	12	13	13	14	15	16	17	18	18	19	20	21	22	23	24
	♂	♓ 24	24	25	26	27	27	28	29	29 0	♈ 1	1	2	3	4	4	5	6	7	8	8	9	10	11	11	12	13	14	14	15	16	17

行星	日期	位置
♃	1 8 20 29	♊ 21 22 23 24
♄	1 3 11 19 28	♓ 18 19 20 21 22
♅	1R 22	♍ 17 16
♆	1R 20	♏ 22 21
♇	1R 14	♍ 17 16

月	行星	1	2	3	4	5	6	7	8	9	10	11	12	13	14	15	16	17	18	19	20	21	22	23	24	25	26	27	28	29	30	31
4	☉	♈ 11	12	13	14	15	16	17	18	19	20	21	22	23	24	25	26	27	28	29	29 0	♉ 1	2	3	4	5	6	7	8	9	10	
	☽	♌ 16	♍ 1	16	♎ 1	16	♏ 0	14	28	♐ 12	25	♑ 7	19	♒ 1	13	25	♓ 7	19	♈ 1	13	26	♉ 8	21	♊ 4	17	♋ 1	14	28	♌ 12	26	♍ 11	
	☿	♓ R 22	22	22	D 22	22	23	23	23	24	24	25	25	26	27	28	29	29 0	♈ 0	1	2	4	5	6	7	9	10	11	12	14	15	
	♀	♒ 25	26	27	28	29	29 0	♓ 1	2	3	4	5	6	7	8	9	10	11	12	13	14	15	16	17	18	19	20	21	23	24	25	
	♂	♈ 18	18	19	20	21	21	22	23	24	24	25	26	27	27	28	29	29 0	♉ 0	1	2	3	3	4	5	6	6	7	8	9	9	

行星	日期	位置
♃	1 5 12 18 24 30	♊ 24 25 26 27 28 29
♄	1 5 14 23	♓ 22 23 24 25
♅	1R 19	♍ 16 15
♆	1R	♏ 21
♇	1R 29	♍ 16 15

月	行星	1	2	3	4	5	6	7	8	9	10	11	12	13	14	15	16	17	18	19	20	21	22	23	24	25	26	27	28	29	30	31
5	☉	♉ 11	12	13	14	15	16	16	17	18	19	20	21	22	23	24	25	26	27	28	29	29 0	♊ 1	2	3	4	5	6	7	8	9	10
	☽	♍ 25	♎ 10	24	♏ 9	22	♐ 6	19	♑ 2	15	27	♒ 9	21	♓ 3	15	27	♈ 9	21	♉ 4	17	♊ 0	13	27	♋ 11	25	♌ 9	23	♍ 7	22	♎ 6	20	♏ 4
	☿	♈ 17	18	20	21	23	25	26	28	29 0	♉ 1	3	5	7	9	11	13	15	17	19	21	23	25	27	29 0	♊ 1	4	6	8	10	12	15
	♀	♓ 26	27	28	29	29 0	♈ 1	2	4	5	6	7	8	9	10	11	12	14	15	16	17	18	19	20	22	23	24	25	25	27	28	29 0
	♂	♉ 10	11	11	12	13	14	14	15	16	17	17	18	19	19	20	21	22	22	23	24	25	25	26	27	27	28	29	29 0	♊ 0	1	2

行星	日期	位置
♃	1 5 29 6 10 15 20 25 30	♊ 29 0 ♋ 0 1 2 3 4 5
♄	1 3 14 26	♓ 25 26 27 28
♅	1R 24D	♍ 15 15
♆	1R 5	♏ 21 20
♇	1R 27D	♍ 15 15

月	行星	1	2	3	4	5	6	7	8	9	10	11	12	13	14	15	16	17	18	19	20	21	22	23	24	25	26	27	28	29	30	31
6	☉	♊ 11	11	12	13	14	15	16	17	18	19	20	21	22	23	24	25	26	27	28	29	29 0	♋ 1	2	3	3	4	5	6	7	8	
	☽	♏ 18	♐ 1	14	28	♑ 10	23	♒ 5	17	29	♓ 11	23	♈ 5	17	♉ 0	12	25	♊ 9	22	♋ 8	21	♌ 5	19	♍ 4	18	♎ 3	17	♏ 0	14	27	♐ 11	
	☿	♊ 17	19	21	23	25	27	29 0	♋ 1	3	5	7	9	10	12	14	15	17	19	20	22	23	24	26	27	28	29 0	♌ 1	2	3	4	
	♀	♉ 1	2	3	4	5	6	8	9	10	11	12	13	15	16	17	18	19	20	22	23	24	25	26	28	29	29 0	♊ 1	2	3	5	
	♂	♊ 2	3	4	5	5	6	7	7	8	9	9	10	11	12	12	13	14	14	15	16	16	17	18	18	19	20	21	21	22	23	

行星	日期	位置
♃	1 3 8 12 17 21 28 30	♋ 5 6 7 8 9 10 11 12
♄	1 12	♓ 28 29
♅	1 26	♍ 15 16
♆	1R 12	♏ 20 19
♇	1 23	♍ 15 16

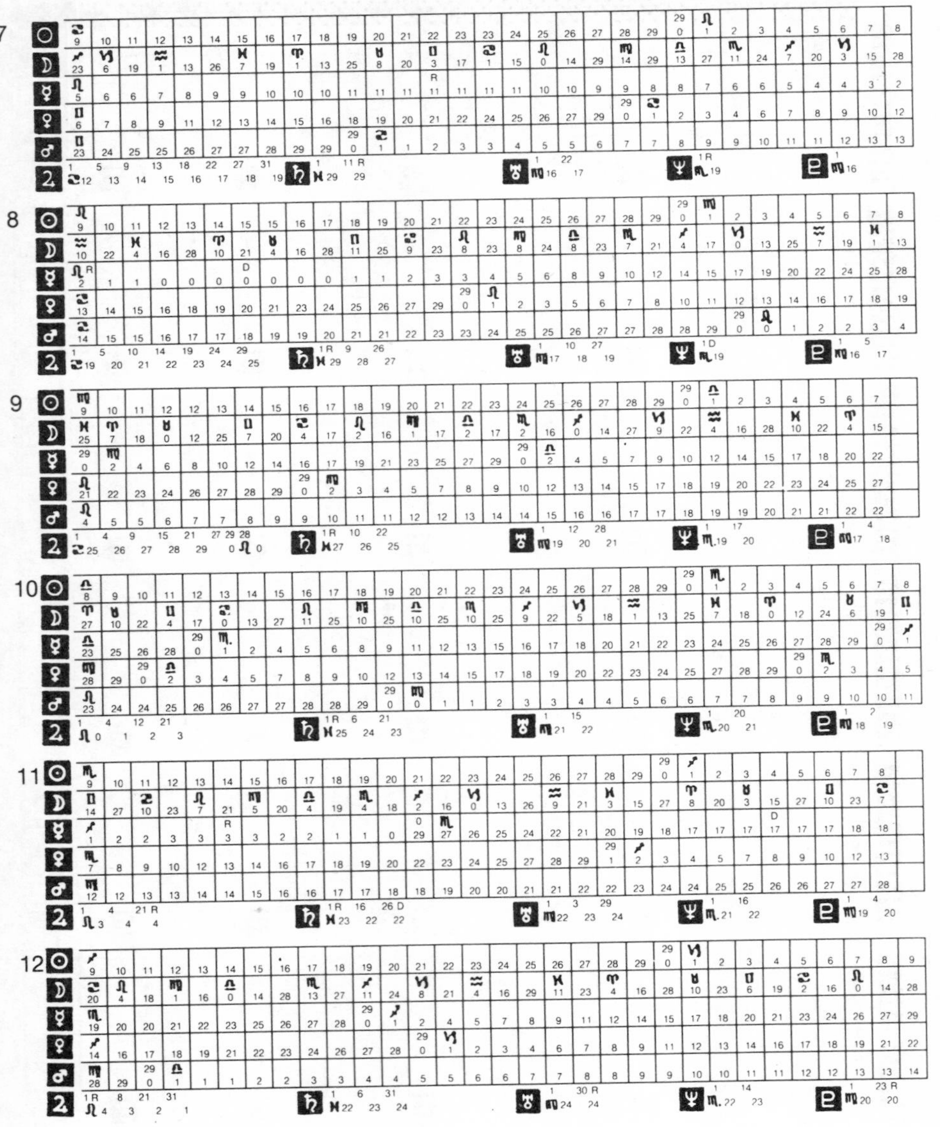

7	1	2	3	4	5	6	7	8	9	10	11	12	13	14	15	16	17	18	19	20	21	22	23	24	25	26	27	28	29	30	31
☉	♋9	10	11	12	13	14	15	16	17	18	19	20	21	22	23	23	24	25	26	27	28	29	29/0	♌1	2	3	4	5	6	7	8
☽	♐23	♑6	19	♒1	13	26	♓7	19	♈1	13	25	♉8	20	♊3	17	♋1	15	♌0	14	29	♍14	29	♎13	27	♏11	24	♐7	20	♑3	15	28
☿	♌5	6	6	7	8	9	9	10	10	10	11	11	11	R 11	11	11	11	10	10	9	9	8	8	7	6	6	5	4	4	3	2
♀	♊6	7	8	9	11	12	13	14	15	16	18	19	20	21	22	24	25	26	27	29	29/0	♋1	2	3	4	6	7	8	9	10	12
♂	♊23	24	25	25	26	27	27	28	29	29	29/0	♋1	1	2	3	3	4	5	5	6	7	7	8	9	9	10	11	11	12	13	13

♃ 1 5 9 13 18 22 27 31 — ♋12 13 14 15 16 17 18 19
♄ 1 11 R — ♓29 29
♅ 1 22 — ♍16 17
♆ 1R — ♏19
♇ 1 — ♍16

8	1	2	3	4	5	6	7	8	9	10	11	12	13	14	15	16	17	18	19	20	21	22	23	24	25	26	27	28	29	30	31
☉	♌9	10	11	12	13	14	15	15	16	17	18	19	20	21	22	23	24	25	26	27	28	29	29/0	♍1	2	3	4	5	6	7	8
☽	♒10	22	♓4	16	28	♈10	21	♉4	16	28	♊11	25	♋9	23	♌8	23	♍8	24	♎8	23	♏7	21	♐4	17	♑0	13	25	♒7	19	♓1	13
☿	♌R 2	1	1	0	0	0	D 0	0	0	0	1	1	2	3	3	4	5	6	8	9	10	12	14	15	17	19	20	22	24	25	28
♀	♋13	14	15	16	18	19	20	21	23	24	25	26	27	29	29/0	♌1	2	3	5	6	7	8	10	11	12	13	14	16	17	18	19
♂	♋14	15	15	16	17	17	18	19	19	20	21	21	22	23	23	24	25	25	26	27	27	28	28	29	29/0	♌0	1	2	2	3	4

♃ 1 5 10 14 19 24 29 — ♋19 20 21 22 23 24 25
♄ 1R 9 26 — ♓29 28 27
♅ 1 10 27 — ♍17 18 19
♆ 1D — ♏19
♇ 1 5 — ♍16 17

9	1	2	3	4	5	6	7	8	9	10	11	12	13	14	15	16	17	18	19	20	21	22	23	24	25	26	27	28	29	30	31
☉	♍9	10	11	12	12	13	14	15	16	17	18	19	20	21	22	23	24	25	26	27	28	29	29/0	♎1	2	3	4	5	6	7	
☽	♓25	♈7	18	♉0	12	25	♊7	20	♋4	17	♌2	16	♍1	17	♎2	17	♏2	16	♐0	14	27	♑9	22	♒4	16	28	♓10	22	♈4	15	
☿	29/0	♍2	4	6	8	10	12	14	16	17	19	21	23	25	27	29	29/0	♎2	4	5	7	9	10	12	14	15	17	18	20	22	
♀	♌21	22	23	24	26	27	28	29	29/0	♍2	3	4	5	7	8	9	10	12	13	14	15	17	18	19	20	22	23	24	25	27	
♂	♌4	5	5	6	7	7	8	9	9	10	11	11	12	12	13	14	14	15	16	16	17	17	18	19	19	20	21	21	22	22	

♃ 1 4 9 15 21 27 29 28 — ♋25 26 27 28 29 0 ♌0
♄ 1R 10 22 — ♓27 26 25
♅ 1 12 28 — ♍19 20 21
♆ 1 17 — ♏19 20
♇ 1 4 — ♍17 18

10	1	2	3	4	5	6	7	8	9	10	11	12	13	14	15	16	17	18	19	20	21	22	23	24	25	26	27	28	29	30	31
☉	♎8	9	10	11	12	13	14	15	16	17	18	19	20	21	22	23	24	25	26	27	28	29	29/0	♏1	2	3	4	5	6	7	8
☽	♈27	♉10	22	♊4	17	♋0	13	27	♌11	25	♍10	25	♎10	25	♏10	25	♐9	22	♑5	18	♒1	13	25	♓7	18	♈0	12	24	♉6	19	♊1
☿	♎23	25	26	28	29/0	♏1	2	4	5	6	8	9	11	12	13	15	16	17	18	20	21	22	23	24	25	26	27	28	29	29/0	♐1
♀	♍28	29	29/0	♎2	3	4	5	7	8	9	10	12	13	14	15	17	18	19	20	22	23	24	25	27	28	29	29/0	♏2	3	4	5
♂	♌23	24	24	25	26	26	27	27	28	28	29	29/0	♍0	1	1	2	3	3	4	4	5	6	6	7	7	8	9	9	10	10	11

♃ 1 4 12 21 — ♌0 1 2 3
♄ 1R 6 21 — ♓25 24 23
♅ 1 15 — ♍21 22
♆ 1 20 — ♏20 21
♇ 1 7 — ♍18 19

11	1	2	3	4	5	6	7	8	9	10	11	12	13	14	15	16	17	18	19	20	21	22	23	24	25	26	27	28	29	30	31
☉	♏9	10	11	12	13	14	15	16	17	18	19	20	21	22	23	24	25	26	27	28	29	29/0	♐1	2	3	4	5	6	7	8	
☽	♊14	27	♋10	23	♌7	21	♍5	20	♎4	19	♏4	18	♐2	16	♑0	13	26	♒9	21	♓3	15	27	♈8	20	♉3	15	27	♊10	23	♋7	
☿	♐1	2	2	3	3	R 3	3	2	2	1	1	0	0/29	♏27	26	25	24	22	21	20	19	18	17	17	17	D 17	17	17	18	18	
♀	♏7	8	9	10	12	13	14	16	17	18	19	20	22	23	24	25	27	28	29	29/1	♐2	3	4	5	7	8	9	10	12	13	
♂	♍12	12	13	13	14	14	15	16	16	17	17	18	18	19	20	20	21	21	22	22	23	24	24	25	25	26	26	27	27	28	

♃ 1 4 21 R — ♌3 4 4
♄ 1R 16 26 D — ♓23 22 22
♅ 1 3 29 — ♍22 23 24
♆ 1 16 — ♏21 22
♇ 1 4 — ♍19 20

12	1	2	3	4	5	6	7	8	9	10	11	12	13	14	15	16	17	18	19	20	21	22	23	24	25	26	27	28	29	30	31
☉	♐9	10	11	12	13	14	15	16	17	18	19	20	21	22	23	24	25	26	27	28	29	29/0	♑1	2	3	4	5	6	7	8	9
☽	♋20	♌4	18	♍1	16	♎0	14	28	♏13	27	♐11	24	♑8	21	♒4	16	29	♓11	23	♈4	16	28	♉10	23	♊6	19	♋2	16	♌0	14	28
☿	♏19	20	20	21	22	23	25	26	27	28	29/0	♐1	2	4	5	7	8	9	11	12	14	15	17	18	20	21	23	24	26	27	29
♀	♐14	16	17	18	19	21	22	23	24	26	27	28	29/0	♑1	2	3	4	6	7	8	9	11	12	13	14	16	17	18	19	21	22
♂	♍28	29	29/0	♎1	1	1	2	2	3	3	4	4	5	5	6	6	7	7	8	8	9	9	10	10	11	11	12	12	13	13	14

♃ 1R 8 21 31 — ♌4 3 2 1
♄ 1 6 31 — ♓22 23 24
♅ 1 30 R — ♍24 24
♆ 1 14 — ♏22 23
♇ 1 23 R — ♍20 20

1967的行星位置

月		1	2	3	4	5	6	7	8	9	10	11	12	13	14	15	16	17	18	19	20	21	22	23	24	25	26	27	28	29	30	31
1	☉	♑ 10	11	12	13	14	15	16	18	19	20	21	22	23	24	25	26	27	28	29	29 0	♒ 1	2	3	4	5	6	7	8	9	10	11
	☽	♍ 13	27	♎ 11	25	♏ 9	23	♐ 6	20	♑ 3	16	29	♒ 12	24	♓ 7	19	♈ 0	12	24	♉ 6	18	♊ 1	13	27	♋ 10	24	♌ 9	23	♍ 8	23	♎ 7	22
	☿	29 1	♑ 2	4	5	7	8	10	12	13	15	16	18	20	21	23	25	26	28	29 0	♒ 1	3	5	6	8	10	11	13	15	17	18	20
	♀	♑ 23	24	26	27	28	29 0	♒ 1	2	3	4	5	7	8	9	11	12	13	14	16	17	18	20	21	22	23	25	26	27	28	29 0	♓ 1
	♂	♎ 14	15	15	16	16	16	17	17	18	18	19	19	20	20	20	21	21	22	22	22	23	23	24	24	24	25	25	25	26	26	26

♃ 1R 8 16 0 17 23 31 ♌ 1 0 29 ♋ 29 28 27　♄ 1 14 26 ♓ 24 25 26　♅ 1R 29 ♍ 24 23　♆ 1 20 ♏ 23 24　♇ 1R ♍ 20

月		1	2	3	4	5	6	7	8	9	10	11	12	13	14	15	16	17	18	19	20	21	22	23	24	25	26	27	28	29	30	31
2	☉	♒ 12	13	14	15	16	17	18	19	20	21	22	23	24	25	26	27	28	29	29 0	♓ 1	2	3	4	5	6	7	8	9			
	☽	♏ 6	20	♐ 3	17	♑ 0	13	25	♒ 8	20	♓ 3	15	27	♈ 9	20	♉ 2	14	26	♊ 8	21	♋ 4	18	♌ 2	17	♍ 2	17	♎ 2	17	♏ 2			
	☿	♒ 22	24	25	27	29	29 1	♓ 2	4	6	7	9	10	12	13	14	15	16	17	18	18	18	18	R 18	18	18	17	16	16			
	♀	♓ 2	3	4	6	7	8	9	11	12	13	14	16	17	18	20	21	22	23	24	26	27	28	29 0	♈ 1	2	3	4	5			
	♂	♎ 27	27	27	27	28	28	29	28	29	29	29	29 0	♏ 0	0	0	1	1	1	1	1	1	2	2	2	2	2	2	3			

♃ 1R 8 17 ♋ 27 26 25　♄ 1 5 14 23 ♓ 26 27 28 29　♅ 1R 27 ♍ 23 22　♆ 1 24R ♏ 24 24　♇ 1R 12 ♍ 20 19

月		1	2	3	4	5	6	7	8	9	10	11	12	13	14	15	16	17	18	19	20	21	22	23	24	25	26	27	28	29	30	31
3	☉	♓ 10	11	12	13	14	15	16	17	18	19	20	21	22	23	24	25	26	27	28	29	29 0	♈ 1	2	3	4	5	6	7	8	9	10
	☽	♏ 16	♐ 0	14	27	♑ 10	22	♒ 5	17	29	♓ 12	23	♈ 5	17	29	♉ 11	23	♊ 5	17	♋ 0	13	26	♌ 10	25	♍ 10	25	♎ 10	25	♏ 10	25	♐ 9	23
	☿	♓ R 15	14	13	12	11	10	9	8	7	6	6	5	5	4	4	4	D 4	4	4	5	5	5	6	7	7	8	9	9	10	11	12
	♀	♈ 7	8	9	10	12	13	14	15	17	18	19	20	21	23	24	25	26	28	28	29 0	♉ 1	2	4	5	6	7	8	10	11	12	13
	♂	♏ 2	2	3	3	3	3	3	R 3	3	3	3	3	3	2	2	2	2	2	2	2	2	1	1	1	1	1	0	0	0	0	0 29

♃ 1R 2 21D ♋ 25 24 24　♄ 1 3 29 4 11 20 28 ♓ 29 0 ♈ 0 1 2 3　♅ 1R 22 ♍ 22 21　♆ 1R ♏ 24　♇ 1R 23 ♍ 19 18

月		1	2	3	4	5	6	7	8	9	10	11	12	13	14	15	16	17	18	19	20	21	22	23	24	25	26	27	28	29	30	31
4	☉	♈ 11	12	13	14	15	16	17	18	19	20	21	22	23	24	25	26	27	28	29	29 0	♉ 1	2	3	4	5	6	7	8	8	9	
	☽	♑ 6	19	♒ 2	14	27	♓ 9	20	♈ 2	14	26	♉ 8	20	♊ 2	14	26	♋ 9	22	♌ 6	19	♍ 4	18	♎ 3	18	♏ 3	18	♐ 3	18	♑ 2	15	28	
	☿	♓ 13	14	15	16	18	19	20	21	23	24	25	27	28	29 0	♈ 1	3	4	6	7	9	11	12	14	16	18	19	21	23	25	27	
	♀	♉ 14	16	17	18	19	20	22	23	24	25	26	28	29	29 0	♊ 1	2	3	5	6	7	8	9	11	12	13	14	15	16	18	19	
	♂	♎ R 29	29	28	28	28	27	27	27	26	26	26	25	25	25	24	24	23	23	23	22	22	21	21	21	20	20	20	19	19	19	

♃ 1 9 22 ♋ 24 25 26　♄ 1 5 13 21 30 ♈ 3 4 5 6 7　♅ 1R 17 ♍ 21 20　♆ 1R 2 ♏ 24 23　♇ 1R ♍ 18

月		1	2	3	4	5	6	7	8	9	10	11	12	13	14	15	16	17	18	19	20	21	22	23	24	25	26	27	28	29	30	31
5	☉	♉ 10	11	12	13	14	15	16	17	18	19	20	21	22	23	24	25	26	27	28	29	29 0	♊ 1	2	3	4	5	6	6	7	8	9
	☽	♒ 11	23	♓ 5	17	29	♈ 11	23	♉ 5	17	29	♊ 11	23	♋ 6	19	♌ 2	16	29	♍ 13	28	♎ 12	27	♏ 12	27	♐ 11	26	♑ 10	23	♒ 7	19	♓ 2	14
	☿	29 0	♉ 1	3	5	7	9	11	13	15	18	20	22	24	26	29	29 1	♊ 3	5	7	9	11	13	15	17	19	21	23	24	26	28	29 0
	♀	♊ 20	21	22	23	24	26	27	28	29	29 0	♋ 1	2	4	5	6	7	8	9	10	11	12	14	15	16	17	18	19	20	21	22	23
	♂	♎ R 18	18	18	17	17	17	17	16	16	16	16	16	15	15	15	15	15	15	15	15	15	15	14	14	D 14	15	15	15	15	15	15

♃ 1 9 16 23 29 24 29 ♋ 27 28 29 0 ♌ 0 1　♄ 1 9 19 30 ♈ 7 8 9 10　♅ 1R 28D ♍ 20 20　♆ 1R 13 ♏ 23 22　♇ 1R 19 29D ♍ 18 17 17

月		1	2	3	4	5	6	7	8	9	10	11	12	13	14	15	16	17	18	19	20	21	22	23	24	25	26	27	28	29	30	31
6	☉	♊ 10	11	12	13	14	15	16	17	18	19	20	21	22	23	24	25	26	27	28	28	29	29 0	♋ 1	2	3	4	5	6	7	8	
	☽	♓ 26	♈ 8	19	♉ 1	13	25	♊ 8	20	♋ 3	16	29	♌ 13	26	♍ 10	24	♎ 9	22	♏ 7	21	♐ 6	20	♑ 4	18	♒ 1	15	27	♓ 10	22	♈ 4	16	
	☿	♋ 1	3	4	5	7	8	9	11	12	13	14	15	16	17	18	18	19	20	20	21	21	21	21	21	21	R 21	21	21	21	21	
	♀	♋ 24	25	26	28	29	29 0	♌ 1	2	3	4	5	6	7	8	9	10	11	12	13	14	15	16	17	17	18	19	20	21	22	23	
	♂	♎ 15	15	15	15	15	15	15	16	16	16	16	16	17	17	17	17	18	18	18	18	19	19	19	20	20	20	20	21	21	22	

♃ 1 4 9 14 20 25 30 ♌ 1 2 3 4 5 6 7　♄ 1 13 ♈ 10 11　♅ 1 ♍ 20　♆ 1R 23 ♏ 22 21　♇ 1 10 ♍ 17 18

7																															
☉	♋ 9	10	11	12	13	14	15	16	17	18	19	19	20	21	22	23	24	25	26	27	28	29	29 0	♌ 1	2	3	4	5	6	7	8
☽	♈ 28	♉ 9	21	♊ 4	16	29	♋ 12	25	♌ 9	23	♍ 7	21	♎ 5	19	♏ 3	17	♐ 1	15	29	♑ 13	26	♒ 10	23	♓ 5	16	♈ 0	12	24	♉ 5	17	29
☿	♋ R 20	20	19	19	18	18	17	16	16	15	15	14	14	13	13	12	12	12	12	D 12	12	12	12	13	13	14	14	15	16	17	18
♀	♌ 24	25	25	26	27	28	29	29 0	♍ 0	1	2	3	3	4	5	5	6	7	7	8	8	9	9	10	10	11	11	12	12	12	13
♂	♎ 22	22	23	23	24	24	24	25	25	26	26	26	27	27	28	28	29	29	29 0	♏ 0	1	1	2	2	3	3	4	4	5	5	6

♃ 1 4 9 14 19 23 28 / ♌ 7 8 9 10 11 12 13 ♄ 1 25 R / ♈ 12 12 ♅ 1 8 / ♍ 20 21 ♆ 1R / ♏ 21 ♇ 1 / ♍ 18

8																															
☉	♌ 9	10	10	11	12	13	14	15	16	17	18	19	20	21	22	23	24	25	26	27	28	29	29 0	♍ 1	2	3	4	4	5	6	7
☽	♊ 12	24	♋ 7	20	♌ 4	18	♍ 2	17	♎ 1	16	♏ 0	14	28	♐ 12	26	♑ 9	23	♒ 6	19	♓ 1	14	25	♈ 8	20	♉ 2	13	25	♊ 7	20	♋ 2	15
☿	♋ 19	20	22	23	24	26	27	29 0	♌ 1	3	4	6	8	10	12	14	16	18	20	22	24	26	28	29 0	♍ 2	4	6	8	10	12	14
♀	♍ 13	13	13	13	13	13	13	R 13	13	13	13	13	13	13	12	12	12	11	11	10	10	9	9	8	8	7	7	6	5	5	4
♂	♏ 6	7	7	8	8	9	9	10	10	11	12	12	13	13	14	15	15	16	16	17	18	18	19	19	20	21	21	22	22	23	24

♃ 1 6 10 15 20 24 29 / ♌ 14 15 16 17 18 19 20 ♄ 1R 17 / ♈ 12 11 ♅ 1 19 / ♍ 22 23 ♆ 1R 3D / ♏ 21 21 ♇ 1 2 / ♍ 18 19

9																															
☉	♍ 8	9	10	11	12	13	14	15	16	17	18	19	20	21	22	23	24	25	26	27	28	29	29 0	♎ 1	2	3	4	5	6	7	
☽	♋ 29	♌ 12	27	♍ 11	26	♎ 11	26	♏ 10	25	♐ 9	23	♑ 6	19	♒ 2	15	28	♓ 10	22	♈ 4	16	28	♉ 10	22	♊ 4	16	28	♋ 10	23	♌ 7	21	
☿	♍ 16	17	19	21	23	24	26	28	29 0	♎ 1	3	4	6	8	9	11	12	14	15	17	18	20	21	22	24	25	27	28	29	29 0	
♀	♍ R 3	3	2	2	1	1	0	0	0 29	♌ 29	29	28	28	28	28	27	27	27	27	D 27	27	27	27	28	28	28	28	29	29	29	
♂	♏ 24	25	26	26	27	28	28	29	29	29 0	♐ 1	1	2	3	3	4	5	5	6	7	7	8	9	10	10	11	12	12	13	14	

♃ 1 2 7 12 17 22 27 / ♌ 20 21 22 23 24 25 26 ♄ 1R 6 20 / ♈ 11 10 9 ♅ 1 5 21 / ♍ 23 24 25 ♆ 1 12 / ♏ 21 22 ♇ 1 2 29 / ♍ 19 20 21

10																															
☉	♎ 8	9	10	11	12	13	14	15	16	16	17	18	19	20	21	22	23	24	25	26	27	28	29	29 0	♏ 1	2	3	4	5	6	7
☽	♍ 5	20	♎ 4	20	♏ 5	20	♐ 4	19	♑ 3	16	29	♒ 12	25	♓ 7	19	♈ 1	13	25	♉ 7	19	♊ 1	12	25	♋ 7	19	♌ 2	15	29	♍ 13	28	♎ 13
☿	♏ 2	3	4	5	6	7	9	10	11	11	12	13	14	15	15	16	16	17	17	17	R 17	17	16	16	15	14	14	13	11	10	9
♀	29 0	♍ 0	1	1	1	2	3	3	4	4	5	6	6	7	8	8	9	10	11	11	12	13	14	15	16	16	17	18	19	20	21
♂	♐ 14	15	16	16	17	18	19	19	20	21	21	22	23	24	24	25	26	26	27	28	29	29	29 0	♑ 1	2	2	3	4	5	6	6

♃ 1 2 7 13 19 29 20 25 / ♌ 26 27 28 29 0 ♍ 0 1 ♄ 1R 3 15 30 / ♈ 9 8 7 6 ♅ 1 7 24 / ♍ 25 26 27 ♆ 1 18 / ♏ 22 23 ♇ 1 30 / ♍ 21 22

11																															
☉	♏ 8	9	10	11	12	13	14	15	16	17	18	19	20	21	22	23	24	25	26	27	28	29	29 1	♐ 2	3	4	5	6	7	8	
☽	♎ 28	♏ 13	28	♐ 13	28	♑ 12	25	♒ 9	22	♓ 4	16	28	♈ 10	22	♉ 4	16	28	♊ 9	22	♋ 4	16	29	♌ 12	25	♍ 8	22	♎ 7	21	♏ 6	21	
☿	♏ R 8	6	5	4	3	2	2	1	1	D 1	1	1	2	3	3	4	5	6	7	8	9	11	12	13	15	16	18	19	21	22	
♀	♍ 22	23	24	25	26	27	28	29	29 0	♎ 1	2	3	4	5	6	7	8	9	10	11	12	13	14	15	17	18	19	20	21	22	
♂	♑ 7	8	8	9	10	11	11	12	13	14	14	15	16	17	17	18	19	20	20	21	22	23	23	24	25	26	27	27	28	29	

♃ 1 9 17 29 / ♍ 2 3 4 5 ♄ 1R 19 / ♈ 6 5 ♅ 1 13 / ♍ 27 28 ♆ 1 14 / ♏ 23 24 ♇ 1 / ♍ 22

12																															
☉	♐ 9	10	11	12	13	14	15	16	17	18	19	20	21	22	23	24	25	26	27	28	29	29 0	♑ 1	2	3	4	5	6	7	8	9
☽	♐ 6	21	♑ 6	20	♒ 4	17	♓ 0	13	25	♈ 7	19	♉ 1	12	24	♊ 6	18	♋ 1	13	26	♌ 9	22	♍ 5	19	♎ 2	16	♏ 1	15	♐ 0	14	29	♑ 14
☿	♏ 24	25	27	28	29 0	♐ 1	3	4	6	7	9	11	12	14	15	17	18	20	21	23	25	26	28	29 0	♑ 1	2	4	6	7	9	10
♀	♎ 23	24	25	27	28	29	29 0	♏ 1	2	3	5	6	7	8	9	10	12	13	14	15	16	17	19	20	21	22	23	25	26	27	28
♂	29 0	♒ 0	1	2	3	3	4	5	6	7	7	8	9	10	10	11	12	13	14	14	15	16	17	17	18	19	20	21	21	22	23

♃ 1 22 R / ♍ 5 5 ♄ 1R 9D 28 / ♈ 5 5 6 ♅ 1 13 / ♍ 28 28 ♆ 1 11 / ♏ 24 25 ♇ 1 26 R / ♍ 22 22

1968的行星位置

		1	2	3	4	5	6	7	8	9	10	11	12	13	14	15	16	17	18	19	20	21	22	23	24	25	26	27	28	29	30	31
1	☉	♑ 10	11	12	13	14	15	16	17	18	19	20	21	22	23	24	25	26	27	28	29	29 1	♒ 2	3	4	5	6	7	8	9	10	11
	☽	♑ 28	♒ 12	25	♓ 8	21	♈ 3	15	27	♉ 9	20	♊ 2	14	27	♋ 9	22	♌ 5	19	♍ 2	16	29	♎ 13	27	♏ 11	25	♐ 10	24	♑ 8	22	♒ 6	20	♓ 3
	☿	♑ 12	14	15	17	19	20	22	24	25	27	29	29 0	♒ 2	4	5	7	9	10	12	13	15	17	18	20	21	23	24	25	27	28	29
	♀	29 0	♐ 1	2	3	4	5	7	8	9	10	11	13	14	15	16	17	19	20	21	22	23	25	26	27	28	29 0	♑ 1	2	3	4	5
	♂	♒ 24	24	25	26	27	28	28	29	29 0	♓ 1	1	2	3	4	5	5	6	7	8	8	9	10	11	12	12	13	14	15	15	16	17

♃	♄	♅	♆	♇
1R 14 25	1 17 30	1 4R 25	1 14	1R
♍5 4 3	♈6 7 8	♍29 29 28	♏25 26	♍22

		1	2	3	4	5	6	7	8	9	10	11	12	13	14	15	16	17	18	19	20	21	22	23	24	25	26	27	28	29	30	31
2	☉	♒ 12	13	14	15	16	17	18	19	20	21	22	23	24	25	26	27	28	29	29 0	♓ 1	2	3	4	5	6	7	8	9	10		
	☽	♓ 16	28	♈ 11	23	♉ 5	16	28	♊ 10	22	♋ 5	17	♌ 0	14	28	♍ 11	25	♎ 10	24	♏ 8	22	♐ 6	20	♑ 4	18	♒ 2	15	28	♓ 11	24		
	☿	29 0	♓ 1	1	2	2	R 2	2	1	1	0	0 29	♒ 28	27	26	25	24	23	22	21	20	19	18	18	17	17	17	17	D 17	17		
	♀	♑ 7	8	9	11	12	13	14	15	17	18	19	20	22	23	24	25	27	28	29	29 0	♒ 1	3	4	5	6	8	9	10	11		
	♂	♓ 18	19	19	20	21	22	22	23	24	25	26	26	27	28	29	29	29 0	♈ 1	2	2	3	4	5	5	6	7	8	9	9		

♃	♄	♅	♆	♇
1R 3 11 19 27 0 28	1 10 20 29	1R 27	1 27R	1R 23
♍3 2 1 0 29 ♌29	♈8 9 10 11	♍28 27	♏26 25	♍22 21

		1	2	3	4	5	6	7	8	9	10	11	12	13	14	15	16	17	18	19	20	21	22	23	24	25	26	27	28	29	30	31
3	☉	♓ 11	12	13	14	15	16	17	18	19	20	21	22	23	24	25	26	27	28	29	29 0	♈ 1	2	3	4	5	6	7	8	9	10	11
	☽	♈ 6	19	♉ 1	12	24	♊ 6	18	♋ 0	13	25	♌ 8	22	♍ 6	20	♎ 4	19	♏ 4	18	♐ 3	17	♑ 1	15	29	♒ 12	25	♓ 8	20	♈ 3	15	27	♉ 9
	☿	♒ 17	17	18	18	19	19	20	21	22	22	23	24	25	26	27	29	29 0	♓ 1	2	3	5	6	7	9	10	12	13	14	16	18	19
	♀	♒ 13	14	15	16	17	18	20	21	22	24	25	26	27	29	29 0	♓ 1	2	3	5	6	7	8	10	11	12	13	15	16	17	18	19
	♂	♈ 10	11	12	12	13	14	15	15	16	17	18	18	19	20	21	21	22	23	24	24	25	26	27	27	28	29	29 0	♉ 0	1	2	2

♃	♄	♅	♆	♇
1R 6 14 26	1 8 17 25	1R 21	1R	1R
♌29 28 27 26	♈11 12 13 14	♍27 26	♏26	♍21

		1	2	3	4	5	6	7	8	9	10	11	12	13	14	15	16	17	18	19	20	21	22	23	24	25	26	27	28	29	30	31
4	☉	♈ 12	13	14	15	16	17	18	19	20	21	22	23	24	25	26	27	28	29	29	29 0	♉ 1	2	3	4	5	6	7	8	9	10	
	☽	♉ 21	♊ 2	14	26	♋ 8	21	♌ 3	16	♍ 0	14	28	♎ 13	28	♏ 13	28	♐ 13	27	♑ 11	25	♒ 9	22	♓ 5	17	♈ 0	12	24	♉ 6	17	29	♊ 11	
	☿	♓ 21	22	24	26	27	29	29 1	♊ 2	4	6	8	10	12	13	15	17	19	21	23	25	27	29 0	♉ 2	4	6	8	10	12	14	17	
	♀	♓ 21	22	23	24	26	27	28	29 0	♊ 1	2	3	4	6	7	8	9	10	12	13	14	15	17	18	19	20	22	23	24	25	26	
	♂	♉ 3	4	5	5	6	7	8	8	9	10	10	11	12	13	13	14	15	16	16	17	18	18	19	20	21	21	22	23	23	24	

♃	♄	♅	♆	♇
1R 11 22D	1 2 10 18 26	1R 15	1R 12	1R 2
♌26 25 25	♈14 15 16 17 18	♍26 25	♏26 25	♍21 20

		1	2	3	4	5	6	7	8	9	10	11	12	13	14	15	16	17	18	19	20	21	22	23	24	25	26	27	28	29	30	31
5	☉	♉ 11	12	13	14	15	16	17	18	19	20	21	22	23	24	25	26	27	28	29	29 0	♊ 0	1	2	3	4	5	6	7	8	9	10
	☽	♊ 23	♋ 5	17	29	♌ 12	25	♍ 8	22	♎ 6	21	♏ 5	21	♐ 6	21	♑ 6	21	♒ 5	18	♓ 2	14	27	♈ 9	21	♉ 3	14	26	♊ 8	20	♋ 2	14	28
	☿	♉ 19	21	23	25	27	29 0	♊ 1	3	5	6	8	10	12	13	15	16	18	19	20	21	23	24	25	26	27	28	28	29	29 0	♋ 0	1
	♀	♈ 28	29	29 0	♉ 1	3	4	5	6	7	9	10	11	12	14	15	16	17	19	20	21	22	23	25	26	27	28	29 0	♊ 1	2	3	5
	♂	♉ 25	26	26	27	28	28	29	29 0	♊ 0	1	2	3	3	4	5	5	6	7	7	8	9	10	10	11	12	12	13	14	14	15	15

♃	♄	♅	♆	♇
1 2 19 30	1 4 13 22	1R	1R 21	1R 31D
♌25 26 27 28	♈18 19 20 21	♍25	♏25 24	♍20 20

		1	2	3	4	5	6	7	8	9	10	11	12	13	14	15	16	17	18	19	20	21	22	23	24	25	26	27	28	29	30	31
6	☉	♊ 11	12	13	14	15	16	17	18	19	20	21	22	23	23	24	25	26	27	28	29	29 0	♋ 1	2	3	4	5	6	7	8	9	
	☽	♌ 9	21	♍ 4	17	♎ 1	15	♏ 0	14	29	♐ 15	♑ 0	15	29	♒ 14	27	♓ 10	23	♈ 6	18	♉ 0	11	23	♊ 5	17	29	♋ 11	23	♌ 6	18	♍ 1	
	☿	♋ 1	1	1	1	2	R 2	1	1	1	1	0	0	0 29	♊ 29	28	28	27	27	26	26	25	25	24	24	23	23	23	23	23	D 23	
	♀	♊ 6	7	8	9	11	12	13	14	16	17	18	19	20	22	23	24	25	27	28	29	29 0	♋ 2	3	4	5	6	8	9	10	11	
	♂	♊ 16	17	18	19	19	20	21	21	22	23	23	24	25	25	26	27	27	28	29	29	29 0	♋ 1	1	2	3	3	4	5	5	6	

♃	♄	♅	♆	♇
1 8 15 29 16 22 28	1 12 24	1R 2D	1R	1
♌28 29 0 0 1 2	♈22 23 24	♍25 25	♏24	♍20

7 ☉	♋ 10	11	12	13	14	14	15	16	17	18	19	20	21	22	23	24	25	26	27	28	29	29 0	♌ 1	2	3	4	4	5	6	7	8
☽	♍ 14	27	♎ 11	25	♏ 9	24	♐ 8	23	♑ 8	23	♒ 8	22	♓ 5	19	♈ 1	14	26	♉ 8	20	♊ 2	14	26	♋ 8	20	♌ 2	15	28	♍ 11	24	♎ 8	22
☿	♊ 23	23	24	24	24	25	25	26	27	27	28	29	29 0	♋ 1	3	4	5	7	8	10	11	13	15	17	18	20	22	24	26	28	29 0
♀	♋ 13	14	15	16	18	19	20	21	22	24	25	26	27	29	29 0	♌ 1	2	3	5	6	7	8	10	11	12	13	15	16	17	18	19
♂	♋ 7	7	8	9	9	10	11	11	12	13	13	14	15	15	16	17	17	18	19	19	20	21	21	22	23	23	24	25	25	26	26

♃ 1 4 10 15 21 26 31 / ♍ 2 3 4 5 6 7 8 — ♄ 1 12 / ♈ 24 25 — ♅ 1 18 / ♍ 25 26 — ♆ 1R 5 / ♏ 24 23 — ♇ 1 27 / ♍ 20 21

8 ☉	♌ 9	10	11	12	13	14	15	16	17	18	19	20	21	22	23	24	25	26	27	28	28	29	29 0	♍ 1	2	3	4	5	6	7	8
☽	♏ 6	20	♐ 4	18	♑ 3	17	♒ 2	16	♓ 0	14	27	♈ 9	22	♉ 4	16	28	♊ 10	22	♋ 4	16	28	♌ 11	24	♍ 7	21	♎ 5	18	♏ 2	16	♐ 1	15
☿	♌ 2	5	7	9	11	13	15	17	19	21	23	25	27	29	29 1	♍ 3	4	6	8	10	12	13	15	17	18	20	22	23	25	26	28
♀	♌ 21	22	23	24	26	27	28	29 0	♍ 10	2	3	4	6	7	8	9	10	12	13	14	15	17	18	19	20	22	23	24	25	26	28
♂	♋ 27	28	28	29	29 0	♌ 0	1	2	2	3	4	4	5	6	6	7	7	8	9	9	10	11	11	12	13	13	14	14	15	16	16

♃ 1 5 10 14 19 24 28 / ♍ 8 9 10 11 12 13 14 — ♄ 1 6R / ♈ 25 25 — ♅ 1 9 27 / ♍ 26 27 28 — ♆ 1R 5D / ♏ 23 23 — ♇ 1 27 / ♍ 21 22

9 ☉	♍ 9	10	11	12	13	14	15	16	17	18	19	20	21	22	23	24	25	26	27	28	29	29 0	♎ 1	1	2	3	4	5	6	7	
☽	♐ 29	♑ 13	27	♒ 11	25	♓ 9	22	♈ 5	17	♉ 0	12	24	♊ 6	18	♋ 0	12	24	♌ 6	19	♍ 2	16	♎ 0	14	28	♏ 12	27	♐ 12	26	♑ 0	24	
☿	29 0	♎ 1	3	4	5	7	8	10	11	12	13	15	16	17	18	19	21	22	23	24	25	26	26	27	28	29	29	29 0	♏ 0	1	
♀	♍ 29	♎ 0	1	3	4	5	6	8	9	10	11	12	14	15	16	17	19	20	21	22	23	25	26	27	28	29 0	♏ 1	2	3	5	
♂	♌ 17	18	19	20	20	20	21	21	22	23	23	24	25	25	26	27	27	28	28	29	29 0	♍ 0	1	2	2	3	3	4	5	5	

♃ 1 2 7 11 16 21 25 30 / ♍ 14 15 16 17 18 19 20 21 — ♄ 1R 19 / ♈ 24 23 — ♅ 1 12 28 29 29 / ♍ 28 29 0 ♎ 0 — ♆ 1 3 / ♏ 23 24 — ♇ 1 24 / ♍ 22 23

10 ☉	♎ 8	9	10	11	12	13	14	15	16	17	18	19	20	21	22	23	24	25	26	27	28	29	29 0	♏ 1	2	3	4	5	6	7	8
☽	♒ 8	21	♓ 5	18	♈ 1	13	26	♉ 8	20	♊ 2	14	26	♋ 8	20	♌ 2	14	27	♍ 10	24	♎ 8	22	♏ 7	22	♐ 7	22	♑ 6	21	♒ 5	18	♓ 2	15
☿	♏ 1	1	R 1	1	1	0	0	0 29	♎ 28	27	26	25	24	23	22	20	19	18	17	16	16	15	15	D 15	15	16	16	17	18	18	19
♀	♏ 6	7	8	9	11	12	13	14	16	17	18	19	20	22	23	24	25	27	28	29	29 0	♐ 1	3	4	5	6	8	9	10	11	12
♂	♍ 6	7	7	8	8	9	10	10	11	12	12	13	13	14	15	15	16	17	17	18	18	19	20	20	21	21	22	23	23	24	25

♃ 1 5 8 14 18 24 30 / ♍ 21 22 23 24 25 26 27 — ♄ 1R 3 16 29 / ♈ 23 22 21 20 — ♅ 1 14 / ♎ 0 1 — ♆ 1 13 / ♏ 24 25 — ♇ 1 23 / ♍ 23 24

11 ☉	♏ 9	10	11	12	13	14	15	16	17	18	19	20	21	22	23	24	25	26	27	28	29	29 0	♐ 1	2	3	4	5	6	7	8	
☽	♓ 27	♈ 10	22	♉ 4	16	28	♊ 10	22	♋ 4	16	28	♌ 10	23	♍ 5	18	♎ 2	16	♏ 0	15	♐ 0	16	♑ 1	16	♒ 0	15	28	♓ 11	24	♈ 7	19	
☿	♎ 21	22	23	24	26	27	28	29 0	♏ 1	3	4	6	8	9	11	12	14	16	17	19	20	22	23	25	27	28	29 0	♐ 1	3	5	
♀	♐ 14	15	16	17	18	20	21	22	23	25	26	27	28	29 0	♑ 1	2	3	4	5	7	8	9	10	11	13	14	15	16	17	19	
♂	♍ 25	26	26	27	28	28	29	29	29 0	♎ 1	1	2	2	3	4	4	5	5	6	7	7	8	8	9	10	10	11	11	12	13	

♃ 1 4 10 15 29 16 22 28 / ♍ 27 28 29 0 ♎ 0 1 2 — ♄ 1R 12 / ♈ 20 19 — ♅ 1 22 / ♎ 2 3 — ♆ 1 11 / ♏ 25 26 — ♇ 1 / ♍ 24

12 ☉	♐ 9	10	11	12	13	14	15	16	17	19	20	21	22	23	24	25	26	27	28	29	29 0	♑ 1	2	3	4	5	6	7	8	9	10
☽	♉ 1	13	25	♊ 7	19	♋ 1	13	25	♌ 7	19	♍ 1	14	27	♎ 10	24	♏ 9	23	♐ 8	24	♑ 9	24	♒ 9	23	♓ 7	21	♈ 4	16	28	♉ 10	22	♊ 4
☿	♐ 8	8	9	11	12	14	16	17	19	20	22	23	25	27	28	29 0	♑ 1	3	4	6	8	9	11	12	14	16	17	18	20	22	24
♀	♑ 20	21	22	23	25	26	27	28	29 0	♒ 1	2	3	4	5	6	8	9	10	11	12	13	15	16	17	18	19	20	22	23	24	25
♂	♎ 13	14	14	15	16	16	17	17	18	19	19	20	20	21	22	22	23	23	24	24	25	26	26	27	27	28	28	29	29 0	♏ 0	1

♃ 1 5 14 26 / ♎ 2 3 4 5 — ♄ 1R 3 21D / ♈ 19 18 18 — ♅ 1 / ♎ 3 — ♆ 1 8 / ♏ 26 27 — ♇ 1 7 27R / ♍ 24 25 25

1969的行星位置

1

	1	2	3	4	5	6	7	8	9	10	11	12	13	14	15	16	17	18	19	20	21	22	23	24	25	26	27	28	29	30	31
☉	♑ 11	12	13	14	15	16	17	18	19	20	21	22	23	24	25	26	27	28	29	29 0	♒ 1	2	3	4	5	6	7	8	9	10	11
☽	♊ 16	28	♋ 10	22	♌ 4	16	29	♍ 11	24	♎ 7	20	♏ 4	18	♐ 2	17	♑ 2	17	♒ 2	17	♓ 1	15	29	♈ 12	25	♉ 7	19	♊ 1	13	25	♋ 6	19
☿	♑ 25	27	28	29 0	♒ 1	3	4	6	7	8	10	11	12	13	14	14	15	15	16	R 16	15	15	14	14	13	12	11	9	8	7	6
♀	♒ 26	27	28	29 0	♓ 1	2	3	4	5	6	7	8	9	11	12	13	14	15	16	17	18	19	20	21	22	23	24	25	26	27	28
♂	♏ 1	2	2	3	4	4	5	5	6	6	7	7	8	9	9	10	10	11	11	12	12	13	13	14	15	15	16	16	17	17	18

♃ 1 14 20R 26 / ♎5 6 6 5
♄ 1 10 28 / ♈18 19 20
♅ 1 2 8R 13 / ♎3 4 4 3
♆ 1 8 / ♏27 28
♇ 1R 16 / ♍25 24

2

	1	2	3	4	5	6	7	8	9	10	11	12	13	14	15	16	17	18	19	20	21	22	23	24	25	26	27	28
☉	♒ 12	13	14	16	17	18	19	20	21	22	23	24	25	26	27	28	29	29 0	♓ 1	2	3	4	5	6	7	8	9	10
☽	♌ 1	13	25	♍ 8	21	♎ 4	17	♏ 0	14	28	♐ 12	27	♑ 11	26	♒ 11	25	♓ 9	23	♈ 7	20	♉ 2	15	27	♊ 9	21	♋ 3	15	27
☿	♒R 5	3	3	2	1	1	0	0	0	D 0	0	0	0	1	1	2	3	3	4	5	6	7	8	9	10	11	12	13
♀	♓ 29	29 0	♈ 1	2	3	4	5	6	7	8	8	9	10	11	12	13	13	14	15	16	16	17	18	19	19	20	20	21
♂	♏ 18	19	19	20	20	21	21	22	22	23	23	24	24	25	25	26	26	27	27	28	28	29	29	29	29 0	♐ 0	1	1

♃ 1R 15 26 / ♎5 4 3
♄ 1 10 22 / ♈20 21 22
♅ 1R 26 / ♎3 2
♆ 1 28R / ♏28 28
♇ 1R / ♍24

3

	1	2	3	4	5	6	7	8	9	10	11	12	13	14	15	16	17	18	19	20	21	22	23	24	25	26	27	28	29	30	31
☉	♓ 11	12	13	14	15	16	17	18	19	20	21	22	23	24	25	26	27	28	29	29 0	♈ 1	2	3	4	5	6	7	8	9	10	11
☽	♌ 9	21	♍ 4	17	♎ 0	13	27	♏ 11	25	♐ 9	23	♑ 7	21	♒ 6	20	♓ 4	18	♈ 1	15	28	♉ 10	23	♊ 5	17	29	♋ 11	23	♌ 5	17	29	♍ 12
☿	♒ 15	16	17	18	20	21	22	24	25	27	28	29 0	♓ 1	3	4	6	7	9	11	12	14	16	17	19	21	23	24	26	28	29 0	♈ 2
♀	♈ 22	22	23	23	24	24	24	25	25	25	26	26	26	26	26	26	26	R 26	26	26	26	26	26	25	25	25	25	24	24	23	23
♂	♐ 2	2	3	3	3	4	4	5	5	5	6	6	7	7	7	8	8	9	9	9	10	10	10	11	11	11	11	12	12	12	13

♃ 1R 7 15 23 30 0 31 / ♎3 2 1 0 29♍29
♄ 1 3 12 21 29 / ♈22 23 24 25 26
♅ 1R 22 / ♎2 1
♆ 1R / ♏28
♇ 1R 6 / ♍24 23

4

	1	2	3	4	5	6	7	8	9	10	11	12	13	14	15	16	17	18	19	20	21	22	23	24	25	26	27	28	29	30
☉	♈ 12	13	14	15	16	17	17	18	19	20	21	22	23	24	25	26	27	28	29	29 0	♉ 1	2	3	4	5	6	7	8	9	10
☽	♍ 25	♎ 9	23	♏ 7	21	♐ 5	20	♑ 4	18	♒ 2	16	♓ 0	14	27	♈ 10	23	♉ 6	18	♊ 1	13	25	♋ 7	18	♌ 0	12	25	♍ 7	20	♎ 3	17
☿	♈ 4	6	8	10	12	14	16	18	20	22	24	26	28	29 0	♉ 2	5	7	9	11	13	15	17	18	20	22	24	25	27	28	29 0
♀	♈R 22	22	21	20	20	19	19	18	17	17	16	15	15	14	14	13	13	12	12	12	11	11	11	10	10	10	10	10	10	D 10
♂	♐ 13	13	13	13	14	14	14	14	15	15	15	15	15	15	16	16	16	16	16	16	16	16	16	16	16	16	R 16	16	16	16

♃ 1R 8 17 29 / ♍29 28 27 26
♄ 1 6 14 21 29 29 30 / ♈26 27 28 29 0 ♉0
♅ 1R 15 / ♎1 9
♆ 1R 23 / ♏28 27
♇ 1R 15 / ♍23 22

5

	1	2	3	4	5	6	7	8	9	10	11	12	13	14	15	16	17	18	19	20	21	22	23	24	25	26	27	28	29	30	31
☉	♉ 11	12	13	14	15	16	17	18	19	20	21	22	23	24	24	25	26	27	28	29	29 0	♊ 1	2	3	4	5	6	7	8	9	10
☽	♏ 1	16	♐ 0	15	♑ 0	15	29	♒ 13	27	♓ 10	24	♈ 7	20	♉ 2	15	27	♊ 9	21	♋ 3	15	27	♌ 9	21	♍ 3	15	28	♎ 11	25	♏ 9	24	♐ 9
☿	♊ 1	2	4	5	6	7	7	8	9	10	10	11	11	11	11	11	R 12	11	11	11	11	11	10	10	9	9	8	8	7	6	6
♀	♈ 10	10	10	11	11	11	11	12	12	12	13	13	14	14	15	15	16	16	17	17	18	19	19	20	21	21	22	23	24	24	25
♂	♐R 16	16	16	16	16	16	16	15	15	15	15	15	15	14	14	14	14	13	13	13	13	12	12	12	11	11	11	10	10	10	9

♃ 1R 23D / ♍26 26
♄ 1 7 16 24 / ♉0 1 2 3
♅ 1R 20 0 21 / ♎0 29♍29
♆ 1R 30 / ♏27 28
♇ 1R / ♍22

6

	1	2	3	4	5	6	7	8	9	10	11	12	13	14	15	16	17	18	19	20	21	22	23	24	25	26	27	28	29	30
☉	♊ 11	12	13	14	15	16	17	18	18	19	20	21	22	23	24	25	26	27	28	29	29 0	♋ 1	2	3	4	5	6	7	8	9
☽	♐ 24	♑ 9	24	♒ 9	23	♓ 7	21	♈ 4	17	29	♉ 12	24	♊ 6	18	♋ 0	12	24	♌ 5	17	29	♍ 12	24	♎ 7	20	♏ 4	18	♐ 2	17	♑ 3	18
☿	♊R 5	5	4	4	4	3	3	3	3	D 3	3	3	3	4	4	4	5	6	6	7	8	9	9	10	12	13	14	15	16	18
♀	♈ 26	27	28	29	29	29 0	♉ 1	2	3	4	5	6	6	7	8	9	10	11	12	13	14	15	16	17	18	19	20	21	22	23
♂	♐R 9	9	8	8	8	7	7	7	6	6	6	5	5	5	5	4	4	4	3	3	3	3	3	2	2	2	2	2	2	2

♃ 1 17 28 / ♍26 27 28
♄ 1 2 11 22 / ♉3 4 5 6
♅ 1R 7D 24 29 25 / ♍29 29 0♎9
♆ 1R / ♏26
♇ 1R 2D / ♍22 22

7 ☉	♋ 9	10	11	12	13	14	15	16	17	18	19	20	21	22	23	24	25	26	27	28	29	29	29 0	♌ 1	2	3	4	5	6	7	8
☽	♒ 3	18	♓ 3	17	♈ 0	13	26	♉ 9	21	♊ 3	16	27	♋ 8	21	♌ 3	14	26	♍ 9	21	♎ 3	16	29	♏ 13	27	♐ 11	26	♑ 11	26	♒ 11	26	♓ 11
☿	♊ 19	20	22	24	25	27	29	29 1	♋ 2	4	6	8	10	12	14	16	19	21	23	25	27	28	29 1	♌ 3	8	9	10	12	14	18	19
♀	♉ 24	25	26	27	28	29	29 0	♊ 2	3	4	5	6	7	8	9	10	11	12	13	15	16	17	18	19	20	21	22	23	25	26	27
♂	♐ R 1	1	1	1	1	1	1	D 1	1	1	1	1	1	2	2	2	2	2	2	2	2	3	3	3	3	4	4	4	4	5	5

♃ 1 7 15 29 16 22 29 — ♍28 29 0 ♎0 1 2 ♄ 1 4 19 — ♉6 7 8 ♅ 1 28 — ♎0 1 ♆ 1R 24 — ♏26 25 ♇ 1 29 — ♍22 23

8 ☉	♌ 9	10	11	12	13	14	15	16	17	18	19	20	21	22	22	23	24	25	26	27	28	29	29 0	♍ 1	2	3	4	5	6	7	8
☽	♓ 25	♈ 9	22	♉ 5	18	♊ 0	12	24	♋ 6	18	♌ 0	11	23	♍ 5	18	♎ 0	13	26	♏ 9	23	♐ 7	21	♑ 5	20	♒ 5	20	♓ 5	19	♈ 3	17	♉ 0
☿	♌ 19	21	23	25	27	29	29 0	♍ 2	4	6	7	9	10	12	14	15	17	18	19	21	22	24	25	26	28	29	29 0	♎ 1	2	4	5
♀	♊ 28	29	29 0	♋ 1	2	4	5	6	7	8	9	10	12	13	14	15	16	17	19	20	21	22	23	24	26	27	28	29	29 0	♌ 1	3
♂	♐ 5	6	6	6	7	7	7	8	8	8	9	9	10	10	10	11	11	12	12	13	13	14	14	14	15	15	16	16	17	17	18

♃ 1 4 9 15 20 25 30 — ♎2 3 4 5 6 7 8 ♄ 1 21R — ♉8 8 ♅ 1 18 — ♎1 2 ♆ 1R 7D 21 — ♏25 25 26 ♇ 1 23 — ♍23 24

9 ☉	♍ 9	10	11	12	13	14	15	16	17	18	19	20	21	21	22	23	24	25	26	27	28	29	29 0	♎ 1	2	3	4	5	6	7	
☽	♉ 13	26	♊ 8	20	♋ 2	14	26	♌ 8	20	♍ 2	15	27	♎ 10	23	♏ 6	20	♐ 3	17	♑ 1	16	♒ 0	15	29	♓ 13	28	♈ 11	25	♉ 8	21	♊ 4	
☿	♎ 6	7	8	9	9	10	11	12	12	13	13	14	14	14	14	R 14	14	14	14	13	13	12	11	10	9	8	7	6	5	4	
♀	♌ 4	5	6	7	9	10	11	12	13	15	16	17	18	19	21	22	23	24	25	27	28	29	29 0	♍ 2	3	4	5	6	8	9	
♂	♐ 18	19	20	20	21	21	22	22	23	23	24	25	25	26	26	27	28	28	29	29	29 0	♑ 1	1	2	2	3	4	4	5	6	

♃ 1 4 9 14 19 24 28 — ♎8 9 10 11 12 13 14 ♄ 1R 23 — ♉8 7 ♅ 1 5 21 — ♎2 3 4 ♆ 1 — ♏26 ♇ 1 19 — ♍24 25

10 ☉	♎ 8	9	10	11	12	13	14	15	16	17	18	19	20	21	22	23	24	25	26	27	28	29	29 0	♏ 1	2	3	4	5	6	7	8
☽	♊ 16	28	♋ 10	22	♌ 4	16	28	♍ 10	23	♎ 6	19	♏ 2	16	♐ 0	14	28	♑ 12	27	♒ 11	25	♓ 9	23	♈ 7	20	♉ 3	16	29	♊ 12	24	♋ 6	18
☿	♎ R 3	2	1	0	0	0	0 29	♍ D 29	29 0	♎ 0	1	1	2	3	4	5	6	7	9	10	12	13	15	16	18	20	21	23	25	26	28
♀	♍ 10	11	12	14	15	16	17	19	20	21	22	24	25	26	27	28	29 0	♎ 1	2	3	5	6	7	8	10	11	12	13	15	16	17
♂	♑ 6	7	8	8	9	10	10	11	12	12	13	14	14	15	16	16	17	18	18	19	20	20	21	22	23	23	24	25	25	26	27

♃ 1 3 7 12 17 21 26 31 — ♎14 15 16 17 18 19 20 21 ♄ 1R 8 22 — ♉7 6 5 ♅ 1 7 23 — ♎4 5 6 ♆ 1 11 — ♏26 27 ♇ 1 17 — ♍25 26

11 ☉	♏ 9	10	11	12	13	14	15	16	17	18	19	20	21	22	23	24	25	26	27	28	29	29 0	♐ 1	2	3	4	5	6	7	8	
☽	♌ 0	12	24	♍ 6	18	♎ 1	14	27	♏ 11	25	♐ 10	24	♑ 9	23	♒ 8	22	♓ 6	19	♈ 3	16	29	♉ 12	25	♊ 6	20	♋ 2	14	26	♌ 8	20	
☿	29 0	♏ 1	3	4	6	8	9	11	13	14	16	18	19	21	22	24	26	27	29	29 0	♐ 2	3	5	7	8	10	11	13	14	16	
♀	♎ 18	20	21	22	23	25	26	27	28	29 0	♏ 1	2	3	5	6	7	8	10	11	12	13	15	16	17	18	20	21	22	23	25	
♂	♑ 27	28	29	29 0	♒ 0	1	2	3	3	4	5	5	6	7	8	8	9	10	11	11	12	13	13	14	15	16	16	17	18	19	

♃ 1 4 9 14 19 24 29 — ♎21 22 23 24 25 26 27 ♄ 1R 3 16 — ♉5 4 3 ♅ 1 18 — ♎6 7 ♆ 1 9 — ♏27 28 ♇ 1 22 — ♍26 27

12 ☉	♐ 9	10	11	12	13	14	15	16	17	18	19	20	21	22	23	24	25	26	27	28	29	29 0	♑ 1	3	4	5	6	7	8	9	10
☽	♍ 2	14	26	♎ 9	22	♏ 5	19	♐ 4	18	♑ 3	18	♒ 3	18	♓ 2	16	♈ 0	13	26	♉ 9	22	♊ 4	17	29	♋ 11	23	♌ 5	16	28	♍ 10	22	4
☿	♐ 17	19	21	22	24	25	27	28	29 0	♑ 1	3	4	6	7	9	10	12	13	15	16	18	19	20	22	23	24	25	26	27	28	29
♀	♏ 26	27	28	29 0	♐ 1	2	3	5	6	7	9	10	11	12	14	15	16	17	19	20	21	22	24	25	26	27	29	29 0	♑ 1	2	4
♂	♒ 19	20	21	22	22	23	24	25	25	26	27	28	28	29	29 0	♓ 1	1	2	3	4	4	5	6	6	7	8	9	9	10	11	12

♃ 1 5 10 15 29 17 22 29 — ♎27 28 29 0 ♏0 1 2 ♄ 1R 2 — ♉3 2 ♅ 1 3 — ♎7 8 ♆ 1 5 — ♏28 29 ♇ 1 29R — ♍27 27

1970的行星位置

1

	1	2	3	4	5	6	7	8	9	10	11	12	13	14	15	16	17	18	19	20	21	22	23	24	25	26	27	28	29	30	31
☉	♑ 11	12	13	14	15	16	17	18	19	20	21	22	23	24	25	26	27	28	29	29 0	♒ 1	2	3	4	5	6	7	8	9	10	11
☽	♎ 17	♏ 0	13	27	♐ 12	26	♑ 12	27	♒ 12	27	♓ 12	26	♈ 10	23	♉ 6	19	♊ 1	14	26	♋ 8	20	♌ 1	13	25	♍ 7	19	♎ 1	13	26	♏ 9	22
☿	♑ 20	29 0	♒ 0	R 0	0	0	0 29	♑ 27	26	25	24	23	22	20	19	18	17	16	15	14	14	14	13	D 13	14	14	14	14	15	16	16
♀	♑ 5	6	7	9	10	11	12	14	15	16	18	19	20	21	23	24	25	26	28	29	29 0	♒ 1	3	4	5	6	8	9	10	11	13
♂	♓ 12	13	14	15	15	16	17	18	18	19	20	21	21	22	23	24	24	25	26	27	27	28	29	29 0	♈ 0	1	2	3	3	4	5

♃	♄	♅	♆	♇
1 6 14 25 ♏2 3 4 5	1R ♉2	1 13R ♎8 8	1 4 29 5 ♏29 0 ♐0	1R ♍27

2

	1	2	3	4	5	6	7	8	9	10	11	12	13	14	15	16	17	18	19	20	21	22	23	24	25	26	27	28	29	30	31
☉	♒ 12	13	14	15	16	17	18	19	20	21	22	23	24	25	26	27	28	29	29 0	♓ 1	2	3	4	5	6	7	8	9			
☽	♐ 6	20	♑ 5	20	♒ 5	20	♓ 5	20	♈ 4	18	♉ 2	15	28	♊ 10	23	♋ 5	17	28	♌ 10	22	♍ 4	16	29	♎ 10	23	♏ 5	18	♐ 2			
☿	♑ 17	18	18	20	21	22	23	24	25	26	27	28	29 0	♒ 1	2	4	5	6	8	9	11	12	14	15	17	18	20	21			
♀	♒ 14	15	16	18	19	20	21	23	24	25	26	28	29	29 0	♓ 1	3	4	5	6	8	9	10	11	13	14	15	16	18			
♂	♈ 5	6	7	8	8	9	10	11	11	12	13	14	14	15	16	16	17	18	19	19	20	21	22	22	23	24	24	25			

♃	♄	♅	♆	♇
1 19R ♏5 5	1 4 9 ♉2 3 4	1R 24 ♎8 7	1 ♐0	1R 5 ♍27 26

3

	1	2	3	4	5	6	7	8	9	10	11	12	13	14	15	16	17	18	19	20	21	22	23	24	25	26	27	28	29	30	31
☉	♓ 10	11	12	13	14	16	17	18	19	20	21	21	22	23	24	25	26	27	28	29	29 0	♈ 1	2	3	4	5	6	7	8	9	10
☽	♐ 15	29	♑ 14	28	♒ 13	28	♓ 13	28	♈ 12	27	♉ 10	24	♊ 6	19	♋ 1	13	25	♌ 7	19	♍ 1	13	25	♎ 7	20	♏ 2	15	29	♐ 12	26	♑ 10	24
☿	♒ 23	24	26	28	29 0	♓ 1	3	4	6	8	10	11	13	15	17	19	21	22	24	28	28	29 0	♈ 2	4	6	8	10	12	14	16	18
♀	♓ 19	20	21	23	24	25	26	28	29	29 0	♈ 1	3	4	5	6	8	9	10	11	13	14	15	16	17	19	20	21	23	24	25	26
♂	♈ 26	27	27	28	29	29	29 0	♉ 1	2	2	3	4	4	5	6	7	7	8	9	9	10	11	12	12	13	14	14	15	16	16	17

♃	♄	♅	♆	♇
1R 18 28 ♏5 4 3	1 3 13 22 30 ♉4 5 6 7 8	1R 22 ♎7 6	1 3R ♐0 0	1R 19 ♍26 25

4

	1	2	3	4	5	6	7	8	9	10	11	12	13	14	15	16	17	18	19	20	21	22	23	24	25	26	27	28	29	30	31
☉	♓ 11	12	13	14	15	16	17	18	19	20	21	22	23	24	25	26	27	28	29	29 0	♉ 1	2	3	4	5	6	7	8	9	10	
☽	♒ 8	23	♓ 7	22	♈ 6	20	♉ 4	18	♊ 1	14	27	♋ 9	21	♌ 3	15	27	♍ 9	21	♎ 3	16	29	♏ 12	25	♐ 9	23	♑ 7	21	♒ 5	19	♓ 3	
☿	♒ 20	22	24	26	28	29 0	♉ 2	4	6	7	9	10	12	13	14	16	17	18	19	19	20	21	21	22	22	22	22	R 22	22	22	
♀	♓ 28	29	29 0	♉ 1	3	4	5	6	7	9	10	11	12	13	15	16	17	18	20	21	22	23	25	26	27	28	29 0	♊ 1	2	3	
♂	♈ 18	19	19	20	21	21	22	23	23	24	25	26	26	27	28	28	29	29 0	♊ 0	1	2	2	3	4	4	5	6	6	7	8	

♃	♄	♅	♆	♇
1R 5 14 22 29R 30 ♏3 2 1 0♎29 29	1 8 16 24 ♉8 9 10 11	1R 14 ♎6 5	1R ♐0	1R 30 ♍25 24

5

	1	2	3	4	5	6	7	8	9	10	11	12	13	14	15	16	17	18	19	20	21	22	23	24	25	26	27	28	29	30	31
☉	♉ 11	12	13	14	15	16	17	17	18	19	20	21	22	23	24	25	26	27	28	29	29 0	♊ 1	2	3	4	5	6	7	8	9	10
☽	♓ 17	♈ 1	15	29	♉ 13	26	♊ 10	22	♋ 5	17	29	♌ 11	23	♍ 5	17	29	♎ 11	24	♏ 7	21	♐ 4	18	♑ 3	17	♒ 1	16	♓ 0	14	28	♈ 12	25
☿	♉ R 21	21	21	20	20	19	19	18	18	17	16	16	15	15	14	14	13	13	13	13	13	D 13	13	13	13	14	14	14	15	15	16
♀	♊ 4	6	7	8	9	10	12	13	14'	15	16	18	19	20	21	22	24	25	26	27	29	29 0	♋ 1	2	3	5	6	7	8	9	11
♂	♊ 9	9	10	11	11	12	13	13	14	15	15	16	17	17	18	19	19	20	21	21	22	23	23	24	25	25	26	27	27	28	29

♃	♄	♅	♆	♇
1R 8 17 29 ♎29 28 27 26	1 2 9 17 25 ♉11 12 13 14 15	1R 15 ♎5 4	1R 3 0 4 ♐0 29♏29	1R ♍24

6

	1	2	3	4	5	6	7	8	9	10	11	12	13	14	15	16	17	18	19	20	21	22	23	24	25	26	27	28	29	30	31
☉	♊ 11	12	12	13	14	15	16	17	18	19	20	21	22	23	24	25	26	27	28	29	29 0	♋ 1	2	3	4	4	5	6	7	8	
☽	♉ 9	22	♊ 5	18	♋ 1	13	25	♌ 7	19	♍ 1	13	25	♎ 7	19	♏ 2	15	29	♐ 13	27	♑ 12	27	♒ 11	26	♓ 10	25	♈ 9	22	♉ 6	19	♊ 2	
☿	♉ 17	18	18	19	20	21	22	23	25	26	27	28	29 0	♊ 1	3	4	6	8	9	11	13	14	16	18	20	22	24	26	28	29 0	
♀	♋ 12	13	14	15	17	18	19	20	21	22	24	25	26	27	28	29 0	♌ 1	2	3	4	5	7	8	9	10	11	12	14	15	16	
♂	♊ 29	29 0	♋ 1	1	2	3	3	4	5	5	6	7	7	8	9	9	10	11	11	12	12	13	14	14	15	16	16	17	18	18	

♃	♄	♅	♆	♇
1R 23D ♎26 25	1 2 11 20 29 ♉15 16 17 18 19	1R 2D ♎4 4	1R 9 ♏29 28	1R 5D ♍24 24

7																														
☉	♋ 9	10	11	12	13	14	15	16	17	18	19	20	21	22	23	24	24	25	26	27	28	29	29 0	♌ 1	2	3	4	5	6	7	8
☽	♊ 15	27	♋ 9	22	♌ 4	15	27	♍ 9	21	♎ 3	15	27	♏ 10	23	♐ 7	21	♑ 6	21	♒ 6	21	♓ 6	20	♈ 5	19	♉ 2	16	29	♊ 12	24	♋ 6	18
☿	♋ 2	6	7	9	11	13	15	18	20	22	24	26	28	29 0	♌ 2	4	6	8	10	12	14	15	17	19	21	22	24	26	27	29	29 0
♀	♌ 17	18	19	21	22	23	24	25	26	28	29	29 0	♍ 1	2	3	4	6	7	8	9	10	11	12	13	15	16	17	18	19	20	21
♂	♋ 19	20	20	21	22	22	23	24	24	25	25	26	27	27	28	29	29	29 0	♌ 0	1	2	3	3	4	4	5	6	6	7	8	9

♃ 1 18 29 / ♎26 27 28 — ♄ 1 10 22 / ♉19 20 21 — ♅ 1 10 / ♎4 5 — ♆ 1R / ♏28 — ♇ 1 8 / ♍24 25

8																														
☉	♌ 9	10	11	12	13	14	15	16	16	17	18	19	20	21	22	23	24	25	26	27	28	29	29 0	1	2	3	4	5	6	7	8
☽	♌ 0	12	24	♍ 6	18	♎ 0	12	24	♏ 6	19	♐ 2	16	♑ 0	14	29	♒ 14	29	♓ 14	29	♈ 14	28	♉ 12	25	♊ 8	21	♋ 3	16	28	♌ 9	21	♍ 3
☿	♍ 2	3	5	6	7	9	10	11	13	14	15	16	17	18	19	20	21	22	23	24	25	25	26	26	27	27	27	27	27	R 27	27
♀	♍ 22	23	25	26	27	28	29	29 0	♎ 1	2	3	4	5	6	7	8	9	11	12	13	14	15	16	17	18	19	20	21	22	23	24
♂	♌ 9	10	10	11	12	12	13	13	14	15	15	16	17	17	18	19	19	20	20	21	22	22	23	24	24	25	26	26	27	27	28

♃ 1 7 15 29 16 22 29 / ♎28 29 0 ♏0 1 2 — ♄ 1 8 / ♉21 22 — ♅ 1 7 27 / ♎5 6 7 — ♆ 1R 10 / ♏28 28 — ♇ 1 17 / ♍25 26

9																														
☉	♍ 9	10	11	12	13	13	14	15	16	17	18	19	20	21	22	23	24	25	26	27	28	29	29 0	♎ 1	2	3	4	5	6	7	
☽	♍ 15	27	♎ 9	21	♏ 3	15	28	♐ 11	25	♑ 9	23	♒ 7	22	♓ 7	23	♈ 8	22	♉ 7	21	♊ 4	17	♋ 0	12	24	♌ 6	18	♍ 0	12	24	♎ 6	
☿	♍ 27	27	26	26	25	24	24	23	22	21	20	19	18	17	16	15	15	14	14	13	13	D 13	14	14	15	15	16	17	18	19	
♀	♎ 25	26	26	27	28	29	29 0	♏ 1	2	3	4	5	6	6	7	8	9	10	11	11	12	13	14	14	15	16	16	17	18	18	
♂	♌ 29	29	29 0	♍ 1	1	2	3	3	4	4	5	6	6	7	8	8	9	10	10	11	11	12	13	13	14	15	15	16	17	17	

♃ 1 4 9 15 20 25 30 / ♏2 3 4 5 6 7 8 — ♄ 1 4R / ♉22 22 — ♅ 1 13 29 / ♎7 8 9 — ♆ 1 / ♏28 — ♇ 1 14 / ♍26 27

10																														
☉	♎ 8	9	10	11	12	13	14	15	16	17	18	19	20	21	22	23	24	25	26	27	28	29	29 0	♐ 1	2	3	4	5	6	7	8
☽	♎ 18	♏ 0	13	25	♐ 8	21	♑ 5	19	♒ 3	17	♓ 1	16	♈ 1	16	♉ 0	15	29	♊ 12	26	♋ 8	21	♌ 3	15	26	♍ 8	20	♎ 2	14	27	♐ 9	22
☿	♍ 20	22	23	25	26	28	29 0	♎ 1	3	4	6	8	10	11	13	15	17	18	20	22	24	25	27	29	29 0	♏ 2	4	5	7	8	10
♀	♏ 19	19	20	21	21	22	22	22	23	23	24	24	24	24	25	25	25	25	25	R 25	25	25	24	24	24	24	24	23	23	23	22
♂	♍ 18	18	19	20	20	21	22	22	23	24	24	25	25	26	27	27	28	29	29	29 0	♎ 1	1	2	2	3	4	4	5	6	6	7

♃ 1 5 10 15 19 24 28 / ♏8 9 10 11 12 13 14 — ♄ 1R 18 / ♉21 20 — ♅ 1 15 / ♎9 10 — ♆ 1 7 / ♏28 29 — ♇ 1 12 / ♍27 28

11																														
☉	♏ 9	10	11	12	13	14	15	16	17	18	19	20	21	22	23	24	25	26	27	28	29	29 0	♐ 1	2	3	4	5	6	7	8	
☽	♐ 5	18	♑ 2	15	29	♒ 13	27	♓ 11	26	♈ 10	25	♉ 9	23	♊ 7	20	♋ 3	16	29	♌ 11	23	♍ 4	16	28	♎ 10	22	♏ 5	18	♐ 1	14	28	
☿	♏ 12	13	15	17	18	20	21	23	24	26	27	29	29 1	♐ 2	4	5	7	8	10	11	13	14	16	17	19	20	22	23	24	26	
♀	♏ R 22	21	21	20	20	19	18	18	17	17	16	15	15	14	14	13	13	12	12	11	11	11	10	10	10	10	9	9	9	9	
♂	♎ 7	8	9	9	10	11	11	12	13	13	14	14	15	16	16	17	18	18	19	20	20	21	21	22	23	23	24	25	25	26	

♃ 1 2 7 11 16 20 25 29 / ♏14 15 16 17 18 19 20 21 — ♄ 1R 13 25 / ♉19 18 17 — ♅ 1 19 / ♎11 12 — ♆ 1 6 29 7 / ♏29 0 ♐ 0 — ♇ 1 12 / ♍28 29

12																														
☉	♐ 9	10	11	12	13	14	15	16	17	18	19	20	21	22	23	24	25	26	27	28	29	29 0	♑ 1	2	3	4	5	6	7	8	9
☽	♑ 12	26	♒ 10	24	♓ 8	22	♈ 6	20	♉ 4	18	♊ 2	15	28	♋ 11	24	♌ 6	18	♍ 0	12	24	♎ 5	16	♏ 0	13	26	♐ 9	23	♑ 7	21	♒ 6	20
☿	♐ 27	29	29 0	♑ 1	3	4	5	6	7	9	10	11	11	12	13	13	14	14	R 14	13	13	12	11	10	9	8	7	6	4	3	2
♀	♏ D 9	9	9	10	10	10	10	11	11	11	12	12	12	13	13	14	15	15	16	16	17	18	19	19	20	20	21	22	23	23	24
♂	♎ 27	27	28	28	28	29 0	♏ 0	1	2	2	3	4	4	5	5	6	7	7	8	9	9	10	11	11	12	12	13	14	14	15	16

♃ 1 4 9 13 18 23 28 / ♏21 22 23 24 25 26 27 — ♄ 1R 9 30 / ♉17 16 15 — ♅ 1 14 / ♎12 13 — ♆ 1 3 / ♐0 1 — ♇ 1 29R / ♍29 29

1971的行星位置

1

	1	2	3	4	5	6	7	8	9	10	11	12	13	14	15	16	17	18	19	20	21	22	23	24	25	26	27	28	29	30	31
☉	♏ 10	11	12	13	15	16	17	18	19	20	21	22	23	24	25	26	27	28	29	29 0	♒ 1	2	3	4	5	6	7	8	9	10	11
☽	♓ 5	19	♈ 3	17	♉ 1	15	28	♊ 11	24	♋ 7	20	♌ 2	14	26	♍ 8	20	♎ 2	14	26	♏ 8	21	♐ 4	17	♑ 1	15	29	♒ 14	29	♓ 14	29	♈ 13
☿	♑R 1	0	0 29	♐ 28	26	27	27	D 27	28	28	28	29	29	29 0	♑ 1	2	3	4	5	6	7	8	9	10	12	13	14	15	17	18	19
♀	♏ 25	26	27	28	28	29	29 0	♐ 1	2	3	4	5	6	7	8	9	10	11	12	13	14	15	16	17	18	19	20	21	22	23	24
♂	♏ 16	17	17	18	19	19	20	21	21	22	23	23	24	24	25	26	26	27	28	28	29	29	29 0	♐ 1	1	2	3	3	4	5	5

♃ 1 3 8 14 29 15 20 26 — ♏27 28 29 0 ♐0 1 2
♄ 1R 17D — ♉15 15
♅ 1 18R — ♎13 13
♆ 1 — ♐2
♇ 1R — ♍29

2

	1	2	3	4	5	6	7	8	9	10	11	12	13	14	15	16	17	18	19	20	21	22	23	24	25	26	27	28	29	30	31
☉	♒ 12	13	14	15	16	17	18	19	20	21	22	23	24	25	26	27	28	29	29 0	♓ 1	2	3	4	5	6	7	8	9			
☽	♈ 28	♉ 11	25	♊ 8	21	♋ 4	16	29	♌ 11	23	♍ 5	17	28	♎ 10	22	♏ 4	16	29	♐ 12	25	♑ 9	23	♒ 7	22	♓ 7	23	♈ 8	23			
☿	♑ 21	22	23	25	26	28	29 0	♒ 1	2	4	5	7	8	10	12	13	15	16	18	20	21	23	25	27	28	29 0	♓ 2	4			
♀	♐ 25	26	28	29	29 0	♑ 1	2	3	4	5	6	7	9	10	11	12	13	14	15	16	18	19	20	21	22	23	25	26			
♂	♐ 6	6	7	8	8	9	10	10	11	11	12	13	13	14	15	15	16	16	17	18	18	19	19	20	21	21	22	23			

♃ 1 2 10 20 — ♐2 3 4 5
♄ 1 4 24 — ♉15 16 17
♅ 1R 22 — ♎13 12
♆ 1 16 — ♐2 3
♇ 1 23 — ♍29 28

3

	1	2	3	4	5	6	7	8	9	10	11	12	13	14	15	16	17	18	19	20	21	22	23	24	25	26	27	28	29	30	31
☉	♓ 10	11	12	13	14	15	16	17	18	19	20	21	22	23	24	25	26	27	28	29	29 0	♈ 1	2	3	4	5	6	7	8	9	10
☽	♉ 7	21	♊ 5	18	♋ 1	14	26	♌ 8	20	♍ 2	14	25	♎ 7	19	♏ 1	13	25	♐ 8	21	♑ 4	17	♒ 1	16	♓ 0	16	♈ 1	16	♉ 1	16	♊ 0	14
☿	♓ 6	7	9	11	13	15	17	19	21	23	25	26	28	29 0	♈ 2	4	6	8	10	12	14	16	17	19	21	22	24	25	26	28	29
♀	♑ 27	28	29	29 0	♒ 1	3	4	5	6	7	8	10	11	12	13	14	16	17	18	19	20	21	23	24	25	26	27	29	29 0	♓ 1	2
♂	♐ 23	24	24	25	25	26	27	27	28	29	29	29 0	♑ 0	1	2	2	3	4	4	5	5	6	7	7	8	8	9	9	10	11	11

♃ 1 6 24R — ♐5 6 6
♄ 1 9 20 30 — ♉17 18 19 20
♅ 1R 21 — ♎12 11
♆ 1 5R 22 — ♐3 3 2
♇ 1 — ♍28

4

	1	2	3	4	5	6	7	8	9	10	11	12	13	14	15	16	17	18	19	20	21	22	23	24	25	26	27	28	29	30	31
☉	♈ 11	12	13	14	15	16	17	18	19	20	21	22	23	24	25	26	27	28	29	29 0	♉ 1	2	3	4	5	6	7	8	9	9	
☽	♊ 27	♋ 10	23	♌ 5	17	29	♍ 11	22	♎ 4	16	28	♏ 10	23	♐ 5	18	♑ 1	14	27	♒ 11	25	♓ 9	24	♈ 9	24	♉ 9	24	♊ 8	22	♋ 6	19	
☿	29 0	♉ 1	1	2	3	3	3	3	3	R 3	3	3	2	2	2	1	0	0 29	♈ 29	28	27	27	26	25	25	24	24	23	23	23	
♀	♓ 3	5	6	7	8	9	10	12	13	14	15	16	18	19	20	21	22	24	25	26	27	28	29 0	♈ 1	2	3	4	6	7	8	
♂	♑ 12	12	13	14	14	15	15	16	16	17	18	18	19	19	20	20	21	22	22	23	23	24	24	25	25	26	26	27	28	28	

♃ 1R 9 23 — ♐6 5 4
♄ 1 7 16 24 — ♉20 21 22 23
♅ 1R 14 — ♎11 10
♆ 1R — ♐2
♇ 1R 2 — ♍28 27

5

	1	2	3	4	5	6	7	8	9	10	11	12	13	14	15	16	17	18	19	20	21	22	23	24	25	26	27	28	29	30	31
☉	♉ 10	11	12	13	14	15	16	17	18	19	20	21	22	23	24	25	26	27	28	29	29 0	♊ 1	2	3	4	5	6	7	7	8	9
☽	♌ 1	13	25	♍ 7	19	♎ 1	13	25	♏ 7	19	♐ 2	15	28	♑ 11	24	♒ 8	21	♓ 5	20	♈ 4	19	♉ 3	18	♊ 2	16	♋ 0	14	27	♌ 9	21	♍ 3
☿	♈R 23	23	23	D 23	23	23	24	24	24	25	25	26	27	28	28	29	29 0	♉ 1	2	3	4	6	7	8	9	11	12	14	15	17	18
♀	♈ 9	10	12	13	14	15	17	18	19	20	21	23	24	25	26	27	29	29 0	♉ 1	2	3	5	6	7	8	9	11	12	13	14	16
♂	♑ 29	29	29 0	♒ 0	1	1	2	2	3	3	4	4	5	5	6	6	7	7	8	8	8	9	9	10	10	11	11	11	12	12	13

♃ 1R 3 12 20 27 — ♐4 3 2 1 0
♄ 1 2 10 17 25 — ♉23 24 25 26 27
♅ 1R 11 — ♎10 9
♆ 1R 13 — ♐2 1
♇ 1R 28 — ♍27 26

6

	1	2	3	4	5	6	7	8	9	10	11	12	13	14	15	16	17	18	19	20	21	22	23	24	25	26	27	28	29	30	31
☉	♊ 10	11	12	13	14	15	16	17	18	19	20	21	22	23	24	25	26	27	28	29	29	29 0	♋ 1	2	3	4	5	6	7	8	
☽	♍ 15	27	♎ 9	21	♏ 3	15	28	♐ 11	24	♑ 7	21	♒ 4	18	♓ 2	16	♈ 0	15	29	♉ 13	27	♊ 11	25	♋ 9	22	♌ 4	17	29	♍ 11	23	♎ 5	
☿	♉ 20	21	23	25	27	28	29 0	♊ 2	4	6	8	10	12	14	16	19	21	23	25	27	29 0	♋ 2	4	6	8	10	12	14	17	19	
♀	♉ 17	18	19	20	22	23	24	25	26	28	29	29 0	♊ 1	3	4	5	6	7	9	10	11	12	13	15	16	17	18	20	21	22	
♂	♒ 13	13	14	14	14	15	15	16	16	16	17	17	17	18	18	18	18	19	19	19	19	20	20	20	20	20	21	21	21	21	

♃ 1R 5D 6 13 23 — ♐0 29♏29 28 27
♄ 1 2 10 18 29 19 27 — ♉27 28 29 0 ♊0 1
♅ 1R 17D — ♎9 9
♆ 1R 19 — ♐1 0
♇ 1R 7D 15 — ♍26 26 27

7 ☉	♋ 9	10	11	12	13	14	15	16	17	18	19	19	20	21	22	23	24	25	26	27	28	29	29 0	♌ 1	2	3	4	5	6	7	8
☽	♎ 17	29	♏ 11	24	♐ 6	19	♑ 3	16	♒ 0	14	28	♓ 13	27	♈ 11	26	♉ 10	24	♊ 7	21	♋ 4	17	♌ 0	13	25	♍ 7	19	♎ 1	13	25	♏ 7	19
☿	♋ 21	23	24	26	28	29 0	♌ 2	4	5	7	9	10	12	14	15	17	18	19	21	22	24	25	26	27	28	29 0	♍ 1	2	3	4	5
♀	♊ 23	24	26	27	28	29 0	♋ 1	2	3	4	5	7	8	9	10	12	13	14	15	16	18	19	20	21	23	24	25	26	28	29	29 0
♂	♒ 21	21	21	21	21	21	21	21	21	21	R 21	21	21	21	21	21	21	21	21	21	21	21	21	20	20	20	20	20	19	19	19

♃ 1R 8 24D / ♏27 26 25 ♄ 1 8 15 25 / ♊1 2 3 4 ♅ 1 23 / ♎9 10 ♆ 1R / ♐0 ♇ 1 / ♍27

8 ☉	♌ 9	10	11	11	12	13	14	15	16	17	18	19	20	21	22	23	24	25	26	27	28	29	29 0	♍ 1	2	3	4	5	5	6	7
☽	♐ 1	14	27	♑ 11	25	♒ 9	23	♓ 8	23	♈ 8	22	♉ 6	20	♊ 4	18	♋ 1	14	27	♌ 9	22	♍ 4	16	28	♎ 10	21	♏ 3	15	27	♐ 10	22	♑ 5
☿	♍ 5	6	7	8	8	9	9	10	10	10	10	10	R 10	10	10	9	9	8	7	7	6	5	5	4	3	2	1	0	0 29	♌ 29	28
♀	♌ 1	2	4	5	6	7	9	10	11	12	14	15	16	17	18	20	21	22	23	25	26	27	28	29 0	♍ 1	2	3	5	6	7	8
♂	♒ R 19	18	18	18	18	17	17	17	17	16	16	16	16	15	15	15	15	14	14	14	14	13	13	13	13	13	12	12	12	12	12

♃ 1 10 24 / ♏26 27 28 ♄ 1 8 25 / ♊4 5 6 ♅ 1 17 / ♎10 11 ♆ 1 / ♐0 ♇ 1 10 / ♍27 28

9 ☉	♍ 8	9	10	11	12	13	14	15	16	17	18	19	20	21	22	23	24	25	26	27	28	29	29 0	♎ 1	2	3	4	5	6	7	
☽	♑ 19	♒ 3	17	♓ 2	17	♈ 2	17	♉ 2	17	♊ 1	15	28	♋ 11	24	♌ 6	18	♍ 1	13	24	♎ 6	18	♏ 0	12	24	♐ 6	18	♑ 1	14	27	♒ 11	
☿	♌ R 28	27	27	27	D 27	27	27	28	28	29	29 0	♍ 1	2	3	5	6	7	9	11	12	14	16	17	19	21	23	25	26	28	29 0	
♀	♍ 10	11	12	13	14	16	17	18	19	21	22	23	24	26	27	28	29 0	♎ 1	2	3	4	6	7	8	9	11	12	13	14	16	
♂	♒ R 12	12	12	12	11	11	11	11	11	D 11	11	11	12	12	12	12	12	12	12	12	12	13	13	13	13	13	14	14	14	14	

♃ 1 3 11 29 12 18 25 / ♏28 29 0 ♐0 1 2 ♄ 1 19R / ♊6 6 ♅ 1 5 22 / ♎11 12 13 ♆ 1 / ♐0 ♇ 1 8 / ♍28 29

10 ☉	♎ 8	9	10	11	12	13	14	15	16	17	18	19	19	20	21	22	23	24	25	26	27	28	28	29 0	♏ 1	2	3	4	5	6	7
☽	♒ 25	♓ 10	25	♈ 10	26	♉ 11	26	♊ 10	24	♋ 8	21	♌ 3	16	28	♍ 10	22	♎ 3	15	27	♏ 9	21	♐ 3	15	28	♑ 10	23	♒ 6	20	♓ 4	18	♈ 3
☿	♎ 2	4	5	7	9	11	13	14	16	18	19	21	23	25	26	28	29 0	♏ 1	3	4	6	7	9	11	12	14	15	17	18	20	21
♀	♎ 17	18	19	21	22	23	24	26	27	28	29 0	♏ 1	2	3	4	6	7	8	9	11	12	13	14	15	17	18	19	20	22	23	24
♂	♒ 15	15	15	16	16	16	17	17	17	18	18	18	19	19	19	20	20	21	21	22	22	23	23	23	24	24	25	25	25	26	27

♃ 1 7 12 17 23 28 / ♐3 4 5 6 7 8 ♄ 1R 13 31 / ♊6 5 4 ♅ 1 8 24 / ♎13 14 15 ♆ 1 3 / ♐0 1 ♇ 1 5 29 6 / ♍29 0 ♎0

11 ☉	♏ 8	9	10	11	12	13	14	15	16	17	18	19	20	21	22	23	24	25	26	28	29	29 0	♐ 1	2	3	4	5	6	7	8	
☽	♈ 18	♉ 4	19	♊ 4	18	♋ 3	16	29	♌ 12	24	♍ 6	18	♎ 0	12	24	♏ 6	18	♐ 0	12	25	♑ 7	20	♒ 3	16	♓ 0	14	28	♈ 13	27	♉ 12	
☿	♏ 23	24	26	27	29	29 0	♐ 2	3	4	6	7	9	10	11	13	14	15	17	18	19	20	21	21	23	24	25	26	27	27	28	
♀	♏ 25	27	28	29	29 0	♐ 2	3	4	5	7	8	9	10	12	13	14	15	17	18	19	20	22	23	24	25	27	28	29	29 0	♑ 2	
♂	♒ 27	28	28	29	29	29 0	♓ 0	1	1	2	3	3	4	4	5	5	6	6	7	8	8	9	9	10	10	11	12	12	13	13	

♃ 1 2 6 11 15 20 24 29 / ♐8 9 10 11 12 13 14 15 ♄ 1R 13 26 / ♊4 3 2 ♅ 1 10 29 / ♎15 16 17 ♆ 1 4 30 / ♐1 2 3 ♇ 1 3 / ♎0 1

12 ☉	♐ 9	10	11	12	13	14	15	16	17	18	19	20	21	22	23	24	25	26	27	28	29	29 0	♑ 1	2	3	4	5	6	7	8	9
☽	♉ 27	♊ 12	26	♋ 10	24	♌ 7	20	♍ 3	15	27	♎ 9	20	♏ 2	14	26	♐ 9	21	♑ 4	17	♒ 0	13	27	♓ 11	24	♈ 9	23	♉ 7	22	♊ 6	20	♋ 4
☿	♐ 28	28	R 28	28	27	26	26	25	24	22	21	20	18	17	16	14	13	13	12	12	12	D 11	12	12	12	13	13	14	15	16	16
♀	♑ 3	4	5	7	8	9	10	12	13	14	15	16	18	19	20	21	23	24	25	26	28	29	29 0	♒ 1	3	4	5	6	8	9	10
♂	♓ 14	15	15	16	16	17	18	18	19	20	20	21	21	22	23	23	24	24	25	25	26	27	28	28	29	29 0	♈ 0	1	2	2	3

♃ 1 3 8 12 17 21 25 30 / ♐15 16 17 18 19 20 21 22 ♄ 1R 8 2 / ♊2 1 0 ♅ 1 28 / ♎17 18 ♆ 1 29 / ♐3 4 ♇ 1 23 / ♎1 2

1972的行星位置

	1	2	3	4	5	6	7	8	9	10	11	12	13	14	15	16	17	18	19	20	21	22	23	24	25	26	27	28	29	30	31
1 ☉	♑ 10	11	12	13	14	15	16	17	18	19	20	21	22	23	24	25	26	27	28	29 0	♒ 0	1	2	3	4	5	6	7	8	9	10
☽	♋ 18	♌ 2	15	28	♍ 10	22	♎ 5	17	28	♏ 10	22	♐ 4	17	29	♑ 13	26	♒ 9	23	♓ 7	21	♈ 5	20	♉ 4	18	♊ 2	16	29	♋ 13	27	♌ 10	23
☿	♐ 17	18	19	20	21	22	24	25	26	28	29 0	♑ 1	2	3	5	6	8	9	11	12	13	15	17	18	20	21	22	24	26	27	29
♀	♒ 11	12	14	15	16	17	19	20	21	22	24	25	26	27	28	29 0	♓ 1	2	3	5	6	7	8	9	11	12	13	14	15	17	18
♂	♈ 3	4	4	5	6	7	7	8	9	9	10	11	11	12	13	13	14	15	15	16	17	17	18	19	19	20	21	21	22	23	23

♃ 1 4 9 13 18 23 28 ♐22 23 24 25 26 27 28 ♄ 1 2R 10 31D ♊0 0 0 29 ♉29 ♅ 1 23R ♎18 18 ♆ 1 ♐4 ♇ 1 5R 31 ♎2 2 1

	1	2	3	4	5	6	7	8	9	10	11	12	13	14	15	16	17	18	19	20	21	22	23	24	25	26	27	28	29	30	31
2 ☉	♒ 11	12	13	14	15	16	17	18	19	20	21	22	23	24	25	26	27	28	29 0	♓ 1	2	3	4	5	6	7	8	9	10		
☽	♍ 6	18	♎ 0	12	24	♏ 6	18	♐ 0	12	25	♑ 8	22	♒ 4	18	♓ 2	17	♈ 1	16	♉ 0	15	29	♊ 13	26	♋ 10	23	♌ 6	19	♍ 2	14		
☿	♑ 29 0	♒ 2	4	6	7	8	10	12	14	15	17	19	21	22	24	26	28	29 0	♓ 1	3	5	7	9	11	13	15	17	18	20		
♀	♓ 19	20	22	23	24	25	26	28	29	29 0	♈ 1	2	3	5	6	7	8	9	11	12	13	14	15	16	18	19	20	21	22		
♂	♈ 24	24	25	26	26	27	28	28	29	29 0	♉ 0	1	2	2	3	4	4	5	6	6	7	8	8	9	10	10	11	12	12		

♃ 1 7 12 18 24 ♐28 29 0 ♑1 2 3 ♄ 1 21 29 ♉29 29 0 ♊0 ♅ 1R 29 ♎18 17 ♆ 1 ♐5 ♇ 1R ♎1

	1	2	3	4	5	6	7	8	9	10	11	12	13	14	15	16	17	18	19	20	21	22	23	24	25	26	27	28	29	30	31
3 ☉	♓ 11	12	13	14	15	16	17	18	19	20	21	22	23	24	25	26	27	28	29	29 0	♈ 1	2	3	4	5	6	7	8	9	10	11
☽	♍ 26	♎ 8	20	♏ 2	14	26	♐ 8	20	♑ 3	15	28	♒ 12	26	♓ 10	25	♈ 10	25	♉ 10	25	♊ 9	23	♋ 7	20	♌ 3	16	28	♍ 11	23	♎ 5	18	29
☿	♓ 22	24	26	28	29 0	♈ 1	3	4	6	7	9	10	11	12	13	14	14	15	15	15	15	R 15	15	15	15	14	14	13	12	11	11
♀	♈ 23	25	26	27	28	29	29 0	♉ 1	2	4	5	6	7	8	9	10	11	12	14	15	16	17	18	19	20	21	22	23	24	25	26
♂	♉ 13	14	14	15	16	16	17	18	18	19	20	20	21	22	22	23	23	24	25	25	26	27	28	29	29	29	29 0	♊ 1	1	2	3

♃ 1 8 16 28 ♑4 5 6 7 ♄ 1 11 24 ♊0 1 2 ♅ 1R 31 ♎17 16 ♆ 1 7R ♐5 6 ♇ 1R 31 ♎1 0

	1	2	3	4	5	6	7	8	9	10	11	12	13	14	15	16	17	18	19	20	21	22	23	24	25	26	27	28	29	30	31
4 ☉	♈ 12	13	14	15	16	17	18	19	20	21	22	23	23	24	25	26	27	28	29 0	♉ 0	1	2	3	4	5	6	7	8	9	10	
☽	♏ 11	23	♐ 5	17	29	♑ 11	24	♒ 7	20	♓ 4	18	♈ 3	18	♉ 4	19	♊ 4	18	♋ 3	16	♌ 0	13	25	♍ 8	20	♎ 2	14	26	♏ 8	20	♐ 2	
☿	♈ 10	R 9	8	7	7	6	5	5	4	4	3	3	3	D 3	3	4	4	5	5	5	6	6	7	8	8	9	10	11	12	13	
♀	♉ 27	28	29 0	♊ 0	1	2	3	4	5	6	7	8	9	10	11	12	13	14	15	16	16	17	18	19	20	20	21	22	23	23	
♂	♊ 3	4	5	5	6	7	8	8	9	9	10	10	11	12	12	13	14	14	15	15	16	16	17	18	19	20	20	21	22	22	

♃ 1 11 25R ♑7 8 8 ♄ 1 3 13 22 30 ♊2 3 4 5 6 ♅ 1R 30 ♎16 15 ♆ 1R 30 ♐5 4 ♇ 1R 17 ♎0 ♍29

	1	2	3	4	5	6	7	8	9	10	11	12	13	14	15	16	17	18	19	20	21	22	23	24	25	26	27	28	29	30	31
5 ☉	♉ 11	12	13	14	15	16	17	18	19	20	21	22	23	24	25	26	27	27	28	29 0	♊ 0	1	2	3	4	5	6	7	8	9	10
☽	♐ 14	26	♑ 8	20	♒ 3	16	29	♓ 13	27	♈ 11	27	♉ 12	27	♊ 12	27	♋ 12	25	♌ 9	22	♍ 5	17	29	♎ 11	22	♏ 5	17	29	♐ 11	23	♑ 5	17
☿	♈ 14	15	16	18	19	20	21	23	25	26	27	29	♉ 0	2	4	5	7	9	11	12	14	16	18	20	22	24	26	28	29 0	♊ 2	4
♀	♊ 24	25	26	26	27	27	28	28	29	29 0	♋ 1	1	2	2	2	3	3	3	3	4	4	4	4	4	4	4	R 4	4	4	4	4
♂	♊ 23	23	24	25	25	26	26	27	28	29	29	29 0	♋ 0	1	2	2	3	3	4	5	5	6	7	7	8	8	9	10	10	11	12

♃ 1R 24 31 ♑8 7 6 ♄ 1 8 16 24 31 ♊6 7 8 9 10 ♅ 1R 31 ♎15 14 ♆ 1R ♐4 ♇ 1 ♍29

	1	2	3	4	5	6	7	8	9	10	11	12	13	14	15	16	17	18	19	20	21	22	23	24	25	26	27	28	29	30	31
6 ☉	♊ 11	12	13	14	15	16	17	18	19	20	21	21	22	23	24	25	26	27	28	29	29 0	♋ 1	2	3	4	5	6	7	8	9	
☽	♑ 29	♒ 12	25	♓ 9	23	♈ 6	21	♉ 6	21	♊ 6	21	♋ 5	19	♌ 4	17	♍ 0	13	25	♎ 8	20	♏ 2	13	25	♐ 7	19	♑ 1	14	27	♒ 10	22	
☿	♊ 6	9	11	13	15	18	20	22	24	26	28	29 0	♋ 2	5	7	9	11	13	15	16	18	20	22	24	25	26	28	29 0	♌ 1	2	
♀	♋ 4	R 4	4	3	3	3	2	2	1	1	D 29	♊ 29	29	28	28	27	27	26	26	25	24	24	23	23	22	21	21	21	20	20	
♂	♋ 13	13	14	14	15	16	17	17	18	19	19	20	20	21	21	22	23	23	24	25	25	26	26	27	28	28	29	29 0	♌ 0	1	

♃ 1R 12 20 28 ♑6 5 4 3 ♄ 1 8 16 24 ♊10 11 12 13 ♅ 1R 22D ♎14 14 ♆ 1R 29 ♐4 3 ♇ 1 9D ♍29 29

7 ☉	♋ 10	11	12	13	14	14	15	16	17	18	19	20	21	22	23	24	25	26	27	28	29	29 0	♌ 1	2	3	4	5	6	7	8	9
☽	♓ 6	19	♈ 3	17	♉ 1	16	♊ 0	15	29	♋ 14	28	♌ 11	25	♍ 9	21	♎ 3	16	28	♏ 10	22	♐ 3	15	28	♑ 10	23	♒ 6	18	♓ 3	16	♈ 0	14
☿	♌ 4	5	6	7	8	10	12	13	13	14	15	16	17	18	19	19	20	20	20	21	22	22	22	22	R 22	22	22	21	21	21	21
♀	♊ 19	R 19	19	18	18	18	18	18	18	D 18	18	18	18	18	19	19	19	19	20	20	21	21	21	22	22	23	23	24	24	25	26
♂	♌ 2	2	3	4	4	5	6	6	7	7	8	8	9	10	10	11	12	12	13	13	14	15	15	16	17	17	18	18	19	20	21

♃ 1R 15 24 31 / ♑2 1 0 29♐29 ♄ 1 10 19 29 / ♊14 15 16 17 ♅ 1 31 / ♎14 15 ♆ 1R 31 / ♐3 2 ♇ 1 30 31 / ♍29 29 0 ♎0

8 ☉	♌ 9	10	11	12	13	14	15	16	17	18	19	20	21	22	23	24	25	26	26	27	28	29	29 0	♍ 1	2	3	4	5	6	7	8
☽	♈ 28	♉ 12	27	♊ 11	25	♋ 9	23	♌ 6	20	♍ 3	16	29	♎ 11	24	♏ 6	18	29	♐ 11	23	♑ 6	18	♒ 1	14	28	♓ 12	26	♈ 10	25	♉ 9	23	♊ 8
☿	♌ 20	R 19	19	18	17	16	16	15	14	14	13	12	12	11	11	11	10	D 10	10	11	11	12	12	13	14	15	16	17	18	20	21
♀	♊ 27	27	28	29	29	29 0	♋ 1	2	2	3	4	5	5	6	7	8	9	10	11	12	13	13	15	16	16	17	18	19	20	21	22
♂	♌ 21	22	23	24	24	24	25	26	26	27	28	28	29	29	29 0	♍ 1	1	2	3	3	4	5	5	6	6	7	8	8	9	10	10

♃ 1R 26D 31 / ♐29 29 28 ♄ 1 8 21 / ♊17 18 19 ♅ 1 27 / ♎15 16 ♆ 1R 14D 31 / ♐2 2 2 ♇ 1 31 / ♎0 1

9 ☉	♍ 9	10	11	12	13	14	15	16	17	18	19	20	21	22	23	24	25	25	26	27	28	29 0	♎ 0	1	2	3	4	5	6	7	
☽	♊ 22	♋ 6	19	♌ 3	16	29	♍ 12	25	♎ 7	19	♏ 2	14	26	♐ 7	19	♑ 1	14	26	♒ 9	22	♓ 6	20	♈ 5	19	♉ 4	19	♊ 4	18	♋ 2	16	
☿	♌ 23	24	26	28	29 0	♍ 1	3	5	7	9	11	13	15	16	18	20	22	24	26	28	29 0	♎ 1	3	5	6	8	10	12	13	15	
♀	♋ 23	24	25	26	27	28	29 0	♌ 0	1	2	3	4	5	6	7	8	9	11	12	13	14	15	16	17	18	19	20	22	23	24	
♂	♍ 11	12	12	13	14	14	15	15	16	17	17	18	18	19	20	21	21	22	22	23	24	24	25	26	26	27	28	28	29	29	

♃ 1 12 25 30 / ♐28 29 29 0 ♑0 ♄ 1 7 / ♊19 20 ♅ 1 14 30 / ♎16 17 18 ♆ 1 27 / ♐2 3 ♇ 1 27 / ♎1 2

10 ☉	♎ 8	9	10	11	12	13	14	15	16	17	18	19	20	21	22	23	24	25	26	27	28	29	29 0	1	2	3	4	5	6	7	8
☽	♋ 29	♌ 13	26	♍ 8	21	♎ 4	16	28	♏ 10	22	♐ 4	16	28	♑ 10	22	♒ 4	17	♓ 0	14	28	♈ 13	28	♉ 13	28	♊ 13	28	♋ 12	26	♌ 10	23	♍ 5
☿	♎ 17	18	20	22	23	25	26	28	29 0	♏ 1	3	4	5	7	8	10	12	13	14	16	17	18	20	21	22	24	25	26	28	29 0	♐ 1
♀	♌ 25	26	27	29	29 0	♍ 1	2	3	4	6	7	8	9	10	11	12	14	15	16	17	18	19	20	22	23	25	26	27	28	29 0	♎ 0
♂	♎ 0	1	2	2	3	4	4	5	5	6	7	7	8	9	9	10	11	11	12	13	13	14	14	15	16	16	17	18	18	19	19

♃ 1 5 13 20 26 31 / ♑0 1 2 3 4 5 ♄ 1 3R / ♊20 20 ♅ 1 17 31 / ♎18 19 20 ♆ 1 31 / ♐3 4 ♇ 1 24 / ♎3 3

11 ☉	♏ 9	10	11	12	13	14	15	16	17	18	19	20	21	22	23	24	25	26	27	28	29	29 0	♐ 1	2	3	4	5	6	7	8	
☽	♍ 19	♎ 1	13	25	♏ 7	19	♐ 1	13	25	♑ 6	18	♒ 0	13	26	♓ 9	22	♈ 7	21	♉ 6	21	♊ 6	22	♋ 7	22	♌ 6	20	♍ 2	15	28	♎ 10	
☿	♐ 2	3	4	5	6	7	8	9	10	10	11	11	12	12	12	R 12	12	12	11	11	10	9	8	7	5	4	3	1	0 29	♏ 29	
♀	♎ 2	3	4	5	7	8	9	10	11	12	13	15	16	17	19	20	21	22	24	25	26	27	29	29 0	♏ 1	2	3	4	6	7	
♂	♎ 20	21	22	22	23	24	24	25	26	26	27	28	28	29	29 0	♏ 0	1	1	2	3	3	4	5	5	6	7	8	8	9	9	

♃ 1 6 12 17 22 27 / ♑5 6 7 8 9 10 ♄ 1R 14 28 / ♊20 19 18 ♅ 1 19 / ♎20 21 ♆ 1 27 / ♐4 5 ♇ 1 28 / ♎3 4

12 ☉	♐ 9	10	11	12	13	14	15	16	17	18	19	20	21	22	23	24	25	26	27	28	29 0	♑ 1	2	3	4	5	6	7	8	9	10
☽	♎ 22	♏ 4	16	28	♐ 10	22	♑ 3	15	27	♒ 10	22	♓ 5	18	♈ 2	16	♉ 0	14	29	♊ 15	♋ 0	15	29	♌ 14	28	♍ 11	24	♎ 6	19	♏ 1	13	25
☿	♏ 28	R 27	26	26	26	D 26	26	27	27	28	28	29	♐ 0	1	2	3	4	5	7	8	9	11	12	14	15	16	18	19	21	22	24
♀	♏ 8	10	11	12	13	15	16	17	18	19	21	22	23	25	26	27	28	29 0	♐ 1	2	3	4	6	7	8	9	11	12	13	15	16
♂	♏ 10	11	12	12	13	13	14	15	16	16	17	18	18	19	20	20	21	22	23	23	24	24	25	25	26	27	28	28	29	29 0	♐ 0

♃ 1 6 11 15 19 24 28 / ♑11 12 13 14 15 16 17 ♄ 1R 22 31 / ♊17 16 15 ♅ 1 10 / ♎21 22 ♆ 1 25 / ♐5 6 ♇ 1 / ♎4

1973的行星位置

1

	1	2	3	4	5	6	7	8	9	10	11	12	13	14	15	16	17	18	19	20	21	22	23	24	25	26	27	28	29	30	31
☉	♑ 11	12	13	14	15	16	17	18	19	20	21	22	23	24	25	26	27	28	29	29 0	♒ 1	2	3	4	5	6	7	8	9	10	11
☽	♐ 6	18	♑ 0	12	24	♒ 7	20	♓ 2	15	28	♈ 11	26	♉ 10	24	♊ 8	23	♋ 8	23	♌ 7	21	♍ 5	19	♎ 2	14	27	♏ 9	21	♐ 3	15	26	♑ 8
☿	♐ 25	27	28	29 0	♑ 1	3	4	5	7	9	10	12	14	15	17	19	20	21	23	24	26	28	29 0	♒ 1	3	4	6	8	10	11	13
♀	♐ 17	18	19	20	22	23	24	25	27	28	29 0	♑ 1	2	3	4	5	7	8	9	11	12	13	14	16	17	18	19	21	22	23	24
♂	♐ 1	2	2	3	4	4	5	6	6	7	8	8	9	10	10	11	12	13	13	14	15	15	16	17	17	18	18	19	20	21	22

♃ 1: ♑18, 6: 19, 10: 20, 14: 21, 19: 22, 23: 23, 27: 24, 31: 25
♄ 1R: ♊15, 24: 14
♅ 1: ♎22, 15: 23, 27R: 23
♆ 1: ♐6, 29: 7
♇ 1: ♎4, 6R: 4

2

	1	2	3	4	5	6	7	8	9	10	11	12	13	14	15	16	17	18	19	20	21	22	23	24	25	26	27	28	29	30	31
☉	♒ 12	13	14	15	16	17	18	19	20	21	22	23	24	25	26	27	28	29 0	♓ 1	2	3	4	5	6	7	8	9	10			
☽	♑ 21	♒ 3	16	29	♓ 12	25	♈ 9	22	♉ 6	20	♊ 4	18	♋ 3	17	♌ 1	15	29	♍ 12	26	♎ 10	22	♏ 5	17	29	♐ 11	22	♑ 4	16			
☿	♒ 15	17	18	20	22	24	25	27	29 0	♓ 1	3	4	6	8	10	12	13	15	16	18	20	21	22	23	25	26	27	27			
♀	♑ 26	27	28	29 0	♒ 1	2	3	4	5	6	8	9	10	12	13	14	16	17	18	19	20	22	23	24	25	27	28	29 0			
♂	♐ 22	23	24	24	25	26	26	27	28	29	29	29 0	♑ 1	1	2	3	3	4	5	5	6	7	8	8	9	9	10	11			

♃ 1: ♑25, 5: 26, 9: 27, 14: 28, 18: 29, 23: 29 0, 28: ♒1
♄ 1R: ♊14, 14D: 14
♅ 1R: ♎23, 20: 22
♆ 1: ♐7
♇ 1R: ♎4

3

	1	2	3	4	5	6	7	8	9	10	11	12	13	14	15	16	17	18	19	20	21	22	23	24	25	26	27	28	29	30	31
☉	♓ 11	12	13	14	15	16	17	18	19	20	21	22	23	24	25	26	27	28	29	29 0	♈ 1	2	3	4	5	6	7	8	9	10	11
☽	♑ 29	♒ 11	24	♓ 7	21	♈ 5	19	♉ 3	17	♊ 1	16	29	♋ 14	28	♌ 11	25	♍ 8	22	♎ 5	18	♏ 0	13	25	♐ 7	18	♑ 0	12	24	♒ 6	19	♓ 2
☿	♓ 28	28	28	28	R 28	28	28	27	27	26	25	24	23	22	22	21	20	19	18	17	17	16	16	15	15	15	15	D 15	15	15	16
♀	♓ 1	2	3	4	5	7	8	9	11	12	13	14	16	17	18	19	21	22	23	24	26	27	28	29 0	♈ 1	2	3	4	5	7	8
♂	♑ 12	13	13	14	14	15	16	17	18	18	19	20	20	21	22	22	23	24	25	25	26	27	27	28	29	29 0	♒ 0	1	2	2	3

♃ 1: ♒1, 5: 2, 10: 3, 15: 4, 20: 5, 26: 6, 21: 7
♄ 1: ♊14, 24: 15
♅ 1R: ♎22
♆ 1: ♐7, 9R: 7, 31: 7
♇ 1R: ♎3

4

	1	2	3	4	5	6	7	8	9	10	11	12	13	14	15	16	17	18	19	20	21	22	23	24	25	26	27	28	29	30	31
☉	♈ 11	12	13	14	15	16	17	18	19	20	21	22	23	24	25	26	27	28	29	29 0	♉ 1	2	3	4	5	6	7	8	9	10	
☽	♓ 15	29	♈ 14	28	♉ 13	27	♊ 12	26	♋ 10	24	♌ 7	21	♍ 5	18	♎ 1	14	26	♏ 9	21	♐ 3	15	27	♑ 8	20	♒ 2	15	27	♓ 10	24	♈ 7	
☿	♓ 16	16	17	18	19	19	20	21	22	23	24	25	26	27	28	29 0	♈ 1	2	3	4	5	6	8	10	12	13	15	16	18	20	
♀	♈ 9	11	12	13	14	15	17	18	19	20	21	23	24	25	27	28	29	29 0	♉ 2	3	4	5	7	8	9	10	11	13	14	15	
♂	♒ 4	4	5	6	6	7	8	9	9	10	11	12	12	13	14	14	15	16	17	17	18	19	19	20	21	22	22	23	24	24	

♃ 1: ♒7, 8: 8, 15: 9, 23: 10
♄ 1: ♊15, 6: 16, 17: 17, 26: 18
♅ 1R: ♎21, 30: 20
♆ 1R: ♐7
♇ 1R: ♎3, 30: 2

5

	1	2	3	4	5	6	7	8	9	10	11	12	13	14	15	16	17	18	19	20	21	22	23	24	25	26	27	28	29	30	31
☉	♉ 11	12	13	14	15	16	17	18	19	20	21	22	22	23	24	25	26	27	28	29	29 0	♊ 1	2	3	4	5	6	7	8	9	10
☽	♈ 22	♉ 7	22	♊ 7	21	♋ 6	21	♌ 5	18	♍ 2	15	28	♎ 11	23	♏ 5	17	29	♐ 11	23	♑ 5	17	29	♒ 11	23	♓ 6	19	♈ 2	16	♉ 0	15	♊ 0
☿	♈ 21	23	25	27	28	29 0	♉ 2	4	6	8	10	12	14	16	18	20	22	24	27	29 0	♊ 1	4	6	8	10	12	14	17	19	21	22
♀	♉ 17	18	19	20	21	23	24	25	26	28	29	29 0	♊ 1	2	3	5	6	7	9	10	11	12	13	15	16	17	18	20	21	22	23
♂	♒ 25	26	27	27	28	28	29	29 0	♓ 1	1	2	3	4	4	5	6	6	7	8	9	9	10	11	11	12	13	13	14	15	15	16

♃ 1: ♒10, 4: 11, 21: 12, 31R: 12
♄ 1: ♊18, 5: 19, 14: 20, 22: 21, 30: 22
♅ 1R: ♎20, 31: 19
♆ 1R: ♐7, 31: 6
♇ 1R: ♎2

6

	1	2	3	4	5	6	7	8	9	10	11	12	13	14	15	16	17	18	19	20	21	22	23	24	25	26	27	28	29	30	31
☉	♊ 11	12	13	14	15	16	16	17	18	19	20	21	22	23	24	25	26	27	28	29	29 0	♋ 1	2	3	4	5	6	7	8	9	
☽	♊ 15	♋ 0	15	♌ 0	14	28	♍ 11	25	♎ 8	20	♏ 2	15	27	♐ 8	20	♑ 2	14	26	♒ 7	20	♓ 2	15	28	♈ 11	24	♉ 9	22	♊ 8	23	♋ 8	
☿	♊ 24	26	28	29 0	♋ 2	4	5	7	9	10	12	14	15	16	17	19	20	21	23	24	25	26	27	28	29	29	29 0	♌ 1	1	2	
♀	♊ 25	26	27	28	29 0	♋ 1	2	3	4	5	7	8	9	10	11	13	14	15	17	18	19	20	22	23	24	25	26	27	29	29 0	
♂	♓ 17	17	18	19	19	20	21	22	22	23	24	24	25	26	26	27	28	28	29	29 0	♈ 0	1	2	2	3	4	4	5	6	6	

♃ 1R: ♒12, 27: 11
♄ 1: ♊22, 6: 23, 14: 24, 22: 25, 30: 26
♅ 1R: ♎19, 27D: 19
♆ 1R: ♐6, 30: 5
♇ 1R: ♎2, 12D: 2

7 ☉	♋ 9	10	11	12	13	14	15	16	17	18	19	20	21	22	23	24	25	26	27	27	28	29	♌ 0	1	2	3	4	5	6	7	8
☽	♋ 24	♌ 9	23	♍ 7	20	♎ 4	17	29	♏ 11	24	♐ 5	17	29	♑ 11	23	♒ 5	17	29	♓ 12	25	♈ 8	21	♉ 5	19	♊ 3	17	♋ 2	17	♌ 2	17	♍ 1
☿	♌ 2	3	3	3	3	3	R 3	3	3	3	2	2	2	1	0	0/29	♋ 29	28	28	28	27	26	25	25	24	24	23	23	22	22	D 22
♀	♌ 1	2	3	5	6	7	8	9	11	12	13	14	16	17	18	19	20	22	23	24	25	26	28	29	29/0	♍ 1	3	4	5	6	7
♂	♈ 7	7	8	8	9	10	10	11	12	12	13	13	14	15	15	16	16	17	17	18	18	19	20	20	21	21	22	22	23	23	24

♃ 1R 16 24 31 / ♒10 9 8 7 ♄ 1 7 16 24 / ♊26 27 28 29 ♅ 1 / ♎19 ♆ 1R / ♐5 ♇ 1 / ♎2

8 ☉	♌ 9	10	11	12	13	14	15	16	17	18	19	19	20	21	22	23	24	25	26	27	28	29	29/0	♍ 1	2	3	4	5	6	7	8
☽	♍ 15	29	♎ 12	25	♏ 8	20	♐ 2	14	25	♑ 8	19	♒ 1	13	26	♓ 9	22	♈ 5	18	♉ 1	15	29	♊ 13	27	♋ 11	26	♌ 11	25	♍ 9	24	♎ 7	20
☿	♋ 23	23	23	24	24	25	26	27	28	29	29/0	♌ 1	2	3	5	7	8	10	12	14	15	17	19	21	23	26	27	29/0	♍ 1	3	5
♀	♍ 9	10	11	12	13	15	16	17	18	20	21	22	23	24	26	27	28	29	29/0	♎ 1	3	4	5	6	7	8	10	11	12	13	14
♂	♈ 24	25	26	26	27	27	27	28	28	29	29	29/0	♉ 0	1	1	1	2	2	3	3	3	4	4	5	5	5	5	6	6	6	7

♃ 1R 9 17 26 31 / ♒7 6 5 4 3 ♄ 1 2 11 21 31 / ♊29 ♋0 1 2 3 ♅ 1 16 / ♎19 20 ♆ 1R 16D 31 / ♐4 4 5 ♇ 1 23 / ♎2 3

9 ☉	♍ 9	10	11	12	13	14	15	16	16	17	18	19	20	21	22	23	24	25	26	27	28	29	29/0	♎ 1	2	3	4	5	6	7
☽	♏ 3	16	28	♐ 10	22	♑ 4	16	28	♒ 10	22	♓ 5	18	♈ 1	15	28	♉ 12	26	♊ 10	24	♋ 8	22	♌ 6	20	♍ 5	18	♎ 2	15	28	♏ 11	24
☿	♍ 7	9	11	13	15	17	19	21	22	24	26	28	29/0	♎ 1	3	4	6	8	9	11	13	14	16	17	19	20	22	23	25	26
♀	♎ 16	17	18	19	20	22	23	24	25	26	28	29	29/0	♏ 1	2	3	5	6	7	8	9	10	12	13	14	15	16	17	19	20
♂	♉ 7	7	7	8	8	8	8	8	8	9	9	9	9	9	9	9	9	9	9	R 9	9	9	9	9	9	9	9	9	8	8

♃ 1R 29D 30 / ♒3 3 2 ♄ 1 18 / ♋3 4 ♅ 1 6 23 / ♎20 21 22 ♆ 1 21 / ♐4 5 ♇ 1 20 / ♎3 4

10 ☉	♎ 8	9	10	11	12	13	14	15	16	17	18	19	20	21	22	23	24	25	26	27	28	29	29/0	♏ 1	2	3	4	5	6	7	8
☽	♐ 6	18	♑ 0	12	24	♒ 6	18	♓ 0	13	26	♈ 10	24	♉ 8	22	♊ 6	21	♋ 5	19	♌ 3	18	♍ 1	14	28	♎ 11	24	♏ 7	20	♐ 3	14	26	♑ 8
☿	♎ 28	29/0	♏ 1	2	3	5	6	7	9	10	11	12	14	15	16	18	19	20	21	21	22	23	24	25	25	25	26	26	26	26	R 26
♀	♏ 21	22	23	24	25	27	28	29	29/0	♐ 1	2	3	5	6	7	8	9	10	11	12	13	15	16	17	18	19	20	21	22	23	24
♂	♉ 8	R 8	8	8	8	7	7	7	7	6	6	6	5	5	5	4	4	4	3	3	3	2	2	2	2	1	1	0	0	♈ 29	29

♃ 1 19 31 / ♒2 3 4 ♄ 1 17R / ♋4 4 ♅ 1 10 31 / ♎22 23 24 ♆ 1 26 / ♐5 6 ♇ 1 16 / ♎4 5

11 ☉	♏ 9	10	11	12	13	14	15	16	17	18	19	20	21	22	23	24	25	26	27	28	29	29/0	♐ 1	2	3	4	5	6	7	8
☽	♑ 20	♒ 1	13	25	♓ 8	21	♈ 4	18	♉ 2	17	♊ 1	16	♋ 1	15	29	♌ 14	28	♍ 11	25	♎ 7	21	♏ 4	16	28	♐ 10	22	♑ 4	16	28	♒ 10
☿	♏ 26	R 26	25	25	24	23	22	21	20	18	17	16	14	13	12	11	11	11	11	D 11	11	11	12	12	13	14	15	16	17	18
♀	♐ 25	26	28	29	29/0	♑ 1	2	3	4	5	6	7	8	9	10	11	12	13	14	15	16	17	18	19	20	21	22	23	23	24
♂	♈ 29	R 29	29	28	28	28	27	27	27	27	27	26	26	26	26	26	26	25	25	25	25	25	25	25	25	D 25	25	25	25	25

♃ 1 9 16 23 29 / ♒4 5 6 7 8 ♄ 1R 30 / ♋4 3 ♅ 1 11 29 / ♎24 25 26 ♆ 1 25 / ♐6 7 ♇ 1 15 / ♎5 6

12 ☉	♐ 9	10	11	12	13	14	15	16	17	18	19	20	21	22	23	24	25	26	27	28	29	29/0	♑ 1	2	3	4	5	6	7	8	9
☽	♒ 22	♓ 4	16	29	♈ 12	26	♉ 10	24	♊ 9	24	♋ 9	24	♌ 9	24	♍ 8	22	♎ 5	18	♏ 0	13	25	♐ 7	19	♑ 1	13	25	♒ 6	18	♓ 0	12	25
☿	♏ 20	21	22	24	25	26	28	29/0	♐ 1	2	4	5	7	8	9	11	13	14	16	17	19	20	22	23	25	26	28	29/0	♑ 1	2	4
♀	♑ 25	26	26	27	28	29	29/0	♒ 0	1	2	2	3	4	5	5	6	6	7	7	8	8	9	9	9	10	10	10	10	11	11	11
♂	♈ 25	25	25	26	26	26	26	26	26	27	27	27	27	27	27	28	28	28	28	29	29	29	29	29/0	♉ 0	0	1	1	1	2	2

♃ 1 5 10 15 20 25 30 / ♒8 9 10 11 12 13 14 ♄ 1R 14 26 31 / ♋3 2 1 0 ♅ 1 22 / ♎26 27 ♆ 1 22 / ♐7 8 ♇ 1 31 / ♎6 7

1974的行星位置

1月

	1	2	3	4	5	6	7	8	9	10	11	12	13	14	15	16	17	18	19	20	21	22	23	24	25	26	27	28	29	30	31
☉	♑ 11	12	13	14	15	16	17	18	19	20	21	22	23	24	25	26	27	28	29	29 0	♒ 1	2	3	4	5	6	7	8	9	10	11
☽	♈ 8	21	♉ 4	18	♊ 2	17	♋ 2	17	♌ 2	18	♍ 3	17	♎ 1	14	27	♏ 10	22	♐ 4	16	28	♑ 10	22	♒ 3	15	27	♓ 10	23	♈ 4	17	♉ 0	13
☿	♑ 6	8	9	11	12	14	15	17	19	20	22	24	25	27	29	29 0	♒ 2	4	5	7	9	10	12	14	16	17	19	21	22	24	26
♀	♒ 11	11	11	R 11	11	11	11	11	11	10	10	10	9	9	8	8	7	7	6	6	5	5	4	3	3	2	1	1	0 29	♑ 29	29
♂	♉ 2	3	3	4	4	5	5	5	6	6	6	7	7	8	8	8	9	9	10	10	11	11	12	12	13	13	14	14	14	15	15

♃ 1 3 8 12 17 21 25 29 — ♒14 15 16 17 18 19 20 21
♄ 1R 8 31 — ♋0 ♊29 28
♅ 1 — ♎27
♆ 1 23 — ♐8 9
♇ 1 10R — ♎7 7

2月

	1	2	3	4	5	6	7	8	9	10	11	12	13	14	15	16	17	18	19	20	21	22	23	24	25	26	27	28
☉	♒ 12	13	14	15	16	17	18	19	20	21	22	23	24	25	26	27	28	29	29 0	♓ 1	2	3	4	5	6	7	8	9
☽	♉ 27	♊ 11	25	♋ 9	25	♌ 10	26	♍ 11	25	♎ 9	23	♏ 6	19	♐ 1	13	25	♑ 7	19	♒ 0	12	24	♓ 7	19	♈ 1	14	27	♉ 10	23
☿	♒ 27	29 0	♓ 1	2	3	5	6	7	8	9	10	11	11	12	12	R 12	11	11	11	10	9	9	8	7	6	4	3	2
♀	♑ 28	R 28	28	27	27	27	26	26	26	26	26	26	26	D 26	26	26	26	26	26	27	27	27	27	28	28	29	29	29 ♒0
♂	♉ 16	17	17	18	18	19	19	20	20	21	21	22	22	23	23	24	24	25	25	26	26	27	28	28	29	29	29 0	♊ 0

♃ 1 3 7 11 16 19 24 28 — ♒21 22 23 24 25 26 27 28
♄ 1R 28D — ♊28 28
♅ 1R — ♎27
♆ 1 — ♐9
♇ 1R 28 — ♎7 6

3月

	1	2	3	4	5	6	7	8	9	10	11	12	13	14	15	16	17	18	19	20	21	22	23	24	25	26	27	28	29	30	31
☉	♓ 10	11	12	13	14	15	16	17	18	19	20	21	22	23	24	25	26	27	28	29	29 0	♈ 1	2	3	4	5	6	7	8	9	10
☽	♊ 7	21	♋ 5	19	♌ 4	19	♍ 4	18	♎ 3	17	♏ 0	14	27	♐ 9	21	♑ 3	15	27	♒ 8	20	♓ 3	15	28	♈ 11	24	♉ 7	21	♊ 4	18	♋ 2	15
☿	♓ 1	0 R 29	♒ 29	29	28	28	27	27	27	D 27	27	27	27	28	28	29	29 0	♓ 0	1	1	2	3	4	5	6	7	8	9	11	12	13
♀	♒ 0	1	1	2	2	3	4	4	5	6	6	7	8	9	9	10	11	12	13	13	14	15	16	17	18	19	20	21	22	22	23
♂	♊ 1	1	2	2	3	4	4	5	5	6	6	7	7	8	9	9	10	10	11	11	12	13	13	14	14	15	16	16	17	17	18

♃ 1 4 8 29 12 17 21 26 30 — ♒28 29 0 ♓1 2 3 4 5
♄ 1 — ♊28
♅ 1R 31 — ♎27 26
♆ 1 12R — ♐9 9
♇ 1R 31 — ♎6 5

4月

	1	2	3	4	5	6	7	8	9	10	11	12	13	14	15	16	17	18	19	20	21	22	23	24	25	26	27	28	29	30
☉	♈ 11	12	13	14	15	16	17	18	19	20	21	22	23	24	25	26	27	28	29	29 0	♉ 1	2	3	4	5	6	7	8	9	10
☽	♌ 0	14	29	♍ 13	27	♎ 11	25	♏ 8	22	♐ 4	17	29	♑ 11	23	♒ 5	16	28	♓ 11	23	♈ 6	20	♉ 3	17	♊ 0	14	28	♋ 13	27	♌ 11	25
☿	♓ 15	16	17	19	20	22	23	24	26	28	29 0	♈ 1	3	4	6	8	9	11	13	15	17	19	21	22	24	26	28	29 0	♉ 2	4
♀	♒ 25	26	27	28	29	29 0	♓ 1	2	3	4	5	6	7	8	9	10	11	12	13	14	15	16	17	18	19	20	21	22	23	24
♂	♊ 19	19	20	20	21	21	22	23	23	24	24	25	25	26	27	27	28	28	29	29 0	♋ 0	1	1	2	3	3	4	4	5	6

♃ 1 4 9 13 18 24 29 — ♓5 6 7 8 9 10 11
♄ 1 5 19 30 — ♊28 29 ♋0 1
♅ 1R 30 — ♎26 25
♆ 1R — ♐9
♇ 1R 30 — ♎5 4

5月

	1	2	3	4	5	6	7	8	9	10	11	12	13	14	15	16	17	18	19	20	21	22	23	24	25	26	27	28	29	30	31
☉	♉ 11	12	13	14	14	15	16	17	18	19	20	21	22	23	24	25	26	27	28	29	29 0	♊ 1	2	3	4	5	6	7	8	9	10
☽	♍ 9	23	♎ 7	21	♏ 4	17	♐ 0	12	25	♑ 7	19	♒ 1	12	24	♓ 6	19	♈ 1	14	28	♉ 11	25	♊ 9	24	♋ 9	23	♌ 8	22	♍ 6	20	♎ 4	17
☿	♉ 7	9	11	13	15	17	19	22	24	26	28	29 0	♊ 2	5	7	9	11	13	14	16	18	19	21	23	24	25	27	29	29 0	♋ 1	2
♀	♓ 26	27	28	29 0	♈ 1	2	3	4	5	6	7	8	9	10	11	13	14	15	16	17	19	20	21	22	23	24	25	27	28	29	29 0 ♉
♂	♋ 7	7	8	9	9	10	10	11	11	12	12	13	14	14	15	15	16	17	17	18	18	19	20	20	21	21	22	23	23	24	25

♃ 1 5 11 18 25 — ♓11 12 13 14 15
♄ 1 9 18 27 — ♋1 2 3 4
♅ 1R 31 — ♎25 24
♆ 1R 31 — ♐9 8
♇ 1R — ♎4

6月

	1	2	3	4	5	6	7	8	9	10	11	12	13	14	15	16	17	18	19	20	21	22	23	24	25	26	27	28	29	30
☉	♊ 10	11	12	13	14	15	16	17	18	19	20	21	22	23	24	25	26	27	28	29	29 0	♋ 0	1	2	3	4	5	6	7	8
☽	♏ 0	13	26	♐ 8	21	♑ 3	15	27	♒ 9	21	♓ 2	15	27	♈ 9	23	♉ 7	19	♊ 4	18	♋ 3	18	♌ 3	18	♍ 2	16	♎ 0	14	27	♏ 10	23
☿	♋ 4	5	6	7	8	9	9	10	11	11	12	12	13	13	13	13	13	13	13	13	13	13	13	12	12	11	11	10	10	9
♀	♉ 1	2	3	5	6	7	8	9	10	12	13	14	15	16	18	19	20	21	22	23	24	25	27	28	29 0	♊ 0	1	3	4	5
♂	♋ 25	26	26	27	28	28	29	29	29 0	♌ 1	1	2	3	3	4	4	5	6	6	7	7	8	8	9	10	11	11	12	12	13

♃ 1 14 — ♓16 17
♄ 1 4 12 20 28 — ♋4 5 6 7 8
♅ 1R — ♎24
♆ 1R 30 — ♐8 7
♇ 1R 15D — ♎4 4

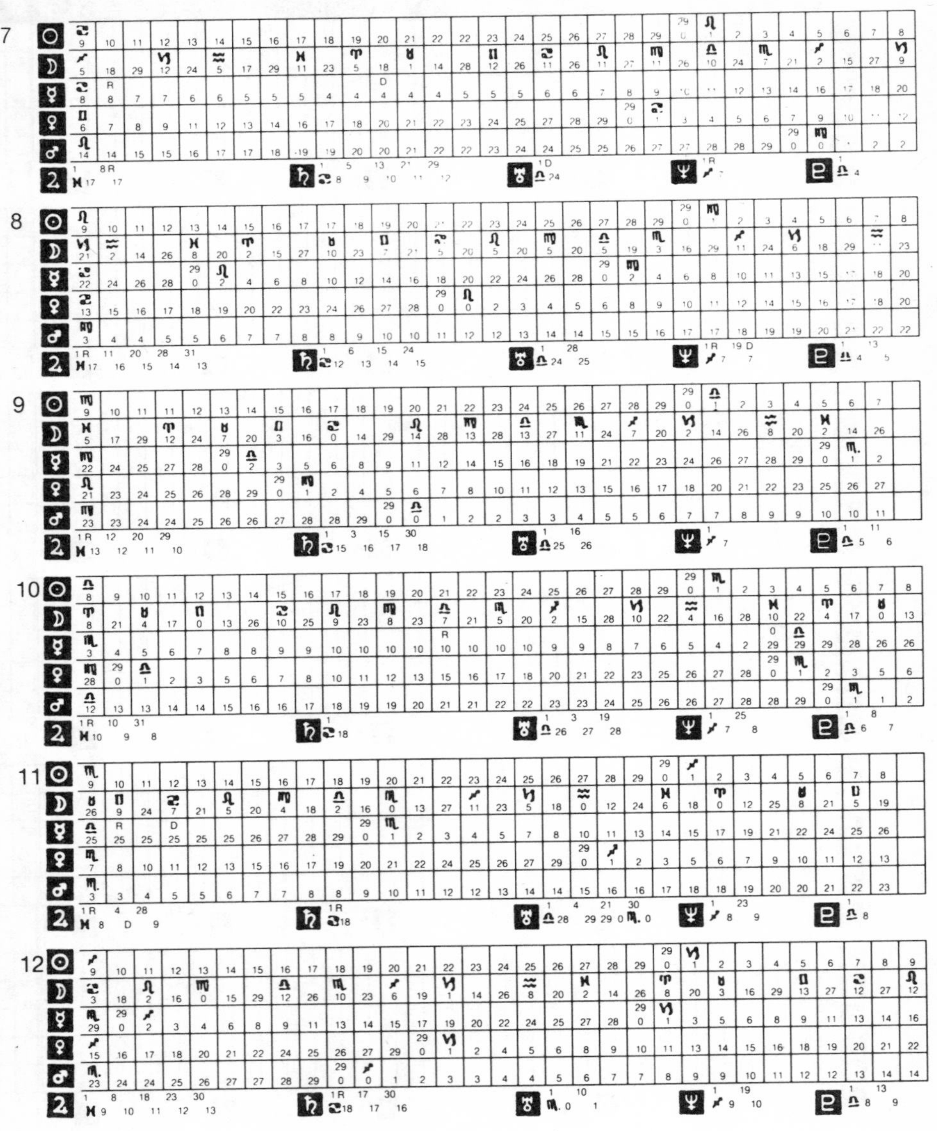

7																															
☉	♋ 9	10	11	12	13	14	15	16	17	18	19	20	21	22	22	23	24	25	26	27	28	29	29 0	♌ 1	2	3	4	5	6	7	8
☽	♐ 5	18	29	♑ 12	24	♒ 5	17	29	♓ 11	23	♈ 5	18	♉ 1	14	28	♊ 12	26	♋ 11	26	♌ 11	27	♍ 11	26	♎ 10	24	♏ 7	21	♐ 2	15	27	♑ 9
☿	♋ 8	R 8	7	7	6	6	5	5	5	4	4	D 4	4	4	5	5	5	6	6	7	8	9	10	11	12	13	14	16	17	18	20
♀	♊ 6	7	8	9	11	12	13	14	16	17	18	20	21	22	23	24	25	27	28	29	29 0	♋ 1	3	4	5	6	7	9	10	11	12
♂	♌ 14	14	15	15	16	17	17	18	19	19	20	20	21	22	22	23	24	24	25	25	26	27	27	28	28	29	29 0	♍ 0	1	2	2

♃ 1: ♓17, 8R: 17 ♄ 1: ♋8, 5: 9, 13: 10, 21: 11, 29: 12 ♅ 1D: ♎24 ♆ 1R: ♐7 ♇ 1: ♎4

8																															
☉	♌ 9	10	11	12	13	14	15	16	17	17	18	19	20	21	22	23	24	25	26	27	28	29	29 0	♍ 1	2	3	4	5	6	7	8
☽	♑ 21	♒ 2	14	26	♓ 8	20	♈ 2	15	27	♉ 10	23	♊ 7	21	♋ 5	20	♌ 5	20	♍ 5	20	♎ 5	19	♏ 3	16	29	♐ 11	24	♑ 6	18	29	♒ 11	23
☿	♋ 22	24	26	28	29 0	♌ 2	4	6	8	10	12	14	16	18	20	22	24	26	28	29 0	♍ 2	4	6	8	10	11	13	15	17	18	20
♀	♋ 13	15	16	17	18	19	20	22	23	24	26	27	28	29 0	♌ 0	2	3	4	5	6	8	9	10	11	12	14	15	16	17	18	20
♂	♍ 3	4	4	5	5	6	7	7	8	8	9	10	10	11	12	12	13	14	14	15	15	16	17	17	18	19	19	20	21	22	22

♃ 1R: ♓17, 11: 16, 20: 15, 28: 14, 31: 13 ♄ 1: ♋12, 6: 13, 15: 14, 24: 15 ♅ 1: ♎24, 28: 25 ♆ 1R: ♐7, 19D: 7 ♇ 1: ♎4, 13: 5

9																														
☉	♍ 9	10	11	11	12	13	14	15	16	17	18	19	20	21	22	23	24	25	26	27	28	29	29 0	♎ 1	2	3	4	5	6	7
☽	♓ 5	17	29	♈ 12	24	♉ 7	20	♊ 3	16	♋ 0	14	29	♌ 14	28	♍ 13	28	♎ 13	27	♏ 11	24	♐ 7	20	♑ 2	14	26	♒ 8	20	♓ 2	14	26
☿	♍ 22	24	25	27	28	29 0	♎ 2	3	5	6	8	9	11	12	14	15	16	18	19	21	22	23	24	26	27	28	29	29 0	♏ 1	2
♀	♌ 21	23	24	25	26	28	29	29 0	♍ 1	2	4	5	6	7	8	10	11	12	13	15	16	17	18	20	21	22	23	25	26	27
♂	♍ 23	23	24	24	25	26	26	27	28	28	29	29 0	♎ 0	1	2	2	3	3	4	5	5	6	7	7	8	9	9	10	10	11

♃ 1R: ♓13, 12: 12, 20: 11, 29: 10 ♄ 1: ♋15, 3: 16, 15: 17, 30: 18 ♅ 1: ♎25, 16: 26 ♆ 1: ♐7 ♇ 1: ♎5, 11: 6

10																															
☉	♎ 8	9	10	11	12	13	14	15	16	17	18	19	20	21	22	23	24	25	26	27	28	29	29 0	♏ 1	2	3	4	5	6	7	8
☽	♈ 8	21	♉ 4	17	♊ 0	13	26	♋ 10	25	♌ 9	23	♍ 8	23	♎ 7	21	♏ 5	20	♐ 2	15	28	♑ 10	22	♒ 4	16	28	♓ 10	22	♈ 4	17	♉ 0	13
☿	♏ 3	4	5	6	7	8	8	9	9	10	10	10	10	R 10	10	10	10	9	9	8	7	6	5	4	2	0 29	♎ 29	29	28	26	26
♀	♍ 28	29 0	♎ 1	2	3	5	6	7	8	10	11	12	13	15	16	17	18	20	21	22	23	25	26	27	28	29 0	♏ 1	2	3	5	6
♂	♎ 12	13	13	14	14	15	16	16	17	18	19	19	20	21	21	22	22	23	23	24	25	26	26	27	28	28	29	29 0	♏ 1	1	2

♃ 1R: ♓10, 10: 9, 31: 8 ♄ 1: ♋18 ♅ 1: ♎26, 3: 27, 19: 28 ♆ 1: ♐7, 25: 8 ♇ 1: ♎6, 8: 7

11																														
☉	♏ 9	10	11	12	13	14	15	16	17	18	19	20	21	22	23	24	25	26	27	28	29	29 0	♐ 1	2	3	4	5	6	7	8
☽	♉ 26	♊ 9	24	♋ 7	21	♌ 5	20	♍ 4	18	♎ 2	16	♏ 0	13	27	♐ 11	23	♑ 5	18	♒ 0	12	24	♓ 6	18	♈ 0	12	25	♉ 8	21	♊ 5	19
☿	♎ 25	R 25	25	D 25	25	25	26	27	28	29	29 0	♏ 1	2	3	4	5	7	8	10	11	13	14	15	17	19	21	22	24	25	26
♀	♏ 7	8	10	11	12	13	15	16	17	19	20	21	22	24	25	26	27	29	29 0	♐ 1	2	3	5	6	7	9	10	11	12	13
♂	♏ 3	3	4	5	5	6	7	7	8	8	9	10	11	12	12	13	14	14	15	16	16	17	18	18	19	20	20	21	22	23

♃ 1R: ♓8, 4: D, 28: 9 ♄ 1R: ♋18 ♅ 1: ♎28, 4: 29, 21: 29 0, 30: ♏0 ♆ 1: ♐8, 23: 9 ♇ 1: ♎8

12																															
☉	♐ 9	10	11	12	13	14	15	16	17	18	19	20	21	22	23	24	25	26	27	28	29	29 0	♑ 1	2	3	4	5	6	7	8	9
☽	♋ 3	18	♌ 2	16	♍ 0	15	29	♎ 12	26	♏ 10	23	♐ 6	19	♑ 1	14	26	♒ 8	20	♓ 2	14	26	♈ 8	20	♉ 3	16	29	♊ 13	27	♋ 12	27	♌ 12
☿	♏ 29	29 0	♐ 2	3	4	6	8	9	11	13	14	15	17	19	20	22	24	25	27	28	29 0	♑ 1	3	5	6	8	9	11	13	14	16
♀	♐ 15	16	17	18	20	21	22	24	25	26	27	29	29 0	♑ 1	2	4	5	6	8	9	10	11	13	14	15	16	18	19	20	21	22
♂	♏ 23	24	24	25	26	27	27	28	29	29 0	♐ 0	1	2	3	3	4	4	5	6	7	7	8	9	9	10	11	12	12	13	14	14

♃ 1: ♓9, 8: 10, 18: 11, 23: 12, 30: 13 ♄ 1R: ♋18, 17: 17, 30: 16 ♅ 1: ♏0, 10: 1 ♆ 1: ♐9, 19: 10 ♇ 1: ♎8, 13: 9

1975的行星位置

1

	1	2	3	4	5	6	7	8	9	10	11	12	13	14	15	16	17	18	19	20	21	22	23	24	25	26	27	28	29	30	31
☉	♑ 10	11	12	13	14	15	16	17	18	19	20	21	22	23	24	25	26	27	28	29 0	♒ 1	2	3	4	5	6	7	8	9	10	11
☽	♌ 26	♍ 11	25	♎ 10	23	♏ 7	20	♐ 3	15	28	♑ 10	22	♒ 4	16	28	♓ 10	22	♈ 4	18	28	♉ 11	24	♊ 7	21	♋ 5	20	♌ 5	20	♍ 5	20	♎ 5
☿	♑ 18	19	21	23	24	26	27	29 0	♒ 1	2	4	5	7	9	10	12	13	15	18	18	19	20	21	22	23	24	25	25	25	25	R 25
♀	♑ 24	25	26	27	29	29 0	♒ 1	3	4	5	6	8	9	10	11	13	14	15	16	17	19	20	21	23	24	25	26	28	29	29 0	♓ 1
♂	♐ 15	16	17	17	18	19	20	20	21	22	22	23	24	25	25	26	27	27	28	29	29 0	♑ 0	1	2	3	3	4	5	6	6	7

♃ 1 5 10 16 21 25 30 / ♓13 14 15 16 17 18 19 　♄ 1R 11 24 31 / ♋16 15 14 13 　♅ 1 5 / ♏1 2 　♆ 1 19 / ♐10 11 　♇ 1 12R / ♎9 9

2

	1	2	3	4	5	6	7	8	9	10	11	12	13	14	15	16	17	18	19	20	21	22	23	24	25	26	27	28	29	30	31
☉	♒ 12	13	14	15	16	17	18	19	20	21	22	23	24	25	26	27	28	29	29 0	♓ 1	2	3	4	5	6	7	8	9			
☽	♎ 19	♏ 3	17	29	♐ 13	25	♑ 7	19	♒ 1	13	25	♓ 7	19	♈ 0	13	25	♉ 7	20	♊ 2	15	29	♋ 13	28	♌ 13	28	♍ 13	28	♎ 14			
☿	♒ 25	R 25	24	23	22	21	20	19	18	17	16	15	14	13	12	11	10	10	10	10	D 10	10	10	10	11	11	12	12			
♀	♓ 3	4	5	6	8	9	10	11	13	14	15	16	18	19	20	21	23	24	25	26	27	29	29 0	♈ 1	2	4	5	6			
♂	♑ 8	8	9	10	10	11	12	13	13	14	15	16	17	17	18	19	20	20	21	22	23	23	24	25	25	26	27	28			

♃ 1 4 8 13 17 21 26 / ♓19 20 21 22 23 24 25 　♄ 1R 20 / ♋13 12 　♅ 1 6R 28 / ♏2 2 2 　♆ 1 / ♐11 　♇ 1R 28 / ♎9 8

3

	1	2	3	4	5	6	7	8	9	10	11	12	13	14	15	16	17	18	19	20	21	22	23	24	25	26	27	28	29	30	31
☉	♓ 10	11	12	13	14	15	16	17	18	19	20	21	22	23	24	25	26	27	28	29	29 0	♈ 1	2	3	4	5	6	7	8	9	10
☽	♎ 28	♏ 12	26	♐ 9	22	♑ 4	16	28	♒ 10	22	♓ 4	16	28	♈ 10	22	♉ 4	17	29	♊ 12	25	♋ 8	22	♌ 7	22	♍ 7	21	♎ 7	21	♏ 6	21	♐ 4
☿	♒ 13	14	15	16	17	18	19	20	21	22	23	24	26	27	28	29 0	♓ 1	3	4	5	7	8	10	11	13	15	16	18	19	21	23
♀	♈ 7	9	10	11	12	13	15	16	17	18	20	21	22	23	24	26	27	28	29 0	♉ 0	2	3	4	5	7	8	9	10	11	13	14
♂	♑ 28	29	29 0	♒ 1	1	2	3	4	4	5	6	6	7	8	9	10	11	11	12	13	14	14	15	16	16	17	18	19	20	20	21

♃ 1 5 10 14 18 23 27 31 / ♓26 27 28 29 0 ♈1 2 3 　♄ 1R 15 22 / ♋12 0 12 　♅ 1R 31 / ♏2 1 　♆ 1 14R / ♐11 11 　♇ 1R / ♎8

4

	1	2	3	4	5	6	7	8	9	10	11	12	13	14	15	16	17	18	19	20	21	22	23	24	25	26	27	28	29	30	31
☉	♈ 11	12	13	14	15	16	17	18	19	20	21	22	23	24	25	26	27	28	29	29 0	♉ 0	1	2	3	4	5	6	7	8	9	
☽	♐ 17	♑ 0	13	25	♒ 7	19	♓ 1	13	25	♈ 6	19	♉ 1	14	26	♊ 9	22	♋ 5	19	♌ 3	17	♍ 1	16	♎ 1	15	♏ 0	14	29	♐ 12	25	♑ 8	
☿	♓ 24	26	28	29 0	♈ 1	3	5	7	9	11	13	15	17	19	21	23	25	27	29 0	♉ 1	3	5	7	10	12	14	16	18	20	22	
♀	♉ 15	16	17	19	20	21	22	23	25	26	27	28	29 0	♊ 0	2	3	4	5	6	8	9	10	11	12	13	15	16	17	18	19	
♂	♒ 22	23	24	24	25	26	27	27	28	29	29 0	♓ 0	1	2	3	3	4	5	6	6	7	8	9	10	10	11	12	13	13	14	

♃ 1 4 8 12 17 21 25 30 / ♈3 4 5 6 7 8 9 10 　♄ 1 17 / ♋12 13 　♅ 1R 30 / ♏1 0 　♆ 1R / ♐11 　♇ 1R 30 / ♎8 7

5

	1	2	3	4	5	6	7	8	9	10	11	12	13	14	15	16	17	18	19	20	21	22	23	24	25	26	27	28	29	30	31
☉	♉ 10	11	12	13	14	15	16	17	18	19	20	21	22	23	24	25	26	27	28	29	29 0	♊ 1	2	3	4	4	5	6	7	8	9
☽	♑ 21	♒ 3	15	27	♓ 9	21	♈ 3	15	27	♉ 10	23	♊ 5	18	♋ 2	16	29	♌ 13	28	♍ 12	26	♎ 11	25	♏ 9	23	♐ 7	20	♑ 3	16	28	♒ 11	23
☿	♉ 24	26	28	29 0	♊ 1	3	5	6	8	9	11	12	13	15	16	17	18	19	19	20	21	21	22	22	23	23	23	23	23	R 23	23
♀	♊ 20	21	22	23	25	26	27	28	29 0	♋ 1	2	3	4	5	6	7	8	9	11	12	13	14	15	16	17	18	19	20	21	23	24
♂	♓ 15	16	16	17	18	19	19	20	21	22	22	23	24	25	25	26	27	28	28	29	29 0	♈ 1	2	2	3	4	4	5	6	7	7

♃ 1 4 9 13 18 23 28 / ♈10 11 12 13 14 15 16 　♄ 1 13 23 31 / ♋14 15 16 17 　♅ 1R 2 / ♏0 ♎29 　♆ 1R 31 / ♐11 10 　♇ 1R 31 / ♎7 6

6

	1	2	3	4	5	6	7	8	9	10	11	12	13	14	15	16	17	18	19	20	21	22	23	24	25	26	27	28	29	30	31
☉	♊ 10	11	12	13	14	15	16	17	18	19	20	21	22	23	24	25	26	26	27	28	29	29 0	♋ 1	2	3	4	5	6	7	8	
☽	♓ 5	17	29	♈ 11	23	♉ 5	18	♊ 1	15	28	♋ 12	26	♌ 10	24	♍ 9	23	♎ 7	21	♏ 5	19	♐ 2	16	29	♑ 12	24	♒ 7	10	♓ 1	13	25	
☿	♊ 23	R 23	22	22	22	21	21	21	20	20	19	18	18	17	17	16	16	15	15	15	15	15	D 15	15	15	15	16	16	16	17	
♀	♋ 24	25	27	28	29	29 0	♌ 1	2	3	4	5	6	7	8	9	10	11	12	13	14	15	16	17	18	18	19	20	21	22	22	
♂	♈ 8	9	10	10	11	12	13	13	14	15	16	16	17	18	19	19	20	21	21	22	23	23	24	25	26	26	27	28	29	29	

♃ 1 2 8 13 20 26 / ♈16 17 18 19 20 21 　♄ 1 10 18 26 / ♋17 18 19 20 　♅ 1R 30 / ♎29 28 　♆ 1R / ♐10 　♇ 1R 17D / ♎6 6

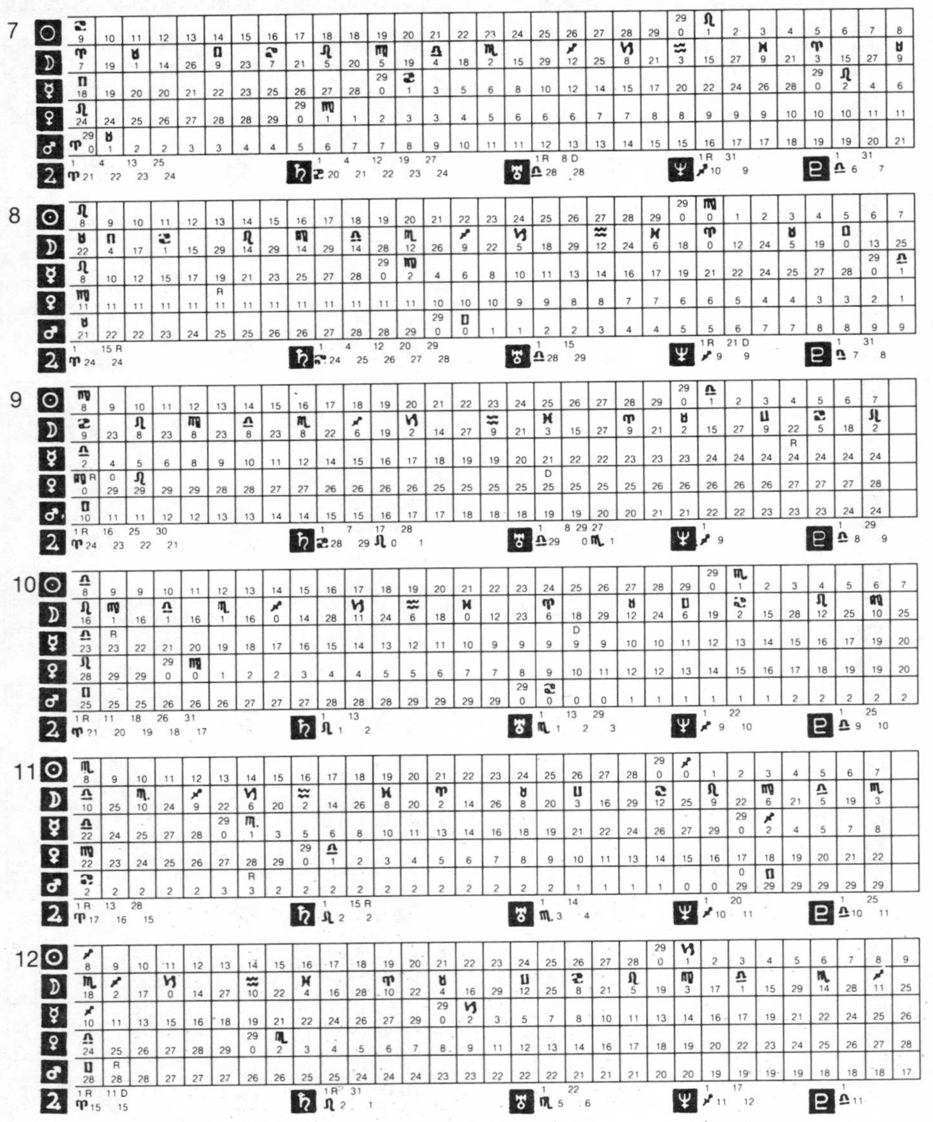

7																															
☉	♋ 9	10	11	12	13	14	15	16	17	18	18	19	20	21	22	23	24	25	26	27	28	29	29 0	♌ 1	2	3	4	5	6	7	8
☽	♈ 7	19	♉ 1	14	26	♊ 9	23	♋ 7	21	♌ 5	20	♍ 5	19	♎ 4	18	♏ 2	15	29	♐ 12	25	♑ 8	21	♒ 3	15	27	♓ 9	21	♈ 3	15	27	♉ 9
☿	♊ 18	19	20	20	21	22	23	25	26	27	28	29 0	♋ 1	3	5	6	8	10	12	14	15	17	20	22	24	26	28	29 0	♌ 2	4	6
♀	♌ 24	24	25	26	27	28	28	29	29 0	♍ 1	1	2	3	3	4	5	6	6	6	7	7	8	8	9	9	9	10	10	10	11	11
♂	♈ 29 0	♉ 1	2	2	3	3	4	4	5	6	7	7	8	9	10	11	11	12	13	13	14	15	15	16	17	17	18	19	19	20	21

♃	♄	♅	♆	♇
1 4 13 25 ♈ 21 22 23 24	1 4 12 19 27 ♋ 20 21 22 23 24	1R 8D ♎ 28 28	1R 31 ♐ 10 9	1 31 ♎ 6 7

8																															
☉	♌ 8	9	10	11	12	13	14	15	16	17	18	19	20	21	22	23	24	25	26	27	28	29	29 0	♍ 0	1	2	3	4	5	6	7
☽	♉ 22	♊ 4	17	♋ 1	15	29	♌ 14	29	♍ 14	29	♎ 14	28	♏ 12	26	♐ 9	22	♑ 5	18	29	♒ 12	24	♓ 6	18	♈ 0	12	24	♉ 5	19	♊ 0	13	25
☿	♌ 8	10	12	15	17	19	21	23	25	27	28	29 0	♍ 2	4	6	8	10	11	13	14	16	17	19	21	22	24	25	27	28	29 0	♎ 1
♀	♍ 11	11	11	11	11	R 11	11	11	11	11	11	11	11	10	10	10	9	9	8	8	7	7	6	6	5	4	4	3	3	2	1
♂	♉ 21	22	22	23	24	25	25	26	26	27	28	28	29	29 0	♊ 0	1	1	2	2	3	4	4	5	5	6	7	7	8	8	9	9

♃	♄	♅	♆	♇
1 15R ♈ 24 24	1 4 12 20 29 ♋ 24 25 26 27 28	1 15 ♎ 28 29	1R 21D ♐ 9 9	1 31 ♎ 7 8

9																															
☉	♍ 8	9	10	11	12	13	14	15	16	17	18	19	20	21	22	23	24	25	26	27	28	29	29 0	♎ 1	2	3	4	5	6	7	
☽	♋ 9	23	♌ 8	23	♍ 8	23	♎ 8	23	♏ 8	22	♐ 6	19	♑ 2	14	27	♒ 9	21	♓ 3	15	27	♈ 9	21	♉ 2	15	27	♊ 9	22	♋ 5	18	♌ 2	
☿	♎ 2	4	5	6	8	9	10	11	12	14	15	16	17	18	19	19	20	21	22	22	23	23	23	24	24	24	R 24	24	24	24	
♀	♍ R 0	0 29	♌ 29	29	29	28	28	27	27	26	26	26	26	25	25	25	25	D 25	25	25	25	26	26	26	26	26	27	27	27	28	
♂	♊ 10	11	11	12	12	13	13	14	14	15	15	16	17	17	18	18	18	19	19	20	20	21	21	22	22	23	23	23	24	24	

♃	♄	♅	♆	♇
1R 16 25 30 ♈ 24 23 22 21	1 7 17 28 ♋ 28 29 ♌ 0 1	1 8 29 27 ♎ 29 0 ♏ 1	1 ♐ 9	1 29 ♎ 8 9

10																															
☉	♎ 8	9	9	10	11	12	13	14	15	16	17	18	19	20	21	22	23	24	25	26	27	28	29	29 0	♏ 1	2	3	4	5	6	7
☽	♌ 16	♍ 1	16	♎ 1	16	♏ 1	16	♐ 0	14	28	♑ 11	24	♒ 6	18	♓ 0	12	23	♈ 6	18	29	♉ 12	24	♊ 6	19	♋ 2	15	28	♌ 12	25	♍ 10	25
☿	♎ 23	R 23	22	21	20	19	18	17	16	15	14	13	12	11	10	9	9	9	D 9	9	10	10	11	12	13	14	15	16	17	19	20
♀	♌ 28	29	29	29 0	♍ 0	1	2	2	3	4	4	5	5	6	7	7	8	9	10	11	12	12	13	14	15	16	17	18	19	19	20
♂	♊ 25	25	25	26	26	26	27	27	27	28	28	28	29	29	29	29	29 0	♋ 0	0	0	1	1	1	1	1	1	2	2	2	2	2

♃	♄	♅	♆	♇
1R 11 18 26 31 ♈ 21 20 19 18 17	1 13 ♌ 1 2	1 13 29 ♏ 1 2 3	1 22 ♐ 9 10	1 25 ♎ 9 10

11																															
☉	♏ 8	9	10	11	12	13	14	15	16	17	18	19	20	21	22	23	24	25	26	27	28	29 0	♐ 0	1	2	3	4	5	6	7	
☽	♎ 10	25	♏ 10	24	♐ 9	22	♑ 6	20	♒ 2	14	26	♓ 8	20	♈ 2	14	26	♉ 8	20	♊ 3	16	29	♋ 12	25	♌ 9	22	♍ 6	21	♎ 5	19	♏ 3	
☿	♎ 22	24	25	27	28	29 0	♏ 1	3	5	6	8	10	11	13	14	16	18	19	21	22	24	26	27	29	29 0	♐ 2	4	5	7	8	
♀	♍ 22	23	24	25	26	27	28	29	29 0	♎ 1	2	3	4	5	6	7	8	9	10	11	13	14	15	16	17	18	19	20	21	22	
♂	♋ 2	2	2	2	2	3	R 3	2	2	2	2	2	2	2	2	2	2	2	1	1	1	1	0	0	0 29	♊ 29	29	29	29	29	

♃	♄	♅	♆	♇
1R 13 28 ♈ 17 16 15	1 15R ♌ 2 2	1 14 ♏ 3 4	1 20 ♐ 10 11	1 25 ♎ 10 11

12																															
☉	♐ 8	9	10	11	12	13	14	15	16	17	18	19	20	21	22	23	24	25	26	27	28	29 0	♑ 1	2	3	4	5	6	7	8	9
☽	♏ 18	♐ 2	17	♑ 0	14	27	♒ 10	22	♓ 4	16	28	♈ 10	22	♉ 4	16	29	♊ 12	25	♋ 8	21	♌ 5	19	♍ 3	17	♎ 1	15	29	♏ 14	28	♐ 11	25
☿	♐ 10	11	13	15	16	18	19	21	22	24	26	27	29	29 0	♑ 2	3	5	7	8	10	11	13	14	16	17	19	21	22	24	25	26
♀	♎ 24	25	26	27	28	29	29 0	♏ 2	3	4	5	6	7	8	9	11	12	13	14	16	17	18	19	20	22	23	24	25	26	27	28
♂	♊ 28	R 28	28	27	27	27	26	26	25	25	24	24	24	23	23	22	22	22	21	21	21	20	20	19	19	19	19	18	18	18	17

♃	♄	♅	♆	♇
1R 11D ♈ 15 15	1R 31 ♌ 2 1	1 22 ♏ 5 6	1 17 ♐ 11 12	1 ♎ 11

1976的行星位置

1	1	2	3	4	5	6	7	8	9	10	11	12	13	14	15	16	17	18	19	20	21	22	23	24	25	26	27	28	29	30	31
☉	♑ 10	11	12	13	14	15	16	17	18	19	20	21	22	23	24	25	26	27	28	29 0	♒ 0	1	2	3	4	5	6	7	8	9	10
☽	♑ 9	22	♒ 5	18	♓ 0	12	24	♈ 6	18	29	♉ 12	23	♊ 7	19	♋ 3	16	♌ 0	15	29	♍ 13	28	♎ 12	26	♏ 10	24	♐ 8	21	♑ 4	18	♍ 0	13
☿	♑ 27	29 0	♒ 0	1	3	4	5	6	7	8	8	9	9	9	R 9	9	8	8	7	6	5	4	2	1	29 0	♑ 29	27	26	25	25	24
♀	29 0	♐ 1	2	3	4	5	6	8	9	10	11	12	14	15	16	17	19	20	21	22	24	25	26	27	28	29 0	♑ 1	2	3	4	6
♂	♊ 17	17	17	16	16	16	16	16	16	16	15	15	15	15	15	15	15	15	15	15	D 15	15	15	15	15	15	15	15	15	15	15

♃ 1 7 16 24 31: ♈15 16 17 18 19 ♄ 1R 14 29 15 31: ♌1 0 ♋29 28 ♅ 1 24 31: ♏6 7 7 ♆ 1 16 31: ♐12 13 13 ♇ 1 15R 31: ♎11 11 11

2	1	2	3	4	5	6	7	8	9	10	11	12	13	14	15	16	17	18	19	20	21	22	23	24	25	26	27	28	29	30	31
☉	♒ 11	12	13	14	15	16	17	18	19	20	21	22	23	24	25	26	27	28	29 0	♓ 1	1	2	3	4	5	6	7	8	9		
☽	♒ 26	♓ 8	20	♈ 2	14	26	♉ 8	20	♊ 2	14	27	♋ 10	24	♌ 8	23	♍ 8	23	♎ 8	22	♏ 7	21	♐ 5	18	♑ 1	14	27	♒ 10	22	♓ 4		
☿	♑R 24	23	23	D 23	23	23	24	24	25	25	26	27	27	28	29 0	♒ 0	1	2	3	4	6	7	8	9	10	12	13	14	16		
♀	♑ 7	8	9	11	12	13	14	16	17	18	19	21	· 22	23	24	25	27	28	29 0	♒ 0	1	3	4	5	7	8	9	10	11		
♂	♊ 15	15	16	16	16	16	16	16	17	17	17	17	18	18	18	18	19	19	19	20	20	20	20	21	21	21	22	22	22		

♃ 1 6 12 17 23 28 29: ♈19 20 21 22 23 24 24 ♄ 1R 8 24. 29: ♋28 28 27 27 ♅ 1 11R 29: ♏7 7 7 ♆ 1 29: ♐13 14 ♇ 1R 29: ♎11 11

3	1	2	3	4	5	6	7	8	9	10	11	12	13	14	15	16	17	18	19	20	21	22	23	24	25	26	27	28	29	30	31
☉	♓ 10	11	12	13	14	15	16	17	18	19	20	21	22	23	24	25	26	27	28	29 0	♈ 0	1	2	3	4	5	6	7	8	9	10
☽	♓ 17	29	♈ 11	22	♉ 4	16	28	♊ 10	22	♋ 5	19	♌ 2	16	♍ 1	16	♎ 1	16	♏ 1	16	♐ 1	14	28	♑ 11	24	♒ 7	19	♓ 1	14	26	♈ 8	19
☿	♒ 17	19	20	21	23	24	26	28	29 0	♓ 1	2	4	5	7	9	11	12	14	16	18	19	21	23	25	27	29 0	♈ 1	2	4	6	8
♀	♒ 13	14	15	16	18	19	20	21	22	24	25	26	27	29	29 0	♓ 1	2	3	5	6	7	9	10	11	12	13	15	16	17	18	20
♂	♊ 23	23	24	24	24	25	25	25	26	26	27	27	27	28	28	29	29	29 0	♋ 0	0	1	1	2	2	3	3	4	4	5	5	6

♃ 1 3 8 13 17 22 26 29 27 31: ♈24 25 26 29 28 29 0 ♉0 1 ♄ 1R 28 D 31: ♋26 26 26 ♅ 1R 31: ♏7 6 ♆ 1 16R 31: ♐14 14 14 ♇ 1R 31: ♎11 10

4	1	2	3	4	5	6	7	8	9	10	11	12	13	14	15	16	17	18	19	20	21	22	23	24	25	26	27	28	29	30	31
☉	♈ 11	12	13	14	15	16	17	18	19	20	21	22	23	24	25	26	27	28	29 0	♉ 0	1	2	3	4	5	6	7	8	9	10	
☽	♉ 1	13	25	♊ 7	19	♋ 1	14	27	♌ 11	25	♍ 9	24	♎ 9	25	♏ 10	25	♐ 9	24	♑ 7	21	♒ 4	16	29	♓ 11	23	♈ 5	16	28	♉ 10	22	
☿	♈ 10	12	15	17	19	21	23	25	27	29 0	♉ 1	3	5	7	9	11	13	15	16	18	19	21	22	24	25	26	27	28	29 0	♊ 0	
♀	♓ 21	22	23	24	26	27	28	29 0	♈ 1	2	3	4	6	7	8	9	11	12	13	14	15	17	18	19	20	22	23	24	25	26	
♂	♋ 6	7	7	7	8	8	9	9	10	10	11	11	12	12	13	13	14	14	15	16	16	17	17	18	18	19	19	20	20	21	

♃ 1 4 8 12 16 21 25 29: ♉1 2 3 4 5 6 7 8 ♄ 1 30: ♋26 27 ♅ 1R 28: ♏6 5 ♆ 1R 30: ♐14 13 ♇ 1R 30: ♎10 9

5	1	2	3	4	5	6	7	8	9	10	11	12	13	14	15	16	17	18	19	20	21	22	23	24	25	26	27	28	29	30	31
☉	♉ 11	12	13	14	15	16	17	18	19	20	21	22	23	24	25	26	27	28	29	29 0	♊ 0	1	2	3	4	5	6	7	8	9	10
☽	♊ 4	16	28	♋ 11	24	♌ 7	20	♍ 4	19	♎ 3	18	♏ 3	18	♐ 3	18	♑ 2	16	29	♒ 12	25	♓ 7	19	♈ 1	13	25	♉ 7	19	♊ 1	13	25	♋ 8
☿	♊ 1	1	2	2	3	3	3	4	4	R 4	3	3	3	3	2	2	1	1	29 0	♉ 29	29	29	28	27	27	26	26	26	25	25	25
♀	♈ 28	29 0	♉ 0	1	3	4	5	6	8	9	10	11	13	14	15	16	18	19	20	21	22	24	25	26	27	28	29 0	♊ 1	2	3	5
♂	♋ 21	22	22	23	24	24	25	25	26	26	27	27	28	28	29	29 0	♌ 0	1	1	2	2	3	4	4	5	5	6	6	7	7	8

♃ 1 3 7 11 16 20 24 29 31: ♉8 9 10 11 12 13 14 15 15 ♄ 1 14 26 31: ♋27 28 29 29 ♅ 1R 23 31: ♏5 4 4 ♆ 1R 31: ♐13 13 ♇ 1R 31: ♎9 9

6	1	2	3	4	5	6	7	8	9	10	11	12	13	14	15	16	17	18	19	20	21	22	23	24	25	26	27	28	29	30	31
☉	♊ 11	12	13	14	15	16	17	18	18	19	20	21	22	23	24	25	26	27	28	29	29 0	♋ 1	2	3	4	5	6	7	8	9	
☽	♋ 21	♌ 4	17	♍ 1	15	29	♎ 13	28	♏ 12	27	♐ 11	26	♑ 10	24	♒ 7	20	♓ 3	15	28	♈ 10	21	♉ 3	15	27	♊ 9	22	♋ 4	17	♌ 1	14	
☿	♉R 25	D 25	25	25	25	25	26	26	27	27	28	28	29 0	♊ 0	1	2	3	4	5	6	7	9	10	12	13	15	16	18	19	21	
♀	♊ 6	7	8	9	11	12	13	14	16	17	18	19	21	22	23	24	25	27	28	29 0	♋ 1	2	3	4	5	7	8	9	10	11	
♂	♌ 9	9	10	10	11	11	12	13	13	14	14	15	16	16	17	17	18	19	19	20	20	21	21	22	22	23	24	24	25	26	

♃ 1 2 6 11 16 20 25 30: ♉15 16 17 18 19 20 21 22 ♄ 1 5 29 6 14 23 30: ♋29 0 ♌0 1 2 2 ♅ 1R 30: ♏4 3 ♆ 1R 30: ♐12 12 ♇ 1R 19D 30: ♎9 9 9

7																															
☉	♋ 9	10	11	12	13	14	15	16	17	18	19	20	21	22	23	24	25	26	27	28	29	29 0	♌ 0	1	2	3	4	5	6	7	8
☽	♌ 28	♍ 12	25	♎ 10	24	♏ 8	22	♐ 6	21	♑ 5	19	♒ 2	15	28	♓ 11	23	♈ 6	17	29	♉ 11	23	♊ 5	17	♋ 0	13	26	♌ 10	24	♍ 8	22	♎ 6
☿	♊ 23	25	27	29 0	♋ 1	3	5	7	9	11	13	15	18	20	22	24	26	29 0	♌ 1	2	4	6	8	10	12	14	16	18	20	22	24
♀	♋ 13	14	15	16	18	19	20	21	22	24	25	26	27	29 0	♌ 0	1	2	4	5	6	7	8	10	11	12	13	15	16	17	18	20
♂	♌ 26	27	27	28	29	29	0	0	1	2	2	3	3	4	5	5	6	7	7	8	8	9	10	10	11	11	12	13	13	14	15

♃	1 5 11 16 22 29 31	♉ 22 23 24 25 26 27 27
♄	1 9 17 25 31	♌ 3 4 5 6 6
♅	1R 11 D 31	♏ 3 3
♆	1R 31	♐ 12 11
♇	1 31	♎ 9 9

8																															
☉	♌ 9	10	11	17	13	14	15	16	17	18	19	20	21	22	23	24	25	26	27	28	28	29	29 0	♍ 1	2	3	4	5	6	7	8
☽	♎ 20	♏ 5	19	♐ 3	17	♑ 0	14	28	♒ 11	24	♓ 7	19	♈ 1	13	25	♉ 7	19	♊ 1	13	25	♋ 8	21	♌ 5	19	♍ 3	17	♎ 2	16	♏ 1	15	29
☿	♌ 25	27	29 0	♍ 1	2	4	5	7	8	10	11	13	14	16	17	18	20	21	22	23	25	26	27	28	29 0	♎ 0	1	2	3	4	4
♀	♌ 21	22	23	24	26	27	28	29 0	♍ 1	2	3	4	6	7	8	9	10	12	13	14	15	17	18	19	20	22	23	24	25	26	28
♂	♍ 15	16	16	17	18	18	19	20	20	21	21	22	23	23	24	25	25	26	26	27	28	28	29	29 0	♎ 0	1	2	2	3	4	4

♃	1 5 13 23 29 24 31	♉ 27 28 29 0 ♊ 0 0
♄	1 9 17 25 31	♌ 7 8 9 10 10
♅	1 28 31	♏ 3 4 4
♆	1R 23 D 31	♐ 11 11
♇	1 22 31	♎ 9 10 10

9																															
☉	♍ 9	10	11	12	13	14	15	16	17	18	19	20	21	22	23	24	25	26	27	28	28	29 0	♎ 0	1	2	3	4	5	6	7	
☽	♐ 14	27	♑ 11	24	♒ 7	20	♓ 3	15	28	♈ 10	22	♉ 4	16	28	♊ 9	21	♋ 3	16	29	♌ 13	27	♍ 11	26	♎ 11	26	♏ 11	25	♐ 10	24	♑ 8	
☿	♎ 5	6	6	7	7	7	8	8	R 8	8	7	7	7	6	6	5	4	3	2	1	29 0	♍ 29	29	27	26	25	24	24	23	23	
♀	29 0	♎ 0	1	3	4	5	6	8	9	10	11	12	14	15	16	17	19	20	21	22	23	25	26	27	28	29 0	♏ 1	2	3	5	
♂	♎ 5	5	6	7	7	8	9	9	10	11	11	12	13	13	14	15	15	16	17	17	18	19	19	20	21	21	22	23	23	24	

♃	1 8 20 R 30	♊ 0 1 1 1
♄	1 12 21 30	♌ 11 12 13 14
♅	1 19 30	♏ 4 5 5
♆	1 30	♐ 11 11
♇	1 19 30	♎ 10 11 11

10																															
☉	♎ 8	9	10	11	12	13	14	15	16	17	18	19	20	21	22	23	24	25	26	27	28	29	29 0	♏ 1	2	3	4	5	6	7	8
☽	♑ 21	♒ 4	17	29	♓ 12	24	♈ 6	18	♉ 0	12	24	♊ 6	18	29	♋ 12	25	♌ 8	21	♍ 5	19	♎ 4	19	♏ 4	19	♐ 4	19	♑ 3	17	♒ 1	14	27
☿	♍ R 23	D 23	23	24	24	25	26	27	28	29 0	♎ 0	2	3	5	6	8	9	11	13	14	16	18	19	21	23	24	26	28	29 0	♏ 1	3
♀	♏ 6	7	8	9	11	12	13	14	16	17	18	19	20	22	23	24	25	27	28	29 0	♐ 0	1	3	4	5	6	7	9	10	11	12
♂	♎ 25	25	26	26	27	28	28	29 0	♏ 0	1	1	2	3	3	4	5	5	6	7	7	8	9	9	10	11	12	12	13	14	14	15

♃	1R 16 17 31	♊ 1 0 ♉ 29 28
♄	1 13 28 31	♌ 14 15 16 16
♅	1 7 23 31	♏ 5 6 7 7
♆	1 17 31	♐ 11 12 12
♇	1 15 31	♎ 11 12 12

11																															
☉	♏ 9	10	11	12	13	14	15	16	17	18	19	20	21	22	23	24	25	26	27	28	29	29 0	♐ 1	2	3	4	5	6	7	8	
☽	♓ 9	21	♈ 3	15	27	♉ 9	21	♊ 3	15	27	♋ 9	21	♌ 4	17	♍ 0	14	28	♎ 12	27	♏ 12	27	♐ 12	27	♑ 12	26	♒ 9	23	♓ 6	18	♈ 0	
☿	♏ 4	6	8	9	11	13	14	16	18	19	21	22	24	25	27	29 0	♐ 0	2	3	5	6	8	9	11	13	14	16	17	19	20	
♀	♐ 14	15	16	17	18	20	21	22	23	24	26	27	28	29 0	♑ 1	2	3	4	5	7	8	9	10	11	13	14	15	16	17	19	
♂	♏ 16	16	17	18	19	19	20	21	21	22	23	23	24	25	26	26	27	28	29	29	♐ 0	1	1	2	3	3	4	5	6	6	

♃	1R 12 19 26 30	♉ 28 27 26 25 25
♄	1 26 R 30	♌ 16 16 16
♅	1 8 24 30	♏ 7 8 9 9
♆	1 17 30	♐ 12 13 13
♇	1 11 30	♎ 12 13 13

12																															
☉	♐ 9	10	11	12	13	14	15	16	17	18	19	20	21	22	23	24	25	26	27	28	29 0	♑ 1	2	3	4	5	6	7	8	9	10
☽	♈ 12	24	♉ 6	18	29	♊ 11	24	♋ 6	18	♌ 1	14	27	♍ 10	24	♎ 7	21	♏ 6	21	♐ 6	20	♑ 5	20	♒ 4	18	♓ 1	14	26	♈ 9	21	♉ 3	14
☿	♐ 22	23	25	26	28	29 0	♑ 1	2	4	5	7	8	9	11	12	13	15	16	17	18	19	20	21	22	22	23	23	R 23	23	23	22
♀	♑ 20	21	22	23	24	26	27	28	29 0	♒ 1	2	3	4	5	6	7	9	10	11	12	13	14	16	17	18	19	20	21	22	24	25
♂	♐ 7	8	8	9	10	11	11	12	13	14	14	15	16	16	17	18	19	20	20	21	22	22	23	24	25	25	26	27	28	28	29

♃	1R 13 24 31	♉ 24 23 22 21
♄	1R 31	♌ 16 16
♅	1 12 31	♏ 9 10 11
♆	1 14 31	♐ 13 14 14
♇	1 22 31	♎ 13 14 14

1977的行星位置

月		1	2	3	4	5	6	7	8	9	10	11	12	13	14	15	16	17	18	19	20	21	22	23	24	25	26	27	28	29	30	31
1	☉	♑ 11	12	13	14	15	16	17	18	19	20	21	22	23	24	25	26	27	28	29	29 0	♒ 1	2	3	4	5	6	7	8	9	10	11
	☽	♉ 26	♊ 8	20	♋ 2	15	28	♌ 10	23	♍ 7	20	♎ 4	18	♏ 2	16	♐ 0	15	29	♑ 14	28	♒ 12	25	♓ 9	22	♈ 4	17	29	♉ 10	22	♊ 4	16	28
	☿	♑R 22	21	20	19	18	17	15	14	12	11	10	9	8	8	7	7	7	D 7	7	7	8	9	9	10	10	11	12	13	14	15	16
	♀	♒ 26	27	28	29 0	♓ 1	2	3	4	5	6	7	8	9	10	11	12	13	14	16	17	18	19	20	21	22	23	24	25	26	27	28
	♂	29 0	♑ 1	2	2	3	4	4	5	6	7	7	8	9	10	10	11	12	13	13	14	15	16	16	17	18	19	19	20	21	22	23

♃ 1R ♉21　16D 21　31 21　♄ 1R ♌16　13 15　26 14　31 14　♅ 1 ♏11　31 11　♆ 1 ♐14　11 15　31 15　♇ 1 ♎14　16R 14　31 14

月		1	2	3	4	5	6	7	8	9	10	11	12	13	14	15	16	17	18	19	20	21	22	23	24	25	26	27	28	29	30	31
2	☉	♒ 12	13	14	15	16	17	18	19	20	21	22	23	24	25	26	27	28	29 0	♓ 0	1	2	3	4	5	6	7	8	9			
	☽	♋ 11	23	♌ 6	20	♍ 3	17	♎ 1	15	29	♏ 13	27	♐ 11	25	♑ 9	23	♒ 7	20	♓ 4	17	29	♈ 12	24	♉ 6	18	♊ 0	12	24	♋ 6			
	☿	♑ 17	18	19	21	22	23	24	26	27	28	♒ 0	1	3	4	6	7	8	10	12	13	15	16	18	19	21	23	24	26			
	♀	♓ 29	29 0	♈ 1	2	3	3	4	5	6	7	8	9	10	10	11	12	13	13	14	15	15	16	17	17	18	19	19	20			
	♂	♑ 23	24	25	26	26	27	28	29	29 0	♒ 1	1	2	3	3	4	5	6	6	7	8	9	10	10	11	12	13	13	14			

♃ 1 ♉21　6 22　17 23　26 24　28 24　♄ 1R ♌13　20 12　28 11　♅ 1 ♏11　15R　28 11　♆ 1 ♐15　23 16　28 16　♇ 1R ♎14　28 14

月		1	2	3	4	5	6	7	8	9	10	11	12	13	14	15	16	17	18	19	20	21	22	23	24	25	26	27	28	29	30	31
3	☉	♓ 10	11	12	13	14	15	16	17	18	19	20	21	22	23	24	25	26	27	28	29 0	♈ 0	1	2	3	4	5	6	7	8	9	10
	☽	♋ 19	♌ 1	14	28	♍ 12	26	♎ 10	25	♏ 9	23	♐ 8	22	♑ 6	19	♒ 4	16	29	♓ 13	25	♈ 8	20	♉ 2	14	26	♊ 8	20	♋ 2	14	26	♌ 9	22
	☿	♒ 28	29 0	♓ 1	3	5	6	8	10	12	13	15	17	19	21	23	25	27	29 0	♈ 1	3	5	7	9	11	13	15	17	19	21	23	24
	♀	♈ 20	21	21	22	22	22	23	23	23	24	24	24	24	24	24	24	R 24	24	24	24	24	24	24	23	23	22	22	22	21	21	20
	♂	♒ 15	16	17	17	18	19	20	20	21	22	23	24	24	25	26	27	27	28	29	29 0	♓ 1	1	2	3	4	4	5	6	7	7	8

♃ 1 ♉24　5 25　12 26　18 27　24 28　29 29　31 29　♄ 1R ♌11　31 10　♅ 1R ♏11　31 11　♆ 1 ♐16　19R 15　31 16　♇ 1R ♎14　27 13　31 13

月		1	2	3	4	5	6	7	8	9	10	11	12	13	14	15	16	17	18	19	20	21	22	23	24	25	26	27	28	29	30	31
4	☉	♈ 11	12	13	14	15	16	17	18	19	20	21	22	23	24	25	26	27	28	29	29 0	♉ 1	2	3	4	5	6	7	8	9	10	
	☽	♍ 6	20	♎ 4	19	♏ 4	19	♐ 3	18	♑ 2	16	♒ 0	13	26	♓ 9	22	♈ 5	17	29	♉ 11	23	♊ 4	16	28	♋ 10	22	♌ 5	17	♍ 1	14	28	
	☿	♈ 26	28	29 0	♉ 1	3	4	6	7	8	9	10	11	12	13	13	14	14	14	14	R 14	14	14	14	14	13	13	12	12	11	11	
	♀	♈R 19	19	18	18	17	16	16	15	14	14	13	13	12	12	11	11	10	10	10	9	9	9	8	8	8	8	8	D 8	8	8	
	♂	♓ 9	10	11	11	12	13	14	15	15	16	17	17	18	19	20	21	22	23	23	24	25	25	26	27	28	29	29 0	♈ 0	1	2	

♃ 1 ♉29　3 29 0　4 ♊0　8 1　13 2　18 3　23 4　27 5　30 5　♄ 1R ♌10　11D 10　30 10　♅ 1R ♏11　24 10　30 10　♆ 1R ♐16　30 16　♇ 1R ♎13　30 12

月		1	2	3	4	5	6	7	8	9	10	11	12	13	14	15	16	17	18	19	20	21	22	23	24	25	26	27	28	29	30	31
5	☉	♉ 11	12	13	14	15	16	17	18	19	20	21	22	23	24	24	25	26	27	28	29	29 0	♊ 1	2	3	4	5	6	7	8	9	10
	☽	♎ 12	27	♏ 12	27	♐ 12	27	♑ 12	26	♒ 10	24	♓ 7	19	♈ 2	14	26	♉ 8	20	♊ 1	13	25	♋ 7	19	♌ 1	14	26	♍ 9	23	♎ 7	21	♏ 5	20
	☿	♉R 10	9	9	8	7	7	6	6	5	5	5	5	5	D 5	5	5	5	5	6	6	6	7	8	8	9	10	11	12	13	14	15
	♀	♈ 8	8	9	9	9	9	10	10	11	11	11	12	12	13	13	14	15	15	16	16	17	18	18	19	20	21	21	22	23	24	25
	♂	♈ 3	3	4	5	5	6	7	8	9	9	10	11	12	12	13	14	15	15	16	17	18	18	19	20	21	22	22	23	24	25	25

♃ 1 ♊6　6 7　11 8　15 9　19 10　24 11　28 12　31 12　♄ 1 ♌10　15 11　30 12　31 12　♅ 1R ♏10　18 9　31 8　♆ 1R ♐16　28 15　31 15　♇ 1R ♎12　31 11

月		1	2	3	4	5	6	7	8	9	10	11	12	13	14	15	16	17	18	19	20	21	22	23	24	25	26	27	28	29	30	31
6	☉	♊ 11	12	13	14	15	16	17	18	18	19	20	21	22	23	24	25	26	27	28	29	29 0	♋ 1	2	3	4	5	6	7	8	9	
	☽	♐ 6	21	♑ 6	21	♒ 5	19	♓ 3	16	28	♈ 11	23	♉ 5	17	28	♊ 10	22	♋ 4	16	28	♌ 11	23	♍ 6	19	♎ 2	16	♏ 0	14	29	♐ 14	29	
	☿	♉ 16	17	18	20	21	22	24	25	27	28 0	♊ 0	2	3	5	7	9	11	13	15	17	19	21	23	25	27	29 0	♋ 2	4	6	8	
	♀	♈ 26	26	27	28	29	29 0	♉ 1	1	2	3	4	5	6	7	8	9	10	11	12	13	14	15	16	17	18	19	20	21	22	23	
	♂	♈ 26	27	28	28	29	29 0	♉ 1	1	2	3	3	4	5	6	6	7	8	9	9	10	11	11	12	13	14	*14	15	16	17	17	

♃ 1 ♊13　6 14　10 15　14 16　18 17　23 18　27 19　30 19　♄ 1 ♌12　10 13　21 14　30 15　♅ 1R ♏8　30 8　♆ 1R ♐15　30 14　♇ 1R ♎11　21D 11　30 11

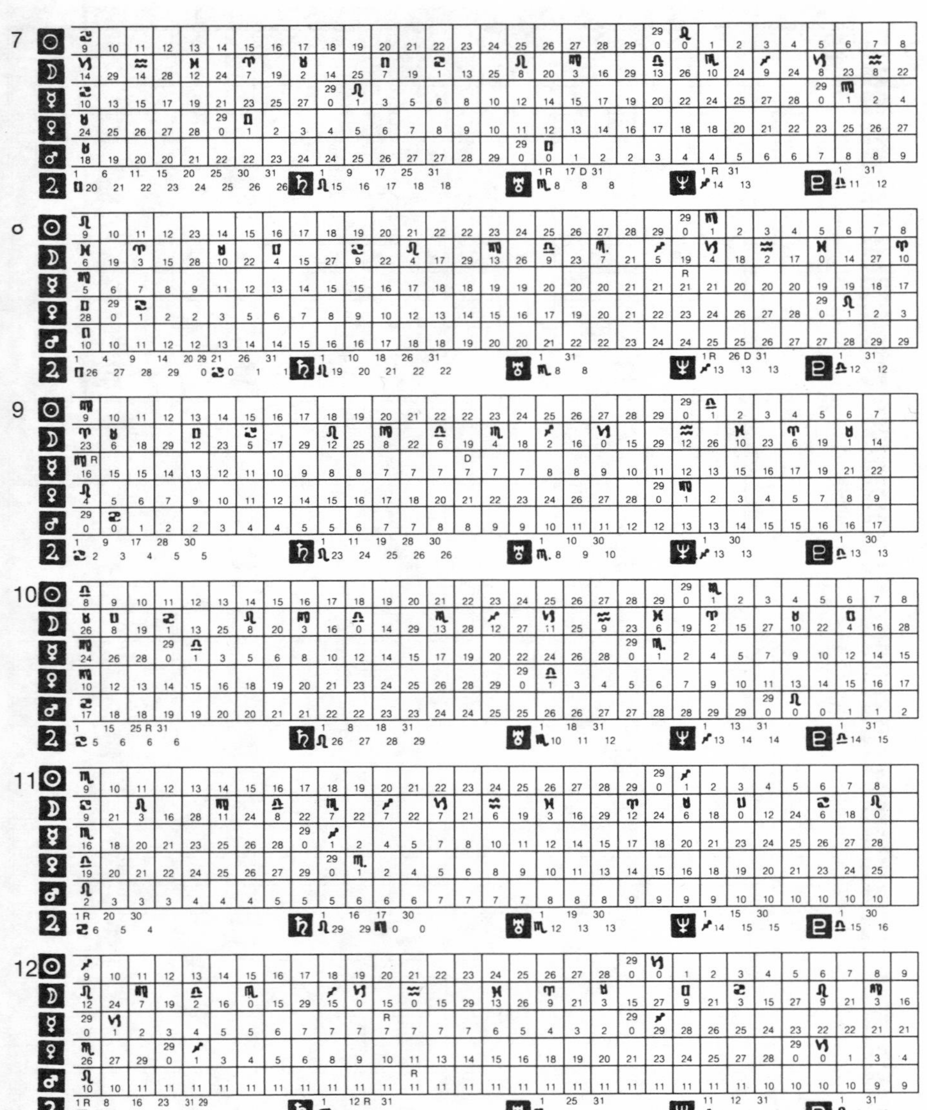

7 ☉	♋ 9	10	11	12	13	14	15	16	17	18	19	20	21	22	23	24	25	26	27	28	29	29 0	♌ 0	1	2	3	4	5	6	7	8
☽	♑ 14	29	♒ 14	28	♓ 12	24	♈ 7	19	♉ 2	14	25	♊ 7	19	♋ 1	13	25	♌ 8	20	♍ 3	16	29	♎ 13	26	♏ 10	24	♐ 9	24	♑ 8	23	♒ 8	22
☿	♋ 10	13	15	17	19	21	23	25	27	29 0	♌ 1	3	5	6	8	10	12	14	15	17	19	20	22	24	25	27	28	29 0	♍ 1	2	4
♀	♉ 24	25	26	27	28	29 0	♊ 1	2	3	4	5	6	7	8	9	10	11	12	13	14	16	17	18	18	20	21	22	23	25	26	27
♂	♉ 18	19	20	20	21	22	22	23	24	24	25	26	27	27	28	29	29 0	♊ 0	1	2	2	3	4	4	5	6	6	7	8	8	9

♃ 1 6 11 15 20 25 30 31 — ♊20 21 22 23 24 25 26 26
♄ 1 9 17 25 31 — ♌15 16 17 18 18
♅ 1R 17D 31 — ♏8 8 8
♆ 1R 31 — ♐14 13
♇ 1 31 — ♎11 12

o ☉	♌ 9	10	11	12	23	14	15	16	17	18	19	20	21	22	22	23	24	25	26	27	28	29	29 0	♍ 1	2	3	4	5	6	7	8
☽	♓ 6	19	♈ 3	15	28	♉ 10	22	♊ 4	15	27	♋ 9	22	♌ 4	17	29	♍ 13	26	♎ 9	23	♏ 7	21	♐ 5	19	♑ 4	18	♒ 2	17	♓ 0	14	27	♈ 10
☿	♍ 5	6	7	8	9	11	12	13	14	15	15	16	17	18	18	19	19	20	20	20	21	21	R 21	21	20	20	20	19	19	18	17
♀	♊ 28	29 0	♋ 1	2	2	3	5	6	7	8	9	10	12	13	14	15	16	17	19	20	21	22	23	24	26	27	28	29 0	♌ 1	2	3
♂	♊ 10	10	11	12	12	13	14	14	15	16	16	17	18	18	19	20	20	21	22	22	23	24	24	25	25	26	27	27	28	29	29

♃ 1 4 9 14 20 29 21 26 31 — ♊26 27 28 29 0 ♋0 1 1
♄ 1 10 18 26 31 — ♌19 20 21 22 22
♅ 1 31 — ♏8 8
♆ 1R 26D 31 — ♐13 13 13
♇ 1 31 — ♎12 12

9 ☉	♍ 9	10	11	12	13	14	15	16	17	18	19	20	21	22	22	23	24	25	26	27	28	29	29 0	♎ 1	2	3	4	5	6	7	
☽	♈ 23	♉ 6	18	29	♊ 12	23	♋ 5	17	29	♌ 12	25	♍ 8	22	♎ 6	19	♏ 4	18	♐ 2	16	♑ 0	15	29	♒ 12	26	♓ 10	23	♈ 6	19	♉ 1	14	
☿	♍ R 16	15	15	14	13	12	11	10	9	8	8	7	7	7	D 7	7	7	8	8	9	10	11	12	13	15	16	17	19	21	22	
♀	♌ 4	5	6	7	9	10	11	12	14	15	16	17	18	20	21	22	23	24	26	27	28	29 0	♍ 1	2	3	4	5	7	8	9	
♂	29 0	♋ 0	1	2	2	3	4	4	5	5	6	7	7	8	8	9	9	10	11	11	12	12	13	13	14	15	15	16	16	17	

♃ 1 9 17 28 30 — ♋2 3 4 5 5
♄ 1 11 19 28 30 — ♌23 24 25 26 26
♅ 1 10 30 — ♏8 9 10
♆ 1 30 — ♐13 13
♇ 1 30 — ♎13 13

10 ☉	♎ 8	9	10	11	12	13	14	15	16	17	18	19	20	21	22	23	24	25	26	27	28	29	29 0	♏ 1	2	3	4	5	6	7	8
☽	♉ 26	♊ 8	19	♋ 1	13	25	♌ 8	20	♍ 3	16	♎ 0	14	29	♏ 13	28	♐ 12	27	♑ 11	25	♒ 9	23	♓ 6	19	♈ 2	15	27	♉ 10	22	♊ 4	16	28
☿	♍ 24	26	28	29 0	♎ 1	3	5	6	8	10	12	14	15	17	19	20	22	24	26	28	29 0	♏ 1	2	4	5	7	9	10	12	14	15
♀	♍ 10	12	13	14	15	16	18	19	20	21	23	24	25	26	28	29	29 0	♎ 1	3	4	5	6	7	9	10	11	13	14	15	16	17
♂	♋ 17	18	18	19	19	20	20	21	21	22	22	23	23	24	24	25	25	26	26	27	27	28	28	29	29	29 0	♌ 0	0	1	1	2

♃ 1 15 25R 31 — ♋5 6 6 6
♄ 1 8 18 31 — ♌26 27 28 29
♅ 1 18 31 — ♏10 11 12
♆ 1 13 31 — ♐13 14 14
♇ 1 31 — ♎14 15

11 ☉	♏ 9	10	11	12	13	14	15	16	17	18	19	20	21	22	23	24	25	26	27	28	29	29 0	♐ 1	2	3	4	5	6	7	8	
☽	♋ 9	21	♌ 3	16	28	♍ 11	24	♎ 8	22	♏ 7	22	♐ 7	22	♑ 7	21	♒ 6	19	♓ 3	16	29	♈ 12	24	♉ 6	18	♊ 0	12	24	♋ 6	18	♌ 0	
☿	♏ 16	18	20	21	23	25	26	28	29 0	♐ 1	2	4	5	7	8	10	11	12	14	15	17	18	20	21	23	24	25	26	27	28	
♀	♎ 19	20	21	22	24	25	26	27	29	29 0	♏ 1	2	4	5	6	8	9	10	11	13	14	15	16	18	19	20	21	23	24	25	
♂	♌ 2	3	3	3	4	4	4	5	5	5	6	6	6	7	7	7	7	8	8	8	9	9	9	9	10	10	10	10	10	10	

♃ 1R 20 30 — ♋6 5 4
♄ 1 16 17 30 — ♌29 29 ♍0 0
♅ 1 19 30 — ♏12 13 13
♆ 1 15 30 — ♐14 15 15
♇ 1 30 — ♎15 16

12 ☉	♐ 9	10	11	12	13	14	15	16	17	18	19	20	21	22	23	24	25	26	27	28	29 0	♑ 0	1	2	3	4	5	6	7	8	9
☽	♌ 12	24	♍ 7	19	♎ 2	16	♏ 0	15	29	♐ 15	♑ 0	15	♒ 0	15	29	♓ 13	26	♈ 9	21	♉ 3	15	27	♊ 9	21	♋ 3	15	27	♌ 9	21	♍ 3	16
☿	29 0	♑ 1	2	3	4	5	5	6	7	7	7	R 7	7	7	7	6	5	4	3	2	29 0	♐ 29	28	26	25	24	23	22	22	21	21
♀	♏ 26	27	29	29 0	♐ 1	3	4	5	6	8	9	10	11	13	14	15	16	18	19	20	21	23	24	25	27	28	29 0	♑ 0	1	3	4
♂	♌ 10	10	11	11	11	11	11	11	11	11	11	11	R 11	11	11	11	11	11	11	11	11	11	11	11	11	10	10	10	10	9	9

♃ 1R 8 16 23 31 29 — ♋4 3 2 1 ♊0
♄ 1 12R 31 — ♍0 0 0
♅ 1 25 31 — ♏14 15 15
♆ 11 12 31 — ♐15 16 16
♇ 1 31 — ♎15 16

1978的行星位置

1

	1	2	3	4	5	6	7	8	9	10	11	12	13	14	15	16	17	18	19	20	21	22	23	24	25	26	27	28	29	30	31
☉	♑ 10	11	12	13	14	15	16	17	18	19	20	21	22	23	24	25	26	27	28	29 0	♒ 1	2	3	4	5	6	7	8	9	10	11
☽	♍ 29	♎ 12	25	♏ 9	23	♐ 8	23	♑ 8	23	♒ 8	23	♓ 8	21	♈ 5	18	♉ 0	12	24	♊ 6	18	♋ 0	12	24	♌ 6	18	♍ 0	13	26	♎ 8	21	♏ 5
☿	♐ R 21	D 21	21	22	22	23	23	24	25	26	27	28	29 0	♑ 0	1	3	4	5	6	7	9	10	12	13	14	16	17	19	20	21	23
♀	♑ 5	7	8	9	10	11	13	14	15	16	18	19	20	21	23	24	25	27	28	29 0	♒ 0	1	3	4	5	7	8	9	10	12	13
♂	♌ R 9	9	9	8	8	8	7	7	7	6	6	6	5	5	4	4	4	3	3	2	2	1	1	1	0	29 0	♋ 29	29	29	29	28

♃ 1R 16 27 31 / ♊29 28 27 27　♄ 1R 5 29 6 31 / ♍0 0 ♌29 28　♅ 1 21 31 / ♏15 16 16　♆ 1 8 31 / ♐16 17 17　♇ 1 19R 31 / ♎16 16 16

2

	1	2	3	4	5	6	7	8	9	10	11	12	13	14	15	16	17	18	19	20	21	22	23	24	25	26	27	28	29	30	31
☉	♒ 12	13	14	15	16	17	18	19	20	21	22	23	24	25	26	27	28	29	29 0	♓ 1	2	3	4	5	6	7	8	9			
☽	♏ 19	♐ 3	17	♑ 2	17	♒ 2	17	♓ 1	15	29	♈ 13	26	♉ 8	21	♊ 3	15	26	♋ 8	20	♌ 2	15	27	♍ 10	24	♎ 5	18	♏ 2	15			
☿	♑ 25	26	28	29 0	♒ 1	2	4	5	7	9	10	12	13	15	17	19	21	23	24	26	28	29 0	♓ 1	3	5	7	8	10			
♀	♒ 14	16	17	18	19	21	22	23	24	26	27	28	29 0	♓ 1	2	3	4	6	7	8	9	10	12	13	14	15	17	18			
♂	♋ R 28	27	27	27	26	26	26	25	25	25	25	24	24	24	24	23	23	23	23	23	23	23	23	22	22	22	22	22			

♃ 1R 20D 26 / ♊27 26 26　♄ 1R 18 28 / ♌28 27 26　♅ 1 20R 28 / ♏16 16 16　♆ 1 15 28 / ♐17 18 18　♇ 1R 28 / ♎16 16

3

	1	2	3	4	5	6	7	8	9	10	11	12	13	14	15	16	17	18	19	20	21	22	23	24	25	26	27	28	29	30	31
☉	♓ 10	11	12	13	14	15	16	17	18	19	20	21	22	23	24	25	26	27	28	29 0	♈ 0	1	2	3	4	5	6	7	8	9	10
☽	♏ 29	♐ 13	28	♑ 12	26	♒ 11	25	♓ 10	23	♈ 7	20	♉ 3	16	28	♊ 10	23	♋ 4	16	28	♌ 10	23	♍ 5	18	♎ 1	14	28	♏ 12	26	♐ 10	24	♑ 9
☿	♓ 12	14	16	18	20	22	24	26	28	29 0	♈ 1	3	5	7	9	10	12	14	15	17	18	19	20	21	23	23	24	25	25	25	26
♀	♓ 19	21	22	23	24	25	26	28	29 0	♈ 1	2	3	4	5	7	8	9	11	12	13	14	15	17	18	19	20	22	23	24	25	26
♂	♋ R 22	22	D 22	22	22	22	22	22	22	22	22	22	23	23	23	23	23	24	24	24	24	24	24	25	25	25	25	26	26	26	25

♃ 1 16 27 31 / ♊26 27 28 28　♄ 1R 16 31 / ♌26 25 24　♅ 1R 31 / ♏16 16　♆ 1 21R 31 / ♐18 18 18　♇ 1R 31 / ♎16 15

4

	1	2	3	4	5	6	7	8	9	10	11	12	13	14	15	16	17	18	19	20	21	22	23	24	25	26	27	28	29	30	31
☉	♈ 11	12	13	14	15	16	17	18	19	20	21	22	23	24	25	26	27	28	29	29 0	♉ 1	2	3	4	5	6	7	8	9	10	
☽	♑ 23	♒ 7	21	♓ 5	18	♈ 2	16	29	♉ 11	24	♊ 6	18	♋ 0	12	24	♌ 6	18	♍ 1	13	26	♎ 9	23	♏ 7	21	♐ 6	20	♑ 5	19	♒ 4	18	
☿	♈ 26	R 26	26	26	25	25	24	24	23	23	22	21	20	20	19	18	17	17	16	16	15	15	15	15	15	D 15	15	15	15	16	
♀	♈ 28	29 0	♉ 0	2	3	4	5	6	8	9	10	11	12	14	15	16	18	19	20	21	22	24	25	26	27	29	29 0	♊ 1	2	3	
♂	♋ 27	27	27	28	28	28	29	29	29	29 0	♌ 0	0	1	1	1	2	2	2	3	3	4	4	4	5	5	6	6	7	7	7	

♃ 1 4 11 12 18 24 30 / ♊28 29 29 ♋0 1 2 3　♄ 1R 26D 30 / ♌24 24　♅ 1R 30 / ♏15 14　♆ 1R 30 / ♐18 18　♇ 1R 30 / ♎15 14

5

	1	2	3	4	5	6	7	8	9	10	11	12	13	14	15	16	17	18	19	20	21	22	23	24	25	26	27	28	29	30	31
☉	♉ 10	11	12	13	14	15	16	17	18	19	20	21	22	23	24	25	26	27	28	29	29 0	♊ 1	2	3	4	5	6	7	8	9	10
☽	♓ 2	15	28	♈ 12	25	♉ 7	20	♊ 2	14	26	♋ 8	20	♌ 2	14	26	♍ 9	21	♎ 4	17	♏ 1	16	♐ 0	15	♑ 0	15	29	♒ 14	28	♓ 12	25	♈ 9
☿	♈ 16	17	17	18	18	19	20	21	22	23	24	25	26	27	28	29 0	♉ 1	2	4	5	6	8	9	11	12	14	16	18	19	21	23
♀	♊ 5	6	7	8	10	11	12	13	14	15	17	18	19	20	22	23	24	25	26	28	29	29 0	♋ 1	2	4	5	6	7	8	10	11
♂	♌ 8	8	9	9	10	10	11	11	11	12	13	13	13	14	14	15	15	16	16	17	17	18	18	19	19	20	20	21	21	22	22

♃ 1 5 11 16 21 26 31 / ♋3 4 5 6 7 8 9　♄ 1 31 / ♌24 24　♅ 1R 31 / ♏14 13　♆ 1R 31 / ♐18 17　♇ 1R 31 / ♎14 14

6

	1	2	3	4	5	6	7	8	9	10	11	12	13	14	15	16	17	18	19	20	21	22	23	24	25	26	27	28	29	30	31
☉	♊ 10	11	12	13	14	15	16	17	18	19	20	21	22	23	24	25	26	27	28	29	29 0	♋ 1	2	3	4	4	5	6	7	8	
☽	♈ 21	♉ 4	17	29	♊ 12	23	♋ 5	17	29	♌ 11	23	♍ 5	17	29	♎ 12	26	♏ 9	24	♐ 9	23	♑ 9	24	♒ 9	24	♓ 8	22	♈ 5	18	♉ 1	14	
☿	♉ 25	27	29 0	2	4	6	8	10	12	14	16	18	21	23	25	27	29 0	♋ 2	4	6	8	10	12	14	16	18	20	22	24	25	
♀	♋ 12	14	15	16	17	18	19	20	21	23	24	25	26	28	29	29 0	♌ 1	2	3	5	6	7	8	9	10	11	13	14	15	16	
♂	♌ 23	23	24	24	25	25	26	27	27	28	28	29	29	29 0	♍ 0	1	2	2	3	3	4	4	5	5	6	6	7	8	8	9	

♃ 1 5 9 14 18 23 28 30 / ♋9 10 11 12 13 14 15 15　♄ 1 17 28 30 / ♌25 26 27 27　♅ 1R 30 / ♏13 12　♆ 1R 30 / ♐17 16　♇ 1R 24D 30 / ♎14 14 14

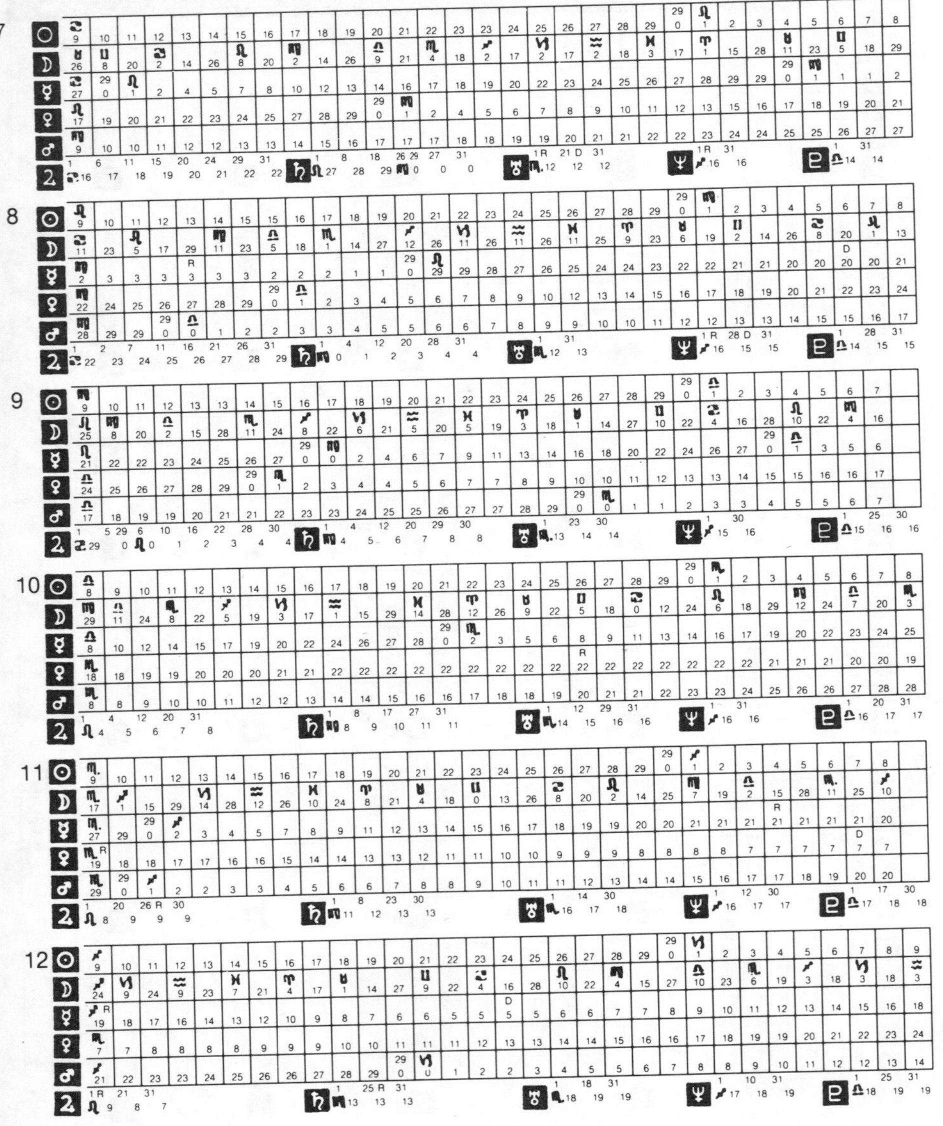

7																															
☉	♋ 9	10	11	12	13	14	15	16	17	18	19	20	21	22	23	23	24	25	26	27	28	29	29 0	♌ 1	2	3	4	5	6	7	8
☽	♉ 26	♊ 8	20	♋ 2	14	26	♌ 8	20	♍ 2	14	26	♎ 9	21	♏ 4	18	♐ 2	17	♑ 2	17	♒ 2	18	♓ 3	17	♈ 1	15	28	♉ 11	23	♊ 5	18	29
☿	♋ 27	29 0	♌ 1	2	4	5	7	8	10	12	13	14	16	17	18	19	20	22	23	24	25	26	27	28	29	29	29 0	♍ 1	1	1	2
♀	♌ 17	19	20	21	22	23	24	25	27	28	29	29 0	♍ 1	2	4	5	6	7	8	9	10	11	12	13	15	16	17	18	19	20	21
♂	♍ 9	10	10	11	12	12	13	13	14	15	16	17	17	17	18	18	19	19	20	21	21	22	22	23	24	24	25	25	26	27	27

♃ 1 6 11 15 20 24 29 31 — ♋16 17 18 19 20 21 22 22
♄ 1 8 18 26 29 27 31 — ♌27 28 29 ♍0 0 0
♅ 1R 21D 31 — ♏12 12 12
♆ 1R 31 — ♐16 16
♇ 1 31 — ♎14 14

8																															
☉	♌ 9	10	11	12	13	14	15	15	16	17	18	19	20	21	22	23	24	25	26	27	28	29	29 0	♍ 1	2	3	4	5	6	7	8
☽	♋ 11	23	♌ 5	17	29	♍ 11	23	♎ 5	18	♏ 1	14	27	♐ 12	26	♑ 11	26	♒ 11	26	♓ 11	25	♈ 9	23	♉ 6	19	♊ 2	14	26	♋ 8	20	♌ 1	13
☿	♍ 2	3	3	3	R 3	3	3	2	2	2	1	1	29 0	♌ 29	29	28	27	26	25	24	24	23	22	22	21	21	20	20	D 20	20	21
♀	♍ 22	24	25	26	27	28	29	29 0	♎ 1	2	3	4	5	6	7	8	9	10	12	13	14	15	16	17	18	19	20	21	22	23	24
♂	♍ 28	29	29	29 0	♎ 0	1	2	2	3	3	4	5	5	6	6	7	8	9	9	10	10	11	12	12	13	13	14	15	15	16	17

♃ 1 2 7 11 16 21 26 31 — ♋22 23 24 25 26 27 28 29
♄ 1 4 12 20 28 31 — ♍0 1 2 3 4 4
♅ 1 31 — ♏12 13
♆ 1R 28D 31 — ♐16 15 15
♇ 1 28 31 — ♎14 15 15

9																															
☉	♍ 9	10	11	12	13	13	14	15	16	17	18	19	20	21	22	23	24	25	26	27	28	29	29 0	♎ 1	2	3	4	5	6	7	
☽	♌ 25	♍ 8	20	♎ 2	15	28	♏ 11	24	♐ 8	22	♑ 6	21	♒ 5	20	♓ 5	19	♈ 3	18	♉ 1	14	27	♊ 10	22	♋ 4	16	28	♌ 10	22	♍ 4	16	
☿	♌ 21	22	22	23	24	25	26	27	29 0	♍ 0	2	4	6	7	9	11	13	14	16	18	20	22	24	26	27	29 0	♎ 1	3	5	6	
♀	♎ 24	25	26	27	28	29	29 0	♏ 1	2	3	4	4	5	6	7	7	8	9	10	10	11	12	13	13	14	15	15	16	16	17	
♂	♎ 17	18	19	19	20	21	21	22	23	23	24	25	25	26	27	27	28	29	29 0	♏ 0	1	1	2	3	3	4	5	5	6	7	

♃ 1 5 29 6 10 16 22 28 30 — ♋29 0 ♌0 1 2 3 4 4
♄ 1 4 12 20 29 30 — ♍4 5 6 7 8 8
♅ 1 23 30 — ♏13 14 14
♆ 1 30 — ♐15 16
♇ 1 25 30 — ♎15 16 16

10																															
☉	♎ 8	9	10	11	12	13	14	15	16	17	18	19	20	21	22	23	24	25	26	27	28	29	29 0	♏ 1	2	3	4	5	6	7	8
☽	♍ 29	♎ 11	24	♏ 8	22	♐ 5	19	♑ 3	17	♒ 1	15	29	♓ 14	28	♈ 12	26	♉ 9	22	♊ 5	18	♋ 0	12	24	♌ 6	18	29	♍ 12	24	♎ 7	20	♏ 3
☿	♎ 8	10	12	14	15	17	19	20	22	24	26	27	28	29 0	♏ 2	3	5	6	8	9	11	13	14	16	17	19	20	22	23	24	25
♀	♏ 18	18	19	19	20	20	20	21	21	22	22	22	22	22	22	22	22	22	R 22	22	22	22	22	22	22	21	21	21	20	20	19
♂	♏ 8	8	9	10	10	11	12	12	13	14	14	15	16	16	17	18	18	19	20	21	21	22	23	23	24	25	26	26	27	28	28

♃ 1 4 12 20 31 — ♌4 5 6 7 8
♄ 1 8 17 27 31 — ♍8 9 10 11 11
♅ 1 12 29 31 — ♏14 15 16 16
♆ 1 31 — ♐16 16
♇ 1 20 31 — ♎16 17 17

11																															
☉	♏ 9	10	11	12	13	14	15	16	17	18	19	20	21	22	23	24	25	26	27	28	29	29 0	♐ 1	2	3	4	5	6	7	8	
☽	♏ 17	♐ 1	15	29	♑ 14	28	♒ 12	26	♓ 10	24	♈ 8	21	♉ 4	18	♊ 0	13	26	♋ 8	20	♌ 2	14	25	♍ 7	19	♎ 2	15	28	♏ 11	25	♐ 10	
☿	♏ 27	29	29 0	♐ 2	3	4	5	7	8	9	11	12	13	14	15	16	17	18	19	19	20	20	21	21	21	R 21	21	21	21	20	
♀	♏ R 19	18	18	17	17	16	16	15	14	14	13	13	12	11	11	10	10	9	9	9	8	8	8	8	7	7	7	7	D 7	7	
♂	♏ 29	29 0	♐ 1	2	2	3	3	4	5	6	6	7	8	8	9	10	11	11	12	13	14	14	15	16	17	17	18	19	20	20	

♃ 1 20 26R 30 — ♌8 9 9 9
♄ 1 8 23 30 — ♍11 12 13 13
♅ 1 14 30 — ♏16 17 18
♆ 1 12 30 — ♐16 17 17
♇ 1 17 30 — ♎17 18 18

12																															
☉	♐ 9	10	11	12	13	14	15	16	17	18	19	20	21	22	23	24	25	26	27	28	29	29 0	♑ 1	2	3	4	5	6	7	8	9
☽	♐ 24	♑ 9	24	♒ 9	23	♓ 7	21	♈ 4	17	♉ 1	14	27	♊ 9	22	♋ 4	16	28	♌ 10	22	♍ 4	15	27	♎ 10	23	♏ 6	19	♐ 3	18	♑ 3	18	♒ 3
☿	♐ R 19	18	17	16	14	13	12	10	9	8	7	6	6	5	5	D 5	5	6	6	7	7	8	9	10	11	12	13	14	15	16	18
♀	♏ 7	7	8	8	8	8	9	9	9	10	10	11	11	11	12	13	13	14	14	15	16	16	17	18	19	19	20	21	22	23	24
♂	♐ 21	22	23	23	24	25	26	26	27	28	29	29 0	♑ 0	1	2	2	3	4	5	5	6	7	8	8	9	10	11	12	12	13	14

♃ 1R 21 31 — ♌9 8 7
♄ 1 25R 31 — ♍13 13 13
♅ 1 18 31 — ♏18 19 19
♆ 1 10 31 — ♐17 18 19
♇ 1 25 31 — ♎18 19 19

1979的行星位置

1

星	1	2	3	4	5	6	7	8	9	10	11	12	13	14	15	16	17	18	19	20	21	22	23	24	25	26	27	28	29	30	31
☉	♑ 10	11	12	13	14	15	16	17	18	19	20	21	22	23	24	25	26	27	28	29 0	♒ 1	2	3	4	5	6	7	8	9	10	11
☽	♒ 18	♓ 3	17	♈ 1	15	28	♉ 11	24	♊ 6	19	♋ 1	13	25	♌ 7	18	♍ 0	12	24	♎ 6	18	♏ 1	14	27	♐ 12	26	♑ 11	26	♒ 11	26	♓ 11	26
☿	♐ 19	21	22	23	25	26	28	29 0	♑ 1	2	3	4	6	8	9	11	12	14	15	17	19	20	22	23	25	26	28	29 0	♒ 1	3	4
♀	♏ 24	25	26	27	28	29	29 0	♐ 1	2	3	4	5	6	7	8	9	10	11	12	13	14	15	16	17	18	19	20	21	22	23	24
♂	♑ 15	15	16	17	18	18	19	20	21	22	22	23	24	25	25	26	27	28	29	29 0	♒ 0	1	2	3	3	4	5	6	6	7	8

♃ 1R 9 17 25 31 ／ ♌ 7 6 5 4 3　♄ 1R 31 ／ ♍ 13 13　♅ 1 31 ／ ♏ 20 20　♆ 1 31 ／ ♐ 19 19　♇ 1 21R 31 ／ ♎ 19 19 19

2

星	1	2	3	4	5	6	7	8	9	10	11	12	13	14	15	16	17	18	19	20	21	22	23	24	25	26	27	28	29	30	31
☉	♒ 12	13	14	15	16	17	18	19	20	21	22	23	24	25	26	27	28	29	29 0	♓ 1	2	3	4	5	6	7	8	9			
☽	♈ 10	24	♉ 7	21	♊ 3	16	28	♋ 10	22	♌ 4	15	27	♍ 9	21	♎ 3	15	28	♏ 10	23	♐ 6	20	♑ 5	19	♒ 4	19	♓ 4	19	♈ 4			
☿	♒ 6	8	10	11	13	15	16	18	20	22	24	25	27	29 0	♓ 1	3	4	6	8	10	12	14	16	17	19	21	23	24			
♀	♐ 25	27	28	29	29 0	♑ 1	2	3	4	5	6	7	9	10	11	12	13	14	16	17	18	19	20	21	22	23	25	26			
♂	♒ 9	10	11	11	12	13	14	14	15	16	17	18	18	19	20	21	21	22	23	24	24	25	26	27	28	28	29 0	♓ 0			

♃ 1R 9 18 28 ／ ♌ 3 2 1 0　♄ 1R 11 24 28 ／ ♍ 13 12 11 11　♅ 1 20 25R 28 ／ ♏ 20 21 21 21　♆ 1 28 ／ ♐ 20 20　♇ 1R 28 ／ ♎ 19 19

3

星	1	2	3	4	5	6	7	8	9	10	11	12	13	14	15	16	17	18	19	20	21	22	23	24	25	26	27	28	29	30	31
☉	♓ 10	11	12	13	14	15	16	17	18	19	20	21	22	23	24	25	26	27	28	29	29 0	♈ 1	2	3	4	5	6	7	8	9	10
☽	♈ 19	♉ 2	16	29	♊ 12	25	♋ 7	19	♌ 0	12	24	♍ 6	18	♎ 0	12	25	♏ 7	20	♐ 3	17	♑ 0	14	29	♒ 13	28	♓ 13	27	♈ 12	26	♉ 11	24
☿	♓ 26	28	29 0	♈ 0	2	3	4	5	6	7	7	8	8	8	R 8	8	8	8	7	7	6	5	5	4	3	2	1	29 0	♓ 29	29	28
♀	♑ 27	28	29 0	♒ 1	2	3	4	5	6	7	8	10	11	12	13	14	16	17	18	19	20	22	23	24	25	26	28	29	29 0	♓ 1	2
♂	♓ 1	2	3	4	4	5	6	7	7	8	9	9	10	11	12	13	14	14	15	16	17	17	18	19	20	21	21	22	23	24	25

♃ 1R 1 2 26D 31 ／ ♌ 0 ♋ 29 29 29 29　♄ 1R 22 31 ／ ♍ 10 9 8　♅ 1R 31 ／ ♏ 21 20　♆ 1 24R 31 ／ ♐ 20 20 20　♇ 1R 31 ／ ♎ 19 18

4

星	1	2	3	4	5	6	7	8	9	10	11	12	13	14	15	16	17	18	19	20	21	22	23	24	25	26	27	28	29	30	31
☉	♈ 11	12	13	14	15	16	17	18	19	20	21	22	23	24	25	26	27	28	29	29 0	♉ 1	2	3	4	5	6	7	8	8	9	
☽	♊ 7	20	♋ 4	15	27	♌ 9	21	♍ 2	14	26	♎ 9	21	♏ 4	17	♐ 0	14	27	♑ 11	25	♒ 9	23	♓ 8	22	♈ 6	21	♉ 5	18	♊ 2	15	28	
☿	♓ R 27	27	26	26	26	26	25	D 25	26	26	26	27	27	28	28	29	29 0	♈ 1	2	2	3	4	5	6	7	8	10	11	12	13	
♀	♓ 4	5	6	7	8	9	11	12	13	15	16	17	18	19	20	22	23	24	25	27	28	29	29 0	♈ 1	2	4	5	6	7	8	
♂	♓ 26	26	27	28	28	29	29 0	♈ 1	2	2	3	4	5	5	6	7	8	9	9	10	11	12	13	13	14	15	15	16	17	18	

♃ 1 20 29 21 30 ／ ♋ 29 0 ♌ 0 1　♄ 1R 30 ／ ♍ 8 7　♅ 1R 30 ／ ♏ 20 19　♆ 1R 30 ／ ♐ 20 20　♇ 1R 30 ／ ♎ 18 17

5

星	1	2	3	4	5	6	7	8	9	10	11	12	13	14	15	16	17	18	19	20	21	22	23	24	25	26	27	28	29	30	31
☉	♉ 10	11	12	13	14	15	16	17	18	19	20	21	22	23	24	25	26	27	28	29	29 0	♊ 1	2	3	4	5	6	7	8	8	9
☽	♋ 11	23	♌ 5	17	29	♍ 11	22	♎ 5	17	29	♏ 13	26	♐ 10	24	♑ 8	22	♒ 6	20	♓ 4	18	♈ 2	16	♉ 0	14	27	♊ 10	23	♋ 6	19	♌ 1	13
☿	♈ 15	16	18	19	21	22	24	25	27	29 0	♉ 1	2	4	5	7	9	11	13	15	17	19	21	23	26	28	29 0	♊ 2	4	6	9	11
♀	♈ 10	11	12	13	15	16	17	18	20	21	22	23	24	25	27	28	29	29 0	♉ 2	3	4	5	6	8	9	10	11	12	14	15	16
♂	♈ 19	20	20	21	22	22	23	24	25	26	26	27	28	28	29	29 0	♉ 1	2	2	3	4	4	5	6	7	7	8	9	10	10	11

♃ 1 10 17 24 30 ／ ♌ 1 2 3 4 5　♄ 1R 10D 31 ／ ♍ 7 7 7　♅ 1R 31 ／ ♏ 19 18　♆ 1R 31 ／ ♐ 20 19　♇ 1R 31 ／ ♎ 17 16

6

星	1	2	3	4	5	6	7	8	9	10	11	12	13	14	15	16	17	18	19	20	21	22	23	24	25	26	27	28	29	30	31
☉	♊ 10	11	12	13	14	15	16	17	18	19	20	21	22	23	24	25	26	27	28	28	29	♋ 0	1	2	3	4	5	6	7	8	
☽	♌ 24	♍ 6	18	♎ 0	13	25	♏ 8	21	♐ 5	19	♑ 3	18	♒ 2	17	♓ 1	15	29	♈ 13	27	♉ 10	23	♊ 7	20	♋ 2	15	27	♌ 9	21	♍ 3	15	
☿	♊ 13	15	17	19	22	24	26	28	29 0	♋ 2	4	6	8	10	11	13	15	17	18	20	21	23	24	26	27	29	29 0	♌ 1	2	3	
♀	♉ 17	18	20	21	22	23	25	26	27	28	29 0	♊ 1	2	3	4	5	7	8	9	10	12	13	14	15	16	18	19	20	21	22	
♂	♉ 12	13	13	14	15	15	16	17	18	18	19	20	20	21	22	23	23	24	25	26	27	27	28	28	29	29 0	♊ 1	2	2	3	

♃ 1 5 11 16 22 27 30 ／ ♌ 5 6 7 8 9 10 10　♄ 1 11 26 30 ／ ♍ 7 8 9 9　♅ 1R 30 ／ ♏ 18 17　♆ 1R 30 ／ ♐ 19 18　♇ 1R 27D 31 ／ ♎ 16 15 16

7

	1	2	3	4	5	6	7	8	9	10	11	12	13	14	15	16	17	18	19	20	21	22	23	24	25	26	27	28	29	30	31
☉	♋ 9	10	11	12	13	14	15	16	17	18	18	19	20	21	22	23	24	25	26	27	28	29	29 0	♌ 1	2	3	4	5	6	7	8
☽	♍ 27	♎ 8	21	♏ 3	16	29	♐ 13	27	♑ 12	27	♒ 12	27	♓ 11	26	♈ 10	24	♉ 7	20	♊ 4	16	29	♋ 11	24	♌ 6	18	29	♍ 12	23	♎ 5	17	29
☿	♌ 4	6	7	8	8	9	10	11	12	12	12	13	13	13	14	14	14	R 14	14	14	14	14	13	13	13	12	11	10	10	9	8
♀	♊ 24	25	26	27	28	29 0	♋ 1	2	3	5	6	7	8	9	10	12	13	14	15	17	18	19	21	22	23	24	25	26	28	29 0	♌ 1
♂	♊ 4	4	5	6	6	7	8	8	9	10	10	11	12	12	13	14	15	15	16	17	17	18	19	19	20	21	22	22	23	23	24

♃ — 1: ♌ 11, 7: 12, 11: 13, 16: 14, 21: 15, 26: 16, 30: 17, 31: 17
♄ — 1: ♍ 9, 9: 10, 19: 11, 28: 12, 31: 12
♅ — 1R: ♏ 17, 31: 17
♆ — 1R: ♐ 18, 31: 18
♇ — 1: ♎ 16, 31: 16

8

	1	2	3	4	5	6	7	8	9	10	11	12	13	14	15	16	17	18	19	20	21	22	23	24	25	26	27	28	29	30	31
☉	♌ 9	10	11	12	12	13	14	15	16	17	18	19	20	21	22	23	24	25	26	27	28	29	29 0	♍ 1	2	3	4	5	6	7	8
☽	♏ 11	24	♐ 8	21	♑ 6	20	♒ 5	20	♓ 5	20	♈ 5	20	♉ 4	17	♊ 1	13	26	♋ 8	21	♌ 3	15	26	♍ 8	20	♎ 2	14	26	♏ 8	20	♐ 3	16
☿	♌ R 7	7	6	5	5	4	4	4	3	3	D 3	3	3	4	4	4	5	6	7	8	9	10	11	13	14	16	17	19	21	23	25
♀	♌ 2	3	4	5	6	8	9	10	11	13	14	15	16	17	19	20	21	23	24	25	26	28	29	29 0	♍ 1	3	4	5	6	7	8
♂	♊ 25	26	26	27	27	28	29	29 0	♋ 0	1	2	2	3	4	4	5	5	6	7	8	8	9	9	10	11	11	12	13	13	14	15

♃ — 1: ♌ 17, 4: 18, 8: 19, 13: 20, 17: 21, 22: 22, 27: 23, 31: 24
♄ — 1: ♍ 12, 6: 13, 15: 14, 23: 15, 31: 16
♅ — 1: ♏ 17, 31: 17
♆ — 1R: ♐ 18, 31D: 18
♇ — 1: ♎ 16, 12: 17, 31: 17

9

	1	2	3	4	5	6	7	8	9	10	11	12	13	14	15	16	17	18	19	20	21	22	23	24	25	26	27	28	29	30	31
☉	♍ 8	9	10	11	12	13	14	15	16	17	18	19	20	21	22	23	24	25	26	27	28	29	29 0	♎ 1	2	3	4	5	6	7	
☽	♑ 0	14	29	♒ 13	29	♓ 13	29	♈ 14	29	♉ 13	26	♊ 10	23	♋ 5	18	29	♌ 12	23	♍ 5	17	29	♎ 11	23	♏ 5	18	♐ 0	13	26	♑ 10	24	
☿	♌ 27	28 0	1	3	5	7	8	10	12	14	16	18	20	22	24	25	27	28 0	♎ 1	3	4	6	8	10	11	13	15	16	18	19	
♀	♍ 10	11	13	15	15	16	18	19	20	21	22	24	25	26	27	29	29 0	♎ 1	3	4	5	6	8	9	10	11	12	13	15	16	
♂	♋ 15	16	16	17	18	18	19	19	20	21	21	22	23	23	24	24	25	26	26	27	28	28	29	29 0	♌ 0	1	1	2	2	3	

♃ — 1: ♌ 24, 5: 25, 10: 26, 14: 27, 19: 28, 24: 29, 29: 0, 29: ♍, 30: 0
♄ — 1: ♍ 16, 8: 17, 16: 18, 24: 19, 30: 19
♅ — 1: ♏ 17, 15: 18, 30: 18
♆ — 1: ♐ 18, 30: 18
♇ — 1: ♎ 17, 14: 18, 30: 18

10

	1	2	3	4	5	6	7	8	9	10	11	12	13	14	15	16	17	18	19	20	21	22	23	24	25	26	27	28	29	30	31
☉	♎ 8	9	10	11	12	12	13	14	15	16	17	18	19	20	21	22	23	24	25	26	27	28	29	29 0	♏ 1	2	3	4	5	6	7
☽	♒ 8	22	♓ 7	22	♈ 7	22	♉ 7	21	♊ 5	18	♋ 1	14	26	♌ 8	20	♍ 2	14	26	♎ 8	20	♏ 2	15	27	♐ 10	23	♑ 6	20	♒ 4	18	♓ 2	16
☿	♎ 21	23	24	26	27	29	29 0	♏ 2	3	5	6	8	9	10	12	13	15	16	17	18	19	21	22	23	24	26	27	28	29	29 0	♐ 1
♀	♎ 17	18	20	21	22	24	25	26	27	28	29 0	♏ 1	2	4	5	6	7	8	10	11	12	13	15	16	17	18	20	21	22	23	24
♂	♌ 4	4	5	5	6	6	7	8	8	9	9	10	10	11	12	12	13	13	14	14	15	15	16	17	17	18	18	19	19	20	20

♃ — 1: ♍ 0, 4: 1, 10: 2, 15: 3, 21: 4, 27: 5, 31: 5
♄ — 1: ♍ 19, 2: 20, 11: 21, 20: 22, 29: 23, 31: 23
♅ — 1: ♏ 18, 6: 19, 20: 20, 31: 20
♆ — 1: ♐ 18, 31: 18
♇ — 1: ♎ 18, 10: 19, 31: 20

11

	1	2	3	4	5	6	7	8	9	10	11	12	13	14	15	16	17	18	19	20	21	22	23	24	25	26	27	28	29	30	31
☉	♏ 8	9	10	11	12	13	14	15	16	17	18	19	20	21	22	23	24	25	26	27	28	29 0	♐ 0	1	2	3	4	5	6	7	
☽	♈ 1	16	♉ 0	15	29	♊ 13	26	♋ 9	22	♌ 4	16	28	♍ 10	22	♎ 4	16	28	♏ 11	23	♐ 6	20	♑ 3	17	♒ 1	15	29	♓ 13	27	♈ 11	25	
☿	♐ 2	3	3	4	4	5	5	5	5	R 5	5	5	5	4	3	2	1	29 0	♏ 29	27	26	25	24	23	22	21	20	20	20	D 20	
♀	♏ 26	27	28	29 0	♐ 1	2	3	4	5	7	8	9	11	12	13	15	16	17	18	19	21	22	23	25	26	27	28	29 0	♑ 1	2	
♂	♌ 21	21	22	22	23	23	24	24	25	25	26	26	27	27	28	28	29	29	29 0	♍ 0	0	1	1	2	2	3	3	3	4	4	

♃ — 1: ♍ 5, 3: 6, 10: 7, 18: 8, 28: 9, 30: 9
♄ — 1: ♍ 23, 8: 24, 20: 25, 30: 25
♅ — 1: ♏ 20, 9: 21, 25: 22, 30: 22
♆ — 1: ♐ 18, 10: 19, 30: 19
♇ — 1: ♎ 20, 30: 20

12

	1	2	3	4	5	6	7	8	9	10	11	12	13	14	15	16	17	18	19	20	21	22	23	24	25	26	27	28	29	30	31
☉	♐ 8	9	10	11	12	13	14	15	16	17	18	19	20	21	22	23	24	25	26	27	28	29 0	♑ 1	2	3	4	5	6	7	8	9
☽	♉ 9	23	♊ 7	21	♋ 4	17	29	♌ 12	24	♍ 6	18	29	♎ 12	24	♏ 6	19	♐ 2	15	29	♑ 13	27	♒ 11	25	♓ 10	24	♈ 8	22	♉ 6	19	♊ 3	16
☿	♏ 20	20	20	21	22	23	24	25	26	27	28	29 0	♐ 1	2	3	5	6	8	9	11	12	13	15	16	18	19	21	22	24	25	26
♀	♑ 3	5	6	7	9	10	11	12	13	15	16	17	18	20	21	22	23	24	26	27	28	29 0	♒ 1	2	3	4	5	6	8	9	10
♂	♍ 5	5	6	6	6	6	7	7	8	8	8	9	9	9	10	10	10	11	11	11	11	12	12	12	12	13	13	13	13	13	14

♃ — 1: ♍ 9, 14: 10, 27R: 10, 31: 10
♄ — 1: ♍ 25, 4: 26, 31: 27
♅ — 1: ♏ 22, 12: 23, 31: 24
♆ — 1: ♐ 20, 31: 21
♇ — 1: ♎ 21, 31: 21

1980的行星位置

1

	1	2	3	4	5	6	7	8	9	10	11	12	13	14	15	16	17	18	19	20	21	22	23	24	25	26	27	28	29	30	31
☉	♑ 10	11	12	13	14	15	16	17	18	19	20	21	22	23	24	25	26	27	28	29	♒ 0	1	2	3	4	5	6	7	8	9	10
☽	♊ 29	♋ 12	15	♌ 8	20	♍ 2	14	25	♎ 7	19	♏ 1	14	26	♐ 9	23	♑ 7	21	♒ 5	20	♓ 5	19	♈ 4	18	♉ 2	16	29	♊ 13	26	♋ 9	21	♌ 4
☿	♐ 28	0	2	3	5	6	8	9	11	13	14	16	17	19	21	22	24	26	27	29 0	♒ 1	2	4	6	7	9	11	12	14	16	18
♀	♒ 12	13	14	16	17	18	19	20	22	23	24	25	27	28	29	♓ 0	1	3	4	5	6	8	9	10	11	12	14	15	16	17	18
♂	♍ 14	14	14	14	14	14	14	15	15	15	15	15	15	15	15	R 15	15	15	15	15	15	15	15	15	15	15	14	14	14	14	14

♃ 1R 23 31 / ♍10 9 8　♄ 1 7R 31 / ♍27 26　♅ 1 24 31 / ♏24 25 25　♆ 1 31 / ♐21 21　♇ 1 25R 31 / ♎21 21 21

2

	1	2	3	4	5	6	7	8	9	10	11	12	13	14	15	16	17	18	19	20	21	22	23	24	25	26	27	28	29	30	31
☉	♒ 12	13	14	15	16	17	18	19	20	21	22	23	24	25	26	27	28	29	29 0	♓ 1	2	3	4	5	6	7	8	9	10		
☽	♌ 16	28	♍ 10	22	♎ 4	15	27	♏ 9	22	♐ 4	17	♑ 1	15	29	♒ 14	28	♓ 14	29	♈ 13	28	♉ 12	26	♊ 10	23	♋ 6	18	♌ 1	13	25		
☿	♒ 20	21	23	25	27	28	29 0	♓ 2	4	5	7	8	10	12	13	14	16	17	18	19	20	20	21	21	21	R 21	21	21	20		
♀	♓ 20	21	22	23	24	26	27	28	29 0	♈ 1	2	3	4	5	6	8	9	10	11	12	13	15	16	17	18	19	20	22	23		
♂	♍ 13R	13	13	13	13	12	12	12	11	11	11	10	10	10	9	9	9	8	8	7	7	7	6	6	6	5	5	4	4		

♃ 1R 11 19 25 29 / ♍8 7 6 5 5　♄ 1R 25 29 / ♍26 25 25　♅ 1 29 / ♏25 25　♆ 1 29 / ♐22 22　♇ 1R 29 / ♎21 21

3

	1	2	3	4	5	6	7	8	9	10	11	12	13	14	15	16	17	18	19	20	21	22	23	24	25	26	27	28	29	30	31
☉	♓ 11	12	13	14	15	16	17	18	19	20	21	22	23	24	25	26	27	28	29	29 0	♈ 1	2	3	4	5	6	7	8	9	10	11
☽	♍ 7	19	♎ 0	12	24	♏ 6	18	♐ 1	13	26	♑ 9	23	♒ 7	22	♓ 6	22	♈ 7	22	♉ 7	21	♊ 6	19	♋ 2	15	28	♌ 10	22	♍ 4	15	27	♎ 9
☿	R 19	♓ 19	18	17	16	15	14	13	12	11	10	10	9	9	8	8	7	7	7	D 7	7	8	8	8	9	9	10	11	11	12	13
♀	♈ 24	25	26	27	28	29 0	♉ 1	2	3	4	5	6	7	8	10	11	12	13	14	15	16	17	18	19	20	21	22	23	24	25	26
♂	R 3	♍ 3	3	2	2	2	1	1	1	0	0	♌ 29	29	29	29	28	28	28	28	28	27	27	27	27	27	26	26	26	26	26	26

♃ 1R 13 22 31 / ♍4 3 2 1　♄ 1R 22 31 / ♍24 23 22　♅ 1R 31 / ♏25 25　♆ 1 25R 31 / ♐22 22 22　♇ 1R 31 / ♎21 21

4

	1	2	3	4	5	6	7	8	9	10	11	12	13	14	15	16	17	18	19	20	21	22	23	24	25	26	27	28	29	30	31
☉	♈ 12	13	14	15	16	17	18	19	20	21	22	23	24	25	26	27	27	28	29 0	♉ 0	1	2	3	4	5	6	7	8	9	10	
☽	♎ 21	♏ 3	15	27	♐ 10	22	♑ 5	18	♒ 2	16	♓ 0	15	♈ 0	15	♉ 0	15	♊ 0	14	28	♋ 11	24	♌ 6	19	♍ 1	12	24	♎ 6	18	♏ 0	12	
☿	♓ 14	15	16	17	18	19	20	22	23	24	25	27	28	29 0	♈ 1	3	4	6	7	9	10	12	14	15	17	19	21	22	24	26	
♀	♉ 28	28	29 0	♊ 1	1	2	3	4	5	6	7	8	9	10	11	12	13	14	14	15	16	17	18	18	19	20	21	22	22	23	
♂	♌ 26R	26	26	26	26	D 26	26	26	26	26	26	26	26	26	26	26	26	27	27	27	27	27	27	27	28	28	28	28	28	29	

♃ 1R 26D 30 / ♍1 0 0　♄ 1R 21 30 / ♍22 21 20　♅ 1R 30 / ♏25 24　♆ 1R 30 / ♐22 22　♇ 1R 30 / ♎20 20

5

	1	2	3	4	5	6	7	8	9	10	11	12	13	14	15	16	17	18	19	20	21	22	23	24	25	26	27	28	29	30	31
☉	♉ 11	12	13	14	15	16	17	18	19	20	21	22	23	24	25	26	27	28	28	29 0	♊ 0	1	2	3	4	5	6	7	8	9	10
☽	♏ 24	♐ 7	19	♑ 2	15	29	♒ 12	26	♓ 10	24	♈ 9	24	♉ 9	23	♊ 8	22	♋ 6	19	♌ 2	15	27	♍ 9	21	♎ 3	14	26	♏ 8	21	♐ 3	16	29
☿	♈ 28	0	2	4	6	8	10	12	14	16	18	21	23	25	27	29 0	♊ 2	4	6	8	10	12	14	16	18	20	22	24	26	27	29 0
♀	♊ 24	24	25	26	26	27	27	28	28	29	29	29 0	♋ 0	0	1	1	1	1	2	2	2	2	2	2	R 2	2	2	2	2	2	1
♂	♌ 29	29	29	29 0	♍ 0	0	1	1	1	2	2	2	3	3	3	3	4	4	5	5	6	6	6	7	7	8	8	8	9	9	10

♃ 1 19 30 31 / ♍0 1 2 2　♄ 1R 22D 31 / ♍20 20 20　♅ 1R 27 31 / ♏24 23 23　♆ 1R 31 / ♐22 21　♇ 1 31 / ♎19 19

6

	1	2	3	4	5	6	7	8	9	10	11	12	13	14	15	16	17	18	19	20	21	22	23	24	25	26	27	28	29	30	31
☉	♊ 11	12	13	14	15	16	17	18	19	20	21	22	22	23	24	25	26	27	28	29	29 0	♋ 1	2	3	4	5	6	7	8	9	
☽	♑ 12	25	♒ 9	23	♓ 7	21	♈ 5	19	♉ 4	18	♊ 2	17	♋ 1	14	27	♌ 10	23	♍ 5	17	29	♎ 11	22	♏ 4	17	29	♐ 12	25	♑ 8	22	♒ 5	
☿	♋ 1	2	4	5	7	8	10	11	12	13	15	16	17	18	19	20	20	21	22	23	23	24	24	24	25	25	25	R 25	25	25	
♀	♋ 1	1R	1	0	♊ 29	29	29	28	28	27	26	26	25	25	24	23	23	22	21	21	20	20	19	19	18	18	18	17	17	17	
♂	♍ 10	10	11	11	12	12	13	13	14	14	15	15	16	16	17	17	18	18	19	19	20	20	21	21	21	22	23	23	24	24	

♃ 1 9 17 24 30 / ♍2 3 4 5 6　♄ 1 22 30 / ♍20 21 21　♅ 1R 30 / ♏22 22　♆ 1R 30 / ♐21 21　♇ 1R 29D 30 / ♎19 19 19

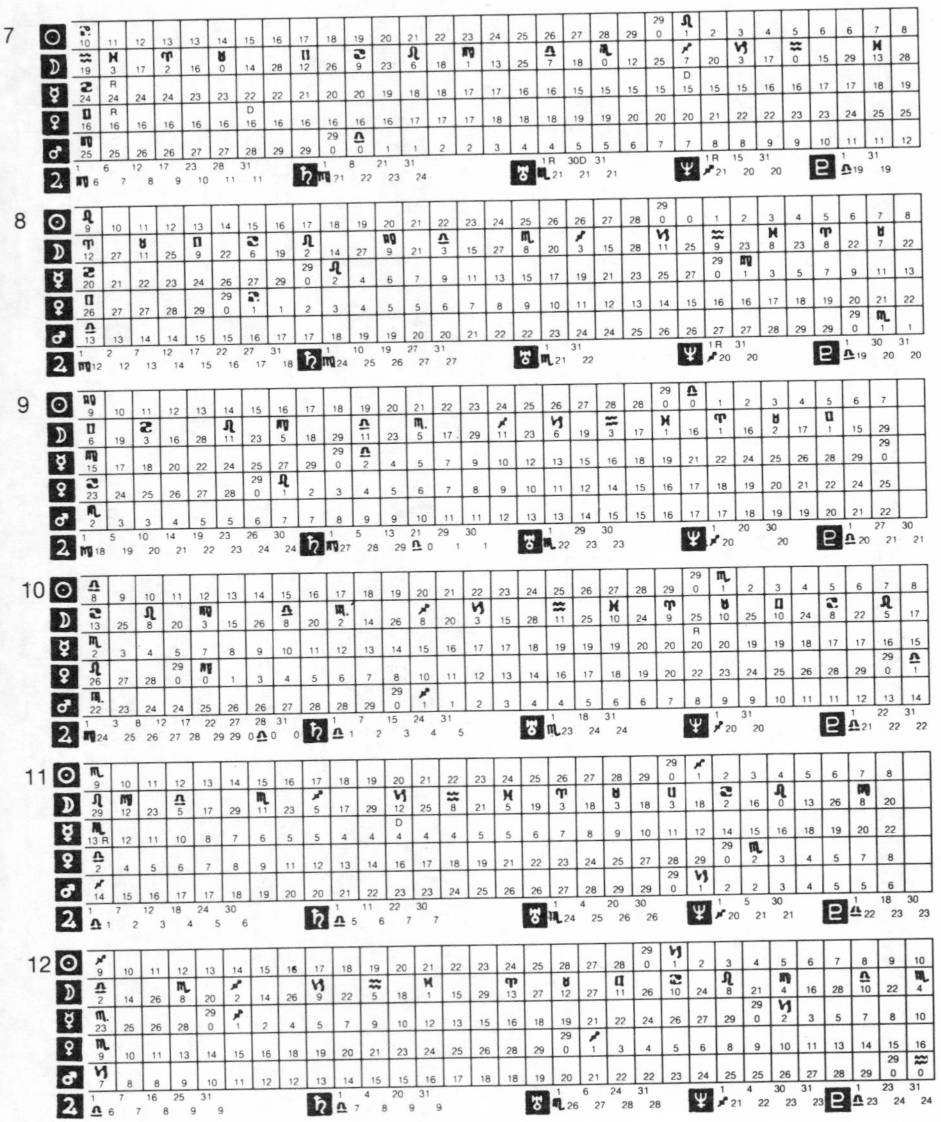

7

	1	2	3	4	5	6	7	8	9	10	11	12	13	14	15	16	17	18	19	20	21	22	23	24	25	26	27	28	29	30	31
☉	♋10	11	12	13	13	14	15	16	17	18	19	20	21	22	23	24	25	26	27	28	29	29 0	♌1	2	3	4	5	6	6	7	8
☽	♒19	♓3	17	♈2	16	♉0	14	28	♊12	26	♋9	23	♌6	18	♍1	13	25	♎7	18	♏0	12	25	♐7	20	♑3	17	♒0	15	29	♓13	28
☿	♋24	R 24	24	24	23	23	22	22	21	20	20	19	18	18	17	17	16	16	15	15	15	15	D 15	15	15	16	16	17	17	18	19
♀	♊16	R 16	16	16	16	16	D 16	16	16	16	16	16	17	17	17	18	18	18	19	19	20	20	20	21	22	22	23	23	24	25	25
♂	♍25	25	26	26	27	27	28	29	29	29 0	♎0	1	1	2	2	3	4	4	5	5	6	7	7	8	8	9	9	10	11	11	12

	Dates	Positions
♃	1 6 12 17 23 28 31	♍6 7 8 9 10 11 11
♄	1 8 21 31	♍21 22 23 24
♅	1R 30D 31	♏21 21 21
♆	1R 15 31	♐21 20 20
♇	1 31	♎19 19

8

	1	2	3	4	5	6	7	8	9	10	11	12	13	14	15	16	17	18	19	20	21	22	23	24	25	26	27	28	29	30	31
☉	♌9	10	11	12	13	14	15	16	17	18	19	20	21	22	23	24	25	26	26	27	28	29 0	0	1	2	3	4	5	6	7	8
☽	♈12	27	♉11	25	♊9	22	♋6	19	♌2	14	27	♍9	21	♎3	15	27	♏8	20	♐3	15	28	♑11	25	♒9	23	♓8	23	♈8	22	♉7	22
☿	♋20	21	22	23	24	26	27	29	29 0	♌2	4	6	7	9	11	13	15	17	19	21	23	25	27	29 0	♍1	3	5	7	9	11	13
♀	♊26	27	27	28	29	29 0	♋1	1	2	3	4	5	5	6	7	8	9	10	11	12	13	14	15	16	16	17	18	19	20	21	22
♂	♎13	13	14	14	15	15	16	17	17	18	19	19	20	20	21	22	22	23	24	24	25	26	26	27	27	28	29	29	29 0	♏1	1

	Dates	Positions
♃	1 2 7 12 17 22 27 31	♍12 12 13 14 15 16 17 18
♄	1 10 19 27 31	♍24 25 26 27 27
♅	1 31	♏21 22
♆	1R 31	♐20 20
♇	1 30 31	♎19 20 20

9

	1	2	3	4	5	6	7	8	9	10	11	12	13	14	15	16	17	18	19	20	21	22	23	24	25	26	27	28	29	30	31
☉	♍9	10	11	12	13	14	15	16	17	18	19	20	21	22	23	24	25	26	27	28	28	29 0	♎0	1	2	3	4	5	6	7	
☽	♊6	19	♋3	16	28	♌11	23	♍5	18	29	♎11	23	♏5	17	29	♐11	23	♑6	19	♒3	17	♓1	16	♈1	16	♉2	17	♊1	15	29	
☿	♍15	17	18	20	22	24	25	27	29	29 0	♎2	4	5	7	9	10	12	13	15	16	18	19	21	22	24	25	26	28	29	29 0	
♀	♋23	24	25	26	27	28	29 0	♌1	2	3	4	5	6	7	8	9	10	11	12	14	15	16	17	18	19	20	21	22	24	25	
♂	♏2	3	3	4	5	5	6	7	7	8	9	9	10	11	11	12	13	13	14	15	15	16	17	17	18	19	19	20	21	22	

	Dates	Positions
♃	1 5 10 14 19 23 26 30	♍18 19 20 21 22 23 24 24
♄	1 5 13 21 29 30	♍27 28 29 ♎0 1 1
♅	1 29 30	♏22 23 23
♆	1 20 30	♐20 20
♇	1 27 30	♎20 21 21

10

	1	2	3	4	5	6	7	8	9	10	11	12	13	14	15	16	17	18	19	20	21	22	23	24	25	26	27	28	29	30	31
☉	♎8	9	10	11	12	13	14	15	16	17	18	19	20	21	22	23	24	25	26	27	28	29	29 0	♏1	2	3	4	5	6	7	8
☽	♋13	25	♌8	20	♍3	15	26	♎8	20	♏2	14	26	♐8	20	♑3	15	28	♒11	25	♓10	24	♈9	25	♉10	25	♊10	24	♋8	22	♌5	17
☿	♏2	3	4	5	7	8	9	10	11	12	13	14	15	16	17	17	18	19	19	19	20	20	R 20	20	19	19	18	17	17	16	15
♀	♌26	27	28	29 0	♍0	1	3	4	5	6	7	8	10	11	12	13	14	16	17	18	19	20	22	23	24	25	26	28	29	29 0	♎1
♂	♏22	23	24	24	25	26	26	27	28	28	29	29 0	♐1	1	2	3	4	4	5	6	6	7	8	9	9	10	11	11	12	13	14

	Dates	Positions
♃	1 3 8 12 17 22 27 28 31	♍24 25 26 27 28 29 29 0♎0 0
♄	1 7 15 24 31	♎1 2 3 4 5
♅	1 18 31	♏23 24 24
♆	1 31	♐20 20
♇	1 22 31	♎21 22 22

11

	1	2	3	4	5	6	7	8	9	10	11	12	13	14	15	16	17	18	19	20	21	22	23	24	25	26	27	28	29	30	31
☉	♏9	10	11	12	13	14	15	16	17	18	19	20	21	22	23	24	25	26	27	28	29	29 0	♐1	2	3	4	5	6	7	8	
☽	♌29	♍12	23	♎5	17	29	♏11	23	♐5	17	29	♑12	25	♒8	21	♓5	19	♈3	18	♉3	18	♊3	18	♋2	16	♌0	13	26	♍8	20	
☿	♏13 R	12	11	10	8	7	6	5	5	4	4	D 4	4	4	5	5	6	7	8	9	10	11	12	14	15	16	18	19	20	22	
♀	♎2	4	5	6	7	8	9	11	12	13	14	16	17	18	19	21	22	23	24	25	27	28	29	29 0	♏2	3	4	5	7	8	
♂	♐14	15	16	17	17	18	19	20	20	21	22	23	23	24	25	26	26	27	28	29	29	29 0	♑1	2	2	3	4	5	5	6	

	Dates	Positions
♃	1 7 12 18 24 30	♎1 2 3 4 5 6
♄	1 11 22 30	♎5 6 7 7
♅	1 4 20 30	♏24 25 26 26
♆	1 5 30	♐20 21 21
♇	1 18 30	♎22 23 23

12

	1	2	3	4	5	6	7	8	9	10	11	12	13	14	15	16	17	18	19	20	21	22	23	24	25	26	27	28	29	30	31
☉	♐9	10	11	12	13	14	15	16	17	18	19	20	21	22	23	24	25	28	27	28	29 0	♑1	2	3	4	5	6	7	8	9	10
☽	♎2	14	26	♏8	20	♐2	14	26	♑9	22	♒5	18	♓1	15	29	♈13	27	♉12	27	♊11	26	♋10	24	♌8	21	♍4	16	28	♎10	22	♏4
☿	♏23	25	26	28	29 0	♐1	2	4	5	7	9	10	12	13	15	16	18	19	21	22	24	26	27	29	29 0	♑2	3	5	7	8	10
♀	♏9	10	11	13	14	15	16	18	19	20	21	23	24	25	26	28	29	29 0	♐1	3	4	5	6	8	9	10	11	13	14	15	16
♂	♑7	8	8	9	10	11	12	12	13	14	15	15	16	17	18	18	19	20	21	22	22	23	24	25	25	26	27	28	29	29 0	♒0

	Dates	Positions
♃	1 7 16 25 31	♎6 7 8 9 9
♄	1 4 20 31	♎7 8 9 9
♅	1 6 24 31	♏26 27 28 28
♆	1 4 30 31	♐21 22 23 23
♇	1 23 31	♎23 24 24

1981的行星位置

1

	1	2	3	4	5	6	7	8	9	10	11	12	13	14	15	16	17	18	19	20	21	22	23	24	25	26	27	28	29	30	31
☉	♑ 11	12	13	14	15	16	17	18	19	20	21	22	23	24	25	26	27	28	29	29 0	♒ 1	2	3	4	5	6	7	8	9	10	11
☽	♏ 16	28	♐ 10	22	♑ 5	18	♒ 1	15	28	♓ 12	26	♈ 10	24	♉ 8	22	♊ 6	21	♋ 5	18	♌ 2	15	29	♍ 11	23	♎ 6	19	♏ 0	12	23	♐ 5	18
☿	♑ 11	12	14	16	17	19	21	22	24	26	27	29	29 0	♒ 2	4	6	7	9	11	12	14	16	17	19	21	22	24	25	27	28	29
♀	♐ 17	18	19	21	22	23	24	26	27	28	29 0	♑ 1	2	3	4	6	7	8	9	11	12	13	15	16	17	18	20	21	22	23	24
♂	♒ 1	2	2	3	4	5	5	6	7	8	9	9	10	11	12	12	13	14	15	16	16	17	18	19	20	21	21	22	23	24	24

♃ 1 ♎9, 9 10, 25R, 31 10　♄ 1 ♎9, 20R, 31 9　♅ 1 ♏28, 13 29, 31 29　♆ 1 ♐23, 28 24, 31 24　♇ 1 ♎24, 28R, 31 24

2

	1	2	3	4	5	6	7	8	9	10	11	12	13	14	15	16	17	18	19	20	21	22	23	24	25	26	27	28	29	30	31
☉	♒ 12	13	14	15	16	17	18	19	20	21	22	23	24	25	26	27	28	29 0	♓ 0	1	2	3	4	5	6	7	8	9			
☽	♑ 0	13	27	♒ 10	24	♓ 8	22	♈ 6	21	♉ 5	19	♊ 3	17	♋ 1	14	28	♌ 11	24	♍ 7	19	♎ 2	14	26	♏ 8	19	♐ 2	14	26			
☿	♓ 0	1	2	3	4	4	4	5	5	R 4	4	4	3	2	1	0 29	♒ 29	28	27	26	25	24	23	22	21	21	20	20			
♀	♑ 26	27	28	29 0	♒ 1	2	3	5	6	7	8	10	11	12	13	15	16	17	18	20	21	22	23	25	26	27	28	29 0			
♂	♒ 25	26	27	27	28	29	♓ 0	1	1	2	3	4	5	5	6	7	8	9	9	10	11	12	12	13	14	15	15	16			

♃ 1R ♎10, 23 9, 28 8　♄ 1R ♎9, 28 8　♅ 1 ♏29, 17 29, 18 0 ♐, 28 0　♆ 1 ♐24, 28 24　♇ 1R ♎24, 28 24

3

	1	2	3	4	5	6	7	8	9	10	11	12	13	14	15	16	17	18	19	20	21	22	23	24	25	26	27	28	29	30	31
☉	♓ 10	11	12	13	14	15	16	17	18	19	20	21	22	23	24	25	26	27	28	29 0	♈ 0	1	2	3	4	5	6	7	8	9	10
☽	♑ 8	21	♒ 4	18	♓ 2	15	♈ 1	16	♉ 1	15	♊ 0	14	28	♋ 11	25	♌ 7	21	♍ 3	16	28	♎ 10	22	♏ 4	16	28	♐ 10	22	♑ 4	16	29	♒ 12
☿	R 20	♒ 20	D 20	20	20	20	21	21	22	22	23	24	25	26	27	28	29	29 0	♓ 1	2	3	4	6	7	8	9	11	12	14	15	17
♀	♓ 1	2	3	5	6	7	8	10	11	12	13	15	16	17	18	20	21	22	23	24	25	27	28	29 0	♈ 1	2	3	4	6	7	8
♂	♓ 17	18	19	20	20	21	22	23	23	24	25	26	27	27	28	29	29 0	♈ 1	1	2	3	4	4	5	6	7	8	8	9	10	11

♃ 1R ♎8, 14 7, 22 6, 30 5, 31 5　♄ 1R ♎8, 20 7, 31 6　♅ 1 ♐0, 6R, 20 0, 21 ♏29, 31 29　♆ 1 ♐24, 30R, 31 24　♇ 1R ♎24, 31 23

4

	1	2	3	4	5	6	7	8	9	10	11	12	13	14	15	16	17	18	19	20	21	22	23	24	25	26	27	28	29	30	31
☉	♈ 11	12	13	14	15	16	17	18	19	20	21	22	23	24	25	26	27	28	29	29 0	♉ 1	2	3	4	5	6	7	8	9	10	
☽	♒ 26	♓ 10	25	♈ 10	25	♉ 10	25	♊ 10	24	♋ 8	22	♌ 5	18	♍ 0	13	25	♎ 7	19	♏ 1	13	24	♐ 7	18	♑ 1	13	25	♒ 7	21	♓ 5	18	
☿	♓ 18	20	21	23	24	26	28	29 0	♈ 1	3	5	6	8	10	12	14	18	17	19	22	24	26	28	29 0	♉ 2	4	6	8	10	12	
♀	♈ 10	11	12	13	14	16	17	18	19	21	22	23	24	26	27	28	29 0	♉ 1	2	3	4	6	7	8	9	11	12	13	14	15	
♂	♈ 12	12	13	14	15	16	16	17	18	18	19	20	21	21	22	23	24	24	25	26	27	27	28	29	29 0	♉ 1	1	2	3	4	

♃ 1R ♎4, 15 3, 25 2, 30 1　♄ 1R ♎6, 15 5, 30 4　♅ 1R ♏29, 30 29　♆ 1R ♐24, 30 24　♇ 1R ♎23, 30 22

5

	1	2	3	4	5	6	7	8	9	10	11	12	13	14	15	16	17	18	19	20	21	22	23	24	25	26	27	28	29	30	31
☉	♉ 11	12	13	14	15	16	17	18	19	20	21	21	22	23	24	25	26	27	28	29	29 0	♊ 1	2	3	4	5	6	7	8	9	10
☽	♈ 3	18	♉ 3	18	♊ 4	18	♋ 3	17	♌ 1	14	27	♍ 10	22	♎ 4	16	28	♏ 10	22	♐ 4	16	28	♑ 10	22	♒ 5	16	♓ 1	14	28	♈ 12	27	♉ 12
☿	♉ 15	17	19	21	23	26	28	29 0	♊ 1	3	5	7	9	11	12	14	16	17	19	20	21	23	24	25	26	27	28	29 0	♋ 1	1	2
♀	♉ 17	18	19	20	22	23	24	25	27	28	29 0	♊ 1	2	3	4	5	7	8	9	10	11	13	14	15	16	18	19	20	21	23	24
♂	♉ 4	5	6	7	7	8	9	9	10	11	12	12	13	14	15	15	16	17	18	18	19	20	20	21	22	23	23	24	25	25	26

♃ 1R ♎1, 21 0, 29D, 31 0　♄ 1R ♎4, 31 3　♅ 1R ♏29, 22 28, 31 27　♆ 1R ♐24, 31 24　♇ 1R ♎22, 31 22

6

	1	2	3	4	5	6	7	8	9	10	11	12	13	14	15	16	17	18	19	20	21	22	23	24	25	26	27	28	29	30	31
☉	♊ 11	12	13	14	15	16	17	18	18	19	20	21	22	23	24	25	26	27	28	29	29 0	♋ 1	2	3	4	5	6	7	8	8	
☽	♉ 27	♊ 12	27	♋ 12	26	♌ 10	23	♍ 6	18	♎ 1	13	25	♏ 7	19	♐ 1	12	25	♑ 7	19	♒ 2	14	27	♓ 10	24	♈ 8	22	♉ 6	21	♊ 6	21	
☿	♋ 2	3	4	4	4	5	5	5	5	R 5	5	5	5	4	4	4	3	3	2	2	1	0	♊ 29	29	29	28	28	27	27	27	
♀	♊ 25	26	27	28	29 0	♋ 1	2	3	4	6	7	8	9	11	12	13	14	16	17	18	19	20	22	23	24	25	26	28	29 0	♌ 0	
♂	♉ 27	28	28	29	29 0	♊ 1	1	2	3	3	4	5	5	6	7	8	8	9	10	11	11	12	12	13	14	15	15	16	17	17	

♃ 1 ♎0, 18 1, 29 2, 30 2　♄ 1R ♎3, 8D 3, 30 3　♅ 1R ♏27, 30 26　♆ 1R ♐24, 30 23　♇ 1 ♎22, 30 21

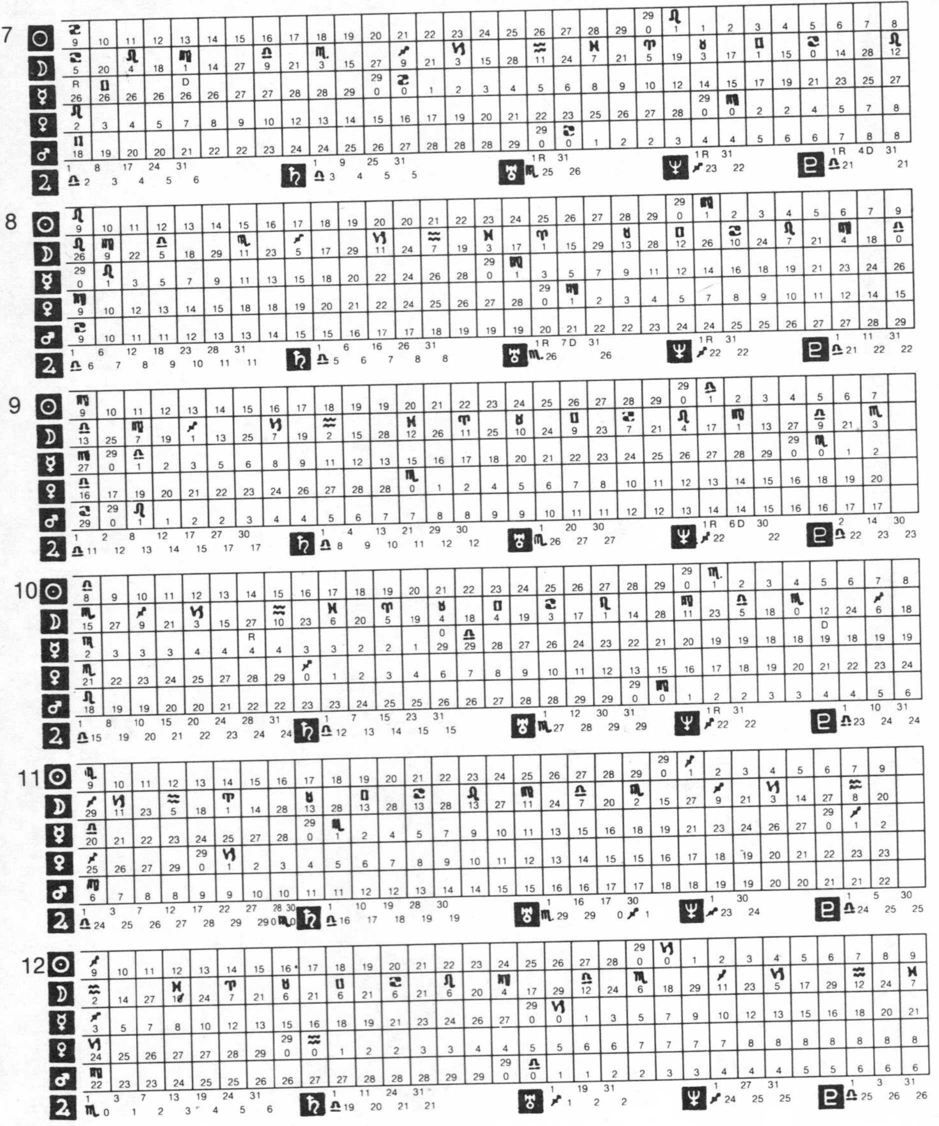

7 ☉	♋ 9	10	11	12	13	14	15	16	17	18	19	20	21	22	23	24	25	26	27	28	29	29 0	♌ 1	1	2	3	4	5	6	7	8
☽	♋ 5	20	♌ 4	18	♍ 1	14	27	♎ 9	21	♏ 3	15	27	♐ 9	21	♑ 3	15	28	♒ 11	24	♓ 7	21	♈ 5	19	♉ 3	17	♊ 1	15	♋ 0	14	28	♌ 12
☿	R 26	♊ 26	26	26	D 26	26	27	27	28	28	29	29 0	♋ 0	1	2	3	4	5	6	8	9	10	12	14	15	17	19	21	23	25	27
♀	♌ 2	3	4	5	7	8	9	10	12	13	14	15	16	17	19	20	21	22	23	25	26	27	28	29 0	♍ 0	2	2	4	5	7	8
♂	♊ 18	19	20	20	21	22	22	23	24	24	25	26	27	28	28	28	29	29 0	♋ 0	1	2	2	3	4	4	5	6	6	7	8	8

♃ 1 8 17 24 31: ♎ 2 3 4 5 6
♄ 1 9 25 31: ♎ 3 4 5 5
♅ 1R 31: ♏ 25 26
♆ 1R 31: ♐ 23 22
♇ 1R 4D 31: ♎ 21 21

8 ☉	♌ 9	10	11	12	13	14	15	16	17	18	19	20	20	21	22	23	24	25	26	27	28	29	29 0	♍ 1	2	3	4	5	6	7	9
☽	♌ 26	♍ 9	22	♎ 5	18	29	♏ 11	23	♐ 5	17	29	♑ 11	24	♒ 7	19	♓ 3	17	♈ 1	15	29	♉ 13	28	♊ 12	26	♋ 10	24	♌ 7	21	♍ 4	18	♎ 0
☿	29 0	♌ 1	3	5	7	9	11	13	15	18	20	22	24	26	28	29 0	♍ 1	3	5	7	9	11	12	14	16	18	19	21	23	24	26
♀	♍ 9	10	12	13	14	15	18	18	19	20	21	22	24	25	26	27	28	29 0	♎ 1	2	3	4	5	7	8	9	10	11	12	14	15
♂	♋ 9	10	11	11	12	13	13	14	15	15	16	17	17	18	19	19	19	20	21	22	22	23	24	24	25	25	26	27	27	28	29

♃ 1 6 12 18 23 28 31: ♎ 6 7 8 9 10 11 11
♄ 1 6 16 26 31: ♎ 5 6 7 8 8
♅ 1R 7D 31: ♏ 26 26
♆ 1R 31: ♐ 22 22
♇ 1 11 31: ♎ 21 22 22

9 ☉	♍ 9	10	11	12	13	14	15	16	17	18	19	19	20	21	22	23	24	25	26	27	28	29	29 0	♎ 1	2	3	4	5	6	7	
☽	♎ 13	25	♏ 7	19	♐ 1	13	25	♑ 7	19	♒ 2	15	28	♓ 12	26	♈ 11	25	♉ 10	24	♊ 9	23	♋ 7	21	♌ 4	17	♍ 1	13	27	♎ 9	21	♏ 3	
☿	♍ 27	29 0	♎ 1	2	3	5	6	8	9	11	12	13	15	16	17	18	20	21	22	23	24	25	26	27	28	29	29 0	♏ 0	1	2	
♀	♎ 16	17	19	20	21	22	23	24	26	27	28	28	♏ 0	1	2	4	5	6	7	8	10	11	12	13	14	15	16	18	19	20	
♂	♋ 29	29 0	♌ 1	1	2	2	3	4	4	5	6	7	7	8	8	9	9	10	11	11	12	12	13	14	14	15	16	16	17	17	

♃ 1 2 8 12 17 27 30: ♎ 11 12 13 14 15 17 17
♄ 1 4 13 21 29 30: ♎ 8 9 10 11 12 12
♅ 1 20 30: ♏ 26 27 27
♆ 1R 6D 30: ♐ 22 22
♇ 2 14 30: ♎ 22 23 23

10 ☉	♎ 8	9	10	11	12	13	14	15	16	17	18	19	20	21	22	23	24	25	26	27	28	29	29 0	♏ 1	2	3	4	5	6	7	8
☽	♏ 15	27	♐ 9	21	♑ 3	15	27	♒ 10	23	♓ 6	20	♈ 5	19	♉ 4	18	♊ 4	19	♋ 3	17	♌ 1	14	28	♍ 11	23	♎ 5	18	♏ 0	12	24	♐ 6	18
☿	♏ 2	3	3	3	4	4	R 4	4	3	3	2	2	1	0 29	♎ 29	28	27	26	24	23	22	21	20	19	19	18	18	D 19	18	19	19
♀	♏ 21	22	23	24	25	27	28	29	♐ 0	1	2	3	4	6	7	8	9	10	11	12	13	15	16	17	18	19	20	21	22	23	24
♂	♌ 18	19	19	20	20	21	22	22	23	23	24	25	25	26	26	27	28	28	29	29	29 0	♍ 0	1	2	2	3	3	4	4	5	6

♃ 1 8 10 15 20 24 28 31: ♎ 15 19 20 21 22 23 24 24
♄ 1 7 15 23 31: ♎ 12 13 14 15 15
♅ 1 12 30 31: ♏ 27 28 29 29
♆ 1R 31: ♐ 22 22
♇ 1 10 31: ♎ 23 24 24

11 ☉	♏ 9	10	11	12	13	14	15	16	17	18	19	20	21	22	23	24	25	26	27	28	29	29 0	♐ 1	2	3	4	5	6	7	9	
☽	♐ 29	♑ 11	23	♒ 5	18	♈ 1	14	28	♉ 13	28	♊ 13	28	♋ 13	28	♌ 13	27	♍ 11	24	♎ 7	20	♏ 2	15	27	♐ 9	21	♑ 3	14	27	♒ 8	20	
☿	♎ 20	21	22	23	24	25	27	28	29 0	♏ 1	2	4	5	7	9	10	11	13	15	16	18	19	21	23	24	26	27	29 0	♐ 1	2	
♀	♐ 25	26	27	29	29 0	♑ 1	2	3	4	5	6	7	8	9	10	11	12	13	14	15	15	16	17	18	19	20	21	22	23	23	
♂	♍ 6	7	8	8	9	9	10	10	11	11	12	12	13	14	14	15	15	16	16	17	17	18	18	19	19	20	20	21	21	22	

♃ 1 3 7 12 17 22 27 28 30: ♎ 24 25 26 27 28 29 29 0 ♏ 0
♄ 1 10 19 28 30: ♎ 16 17 18 19 19
♅ 1 16 17 30: ♏ 29 29 0 ♐ 1
♆ 1 30: ♐ 23 24
♇ 1 5 30: ♎ 24 25 25

12 ☉	♐ 9	10	11	12	13	14	15	16	17	18	19	20	21	22	23	24	25	26	27	28	29 0	♑ 0	1	2	3	4	5	6	7	8	9
☽	♒ 2	14	27	♓ 10	24	♈ 7	21	♉ 6	21	♊ 6	21	♋ 6	21	♌ 6	20	♍ 4	17	29	♎ 12	24	♏ 6	18	29	♐ 11	23	♑ 5	17	29	♒ 12	24	♓ 7
☿	♐ 3	5	7	8	10	12	13	15	16	18	19	21	23	24	26	27	29 0	♑ 0	1	3	5	7	9	10	12	13	15	16	18	20	21
♀	♑ 24	25	26	27	27	28	29	29 0	♒ 0	1	2	2	3	3	4	4	5	5	6	6	7	7	7	7	8	8	8	8	8	8	8
♂	♍ 22	23	23	24	25	25	26	26	27	27	28	28	28	29	29	29 0	♎ 0	1	1	2	2	3	3	4	4	4	5	5	6	6	6

♃ 1 3 7 13 19 24 31: ♏ 0 1 2 3 4 5 6
♄ 1 11 24 31: ♎ 19 20 21 21
♅ 1 19 31: ♐ 1 2 2
♆ 1 27 31: ♐ 24 25 25
♇ 1 3 31: ♎ 25 26 26

1982的行星位置

1

	1	2	3	4	5	6	7	8	9	10	11	12	13	14	15	16	17	18	19	20	21	22	23	24	25	26	27	28	29	30	31
☉	♑ 10	11	13	14	15	16	17	18	19	20	21	22	23	24	25	26	27	28	29	29 0	♒ 1	2	3	4	5	6	7	8	9	10	11
☽	♓ 19	♈ 3	16	♉ 1	15	29	♊ 14	29	♋ 14	29	♌ 14	28	♍ 12	25	♎ 7	20	♏ 2	14	26	♐ 8	20	♑ 2	14	26	♒ 8	21	♓ 4	17	♈ 0	13	27
☿	♑ 23	24	26	28	29 0	♒ 1	3	4	6	7	8	10	11	12	13	14	15	16	17	18	18	18	18	R 19	18	18	17	16	15	14	13
♀	♒ 8 R	8	8	8	8	8	8	8	7	7	7	6	6	5	5	4	4	3	2	2	1	0	0 29	♑ 29	29	28	27	27	26	26	25
♂	♎ 7	7	8	8	8	9	9	10	10	10	11	11	11	12	12	12	13	13	13	14	14	14	15	15	15	16	16	16	16	16	17

♃ 1 7 16 28 31 / ♏ 6 7 8 9 9 ♄ 1 14 31 / ♎ 21 22 22 ♅ 1 7 31 / ♐ 2 3 4 ♆ 1 24 31 / ♐ 25 26 26 ♇ 1 31 / ♎ 26 26

2

	1	2	3	4	5	6	7	8	9	10	11	12	13	14	15	16	17	18	19	20	21	22	23	24	25	26	27	28	29	30	31
☉	♒ 12	13	14	15	16	17	18	19	20	21	22	23	24	25	26	27	28	29 0	♓ 0	1	2	3	4	5	6	7	8	9			
☽	♉ 11	25	♊ 9	23	♋ 8	23	♌ 7	21	♍ 5	19	♎ 2	15	28	♏ 10	22	♐ 5	16	28	♑ 10	22	♒ 4	17	29	♓ 13	26	♈ 10	24	♉ 8			
☿	♒ 12 R	10	10	8	7	6	5	4	4	3	3	3	3	D 3	3	3	4	4	4	5	6	6	7	8	9	10	11	12			
♀	♑ 25 R	24	24	24	24	24	23	23	23	23	23	D 23	23	23	23	24	24	24	24	25	25	25	26	26	27	27	28	28			
♂	♎ 17	17	17	17	17	18	18	18	18	18	18	19	19	19	19	19	19	19	19	19	19	R 19	19	19	19	19	19	19			

♃ 1 9 26 R 28 / ♏ 9 10 10 ♄ 1 R 28 / ♎ 22 21 ♅ 1 28 / ♐ 4 4 ♆ 1 28 / ♐ 26 26 ♇ 1 R 28 / ♎ 26 26

3

	1	2	3	4	5	6	7	8	9	10	11	12	13	14	15	16	17	18	19	20	21	22	23	24	25	26	27	28	29	30	31
☉	♓ 10	11	12	13	14	15	16	17	18	19	20	21	22	23	24	25	26	27	28	29 0	♈ 0	1	2	3	4	5	6	7	8	9	10
☽	♉ 22	♊ 6	20	♋ 4	18	♌ 2	16	♍ 0	14	27	♎ 10	23	♏ 7	18	♐ 0	12	24	♑ 6	18	♒ 0	12	24	♓ 7	21	♈ 5	19	♉ 3	18	♊ 2	16	♋ 1
☿	♒ 13	15	16	17	18	19	21	22	23	25	26	28	29 0	♓ 1	2	4	5	7	8	10	11	13	15	17	18	20	22	23	25	27	29 0
♀	♑ 29	29 0	♒ 0	1	2	2	3	4	5	5	6	7	8	8	9	10	11	12	13	14	15	15	16	17	18	19	20	21	22	23	24
♂	♎ 18 R	18	18	18	18	18	18	18	17	17	17	17	16	16	16	16	15	15	15	14	14	14	13	13	13	12	12	12	11	11	10

♃ 1 R 26 31 / ♏ 10 9 8 ♄ 1 R 26 31 / ♎ 21 20 19 ♅ 1 12 R 31 / ♐ 4 4 ♆ 1 16 31 / ♐ 26 27 27 ♇ 1 R 31 / ♎ 26 26

4

	1	2	3	4	5	6	7	8	9	10	11	12	13	14	15	16	17	18	19	20	21	22	23	24	25	26	27	28	29	30	31
☉	♈ 11	12	13	14	15	16	17	18	19	20	21	22	23	24	25	26	27	28	29	29 0	♉ 1	2	3	4	5	6	7	8	9	10	
☽	♋ 15	29	♌ 12	26	♍ 10	23	♎ 6	19	♏ 2	14	26	♐ 8	20	♑ 2	14	26	♒ 8	20	♓ 3	16	29	♈ 13	28	♉ 13	28	♊ 13	27	♋ 11	26	♌ 10	
☿	♈ 1	3	4	6	8	10	12	14	16	18	20	23	25	27	29 0	♒ 1	3	5	7	9	11	13	15	17	19	21	23	25	26	28	
♀	♒ 25	26	27	28	29	29 0	♓ 1	2	3	4	5	6	7	8	9	10	11	12	13	14	15	16	17	18	19	20	22	23	24	25	
♂	♎ 10 R	9	9	9	8	8	8	7	7	6	6	6	5	5	5	4	4	4	3	3	3	2	2	2	2	2	1	1	1	1	

♃ 1 R 13 21 29 / ♏ 8 7 6 5 ♄ 1 R 21 30 / ♎ 19 17 17 ♅ 1 R 30 / ♐ 4 3 ♆ 1 R 30 / ♐ 27 27 ♇ 1 R 30 / ♎ 26 25

5

	1	2	3	4	5	6	7	8	9	10	11	12	13	14	15	16	17	18	19	20	21	22	23	24	25	26	27	28	29	30	31
☉	♉ 11	12	13	14	15	16	17	18	18	19	20	21	22	23	24	25	26	27	28	29	29 0	♊ 1	2	3	4	5	6	7	8	9	10
☽	♌ 23	♍ 6	20	♎ 3	16	28	♏ 10	23	♐ 5	17	28	♑ 10	22	♒ 4	16	28	♓ 11	24	♈ 8	22	♉ 6	21	♊ 6	21	♋ 6	21	♌ 5	19	♍ 4	17	♎ 0
☿	29 0	♊ 1	2	4	5	6	7	9	10	10	11	12	13	13	14	14	14	15	15	15	15	R 15	15	15	14	14	14	13	13	12	12
♀	♓ 26	27	29	29 0	♈ 1	2	3	4	5	6	8	9	10	11	12	13	14	15	17	18	19	20	21	22	23	24	26	27	28	29 0	♉ 0
♂	♎ 1 R	1	1	0	0	0	0	0	0	0	0	0	D 0	0	0	0	0	0	0	0	1	1	1	1	1	1	1	2	2	2	2

♃ 1 R 16 26 31 / ♏ 4 3 2 1 ♄ 1 R 25 31 / ♎ 17 16 15 ♅ 1 R 31 / ♐ 3 2 ♆ 1 31 / ♐ 26 26 ♇ 1 R 31 / ♎ 25 24

6

	1	2	3	4	5	6	7	8	9	10	11	12	13	14	15	16	17	18	19	20	21	22	23	24	25	26	27	28	29	30	31
☉	♊ 11	12	13	14	14	15	16	17	18	19	20	21	22	23	24	25	26	27	28	29	29 0	♋ 1	2	3	4	5	6	6	7	8	
☽	♎ 13	25	♏ 7	20	♐ 2	13	25	♑ 7	19	♒ 1	13	25	♓ 7	20	♈ 3	17	♉ 0	15	29	♊ 14	29	♋ 15	29	♌ 15	29	♍ 13	26	♎ 9	22	♏ 4	
☿	♊ 11 R	11	10	10	9	8	8	8	7	7	7	6	6	6	D 6	6	7	7	7	8	8	9	10	10	11	12	13	14	15	16	
♀	♉ 2	3	4	5	6	7	8	10	11	12	13	14	15	17	18	19	20	21	23	24	25	26	27	28	29 0	♊ 1	2	3	4	5	
♂	♎ 3	3	3	3	4	4	4	4	5	5	5	6	6	6	7	7	7	8	8	8	9	9	9	10	10	11	11	12	12	12	

♃ 1 R 29 D 30 / ♏ 1 0 0 ♄ 1 R 20 D 30 / ♎ 15 15 ♅ 1 R 30 / ♐ 2 1 ♆ 1 R 30 / ♐ 26 25 ♇ 1 R 30 / ♎ 24 24

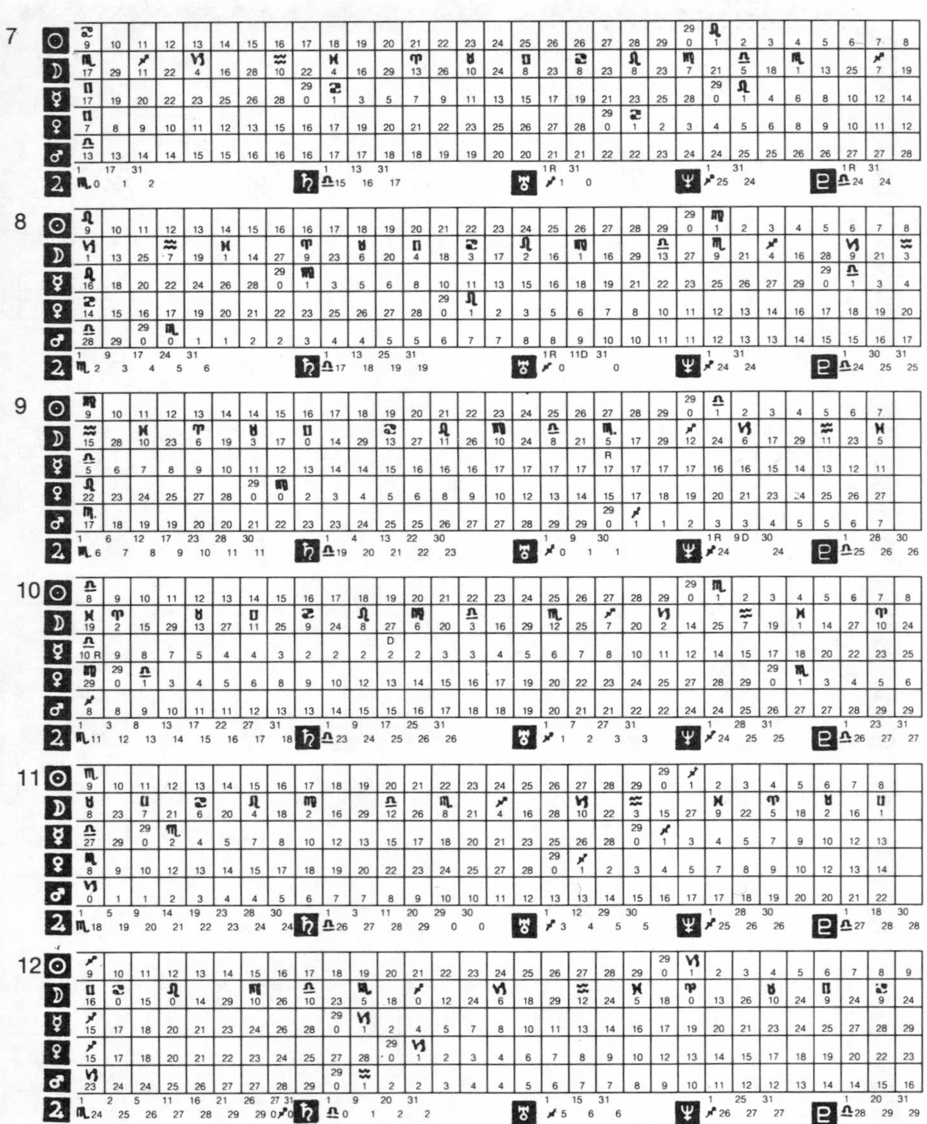

7																															
☉	♋ 9	10	11	12	13	14	15	16	17	18	19	20	21	22	23	24	25	26	26	27	28	29	29 0	♌ 1	2	3	4	5	6	7	8
☽	♏ 17	29	♐ 11	22	♑ 4	16	28	♒ 10	22	♓ 4	16	29	♈ 13	26	♉ 10	24	♊ 8	23	♋ 8	23	♌ 8	23	♍ 7	21	♎ 5	18	♏ 1	13	25	♐ 7	19
☿	♊ 17	19	20	22	23	25	26	28	29 0	♋ 1	3	5	7	9	11	13	15	17	19	21	23	25	28	29 0	♌ 1	4	6	8	10	12	14
♀	♊ 7	8	9	10	11	12	13	15	16	17	19	20	21	22	23	25	26	27	28	29 0	♋ 1	2	3	4	5	6	8	9	10	11	12
♂	♎ 13	13	14	14	15	15	16	16	16	17	17	18	18	19	19	20	20	21	21	22	22	23	24	24	25	25	26	26	27	27	28

♃ 1 17 31 / ♏0 1 2 ♄ 1 13 31 / ♎15 16 17 ♅ 1R 31 / ♐1 0 ♆ 1 31 / ♐25 24 ♇ 1R 31 / ♎24 24

8																															
☉	♌ 9	10	11	12	13	14	15	16	16	17	18	19	20	21	22	23	24	25	26	27	28	29	29 0	♍ 1	2	3	4	5	6	7	8
☽	♑ 1	13	25	♒ 7	19	♓ 1	14	27	♈ 9	23	♉ 6	20	♊ 4	18	♋ 3	17	♌ 2	16	♍ 1	16	29	♎ 13	27	♏ 9	21	♐ 4	16	28	♑ 9	21	♒ 3
☿	♌ 16	18	20	22	24	26	28	29 0	♍ 1	3	5	6	8	10	11	13	15	16	18	19	21	22	23	25	26	27	29	29 0	♎ 1	3	4
♀	♋ 14	15	16	17	19	20	21	22	23	25	26	27	28	29 0	♌ 1	2	3	5	6	7	8	10	11	12	13	14	16	17	18	19	20
♂	♎ 28	29	29 0	♏ 0	1	1	2	2	3	4	4	5	5	6	7	7	8	8	9	10	10	11	11	12	13	13	14	15	15	16	17

♃ 1 9 17 24 31 / ♏2 3 4 5 6 ♄ 1 13 25 31 / ♎17 18 19 19 ♅ 1R 11D 31 / ♐0 0 ♆ 1 31 / ♐24 24 ♇ 1 30 31 / ♎24 25 25

9																															
☉	♍ 9	10	11	12	13	14	14	15	16	17	18	19	20	21	22	23	24	25	26	27	28	29	29 0	♎ 1	2	3	4	5	6	7	
☽	♒ 15	28	♓ 10	23	♈ 6	19	♉ 3	17	♊ 0	14	29	♋ 13	27	♌ 11	26	♍ 10	24	♎ 8	21	♏ 5	17	29	♐ 12	24	♑ 6	17	29	♒ 11	23	♓ 5	
☿	♎ 5	6	7	8	9	10	11	12	13	14	14	15	16	16	16	17	17	17	17	R 17	17	17	17	16	16	15	14	13	12	11	
♀	♌ 22	23	24	25	27	28	29 0	♍ 0	2	3	4	5	6	8	9	10	12	13	14	15	17	18	19	20	21	23	24	25	26	27	
♂	♏ 17	18	19	19	20	20	21	22	23	23	24	25	25	26	27	27	28	29	29	29 0	♐ 1	1	2	3	3	4	5	5	6	7	

♃ 1 6 12 17 23 28 30 / ♏6 7 8 9 10 11 11 ♄ 1 4 13 22 30 / ♎19 20 21 22 23 ♅ 1 9 30 / ♐0 1 1 ♆ 1R 9D 30 / ♐24 24 ♇ 1 28 30 / ♎25 26 26

10																															
☉	♎ 8	9	10	11	12	13	14	15	16	17	18	19	20	21	22	23	24	25	26	27	28	29	29 0	♏ 1	2	3	4	5	6	7	8
☽	♓ 19	♈ 2	15	29	♉ 13	27	♊ 11	25	♋ 9	24	♌ 8	27	♍ 6	20	♎ 3	16	29	♏ 12	25	♐ 7	20	♑ 2	14	25	♒ 7	19	♓ 1	14	27	♈ 10	24
☿	♎ 10 R	9	8	7	5	4	4	3	2	2	2	D 2	2	3	3	4	5	6	7	8	10	11	12	14	15	17	18	20	22	23	25
♀	♍ 29	29 0	♎ 1	3	4	5	6	8	9	10	12	13	14	15	16	17	19	20	22	23	24	25	27	28	29	29 0	♏ 1	3	4	5	6
♂	♐ 8	8	9	10	11	11	12	13	13	14	15	15	16	17	18	18	19	20	21	21	22	22	24	24	25	26	27	27	28	29	29

♃ 1 3 8 13 17 22 27 31 / ♏11 12 13 14 15 16 17 18 ♄ 1 9 17 25 31 / ♎23 24 25 26 26 ♅ 1 7 27 31 / ♐1 2 3 3 ♆ 1 28 31 / ♐24 25 25 ♇ 1 23 31 / ♎26 27 27

11																															
☉	♏ 9	10	11	12	13	14	15	16	17	18	19	20	21	22	23	24	25	26	27	28	29	29 0	♐ 1	2	3	4	5	6	7	8	
☽	♉ 8	23	♊ 7	21	♋ 6	20	♌ 4	18	♍ 2	16	29	♎ 12	26	♏ 8	21	♐ 4	16	28	♑ 10	22	♒ 3	15	27	♓ 9	22	♈ 5	18	♉ 2	16	♊ 1	
☿	♎ 27	29	29 0	♏ 2	4	5	7	8	10	12	13	15	17	18	20	21	23	25	26	28	29 0	♐ 1	3	4	5	7	9	10	12	13	
♀	♏ 8	9	10	12	13	14	15	17	18	19	20	22	23	24	25	27	28	29 0	♐ 1	2	3	4	5	7	8	9	10	12	13	14	
♂	♑ 0	1	1	2	3	4	4	5	6	7	7	8	9	10	10	11	12	13	13	14	15	16	17	17	18	19	20	20	21	22	

♃ 1 5 9 14 19 23 28 30 / ♏18 19 20 21 22 23 24 24 ♄ 1 3 11 20 29 30 / ♎26 27 28 29 0 0 ♅ 1 12 29 30 / ♐3 4 5 5 ♆ 1 28 30 / ♐25 26 26 ♇ 1 18 30 / ♎27 28 28

12																															
☉	♐ 9	10	11	12	13	14	15	16	17	18	19	20	21	22	23	24	25	26	27	28	29	29 0	♑ 1	2	3	4	5	6	7	8	9
☽	♊ 16	♋ 0	15	♌ 0	14	29	♍ 10	26	♎ 10	23	♏ 5	18	♐ 0	12	24	♑ 6	18	29	♒ 12	24	♓ 5	18	♈ 0	13	26	♉ 10	24	♊ 9	24	♋ 9	24
☿	♐ 15	17	18	20	21	23	24	26	28	29 0	♑ 1	2	4	5	7	8	10	11	13	14	16	17	19	20	21	23	24	25	27	28	29
♀	♐ 15	17	18	20	21	22	23	24	25	27	28	29 0	♑ 1	2	3	4	6	7	8	9	10	12	13	14	15	17	18	19	20	22	23
♂	♑ 23	24	24	25	26	27	27	28	29	29 0	♒ 1	2	2	3	4	4	5	6	7	7	8	9	10	11	12	12	13	14	14	15	16

♃ 1 2 5 11 16 21 26 27 31 / ♏24 25 26 27 28 29 29 0♐0 ♄ 1 9 20 31 / ♎0 1 2 2 ♅ 1 15 31 / ♐5 6 6 ♆ 1 25 31 / ♐26 27 27 ♇ 1 20 31 / ♎28 29 29

1983的行星位置

		1	2	3	4	5	6	7	8	9	10	11	12	13	14	15	16	17	18	19	20	21	22	23	24	25	26	27	28	29	30	31
1	☉	♑ 10	11	12	13	14	15	16	17	18	19	20	21	22	23	24	25	26	27	28	29 0	♒ 1	2	3	4	5	6	7	8	9	10	11
	☽	♌ 9	24	♍ 8	23	♎ 6	19	♏ 2	15	27	♐ 9	21	♑ 3	15	27	♒ 9	20	♓ 2	14	27	♈ 9	22	♉ 5	18	♊ 2	17	♋ 2	16	♌ 2	17	♍ 2	17
	☿	29 0 ♑	1	1	2	2	2	2	R 2	2	2	1	0 29	♑ 29	28	27	25	24	23	22	21	20	19	18	17	17	16	16	16	D 16	17	17
	♀	♑ 24	25	27	28	29 0	♒ 1	2	3	4	6	7	8	10	11	12	13	15	16	17	18	19	20	22	23	24	26	27	28	29 0	♓ 1	2
	♂	♒ 17	18	19	19	20	21	22	23	23	24	25	26	27	27	28	29	29 0	♓ 1	1	2	3	3	4	5	6	6	7	8	9	10	11

♃ 1 5 11 16 22 28 31
♐1 2 3 4 5 6 6 ♄ 1 21 31
♏3 4 4 ♅ 1 22 31
♐7 8 8 ♆ 1 23 31
♐27 28 28 ♇ 1 31
♎29 29

		1	2	3	4	5	6	7	8	9	10	11	12	13	14	15	16	17	18	19	20	21	22	23	24	25	26	27	28	29	30	31
2	☉	♒ 12	13	14	15	16	17	18	19	20	21	22	23	24	25	26	27	28	29	29 0	♓ 1	2	3	4	5	6	7	8	9			
	☽	♎ 1	15	28	♏ 12	24	♐ 6	18	♑ 0	11	24	♒ 5	17	29	♓ 11	24	♈ 6	19	♉ 2	15	28	♊ 12	26	♋ 11	25	♌ 10	25	♍ 10	25			
	☿	♑ 18	18	19	20	20	21	22	23	24	25	26	27	28	29 0	♒ 1	2	4	5	6	7	9	10	12	13	15	16	17	19			
	♀	♓ 3	4	5	7	8	9	10	12	13	14	15	17	18	19	20	22	23	24	25	26	28	29 0	♈ 0	2	3	4	5	6			
	♂	♓ 12	12	13	14	15	15	16	17	18	18	19	20	21	21	22	23	24	25	25	26	27	28	28	29	♈ 0	1	2	2			

♃ 1 4 11 20 28
♐6 7 8 9 9 ♄ 1 14 R 28
♏4 4 ♅ 1 27 28
♐8 9 9 ♆ 1 28
♐28 28 ♇ 1 3R 28
♎29 29

		1	2	3	4	5	6	7	8	9	10	11	12	13	14	15	16	17	18	19	20	21	22	23	24	25	26	27	28	29	30	31
3	☉	♓ 10	11	12	13	14	15	16	17	18	19	20	21	22	23	24	25	26	27	28	29	29 0	1	♈ 2	3	4	5	6	7	8	9	10
	☽	♎ 9	23	♏ 6	19	♐ 2	15	27	♑ 9	20	♒ 2	14	26	♓ 8	20	♈ 3	16	29	♉ 12	25	♊ 9	22	♋ 6	21	♌ 5	20	♍ 4	19	♎ 3	17	♏ 1	14
	☿	♒ 21	22	24	25	27	28	29 0	♓ 2	4	5	7	9	10	12	14	16	18	19	21	23	25	27	28 0	♈ 1	2	5	7	9	11	13	15
	♀	♈ 8	9	10	11	13	14	15	16	18	19	20	21	22	24	25	26	27	29	29 0	♉ 1	2	3	5	6	7	8	9	11	12	13	14
	♂	♈ 3	4	5	5	6	7	8	8	9	10	11	11	12	13	14	14	15	16	17	17	18	19	20	20	21	22	23	23	24	25	26

♃ 1 3 29 R 31
♐9 10 10 ♄ 1R 25 31
♏4 3 3 ♅ 1 16 R 31
♐9 9 ♆ 1 3 31
♐28 29 29 ♇ 1R 31
♎29 28

		1	2	3	4	5	6	7	8	9	10	11	12	13	14	15	16	17	18	19	20	21	22	23	24	25	26	27	28	29	30	31
4	☉	♈ 11	12	13	14	15	16	17	18	19	20	21	22	23	24	25	26	27	28	29	29 0	♉ 1	2	3	4	5	6	7	8	9	10	
	☽	♏ 27	♐ 10	22	♑ 5	17	28	♒ 10	22	♓ 4	17	29	♈ 12	25	♉ 8	21	♊ 5	19	♋ 3	17	♌ 1	15	♍ 0	14	28	♎ 12	26	♏ 9	22	♐ 6	18	
	☿	♈ 17	19	21	23	25	27	28 0	♉ 1	3	5	7	8	10	11	13	14	16	17	18	19	20	22	22	23	24	24	24	25	25	25	
	♀	♉ 15	17	18	19	20	21	23	24	25	26	27	28	29 0	♊ 1	2	3	4	6	7	8	9	10	11	13	14	15	16	17	18	19	
	♂	♈ 27	28	28	29	29 0	♉ 1	2	3	3	4	4	5	6	6	7	8	8	9	10	10	11	12	13	13	14	15	16	16	17	18	

♃ 1R 30
♐10 9 ♄ 1R 23 30
♏2 1 0 ♅ 1R 30
♐8 8 ♆ 1 3R 30
♐29 29 ♇ 1R 30
♎28 28

		1	2	3	4	5	6	7	8	9	10	11	12	13	14	15	16	17	18	19	20	21	22	23	24	25	26	27	28	29	30	31
5	☉	♉ 10	11	12	13	14	15	16	17	18	19	20	21	22	23	24	25	26	27	28	29	29 0	♊ 1	2	3	4	5	5	6	7	8	9
	☽	♑ 0	12	24	♒ 6	18	♓ 0	12	25	♈ 7	20	♉ 3	17	♊ 1	15	29	♋ 14	28	♌ 12	27	♍ 11	25	♎ 9	22	♏ 5	18	♐ 1	14	26	♑ 8	20	♒ 3
	☿	♉ 25	25	R 25	25	25	25	24	24	23	23	22	22	21	20	20	19	19	18	18	17	17	17	16	16	16	16	D 16	16	17	17	17
	♀	♊ 21	22	23	24	25	26	28	29	29 0	♋ 1	2	3	4	5	6	7	9	10	11	12	13	14	15	16	17	19	20	21	22	23	24
	♂	♉ 19	20	20	21	22	22	23	24	24	25	26	27	27	28	29	29 0	♊ 0	1	2	2	3	4	4	5	6	7	7	8	9	9	10

♃ 1R 12 21 28 31
♐9 8 7 6 5 ♄ 1R 6 7 31
♏0 0 29♎29 28 ♅ 1R 31
♐8 7 ♆ 1R 31
♐29 28 ♇ 1R 31
♎27 27

		1	2	3	4	5	6	7	8	9	10	11	12	13	14	15	16	17	18	19	20	21	22	23	24	25	26	27	28	29	30	31
6	☉	♊ 10	11	12	13	14	15	16	17	18	19	20	21	22	23	24	25	26	27	28	28	29 0	♋ 0	1	2	3	4	5	6	7	8	
	☽	♒ 14	26	♓ 8	20	♈ 2	15	28	♉ 11	25	♊ 9	24	♋ 9	24	♌ 8	23	♍ 7	21	♎ 5	19	♏ 2	15	28	♐ 10	23	♑ 5	17	29	♒ 11	22	4	
	☿	♉ 18	19	19	20	21	21	22	23	24	25	26	27	29	29 0	♊ 1	3	4	5	7	9	10	12	13	15	17	19	21	23	25	27	
	♀	♋ 25	26	27	28	29	29 0	♌ 1	2	3	4	5	6	7	8	9	10	11	12	13	14	14	15	16	17	18	19	20	20	21	22	
	♂	♊ 11	11	12	13	13	14	15	15	16	17	17	18	19	19	20	21	21	22	23	24	24	25	26	26	27	28	28	29	29 0	♋ 1	

♃ 1R 13 22 30
♐5 4 3 2 ♄ 1R 30
♎28 27 ♅ 1R 26 30
♐7 6 6 ♆ 1R 30
♐28 27 ♇ 1R 30
♎27 27

7																															
☉	♋ 9	10	11	12	13	14	15	16	17	18	19	19	20	21	22	23	24	25	26	27	28	29	29 0	♌ 1	2	3	4	5	6	7	8
☽	♓ 16	28	♈ 11	23	♉ 6	20	♊ 4	18	♋ 3	17	♌ 2	17	♍ 3	17	♎ 2	15	29	♏ 12	25	♐ 7	20	♑ 2	14	26	♒ 8	19	♓ 1	13	25	♈ 7	19
☿	28 ♊ 0	♋ 1	3	5	7	9	12	14	16	18	20	22	25	27	28 0	♌ 1	3	5	7	9	11	13	14	16	18	20	22	23	25	27	28
♀	♌ 23	24	25	26	26	27	28	29	29	29 0	♍ 1	1	2	2	3	4	4	5	5	6	6	7	7	7	8	8	8	8	9	9	9
♂	♋ 1	2	3	3	4	4	5	6	5	7	8	9	10	10	11	12	12	13	14	14	15	16	16	17	17	18	18	19	20	20	21

♃ 1R 30D 31 — ♐ 2 1 ♄ 1 30 19 31 — ♎ 27 28 28 ♅ 1R 31 — ♐ 6 5 ♆ 1R 31 — ♐ 27 27 ♇ 1R 10D 31 — ♎ 26 27

8																															
☉	♌ 9	9	10	11	12	13	14	15	16	17	18	19	20	21	22	23	24	25	26	27	28	29	29 0	♍ 1	2	3	4	5	6	7	8
☽	♉ 2	15	28	♊ 12	26	♋ 11	26	♌ 11	26	♍ 11	26	♎ 11	25	♏ 8	22	♐ 4	17	29	♑ 11	23	♒ 5	16	28	♓ 10	22	♈ 4	17	29	♉ 12	25	♊ 8
☿	29 0 ♌	♍ 1	3	4	6	7	8	10	11	13	14	15	16	17	19	20	21	22	23	24	25	26	27	27	28	28	29	29	29 0	♎ 0	0
♀	♍ 9	9	9	9	9R	9	9	9	9	8	8	8	8	7	7	6	6	5	5	4	4	3	2	2	1	1	0 29	♌ 29	29	28	28
♂	♋ 22	22	23	24	24	25	25	26	27	27	28	29	29 0	♌ 0	1	1	2	2	3	4	5	5	6	6	7	8	8	9	10	10	11

♃ 1 23 31 — ♐ 1 2 2 ♄ 1 10 24 25 31 — ♎ 28 29 29 0 ♏ 0 0 ♅ 1R 16D 31 — ♐ 5 5 ♆ 1R 31 — ♐ 27 26 ♇ 1 31 — ♎ 27 27

9																															
☉	♍ 8	9	10	11	12	13	14	15	16	17	18	19	20	21	22	23	24	25	26	27	28	29	29 0	♎ 1	2	3	4	5	6	7	
☽	♊ 21	♋ 5	20	♌ 5	19	♍ 5	20	♎ 5	19	♏ 3	17	♐ 0	13	25	♑ 8	20	♒ 2	13	25	♓ 7	19	♈ 1	14	26	♉ 9	22	♊ 5	18	♋ 1	15	
☿	♎ 0	0	0	0	0	0 29	♍ 29	29	28	27	27	26	25	24	23	21	20	19	19	18	17	17	16	16	16	D 16	16	17	18	19	
♀	♌ 27 R	26	26	25	25	25	24	24	24	24	23	23	23	23	23	23	D 23	23	23	23	23	24	24	24	25	25	25	26	26	27	
♂	♌ 12	12	13	13	14	15	15	16	17	17	18	19	19	20	20	21	22	22	23	24	24	25	25	26	27	27	28	29	29	♍ 0	

♃ 1 3 12 19 26 30 — ♐ 2 3 4 5 6 6 ♄ 1 5 15 24 30 — ♏ 0 1 2 3 3 ♅ 1 30 — ♐ 5 6 ♆ 1R 11D 30 — ♐ 26 26 ♇ 1 15 30 — ♎ 27 28 28

10																															
☉	♎ 8	9	10	11	12	13	14	15	16	17	17	18	19	20	21	22	23	24	25	26	27	28	29 0	♏ 0	1	2	3	4	5	6	7
☽	♋ 29	♌ 13	28	♍ 14	28	♎ 13	27	♏ 11	25	♐ 9	21	♑ 4	16	28	♒ 10	22	♓ 4	16	28	♈ 12	23	♉ 5	18	♊ 1	15	28	♋ 12	26	♌ 10	24	♍ 9
☿	♍ 20	21	22	23	24	26	27	28 0	♎ 1	2	4	5	7	9	11	12	14	16	17	19	21	22	24	26	28	29 0	♏ 1	3	4	6	8
♀	♌ 27	28	28	29	29 0	♍ 0	1	2	2	3	3	4	5	6	7	7	8	9	10	11	12	12	13	14	15	16	17	18	18	20	21
♂	♍ 0	1	2	2	3	4	4	5	5	6	7	7	8	8	9	10	10	11	12	12	13	13	14	15	15	16	17	17	18	18	19

♃ 1 3 9 14 20 25 30 31 — ♐ 6 7 8 9 10 11 12 12 ♄ 1 4 12 20 29 31 — ♏ 3 4 5 6 7 7 ♅ 1 23 31 — ♐ 6 7 7 ♆ 1 23 31 — ♐ 26 27 27 ♇ 1 11 31 — ♎ 28 29 29

11																															
☉	♏ 8	9	10	11	12	13	14	15	16	17	18	19	20	21	22	23	24	25	26	27	28	29 0	♐ 0	1	2	3	4	5	6	7	
☽	♍ 23	♎ 8	22	♏ 6	20	♐ 3	16	29	♑ 12	24	♒ 6	18	29	♓ 11	23	♈ 6	18	♉ 1	14	27	♊ 11	24	♋ 8	23	♌ 7	20	♍ 5	19	♎ 3	17	
☿	♏ 9	11	13	14	16	17	18	20	22	24	25	27	28	29 0	♐ 1	3	4	6	7	9	10	12	14	15	17	18	19	21	22	24	
♀	♍ 22	23	24	25	26	27	28	29	29 0	♎ 1	2	3	4	5	6	7	8	9	10	11	12	14	15	16	17	18	19	20	21	22	
♂	♍ 20	20	21	21	22	23	23	24	24	25	26	26	27	27	28	29	29	29 0	♎ 0	1	2	2	3	3	4	4	5	6	6	7	

♃ 1 4 8 12 18 22 26 30 — ♐ 12 13 14 15 16 17 18 18 ♄ 1 6 15 23 30 — ♏ 7 8 9 10 10 ♅ 1 10 26 30 — ♐ 7 8 9 9 ♆ 1 26 30 — ♐ 27 28 28 ♇ 1 5 6 30 — ♎ 29 29 0 ♏ 0

12																															
☉	♐ 8	9	10	11	12	13	14	15	16	17	19	20	21	22	23	24	25	26	27	28	29	29 0	♑ 1	2	3	4	5	6	7	8	9
☽	♏ 1	15	28	♐ 11	24	♑ 7	19	♒ 1	14	26	♓ 7	19	♈ 1	13	26	♉ 9	22	♊ 5	19	♋ 4	18	♌ 2	17	♍ 2	16	♎ 0	14	28	♏ 11	25	♐ 7
☿	♐ 25	27	28	29 0	♑ 1	2	4	5	6	8	9	10	11	12	13	14	15	15	16	16	16	16	R 16	16	16	15	14	13	12	10	9
♀	♎ 24	25	26	27	28	29 0	♏ 1	2	3	4	5	6	7	9	10	11	12	13	14	16	17	18	19	21	22	23	24	25	27	28	29
♂	♎ 7	8	9	9	9	10	11	11	12	12	13	13	14	15	15	16	16	17	18	18	19	19	20	20	21	21	22	22	23	24	24

♃ 1 6 10 15 19 24 28 31 — ♐ 19 20 21 22 23 24 25 25 ♄ 1 12 21 31 — ♏ 11 12 13 13 ♅ 1 13 30 31 — ♐ 9 10 11 11 ♆ 1 22 31 — ♐ 28 29 29 ♇ 1 2 31 — ♏ 0 1 1

1984的行星位置

1

	1	2	3	4	5	6	7	8	9	10	11	12	13	14	15	16	17	18	19	20	21	22	23	24	25	26	27	28	29	30	31
☉	♑ 10	11	12	13	14	15	16	17	18	19	20	21	22	23	24	25	26	27	28	29 0	♒ 0	1	2	3	4	5	6	7	8	9	10
☽	♐ 20	♑ 3	15	28	♒ 10	22	♓ 4	15	27	♈ 9	21	♉ 4	16	29	♊ 13	27	♋ 12	26	♌ 11	26	♍ 11	26	♎ 11	24	♏ 8	22	♐ 5	18	29	♑ 12	24
☿	♑ 8R	7	5	4	3	2	1	1	0	0	0	0	0	1	1	2	3	3	4	5	6	7	8	9	10	11	12	13	15	16	17
♀	29 0	♐ 1	2	4	5	6	7	8	10	11	12	13	15	16	17	18	20	21	22	23	24	26	27	28	29 0	♑ 1	2	3	4	5	6
♂	♎ 25	25	26	26	27	27	28	28	29	29	29 0	♏ 0	1	1	2	2	3	3	4	4	5	5	6	6	7	7	8	8	9	9	10

♃ 1 6 11 15 19 20 25 29 31 — ♐26 27 28 29 29 0 ♑0 1 2 2

♄ 1 15 31 — ♏14 15 15

♅ 1 17 31 — ♐11 12 12

♆ 1 10 19 31 — ♐29 29 0 ♑0 0

♇ 1 14 31 — ♏1 2 2

2

	1	2	3	4	5	6	7	8	9	10	11	12	13	14	15	16	17	18	19	20	21	22	23	24	25	26	27	28	29
☉	♒ 11	12	13	14	15	16	17	18	19	20	22	23	24	25	26	27	28	29	29 0	♓ 1	2	3	4	5	6	7	8	9	10
☽	♒ 6	18	♓ 0	12	24	♈ 6	18	♉ 0	12	25	♊ 8	21	♋ 5	20	♌ 4	19	♍ 5	20	♎ 5	20	♏ 4	18	♐ 1	14	27	♑ 9	21	♒ 3	15
☿	♑ 19	20	22	23	24	26	27	29	29 0	♒ 1	3	5	6	8	9	11	12	14	16	17	19	21	22	24	25	27	29 0	♓ 1	3
♀	♑ 8	9	10	12	13	14	15	17	18	19	20	21	23	24	25	26	28	28	29 0	♒ 1	2	4	5	6	7	8	10	11	12
♂	♏ 10	11	11	11	12	12	13	13	14	14	14	15	15	16	16	16	17	17	18	18	18	19	19	20	20	20	21	21	21

♃ 1 3 8 13 19 25 29 — ♑2 3 4 5 6 7 7

♄ 1 4 26R 29 — ♏15 16 16

♅ 1 11 29 — ♐12 13 13

♆ 1 24 29 — ♑0 1 1

♇ 1 6R 29 — ♏2 2

3

	1	2	3	4	5	6	7	8	9	10	11	12	13	14	15	16	17	18	19	20	21	22	23	24	25	26	27	28	29	30	31
☉	♓ 11	12	13	14	15	16	17	18	19	20	21	22	23	24	25	26	27	28	29	29 0	♈ 1	2	3	4	5	6	7	8	9	10	11
☽	♒ 27	♓ 9	21	♈ 3	15	27	♉ 9	21	♊ 4	17	♋ 0	14	28	♌ 13	28	♍ 12	28	♎ 13	28	♏ 13	26	♐ 10	23	♑ 5	18	♒ 0	12	24	♓ 6	18	29
☿	♓ 4	6	8	10	12	14	16	17	19	21	23	25	27	29 0	♈ 1	3	5	7	9	11	13	15	17	18	20	22	23	25	27	28	29 0 ♉
♀	♒ 14	15	16	17	18	20	21	22	24	25	26	27	28	29 0	♓ 1	2	3	5	6	7	8	10	11	12	13	15	16	17	18	19	21
♂	♏ 22	22	22	23	23	23	24	24	24	25	25	25	25	25	26	26	26	26	26	27	27	27	27	27	27	27	28	28	28	28	28

♃ 1 9 18 25 31 — ♑8 9 10 11 11

♄ 1R 31 — ♏16 15

♅ 1 20R 31 — ♐13 13

♆ 1 31 — ♑1 1

♇ 1R 31 — ♏2 1

4

	1	2	3	4	5	6	7	8	9	10	11	12	13	14	15	16	17	18	19	20	21	22	23	24	25	26	27	28	29	30
☉	♈ 12	13	14	15	16	17	18	19	20	21	22	23	24	25	25	26	27	28	29 0	♉ 0	1	2	3	4	5	6	7	8	9	10
☽	♈ 12	24	♉ 6	19	♊ 0	14	27	♋ 10	24	♌ 8	22	♍ 7	21	♎ 6	22	♏ 6	21	♐ 5	18	♑ 1	14	27	♒ 9	21	♓ 3	15	26	♈ 8	20	♉ 3
☿	♉ 0	2	3	4	4	5	5	6	6	6	6	6	R 6	6	6	6	5	4	4	3	3	2	1	1	0 29	♈ 29	29	28	27	27
♀	♓ 22	23	24	26	27	28	29 0	♈ 0	2	3	4	5	7	8	9	10	12	13	14	15	16	18	19	20	21	23	24	25	26	27
♂	♏ 28	28	28	28	28	28	R 28	28	28	28	28	28	28	28	28	27	27	27	27	27	26	26	26	26	25	25	25	25	25	24

♃ 1 4 30 — ♑11 12 12

♄ 1 21 30 — ♏15 14 13

♅ 1R 30 — ♐13 13

♆ 1 5R 30 — ♑1 1

♇ 1R 30 — ♏1 0

5

	1	2	3	4	5	6	7	8	9	10	11	12	13	14	15	16	17	18	19	20	21	22	23	24	25	26	27	28	29	30	31
☉	♉ 11	12	13	14	15	16	17	18	19	20	21	22	23	24	25	26	27	28	29	29 0	♊ 0	1	2	3	4	5	6	7	8	9	10
☽	♉ 15	28	♊ 11	23	♋ 7	20	♌ 4	18	♍ 2	17	♎ 1	15	♏ 0	14	29	♐ 13	26	♑ 9	22	♒ 5	17	29	♓ 11	23	♈ 5	17	29	♉ 11	24	♊ 7	20
☿	♈ 27R	26	26	26	26	26	D 26	26	27	27	27	28	28	29	29 0	♉ 1	1	2	3	4	5	6	7	8	10	11	12	13	15	16	18
♀	♈ 29	29 0	♉ 1	2	4	5	6	7	9	10	11	12	14	15	16	17	18	20	21	22	23	25	26	27	28	29 0	♊ 1	2	3	4	6
♂	♏ 24 R	24	23	23	23	22	22	22	21	21	21	20	20	20	19	19	18	18	18	17	17	17	16	16	16	16	15	15	15	14	14

♃ 1R 25 31 — ♑13 12 11

♄ 1R 18 31 — ♏13 12 11

♅ 1R 31 — ♐12 11

♆ 1R 31 — ♑1 0

♇ 1R 16 19 31 — ♏0 0 ♎29 29

6

	1	2	3	4	5	6	7	8	9	10	11	12	13	14	15	16	17	18	19	20	21	22	23	24	25	26	27	28	29	30
☉	♊ 11	12	13	14	15	16	17	18	19	20	21	22	23	24	25	25	26	27	28	29	29 0	♋ 1	2	3	4	5	6	7	8	9
☽	♋ 3	17	♌ 1	15	29	♍ 13	28	♎ 12	26	♏ 10	24	♐ 7	21	♑ 4	17	♒ 0	12	15	♓ 7	19	♈ 1	13	25	♉ 7	19	♊ 2	15	28	♋ 12	26
☿	♉ 19	21	22	24	26	27	29 0	♊ 1	3	5	7	9	11	13	15	17	19	21	23	26	28	29 0	♋ 2	4	6	9	11	13	15	17
♀	♊ 7	8	9	10	12	13	14	15	17	18	19	20	22	23	24	25	27	28	29	29 0	♋ 1	3	4	5	6	7	9	10	11	12
♂	♏ 14 R	14	13	13	13	13	12	12	12	12	12	12	12	12	11	11	11	11	11	11	D 11	11	11	11	11	12	12	12	12	12

♃ 1R 14 22 30 — ♑11 10 9 8

♄ 1R 22 30 — ♏11 10 10

♅ 1R 30 — ♐11 10

♆ 1R 22 23 30 — ♑0 0 ♐29 29

♇ 1R 30 — ♎28 29

7																															
☉	♋ 10	11	12	13	14	15	16	17	18	19	19	20	21	22	23	24	25	26	27	28	29	29 0	♌ 1	2	3	4	5	6	6	7	8
☽	♌ 11	25	♍ 10	24	♎ 9	23	♏ 7	21	♐ 4	17	♑ 0	13	26	♒ 9	21	♓ 3	15	27	♈ 9	20	♉ 3	15	27	♊ 10	23	♋ 7	21	♌ 5	19	♍ 5	20
☿	♋ 19	21	23	25	27	28 0	♌ 1	3	4	6	8	9	11	13	15	16	18	19	21	22	23	25	26	28	29	29 0	♍ 1	2	3	4	5
♀	♋ 14	15	16	18	19	20	21	22	23	25	26	27	28	29 0	♌ 1	2	3	5	6	7	8	9	11	12	13	15	16	17	18	19	21
♂	♏ 12	12	13	13	13	13	13	14	14	14	14	15	15	15	15	16	16	16	17	17	17	18	18	18	19	19	20	20	20	21	21

♃ 1R 8 16 25 31 / ♑8 7 6 5 4 — ♄ 1R 15D 31 / ♏9 10 — ♅ 1R 31 / ♐10 10 — ♆ 1R 31 / ♐29 29 — ♇ 1R 11D 31 / ♎29 29

8																															
☉	♌ 9	10	11	12	13	14	15	16	17	16	19	20	21	22	23	24	25	26	27	28	28	29 0	♍ 0	1	2	3	4	5	6	7	8
☽	♎ 5	19	♏ 3	17	♐ 1	14	27	♑ 10	22	♒ 5	17	29	♓ 11	23	♈ 5	17	29	♉ 11	23	♊ 6	18	♋ 2	15	29	♌ 14	29	♍ 14	29	♎ 14	29	♏ 13
☿	♍ 6	7	8	9	10	10	11	11	12	12	13	13	13	13	13	R 13	13	13	12	12	11	11	10	9	8	7	7	6	5	4	3
♀	♌ 22	23	24	25	27	28	29 0	♍ 0	2	3	4	6	7	8	9	10	11	13	14	15	16	18	19	20	22	23	24	25	26	28	29
♂	♏ 22	22	23	23	23	24	24	25	25	26	26	27	27	28	28	29	29 0	♐ 0	0	1	2	2	3	3	4	4	5	5	6	7	7

♃ 1R 31D / ♑4 3 — ♄ 1 23 31 / ♏10 11 11 — ♅ 1R 19D 31 / ♐9 9 — ♆ 1 31 / ♐29 29 — ♇ 1 28 29 31 / ♎29 29♏0 0

9																															
☉	♍ 9	10	11	12	13	14	15	16	17	18	19	20	21	22	23	24	25	26	27	28	29	29 0	♎ 0	1	2	3	4	5	6	7	
☽	♏ 27	♐ 11	24	♑ 7	20	♒ 2	14	26	♓ 8	20	♈ 2	14	25	♉ 7	20	♊ 2	14	27	♋ 10	24	♌ 8	23	♍ 7	22	♎ 7	23	♏ 8	22	♐ 7	20	
☿	♍ 2 R	1	1	0	0	0	0	D 0	0	0	1	2	3	4	5	6	6	7	10	12	13	15	16	18	20	22	24	25	27	29 0♎	
♀	♍29 0	♎ 1	3	4	5	6	7	9	10	11	12	14	15	16	17	18	20	21	22	23	25	26	27	28	29 0	♏ 1	2	3	4	6	
♂	♐ 8	8	9	10	10	11	11	12	13	13	14	15	15	16	16	17	18	18	19	20	20	21	22	22	23	24	24	25	26	28	

♃ 1 23 30 / ♑3 4 4 — ♄ 1 6 17 28 30 / ♏11 12 13 14 14 — ♅ 1 20 30 / ♐9 10 10 — ♆ 1R 13D 30 / ♐28 28 — ♇ 1 28 30 / ♏0 1 1

10																															
☉	♎ 8	9	10	11	12	13	14	15	16	17	18	19	20	21	22	23	24	25	26	27	28	29	29 0	♏ 1	2	3	4	5	6	7	8
☽	♑ 3	16	29	♒ 11	23	♓ 5	17	29	♈ 11	23	♉ 5	17	29	♊ 11	24	♋ 6	19	♌ 3	17	♍ 1	16	♎ 1	16	♏ 1	16	♐ 1	15	28	♑ 12	25	♒ 8
☿	♎ 1	3	4	6	8	10	12	13	15	17	18	20	22	24	25	27	29	29 0	♏ 2	4	5	7	8	10	11	13	14	16	18	19	21
♀	♏ 6	8	9	10	12	13	14	15	17	18	19	20	22	23	24	25	26	28	29	29 0	♐ 1	2	4	5	6	7	9	10	11	12	13
♂	♐ 27	28	28	29	29 0	♑ 1	1	2	2	3	4	5	5	6	7	7	8	9	9	10	11	12	12	13	14	15	15	16	17	17	18

♃ 1 4 13 20 27 31 / ♑4 5 6 7 8 8 — ♄ 1 7 16 25 31 / ♏14 15 16 17 17 — ♅ 1 17 31 / ♐10 11 11 — ♆ 1 15 31 / ♐28 29 29 — ♇ 1 24 31 / ♏1 2 2

11																															
☉	♏ 9	10	11	12	13	14	15	16	17	18	19	20	21	22	23	24	25	26	27	28	29	29 0	♐ 1	2	3	4	5	6	7	8	
☽	♒ 20	♓ 2	14	26	♈ 8	19	♉ 1	14	26	♊ 8	21	♋ 4	16	29	♌ 13	27	♍ 11	25	♎ 10	25	♏ 9	24	♐ 9	23	♑ 7	20	♒ 3	16	29	♓ 10	
☿	♏ 22	24	25	26	28	29 0	♐ 1	3	4	6	7	8	9	11	12	14	15	17	18	19	20	22	23	24	25	26	27	28	29	29	
♀	♐ 14	16	17	18	20	21	22	23	24	26	27	28	29 0	♑ 0	2	3	4	5	6	8	9	10	11	12	14	15	16	17	18	20	
♂	♑ 19	20	21	21	22	23	23	24	25	26	26	27	28	29	29 0	♒ 0	1	2	2	3	4	5	5	6	7	8	8	9	10	11	

♃ 1 8 13 18 23 28 30 / ♑9 10 11 12 13 14 14 — ♄ 1 11 19 27 30 / ♏18 19 20 21 21 — ♅ 1 6 23 30 / ♐11 12 13 13 — ♆ 1 21 22 30 / ♐29 29♑0 0 — ♇ 1 18 30 / ♏2 3 3

12																															
☉	♐ 9	10	11	12	13	14	15	16	17	18	19	20	21	22	23	24	25	26	27	28	29 0	♑ 1	2	3	4	5	6	7	8	9	10
☽	♓ 22	♈ 4	16	28	♉ 10	22	♊ 4	17	♋ 0	13	26	♌ 10	24	♍ 8	22	♎ 6	20	♏ 5	19	♐ 3	17	♑ 1	14	28	♒ 11	24	♓ 6	18	29	♈ 12	24
☿	♐29 0	♑ 0	0	0	0	R 0	0 29	♐ 29	29	28	27	26	25	23	22	21	19	18	17	16	15	15	14	14	14	D 14	15	15	16	16	17
♀	♑ 21	22	23	24	25	27	28	29	29 0	♒ 1	3	4	5	6	7	8	10	11	12	13	14	15	16	18	19	20	21	22	23	24	26
♂	♒ 12	12	13	14	14	15	16	17	17	18	19	20	20	21	22	23	24	24	25	26	27	27	28	29	29 0	♓ 1	2	2	3	4	4

♃ 1 3 8 13 17 21 26 30 31 / ♑14 15 16 17 18 19 20 21 21 — ♄ 1 6 15 25 31 / ♏21 22 23 24 24 — ♅ 1 9 26 31 / ♐13 14 15 15 — ♆ 1 15 31 / ♐0 1 1 — ♇ 1 17 31 / ♏3 4 4

1a 太陽星座的改變 1910—1984

	1	2	3	4	5	6	7	8	9	10	11	12
1910	20 ♒ 21.59	19 ♓ 12.28	21 ♈ 12.03	20 ♉ 23.46	21 ♊ 23.30	22 ♋ 7.49	23 ♌ 18.43	24 ♍ 1.27	23 ♎ 22.30	24 ♏ 7.11	23 ♐ 4.11	22 ♑ 17.12
1911	21 ♒ 3.52	19 ♓ 18.21	21 ♈ 17.55	21 ♉ 5.36	22 ♊ 5.19	22 ♋ 13.36	24 ♌ 0.29	24 ♍ 7.13	24 ♎ 4.17	24 ♏ 12.59	23 ♐ 9.57	22 ♑ 22.53
1912	21 ♒ 9.29	19 ♓ 23.56	20 ♈ 23.29	20 ♉ 11.12	21 ♊ 10.57	21 ♋ 20.26	23 ♌ 6.14	23 ♍ 13.02	23 ♎ 10.08	23 ♏ 18.50	22 ♐ 15.48	22 ♑ 4.45
1913	20 ♒ 15.19	19 ♓ 5.45	21 ♈ 5.18	20 ♉ 17.03	21 ♊ 16.50	22 ♋ 1.09	23 ♌ 12.04	23 ♍ 18.48	23 ♎ 15.53	24 ♏ 0.35	22 ♐ 21.36	22 ♑ 10.35
1914	20 ♒ 21.12	19 ♓ 11.38	21 ♈ 11.11	20 ♉ 22.54	21 ♊ 22.38	22 ♋ 6.55	23 ♌ 17.47	24 ♍ 0.30	23 ♎ 21.35	24 ♏ 6.18	23 ♐ 3.21	22 ♑ 16.24
1915	21 ♒ 3.00	19 ♓ 17.23	21 ♈ 16.51	21 ♉ 4.28	22 ♊ 4.10	22 ♋ 2.29	23 ♌ 23.27	24 ♍ 6.16	24 ♎ 3.24	24 ♏ 12.10	23 ♐ 9.14	22 ♑ 22.16
1916	21 ♒ 8.54	19 ♓ 23.18	20 ♈ 22.47	20 ♉ 10.25	21 ♊ 10.06	21 ♋ 8.25	23 ♌ 5.21	23 ♍ 12.09	23 ♎ 9.15	23 ♏ 17.58	21 ♐ 14.58	22 ♑ 3.59
1917	20 ♒ 14.37	19 ♓ 5.05	21 ♈ 4.37	20 ♉ 16.17	21 ♊ 15.59	22 ♋ 0.15	23 ♌ 11.08	23 ♍ 17.54	23 ♎ 15.00	23 ♏ 23.44	22 ♐ 20.45	21 ♑ 9.46
1918	20 ♒ 20.24	19 ♓ 10.53	21 ♈ 10.26	20 ♉ 22.06	21 ♊ 21.46	22 ♋ 6.00	23 ♌ 16.52	23 ♍ 23.37	23 ♎ 20.45	24 ♏ 5.33	23 ♐ 2.38	22 ♑ 15.42
1919	21 ♒ 2.21	19 ♓ 16.48	21 ♈ 16.19	21 ♉ 3.59	22 ♊ 3.39	22 ♋ 11.54	23 ♌ 22.45	24 ♍ 5.28	24 ♎ 2.35	24 ♏ 11.21	23 ♐ 8.25	22 ♑ 21.27
1920	21 ♒ 9.05	19 ♓ 22.29	20 ♈ 22.00	20 ♉ 9.39	21 ♊ 9.22	21 ♋ 17.40	23 ♌ 4.35	23 ♍ 11.22	23 ♎ 8.28	23 ♏ 17.13	22 ♐ 14.16	22 ♑ 3.17
1921	20 ♒ 13.55	19 ♓ 4.21	21 ♈ 3.51	20 ♉ 15.32	21 ♊ 15.17	21 ♋ 23.36	23 ♌ 10.31	23 ♍ 17.15	23 ♎ 14.20	23 ♏ 23.03	22 ♐ 20.21	22 ♑ 9.08
1922	20 ♒ 19.48	19 ♓ 10.16	21 ♈ 9.49	20 ♉ 21.29	21 ♊ 21.11	22 ♋ 5.27	23 ♌ 16.20	23 ♍ 23.04	23 ♎ 10.10	24 ♏ 4.53	23 ♐ 1.55	22 ♑ 14.57
1923	21 ♒ 1.35	19 ♓ 16.00	21 ♈ 15.29	21 ♉ 3.06	22 ♊ 2.45	22 ♋ 11.03	23 ♌ 22.01	24 ♍ 4.52	24 ♎ 2.04	24 ♏ 10.51	23 ♐ 7.54	22 ♑ 20.53
1924	21 ♒ 7.29	19 ♓ 21.51	20 ♈ 21.20	20 ♉ 8.59	21 ♊ 8.41	21 ♋ 17.00	23 ♌ 3.58	23 ♍ 10.48	23 ♎ 7.58	23 ♏ 16.44	22 ♐ 13.46	22 ♑ 2.45
1925	20 ♒ 13.20	19 ♓ 3.43	21 ♈ 3.13	20 ♉ 14.51	21 ♊ 14.33	21 ♋ 22.50	23 ♌ 9.45	23 ♍ 16.33	23 ♎ 13.43	23 ♏ 22.31	22 ♐ 19.36	22 ♑ 8.37
1926	20 ♒ 19.13	19 ♓ 9.35	21 ♈ 9.01	20 ♉ 20.36	21 ♊ 20.15	22 ♋ 4.30	23 ♌ 15.25	23 ♍ 22.14	23 ♎ 19.26	24 ♏ 4.18	23 ♐ 1.28	22 ♑ 14.34
1927	21 ♒ 1.12	19 ♓ 15.35	21 ♈ 14.59	21 ♉ 2.32	22 ♊ 2.08	22 ♋ 0.21	23 ♌ 21.17	24 ♍ 4.06	24 ♎ 1.17	24 ♏ 10.07	23 ♐ 7.14	22 ♑ 20.18
1928	21 ♒ 6.57	19 ♓ 21.20	20 ♈ 20.44	20 ♉ 8.17	21 ♊ 7.53	21 ♋ 16.07	23 ♌ 3.02	23 ♍ 9.53	23 ♎ 7.06	23 ♏ 15.55	22 ♐ 13.00	22 ♑ 2.04
1929	20 ♒ 12.42	19 ♓ 3.07	21 ♈ 2.35	20 ♉ 14.11	21 ♊ 13.48	21 ♋ 22.01	23 ♌ 8.54	23 ♍ 15.41	23 ♎ 12.52	23 ♏ 21.41	22 ♐ 18.48	22 ♑ 7.53
1930	20 ♒ 18.33	19 ♓ 9.00	21 ♈ 8.30	20 ♉ 20.06	21 ♊ 19.42	22 ♋ 3.53	23 ♌ 14.42	23 ♍ 21.27	23 ♎ 18.36	24 ♏ 3.26	23 ♐ 0.34	22 ♑ 13.40
1931	21 ♒ 0.18	19 ♓ 14.40	21 ♈ 14.06	21 ♉ 1.40	22 ♊ 1.15	22 ♋ 9.28	23 ♌ 20.21	24 ♍ 3.10	24 ♎ 0.23	24 ♏ 9.15	23 ♐ 6.25	22 ♑ 19.30
1932	21 ♒ 6.07	19 ♓ 20.29	20 ♈ 19.54	20 ♉ 7.28	21 ♊ 7.07	21 ♋ 15.23	23 ♌ 2.18	23 ♍ 9.06	23 ♎ 6.16	23 ♏ 15.04	22 ♐ 12.10	22 ♑ 1.14
1933	20 ♒ 11.53	19 ♓ 2.16	21 ♈ 1.43	20 ♉ 13.19	21 ♊ 12.57	21 ♋ 21.12	23 ♌ 8.06	23 ♍ 14.53	23 ♎ 12.01	23 ♏ 20.48	22 ♐ 17.53	22 ♑ 6.58
1934	20 ♒ 17.37	19 ♓ 8.02	21 ♈ 7.28	20 ♉ 19.00	21 ♊ 18.35	22 ♋ 2.48	23 ♌ 13.42	23 ♍ 20.32	23 ♎ 17.45	24 ♏ 2.36	22 ♐ 23.44	22 ♑ 12.49
1935	20 ♒ 23.29	19 ♓ 13.52	21 ♈ 13.18	21 ♉ 0.50	22 ♊ 0.25	22 ♋ 8.38	23 ♌ 19.33	24 ♍ 2.24	23 ♎ 23.38	24 ♏ 8.29	23 ♐ 5.35	22 ♑ 18.37
1936	21 ♒ 5.12	19 ♓ 19.33	20 ♈ 18.58	20 ♉ 6.31	21 ♊ 6.08	21 ♋ 14.22	23 ♌ 1.18	23 ♍ 8.11	23 ♎ 5.26	23 ♏ 14.18	22 ♐ 11.25	22 ♑ 0.27
1937	20 ♒ 11.01	19 ♓ 1.21	21 ♈ 0.45	20 ♉ 12.20	21 ♊ 11.57	21 ♋ 20.12	23 ♌ 7.07	23 ♍ 13.58	23 ♎ 11.13	23 ♏ 20.06	22 ♐ 17.17	22 ♑ 6.22
1938	20 ♒ 16.59	19 ♓ 7.20	21 ♈ 6.43	20 ♉ 18.15	21 ♊ 17.51	22 ♋ 2.04	23 ♌ 12.57	23 ♍ 19.46	23 ♎ 17.00	24 ♏ 1.54	22 ♐ 23.06	22 ♑ 12.13
1939	20 ♒ 22.51	19 ♓ 13.10	21 ♈ 12.29	20 ♉ 23.55	21 ♊ 23.27	22 ♋ 7.40	23 ♌ 18.37	24 ♍ 1.31	23 ♎ 22.50	24 ♏ 7.46	23 ♐ 4.59	22 ♑ 18.06
1940	21 ♒ 4.44	19 ♓ 19.04	20 ♈ 18.24	20 ♉ 5.51	21 ♊ 5.23	21 ♋ 13 37	23 ♌ 0.34	23 ♍ 7.29	23 ♎ 4.46	23 ♏ 13.39	22 ♐ 10.49	22 ♑ 23.55
1941	20 ♒ 10.34	19 ♓ 0.59	21 ♈ 0.21	20 ♉ 11.51	21 ♊ 11.23	21 ♋ 19.33	23 ♌ 6.26	23 ♍ 13.30	23 ♎ 10.33	23 ♏ 19.27	22 ♐ 16.38	22 ♑ 5.44
1942	20 ♒ 16.16	19 ♓ 6.39	21 ♈ 6.03	20 ♉ 17.30	21 ♊ 17.01	22 ♋ 1.08	23 ♌ 11.59	23 ♍ 18.50	23 ♎ 16.10	23 ♏ 1.01	22 ♐ 22.23	22 ♑ 11.31
1943	20 ♒ 22.20	19 ♓ 12.41	21 ♈ 12.03	20 ♉ 23.32	21 ♊ 23.03	22 ♋ 7.13	23 ♌ 18.05	14 ♍ 0.55	23 ♎ 22.12	24 ♏ 7.09	23 ♐ 4.22	22 ♑ 17.30
1944	21 ♒ 4.09	19 ♓ 18.28	21 ♈ 17.49	20 ♉ 5.18	21 ♊ 4.51	21 ♋ 13.03	22 ♌ 23.55	23 ♍ 6.47	23 ♎ 4.02	23 ♏ 12.57	22 ♐ 10.09	21 ♑ 23.15
1945	20 ♒ 9.55	19 ♓ 0.15	20 ♈ 23.38	20 ♉ 11.08	22 ♊ 10.41	21 ♋ 18.52	23 ♌ 5.46	23 ♍ 12.36	23 ♎ 9.50	23 ♏ 18.45	22 ♐ 15.56	22 ♑ 5.04
1946	20 ♒ 15.44	19 ♓ 6.10	21 ♈ 5.34	20 ♉ 17.03	21 ♊ 16.34	22 ♋ 0.46	23 ♌ 11.37	23 ♍ 18.26	23 ♎ 15.41	24 ♏ 0.37	22 ♐ 21.47	22 ♑ 10.54
1947	20 ♒ 21.32	19 ♓ 11.53	21 ♈ 11.13	20 ♉ 22.40	21 ♊ 22.09	22 ♋ 6.19	23 ♌ 17.12	24 ♍ 0.09	23 ♎ 21.29	24 ♏ 6.27	23 ♐ 3.38	22 ♑ 16.44

1a 太陽星座的改變 1910—1984

	1	2	3	4	5	6	7	8	9	10	11	12
1948	21 ♒ 3.18	19 ♓ 17.37	20 ♈ 16.57	20 ♉ 4.25	21 ♊ 3.58	21 ♋ 12.11	22 ♌ 23.08	23 ♍ 6.03	23 ♎ 3.22	23 ♏ 12.19	22 ♐ 9.29	21 ♑ 22.33
1949	20 ♒ 9.11	18 ♓ 23.27	20 ♈ 22.49	20 ♉ 10.18	21 ♊ 9.51	21 ♋ 18.03	23 ♌ 4.58	23 ♍ 11.49	23 ♎ 9.06	23 ♏ 18.04	22 ♐ 15.17	22 ♑ 4.24
1950	20 ♒ 15.00	19 ♓ 5.16	21 ♈ 4.36	20 ♉ 16.00	21 ♊ 15.27	21 ♋ 23.37	23 ♌ 10.30	23 ♍ 17.24	23 ♎ 14.44	23 ♏ 23.48	22 ♐ 21.03	22 ♑ 10.14
1951	21 ♒ 20.53	19 ♓ 11.10	21 ♈ 10.26	20 ♉ 21.49	21 ♊ 21.15	22 ♋ 5.25	23 ♌ 16.21	23 ♍ 23.22	23 ♎ 20.38	23 ♏ 5.37	23 ♐ 2.52	22 ♑ 16.01
1952	21 ♒ 2.38	19 ♓ 16.57	20 ♈ 16.14	20 ♉ 3.37	21 ♊ 3.04	21 ♋ 11.13	22 ♌ 22.08	23 ♍ 5.03	23 ♎ 2.24	23 ♏ 11.22	22 ♐ 8.36	21 ♑ 21.44
1953	20 ♒ 8.22	18 ♓ 22.41	20 ♈ 22.01	20 ♉ 9.26	21 ♊ 8.53	21 ♋ 17.00	23 ♌ 3.53	23 ♍ 10.46	23 ♎ 8.07	23 ♏ 17.07	22 ♐ 14.23	22 ♑ 3.32
1954	20 ♒ 14.14	19 ♓ 4.33	21 ♈ 3.54	20 ♉ 15.20	21 ♊ 14.48	21 ♋ 22.55	23 ♌ 9.45	23 ♍ 16.37	23 ♎ 13.56	23 ♏ 22.58	22 ♐ 20.14	22 ♑ 9.25
1955	20 ♒ 20.03	19 ♓ 10.19	21 ♈ 9.36	20 ♉ 20.58	21 ♊ 20.25	22 ♋ 4.32	23 ♌ 15.25	23 ♍ 22.19	23 ♎ 19.42	23 ♏ 4.44	23 ♐ 2.02	22 ♑ 15.12
1956	21 ♒ 1.49	19 ♓ 16.05	20 ♈ 15.21	20 ♉ 2.44	21 ♊ 2.13	21 ♋ 10.24	22 ♌ 21.20	23 ♍ 4.15	23 ♎ 1.36	23 ♏ 10.35	22 ♐ 7.51	21 ♑ 21.00
1957	20 ♒ 7.43	18 ♓ 22.01	20 ♈ 21.17	20 ♉ 8.45	21 ♊ 8.09	21 ♋ 16.21	23 ♌ 3.13	23 ♍ 10.07	23 ♎ 7.27	23 ♏ 16.33	22 ♐ 13.45	22 ♑ 2.49
1958	20 ♒ 13.17	19 ♓ 3.49	21 ♈ 3.06	20 ♉ 14.28	21 ♊ 13.52	21 ♋ 21.57	23 ♌ 8.51	23 ♍ 15.47	23 ♎ 13.10	23 ♏ 22.12	22 ♐ 19.30	22 ♑ 8.40
1959	20 ♒ 19.20	19 ♓ 9.38	21 ♈ 8.55	20 ♉ 20.17	21 ♊ 19.36	22 ♋ 3.50	23 ♌ 14.46	23 ♍ 21.44	23 ♎ 19.09	24 ♏ 4.12	23 ♐ 1.23	22 ♑ 14.35
1960	21 ♒ 1.11	19 ♓ 15.26	20 ♈ 14.43	20 ♉ 2.06	21 ♊ 1.33	21 ♋ 9.43	22 ♌ 20.38	23 ♍ 3.35	23 ♎ 1.00	23 ♏ 10.03	22 ♐ 7.19	21 ♑ 20.27
1961	20 ♒ 7.02	18 ♓ 21.27	20 ♈ 20.27	20 ♉ 7.33	21 ♊ 6.51	21 ♋ 15.12	23 ♌ 2.12	23 ♍ 8.40	23 ♎ 6.26	23 ♏ 15.46	22 ♐ 13.10	22 ♑ 2.25
1962	20 ♒ 12.49	19 ♓ 3.16	21 ♈ 2.30	20 ♉ 13.51	21 ♊ 13.17	21 ♋ 21.24	23 ♌ 8.19	23 ♍ 15.13	23 ♎ 12.35	23 ♏ 21.41	22 ♐ 19.02	22 ♑ 8.15
1963	20 ♒ 18.55	19 ♓ 9.09	21 ♈ 8.20	20 ♉ 19.37	21 ♊ 18.59	22 ♋ 3.04	23 ♌ 14.00	23 ♍ 20.58	23 ♎ 18.24	24 ♏ 3.30	23 ♐ 0.50	22 ♑ 14.02
1964	20 ♒ 0.43	19 ♓ 15.26	20 ♈ 14.43	20 ♉ 2.06	21 ♊ 1.33	21 ♋ 9.43	22 ♌ 20.38	23 ♍ 3.35	23 ♎ 1.00	23 ♏ 10.03	22 ♐ 7.19	21 ♑ 20.27
1965	20 ♒ 6.30	18 ♓ 20.49	20 ♈ 20.05	20 ♉ 7.27	21 ♊ 6.51	21 ♋ 14.56	23 ♌ 1.49	23 ♍ 8.43	23 ♎ 6.06	23 ♏ 15.11	22 ♐ 12.30	22 ♑ 1.41
1966	20 ♒ 12.21	19 ♓ 2.39	21 ♈ 1.53	20 ♉ 13.12	21 ♊ 12.33	21 ♋ 20.33	23 ♌ 7.24	23 ♍ 14.18	23 ♎ 11.43	23 ♏ 20.52	22 ♐ 18.15	22 ♑ 7.29
1967	20 ♒ 18.08	19 ♓ 8.25	21 ♈ 7.37	20 ♉ 18.56	21 ♊ 18.19	22 ♋ 2.23	23 ♌ 13.16	23 ♍ 20.13	23 ♎ 17.38	24 ♏ 2.44	23 ♐ 0.05	22 ♑ 13.17
1968	20 ♒ 23.54	19 ♓ 14.11	20 ♈ 13.22	20 ♉ 0.42	21 ♊ 0.07	21 ♋ 8.13	22 ♌ 19.13	23 ♍ 2.02	22 ♎ 23.26	23 ♏ 8.30	22 ♐ 5.49	21 ♑ 19.00
1969	20 ♒ 5.30	18 ♓ 19.47	20 ♈ 19.08	20 ♉ 6.18	21 ♊ 5.41	21 ♋ 13.55	23 ♌ 1.05	23 ♍ 7.36	23 ♎ 5.07	23 ♏ 14.03	22 ♐ 11.23	22 ♑ 0.44
1970	20 ♒ 11.25	19 ♓ 1.43	21 ♈ 0.57	20 ♉ 12.16	21 ♊ 11.32	21 ♋ 19.43	23 ♌ 6.38	23 ♍ 13.35	23 ♎ 10.59	23 ♏ 20.05	22 ♐ 17.25	22 ♑ 6.36
1971	20 ♒ 17.14	19 ♓ 7.28	21 ♈ 6.38	20 ♉ 17.54	21 ♊ 17.16	22 ♋ 1.21	23 ♌ 12.15	23 ♍ 19.16	23 ♎ 16.47	23 ♏ 1.53	22 ♐ 23.15	22 ♑ 12.26
1972	20 ♒ 23.00	19 ♓ 13.12	20 ♈ 12.22	19 ♉ 23.38	20 ♊ 23.00	22 ♋ 7.07	22 ♌ 18.03	23 ♍ 1.04	22 ♎ 22.34	23 ♏ 7.42	22 ♐ 5.04	21 ♑ 18.14
1973	20 ♒ 4.49	18 ♓ 19.02	20 ♈ 18.13	20 ♉ 5.31	21 ♊ 4.54	21 ♋ 13.01	22 ♌ 23.56	23 ♍ 6.55	23 ♎ 4.22	23 ♏ 13.31	22 ♐ 10.55	22 ♑ 0.09
1974	20 ♒ 10.47	19 ♓ 1.00	21 ♈ 0.08	20 ♉ 11.19	21 ♊ 10.37	21 ♋ 18.38	23 ♌ 5.31	23 ♍ 12.29	23 ♎ 9.59	23 ♏ 19.12	22 ♐ 16.39	22 ♑ 5.57
1975	20 ♒ 16.37	19 ♓ 6.51	21 ♈ 5.58	20 ♉ 17.08	21 ♊ 16.25	22 ♋ 0.27	23 ♌ 11.23	23 ♍ 18.24	23 ♎ 15.56	24 ♏ 1.07	22 ♐ 22.32	22 ♑ 11.47
1976	20 ♒ 22.26	19 ♓ 12.41	20 ♈ 11.51	19 ♉ 23.04	20 ♊ 22.22	21 ♋ 6.25	22 ♌ 17.19	23 ♍ 0.19	22 ♎ 21.49	23 ♏ 6.59	22 ♐ 4.23	21 ♑ 17.36
1977	20 ♒ 4.15	18 ♓ 18.31	20 ♈ 17.43	20 ♉ 4.58	21 ♊ 4.15	21 ♋ 12.15	22 ♌ 23.05	23 ♍ 6.01	23 ♎ 3.30	23 ♏ 12.42	22 ♐ 10.08	21 ♑ 23.24
1978	20 ♒ 10.05	19 ♓ 0.22	20 ♈ 23.35	20 ♉ 10.51	21 ♊ 10.09	21 ♋ 18.10	23 ♌ 5.01	23 ♍ 11.58	23 ♎ 9.26	23 ♏ 18.38	22 ♐ 16.06	22 ♑ 5.22
1979	20 ♒ 16.01	19 ♓ 6.14	21 ♈ 5.23	20 ♉ 16.36	21 ♊ 15.55	21 ♋ 23.57	23 ♌ 10.50	23 ♍ 17.48	23 ♎ 15.18	24 ♏ 0.29	22 ♐ 21.55	22 ♑ 11.11
1980	20 ♒ 21.49	19 ♓ 12.2	20 ♈ 11.10	19 ♉ 22.24	20 ♊ 21.43	21 ♋ 5.48	22 ♌ 16.43	22 ♍ 23.42	22 ♎ 21.10	23 ♏ 6.18	22 ♐ 3.43	21 ♑ 16.57
1981	20 ♒ 3.36	18 ♓ 17.52	20 ♈ 17.3	20 ♉ 4.19	21 ♊ 3.39	21 ♋ 11.45	22 ♌ 22.40	23 ♍ 5.38	23 ♎ 3.5	23 ♏ 12.13	22 ♐ 9.36	21 ♑ 22.51
1982	20 ♒ 9.31	19 ♓ 23.47	20 ♈ 22.56	20 ♉ 10.8	21 ♊ 9.23	21 ♋ 17.23	23 ♌ 4.15	23 ♍ 11.15	23 ♎ 8.46	23 ♏ 17.58	22 ♐ 15.24	22 ♑ 4.39
1983	20 ♒ 15.17	19 ♓ 5.31	21 ♈ 4.39	20 ♉ 15.50	21 ♊ 15.7	21 ♋ 23.9	23 ♌ 10.5	23 ♍ 17.8	23 ♎ 14.42	23 ♏ 23.54	22 ♐ 21.18	22 ♑ 10.30
1984	20 ♒ 21.5	19 ♓ 11.16	20 ♈ 10.25	19 ♉ 21.38	20 ♊ 20.58	21 ♋ 5.2	22 ♌ 15.58	22 ♍ 23.0	22 ♎ 20.33	23 ♏ 5.46	22 ♐ 3.11	21 ♑ 16.23

2 恆星時間 1910—1984

		1	2	3	4	5	6	7	8	9	10	11	12
1910	1	18 41 2	20 43 15	22 33 38	0 35 52	2 34 8	4 36 22	6 34 38	8 36 52	10 39 5	12 37 21	14 39 35	16 37 51
	2	18 44 58	20 47 11	22 37 35	0 39 48	2 38 5	4 40 18	6 38 35	8 40 48	10 43 1	12 41 18	14 43 31	16 41 48
	3	18 48 55	20 51 8	22 41 32	0 43 45	2 42 1	4 44 15	6 42 31	8 44 45	10 46 58	12 45 14	14 47 28	16 45 44
	4	18 52 51	20 55 5	22 45 28	0 47 41	2 45 58	4 48 11	6 46 28	8 48 41	10 50 54	12 49 11	14 51 24	16 49 41
	5	18 56 48	20 59 1	22 49 25	0 51 38	2 49 54	4 52 8	6 50 24	8 52 38	10 54 51	12 53 8	14 55 21	16 53 37
	6	19 0 44	21 2 58	22 53 21	0 55 34	2 53 51	4 56 4	6 54 21	8 56 34	10 58 48	12 57 4	14 59 17	16 57 34
	7	19 4 41	21 6 54	22 57 18	0 59 31	2 57 48	5 0 1	6 58 18	9 0 31	11 2 44	13 1 1	15 3 14	17 1 31
	8	19 8 38	21 10 51	23 1 14	1 3 27	3 1 44	5 3 57	7 2 14	9 4 27	11 6 41	13 4 57	15 7 10	17 5 27
	9	19 12 34	21 14 47	23 5 11	1 7 24	3 5 41	5 7 54	7 6 11	9 8 24	11 10 37	13 8 54	15 11 7	17 9 24
	10	19 16 31	21 18 44	23 9 7	1 11 21	3 9 37	5 11 51	7 10 7	9 12 21	11 14 34	13 12 50	15 15 4	17 13 20
	11	19 20 27	21 22 40	23 13 4	1 15 17	3 13 34	5 15 47	7 14 4	9 16 17	11 18 30	13 16 47	15 19 0	17 17 17
	12	19 24 24	21 26 37	23 17 1	1 19 14	3 17 30	5 19 44	7 18 0	9 20 14	11 22 27	13 20 43	15 22 57	17 21 13
	13	19 28 20	21 30 34	23 20 57	1 23 10	3 21 27	5 23 40	7 21 57	9 24 10	11 26 23	13 24 40	15 26 53	17 25 10
	14	19 32 17	21 34 30	23 24 54	1 27 7	3 25 23	5 27 37	7 25 54	9 28 7	11 30 20	13 28 37	15 30 50	17 29 6
	15	19 36 13	21 38 27	23 28 50	1 31 3	3 29 20	5 31 33	7 29 50	9 32 3	11 34 16	13 32 33	15 34 46	17 33 3
	16	19 40 10	21 42 23	23 32 47	1 35 0	3 33 17	5 35 30	7 33 47	9 36 0	11 38 13	13 36 30	15 38 43	17 37 0
	17	19 44 7	21 46 20	23 36 43	1 38 56	3 37 13	5 39 26	7 37 43	9 39 56	11 42 10	13 40 26	15 42 39	17 40 56
	18	19 48 3	21 50 16	23 40 40	1 42 53	3 41 10	5 43 23	7 41 40	9 43 53	11 46 6	13 44 23	15 46 36	17 44 53
	19	19 52 0	21 54 13	23 44 36	1 46 50	3 45 6	5 47 20	7 45 36	9 47 50	11 50 3	13 48 19	15 50 33	17 48 49
	20	19 55 56	21 58 9	23 48 33	1 50 46	3 49 3	5 51 16	7 49 33	9 51 46	11 53 59	13 52 16	15 54 29	17 52 46
	21	19 59 53	22 2 6	23 52 30	1 54 43	3 52 59	5 55 13	7 53 29	9 55 43	11 57 56	13 56 12	15 58 26	17 56 42
	22	20 3 49	22 6 3	23 56 26	1 58 39	3 56 56	5 59 9	7 57 26	9 59 39	12 1 52	14 0 9	16 2 22	18 0 39
	23	20 7 46	22 9 59	0 0 23	2 2 36	4 0 52	6 3 6	8 1 23	10 3 36	12 5 49	14 4 6	16 6 19	18 4 36
	24	20 11 42	22 13 56	0 4 19	2 6 32	4 4 49	6 7 2	8 5 19	10 7 32	12 9 45	14 8 2	16 10 15	18 8 32
	25	20 15 39	22 17 52	0 8 16	2 10 29	4 8 46	6 10 59	8 9 16	10 11 29	12 13 42	14 11 59	16 14 12	18 12 29
	26	20 19 36	22 21 49	0 12 12	2 14 25	4 12 42	6 14 55	8 13 12	10 15 25	12 17 39	14 15 55	16 18 8	18 16 25
	27	20 23 32	22 25 45	0 16 9	2 18 22	4 16 39	6 18 52	8 17 9	10 19 22	12 21 35	14 19 52	16 22 5	18 20 22
	28	20 27 29	22 29 42	0 20 5	2 22 19	4 20 35	6 22 49	8 21 5	10 23 19	12 25 32	14 23 48	16 26 2	18 24 18
	29	20 31 25		0 24 2	2 26 15	4 34 32	6 26 45	8 25 2	10 27 15	12 29 28	14 27 45	16 29 58	18 28 15
	30	20 35 22		0 27 59	2 30 12	4 28 28	6 30 42	8 28 58	10 31 12	23 33 25	14 31 41	16 33 55	18 32 11
	31	20 39 18		0 31 55		4 32 25		8 32 55	10 35 8		14 35 38		18 36 8
1911	1	18 40 5	20 42 18	22 32 41	0 34 55	2 33 11	4 35 24	6 33 41	8 35 54	10 38 8	12 36 24	14 38 37	16 36 54
	2	18 44 1	20 46 14	22 36 38	0 38 51	2 37 8	4 39 21	6 37 38	8 39 51	10 42 4	12 40 21	14 42 34	16 40 51
	3	18 47 58	20 50 11	22 40 34	0 42 48	2 41 4	4 43 18	6 41 34	8 43 48	10 46 1	12 44 17	14 46 31	16 44 47
	4	18 51 54	20 54 8	22 44 31	0 46 44	2 45 1	4 47 14	6 45 31	8 47 44	10 49 57	12 48 14	14 50 27	16 48 44
	5	18 55 51	20 58 4	22 48 28	0 50 41	2 48 57	4 51 11	6 49 27	8 51 41	10 53 54	12 52 11	14 54 24	16 52 40
	6	18 59 47	21 2 1	22 52 24	0 54 37	2 52 54	4 55 7	6 53 24	8 55 37	10 57 50	12 56 7	14 58 20	16 56 37
	7	19 3 44	21 5 57	22 56 21	0 58 34	2 56 51	4 59 4	6 57 21	8 59 34	11 1 47	13 0 4	15 2 17	17 0 34
	8	19 7 40	21 9 54	23 0 17	1 2 30	3 0 47	5 3 0	7 1 17	9 3 30	11 5 44	13 4 0	15 6 13	14 4 30
	9	19 11 37	21 13 50	23 4 14	1 6 27	3 4 44	5 6 57	7 5 14	9 7 27	11 9 40	13 7 57	15 10 10	17 8 27
	10	19 15 34	21 17 47	23 8 10	1 10 24	3 8 40	5 10 53	7 9 10	9 11 23	11 13 37	13 11 53	15 14 7	17 12 23
	11	19 19 30	21 21 43	23 12 7	1 14 20	3 12 37	5 14 50	7 13 7	9 15 20	11 17 33	13 15 50	15 18 3	17 16 20
	12	19 23 27	21 25 40	23 16 3	1 18 17	3 16 33	5 18 47	7 17 3	9 19 17	11 21 30	13 19 46	15 22 0	17 20 16
	13	19 27 23	21 29 37	23 20 0	1 22 13	3 20 30	5 22 43	7 21 0	9 23 13	11 25 26	13 23 43	15 25 56	17 24 13
	14	19 31 20	21 33 33	23 23 57	1 26 10	3 24 26	5 26 40	7 24 56	9 27 10	11 29 23	13 27 40	15 29 53	17 28 9
	15	19 35 16	21 37 30	23 27 53	1 30 6	3 28 23	5 30 36	7 28 53	9 31 6	11 33 19	13 31 36	15 33 49	17 32 6
	16	19 39 13	21 41 26	23 31 50	1 34 3	3 32 20	5 34 33	7 32 50	9 35 3	11 37 16	13 35 33	15 37 46	17 36 3
	17	19 43 9	21 45 23	23 35 46	1 37 59	3 36 16	5 38 29	7 36 46	9 38 59	11 41 13	13 39 29	15 41 42	17 39 59
	18	19 47 6	21 49 19	23 39 43	1 41 56	3 40 13	5 42 26	7 40 43	9 42 56	11 45 9	13 43 26	15 45 39	17 43 56
	19	19 51 3	21 53 16	23 43 39	1 45 53	3 44 9	5 46 23	7 44 39	9 46 52	11 49 6	13 47 22	15 49 36	17 47 52
	20	19 54 59	21 57 12	23 47 36	1 49 49	3 48 6	5 50 19	7 48 36	9 50 49	11 53 2	13 51 19	15 53 32	17 51 49
	21	19 58 56	22 1 9	23 51 32	1 53 46	2 52 2	5 54 16	7 52 32	9 54 46	11 56 59	13 55 15	15 57 29	17 55 45
	22	20 2 52	22 5 6	23 55 29	1 57 42	3 55 59	5 58 12	7 56 29	9 58 42	12 0 55	13 59 12	16 1 25	17 59 42
	23	20 6 49	22 9 2	23 59 26	2 1 39	3 59 55	6 2 9	8 0 25	0 2 39	12 4 52	14 3 9	16 5 22	18 3 39
	24	20 10 45	22 12 59	0 3 22	2 5 35	4 3 52	6 6 5	8 4 22	0 6 35	12 8 48	14 7 5	16 9 18	18 7 35
	25	20 14 42	22 16 55	0 7 19	2 9 32	4 7 49	6 10 2	8 8 19	0 10 32	12 12 45	14 11 2	16 13 15	18 11 32
	26	20 18 39	22 20 52	0 11 15	2 13 28	4 11 45	6 13 58	8 12 15	0 14 28	12 16 42	14 14 58	16 17 11	18 15 28
	27	20 22 35	22 24 48	0 15 12	2 17 25	4 15 42	6 17 55	8 16 12	0 18 25	12 20 38	14 18 55	16 21 8	18 19 25
	28	20 26 32	22 28 45	0 19 8	2 21 22	4 19 38	6 21 52	8 20 8	0 22 21	12 24 35	14 22 51	16 25 5	18 23 21
	29	20 30 28		0 23 5	2 25 18	4 23 35	6 25 48	8 24 5	0 26 18	12 28 31	14 26 48	16 29 1	18 27 18
	30	20 34 25		0 27 1	2 29 15	4 27 31	6 29 45	8 28 1	0 30 15	12 32 28	14 30 44	16 32 58	18 31 14
	31	20 38 21		0 30 58		4 31 28		8 31 58	0 34 11		14 34 41		18 35 11

		1	2	3	4	5	6	7	8	9	10	11	12
1912	1	18 39 8	20 41 21	22 35 41	0 37 54	2 36 11	4 38 24	6 36 41	8 38 54	10 41 7	12 39 24	14 41 37	16 39 54
	2	18 43 4	20 45 17	22 39 38	0 41 51	2 40 7	4 42 21	6 40 37	8 42 51	10 45 4	12 43 20	14 45 34	16 43 50
	3	18 47 1	20 49 14	22 43 34	0 45 47	2 44 4	4 46 17	6 44 34	8 46 47	10 49 0	12 47 17	14 49 30	16 47 47
	4	18 50 57	20 53 11	22 47 31	0 49 44	2 48 0	4 50 14	6 48 30	8 50 44	10 52 57	12 51 14	14 53 27	16 51 43
	5	18 54 54	20 57 7	22 51 27	0 53 40	2 51 57	4 54 10	6 52 27	8 54 40	10 56 53	12 55 10	14 57 23	16 55 40
	6	18 58 50	21 1 4	22 55 24	0 57 37	2 55 54	4 58 7	6 56 24	8 58 37	11 0 50	12 59 7	15 1 20	16 59 37
	7	19 2 47	21 5 0	22 59 20	1 1 33	2 59 50	5 2 3	7 0 20	9 2 33	11 4 47	13 3 3	15 5 16	17 3 33
	8	19 6 43	21 8 57	23 3 17	1 5 30	3 3 47	5 6 0	7 4 17	9 6 30	11 8 43	13 7 0	15 9 13	17 7 30
	9	19 10 40	21 12 53	23 7 13	1 9 27	3 7 43	5 9 56	7 8 13	9 10 27	11 12 40	13 10 56	15 13 10	17 11 26
	10	19 14 37	21 16 50	23 11 10	1 13 23	3 11 40	5 13 53	7 12 10	9 14 23	11 16 36	13 14 53	15 17 6	17 15 23
	11	19 18 33	21 20 46	23 15 6	1 17 20	3 15 36	5 17 50	7 16 6	9 18 20	11 20 33	13 18 49	15 21 3	17 19 19
	12	19 22 30	21 24 43	23 19 3	1 21 16	3 19 33	5 21 46	7 20 3	9 22 16	11 24 29	13 22 46	15 24 59	17 23 16
	13	19 26 26	21 28 40	23 23 0	1 25 13	3 23 29	5 25 43	7 23 59	9 26 13	11 28 26	13 26 43	15 28 56	17 27 13
	14	19 30 23	21 32 36	23 26 56	1 29 9	3 27 26	5 29 39	7 27 56	9 30 9	11 32 22	13 30 39	15 32 52	17 31 9
	15	19 34 19	21 36 33	23 30 53	1 33 6	3 31 23	5 33 36	7 31 53	9 34 6	11 36 19	13 34 36	15 36 49	17 35 6
	16	19 38 16	21 40 29	23 34 49	1 37 2	3 35 19	5 37 32	7 35 49	9 38 2	11 40 16	13 38 32	15 40 45	17 39 2
	17	19 42 12	21 44 26	23 38 46	1 40 59	3 39 16	5 41 29	7 39 46	9 41 59	11 44 12	13 42 29	15 44 42	17 42 59
	18	19 46 9	21 48 22	23 42 42	1 44 56	3 43 12	5 45 26	7 43 42	9 45 56	11 48 9	13 46 25	15 48 39	17 46 55
	19	18 50 6	21 52 19	23 46 39	1 48 52	3 47 9	5 49 22	7 47 39	9 49 52	11 52 5	13 50 22	15 52 35	17 50 52
	20	19 54 2	21 56 15	23 50 35	1 52 49	3 51 5	5 53 19	7 51 35	9 53 49	11 56 2	13 54 18	15 56 32	17 54 48
	21	19 57 59	22 0 12	23 54 32	1 56 45	3 55 2	5 57 15	7 55 32	9 57 45	11 59 58	13 58 15	16 0 28	17 58 45
	22	20 1 55	22 4 9	23 58 29	2 0 42	3 58 58	6 1 12	7 59 29	10 1 42	12 3 55	14 2 12	16 4 25	18 2 42
	23	20 5 52	22 8 5	0 2 25	2 4 38	4 2 55	6 5 8	8 3 25	10 5 38	12 7 51	14 6 8	16 8 21	18 6 38
	24	20 9 48	22 12 2	0 6 22	2 8 35	4 6 52	6 9 5	8 7 22	10 9 35	12 11 48	14 10 5	16 12 18	18 10 35
	25	20 13 45	22 15 58	0 10 18	2 12 31	4 10 48	6 13 1	8 11 18	10 13 31	12 15 45	14 14 1	16 16 14	18 14 31
	26	20 17 41	22 19 55	0 14 15	2 16 28	4 14 45	6 16 58	8 15 15	10 17 28	12 19 41	14 17 58	16 20 11	18 18 28
	27	20 21 38	22 23 51	0 18 11	2 20 25	4 18 41	6 20 55	8 19 11	10 21 25	12 23 38	14 21 54	16 24 8	18 22 24
	28	20 25 35	22 27 48	0 22 8	2 24 21	4 22 38	6 24 51	8 23 8	10 25 21	12 27 34	14 25 51	16 28 4	18 26 21
	29	20 29 31	22 31 44	0 26 4	2 28 18	4 26 34	6 28 48	8 27 4	10 29 18	12 31 31	14 29 47	16 32 1	18 30 17
	30	20 33 28		0 30 1	2 32 14	4 30 31	6 32 44	8 31 1	10 33 14	12 35 27	14 33 44	16 35 57	18 34 14
	31	20 37 24		0 33 58		4 34 27		8 34 58	10 37 11		14 37 41		18 38 11
1913	1	18 42 7	20 44 20	22 34 44	0 36 57	2 35 14	4 37 27	6 35 44	8 37 57	10 40 10	12 38 27	14 40 40	16 38 57
	2	18 46 4	20 48 17	22 38 41	0 40 54	2 39 10	4 41 24	6 39 40	8 41 54	10 44 7	13 42 24	14 44 37	16 42 53
	3	18 50 0	20 52 14	22 42 37	0 44 50	2 43 7	4 45 20	6 43 37	8 45 50	10 48 3	13 46 20	14 48 33	16 46 50
	4	18 53 57	20 56 10	22 46 34	0 48 47	2 47 3	4 49 17	6 47 34	8 49 47	10 52 0	12 50 17	14 52 30	16 50 47
	5	18 57 53	21 0 7	22 50 30	0 52 43	2 51 0	4 53 13	6 51 30	8 53 43	10 55 57	12 54 13	14 56 26	16 54 43
	6	19 1 50	21 4 3	22 54 27	0 56 40	2 54 57	4 57 10	6 55 27	8 57 40	10 59 53	12 58 10	15 0 23	16 58 40
	7	19 5 46	21 8 0	22 58 23	1 0 36	2 58 53	5 1 6	6 59 23	9 1 36	11 3 50	13 2 6	15 4 19	17 2 36
	8	19 9 43	21 11 56	23 2 20	1 4 33	3 2 50	5 5 3	7 3 20	9 5 33	11 7 46	13 6 3	15 8 16	17 6 33
	9	19 13 40	21 15 53	23 6 16	1 8 30	3 6 46	5 9 0	7 7 16	9 9 30	11 11 43	13 9 59	15 12 13	17 10 29
	10	19 17 36	21 19 49	23 10 13	1 12 26	3 10 43	5 12 56	7 11 13	9 13 26	11 15 39	13 13 56	15 16 9	17 14 26
	11	19 21 33	21 23 46	23 14 10	1 16 23	3 14 39	5 16 53	7 15 9	9 17 23	11 19 36	13 17 52	15 20 6	17 18 22
	12	19 25 29	21 27 43	23 18 6	1 20 19	3 18 36	5 20 49	7 19 6	9 21 19	11 23 32	13 21 49	15 24 2	17 22 19
	13	19 29 26	21 31 39	23 22 3	1 24 16	3 22 32	5 24 46	7 23 3	9 25 16	11 27 29	13 25 46	15 27 59	17 26 16
	14	19 33 22	21 35 36	23 25 59	1 28 12	3 26 29	5 28 45	7 26 59	9 29 12	11 31 26	13 29 42	15 31 55	17 30 12
	15	19 37 19	21 39 32	23 29 56	1 32 9	3 30 26	5 32 39	7 30 56	9 33 9	11 35 22	13 33 39	15 35 52	17 34 9
	16	19 41 16	21 43 29	23 33 52	1 36 5	3 34 22	5 36 35	7 34 52	9 37 5	11 39 19	13 37 35	15 39 48	17 38 5
	17	19 45 12	21 47 25	23 37 49	1 40 2	3 38 19	5 40 32	7 38 49	9 41 2	11 43 15	13 41 32	15 43 45	17 42 2
	18	19 49 9	21 51 22	23 41 45	1 43 59	3 42 15	5 44 29	7 42 45	9 44 59	11 47 12	13 45 28	15 47 42	17 45 58
	19	19 53 5	21 55 18	23 45 42	1 47 55	3 46 12	5 48 25	7 46 42	9 48 55	11 51 8	13 49 25	15 51 38	17 49 55
	20	19 57 2	21 59 15	23 49 39	1 51 52	3 50 8	5 52 22	7 50 38	9 52 52	11 55 5	13 53 21	15 55 35	17 53 51
	21	20 0 58	22 3 12	23 53 35	1 55 48	3 54 5	5 56 18	7 54 35	9 56 48	11 59 1	13 57 18	15 59 31	17 57 48
	22	20 4 55	22 7 8	23 57 32	1 59 45	3 58 1	6 0 15	7 58 32	10 0 45	12 2 58	14 1 15	16 3 28	18 1 45
	23	20 8 51	22 11 5	0 1 28	2 3 41	4 1 58	6 4 11	8 2 28	10 4 41	12 6 55	14 5 11	16 7 24	18 5 41
	24	20 12 48	22 15 1	0 5 25	2 7 38	4 5 55	6 8 8	8 6 25	10 8 38	12 10 51	14 9 8	16 11 21	18 9 38
	25	20 16 45	22 18 58	0 9 21	2 11 34	4 9 51	6 12 4	8 10 21	10 12 34	12 14 48	14 13 4	16 15 18	18 13 34
	26	20 20 41	22 22 54	0 13 18	2 15 31	4 12 48	5 16 1	8 14 18	10 16 31	12 18 44	14 17 1	16 19 14	18 17 31
	27	20 24 38	22 26 51	0 17 14	2 19 28	4 17 44	6 19 58	8 18 14	10 20 28	12 22 41	14 20 57	16 23 11	18 21 27
	28	20 28 34	22 30 47	0 21 11	2 23 24	4 21 41	6 23 54	8 22 11	10 24 24	12 26 37	14 24 54	16 27 7	18 25 24
	29	20 32 31		0 25 7	2 27 21	4 25 37	6 27 51	8 26 7	20 28 21	12 30 34	14 28 50	16 31 4	18 29 21
	30	20 36 27		0 29 4	2 31 17	4 29 34	6 31 47	8 30 4	10 32 17	12 34 30	14 32 47	16 35 0	18 33 17
	31	20 40 24		0 33 1		4 33 31		8 34 1	10 36 14		14 36 44		18 37 14

		1	2	3	4	5	6	7	8	9	10	11	12
1914	1	18 41 10	20 43 23	22 33 47	0 36 0	2 34 17	4 36 30	6 34 47	8 37 0	10 39 13	12 37 30	14 39 43	16 38 0
	2	18 45 7	20 47 20	22 37 44	0 39 57	2 38 13	4 40 27	6 38 43	8 40 57	10 43 10	12 41 27	14 43 40	16 41 56
	3	18 49 3	20 51 17	22 41 40	0 43 53	2 42 10	4 44 23	6 42 40	8 44 53	10 47 6	12 45 23	14 47 36	16 45 53
	4	18 53 0	20 55 13	22 45 37	0 47 50	2 46 7	4 48 20	6 46 37	8 48 50	10 51 3	12 49 20	14 51 33	16 49 50
	5	18 56 56	20 59 10	22 49 33	0 51 46	2 50 3	4 52 16	6 50 33	8 52 46	10 55 0	12 53 16	14 55 29	16 53 46
	6	19 0 53	21 3 6	22 53 30	0 55 43	2 54 0	4 56 13	6 54 30	8 56 43	10 58 56	12 57 13	14 59 26	16 57 43
	7	19 4 50	21 7 3	22 57 26	0 59 40	2 57 56	5 0 9	6 58 26	9 0 39	11 2 53	13 1 9	15 3 23	17 1 39
	8	19 8 46	21 10 59	23 1 23	1 3 36	3 1 53	5 4 6	7 2 23	9 4 36	11 6 49	13 5 6	15 7 19	17 5 36
	9	19 12 43	21 14 56	23 5 19	1 7 33	3 5 49	5 8 3	7 6 19	9 8 33	11 10 46	13 9 2	15 11 16	17 9 32
	10	19 16 39	21 18 52	23 9 16	1 11 29	3 9 46	5 11 59	7 10 16	9 12 29	11 14 42	13 12 59	15 15 12	17 13 29
	11	19 20 36	21 22 49	23 13 13	1 15 26	3 13 42	5 15 56	7 14 12	9 16 26	11 18 39	13 16 56	15 19 9	17 17 25
	12	19 24 32	21 26 46	23 17 9	1 19 22	3 17 39	5 19 52	7 18 9	9 20 22	11 22 35	13 20 52	15 23 5	17 21 22
	13	19 28 29	21 30 42	23 21 6	1 23 19	3 21 36	5 23 49	7 22 6	9 24 19	11 26 32	13 24 49	15 27 2	17 25 19
	14	19 32 25	21 34 39	23 25 2	1 27 15	3 25 32	5 27 45	7 26 2	9 28 15	11 30 29	13 28 45	15 30 58	17 29 15
	15	19 36 22	21 38 35	23 28 59	1 31 12	3 29 29	5 31 42	7 29 59	9 32 12	11 34 25	13 32 42	15 34 55	17 33 12
	16	19 40 19	21 42 32	23 32 55	1 35 9	3 33 25	5 35 38	7 33 55	9 36 9	11 38 22	13 36 38	15 38 52	17 37 8
	17	19 44 15	21 46 28	23 36 52	1 39 5	3 37 22	5 39 35	7 37 52	9 40 5	11 42 18	13 40 35	15 42 48	17 41 5
	18	19 48 12	21 50 25	23 40 48	1 43 2	3 41 18	5 43 32	7 41 48	9 44 2	11 46 15	13 44 31	15 46 45	17 45 1
	19	19 52 8	21 54 21	23 44 45	1 46 58	3 45 15	5 47 28	7 45 45	9 47 58	11 50 11	13 48 28	15 50 41	17 48 58
	20	19 56 5	21 58 18	23 48 42	1 50 55	3 49 11	5 51 25	7 49 41	9 51 55	11 54 8	13 52 25	15 54 38	17 52 55
	21	20 0 1	22 2 15	23 52 38	1 54 51	3 53 8	5 55 21	7 53 38	9 55 51	11 58 4	13 56 21	15 58 34	17 56 51
	22	20 3 58	22 6 11	23 56 35	1 58 48	3 57 5	5 59 18	7 57 35	9 59 48	12 2 1	14 0 18	16 2 31	18 0 48
	23	20 7 54	22 10 8	0 0 31	2 2 44	4 1 1	6 3 14	8 1 31	10 3 44	12 5 58	14 4 14	16 6 27	18 4 44
	24	20 11 51	22 14 4	0 4 28	2 6 41	4 4 58	6 7 11	8 5 28	10 7 41	12 9 54	14 8 11	15 10 24	18 8 41
	25	20 15 48	22 18 1	0 8 24	2 10 38	4 8 54	6 11 8	8 9 24	10 11 37	12 13 51	14 12 7	16 14 21	18 12 37
	26	20 19 44	22 21 57	0 12 21	2 14 34	4 12 51	6 15 4	8 13 21	10 15 34	12 17 47	14 16 4	16 18 17	18 16 34
	27	20 23 41	22 25 54	0 16 17	2 18 31	4 16 47	6 19 1	8 17 17	10 19 31	12 21 44	14 20 0	16 22 14	18 20 30
	28	20 27 37	22 29 50	0 20 14	2 22 27	4 20 44	6 22 57	8 21 14	10 23 27	12 25 40	14 23 57	16 26 10	18 24 27
	29	20 31 34		0 24 11	2 26 24	4 24 40	6 26 54	8 25 10	10 27 24	12 29 37	14 27 54	16 30 7	18 28 24
	30	20 35 30		0 28 7	2 30 20	4 28 37	6 30 50	8 29 7	10 31 20	12 33 33	14 31 50	16 34 3	18 32 20
	31	20 39 27		0 32 4		4 32 34		8 33 4	10 35 17		14 35 47		18 36 17
1915	1	18 40 13	20 42 27	22 32 50	0 35 3	2 33 20	4 35 33	6 33 50	8 36 3	10 38 16	12 36 33	14 38 46	16 37 3
	2	18 44 10	20 46 23	22 36 47	0 39 0	2 37 16	4 39 30	6 37 46	8 40 0	10 42 13	12 40 30	14 42 43	16 40 59
	3	18 48 6	20 50 20	22 40 43	0 42 56	2 41 13	4 43 26	6 41 43	8 43 56	10 46 9	12 44 26	14 46 39	16 44 56
	4	18 52 3	20 54 16	22 44 40	0 46 53	2 45 10	4 47 23	6 45 40	8 47 53	10 50 6	12 48 23	14 50 36	16 48 53
	5	18 55 59	20 58 13	22 48 36	0 50 49	2 49 6	4 51 19	6 49 36	8 51 49	10 54 3	12 52 19	14 54 32	16 52 49
	6	18 59 56	21 2 9	22 52 33	0 54 46	2 53 2	4 55 16	6 53 33	8 55 46	10 57 59	12 56 16	14 58 29	16 56 46
	7	19 3 53	21 6 6	22 56 29	0 58 43	2 56 59	4 59 12	6 57 29	8 59 42	11 1 56	13 0 12	15 2 26	17 0 42
	8	19 7 49	21 10 2	23 0 26	1 2 39	3 0 56	5 3 9	7 1 26	9 3 39	11 5 52	13 4 9	15 6 22	17 4 39
	9	19 11 46	21 13 59	23 4 22	1 6 36	3 4 52	5 7 6	7 5 22	9 7 36	11 9 49	13 8 5	15 10 19	17 8 35
	10	19 15 42	21 17 56	23 8 19	1 10 32	3 8 49	5 11 2	7 9 19	9 11 32	11 13 45	13 12 2	15 14 15	17 12 32
	11	19 19 39	21 21 52	23 12 16	1 14 29	3 12 45	5 14 59	7 13 15	9 15 29	11 17 42	13 15 59	15 18 12	17 16 28
	12	19 23 35	21 25 49	23 16 12	1 18 25	3 16 42	5 18 55	7 17 12	9 19 25	11 21 38	13 19 55	15 22 8	17 20 25
	13	19 27 32	21 29 45	23 20 9	1 22 22	3 20 39	5 22 52	7 21 9	9 23 22	11 25 35	13 23 52	15 26 5	17 24 22
	14	19 31 28	21 33 42	23 24 5	1 26 18	3 24 35	5 26 48	7 25 5	9 27 18	11 29 32	13 27 48	15 30 1	17 28 18
	15	19 35 25	21 37 38	23 28 2	1 30 15	3 28 32	5 30 45	7 29 2	9 31 15	11 33 28	13 31 45	15 33 58	17 32 15
	16	19 39 22	21 41 35	23 31 58	1 34 12	3 32 28	5 34 42	7 32 58	9 35 12	11 37 25	13 35 41	15 37 55	17 36 11
	17	19 43 18	21 45 31	23 35 55	1 38 8	3 36 25	5 38 38	7 36 55	9 39 8	11 41 21	13 39 38	15 41 51	17 40 8
	18	19 47 15	21 49 28	23 39 51	1 42 5	3 40 21	5 42 35	7 40 51	9 43 5	11 45 18	13 43 34	15 45 48	17 44 4
	19	19 51 11	21 53 25	23 43 48	1 46 1	3 44 18	5 46 31	7 44 48	9 47 1	11 49 14	13 47 31	15 49 44	17 48 1
	20	19 55 8	21 57 21	23 47 45	1 49 58	3 48 14	5 50 28	7 48 44	9 50 58	11 53 11	13 51 28	15 53 41	17 51 57
	21	19 59 4	22 1 18	23 51 41	1 53 54	3 52 11	5 54 24	7 52 41	9 54 54	11 57 7	13 55 24	15 57 37	17 55 54
	22	20 3 1	22 5 14	23 55 38	1 57 51	3 56 8	5 58 21	7 56 38	9 58 51	12 1 4	13 59 21	16 1 34	17 59 51
	23	20 6 58	22 9 11	23 59 34	2 1 47	4 0 4	6 2 17	8 0 34	10 2 47	12 5 1	14 3 17	16 5 30	18 3 47
	24	20 10 54	22 13 7	0 3 31	2 5 44	4 4 1	6 6 14	8 4 31	10 6 44	12 8 57	14 7 14	16 9 27	18 7 44
	25	20 14 51	22 17 4	0 7 27	2 9 41	4 7 57	6 10 11	8 8 27	10 10 40	12 12 54	14 11 10	16 13 24	18 11 40
	26	20 18 47	22 21 0	0 11 24	2 13 37	4 11 54	6 14 7	8 12 24	10 14 37	12 16 50	14 15 7	16 17 20	18 15 37
	27	20 22 44	22 24 57	0 15 21	2 17 34	4 15 50	6 18 4	8 16 20	10 18 34	12 20 47	14 19 3	16 21 17	18 19 33
	28	20 26 40	22 28 54	0 19 17	2 21 30	4 19 47	6 22 0	8 20 17	10 22 30	12 24 43	14 23 0	16 25 13	18 23 30
	29	20 30 37		0 23 14	2 25 27	4 23 43	6 25 57	8 24 13	10 26 27	12 28 40	14 26 57	16 29 10	18 27 27
	30	20 34 33		0 27 10	2 29 23	4 27 40	6 29 53	8 28 10	10 30 23	12 32 36	14 30 53	16 33 6	18 31 23
	31	20 38 30		0 31 7		4 31 37		8 32 7	10 34 20		14 34 50		18 35 20

		1	2	3	4	5	6	7	8	9	10	11	12
1916	1	18 39 16	20 41 29	22 35 50	0 38 3	2 36 19	4 38 33	6 36 49	8 39 3	10 41 16	12 39 32	14 41 46	16 40 2
	2	18 43 13	20 45 26	22 39 46	0 41 59	2 40 16	4 42 29	6 40 46	8 42 59	10 45 12	12 43 29	14 45 42	16 43 59
	3	18 47 9	20 49 23	22 43 43	0 45 56	2 44 12	4 46 26	6 44 42	8 46 56	10 49 9	12 47 26	14 49 39	16 47 55
	4	18 51 6	20 53 19	22 47 39	0 49 52	2 48 9	4 50 22	6 48 39	8 50 52	10 53 6	12 51 22	14 53 35	16 51 52
	5	18 55 2	20 57 16	22 51 36	0 53 49	2 52 6	4 54 19	6 52 36	8 54 49	10 57 2	12 55 19	14 57 32	16 55 49
	6	18 58 59	21 1 12	22 55 32	0 57 46	2 56 2	4 58 15	6 56 32	8 58 45	11 0 59	12 59 15	15 1 28	16 59 45
	7	19 2 56	21 5 9	22 59 29	1 1 42	2 59 59	5 2 12	7 0 29	9 2 42	11 4 55	13 3 12	15 5 25	17 3 42
	8	19 6 52	21 9 5	23 3 25	1 5 39	3 3 55	5 6 9	7 4 25	9 6 39	11 8 52	13 7 8	15 9 22	17 7 38
	9	19 10 49	21 13 2	23 7 22	1 9 35	3 7 52	5 10 5	7 8 22	9 10 35	11 12 48	13 11 5	15 13 18	17 11 35
	10	19 14 45	21 16 58	23 11 19	1 13 32	3 11 48	5 14 2	7 12 18	9 14 32	11 16 45	13 15 1	15 17 15	17 15 31
	11	19 18 42	21 20 55	23 15 15	1 17 28	3 15 45	5 17 58	7 16 15	9 18 28	11 20 41	13 18 58	15 21 11	17 19 28
	12	19 22 38	21 24 52	23 19 12	1 21 25	3 19 41	5 21 55	7 20 12	9 22 25	11 24 38	13 22 55	15 25 8	17 23 24
	13	19 26 35	21 28 48	23 23 8	1 25 21	3 23 38	5 25 51	7 24 8	9 26 21	11 28 34	13 26 51	15 29 4	17 27 21
	14	19 30 31	21 32 45	23 27 5	1 29 18	3 27 35	5 29 48	7 28 5	9 30 18	11 32 31	13 30 48	15 33 1	17 31 18
	15	19 34 28	21 36 41	23 31 1	1 33 14	3 31 31	5 33 44	7 32 1	9 34 14	11 36 28	13 34 44	15 36 57	17 35 14
	16	19 38 25	21 40 38	23 34 58	1 37 11	3 35 28	5 37 41	7 35 58	9 38 11	11 40 23	13 38 41	15 40 54	17 39 11
	17	19 42 21	21 44 34	23 38 54	1 41 8	3 39 24	5 41 38	7 39 54	9 42 8	11 44 21	13 42 37	15 44 51	17 43 7
	18	19 46 18	21 48 31	23 42 51	1 45 4	3 43 21	5 45 34	7 43 51	9 46 4	11 48 17	13 46 34	15 48 47	17 47 4
	19	19 50 14	21 52 27	23 46 48	1 49 1	3 47 17	5 49 31	7 47 47	9 50 1	11 52 14	13 50 30	15 52 44	17 51 0
	20	19 54 11	21 56 24	23 50 44	1 52 57	3 51 14	5 53 27	7 51 44	9 53 57	11 56 10	13 54 27	15 56 40	17 54 57
	21	19 58 7	22 0 21	23 54 41	1 56 54	3 55 10	5 57 24	7 55 41	9 57 54	12 0 7	13 58 24	16 0 37	17 58 53
	22	20 2 4	22 4 17	23 58 37	2 0 50	3 59 7	6 1 20	7 59 37	10 1 50	12 4 3	14 2 20	16 4 33	18 2 50
	23	20 6 0	22 8 14	0 2 34	2 4 47	4 3 4	6 5 17	8 3 34	10 5 47	12 8 0	14 6 17	16 8 30	18 6 47
	24	20 9 57	22 12 10	0 6 30	2 8 43	4 7 0	6 9 13	8 7 30	10 9 43	12 11 57	14 10 13	16 12 26	18 10 43
	25	20 13 54	22 16 7	0 10 27	2 12 40	4 10 57	6 13 10	8 11 27	10 13 40	12 15 53	14 14 10	16 16 23	18 14 40
	26	20 17 50	22 20 3	0 14 23	2 16 37	4 14 53	6 17 7	8 15 23	10 17 37	12 19 50	14 18 6	16 20 20	18 18 36
	27	20 21 47	22 24 0	0 18 20	2 20 33	4 18 50	6 21 3	8 19 20	10 21 33	12 23 46	14 22 3	16 24 16	18 22 33
	28	20 25 43	22 27 56	0 22 17	2 24 30	4 22 46	6 25 0	8 23 16	10 25 30	12 27 43	14 25 59	16 28 13	18 26 29
	29	20 29 40	22 31 53	0 26 13	2 28 26	4 26 43	6 28 56	8 27 13	10 29 26	12 31 39	14 29 56	16 32 9	18 30 26
	30	20 33 36		0 30 10	2 32 23	4 30 40	6 32 53	8 31 10	10 33 23	12 35 36	14 33 53	16 36 6	18 34 23
	31	20 37 33		0 34 6		4 34 36		8 35 6	10 37 19		14 37 49		18 38 19
1917	1	18 42 16	20 44 29	22 34 52	0 37 6	2 35 22	4 37 35	6 35 52	8 38 5	10 40 19	12 38 35	14 40 48	16 39 5
	2	18 46 12	20 48 25	22 38 49	0 41 2	2 39 19	4 41 32	6 39 49	8 42 2	10 44 15	12 42 32	14 44 45	16 43 2
	3	18 50 9	20 52 22	22 42 46	0 44 59	2 43 15	4 45 29	6 43 45	8 45 59	10 48 12	12 46 28	14 48 42	16 46 58
	4	18 54 5	20 56 19	22 46 42	0 48 55	2 47 12	4 49 25	6 47 42	8 49 55	10 52 8	12 50 25	14 52 38	16 50 55
	5	18 58 2	21 0 15	22 50 39	0 52 52	2 51 8	4 53 22	6 51 38	8 53 52	10 56 5	12 54 21	14 56 35	16 54 51
	6	19 1 58	21 4 12	22 54 35	0 56 48	2 55 5	4 57 18	6 55 35	8 57 48	11 0 1	12 58 18	15 0 31	16 58 48
	7	19 5 55	21 8 8	22 58 32	1 0 45	2 59 2	5 1 15	6 59 32	9 1 45	11 3 58	13 2 15	15 4 28	17 2 44
	8	19 9 52	21 12 5	23 2 28	1 4 41	3 2 58	5 5 11	7 3 28	9 5 41	11 7 55	13 6 11	15 8 24	17 6 41
	9	19 13 48	21 16 1	23 6 25	1 8 38	3 6 55	5 9 8	7 7 25	9 9 38	11 11 51	13 10 8	15 12 21	17 10 38
	10	19 17 45	21 19 58	23 10 21	1 12 35	3 10 51	5 13 4	7 11 21	9 13 34	11 15 48	13 14 4	15 16 17	17 14 34
	11	19 21 41	21 23 54	23 14 18	1 16 31	3 14 48	5 17 1	7 15 18	9 17 31	11 19 44	13 18 1	15 20 14	17 18 31
	12	19 25 38	21 27 51	23 18 15	1 20 28	3 18 44	5 20 58	7 19 14	9 21 28	11 23 41	13 21 57	15 24 11	17 22 27
	13	19 29 34	21 31 48	23 22 11	1 24 24	3 22 41	5 24 54	7 23 11	9 25 24	11 27 37	13 25 54	15 28 7	17 26 24
	14	19 33 31	21 35 44	23 26 8	1 28 21	3 26 37	5 28 51	7 27 7	9 29 21	11 31 24	13 29 50	15 32 4	17 30 20
	15	19 37 27	21 39 41	23 30 4	2 32 17	3 30 34	5 32 47	7 31 4	9 33 17	11 35 30	13 33 47	15 36 0	17 34 17
	16	19 41 24	21 43 37	23 34 1	1 36 14	3 34 31	5 36 44	7 35 1	9 37 14	11 39 27	13 37 44	15 39 57	17 38 13
	17	19 45 21	21 47 34	23 37 57	1 40 10	3 38 27	5 40 40	7 38 57	9 41 10	11 43 24	13 41 40	15 43 53	17 42 10
	18	19 49 17	21 51 30	23 41 54	1 44 7	3 42 24	5 42 54	5 44 37	9 45 7	11 47 20	13 45 37	15 47 50	17 46 7
	19	19 53 14	21 55 27	23 45 50	1 48 4	3 46 20	5 48 34	7 46 50	9 49 3	11 51 17	13 49 33	15 51 46	17 50 3
	20	19 57 10	21 59 23	23 49 47	1 52 0	3 50 17	5 52 30	7 50 47	9 53 0	11 55 13	13 53 30	15 55 43	17 54 0
	21	20 1 7	22 3 20	23 53 44	1 55 57	3 54 13	5 56 27	7 54 43	9 56 57	11 59 10	13 57 26	15 59 40	17 57 56
	22	20 5 3	22 7 17	23 57 40	1 59 53	3 58 10	6 0 23	7 58 40	10 0 53	12 3 6	14 1 23	16 3 36	18 1 53
	23	20 9 0	22 11 13	0 1 37	2 3 50	4 2 6	6 4 20	8 2 36	10 4 50	12 7 3	14 5 19	16 7 33	18 5 49
	24	20 12 56	22 15 10	0 5 23	2 7 46	4 6 3	6 8 16	8 6 33	10 8 46	12 10 59	14 9 16	16 11 29	18 9 46
	25	20 16 53	22 19 6	0 9 30	2 11 43	4 10 0	6 12 13	8 10 30	10 12 43	12 14 56	14 13 13	16 15 26	18 13 43
	26	20 20 50	22 23 3	0 13 26	2 15 39	4 13 56	6 16 9	8 14 26	10 16 39	12 18 53	14 17 9	16 19 22	18 17 39
	27	20 24 46	22 26 59	0 17 23	2 19 36	4 17 53	6 20 6	8 18 23	10 20 36	12 22 49	14 21 6	16 23 19	18 21 36
	28	20 28 43	22 30 56	0 21 19	2 23 33	4 21 49	6 24 3	8 22 19	10 24 32	12 26 46	14 25 2	16 27 15	18 25 32
	29	20 32 39		0 25 16	2 27 29	4 25 46	6 27 59	8 26 16	10 28 29	12 30 42	14 28 59	16 31 12	18 29 29
	30	20 36 36		0 29 12	2 31 26	4 29 42	6 31 56	8 30 12	10 32 26	12 34 39	14 32 55	16 35 9	18 33 25
	31	20 40 32		0 33 9		4 33 39		8 34 9	10 36 22		14 36 52		18 37 22

Year	Day	1	2	3	4	5	6	7	8	9	10	11	12
1918	1	18 41 18	20 43 32	22 33 55	0 36 8	2 34 25	4 36 38	6 34 55	8 37 8	10 39 21	12 37 38	14 39 51	16 38 8
	2	18 45 15	20 47 28	22 37 52	0 40 5	2 38 22	4 40 35	6 38 51	8 41 5	10 43 18	12 41 35	14 43 48	16 42 4
	3	18 49 12	20 51 25	22 41 48	0 44 1	2 42 18	4 44 31	6 42 48	8 45 1	10 47 14	12 45 31	14 47 44	16 46 1
	4	18 53 8	20 55 21	22 45 45	0 47 58	2 46 15	4 48 28	6 46 45	8 48 58	10 51 11	12 49 28	14 51 41	16 49 57
	5	18 57 5	20 59 18	22 49 41	0 51 55	2 50 11	4 52 24	6 50 41	8 52 54	10 55 8	12 53 24	14 55 37	16 53 54
	6	19 1 1	21 3 15	22 53 38	0 55 51	2 54 8	4 56 21	6 54 38	8 56 51	10 59 4	12 57 21	14 59 34	16 57 51
	7	19 4 58	21 7 11	22 57 35	0 59 48	2 58 4	5 0 18	6 58 34	9 0 48	11 3 1	13 1 17	15 3 30	17 1 47
	8	19 8 54	21 11 8	23 1 31	1 3 44	3 2 1	5 4 14	7 2 31	9 4 44	11 6 57	13 5 14	15 7 27	17 5 44
	9	19 12 51	21 15 4	23 5 28	1 7 41	3 5 57	5 8 11	7 6 27	9 8 41	11 10 54	13 9 10	15 11 24	17 9 40
	10	19 16 47	21 19 1	23 9 24	1 11 37	3 9 54	5 12 7	7 10 24	9 12 37	11 14 50	13 13 7	15 15 20	17 13 37
	11	19 20 44	21 22 57	23 13 21	1 15 34	3 13 51	5 16 4	7 14 20	9 16 34	11 18 47	13 17 3	15 19 17	17 17 33
	12	19 24 41	21 26 54	23 17 17	1 19 30	3 17 47	5 20 0	7 18 17	9 20 30	11 22 43	13 21 0	15 23 13	17 21 30
	13	19 28 37	21 30 50	23 21 14	1 23 27	3 21 44	5 23 57	7 22 14	9 24 27	11 26 40	13 24 57	15 27 10	17 25 26
	14	19 32 34	21 34 47	23 25 10	1 27 24	3 25 40	5 27 53	7 26 10	9 28 23	11 30 37	13 28 53	15 31 6	17 29 23
	15	19 36 30	21 38 43	23 29 7	1 31 20	3 29 37	5 31 50	7 30 7	9 32 20	11 34 33	13 32 50	15 35 3	17 33 20
	16	19 40 27	21 42 40	23 33 4	1 35 17	3 33 33	5 35 47	7 34 3	9 36 17	11 38 30	13 36 46	15 38 59	17 37 16
	17	19 44 23	21 46 37	23 37 0	1 39 13	3 37 30	5 39 43	7 38 0	9 40 13	11 42 26	13 40 43	15 42 56	17 41 13
	18	19 48 20	21 50 33	23 40 57	1 43 10	3 41 26	5 43 40	7 41 56	9 44 10	11 46 23	13 44 39	15 46 53	17 45 9
	19	19 52 16	21 54 30	23 44 53	1 47 6	3 45 23	5 47 36	7 45 53	9 48 6	11 50 19	13 48 36	15 50 49	17 49 6
	20	19 56 13	21 58 26	23 48 50	1 51 3	3 49 20	5 51 33	7 49 50	9 52 3	11 54 16	13 52 32	15 54 46	17 53 2
	21	20 0 10	22 2 23	23 52 46	1 54 59	3 53 16	5 55 29	7 53 46	9 55 59	11 58 12	13 56 29	15 58 42	17 56 59
	22	20 4 6	22 6 19	23 56 43	1 58 56	3 57 16	5 59 26	7 57 43	9 59 56	12 2 9	14 0 26	16 2 39	18 0 56
	23	20 8 3	22 10 16	0 0 39	2 2 53	4 1 9	6 3 22	8 1 39	10 3 52	12 6 6	14 4 22	16 6 35	18 4 52
	24	20 11 59	22 14 12	0 4 36	2 6 49	4 5 6	6 7 19	8 5 36	10 7 49	12 10 2	14 8 19	16 10 32	18 8 49
	25	20 15 56	22 18 9	0 8 32	2 10 46	4 9 2	6 11 16	8 9 32	10 11 45	12 13 59	14 12 15	16 14 28	18 12 45
	26	20 19 52	22 22 6	0 12 29	2 14 42	4 12 59	6 15 12	8 13 29	10 15 42	12 17 55	14 16 12	16 18 25	18 16 42
	27	20 23 49	22 26 2	0 16 26	2 18 39	4 16 55	6 19 9	8 17 25	10 19 39	12 21 52	14 20 8	16 22 22	18 20 38
	28	20 27 45	22 29 59	0 20 22	2 22 35	4 20 52	6 23 5	8 21 22	10 23 35	12 25 48	14 25 4	16 26 18	18 24 35
	29	20 31 42		0 24 19	2 26 32	4 24 49	6 27 2	8 25 19	10 27 32	12 29 45	14 28 1	16 30 15	18 28 31
	30	20 35 39		0 28 15	2 30 28	4 28 45	6 30 58	8 29 15	10 31 28	12 33 41	14 31 58	16 34 11	18 32 28
	31	20 39 35		0 32 12		4 32 42		8 33 12	10 35 25		14 35 55		18 38 25
1919	1	18 40 21	20 42 34	22 32 58	0 35 11	2 33 28	4 35 41	6 33 58	8 36 11	10 38 24	12 36 41	14 38 54	16 37 10
	2	18 44 18	20 46 31	22 36 54	0 39 8	2 37 24	4 39 37	6 37 54	8 40 7	10 42 21	12 40 37	14 42 50	16 41 7
	3	18 48 14	20 50 27	22 40 51	0 43 4	2 41 21	4 43 34	6 41 51	8 44 4	10 46 17	12 44 34	14 46 47	16 45 3
	4	18 52 11	20 54 27	22 44 48	0 47 1	2 45 17	4 47 30	6 45 47	8 48 0	10 50 14	12 48 30	14 50 43	16 49 0
	5	18 56 7	20 58 21	22 48 44	0 50 57	2 49 14	4 51 27	6 49 44	8 51 57	10 54 10	12 52 27	14 54 40	16 52 57
	6	19 0 4	21 2 17	22 52 41	0 54 54	2 53 10	4 55 24	6 53 40	8 55 54	10 58 7	12 56 23	14 58 36	16 56 53
	7	19 4 0	21 6 14	22 56 37	0 58 50	2 57 7	4 59 20	6 57 37	8 59 50	11 2 3	13 0 20	15 2 33	17 0 50
	8	19 7 57	21 10 10	23 0 34	1 2 47	3 1 3	5 3 17	7 1 33	9 3 47	11 6 0	13 4 16	15 6 30	17 4 46
	9	19 11 54	21 14 7	23 4 30	1 6 43	3 5 0	5 7 13	7 5 30	9 7 43	11 9 56	13 8 13	15 10 26	17 8 43
	10	19 15 50	21 18 3	23 8 27	1 10 40	3 8 57	5 11 10	7 9 27	9 11 40	11 13 53	13 12 10	15 14 23	17 12 39
	11	19 19 47	21 22 0	23 12 23	1 14 37	3 12 53	5 15 6	7 13 23	9 15 36	11 17 49	13 16 6	15 18 19	17 16 36
	12	19 23 43	21 25 56	23 16 20	1 18 33	3 16 50	5 19 3	7 17 20	9 19 33	11 21 46	13 20 3	15 22 16	17 20 32
	13	19 27 40	21 29 53	23 20 16	1 22 30	3 20 46	5 22 59	7 21 16	9 23 29	11 25 43	13 23 59	15 26 12	17 24 29
	14	19 31 36	21 33 50	23 24 13	1 26 26	3 24 43	5 26 56	7 25 13	9 27 26	11 29 39	13 27 56	15 30 9	17 28 26
	15	19 35 33	21 37 46	23 28 10	1 30 23	3 28 39	5 30 53	7 29 9	9 31 23	11 33 36	13 31 52	15 34 5	17 32 22
	16	19 39 29	21 41 43	23 32 6	1 34 19	3 32 36	5 34 49	7 33 6	9 35 19	11 37 32	13 35 49	15 38 2	17 36 19
	17	19 43 26	21 45 39	23 36 3	1 38 16	3 36 32	5 38 46	7 37 2	9 39 16	11 41 29	13 39 45	15 41 59	17 40 15
	18	19 47 23	21 49 36	23 39 59	1 42 12	3 40 29	5 42 42	7 40 59	9 43 12	11 45 25	13 43 42	15 45 55	17 44 12
	19	19 51 19	21 53 32	23 43 56	1 46 9	3 44 26	5 46 39	7 44 56	9 47 9	11 49 22	13 47 38	15 49 52	17 48 8
	20	19 55 16	21 57 29	23 47 52	1 50 5	3 48 22	5 50 35	7 48 52	9 51 5	11 53 18	13 51 35	15 53 48	17 52 5
	21	19 59 12	22 1 25	23 51 49	1 54 2	3 52 19	5 54 32	7 52 49	9 55 2	11 57 15	13 55 32	15 57 45	17 56 1
	22	20 3 9	22 5 22	23 55 45	1 57 59	3 56 15	5 58 29	7 56 45	9 58 58	12 1 12	13 59 28	16 1 41	17 59 58
	23	20 7 5	22 9 19	23 59 42	2 1 55	4 0 12	6 2 25	8 0 42	10 2 55	12 5 8	14 3 25	16 5 38	18 3 55
	24	20 11 2	22 13 15	0 3 39	2 5 52	4 4 8	6 6 22	8 4 38	10 6 52	12 9 5	14 7 21	16 9 34	18 7 51
	25	20 14 58	22 17 12	0 7 35	2 9 48	4 8 5	6 10 18	8 8 35	10 10 48	12 13 1	14 11 18	16 13 31	18 11 48
	26	20 18 55	22 21 8	0 11 32	2 13 45	4 12 1	6 14 15	8 12 31	10 14 45	12 16 58	14 15 14	16 17 28	18 15 44
	27	20 22 52	22 25 5	0 15 28	2 17 41	4 15 58	6 18 11	8 16 28	10 18 41	12 20 54	14 19 11	16 21 24	18 19 41
	28	20 26 48	22 29 1	0 19 25	2 21 38	4 19 55	6 22 8	8 20 25	10 22 38	12 24 51	14 23 7	16 25 21	18 23 37
	29	20 30 45		0 23 21	2 25 34	4 23 51	6 26 4	8 24 21	10 26 34	12 28 47	14 27 4	16 29 17	18 27 34
	30	20 34 41		0 27 18	2 29 31	4 27 46	6 30 1	8 28 18	10 30 31	12 32 44	14 31 1	16 33 14	18 31 31
	31	20 38 38		0 31 14		4 31 44		8 32 14	10 34 27		14 34 57		18 35 27

Year	Day	1	2	3	4	5	6	7	8	9	10	11	12
1920	1	18 39 24	20 41 37	22 35 57	0 38 10	2 36 27	4 38 40	6 36 57	8 39 10	10 41 23	12 39 40	14 41 53	16 40 9
	2	18 43 20	20 45 33	22 39 53	0 42 7	2 40 23	4 42 36	6 40 53	8 43 6	10 45 20	12 43 36	14 45 49	16 44 6
	3	18 47 17	20 49 30	22 43 50	0 46 3	2 44 20	4 46 33	6 44 50	8 47 3	10 49 16	12 47 33	14 49 46	16 48 2
	4	18 51 13	20 53 27	22 47 47	0 50 0	2 48 16	4 50 30	6 48 46	8 50 59	10 53 13	12 51 29	14 53 42	16 51 59
	5	18 55 10	20 57 23	22 51 43	0 53 56	2 52 13	4 54 26	6 52 43	8 54 56	10 57 9	12 55 26	14 57 39	16 55 56
	6	18 59 6	21 1 20	22 55 40	0 57 53	2 56 9	4 58 23	6 56 39	8 58 53	11 1 6	12 59 22	15 1 35	16 59 52
	7	19 3 3	21 5 16	22 59 36	1 1 49	3 0 6	5 2 19	7 0 36	9 2 49	11 5 2	13 3 19	15 5 32	17 3 49
	8	19 7 0	21 9 13	23 3 33	1 5 46	3 4 3	5 6 16	7 4 32	9 6 46	11 8 59	13 7 15	15 9 29	17 7 45
	9	19 10 56	21 13 9	23 7 29	1 9 42	3 7 59	5 10 12	7 8 29	9 10 42	11 12 56	13 11 12	15 13 25	17 11 42
	10	19 14 53	21 17 6	23 11 26	1 13 39	3 11 56	5 14 9	7 12 26	9 14 39	11 16 52	13 15 9	15 17 22	17 15 38
	11	19 18 49	21 21 2	23 15 22	1 17 36	3 15 52	5 18 5	7 16 22	9 18 35	11 20 49	13 19 5	15 21 18	17 19 35
	12	19 22 46	21 24 59	23 19 19	1 21 32	3 19 49	5 22 2	7 20 19	9 22 32	11 24 45	13 23 2	15 25 15	17 23 31
	13	19 26 42	21 28 56	23 23 16	1 25 29	3 23 45	5 25 59	7 24 15	9 26 28	11 28 42	13 26 58	15 29 11	17 27 28
	14	19 30 39	21 32 52	23 27 12	1 29 25	3 27 42	5 29 55	7 28 12	9 30 25	11 32 38	13 30 55	15 33 8	17 31 25
	15	19 34 35	21 36 49	23 31 9	1 33 22	3 31 38	5 33 52	7 32 8	9 34 22	11 36 35	13 34 51	15 37 4	17 35 25
	16	19 38 32	21 40 45	23 35 5	1 37 18	3 35 35	5 37 48	7 36 5	9 38 18	11 40 31	13 38 48	15 41 1	17 39 18
	17	19 42 29	21 44 42	23 39 2	1 41 15	3 39 32	5 41 45	7 40 1	9 42 15	11 44 28	13 42 44	15 44 58	17 43 14
	18	19 46 25	21 48 38	23 42 58	1 45 11	3 43 28	5 45 41	7 43 58	9 46 11	11 48 24	13 46 41	15 48 54	17 47 11
	19	19 50 22	21 52 35	23 46 55	1 49 8	3 47 25	5 49 38	7 47 55	9 50 8	11 52 21	13 50 37	15 52 51	17 51 7
	20	19 54 18	21 56 31	23 50 51	1 53 5	3 51 21	5 53 34	7 51 51	9 54 4	11 56 17	13 54 34	15 56 47	17 55 4
	21	19 58 15	22 0 28	23 54 48	1 57 1	3 55 18	5 57 31	7 55 48	9 58 1	12 0 14	13 58 31	16 0 44	17 59 0
	22	20 2 11	22 4 25	23 58 45	2 0 58	3 59 14	6 1 28	7 59 44	10 1 57	12 4 11	14 2 27	16 4 40	18 2 57
	23	20 6 8	22 8 21	0 2 41	2 4 54	4 3 11	6 5 24	8 3 41	10 5 54	12 8 7	14 6 24	16 8 37	18 6 54
	24	20 10 4	22 12 18	0 6 38	2 8 51	4 7 7	6 9 21	8 7 37	10 9 51	12 12 4	14 10 20	16 12 33	18 10 50
	25	20 14 1	22 16 14	0 10 34	2 12 47	4 11 4	6 13 17	8 11 34	10 13 47	12 16 0	14 14 17	16 16 30	18 14 47
	26	20 17 58	22 20 11	0 14 31	2 16 44	4 15 1	6 17 14	8 15 30	10 17 44	12 19 57	14 18 13	16 20 27	18 18 43
	27	20 21 54	22 24 7	0 18 27	2 20 40	4 18 57	6 21 10	8 19 27	10 21 40	12 23 53	14 22 10	16 24 23	18 22 40
	28	20 25 51	22 28 4	0 22 24	2 24 37	4 22 54	6 25 7	8 23 24	10 25 37	12 27 50	14 26 6	16 28 20	18 26 36
	29	20 29 47	22 32 0	0 26 20	2 28 34	4 26 50	6 29 3	8 27 20	10 29 33	12 31 46	14 30 3	16 32 16	18 30 33
	30	20 33 44		0 30 17	2 32 30	4 30 47	6 33 0	8 31 17	10 33 30	12 35 43	14 34 0	16 36 13	18 34 30
	31	20 37 40		0 34 14		4 34 43		8 35 13	10 37 26		14 37 56		18 38 26
1921	1	18 42 23	20 44 36	22 34 59	0 37 12	2 35 29	4 37 42	6 35 59	8 38 12	10 40 25	12 38 42	14 40 55	16 39 12
	2	18 46 19	20 48 32	22 38 56	0 41 9	2 39 26	4 41 39	6 39 56	8 42 9	10 44 22	12 42 38	14 44 52	16 43 8
	3	18 50 15	20 52 29	22 42 52	0 45 6	2 43 22	4 45 35	6 43 52	8 46 5	10 48 18	12 46 35	14 48 48	16 47 5
	4	18 54 12	20 56 26	22 46 49	0 49 2	2 47 19	4 49 32	6 47 49	8 50 2	10 52 15	12 50 32	14 52 45	16 51 1
	5	18 58 9	21 0 22	22 50 46	0 52 59	2 51 15	4 53 29	6 51 45	8 53 58	10 56 12	12 54 28	14 56 41	16 54 58
	6	19 2 5	21 4 19	22 54 42	0 56 55	2 55 12	4 57 25	6 55 42	8 57 55	11 0 8	12 58 25	15 0 38	16 58 55
	7	19 6 2	21 8 15	22 58 39	1 0 52	2 59 8	5 1 22	6 59 38	9 1 52	11 4 5	13 2 21	15 4 34	17 2 51
	8	19 9 59	21 12 12	23 2 35	1 4 48	3 3 5	5 5 18	7 3 35	9 5 48	11 8 1	13 6 18	15 8 31	17 6 48
	9	19 13 55	21 16 8	23 6 32	1 8 45	3 7 1	5 9 15	7 7 31	9 9 45	11 11 58	13 10 14	15 12 28	17 10 44
	10	19 17 52	21 20 5	23 10 28	1 12 41	3 10 58	5 13 11	7 11 28	9 13 41	11 15 54	13 14 11	15 16 24	17 14 41
	11	19 21 48	21 24 1	23 14 25	1 16 38	3 14 55	5 17 8	7 15 25	9 17 38	11 19 51	13 18 7	15 20 21	17 18 37
	12	19 25 45	21 27 58	23 18 21	1 20 35	3 18 51	5 21 4	7 19 21	9 21 34	11 23 47	13 22 4	15 24 17	17 22 34
	13	19 29 41	21 31 55	23 22 18	1 24 31	3 22 48	5 25 1	7 23 18	9 25 31	11 27 44	13 16 1	15 28 14	17 26 30
	14	19 33 38	21 35 51	23 26 15	1 28 28	3 26 44	5 28 58	7 27 14	9 29 27	11 31 41	13 29 57	15 32 10	17 30 27
	15	19 37 34	21 39 48	23 30 11	1 32 24	3 30 41	5 32 54	7 31 11	9 33 24	11 35 37	13 33 54	15 36 7	17 34 24
	16	19 41 31	21 43 44	23 34 8	1 36 21	3 34 37	5 36 51	7 35 7	9 37 21	11 39 34	13 37 50	15 40 3	17 38 20
	17	19 45 28	21 47 41	23 38 4	1 40 17	3 38 34	5 40 47	7 39 4	9 41 17	11 43 30	13 41 47	15 44 0	17 42 17
	18	19 49 24	21 51 37	23 42 1	1 44 14	3 42 30	5 44 44	7 43 0	9 45 14	11 47 27	13 45 43	15 47 57	17 46 13
	19	19 53 21	21 55 34	23 45 57	1 48 10	3 46 27	5 48 40	7 46 57	9 49 10	11 51 23	13 49 40	15 51 53	17 50 10
	20	19 57 17	21 59 30	23 49 54	1 52 7	3 50 24	5 52 37	7 50 54	9 53 7	11 55 20	13 53 36	15 55 50	17 54 6
	21	20 1 14	22 3 27	23 53 50	1 56 4	3 54 20	5 56 33	7 54 50	9 57 3	11 59 16	13 57 33	15 59 46	17 58 3
	22	20 5 10	22 7 24	23 57 47	2 0 0	3 58 17	6 0 30	7 58 47	10 1 0	12 3 13	14 1 30	16 3 43	18 1 59
	23	20 9 7	22 11 20	0 1 44	2 3 57	4 2 13	6 4 27	8 2 43	10 4 56	12 7 10	14 5 26	16 7 39	18 5 56
	24	20 13 3	22 15 17	0 5 40	2 7 53	4 6 10	6 8 23	8 6 40	10 8 53	12 11 6	14 9 23	16 11 36	18 9 53
	25	20 17 0	22 19 13	0 9 37	2 11 50	4 10 6	6 12 20	8 10 36	10 12 50	12 15 3	14 13 19	16 15 32	18 13 49
	26	20 20 57	22 23 10	0 13 33	2 15 46	4 14 3	6 16 16	8 14 33	10 16 46	12 18 59	14 17 16	16 19 29	18 17 46
	27	20 24 53	22 27 6	0 17 30	2 19 43	4 17 60	6 20 13	8 18 29	10 20 43	12 22 56	14 21 12	16 23 26	18 21 42
	28	20 28 50	22 31 3	0 21 26	2 23 39	4 21 56	6 24 9	8 22 26	10 24 39	12 26 52	14 25 9	16 27 22	18 25 39
	29	20 32 46		0 25 23	2 27 36	4 25 53	6 28 6	8 26 23	10 28 36	12 30 49	14 29 5	16 31 19	18 29 35
	30	20 36 43		0 29 19	2 31 33	4 29 49	6 32 2	8 30 19	10 32 32	12 34 45	14 33 2	16 35 15	18 33 32
	31	20 40 39		0 33 16		4 33 46		8 34 16	10 36 29		14 36 59		18 37 28

		1	2	3	4	5	6	7	8	9	10	11	12
1922	1	18 41 25	20 43 38	22 34 2	0 36 15	2 34 31	4 36 45	6 35 1	8 37 15	10 39 28	12 37 44	14 39 57	16 38 14
	2	18 45 22	20 47 35	22 37 58	0 40 11	2 38 28	4 40 41	6 38 58	8 41 11	10 43 24	12 41 41	14 43 54	16 42 11
	3	18 49 18	20 51 31	22 41 55	0 44 8	2 42 25	4 44 38	6 42 54	8 45 8	10 47 21	12 45 37	14 47 51	16 46 7
	4	18 53 15	20 55 28	22 45 51	0 48 5	2 46 21	4 48 34	6 46 51	8 49 4	10 51 17	12 49 34	14 51 47	16 50 4
	5	18 57 11	20 59 24	22 49 48	0 52 1	2 50 18	4 52 31	6 50 48	8 53 1	10 55 14	12 53 30	14 55 44	16 54 0
	6	19 1 8	21 3 21	22 53 45	0 55 58	2 54 14	4 56 27	6 54 44	8 56 57	10 59 10	12 57 27	14 59 40	16 57 57
	7	19 5 4	21 7 18	22 57 41	0 59 54	2 58 11	5 0 24	6 58 41	9 0 54	11 3 7	13 1 24	15 3 37	17 1 53
	8	19 9 1	21 11 14	23 1 38	1 3 51	3 2 7	5 4 21	7 2 37	9 4 50	11 7 4	13 5 20	15 7 33	17 5 50
	9	19 12 57	21 15 11	23 5 34	1 7 47	3 6 4	5 8 17	7 6 34	9 8 47	11 11 0	13 9 17	15 11 30	17 9 47
	10	19 16 54	21 19 7	23 9 31	1 11 44	3 10 0	5 12 14	7 10 30	9 12 44	11 14 57	13 13 13	15 15 26	17 13 43
	11	19 20 51	21 23 4	23 13 27	1 15 40	3 13 57	5 16 10	7 14 27	9 16 40	11 18 53	13 17 10	15 19 23	17 17 40
	12	19 24 47	21 27 0	23 17 24	1 19 37	3 17 54	5 20 7	7 18 23	9 20 37	11 22 50	13 21 6	15 23 20	17 21 36
	13	19 28 44	21 30 57	23 21 20	1 23 33	3 21 50	5 24 3	7 22 20	9 24 33	11 26 46	13 25 3	15 27 16	17 25 33
	14	19 32 40	21 34 53	23 25 17	1 27 30	3 25 47	5 28 0	7 26 17	9 28 30	11 30 43	13 28 59	15 31 13	17 29 29
	15	19 36 37	21 38 50	23 29 13	1 31 27	3 29 43	5 31 56	7 30 13	9 32 26	11 34 39	13 32 56	15 35 9	17 33 26
	16	19 40 33	21 42 47	23 33 10	1 35 23	3 33 40	5 35 53	7 34 10	9 36 23	11 38 36	13 36 53	15 39 6	17 37 22
	17	19 44 30	21 46 43	23 37 7	1 39 20	3 37 36	5 39 50	7 38 6	9 40 19	11 42 33	13 40 49	15 43 2	17 41 19
	18	19 48 26	21 50 40	23 41 3	1 43 16	3 41 33	5 43 46	7 42 3	9 44 16	11 46 29	13 44 46	15 46 59	17 45 16
	19	19 52 23	21 54 36	23 45 0	1 47 13	3 45 29	5 47 43	7 45 59	9 48 13	11 50 26	13 48 42	15 50 55	17 49 12
	20	19 56 20	21 58 33	23 48 56	1 51 9	3 49 26	5 51 39	7 49 56	9 52 9	11 54 22	13 52 39	15 54 52	17 53 9
	21	20 0 16	22 2 29	23 52 53	1 55 6	3 53 23	5 55 36	7 53 52	9 56 6	11 58 19	13 56 35	15 58 49	17 57 5
	22	20 4 13	22 6 26	23 56 49	1 59 2	3 57 19	5 59 32	7 57 49	10 0 2	12 2 15	14 0 32	16 2 45	18 1 2
	23	20 8 9	22 10 22	0 0 46	2 2 59	4 1 16	6 3 29	8 1 46	10 3 59	12 6 12	14 4 28	16 6 42	18 4 58
	24	20 12 6	22 14 19	0 4 42	2 6 56	4 5 12	6 7 25	8 5 42	10 7 55	12 10 8	14 8 25	16 10 38	18 8 55
	25	20 16 2	22 18 16	0 8 39	2 10 52	4 9 9	6 11 22	8 9 39	10 11 52	12 14 5	14 12 22	16 14 35	18 12 51
	26	20 19 59	22 22 13	0 12 36	2 14 49	4 13 5	6 15 19	8 13 35	10 15 48	12 18 2	14 16 18	16 18 31	18 16 48
	27	20 23 55	22 26 9	0 16 32	2 18 45	4 17 2	6 19 15	8 17 32	10 19 45	12 21 58	14 20 15	16 22 28	18 20 45
	28	20 27 52	22 30 5	0 20 29	2 22 42	4 20 58	6 23 12	8 21 28	10 23 42	12 25 55	14 24 11	16 26 24	18 24 41
	29	20 31 49		0 24 25	2 26 38	4 24 55	6 27 8	8 25 25	10 27 38	12 29 51	14 28 8	16 30 21	18 28 38
	30	20 35 45		0 28 22	2 30 35	4 28 52	6 31 5	8 29 21	10 31 35	12 33 48	14 32 4	16 34 18	18 32 34
	31	20 39 42		0 32 18		4 32 48		8 33 18	10 35 31		14 36 1		18 36 31
1923	1	18 40 27	20 42 41	22 33 4	0 35 17	2 33 34	4 35 47	6 34 4	8 36 17	10 38 30	12 36 47	14 39 0	16 37 16
	2	18 44 24	20 46 37	22 37 1	0 39 14	2 37 30	4 39 44	6 38 0	8 40 13	10 42 27	12 40 43	14 42 56	16 41 13
	3	18 48 20	20 50 34	22 40 57	0 43 10	2 41 27	4 43 40	6 41 57	8 44 10	10 46 23	12 44 40	14 46 53	16 45 10
	4	18 52 17	20 54 30	22 44 54	0 47 7	2 45 23	4 47 37	6 45 53	8 48 7	10 50 20	12 48 36	14 50 49	16 49 6
	5	18 56 14	20 58 27	22 48 50	0 51 3	2 49 20	4 51 33	6 49 50	8 52 3	10 54 16	12 52 33	14 54 46	16 53 3
	6	19 0 10	21 2 23	22 52 47	0 55 0	2 53 17	4 55 30	6 53 46	8 56 0	10 58 13	12 56 29	14 58 43	16 56 59
	7	19 4 7	21 6 20	22 56 43	0 58 57	2 57 13	4 59 26	6 57 43	8 59 56	11 2 9	13 0 26	15 2 39	17 0 56
	8	19 8 3	21 10 16	23 0 40	1 2 53	3 1 10	5 3 23	7 1 40	9 3 53	11 6 6	13 4 23	15 6 36	17 4 52
	9	19 12 0	21 14 13	23 4 37	1 6 50	3 5 6	5 7 19	7 5 36	9 7 49	11 10 3	13 8 19	15 10 32	17 8 49
	10	19 15 56	21 18 10	23 8 33	1 10 46	3 9 3	5 11 16	7 9 33	9 11 46	11 13 59	13 12 16	15 14 29	17 12 45
	11	19 19 53	21 22 6	23 12 30	1 14 43	3 12 59	5 15 13	7 13 29	9 15 42	11 17 56	13 16 12	15 18 25	17 16 42
	12	19 23 49	21 26 3	23 16 26	1 18 39	3 16 56	5 19 9	7 17 26	9 19 39	11 21 52	13 20 9	15 22 22	17 20 39
	13	19 27 46	21 29 59	23 20 23	1 22 36	3 20 52	5 23 6	7 21 22	9 23 36	11 25 49	13 24 5	15 26 18	17 24 35
	14	19 31 43	21 33 56	23 24 19	1 26 32	3 24 49	5 27 2	7 25 19	9 27 32	11 29 45	13 28 2	15 30 15	17 28 32
	15	19 35 39	21 37 52	23 28 16	1 30 29	3 28 46	5 30 59	7 29 15	9 31 29	11 33 42	13 31 58	15 34 12	17 32 28
	16	19 39 36	21 41 49	23 32 12	1 34 25	3 32 42	5 34 55	7 33 12	9 35 25	11 37 38	13 35 55	15 38 8	17 36 25
	17	19 43 32	21 45 45	23 36 9	1 38 22	3 36 39	5 38 52	7 37 9	9 39 22	11 41 35	13 39 51	15 42 5	17 40 21
	18	19 47 29	21 49 42	23 40 5	1 42 19	3 40 35	5 42 48	7 41 5	9 43 18	11 45 31	13 43 48	15 46 1	17 44 18
	19	19 51 25	21 53 39	23 44 2	1 46 15	3 44 32	5 46 45	7 45 2	9 47 15	11 49 28	13 47 45	15 49 58	17 48 14
	20	19 55 22	21 57 35	23 47 59	1 50 12	3 48 28	5 50 42	7 48 58	9 51 11	11 53 25	13 51 41	15 53 54	17 52 11
	21	19 59 18	22 1 32	23 51 55	1 54 8	3 52 25	5 54 38	7 52 55	9 55 8	11 57 21	13 55 38	15 57 51	17 56 8
	22	20 3 15	22 5 28	23 55 52	1 58 5	3 56 21	5 58 35	7 56 51	9 59 5	12 1 18	13 59 34	16 1 47	18 0 4
	23	20 7 12	22 9 25	23 59 48	2 2 1	4 0 18	6 2 31	8 0 48	10 3 1	12 5 14	14 3 31	16 5 44	18 4 1
	24	20 11 8	22 13 21	0 3 45	2 5 58	4 4 15	6 6 28	8 4 44	10 6 58	12 9 11	14 7 27	16 9 41	18 7 57
	25	20 15 5	22 17 18	0 7 41	2 9 54	4 8 11	6 10 24	8 8 41	10 10 54	12 13 7	14 11 24	16 13 37	18 11 54
	26	20 19 1	22 21 14	0 11 38	2 13 51	4 12 8	6 14 21	8 12 38	10 14 51	12 17 4	14 15 20	16 17 34	18 15 50
	27	20 22 58	22 25 11	0 15 34	2 17 48	4 16 4	6 18 17	8 16 34	10 18 47	12 21 0	14 19 17	16 21 30	18 19 47
	28	20 26 54	22 29 8	0 19 31	2 21 44	4 20 1	6 22 14	8 20 31	10 22 44	12 24 57	14 23 14	16 25 27	18 23 43
	29	20 30 51		0 23 28	2 25 41	4 23 57	6 26 11	8 24 27	10 26 40	12 28 54	14 27 10	16 29 23	18 27 40
	30	20 34 47		0 27 24	2 29 37	4 27 54	6 30 7	8 28 24	10 30 37	12 32 50	14 31 7	16 33 20	18 31 37
	31	20 38 44		0 31 21		4 31 50		8 32 20	10 34 34		14 35 3		18 35 33

		1	2	3	4	5	6	7	8	9	10	11	12
1924	1	18 39 30	20 41 43	22 36 3	0 38 16	2 36 33	4 38 46	6 37 3	8 39 16	10 41 29	12 39 46	14 41 59	16 40 15
	2	18 43 26	20 45 40	22 40 0	0 42 13	2 40 29	4 42 42	6 40 59	8 43 12	10 45 26	12 43 42	14 45 55	16 44 12
	3	18 47 23	20 49 36	22 43 56	0 46 9	2 44 26	4 46 39	6 44 56	8 47 9	10 49 22	12 47 39	14 49 52	16 48 9
	4	18 51 19	20 53 33	22 47 53	0 50 6	2 48 22	4 50 36	6 48 52	8 51 6	10 53 19	12 51 35	14 53 48	16 52 5
	5	18 55 16	20 57 29	22 51 49	0 54 2	2 52 19	4 54 32	6 52 49	8 55 2	10 57 15	12 55 32	14 57 45	16 56 2
	6	18 59 12	21 1 26	22 55 46	0 57 59	2 56 15	4 58 29	6 56 45	8 58 59	11 1 12	12 59 28	15 1 42	16 59 58
	7	19 3 9	21 5 22	22 59 42	1 1 55	3 0 12	5 2 25	7 0 42	9 2 55	11 5 8	13 3 25	15 5 38	17 3 55
	8	19 7 6	21 9 19	23 3 39	1 5 52	3 4 9	5 6 22	7 4 39	9 6 52	11 9 5	13 7 21	15 9 35	17 7 51
	9	19 11 2	21 13 15	23 7 35	1 9 49	3 8 5	5 10 18	7 8 35	9 10 48	11 13 1	13 11 18	15 13 31	17 11 48
	10	19 14 59	21 17 12	23 11 32	1 13 45	3 12 2	5 14 15	7 12 32	9 14 45	11 16 58	13 15 15	15 17 28	17 15 44
	11	19 18 55	21 21 8	23 15 29	1 17 42	3 15 58	5 18 11	7 16 28	9 18 41	11 20 55	13 19 11	15 21 24	17 19 41
	12	19 22 52	21 25 5	23 19 25	1 21 38	3 19 55	5 22 8	7 20 25	9 22 38	11 24 51	13 23 8	15 25 21	17 23 38
	13	19 26 48	21 29 2	23 23 22	1 25 35	3 23 51	5 26 5	7 24 21	9 26 35	11 28 48	13 27 4	15 29 17	17 27 34
	14	19 30 45	21 32 58	23 27 18	1 29 31	3 27 48	5 30 1	7 28 18	9 30 31	11 32 44	13 31 1	15 33 14	17 31 31
	15	19 34 42	21 36 55	23 31 15	1 33 28	3 31 44	5 33 58	7 32 14	9 34 28	11 36 41	13 34 57	15 37 10	17 35 27
	16	19 38 38	21 40 51	23 35 11	1 37 24	3 35 41	5 37 54	7 36 11	9 38 24	11 40 37	13 38 54	15 41 7	17 39 24
	17	19 42 35	21 44 48	23 39 8	1 41 21	3 39 38	5 41 51	7 40 8	9 42 21	11 44 34	13 42 50	15 45 4	17 43 20
	18	19 46 31	21 48 44	23 43 4	1 45 18	3 43 34	5 45 47	7 44 4	9 46 17	11 48 30	13 46 47	15 49 0	17 47 17
	19	19 50 28	21 52 41	23 47 1	1 49 14	3 47 31	5 49 44	7 48 1	9 50 14	11 52 27	13 50 44	15 52 57	17 51 13
	20	19 54 24	21 56 37	23 50 57	1 53 11	3 51 27	5 53 40	7 51 57	9 54 10	11 56 24	13 54 40	15 56 53	17 55 10
	21	19 58 21	22 0 34	23 54 54	1 57 7	3 55 24	5 57 37	7 55 54	9 58 7	12 0 20	13 58 37	16 0 50	17 59 7
	22	20 2 17	22 4 31	23 58 51	2 1 4	3 59 20	6 1 34	7 59 50	10 2 4	12 4 17	14 2 33	16 4 48	18 3 3
	23	20 6 14	22 8 27	0 2 47	2 5 0	4 3 17	6 5 30	8 3 47	10 6 0	12 8 13	14 6 30	16 8 43	18 7 0
	24	20 10 11	22 12 24	0 6 44	2 8 57	4 7 13	6 9 27	8 7 43	10 9 57	12 12 10	14 10 26	16 12 40	18 10 56
	25	20 14 7	22 16 20	0 10 40	2 12 53	4 11 10	6 13 23	8 11 40	10 13 53	12 16 6	14 14 23	16 16 36	18 14 53
	26	20 18 4	22 20 17	0 14 37	2 16 50	4 15 7	6 17 20	8 15 37	10 17 50	12 20 3	14 18 19	16 20 33	18 18 49
	27	20 22 0	22 24 13	0 18 33	2 20 46	4 19 3	6 21 16	8 19 33	10 21 46	12 23 59	14 22 16	16 24 29	18 22 46
	28	20 25 57	22 28 10	0 22 30	2 24 43	4 23 0	6 25 13	8 23 30	10 25 43	12 27 56	14 26 13	16 28 26	18 26 42
	29	20 29 53	22 32 6	0 26 26	2 28 40	4 26 56	6 29 10	8 27 26	10 29 39	12 31 52	14 30 9	16 32 22	18 30 39
	30	20 33 50		0 30 23	2 32 36	4 30 53	6 33 6	8 31 23	10 33 36	12 35 49	14 34 6	16 36 19	18 34 36
	31	20 37 46		0 34 20		4 34 49		8 35 19	10 37 32		14 38 2		18 38 32
1925	1	18 42 29	20 44 42	22 35 5	0 37 19	2 35 35	4 37 48	6 36 5	8 38 18	10 40 31	12 38 48	14 41 1	16 39 18
	2	18 46 25	20 48 38	22 39 2	0 41 15	2 39 32	4 41 45	6 40 2	8 42 15	10 44 28	12 42 45	14 44 58	16 43 14
	3	18 50 22	20 52 35	22 42 59	0 45 12	2 43 28	4 45 41	6 43 58	8 46 11	10 48 25	12 46 41	14 48 54	16 47 11
	4	18 54 18	20 56 32	22 46 55	0 49 8	2 47 25	4 49 38	6 47 55	8 50 8	10 52 21	12 50 38	14 52 51	16 51 8
	5	18 58 15	21 0 28	22 50 52	0 53 5	2 51 22	4 53 35	6 51 51	8 54 5	10 56 18	12 54 34	14 56 47	16 55 4
	6	19 2 11	21 4 25	22 54 48	0 57 1	2 55 18	4 57 31	6 55 48	8 58 1	11 0 14	12 58 31	15 0 44	16 59 1
	7	19 6 8	21 8 21	22 58 45	1 0 58	2 59 14	5 1 28	6 59 44	9 1 58	11 4 11	13 2 27	15 4 41	17 2 57
	8	19 10 5	21 12 18	23 2 41	1 4 54	3 3 11	5 5 24	7 3 41	9 5 54	11 8 7	13 6 24	15 8 37	17 6 54
	9	19 14 1	21 16 14	23 6 38	1 8 51	3 7 8	5 9 21	7 7 38	9 9 51	11 12 4	13 10 20	15 12 34	17 10 50
	10	19 17 58	21 20 11	23 10 34	1 12 48	3 11 4	5 13 17	7 11 34	9 13 47	11 16 0	13 14 17	15 16 30	17 14 47
	11	19 21 54	21 24 7	23 14 31	1 16 44	3 15 1	5 17 14	7 15 31	9 17 44	11 19 57	13 18 14	15 20 27	17 18 43
	12	19 25 51	21 28 4	23 18 28	1 20 41	3 18 57	5 21 10	7 19 27	9 21 40	11 23 54	13 22 10	15 24 23	17 22 40
	13	19 29 47	21 32 1	23 22 24	1 24 37	3 22 54	5 25 7	7 23 24	9 25 37	11 27 50	13 26 7	15 28 20	17 26 37
	14	19 33 44	21 35 57	23 26 21	1 28 34	3 26 50	5 29 4	7 27 20	9 29 34	11 31 47	13 30 3	15 32 16	17 30 33
	15	19 37 40	21 39 54	23 30 17	1 32 30	3 30 47	5 33 0	7 31 17	9 33 30	11 35 43	13 34 0	15 36 13	17 34 30
	16	19 41 37	21 43 50	23 34 14	1 36 27	3 34 43	5 36 57	7 35 13	9 37 27	11 39 40	13 37 56	15 40 10	17 38 26
	17	19 45 34	21 47 47	23 38 10	1 40 23	3 38 40	5 40 53	7 39 10	9 41 23	11 43 36	13 41 53	15 44 6	17 42 23
	18	19 49 30	21 51 43	23 42 7	1 44 20	3 42 37	5 44 50	7 43 7	9 45 20	11 47 33	13 45 49	15 48 3	17 46 19
	19	19 53 27	21 55 40	23 46 3	1 48 16	3 46 33	5 48 46	7 47 3	9 49 16	11 51 29	13 49 46	15 51 59	17 50 16
	20	19 57 23	21 59 36	23 50 0	1 52 13	3 50 30	5 52 43	7 51 0	9 53 13	11 55 26	13 53 43	15 55 56	17 54 12
	21	20 1 20	22 3 33	23 53 56	1 56 10	3 54 26	5 56 40	7 54 56	9 57 9	11 59 23	13 57 39	15 59 52	17 58 9
	22	20 5 16	22 7 30	23 57 53	2 0 6	3 58 23	6 0 36	7 58 53	10 1 6	12 3 19	14 1 36	16 3 49	18 2 6
	23	20 9 13	22 11 26	0 1 50	2 4 3	4 2 19	6 4 33	8 2 49	10 5 3	12 7 16	14 5 32	16 7 45	18 6 2
	24	20 13 9	22 15 23	0 5 46	2 7 59	4 6 16	6 8 29	8 6 46	10 8 59	12 11 12	14 9 29	16 11 42	18 9 59
	25	20 17 6	22 19 19	0 9 43	2 11 56	4 10 12	6 12 26	8 10 42	10 12 56	12 15 9	14 13 25	16 15 39	18 13 55
	26	20 21 3	22 23 16	0 13 39	2 15 52	4 14 9	6 16 22	8 14 39	10 16 52	12 19 5	14 17 22	16 19 35	18 17 52
	27	20 24 59	22 27 12	0 17 36	2 19 49	4 18 6	6 20 19	8 18 36	10 20 49	12 23 2	14 21 18	16 23 32	18 21 48
	28	20 28 56	22 31 9	0 21 32	2 23 45	4 22 2	6 24 15	8 22 32	10 24 45	12 26 58	14 25 15	16 27 28	18 25 45
	29	20 32 52		0 25 29	2 27 42	4 25 59	6 28 12	8 26 29	10 28 42	12 30 55	14 29 12	16 31 25	18 29 42
	30	20 36 49		0 29 25	2 31 39	4 29 55	6 32 9	8 30 25	10 32 38	12 34 52	14 33 8	16 35 21	18 33 38
	31	20 40 45		0 33 22		4 33 52		8 34 22	10 36 35		14 37 5		18 37 35

		1	2	3	4	5	6	7	8	9	10	11	12
1926	1	18 41 31	20 43 44	22 34 8	0 36 21	2 34 38	4 36 51	6 35 8	8 37 21	10 39 34	12 37 51	14 40 4	16 38 20
	2	18 45 28	20 47 41	22 38 5	0 40 18	2 38 34	4 40 47	6 39 4	8 41 17	10 43 31	12 41 47	14 44 0	16 42 17
	3	18 49 24	20 51 38	22 42 1	0 44 14	2 42 31	4 44 44	6 43 1	8 45 14	10 47 27	12 45 44	14 47 57	16 46 14
	4	18 53 21	20 55 34	22 45 58	0 48 11	2 46 27	4 48 41	6 46 57	8 49 11	10 51 24	12 49 40	14 51 53	16 50 10
	5	18 57 17	20 59 31	22 49 54	0 52 7	2 50 24	4 52 37	6 50 54	8 53 7	10 55 20	12 53 37	14 55 50	16 54 7
	6	19 1 14	21 3 27	22 53 51	0 56 4	2 54 20	4 56 34	6 54 50	8 57 4	10 59 17	15 57 33	14 59 47	16 58 3
	7	19 5 11	21 7 24	22 57 47	1 0 0	2 58 17	5 0 30	6 58 47	9 1 0	11 3 13	13 1 30	15 3 43	17 2 0
	8	19 9 7	21 11 20	23 1 44	1 3 57	3 2 14	5 4 27	7 2 44	9 4 57	11 7 10	13 5 27	14 7 40	17 5 56
	9	19 13 4	21 15 17	23 5 40	1 3 57	3 6 10	5 8 23	7 6 40	8 8 53	11 11 6	13 9 23	15 11 36	17 9 53
	10	19 17 0	21 19 13	23 9 37	1 7 53	3 10 7	5 12 20	7 10 37	9 12 50	11 15 3	13 13 20	15 15 33	17 13 50
	11	19 20 57	21 23 10	23 13 33	1 11 50	3 14 3	5 16 16	7 14 33	9 16 46	11 19 0	13 17 16	15 19 29	17 17 46
	12	19 24 53	21 27 7	23 17 30	1 15 47	3 18 0	5 20 13	7 18 30	9 20 43	11 22 56	13 21 13	15 23 26	17 21 43
	13	19 28 50	21 31 3	23 21 27	1 19 43	3 21 56	5 24 10	7 22 26	9 24 40	11 26 53	13 25 9	15 27 22	17 25 39
	14	19 32 46	21 35 0	23 25 23	1 23 40	3 25 53	5 28 6	7 26 23	9 28 36	11 30 49	13 29 6	15 31 19	17 29 36
	15	19 36 43	21 38 56	23 29 20	1 27 36	3 29 49	5 32 3	7 30 19	9 32 33	11 35 46	13 33 2	15 35 16	17 33 32
	16	18 40 40	21 42 53	23 33 16	1 31 33	3 33 46	5 34 59	7 34 16	9 36 29	11 38 42	13 36 59	15 39 12	17 37 29
	17	19 44 36	21 46 49	23 37 13	1 35 29	3 37 43	5 39 56	7 38 13	9 40 26	11 42 39	13 40 56	15 43 9	17 41 25
	18	19 48 33	21 50 46	23 41 9	1 39 26	3 41 39	5 43 52	7 42 9	9 44 22	11 46 35	13 44 52	15 47 5	17 45 22
	19	19 52 29	21 54 42	23 45 6	1 43 22	3 45 36	5 47 49	7 46 6	9 48 19	11 50 32	13 48 49	15 51 2	17 49 19
	20	19 56 26	21 58 39	23 49 2	1 47 19	3 49 32	5 51 46	7 50 2	9 52 15	11 54 29	13 52 45	15 54 58	17 53 15
	21	20 0 22	22 2 36	23 52 59	1 51 16	3 53 29	5 55 42	7 53 59	9 56 12	11 58 25	13 56 42	15 58 55	17 57 12
	22	20 4 19	22 6 32	23 56 56	1 55 12	3 57 25	5 59 39	7 57 55	10 0 9	12 2 22	14 0 38	16 2 51	18 1 8
	23	20 8 15	22 10 29	0 0 52	1 59 9	4 1 22	6 3 35	8 1 52	10 4 5	12 6 18	14 4 35	16 6 48	18 5 5
	24	20 12 12	22 14 25	0 4 49	2 3 5	4 5 18	6 7 32	8 5 48	10 8 2	12 10 15	14 8 31	16 10 45	18 9 1
	25	20 16 9	22 18 22	0 8 45	2 7 2	4 9 15	6 11 28	8 9 45	10 11 58	12 14 11	14 12 28	16 14 41	18 12 58
	26	20 20 5	22 22 18	0 12 42	2 10 58	4 13 12	6 15 25	8 13 42	10 15 55	12 18 8	14 16 24	16 18 38	18 16 54
	27	20 24 2	22 26 15	0 16 38	2 14 55	4 17 8	6 19 21	8 17 38	10 19 51	12 22 4	14 20 21	16 22 34	18 20 51
	28	20 27 58	22 30 11	0 20 35	2 18 51	4 21 5	6 23 18	8 21 35	10 23 48	12 26 1	14 24 18	16 26 31	18 24 48
	29	20 31 55		0 24 31	2 22 48	4 25 1	6 27 15	8 25 31	10 27 44	12 29 50	14 28 14	16 30 27	18 28 44
	30	20 35 51		0 28 28	2 26 45	4 28 58	6 31 11	8 29 28	10 31 41	12 33 54	14 32 11	16 34 24	18 32 41
	31	20 39 48		0 32 25	2 30 41	4 32 54		8 33 24	10 35 38		14 36 7		18 36 37
1927	1	18 40 34	20 42 47	22 33 11	0 35 24	2 33 40	4 35 54	6 34 10	8 36 24	10 38 37	12 36 53	14 39 7	16 37 23
	2	18 44 30	20 46 44	22 37 7	0 39 20	2 37 37	4 39 50	6 38 7	8 40 20	10 42 33	12 40 50	14 43 3	16 41 20
	3	18 48 27	20 50 40	22 41 4	0 43 17	2 41 33	4 43 47	6 42 3	8 44 17	10 46 30	12 44 46	14 47 0	16 45 16
	4	18 52 23	20 54 37	22 45 0	0 47 13	2 45 30	4 47 43	6 46 0	8 48 13	10 50 26	12 48 43	14 50 56	16 49 13
	5	18 56 20	20 58 33	22 48 57	0 51 10	2 49 27	4 51 40	6 49 57	8 52 10	10 54 23	12 52 40	14 54 53	16 53 9
	6	19 0 17	21 2 30	22 52 53	0 55 6	2 53 23	4 55 36	6 53 53	8 56 6	10 58 20	12 56 36	14 58 49	16 57 6
	7	19 4 13	21 6 26	22 56 50	0 59 3	2 57 20	4 59 33	6 57 50	9 0 3	11 2 16	13 0 33	15 2 46	17 1 3
	8	19 8 10	21 10 23	23 0 46	1 3 0	3 1 16	5 3 29	7 1 46	9 3 59	11 6 13	13 4 29	15 6 42	17 4 59
	9	19 12 6	21 14 20	23 4 43	1 6 56	3 5 13	5 7 26	7 5 43	9 7 56	11 10 9	13 8 26	15 10 39	17 8 56
	10	19 16 3	21 18 16	23 8 40	1 10 53	3 9 9	5 11 23	7 9 39	9 11 53	11 14 6	13 12 22	15 14 36	17 12 52
	11	19 19 56	21 22 13	23 12 36	1 14 49	3 13 6	5 15 19	7 13 36	9 15 49	11 18 2	13 16 19	15 18 32	17 16 49
	12	19 23 56	21 26 9	23 16 33	1 18 46	3 17 2	5 19 16	7 17 32	9 19 46	11 21 59	13 20 15	15 22 29	17 20 45
	13	19 27 52	21 30 6	23 20 29	1 22 42	3 20 59	5 23 12	7 21 29	9 23 42	11 25 55	13 24 12	15 26 25	17 24 42
	14	19 31 49	21 34 2	23 24 26	1 26 39	3 24 56	5 27 9	7 25 26	9 27 39	11 29 52	13 28 9	15 30 22	17 28 38
	15	19 35 46	21 37 59	23 28 22	1 30 35	3 28 52	5 31 5	7 29 22	9 31 35	11 33 49	13 32 5	15 34 18	17 32 35
	16	19 39 42	21 41 55	23 32 19	1 34 32	3 32 49	5 35 2	7 33 19	9 35 32	11 37 45	13 36 2	15 38 15	17 36 32
	17	19 42 39	21 45 52	23 36 15	1 38 29	3 36 45	5 38 58	7 37 15	9 39 28	11 41 42	13 39 58	15 42 11	17 40 28
	18	19 47 35	21 49 48	23 40 12	1 42 25	3 40 42	5 42 55	7 41 12	9 43 25	11 45 38	13 43 55	15 46 8	17 44 25
	19	19 51 32	21 53 45	23 44 9	1 46 22	3 44 38	5 46 52	7 45 8	9 47 22	11 49 35	13 47 51	15 50 5	17 48 21
	20	19 55 28	21 57 42	23 48 5	1 50 18	3 48 35	5 50 48	7 49 5	9 51 18	11 53 31	13 51 48	15 54 1	17 52 18
	21	19 59 25	22 1 38	23 52 2	1 54 15	3 52 31	5 54 45	7 53 1	9 55 15	11 57 28	13 55 44	15 57 58	17 56 14
	22	20 3 21	22 5 35	23 55 58	1 58 11	3 56 28	5 58 41	7 56 58	9 59 11	12 1 24	13 59 41	16 1 54	18 0 11
	23	20 7 18	22 9 31	23 59 55	2 2 8	4 0 25	6 2 38	8 0 55	10 3 8	12 5 21	14 3 38	16 5 51	18 4 7
	24	20 11 15	22 13 28	0 3 51	2 6 4	4 4 21	6 6 34	8 4 51	10 7 4	12 9 17	14 7 34	19 9 47	18 8 4
	25	20 15 11	22 17 14	0 7 48	2 10 1	4 8 18	6 10 31	8 8 48	10 11 1	12 13 14	14 11 31	16 13 44	18 12 1
	26	20 19 8	22 21 21	0 11 44	2 13 58	4 12 14	6 14 28	8 12 44	10 14 57	12 17 11	14 15 27	16 17 40	18 15 57
	27	20 23 4	22 25 17	0 15 41	2 17 54	4 16 11	6 18 24	8 16 41	10 18 54	12 21 7	14 19 24	16 21 37	18 19 54
	28	20 27 1	22 29 14	0 19 38	2 21 51	4 20 7	6 22 21	8 20 37	10 22 51	12 25 4	14 23 20	16 25 34	18 23 50
	29	20 30 57		0 23 34	2 25 47	4 24 4	6 26 17	8 24 34	10 26 47	12 29 0	14 27 17	16 29 30	18 27 47
	30	20 34 54		0 27 31	2 29 44	4 28 0	6 30 14	8 28 30	10 30 44	12 32 57	14 31 13	16 33 27	18 31 43
	31	20 38 51		0 31 27		4 31 57		8 32 27	10 34 40		14 35 10		18 35 40

Year	Day	1	2	3	4	5	6	7	8	9	10	11	12
1928	1	18 39 37	20 41 50	22 36 10	0 38 23	2 36 40	4 38 53	6 37 10	8 39 23	10 41 36	12 39 53	14 42 6	16 40 23
	2	18 43 33	20 45 46	22 40 6	0 42 20	2 40 36	4 42 49	6 41 6	8 43 19	10 45 33	12 43 49	14 46 2	16 44 19
	3	18 47 30	20 49 43	22 44 3	0 46 16	2 44 33	4 46 46	6 45 3	8 47 16	10 49 29	12 47 46	14 49 59	16 48 16
	4	18 51 26	20 53 39	22 48 0	0 50 13	2 48 29	4 50 43	6 48 59	8 51 13	10 53 26	12 51 42	14 53 56	16 52 12
	5	18 55 23	20 57 36	22 51 56	0 54 9	2 52 26	4 54 39	6 52 56	8 55 9	10 57 22	12 55 39	14 57 52	16 56 9
	6	19 59 19	21 1 33	22 55 53	0 58 6	2 56 22	4 58 36	6 56 52	8 59 6	11 1 19	13 59 35	15 1 49	17 0 5
	7	19 3 16	21 5 29	22 59 49	1 2 2	3 0 19	5 2 32	7 0 49	9 3 2	11 5 15	13 3 32	15 5 45	17 4 2
	8	19 7 12	21 9 26	23 3 46	1 5 59	3 4 16	5 6 29	7 4 46	9 6 59	11 9 12	13 7 29	15 9 42	17 7 59
	9	19 11 9	21 13 22	23 7 42	1 9 55	3 8 12	5 10 25	7 8 42	9 10 55	11 13 9	13 11 25	15 13 38	17 11 55
	10	19 15 6	21 17 19	23 11 39	1 13 52	3 12 9	5 14 22	7 12 39	9 14 52	11 17 5	13 15 22	15 17 35	17 15 52
	11	19 19 2	21 21 15	23 15 35	1 17 49	3 16 5	5 18 18	7 16 35	9 18 48	11 21 2	13 19 18	15 21 31	17 19 48
	12	19 22 59	21 25 12	23 19 32	1 21 45	3 20 2	5 22 15	7 20 32	9 22 45	11 24 58	13 23 15	15 25 28	17 23 45
	13	19 26 55	21 29 8	23 23 29	1 25 42	3 23 58	5 26 12	7 24 28	9 26 42	11 28 55	13 27 11	15 29 25	17 27 41
	14	19 30 52	21 33 5	23 27 25	1 29 38	3 27 55	5 30 8	7 28 25	9 30 38	11 32 51	13 31 8	15 33 21	17 31 38
	15	19 34 48	21 37 2	23 31 22	1 33 35	3 31 51	5 34 5	7 32 21	9 34 35	11 36 48	13 35 4	15 37 18	17 35 34
	16	19 38 45	21 40 58	23 35 18	1 37 31	3 35 48	5 38 1	7 36 18	9 38 31	11 40 44	13 39 1	15 41 14	17 39 31
	17	19 42 41	21 44 55	23 39 15	1 41 28	3 39 45	5 41 58	7 40 15	9 42 28	11 44 41	13 42 58	15 45 11	17 43 28
	18	19 46 38	21 48 51	23 43 11	1 45 24	3 43 41	5 45 54	7 44 11	9 46 24	11 48 38	13 46 54	15 49 7	17 47 24
	19	19 50 35	21 52 48	23 47 8	1 49 21	3 47 38	5 49 51	7 48 8	9 50 21	11 52 34	13 50 51	15 53 4	17 51 21
	20	19 54 31	21 56 44	23 51 4	1 53 18	3 51 34	5 53 48	7 52 4	9 54 17	11 56 31	13 54 47	15 57 0	17 55 17
	21	19 58 28	22 0 41	23 55 1	1 57 14	3 55 31	5 57 44	7 56 1	9 58 14	12 0 27	13 58 44	16 0 57	17 59 14
	22	20 2 24	22 4 37	23 58 58	2 1 11	3 59 27	6 1 41	7 59 57	10 2 11	12 4 24	14 2 40	16 4 54	18 3 10
	23	20 6 21	22 8 34	0 2 54	2 5 7	4 3 24	6 5 37	8 3 54	10 6 7	12 8 20	14 6 37	16 8 50	18 7 7
	24	20 10 17	22 12 31	0 6 51	2 9 4	4 7 20	6 9 34	8 7 50	10 10 4	12 12 17	14 10 33	16 12 47	18 11 3
	25	20 14 14	22 16 27	0 10 47	2 13 0	4 11 17	6 13 30	8 11 47	10 14 0	12 16 13	14 14 30	16 16 43	18 15 0
	26	20 18 10	22 20 24	0 14 44	2 16 57	4 15 14	6 17 27	8 15 44	10 17 57	12 20 10	14 18 27	16 20 40	18 18 57
	27	20 22 7	22 24 20	0 18 40	2 20 53	4 19 10	6 21 23	8 19 40	10 21 53	12 24 7	14 22 23	16 24 36	18 22 53
	28	20 26 4	22 28 17	0 22 37	2 24 50	4 23 7	6 25 20	8 23 37	10 25 50	12 28 3	14 26 20	16 28 33	18 26 50
	29	20 30 0	22 32 13	0 26 33	2 28 47	4 27 3	6 29 17	8 27 33	10 29 46	12 32 0	14 30 16	16 32 29	18 30 46
	30	20 33 57		0 30 30	2 32 43	4 31 0	6 33 13	8 31 30	10 33 43	12 35 56	14 34 13	16 36 26	18 34 43
	31	20 37 53		0 34 26		4 34 56		8 35 26	10 37 40		14 38 9		18 38 39
1929	1	18 42 36	20 44 49	22 35 13	0 37 26	2 35 43	4 37 56	6 36 13	8 38 26	10 40 39	12 38 56	14 41 9	16 39 26
	2	18 46 32	20 48 46	22 39 9	0 41 22	2 39 39	4 41 52	6 40 9	8 42 22	10 44 36	12 42 52	14 45 5	16 43 22
	3	18 50 29	20 52 42	22 43 6	0 45 19	2 43 36	4 45 49	6 44 6	8 46 19	10 48 32	12 46 49	14 49 2	16 47 19
	4	18 54 26	20 56 39	22 47 2	0 49 16	2 47 32	4 49 45	6 48 2	8 50 15	10 52 29	12 50 45	14 52 59	16 51 15
	5	18 58 22	21 0 35	22 50 59	0 53 12	2 51 29	4 53 42	6 51 59	8 54 12	10 56 25	12 54 42	14 56 55	16 55 12
	6	19 2 19	21 4 32	22 54 56	0 57 9	2 55 25	4 57 39	6 55 55	8 58 9	11 0 22	12 58 38	15 0 52	16 59 8
	7	19 6 15	21 8 29	22 58 52	1 1 5	2 59 22	5 1 35	6 59 52	9 2 5	11 4 18	13 2 35	15 4 48	17 3 5
	8	19 10 12	21 12 25	23 2 49	1 5 2	3 3 18	5 5 32	7 3 48	9 6 2	11 8 15	13 6 32	15 8 45	17 7 1
	9	19 14 8	21 16 22	23 6 45	1 8 58	3 7 15	5 9 28	7 7 45	9 9 58	11 12 11	13 10 28	15 12 41	17 10 58
	10	19 18 5	21 20 18	23 10 42	1 12 55	3 11 12	5 13 25	7 11 42	9 13 55	11 16 8	13 14 25	15 16 38	17 14 55
	11	19 22 2	21 24 15	23 14 38	1 16 51	3 15 8	5 17 21	7 15 38	9 17 51	11 20 5	13 18 21	15 20 34	17 18 51
	12	19 25 58	21 28 11	23 18 35	1 20 48	3 19 5	5 21 18	7 19 35	9 21 48	11 24 1	13 22 18	15 24 31	17 22 48
	13	19 29 55	21 32 8	23 22 31	1 24 45	3 23 1	5 25 14	7 23 31	9 25 44	11 27 58	13 26 14	15 28 28	17 26 44
	14	19 33 51	21 36 4	23 26 28	1 28 41	3 26 58	5 29 11	7 27 28	9 29 41	11 31 54	13 30 11	15 32 24	17 30 41
	15	19 37 48	21 40 1	23 30 24	1 32 38	3 30 54	5 33 8	7 31 24	9 33 38	11 35 51	13 34 7	15 36 21	17 34 37
	16	19 41 44	21 43 58	23 34 21	1 36 34	3 34 51	5 37 4	7 35 21	9 37 34	11 39 47	13 38 4	15 40 17	17 38 34
	17	19 45 41	21 47 54	23 38 18	1 40 31	3 38 47	5 41 1	7 39 17	9 41 31	11 43 44	13 42 1	15 44 14	17 42 30
	18	19 49 37	21 51 51	23 42 14	1 44 27	3 42 44	5 44 57	7 43 14	9 45 27	11 47 40	13 45 57	15 48 10	17 46 27
	19	19 53 34	21 55 47	23 46 11	1 48 24	3 46 41	5 48 54	7 47 11	9 49 24	11 51 37	13 49 54	15 52 7	17 50 24
	20	19 57 31	21 59 44	23 50 7	1 52 20	3 50 37	5 52 50	7 51 7	9 53 20	11 55 34	13 53 50	15 56 3	17 54 20
	21	20 1 27	22 3 40	23 54 4	1 56 17	3 54 34	5 56 47	7 55 4	9 57 17	11 59 30	13 57 47	16 0 0	17 58 17
	22	20 5 24	22 7 37	23 58 0	2 0 14	3 58 30	6 0 44	7 59 0	10 1 13	12 3 27	14 1 43	16 3 57	18 2 13
	23	20 9 20	22 11 33	0 1 57	2 4 10	4 2 27	6 4 40	8 2 57	10 5 10	12 7 23	14 5 40	16 7 53	18 6 10
	24	20 13 17	22 15 30	0 5 53	2 8 7	4 6 23	6 8 37	8 6 53	10 9 7	12 11 20	14 9 36	16 11 50	18 10 6
	25	20 17 13	22 19 27	0 9 50	2 12 3	4 10 20	6 12 33	8 10 50	10 13 3	12 15 16	14 13 33	16 15 46	18 14 3
	26	20 21 10	22 23 23	0 13 47	2 16 0	4 14 16	6 16 30	8 14 46	10 17 0	12 19 13	14 17 30	16 19 43	18 18 0
	27	20 25 6	22 27 20	0 17 43	2 19 56	4 18 13	6 20 26	8 18 43	10 20 56	12 23 9	14 21 26	16 23 39	18 21 56
	28	20 29 3	22 31 16	0 21 40	2 23 53	4 22 10	6 24 23	8 22 40	10 24 53	12 27 6	14 25 23	16 27 36	18 25 53
	29	20 33 0		0 25 36	2 27 49	4 26 6	6 28 19	8 26 36	10 28 49	12 31 3	14 29 19	16 31 32	18 29 49
	30	20 36 56		0 29 33	2 31 46	4 30 3	6 32 16	8 30 33	10 32 46	12 34 59	14 33 16	16 35 29	18 33 46
	31	20 40 53		0 33 29		4 33 59		8 34 29	10 36 42		14 37 12		18 37 42

		1	2	3	4	5	6	7	8	9	10	11	12
1930	1	18 41 39	20 43 52	22 34 16	0 36 29	2 34 46	4 36 59	6 35 16	8 37 29	10 39 42	12 37 59	14 40 12	16 38 29
	2	18 45 35	20 47 49	22 38 12	0 40 25	2 38 42	4 40 55	6 39 12	8 41 25	10 43 39	12 41 55	14 44 8	16 42 25
	3	18 49 32	20 51 45	22 42 9	0 44 22	2 42 39	4 44 52	6 43 9	8 45 22	10 47 35	12 45 52	14 48 5	16 46 22
	4	18 53 29	20 55 42	22 46 5	0 48 19	2 46 35	4 48 48	6 47 5	8 49 18	10 51 32	14 49 48	14 52 2	16 50 18
	5	18 57 25	20 59 38	22 50 2	0 52 15	2 50 32	4 52 45	6 51 2	8 53 15	10 55 28	12 53 45	14 55 58	16 54 15
	6	19 1 22	21 3 35	22 53 58	0 56 12	2 54 28	4 56 42	6 54 58	8 57 12	10 59 25	12 57 41	14 59 55	16 58 11
	7	19 5 18	21 7 31	22 57 55	1 0 8	2 58 25	5 0 38	6 58 55	9 1 8	11 3 21	13 1 38	15 3 51	17 2 8
	8	19 9 15	21 11 28	23 1 52	1 4 5	3 2 22	5 4 35	7 2 51	9 5 5	11 7 18	13 5 35	15 7 48	17 6 4
	9	19 13 11	21 15 25	23 5 48	1 8 1	3 6 18	5 8 31	7 6 48	9 9 1	11 11 14	13 9 31	15 11 44	17 10 1
	10	19 17 8	21 19 21	23 9 45	1 11 58	3 10 15	5 12 28	7 10 45	9 12 58	11 15 11	13 13 28	15 15 41	17 13 58
	11	19 21 4	21 23 18	23 13 41	1 15 54	3 14 11	5 16 24	7 14 41	9 16 54	11 19 8	13 17 24	15 19 37	17 17 54
	12	19 25 1	21 27 14	23 17 38	1 19 51	3 18 8	5 20 21	7 18 38	9 20 51	11 23 4	13 21 21	15 23 34	17 21 51
	13	19 28 58	21 31 11	23 21 34	1 23 48	3 22 4	5 24 17	7 22 34	9 24 47	11 27 1	13 25 17	15 27 31	17 25 47
	14	19 32 54	21 35 7	23 25 31	1 27 44	3 26 1	5 28 14	7 26 31	9 28 44	11 30 57	13 29 14	15 31 27	17 29 44
	15	19 36 51	21 39 4	23 29 27	1 31 41	3 29 57	5 32 11	7 30 27	9 32 41	11 34 54	13 33 10	15 35 24	17 33 40
	16	19 40 47	21 43 0	23 33 24	1 35 37	3 33 54	5 36 7	7 34 24	9 36 37	11 38 50	13 37 7	15 39 20	17 37 37
	17	19 44 44	21 46 57	23 37 21	1 39 34	3 37 50	5 40 4	7 38 20	9 40 34	11 42 47	13 41 4	15 43 17	17 41 33
	18	19 48 40	21 50 54	23 41 17	1 43 30	3 41 47	5 44 0	7 42 17	9 44 30	11 46 43	13 45 0	15 47 13	17 45 30
	19	19 52 37	21 54 50	23 45 14	1 47 27	6 45 44	5 47 57	7 46 14	9 48 27	11 50 40	13 48 57	15 51 10	17 49 27
	20	19 56 33	21 58 47	23 49 10	1 51 23	3 49 40	5 51 53	7 50 10	9 52 23	11 54 37	13 52 53	15 55 6	17 53 23
	21	20 0 30	22 2 43	23 53 7	1 55 20	3 53 37	5 55 50	7 54 7	9 56 20	11 58 33	13 56 50	15 59 3	17 57 20
	22	20 4 27	22 6 40	23 57 3	1 59 17	3 57 33	5 59 47	7 58 3	10 0 16	12 2 30	14 0 46	16 3 0	18 1 18
	23	20 8 23	22 10 36	0 1 0	2 3 13	4 1 30	6 3 43	8 2 0	10 4 13	12 6 26	14 4 43	16 6 56	18 5 13
	24	20 12 20	22 14 33	0 4 56	2 7 10	4 5 26	6 7 40	8 5 56	10 8 10	12 10 23	14 8 39	16 10 53	18 9 9
	25	20 16 16	22 18 29	0 8 56	2 11 6	4 9 23	6 11 36	8 9 53	10 12 6	12 14 19	14 12 36	16 14 49	18 13 6
	26	20 20 13	22 22 26	0 12 50	2 15 3	4 13 19	6 15 33	8 13 49	10 16 3	12 18 16	14 16 33	16 18 46	18 17 3
	27	20 24 9	22 26 23	0 16 46	2 18 59	4 17 16	6 19 29	8 17 46	10 19 59	12 22 12	14 20 29	16 22 42	18 20 59
	28	20 28 6	22 30 19	0 20 43	2 22 56	4 21 13	6 23 26	8 21 43	10 23 56	12 26 9	14 24 26	16 26 39	18 24 56
	29	20 32 2		0 24 39	2 26 52	4 25 9	6 27 22	8 25 39	10 27 52	12 30 6	14 28 22	16 30 35	18 28 52
	30	20 35 59		0 28 36	2 30 49	4 29 6	6 31 19	8 29 36	10 31 49	12 34 2	14 32 19	16 34 32	18 32 49
	31	20 39 56		0 32 32		4 33 2		8 33 32	10 35 45		14 36 15		18 36 45
1931	1	18 40 42	20 42 55	22 33 19	0 35 32	2 33 48	4 36 2	6 34 18	8 36 32	10 38 45	12 37 1	14 39 15	16 37 31
	2	18 44 38	20 46 51	22 37 15	0 39 28	2 37 45	4 39 58	6 38 15	8 40 28	10 42 41	12 40 58	14 43 11	16 41 28
	3	18 48 35	20 50 48	22 41 12	0 43 25	3 41 41	4 43 55	6 42 11	8 44 25	10 46 38	12 44 55	14 47 8	16 45 24
	4	18 52 31	20 54 45	22 45 8	0 47 21	3 45 38	4 47 51	6 46 8	8 48 21	10 50 34	12 48 51	14 51 4	16 49 21
	5	18 56 28	20 58 41	22 49 5	0 51 18	2 49 34	4 51 48	6 50 4	8 52 18	10 54 31	12 52 48	14 55 1	16 53 18
	6	19 0 24	21 2 38	22 53 1	0 55 14	2 53 31	4 55 44	6 54 1	8 56 14	10 58 28	12 56 44	14 58 57	16 57 14
	7	19 4 21	21 6 35	22 56 58	0 59 11	2 57 28	4 59 41	6 57 58	9 0 11	11 2 24	13 0 41	15 2 54	17 1 11
	8	19 8 18	21 10 31	23 0 54	1 3 7	3 1 24	5 3 37	7 1 54	9 4 7	11 6 21	13 4 37	15 6 50	17 5 7
	9	19 12 14	21 14 27	23 4 51	1 7 4	3 5 21	5 7 34	7 5 51	9 8 4	11 10 17	13 8 34	15 10 47	17 9 4
	10	19 16 11	21 18 24	23 8 47	1 11 1	3 9 17	5 11 31	7 9 47	9 12 1	11 14 14	13 12 30	15 14 44	17 13 0
	11	19 20 7	21 22 20	23 12 44	1 14 57	9 13 14	5 15 27	7 13 44	9 15 57	11 18 10	13 16 27	15 18 10	17 16 57
	12	19 24 4	21 26 17	23 16 40	1 18 54	3 17 10	5 19 24	7 17 40	9 19 54	11 22 7	13 20 24	15 22 37	17 20 53
	13	19 28 0	21 30 14	23 20 37	1 22 50	3 21 7	5 23 20	7 21 37	9 23 50	11 26 3	13 24 20	15 26 33	17 24 50
	14	19 31 57	21 34 10	23 24 34	1 26 47	3 25 3	5 27 17	7 25 34	9 27 47	11 30 0	13 28 17	15 30 30	17 28 47
	15	19 35 53	21 38 7	23 28 30	1 30 43	3 29 0	5 31 13	7 29 30	9 31 43	11 33 57	13 32 13	15 34 26	17 32 43
	16	19 39 50	21 42 3	23 32 27	1 34 40	3 32 57	5 35 10	7 33 27	9 35 40	11 37 53	13 36 10	15 38 23	17 36 40
	17	19 43 47	21 46 0	23 36 23	1 38 36	3 36 53	5 39 6	7 37 23	9 39 37	11 41 50	13 40 6	15 42 20	17 40 36
	18	19 47 43	21 49 56	23 40 20	1 42 33	3 40 50	5 43 3	7 41 20	9 43 33	11 45 46	13 44 3	15 46 16	17 44 33
	19	19 51 40	21 53 53	23 44 16	1 45 30	3 44 46	5 47 0	7 45 16	9 47 30	11 49 43	13 47 59	15 50 13	17 48 29
	20	19 55 36	21 57 49	23 48 13	1 50 26	3 48 43	5 50 56	7 49 13	9 51 26	11 53 39	13 51 56	15 54 9	17 52 26
	21	19 59 33	22 1 46	23 52 10	1 54 23	3 52 39	5 54 53	7 53 9	9 55 23	11 57 36	13 55 52	15 58 8	17 56 22
	22	20 3 29	22 5 43	23 56 6	1 58 19	3 56 36	5 58 49	7 57 6	9 59 19	12 1 32	13 59 49	16 2 8	18 0 19
	23	20 7 26	22 9 39	0 0 3	2 2 16	4 0 33	6 2 46	8 1 3	10 3 16	12 5 29	14 3 46	16 5 59	18 4 16
	24	20 11 22	22 13 36	0 3 59	2 6 12	4 4 29	6 6 42	8 4 59	10 7 12	12 9 26	14 7 42	16 9 55	18 8 12
	25	20 15 19	22 17 32	0 7 55	2 10 9	4 8 26	6 10 39	8 8 56	10 11 9	12 13 22	14 11 39	16 13 52	18 12 9
	26	20 19 16	22 21 29	0 11 53	2 14 5	4 12 22	6 14 36	8 12 52	10 15 5	12 17 19	14 15 35	16 17 49	18 16 5
	27	20 23 12	22 25 25	0 15 49	2 18 2	4 16 19	6 18 32	8 16 49	10 19 2	12 21 15	14 19 32	16 21 45	18 20 2
	28	20 27 9	22 29 22	0 19 45	2 21 59	4 20 15	6 22 29	8 20 45	10 22 59	12 25 12	14 23 28	16 25 42	18 23 58
	29	20 31 5		0 23 42	2 25 55	4 24 12	6 26 25	8 24 42	10 26 55	12 29 8	14 27 25	16 29 38	18 27 55
	30	20 35 2		0 27 39	2 29 52	4 28 8	6 30 22	8 28 38	10 30 52	12 33 5	14 31 21	16 33 35	18 31 52
	31	20 38 58		0 31 35		4 32 5		8 32 35	10 34 48		14 35 18		18 35 48

	1	2	3	4	5	6	7	8	9	10	11	12
1932 1	18 39 45	20 41 58	22 36 18	0 38 31	2 36 48	4 39 1	6 37 18	8 39 31	10 41 44	12 40 1	14 42 14	16 40 31
2	18 43 41	20 45 55	22 40 15	0 42 28	2 40 44	4 42 58	6 41 14	8 43 28	10 45 41	12 43 58	14 46 11	16 44 27
3	18 47 38	20 49 51	22 44 11	0 46 24	2 44 41	4 46 54	6 45 11	8 47 24	10 49 38	12 47 54	14 50 7	16 48 24
4	18 51 34	20 53 48	22 48 8	0 50 21	2 48 37	4 50 51	6 49 8	8 51 21	10 53 34	12 51 51	14 54 4	16 52 21
5	18 55 31	20 57 44	22 52 4	0 54 17	2 52 34	4 54 47	6 53 4	8 55 17	10 57 31	12 55 47	14 58 0	16 56 17
6	18 59 27	21 1 41	22 56 1	0 58 14	2 56 31	4 58 44	6 57 1	8 59 14	11 1 27	12 59 44	15 1 57	17 0 14
7	19 3 24	21 5 37	22 59 57	1 2 10	3 0 27	5 2 40	7 0 57	9 3 10	11 5 24	13 3 40	15 5 54	17 4 10
8	19 7 21	21 9 34	23 3 54	1 6 7	3 4 24	5 6 37	7 4 54	9 7 7	11 9 20	13 7 37	15 9 50	17 8 7
9	19 11 17	21 13 30	23 7 50	1 10 4	3 8 20	5 10 34	7 8 50	9 11 4	11 13 17	13 11 33	15 13 47	17 12 3
10	19 15 14	21 17 27	23 11 47	1 14 0	3 12 17	5 14 30	7 12 47	9 15 0	11 17 13	13 15 30	15 17 43	17 16 0
11	19 19 10	21 21 24	23 15 44	1 17 57	3 16 13	5 18 27	7 16 43	9 18 57	11 21 10	13 19 27	15 21 40	17 19 57
12	19 23 7	21 25 20	23 19 40	1 21 53	3 20 10	5 22 23	7 20 40	9 22 53	11 25 6	13 23 23	15 25 36	17 23 53
13	19 27 3	21 29 17	23 23 37	1 25 50	3 24 7	5 26 20	7 24 37	9 26 50	11 29 3	13 27 20	15 29 33	17 27 49
14	19 31 0	21 33 13	23 27 33	1 29 46	3 28 3	5 30 16	7 28 33	9 30 46	11 33 0	13 31 16	15 33 29	17 31 46
15	19 34 56	21 37 10	23 31 30	1 33 43	3 32 0	5 34 13	7 32 30	9 34 43	11 36 56	13 35 13	15 37 26	17 35 43
16	19 38 53	21 41 6	23 35 26	1 37 40	3 35 56	5 38 10	7 36 26	9 38 40	11 40 53	13 39 9	15 41 23	17 39 39
17	19 42 50	21 45 3	23 39 23	1 41 36	3 39 53	5 42 6	7 40 23	9 42 36	11 44 49	13 43 6	15 45 19	17 43 36
18	19 46 46	21 48 59	23 43 19	1 45 33	3 43 49	5 46 3	7 44 19	9 46 33	11 48 46	13 47 2	15 49 16	17 47 32
19	19 50 43	21 52 56	23 47 16	1 49 29	3 47 46	5 49 59	7 48 16	9 50 29	11 52 42	13 50 59	15 53 12	17 51 29
20	19 54 39	21 56 53	23 51 13	1 53 26	3 51 42	5 53 56	7 52 12	9 54 26	11 56 39	13 54 56	15 57 9	17 55 26
21	19 58 36	22 0 49	23 55 9	1 57 22	3 53 39	5 57 52	7 56 9	9 58 22	12 0 35	13 58 52	16 1 5	17 59 22
22	20 2 32	22 4 46	23 59 6	2 1 19	3 59 36	6 1 49	8 0 6	10 2 19	12 4 32	14 2 49	16 5 2	18 3 19
23	20 6 29	22 8 42	0 3 2	2 5 15	4 3 32	6 5 45	8 4 2	10 6 15	12 8 29	14 6 45	16 8 58	18 7 15
24	20 10 25	22 12 39	0 6 59	2 9 12	4 7 29	6 9 42	8 7 59	10 10 12	12 12 25	14 10 42	16 12 55	18 11 12
25	20 14 22	22 16 35	0 10 55	2 13 9	4 11 25	6 13 39	8 11 55	10 14 9	12 16 22	14 14 38	16 16 52	18 15 8
26	20 18 19	22 20 32	0 14 52	2 17 5	4 15 22	6 17 35	8 15 52	10 18 5	12 20 18	14 18 35	16 20 48	18 19 5
27	20 22 15	22 24 28	0 18 48	2 21 2	4 19 18	6 21 32	8 19 48	10 22 2	12 24 15	14 22 31	16 24 45	18 23 1
28	20 26 12	22 28 25	0 22 45	2 24 58	4 23 15	6 25 28	8 23 45	10 25 58	12 28 11	14 26 28	16 28 41	18 26 58
29	20 30 8	22 32 22	0 26 42	2 28 55	4 27 11	6 29 25	8 27 42	10 29 55	12 32 8	14 30 25	16 32 38	18 30 55
30	20 34 5		0 30 38	2 32 51	4 31 8	6 33 21	8 31 38	10 33 51	12 36 4	14 34 21	16 36 34	18 34 51
31	20 38 1		0 34 35		4 35 5		8 35 35	10 37 48		14 38 18		18 38 47
1933 1	18 42 44	20 44 58	22 35 21	0 37 34	2 35 51	4 38 4	6 36 21	8 38 34	10 40 47	12 39 4	14 41 17	16 39 34
2	18 46 41	20 48 54	22 39 18	0 41 31	2 39 47	4 42 1	6 40 17	8 42 31	10 44 44	12 43 1	14 45 14	16 43 30
3	18 50 37	20 52 51	22 43 14	0 45 27	2 43 44	4 45 57	6 44 14	8 46 27	10 48 41	12 46 57	14 49 10	16 47 27
4	18 54 34	20 56 47	22 47 11	0 49 24	2 47 41	4 49 54	6 48 11	8 50 24	10 52 37	12 50 54	14 53 7	16 51 24
5	18 58 30	21 0 44	22 51 7	0 53 20	2 51 37	4 53 50	6 52 7	8 54 20	10 56 34	12 54 50	14 57 3	16 55 20
6	19 2 27	21 4 40	22 55 4	0 57 17	2 55 34	4 57 47	6 56 4	8 58 17	11 0 30	12 58 47	15 1 0	16 59 17
7	19 6 24	21 8 37	22 59 0	1 1 14	2 59 30	5 1 44	7 0 0	9 2 14	11 4 27	13 2 43	15 4 57	17 3 13
8	19 10 20	21 12 33	23 2 57	1 5 10	3 3 27	5 5 40	7 3 57	9 6 10	11 8 23	13 6 40	15 8 53	17 7 10
9	19 14 17	21 16 30	23 6 54	1 9 7	3 7 23	5 9 37	7 7 53	9 10 7	11 12 20	13 10 36	15 12 50	17 11 6
10	19 18 13	21 20 27	23 10 50	1 13 3	3 11 20	5 13 33	7 11 50	9 14 3	11 16 16	13 14 33	15 16 46	17 15 3
11	19 22 10	21 24 23	23 14 47	1 17 0	3 15 16	5 17 30	7 15 47	9 18 0	11 20 13	13 18 30	15 20 43	17 19 0
12	19 26 6	21 28 20	23 18 43	1 20 56	3 19 13	5 21 26	7 19 43	9 21 56	11 24 10	13 22 26	15 24 39	17 22 56
13	19 30 3	21 32 16	23 22 40	1 24 53	3 23 10	5 25 23	7 23 40	9 25 53	11 28 6	13 26 23	15 28 36	17 26 53
14	19 34 0	21 36 13	23 26 36	1 28 49	3 27 6	5 29 19	7 27 36	9 29 49	11 32 3	13 30 19	15 32 32	17 30 49
15	19 37 56	21 40 9	23 30 33	1 32 46	3 31 3	5 33 16	7 31 33	9 33 46	11 35 59	13 34 16	15 36 29	17 34 46
16	19 41 53	21 44 6	23 34 29	1 36 43	3 34 59	5 37 13	7 35 29	9 37 43	11 39 56	13 38 12	15 40 26	17 38 42
17	19 45 49	21 48 2	23 38 26	1 40 39	3 38 56	5 41 9	7 39 26	9 41 39	11 43 52	13 42 9	15 44 22	17 42 39
18	19 49 45	21 51 59	23 42 23	1 44 36	3 42 52	5 45 6	7 43 22	9 45 36	11 47 49	13 46 5	15 48 19	17 46 35
19	19 53 42	21 55 56	23 46 19	1 48 32	3 46 49	5 49 2	7 47 19	9 49 32	11 51 45	13 50 2	15 52 15	17 50 32
20	19 57 39	21 59 52	23 50 16	1 52 29	3 50 45	5 52 59	7 51 16	9 53 29	11 55 42	13 53 59	15 56 12	17 54 29
21	20 1 35	22 3 49	23 54 12	1 56 25	3 54 42	5 56 55	7 55 12	9 57 25	11 59 38	13 57 55	16 0 8	17 58 25
22	20 5 32	22 7 45	23 58 9	2 0 22	3 58 39	6 0 52	7 59 9	10 1 22	12 3 35	14 1 52	16 4 5	17 2 22
23	20 9 29	22 11 42	0 2 5	2 4 18	4 2 35	6 4 48	8 3 5	10 5 18	12 7 32	14 5 48	16 8 1	18 6 18
24	20 13 25	22 15 38	0 6 2	2 8 15	4 6 32	6 8 45	8 7 2	10 9 15	12 11 28	14 9 45	16 11 58	18 10 15
25	20 17 22	22 19 35	0 9 58	2 12 12	4 10 28	6 12 42	8 10 58	10 13 12	12 15 25	14 13 41	16 15 55	18 14 11
26	20 21 18	22 23 31	0 13 55	2 16 8	4 14 25	6 16 38	8 14 55	10 17 8	12 19 21	14 17 38	16 19 51	18 18 8
27	20 25 15	22 27 28	0 17 51	2 20 5	4 18 21	6 20 35	8 18 51	10 21 5	12 23 18	14 21 34	16 23 48	18 22 4
28	20 29 11	22 31 25	0 21 48	2 24 1	4 22 18	6 24 31	8 22 48	10 25 1	12 27 14	14 25 31	16 27 44	18 26 1
29	20 33 8		0 25 45	2 27 58	4 26 15	6 28 28	8 26 45	10 28 58	12 31 11	14 29 28	16 31 41	18 29 58
30	20 37 4		0 29 41	2 31 54	4 30 11	6 32 24	8 30 41	10 32 54	12 35 8	14 33 24	16 35 37	18 33 54
31	20 41 1		0 33 38		4 34 8		8 34 38	10 36 51		14 37 21		18 37 51

		1	2	3	4	5	6	7	8	9	10	11	12
1934	1	18 41 47	20 44 1	22 34 24	0 36 37	2 34 54	4 37 7	6 35 24	8 37 37	10 39 50	12 38 7	14 40 20	16 38 37
	2	18 45 44	20 47 57	22 38 21	0 40 34	2 38 50	4 41 4	6 39 20	8 41 34	10 43 47	12 42 4	14 44 17	16 42 33
	3	18 49 40	20 51 54	22 42 17	0 44 30	2 42 47	4 45 0	6 43 17	8 45 30	10 47 44	12 46 0	14 48 13	16 46 30
	4	18 53 37	20 55 50	22 46 14	0 48 27	2 46 44	4 48 57	6 47 14	8 49 27	10 51 40	12 49 57	14 52 10	16 50 27
	5	18 57 33	20 59 47	22 50 10	0 52 23	2 50 40	4 52 53	6 51 10	8 53 23	10 55 37	12 53 53	14 56 6	16 54 23
	6	19 1 30	21 3 43	22 54 7	0 56 20	2 54 37	4 56 50	6 55 7	8 57 20	10 59 33	12 57 50	15 0 3	16 58 20
	7	19 5 27	21 7 40	22 58 3	1 0 17	2 58 33	5 0 47	6 59 3	9 1 17	11 3 30	13 1 46	15 4 0	17 2 16
	8	19 9 23	21 11 36	23 2 0	1 4 13	3 2 30	5 4 43	7 3 0	9 5 13	11 7 26	13 5 43	15 7 56	17 6 13
	9	19 13 20	21 15 33	23 5 57	1 8 10	3 6 26	5 8 40	7 6 56	9 9 10	11 11 23	13 9 39	15 11 53	17 10 9
	10	19 17 16	21 19 30	23 9 53	1 12 6	3 10 23	5 12 36	7 10 53	9 13 6	11 15 19	13 13 36	15 15 49	17 14 6
	11	19 21 13	21 23 26	23 13 50	1 16 3	3 14 19	5 16 33	7 14 49	9 17 3	11 19 16	13 17 33	15 19 46	17 18 2
	12	19 25 9	21 27 23	23 17 46	1 19 59	3 18 16	5 20 29	7 18 46	9 20 59	11 23 12	13 21 29	15 23 42	17 21 59
	13	19 29 6	21 31 19	23 21 43	1 23 56	3 22 13	5 24 26	7 22 43	9 24 56	11 27 9	13 25 26	15 27 39	17 25 56
	14	19 33 3	21 35 16	23 25 39	1 27 52	3 26 9	5 28 22	7 26 39	9 28 52	11 31 6	13 29 22	15 31 35	17 29 52
	15	19 36 59	21 39 12	23 29 36	1 31 49	3 30 6	5 32 19	7 30 36	9 32 49	11 35 2	13 33 19	15 35 32	17 33 49
	16	19 40 56	21 43 9	23 33 32	1 35 46	3 34 2	5 36 16	7 34 32	9 36 46	11 38 59	13 37 15	15 39 29	17 37 45
	17	19 44 52	21 47 5	23 37 29	1 39 42	3 37 59	5 40 12	7 38 29	9 40 42	11 42 55	13 41 12	15 43 25	17 41 42
	18	19 48 49	21 51 2	23 41 26	1 43 39	3 41 55	5 44 9	7 42 25	9 44 39	11 46 52	13 45 8	15 47 22	17 45 38
	19	19 52 45	21 54 59	23 45 22	1 47 35	3 45 52	5 48 5	7 46 22	9 48 35	11 50 48	13 49 5	15 51 18	17 49 35
	20	19 56 42	21 58 55	23 49 19	1 51 32	3 49 48	5 52 2	7 50 18	9 52 32	11 54 45	13 53 2	15 55 15	17 53 31
	21	20 0 38	22 2 52	23 53 15	1 55 28	3 53 45	5 55 58	7 54 15	9 56 28	11 58 41	13 56 58	15 59 11	17 57 28
	22	20 4 35	22 6 48	23 57 12	1 59 25	3 57 42	5 59 55	7 58 12	10 0 25	12 2 38	14 0 55	16 3 8	18 1 25
	23	20 8 32	22 10 45	0 1 8	2 3 21	4 1 38	6 3 51	8 2 8	10 4 21	12 6 35	14 4 51	16 7 4	18 5 21
	24	20 12 28	22 14 41	0 5 5	2 7 18	4 5 35	6 7 48	8 6 5	10 8 18	12 10 31	14 8 48	16 11 1	18 9 18
	25	20 16 25	22 18 38	0 9 1	2 11 15	4 9 31	6 11 45	8 10 1	10 12 15	12 14 28	14 12 44	16 14 58	18 13 14
	26	20 20 21	22 22 34	0 12 58	2 15 11	4 13 28	6 15 41	8 13 58	10 16 11	12 18 24	14 16 41	16 18 54	18 17 11
	27	20 24 18	22 26 31	0 16 55	2 19 8	4 17 24	6 19 38	8 17 54	10 20 8	12 22 21	14 20 37	16 22 51	18 21 7
	28	20 28 14	22 30 28	0 20 51	2 23 4	4 21 21	6 23 34	8 21 51	10 24 4	12 26 17	14 24 34	16 26 47	18 25 4
	29	20 32 11		0 24 48	2 27 1	4 25 17	6 27 31	8 25 48	10 28 1	12 30 14	14 28 31	16 30 44	18 29 1
	30	20 36 7		0 28 44	2 30 57	4 29 14	6 31 27	8 29 44	10 31 57	12 34 10	14 32 27	16 34 40	18 32 57
	31	20 40 4		0 32 41		4 33 11		8 33 41	10 35 54		14 36 24		18 36 54
1935	1	18 40 50	20 43 3	22 33 27	0 35 40	2 33 57	4 36 10	6 34 27	8 36 40	10 38 53	12 37 10	14 39 23	16 37 40
	2	18 44 47	20 47 0	22 37 24	0 39 37	2 37 53	4 40 7	6 38 23	8 40 37	10 42 50	12 41 6	14 43 20	16 41 36
	3	18 48 43	20 50 57	22 41 20	0 43 33	2 41 50	4 44 3	6 42 20	8 44 33	10 46 46	12 45 3	14 47 16	16 45 33
	4	18 52 40	20 54 53	22 45 17	0 47 30	2 45 46	4 48 0	6 46 16	8 48 30	10 50 43	12 49 0	14 51 13	16 49 29
	5	18 56 36	20 58 50	22 49 13	0 51 26	2 49 43	4 51 56	6 50 13	8 52 26	10 54 39	12 52 56	14 55 9	16 53 26
	6	19 0 33	21 2 46	22 53 10	0 55 23	2 53 40	4 55 53	6 54 10	8 56 23	10 58 36	12 56 53	14 59 6	16 57 23
	7	19 4 30	21 6 43	22 57 6	0 59 20	2 57 36	4 59 49	6 58 6	9 0 20	11 2 33	13 0 49	15 3 2	17 1 19
	8	19 8 26	21 10 39	23 1 3	1 3 16	3 1 33	5 3 46	7 2 3	9 4 16	11 6 29	13 4 46	15 6 59	17 5 16
	9	19 12 23	21 14 26	23 4 59	1 7 13	3 5 30	5 7 43	7 6 0	9 8 13	11 10 26	13 8 42	15 10 55	17 9 12
	10	19 16 19	21 18 32	23 8 56	1 11 9	3 9 26	5 11 39	7 9 56	9 12 9	11 14 22	13 12 39	15 14 52	17 13 9
	11	19 20 16	21 22 29	23 12 53	1 15 6	3 13 22	5 15 36	7 13 52	9 16 6	11 18 19	13 16 35	15 18 49	17 17 5
	12	19 24 12	21 26 26	23 16 49	1 19 2	3 17 19	5 19 32	7 17 49	9 20 2	11 22 15	13 20 32	15 22 45	17 21 2
	13	19 28 9	21 30 22	23 20 46	1 22 59	3 21 16	5 23 29	7 21 45	9 23 59	11 26 12	13 24 29	15 26 42	17 24 58
	14	19 32 5	21 34 19	23 24 42	1 26 55	3 25 12	5 27 25	7 25 42	9 27 55	11 30 8	13 28 25	15 30 38	17 28 55
	15	19 36 2	21 38 15	23 28 39	1 30 52	3 29 9	5 31 22	7 29 39	9 31 52	11 34 5	13 32 22	15 34 35	17 32 52
	16	19 39 59	21 42 12	23 32 35	1 34 48	3 33 5	5 35 18	7 33 35	9 35 48	11 38 2	13 36 18	15 38 31	17 36 48
	17	19 43 55	21 46 8	23 36 32	1 38 45	3 37 2	5 39 15	7 37 32	9 39 45	11 41 58	13 40 15	15 42 28	17 40 45
	18	19 47 52	21 50 5	23 40 28	1 42 42	3 40 58	5 43 12	7 41 28	9 43 42	11 45 55	13 44 11	15 46 25	17 44 41
	19	19 51 48	21 54 1	23 44 25	1 46 38	3 44 55	5 47 8	7 45 25	9 47 38	11 49 51	13 48 8	15 50 21	17 48 38
	20	19 55 45	21 57 58	23 48 22	1 50 35	3 48 51	5 51 5	7 49 21	9 51 35	11 53 48	13 52 4	15 54 18	17 52 34
	21	19 59 41	22 1 55	23 52 18	1 54 31	3 52 48	5 55 1	7 53 18	9 55 31	11 57 44	13 56 1	15 58 14	17 56 31
	22	20 3 38	22 5 51	23 56 15	1 58 28	3 56 44	5 58 58	7 57 15	9 59 28	12 1 41	13 59 58	16 2 11	18 0 27
	23	20 7 34	22 9 48	0 0 11	2 2 25	4 0 41	6 2 54	8 1 11	10 3 24	12 5 37	14 3 54	16 6 7	18 4 24
	24	20 11 31	22 13 44	0 4 8	2 6 21	4 4 38	6 6 51	8 5 8	10 7 21	12 9 34	14 7 51	16 10 4	18 8 21
	25	20 15 28	22 17 41	0 8 4	2 10 17	4 8 34	6 10 47	8 9 4	10 11 17	12 13 31	14 11 47	16 14 0	18 12 17
	26	20 19 24	22 21 37	0 12 1	2 14 14	4 12 31	6 14 44	8 13 1	10 15 14	12 17 27	14 15 44	16 17 57	18 16 14
	27	20 23 21	22 25 34	0 15 57	2 18 11	4 16 27	6 18 41	8 16 57	10 19 11	12 21 24	14 19 40	16 21 54	18 20 10
	28	20 27 17	22 29 30	0 19 54	2 22 7	4 20 24	6 22 37	8 20 54	10 23 7	12 25 20	14 23 37	16 25 50	18 24 7
	29	20 31 14		0 23 51	2 26 4	4 24 20	6 26 34	8 24 50	10 27 4	12 29 17	14 27 33	16 29 47	18 28 3
	30	20 35 10		0 27 47	2 30 0	4 28 17	6 30 30	8 28 47	10 31 0	12 33 13	14 31 30	16 33 43	18 32 0
	31	20 39 7		0 31 44		4 32 13		8 32 44	10 34 57		14 35 26		18 35 56

Year	Day	1	2	3	4	5	6	7	8	9	10	11	12
1936	1	18 39 53	20 42 6	22 36 26	0 38 40	2 36 56	4 39 9	6 37 26	8 39 39	10 41 53	12 40 9	14 42 22	16 40 39
	2	18 43 50	20 46 2	22 40 23	0 42 36	2 40 53	4 43 6	6 41 23	8 43 36	10 45 49	12 44 6	14 46 16	16 44 36
	3	18 47 46	20 49 59	22 44 20	0 46 33	2 44 49	4 47 3	6 45 19	8 47 32	10 49 46	12 48 2	14 50 15	16 48 32
	4	18 51 43	20 53 56	22 48 16	0 50 29	2 48 46	4 50 59	6 49 16	8 51 29	10 53 42	12 51 59	14 54 12	16 52 29
	5	18 55 39	20 57 53	22 52 13	0 54 26	2 52 42	4 54 56	6 53 12	8 55 26	10 57 39	12 55 55	14 58 9	16 56 25
	6	18 59 35	21 1 49	22 56 9	0 58 22	2 56 39	4 58 52	6 57 9	8 59 22	11 1 35	12 59 52	15 2 5	17 0 22
	7	19 3 32	21 5 46	23 0 6	1 2 19	3 0 35	5 2 49	7 1 6	9 3 19	11 5 32	13 3 49	15 6 2	17 4 18
	8	19 7 29	21 9 42	23 4 2	1 6 15	3 4 32	5 6 45	7 5 2	9 7 15	11 9 28	13 7 45	15 9 58	17 8 15
	9	19 11 26	21 13 39	23 7 59	1 10 12	3 8 29	5 10 42	7 8 59	9 11 12	11 13 25	13 11 42	15 13 55	17 12 12
	10	19 15 22	21 17 35	23 11 55	1 14 9	3 12 25	5 14 39	7 12 55	9 15 8	11 17 22	13 15 38	15 17 51	17 16 8
	11	19 19 19	21 21 32	23 15 52	1 18 5	3 16 22	5 18 35	7 16 52	9 19 5	11 21 18	13 19 35	15 21 48	17 20 5
	12	19 23 15	21 25 28	23 19 48	1 22 2	3 20 18	5 22 32	7 20 48	9 23 2	11 25 15	13 23 31	15 25 44	17 24 1
	13	19 27 12	21 29 25	23 23 45	1 25 58	3 24 15	5 26 28	7 24 45	9 26 58	11 29 11	13 27 28	15 29 41	17 27 58
	14	19 31 8	21 33 22	23 27 42	1 29 55	3 28 11	5 30 25	7 28 41	9 30 55	11 33 8	13 31 24	15 33 38	17 31 54
	15	19 35 5	21 37 18	23 31 38	1 33 51	3 32 8	5 34 21	7 32 38	9 34 51	11 37 4	13 35 21	15 37 34	17 35 51
	16	19 39 1	21 41 15	23 35 35	1 37 48	3 36 5	5 38 18	7 36 35	9 38 48	11 41 1	13 39 17	15 41 31	17 39 47
	17	19 42 58	21 45 11	23 39 31	1 41 44	3 40 1	5 42 14	7 40 31	9 42 44	11 44 57	13 43 14	15 45 27	17 43 44
	18	19 46 55	21 49 8	23 43 28	1 45 41	3 43 58	5 46 11	7 44 28	9 46 41	11 48 54	13 47 11	15 49 24	17 47 41
	19	19 50 50	21 53 4	23 47 24	1 49 38	3 47 54	5 50 7	7 48 24	9 50 37	11 52 51	13 51 7	15 53 20	17 51 37
	20	19 54 48	21 57 0	23 51 21	1 53 34	3 51 51	5 54 4	7 52 21	9 54 34	11 56 47	13 55 4	15 57 17	17 55 34
	21	19 58 44	22 0 57	23 55 17	1 57 31	3 55 47	5 58 1	7 56 17	9 58 31	12 0 44	13 59 0	16 1 13	17 59 30
	22	20 2 41	22 4 54	23 59 14	2 1 27	3 59 44	6 1 57	8 0 14	10 2 27	12 4 40	14 2 57	16 5 10	18 3 27
	23	20 6 38	22 8 51	0 3 11	2 5 24	4 3 40	6 5 54	8 4 10	10 6 24	12 8 37	14 6 53	16 9 7	18 7 23
	24	20 10 34	22 12 47	0 7 7	2 9 20	4 7 37	6 9 50	8 8 7	10 10 20	12 12 33	14 10 50	16 13 3	18 11 20
	25	20 14 30	22 16 44	0 11 4	2 13 17	4 11 34	6 13 47	8 12 4	10 14 17	12 16 30	14 14 46	16 17 0	18 15 16
	26	20 18 27	22 20 40	0 15 0	2 17 13	4 15 30	6 17 43	8 16 0	10 18 13	12 20 26	14 18 43	16 20 56	18 19 13
	27	20 22 24	22 24 37	0 18 57	2 21 10	4 19 27	6 21 40	8 19 57	10 22 10	12 24 23	14 22 40	16 24 53	18 23 10
	28	20 26 20	22 28 33	0 22 53	2 25 7	4 23 23	6 25 36	8 23 53	10 26 6	12 28 20	14 26 36	16 28 49	18 27 6
	29	20 30 17	22 32 31	0 26 50	2 29 3	4 27 20	6 29 33	8 27 50	10 30 3	12 32 16	14 30 33	16 32 46	18 31 3
	30	20 34 13		0 30 46	2 33 0	4 31 16	6 33 30	8 31 46	10 34 0	12 36 13	14 34 29	16 36 42	18 34 59
	31	20 38 10		0 34 43		4 35 13		8 35 43	10 37 56		14 38 26		18 38 56
1937	1	18 42 52	20 45 6	22 35 29	0 37 42	2 35 59	4 38 12	6 36 29	8 38 42	10 40 55	12 39 12	14 41 25	16 39 42
	2	18 46 49	20 49 2	22 39 26	0 41 39	2 39 55	4 42 9	6 40 25	8 42 39	10 44 52	12 43 8	14 45 22	16 43 38
	3	18 50 45	20 52 59	22 43 22	0 45 35	2 43 52	4 46 5	6 44 22	8 46 35	10 48 48	12 47 5	14 49 18	16 47 35
	4	18 54 42	20 56 55	22 47 19	0 49 32	2 47 49	4 50 2	6 48 18	8 50 32	10 52 45	12 51 1	14 53 15	16 51 31
	5	18 58 39	21 0 52	22 51 15	0 53 28	2 51 45	4 53 58	6 52 15	8 54 28	10 56 41	12 54 58	14 57 11	16 55 28
	6	19 2 35	21 4 48	22 55 12	0 57 25	2 55 42	4 57 55	6 56 12	8 58 25	11 0 38	12 58 55	15 1 8	16 59 24
	7	19 6 32	21 8 45	22 59 8	1 1 22	2 59 38	5 1 51	7 0 8	9 2 21	11 4 35	13 2 51	15 5 4	17 3 21
	8	19 10 28	21 12 42	23 3 5	1 5 18	3 3 35	5 5 48	7 4 5	9 6 18	11 8 31	13 6 48	15 9 1	17 7 18
	9	19 14 25	21 16 38	23 7 2	1 9 15	3 7 31	5 9 45	7 8 1	9 10 15	11 12 28	13 10 44	15 12 57	17 11 14
	10	19 18 21	21 20 35	23 10 58	1 13 11	3 11 28	5 13 41	7 11 58	9 14 11	11 16 24	13 14 41	15 16 54	17 15 11
	11	19 22 18	21 24 31	23 14 55	1 17 8	3 15 24	5 17 38	7 15 54	9 18 8	11 20 21	13 18 37	15 20 51	17 19 7
	12	19 26 14	21 28 28	23 18 51	1 21 4	3 19 21	5 21 34	7 19 51	9 22 4	11 24 17	13 22 34	15 24 47	17 23 4
	13	19 30 11	21 32 24	23 22 48	1 25 1	3 23 18	5 25 31	7 23 48	9 26 1	11 28 14	13 26 30	15 28 44	17 27 0
	14	19 34 8	21 36 21	23 26 44	1 28 57	3 27 14	5 29 27	7 27 44	9 29 57	11 32 10	13 30 27	15 32 40	17 30 57
	15	19 38 4	21 40 17	23 30 41	1 32 54	3 31 11	5 33 24	7 31 41	9 33 54	11 36 7	13 34 24	15 36 37	17 34 53
	16	19 42 1	21 44 14	23 34 37	1 36 51	3 35 7	5 37 20	7 35 37	9 37 50	11 40 4	13 38 20	15 40 33	17 38 50
	17	19 45 57	21 48 10	23 38 34	1 40 47	3 39 4	5 41 17	7 39 34	9 41 47	11 44 0	13 42 17	15 44 30	17 42 47
	18	19 49 54	21 52 7	23 42 31	1 44 44	3 43 0	5 45 14	7 43 30	9 45 44	11 47 57	13 46 14	15 48 26	17 46 43
	19	19 53 50	21 56 4	23 46 27	1 48 40	3 46 57	5 49 10	7 47 27	9 49 40	11 51 53	13 50 10	15 52 23	17 50 40
	20	19 57 47	22 0 0	23 50 24	1 52 37	3 50 53	5 53 7	7 51 23	9 53 37	11 55 50	13 54 6	15 56 20	17 54 36
	21	20 1 43	22 3 57	23 54 20	1 56 33	3 54 50	5 57 3	7 55 20	9 57 33	11 59 46	13 58 3	16 0 16	17 58 33
	22	20 5 40	22 7 53	23 58 17	2 0 30	3 58 47	6 1 0	7 59 17	10 1 30	12 3 43	14 2 0	16 4 13	18 2 29
	23	20 9 37	22 11 50	0 2 13	2 4 26	4 2 43	6 4 56	8 3 13	10 5 26	12 7 39	14 5 56	16 8 9	18 6 26
	24	20 13 33	22 15 46	0 6 10	2 8 23	4 6 40	6 8 53	8 7 10	10 9 23	12 11 36	14 9 53	16 12 6	18 10 23
	25	20 17 30	22 19 43	0 10 6	2 12 20	4 10 36	6 12 49	8 11 6	10 13 19	12 15 33	14 13 49	16 16 2	18 14 19
	26	20 21 26	22 23 39	0 14 3	2 16 16	4 14 33	6 16 46	8 15 3	10 17 16	12 19 29	14 17 46	16 19 59	18 18 16
	27	20 25 23	22 27 36	0 18 0	2 20 13	4 18 29	6 20 43	8 18 59	10 21 12	12 23 26	14 21 42	16 23 55	18 22 12
	28	20 29 19	22 31 33	0 21 56	2 24 9	4 22 26	6 24 39	8 22 56	10 25 9	12 27 22	14 25 39	16 27 52	18 26 9
	29	20 33 16		0 25 53	2 28 6	4 26 22	6 28 36	8 26 52	10 29 6	12 31 19	14 29 35	16 31 49	18 30 5
	30	20 37 13		0 29 49	2 32 2	4 30 19	6 32 32	8 30 49	10 33 2	12 35 15	14 33 32	16 35 45	18 34 2
	31	20 41 9		0 33 46		4 34 16		8 34 46	10 36 59		14 37 28		18 37 58

		1	2	3	4	5	6	7	8	9	10	11	12
1938	1	18 41 55	20 44 8	22 34 32	0 36 45	2 35 1	4 37 15	6 35 32	8 37 45	10 39 58	12 38 14	14 40 28	16 38 44
	2	18 45 52	20 48 5	22 38 28	0 40 41	2 38 58	4 41 11	6 39 28	8 41 41	10 43 54	12 42 11	14 44 24	16 42 41
	3	18 49 48	20 52 1	22 42 25	0 44 38	2 42 55	4 45 8	6 43 25	8 45 38	10 47 51	12 46 7	14 48 21	16 46 37
	4	18 53 45	20 55 58	22 46 22	0 48 35	2 46 51	4 49 4	6 47 21	8 49 34	10 51 47	12 50 4	14 52 17	16 50 34
	5	18 57 41	20 59 54	22 50 18	0 52 31	2 50 48	4 53 1	6 51 18	8 53 31	10 55 44	12 54 1	14 56 14	16 54 30
	6	19 1 38	21 3 51	22 54 14	0 56 28	2 54 44	4 56 57	6 55 14	8 57 27	10 59 41	12 57 57	15 0 10	16 58 27
	7	19 5 34	21 7 48	22 58 11	1 0 24	2 58 41	5 0 54	6 59 11	9 1 24	11 3 37	13 1 54	15 4 7	17 2 24
	8	19 9 31	21 11 44	23 2 8	1 4 21	3 2 37	5 4 51	7 3 7	9 5 21	11 7 34	13 5 50	15 8 3	17 6 20
	9	19 13 27	21 15 41	23 6 4	1 8 17	3 6 34	5 8 47	7 7 4	9 9 17	11 11 30	13 9 47	15 12 0	17 10 17
	10	19 17 24	21 19 37	23 10 1	1 12 14	3 10 30	5 12 44	7 11 0	9 13 14	11 15 27	13 13 43	15 15 57	17 14 13
	11	19 21 21	21 23 34	23 13 57	1 16 10	3 14 27	5 16 40	7 14 57	9 17 10	11 19 23	13 17 40	15 19 53	17 18 10
	12	19 25 17	21 27 31	23 17 54	1 20 7	3 18 24	5 20 37	7 18 54	9 21 7	11 23 20	13 21 36	15 23 50	17 22 6
	13	19 29 14	21 31 27	23 21 50	1 24 3	3 22 20	5 24 33	7 22 50	9 25 3	11 27 16	13 25 33	15 27 46	17 26 3
	14	19 33 10	21 35 23	23 25 47	1 28 0	3 26 17	5 28 30	7 26 47	9 29 0	11 31 13	13 29 30	15 31 43	17 29 59
	15	19 37 7	21 39 20	23 29 43	1 31 57	3 30 13	5 32 26	7 30 43	9 32 56	11 35 10	13 33 26	15 35 39	17 33 56
	16	19 41 3	21 43 17	23 33 40	1 35 53	3 34 10	5 36 23	7 34 40	9 36 52	11 39 6	13 37 22	15 39 36	17 37 53
	17	19 45 0	21 47 13	23 37 37	1 39 50	3 38 6	5 40 20	7 38 36	9 40 49	11 43 3	13 41 19	15 43 32	17 41 49
	18	19 48 56	21 51 10	23 41 33	1 43 46	3 42 3	5 44 16	7 42 33	9 44 46	11 46 59	13 45 16	15 47 29	17 45 46
	19	19 52 53	21 55 6	23 45 30	1 47 43	3 45 59	5 48 13	7 46 29	9 48 43	11 50 56	13 49 12	15 51 26	17 49 42
	20	19 56 50	21 59 3	23 49 26	1 51 39	3 49 56	5 52 9	7 50 26	9 52 39	11 54 52	13 53 9	15 55 22	17 53 39
	21	20 0 46	22 3 0	23 53 23	1 55 36	3 53 53	5 56 6	7 54 23	9 56 36	11 58 49	13 57 5	15 59 19	17 57 35
	22	20 4 43	22 6 56	23 57 19	1 59 32	3 57 49	6 0 2	7 58 19	10 0 32	12 2 46	14 1 2	16 3 15	18 1 32
	23	20 8 39	22 10 52	0 1 16	2 3 29	4 1 46	6 3 59	8 2 16	10 4 29	12 6 42	14 4 59	16 7 12	18 5 28
	24	20 12 36	22 14 49	0 5 12	2 7 26	4 5 42	6 7 55	8 6 12	10 8 25	12 10 39	14 8 55	16 11 8	18 9 25
	25	20 16 32	22 18 46	0 9 9	2 11 22	4 9 39	6 11 52	8 10 9	10 12 22	12 14 35	14 12 52	16 15 5	18 13 22
	26	20 20 29	22 22 42	0 13 6	2 15 19	4 13 35	6 15 49	8 14 5	10 16 19	12 18 32	14 16 48	16 19 1	18 17 18
	27	20 24 25	22 26 39	0 17 2	2 19 15	4 17 32	6 19 45	8 18 2	10 20 15	12 22 28	14 20 45	16 22 58	18 21 15
	28	20 28 22	22 30 35	0 20 59	2 23 12	4 21 28	6 23 42	8 21 58	10 24 12	12 26 25	14 24 41	16 26 55	18 25 11
	29	20 32 19		0 24 55	2 27 8	4 25 25	6 27 38	8 25 55	10 28 8	12 30 22	14 28 38	16 30 51	18 29 8
	30	20 36 15		0 28 52	2 31 5	4 29 22	6 31 35	8 29 52	10 32 5	12 34 18	14 32 34	16 34 48	18 33 4
	31	20 40 12		0 32 48		4 33 18		8 33 48	10 36 1		14 36 31		18 37 1
1939	1	18 40 57	20 43 11	22 33 34	0 35 47	2 34 4	4 36 17	6 34 34	8 36 47	10 39 0	12 37 17	14 39 30	16 37 47
	2	18 44 54	20 47 7	22 37 31	0 39 44	2 38 0	4 40 14	6 38 30	8 40 44	10 42 57	12 41 13	14 43 27	16 41 43
	3	18 48 51	20 51 4	22 41 27	0 43 40	2 41 57	4 44 10	6 42 27	8 44 40	10 46 53	12 45 10	14 47 23	16 45 40
	4	18 52 47	20 55 0	22 45 24	0 47 37	2 45 54	4 48 7	6 46 24	8 48 37	10 50 50	12 59 6	14 51 20	16 49 36
	5	18 56 44	20 58 57	22 49 20	0 51 34	2 49 50	4 52 3	6 50 20	8 52 33	10 54 46	12 53 3	14 55 16	16 53 33
	6	19 0 40	21 2 54	22 53 17	0 55 30	2 53 47	4 56 0	6 54 17	8 56 30	10 58 43	12 57 0	14 59 13	16 57 29
	7	19 4 37	21 6 50	22 57 14	0 59 27	2 57 43	4 59 56	6 58 13	9 0 26	11 2 40	13 0 56	15 3 9	17 1 26
	8	19 8 33	21 10 47	23 1 10	1 3 23	3 1 40	5 3 53	7 2 10	9 4 23	11 6 36	13 4 53	15 7 6	17 5 22
	9	19 12 30	21 14 44	23 5 7	1 7 20	3 5 36	5 7 50	7 6 6	9 8 20	11 10 33	13 8 49	15 11 2	17 9 19
	10	19 16 26	21 18 40	23 9 3	1 11 16	3 9 33	5 11 46	7 10 3	9 12 16	11 14 29	13 12 46	15 14 59	17 13 16
	11	19 20 23	21 22 36	23 13 0	1 15 13	3 13 29	5 15 43	7 13 59	9 16 13	11 18 26	13 16 42	15 18 55	17 17 12
	12	19 24 20	21 26 33	23 16 56	1 19 9	3 17 26	5 19 39	7 17 56	9 20 9	11 22 22	13 20 39	15 22 52	17 21 9
	13	19 28 16	21 30 29	23 20 53	1 23 6	3 21 23	5 23 36	7 21 53	9 24 6	11 26 19	13 24 35	15 26 49	17 25 5
	14	19 32 13	21 34 26	23 24 49	1 27 3	3 25 19	5 27 32	7 25 49	9 28 2	11 30 15	13 28 32	15 30 45	17 29 2
	15	19 36 9	21 38 22	23 28 46	1 30 59	3 29 16	5 31 29	7 29 46	9 31 59	11 34 12	13 32 29	15 34 42	17 32 58
	16	19 40 6	21 42 19	23 32 43	1 34 56	3 33 12	5 35 25	7 33 42	9 35 55	11 38 9	13 36 25	15 38 38	17 36 55
	17	19 44 2	21 46 16	23 36 39	1 38 52	3 37 9	5 39 22	7 37 39	9 39 52	11 42 5	13 40 22	15 42 35	17 40 52
	18	19 47 59	21 50 12	23 40 36	1 42 49	3 41 5	5 43 19	7 41 35	9 43 49	11 46 2	13 44 18	15 46 31	17 44 48
	19	19 51 55	21 54 9	23 44 32	1 46 45	3 45 2	5 47 15	7 45 32	9 47 45	11 49 58	13 48 15	15 50 28	17 48 45
	20	19 55 52	21 58 5	23 48 29	1 50 42	3 48 58	5 51 12	7 49 28	9 51 42	11 53 55	13 52 11	15 54 24	17 52 41
	21	19 59 49	22 2 2	23 52 25	1 54 38	3 52 55	5 55 8	7 53 25	9 55 38	11 57 51	13 56 8	15 58 21	17 56 38
	22	20 3 45	22 5 58	23 56 22	1 58 35	3 56 52	5 59 5	7 57 22	9 59 35	12 1 48	14 0 4	16 2 18	18 0 34
	23	20 7 42	22 9 55	0 0 18	2 2 31	4 0 48	6 3 1	8 1 18	10 3 31	12 5 44	14 4 1	16 6 14	18 4 31
	24	20 11 38	22 13 51	0 4 15	2 6 28	4 4 45	6 6 58	8 5 15	10 7 28	12 9 41	14 7 58	16 10 11	18 8 27
	25	20 15 35	22 17 48	0 8 11	2 10 25	4 8 41	6 10 55	8 9 11	10 11 24	12 13 38	14 11 54	16 14 7	18 12 24
	26	20 19 31	22 21 45	0 12 8	2 14 21	4 12 38	6 14 51	8 13 8	10 15 21	12 17 34	14 15 51	16 18 4	18 16 21
	27	20 23 28	22 25 41	0 16 5	2 18 18	4 16 34	6 18 48	8 17 4	10 19 18	12 21 31	14 19 47	16 22 0	18 20 17
	28	20 27 24	22 29 38	0 20 1	2 22 14	4 20 31	6 22 44	8 21 1	10 23 14	12 25 27	14 23 44	16 25 57	18 24 14
	29	20 31 21		0 23 58	2 26 11	4 24 27	6 26 41	8 24 57	10 27 11	12 29 24	14 27 40	16 29 53	18 28 10
	30	20 35 18		0 27 54	2 30 7	4 28 24	6 30 37	8 28 54	10 31 7	12 33 20	14 31 37	16 33 50	18 32 7
	31	20 39 14		0 31 51		4 32 21		8 32 51	10 35 4		14 35 33		18 36 3

		1	2	3	4	5	6	7	8	9	10	11	12
1940	1	18 40 0	20 42 13	22 36 33	0 38 46	2 37 3	4 39 16	6 37 33	8 39 46	10 41 59	12 40 16	14 42 29	16 40 46
	2	18 43 56	20 46 10	22 40 30	0 42 43	2 40 59	4 43 13	6 41 29	8 43 43	10 45 56	12 44 12	14 46 25	16 44 42
	3	18 47 53	20 50 6	22 44 26	0 46 39	2 44 56	4 47 9	6 45 26	8 47 39	10 49 52	12 48 9	14 50 22	16 48 39
	4	18 51 50	20 54 3	22 48 23	0 50 36	2 48 53	4 51 6	6 49 22	8 51 36	10 53 49	12 52 5	14 54 19	16 52 35
	5	18 55 46	20 57 59	22 52 19	0 54 33	2 52 49	4 55 2	6 53 19	8 55 32	10 57 45	12 56 2	14 58 15	16 56 32
	6	18 59 43	21 1 56	22 56 16	0 58 29	2 56 46	4 58 59	6 57 16	8 59 29	11 1 42	12 59 58	15 2 12	17 0 28
	7	19 3 39	21 5 52	23 0 13	1 2 26	3 0 42	5 2 55	7 1 12	9 3 25	11 5 38	13 3 55	15 6 8	17 4 25
	8	19 7 36	21 9 49	23 4 9	1 6 22	3 4 39	5 6 52	7 5 9	9 7 22	11 9 35	13 7 52	15 10 5	17 8 21
	9	19 11 32	21 13 46	23 8 6	1 10 19	3 8 35	5 10 49	7 9 5	9 11 18	11 13 32	13 11 48	15 14 1	17 12 18
	10	19 15 29	21 17 42	23 12 2	1 14 15	3 12 32	5 14 45	7 13 2	9 15 15	11 17 28	13 15 45	15 17 58	17 16 15
	11	19 19 25	21 21 39	23 15 59	1 18 12	3 16 28	5 18 42	7 16 58	9 19 12	11 21 25	13 19 41	15 21 54	17 20 11
	12	19 23 22	21 25 35	23 19 55	1 22 8	3 20 25	5 22 38	7 20 55	9 23 8	11 25 21	13 23 38	15 25 51	17 24 8
	13	19 27 19	21 29 32	23 23 52	1 26 5	3 24 22	5 26 35	7 24 51	9 27 5	11 29 18	13 27 34	15 29 48	17 28 4
	14	19 31 15	21 33 28	23 27 48	1 30 1	3 28 18	5 30 31	7 28 48	9 31 1	11 33 14	13 31 31	15 33 44	17 32 1
	15	19 35 12	21 37 25	23 31 45	1 33 58	3 32 15	5 34 28	7 32 45	9 34 58	11 37 11	13 35 27	15 37 41	17 35 57
	16	19 39 8	21 41 21	23 35 41	1 37 55	3 36 11	5 38 24	7 36 41	9 38 54	11 41 7	13 39 24	15 41 37	17 39 54
	17	19 43 5	21 45 18	23 39 38	1 41 51	3 40 8	5 42 21	7 40 38	9 41 51	11 45 4	13 43 21	15 45 34	17 43 50
	18	19 47 1	21 49 15	23 43 35	1 45 48	3 44 4	5 46 18	7 44 34	9 46 47	11 49 1	13 47 17	15 49 30	17 47 47
	19	19 50 58	21 53 11	23 47 31	1 49 44	3 48 1	5 50 14	7 48 31	9 50 44	11 52 57	13 51 14	15 53 27	17 51 44
	20	19 54 54	21 57 8	23 51 28	1 53 41	3 51 57	5 54 11	7 52 27	9 54 41	11 56 54	13 55 10	15 57 23	17 55 40
	21	19 58 51	22 1 4	23 55 24	1 57 37	3 55 54	5 58 7	7 56 24	9 58 37	12 0 50	13 59 7	16 1 20	17 59 37
	22	20 2 48	22 5 1	23 59 21	2 1 34	3 59 51	6 2 4	8 0 20	10 2 34	12 4 47	14 3 3	16 5 17	18 3 33
	23	20 6 44	22 8 57	0 3 17	2 5 30	4 3 47	6 6 0	8 4 17	10 6 30	12 8 43	14 7 0	16 9 13	18 7 30
	24	20 10 41	22 12 54	0 7 14	2 9 27	4 7 44	6 9 57	8 8 14	10 10 27	12 12 40	14 10 56	16 13 10	18 11 26
	25	20 14 37	22 16 50	0 11 10	2 13 24	4 11 40	6 13 53	8 12 10	10 14 23	12 16 36	14 14 53	16 17 6	18 15 23
	26	20 18 34	22 20 47	0 15 7	2 17 20	4 15 37	6 17 50	8 16 7	10 18 20	12 20 33	14 18 50	16 21 3	18 19 19
	27	20 22 30	22 24 44	0 19 4	2 21 17	4 19 33	6 21 47	8 20 3	10 22 16	12 24 30	14 22 46	16 24 59	18 23 16
	28	20 26 27	22 28 40	0 23 0	2 25 13	4 23 30	6 25 43	8 24 0	10 26 13	12 28 26	14 26 43	16 28 56	18 27 13
	29	20 30 23	22 32 37	0 26 57	2 29 10	4 27 26	6 29 40	8 27 56	10 30 10	12 32 23	14 30 39	16 32 52	18 31 9
	30	20 34 20		0 30 53	2 33 6	4 31 23	6 33 36	8 31 53	10 34 6	12 36 19	14 34 36	16 36 49	18 35 6
	31	20 38 17		0 34 50		4 35 20		8 35 49	10 38 3		14 38 32		18 39 2
1941	1	18 42 59	20 45 12	22 35 36	0 37 49	2 36 5	4 38 18	6 36 35	8 38 48	10 41 2	12 39 18	14 41 31	16 39 48
	2	18 46 55	20 49 9	22 39 32	0 41 45	2 40 2	4 42 15	6 40 32	8 42 45	10 44 58	12 43 15	14 45 28	16 43 44
	3	18 50 52	20 53 5	22 43 29	0 45 42	2 43 58	4 46 12	6 44 28	8 46 41	10 48 55	12 47 11	14 49 24	16 47 41
	4	18 54 48	20 57 2	22 47 25	0 49 38	2 47 55	4 50 8	6 48 25	8 50 38	10 52 51	12 51 8	14 53 21	16 51 38
	5	18 58 45	21 0 58	22 51 22	0 53 35	2 51 51	4 54 5	6 52 21	8 54 35	10 56 48	12 55 4	14 57 17	16 55 34
	6	19 2 42	21 4 55	22 55 18	0 57 31	2 55 48	4 58 1	6 56 18	8 58 31	11 0 44	12 59 1	15 1 14	16 59 31
	7	19 6 38	21 8 51	22 59 15	1 1 28	2 59 45	5 1 58	7 0 14	9 2 28	11 4 41	13 2 57	15 5 11	17 3 27
	8	19 10 35	21 12 48	23 3 11	1 5 25	3 3 41	5 5 54	7 4 11	9 6 24	11 8 37	13 6 54	15 9 7	17 7 24
	9	19 14 31	21 16 44	23 7 8	1 9 21	3 7 38	5 9 51	7 8 8	9 10 21	11 12 34	13 10 50	15 13 4	17 11 20
	10	19 18 28	21 20 41	23 11 5	1 13 18	3 11 34	5 13 47	7 12 4	9 14 17	11 16 30	13 14 47	15 17 0	17 15 17
	11	19 22 24	21 24 38	23 15 1	1 17 14	3 15 31	5 17 44	7 16 1	9 18 14	11 20 27	13 18 44	15 20 57	17 19 13
	12	19 26 21	21 28 34	23 18 58	1 21 11	3 19 27	5 21 41	7 19 57	9 22 10	11 24 24	13 22 40	15 24 53	17 23 10
	13	19 30 17	21 32 31	23 22 54	1 25 7	3 23 24	5 25 37	7 23 54	9 26 7	11 28 20	13 26 37	15 28 50	17 27 7
	14	19 34 14	21 36 27	23 26 51	1 29 4	3 27 20	5 29 34	7 27 50	9 30 4	11 32 17	13 30 33	15 32 46	17 31 3
	15	19 38 11	21 40 24	23 30 47	1 33 0	3 31 17	5 33 30	7 31 47	9 34 0	11 36 13	13 34 30	15 36 43	17 35 0
	16	19 42 7	21 44 20	23 34 44	1 36 57	3 35 14	5 37 27	7 35 43	9 37 57	11 40 10	13 38 26	15 40 40	17 38 56
	17	19 46 4	21 48 17	23 38 40	1 40 53	3 39 10	5 41 23	7 39 40	9 41 53	11 44 6	13 42 23	15 44 36	17 42 53
	18	19 50 0	21 52 13	23 42 37	1 44 50	3 43 7	5 45 20	7 43 37	9 45 50	11 48 3	13 46 19	15 48 33	17 46 49
	19	19 53 57	21 56 10	23 46 33	1 48 47	3 47 3	5 49 16	7 47 33	9 49 46	11 51 59	13 50 16	15 52 29	17 50 46
	20	19 57 54	22 0 7	23 50 30	1 52 43	3 51 0	5 53 13	7 51 30	9 53 43	11 55 56	13 54 13	15 56 26	17 54 42
	21	20 1 50	22 4 3	23 54 27	1 56 40	3 54 56	5 57 10	7 55 26	9 57 39	11 59 53	13 58 9	16 0 22	17 58 39
	22	20 5 47	22 8 0	23 58 23	2 0 36	3 58 53	6 1 6	7 59 23	10 1 36	12 3 49	14 2 6	16 4 19	18 2 36
	23	20 9 43	22 11 56	0 2 20	2 4 33	4 2 49	6 5 3	8 3 19	10 5 33	12 7 46	14 6 2	16 8 15	18 6 32
	24	20 13 40	22 15 53	0 6 16	2 8 29	4 6 46	6 8 59	8 7 16	10 9 29	12 11 42	14 9 59	16 12 12	18 10 29
	25	20 17 36	22 19 49	0 10 13	2 12 26	4 10 43	6 12 56	8 11 12	10 13 26	12 15 39	14 13 55	16 16 9	18 14 25
	26	20 21 33	22 23 46	0 14 9	2 16 22	4 14 39	6 16 52	8 15 9	10 17 22	12 19 35	14 17 52	16 20 5	18 18 22
	27	20 25 29	22 27 42	0 18 6	2 20 19	4 18 36	6 20 49	8 19 6	10 21 19	12 23 32	14 21 48	16 24 2	18 22 18
	28	20 29 26	22 31 39	0 22 2	2 24 16	4 22 32	6 24 45	8 23 2	10 25 15	12 27 28	14 25 45	16 27 58	18 26 15
	29	20 33 22		0 25 59	2 28 12	4 26 29	6 28 42	8 26 59	10 29 12	12 31 25	14 29 42	16 31 55	18 30 11
	30	20 37 19		0 29 56	2 32 9	4 30 25	6 32 39	8 30 55	10 33 8	12 35 22	14 33 38	16 35 51	18 34 8
	31	20 41 15		0 33 52		4 34 22		8 34 52	10 37 5		14 37 35		18 38 5

Year	Day	1	2	3	4	5	6	7	8	9	10	11	12
1942	1	18 42 1	20 44 14	22 34 38	0 36 51	2 35 8	4 37 21	6 35 38	8 37 51	10 40 4	12 38 20	14 40 34	16 38 50
	2	18 45 58	20 48 11	22 38 34	0 40 48	2 39 4	4 41 17	6 39 34	8 41 47	10 44 0	12 42 17	14 44 30	16 42 47
	3	18 49 54	20 52 8	22 42 31	0 44 44	2 43 1	4 45 14	6 43 31	8 45 44	10 47 57	12 46 14	14 48 27	16 46 43
	4	18 53 51	20 56 4	22 56 28	0 48 41	2 46 57	4 49 10	6 47 27	8 49 40	10 51 54	12 50 10	14 52 23	16 50 40
	5	18 57 47	21 0 1	22 50 24	0 52 37	2 50 54	4 53 7	6 51 24	8 53 37	10 55 50	12 54 7	14 56 20	16 54 36
	6	19 1 44	21 3 57	22 54 21	0 56 34	2 54 50	4 57 4	6 55 20	8 57 33	10 59 47	13 58 3	15 0 16	16 58 33
	7	19 5 40	21 7 54	22 58 17	1 0 30	2 58 47	5 1 0	6 59 17	9 1 30	11 3 43	13 2 0	15 4 13	17 2 30
	8	19 9 37	21 11 50	23 2 14	1 4 27	3 2 43	5 4 57	7 3 13	9 5 27	11 7 40	13 5 56	15 8 9	17 6 26
	9	19 13 34	21 15 47	23 6 10	1 8 23	3 6 40	5 8 53	7 7 10	9 9 23	11 11 36	13 9 53	15 12 6	17 10 23
	10	19 17 30	21 19 43	23 10 7	1 12 20	3 10 37	5 12 50	7 11 6	9 13 20	11 15 33	13 13 49	15 16 3	17 14 19
	11	19 21 27	21 23 40	23 14 3	1 16 17	3 14 33	5 16 46	7 15 3	9 17 16	11 19 29	13 17 46	15 19 59	17 18 16
	12	19 25 23	21 27 36	23 18 0	1 20 13	3 18 30	5 20 43	7 19 0	9 21 13	11 23 26	13 21 43	15 23 56	17 22 12
	13	19 29 20	21 31 33	23 21 57	1 24 10	3 22 26	5 24 39	7 22 56	9 25 9	11 27 23	13 25 39	15 27 52	17 26 9
	14	19 33 16	21 35 30	23 25 53	1 28 6	3 26 23	5 28 36	7 26 53	9 29 6	11 31 19	13 29 36	15 31 49	17 30 5
	15	19 37 13	21 39 26	23 29 50	1 32 3	3 30 19	5 32 33	7 30 49	9 33 2	11 35 16	13 33 32	15 35 45	17 34 2
	16	19 41 9	21 43 23	23 33 46	1 35 59	3 34 16	5 36 29	7 34 46	9 36 59	11 39 12	13 37 29	15 39 42	17 37 59
	17	19 45 6	21 47 19	23 37 43	1 39 56	3 38 12	5 40 26	7 38 42	9 40 56	11 43 9	13 41 25	15 43 38	17 41 55
	18	19 49 3	21 51 16	23 41 39	1 43 52	3 42 9	5 44 22	7 42 39	9 44 52	11 47 5	13 45 22	15 47 35	17 45 52
	19	19 52 59	21 55 12	23 45 36	1 47 49	3 46 6	5 48 19	7 46 36	9 48 49	11 51 2	13 49 18	15 51 32	17 49 48
	20	19 56 56	21 59 9	23 49 32	1 51 45	3 50 2	5 52 15	7 50 32	9 52 45	11 54 58	13 53 15	15 55 28	17 53 45
	21	20 0 52	22 3 5	23 53 29	1 55 42	3 53 59	5 56 12	7 54 29	9 56 42	11 58 55	13 57 12	15 59 25	17 57 41
	22	20 4 49	22 7 2	23 57 25	1 59 39	3 57 55	6 0 8	7 58 25	10 0 38	12 2 51	14 1 8	16 3 21	18 1 38
	23	20 8 45	22 10 59	0 1 22	2 3 35	4 1 52	6 4 5	8 2 22	10 4 35	12 6 48	14 5 5	16 7 18	18 5 35
	24	20 12 42	22 14 55	0 5 19	2 7 32	4 5 48	6 8 2	8 6 18	10 8 31	12 10 45	14 9 1	16 11 14	18 9 31
	25	20 16 38	22 18 52	0 9 15	2 11 28	4 9 45	6 11 58	8 10 15	10 12 28	12 14 41	14 12 58	16 15 11	18 13 28
	26	20 20 35	22 22 48	0 13 12	2 15 25	4 13 41	6 15 55	8 14 11	10 16 25	12 18 38	14 16 54	16 19 7	18 17 24
	27	20 24 32	22 26 45	0 17 8	2 19 21	4 17 38	6 19 51	8 18 8	10 20 21	12 22 34	14 20 51	16 23 4	18 21 21
	28	20 28 28	22 30 41	0 21 5	2 23 18	4 21 35	6 23 48	8 22 5	10 24 18	12 26 31	14 24 47	16 27 1	18 25 17
	29	20 32 25		0 25 1	2 27 14	4 25 31	6 27 44	8 26 1	10 28 14	12 30 27	14 28 44	16 30 57	18 29 14
	30	20 36 21		0 28 58	2 31 11	4 29 28	6 31 41	8 29 58	10 32 11	12 34 24	14 32 40	16 34 54	18 33 10
	31	20 40 18		0 32 54		4 33 24		8 33 54	10 36 7		14 36 37		18 37 7
1943	1	18 41 4	20 43 17	22 33 40	0 35 53	2 34 10	4 36 23	6 34 40	8 36 53	10 39 6	12 37 23	14 39 36	16 37 53
	2	18 45 0	20 47 13	22 37 37	0 39 50	2 38 7	4 40 20	6 38 36	8 40 50	10 43 3	12 41 19	14 43 33	16 41 49
	3	18 48 57	20 51 10	22 41 33	0 43 46	2 42 3	4 44 16	6 42 33	8 44 46	10 46 59	12 45 16	14 47 29	16 45 46
	4	18 52 53	20 55 6	22 45 30	0 47 43	2 46 0	4 48 13	6 46 30	8 48 43	10 50 56	12 49 13	14 51 26	16 49 42
	5	18 56 50	20 59 3	22 49 28	0 51 40	2 49 56	4 52 9	6 50 26	8 52 39	10 54 53	12 53 9	14 55 22	16 53 39
	6	19 0 46	21 3 0	22 53 23	0 55 36	2 53 53	4 56 6	6 54 23	8 56 36	10 58 49	12 57 6	14 59 19	16 57 35
	7	19 4 43	21 6 56	22 57 20	0 59 33	2 57 49	5 0 3	6 58 19	9 0 32	11 2 46	13 1 2	15 3 15	17 1 33
	8	19 8 39	21 10 53	23 1 16	1 3 29	3 1 46	5 3 59	7 2 16	9 4 29	11 6 42	13 4 59	15 7 12	17 5 29
	9	19 12 36	21 14 49	23 5 13	1 7 26	3 5 42	5 7 56	7 6 12	9 8 26	11 10 39	13 8 55	15 11 8	17 9 25
	10	19 16 33	21 18 46	23 9 9	1 11 22	3 9 39	5 11 52	7 10 9	9 12 22	11 14 36	13 12 52	15 15 5	17 13 22
	11	19 20 29	21 22 42	23 13 6	1 15 19	3 13 36	5 15 49	7 14 5	9 16 19	11 18 32	13 16 48	15 19 2	17 17 18
	12	19 24 26	21 26 39	23 17 2	1 19 15	3 17 32	5 19 45	7 18 2	9 20 15	11 22 28	13 20 45	15 22 58	17 21 15
	13	19 28 22	21 30 35	23 20 59	1 23 12	3 21 29	5 23 42	7 21 59	9 24 12	11 26 25	13 24 41	15 26 55	17 25 11
	14	19 32 19	21 34 32	23 24 55	1 27 9	3 25 25	5 27 38	7 25 55	9 28 8	11 30 21	13 28 38	15 30 51	17 29 8
	15	19 36 15	21 38 29	23 28 52	1 31 5	3 29 22	5 31 35	7 29 52	9 32 5	11 34 18	13 32 35	15 34 48	17 33 4
	16	19 40 12	21 42 25	23 32 49	1 35 2	3 33 18	5 35 32	7 33 48	9 36 1	11 38 15	13 36 31	15 38 44	17 37 1
	17	19 44 8	21 46 22	23 36 45	1 38 58	3 37 15	5 39 28	7 37 45	9 39 58	11 42 11	13 40 28	15 42 41	17 40 58
	18	19 48 5	21 50 18	23 40 42	1 42 55	3 41 11	5 43 25	7 41 41	9 43 55	11 46 8	13 44 24	15 46 37	17 44 55
	19	19 52 2	21 54 15	23 44 38	1 46 51	3 45 8	5 47 21	7 45 38	9 47 51	11 50 4	13 48 21	15 50 34	17 48 51
	20	19 55 58	21 58 11	23 48 35	1 50 48	3 49 4	5 51 18	7 49 34	9 51 48	11 54 1	13 52 17	15 54 31	17 52 47
	21	19 59 55	22 2 8	23 52 31	1 54 44	3 53 1	5 55 14	7 53 31	9 55 44	11 57 57	13 56 14	15 58 27	17 56 44
	22	20 3 51	22 6 4	23 56 28	1 58 41	3 56 58	5 59 11	7 57 28	9 59 41	12 1 54	14 0 10	16 2 24	18 0 40
	23	20 7 48	22 10 1	0 0 24	2 2 38	4 0 54	6 3 7	8 1 24	10 3 37	12 5 50	14 4 7	16 6 20	18 4 37
	24	20 11 44	22 13 57	0 4 21	2 6 34	4 4 51	6 7 4	8 5 21	10 7 34	12 9 47	14 8 4	16 10 17	18 8 33
	25	20 15 41	22 17 54	0 8 18	2 10 31	4 8 47	6 11 1	8 9 17	10 11 30	12 13 44	14 12 0	16 14 13	18 12 30
	26	20 19 37	22 21 51	0 12 14	2 14 27	4 12 44	6 14 57	8 13 14	10 15 27	12 17 40	14 15 57	16 18 10	18 16 27
	27	20 23 34	22 25 47	0 16 11	2 18 24	4 16 40	6 18 54	8 17 10	10 19 24	12 21 37	14 19 53	16 22 6	18 20 24
	28	20 27 31	22 29 44	0 20 7	2 22 20	4 20 37	6 22 50	8 21 7	10 23 20	12 25 33	14 23 50	16 26 3	18 24 20
	29	20 31 27		0 24 4	2 26 17	4 24 34	6 26 47	8 25 3	10 27 17	12 29 30	14 27 46	16 30 0	18 28 16
	30	20 35 24		0 28 0	2 30 13	4 28 30	6 30 43	8 29 0	10 31 14	12 33 26	14 31 43	16 33 56	18 32 13
	31	20 39 20		0 31 57		4 32 27		8 32 57	10 35 10		14 35 39		18 36 9

Year	Day	1	2	3	4	5	6	7	8	9	10	11	12
1944	1	18 40 6	20 42 20	22 36 39	0 38 52	2 37 9	4 39 22	6 37 39	8 39 52	10 42 5	12 40 22	14 42 35	16 40 52
	2	18 44 3	20 46 13	22 40 36	0 42 49	2 41 6	4 43 19	6 41 35	8 43 49	10 46 2	12 44 18	14 46 32	16 44 48
	3	18 47 59	20 50 12	22 44 32	0 46 46	2 45 2	4 47 15	6 45 32	8 47 45	10 49 58	12 48 15	14 50 28	16 48 45
	4	18 51 56	20 54 9	22 48 29	0 50 42	2 48 59	4 51 12	6 49 29	8 51 42	10 53 55	12 52 12	14 54 25	16 52 41
	5	18 55 52	20 58 5	22 52 25	0 54 39	2 52 55	4 55 8	6 53 25	8 55 38	10 57 52	12 56 8	14 58 21	16 56 38
	6	18 59 49	21 2 2	22 56 22	0 58 35	2 56 52	4 59 5	6 57 22	8 59 35	11 1 48	13 0 5	15 2 18	17 0 35
	7	19 3 45	21 5 59	23 0 19	1 2 32	3 0 48	5 3 2	7 1 18	9 3 32	11 5 45	13 4 1	15 6 14	17 4 31
	8	19 7 42	21 9 55	23 4 16	1 6 28	3 4 45	5 6 58	7 5 15	9 7 28	11 9 41	13 7 58	15 10 11	17 8 28
	9	19 11 38	21 13 52	23 8 12	1 10 25	3 8 41	5 10 55	7 9 11	9 11 25	11 13 38	13 11 54	15 14 8	17 12 24
	10	19 15 35	21 17 48	23 12 8	1 14 21	3 12 38	5 14 51	7 13 8	9 15 21	11 17 34	13 15 51	15 18 4	17 16 21
	11	19 19 32	21 21 45	23 16 5	1 18 18	3 16 35	5 18 48	7 17 5	9 19 18	11 21 31	13 19 47	15 22 1	17 20 17
	12	19 23 28	21 25 41	23 20 1	1 22 14	3 20 31	5 22 44	7 21 1	9 23 14	11 25 27	13 23 44	15 25 57	17 24 14
	13	19 27 25	21 29 38	23 23 58	1 26 11	3 24 28	5 26 41	7 24 58	9 27 11	11 29 24	13 27 41	15 29 54	17 28 10
	14	19 31 21	21 33 34	23 27 54	1 30 8	3 28 24	5 30 37	7 28 54	9 31 7	11 33 21	13 31 37	15 33 50	17 32 7
	15	19 35 18	21 37 31	23 31 51	1 34 4	3 32 21	5 34 34	7 32 51	9 35 4	11 37 17	13 35 34	15 37 47	17 36 4
	16	19 39 14	21 41 28	23 35 48	1 38 1	3 36 17	5 38 31	7 36 47	9 39 1	11 41 14	13 39 30	15 41 43	17 40 0
	17	19 43 11	21 45 24	23 39 44	1 41 57	3 40 14	5 42 27	7 40 44	9 42 57	11 45 10	13 43 27	15 45 40	17 43 57
	18	19 47 7	21 49 21	23 43 41	1 45 54	3 44 10	5 46 24	7 44 40	9 46 54	11 49 7	13 47 23	15 49 37	17 47 53
	19	19 51 4	21 53 18	23 47 37	1 49 50	3 48 7	5 50 20	7 48 37	9 50 50	11 53 3	13 51 20	15 53 33	17 51 50
	20	19 55 0	21 57 14	23 51 34	1 53 47	3 52 4	5 54 17	7 52 34	9 54 47	11 57 0	13 55 16	15 57 30	17 55 46
	21	19 58 57	22 1 10	23 55 30	1 57 43	3 56 0	5 58 13	7 56 30	9 58 43	12 0 56	13 59 13	16 1 26	17 59 43
	22	20 2 51	22 5 7	23 59 27	2 1 40	3 59 57	5 2 10	8 0 27	10 2 40	12 4 53	14 3 10	16 5 23	18 3 39
	23	20 6 50	22 9 3	0 3 23	2 5 37	4 3 53	6 6 6	8 4 23	10 6 36	12 8 50	14 7 6	16 9 20	18 7 36
	24	20 10 47	22 13 0	0 7 20	2 9 33	4 7 50	6 10 3	8 8 20	10 10 33	12 12 46	14 11 3	16 13 16	18 11 33
	25	20 14 43	22 16 57	0 11 17	2 13 30	4 11 46	6 14 0	8 12 16	10 14 29	12 16 43	14 14 59	16 17 12	18 15 29
	26	20 18 40	22 20 53	0 15 13	2 17 26	4 15 43	6 17 56	8 16 13	10 18 26	12 20 39	14 18 56	16 21 9	18 19 26
	27	20 22 36	22 24 50	0 19 10	2 21 23	4 19 39	6 21 53	8 20 9	10 22 23	12 24 36	14 22 52	16 25 6	18 23 22
	28	20 26 33	22 28 46	0 23 6	2 25 19	4 23 36	6 25 49	8 24 6	10 26 19	12 28 32	14 26 49	16 29 2	18 27 19
	29	20 30 30	22 32 43	0 27 3	2 29 16	4 27 33	6 29 46	8 28 3	10 30 16	12 32 29	14 30 45	16 32 59	18 31 15
	30	20 34 26		0 30 59	2 33 12	4 31 29	6 33 42	8 31 59	10 34 12	12 36 25	14 34 42	16 36 55	18 35 12
	31	20 38 23		0 34 56		4 35 26		8 35 56	10 38 9		14 38 39		18 39 9
1945	1	18 43 5	20 45 18	22 35 42	0 37 55	2 36 12	4 38 25	6 36 42	8 38 55	10 41 8	12 39 25	14 41 38	16 39 54
	2	18 47 2	20 49 15	22 39 38	0 41 52	2 40 8	4 42 21	6 40 38	8 42 51	10 45 5	12 43 21	14 45 34	16 43 51
	3	18 50 58	20 53 11	22 43 35	0 45 48	2 44 5	4 46 18	6 44 35	8 46 48	10 49 1	12 47 18	14 49 31	16 47 48
	4	18 54 55	20 57 8	22 47 31	0 49 45	2 48 1	4 50 14	6 48 31	8 50 44	10 52 58	12 51 14	14 53 27	16 51 44
	5	18 58 51	21 1 5	22 51 28	0 53 41	2 51 58	4 54 11	6 52 28	8 54 41	10 56 54	12 55 11	14 57 24	16 55 41
	6	19 2 48	21 5 1	22 55 25	0 57 38	2 55 54	4 58 8	6 56 24	8 58 38	11 0 51	12 59 7	15 1 20	16 59 38
	7	19 6 44	21 8 58	22 59 21	1 1 34	2 59 51	5 2 4	7 0 21	9 2 34	11 4 47	13 3 4	15 5 17	17 3 34
	8	19 10 41	21 12 54	23 3 18	1 5 31	3 3 47	5 6 1	7 4 17	9 6 31	11 8 44	13 7 0	15 9 14	17 7 30
	9	19 14 38	21 16 51	23 7 14	1 9 27	3 7 44	5 9 57	7 8 14	9 10 27	11 12 40	13 10 57	15 13 10	17 11 27
	10	19 18 34	21 20 47	23 11 11	1 13 24	3 11 40	5 13 54	7 12 11	9 14 24	11 16 37	13 14 54	15 17 7	17 15 23
	11	19 22 31	21 24 44	23 15 7	1 17 21	3 15 37	5 17 50	7 16 7	9 18 20	11 20 34	13 18 50	15 21 3	17 19 20
	12	19 26 28	21 28 40	23 19 4	1 21 17	3 19 33	5 21 47	7 20 4	9 22 17	11 24 30	13 22 47	15 25 0	17 23 17
	13	19 30 24	21 32 37	23 23 0	1 25 14	3 23 30	5 25 44	7 24 0	9 26 13	11 28 27	13 26 44	15 28 56	17 27 13
	14	19 34 20	21 36 34	23 26 57	1 29 10	3 27 27	5 29 40	7 27 57	9 30 10	11 32 24	13 30 40	15 32 53	17 31 10
	15	19 38 17	21 40 30	23 30 54	1 33 7	3 31 23	5 33 37	7 31 53	9 34 7	11 36 20	13 34 36	15 36 50	17 35 6
	16	19 42 13	21 44 27	23 34 50	1 37 3	3 35 20	5 37 33	7 35 50	9 38 3	11 40 16	13 38 33	15 40 46	17 39 3
	17	19 46 10	21 48 24	23 38 47	1 41 0	3 39 16	5 41 30	7 39 47	9 42 0	11 44 13	13 42 29	15 44 43	17 42 59
	18	19 50 7	21 52 20	23 42 43	1 44 56	3 43 13	5 45 26	7 43 43	9 45 56	11 48 9	13 46 26	15 48 40	17 46 56
	19	19 54 3	21 56 16	23 46 40	1 48 53	3 47 10	5 49 23	7 47 40	9 49 53	11 52 6	13 50 23	15 52 36	17 50 52
	20	19 58 0	22 0 13	23 50 36	1 52 49	3 51 6	5 53 19	7 51 36	9 53 49	11 56 2	13 54 19	15 56 32	17 54 49
	21	20 1 56	22 4 9	23 54 33	1 56 46	3 55 3	5 57 16	7 55 33	9 57 46	11 59 59	13 58 16	16 0 29	17 58 46
	22	20 5 53	22 8 6	23 58 29	2 0 43	3 58 59	6 1 13	7 59 29	10 1 42	12 3 56	14 2 12	16 4 25	18 2 42
	23	20 9 49	22 12 3	0 2 26	2 4 39	4 2 56	6 5 9	8 3 26	10 5 39	12 7 52	14 6 9	16 8 22	18 6 39
	24	20 13 46	22 15 59	0 6 23	2 8 36	4 6 52	6 9 6	8 7 22	10 9 36	12 11 49	14 10 5	16 12 19	18 10 35
	25	20 17 42	22 19 56	0 10 19	2 12 32	4 10 49	6 13 2	8 11 19	10 13 32	12 15 45	14 14 2	16 16 15	18 14 32
	26	20 21 39	22 23 52	0 14 16	2 16 29	4 14 45	6 16 59	8 15 15	10 17 29	12 19 42	14 17 58	16 20 12	18 18 28
	27	20 25 36	22 27 49	0 18 12	2 20 25	4 18 42	6 20 55	8 19 12	10 21 25	12 23 38	14 21 55	16 24 8	18 22 25
	28	20 29 32	22 31 45	0 22 9	2 24 22	4 22 39	6 24 52	8 23 9	10 25 22	12 27 35	14 25 52	16 28 5	18 26 21
	29	20 33 29		0 26 5	2 28 18	4 26 35	6 28 48	8 27 5	10 29 18	12 31 31	14 29 48	16 32 1	18 30 18
	30	20 37 25		0 30 2	2 32 15	4 30 32	6 32 45	8 31 2	10 33 15	12 35 28	14 33 45	16 35 58	18 34 15
	31	20 41 22		0 33 58		4 34 28		8 34 58	10 37 11		14 37 42		18 38 11

		1	2	3	4	5	6	7	8	9	10	11	12
1946	1	18 42 8	20 44 21	22 34 45	0 36 58	2 35 14	4 37 28	6 35 44	8 37 58	10 40 11	12 38 27	14 40 40	16 38 57
	2	18 46 4	20 48 18	22 38 41	0 40 54	2 39 11	4 41 24	6 39 41	8 41 54	10 44 7	12 42 24	14 44 37	16 42 54
	3	18 50 1	20 52 14	22 42 38	0 44 51	2 43 7	4 45 21	6 43 37	8 45 51	10 48 4	12 46 20	14 48 34	16 46 50
	4	18 53 57	20 56 11	22 46 34	0 48 47	2 47 4	4 49 17	6 47 34	8 49 47	10 52 0	12 50 17	14 52 30	16 50 47
	5	18 57 54	21 0 7	22 50 31	0 52 44	2 51 0	4 53 14	6 51 30	8 53 44	10 55 57	12 54 14	14 56 27	16 54 43
	6	19 1 51	21 4 4	22 54 27	0 56 40	2 54 57	4 57 10	6 55 27	8 57 40	10 59 53	12 58 10	15 0 23	16 58 40
	7	19 5 47	21 8 0	22 58 24	1 0 37	2 58 53	5 1 7	6 59 24	9 1 37	11 3 50	13 2 7	15 4 20	17 2 37
	8	19 9 44	21 11 57	23 2 20	1 4 34	3 2 50	5 5 3	7 3 20	9 5 33	11 7 47	13 6 3	15 8 16	17 6 33
	9	19 13 40	21 15 53	23 6 17	1 8 30	3 6 47	5 9 0	7 7 17	9 9 30	11 11 43	13 10 0	15 12 13	17 10 30
	10	19 17 37	21 19 50	23 10 13	1 12 27	3 10 43	5 12 57	7 11 13	9 13 27	11 15 40	13 13 56	15 16 9	17 14 26
	11	19 21 33	21 23 47	23 14 10	1 16 23	3 14 40	5 16 53	7 15 10	9 17 23	11 19 36	13 17 53	15 20 6	17 18 23
	12	19 25 30	21 27 43	23 18 7	1 20 20	3 18 36	5 20 50	7 19 6	9 21 20	11 23 33	13 21 49	15 24 3	17 22 19
	13	19 29 26	21 31 40	23 22 3	1 24 16	3 22 33	5 24 46	7 23 3	9 25 16	11 27 29	13 25 46	15 27 59	17 26 16
	14	19 33 23	21 35 36	23 26 0	1 28 13	3 26 29	5 28 43	7 27 0	9 29 13	11 31 26	13 29 42	15 31 56	17 30 12
	15	19 37 20	21 39 33	23 29 56	1 32 9	3 30 26	5 32 39	7 30 56	9 33 9	11 35 22	13 33 39	15 35 52	17 34 9
	16	19 41 16	21 43 29	23 33 53	1 36 6	3 34 28	5 36 36	7 34 53	9 37 6	11 39 19	13 37 36	15 39 49	17 38 6
	17	19 45 13	21 47 26	23 37 49	1 40 3	3 38 19	5 40 32	7 38 49	9 41 2	11 43 16	13 41 32	15 43 45	17 42 2
	18	19 49 9	21 51 22	23 41 46	1 43 59	3 42 16	5 44 29	7 42 46	9 44 59	11 47 12	13 45 29	15 47 42	17 45 59
	19	19 43 6	21 55 19	23 45 42	1 47 56	3 46 12	5 48 26	7 46 42	9 48 56	11 51 9	13 49 25	15 51 39	17 49 55
	20	19 57 2	21 59 16	23 49 39	1 51 52	3 50 9	5 52 22	7 50 39	9 52 52	11 55 5	13 53 22	15 55 35	17 53 52
	21	20 0 59	22 3 12	23 53 36	1 55 49	3 54 5	5 56 19	7 54 35	9 56 49	11 59 2	13 57 18	15 59 32	17 57 49
	22	20 4 55	22 7 9	23 57 32	1 59 45	3 58 2	6 0 15	7 58 32	10 0 45	12 2 58	14 1 15	16 3 28	18 1 45
	23	20 8 52	22 11 5	0 1 29	2 3 42	4 1 59	6 4 12	8 2 29	10 4 42	12 6 55	14 5 12	16 7 25	18 5 42
	24	20 12 48	22 15 2	0 5 25	2 7 38	4 5 55	6 8 8	8 6 25	10 8 38	12 10 51	14 9 8	16 11 21	18 9 38
	25	20 16 45	22 18 58	0 9 22	2 11 35	4 9 52	6 12 5	8 10 22	10 12 35	12 14 48	14 13 5	16 15 18	18 13 35
	26	20 20 42	22 22 55	0 13 18	2 15 32	4 13 48	6 16 1	8 14 18	10 16 31	12 18 45	14 17 1	16 19 14	18 17 31
	27	20 24 38	22 26 51	0 17 15	2 19 28	4 17 45	6 19 58	8 18 15	10 20 28	12 22 41	14 20 58	16 23 11	18 21 28
	28	20 28 35	22 30 48	0 21 11	2 23 25	4 21 41	6 23 55	8 22 11	10 24 25	12 26 38	14 24 54	16 27 8	18 25 24
	29	20 32 31		0 25 8	2 27 21	4 25 38	6 27 51	8 26 8	10 28 21	12 30 35	14 28 51	16 31 4	18 29 21
	30	20 36 28		0 29 5	2 31 18	4 29 34	6 31 48	8 30 5	10 32 18	12 34 31	14 32 47	16 35 1	18 33 17
	31	20 40 24		0 33 1		4 33 31		8 34 1	10 36 14		14 36 44		18 37 14
1947	1	18 41 10	20 43 24	22 33 47	0 36 0	2 34 17	4 36 30	6 34 47	8 37 0	10 39 14	12 37 30	14 39 43	16 38 0
	2	18 45 7	20 47 20	22 37 44	0 39 57	2 38 14	4 40 27	6 38 44	8 40 57	10 43 10	12 41 27	14 43 40	16 41 57
	3	18 49 4	20 51 17	22 41 40	0 43 54	2 42 10	4 44 23	6 42 40	8 44 53	10 47 7	12 45 24	14 47 38	16 45 53
	4	18 53 0	20 55 13	22 45 37	0 47 50	2 46 7	4 48 20	6 46 37	8 48 50	10 51 3	12 49 20	14 51 33	16 49 50
	5	18 56 57	20 59 10	22 49 34	0 51 47	2 50 3	4 52 17	6 50 33	8 52 47	10 55 0	12 53 16	14 55 30	16 53 46
	6	19 0 53	21 3 7	22 53 30	0 55 43	2 54 0	4 56 13	6 54 30	8 56 43	10 58 56	12 57 13	14 59 26	16 57 43
	7	19 4 50	21 7 3	22 57 27	0 59 40	2 57 56	5 0 10	6 58 26	9 0 40	11 2 53	13 1 10	15 3 23	17 1 39
	8	19 8 46	21 11 0	23 1 23	1 3 36	3 1 53	5 4 6	7 2 23	9 4 36	11 6 49	13 5 6	15 7 19	17 5 36
	9	19 12 43	21 14 56	23 5 20	1 7 33	3 5 50	5 8 3	7 6 20	9 8 33	11 10 46	13 9 3	15 11 16	17 9 33
	10	19 16 40	21 18 53	23 9 16	1 11 29	3 9 46	5 11 59	7 10 16	9 12 30	11 14 43	13 12 59	15 15 12	17 13 29
	11	19 20 36	21 22 49	23 13 13	1 15 26	3 13 43	5 15 56	7 14 13	9 16 26	11 18 39	13 16 56	15 19 9	17 17 26
	12	19 24 33	21 26 46	23 17 9	1 19 23	3 17 39	5 19 52	7 18 9	9 20 22	11 22 36	13 20 52	15 23 5	17 21 22
	13	19 28 29	21 30 42	23 21 6	1 23 19	3 21 36	5 23 49	7 22 6	9 24 19	11 26 32	13 24 49	15 27 2	17 25 19
	14	19 32 26	21 34 39	23 25 3	1 27 16	3 25 32	5 27 46	7 26 2	9 28 16	11 30 29	13 28 45	15 30 59	17 29 15
	15	19 36 22	21 38 36	23 28 59	1 31 12	3 29 29	5 31 42	7 29 59	9 32 12	11 34 25	13 32 42	15 34 55	17 33 12
	16	19 40 19	21 42 32	23 32 56	1 35 9	3 33 25	5 35 39	7 33 55	9 36 9	11 38 22	13 36 38	15 38 52	17 37 8
	17	19 44 15	21 46 29	23 36 52	1 39 5	3 37 22	5 39 35	7 37 52	9 40 5	11 42 18	13 40 35	15 42 48	17 41 5
	18	19 48 12	21 50 25	23 40 49	1 43 2	3 41 19	5 43 32	7 41 49	9 44 2	11 46 15	13 44 32	15 46 45	17 45 2
	19	19 52 9	21 54 22	23 44 45	1 46 59	3 45 15	5 47 28	7 45 45	9 47 59	11 50 12	13 48 28	15 50 41	17 48 58
	20	19 56 5	21 58 18	23 48 42	1 50 55	3 49 12	5 51 25	7 49 42	9 51 55	11 54 8	13 52 25	15 54 38	17 52 55
	21	20 0 2	22 2 15	23 52 38	1 54 52	3 53 8	5 55 22	7 53 38	9 55 51	11 58 5	13 56 21	15 58 34	17 56 51
	22	20 3 58	22 6 11	23 56 35	1 58 48	3 57 5	5 59 18	7 57 35	9 59 48	12 2 1	14 0 18	16 2 31	18 0 48
	23	20 7 55	22 10 8	0 0 31	2 2 45	4 1 1	6 3 15	8 1 31	10 3 45	12 5 58	14 4 14	16 6 28	18 4 44
	24	20 11 51	22 14 5	0 4 28	2 6 41	4 4 58	6 7 11	8 5 28	10 7 41	12 9 54	14 8 11	16 10 24	18 8 41
	25	20 15 48	22 18 1	0 8 25	2 10 38	4 8 54	6 11 8	8 9 24	10 11 38	12 13 51	14 12 7	16 14 21	18 12 37
	26	20 19 44	22 21 58	0 12 21	2 14 34	4 12 51	6 15 4	8 13 21	10 15 34	12 17 47	14 16 4	16 18 17	18 16 34
	27	20 23 41	22 25 54	0 16 18	2 18 31	4 16 48	6 19 1	8 17 18	10 19 31	12 21 44	14 20 1	16 22 14	18 20 31
	28	20 27 38	22 29 51	0 20 14	2 22 27	4 20 44	6 22 57	8 21 14	10 23 27	12 25 41	14 23 57	16 26 10	18 24 27
	29	20 31 34		0 24 11	2 26 24	4 24 41	6 26 54	8 25 11	10 27 24	12 29 37	14 27 54	16 30 7	18 28 24
	30	20 35 31		0 28 7	2 30 21	4 28 37	6 30 51	8 29 7	10 31 20	12 33 34	14 31 51	16 34 3	18 32 20
	31	20 39 27		0 32 4		4 32 34		8 33 4	10 35 17		14 35 47		18 36 17

		1	2	3	4	5	6	7	8	9	10	11	12
1948	1	18 40 13	20 42 27	22 36 47	0 39 0	2 37 17	4 39 30	6 37 47	8 40 0	10 42 13	12 40 30	14 42 43	16 41 0
	2	18 44 10	20 46 23	22 40 43	0 42 56	2 41 13	4 43 26	6 41 43	8 43 56	10 46 10	12 44 26	14 46 39	16 44 56
	3	18 48 7	20 50 20	22 44 40	0 46 53	2 45 10	4 47 23	6 45 40	8 47 53	10 50 6	12 48 23	14 50 36	16 48 53
	4	18 52 3	20 54 16	22 48 36	0 50 50	2 49 6	4 51 19	6 49 36	8 51 50	10 54 3	12 52 19	14 54 33	16 52 49
	5	18 56 0	20 58 13	22 52 33	0 54 46	2 53 3	4 55 16	6 53 33	8 55 46	10 57 59	12 56 16	14 58 29	16 56 46
	6	18 59 56	21 2 9	22 56 30	0 58 43	2 56 59	4 59 13	6 57 29	8 59 43	11 1 56	13 0 12	15 2 26	17 0 42
	7	19 3 53	21 6 6	23 0 26	1 2 39	3 0 56	5 3 9	7 1 26	9 3 39	11 5 52	13 4 9	15 6 22	17 4 39
	8	19 7 49	21 10 3	23 4 23	1 6 36	3 4 52	5 7 6	7 5 22	9 7 36	11 9 49	13 8 6	15 10 19	17 8 36
	9	19 11 46	21 13 59	23 8 19	1 10 32	3 8 49	5 11 2	7 9 19	9 11 32	11 13 46	13 12 2	15 14 15	17 12 32
	10	19 15 42	21 17 56	23 12 16	1 14 29	3 12 46	5 14 59	7 13 16	9 15 29	11 17 42	13 15 59	15 18 12	17 16 29
	11	19 19 39	21 21 53	23 16 12	1 18 25	3 16 42	5 18 55	7 17 12	9 19 26	11 21 39	13 19 55	15 22 8	17 20 25
	12	19 23 36	21 25 49	23 20 9	1 22 22	3 20 39	5 22 52	7 21 9	9 23 22	11 25 35	13 23 52	15 26 5	17 24 22
	13	19 27 32	21 29 46	23 24 5	1 26 19	3 24 35	5 26 49	7 25 5	9 27 19	11 29 32	13 27 48	15 30 2	17 28 18
	14	19 31 29	21 33 42	23 28 2	1 30 15	3 28 32	5 30 45	7 29 2	9 31 15	11 33 28	13 31 45	15 33 58	17 32 15
	15	19 35 25	21 37 38	23 31 59	1 34 12	3 32 28	5 34 42	7 32 59	9 35 12	11 37 25	13 35 41	15 37 55	17 36 11
	16	19 39 22	21 41 35	23 35 55	1 38 8	3 36 25	5 38 38	7 36 55	9 39 8	11 41 21	13 39 38	15 41 51	17 40 8
	17	19 43 18	21 45 32	23 39 52	1 42 5	3 40 21	5 42 35	7 40 52	9 43 5	11 45 18	13 43 35	15 45 48	17 44 5
	18	19 47 15	21 49 28	23 43 48	1 46 1	3 44 18	5 46 32	7 44 48	9 47 1	11 49 14	13 47 31	15 49 44	17 48 1
	19	19 51 11	21 53 25	23 47 45	1 49 58	3 48 15	5 50 28	7 48 45	9 50 58	11 53 11	13 51 28	15 53 41	17 51 58
	20	19 55 8	21 57 21	23 51 41	1 53 54	3 52 11	5 54 24	7 52 41	9 54 54	11 57 8	13 55 24	15 57 37	17 55 54
	21	19 59 5	22 1 18	23 55 38	1 57 51	3 56 8	5 58 21	7 56 38	9 58 51	12 1 4	13 59 21	16 1 34	17 59 51
	22	20 3 1	22 5 14	23 59 34	2 1 48	4 0 4	6 2 18	8 0 34	10 2 48	12 5 1	14 3 17	16 5 31	18 3 47
	23	20 6 58	22 9 11	0 3 31	2 5 44	4 4 1	6 6 14	8 4 31	10 6 44	12 8 57	14 7 14	16 9 27	18 7 44
	24	20 10 54	22 13 7	0 7 28	2 9 41	4 7 58	6 10 11	8 8 27	10 10 41	12 12 54	14 11 10	16 13 24	18 11 40
	25	20 14 51	22 17 4	0 11 24	2 13 37	4 11 54	6 14 7	8 12 24	10 14 37	12 16 50	14 15 7	16 17 20	18 15 37
	26	20 18 47	22 21 1	0 15 21	2 17 34	4 15 50	6 18 4	8 16 21	10 18 34	12 20 47	14 19 4	16 21 17	18 19 34
	27	20 22 44	22 24 57	0 19 17	2 21 30	4 19 47	6 22 0	8 20 17	10 22 30	12 24 43	14 23 0	16 25 13	18 23 30
	28	20 26 40	22 28 54	0 23 14	2 25 27	4 23 44	6 25 57	8 24 14	10 26 27	12 28 40	14 26 57	16 29 10	18 27 27
	29	20 30 37	22 32 50	0 27 10	2 29 23	4 27 40	6 29 53	8 28 10	10 30 23	12 32 37	14 30 53	16 33 6	18 31 23
	30	20 34 34		0 31 7	2 33 20	4 31 37	6 33 50	8 32 7	10 34 20	12 36 33	14 34 50	16 37 3	18 35 20
	31	20 38 30		0 35 3		4 35 33		8 36 3	10 38 17		14 38 46		18 39 16
1949	1	18 43 13	20 45 26	22 35 50	0 38 3	2 36 20	4 38 33	6 36 50	8 39 3	10 41 16	12 39 33	14 41 46	16 40 3
	2	18 47 9	20 49 23	22 39 46	0 41 9	2 40 16	4 42 29	6 40 46	8 42 59	10 45 13	12 43 29	14 45 42	16 43 59
	3	18 51 6	20 53 19	22 43 43	0 45 56	2 44 13	4 46 26	6 44 43	8 46 56	10 49 9	12 47 26	14 49 39	16 47 56
	4	18 55 3	20 57 16	22 47 39	0 49 53	2 48 9	4 50 23	6 48 39	8 50 53	10 53 6	12 51 22	14 53 36	16 51 52
	5	18 58 59	21 1 12	22 51 36	0 53 49	2 52 6	4 54 19	6 52 36	8 54 49	10 57 2	12 55 19	14 57 32	16 55 49
	6	19 2 56	21 5 9	22 55 33	0 57 46	2 56 2	4 58 16	6 56 32	8 58 46	11 0 59	12 59 15	15 1 29	16 59 45
	7	19 6 52	21 9 6	22 59 29	1 1 42	2 59 59	5 2 12	7 0 29	9 2 42	11 4 55	13 3 12	15 5 25	17 3 42
	8	19 10 49	21 13 2	23 3 26	1 5 39	3 3 55	5 6 9	7 4 25	9 6 39	11 8 52	13 7 9	15 9 22	17 7 39
	9	19 14 45	21 16 59	23 7 22	1 9 35	3 7 52	5 10 5	7 8 22	9 10 35	11 12 49	13 11 5	15 13 18	17 11 35
	10	19 18 42	21 20 55	23 11 19	1 13 32	3 11 49	5 14 2	7 12 19	9 14 32	11 16 45	13 15 2	15 17 15	17 15 32
	11	19 22 38	21 24 52	23 15 15	1 17 28	3 15 45	5 17 58	7 16 15	9 18 28	11 20 42	13 18 58	15 21 11	17 19 28
	12	19 26 35	21 28 48	23 19 12	1 21 25	3 19 42	5 21 55	7 20 12	9 22 25	11 24 38	13 22 55	15 25 8	17 23 25
	13	19 30 32	21 32 45	23 23 8	1 25 22	3 23 38	5 25 52	7 24 8	9 26 22	11 28 35	13 26 51	15 29 5	17 27 21
	14	19 34 28	21 36 41	23 27 5	1 29 18	3 27 35	5 29 48	7 28 5	9 30 18	11 32 31	13 30 48	15 33 1	17 31 18
	15	19 38 25	21 40 38	23 31 2	1 33 15	3 31 31	5 33 45	7 32 1	9 34 15	11 36 28	13 34 44	15 36 58	17 35 14
	16	19 42 21	21 44 35	23 34 58	1 37 11	3 35 28	5 37 41	7 35 58	9 38 11	11 40 24	13 38 41	15 40 54	17 39 11
	17	19 46 18	21 48 31	23 38 55	1 41 8	3 39 24	5 41 38	7 39 55	9 42 8	11 44 21	13 42 38	15 44 51	17 43 8
	18	19 50 14	21 52 28	23 42 51	1 45 4	3 43 21	5 45 34	7 43 51	9 46 4	11 48 18	13 46 34	15 48 47	17 47 4
	19	19 54 11	21 56 24	23 46 48	1 49 1	3 47 18	5 49 31	7 47 48	9 50 1	11 52 14	13 50 31	15 52 44	17 51 1
	20	19 58 8	22 0 21	23 50 44	1 52 57	3 51 14	5 53 27	7 51 44	9 53 57	11 56 11	13 54 27	15 56 40	17 54 57
	21	20 2 4	22 4 17	23 54 41	1 56 54	3 55 11	5 57 24	7 55 41	9 57 54	12 0 7	13 58 24	16 0 37	17 58 54
	22	20 6 1	22 8 14	23 58 37	2 0 51	3 59 7	6 1 21	7 59 37	10 1 51	12 4 4	14 2 20	16 4 34	18 2 50
	23	20 9 57	22 12 10	0 2 34	2 4 47	4 3 4	6 5 17	8 3 34	10 5 47	12 8 0	14 6 17	16 8 30	18 6 47
	24	20 13 54	22 16 7	0 6 31	2 8 44	4 7 0	6 9 14	8 7 30	10 9 44	12 11 57	14 10 13	16 12 27	18 10 43
	25	20 17 50	22 20 4	0 10 27	2 12 40	4 10 57	6 13 10	8 11 27	10 13 40	12 15 53	14 14 10	16 16 23	18 14 40
	26	20 21 47	22 24 0	0 14 24	2 16 37	4 14 53	6 17 7	8 15 24	10 17 37	12 19 50	14 18 7	16 20 20	18 18 37
	27	20 25 43	22 27 57	0 18 20	2 20 33	4 18 50	6 21 3	8 19 20	10 21 33	12 23 46	14 22 3	16 24 16	18 22 33
	28	20 29 40	22 31 53	0 22 17	2 24 30	4 22 47	6 25 0	8 23 17	10 25 30	12 27 43	14 26 0	16 28 13	18 26 30
	29	20 33 37		0 26 13	2 28 26	4 26 43	6 28 56	8 27 13	10 29 26	12 31 40	14 29 56	16 32 10	18 30 26
	30	20 37 33		0 30 10	2 32 23	4 30 40	6 32 53	8 31 10	10 33 23	12 35 36	14 33 53	16 36 6	18 34 23
	31	20 41 30		0 34 6		4 34 36		8 35 6	10 37 20		14 37 49		18 38 19

		1	2	3	4	5	6	7	8	9	10	11	12
1950	1	18 42 16	20 44 29	22 34 53	0 37 6	2 35 23	4 37 36	6 35 53	8 38 6	10 40 19	12 38 36	14 40 49	16 39 6
	2	18 46 12	20 48 26	22 38 49	0 41 3	2 39 19	4 41 32	6 39 49	8 42 2	10 44 16	12 42 32	14 44 46	16 43 2
	3	18 50 9	20 52 22	22 42 46	0 44 59	2 43 16	4 45 29	6 43 46	8 45 59	10 48 12	12 46 29	14 48 42	16 46 59
	4	18 54 6	20 56 19	22 46 42	0 48 56	2 47 12	4 49 26	6 47 42	8 49 56	10 52 9	12 50 25	14 52 39	16 50 55
	5	18 58 2	21 0 15	22 50 39	0 52 52	2 51 9	4 53 22	6 51 39	8 53 52	10 56 5	12 54 22	14 56 35	16 54 52
	6	19 1 59	21 4 12	22 54 36	0 56 49	2 55 5	4 57 19	6 55 35	8 57 49	11 0 2	12 58 19	15 0 32	16 58 48
	7	19 5 55	21 8 9	22 58 32	1 0 45	2 59 2	5 1 15	6 59 32	9 1 45	11 3 58	13 2 15	15 4 28	17 2 45
	8	19 9 52	21 12 5	23 2 29	1 4 42	3 2 59	5 5 12	7 3 29	9 5 42	11 7 55	13 6 12	15 8 25	17 6 42
	9	19 13 48	21 16 2	23 6 25	1 8 38	3 6 55	5 9 8	7 7 25	9 9 38	11 11 52	13 10 8	15 12 21	17 10 38
	10	19 17 45	21 19 58	23 10 22	1 12 35	3 10 52	5 13 5	7 11 22	9 13 35	11 15 48	13 14 5	15 16 18	17 14 35
	11	19 21 42	21 23 55	23 14 18	1 16 32	3 14 48	5 17 1	7 15 18	9 17 31	11 19 45	13 18 1	15 20 14	17 18 31
	12	19 25 38	21 27 51	23 18 15	1 20 28	3 18 45	5 20 58	7 19 15	9 21 28	11 23 41	13 21 58	15 24 11	17 22 28
	13	19 29 35	21 31 48	23 22 11	1 24 25	3 22 41	5 24 55	7 23 11	9 25 25	11 27 38	13 25 54	15 28 8	17 26 24
	14	19 33 31	21 35 44	23 26 8	1 28 21	3 26 38	5 28 51	7 27 8	9 29 21	11 31 34	13 29 51	15 32 4	17 30 21
	15	19 37 28	21 39 41	23 30 5	1 32 18	3 30 34	5 32 48	7 31 4	9 33 18	11 35 31	13 33 48	15 36 1	17 34 18
	16	19 41 24	21 43 38	23 34 1	1 36 14	3 34 31	5 36 44	7 35 1	9 37 14	11 39 27	13 37 44	15 39 57	17 38 14
	17	19 45 21	21 47 34	23 37 58	1 40 11	3 38 27	5 40 41	7 38 58	9 41 11	11 43 24	13 41 41	15 43 54	17 42 11
	18	19 49 17	21 51 31	23 41 54	1 44 7	3 42 24	5 44 37	7 42 54	9 45 7	11 47 21	13 45 37	15 47 50	17 46 7
	19	19 53 14	21 55 27	23 45 51	1 48 4	3 46 21	5 48 34	7 46 51	9 49 4	11 51 17	13 49 34	15 51 47	17 50 4
	20	19 57 11	21 59 24	23 49 47	1 52 0	3 50 17	5 52 30	7 50 47	9 53 0	11 55 14	13 53 30	15 55 44	17 54 0
	21	20 1 7	22 3 20	23 53 44	1 55 57	3 54 14	5 56 27	7 54 44	9 56 57	11 59 10	13 57 27	15 59 40	17 57 57
	22	20 5 4	22 7 17	23 57 40	1 59 54	3 58 10	6 0 24	7 58 40	10 0 54	12 3 7	14 1 23	16 3 37	18 1 53
	23	20 9 0	22 11 13	0 1 37	2 3 50	4 2 7	6 4 20	8 2 37	10 4 50	12 7 3	14 5 20	16 7 33	18 5 50
	24	20 12 57	22 15 10	0 5 34	2 7 47	4 6 3	6 8 17	8 6 33	10 8 47	12 11 0	14 9 17	16 11 30	18 9 47
	25	20 16 53	22 19 7	0 9 30	2 11 43	4 10 0	6 12 13	8 10 30	10 12 43	12 14 56	14 13 13	16 15 26	18 13 43
	26	20 20 50	22 23 3	0 13 27	2 15 40	4 13 57	6 16 10	8 14 27	10 16 40	12 18 53	14 17 10	16 19 23	18 17 40
	27	20 24 46	22 27 0	0 17 23	2 19 36	4 17 53	6 20 6	8 18 23	10 20 36	12 22 50	14 21 6	16 23 19	18 21 36
	28	20 28 43	22 30 56	0 21 20	2 23 33	4 21 50	6 24 3	8 22 20	10 24 33	12 26 46	14 25 3	16 27 16	18 25 33
	29	20 32 40		0 25 16	2 27 29	4 25 46	6 28 0	8 26 16	10 28 29	12 30 43	14 28 59	16 31 13	18 29 29
	30	20 36 36		0 29 13	2 31 26	4 29 43	6 31 56	8 30 13	10 32 26	12 34 39	14 32 56	16 35 9	18 33 26
	31	20 40 33		0 33 9		4 33 39		8 34 9	10 36 23		14 36 52		18 37 22
1951	1	18 41 19	20 43 32	22 33 56	0 36 9	2 34 26	4 36 39	6 34 56	8 37 9	10 39 22	12 37 39	14 39 52	16 38 9
	2	18 45 16	20 47 29	22 37 52	0 40 6	2 38 22	4 40 35	6 38 52	8 41 6	10 43 19	12 41 35	14 43 49	16 42 5
	3	18 49 12	20 51 25	22 41 49	0 44 2	2 42 19	4 44 32	6 42 49	8 45 2	10 47 15	12 45 32	14 47 45	16 46 2
	4	18 53 9	20 55 22	22 45 46	0 47 59	2 46 15	4 48 29	6 46 45	8 48 59	10 51 12	12 49 28	14 51 42	16 49 58
	5	18 57 5	20 59 19	22 49 42	0 51 55	2 50 12	4 52 25	6 50 42	8 52 55	10 55 8	12 53 25	14 55 38	16 53 55
	6	19 1 2	21 3 15	22 53 39	0 55 52	2 54 8	4 56 22	6 54 38	8 56 52	10 59 5	12 57 22	14 59 35	16 57 52
	7	19 4 58	21 7 12	22 57 35	0 59 49	2 58 5	5 0 18	6 58 35	9 0 48	11 3 1	13 1 18	15 3 31	17 1 48
	8	19 8 55	21 11 8	23 1 32	1 3 45	3 2 2	5 4 15	7 2 32	9 4 45	11 6 58	13 5 15	15 7 28	17 5 45
	9	19 12 51	21 15 5	23 5 28	1 7 41	3 5 58	5 8 11	7 6 28	9 8 41	11 10 55	13 9 11	15 11 24	17 9 41
	10	19 16 48	21 19 1	23 9 25	1 11 38	3 9 55	5 12 8	7 10 25	9 12 38	11 14 51	13 13 8	15 15 21	17 13 38
	11	19 20 45	21 22 58	23 13 21	1 15 35	3 13 51	5 16 5	7 14 21	9 16 35	11 18 48	13 17 4	15 19 18	17 17 34
	12	19 24 41	21 26 54	23 17 18	1 19 31	3 17 48	5 20 1	7 18 18	9 20 31	11 22 44	13 21 1	15 23 14	17 21 31
	13	19 28 38	21 30 51	23 21 14	1 23 28	3 21 44	5 23 58	7 22 14	9 24 28	11 26 41	13 24 57	15 27 11	17 25 27
	14	19 32 34	21 34 48	23 25 11	1 27 24	3 25 41	5 27 54	7 26 11	9 28 24	11 30 37	13 28 54	15 31 7	17 29 24
	15	19 36 31	21 38 44	23 29 8	1 31 21	3 29 37	5 31 51	7 30 7	9 32 21	11 34 34	13 32 51	15 35 4	17 33 21
	16	19 40 27	21 42 41	23 33 4	1 35 17	3 33 34	5 35 47	7 34 4	9 36 17	11 38 31	13 36 47	15 39 0	17 37 17
	17	19 44 24	21 46 37	23 37 1	1 39 14	3 37 31	5 39 44	7 38 1	9 40 14	11 42 27	13 40 44	15 42 57	17 41 14
	18	19 48 20	21 50 34	23 40 57	1 43 10	3 41 27	5 43 40	7 41 57	9 44 10	11 46 24	13 44 40	15 46 53	17 45 10
	19	19 52 17	21 54 30	23 44 54	1 47 7	3 45 24	5 47 37	7 45 54	9 48 7	11 50 20	13 48 37	15 50 50	17 49 7
	20	19 56 14	21 58 27	23 48 50	1 51 4	3 49 20	5 51 34	7 49 50	9 52 4	11 54 17	13 52 33	15 54 47	17 53 3
	21	20 0 10	22 2 23	23 52 47	1 55 0	3 53 17	5 55 30	7 53 47	9 56 0	11 58 13	13 56 30	15 58 43	17 57 0
	22	20 4 7	22 6 20	23 56 43	1 58 57	3 57 13	5 59 27	7 57 43	9 59 57	12 2 10	14 0 26	16 2 40	18 0 56
	23	20 8 3	22 10 17	0 0 40	2 2 53	4 1 10	6 3 23	8 1 40	10 3 53	12 6 6	14 4 23	16 6 36	18 4 53
	24	20 12 0	22 14 13	0 4 37	2 6 50	4 5 6	6 7 20	8 5 37	10 7 50	12 10 3	14 8 20	16 10 33	18 8 50
	25	20 15 56	22 18 10	0 8 33	2 10 46	4 9 3	6 11 16	8 9 33	10 11 46	12 13 59	14 12 16	16 14 29	18 12 46
	26	20 19 53	22 22 6	0 12 30	2 14 43	4 13 0	6 15 13	8 13 30	10 15 43	12 17 56	14 16 13	16 18 26	18 16 43
	27	20 23 50	22 26 3	0 16 26	2 18 39	4 16 56	6 19 9	8 17 26	10 19 39	12 21 53	14 20 9	16 22 22	18 20 39
	28	20 27 46	22 29 59	0 20 23	2 22 36	4 20 53	6 23 6	8 21 23	10 23 36	12 25 49	14 24 6	16 26 19	18 24 36
	29	20 31 43		0 24 19	2 26 33	4 24 49	6 27 3	8 25 19	10 27 33	12 29 46	14 28 2	16 30 16	18 28 32
	30	20 35 39		0 28 16	2 30 29	4 28 46	6 30 59	8 29 16	10 31 29	12 33 42	14 31 59	16 34 12	18 32 29
	31	20 39 36		0 32 12		4 32 42		8 33 12	10 35 26		14 35 55		18 36 25

		1	2	3	4	5	6	7	8	9	10	11	12
1952	1	18 40 22	20 42 35	22 36 57	0 39 9	2 37 25	4 39 39	6 37 55	8 40 9	10 42 22	12 40 38	14 42 52	16 41 8
	2	18 44 19	20 46 32	22 40 52	0 43 5	2 41 22	4 43 35	6 41 52	8 44 5	10 46 18	12 44 35	14 46 48	16 45 5
	3	18 48 15	20 50 28	22 44 49	0 47 2	2 45 18	4 47 32	6 45 48	8 48 2	10 50 15	12 48 31	14 50 45	16 49 1
	4	18 52 12	20 54 25	22 48 45	0 50 58	2 49 15	4 51 28	6 49 45	8 51 58	10 54 11	12 52 28	14 54 41	16 52 58
	5	18 56 8	20 58 22	22 52 42	0 54 55	2 53 11	4 55 25	6 53 41	8 55 55	10 58 8	12 56 25	14 58 38	16 56 55
	6	19 0 5	21 2 18	22 56 38	0 58 51	2 57 8	4 59 21	6 57 38	8 59 51	11 2 5	13 0 21	15 2 34	17 0 51
	7	19 4 1	21 6 15	23 0 35	1 2 48	3 1 5	5 3 18	7 1 35	9 3 48	11 6 1	13 4 18	15 6 31	17 4 48
	8	19 7 58	21 10 11	23 4 31	1 6 44	3 5 1	5 7 14	7 5 31	9 7 44	11 9 58	13 8 14	15 10 27	17 8 44
	9	19 11 54	21 14 8	23 8 28	1 10 41	3 8 58	5 11 11	7 9 28	9 11 41	11 13 54	13 12 11	15 14 24	17 12 41
	10	19 15 51	21 18 4	23 12 24	1 14 38	3 12 54	5 15 8	7 13 24	9 15 38	11 17 51	13 16 7	15 18 21	17 16 37
	11	19 19 48	21 22 1	23 16 21	1 18 34	3 16 51	5 19 4	7 17 21	9 19 34	11 21 47	13 20 4	15 22 17	17 20 34
	12	19 23 44	21 25 57	23 20 18	1 22 31	3 20 47	5 23 1	7 21 17	9 23 31	11 25 44	13 24 0	15 26 14	17 24 30
	13	19 27 41	21 29 54	23 24 14	1 26 27	3 24 44	5 26 57	7 25 14	9 27 27	11 29 40	13 27 57	15 30 10	17 28 27
	14	19 31 37	21 33 51	23 28 11	1 30 24	3 28 40	5 30 54	7 29 11	9 31 24	11 33 37	13 31 54	15 34 7	17 32 24
	15	19 35 34	21 37 47	23 32 7	1 34 20	3 32 37	5 34 50	7 33 7	9 35 20	11 37 34	13 35 50	15 38 3	17 36 20
	16	19 39 30	21 41 44	23 36 4	1 38 17	3 36 34	5 38 47	7 37 4	9 39 17	11 41 30	13 39 47	15 42 0	17 40 17
	17	19 43 27	21 45 40	23 40 0	1 42 13	3 40 30	5 42 43	7 41 0	9 43 13	11 45 27	13 43 43	15 45 56	17 44 13
	18	19 47 24	21 49 37	23 43 57	1 46 10	3 44 27	5 46 40	7 44 57	9 47 10	11 49 23	13 47 40	15 49 53	17 48 10
	19	19 51 20	21 53 33	23 47 53	1 50 7	3 48 23	5 50 37	7 48 53	9 51 7	11 53 20	13 51 36	15 53 50	17 52 6
	20	19 55 17	21 57 30	23 51 50	1 54 3	3 52 20	5 54 33	7 52 50	9 55 3	11 57 16	13 55 33	15 57 46	17 56 3
	21	19 59 13	22 1 26	23 55 47	1 58 0	3 56 16	5 58 30	7 56 46	9 59 0	12 1 13	13 59 29	16 1 43	17 59 59
	22	20 3 10	22 5 23	23 59 43	2 1 56	4 0 13	6 2 26	8 0 43	10 2 56	12 5 9	14 3 26	16 5 39	18 3 56
	23	20 7 6	22 9 20	0 3 40	2 5 53	4 4 9	6 6 23	8 4 40	10 6 53	12 9 6	14 7 23	16 9 36	18 7 53
	24	20 11 3	22 13 16	0 7 36	2 9 49	4 8 6	6 10 19	8 8 36	10 10 49	12 13 2	14 11 19	16 13 32	18 11 49
	25	20 14 59	22 17 13	0 11 33	2 13 46	4 12 3	6 14 16	8 12 33	10 14 46	12 16 59	14 15 16	16 17 29	18 15 46
	26	20 18 56	22 21 9	0 15 29	2 17 42	4 15 59	6 18 12	8 16 29	10 18 42	12 20 56	14 19 12	16 21 25	18 19 42
	27	20 22 53	22 25 6	0 19 26	2 21 39	4 19 56	6 22 9	8 20 26	10 22 39	12 24 52	14 23 9	16 25 22	18 23 39
	28	20 26 49	22 29 2	0 23 22	2 25 36	4 23 52	6 26 6	8 24 22	10 26 36	12 28 49	14 27 5	16 29 19	18 27 35
	29	20 30 46	22 32 59	0 27 19	2 29 32	4 27 49	6 30 2	8 28 19	10 30 32	12 32 45	14 31 2	16 33 15	18 31 32
	30	20 34 42		0 31 15	2 33 29	4 31 45	6 33 59	8 32 15	10 34 29	12 36 42	14 34 58	16 37 12	18 35 28
	31	20 38 39		0 35 12		4 35 42		8 36 12	10 38 25		14 38 55		18 39 25
1953	1	18 43 22	20 45 35	22 35 58	0 38 12	2 36 28	4 38 41	6 36 58	8 39 11	10 41 25	12 39 41	14 41 55	16 40 11
	2	18 47 18	20 49 31	22 39 55	0 42 8	2 40 25	4 42 38	6 40 55	8 43 8	10 45 21	12 43 38	14 45 51	16 44 8
	3	18 51 15	20 53 28	22 43 52	0 46 5	2 44 21	4 46 35	6 44 51	8 47 5	10 49 18	12 47 34	14 49 48	16 48 4
	4	18 55 11	20 57 25	22 47 48	0 50 1	2 48 18	4 50 31	6 48 48	8 51 1	10 53 14	12 51 31	14 53 44	16 52 1
	5	18 59 8	21 1 21	22 51 45	0 53 58	2 52 14	4 54 28	6 52 44	8 54 58	10 57 11	12 55 28	14 57 41	16 55 57
	6	19 3 4	21 5 18	22 55 41	0 57 54	2 56 11	4 58 24	6 56 41	8 58 54	11 1 7	12 59 24	15 1 37	16 59 54
	7	19 7 1	21 9 14	22 59 38	1 1 51	3 0 8	5 2 21	7 0 38	9 2 51	11 5 4	13 3 21	15 5 34	17 3 51
	8	19 10 57	21 13 11	23 3 34	1 5 47	3 4 4	5 6 17	7 4 34	9 6 47	11 9 1	13 7 17	15 9 30	17 7 47
	9	19 14 54	21 17 7	23 7 31	1 9 44	3 8 1	5 10 14	7 8 31	9 10 44	11 12 57	13 11 14	15 13 27	17 11 44
	10	19 18 51	21 21 4	23 11 27	1 13 41	3 11 57	5 14 10	7 12 27	9 14 41	11 16 54	13 15 10	15 17 23	17 15 40
	11	19 22 47	21 25 0	23 15 24	1 17 37	3 15 54	5 18 7	7 16 24	9 18 37	11 20 50	13 19 7	15 21 20	17 19 37
	12	19 26 44	21 28 57	23 19 21	1 21 34	3 19 50	5 22 4	7 20 20	9 22 34	11 24 47	13 23 3	15 25 17	17 23 33
	13	19 30 40	21 32 54	23 23 17	1 25 30	3 23 47	5 26 0	7 24 17	9 26 30	11 28 43	13 27 0	15 29 13	17 27 30
	14	19 34 37	21 36 50	23 27 14	1 29 27	3 27 43	5 29 57	7 28 13	9 30 27	11 32 40	13 30 56	15 33 10	17 31 26
	15	19 38 33	21 40 47	23 31 10	1 33 23	3 31 40	5 33 53	7 32 10	9 34 23	11 36 36	13 34 53	15 37 6	17 35 23
	16	19 42 30	21 44 43	23 35 7	1 37 20	3 35 37	5 37 50	7 36 7	9 38 20	11 40 33	13 38 50	15 41 3	17 39 20
	17	19 46 27	21 48 40	23 39 3	1 41 16	3 39 33	5 41 46	7 40 3	9 42 16	11 44 30	13 42 46	15 44 59	17 43 16
	18	19 50 23	21 52 36	23 43 0	1 45 13	3 43 30	5 45 43	7 44 0	9 46 13	11 48 26	13 46 43	15 48 56	17 47 13
	19	19 54 20	21 56 33	23 46 56	1 49 10	3 47 26	5 49 40	7 47 56	9 50 9	11 52 23	13 50 39	15 52 52	17 51 9
	20	19 58 16	22 0 29	23 50 53	1 53 6	3 51 23	5 53 36	7 51 53	9 54 6	11 56 19	13 54 36	15 56 49	17 55 6
	21	20 2 13	22 4 26	23 54 49	1 57 3	3 55 19	5 57 33	7 55 49	9 58 3	12 0 16	13 58 32	16 0 46	17 59 2
	22	20 6 9	22 8 23	23 58 46	2 0 59	3 59 16	6 1 29	7 59 46	10 1 59	12 4 12	14 2 29	16 4 2	18 2 59
	23	20 10 6	22 12 19	0 2 43	2 4 56	4 3 12	6 5 26	8 3 43	10 5 56	12 8 9	14 6 25	16 8 39	18 6 55
	24	20 14 2	22 16 16	0 6 39	2 8 52	4 7 9	6 9 22	8 7 39	10 9 52	12 12 5	14 10 22	16 12 35	18 10 52
	25	20 17 59	22 20 12	0 10 36	2 12 49	4 11 6	6 13 19	8 11 36	10 13 49	12 16 2	14 14 49	16 16 32	18 14 49
	26	20 21 56	22 24 9	0 14 32	2 16 45	4 15 2	6 17 15	8 15 32	10 17 45	12 19 59	14 18 15	16 20 28	18 18 45
	27	20 25 52	22 28 5	0 18 29	2 20 42	4 18 59	6 21 12	8 19 29	10 21 42	12 23 55	14 22 12	16 24 25	18 22 42
	28	20 29 49	22 32 2	0 22 25	2 24 39	4 22 55	6 25 9	8 23 25	10 25 38	12 27 52	14 26 8	16 28 22	18 26 38
	29	20 33 45		0 26 22	2 28 35	4 26 52	6 29 5	8 27 22	10 29 35	12 31 48	14 30 5	16 32 18	18 30 35
	30	20 37 42		0 30 18	2 32 32	4 30 48	6 33 2	8 31 18	10 33 32	12 35 45	14 34 1	16 36 15	18 34 31
	31	20 41 38		0 34 15		4 34 45		8 35 15	10 37 28		14 37 58		18 38 28

Year	Day	1	2	3	4	5	6	7	8	9	10	11	12
1954	1	18 42 24	20 44 38	22 35 1	0 37 14	2 35 31	4 37 44	6 36 1	8 38 14	10 40 28	12 38 44	14 40 57	16 39 14
	2	18 46 21	20 48 34	22 38 58	0 41 11	2 39 28	4 41 41	6 39 58	8 42 11	10 44 24	12 42 41	14 44 54	16 43 11
	3	18 50 18	20 52 31	22 42 54	0 45 8	2 43 24	4 45 37	6 43 54	8 46 7	10 48 21	12 46 37	14 48 50	16 47 7
	4	18 54 14	20 56 27	22 46 51	0 49 4	2 47 21	4 49 34	6 47 51	8 50 4	10 52 17	12 50 34	14 52 47	16 51 4
	5	18 58 11	21 0 24	22 50 48	0 53 1	2 51 17	4 53 31	6 51 47	8 54 1	10 56 14	12 54 30	14 56 44	16 55 0
	6	19 2 7	21 4 21	22 54 44	0 56 57	2 55 14	4 57 27	6 55 44	8 57 57	11 0 10	12 58 27	15 0 40	16 58 57
	7	19 6 4	21 8 17	22 58 41	1 0 54	2 59 10	5 1 24	6 59 40	9 1 54	11 4 7	13 2 23	15 4 37	17 2 53
	8	19 10 0	21 12 14	23 2 37	1 4 50	3 3 7	5 5 20	7 3 37	9 5 50	11 8 3	13 6 20	15 8 33	17 6 50
	9	19 13 57	21 16 10	23 6 34	1 8 47	3 7 4	5 9 17	7 7 34	9 9 47	11 12 0	13 10 17	15 12 30	17 10 46
	10	19 17 54	21 20 7	23 10 30	1 12 43	3 11 0	5 13 13	7 11 30	9 13 43	11 15 57	13 14 13	15 16 26	17 14 43
	11	19 21 50	21 24 3	23 14 27	1 16 40	3 14 57	5 17 10	7 15 27	9 17 40	11 19 53	13 18 10	15 20 23	17 18 40
	12	19 25 47	21 28 0	23 18 23	1 20 37	3 18 53	5 21 6	7 19 23	9 21 36	11 23 50	13 22 6	15 24 19	17 22 36
	13	19 29 43	21 31 56	23 22 20	1 24 33	3 22 50	5 25 3	7 23 20	9 25 33	11 27 46	13 26 3	15 28 16	17 26 33
	14	19 33 40	21 35 53	23 26 17	1 28 30	3 26 46	5 29 0	7 27 16	9 29 30	11 31 43	13 29 59	15 32 13	17 30 29
	15	19 37 36	21 39 50	23 30 13	1 32 26	3 30 43	5 32 56	7 31 13	9 33 26	11 35 39	13 33 56	15 36 9	17 34 26
	16	19 41 33	21 43 46	23 34 10	1 36 23	3 34 39	5 36 53	7 35 9	9 37 23	11 39 36	13 37 52	15 40 6	17 38 22
	17	19 45 29	21 47 43	23 38 6	1 40 19	3 38 36	5 40 49	7 39 6	9 41 19	11 43 32	13 41 49	15 44 2	17 42 19
	18	19 49 26	21 51 39	23 42 3	1 44 16	3 42 33	5 44 46	7 43 3	9 45 16	11 47 29	13 45 46	15 47 59	17 46 15
	19	19 53 23	21 55 36	23 45 59	1 48 12	3 46 29	5 48 42	7 46 59	9 49 12	11 51 26	13 49 42	15 51 55	17 50 12
	20	19 57 19	21 59 32	23 49 56	1 52 9	3 50 26	5 52 39	7 50 56	9 53 9	11 55 22	13 53 39	15 55 52	17 54 9
	21	20 1 16	22 3 29	23 53 52	1 56 6	3 54 22	5 56 35	7 54 52	9 57 5	11 59 19	13 57 35	15 59 48	17 58 5
	22	20 5 12	22 7 25	23 57 49	2 0 2	3 58 19	6 0 32	7 58 49	10 1 2	12 3 15	14 1 32	16 3 45	18 2 2
	23	20 9 9	22 11 22	0 1 45	2 3 59	4 2 15	6 4 29	8 2 45	10 4 59	12 7 12	14 5 28	16 7 42	18 5 58
	24	20 13 5	22 15 19	0 5 42	2 7 55	4 6 12	6 8 25	8 6 42	10 8 55	12 11 8	14 9 25	16 11 38	18 9 55
	25	20 17 2	22 19 15	0 9 39	2 11 52	4 10 8	6 12 22	8 10 38	10 12 52	12 15 5	14 13 21	16 15 35	18 13 51
	26	20 20 58	22 23 12	0 13 35	2 15 48	4 14 5	6 16 18	8 14 35	10 16 48	12 19 1	14 17 18	16 19 31	18 17 48
	27	20 24 55	22 27 8	0 17 32	2 19 45	4 18 2	6 20 15	8 18 32	10 20 45	12 22 58	14 21 15	16 23 28	18 21 45
	28	20 28 52	22 31 5	0 21 28	2 23 41	4 21 58	6 24 11	8 22 28	10 24 41	12 26 54	14 25 11	16 27 24	18 25 41
	29	20 32 48		0 25 25	2 27 38	4 25 55	6 28 8	8 26 25	10 28 38	12 30 51	14 29 8	16 31 21	18 29 38
	30	20 36 45		0 29 21	2 31 35	4 29 51	6 32 5	8 30 21	10 32 34	12 34 48	14 33 4	16 35 17	18 33 34
	31	20 40 41		0 33 18		4 33 48		8 34 18	10 36 31		14 37 1		18 37 31
1955	1	18 41 27	20 43 41	22 34 4	0 36 17	2 34 34	4 36 47	6 35 4	8 37 17	10 39 30	12 37 47	14 40 0	16 38 17
	2	18 45 24	20 47 47	22 38 1	0 40 14	2 38 30	4 40 44	6 39 0	8 41 14	10 43 27	12 41 43	14 43 57	16 42 13
	3	18 49 20	20 51 34	22 41 57	0 44 10	2 42 27	4 44 40	6 42 57	8 45 10	10 47 23	12 45 40	14 47 53	16 46 10
	4	18 53 17	20 55 30	22 45 54	0 48 7	2 46 24	4 48 37	6 46 53	8 49 7	10 51 20	12 49 36	14 51 50	16 50 6
	5	18 57 14	20 59 27	22 49 50	0 52 3	2 50 20	4 52 33	6 50 50	8 53 3	10 55 16	12 53 33	14 55 46	16 54 3
	6	19 1 10	21 3 23	22 53 47	0 56 0	2 54 17	4 56 30	6 54 47	8 57 0	10 59 13	12 57 30	14 59 43	16 57 59
	7	19 5 7	21 7 20	22 57 43	0 59 57	2 58 13	5 0 26	6 58 43	9 0 56	11 3 10	13 1 26	15 3 39	17 1 56
	8	19 9 3	21 11 16	23 1 40	1 3 53	3 2 10	5 4 23	7 2 40	9 4 53	11 7 6	13 5 23	15 7 36	17 5 53
	9	19 13 0	21 15 13	23 5 37	1 7 50	3 6 6	5 8 20	7 6 36	9 8 50	11 11 3	13 9 19	15 11 32	17 9 49
	10	19 16 56	21 19 10	23 9 33	1 11 46	3 10 3	5 12 16	7 10 33	9 12 46	11 14 59	13 13 16	15 15 29	17 13 46
	11	19 20 53	21 23 6	23 13 30	1 15 43	3 13 59	5 16 13	7 14 29	9 16 43	11 18 56	13 17 12	15 19 26	17 17 42
	12	19 24 49	21 27 3	23 17 26	1 19 39	3 17 56	5 20 9	7 18 26	9 20 39	11 22 52	13 21 9	15 23 22	17 21 39
	13	19 28 46	21 30 59	23 21 23	1 23 36	3 21 53	5 24 6	7 22 22	9 24 36	11 26 49	13 25 5	15 27 19	17 25 35
	14	19 32 43	21 34 56	23 25 19	1 27 32	3 25 49	5 28 2	7 26 19	9 28 32	11 30 45	13 29 2	15 31 15	17 29 32
	15	19 36 39	21 38 52	23 29 16	1 31 29	3 29 46	5 31 59	7 30 16	9 32 29	11 34 42	13 32 59	15 35 12	17 33 29
	16	19 40 36	21 42 49	23 33 12	1 35 26	3 33 42	5 35 55	7 34 12	9 36 25	11 38 39	13 36 55	15 39 8	17 37 25
	17	19 44 32	21 46 45	23 37 9	1 39 22	3 37 39	5 39 52	7 38 9	9 40 22	11 42 35	13 40 52	15 43 5	17 41 22
	18	19 48 29	21 50 42	23 41 6	1 43 19	3 41 35	5 43 49	7 42 5	9 44 19	11 46 32	13 44 48	15 47 1	17 45 18
	19	19 52 25	21 54 39	23 45 2	1 47 15	3 45 32	5 47 45	7 46 2	9 48 15	11 50 28	13 48 45	15 50 58	17 49 15
	20	19 56 22	21 58 35	23 48 59	1 51 12	3 49 28	5 51 42	7 49 58	9 52 12	11 54 25	13 52 41	15 54 55	17 53 11
	21	20 0 18	22 2 32	23 52 55	1 55 8	3 53 25	5 55 38	7 53 55	9 56 8	11 58 21	13 56 38	15 58 51	17 57 8
	22	20 4 15	22 6 28	23 56 52	1 59 5	3 57 22	5 59 35	7 57 52	10 0 5	12 2 18	14 0 34	16 2 48	18 1 4
	23	20 8 12	22 10 25	0 0 48	2 3 1	4 1 18	6 3 31	8 1 48	10 4 1	12 6 14	14 4 31	16 6 44	18 5 1
	24	20 12 8	22 14 21	0 4 45	2 6 58	4 5 15	6 7 28	8 5 45	10 7 58	12 10 11	14 8 28	16 10 41	18 8 58
	25	20 16 5	22 18 18	0 8 41	2 10 55	4 9 11	6 11 24	8 9 41	10 11 54	12 14 8	14 12 24	16 14 37	18 12 54
	26	20 20 1	22 22 14	0 12 38	2 14 51	4 13 8	6 15 21	8 13 38	10 15 51	12 18 4	14 16 21	16 18 34	18 16 51
	27	20 23 58	22 26 11	0 16 34	2 18 48	4 17 4	6 19 18	8 17 34	10 19 48	12 22 1	14 20 17	16 22 30	18 20 47
	28	20 27 54	22 30 8	0 20 31	2 22 44	4 21 1	6 23 14	8 21 31	10 23 44	12 25 57	14 24 14	16 26 27	18 24 44
	29	20 31 51		0 24 28	2 26 41	4 24 57	6 27 11	8 25 27	10 27 41	12 29 54	14 28 10	16 30 24	18 28 40
	30	20 35 47		0 28 24	2 30 37	4 28 54	6 31 7	8 29 24	10 31 37	12 33 50	14 32 7	16 34 20	18 32 37
	31	20 39 44		0 32 21		4 32 51		8 33 21	10 35 34		14 36 3		18 36 33

		1	2	3	4	5	6	7	8	9	10	11	12
1956	1	18 40 30	20 42 43	22 37 3	0 39 16	2 37 33	4 39 46	6 38 3	8 40 16	10 42 29	12 40 46	14 42 59	16 41 16
	2	18 44 27	20 46 40	22 41 0	0 43 13	2 41 30	4 43 43	6 42 0	8 44 13	10 46 26	12 44 43	14 46 56	16 45 12
	3	18 48 23	20 50 36	22 44 56	0 47 10	2 45 26	4 47 39	6 45 56	8 48 9	10 50 23	12 48 39	14 50 52	16 49 9
	4	18 52 20	20 54 33	22 48 53	0 51 6	2 49 23	4 51 36	6 49 53	8 52 6	10 54 19	12 52 36	14 54 49	16 53 6
	5	18 56 16	20 58 29	22 52 50	0 55 3	2 53 19	4 55 33	6 53 49	8 56 2	10 58 16	12 56 32	14 58 45	16 57 2
	6	19 0 13	21 2 26	22 56 46	0 58 59	2 57 16	4 59 29	6 57 46	8 59 59	11 2 12	13 0 29	15 2 42	17 0 59
	7	19 4 9	21 6 23	23 0 43	1 2 56	3 1 12	5 3 26	7 1 42	9 3 56	11 6 9	13 4 25	15 6 38	17 4 55
	8	19 8 6	21 10 19	23 4 39	1 6 52	3 5 9	5 7 22	7 5 39	9 7 52	11 10 5	13 8 22	15 10 35	17 8 52
	9	19 12 2	21 14 16	23 8 36	1 10 49	3 9 5	5 11 19	7 9 35	9 11 49	11 14 2	13 12 18	15 14 32	17 12 48
	10	19 15 59	21 18 12	23 12 32	1 14 45	3 13 2	5 15 15	7 13 32	9 15 45	11 17 58	13 16 15	15 18 28	17 16 45
	11	19 19 56	21 22 9	23 16 29	1 18 42	3 16 59	5 19 12	7 17 29	9 19 42	11 21 55	13 20 12	15 22 25	17 20 41
	12	19 23 52	21 26 5	23 20 25	1 22 39	3 20 55	5 23 8	7 21 25	9 23 38	11 25 52	13 24 8	15 26 21	17 24 38
	13	19 27 49	21 30 2	23 24 22	1 26 35	3 24 52	5 27 5	7 25 22	9 27 35	11 29 48	13 28 5	15 30 18	17 28 35
	14	19 31 45	21 33 58	23 28 19	1 30 32	3 28 48	5 31 2	7 29 18	9 31 31	11 33 45	13 32 1	15 34 14	17 32 31
	15	19 35 42	21 37 55	23 32 15	1 34 28	3 32 45	5 34 58	7 33 15	9 35 28	11 37 41	13 35 58	15 38 11	17 36 28
	16	19 39 38	21 41 52	23 36 12	1 38 25	3 36 41	5 38 55	7 37 11	9 39 25	11 41 38	13 39 54	15 42 7	17 40 24
	17	19 43 35	21 45 48	23 40 8	1 42 21	3 40 38	5 42 51	7 41 8	9 43 21	11 45 34	13 43 51	15 46 4	17 44 21
	18	19 47 31	21 49 45	23 44 5	1 46 18	3 44 35	5 46 48	7 45 4	9 47 18	11 49 31	13 47 47	15 50 1	17 48 17
	19	19 51 28	21 53 41	23 48 1	1 50 14	3 48 31	5 50 44	7 49 1	9 51 14	11 53 27	13 51 44	15 53 57	17 52 14
	20	19 55 25	21 57 38	23 51 58	1 54 11	3 52 28	5 54 41	7 52 58	9 55 11	11 57 24	13 55 40	15 57 54	17 56 10
	21	19 59 21	22 1 34	23 55 54	1 58 8	3 56 24	5 58 37	7 56 54	9 59 7	12 1 20	13 59 37	16 1 50	18 0 7
	22	20 3 18	22 5 31	23 59 51	2 2 4	4 0 21	6 2 34	8 0 51	10 3 4	12 5 17	14 3 34	16 5 47	18 4 4
	23	20 7 14	22 9 27	0 3 47	2 6 1	4 4 17	6 6 31	8 4 47	10 7 0	12 9 14	14 7 30	16 9 43	18 8 0
	24	20 11 11	22 13 24	0 7 44	2 9 57	4 8 14	6 10 27	8 8 44	10 10 57	12 13 10	14 11 27	16 13 40	18 11 57
	25	20 15 7	22 17 21	0 11 41	2 13 54	4 12 10	6 14 24	8 12 40	10 14 54	12 17 7	14 15 23	16 17 36	18 15 53
	26	20 19 4	22 21 17	0 15 37	2 17 50	4 16 7	6 18 20	8 16 37	10 18 50	12 21 3	14 19 20	16 21 33	18 19 50
	27	20 23 0	22 25 14	0 19 34	2 21 47	4 20 4	6 22 17	8 20 33	10 22 47	12 25 0	14 23 16	16 25 30	18 23 46
	28	20 26 57	22 29 10	0 23 30	2 25 43	4 24 0	6 26 13	8 24 30	10 26 43	12 28 56	14 27 13	16 29 26	18 27 43
	29	20 30 54	22 33 7	0 27 27	2 29 40	4 27 57	6 30 10	8 28 27	10 30 40	12 32 53	14 31 10	16 33 23	18 31 39
	30	20 34 50		0 31 23	2 33 37	4 31 53	6 34 6	8 32 23	10 34 36	12 36 49	14 35 6	16 37 19	18 35 36
	31	20 38 47		0 35 20		4 35 50		8 36 20	10 38 33		14 39 3		18 39 33
1957	1	18 43 29	20 45 42	22 36 6	0 38 19	2 36 36	4 38 49	6 37 6	8 39 19	10 41 32	12 39 49	14 42 2	16 40 18
	2	18 47 26	20 49 39	22 40 2	0 42 16	2 40 32	4 42 45	6 41 2	8 43 15	10 45 28	12 43 45	14 45 58	16 44 15
	3	18 51 22	20 53 35	22 43 59	0 46 12	2 44 29	4 46 42	6 44 59	8 47 12	10 49 25	12 47 42	14 49 55	16 48 11
	4	18 55 19	20 57 32	22 47 56	0 50 9	2 48 25	4 50 38	6 48 55	8 51 8	10 53 22	12 51 38	14 53 51	16 52 8
	5	18 59 15	21 1 29	22 51 52	0 54 5	2 52 22	4 54 35	6 52 52	8 55 5	10 57 18	12 55 35	14 57 48	16 56 5
	6	19 3 12	21 5 25	22 55 49	0 58 2	2 56 18	4 58 32	6 56 48	8 59 2	11 1 15	12 59 31	15 1 44	17 0 1
	7	19 7 8	21 9 22	22 59 45	1 1 58	3 0 15	5 2 28	7 0 45	9 2 58	11 5 11	13 3 28	15 5 41	17 3 58
	8	19 11 5	21 13 18	23 3 42	1 5 55	3 4 11	5 6 25	7 4 41	9 6 55	11 9 8	13 7 24	15 9 38	17 7 54
	9	19 15 2	21 17 15	23 7 38	1 9 51	3 8 8	5 10 21	7 8 38	9 10 51	11 13 4	13 11 21	15 13 34	17 11 51
	10	19 18 58	21 21 11	23 11 35	1 13 48	3 12 5	5 14 18	7 12 35	9 14 48	11 17 1	13 15 17	15 17 31	17 15 47
	11	19 22 55	21 25 8	23 15 31	1 17 45	3 16 1	5 18 14	7 16 31	9 18 44	11 20 57	13 19 14	15 21 27	17 19 44
	12	19 26 51	21 29 4	23 19 28	1 21 41	3 19 58	5 22 11	7 20 28	9 22 41	11 24 54	13 23 11	15 25 24	17 23 40
	13	19 30 48	21 33 1	23 23 25	1 25 33	3 23 54	5 26 8	7 24 24	9 26 37	11 28 51	13 27 7	15 29 20	17 27 37
	14	19 34 44	21 36 58	23 27 21	1 29 34	3 27 51	5 30 4	7 28 21	9 30 34	11 32 47	13 31 4	15 33 17	17 31 34
	15	19 38 41	21 40 54	23 31 18	1 33 31	3 31 47	5 34 1	7 32 17	9 34 31	11 36 44	13 35 0	15 37 13	17 35 30
	16	19 42 37	21 44 51	23 35 14	1 37 27	3 35 44	5 37 57	7 36 14	9 38 27	11 40 40	13 38 57	15 41 10	17 39 27
	17	19 46 34	21 48 47	23 39 11	1 41 24	3 39 40	5 41 54	7 40 10	9 42 24	11 44 37	13 42 53	15 45 7	17 43 23
	18	19 50 31	21 52 44	23 43 7	1 45 20	3 43 37	5 45 50	7 44 7	9 46 20	11 48 33	13 46 50	15 49 3	17 47 20
	19	19 54 27	21 56 40	23 47 4	1 49 17	3 47 34	5 49 47	7 48 4	9 50 17	11 52 30	13 50 46	15 53 0	17 51 16
	20	19 58 24	22 0 37	23 51 0	1 53 14	3 51 30	5 53 43	7 52 0	9 54 13	11 56 26	13 54 43	15 56 56	17 55 13
	21	20 2 20	22 4 33	23 54 57	1 57 10	3 55 27	5 57 40	7 55 57	9 58 10	12 0 23	13 58 40	16 0 53	17 59 9
	22	20 6 17	22 8 30	23 58 53	2 1 7	3 59 23	6 1 36	7 59 53	10 2 6	12 4 20	14 2 36	16 4 49	18 3 6
	23	20 10 13	22 12 27	0 2 50	2 5 3	3 3 20	6 5 33	8 3 50	10 6 3	12 8 16	14 6 33	16 8 46	18 7 3
	24	20 14 10	22 16 23	0 6 47	2 9 0	4 7 16	6 9 30	8 7 46	10 10 0	12 12 13	14 10 29	16 12 42	18 10 59
	25	20 18 6	22 20 20	0 10 43	2 12 56	4 11 13	6 13 26	8 11 43	10 13 56	12 16 9	14 14 26	16 16 39	18 14 56
	26	20 22 3	22 24 16	0 14 40	2 16 53	4 15 9	6 17 23	8 15 39	10 17 53	12 20 6	14 18 22	16 20 36	18 18 52
	27	20 26 0	22 28 13	0 18 36	2 20 49	4 19 6	6 21 19	8 19 36	10 21 49	12 24 2	14 22 19	16 24 32	18 22 49
	28	20 29 56	22 32 9	0 22 33	2 24 46	4 23 3	6 25 16	8 23 33	10 25 46	12 27 59	14 26 15	16 28 29	18 26 45
	29	20 33 53		0 26 29	2 28 42	4 26 59	6 29 12	8 27 29	10 29 42	12 31 55	14 30 12	16 32 25	18 30 42
	30	20 37 49		0 30 26	2 32 39	4 30 56	6 33 9	8 31 26	10 33 39	12 35 52	14 34 9	16 36 22	18 34 38
	31	20 41 46		0 34 22		4 34 52		8 35 22	10 37 35		14 38 5		18 38 35

Year	Day	1	2	3	4	5	6	7	8	9	10	11	12
1958	1	18 42 32	20 44 45	22 35 8	0 37 21	2 35 38	4 37 51	6 36 8	8 38 21	10 40 34	12 38 51	14 41 4	16 39 21
	2	18 46 28	20 48 41	22 39 5	0 41 18	2 39 35	4 41 48	6 40 5	8 42 18	10 44 31	12 42 48	14 45 1	16 43 17
	3	18 50 25	20 52 38	22 43 1	0 45 15	2 43 31	4 45 44	6 44 1	8 46 14	10 48 27	12 46 44	14 48 57	16 47 14
	4	18 54 21	20 56 35	22 46 58	0 49 11	2 47 28	4 49 41	6 47 58	8 50 11	10 52 24	12 50 41	14 52 54	16 51 10
	5	18 58 18	21 0 31	22 50 55	0 53 8	2 51 24	4 53 37	6 51 54	8 54 7	10 56 21	12 54 37	14 56 50	16 55 7
	6	19 2 14	21 4 28	22 54 51	0 57 4	2 55 21	4 57 34	6 55 51	8 58 4	11 0 17	12 58 34	15 0 47	16 59 3
	7	19 6 11	21 8 24	22 58 48	1 1 1	2 59 17	5 1 31	6 59 47	9 2 1	11 4 14	13 2 30	15 4 43	17 3 0
	8	19 10 7	21 12 21	23 2 44	1 4 57	3 3 14	5 5 27	7 3 44	9 5 57	11 8 10	13 6 27	15 8 40	17 6 57
	9	19 14 4	21 16 17	23 6 41	1 8 54	3 7 10	5 9 24	7 7 40	9 9 54	11 12 7	13 10 24	15 12 36	17 10 53
	10	19 18 1	21 20 14	23 10 37	1 12 50	3 11 7	5 13 20	7 11 37	9 13 50	11 16 3	13 14 20	15 16 33	17 14 50
	11	19 21 57	21 24 10	23 14 34	1 16 47	3 15 4	5 17 17	7 15 34	9 17 47	11 20 0	13 18 16	15 20 30	17 18 46
	12	19 25 54	21 28 7	23 18 30	1 20 44	3 19 0	5 21 13	7 19 30	9 21 43	11 23 56	13 22 13	15 24 26	17 22 43
	13	19 29 50	21 32 3	23 22 27	1 24 40	3 22 57	5 25 10	7 23 27	9 25 40	11 27 53	13 26 10	15 28 23	17 26 39
	14	19 33 47	21 36 0	23 26 24	1 28 37	3 26 53	5 29 6	7 27 23	9 29 36	11 31 50	13 30 6	15 32 19	17 30 36
	15	19 37 43	21 39 57	23 30 20	1 32 33	3 30 50	5 33 3	7 31 20	9 33 33	11 35 46	13 34 3	15 36 16	17 34 33
	16	19 41 40	21 43 53	23 34 17	1 36 30	3 34 46	5 37 0	7 35 18	9 37 30	11 39 43	13 37 59	15 40 12	17 38 29
	17	19 45 36	21 47 50	23 38 13	1 40 26	3 38 43	5 40 56	7 39 13	9 41 26	11 43 39	13 41 56	15 44 9	17 42 26
	18	19 49 33	21 51 46	23 42 10	1 44 23	3 42 39	5 44 53	7 43 9	9 45 23	11 47 36	13 45 52	15 48 5	17 46 22
	19	19 53 30	21 55 43	23 46 6	1 48 19	3 46 36	5 48 49	7 47 6	9 49 19	11 51 32	13 49 49	15 52 2	17 50 19
	20	19 57 26	21 59 39	23 50 3	1 52 16	3 50 33	5 52 46	7 51 3	9 53 16	11 55 29	13 53 45	15 55 59	17 54 15
	21	20 1 23	22 3 36	23 53 59	1 56 12	3 54 29	5 56 42	7 54 59	9 57 12	11 59 25	13 57 42	15 59 55	17 58 12
	22	20 5 19	22 7 32	23 57 56	2 0 9	3 58 26	6 0 39	7 58 56	10 1 9	12 3 22	14 1 39	16 3 52	18 2 8
	23	20 9 16	22 11 29	0 1 53	2 4 6	4 2 23	6 4 35	8 2 52	10 5 5	12 7 19	14 5 35	16 7 48	18 6 5
	24	20 13 12	22 15 26	0 5 49	2 8 2	4 6 19	6 8 32	8 6 49	10 9 2	12 11 15	14 9 32	16 11 45	18 10 2
	25	20 17 9	22 19 22	0 9 46	2 11 59	4 10 15	6 12 29	8 10 45	10 12 59	12 15 12	14 13 28	16 15 42	18 13 58
	26	20 21 5	22 23 19	0 13 42	2 15 55	4 14 12	6 16 25	8 14 42	10 16 55	12 19 8	14 17 25	16 19 38	18 17 55
	27	20 25 2	22 27 15	0 17 39	2 19 52	4 18 8	6 20 22	8 18 38	10 20 52	12 23 5	14 21 22	16 23 34	18 21 51
	28	20 28 59	22 31 12	0 21 35	2 23 48	4 22 5	6 24 18	8 22 35	10 24 48	12 27 1	14 25 18	16 27 31	18 25 48
	29	20 32 55		0 25 32	2 27 45	4 26 2	6 28 15	8 26 32	10 28 45	12 30 58	14 29 14	16 31 28	18 29 44
	30	20 36 52		0 29 28	2 31 41	4 29 58	6 32 11	8 30 28	10 32 41	12 34 54	14 33 11	16 35 24	18 33 41
	31	20 40 48		0 33 25		4 33 55		8 34 25	10 36 38		14 37 7		18 37 37
1959	1	18 41 34	20 43 47	22 34 11	0 36 24	2 34 40	4 36 54	6 35 10	8 37 24	10 39 37	12 37 53	14 40 6	16 38 23
	2	18 45 31	20 47 44	22 38 7	0 40 20	2 38 37	4 40 50	6 39 7	8 41 20	10 43 33	12 41 50	14 44 3	16 42 20
	3	18 49 27	20 51 40	22 42 4	0 44 17	2 42 34	4 44 47	6 43 3	8 45 17	10 47 30	12 45 46	14 47 59	16 46 16
	4	18 53 24	20 55 37	22 46 0	0 48 13	2 46 30	4 48 43	6 47 0	8 49 13	10 51 26	12 49 43	14 51 56	16 50 13
	5	18 57 20	20 59 33	22 49 57	0 52 10	2 50 27	4 52 40	6 50 57	8 53 10	10 55 23	12 53 39	14 55 53	16 54 9
	6	19 1 17	21 3 30	22 53 53	0 56 7	2 54 23	4 56 36	6 54 53	8 57 6	10 59 19	12 57 36	14 59 49	16 58 6
	7	19 5 13	21 7 27	22 57 50	1 0 3	2 58 20	5 0 33	6 58 50	9 1 3	11 3 16	13 1 33	15 3 46	17 2 2
	8	19 9 10	21 11 23	23 1 47	1 4 0	3 2 16	5 4 30	7 2 46	9 4 59	11 7 13	13 5 29	15 7 42	17 5 59
	9	19 13 6	21 15 20	23 5 43	1 7 56	3 6 13	5 8 26	7 6 43	9 8 56	11 11 9	13 9 26	15 11 39	17 9 56
	10	19 17 3	21 19 16	23 9 40	1 11 53	3 10 9	5 12 23	7 10 39	9 12 53	11 15 6	13 13 22	15 15 35	17 13 52
	11	19 21 0	21 23 13	23 13 36	1 15 49	3 14 6	5 16 19	7 14 36	9 16 49	11 19 2	13 17 19	15 19 32	17 17 49
	12	19 24 56	21 27 9	23 17 33	1 19 46	3 18 2	5 20 16	7 18 32	9 20 46	11 22 59	13 21 15	15 23 28	17 21 45
	13	19 28 53	21 31 6	23 21 29	1 23 42	3 21 59	5 24 12	7 22 29	9 24 42	11 26 55	13 25 12	15 27 25	17 25 42
	14	19 32 49	21 35 2	23 25 26	1 27 39	3 25 56	5 28 9	7 26 26	9 28 39	11 30 52	13 29 8	15 31 22	17 29 38
	15	19 36 46	21 38 59	23 29 22	1 31 36	3 29 52	5 32 5	7 30 22	9 32 35	11 34 48	13 33 5	15 35 18	17 33 35
	16	19 40 42	21 42 56	23 33 19	1 35 32	3 33 49	5 36 2	7 34 19	9 36 32	11 38 45	13 37 2	15 39 15	17 37 31
	17	19 44 39	21 46 52	23 37 16	1 39 29	3 37 45	5 39 59	7 38 15	9 40 28	11 42 42	13 40 58	15 43 11	17 41 28
	18	19 48 35	21 50 49	23 41 12	1 43 25	3 41 42	5 43 55	7 42 12	9 44 25	11 46 38	13 44 55	15 47 8	17 45 25
	19	19 52 32	21 54 45	23 45 9	1 47 22	3 45 38	5 47 52	7 46 8	9 48 22	11 50 35	13 48 51	15 51 4	17 49 21
	20	19 56 29	21 58 42	23 49 5	1 51 18	3 49 35	5 51 48	7 50 5	9 52 18	11 54 31	13 52 48	15 55 1	17 53 18
	21	20 0 25	22 2 38	23 53 2	1 55 15	3 52 31	5 55 45	7 54 1	9 56 15	11 58 28	13 56 44	15 58 57	17 57 14
	22	20 4 22	22 6 35	23 56 58	1 59 11	3 57 28	5 59 41	7 57 58	10 0 11	12 2 24	14 0 41	16 2 54	18 1 11
	23	20 8 18	22 10 31	0 0 55	2 3 8	4 1 25	6 3 38	8 1 55	10 4 8	12 6 21	14 4 37	16 6 51	18 5 7
	24	20 12 15	22 14 28	0 4 51	2 7 5	4 5 21	6 7 34	8 5 51	10 8 4	12 10 17	14 8 34	16 10 47	18 9 4
	25	20 16 11	22 18 25	0 8 48	2 11 1	4 9 18	6 11 31	8 9 48	10 12 1	12 14 14	14 12 31	16 14 44	18 13 0
	26	20 20 8	22 22 21	0 12 45	2 14 58	4 13 14	6 15 28	8 13 44	10 15 57	12 18 11	14 16 27	16 18 40	18 16 57
	27	20 24 4	22 26 18	0 16 41	2 18 54	4 17 11	6 19 24	8 17 41	10 19 54	12 22 7	14 20 24	16 22 37	18 20 54
	28	20 28 1	22 30 14	0 20 38	2 22 51	4 21 7	6 23 21	8 21 37	10 23 50	12 26 4	14 24 20	16 26 33	18 24 50
	29	20 31 58		0 24 34	2 26 47	4 25 4	6 27 17	8 25 34	10 27 47	12 30 0	14 28 17	16 30 30	18 28 47
	30	20 35 54		0 28 31	2 30 44	4 29 1	6 31 14	8 29 30	10 31 44	12 33 57	14 32 13	16 34 26	18 32 43
	31	20 39 51		0 32 27		4 32 57		8 33 27	10 35 40		14 36 10		18 36 40

		1	2	3	4	5	6	7	8	9	10	11	12
1960	1	18 40 36	20 42 50	22 37 10	0 39 23	2 37 39	4 39 53	6 38 9	8 40 22	10 42 36	12 40 52	14 43 5	16 41 22
	2	18 44 33	20 46 46	22 41 6	0 43 19	2 41 36	4 43 49	6 42 6	8 44 19	10 46 32	12 44 49	14 47 2	16 45 19
	3	18 48 29	20 50 43	22 45 3	0 47 16	2 45 32	4 47 46	6 46 2	8 48 16	10 50 29	12 48 45	14 50 58	16 49 15
	4	18 52 26	20 54 39	22 48 59	0 51 12	2 49 29	4 51 42	6 49 59	8 52 12	10 54 29	12 52 42	14 54 55	16 53 12
	5	18 56 23	20 58 36	22 52 56	0 55 9	2 53 26	4 55 39	6 53 55	8 56 9	10 58 22	12 56 38	14 58 52	16 57 8
	6	19 0 19	21 2 32	22 56 52	0 59 5	2 57 22	4 59 35	6 57 52	9 0 5	11 2 18	13 0 35	15 2 48	17 1 5
	7	19 4 16	21 6 29	23 0 49	1 3 2	3 1 19	5 3 32	7 1 49	9 4 2	11 6 15	13 4 31	15 6 45	17 5 1
	8	19 8 12	21 10 25	23 4 45	1 6 59	3 5 15	5 7 28	7 5 45	9 7 58	11 10 11	13 8 28	15 10 41	17 8 58
	9	19 12 9	21 14 22	23 8 42	1 10 55	3 9 12	5 11 25	7 9 42	9 11 55	11 14 8	13 12 25	15 14 38	17 12 54
	10	19 16 5	21 18 19	23 12 39	1 14 52	3 13 8	5 15 22	7 13 38	9 15 51	11 18 5	13 16 21	15 18 34	17 16 51
	11	19 20 2	21 22 15	23 16 35	1 18 48	3 17 5	5 19 18	7 17 35	9 19 48	11 22 1	13 20 18	15 22 31	17 20 48
	12	19 23 58	21 26 12	23 20 32	1 22 45	3 21 1	5 23 15	7 21 31	9 23 45	11 25 58	13 24 14	15 26 27	17 24 44
	13	19 27 55	21 30 8	23 24 28	1 26 41	3 24 58	5 27 11	7 25 28	9 27 41	11 29 54	13 28 11	15 30 24	17 28 41
	14	19 31 52	21 34 5	23 28 25	1 30 38	3 28 55	5 31 8	7 29 24	9 31 38	11 33 51	13 32 7	15 34 21	17 32 37
	15	19 35 48	21 38 1	23 32 21	1 34 34	3 32 51	5 35 4	7 33 21	9 35 34	11 37 47	13 36 4	15 38 17	17 36 34
	16	19 39 45	21 41 58	23 36 18	1 38 31	3 36 48	5 39 1	7 37 18	9 39 31	11 41 44	13 40 0	15 42 14	17 40 30
	17	19 43 41	21 45 54	23 40 14	1 42 28	3 40 44	5 42 57	7 41 14	9 43 27	11 45 40	13 43 57	15 46 10	17 44 27
	18	19 47 38	21 49 51	23 44 11	1 46 24	3 44 41	5 46 54	7 45 11	9 47 24	11 49 37	13 47 54	15 50 7	17 48 23
	19	19 51 34	21 53 48	23 48 8	1 50 21	3 48 37	5 50 51	7 49 8	9 51 20	11 53 34	13 51 50	15 54 3	17 52 20
	20	19 55 31	21 57 44	23 52 4	1 54 17	3 52 34	5 54 47	7 53 4	9 55 17	11 57 30	13 55 47	15 58 0	17 56 17
	21	19 59 27	22 1 41	23 56 1	1 58 14	3 56 30	5 58 44	7 57 0	9 59 14	12 1 27	13 59 43	16 1 56	18 0 13
	22	20 3 24	22 5 37	23 59 57	2 2 10	4 0 27	6 2 40	8 0 57	10 3 10	12 5 23	14 3 40	16 5 53	18 4 10
	23	20 7 21	22 9 34	0 3 54	2 6 7	4 4 24	6 6 37	8 4 53	10 7 7	12 9 20	14 7 36	16 9 50	18 8 6
	24	20 11 17	22 13 30	0 7 50	2 10 3	4 8 20	6 10 33	8 8 50	10 11 3	12 13 16	14 11 33	16 13 46	18 12 3
	25	20 15 14	22 17 27	0 11 47	2 14 0	4 12 17	6 14 30	8 12 47	10 15 0	12 17 13	14 15 29	16 17 43	18 15 59
	26	20 19 10	22 21 23	0 15 43	2 17 57	4 16 13	6 18 26	8 16 43	10 18 56	12 21 9	14 19 26	16 21 39	18 19 56
	27	20 23 7	22 25 20	0 19 40	2 21 53	4 20 10	6 22 23	8 20 40	10 22 53	12 25 6	14 23 23	16 25 36	18 23 52
	28	20 27 3	22 29 17	0 23 37	2 25 50	4 24 6	6 26 20	8 24 36	10 26 49	12 29 3	14 27 19	16 29 32	18 27 49
	29	20 31 0	22 33 13	0 27 33	2 29 47	4 28 3	6 30 16	8 28 33	10 30 46	12 32 59	14 31 16	16 33 29	18 31 46
	30	20 34 56		0 31 30	2 33 43	4 31 59	6 34 13	8 32 29	10 34 42	12 36 56	14 35 12	16 37 25	18 35 42
	31	20 38 53		0 35 26		4 35 56		8 36 26	10 38 39		14 39 9		18 39 39
1961	1	18 43 35	20 45 48	22 36 12	0 38 25	2 36 42	4 38 55	6 37 12	8 39 25	10 41 38	12 39 55	14 42 8	16 40 24
	2	18 47 32	20 49 45	22 40 9	0 42 22	2 40 38	4 42 51	6 41 8	8 43 21	10 45 35	12 43 51	14 46 4	16 44 21
	3	18 51 28	20 53 42	22 44 5	0 46 18	2 44 35	4 46 48	6 45 5	8 47 18	10 49 31	12 47 48	14 50 1	16 48 17
	4	18 55 25	20 57 38	22 48 2	0 50 15	2 48 31	4 50 45	6 49 1	8 51 14	10 53 28	12 51 44	14 53 57	16 52 14
	5	18 59 21	21 1 35	22 51 58	0 54 11	2 52 28	4 54 41	6 52 58	8 55 11	10 57 24	12 55 41	14 57 54	16 56 11
	6	19 3 18	21 5 31	22 55 55	0 58 8	2 56 24	4 58 38	6 56 54	8 59 8	11 1 21	12 59 37	15 1 50	17 0 7
	7	19 7 15	21 9 28	22 59 51	1 2 4	3 0 21	5 2 34	7 0 51	9 3 4	11 5 17	13 3 34	15 5 47	17 4 4
	8	19 11 11	21 13 24	23 3 48	1 6 1	3 4 18	5 6 31	7 4 47	9 7 1	11 9 14	13 7 30	15 9 44	17 8 0
	9	19 15 8	21 17 21	23 7 44	1 9 58	3 8 14	5 10 27	7 8 44	9 10 57	11 13 10	13 11 27	15 13 40	17 11 57
	10	19 19 4	21 21 17	23 11 41	1 13 54	3 12 11	5 14 24	7 12 41	9 14 54	11 17 7	13 15 24	15 17 37	17 15 53
	11	19 23 1	21 25 14	23 15 37	1 17 51	3 16 7	5 18 20	7 16 37	9 18 50	11 21 4	13 19 20	15 21 33	17 19 50
	12	19 26 57	21 29 11	23 19 34	1 21 47	3 20 4	5 22 17	7 20 34	9 22 47	11 25 0	13 23 17	15 25 30	17 23 46
	13	19 30 54	21 33 7	23 23 31	1 25 44	3 24 0	5 26 14	7 24 30	9 26 43	11 28 57	13 27 13	15 29 26	17 27 43
	14	19 34 50	21 37 4	23 27 27	1 29 40	3 27 57	5 30 10	7 28 27	9 30 40	11 32 53	13 31 10	15 33 23	17 31 40
	15	19 38 47	21 41 0	23 31 24	1 33 37	3 31 53	5 34 7	7 32 23	9 34 37	11 36 50	13 35 6	15 37 19	17 35 36
	16	19 42 44	21 44 57	23 35 20	1 37 33	3 35 50	5 38 3	7 36 20	9 38 33	11 40 46	13 39 3	15 41 16	17 39 33
	17	19 46 40	21 48 53	23 39 17	1 41 30	3 39 47	5 42 0	7 40 16	9 42 30	11 44 43	13 42 59	15 45 13	17 43 29
	18	19 50 37	21 52 50	23 43 13	1 45 26	3 43 43	5 45 56	7 44 13	9 46 26	11 48 39	13 46 56	15 49 9	17 47 26
	19	19 54 33	21 56 46	23 47 10	1 49 23	3 47 40	5 49 53	7 48 10	9 50 23	11 52 36	13 50 52	15 53 6	17 51 22
	20	19 58 30	22 0 43	23 51 6	1 53 20	3 51 36	5 53 49	7 52 6	9 54 19	11 56 32	13 54 49	15 57 2	17 55 19
	21	20 2 26	22 4 40	23 55 3	1 57 16	3 55 33	5 57 46	7 56 3	9 58 16	12 0 29	13 58 46	16 0 59	17 59 15
	22	20 6 23	22 8 36	23 59 0	2 1 13	3 59 29	6 1 43	7 59 59	10 2 12	12 4 26	14 2 42	16 4 55	18 3 12
	23	20 10 19	22 12 33	0 2 56	2 5 9	4 3 26	6 5 39	8 3 56	10 6 9	12 8 22	14 6 39	16 8 52	18 7 9
	24	20 14 16	22 16 29	0 6 53	2 9 6	4 7 22	6 9 36	8 7 52	10 10 6	12 12 19	14 10 35	16 12 48	18 11 5
	25	20 18 13	22 20 26	0 10 49	2 13 2	4 11 19	6 13 32	8 11 49	10 14 2	12 16 15	14 14 32	16 16 45	18 15 2
	26	20 22 9	22 24 22	0 14 46	2 16 59	4 15 16	6 17 29	8 15 45	10 17 59	12 20 12	14 18 28	16 20 42	18 18 58
	27	20 26 6	22 28 19	0 18 42	2 20 55	4 19 12	6 21 25	8 19 42	10 21 55	12 24 8	14 22 25	16 24 38	18 22 55
	28	20 30 2	22 32 15	0 22 39	2 24 52	4 23 9	6 25 22	8 23 39	10 25 52	12 28 5	14 26 21	16 28 35	18 26 51
	29	20 33 59		0 26 35	2 28 49	4 27 5	6 29 18	8 27 35	10 29 48	12 32 1	14 30 18	16 32 31	18 30 48
	30	20 37 55		0 30 32	2 32 45	4 31 2	6 33 15	8 31 32	10 33 45	12 35 58	14 34 15	16 36 28	18 34 45
	31	20 41 52		0 34 29		4 34 58		8 35 28	10 37 41		14 38 11		18 38 41

		1	2	3	4	5	6	7	8	9	10	11	12
1962	1	18 42 38	20 44 51	22 35 14	0 37 28	2 35 44	4 37 57	6 36 14	8 38 27	10 40 40	12 38 57	14 41 10	16 39 27
	2	18 46 34	20 48 47	22 39 11	0 41 24	2 39 41	4 41 54	6 40 11	8 42 24	10 44 37	12 42 54	14 45 7	16 43 23
	3	18 50 31	20 52 44	22 43 7	0 45 21	2 43 37	4 45 50	6 44 7	8 46 20	10 48 34	12 46 50	14 49 3	16 47 20
	4	18 54 27	20 56 41	22 47 4	0 49 17	2 47 34	4 49 47	6 48 4	8 50 17	10 52 30	12 50 47	14 53 0	16 51 16
	5	18 58 24	21 0 37	22 51 1	0 53 14	2 51 30	4 53 44	6 52 0	8 54 13	10 56 27	12 54 43	14 56 56	16 55 13
	6	19 2 20	21 4 34	22 54 57	0 57 10	2 55 27	4 57 40	6 55 57	8 58 10	11 0 23	12 58 40	15 0 53	16 59 10
	7	19 6 17	21 8 30	22 58 54	1 1 7	2 59 23	5 1 37	6 59 53	9 2 7	11 4 20	13 2 36	15 4 49	17 3 6
	8	19 10 14	21 12 27	23 2 50	1 5 3	3 3 20	5 5 33	7 3 50	9 6 3	11 8 16	13 6 33	15 8 46	17 7 3
	9	19 14 10	21 16 23	23 6 47	1 9 0	3 7 17	5 9 30	7 7 46	9 10 0	11 12 13	13 10 29	15 12 43	17 10 59
	10	19 18 7	21 20 20	23 10 43	1 12 56	3 11 13	5 13 26	7 11 43	9 13 56	11 16 9	13 14 26	15 16 39	17 14 56
	11	19 22 3	21 24 16	23 14 40	1 16 53	3 15 10	5 17 23	7 15 40	9 17 53	11 20 6	13 18 23	15 20 36	17 18 52
	12	19 26 0	21 28 13	23 18 36	1 20 50	3 19 6	5 21 19	7 19 36	9 21 49	11 24 3	13 22 19	15 24 32	17 22 49
	13	19 29 56	21 32 10	23 22 33	1 24 46	3 23 3	5 25 16	7 23 33	9 25 46	11 27 59	13 26 16	15 28 29	17 26 46
	14	19 33 53	21 36 6	23 26 30	1 28 43	3 26 59	5 29 13	7 27 29	9 29 42	11 31 56	13 30 12	15 32 25	17 30 42
	15	19 37 49	21 40 3	23 30 26	1 32 39	3 30 56	5 33 9	7 31 26	9 33 39	11 35 52	13 34 9	15 36 22	17 34 39
	16	19 41 46	21 43 59	23 34 23	1 36 36	3 34 52	5 37 6	7 35 22	9 37 36	11 39 49	13 38 5	15 40 18	17 38 35
	17	19 45 43	21 47 56	23 38 19	1 40 32	3 38 49	5 41 2	7 39 19	9 41 32	11 43 45	13 42 2	15 44 15	17 42 32
	18	19 49 39	21 51 52	23 42 16	1 44 29	3 42 46	5 44 59	7 43 15	9 45 29	11 47 42	13 45 58	15 48 12	17 46 28
	19	19 53 36	21 55 49	23 46 12	1 48 25	3 46 42	5 48 55	7 47 12	9 49 25	11 51 38	13 49 55	15 52 8	17 50 25
	20	19 57 32	21 59 45	23 50 9	1 52 22	3 50 39	5 52 52	7 51 9	9 53 22	11 55 35	13 53 52	15 56 5	17 54 21
	21	20 1 29	22 3 42	23 54 5	1 56 19	3 54 35	5 56 48	7 55 5	9 57 18	11 59 31	13 57 48	16 0 1	17 58 18
	22	20 5 25	22 7 39	23 58 2	2 0 15	3 58 32	6 0 45	7 59 2	10 1 15	12 3 28	14 1 45	16 3 58	18 2 15
	23	20 9 22	22 11 35	0 1 59	2 4 12	4 2 28	6 4 42	8 2 58	10 5 11	12 7 25	14 5 41	16 7 54	18 6 11
	24	20 13 18	22 15 32	0 5 55	2 8 8	4 6 25	6 8 38	8 6 55	10 9 8	12 11 21	14 9 38	16 11 51	18 10 8
	25	20 17 15	22 19 28	0 9 52	2 12 5	4 10 21	6 12 35	8 10 51	10 13 5	12 15 18	14 13 34	16 15 47	18 14 4
	26	20 21 12	22 23 25	0 13 48	2 16 1	4 14 18	6 16 31	8 14 48	10 17 1	12 19 14	14 17 31	16 19 44	18 18 1
	27	20 25 8	22 27 21	0 17 45	2 19 58	4 18 15	6 20 28	8 18 44	10 20 58	12 23 11	14 21 27	16 23 41	18 21 57
	28	20 29 5	22 31 18	0 21 41	2 23 54	4 22 11	6 24 24	8 22 41	10 24 54	12 27 7	14 25 24	16 27 37	18 25 54
	29	20 33 1		0 25 38	2 27 51	4 26 8	6 28 21	8 26 38	10 28 51	12 31 4	14 29 20	16 31 34	18 29 50
	30	20 36 58		0 29 34	2 31 48	4 30 4	6 32 17	8 30 34	10 32 47	12 35 0	14 33 17	16 35 30	18 33 47
	31	20 40 54		0 33 31		4 34 1		8 34 31	10 36 44		14 37 14		18 37 44
1963	1	18 41 40	20 43 53	22 34 17	0 36 30	2 34 47	4 37 0	6 35 17	8 37 30	10 39 43	12 38 0	14 40 13	16 38 29
	2	18 45 37	20 47 50	22 38 13	0 40 27	2 38 43	4 40 56	6 39 13	8 41 26	10 43 40	12 41 56	14 44 9	16 42 26
	3	18 49 33	20 51 46	22 42 10	0 44 23	2 42 40	4 44 53	6 43 10	8 45 23	10 47 36	12 45 53	14 48 6	16 46 23
	4	18 53 30	20 55 43	22 46 7	0 48 20	2 46 36	4 48 49	6 47 6	8 49 19	10 51 33	12 49 49	14 52 2	16 50 19
	5	18 57 26	20 59 40	22 50 3	0 52 16	2 50 33	4 52 46	6 51 3	8 53 16	10 55 29	12 53 46	14 55 59	16 54 16
	6	19 1 23	21 3 36	22 54 0	0 56 13	2 54 29	4 56 43	6 54 59	8 57 13	10 59 26	12 57 42	14 59 55	16 58 12
	7	19 5 19	21 7 33	22 57 56	1 0 9	2 58 26	5 0 39	6 58 56	9 1 9	11 3 22	13 1 39	15 3 52	17 2 9
	8	19 9 16	21 11 29	23 1 53	1 4 6	3 2 22	5 4 36	7 2 52	9 5 6	11 7 19	13 5 35	15 7 49	17 6 5
	9	19 13 13	21 15 26	23 5 49	1 8 2	3 6 19	5 8 32	7 6 49	9 9 2	11 11 15	13 9 32	15 11 45	17 10 2
	10	19 17 9	21 19 22	23 9 46	1 11 59	3 10 16	5 12 29	7 10 46	9 12 59	11 15 12	13 13 29	15 15 42	17 13 58
	11	19 21 6	21 23 19	23 13 42	1 15 56	3 14 12	5 16 25	7 14 42	9 16 55	11 19 9	13 17 25	15 19 38	17 17 55
	12	19 25 2	21 27 15	23 17 39	1 19 52	3 18 9	5 20 22	7 18 39	9 20 52	11 23 5	13 21 22	15 23 35	17 21 52
	13	19 28 59	21 31 12	23 21 35	1 23 49	3 22 5	5 24 19	7 22 35	9 24 48	11 27 2	13 25 18	15 27 31	17 25 48
	14	19 32 55	21 35 9	23 25 32	1 27 45	3 26 2	5 28 15	7 26 32	9 28 45	11 30 58	13 29 15	15 31 28	17 29 45
	15	19 36 52	21 39 5	23 29 29	1 31 42	3 29 58	5 32 12	7 30 28	9 32 42	11 34 55	13 33 11	15 35 24	17 33 41
	16	19 40 48	21 43 2	23 33 25	1 35 38	3 33 55	5 36 8	7 34 25	9 36 38	11 38 51	13 37 8	15 39 21	17 37 38
	17	19 44 45	21 46 58	23 37 22	1 39 35	3 37 51	5 40 5	7 38 21	9 40 35	11 42 48	13 41 4	15 43 18	17 41 34
	18	19 48 42	21 50 55	23 41 18	1 43 31	3 41 48	5 44 1	7 42 18	9 44 31	11 46 44	13 45 1	15 47 14	17 45 31
	19	19 52 38	21 54 51	23 45 15	1 47 28	3 45 45	5 47 58	7 46 15	9 48 28	11 50 41	13 48 58	15 51 11	17 49 27
	20	19 56 35	21 58 48	23 49 11	1 51 25	3 49 41	5 51 54	7 50 11	9 52 24	11 54 37	13 52 54	15 55 7	17 53 24
	21	20 0 31	22 2 44	23 53 8	1 55 21	3 53 38	5 55 51	7 54 8	9 56 21	11 58 34	13 56 51	15 59 4	17 57 21
	22	20 4 28	22 6 41	23 57 4	1 59 18	3 57 34	5 59 48	7 58 4	10 0 17	12 2 31	14 0 47	16 3 0	18 1 17
	23	20 8 24	22 10 38	0 1 1	2 3 14	4 1 31	6 3 44	8 2 1	10 4 14	12 6 27	14 4 44	16 6 57	18 5 14
	24	20 12 21	22 14 34	0 4 58	2 7 11	4 5 27	6 7 41	8 5 57	10 8 11	12 10 24	14 8 40	16 10 54	18 9 10
	25	20 16 17	22 18 31	0 8 54	2 11 7	4 9 24	6 11 37	8 9 54	10 12 7	12 14 20	14 12 37	16 14 50	18 13 7
	26	20 20 14	22 22 27	0 12 51	2 15 4	4 13 20	6 15 34	8 13 50	10 16 4	12 18 17	14 16 33	16 18 47	18 17 3
	27	20 24 11	22 26 24	0 16 47	2 19 0	4 17 17	6 19 30	8 17 47	10 20 0	12 22 13	14 20 30	16 22 43	18 21 0
	28	20 28 7	22 30 20	0 20 44	2 22 57	4 21 14	6 23 27	8 21 44	10 23 57	12 26 10	14 24 27	16 26 40	18 24 56
	29	20 32 4		0 24 40	2 26 54	4 25 10	6 27 23	8 25 40	10 27 53	12 30 6	14 28 23	16 30 36	18 28 53
	30	20 36 0		0 28 37	2 30 50	4 29 7	6 31 20	8 29 37	10 31 50	12 34 3	14 32 20	16 34 33	18 32 50
	31	20 39 57		0 32 33		4 33 3		8 33 33	10 35 46		14 36 16		18 36 46

Year	Day	1	2	3	4	5	6	7	8	9	10	11	12
1964	1	18 40 43	20 42 56	22 37 16	0 39 29	2 37 46	4 39 59	6 38 16	8 40 29	10 42 42	12 40 59	14 43 12	16 41 29
	2	18 44 39	20 46 53	22 41 13	0 43 26	2 41 42	4 43 56	6 42 12	8 44 26	10 46 39	12 44 55	14 47 9	16 45 25
	3	18 48 36	20 50 49	22 45 9	0 47 22	2 45 39	4 47 52	6 46 9	8 48 22	10 50 35	12 48 52	14 51 5	16 49 22
	4	18 52 32	20 54 46	22 49 6	0 51 19	2 49 36	4 51 49	6 50 5	8 52 19	10 54 32	12 52 48	14 55 2	16 53 18
	5	18 56 29	20 58 42	22 53 2	0 55 15	2 53 32	4 55 45	6 54 2	8 56 15	10 58 28	12 56 45	14 58 58	16 57 15
	6	19 0 26	21 2 39	22 56 59	0 59 12	2 57 29	4 59 42	6 57 59	9 0 12	11 2 25	13 0 42	15 2 55	17 1 11
	7	19 4 22	21 6 35	23 0 55	1 3 8	3 1 25	5 3 38	7 1 55	9 4 8	11 6 22	13 4 38	15 6 51	17 5 8
	8	19 8 19	21 10 32	23 4 52	1 7 5	3 5 22	5 7 35	7 5 52	9 8 5	11 10 18	13 8 35	15 10 48	17 9 5
	9	19 12 15	21 14 28	23 8 48	1 11 2	3 9 18	5 11 31	7 9 48	9 12 1	11 14 15	13 12 31	15 14 44	17 13 1
	10	19 16 12	21 18 25	23 12 45	1 14 58	3 13 15	5 15 28	7 13 45	9 15 58	11 18 11	13 16 28	15 18 41	17 16 58
	11	19 20 8	21 22 22	23 16 42	1 18 55	3 17 11	5 19 25	7 17 42	9 19 55	11 22 8	13 20 24	15 22 38	17 20 54
	12	19 24 5	21 26 18	23 30 38	1 22 51	3 21 8	5 23 21	7 21 38	9 23 51	11 26 4	13 24 21	15 26 34	17 24 51
	13	19 28 1	21 30 15	23 24 35	1 26 48	3 25 4	5 27 18	7 25 35	9 27 48	11 30 1	13 28 17	15 30 31	17 28 47
	14	19 31 58	21 34 11	23 28 31	1 30 44	3 29 1	5 31 14	7 29 31	9 31 44	11 33 57	13 32 14	15 34 27	17 32 44
	15	19 35 55	21 38 8	23 32 28	1 34 41	3 32 58	5 35 11	7 33 28	9 35 41	11 37 54	13 36 11	15 38 24	17 36 40
	16	19 39 51	21 42 4	23 36 24	1 38 37	3 36 54	5 39 7	7 37 24	9 39 37	11 41 51	13 40 7	15 42 20	17 40 37
	17	19 43 48	21 46 1	23 40 21	1 42 34	3 40 51	5 43 4	7 41 21	9 43 34	11 45 47	13 44 4	15 46 17	17 44 34
	18	19 47 44	21 49 57	23 44 17	1 46 31	3 44 47	5 47 1	7 45 17	9 47 30	11 49 44	13 48 0	15 50 13	17 48 30
	19	19 51 41	21 53 54	23 48 14	1 50 27	3 48 44	5 50 57	7 49 14	9 51 27	11 53 40	13 51 57	15 54 10	17 52 27
	20	19 55 37	21 57 50	23 52 11	1 54 24	3 52 40	5 54 54	7 53 10	9 55 24	11 57 37	13 55 53	15 58 7	17 56 23
	21	19 59 34	22 1 47	23 56 7	1 58 20	3 56 37	5 58 50	7 57 7	9 59 20	12 1 33	13 59 50	16 2 3	18 0 20
	22	20 3 30	22 5 44	0 0 4	2 2 17	4 0 33	6 2 47	8 1 3	10 3 17	12 5 30	14 3 46	16 6 0	18 4 16
	23	20 7 27	22 9 40	0 4 0	2 6 13	4 4 30	6 6 43	8 5 0	10 7 13	12 9 27	14 7 43	16 9 56	18 8 13
	24	20 11 23	22 13 37	0 7 57	2 10 10	4 8 27	6 10 40	8 8 57	10 11 10	12 13 23	14 11 40	16 13 53	18 12 10
	25	20 15 20	22 17 33	0 11 53	2 14 6	4 12 23	6 14 36	8 12 53	10 15 6	12 17 19	14 15 36	16 17 49	18 16 6
	26	20 19 17	22 21 30	0 15 50	2 18 3	4 16 20	6 18 33	8 16 50	10 19 3	12 21 16	14 19 33	16 21 46	18 20 3
	27	20 23 13	22 25 26	0 19 46	2 22 0	4 20 16	6 22 30	8 20 46	10 22 59	12 25 13	14 23 29	16 25 42	18 23 59
	28	20 27 10	22 29 23	0 23 43	2 25 56	4 24 13	6 26 26	8 24 43	10 26 56	12 29 9	14 27 26	16 29 39	18 27 56
	29	20 31 6	22 33 19	0 27 40	2 29 53	4 28 9	6 30 23	8 28 40	10 30 53	12 33 6	14 31 22	16 33 36	18 31 52
	30	20 35 3		0 31 36	2 33 49	4 32 6	6 34 19	8 32 36	10 34 49	12 37 2	14 35 19	16 37 32	18 35 49
	31	20 38 59		0 35 33		4 36 2		8 36 32	10 38 46		14 39 15		18 39 45
1965	1	18 43 42	20 45 56	22 36 19	0 38 32	2 36 49	4 39 2	6 37 19	8 39 32	10 41 45	12 40 2	14 42 15	16 40 32
	2	18 47 39	20 49 52	22 40 16	0 42 29	2 40 45	4 42 59	6 41 15	8 43 29	10 45 42	12 43 58	14 46 12	16 44 28
	3	18 51 35	20 53 49	22 44 12	0 46 25	2 44 42	4 46 55	6 45 12	8 47 25	10 49 38	12 47 55	14 50 8	16 48 25
	4	18 55 32	20 57 45	22 48 8	0 50 22	2 48 38	4 50 52	6 49 8	8 51 22	10 53 35	12 51 52	14 54 5	16 52 21
	5	18 59 28	21 1 42	22 52 5	0 54 18	2 52 35	4 54 48	6 53 5	8 55 18	10 57 31	12 55 48	14 58 1	16 56 18
	6	19 3 25	21 5 38	22 56 2	0 58 15	2 56 32	4 58 45	6 57 2	8 59 15	11 1 28	12 59 45	15 1 58	17 0 15
	7	19 7 22	21 9 35	22 59 58	1 2 11	3 0 28	5 2 41	7 0 58	9 3 11	11 5 25	13 3 41	15 5 54	17 4 11
	8	19 11 18	21 13 31	23 3 55	1 6 8	3 4 25	5 6 38	7 4 55	9 7 8	11 9 21	13 7 38	15 9 51	17 8 8
	9	19 15 15	21 17 28	23 7 51	1 10 5	3 8 21	5 10 35	7 8 51	9 11 5	11 13 18	13 11 34	15 13 47	17 12 4
	10	19 19 12	21 21 24	23 11 48	1 14 1	3 12 18	5 14 31	7 12 48	9 15 1	11 17 14	13 15 31	15 17 44	17 16 1
	11	19 23 8	21 25 21	23 15 45	1 17 58	3 16 14	5 18 28	7 16 44	9 18 58	11 21 11	13 19 27	15 21 41	17 19 57
	12	19 27 4	21 29 18	23 19 41	1 21 54	3 20 11	5 22 24	7 20 41	9 22 54	11 25 7	13 23 24	15 25 37	17 23 54
	13	19 31 1	21 33 14	23 23 38	1 25 51	3 24 7	5 26 21	7 24 37	9 26 51	11 29 4	13 27 20	15 29 34	17 27 50
	14	19 34 57	21 37 11	23 27 34	1 29 47	3 28 4	5 30 17	7 28 34	9 30 47	11 33 0	13 31 17	15 33 30	17 31 47
	15	19 38 54	21 41 7	23 31 31	1 33 44	3 32 1	5 34 14	7 32 31	9 34 44	11 36 57	13 35 14	15 37 27	17 35 44
	16	19 42 51	21 45 4	23 35 27	1 37 40	3 35 57	5 38 10	7 36 27	9 38 40	11 40 54	13 39 10	15 41 23	17 39 40
	17	19 46 47	21 49 0	23 39 24	1 41 37	3 39 54	5 42 7	7 40 24	9 42 37	11 44 50	13 43 7	15 45 20	17 43 37
	18	19 50 44	21 52 57	23 43 20	1 45 34	3 43 50	5 46 4	7 44 20	9 46 33	11 48 47	13 47 3	15 49 16	17 47 33
	19	19 54 40	21 56 53	23 47 17	1 49 30	3 47 47	5 50 0	7 48 17	9 50 30	11 52 43	13 51 0	15 53 13	17 51 30
	20	19 58 37	22 0 50	23 51 14	1 53 27	3 51 43	5 53 57	7 52 14	9 54 27	11 56 40	13 54 56	15 57 9	17 55 26
	21	20 2 33	22 4 47	23 55 10	1 57 23	3 55 40	5 57 53	7 56 10	9 58 23	12 0 36	13 58 53	16 1 6	17 59 23
	22	20 6 30	22 8 43	23 59 7	2 1 20	3 59 36	6 1 50	8 0 6	10 2 20	12 4 33	14 2 49	16 5 3	18 3 19
	23	20 10 26	22 12 40	0 3 3	2 5 16	4 3 33	6 5 46	8 4 3	10 6 16	12 8 29	14 6 46	16 8 59	18 7 16
	24	20 14 23	22 16 36	0 7 0	2 9 13	4 7 29	6 9 43	8 8 0	10 10 13	12 12 26	14 10 43	16 12 56	18 11 13
	25	20 18 19	22 20 33	0 10 56	2 13 9	4 11 26	6 13 39	8 11 56	10 14 9	12 16 23	14 14 39	16 16 52	18 15 9
	26	20 22 16	22 24 29	0 14 53	2 17 6	4 16 23	6 17 36	8 15 53	10 18 6	12 20 19	14 18 36	16 20 49	18 19 6
	27	20 26 13	22 28 26	0 18 49	2 21 3	4 19 19	6 21 33	8 19 49	10 22 3	12 24 16	14 22 32	16 24 45	18 23 2
	28	20 30 9	22 32 22	0 22 46	2 24 59	4 23 16	6 25 29	8 23 46	10 25 59	12 28 12	14 26 29	16 28 42	18 26 59
	29	20 34 6		0 26 43	2 28 56	4 27 12	6 29 26	8 27 42	10 29 56	12 32 9	14 30 25	16 32 39	18 30 55
	30	20 38 2		0 30 39	2 32 52	4 31 9	6 33 22	8 31 39	10 33 52	12 36 5	14 34 22	16 36 35	18 34 52
	31	20 41 59		0 34 36		4 35 5		8 35 36	10 37 49		14 38 18		18 38 48

	1	2	3	4	5	6	7	8	9	10	11	12
1966 1	18 42 45	20 44 58	22 35 22	0 37 35	2 35 52	4 38 5	6 36 22	8 38 35	10 40 48	12 39 5	14 41 18	16 39 35
2	18 46 42	20 48 55	22 39 18	0 41 32	2 39 48	4 42 1	6 40 18	8 42 32	10 44 45	12 43 1	14 45 14	16 43 31
3	18 50 38	20 52 51	22 43 15	0 45 28	2 43 45	4 45 58	6 44 15	8 46 28	10 48 41	12 46 58	14 49 11	16 47 28
4	18 54 35	20 56 48	22 47 12	0 49 25	2 47 41	4 49 55	6 48 11	8 50 25	10 52 38	12 50 54	14 53 8	16 51 24
5	18 58 31	21 0 45	22 51 8	0 53 21	2 51 38	4 53 51	6 52 8	8 54 21	10 56 34	12 54 51	14 57 4	16 55 21
6	19 2 28	21 4 41	22 55 5	0 57 18	2 55 34	4 57 48	6 56 4	8 58 18	11 0 31	12 58 48	15 1 1	16 59 17
7	19 6 24	21 8 38	22 59 1	1 1 14	2 59 31	5 1 44	7 0 1	9 2 14	11 4 27	13 2 44	15 4 57	17 3 14
8	19 10 21	21 12 34	23 2 58	1 5 11	3 3 28	5 5 41	7 3 58	9 6 11	11 8 24	13 6 41	15 8 54	17 7 11
9	19 14 18	21 16 31	23 6 54	1 9 7	3 7 24	5 9 37	7 7 54	9 10 7	11 12 21	13 10 37	15 12 50	17 11 7
10	19 18 14	21 20 27	23 10 51	1 13 4	3 11 21	5 13 34	7 11 51	9 14 4	11 16 17	13 14 34	15 16 47	17 15 4
11	19 22 11	21 24 24	23 14 47	1 17 1	3 15 17	5 17 31	7 15 47	9 18 0	11 20 14	13 18 30	15 20 43	17 19 0
12	19 26 7	21 28 20	23 18 44	1 20 57	3 19 14	5 21 27	7 19 44	9 21 57	11 24 10	13 22 27	15 24 40	17 22 57
13	19 30 4	21 32 17	23 22 41	1 24 54	3 23 10	5 25 24	7 23 40	9 25 54	11 28 7	13 26 23	15 28 37	17 26 53
14	19 34 0	21 36 14	23 26 37	1 28 50	3 27 7	5 29 20	7 27 37	9 29 50	11 32 3	13 30 20	15 32 33	17 30 50
15	19 37 57	21 40 10	23 30 34	1 32 47	3 31 3	5 33 17	7 31 33	9 33 47	11 36 0	13 34 17	15 36 30	17 34 46
16	19 41 53	21 44 7	23 34 30	1 36 43	3 35 0	5 37 13	7 35 30	9 37 43	11 39 56	13 38 13	15 40 26	17 38 43
17	19 45 50	21 48 3	23 38 27	1 40 40	3 38 57	5 41 10	7 39 27	9 41 40	11 43 53	13 42 10	15 44 23	17 42 40
18	19 49 47	21 52 0	23 42 23	1 44 36	3 42 53	5 45 6	7 43 23	9 45 36	11 47 50	13 46 6	15 48 19	17 46 36
19	19 53 43	21 55 56	23 46 20	1 48 33	3 46 50	5 49 3	7 47 20	9 49 33	11 51 46	13 50 3	15 52 16	17 50 33
20	19 57 40	21 59 53	23 50 16	1 52 30	3 50 46	5 53 0	7 51 16	9 53 29	11 55 49	13 53 59	15 56 13	17 54 29
21	20 1 36	22 3 49	23 54 13	1 56 26	3 54 43	5 56 56	7 55 13	9 57 26	11 59 39	13 57 56	16 0 9	17 58 26
22	20 5 33	22 7 46	23 58 9	2 0 23	3 58 39	6 0 53	7 59 9	10 1 23	12 3 36	14 1 52	16 4 5	18 2 22
23	20 9 29	22 11 43	0 2 6	2 4 19	4 2 36	6 4 49	8 3 6	10 5 19	12 7 32	14 5 49	16 8 2	18 6 19
24	20 13 26	22 15 39	0 6 3	2 8 16	4 6 32	6 8 46	8 7 2	10 9 16	12 11 29	14 9 46	16 11 59	18 10 15
25	20 17 22	22 19 35	0 9 59	2 12 12	4 10 29	6 12 42	8 10 59	10 13 12	12 15 25	14 13 42	16 15 55	18 14 12
26	20 21 19	22 23 32	0 13 56	2 16 9	4 14 26	6 16 39	8 14 56	10 17 9	12 19 22	14 17 39	16 19 52	18 18 9
27	20 25 16	22 27 29	0 17 52	2 20 9	4 48 22	6 20 35	8 18 52	10 21 5	12 23 19	14 21 35	16 23 48	18 22 5
28	20 29 12	22 31 25	0 21 49	2 24 2	4 22 19	6 24 32	8 22 49	10 25 2	12 27 15	14 25 32	16 27 45	18 26 2
29	20 33 9		0 25 45	2 27 59	4 26 15	6 28 29	8 26 45	10 28 59	12 31 12	14 29 28	16 31 42	18 29 58
30	20 37 5		0 29 42	2 31 55	4 30 12	6 32 25	8 30 42	10 32 55	12 35 8	14 33 25	16 35 38	18 33 55
31	20 41 2		0 33 38		4 34 8		8 34 38	10 36 52		14 37 21		18 37 51
1967 1	18 41 48	20 44 1	22 34 25	0 36 38	2 34 55	4 37 8	6 35 25	8 37 38	10 39 51	12 38 8	14 40 21	16 38 38
2	18 45 45	20 47 58	22 38 21	0 40 35	2 38 51	4 41 4	6 39 21	8 41 34	10 43 48	12 42 4	14 44 17	16 42 34
3	18 49 41	20 51 54	22 42 18	0 44 31	2 42 48	4 45 1	6 43 18	8 45 31	10 47 44	12 46 1	14 48 14	16 46 31
4	18 53 38	20 55 51	22 46 14	0 48 28	2 46 44	4 48 58	6 47 14	8 49 28	10 51 41	12 49 57	14 52 11	16 50 27
5	18 57 34	20 59 47	22 50 11	0 52 24	2 50 41	4 52 54	6 51 11	8 53 24	10 55 37	12 53 54	14 56 7	16 54 24
6	19 1 31	21 3 44	22 54 8	0 56 21	2 54 37	4 56 51	6 55 7	8 57 21	10 59 34	12 57 51	15 0 4	16 58 20
7	19 5 27	21 7 41	22 58 4	1 0 17	2 58 34	5 0 47	6 59 4	9 1 17	11 3 30	13 1 47	15 4 0	17 2 17
8	19 9 24	21 11 37	23 2 1	1 4 14	3 2 30	5 4 44	7 3 1	9 5 14	11 7 27	13 5 44	15 7 57	17 6 14
9	19 13 20	21 15 34	23 5 57	1 8 10	3 6 27	5 8 40	7 6 57	9 9 10	11 11 24	13 9 40	15 11 53	17 10 10
10	19 17 17	21 19 30	23 9 54	1 12 7	3 10 24	5 12 37	7 10 54	9 13 7	11 15 20	13 13 37	15 15 50	17 14 7
11	19 21 14	21 23 27	23 13 50	1 16 4	3 14 20	5 16 33	7 14 50	9 17 3	11 19 17	13 17 33	15 19 47	17 18 3
12	19 25 10	21 27 23	23 17 47	1 20 0	3 18 17	5 20 30	7 18 47	9 21 0	11 23 13	13 21 30	15 23 43	17 22 0
13	19 29 7	21 31 20	23 21 43	1 23 57	3 22 13	5 24 27	7 22 43	9 24 57	11 27 10	13 25 26	15 27 40	17 25 56
14	19 33 3	21 35 16	23 25 40	1 27 53	3 26 10	5 28 23	7 26 40	9 28 53	11 31 6	13 29 23	15 31 36	17 29 53
15	19 37 0	21 39 13	23 29 37	1 31 50	3 30 6	5 32 20	7 30 36	9 32 50	11 35 3	13 33 20	15 35 33	17 33 49
16	19 40 56	21 43 10	23 33 33	1 35 46	3 34 3	5 36 16	7 34 33	9 36 46	11 38 59	13 37 16	15 39 29	17 37 46
17	19 44 53	21 47 6	23 37 30	1 39 43	3 38 0	5 40 13	7 38 30	9 40 43	11 42 56	13 41 13	15 43 26	17 41 43
18	19 48 49	21 51 3	23 41 26	1 43 39	3 41 56	5 44 9	7 42 26	9 44 39	11 46 53	13 45 9	15 47 22	17 45 39
19	19 52 46	21 54 59	23 45 23	1 47 36	3 45 53	5 48 6	7 46 23	9 48 36	11 50 49	13 49 6	15 51 19	17 49 36
20	19 56 43	21 58 56	23 49 19	1 51 33	3 49 49	5 52 2	7 50 19	9 52 32	11 54 46	13 53 2	15 55 16	17 53 32
21	20 0 39	22 2 52	23 53 16	1 55 29	3 53 46	5 55 59	7 54 16	9 56 29	11 58 42	13 56 59	15 59 12	17 57 29
22	20 4 36	22 6 49	23 57 12	1 59 26	3 57 42	5 59 56	7 58 12	10 0 26	12 2 39	14 0 55	16 3 9	18 1 25
23	20 8 32	22 10 46	0 1 9	2 3 22	4 1 39	6 3 52	8 2 9	10 4 22	12 6 35	14 4 52	16 7 5	18 5 22
24	20 12 29	22 14 42	0 5 6	2 7 19	4 5 35	6 7 49	8 6 5	10 8 19	12 10 32	14 8 48	16 11 2	18 9 18
25	20 16 25	22 18 39	0 9 2	2 11 15	4 9 32	6 11 45	8 10 2	10 12 15	12 14 28	14 12 45	16 14 58	18 13 15
26	20 20 22	22 22 35	0 12 59	2 15 12	4 13 29	6 15 42	8 13 59	10 16 12	12 18 25	14 16 42	16 18 55	18 17 12
27	20 24 18	22 26 32	0 16 55	2 19 8	4 17 25	6 19 38	8 17 55	10 20 8	12 22 22	14 20 38	16 22 51	18 21 8
28	20 28 15	22 30 28	0 20 52	2 23 5	4 21 22	6 23 35	8 21 52	10 24 5	12 26 18	14 24 35	16 26 48	18 25 5
29	20 32 12		0 24 48	2 27 2	4 25 18	6 27 32	8 25 48	10 28 1	12 30 15	14 28 31	16 30 45	18 29 1
30	20 36 8		0 28 45	2 30 58	4 29 15	6 31 28	8 29 45	10 31 58	12 34 11	14 32 28	16 34 41	18 32 58
31	20 40 5		0 32 41		4 33 11		8 33 41	10 35 55		14 36 24		18 36 54

		1	2	3	4	5	6	7	8	9	10	11	12
1968	1	18 40 51	20 43 4	22 37 24	0 39 38	2 37 54	4 40 7	6 38 24	8 40 37	10 42 51	12 41 7	14 43 21	16 41 37
	2	18 44 48	20 47 1	22 41 21	0 43 34	2 41 51	4 44 4	6 42 21	8 44 34	10 46 47	12 45 4	14 47 17	16 45 34
	3	18 48 44	20 50 57	22 45 17	0 47 31	2 45 47	4 48 1	6 46 17	8 48 31	10 50 44	12 49 0	14 51 14	16 49 30
	4	18 52 41	20 54 54	22 49 14	0 51 27	2 49 44	4 51 57	6 50 14	8 52 27	10 54 40	12 52 57	14 55 10	16 53 27
	5	18 56 37	20 58 50	22 53 11	0 55 24	2 53 40	4 55 54	6 54 10	8 56 24	10 58 37	12 56 54	14 59 7	16 57 23
	6	19 0 34	21 2 47	22 57 7	0 59 20	2 57 37	4 59 50	6 58 7	9 0 20	11 2 34	13 0 50	15 3 3	17 1 20
	7	19 4 30	21 6 44	23 1 4	1 3 17	3 1 34	5 3 47	7 2 4	9 4 17	11 6 30	13 4 47	15 7 0	17 5 17
	8	19 8 27	21 10 40	23 5 0	1 7 13	3 5 30	5 7 43	7 6 0	9 8 13	11 10 27	13 8 43	15 10 56	17 9 13
	9	19 12 23	21 14 37	23 8 57	1 11 10	3 9 27	5 11 40	7 9 57	9 12 10	11 14 23	13 12 40	15 14 53	17 13 10
	10	19 16 20	21 18 33	23 12 53	1 15 7	3 13 23	5 15 36	7 13 53	9 16 7	11 18 20	13 16 36	15 18 50	17 17 6
	11	19 20 17	21 22 30	23 16 50	1 19 3	3 17 20	5 19 33	7 17 50	9 20 3	11 22 16	13 20 33	15 22 46	17 21 3
	12	19 24 13	21 26 26	23 20 46	1 23 0	3 21 16	5 23 30	7 21 46	9 24 0	11 26 13	13 24 29	15 26 43	17 24 59
	13	19 28 10	21 30 23	23 24 43	1 26 56	3 25 13	5 27 26	7 25 43	9 27 56	11 30 9	13 28 26	15 30 39	17 28 56
	14	19 32 6	21 34 20	23 28 40	1 30 53	3 29 9	5 31 23	7 29 39	9 31 53	11 34 6	13 32 23	15 34 36	17 32 53
	15	19 36 3	21 38 16	23 32 36	1 34 49	3 33 6	5 35 19	7 33 36	9 35 49	11 38 2	13 36 19	15 38 32	17 36 49
	16	19 39 59	21 42 13	23 36 33	1 38 46	3 37 3	5 39 16	7 37 33	9 39 46	11 41 59	13 40 16	15 42 29	17 40 46
	17	19 43 56	21 46 9	23 40 29	1 42 42	3 40 59	5 43 12	7 41 29	9 43 42	11 45 56	13 44 12	15 46 25	17 44 42
	18	19 47 52	21 50 6	23 44 26	1 46 39	3 44 56	5 47 9	7 45 26	9 47 39	11 49 52	13 48 9	15 50 22	17 48 39
	19	19 51 49	21 54 2	23 48 22	1 50 36	3 48 52	5 51 6	7 49 22	9 51 36	11 53 49	13 52 5	15 54 19	17 52 35
	20	19 55 46	21 57 59	23 52 19	1 54 32	3 52 49	5 55 2	7 53 19	9 55 32	11 57 45	13 56 2	15 58 15	17 56 32
	21	19 59 42	22 1 55	23 56 15	1 58 29	3 56 45	5 58 59	7 57 15	9 59 29	12 1 42	13 59 58	16 2 12	18 0 28
	22	20 3 39	22 5 52	0 0 12	2 2 25	4 0 41	6 2 55	8 1 12	10 3 25	12 5 38	14 3 55	16 6 8	18 4 25
	23	20 7 35	22 9 49	0 4 9	2 6 22	4 4 38	6 6 52	8 5 8	10 7 22	12 9 35	14 7 52	16 10 5	18 8 22
	24	20 11 32	22 13 45	0 8 5	2 10 18	4 8 35	6 10 48	8 9 5	10 11 18	12 13 31	14 11 48	16 14 1	18 12 18
	25	20 15 28	22 17 42	0 12 2	2 14 15	4 12 32	6 14 45	8 13 2	10 15 15	12 17 28	14 15 45	16 17 58	18 16 15
	26	20 19 25	22 21 38	0 15 58	2 18 11	4 16 28	6 18 41	8 16 58	10 19 11	12 21 25	14 19 41	16 21 54	18 20 11
	27	20 23 21	22 25 35	0 19 55	2 22 8	4 20 25	6 22 38	8 20 55	10 23 8	12 25 21	14 23 38	16 25 51	18 24 8
	28	20 27 18	22 29 31	0 23 51	2 26 5	4 24 21	6 26 35	8 24 51	10 27 4	12 29 18	14 27 34	16 29 48	18 28 4
	29	20 31 15	22 33 28	0 27 48	2 30 1	4 28 18	6 30 31	8 28 48	10 31 1	12 33 14	14 31 31	16 33 44	18 32 1
	30	20 35 11		0 31 44	2 33 58	4 32 14	6 34 28	8 32 44	10 34 58	12 37 11	14 35 27	16 37 41	18 35 57
	31	20 39 8		0 35 41		4 36 11		8 36 41	10 38 54		14 39 24		18 39 54
1969	1	18 43 51	20 46 4	22 36 27	0 38 41	2 36 57	4 39 10	6 37 27	8 39 41	10 41 54	12 40 10	14 42 24	16 40 40
	2	18 47 47	20 50 0	22 40 24	0 42 37	2 40 54	4 43 7	6 41 24	8 43 37	10 45 50	12 44 7	14 46 20	16 44 37
	3	18 51 44	20 53 57	22 44 21	0 46 34	2 44 50	4 47 4	6 45 20	8 47 34	10 49 47	12 48 3	14 50 17	16 48 33
	4	18 55 40	20 57 54	22 48 17	0 50 30	2 48 47	4 51 0	6 49 17	8 51 30	10 53 43	12 52 0	14 54 13	16 52 30
	5	18 59 37	21 1 50	22 52 14	0 54 27	2 52 43	4 54 57	6 53 14	8 55 27	10 57 40	12 55 57	14 58 10	16 56 27
	6	19 3 33	21 5 47	22 56 10	0 58 23	2 56 40	4 58 53	6 57 10	8 59 23	11 1 37	12 59 53	15 2 6	17 0 23
	7	19 7 30	21 9 43	23 0 7	1 2 20	3 0 37	5 2 50	7 1 7	9 3 20	11 5 33	13 3 50	15 6 3	17 4 20
	8	19 11 26	21 13 40	23 4 3	1 6 16	3 4 33	5 6 46	7 5 3	9 7 16	11 9 30	13 7 46	15 9 59	17 8 16
	9	19 15 23	21 17 36	23 8 0	1 10 13	3 8 30	5 10 43	7 9 0	9 11 13	11 13 26	13 11 43	15 13 56	17 12 13
	10	19 19 20	21 21 33	23 11 56	1 14 10	3 12 26	5 14 40	7 12 56	9 15 10	11 17 23	13 15 39	15 17 53	17 16 9
	11	19 23 16	21 25 29	23 15 53	1 18 6	3 16 23	5 18 36	7 16 53	9 19 6	11 21 19	13 19 36	15 21 49	17 20 6
	12	19 27 13	21 29 26	23 19 50	1 22 3	3 20 19	5 22 33	7 20 49	9 23 3	11 25 16	13 23 32	15 25 46	17 24 2
	13	19 31 9	21 33 23	23 23 46	1 25 59	3 24 16	5 26 29	7 24 46	9 26 59	11 29 12	13 27 29	15 29 42	17 27 59
	14	19 35 6	21 37 19	23 27 43	1 29 56	3 28 12	5 30 26	7 28 43	9 30 56	11 33 9	13 31 26	15 33 39	17 31 56
	15	19 39 2	21 41 16	23 31 39	1 33 52	3 32 9	5 34 22	7 32 39	9 34 52	11 37 6	13 35 22	15 37 35	17 34 52
	16	19 42 59	21 45 12	23 35 36	1 37 49	3 36 6	5 38 19	7 36 36	9 38 49	11 41 2	13 39 19	15 41 32	17 39 49
	17	19 46 56	21 49 9	23 39 32	1 41 45	3 40 2	5 42 15	7 40 32	9 42 45	11 44 59	13 43 15	15 45 28	17 43 45
	18	19 50 52	21 53 5	23 43 29	1 45 42	3 43 59	5 46 12	7 44 29	9 46 42	11 48 55	13 47 12	15 49 25	17 47 42
	19	19 54 49	21 57 2	23 47 25	1 49 39	3 47 55	5 50 9	7 48 25	9 50 39	11 52 52	13 51 8	15 53 22	17 51 38
	20	19 58 45	22 0 58	23 51 22	1 53 35	3 51 52	5 54 5	7 52 22	9 54 35	11 56 48	13 55 5	15 57 18	17 55 35
	21	20 2 42	22 4 55	23 55 18	1 57 32	3 55 48	5 58 2	7 56 18	9 58 32	12 0 45	13 59 1	16 1 15	17 59 31
	22	20 6 38	22 8 52	23 59 15	2 1 28	3 59 45	6 1 58	8 0 15	10 2 28	12 4 41	14 2 58	16 5 11	18 3 28
	23	20 10 35	22 12 48	0 3 12	2 5 25	4 3 41	6 5 55	8 4 12	10 6 25	12 8 38	14 6 55	16 9 8	18 7 25
	24	20 14 31	22 16 45	0 7 8	2 9 21	4 7 38	6 9 51	8 8 8	10 10 21	12 12 35	14 10 51	16 13 4	18 11 21
	25	20 18 28	22 20 41	0 11 5	2 13 18	4 11 35	6 13 48	8 12 5	10 14 18	12 16 31	14 14 48	16 17 1	18 15 18
	26	20 22 25	22 24 38	0 15 1	2 17 14	4 15 31	6 17 44	8 16 1	10 18 14	12 20 28	14 18 44	16 20 58	18 19 14
	27	20 26 21	22 28 34	0 18 58	2 21 11	4 19 28	6 21 41	8 19 58	10 22 11	12 24 24	14 22 41	16 24 54	18 23 11
	28	20 30 18	22 32 31	0 22 54	2 25 8	4 23 24	6 25 38	8 23 54	10 26 8	12 28 21	14 26 37	16 28 51	18 27 7
	29	20 34 14		0 26 51	2 29 4	4 27 21	6 29 34	8 27 51	10 30 4	12 32 17	14 30 34	16 32 47	18 31 4
	30	20 38 11		0 30 47	2 33 1	4 31 17	6 33 31	8 31 47	10 34 1	12 36 14	14 34 30	16 36 44	18 35 1
	31	20 42 7		0 34 44		4 35 14		8 35 44	10 37 57		14 38 27		18 38 57

		1	2	3	4	5	6	7	8	9	10	11	12
1970	1	18 42 54	20 45 7	22 35 30	0 37 44	2 36 0	4 38 14	6 36 30	8 38 44	10 40 57	12 39 13	14 41 27	16 39 43
	2	18 46 50	20 49 3	22 39 27	0 41 40	2 39 57	4 42 10	6 40 26	8 42 40	10 44 53	12 43 10	14 45 23	16 43 40
	3	18 50 47	20 53 0	22 43 24	0 45 37	2 43 53	4 46 7	6 44 24	8 46 37	10 48 50	12 47 5	14 49 20	16 47 36
	4	18 54 43	20 56 57	22 47 20	0 49 33	2 47 50	4 50 3	6 48 20	8 50 33	10 52 46	12 51 3	14 53 16	16 51 33
	5	18 58 40	21 0 53	22 51 17	0 53 30	2 51 46	4 54 0	6 52 17	8 54 30	10 56 43	12 55 0	14 57 13	16 55 30
	6	19 2 36	21 4 50	22 55 13	0 57 26	2 55 43	4 57 56	6 56 13	8 58 26	11 0 40	12 58 56	15 1 9	16 59 26
	7	19 6 33	21 8 46	22 59 10	1 1 23	2 59 40	5 1 53	7 0 10	9 2 23	11 4 36	13 2 53	15 5 6	17 3 23
	8	19 10 30	21 12 43	23 3 6	1 5 20	3 3 36	5 5 49	7 4 6	9 6 19	11 8 33	13 6 49	15 9 3	17 7 19
	9	19 14 26	21 16 39	23 7 3	1 9 16	3 7 33	5 9 46	7 8 3	9 10 16	11 12 29	13 10 46	15 12 59	17 11 16
	10	19 18 23	21 20 36	23 10 59	1 13 13	3 11 29	5 13 43	7 11 59	9 14 13	11 16 26	13 14 42	15 16 56	17 15 12
	11	19 22 19	21 24 32	23 14 56	1 17 9	3 15 26	5 17 39	7 15 56	9 18 9	11 20 22	13 18 39	15 20 52	17 19 9
	12	19 26 16	21 28 29	23 18 53	1 21 6	3 19 22	5 21 36	7 19 52	9 22 6	11 24 19	13 22 36	15 24 49	17 23 5
	13	19 30 12	21 32 26	23 22 49	1 25 2	3 23 19	5 25 32	7 23 49	9 26 2	11 28 15	13 26 32	15 28 45	17 27 2
	14	19 34 9	21 36 22	23 26 46	1 28 59	3 27 16	5 29 29	7 27 46	9 29 59	11 32 12	13 30 29	15 32 42	17 30 59
	15	19 38 5	21 40 19	23 30 42	1 32 55	3 31 12	5 33 25	7 31 42	9 33 55	11 36 9	13 34 25	15 36 38	17 34 55
	16	19 42 2	21 44 15	23 34 39	1 36 52	3 35 9	5 37 22	7 35 39	9 37 52	11 40 5	13 38 22	15 40 35	17 38 52
	17	19 45 59	21 48 12	23 38 35	1 40 49	3 39 5	5 41 18	7 39 35	9 41 49	11 44 2	13 42 18	15 44 32	17 42 48
	18	19 49 55	21 52 8	23 42 32	1 44 45	3 43 2	5 45 15	7 43 32	9 45 45	11 47 58	13 46 15	15 48 28	17 46 45
	19	19 53 52	21 56 5	23 46 28	1 48 42	3 46 58	5 49 12	7 47 28	9 49 42	11 51 55	13 50 11	15 52 25	17 50 41
	20	19 57 48	22 0 1	23 50 25	1 52 38	3 50 55	5 53 8	7 51 25	9 53 38	11 55 51	13 54 8	15 56 21	17 54 38
	21	20 1 45	22 3 58	23 54 22	1 56 35	3 54 51	5 57 5	7 55 21	9 57 35	11 59 48	13 58 5	16 0 18	17 58 34
	22	20 5 41	22 7 55	23 58 18	2 0 31	3 58 48	6 1 1	7 59 18	10 1 31	12 3 44	14 2 1	16 4 14	18 2 31
	23	20 9 38	22 11 51	0 2 15	2 4 28	4 2 45	6 4 58	8 3 15	10 5 28	12 7 41	14 5 58	16 8 11	18 6 28
	24	20 13 34	22 15 48	0 6 11	2 8 24	4 6 41	6 8 54	8 7 11	10 9 24	12 11 38	14 9 54	16 12 7	18 10 24
	25	20 17 31	22 19 44	0 10 8	2 12 21	4 10 38	6 12 51	8 11 8	10 13 21	12 15 34	14 13 51	16 16 4	18 14 21
	26	20 21 28	22 23 41	0 14 4	2 16 18	4 14 34	6 16 48	8 15 4	10 17 17	12 19 31	14 17 47	16 20 1	18 18 17
	27	20 25 24	22 27 37	0 18 1	2 20 14	4 18 31	6 20 44	8 19 1	10 21 14	12 23 27	14 21 44	16 23 57	18 22 14
	28	20 29 21	22 31 34	0 21 57	2 24 11	4 22 27	6 24 41	8 22 57	10 25 11	12 27 24	14 25 40	16 27 54	18 26 10
	29	20 33 17		0 25 54	2 28 7	4 26 24	6 28 37	8 26 54	10 29 7	12 31 20	14 29 37	16 31 50	18 30 7
	30	20 37 14		0 29 51	2 32 4	4 30 20	6 32 34	8 30 50	10 33 4	12 35 17	14 33 33	16 35 47	18 34 4
	31	20 41 10		0 33 47		4 34 17		8 34 47	10 37 0		14 37 30		18 38 0
1971	1	18 41 57	20 44 10	22 34 33	0 36 47	2 35 3	4 37 17	6 35 33	8 37 47	10 40 0	12 38 16	14 40 30	16 38 46
	2	18 45 53	20 48 6	22 38 30	0 40 43	2 39 0	4 41 13	6 39 30	8 41 43	10 43 56	12 42 13	14 44 26	16 42 43
	3	18 49 50	20 52 3	22 42 27	0 44 40	2 42 56	4 45 10	6 43 26	8 45 40	10 47 53	12 46 10	14 48 23	16 46 39
	4	18 53 46	20 56 0	22 46 23	0 48 36	2 46 53	4 49 6	6 47 23	8 49 36	10 51 49	12 50 6	14 52 19	16 50 36
	5	18 57 43	20 59 56	22 50 20	0 52 33	2 50 50	4 53 3	6 51 20	8 53 33	10 55 46	12 54 3	14 56 16	16 54 33
	6	19 1 39	21 3 53	22 54 16	0 56 29	2 54 46	4 56 59	6 55 16	8 57 29	10 59 43	12 57 59	15 0 12	16 58 29
	7	19 5 36	21 7 49	22 58 13	1 0 26	2 58 43	5 0 56	6 59 13	9 1 26	11 3 39	13 1 56	15 4 9	17 2 26
	8	19 9 33	21 11 46	23 2 9	1 4 23	3 2 39	5 4 52	7 3 9	9 5 22	11 7 36	13 5 52	15 8 5	17 6 22
	9	19 13 29	21 15 42	23 6 6	1 8 19	3 6 36	5 8 49	7 7 6	9 9 19	11 11 32	13 9 49	15 12 2	17 10 19
	10	19 17 26	21 19 39	23 10 2	1 12 16	3 10 32	5 12 46	7 11 2	9 13 16	11 15 29	13 13 45	15 15 59	17 14 15
	11	19 21 22	21 23 36	23 13 59	1 16 12	3 14 29	5 16 42	7 14 59	9 17 12	11 19 25	13 17 42	15 19 55	17 18 12
	12	19 25 19	21 27 32	23 17 56	1 20 9	3 18 25	5 20 39	7 18 55	9 21 9	11 23 22	13 21 39	15 23 52	17 22 8
	13	19 29 15	21 31 29	23 21 52	1 24 5	3 22 22	5 24 35	7 22 52	9 25 5	11 27 18	13 25 35	15 27 48	17 26 5
	14	19 33 12	21 35 25	23 25 49	1 28 2	3 26 19	5 28 32	7 26 49	9 29 2	11 31 15	13 29 32	15 31 45	17 30 2
	15	19 37 8	21 39 22	23 29 45	1 31 58	3 30 15	5 32 28	7 30 45	9 32 58	11 35 12	13 33 28	15 35 41	17 33 58
	16	19 41 5	21 43 18	23 33 42	1 35 55	3 34 12	5 36 25	7 34 42	9 36 55	11 39 8	13 37 25	15 39 38	17 37 55
	17	19 45 2	21 47 15	23 37 38	1 39 52	3 38 8	5 40 21	7 38 38	9 40 51	11 43 5	13 41 21	15 43 34	17 41 51
	18	19 48 58	21 51 11	23 41 35	1 43 48	3 42 5	5 44 18	7 42 35	9 44 48	11 47 1	13 45 18	15 47 31	17 45 48
	19	19 52 55	21 55 8	23 45 31	1 47 45	3 46 1	5 48 15	7 46 31	9 48 45	11 50 58	13 49 14	15 51 28	17 49 44
	20	19 56 51	21 59 4	23 49 28	1 51 41	3 49 58	5 52 11	7 50 28	9 52 41	11 54 54	13 53 11	15 55 24	17 53 41
	21	20 0 48	22 3 1	23 53 24	1 55 38	3 53 54	5 56 8	7 54 24	9 56 38	11 58 51	13 57 7	15 59 21	17 57 37
	22	20 4 44	22 6 58	23 57 21	1 59 34	3 57 51	6 0 4	7 58 21	10 0 34	12 2 47	14 1 4	16 3 17	18 1 34
	23	20 8 41	22 10 54	0 1 18	2 3 31	4 1 48	6 4 1	8 2 18	10 4 31	12 6 44	14 5 1	16 7 14	18 5 31
	24	20 12 37	22 14 51	0 5 14	2 7 27	4 5 44	6 7 57	8 6 14	10 8 27	12 10 41	14 8 57	16 11 10	18 9 27
	25	20 16 34	22 18 47	0 9 11	2 11 24	4 9 41	6 11 54	8 10 11	10 12 24	12 14 37	14 12 54	16 15 7	18 13 24
	26	20 20 31	22 22 44	0 13 7	2 15 21	4 13 37	6 15 51	8 14 7	10 16 20	12 18 34	14 26 50	16 19 4	18 17 20
	27	20 24 27	22 26 40	0 17 4	2 19 17	4 17 34	6 19 47	8 18 4	10 20 17	12 22 30	14 20 47	16 23 0	18 21 17
	28	20 28 24	22 30 37	0 21 0	2 23 14	4 21 30	6 23 44	8 22 0	10 24 14	12 26 27	14 24 43	16 26 57	18 25 13
	29	20 32 20		0 24 57	2 27 10	4 25 27	6 27 40	8 25 57	10 28 10	12 30 23	14 28 40	16 30 53	18 29 10
	30	20 36 17		0 28 54	2 31 7	4 29 23	6 31 37	8 29 53	10 32 7	12 34 20	14 32 36	16 34 50	18 33 6
	31	20 40 13		0 32 50		4 33 20		8 33 50	10 36 3		14 36 33		18 37 3

		1	2	3	4	5	6	7	8	9	10	11	12
1972	1	18 40 59	20 43 13	22 37 33	0 39 46	2 38 2	4 40 16	6 38 33	8 40 46	10 42 59	12 41 16	14 43 29	16 41 45
	2	18 44 56	20 47 9	22 41 29	0 43 42	2 41 59	4 44 12	6 42 29	8 44 42	10 46 56	12 45 12	14 47 25	16 45 42
	3	18 48 52	20 51 6	22 45 26	0 47 39	2 45 56	4 48 9	6 46 26	8 48 39	10 50 52	12 49 9	14 51 22	16 49 39
	4	18 52 49	20 55 2	22 49 22	0 51 36	2 49 52	4 52 5	6 50 22	8 52 35	10 54 49	12 53 5	14 55 18	16 53 35
	5	18 56 45	21 58 59	22 53 19	0 55 32	2 53 49	4 56 2	6 54 19	8 56 32	10 58 45	12 57 2	14 59 15	16 57 32
	6	19 0 42	21 2 55	22 57 15	0 59 29	2 57 45	4 59 59	6 58 15	9 0 29	11 2 42	13 0 58	15 3 12	17 1 28
	7	19 4 39	21 6 52	23 1 12	1 3 25	3 1 42	5 3 55	7 2 12	9 4 25	11 6 38	13 4 55	15 7 8	17 5 25
	8	19 8 35	21 10 49	23 5 9	1 7 22	3 5 38	5 7 52	7 6 8	9 8 22	11 10 35	13 8 51	15 11 5	17 9 21
	9	19 12 32	21 14 45	23 9 5	1 11 18	3 9 35	5 11 48	7 10 5	9 12 18	11 14 31	13 12 48	15 15 1	17 13 18
	10	19 16 28	21 18 42	23 13 2	1 15 15	3 13 32	5 15 45	7 14 2	9 16 15	11 18 28	13 16 45	15 18 58	17 17 14
	11	19 20 25	21 22 38	23 16 58	1 19 11	3 17 28	5 19 41	7 17 58	9 20 11	11 22 25	13 20 41	15 22 54	17 21 11
	12	19 24 21	21 26 35	23 20 55	1 23 8	3 21 25	5 23 38	7 21 55	9 24 8	11 26 21	13 24 38	15 26 51	17 25 8
	13	19 28 18	21 30 31	23 24 51	1 27 5	3 25 21	5 27 34	7 25 51	9 28 4	11 30 18	13 28 34	15 30 47	17 29 4
	14	19 32 15	21 34 28	23 28 48	1 31 1	3 29 18	5 31 31	7 29 49	9 32 1	11 34 14	13 32 31	15 34 44	17 33 1
	15	19 36 11	21 38 24	23 32 44	1 34 58	3 33 14	5 35 28	7 33 44	9 35 58	11 38 11	13 36 27	15 38 41	17 36 57
	16	19 40 8	21 42 21	23 36 41	1 38 54	3 37 11	5 39 24	7 37 41	9 39 54	11 42 7	13 40 24	15 42 37	17 40 54
	17	19 44 4	21 46 18	23 40 38	1 42 51	3 41 7	5 43 21	7 41 37	9 43 51	11 46 4	13 44 20	15 46 34	17 44 50
	18	19 48 1	21 50 14	23 44 34	1 46 47	3 45 4	5 47 17	7 45 34	9 47 47	11 50 0	13 48 17	15 50 30	17 48 47
	19	19 51 57	21 54 11	23 48 31	1 50 44	3 49 1	5 51 14	7 49 31	9 51 44	11 53 57	13 52 14	15 54 27	17 52 43
	20	19 55 54	21 58 7	23 52 27	1 54 40	3 52 57	5 55 10	7 53 27	9 55 40	11 57 54	13 56 10	15 58 23	17 56 40
	21	19 59 50	22 2 4	23 56 24	1 58 37	3 56 54	5 59 7	7 57 24	9 59 37	12 1 50	14 0 7	16 2 20	18 0 37
	22	20 3 47	22 6 0	0 0 20	2 2 34	4 0 50	6 3 3	8 1 20	10 3 33	12 5 47	14 4 3	16 6 16	18 4 33
	23	20 7 44	22 9 57	0 4 17	2 6 30	4 4 47	6 7 0	8 5 17	10 7 30	12 9 43	14 8 0	16 10 13	18 8 30
	24	20 11 40	22 13 53	0 8 13	2 10 27	4 8 43	6 10 57	8 9 13	10 11 27	12 13 40	14 11 56	16 14 10	18 12 26
	25	20 15 37	22 17 50	0 12 10	2 14 23	4 12 40	6 14 53	8 13 10	10 15 23	12 17 36	14 15 53	16 18 6	18 16 23
	26	20 19 33	22 21 47	0 16 7	2 18 20	4 16 36	6 18 50	8 17 6	10 19 20	12 21 33	14 19 49	16 22 3	18 20 19
	27	20 23 30	22 25 43	0 20 3	2 22 16	4 20 33	6 22 46	8 21 3	10 23 16	12 25 29	14 23 46	16 25 59	18 24 16
	28	20 27 26	22 29 40	0 24 0	2 26 13	4 24 30	6 26 43	8 25 0	10 27 13	12 29 26	14 27 43	16 29 56	18 28 13
	29	20 31 23	22 33 36	0 27 56	2 30 9	4 48 26	6 30 39	8 28 56	10 31 9	12 33 22	14 31 39	16 33 52	18 32 9
	30	20 35 20		0 31 53	2 34 6	4 32 23	6 34 36	8 32 53	10 35 6	12 37 19	14 35 36	16 37 49	18 36 6
	31	20 39 16		0 35 49		4 36 19		8 39 49	10 39 2		14 39 32		18 40 2
1973	1	18 43 59	20 46 12	22 36 36	0 38 49	2 37 5	4 39 19	6 37 35	8 39 49	10 42 2	12 40 18	14 42 32	16 40 48
	2	18 47 55	20 50 9	22 40 32	0 42 45	2 41 2	4 43 15	6 41 32	8 43 45	10 45 58	12 44 15	14 46 28	16 44 45
	3	18 51 52	20 54 5	22 44 29	0 46 42	2 44 58	4 47 12	6 45 28	8 47 42	10 49 55	12 48 11	14 50 25	16 48 41
	4	18 55 48	20 58 2	22 48 25	0 50 38	2 48 55	4 51 8	6 49 25	8 51 38	10 53 51	12 52 8	14 54 21	16 52 38
	5	18 59 45	21 1 58	22 52 22	0 54 35	2 52 52	4 55 5	6 53 22	8 55 35	10 57 48	12 56 5	14 58 18	16 56 34
	6	19 3 42	21 5 55	22 56 18	0 58 31	2 56 48	4 59 1	6 57 18	8 59 31	11 1 45	13 0 1	15 2 14	17 0 31
	7	19 7 38	21 9 51	23 0 15	1 2 28	3 0 45	5 2 58	7 1 15	9 3 28	11 5 41	13 3 58	15 6 11	17 4 28
	8	19 11 35	21 13 48	23 4 11	1 6 25	3 4 41	5 6 55	7 5 11	9 7 24	11 9 38	13 7 54	15 10 7	17 8 24
	9	19 15 31	21 17 44	23 8 8	1 10 21	3 8 38	5 10 51	7 9 8	9 11 21	11 13 34	13 11 51	15 14 4	17 12 21
	10	19 19 28	21 21 41	23 12 5	1 14 18	3 12 34	5 14 48	7 13 4	9 15 18	11 17 31	13 15 47	15 18 1	17 16 17
	11	19 23 24	21 25 38	23 16 1	1 18 14	3 16 31	5 18 44	7 17 1	9 19 14	11 21 27	13 19 44	15 21 57	17 20 14
	12	19 27 21	21 29 34	23 19 58	1 22 11	3 20 27	5 22 41	7 20 57	9 23 11	11 25 24	13 23 40	15 25 54	17 24 10
	13	19 31 17	21 33 31	23 23 54	1 26 7	3 24 24	5 26 37	7 24 54	9 27 7	11 29 20	13 27 37	15 29 50	17 28 7
	14	19 35 14	21 37 27	23 27 51	1 30 4	3 28 21	5 30 34	7 28 51	9 31 4	11 33 17	13 31 34	15 33 47	17 32 3
	15	19 39 11	21 41 24	23 31 47	1 34 0	3 32 17	5 34 30	7 32 47	9 35 0	11 37 14	13 35 30	15 37 43	17 36 0
	16	19 43 7	21 45 20	23 35 44	1 37 57	3 36 14	5 38 27	7 36 44	9 38 57	11 41 12	13 39 27	15 41 40	17 39 57
	17	19 47 4	21 49 17	23 39 40	1 41 54	3 40 10	5 42 24	7 40 40	9 42 53	11 45 7	13 43 23	15 45 36	17 43 53
	18	19 51 0	21 53 13	23 43 37	1 45 50	3 44 7	5 46 20	7 44 37	9 46 50	11 49 3	13 47 20	15 49 33	17 47 50
	19	19 54 57	21 57 10	23 47 34	1 49 47	3 48 3	5 50 17	7 48 33	9 50 47	11 53 0	13 51 16	15 53 30	17 51 46
	20	19 58 53	22 1 7	23 51 30	1 53 43	3 52 0	5 54 13	7 52 30	9 54 43	11 56 56	13 55 13	15 57 26	17 55 43
	21	20 2 50	22 5 3	23 55 27	1 57 40	3 55 56	5 48 10	7 56 26	9 58 40	12 0 53	13 59 9	16 1 23	17 59 39
	22	20 6 46	22 9 0	23 59 23	2 1 36	3 59 53	6 2 6	8 0 23	10 2 36	12 4 49	14 3 6	16 5 19	18 3 36
	23	20 10 43	22 12 56	0 3 20	2 5 33	4 3 50	6 6 3	8 4 20	10 6 33	12 8 46	14 7 3	16 9 16	18 7 33
	24	20 14 40	22 16 53	0 7 16	2 9 29	4 7 46	6 9 59	8 8 16	10 10 29	12 12 43	14 10 59	16 13 12	18 11 29
	25	20 18 36	22 20 49	0 11 13	2 13 26	4 11 43	6 13 56	8 12 13	10 14 26	12 16 39	14 14 56	16 17 9	18 15 26
	26	20 22 33	22 24 46	0 15 9	2 17 23	4 15 39	6 17 53	8 16 9	10 18 22	12 20 36	14 18 52	16 21 5	18 19 22
	27	20 26 29	22 28 42	0 19 6	2 21 19	4 19 36	6 21 49	8 20 6	10 22 19	12 24 32	14 22 49	16 25 2	18 23 19
	28	20 30 26	22 32 39	0 23 3	2 25 16	4 23 32	6 25 46	8 24 2	10 26 16	12 28 29	14 26 45	16 28 59	18 27 15
	29	20 34 22		0 26 59	2 29 12	4 27 29	6 29 42	8 27 59	10 30 12	12 32 25	14 30 42	16 32 55	18 31 12
	30	20 38 19		0 30 56	2 33 9	4 31 25	6 33 39	8 31 55	10 34 9	12 36 22	14 34 38	16 36 52	18 35 8
	31	20 42 15		0 34 52		4 35 22		8 35 52	10 38 5		14 38 35		18 39 5

		1	2	3	4	5	6	7	8	9	10	11	12
1974	1	18 43 2	20 45 15	22 35 38	0 37 51	2 36 8	4 38 21	6 36 38	8 38 51	10 41 4	12 39 21	14 41 34	16 39 51
	2	18 46 58	20 49 11	22 39 35	0 41 48	2 40 5	4 42 18	6 40 35	8 42 48	10 45 1	12 43 18	14 45 31	16 43 47
	3	18 50 55	20 53 8	22 43 31	0 45 45	2 44 1	4 46 14	6 44 31	8 46 44	10 48 58	12 47 14	14 49 27	16 47 44
	4	18 54 51	20 57 4	22 47 28	0 49 41	2 47 58	4 50 11	6 48 28	8 50 41	10 52 54	12 51 11	14 53 24	16 51 41
	5	18 58 48	21 1 1	22 51 25	0 53 38	2 51 54	4 54 8	6 52 24	8 54 38	10 56 51	12 55 7	14 57 20	16 55 37
	6	19 2 44	21 4 58	22 55 21	0 57 34	2 55 51	4 58 4	6 56 21	8 58 34	11 0 47	12 59 4	15 1 17	16 59 34
	7	19 6 41	21 8 54	22 59 18	1 1 31	2 59 47	5 2 1	7 0 17	9 2 31	11 4 44	13 3 0	15 5 14	17 3 30
	8	19 10 37	21 12 51	23 3 14	1 5 27	3 3 44	5 5 57	7 4 14	9 6 27	11 8 40	13 6 57	15 9 10	17 7 27
	9	19 14 34	21 16 47	23 7 11	1 9 24	3 7 41	5 9 54	7 8 10	9 10 24	11 12 37	13 10 53	15 13 7	17 11 23
	10	19 18 31	21 20 44	23 11 7	1 13 20	3 11 37	5 13 50	7 12 7	9 14 20	11 16 33	13 14 50	15 17 3	17 15 20
	11	19 22 27	21 24 40	23 15 4	1 17 17	3 15 34	5 17 47	7 16 4	9 18 17	11 20 30	13 18 47	15 21 0	17 19 16
	12	19 26 24	21 28 37	23 19 0	1 21 14	3 19 30	5 21 43	7 20 0	9 22 13	11 24 27	13 22 43	15 24 56	17 23 13
	13	19 30 20	21 32 33	23 22 57	1 25 10	3 23 27	5 25 40	7 23 57	9 26 10	11 28 23	13 26 40	15 28 53	17 27 10
	14	19 34 17	21 36 30	23 26 54	1 29 7	3 27 23	5 29 37	7 27 53	9 30 7	11 32 20	13 30 36	15 32 49	17 31 6
	15	19 38 13	21 40 27	23 30 50	1 33 3	3 31 20	5 33 33	7 31 50	9 34 3	11 36 16	13 34 33	15 36 46	17 35 3
	16	19 42 10	21 44 23	23 34 47	1 37 0	3 35 16	5 37 30	7 35 46	9 38 0	11 40 13	13 38 29	15 40 43	17 38 59
	17	19 46 6	21 48 20	23 38 43	1 40 56	3 39 13	5 41 26	7 39 43	9 41 56	11 44 9	13 42 26	15 44 39	17 42 56
	18	19 50 3	21 52 16	23 42 40	1 44 53	3 43 10	5 45 23	7 43 40	9 45 53	11 48 6	13 46 22	15 48 36	17 46 52
	19	19 54 0	21 56 13	23 46 36	1 48 49	3 47 6	5 49 19	7 47 36	9 49 49	11 52 2	13 50 19	15 52 32	17 50 49
	20	19 57 56	22 0 9	23 50 33	1 52 46	3 51 3	5 53 16	7 51 33	9 53 46	11 55 59	13 54 16	15 56 29	17 54 45
	21	20 1 53	22 4 6	23 54 29	1 56 43	3 54 59	5 57 12	7 55 29	9 57 42	11 59 56	13 58 12	16 0 25	17 58 42
	22	20 5 49	22 8 2	23 58 26	2 0 39	3 58 56	6 1 9	7 59 26	10 1 39	12 3 52	14 2 9	16 4 22	18 2 39
	23	20 9 46	22 11 59	0 2 22	2 4 36	4 2 52	6 5 6	8 3 22	10 5 35	12 7 49	14 6 5	16 8 18	18 6 35
	24	20 13 42	22 15 56	0 6 19	2 8 32	4 6 49	6 9 2	8 7 19	10 9 32	12 11 45	14 10 2	16 12 15	18 10 32
	25	20 17 39	22 19 52	0 10 16	2 12 29	4 10 45	6 12 59	8 11 15	10 13 29	12 15 42	14 13 58	16 16 12	18 14 28
	26	20 21 35	22 23 49	0 14 12	2 16 25	4 14 42	6 16 55	8 15 12	10 17 25	12 19 38	14 17 55	16 20 8	18 18 25
	27	20 25 32	22 27 45	0 18 9	2 20 22	4 18 39	6 20 52	8 19 9	10 21 22	12 23 35	14 21 51	16 4 5	18 22 21
	28	20 29 29	22 31 42	0 22 5	2 24 18	4 22 35	6 24 48	8 23 5	10 25 18	12 27 31	14 25 48	16 28 1	18 26 18
	29	20 33 25		0 26 2	2 28 15	4 26 32	6 28 45	8 27 2	10 29 15	12 31 28	14 29 45	16 31 58	18 30 15
	30	20 37 22		0 29 58	2 32 12	4 30 28	6 32 41	8 30 58	10 33 11	12 35 25	14 33 41	16 35 54	18 34 11
	31	20 41 18		0 33 55		4 34 25		8 34 55	10 37 8		14 37 38		18 38 8
1975	1	18 42 4	20 44 17	22 34 41	0 36 54	2 35 11	4 37 24	6 35 40	8 37 54	10 40 7	12 38 24	14 40 37	16 38 53
	2	18 46 1	20 48 14	22 38 37	0 40 51	2 39 7	4 41 20	6 39 37	8 41 50	10 44 4	12 42 20	14 44 33	16 42 50
	3	18 49 57	20 52 11	22 42 34	0 44 47	2 43 4	4 45 17	6 43 34	8 45 47	10 48 0	12 46 17	14 48 30	16 46 47
	4	18 53 54	20 56 7	22 46 31	0 48 44	2 47 0	4 49 14	6 47 30	8 49 44	10 51 57	12 50 13	14 52 26	16 50 43
	5	18 57 50	21 0 4	22 50 27	0 52 40	2 50 57	4 53 10	6 51 27	8 53 40	10 55 53	12 54 10	14 56 23	16 54 40
	6	19 1 47	21 4 0	22 54 24	0 56 37	2 54 53	4 57 7	6 55 23	8 57 37	10 59 50	12 58 6	15 0 20	16 58 36
	7	19 5 44	21 7 57	22 58 20	1 0 33	2 58 50	5 1 3	6 59 20	9 1 33	11 3 46	13 2 3	15 4 16	17 2 33
	8	19 9 40	21 11 53	23 2 17	1 4 30	3 2 47	5 5 0	7 3 17	9 5 30	11 7 43	13 5 59	15 8 13	17 6 29
	9	19 13 37	21 15 50	23 6 13	1 8 26	3 6 43	5 8 56	7 7 13	9 9 26	11 11 39	13 9 56	15 12 9	17 10 26
	10	19 17 33	21 19 46	23 10 10	1 12 23	3 10 40	5 12 53	7 11 10	9 13 23	11 15 36	13 13 53	15 16 6	17 14 22
	11	19 21 30	21 23 43	23 14 6	1 16 20	3 14 36	5 16 49	7 15 6	9 17 19	11 19 33	13 17 49	15 20 2	17 18 19
	12	19 25 26	21 27 40	23 18 3	1 20 16	3 18 33	5 20 46	7 19 3	9 21 16	11 23 29	13 21 46	15 23 59	17 22 16
	13	19 29 23	21 31 36	23 22 0	1 24 13	3 22 29	5 24 43	7 22 59	9 25 13	11 27 26	13 25 42	15 27 55	17 26 12
	14	19 33 19	21 35 33	23 25 56	1 28 9	3 26 26	5 28 39	7 26 56	9 29 9	11 31 22	13 29 39	15 31 52	17 30 9
	15	19 37 16	21 39 29	23 29 53	1 32 6	3 30 22	5 32 36	7 30 52	9 33 6	11 35 19	13 33 35	15 35 49	17 34 5
	16	19 41 13	21 43 26	23 33 49	1 36 2	3 34 19	5 36 32	7 34 49	9 37 2	11 39 15	13 37 32	15 39 45	17 38 2
	17	19 45 9	21 47 22	23 37 46	1 39 59	3 38 16	5 40 29	7 38 46	9 40 59	11 43 12	13 41 28	15 43 42	17 41 58
	18	19 49 6	21 51 19	23 41 42	1 43 55	3 42 12	5 44 25	7 42 42	9 44 55	11 47 8	13 45 25	15 47 38	17 45 55
	19	19 53 2	21 55 15	23 45 39	1 47 52	3 46 9	5 48 22	7 46 39	9 48 52	11 51 5	13 49 22	15 51 35	17 49 51
	20	19 56 59	21 59 12	23 49 35	1 51 49	3 50 5	5 52 18	7 50 35	9 52 48	11 55 2	13 53 18	15 55 31	17 53 48
	21	20 0 55	22 3 9	23 53 32	1 55 45	3 54 2	5 56 15	7 54 32	9 56 45	11 58 58	13 57 15	15 59 28	17 57 45
	22	20 4 52	22 7 5	23 57 29	1 59 42	3 57 58	6 0 12	7 58 28	10 0 42	12 2 55	14 1 11	16 3 24	18 1 41
	23	20 8 48	22 11 2	0 1 25	2 3 38	4 1 55	6 4 8	8 2 25	10 4 38	12 6 51	14 5 8	16 7 21	18 5 38
	24	20 12 45	22 14 58	0 5 22	2 7 35	4 5 51	6 8 5	8 6 21	10 8 35	12 10 48	14 9 4	16 11 18	18 9 34
	25	20 16 42	22 18 55	0 9 18	2 11 31	4 9 48	6 12 1	8 10 18	10 12 31	12 14 44	14 13 1	16 15 14	18 13 31
	26	20 20 38	22 22 51	0 13 15	2 15 28	4 13 45	6 15 58	8 14 15	10 16 28	12 18 41	14 16 57	16 19 11	18 17 27
	27	20 24 35	22 26 48	0 17 11	2 19 24	4 17 41	6 19 54	8 18 11	10 20 24	12 22 37	14 20 54	16 23 7	18 21 24
	28	20 28 31	22 30 44	0 21 8	2 23 21	4 21 38	6 23 51	8 22 8	10 24 21	12 26 34	14 24 50	16 27 4	18 25 20
	29	20 32 28		0 25 4	2 27 18	4 25 34	6 27 48	8 26 4	10 28 17	12 30 31	14 28 47	16 31 0	18 29 17
	30	20 36 24		0 29 1	2 31 14	4 29 31	6 31 44	8 30 1	10 32 14	12 34 27	14 32 44	16 34 57	18 33 14
	31	20 40 21		0 32 58		4 33 27		8 33 57	10 36 10		14 36 40		18 37 10

		1	2	3	4	5	6	7	8	9	10	11	12
1976	1	18 41 7	20 43 20	22 37 40	0 39 53	2 38 10	4 40 23	6 38 40	8 40 53	10 43 6	12 41 23	14 43 36	16 41 52
	2	18 45 3	20 47 17	22 41 37	0 43 50	2 42 6	4 44 20	6 42 36	8 44 49	10 47 3	12 45 19	14 47 32	16 45 49
	3	18 49 0	20 51 13	22 45 33	0 47 46	2 46 3	4 48 16	6 46 33	8 48 46	10 50 59	12 49 10	14 51 29	16 49 46
	4	18 52 56	20 55 10	22 49 30	0 51 43	2 49 59	4 52 13	6 50 29	8 52 43	10 54 56	12 53 12	14 55 25	16 53 42
	5	18 56 53	20 59 6	22 53 26	0 55 39	2 53 56	4 56 9	6 54 26	8 56 39	10 58 52	12 57 9	14 59 22	16 57 39
	6	19 0 49	21 3 3	22 57 23	0 59 36	2 57 53	5 0 6	6 58 22	9 0 36	11 2 49	13 1 5	15 3 19	17 1 35
	7	19 4 46	21 6 59	21 1 19	1 3 32	3 1 49	5 4 2	7 2 19	9 4 32	11 6 45	13 5 2	15 7 15	17 5 32
	8	19 8 43	21 10 56	23 5 16	1 7 29	3 5 46	5 7 59	7 6 16	9 8 29	11 10 42	13 8 58	15 11 12	17 9 28
	9	19 12 39	21 14 53	23 9 12	1 11 26	3 9 42	5 11 55	7 10 12	9 12 25	11 14 38	13 12 55	15 15 8	17 13 25
	10	19 16 36	21 18 49	23 13 9	1 15 22	3 13 39	5 15 52	7 14 9	9 16 22	11 18 35	13 16 52	15 19 5	17 17 21
	11	19 20 32	21 22 45	23 17 6	1 19 19	3 17 35	5 19 49	7 18 5	9 20 18	11 22 32	13 20 48	15 23 1	17 21 18
	12	19 24 29	21 26 42	23 21 2	1 23 15	3 21 32	5 23 45	7 22 2	9 24 15	11 26 28	13 24 45	15 26 58	17 25 15
	13	19 28 25	21 30 39	23 24 59	1 27 12	3 25 28	5 27 42	7 25 58	9 28 12	11 30 25	13 28 41	15 30 54	17 29 11
	14	19 32 22	21 34 35	23 28 55	1 31 8	3 29 25	5 31 38	7 29 55	9 32 8	11 34 21	13 32 38	15 34 51	17 33 8
	15	19 36 18	21 38 32	23 32 52	1 35 5	3 33 21	5 35 35	7 33 51	9 36 5	11 38 18	13 36 34	15 38 48	17 37 4
	16	19 40 15	21 42 28	23 36 48	1 39 1	3 37 18	5 39 31	7 37 48	9 40 1	11 42 14	13 40 31	15 42 44	17 41 1
	17	19 44 12	21 46 25	23 40 45	1 42 58	3 41 15	5 43 28	7 41 45	9 43 58	11 46 11	13 44 27	15 46 41	17 44 57
	18	19 48 8	21 50 21	23 44 41	1 46 54	3 45 11	5 47 24	7 45 41	9 47 54	11 50 7	13 48 24	15 50 37	17 48 54
	19	19 52 5	21 54 18	23 48 38	1 50 51	3 49 8	5 51 21	7 49 38	9 51 51	11 54 4	13 52 21	15 54 34	17 52 50
	20	19 56 2	21 58 14	23 52 34	1 54 48	3 53 4	5 55 18	7 53 34	9 55 47	11 58 1	13 56 17	15 58 30	17 56 47
	21	19 59 58	22 2 11	23 56 31	1 58 44	3 57 1	5 59 14	7 57 31	9 59 44	12 1 57	14 0 14	16 2 27	18 0 44
	22	20 3 54	22 6 8	0 0 28	2 2 41	4 0 57	6 3 11	8 1 27	10 3 41	12 5 54	14 4 10	16 6 23	18 4 40
	23	20 7 51	22 10 4	0 4 24	2 6 37	4 4 54	6 7 7	8 5 24	10 7 37	12 9 50	14 8 7	16 10 20	18 8 37
	24	20 11 48	22 14 1	0 8 21	2 10 34	4 8 50	6 11 4	8 9 20	10 11 34	12 13 47	14 12 3	16 14 17	18 12 33
	25	20 15 44	22 17 57	0 12 17	2 14 30	4 12 47	6 15 0	8 13 17	10 15 30	12 17 43	14 16 0	16 18 13	18 16 30
	26	20 19 41	22 21 54	0 16 14	2 18 27	4 16 44	6 18 57	8 17 14	10 19 27	12 12 40	14 19 56	16 22 10	18 20 26
	27	20 23 37	22 25 50	0 20 10	2 22 24	4 20 40	6 22 53	8 21 10	10 23 23	12 25 36	14 23 53	16 26 6	18 24 23
	28	20 27 34	22 29 47	0 24 7	2 26 20	4 24 37	6 26 50	8 25 7	10 27 20	12 29 33	14 27 50	16 30 3	18 28 19
	29	20 31 30	22 33 43	0 28 3	2 30 17	4 28 33	6 30 47	8 29 3	10 31 16	12 33 30	14 31 46	16 33 59	18 32 16
	30	20 35 27		0 32 0	2 34 13	4 32 30	6 34 43	8 33 0	10 35 13	12 37 26	14 35 43	16 37 56	18 36 13
	31	20 39 23		0 35 57		4 36 26		8 36 56	10 39 9		14 39 39		18 40 9
1977	1	18 44 6	20 46 19	22 36 42	0 38 56	2 37 12	4 39 25	6 37 42	8 39 55	10 42 8	12 40 25	14 42 38	16 40 55
	2	18 48 2	20 50 15	22 40 39	0 42 52	2 41 9	4 43 22	6 41 39	8 43 52	10 46 5	12 44 22	14 46 35	16 44 51
	3	18 51 59	20 54 12	22 44 36	0 46 49	2 45 5	4 47 18	6 45 35	8 47 48	10 50 2	12 48 18	14 50 31	16 48 48
	4	18 55 55	20 58 9	22 48 32	0 50 45	2 49 2	4 51 15	6 49 32	8 51 45	10 53 58	12 52 15	14 54 28	16 52 44
	5	18 59 52	21 2 5	22 52 29	0 54 42	2 52 58	4 55 12	6 53 28	8 55 41	10 57 55	12 56 11	14 58 24	16 56 41
	6	19 3 48	21 6 2	22 56 25	0 58 38	2 56 55	4 59 8	6 57 25	8 59 38	11 1 51	13 0 8	15 2 21	17 0 38
	7	19 7 45	21 9 58	23 0 22	1 2 35	3 0 51	5 3 5	7 1 21	9 3 35	11 5 48	13 4 4	15 6 17	17 4 34
	8	19 11 42	21 13 55	23 4 18	1 6 31	3 4 48	5 7 1	7 5 18	9 7 31	11 9 44	13 8 1	15 10 14	17 8 31
	9	19 15 38	21 17 51	23 8 15	1 10 28	3 8 45	5 10 58	7 9 14	9 11 28	11 13 41	13 11 57	15 14 11	17 12 27
	10	19 19 35	21 21 48	23 12 11	1 14 25	3 12 41	5 14 54	7 13 11	9 15 24	11 17 37	13 15 54	15 18 7	17 16 24
	11	19 23 31	21 25 44	23 16 8	1 18 21	3 16 38	5 18 51	7 17 8	9 19 21	11 21 34	13 19 51	15 22 4	17 20 20
	12	19 27 28	21 29 41	23 20 5	1 22 18	3 20 34	5 22 47	7 21 4	9 23 17	11 25 31	13 23 47	15 26 0	17 24 17
	13	19 31 24	21 33 38	23 24 1	1 26 14	3 24 31	5 26 44	7 25 1	9 27 14	11 29 27	13 27 44	15 29 57	17 28 13
	14	19 35 21	21 37 34	23 27 58	1 30 11	3 28 27	5 30 41	7 28 57	9 31 10	11 33 24	13 31 40	15 33 53	17 32 10
	15	19 39 17	21 41 31	23 31 54	1 34 7	3 32 24	5 34 37	7 32 54	9 35 7	11 37 20	13 35 37	15 37 50	17 36 7
	16	19 43 14	21 45 27	23 35 51	1 38 4	3 36 20	5 38 34	7 36 50	9 39 4	11 41 17	13 39 33	15 41 46	17 40 3
	17	19 47 11	21 49 24	23 39 47	1 42 0	3 40 17	5 42 30	7 40 47	9 43 0	11 45 13	13 43 30	15 45 43	17 44 0
	18	19 51 7	21 53 20	23 43 44	1 45 57	3 44 14	5 46 27	7 44 44	9 46 57	11 49 10	13 47 26	15 49 40	17 47 56
	19	19 55 4	21 57 17	23 47 40	1 49 53	3 48 10	5 50 23	7 48 40	9 50 53	11 53 6	13 51 23	15 53 36	17 51 53
	20	19 59 0	22 1 13	23 51 37	1 53 50	3 52 7	5 54 20	7 52 37	9 54 50	11 57 3	13 55 20	15 57 33	17 55 49
	21	20 2 57	22 5 10	23 55 33	1 57 47	3 56 3	5 58 16	7 56 33	9 58 46	12 0 59	13 59 16	16 1 29	17 59 46
	22	20 6 53	22 9 7	23 59 30	2 1 43	4 0 0	6 2 13	8 0 30	10 2 43	12 4 56	14 3 13	16 5 26	18 3 42
	23	20 10 50	22 13 3	0 3 27	2 5 40	4 3 56	6 6 10	8 4 26	10 6 39	12 8 53	14 7 9	16 9 22	18 7 39
	24	20 14 46	22 17 0	0 7 23	2 9 36	4 7 53	6 10 6	8 8 23	10 10 36	12 12 49	14 11 6	16 13 19	18 11 36
	25	20 18 43	22 20 56	0 11 20	2 13 33	4 11 49	6 14 3	8 12 19	10 14 33	12 16 46	14 15 2	16 17 15	18 15 32
	26	20 22 40	22 24 53	0 15 16	2 17 29	4 15 46	6 17 59	8 16 16	10 18 29	12 20 42	14 18 59	16 21 12	18 19 29
	27	20 26 36	22 28 49	0 19 13	2 21 26	4 19 43	6 21 56	8 20 13	10 22 26	12 24 39	14 22 55	16 25 9	18 23 25
	28	20 30 33	22 32 46	0 23 9	2 25 22	4 23 39	6 25 52	8 24 9	10 26 22	12 28 35	14 26 52	16 29 5	18 27 22
	29	20 34 29		0 27 6	2 29 19	4 27 36	6 29 49	8 28 6	10 30 19	12 32 32	14 30 48	16 33 2	18 31 18
	30	20 38 26		0 31 2	2 33 16	4 31 32	6 33 45	8 32 2	10 34 15	12 36 28	14 34 45	16 36 58	18 35 15
	31	20 42 22		0 34 59		4 35 29		8 35 59	10 38 12		14 38 42		18 39 12

		1	2	3	4	5	6	7	8	9	10	11	12
1978	1	18 43 8	20 45 21	22 35 45	0 37 58	2 36 15	4 38 28	6 36 44	8 38 58	10 41 11	12 39 27	14 41 40	16 39 57
	2	18 47 5	20 49 18	22 39 41	0 41 54	2 40 11	4 42 24	6 40 41	8 42 54	10 45 7	12 43 24	14 45 37	16 43 54
	3	18 51 1	20 53 14	22 43 38	0 45 51	2 44 8	4 46 21	6 44 38	8 46 51	10 49 4	12 47 20	14 49 34	16 47 50
	4	18 54 58	20 57 11	22 47 34	0 49 48	2 48 4	4 50 17	6 48 34	8 50 47	10 53 0	12 51 17	14 53 30	16 51 47
	5	18 58 54	21 1 8	22 51 31	0 53 44	2 52 1	4 54 14	6 52 31	8 54 44	10 56 57	12 55 14	14 57 27	16 55 43
	6	19 2 51	21 5 4	22 55 28	0 57 41	2 55 57	4 58 10	6 56 27	8 58 40	11 0 54	12 59 10	15 1 23	16 59 40
	7	19 6 47	21 9 1	22 59 24	1 1 37	2 59 54	5 2 7	7 0 24	9 2 37	11 4 50	13 3 7	15 5 20	17 3 36
	8	19 10 44	21 12 57	23 3 21	1 5 34	3 3 50	5 6 4	7 4 20	9 6 34	11 8 47	13 7 3	15 9 16	17 7 33
	9	19 14 41	21 16 54	23 7 17	1 9 30	3 7 47	5 10 0	7 8 17	9 10 30	11 12 43	13 11 0	15 13 13	17 11 30
	10	19 18 37	21 20 50	23 11 14	1 13 27	3 11 44	5 13 57	7 12 13	9 14 27	11 16 40	13 14 56	15 17 9	17 15 26
	11	19 22 34	21 24 47	23 15 10	1 17 23	3 15 40	5 17 53	7 16 10	9 18 23	11 20 36	13 18 53	15 21 6	17 19 23
	12	19 26 30	21 28 43	23 19 7	1 21 20	3 19 37	5 21 50	7 20 7	9 22 20	11 24 33	13 22 49	15 25 3	17 23 19
	13	19 30 27	21 32 40	23 23 3	1 25 17	3 23 33	5 25 46	7 24 3	9 26 16	11 28 29	13 26 46	15 28 59	17 27 16
	14	19 34 23	21 36 36	23 27 0	1 29 13	3 27 30	5 29 43	7 28 0	9 30 13	11 32 26	13 30 43	15 32 56	17 31 12
	15	19 38 20	21 40 33	23 30 57	1 33 10	3 31 26	5 33 39	7 31 56	9 34 9	11 36 23	13 34 39	15 36 52	17 35 9
	16	19 42 16	21 44 30	23 34 53	1 37 6	3 35 23	5 37 36	7 35 53	9 38 6	11 40 19	13 38 36	15 40 49	17 39 5
	17	19 46 13	21 48 26	23 38 50	1 41 3	3 39 19	5 41 33	7 39 49	9 42 3	11 44 16	13 42 32	15 44 45	17 43 2
	18	19 50 10	21 52 23	23 42 46	1 44 59	3 43 16	5 45 29	7 43 46	9 45 59	11 48 12	13 46 29	15 48 42	17 46 59
	19	19 54 6	21 56 19	23 46 43	1 48 56	3 47 12	5 49 26	7 47 42	9 49 56	11 52 9	13 50 25	15 52 38	17 50 55
	20	19 58 3	22 0 16	23 50 39	1 52 52	3 51 9	5 53 22	7 51 39	9 53 52	11 56 5	13 54 22	15 56 35	17 54 52
	21	20 1 59	22 4 12	23 54 36	1 56 49	3 55 6	5 57 19	7 55 35	9 57 49	12 0 2	13 58 18	16 0 32	17 58 48
	22	20 5 56	22 8 9	23 58 32	2 0 45	3 59 2	6 1 15	7 59 32	10 1 45	12 3 58	14 2 15	16 4 28	18 2 45
	23	20 9 52	22 12 5	0 2 29	2 4 42	4 2 59	6 5 12	8 3 29	10 5 42	12 7 55	14 6 12	16 8 25	18 6 41
	24	20 13 49	22 16 2	0 6 25	2 8 39	4 6 55	6 9 9	8 7 25	10 9 38	12 11 51	14 10 8	16 12 21	18 10 38
	25	20 17 45	22 19 59	0 10 22	2 12 35	4 10 52	6 13 5	8 11 22	10 13 35	12 15 48	14 14 5	16 16 18	18 14 34
	26	20 21 42	22 23 55	0 14 19	2 16 32	4 14 48	6 17 2	8 15 18	10 17 31	12 19 45	14 18 1	16 20 14	18 18 31
	27	20 25 39	22 27 52	0 18 15	2 20 28	4 18 45	6 20 58	8 19 15	10 21 28	12 23 41	14 21 58	16 24 11	18 22 28
	28	20 29 35	22 31 48	0 22 12	2 24 25	4 22 41	6 24 55	8 23 11	10 25 25	12 27 38	14 25 54	16 28 7	18 26 24
	29	20 33 32		0 26 8	2 28 21	4 26 38	6 28 51	8 27 8	10 29 21	12 31 34	14 29 51	16 32 4	18 30 21
	30	20 37 28		0 30 5	2 32 18	4 30 35	6 32 48	8 31 5	10 33 18	12 35 31	14 33 47	16 36 1	18 34 17
	31	20 41 25		0 34 1		4 34 31		8 35 1	10 37 14		14 37 44		18 38 14
1979	1	18 42 10	20 44 24	22 34 47	0 37 0	2 35 17	4 37 30	6 35 47	8 38 0	10 40 13	12 38 30	14 40 43	16 38 59
	2	18 46 7	20 48 20	22 38 44	0 40 57	2 39 13	4 41 27	6 39 43	8 41 57	10 44 10	12 42 26	14 44 39	16 42 56
	3	18 50 4	20 52 17	22 42 40	0 44 53	2 43 10	4 45 23	6 43 40	8 45 53	10 48 6	12 46 23	14 48 36	16 46 53
	4	18 54 0	20 56 13	22 46 37	0 48 50	2 47 7	4 49 20	6 47 36	8 49 50	10 52 3	12 50 19	14 52 32	16 50 49
	5	18 57 57	21 0 10	22 50 33	0 52 46	2 51 3	4 53 16	6 51 33	8 53 46	10 55 59	12 54 16	14 56 29	16 54 46
	6	19 1 53	21 4 6	22 54 30	0 56 43	2 55 0	4 57 13	6 55 30	8 57 43	10 59 56	12 58 12	15 0 26	16 58 42
	7	19 5 50	21 8 3	22 58 26	1 0 40	2 58 56	5 1 9	6 59 26	9 1 39	11 3 52	13 2 9	15 4 22	17 2 39
	8	19 9 46	21 12 0	23 2 23	1 4 36	3 2 53	5 5 6	7 3 23	9 5 36	11 7 49	13 6 6	15 8 19	17 6 35
	9	19 13 43	21 15 56	23 6 20	1 8 33	3 6 49	5 9 2	7 7 19	9 9 32	11 11 46	13 10 2	15 12 15	17 10 32
	10	19 17 39	21 19 53	23 10 16	1 12 29	3 10 46	5 12 59	7 11 16	9 13 29	11 15 42	13 13 59	15 16 12	17 14 29
	11	19 21 36	21 23 49	23 14 13	1 16 26	3 14 42	5 16 56	7 15 12	9 17 26	11 19 39	13 17 55	15 20 8	17 18 25
	12	19 25 33	21 27 46	23 18 9	1 20 22	3 18 39	5 20 52	7 19 9	9 21 22	11 23 35	13 21 52	15 24 5	17 22 22
	13	19 29 29	21 31 42	23 22 6	1 24 19	3 22 35	5 24 49	7 23 5	9 25 19	11 27 32	13 25 48	15 28 1	17 26 18
	14	19 33 26	21 35 39	23 26 2	1 28 15	3 26 32	5 28 45	7 27 2	9 29 15	11 31 28	13 29 45	15 31 58	17 30 15
	15	19 37 22	21 39 35	23 29 59	1 32 12	3 30 29	5 32 42	7 30 59	9 33 12	11 35 25	13 33 41	15 35 54	17 34 11
	16	19 41 19	21 43 32	23 33 55	1 36 9	3 34 25	5 36 38	7 34 55	9 37 8	11 39 21	13 37 38	15 39 51	17 38 8
	17	19 45 15	21 47 29	23 37 52	1 40 5	3 38 22	5 40 35	7 38 52	9 41 5	11 43 18	13 41 35	15 43 48	17 42 4
	18	19 49 12	21 51 25	23 41 49	1 44 2	3 42 18	5 44 32	7 42 48	9 45 1	11 47 15	13 45 31	15 47 44	17 46 1
	19	19 53 8	21 55 22	23 45 45	1 47 58	3 46 15	5 48 28	7 46 45	9 48 58	11 51 11	13 49 28	15 51 41	17 49 58
	20	19 57 5	21 59 18	23 49 42	1 51 55	3 50 11	5 52 25	7 50 41	9 52 55	11 55 8	13 53 24	15 55 37	17 53 54
	21	20 1 2	22 3 15	23 53 38	1 55 51	3 54 8	5 56 21	7 54 38	9 56 51	11 59 4	13 57 21	15 59 34	17 57 51
	22	20 4 58	22 7 11	23 57 35	1 59 48	3 58 4	6 0 18	7 58 34	10 0 48	12 3 1	14 1 17	16 3 30	18 1 47
	23	20 8 55	22 11 8	0 1 31	2 3 44	4 2 1	6 4 14	8 2 31	10 4 44	12 6 57	14 5 14	16 7 27	18 5 44
	24	20 12 51	22 15 4	0 5 28	2 7 41	4 5 58	6 8 11	8 6 28	10 8 41	12 10 54	14 9 10	16 11 24	18 9 40
	25	20 16 48	22 19 1	0 9 24	2 11 38	4 9 54	6 12 7	8 10 24	10 12 37	12 14 50	14 13 7	16 15 20	18 13 37
	26	20 20 44	22 22 58	0 13 21	2 15 34	4 13 51	6 16 4	8 14 21	10 16 34	12 18 47	14 17 4	16 19 17	18 17 33
	27	20 24 41	22 26 54	0 17 18	2 19 31	4 17 47	6 20 1	8 18 17	10 20 30	12 22 44	14 21 0	16 23 13	18 21 30
	28	20 28 37	22 30 51	0 21 14	2 23 27	4 21 44	6 23 57	8 22 14	10 24 27	12 26 40	14 24 57	16 27 10	18 25 27
	29	20 32 34		0 25 11	2 27 24	4 25 40	6 27 54	8 26 10	10 28 23	12 30 37	14 28 53	16 31 6	18 29 23
	30	20 36 31		0 29 7	2 31 20	4 29 37	6 31 50	8 30 7	10 32 20	12 34 33	14 32 50	16 35 3	18 33 20
	31	20 40 27		0 33 4		4 33 34		8 34 3	10 36 17		14 36 46		18 37 16

		1	2	3	4	5	6	7	8	9	10	11	12
1980	1	18 41 13	20 43 26	22 37 46	0 39 59	2 38 16	4 40 29	6 38 46	8 40 59	10 43 12	12 41 29	14 43 42	16 41 59
	2	18 45 10	20 47 23	22 41 43	0 43 56	2 42 13	4 44 26	6 42 43	8 44 56	10 47 9	12 45 26	14 47 39	16 45 55
	3	18 49 6	20 51 19	22 45 39	0 47 53	2 46 9	4 48 22	6 46 39	8 48 52	10 51 5	12 49 22	14 51 35	16 49 52
	4	18 53 3	20 55 16	22 49 36	0 51 49	2 50 6	4 52 19	6 50 36	8 52 49	10 55 2	12 53 18	14 55 32	16 53 48
	5	18 56 59	20 59 13	22 53 33	0 55 46	2 54 2	4 56 16	6 54 32	8 56 45	10 58 59	12 57 15	14 59 28	16 57 45
	6	19 0 56	21 3 9	22 57 29	0 59 42	2 57 59	5 0 12	6 58 29	9 0 42	11 2 55	13 1 12	15 3 25	17 1 42
	7	19 4 52	21 7 6	23 1 26	1 3 39	3 1 55	5 4 9	7 2 26	9 4 39	11 6 52	13 5 8	15 7 21	17 5 38
	8	19 8 49	21 11 2	23 5 22	1 7 35	3 5 52	5 8 5	7 6 22	9 8 35	11 10 48	13 9 5	15 11 18	17 9 35
	9	19 12 46	21 14 59	23 9 19	1 11 32	3 9 48	5 12 2	7 10 18	9 12 32	11 14 45	13 13 1	15 15 15	17 13 31
	10	19 16 42	21 18 55	23 13 15	1 15 28	3 13 45	5 15 58	7 14 15	9 16 28	11 18 41	13 16 58	15 19 11	17 17 28
	11	19 20 39	21 22 52	23 17 12	1 19 25	3 17 42	5 19 55	7 18 12	9 20 25	11 22 38	13 20 54	15 23 8	17 21 24
	12	19 24 35	21 26 48	23 21 8	1 23 22	3 21 38	5 23 51	7 22 8	9 24 21	11 26 34	13 24 51	15 27 4	17 25 21
	13	19 28 32	21 30 45	23 25 5	1 27 18	3 25 35	5 27 48	7 26 5	9 28 18	11 30 31	13 28 48	15 31 1	17 29 17
	14	19 32 28	21 34 42	23 29 2	1 31 15	3 29 31	5 31 45	7 30 1	9 32 14	11 34 28	13 32 44	15 34 57	17 33 14
	15	19 36 25	21 38 38	23 32 58	1 35 11	3 33 28	5 35 41	7 33 58	9 36 11	11 38 24	13 36 41	15 38 54	17 37 11
	16	19 40 21	21 42 35	23 36 55	1 39 8	3 37 24	5 39 38	7 37 54	9 40 8	11 42 21	13 40 37	15 42 50	17 41 7
	17	19 44 18	21 46 31	23 40 51	1 43 4	3 41 21	5 43 34	7 41 51	9 44 4	11 46 17	13 44 34	15 46 47	17 45 4
	18	19 48 15	21 50 28	23 44 48	1 47 1	3 45 17	5 47 31	7 45 47	9 48 1	11 50 14	13 48 30	15 50 44	17 49 0
	19	19 52 11	21 54 24	23 48 44	1 50 57	3 49 14	5 51 27	7 49 44	9 51 57	11 54 10	13 52 27	15 54 40	17 52 57
	20	19 56 8	21 58 21	23 52 41	1 54 54	3 53 11	5 55 24	7 53 41	9 55 54	11 58 7	13 56 23	15 58 37	17 56 53
	21	20 0 4	22 2 17	23 56 37	1 58 51	3 57 7	5 59 20	7 57 37	9 59 50	12 2 3	14 0 20	16 2 33	18 0 50
	22	20 4 1	22 6 14	0 0 34	2 2 47	4 1 4	6 3 17	8 1 34	10 3 47	12 6 0	14 4 17	16 6 30	18 4 46
	23	20 7 57	22 10 10	0 4 30	2 6 44	4 5 0	6 7 14	8 5 30	10 7 43	12 9 57	14 8 13	16 10 26	18 8 43
	24	20 11 54	22 14 7	0 8 27	2 10 40	4 8 57	6 11 10	8 9 27	10 11 40	12 13 53	14 12 10	16 14 23	18 12 40
	25	20 15 50	22 18 4	0 12 24	2 14 37	4 12 53	6 15 7	8 13 23	10 15 37	12 17 50	14 16 6	16 18 19	18 16 36
	26	20 19 47	22 22 0	0 16 20	2 18 33	4 16 50	6 19 3	8 17 20	10 19 33	12 21 46	14 20 3	16 22 16	18 20 33
	27	20 23 44	22 25 57	0 20 17	2 22 30	4 20 46	6 23 0	8 21 16	10 23 30	12 25 43	14 23 59	16 26 13	18 24 29
	28	20 27 40	22 29 53	0 24 13	2 26 26	4 24 43	6 26 56	8 25 13	10 27 26	12 29 39	14 27 56	16 30 9	18 28 26
	29	20 31 37	22 33 50	0 28 10	2 30 23	4 28 40	6 30 53	8 29 10	10 31 23	12 33 36	14 31 52	16 34 6	18 32 22
	30	20 35 33		0 32 6	2 34 19	4 32 36	6 34 49	8 33 6	10 35 19	12 37 32	14 35 49	16 38 2	18 36 19
	31	20 39 30		0 36 3		4 36 33		8 37 3	10 39 16		14 39 46		18 40 15
1981	1	18 44 11	20 46 25	22 36 49	0 39 2	2 37 18	4 39 32	6 37 48	8 40 1	10 42 15	12 40 31	14 42 44	16 41 1
	2	18 48 8	20 50 22	22 40 45	0 42 58	2 41 15	4 43 28	6 41 45	8 43 58	10 46 11	12 44 28	14 46 41	16 46 58
	3	18 52 5	20 54 18	22 44 42	0 46 55	2 45 11	4 47 25	6 45 41	8 47 55	10 50 8	12 48 24	14 50 37	16 48 54
	4	18 56 1	20 58 15	22 48 38	0 50 51	2 49 8	4 51 21	6 49 38	8 51 51	10 54 4	12 52 21	14 54 34	16 52 51
	5	18 59 58	21 2 11	22 52 35	0 54 48	2 53 4	4 55 18	6 53 34	8 55 47	10 58 1	12 56 17	14 58 31	16 56 47
	6	19 3 54	21 6 8	22 56 31	0 58 44	2 57 1	4 59 14	6 57 31	8 59 44	11 1 57	13 0 14	15 2 27	17 0 44
	7	19 7 51	21 10 4	23 0 28	1 2 41	3 0 58	5 3 11	7 1 27	9 3 41	11 5 54	13 4 11	15 6 24	17 4 40
	8	19 11 47	21 14 1	23 4 24	1 6 38	3 4 54	5 7 7	7 5 24	9 7 37	11 9 51	13 8 7	15 10 20	17 8 37
	9	19 15 44	21 17 57	23 8 21	1 10 34	3 8 51	5 11 4	7 9 21	9 11 34	11 13 47	13 12 4	15 14 17	17 12 34
	10	19 19 41	21 21 54	23 12 17	1 14 30	3 12 47	5 15 0	7 13 17	9 15 30	11 17 44	13 16 0	15 18 13	17 16 30
	11	19 23 37	21 25 51	23 16 14	1 18 27	3 16 44	5 18 57	7 17 14	9 19 27	11 21 40	13 19 57	15 22 10	17 20 27
	12	19 27 34	21 29 47	23 20 11	1 22 24	3 20 40	5 22 54	7 21 10	9 23 24	11 25 37	13 23 53	15 26 6	17 24 23
	13	19 31 30	21 33 44	23 24 7	1 26 20	3 24 37	5 26 50	7 25 7	9 27 20	11 29 33	13 27 50	15 30 3	17 28 20
	14	19 35 27	21 37 40	23 28 4	1 30 17	3 28 33	5 30 47	7 29 3	9 31 17	11 33 30	13 31 46	15 34 0	17 32 16
	15	19 39 24	21 41 37	23 32 0	1 34 13	3 32 30	5 34 43	7 33 0	9 35 13	11 37 26	13 35 43	15 37 56	17 36 13
	16	19 43 20	21 45 33	23 35 57	1 38 10	3 36 27	5 38 40	7 36 56	9 39 10	11 41 23	13 39 40	15 41 53	17 40 9
	17	19 47 16	21 49 29	23 39 53	1 42 6	3 40 23	5 42 36	7 40 53	9 43 6	11 45 19	13 43 36	15 45 49	17 44 6
	18	19 51 13	21 53 26	23 43 50	1 46 3	3 44 20	5 46 33	7 44 50	9 47 3	11 49 16	13 47 33	15 49 46	17 48 2
	19	19 55 10	21 57 23	23 47 46	1 49 59	3 48 16	5 50 30	7 48 46	9 51 0	11 53 13	13 51 29	15 53 42	17 51 59
	20	19 59 6	22 1 19	23 51 43	1 53 56	3 52 13	5 54 26	7 52 43	9 54 56	11 57 9	13 55 26	15 57 39	17 55 56
	21	20 3 2	22 5 16	23 55 40	1 57 53	3 56 9	5 58 23	7 56 39	9 58 53	12 1 6	13 59 22	16 1 35	17 59 52
	22	20 7 0	22 9 13	23 59 36	2 1 49	4 0 6	6 2 19	8 0 36	10 2 49	12 5 2	14 3 19	16 5 32	18 3 49
	23	20 10 56	22 13 9	0 3 33	2 5 46	4 4 2	6 6 16	8 4 32	10 6 46	12 8 59	14 7 15	16 9 29	18 7 45
	24	20 14 52	22 17 6	0 7 29	2 9 42	4 7 59	6 10 12	8 8 29	10 10 42	12 12 55	14 11 12	16 13 25	18 11 42
	25	20 18 49	22 21 2	0 11 26	2 13 39	4 11 56	6 14 9	8 12 26	10 14 39	12 16 52	14 15 8	16 17 22	18 15 38
	26	20 22 46	22 24 58	0 15 22	2 17 35	4 15 52	6 18 5	8 16 22	10 18 35	12 20 48	14 19 5	16 21 18	18 19 35
	27	20 26 42	22 28 55	0 19 19	2 21 32	4 19 49	6 22 2	8 20 19	10 22 32	12 24 45	14 23 1	16 25 15	18 23 31
	28	20 30 39	22 32 52	0 23 15	2 25 29	4 23 45	6 25 59	8 24 15	10 26 28	12 28 42	14 26 58	16 29 11	18 27 28
	29	20 34 35		0 27 12	2 29 25	4 27 42	6 29 55	8 28 12	10 30 25	12 32 38	14 30 55	16 33 8	18 31 25
	30	20 38 32		0 31 9	2 33 22	4 31 38	6 33 52	8 32 8	10 34 22	12 36 35	14 34 51	16 37 4	18 35 21
	31	20 42 28		0 35 5		4 35 35		8 36 5	10 38 18		14 38 48		18 39 18

		1	2	3	4	5	6	7	8	9	10	11	12
1982	1	18 43 14	20 45 28	22 35 51	0 38 4	2 36 21	4 38 34	6 36 51	8 39 4	10 41 17	12 39 34	14 41 47	16 40 4
	2	18 47 11	20 49 24	22 39 48	0 42 1	2 40 17	4 42 31	6 40 47	8 43 1	10 45 14	12 43 30	14 45 44	16 44 0
	3	18 51 7	20 53 21	22 43 44	0 45 57	2 44 14	4 46 27	6 44 44	8 46 57	10 49 10	12 47 27	14 49 40	16 47 57
	4	18 55 4	20 57 17	22 47 41	0 49 54	2 48 10	4 50 24	6 48 40	8 50 54	10 53 7	12 51 23	14 53 37	16 51 53
	5	18 59 1	21 1 14	22 51 37	0 53 50	2 52 6	4 54 20	6 52 37	8 54 50	10 57 3	12 55 20	14 57 33	16 55 50
	6	19 2 57	21 5 10	22 55 34	0 57 47	2 56 3	4 58 17	6 56 33	8 58 47	11 1 0	12 59 17	15 1 30	16 59 46
	7	19 6 54	21 9 7	22 59 30	1 2 44	3 0 0	5 2 13	7 0 30	9 2 43	11 4 57	13 3 13	15 5 26	17 3 43
	8	19 10 50	21 13 3	23 3 27	1 5 40	3 3 57	5 6 10	7 4 27	9 6 40	11 8 53	13 7 10	15 9 23	17 7 40
	9	19 14 47	21 17 0	23 7 23	1 9 37	3 7 53	5 10 6	7 8 23	9 10 36	11 12 50	13 11 6	15 13 19	17 11 36
	10	19 18 43	21 20 56	23 11 20	1 13 33	3 11 50	5 14 3	7 12 20	9 14 33	11 16 46	13 15 3	15 17 16	17 15 33
	11	19 22 40	21 24 53	23 15 17	1 17 30	3 15 46	5 18 0	7 16 16	9 18 30	11 20 43	13 19 0	15 21 12	17 19 29
	12	19 26 36	21 28 50	23 19 13	1 21 26	3 19 43	5 21 56	7 20 13	9 22 26	11 24 39	13 22 57	15 25 9	17 23 26
	13	19 30 33	21 32 46	23 23 10	1 25 23	3 23 39	5 25 53	7 24 9	9 26 23	11 28 36	13 26 53	15 29 6	17 27 22
	14	19 34 30	21 36 43	23 27 6	1 29 19	3 27 36	5 29 49	7 28 6	9 30 19	11 32 32	13 30 49	15 33 2	17 31 19
	15	19 38 26	21 40 39	23 31 3	1 33 16	3 31 33	5 33 46	7 32 3	9 34 16	11 36 29	13 34 46	15 36 58	17 35 15
	16	19 42 23	21 44 36	23 35 0	1 37 13	3 35 29	5 37 42	7 36 0	9 38 12	11 40 25	13 38 42	15 40 55	17 39 12
	17	19 46 19	21 48 32	23 38 56	1 41 9	3 39 26	5 41 39	7 39 56	9 42 9	11 44 22	13 42 38	15 44 52	17 43 8
	18	19 50 16	21 52 29	23 42 52	1 45 5	3 43 22	5 45 35	7 43 52	9 46 5	11 48 19	13 46 35	15 48 48	17 47 5
	19	19 54 12	21 56 26	23 46 49	1 49 2	3 47 19	5 49 32	7 47 49	9 50 2	11 52 15	13 50 32	15 52 45	17 51 1
	20	19 58 9	22 0 22	23 50 46	1 52 58	3 51 15	5 53 28	7 51 45	9 53 58	11 56 12	13 54 28	15 56 42	17 54 58
	21	20 2 5	22 4 19	23 54 42	1 56 55	3 55 12	5 57 25	7 55 42	9 57 55	12 0 8	13 58 25	16 0 38	17 58 55
	22	20 6 2	22 8 15	23 58 39	2 0 52	3 59 8	6 1 22	7 59 38	10 1 52	12 4 5	14 2 21	16 4 35	18 2 51
	23	20 9 58	22 12 12	0 2 35	2 4 48	4 3 5	6 5 18	8 3 35	10 5 48	12 8 1	14 6 18	16 8 31	18 6 48
	24	20 13 55	22 16 8	0 6 32	2 8 45	4 7 2	6 9 15	8 7 32	10 9 45	12 11 58	14 10 14	16 12 28	18 10 44
	25	20 17 52	22 20 5	0 10 28	2 12 41	4 10 58	6 13 11	8 11 28	10 13 41	12 15 54	14 14 11	16 16 24	18 14 41
	26	20 21 48	22 24 1	0 14 25	2 16 38	4 14 55	6 17 8	8 15 25	10 17 38	12 19 51	14 18 8	16 20 21	18 18 38
	27	20 25 45	22 27 58	0 18 21	2 20 35	4 18 51	6 21 5	8 19 21	10 21 34	12 23 48	14 22 4	16 24 17	18 22 34
	28	20 29 41	22 31 54	0 22 18	2 24 31	4 22 48	6 25 1	8 23 18	10 25 31	12 27 44	14 26 1	16 28 14	18 26 31
	29	20 33 38		0 26 14	2 28 28	4 26 44	6 28 58	8 27 14	10 29 28	12 31 41	14 29 57	16 32 11	18 30 27
	30	20 37 34		0 30 11	2 32 24	4 30 41	6 32 54	8 31 11	10 33 24	12 35 37	14 33 54	16 36 7	18 34 24
	31	20 41 31		0 34 8		4 34 38		8 35 7	10 37 21		14 37 50		18 38 20
1983	1	18 42 17	20 44 30	22 34 54	0 37 7	2 35 23	4 37 37	6 35 53	8 38 7	10 40 20	12 38 37	14 40 49	16 39 6
	2	18 46 13	20 48 27	22 38 50	0 41 3	2 39 20	4 41 33	6 39 50	8 42 3	10 44 16	12 42 33	14 44 46	16 43 3
	3	18 50 10	20 52 23	22 42 47	0 45 0	2 43 17	4 45 30	6 43 46	8 46 0	10 48 13	12 46 30	14 48 43	16 47 0
	4	18 54 7	20 56 20	22 46 43	0 48 56	2 47 13	4 49 26	6 47 43	8 49 56	10 52 10	12 50 26	14 52 39	16 50 56
	5	18 58 3	21 0 16	22 50 40	0 52 53	2 51 10	4 53 23	6 51 40	8 53 53	10 56 6	12 54 23	14 56 36	16 54 53
	6	19 2 0	21 4 13	22 54 37	0 56 50	2 55 6	4 57 20	6 55 36	8 57 49	11 0 3	12 58 19	15 0 32	16 58 49
	7	19 5 56	21 8 10	22 58 33	1 0 46	2 59 3	5 1 16	7 59 33	9 1 46	11 4 0	13 2 16	15 4 29	17 2 46
	8	19 9 53	21 12 6	23 2 30	1 4 43	3 3 0	5 5 13	7 3 29	9 5 43	11 7 57	13 6 12	15 8 26	17 6 42
	9	19 13 49	21 16 3	23 6 26	1 8 39	3 6 56	5 9 9	7 7 26	9 9 39	11 11 53	13 10 9	15 12 22	17 10 39
	10	19 17 46	21 19 59	23 10 23	1 12 36	3 10 52	5 13 6	7 11 22	9 13 36	11 15 49	13 14 5	15 16 19	17 14 35
	11	19 21 42	21 23 56	23 14 19	1 16 32	3 14 49	5 17 2	7 15 19	9 17 32	11 19 45	13 18 2	15 20 15	17 18 32
	12	19 25 39	21 27 52	23 18 16	1 20 29	3 18 46	5 20 58	7 19 16	9 21 29	11 23 42	13 21 58	15 24 12	17 22 28
	13	19 29 36	21 31 49	23 22 12	1 24 25	3 22 42	5 24 55	7 23 12	9 25 25	11 27 39	13 25 55	15 28 8	17 26 25
	14	19 33 32	21 35 45	23 26 9	1 28 22	3 26 39	5 28 52	7 27 9	9 29 22	11 31 35	13 29 52	15 32 5	17 30 22
	15	19 37 29	21 39 42	23 30 5	1 32 19	3 30 35	5 32 48	7 31 5	9 33 18	11 35 32	13 33 48	15 36 1	17 34 18
	16	19 41 25	21 43 38	23 34 2	1 36 15	3 34 32	5 36 45	7 35 2	9 37 15	11 39 28	13 37 45	15 39 58	17 38 15
	17	19 45 22	21 47 35	23 37 58	1 40 12	3 38 28	5 40 42	7 38 58	9 41 12	11 43 25	13 41 41	15 43 54	17 42 11
	18	19 49 18	21 51 32	23 41 55	1 44 8	3 42 25	5 44 38	7 42 55	9 45 8	11 47 21	13 45 38	15 47 51	17 46 8
	19	19 53 15	21 55 28	23 45 52	1 48 5	3 46 21	5 48 35	7 46 51	9 49 5	11 51 18	13 49 34	15 51 48	17 50 4
	20	19 57 12	21 59 25	23 49 48	1 52 1	3 50 18	5 52 31	7 50 48	9 53 1	11 55 14	13 53 31	15 55 44	17 54 1
	21	20 1 8	22 3 21	23 53 45	1 55 58	3 54 15	5 56 28	7 54 45	9 56 58	11 59 11	13 57 28	15 59 41	17 57 57
	22	20 5 5	22 7 18	23 57 41	1 59 54	3 58 11	6 0 24	8 58 41	10 0 54	12 3 7	14 1 24	16 3 37	18 1 54
	23	20 9 1	22 11 14	0 1 38	2 3 51	4 2 8	6 4 21	8 2 38	10 4 51	12 7 4	14 5 21	16 7 34	18 5 51
	24	20 12 58	22 15 11	0 5 34	2 7 48	4 6 4	6 8 17	8 6 34	10 8 47	12 11 1	14 9 17	16 11 30	18 9 47
	25	20 16 54	22 19 7	0 9 31	2 11 44	4 10 1	6 12 14	8 10 31	10 12 44	12 14 57	14 13 14	16 15 27	18 13 44
	26	20 20 51	22 23 4	0 13 28	2 15 41	4 13 57	6 16 11	8 14 27	10 16 41	12 18 54	14 17 10	16 19 23	18 17 40
	27	20 24 47	22 27 1	0 17 24	2 19 37	4 17 54	6 20 7	8 18 24	10 20 37	12 22 50	14 21 7	16 23 20	18 21 37
	28	20 28 44	22 30 57	0 21 21	2 23 34	4 21 50	6 24 4	8 22 20	10 24 34	12 26 47	14 25 3	16 27 17	18 25 33
	29	20 32 41		0 25 17	2 27 30	4 25 47	6 28 0	8 26 17	10 28 30	12 30 43	14 29 0	16 31 13	18 29 30
	30	20 36 37		0 29 14	2 31 27	4 29 44	6 31 58	8 30 14	10 32 27	12 34 40	14 32 58	16 35 10	18 33 26
	31	20 40 34		0 33 10		4 33 40		8 34 10	10 36 23		14 36 53		18 37 23

		1	2	3	4	5	6	7	8	9	10	11	12
1984	1	18 41 20	20 43 33	22 37 53	0 40 6	2 38 23	4 40 36	6 38 53	8 41 6	10 43 19	12 41 36	14 43 49	16 42 6
	2	18 45 16	20 47 30	22 41 50	0 44 3	2 42 19	4 44 33	6 42 49	8 45 2	10 47 16	12 45 33	14 47 46	16 46 2
	3	18 49 13	20 51 26	22 45 46	0 48 0	2 46 16	4 48 29	6 46 46	8 48 59	10 51 12	12 49 29	14 51 42	16 49 59
	4	18 53 9	20 55 23	22 49 43	0 51 57	2 50 12	4 52 26	6 50 43	8 52 58	10 55 9	12 53 25	14 55 39	16 53 55
	5	18 57 6	20 59 19	22 53 39	0 55 53	2 54 9	4 56 22	6 54 39	8 56 53	10 59 5	12 57 22	14 59 35	16 57 52
	6	19 1 2	21 3 16	22 57 36	0 59 49	2 58 6	5 0 19	6 58 36	9 0 49	11 3 2	13 1 19	15 3 32	17 1 48
	7	19 4 59	21 7 12	23 1 32	1 3 45	3 2 2	5 4 15	7 2 32	9 4 45	11 6 58	13 5 15	15 7 28	17 5 45
	8	19 8 56	21 11 9	23 5 29	1 7 42	3 5 58	5 8 12	7 6 29	9 8 42	11 10 55	13 9 12	15 11 25	17 9 42
	9	19 12 52	21 15 5	23 9 25	1 11 38	3 9 55	5 12 8	7 10 25	9 12 38	11 14 52	13 13 8	15 15 22	17 13 38
	10	19 16 49	21 19 2	23 13 22	1 15 35	3 13 52	5 16 5	7 14 22	9 16 35	11 18 48	13 17 5	15 19 18	17 17 35
	11	19 20 45	21 22 58	23 17 18	1 19 32	3 17 48	5 20 2	7 18 18	9 20 32	11 22 46	13 21 1	15 23 15	17 21 31
	12	19 24 42	21 26 55	23 21 15	1 23 28	3 21 45	5 23 58	7 22 15	9 24 28	11 26 41	13 24 58	15 27 11	17 25 28
	13	19 28 38	21 30 52	23 25 12	1 27 27	3 25 41	5 27 55	7 26 11	9 28 25	11 30 38	13 28 54	15 31 8	17 29 24
	14	19 32 35	21 34 48	23 29 8	1 31 21	3 29 38	5 31 51	7 30 8	9 32 21	11 34 34	13 32 51	15 35 4	17 33 21
	15	19 36 32	21 38 45	23 33 5	1 35 18	3 33 34	5 35 48	7 34 5	9 36 18	11 38 31	13 36 48	15 39 1	17 37 18
	16	19 40 28	21 42 41	23 37 1	1 39 14	3 37 31	5 39 44	7 38 1	9 40 14	11 42 27	13 40 44	15 42 57	17 41 14
	17	19 44 25	21 46 38	23 40 58	1 43 11	3 41 28	5 43 41	7 41 58	9 44 11	11 46 24	13 44 41	15 46 54	17 45 11
	18	19 48 21	21 50 34	23 44 54	1 47 7	3 45 24	5 47 37	7 45 54	9 48 7	11 50 21	13 48 37	15 50 50	17 49 7
	19	19 52 18	21 54 31	23 48 51	1 51 4	3 49 21	5 51 34	7 49 51	9 52 4	11 54 17	13 52 34	15 54 47	17 53 4
	20	19 56 14	21 58 27	23 52 48	1 55 1	3 53 17	5 55 31	7 53 47	9 56 1	11 58 14	13 56 30	15 58 43	17 57 0
	21	20 0 11	22 2 24	23 56 44	1 58 57	3 57 14	5 59 27	7 57 44	9 59 57	12 2 10	14 0 27	16 2 40	18 0 57
	22	20 4 7	22 6 21	0 0 41	2 2 54	4 1 10	6 3 24	8 1 40	10 3 54	12 6 7	14 4 23	16 6 37	18 4 53
	23	20 8 4	22 10 17	0 4 37	2 6 50	4 5 7	6 7 20	8 5 37	10 7 52	12 10 3	14 8 20	16 10 33	18 8 50
	24	20 12 0	22 14 14	0 8 34	2 10 47	4 9 3	6 11 17	8 9 33	10 11 47	12 14 0	14 12 17	16 14 30	18 12 47
	25	20 15 57	22 18 10	0 12 30	2 14 43	4 13 0	6 15 13	8 13 31	10 15 43	12 17 56	14 16 13	16 18 28	18 16 43
	26	20 19 54	22 22 7	0 16 27	2 18 40	4 16 57	6 19 10	8 17 27	10 19 40	12 21 53	14 20 10	16 22 23	18 20 40
	27	20 23 50	22 26 3	0 20 23	2 22 37	4 20 53	6 23 7	8 21 23	10 23 36	12 25 50	14 24 6	16 26 20	18 24 36
	28	20 27 47	22 30 0	0 24 20	2 26 33	4 24 50	6 27 3	8 25 20	10 27 33	12 29 46	14 28 3	16 30 16	18 28 33
	29	20 31 43	22 33 57	0 28 16	2 30 30	4 28 46	6 30 59	8 29 16	10 31 30	12 33 43	14 32 0	16 34 13	18 32 29
	30	20 35 40		0 32 13	2 34 26	4 32 43	6 34 56	8 33 13	10 35 26	12 37 39	14 35 57	16 38 9	18 36 26
	31	20 39 36		0 36 10		4 36 39		8 37 10	10 39 23		14 39 53		18 40 22

3　北緯的宮位

A＝恆星時間
10＝天頂（第十宮）
B＝上升星座

A	10	2°0′ B	4°0′ B	7°0′ B	11°0′ B	14°0′ B	18°0′ B	21°59′ B	25°19′ B	28°40′ B	30°2′ B	31°46′ B	33°20′ B	35°39′ B	37°58′ B	40°43′ B	41°54′ B	45°30′ B	48°50′ B	50°22′ B	51°32′ B	52°57′ B	54°34′ B	56°28′ B	57°29′ B	59°00′ B	59°56′ B
	°	° ′	° ′	° ′	° ′	° ′	° ′	° ′	° ′	° ′	° ′	° ′	° ′	° ′	° ′	° ′	° ′	° ′	° ′	° ′	° ′	° ′	° ′	° ′	° ′	° ′	° ′
0 0 0	0♈	0♋48	1♋36	2♋48	4♋25	5♋40	7♋22	9♋8	10♋40	12♋16	12♋57	13♋50	14♋40	15♋56	17♋15	18♋53	19♋39	22♋3	24♋28	25♋40	26♋36	27♋48	29♋13	0♌59	1♌58	3♌31	4♌31
0 3 40	1	1 38	2 26	3 38	5 16	6 30	8 12	9 57	11 28	13 5	13 45	14 38	15 28	16 42	18 1	19 38	20 24	22 46	25 10	26 21	27 17	28 27	29 51	1 36	2 35	4 6	5 5
0 7 20	2	2 29	3 16	4 29	6 6	7 20	9 1	10 46	12 17	13 53	14 33	15 26	16 15	17 29	18 47	20 23	21 8	23 29	25 52	27 2	27 56	29 7	0♌30	2 13	3 11	4 41	5 39
0 11 0	3	3 19	4 7	5 19	6 56	8 9	9 51	11 35	13 5	14 41	15 21	16 13	17 1	18 15	19 33	21 12	21 53	24 12	26 33	27 42	28 42	29 46	1 8	2 50	3 47	5 16	6 14
0 14 41	4	4 10	4 58	6 9	7 46	8 59	10 40	12 24	13 64	15 29	16 8	17 0	17 48	19 2	20 19	21 55	22 37	24 55	27 15	28 23	29 17	0♌25	1 46	3 27	4 23	5 51	6 48
0 18 21	5	5 0	5 48	6 59	8 36	9 49	11 29	13 13	14 42	16 16	16 56	17 47	18 35	19 48	21 4	22 40	23 22	25 38	27 56	29 3	29 55	1 4	2 24	4 4	4 59	6 26	7 22
0 22 2	6	5 51	6 39	7 50	9 26	10 39	12 19	14 2	15 31	17 4	17 43	18 34	19 22	20 34	21 50	23 24	24 6	26 21	28 37	29 44	0♌34	1 43	3 2	4 40	5 35	7 1	7 56
0 25 42	7	6 41	7 29	8 41	10 16	11 29	13 8	14 51	16 19	17 52	18 31	19 22	20 9	21 20	22 35	24 8	24 50	27 3	29 19	0♌24	1 14	2 22	3 40	5 17	6 11	7 35	8 30
0 29 23	8	7 32	8 20	9 31	11 6	12 19	13 57	15 40	17 7	18 40	19 18	20 9	20 55	22 6	23 20	24 54	25 34	27 46	0♌0	1 5	1 55	3 1	4 18	5 54	6 47	8 10	9 4
0 33 4	9	8 23	9 10	10 21	11 56	13 9	14 47	16 29	17 56	19 28	20 6	20 56	21 42	22 52	24 6	25 37	26 18	28 29	0 41	1 45	2 33	3 40	4 56	6 30	7 23	8 45	9 38
0 36 45	10	9 14	10 1	11 11	12 46	13 58	15 36	17 18	18 44	20 15	20 53	21 42	22 28	23 38	24 51	26 22	27 6	29 11	1 22	2 25	3 14	4 19	5 34	7 7	7 59	9 20	10 12
0 40 26	11	10 5	10 51	12 2	13 37	14 48	16 26	18 7	19 32	21 3	21 40	22 29	23 15	24 24	25 36	27 5	27 46	29 54	2 3	3 5	3 54	4 57	6 12	7 43	8 35	9 54	10 46
0 44 8	12	10 56	11 42	12 53	14 27	15 38	17 15	18 55	20 20	21 50	22 27	23 16	24 1	25 9	26 21	27 50	28 29	0♌36	2 44	3 46	4 33	5 36	6 49	8 20	9 11	10 29	11 20
0 47 50	13	11 47	12 33	13 44	15 18	16 29	18 5	19 44	21 8	22 37	23 15	24 2	24 48	25 55	27 6	28 33	29 13	1 19	3 25	4 26	5 12	6 15	7 27	8 57	9 47	11 4	11 54
0 51 32	14	12 39	13 24	14 35	16 8	17 19	18 54	20 33	21 57	23 25	24 2	24 49	25 34	26 41	27 51	29 18	29 57	2 1	4 5	5 6	5 52	6 54	8 5	9 33	10 22	11 39	12 28
0 55 14	15	13 30	14 16	15 26	16 59	18 9	19 44	21 22	22 45	24 12	24 49	25 36	26 20	27 27	28 36	0♌3	0♌41	2 43	4 46	5 56	6 30	7 32	8 43	10 10	10 58	12 13	13 2
0 58 57	16	14 21	15 7	16 16	17 49	18 59	20 33	22 10	23 33	25 0	25 36	26 23	27 6	28 13	29 22	0 46	1 24	3 26	5 27	6 26	7 9	8 11	9 10	10 46	11 34	12 48	13 36
1 2 40	17	15 13	15 58	17 7	18 39	19 49	21 23	22 59	24 22	25 47	26 24	27 9	27 53	28 59	0♌6	1 31	2 8	4 8	6 8	7 6	7 50	8 50	9 48	11 23	12 10	13 23	14 10
1 6 23	18	16 4	16 50	17 58	19 30	20 40	22 13	23 49	25 10	26 35	27 11	27 56	28 39	29 44	0 52	2 14	2 52	4 50	6 49	7 46	8 30	9 29	10 36	12 0	12 46	13 58	14 45
1 10 7	19	15 56	17 41	18 50	20 21	21 30	23 3	24 38	25 58	27 23	27 58	28 44	29 26	0♌30	1 37	2 58	3 36	5 33	7 30	8 26	9 9	10 7	11 14	12 36	13 22	14 33	15 19
1 13 51	20	17 48	18 33	19 41	21 12	22 20	23 53	25 27	26 47	28 11	28 46	29 31	0♌13	1 6	2 22	3 43	4 20	6 15	8 11	9 6	9 48	10 46	11 52	13 13	13 58	15 8	15 53
1 17 35	21	18 40	19 25	20 33	22 3	23 11	24 43	26 16	27 35	28 59	29 13	0♌18	0 59	2 2	3 7	4 27	5 3	6 57	8 51	9 47	10 28	11 25	12 29	13 49	14 34	15 43	16 27
1 21 20	22	19 32	20 17	21 25	22 54	24 2	25 33	27 5	28 24	29 47	0♌21	1 5	1 46	2 48	3 52	5 12	5 47	7 40	9 32	10 27	11 8	12 4	13 7	14 26	15 10	16 18	17 2
1 25 6	23	20 25	21 9	22 17	23 46	24 53	26 23	27 55	29 13	0♌35	1 8	1 52	2 33	3 34	4 37	5 56	6 31	8 22	10 13	11 7	11 48	12 42	13 45	15 3	15 46	16 53	17 36
1 28 52	24	21 18	22 2	23 9	24 37	25 44	27 13	28 45	0♌2	1 23	1 56	2 39	3 20	4 21	5 23	6 40	7 15	9 5	10 54	11 47	12 28	13 21	14 23	15 40	16 22	17 28	18 11
1 32 38	25	22 11	22 55	24 1	25 29	26 35	28 4	29 34	0 51	2 11	2 44	3 26	4 6	5 7	6 8	7 25	7 59	9 47	11 35	12 28	13 8	14 0	15 1	16 17	16 59	18 3	18 45
1 36 25	26	23 4	23 48	24 53	26 20	27 26	28 54	0♌24	1 40	2 59	3 32	4 14	4 53	5 53	6 54	8 9	8 43	10 30	12 17	13 8	13 48	14 39	15 39	16 54	17 35	18 39	19 20
1 40 12	27	23 57	24 41	25 46	27 13	28 18	29 45	1 14	2 29	3 47	4 20	5 1	5 40	6 39	7 39	8 53	9 27	11 13	12 58	13 48	14 28	15 18	16 18	17 31	18 11	19 14	19 55
1 44 0	28	24 50	25 34	26 39	28 5	29 9	0♌36	2 4	3 18	4 35	5 3	5 49	6 27	7 25	8 25	9 38	10 11	11 56	13 39	14 29	15 8	15 58	16 56	18 8	18 48	19 49	20 29
1 47 48	29	25 44	26 28	27 32	28 57	0♌1	1 27	2 54	4 7	5 23	5 56	6 36	7 14	8 11	9 11	10 24	10 56	12 38	14 20	15 10	15 48	16 37	17 34	18 45	19 24	20 25	21 4
1 51 37	30	26 38	27 21	28 25	29 49	0 53	2 18	3 44	4 57	6 12	6 44	7 24	8 2	8 58	9 56	11 8	11 40	13 21	15 2	15 50	16 28	17 16	18 13	19 22	20 1	21 1	21 39

1 51 37	0♉	26♋38	27♋21	28♋25	29♋49	0♌53	2♌18	3♌44	4♌57	6♌12	6♌44	7♌24	8♌2	8♌58	9♌56	11♌8	11♌40	13♌21	15♌2	15♌50	16♌28	17♌16	18♌13	19♌22	20♌1	21♌1	21♌39
1 55 27	1	27 32	28 15	29 19	0♌43	1 45	3 9	4 35	5 47	7 1	7 32	8 13	8 49	9 45	10 42	11 53	12 25	14 4	15 43	16 31	17 8	17 56	18 51	19 59	20 38	21 36	22 14
1 59 17	2	28 27	29 9	0♌13	1 35	2 37	4 1	5 25	6 36	7 50	8 21	9 1	9 37	10 32	11 28	12 38	13 9	14 47	16 25	17 12	17 48	18 35	19 30	20 37	21 14	22 12	22 49
2 3 8	3	29 22	0♌4	1 7	2 29	3 30	4 53	6 16	7 26	8 40	9 10	9 49	10 25	11 19	12 14	13 22	13 54	15 31	17 6	17 53	18 28	19 15	20 8	21 14	21 51	22 48	23 25
2 6 59	4	0♌17	0 59	2 1	3 22	4 23	5 45	7 7	8 16	9 29	9 58	10 37	11 13	12 6	13 1	14 8	14 39	16 14	17 48	18 34	19 9	19 54	20 47	21 52	22 28	23 24	24 0
2 10 51	5	1 13	1 54	2 55	4 16	5 16	6 37	7 58	9 7	10 18	10 47	11 26	12 0	12 53	13 47	14 53	15 23	16 57	18 30	19 15	19 49	20 34	21 26	22 30	23 6	24 0	24 36
2 14 44	6	2 8	2 49	3 50	5 10	6 9	7 29	8 49	9 57	11 7	11 36	12 14	12 48	13 40	14 33	15 39	16 8	17 41	19 12	19 56	20 29	21 14	22 5	23 8	23 42	24 36	25 11
2 18 37	7	3 4	3 44	4 44	6 4	7 3	8 21	9 41	10 48	11 57	12 25	13 3	13 36	14 27	15 20	16 24	16 54	18 25	19 54	20 37	21 10	21 54	22 44	23 45	24 20	25 13	25 47
2 22 31	8	4 1	4 40	5 39	5 58	7 57	9 14	10 33	11 38	12 47	13 15	13 51	14 25	15 15	16 7	17 10	17 39	19 8	20 36	21 19	21 51	22 34	23 23	24 23	24 57	25 49	26 22
2 26 25	9	4 57	5 37	6 35	7 52	8 50	10 7	11 25	12 29	13 36	14 4	14 40	15 13	16 3	16 54	17 56	18 24	19 52	21 18	22 0	22 32	23 14	24 2	25 2	25 35	26 26	26 58
2 30 20	10	5 54	6 33	7 31	8 47	9 44	11 0	12 17	13 20	14 26	14 54	15 29	16 2	16 51	17 40	18 41	19 10	20 36	22 1	22 42	23 14	23 54	24 42	25 40	26 12	27 2	27 34
2 34 16	11	6 51	7 29	8 27	9 42	10 38	11 53	13 9	14 12	15 17	15 44	16 18	16 50	17 39	18 28	19 27	19 55	21 20	22 43	23 24	23 55	24 35	25 21	26 18	26 50	27 39	28 10
2 38 13	12	7 48	8 26	9 24	10 38	11 33	12 47	14 1	15 3	16 7	16 34	17 8	17 39	18 27	19 15	20 14	20 41	22 4	23 26	24 5	24 36	25 15	26 1	26 57	27 28	28 16	28 47
2 42 10	13	8 46	9 24	10 20	11 34	12 28	13 41	14 54	15 55	16 58	17 24	17 57	18 28	19 15	20 2	21 0	21 27	22 48	24 9	24 47	25 17	25 56	26 40	27 35	28 6	28 53	29 23
2 46 8	14	9 44	10 22	11 17	12 29	13 23	14 35	15 47	16 47	17 49	18 15	18 47	19 17	20 3	20 50	21 47	22 13	23 33	24 52	25 30	25 58	26 37	27 20	28 14	28 44	29 30	29 59
2 50 7	15	10 43	11 20	12 14	13 26	14 19	15 29	16 40	17 39	18 40	19 5	19 37	20 6	20 52	21 37	22 33	22 59	24 17	25 35	26 12	26 40	27 17	28 0	28 53	29 22	0♍7	0♍36
2 54 7	16	11 42	12 19	13 12	14 22	15 14	16 23	17 33	18 31	19 31	19 56	20 28	20 56	21 40	22 25	23 20	23 45	25 2	26 18	26 54	27 22	27 58	28 40	29 32	0♍0	0 45	1 13
2 58 7	17	12 41	13 17	14 10	15 19	16 10	17 18	18 27	19 24	20 22	20 47	21 18	21 46	22 29	23 13	24 7	24 32	25 47	27 1	27 37	28 4	28 40	29 21	0♍11	0 39	1 22	1 50
3 2 8	18	13 40	14 15	15 8	16 16	17 6	18 13	19 20	20 16	21 14	21 38	22 8	22 36	23 19	24 2	24 54	25 18	26 32	27 45	28 19	28 46	29 21	0♍1	0 50	1 18	2 0	2 27
3 6 9	19	14 40	15 14	16 6	17 13	18 2	19 8	20 14	21 9	22 6	22 29	22 59	23 27	24 8	24 50	25 42	26 5	27 17	28 28	29 2	29 29	0♍2	0 41	1 29	1 56	2 37	3 4
3 10 12	20	15 40	16 13	17 5	18 11	18 59	20 4	21 8	22 2	22 58	23 21	23 50	24 17	24 58	25 38	26 29	26 52	28 3	29 12	29 45	0♍12	0 44	1 22	2 9	2 35	3 15	3 41
3 14 15	21	16 41	17 14	18 4	19 8	19 56	21 0	22 3	22 56	23 50	24 13	24 41	25 8	25 47	26 27	27 17	27 39	28 48	29 56	0♍28	0 54	1 25	2 3	2 49	3 14	3 53	4 18
3 18 19	22	17 42	18 15	19 3	20 7	20 54	21 56	22 58	23 49	24 43	25 4	25 32	25 59	26 37	27 16	28 4	28 26	29 33	0♍40	1 11	1 36	2 7	2 44	3 28	3 53	4 31	4 56
3 22 23	23	18 43	19 16	20 3	21 5	21 51	22 52	23 53	24 43	25 35	25 57	26 24	26 49	27 27	28 5	28 52	29 14	0♍19	1 24	1 55	2 20	2 49	3 25	4 8	4 32	5 10	5 34
3 26 29	24	19 44	20 17	21 3	22 4	22 49	23 48	24 48	25 37	26 28	26 49	27 16	27 40	28 17	28 54	29 40	0♍1	1 5	2 8	2 38	3 2	3 31	4 6	4 48	5 12	5 48	6 11
3 30 35	25	20 46	21 18	22 4	23 3	23 47	24 45	25 43	26 31	27 21	27 41	28 8	28 31	29 7	29 44	0♍29	0 49	1 51	2 53	3 22	3 45	4 14	4 47	5 28	5 51	6 27	6 49
3 34 41	26	21 49	22 19	23 4	24 2	24 45	25 42	26 39	27 26	28 14	28 34	29 0	29 23	29 58	0♍34	1 17	1 37	2 37	3 37	4 6	4 28	4 56	5 29	6 9	6 31	7 5	7 27
3 38 49	27	22 51	23 21	24 5	25 2	25 44	26 39	27 35	28 20	29 7	29 27	29 52	0♍14	0♍49	1 24	2 6	2 25	3 24	4 22	4 50	5 11	5 38	6 10	6 49	7 11	7 44	8 5
3 42 57	28	23 54	24 23	25 6	26 1	26 42	27 36	28 31	29 15	0♍1	0♍20	0♍44	1 6	1 39	2 14	2 55	3 13	4 10	5 7	5 34	5 54	6 21	6 52	7 30	7 51	8 23	8 44
3 47 6	29	24 57	25 26	26 8	27 1	27 41	28 34	29 27	0♍10	0 55	1 13	1 37	1 58	2 31	3 4	3 43	4 1	4 57	5 52	6 18	6 38	7 4	7 34	8 10	8 31	9 2	9 22
3 51 15	30	26 0	26 29	27 10	28 3	28 41	29 33	0♍23	1 6	1 49	2 7	2 30	2 50	3 21	3 54	4 32	4 50	5 44	6 37	7 2	7 21	7 47	8 16	8 51	9 11	9 41	10 1

3 51 15	0♊	26♌0	26♌29	27♌10	28♌3	28♌41	29♌33	0♍23	1♍6	1♍49	2♍7	2♍30	2♍50	3♍21	3♍54	4♍32	4♍50	5♍44	6♍37	7♍2	7♍21	7♍47	8♍16	8♍51	9♍11	9♍41	10♍1
3 55 25	1	27 5	27 32	28 12	29 3	29 41	0♍31	1 20	2 1	2 43	3 0	3 23	3 42	4 13	4 44	5 22	5 39	6 30	7 22	7 47	8 5	8 30	8 58	9 32	9 51	10 20	10 39
3 59 36	2	28 10	28 36	29 14	0♍4	0♍41	1 29	2 17	2 57	3 38	3 54	4 16	4 35	5 4	5 35	6 10	6 27	7 17	8 7	8 31	8 49	9 13	9 40	10 13	10 32	11 0	11 18
4 3 48	3	29 15	29 40	0♍17	1 6	1 41	2 28	3 14	3 53	4 32	4 48	5 9	5 28	5 56	6 26	7 0	7 16	8 5	8 53	9 16	9 33	9 56	10 22	10 54	11 12	11 39	11 57
4 8 0	4	0♍20	0♍44	1 20	2 7	2 41	3 27	4 11	4 49	5 27	5 43	6 2	6 21	6 48	7 17	7 49	8 5	8 52	9 39	10 1	10 17	10 39	11 5	11 36	11 53	12 19	12 36
4 12 13	5	1 25	1 49	2 24	3 9	3 42	4 26	5 9	5 45	6 22	6 37	6 56	7 14	7 40	8 8	8 40	8 55	9 40	10 24	10 46	11 2	11 23	11 47	12 17	12 33	12 59	13 15
4 16 26	6	2 31	2 54	3 28	4 11	4 43	5 25	6 7	6 42	7 17	7 32	7 50	8 7	8 33	8 59	9 30	9 44	10 27	11 10	11 31	11 46	12 7	12 30	12 58	13 14	13 39	13 54
4 20 40	7	3 37	3 59	4 32	5 13	5 44	6 25	7 5	7 38	8 13	8 26	8 44	9 0	9 25	9 50	10 19	10 34	11 15	11 56	12 16	12 30	12 50	13 13	13 40	13 55	14 19	14 34
4 24 55	8	4 43	5 5	5 36	6 16	6 46	7 25	8 3	8 35	9 8	9 21	9 39	9 54	10 18	10 42	11 10	11 23	12 3	12 43	13 1	13 15	13 34	13 56	14 22	14 36	14 59	15 13
4 29 10	9	5 50	6 11	6 41	7 20	7 48	8 25	9 2	9 32	10 4	10 16	10 33	10 47	11 10	11 33	12 0	12 13	12 51	13 29	13 47	14 0	14 18	14 39	15 4	15 18	15 39	15 53
4 33 26	10	6 56	7 16	7 45	8 23	8 50	9 25	10 0	10 30	10 59	11 12	11 27	11 41	12 3	12 25	12 51	13 3	13 39	14 15	14 32	14 45	15 2	15 22	15 46	15 59	16 19	16 32
4 37 42	11	8 3	8 22	8 50	9 26	9 52	10 25	10 59	11 27	11 55	12 7	12 22	12 35	12 56	13 17	13 41	13 53	14 28	15 2	15 18	15 30	15 46	16 5	16 28	16 40	17 0	17 12
4 41 59	12	9 11	9 29	9 56	10 29	10 54	11 26	11 58	12 24	12 51	13 3	13 16	13 29	13 49	14 9	14 32	14 43	15 16	15 48	16 4	16 15	16 31	16 48	17 10	17 22	17 40	17 52
4 46 16	13	10 19	10 36	11 1	11 33	11 56	12 27	12 57	13 22	13 48	13 58	14 11	14 23	14 42	15 1	15 23	15 33	16 4	16 35	16 50	17 0	17 15	17 32	17 52	18 3	18 21	18 32
4 50 34	14	11 27	11 43	12 7	12 38	12 59	13 28	13 56	14 20	14 44	14 54	15 6	15 18	15 35	15 53	16 14	16 24	16 53	17 22	17 36	17 45	18 0	18 15	18 34	18 45	19 1	19 12
4 54 52	15	12 36	12 51	13 13	13 41	14 2	14 29	14 56	15 18	15 41	15 50	16 1	16 12	16 28	16 45	17 5	17 14	17 42	18 9	18 22	18 30	18 44	18 59	19 17	19 27	19 42	19 52
4 59 10	16	13 44	13 58	14 19	14 46	15 5	15 30	15 56	16 16	16 37	16 46	16 57	17 7	17 22	17 38	17 56	18 5	18 30	18 56	19 8	19 16	19 29	19 43	19 59	20 9	20 23	20 32
5 3 29	17	14 52	15 6	15 25	15 50	16 8	16 31	16 55	17 15	17 34	17 42	17 53	18 2	18 16	18 30	18 47	18 55	19 19	19 43	19 54	20 3	20 14	20 26	20 42	20 51	21 4	21 12
5 7 49	18	16 1	16 14	16 32	16 55	17 11	17 33	17 55	18 13	18 31	18 39	18 48	18 57	19 10	19 23	19 39	19 46	20 8	20 30	20 40	20 49	20 58	21 10	21 24	21 33	21 45	21 53
5 12 9	19	17 10	17 22	17 39	18 0	18 15	18 35	18 55	19 11	19 28	19 35	19 44	19 52	20 3	20 16	20 30	20 37	20 57	21 17	21 27	21 35	21 43	21 54	22 7	22 15	22 26	22 33
5 16 29	20	18 20	18 30	18 46	19 5	19 19	19 37	19 55	20 10	20 25	20 32	20 40	20 47	20 57	21 9	21 22	21 28	21 46	22 5	22 13	22 20	22 28	22 38	22 50	22 57	23 7	23 13
5 20 49	21	19 30	19 39	19 53	20 10	20 22	20 39	20 55	21 9	21 23	21 28	21 35	21 42	21 52	22 2	22 13	22 19	22 35	22 52	23 0	23 6	23 13	23 22	23 33	23 39	23 48	23 54
5 25 9	22	20 40	20 48	21 0	21 15	21 26	21 41	21 55	22 8	22 20	22 25	22 31	22 37	22 46	22 55	23 5	23 10	23 25	23 39	23 46	23 51	23 58	24 6	24 16	24 21	24 29	24 35
5 29 30	23	21 50	21 57	22 7	22 21	22 30	22 44	22 56	23 6	23 17	23 22	23 27	23 32	23 40	23 48	23 57	24 1	24 14	24 27	24 33	24 37	24 43	24 50	24 59	25 3	25 10	25 15
5 33 51	24	23 0	23 5	23 15	23 26	23 34	23 46	23 56	24 5	24 14	24 18	24 23	24 27	24 34	24 41	24 49	24 52	25 3	25 14	25 20	25 23	25 29	25 34	25 42	25 46	25 52	25 56
5 38 12	25	24 9	24 14	24 22	24 31	24 38	24 48	24 57	25 4	25 12	25 15	25 19	25 22	25 28	25 34	25 40	25 44	25 52	26 2	26 6	26 9	26 14	26 19	26 25	26 28	26 33	26 36
5 42 34	26	25 19	25 23	25 29	25 37	25 42	25 50	25 57	26 3	26 9	26 12	26 16	26 17	26 22	26 27	26 32	26 35	26 42	26 49	26 53	26 55	26 59	27 3	27 8	27 10	27 14	27 17
5 46 55	27	26 29	26 32	26 36	26 43	26 47	26 52	26 58	27 3	27 7	27 9	27 12	27 13	27 16	27 20	27 25	27 26	27 31	27 37	27 40	27 41	27 44	27 47	27 51	27 53	27 56	27 58
5 51 17	28	27 39	27 42	27 44	27 49	27 51	27 55	27 58	28 2	28 5	28 6	28 8	28 9	28 11	28 13	28 16	28 17	28 20	28 25	28 26	28 27	28 29	28 31	28 34	28 35	28 37	28 39
5 55 38	29	28 50	28 51	28 52	28 55	28 56	28 58	28 59	29 1	29 2	29 3	29 4	29 4	29 6	29 7	29 8	29 9	29 10	29 12	29 13	29 13	29 15	29 16	29 17	29 18	29 19	29 19
6 0 0	30	30 0	30 0	30 0	30 0	30 0	30 0	30 0	30 0	30 0	30 0	30 0	30 0	30 0	30 0	30 0	30 0	30 0	30 0	30 0	30 0	30 0	30 0	30 0	30 0	30 0	30 0

A	10	B	B	B	B	B	B	B	B	B	B	B	B	B	B	B	B	B	B	B	B	B	B	B	B	B	B
	°	° ′	° ′	° ′	° ′	° ′	° ′	° ′	° ′	° ′	° ′	° ′	° ′	° ′	° ′	° ′	° ′	° ′	° ′	° ′	° ′	° ′	° ′	° ′	° ′	° ′	° ′
6 0 0	0♋	0♎0	0♎0	0♎0	0♎0	0♎0	0♎0	0♎0	0♎0	0♎0	0♎0	0♎0	0♎0	0♎0	0♎0	0♎0	0♎0	0♎0	0♎0	0♎0	0♎0	0♎0	0♎0	0♎0	0♎0	0♎0	0♎0
6 4 22	1	1 10	1 9	1 8	1 5	1 4	1 2	1 1	0 59	0 58	0 57	0 56	0 56	0 54	0 53	0 52	0 51	0 50	0 48	0 47	0 47	0 45	0 44	0 43	0 42	0 41	0 41
6 8 43	2	2 21	2 18	2 16	2 11	2 9	2 5	2 2	1 58	1 55	1 54	1 52	1 51	1 49	1 47	1 44	1 43	1 40	1 35	1 34	1 33	1 31	1 29	1 26	1 25	1 23	1 21
6 13 5	3	3 31	3 28	3 24	3 17	3 13	3 8	3 2	2 57	2 53	2 51	2 48	2 47	2 44	2 40	2 35	2 34	2 29	2 23	2 20	2 19	2 16	2 13	2 9	2 7	2 4	2 2
6 17 26	4	4 41	4 37	4 31	4 23	4 18	4 10	4 3	3 57	3 51	3 48	3 44	3 43	3 38	3 33	3 28	3 25	3 18	3 11	3 7	3 5	3 1	2 57	2 52	2 50	2 46	2 43
6 21 48	5	5 51	5 46	5 38	5 29	5 22	5 12	5 3	4 56	4 48	4 45	4 41	4 38	4 32	4 26	4 20	4 16	4 8	3 58	3 54	3 51	3 46	3 41	3 35	3 32	3 27	3 24
6 26 9	6	7 0	6 55	6 45	6 34	6 26	6 14	6 4	5 55	5 46	5 42	5 37	5 33	5 26	5 19	5 11	5 8	4 57	4 46	4 10	4 37	4 31	4 26	4 18	4 14	4 8	4 4
6 30 30	7	8 10	8 3	7 53	7 39	7 30	7 16	7 4	6 54	6 43	6 38	6 33	6 28	6 20	6 12	6 3	5 59	5 46	5 33	5 27	5 23	5 17	5 10	5 1	4 57	4 50	4 45
6 34 51	8	9 20	9 12	9 0	8 45	8 34	8 19	8 5	7 52	7 40	7 35	7 29	7 23	7 14	7 5	6 55	6 50	6 35	6 21	6 14	6 9	6 2	5 54	5 44	5 39	5 31	5 26
6 39 11	9	10 30	10 21	10 7	9 50	9 38	9 21	9 5	8 51	8 37	8 32	8 25	8 18	8 8	7 58	7 47	7 41	7 25	7 8	7 0	6 55	6 47	6 38	6 27	6 21	6 12	6 6
6 43 31	10	11 40	11 30	11 14	10 55	10 41	10 23	10 5	9 50	9 35	9 28	9 20	9 13	9 3	8 51	8 38	8 32	8 14	7 55	7 47	7 40	7 32	7 22	7 10	7 3	6 53	6 47
6 47 51	11	12 50	12 38	12 21	12 0	11 45	11 25	11 5	10 49	10 32	10 25	10 16	10 8	9 57	9 44	9 30	9 23	9 3	8 43	8 33	8 26	8 17	8 6	7 53	7 45	7 34	7 27
6 52 11	12	13 59	13 46	13 28	13 5	12 49	12 27	12 5	11 47	11 29	11 21	11 12	11 3	10 50	10 37	10 21	10 14	9 52	9 30	9 20	9 12	9 2	8 50	8 36	8 27	8 15	8 8
6 56 31	13	15 8	14 54	14 35	14 10	13 52	13 29	13 5	12 45	12 26	12 18	12 7	11 58	11 44	11 30	11 13	11 5	10 41	10 17	10 6	9 58	9 46	9 34	9 18	9 9	8 56	8 48
7 0 50	14	16 16	16 2	15 41	15 14	14 55	14 30	14 4	13 44	13 23	13 14	13 3	12 53	12 38	12 22	12 4	11 55	11 30	11 4	10 52	10 43	10 31	10 17	10 1	9 51	9 37	9 28
7 5 8	15	17 24	17 9	16 47	16 19	15 58	15 31	15 4	14 42	14 19	14 10	13 59	13 48	13 32	13 15	12 55	12 46	12 18	11 51	11 38	11 28	11 16	11 1	10 43	10 33	10 18	10 8
7 9 26	16	18 33	18 17	17 53	17 22	17 1	16 32	16 3	15 40	15 16	15 6	14 54	14 42	14 25	14 7	13 46	13 36	13 7	12 38	12 24	12 14	12 0	11 45	11 26	11 15	10 59	10 48
7 13 44	17	19 41	19 24	18 59	18 27	18 4	17 33	17 3	16 38	16 12	16 2	15 49	15 37	15 18	14 59	14 37	14 27	13 56	13 25	13 10	12 59	12 45	12 28	12 8	11 57	11 39	11 28
7 18 1	18	20 49	20 31	20 4	19 31	19 6	18 34	18 2	17 36	17 9	16 57	16 44	16 31	16 11	15 51	15 28	15 17	14 44	14 12	13 56	13 45	13 29	13 12	12 50	12 38	12 20	12 8
7 22 18	19	21 57	21 38	21 10	20 34	20 8	19 35	19 1	18 33	18 5	17 53	17 38	17 25	17 4	16 43	16 19	16 7	15 32	14 58	14 42	14 30	14 14	13 55	13 32	13 20	13 0	12 48
7 26 34	20	23 4	22 44	22 15	21 37	21 10	20 35	20 0	19 30	19 1	18 48	18 33	18 19	17 57	17 35	17 9	16 57	16 21	15 45	15 28	15 15	14 58	14 38	14 14	14 1	13 41	13 28
7 30 50	21	24 10	23 49	23 19	22 40	22 12	21 35	20 58	20 28	19 56	19 44	19 27	19 13	18 50	18 27	18 0	17 47	17 9	16 31	16 13	16 0	15 42	15 21	14 56	14 42	14 21	14 7
7 35 5	22	25 17	24 55	24 24	23 44	23 14	22 35	21 57	21 25	20 52	20 39	20 21	20 6	19 42	19 18	18 50	18 37	17 57	17 17	16 59	16 45	16 26	16 4	15 38	15 24	15 1	14 47
7 39 20	23	26 23	26 1	25 28	24 47	24 16	23 35	22 55	22 22	21 47	21 34	21 16	21 0	20 35	20 10	19 41	19 26	18 45	18 4	17 14	17 30	17 10	16 47	16 20	16 5	15 41	15 27
7 43 34	24	27 29	27 6	26 32	25 49	25 17	24 35	23 53	23 18	22 43	22 28	22 10	21 53	21 27	21 1	20 30	20 16	19 33	18 50	18 29	18 15	17 53	17 30	17 2	16 46	16 21	16 6
7 47 47	25	28 35	28 11	27 36	26 51	26 18	25 34	24 51	24 15	23 38	23 23	23 4	22 46	22 20	21 52	21 20	21 5	20 20	19 36	19 14	18 59	18 37	18 13	17 43	17 57	17 1	16 45
7 52 0	26	29 40	29 16	28 40	27 53	27 19	26 33	25 49	25 11	24 33	24 17	23 58	23 39	23 12	22 43	22 11	21 55	21 8	20 21	19 59	19 43	19 21	18 55	18 24	18 7	17 41	17 24
7 56 12	27	0♏45	0♏20	29 43	28 54	28 19	27 32	26 46	26 7	25 28	25 12	24 51	24 32	24 4	23 34	23 0	22 44	21 55	21 7	20 44	20 27	20 4	19 38	19 6	18 48	18 21	18 3
8 0 24	28	1 50	1 24	0♏46	29 56	29 19	28 31	27 43	27 3	26 22	26 6	25 44	25 25	24 56	24 25	23 50	23 33	22 43	21 53	21 29	21 11	20 47	20 20	19 47	19 28	19 0	18 42
8 4 35	29	2 55	2 28	1 48	0♏57	0♏19	29 29	28 40	27 59	27 17	27 0	26 37	26 18	25 47	25 16	24 38	24 21	23 30	22 38	22 13	21 56	21 30	21 2	20 28	20 9	19 40	19 21
8 0 45	30	4 0	3 31	2 50	1 57	1 19	0♏27	29 37	28 54	28 11	27 53	27 30	27 10	26 39	26 6	25 28	25 10	24 16	23 23	22 58	22 40	22 13	21 44	21 9	20 49	20 19	19 59
8 8 45	0♌	4♏0	3♏31	2♏50	1♏57	1♏19	0♏27	28♎37	28♎54	28♎11	27♎53	27♎30	27♎10	26♎39	26♎6	25♎28	25♎10	24♎16	23♎23	22♎58	22♎40	22♎13	21♎44	21♎9	20♎49	20♎19	19♎59
8 12 54	1	5 3	4 34	3 52	2 59	2 19	1 26	0♏33	29 50	29 5	28 47	28 23	28 2	27 29	26 56	26 17	25 59	25 3	24 8	23 42	23 24	22 56	22 26	21 50	21 29	20 58	20 38
8 17 3	2	6 6	5 37	4 54	3 59	3 18	2 24	1 29	0♏45	29 59	29 40	29 16	28 54	28 21	27 46	27 5	26 47	25 50	24 53	24 26	24 7	23 39	23 8	22 30	22 9	21 37	21 16
8 21 11	3	7 9	6 39	5 55	4 58	4 16	3 21	2 25	1 40	0♏53	0♏33	0♏8	29 46	29 11	28 36	27 54	27 35	26 36	25 38	25 10	24 50	24 22	23 50	23 11	22 49	22 16	21 55
8 25 19	4	8 11	7 41	6 56	5 58	5 15	4 18	3 21	2 34	1 46	1 26	1 0	0♏37	0♏2	29 26	28 43	28 23	27 23	26 23	25 54	25 34	25 4	24 31	23 51	23 29	22 55	22 33
8 29 26	5	9 14	8 42	7 56	6 57	6 13	5 15	4 17	3 39	2 39	2 19	1 52	1 29	0 53	0♏16	29 31	29 11	28 9	27 7	26 38	26 18	25 46	25 13	24 32	24 9	23 33	23 11
8 33 31	6	10 16	9 43	8 57	7 56	7 11	6 12	5 12	4 23	3 32	3 11	2 44	2 20	1 43	1 6	0♏20	29 59	28 55	27 52	27 22	27 1	26 29	25 54	25 12	24 48	24 12	23 49
8 37 37	7	11 17	10 44	9 57	8 55	8 9	7 8	6 7	5 17	4 25	4 3	3 36	3 11	2 33	1 55	1 8	0♏46	29 41	28 36	28 5	27 44	27 11	26 35	25 52	25 28	24 50	24 26
8 41 41	8	12 18	11 45	10 57	9 53	9 6	8 4	7 2	6 11	5 17	4 56	4 28	4 1	3 28	2 44	1 56	1 34	0♏27	29 20	28 49	28 26	27 53	27 16	26 32	26 7	25 29	25 4
8 45 45	9	13 19	12 46	11 56	10 52	10 4	9 0	7 57	7 4	6 10	5 47	5 19	4 52	4 13	3 33	2 43	2 21	1 12	0♏4	29 32	29 8	28 35	27 57	27 11	26 46	26 7	25 42
8 49 48	10	14 20	13 47	12 55	11 49	11 1	9 56	8 51	7 58	7 2	6 39	6 10	5 43	5 2	4 22	3 31	3 8	1 57	0 48	0♏15	29 50	29 16	28 38	27 51	27 25	26 45	26 19
8 53 51	11	15 20	14 46	13 54	12 47	11 58	10 52	9 46	8 51	7 54	7 31	7 1	6 33	5 52	5 10	4 18	3 55	2 43	1 32	0 58	0♏32	29 58	29 19	28 31	28 4	27 23	26 56
8 57 52	12	16 20	15 45	14 52	13 44	12 54	11 47	10 40	9 44	8 46	8 22	7 52	7 24	6 41	5 58	5 6	4 42	3 28	2 15	1 41	1 15	0♏39	29 59	29 10	28 42	28 0	27 33
9 1 53	13	17 19	16 43	15 50	14 41	13 50	12 42	11 33	10 36	9 38	9 13	8 42	8 14	7 31	6 47	5 53	5 28	4 13	2 59	2 23	1 58	1 20	0♏39	29 49	29 21	28 38	28 10
9 5 53	14	18 18	17 41	16 48	15 38	14 46	13 37	12 27	11 29	10 29	10 4	9 32	9 4	8 20	7 35	6 40	6 15	4 58	3 42	3 6	2 39	2 2	1 20	0♏28	0♏0	29 15	28 47
9 9 53	15	19 17	18 40	17 46	16 34	15 41	14 31	13 20	12 21	11 20	10 55	10 23	9 54	9 8	8 23	7 27	7 1	5 43	4 25	3 48	3 21	2 43	2 0	1 7	0 38	29 53	29 24
9 13 52	16	20 16	19 38	18 43	17 31	16 37	15 25	14 13	13 13	12 11	11 45	11 13	10 43	9 57	9 10	8 13	7 47	6 27	5 8	4 30	4 3	3 23	2 40	1 46	1 16	0♏30	0♏1
9 17 50	17	21 14	20 36	19 40	18 26	17 32	16 19	15 6	14 5	13 2	12 36	12 3	11 32	10 45	9 58	9 0	8 33	7 12	5 51	5 13	4 44	4 4	3 20	2 25	1 54	1 7	0 37
9 21 47	18	22 12	21 34	20 36	19 22	18 27	17 13	15 59	14 57	13 53	13 26	12 52	12 21	11 33	10 45	9 46	9 19	7 56	6 34	5 55	5 56	4 45	3 59	3 3	2 32	1 44	1 13
9 25 44	19	23 9	22 31	21 33	20 18	19 22	18 7	16 51	15 48	14 43	14 16	13 42	13 10	12 21	11 32	10 33	10 5	8 40	7 17	6 36	6 7	5 25	4 39	3 42	3 10	2 21	1 50
9 29 40	20	24 6	23 27	22 29	21 13	20 16	19 0	17 43	16 40	15 34	15 6	14 31	13 58	13 9	12 20	11 19	10 50	9 24	7 59	7 18	6 48	6 6	5 18	4 20	3 48	2 58	2 26
9 33 35	21	25 3	24 23	23 25	22 8	21 10	19 53	18 35	17 31	16 24	15 56	15 20	14 47	13 57	13 6	12 4	11 37	10 8	8 42	8 0	7 29	6 46	5 58	4 58	4 25	3 34	3 2
9 37 29	22	25 59	25 20	24 21	23 2	22 3	20 46	19 27	18 22	17 13	16 45	16 9	15 35	14 45	13 53	12 20	12 21	10 52	9 24	8 41	8 9	7 26	6 37	5 37	5 3	4 11	3 38
9 41 23	23	26 56	26 16	25 16	23 56	22 57	21 39	20 19	19 12	18 3	17 35	16 57	16 24	15 33	14 40	13 36	13 6	11 35	10 6	9 23	8 50	8 6	7 16	6 15	5 40	4 47	4 13
9 45 16	24	27 52	27 11	26 10	24 50	23 51	22 31	21 11	20 3	18 53	18 24	17 46	17 12	16 20	15 27	14 21	13 52	12 19	10 48	10 4	9 31	8 46	7 55	6 52	6 18	5 34	4 49
9 49 9	25	28 47	28 6	27 5	25 44	24 44	23 23	22 2	20 53	19 42	19 13	18 34	18 0	17 7	16 13	15 7	14 37	13 3	11 30	10 45	10 11	9 26	8 34	7 30	6 55	6 0	5 24
9 53 1	26	29 43	29 1	27 59	26 38	25 37	24 15	22 53	21 44	20 31	20 2	19 23	18 47	17 54	16 59	15 52	15 21	13 46	12 12	11 26	10 51	10 6	9 13	8 8	7 32	6 36	6 0
9 56 52	27	0 38	29 56	28 53	27 31	26 30	25 7	23 44	22 34	21 20	20 50	20 11	19 35	18 41	17 46	16 38	16 6	14 29	12 54	12 7	11 32	10 45	9 52	8 46	8 9	7 12	6 35
10 0 42	28	1 33	0 51	29 47	28 25	27 23	25 59	24 35	23 24	22 10	12 39	20 59	20 23	19 28	18 32	17 22	16 51	15 13	13 35	12 48	12 12	11 25	10 30	9 23	8 46	7 48	7 11
10 4 33	29	2 28	1 45	0 41	29 17	28 15	26 51	25 25	24 13	22 59	22 28	21 47	21 11	20 15	19 18	18 7	17 35	15 56	14 17	13 29	12 53	12 4	11 9	10 1	9 22	8 24	7 46
10 8 23	30	3 22	2 39	1 35	0 11	29 7	27 42	26 16	25 3	23 48	23 16	22 36	21 58	21 2	20 4	18 52	18 20	16 39	14 58	14 10	13 33	12 44	11 47	10 38	9 59	8 59	8 21

10 8 23	0♍	3♐22	2♐39	1♐35	0♐11	29♐7	27♏42	26♏16	25♏3	23♏48	26♏16	22♏36	21♏58	21♏2	20♏4	18♏52	18♏20	16♏39	14♏58	14♏10	13♏33	12♏44	11♏47	10♏38	9♏59	8♏59	8♏21
10 12 12	1	4 16	3 32	2 28	1 3	29 59	28 33	27 6	25 53	24 37	24 4	23 24	22 46	21 49	20 49	19 36	19 4	17 22	15 40	14 50	14 13	13 23	12 26	11 15	10 36	9 35	8 56
10 16 0	2	5 10	4 26	3 21	1 55	0♐51	29 24	27 56	26 42	25 25	24 52	24 11	23 33	22 35	21 35	20 22	19 49	18 4	16 21	15 31	14 53	14 2	13 4	11 52	11 12	10 11	9 31
10 19 48	3	6 3	5 19	4 14	2 47	1 42	0♐15	28 46	27 31	26 13	25 40	24 59	24 20	23 21	22 21	21 7	20 33	18 47	17 2	16 12	15 33	14 52	13 42	12 29	11 49	10 46	10 5
10 23 35	4	6 56	6 12	5 7	3 40	2 34	1 6	29 36	28 20	27 1	26 28	25 46	25 7	24 7	23 6	21 51	21 17	19 30	17 43	16 52	16 13	15 21	14 21	13 6	12 25	11 21	10 40
10 27 22	5	7 49	7 5	5 59	4 31	3 25	1 56	0♐26	29 9	27 49	27 16	26 34	25 54	24 53	23 52	22 35	22 1	20 13	18 25	17 32	16 52	16 0	14 59	13 43	13 1	11 57	11 15
10 31 8	6	8 42	7 58	6 51	5 23	4 16	2 47	1 15	29 58	28 37	28 4	27 21	26 40	25 39	24 37	23 20	22 45	20 55	19 6	18 13	17 32	16 39	15 37	14 20	13 38	12 32	11 49
10 34 54	7	9 35	8 51	7 43	6 14	5 7	3 37	2 5	0♐47	29 25	28 52	28 8	27 27	26 26	25 23	24 4	23 29	21 38	19 47	18 53	18 12	17 18	16 15	14 57	14 14	13 7	12 24
10 38 40	8	10 28	9 43	8 35	7 6	5 58	4 27	2 55	1 36	0♐13	29 39	28 55	28 14	27 12	26 8	24 48	24 13	22 20	20 28	19 33	18 52	17 56	16 53	15 34	14 50	13 42	12 58
10 42 25	9	11 20	10 35	9 27	7 57	6 49	5 17	3 44	2 25	1 1	0♐27	29 42	29 1	27 58	26 53	25 33	24 57	23 3	21 9	20 13	19 31	18 35	17 31	16 11	15 26	14 17	13 33
10 46 9	10	12 12	11 27	10 19	8 48	7 40	6 7	4 33	3 13	1 49	1 14	0♐29	29 47	28 44	27 38	26 17	25 40	23 45	21 50	20 54	20 11	19 14	18 8	16 47	16 2	14 52	14 7
10 49 53	11	13 4	12 19	11 10	9 39	8 30	6 57	5 22	4 2	2 37	2 2	1 16	0♐34	29 30	28 23	27 2	26 24	24 27	22 30	21 34	20 50	19 53	18 46	17 23	16 38	15 27	14 41
10 53 37	12	13 56	13 10	12 2	10 30	9 20	7 47	6 11	4 50	3 25	2 49	2 4	1 21	0♐16	29 8	27 46	27 8	25 10	23 11	22 14	21 30	20 32	19 24	18 0	17 14	16 2	15 15
10 57 20	13	14 47	14 2	12 53	11 21	10 11	8 37	7 1	5 38	4 13	3 36	2 51	2 7	1 1	29 54	28 29	27 52	25 52	23 52	22 54	22 9	21 10	20 2	18 37	17 50	16 37	15 50
11 1 3	14	15 39	14 53	13 44	12 11	11 1	9 27	7 50	6 27	5 0	4 24	3 37	2 54	1 47	1♐38	29 14	28 36	26 34	24 33	23 34	22 49	21 49	20 40	19 14	18 26	17 12	16 24
11 4 46	15	16 30	15 44	14 34	13 1	11 51	10 16	8 38	7 15	5 48	5 11	4 24	3 40	2 33	1 24	29 57	29 19	27 17	25 14	4 14	23 28	22 28	21 17	19 50	19 2	17 47	16 58
11 8 28	16	17 21	16 36	15 25	13 52	12 41	11 6	9 27	8 3	6 35	5 58	5 11	4 26	3 19	2 9	0♐42	0♐3	27 59	25 55	24 54	24 8	23 6	21 55	20 27	19 38	18 21	17 32
11 12 10	17	18 13	17 27	16 16	14 42	13 31	11 55	10 16	8 52	7 23	6 45	5 58	5 12	4 5	2 54	1 27	0 47	28 41	26 36	25 34	24 47	23 45	22 33	21 3	20 13	18 56	18 6
11 15 52	18	19 4	18 18	17 7	15 33	14 22	12 45	11 5	9 40	8 10	7 23	6 44	5 59	4 51	3 39	2 10	1 31	29 24	27 16	26 14	25 27	24 24	23 11	21 40	20 49	19 31	18 40
11 19 34	19	19 55	19 9	17 58	16 23	15 12	13 34	11 53	10 28	8 57	8 20	7 31	6 45	5 30	4 24	2 55	2 14	0♐6	27 57	26 55	26 6	25 3	23 48	22 17	21 25	20 6	19 14
11 23 15	20	20 46	19 59	18 49	17 14	16 2	14 24	12 42	11 16	9 45	9 7	8 18	7 32	6 22	5 9	3 38	2 58	0 49	28 38	27 35	26 45	25 41	24 26	22 53	22 1	20 40	19 48
11 26 56	21	21 37	20 50	19 39	18 4	16 51	15 13	13 31	12 4	10 32	9 54	9 4	8 18	7 8	5 54	4 23	3 32	1 31	29 19	28 15	27 25	26 20	25 4	23 30	22 37	21 15	20 22
11 30 37	22	22 28	21 40	20 29	18 54	17 41	16 3	14 20	12 53	11 20	10 42	9 51	9 5	7 54	6 40	5 6	4 26	2 14	0♐0	28 55	28 5	26 59	25 42	24 6	23 13	21 50	20 56
11 34 18	23	23 19	22 31	21 19	19 44	18 31	16 52	15 9	13 41	12 8	11 29	10 38	9 51	8 40	7 25	5 52	5 10	2 57	0 41	29 36	28 44	27 38	26 20	24 43	23 49	22 25	21 30
11 37 58	24	24 9	23 21	22 10	20 34	19 21	17 41	15 58	14 29	12 56	12 17	11 26	10 38	9 26	8 10	6 36	5 54	3 39	1 23	0♐16	29 24	28 17	26 58	25 20	24 25	22 59	22 4
11 41 39	25	25 0	24 12	23 1	21 24	20 11	18 31	16 47	15 18	13 44	13 4	12 13	11 25	10 12	8 56	7 20	6 38	4 22	2 4	0 57	0♐3	28 56	27 36	25 56	25 1	23 34	22 38
11 45 19	26	25 50	25 2	23 51	22 14	21 1	19 20	17 36	16 6	14 31	13 52	13 0	12 12	10 58	9 41	8 5	7 23	5 5	2 45	1 37	0 43	29 35	28 14	26 33	25 37	24 9	23 12
11 49 0	27	26 41	25 53	24 41	23 4	21 51	20 9	18 24	16 55	15 19	14 39	13 47	12 59	11 45	10 27	8 48	8 7	5 48	3 27	2 18	1 23	0♐14	28 52	27 10	26 13	24 44	23 46
11 52 40	28	27 31	26 44	25 31	23 54	22 40	20 59	19 14	17 43	16 7	15 27	14 34	13 45	12 31	11 13	9 37	8 52	6 31	4 8	2 58	2 3	0 53	29 30	27 47	26 49	25 19	24 21
11 56 20	29	28 22	27 34	26 22	24 44	23 30	21 48	20 3	18 32	16 55	16 15	15 22	14 32	13 18	11 59	10 22	9 36	7 14	4 50	3 39	2 43	1 33	0♐9	28 24	27 25	25 54	24 55
12 0 0	30	29 12	28 24	27 12	25 35	24 20	22 38	20 52	19 20	17 44	17 3	16 10	15 20	14 4	12 45	11 7	10 21	7 57	5 32	4 20	3 13	2 12	0 47	29 1	28 2	26 29	25 29

12 0 0	0♎	29♐12	28♐24	27♐12	25♐25	24♐20	22♐38	20♐52	19♐20	17♐44	17♐3	16♐10	15♐20	14♐4	12♐45	11♐7	10♐21	7♐57	5♐32	4♐20	3♐23	2♐12	0♐47	29♏1	28♏2	26♏29	25♏29
12 3 40	1	0♑3	29 15	28 2	26 25	25 10	23 27	21 41	20 9	18 32	17 51	16 57	16 7	14 51	13 31	11 52	11 6	8 40	6 13	5 1	4 4	2 52	1 25	29 38	28 38	27 4	26 3
12 7 20	2	0 53	0♑5	28 53	27 15	26 0	24 17	22 31	20 58	19 20	18 39	17 44	16 54	15 38	14 17	12 37	11 51	9 24	6 55	5 43	4 45	3 31	2 4	0♐15	29 14	27 39	26 38
12 11 0	3	1 44	0 56	29 43	28 5	26 50	25 7	23 20	21 47	20 9	19 27	18 32	17 42	16 25	15 3	13 19	12 36	10 8	7 38	6 24	5 26	4 11	2 43	0 53	29 51	28 15	27 12
12 14 41	4	2 34	1 46	0♑34	28 56	27 40	25 57	24 10	22 36	20 57	20 15	19 21	18 30	17 12	15 50	14 7	13 21	10 52	8 20	7 5	6 7	4 51	3 22	1 30	0♐28	28 50	27 47
12 18 21	5	3 25	2 37	1 24	29 46	28 31	26 47	24 59	23 26	21 46	21 4	20 9	19 18	17 59	16 37	14 52	14 7	11 36	9 3	7 47	6 48	5 31	4 1	2 8	1 4	29 25	28 21
12 22 2	6	4 15	3 27	2 15	0♑37	29 21	27 39	25 49	24 15	22 35	21 53	20 57	20 6	18 47	17 24	15 38	14 52	12 20	9 45	8 29	7 29	6 12	4 40	2 46	1 41	0♐1	28 56
12 25 42	7	5 6	4 18	3 5	1 28	0♑12	28 27	26 40	25 5	23 24	22 42	21 46	20 54	19 34	18 11	16 23	15 38	13 5	10 28	9 11	8 10	6 52	5 19	3 24	2 18	0 37	29 31
12 29 23	8	5 57	5 9	3 56	2 19	1 3	29 18	27 29	25 55	24 13	23 31	22 35	21 43	20 22	18 58	17 11	16 24	13 50	11 11	9 53	8 51	7 33	5 59	4 2	2 56	1 13	0♐6
12 33 4	9	6 48	6 0	4 47	3 9	1 53	0♑8	28 20	26 45	25 3	24 20	23 24	22 32	21 10	19 46	17 58	17 11	14 35	11 55	10 36	9 33	8 13	6 39	4 40	3 33	1 49	0 41
12 36 45	10	7 39	6 51	5 38	4 0	2 44	0 58	29 10	27 35	25 52	25 10	24 13	23 21	21 59	20 33	18 45	17 57	15 19	12 38	11 18	10 15	8 55	7 19	5 18	4 11	2 25	1 16
12 40 26	11	8 30	7 43	6 30	4 52	3 35	1 50	0♑1	28 25	26 42	25 59	25 2	24 10	22 48	21 21	19 32	18 44	16 5	13 22	12 1	10 57	9 36	7 59	5 57	4 48	3 1	1 51
12 44 8	12	9 21	8 34	7 21	5 43	4 27	2 42	0 52	29 16	27 33	26 49	25 52	24 59	23 37	22 10	20 20	19 31	16 51	14 6	12 45	11 40	10 17	8 39	6 36	5 26	3 37	2 27
12 47 50	13	10 13	9 26	8 13	6 35	5 19	3 34	1 43	0♑7	28 23	27 40	26 42	25 49	24 26	22 58	21 8	20 19	17 37	14 50	13 28	12 22	10 59	9 19	7 15	6 4	4 14	3 2
12 51 32	14	11 4	10 17	9 4	7 26	6 10	4 25	2 34	0 58	29 14	28 30	27 32	26 39	25 15	23 47	21 57	21 6	18 22	15 35	14 12	13 4	11 41	10 0	7 54	6 42	4 51	3 38
12 55 14	15	11 56	11 9	9 56	8 18	7 2	5 17	3 26	1 49	0♑5	29 21	28 23	27 29	26 4	24 36	22 43	21 54	19 9	16 20	14 56	13 47	12 23	10 41	8 33	7 21	5 28	4 14
12 58 57	16	12 47	12 0	10 48	9 10	7 54	6 9	4 18	2 41	0 56	0♑12	29 14	28 19	26 54	25 25	23 33	22 43	19 56	17 5	15 40	14 30	13 6	11 23	9 13	8 0	6 5	4 50
13 2 40	17	13 39	12 52	11 40	10 2	8 46	7 1	5 10	3 32	1 48	1 3	0♑5	29 10	27 45	26 16	24 22	23 31	20 43	17 50	16 25	15 14	13 49	12 4	9 53	8 39	6 42	5 27
13 6 23	18	14 31	13 44	12 33	10 55	9 39	7 53	6 1	4 24	2 39	1 55	0 56	0♑1	28 35	27 5	25 11	24 20	21 31	18 37	17 10	15 59	14 32	12 46	10 33	9 18	7 20	6 3
13 10 7	19	15 23	14 36	13 25	11 47	10 32	8 46	6 54	5 17	3 32	2 47	1 48	0 52	29 26	27 56	26 1	25 10	22 19	19 23	17 55	16 44	15 16	13 28	11 14	9 57	7 58	6 40
13 13 51	20	16 16	15 29	14 18	12 40	11 25	9 39	7 47	6 10	4 24	3 39	2 39	1 44	0♑18	28 47	26 51	25 59	23 7	20 9	18 41	17 29	15 59	14 11	11 54	10 57	8 36	7 17
13 17 35	21	17 8	16 22	15 10	13 33	12 18	10 32	8 41	7 3	5 17	4 31	3 32	2 36	1 10	29 38	27 40	26 49	23 56	20 56	19 27	18 14	16 44	14 54	12 35	11 17	9 14	7 54
13 21 20	22	18 1	17 15	16 3	14 26	13 11	11 26	9 34	7 56	6 10	5 24	4 24	3 29	2 2	0♑30	28 32	27 40	24 45	21 44	20 13	19 0	17 28	15 37	13 17	11 57	9 53	8 32
13 25 6	23	18 54	18 8	16 57	15 21	14 5	12 20	10 28	8 50	7 3	6 18	5 18	4 22	2 55	1 22	29 23	28 31	25 34	22 31	21 0	19 45	18 13	16 21	13 59	12 38	10 32	9 9
13 28 52	24	19 47	19 1	17 51	16 14	14 59	13 14	11 22	9 44	7 57	7 11	6 11	5 15	3 48	2 14	0♑14	29 22	26 24	23 20	21 47	20 31	18 59	17 5	14 41	13 19	11 11	9 47
13 32 38	25	20 41	19 55	18 45	17 8	15 53	14 8	12 16	10 38	8 51	8 6	7 5	6 9	4 41	3 7	1 7	0♑14	27 15	24 8	22 35	21 18	19 44	17 49	15 23	14 1	11 51	10 26
13 36 25	26	21 34	20 49	19 38	18 2	16 48	15 3	13 11	11 33	9 46	9 0	7 59	7 3	5 35	4 1	2 0	1 6	28 6	24 58	23 23	22 6	20 31	18 34	16 6	14 43	12 31	11 4
13 40 12	27	22 28	21 43	20 33	18 57	17 43	15 58	14 6	12 28	10 41	9 55	8 54	7 58	6 30	4 55	2 52	1 59	28 57	25 47	24 12	22 54	21 18	19 19	16 50	15 25	13 11	11 43
13 44 0	28	23 22	22 37	21 26	19 52	18 38	16 53	15 2	13 24	11 36	10 50	9 49	8 53	7 24	5 49	3 46	2 52	29 49	26 38	25 1	23 42	22 5	20 5	17 34	16 7	13 52	12 23
13 47 48	29	24 16	23 31	22 22	20 47	19 33	17 49	15 58	14 20	12 32	11 46	10 45	9 49	8 10	6 44	4 41	3 46	0♑42	27 28	25 51	24 31	22 53	20 51	18 18	16 50	14 33	13 2
13 51 37	30	25 10	24 26	23 17	21 43	20 29	18 45	16 54	15 16	13 28	12 43	11 41	10 45	9 15	7 39	5 35	4 41	1 35	28 20	26 42	25 20	23 41	21 38	19 3	17 34	15 14	13 42

A	10	B	B	B	B	B	B	B	B	B	B	B	B	B	B	B	B	B	B	B	B	B	B	B	B	B	B
	°	° ′	° ′	° ′	° ′	° ′	° ′	° ′	° ′	° ′	° ′	° ′	° ′	° ′	° ′	° ′	° ′	° ′	° ′	° ′	° ′	° ′	° ′	° ′	° ′	° ′	° ′
13 51 37	0 ♏	25 ♑ 10	24 ♑ 26	23 ♑ 17	21 ♑ 43	20 ♑ 29	18 ♑ 45	16 ♑ 54	15 ♑ 16	13 ♑ 28	12 ♑ 43	11 ♑ 41	10 ♑ 45	9 ♑ 15	7 ♑ 39	5 ♑ 35	4 ♑ 41	1 ♑ 35	28 ♐ 20	26 ♐ 42	25 ♐ 20	23 ♐ 41	21 ♐ 38	19 ♐ 3	17 ♐ 34	15 ♐ 14	13 ♐ 42
13 55 27	1	26 5	25 22	24 13	22 39	21 26	19 42	17 51	16 13	14 25	13 39	12 38	11 41	10 11	8 35	6 30	5 36	2 28	29 12	27 33	26 10	24 30	22 26	19 48	18 18	15 56	14 23
13 59 17	2	27 0	26 17	25 9	23 35	22 23	20 39	18 48	17 10	15 23	14 37	13 35	12 38	11 8	9 32	7 27	6 31	3 23	0 ♑ 4	28 24	27 2	25 19	23 14	20 34	19 2	16 38	15 4
14 3 6	3	27 56	27 13	26 5	24 32	23 20	21 36	19 46	18 8	16 20	15 34	14 33	13 36	12 6	10 29	8 23	7 27	4 18	0 57	29 16	27 53	26 10	24 2	21 20	19 47	17 21	15 45
14 6 59	4	28 52	28 9	27 2	25 29	24 17	22 34	20 44	19 6	17 19	16 33	15 31	14 34	13 4	11 26	9 20	8 24	5 14	1 51	0 ♑ 9	28 45	27 0	24 51	22 7	20 33	18 4	16 27
14 10 51	5	29 48	29 5	27 59	26 27	25 14	23 32	21 43	20 5	18 18	17 32	16 30	15 33	14 2	12 24	10 18	9 22	6 10	2 46	1 3	29 36	27 52	25 41	22 55	21 19	18 48	17 8
14 14 44	6	0 ♒ 45	0 ♒ 2	28 56	27 24	26 12	24 31	22 42	21 4	19 17	18 31	17 30	16 33	15 1	13 23	11 16	10 20	7 7	3 41	1 57	0 ♑ 29	28 44	26 32	23 43	22 6	19 33	17 52
14 18 31	7	1 41	0 59	29 53	28 22	27 11	25 30	23 41	22 4	20 17	19 31	18 30	17 33	16 1	14 23	12 15	11 19	8 4	4 37	2 52	1 23	29 37	27 23	24 32	22 54	20 18	18 35
14 22 31	8	2 38	1 56	0 ♒ 51	29 21	28 10	26 30	24 41	23 4	21 18	20 32	19 30	18 33	17 1	15 23	13 15	12 19	9 3	5 34	3 48	2 18	0 ♑ 31	28 15	25 21	23 42	21 4	19 19
14 26 25	9	3 35	2 54	1 49	0 ♒ 20	29 9	27 30	25 42	24 5	22 19	21 33	20 31	19 34	18 3	16 24	14 16	13 19	10 2	6 32	4 45	3 14	1 25	29 8	26 12	24 30	21 50	20 4
14 30 20	10	4 33	3 52	2 48	1 19	0 ♒ 9	28 30	26 43	25 7	23 21	22 35	21 33	20 36	19 4	17 26	15 17	14 20	11 2	7 30	5 42	4 11	2 20	0 ♑ 1	27 3	25 20	22 37	20 49
14 34 16	11	5 31	4 51	3 47	2 19	1 10	29 31	27 44	26 9	24 23	23 37	22 35	21 39	20 7	18 29	16 19	15 22	12 3	8 30	6 41	5 9	3 17	0 56	27 55	26 11	23 25	21 35
14 38 13	12	6 30	5 50	4 47	3 19	2 11	0 ♒ 33	28 46	27 11	25 26	24 40	23 39	22 42	21 10	19 32	17 23	16 25	13 5	9 30	7 40	6 7	4 14	1 51	28 48	27 2	24 13	22 21
14 42 10	13	7 29	6 49	5 47	4 20	3 12	1 35	29 49	28 15	26 29	25 44	24 43	23 46	22 15	20 36	18 27	17 29	14 8	10 32	8 40	7 6	5 12	2 48	29 41	27 54	25 2	23 9
14 46 8	14	8 28	7 48	6 47	5 21	4 13	2 37	0 ♒ 52	29 18	27 34	26 49	25 47	24 51	23 19	21 41	19 32	18 33	15 12	11 34	9 42	8 6	6 11	3 45	0 ♑ 36	28 48	25 53	23 57
14 50 7	15	9 27	8 48	7 47	6 23	5 15	3 40	1 56	0 ♒ 23	28 39	27 54	26 53	25 57	24 25	22 47	20 37	19 39	16 17	12 37	10 44	9 8	7 11	4 43	1 32	29 41	26 44	24 46
14 54 7	16	10 27	9 49	8 48	7 25	6 18	4 44	3 1	1 28	29 45	29 0	27 59	27 3	25 32	23 53	21 44	20 45	17 22	13 42	11 48	10 11	8 13	5 43	2 29	0 ♑ 36	27 36	25 36
14 58 7	17	11 27	10 50	9 50	8 27	7 22	5 48	4 6	2 34	0 ♒ 51	0 ♒ 6	29 6	28 10	26 39	25 1	22 51	21 53	18 29	14 47	12 52	11 15	9 15	6 44	3 27	1 32	28 29	26 27
14 2 8	18	12 27	11 50	10 51	9 30	8 25	6 52	5 11	4 0	1 58	1 14	0 ♒ 14	29 18	27 48	26 9	23 59	23 1	19 37	15 54	13 58	12 20	10 19	7 46	4 24	2 30	29 23	27 18
15 6 9	19	13 28	12 51	11 53	10 33	9 29	7 57	6 17	4 47	3 6	2 22	1 22	0 ♒ 27	28 58	27 18	25 9	24 11	20 46	17 2	15 5	13 27	11 24	8 49	5 26	3 28	0 ♑ 18	28 11
15 10 12	20	14 29	13 53	12 56	11 37	10 34	9 3	7 24	5 55	4 14	3 30	2 31	1 36	0 ♒ 7	28 29	26 19	25 21	21 56	18 11	16 14	14 35	12 30	9 53	6 28	4 28	1 15	29 5
15 14 15	21	15 31	14 55	13 59	12 40	11 39	10 10	8 32	7 3	5 23	4 40	3 42	2 46	1 18	29 41	27 31	26 33	23 8	19 22	17 24	15 43	13 38	10 59	7 31	5 29	2 12	0 ♑ 0
15 18 19	22	16 33	15 58	15 3	13 46	12 45	11 17	9 40	8 12	6 33	5 51	4 53	3 57	2 30	0 ♒ 53	28 43	27 46	24 21	20 34	18 35	16 52	14 47	12 7	8 36	6 32	3 11	0 57
15 22 23	23	17 36	17 1	16 7	14 51	13 51	12 24	10 49	9 22	7 44	7 2	6 4	5 9	3 43	2 6	29 57	29 0	25 34	21 47	19 48	18 3	15 58	13 16	9 42	7 36	4 12	1 55
15 26 29	24	18 37	18 5	17 12	15 57	14 58	13 32	11 59	10 32	8 56	8 14	7 17	6 23	4 57	3 21	1 ♒ 14	0 ♒ 15	26 50	23 2	21 2	19 16	17 11	14 27	10 49	8 42	5 14	2 54
15 30 35	25	19 42	19 9	18 17	17 4	16 5	14 41	13 9	11 44	10 8	9 27	8 31	7 37	6 11	4 36	2 28	1 31	28 7	24 19	22 18	20 32	18 25	15 39	11 59	9 49	6 18	3 55
15 34 41	26	20 45	20 13	19 22	18 10	17 12	15 49	14 19	12 55	11 22	10 40	9 45	8 52	7 27	5 53	3 46	2 49	29 25	25 37	23 35	21 48	19 41	16 53	13 10	10 58	7 23	4 58
15 38 49	27	21 49	21 17	20 27	19 17	18 21	16 59	15 30	14 8	12 36	11 55	11 0	10 8	8 44	7 11	5 5	4 8	0 ♒ 45	26 56	24 54	23 8	20 59	18 9	14 24	12 10	8 31	6 2
15 42 57	28	22 54	22 22	21 33	20 25	19 29	18 10	16 42	15 21	13 50	13 10	12 16	11 25	10 1	8 29	6 25	5 28	2 6	28 18	26 15	24 29	22 19	19 28	15 39	13 23	9 40	7 8
15 47 6	29	23 59	23 28	22 40	21 32	20 38	19 21	17 55	16 36	15 6	14 27	13 33	12 43	11 20	9 49	7 46	6 50	3 28	29 41	27 39	25 51	23 40	20 48	16 57	14 39	10 52	8 17
15 51 15	30	25 4	24 34	23 48	22 42	21 49	20 33	19 8	17 50	16 22	15 44	14 51	14 1	12 40	11 10	9 8	8 13	4 53	1 ♒ 6	29 4	27 15	25 4	22 11	18 17	15 57	12 6	9 28

A	10	B	B	B	B	B	B	B	B	B	B	B	B	B	B	B	B	B	B	B	B	B	B	B	B	B	B
15 51 15	0 ♐	25 ♒ 4	24 ♒ 34	23 ♒ 48	22 ♒ 42	21 ♒ 49	20 ♒ 33	19 ♒ 8	17 ♒ 50	16 ♒ 22	15 ♒ 44	14 ♒ 51	14 ♒ 1	12 ♒ 40	11 ♒ 10	9 ♒ 8	8 ♒ 13	4 ♒ 53	1 ♒ 6	29 ♑ 4	27 ♑ 15	25 ♑ 4	22 ♑ 11	18 ♑ 7	15 ♑ 57	12 ♑ 6	9 ♑ 28
15 55 25	1	26 10	25 41	24 55	23 50	22 59	21 45	20 22	19 6	17 40	17 2	16 10	15 21	14 1	12 32	10 31	9 37	6 19	2 33	0 ♒ 31	28 42	26 31	23 36	19 39	17 17	13 22	10 41
15 59 36	2	27 16	26 48	26 3	25 0	24 10	22 58	21 36	20 22	18 58	18 20	17 30	16 42	15 23	13 56	11 56	11 3	7 47	4 1	2 0	0 ♒ 11	27 59	25 3	21 4	18 40	14 41	11 56
16 3 48	3	28 22	27 55	27 11	26 11	25 22	24 11	22 51	21 39	20 17	19 40	18 51	18 4	16 46	15 20	13 23	12 30	9 16	5 32	3 31	1 42	29 30	26 34	22 32	20 6	16 3	13 15
16 8 0	4	29 28	29 2	28 20	27 21	26 33	25 25	24 7	22 57	21 36	21 1	20 13	19 26	18 10	16 46	14 50	13 59	10 47	7 5	5 4	3 16	1 ♒ 4	28 7	24 3	21 36	17 28	14 36
16 12 13	5	0 ♓ 35	0 ♓ 9	29 29	28 32	27 45	26 39	25 24	24 15	22 56	22 22	21 35	20 49	19 36	18 13	16 9	15 29	12 20	8 40	6 40	4 53	2 40	29 42	25 37	23 8	18 56	16 1
16 16 26	6	1 43	1 18	0 ♓ 39	29 44	28 59	27 54	26 41	25 35	24 18	23 44	22 58	22 14	21 2	19 41	17 50	17 0	13 54	10 17	8 18	6 32	4 19	1 ♒ 21	27 15	24 44	20 28	17 30
16 20 40	7	2 51	2 27	1 49	0 ♓ 55	0 ♓ 12	29 9	27 59	26 55	25 40	25 7	24 23	23 39	22 29	21 11	19 22	18 33	15 31	11 57	9 59	8 13	6 1	3 4	28 56	26 23	22 5	19 2
16 24 55	8	3 59	3 36	3 0	2 8	1 26	0 ♓ 26	29 18	28 15	27 3	26 31	25 48	25 6	23 58	22 41	20 56	20 8	17 9	13 39	11 42	9 57	7 47	4 49	0 ♒ 41	28 7	23 45	20 39
16 29 10	9	5 8	4 45	4 10	3 21	2 41	1 43	0 ♓ 37	29 36	28 27	27 56	27 14	26 33	25 28	24 13	22 30	21 43	18 49	15 23	13 28	11 44	9 35	6 38	2 29	29 55	25 29	22 20
16 33 26	10	6 17	5 55	5 21	4 34	3 56	3 0	1 57	0 ♓ 58	29 51	29 22	28 41	28 2	26 58	25 46	24 7	23 21	20 31	17 9	15 16	13 34	11 26	8 31	4 22	1 ♒ 47	27 19	24 7
16 37 42	11	7 26	7 5	6 33	5 48	5 11	4 17	3 17	2 20	1 ♓ 17	0 ♓ 48	0 ♓ 9	29 32	28 30	27 21	25 44	25 0	22 14	18 58	17 7	15 26	13 21	10 27	6 20	3 44	29 14	25 58
16 41 59	12	8 35	8 15	7 45	7 2	6 26	5 35	4 38	3 44	2 43	2 15	1 38	1 ♓ 2	0 ♓ 3	28 56	27 23	26 40	24 0	20 49	19 1	17 20	15 19	12 28	8 22	5 46	1 ♒ 14	27 56
16 46 16	13	9 44	9 26	8 57	8 16	7 42	6 54	5 59	5 8	4 9	3 43	3 8	2 33	1 36	0 ♓ 33	29 4	28 22	25 48	22 43	20 58	19 18	17 20	14 32	10 29	7 54	3 21	0 ♒ 1
16 50 34	14	10 54	10 37	10 9	9 31	8 59	8 13	7 21	6 32	5 37	5 12	4 38	4 5	3 11	2 10	0 ♓ 45	0 ♓ 5	27 37	24 38	22 57	21 22	19 26	16 41	12 41	10 7	5 34	2 13
16 54 52	15	12 4	11 48	11 22	10 45	10 16	9 32	8 43	7 57	7 4	6 41	6 9	5 38	4 46	3 49	2 27	1 50	29 28	26 37	24 59	23 29	21 34	18 54	14 58	12 26	7 54	4 32
16 59 10	16	13 14	13 0	12 35	2 1	11 33	10 52	10 6	9 23	8 33	8 11	7 40	7 12	6 23	5 28	4 11	3 36	1 ♓ 21	28 38	27 4	25 36	23 47	21 11	17 22	14 52	10 22	7 0
17 3 29	17	14 25	14 11	13 48	13 16	12 50	12 12	11 29	10 49	10 2	9 42	9 13	8 46	8 0	7 9	5 56	5 23	3 16	0 ♓ 41	29 11	27 46	26 3	23 33	19 50	17 24	12 58	9 37
17 7 49	18	15 36	15 23	15 2	14 32	14 8	13 22	12 53	12 16	11 32	11 13	10 46	10 21	9 39	8 51	7 43	7 11	5 12	2 46	1 ♓ 21	0 ♓ 0	28 22	25 59	22 25	20 3	15 43	12 23
17 12 9	19	16 47	16 35	16 16	15 49	15 26	14 53	14 17	13 43	13 2	12 45	12 20	11 57	11 37	10 33	9 30	9 1	7 10	4 53	3 34	2 19	0 ♓ 45	28 30	25 5	22 48	18 36	15 21
17 16 29	20	17 59	17 48	17 30	17 5	16 45	16 15	15 42	15 10	14 34	14 17	13 54	13 33	12 57	12 16	11 18	10 52	9 10	7 3	5 49	4 40	3 12	1 ♓ 5	27 52	25 42	21 39	18 29
17 20 49	21	19 11	19 1	18 44	18 22	18 3	17 37	17 6	16 38	16 5	15 50	15 30	15 10	14 37	14 0	13 8	12 43	11 10	9 14	8 7	7 2	5 42	3 44	0 ♓ 44	28 42	24 52	21 49
17 25 9	22	20 23	20 14	19 58	19 39	19 22	18 59	18 32	18 6	17 36	17 23	17 5	16 47	16 19	15 44	14 57	14 36	13 13	11 28	10 27	9 26	8 15	6 27	3 42	1 ♓ 49	28 14	25 21
17 29 30	23	21 35	21 27	21 14	20 57	20 42	20 21	19 57	19 35	19 9	18 57	18 41	18 25	18 0	17 30	16 48	16 29	15 16	13 43	12 49	11 54	10 51	9 14	6 45	5 3	1 ♓ 46	29 6
17 33 51	24	22 46	22 40	22 29	22 14	22 2	21 43	21 23	21 3	20 41	20 31	20 18	20 4	19 42	19 16	18 41	18 24	17 20	16 0	15 13	14 24	13 30	12 5	9 54	8 23	5 27	3 ♓ 2
17 38 12	25	23 58	23 53	23 44	23 31	23 21	23 6	22 49	22 32	22 14	22 5	21 54	21 43	21 24	21 2	20 33	20 19	19 25	18 17	17 38	17 0	16 11	14 59	13 7	11 49	9 17	7 10
17 42 34	26	25 11	25 6	24 59	24 48	24 40	24 28	24 15	24 2	23 47	23 40	23 31	23 22	23 6	22 49	22 25	22 14	21 31	20 37	20 4	19 33	18 54	17 56	16 24	15 20	13 15	11 30
17 46 55	27	26 23	26 20	26 14	26 7	26 1	25 51	25 41	25 31	25 20	25 15	25 8	25 1	24 50	24 37	24 19	24 10	23 38	22 57	22 32	22 6	21 39	20 55	19 45	18 56	17 20	15 58
17 51 17	28	27 35	27 33	27 29	27 24	27 20	27 14	27 7	27 1	26 53	26 50	26 45	26 40	26 33	26 24	26 12	26 7	25 45	25 17	25 1	24 40	24 25	23 56	23 9	22 35	21 30	20 34
17 55 38	29	28 48	28 46	28 45	28 43	28 41	28 37	28 33	28 30	28 26	28 25	28 22	28 20	28 17	28 12	28 7	28 3	27 53	27 39	27 30	27 20	27 12	26 58	26 34	26 17	25 44	25 16
18 0 0	30	30 0	30 0	30 0	30 0	30 0	30 0	30 0	30 0	30 0	30 0	30 0	30 0	30 0	30 0	30 0	30 0	30 0	30 0	30 0	30 0	30 0	30 0	30 0	30 0	30 0	30 0

18 0 0	0 ♑	0 ♈ 0	0 ♈ 0	0 ♈ 0	0 ♈ 0	0 ♈ 0	0 ♈ 0	0 ♈ 0	0 ♈ 0	0 ♈ 0	0 ♈ 0	0 ♈ 0	0 ♈ 0	0 ♈ 0	0 ♈ 0	0 ♈ 0	0 ♈ 0	0 ♈ 0	0 ♈ 0	0 ♈ 0	0 ♈ 0	0 ♈ 0	0 ♈ 0	0 ♈ 0	0 ♈ 0	0 ♈ 0	0 ♈ 0
18 4 22	1	1 12	1 14	1 15	1 17	1 19	1 23	1 27	1 30	1 34	1 35	1 38	1 40	1 43	1 48	1 53	1 57	2 7	2 21	2 30	2 39	2 48	3 2	3 36	3 43	4 16	4 44
18 8 43	2	2 25	2 27	2 31	2 36	2 40	2 46	2 53	2 59	3 7	3 10	3 15	3 20	3 27	3 36	3 48	3 53	4 15	4 43	4 59	5 19	5 35	6 4	6 51	7 25	8 30	9 26
18 13 5	3	3 37	3 40	3 46	3 53	3 59	4 9	4 19	4 29	4 40	4 45	4 52	4 59	5 10	5 23	5 41	5 50	6 22	7 3	7 28	7 55	8 21	9 5	10 15	11 4	12 40	14 2
18 17 26	4	4 49	4 54	5 1	5 12	5 20	5 32	5 45	5 58	6 13	6 20	6 29	6 38	6 54	7 11	7 35	7 46	8 29	9 23	9 56	10 29	11 6	12 4	13 36	14 40	16 45	18 30
18 21 48	5	6 2	6 7	6 16	6 29	6 39	6 54	7 11	7 28	7 46	7 55	8 6	8 17	8 36	8 58	9 27	9 41	10 35	11 43	12 22	13 2	13 49	15 1	16 53	18 11	20 43	22 50
18 26 9	6	7 14	7 20	7 31	7 46	7 56	8 17	8 37	8 57	9 19	9 29	9 42	9 56	10 18	10 44	11 19	11 36	12 40	14 0	14 47	15 36	16 30	17 55	20 6	21 37	24 33	26 58
18 30 30	7	8 25	8 33	8 46	9 3	9 18	9 39	10 3	10 25	10 51	11 3	11 19	11 35	12 0	12 30	13 12	13 31	14 44	16 17	17 11	18 6	19 9	20 46	23 15	24 57	28 14	0 ♉ 54
18 34 51	8	9 37	9 46	10 1	10 21	10 38	11 1	11 28	11 54	12 24	12 37	12 55	13 13	13 41	14 16	15 3	15 24	16 47	18 32	19 33	20 34	21 45	23 33	26 18	28 11	1 ♉ 46	4 39
18 39 11	9	10 49	10 59	11 16	11 38	11 57	12 23	12 54	13 22	13 55	14 10	14 30	14 50	15 23	16 0	16 52	17 17	18 50	20 46	21 53	22 59	24 18	26 16	29 16	1 ♉ 18	5 8	8 11
18 43 31	10	12 1	12 12	12 30	12 55	13 15	13 45	14 18	14 50	15 46	15 43	16 6	16 27	17 3	17 44	18 42	19 8	20 50	22 57	24 11	25 22	26 48	28 55	2 ♉ 8	4 18	8 21	11 31
18 47 51	11	13 13	13 25	13 44	14 11	14 34	15 7	15 43	16 17	16 58	17 15	17 40	18 3	18 43	19 27	20 30	20 59	22 50	25 7	26 26	27 42	29 15	1 ♉ 30	4 55	7 12	11 24	14 39
18 52 11	12	14 24	14 37	14 58	15 28	15 52	16 28	17 7	17 44	18 28	18 47	18 14	19 39	20 21	21 9	22 17	22 49	24 48	27 14	28 39	29 58	1 ♉ 38	4 1	7 35	9 57	14 17	17 37
18 56 31	13	15 35	15 49	16 12	16 44	17 10	17 48	18 31	19 11	19 58	20 18	20 47	21 14	22 0	22 51	24 4	24 37	26 44	29 19	0 ♉ 19	2 ♉ 13	3 57	6 27	10 10	12 36	17 2	20 23
19 0 50	14	16 46	17 0	17 25	17 59	18 27	19 8	19 54	20 37	21 27	21 49	22 20	22 48	23 37	24 32	25 49	26 24	28 39	1 ♉ 22	2 56	4 24	6 13	8 49	12 38	15 8	19 38	23 0
19 5 8	15	17 56	18 12	18 38	19 15	19 44	20 28	21 17	22 3	22 56	23 19	23 51	24 22	25 14	26 11	27 33	28 10	0 ♉ 32	3 23	5 1	6 30	8 26	11 6	15 2	17 34	22 6	25 28
19 9 26	16	19 6	19 23	19 51	20 29	21 1	21 47	22 39	23 28	24 23	24 48	25 22	25 55	26 49	27 50	29 15	29 55	2 23	5 22	7 3	8 36	10 34	13 19	17 19	19 53	24 26	27 48
19 13 44	17	20 16	20 34	21 3	21 44	22 18	23 6	24 1	24 52	25 51	26 17	26 52	27 27	28 24	29 27	0 ♉ 56	1 ♉ 38	4 12	7 17	9 2	10 40	12 40	15 28	19 31	22 6	26 39	29 59
19 18 1	18	21 25	21 45	22 15	22 58	23 34	24 25	25 22	26 16	27 17	27 45	28 22	28 58	29 57	1 ♉ 4	2 37	3 20	6 0	9 11	10 59	12 39	14 41	17 32	21 38	24 14	28 46	2 ♊ 4
19 22 18	19	22 34	22 55	23 27	24 12	24 49	25 43	26 43	27 39	28 43	29 12	29 51	0 ♉ 28	1 ♉ 30	2 39	4 16	5 0	7 46	11 2	12 53	14 35	16 39	19 33	23 40	26 16	0 ♊ 46	4 2
19 26 34	20	23 43	24 5	24 39	25 26	26 4	27 0	28 3	29 2	0 ♉ 9	0 ♉ 38	1 ♉ 19	1 58	3 2	4 14	5 53	6 39	9 29	12 51	14 44	16 28	18 34	21 29	25 38	28 13	2 41	5 53
19 30 50	21	24 52	25 15	25 50	26 39	27 19	28 17	29 23	0 ♉ 24	1 33	2 4	2 46	3 27	4 32	5 47	7 30	8 17	11 11	14 37	16 32	18 17	20 25	23 22	27 31	0 ♊ 5	4 31	7 40
19 35 5	22	26 1	26 24	27 0	27 52	28 34	29 34	0 ♉ 42	1 45	2 57	3 29	4 12	4 54	6 2	7 19	9 4	9 52	12 51	16 21	18 18	20 3	22 13	25 11	29 19	1 53	6 15	9 21
19 39 20	23	27 9	27 33	28 11	29 5	29 48	0 ♉ 51	2 1	3 5	4 20	4 53	5 37	6 21	7 31	8 49	10 38	11 27	14 29	18 3	20 1	21 48	23 59	26 56	1 ♊ 4	3 37	7 55	10 58
19 43 34	24	28 17	28 42	29 21	0 ♉ 16	1 ♉ 1	2 6	3 19	4 25	5 42	6 16	7 2	7 46	8 58	10 19	12 10	13 0	16 6	19 43	21 42	23 29	25 41	28 39	3 45	5 16	9 32	12 30
19 47 47	25	29 25	29 51	0 ♉ 31	1 28	2 15	3 21	4 36	5 45	7 4	7 38	8 25	9 11	10 24	11 47	13 41	14 31	17 40	21 20	23 20	25 9	27 20	0 ♊ 18	4 23	6 52	11 4	13 59
19 52 0	26	0 ♉ 32	0 ♉ 58	1 40	2 39	3 27	4 35	5 53	7 3	8 24	8 59	9 47	10 34	11 50	13 14	15 10	16 1	19 13	22 55	24 56	26 45	28 56	1 53	5 57	8 24	12 32	15 24
19 56 12	27	1 38	2 5	2 49	3 49	4 38	5 49	7 9	8 21	9 43	10 20	11 9	11 56	13 14	14 40	16 37	17 30	20 44	24 28	26 29	28 18	0 ♊ 30	3 26	7 28	9 54	13 57	16 45
20 0 24	28	2 44	3 12	3 57	5 0	5 50	7 2	8 24	9 33	11 2	11 40	12 30	13 18	14 37	16 4	18 4	18 57	22 13	25 59	28 0	29 49	2 1	4 57	8 56	11 20	15 19	18 4
20 4 35	29	3 50	4 19	5 5	6 10	7 1	8 15	9 38	10 54	12 20	12 58	13 50	14 39	15 59	17 28	19 29	20 23	23 41	27 27	29 29	1 ♊ 19	3 29	6 24	10 21	12 43	16 38	19 19
20 8 45	30	4 56	5 26	6 12	7 18	8 11	9 27	10 52	12 10	13 38	14 16	15 9	15 59	17 20	18 50	20 52	12 47	25 7	28 54	0 ♊ 56	2 45	4 56	7 49	11 43	14 3	17 54	20 32

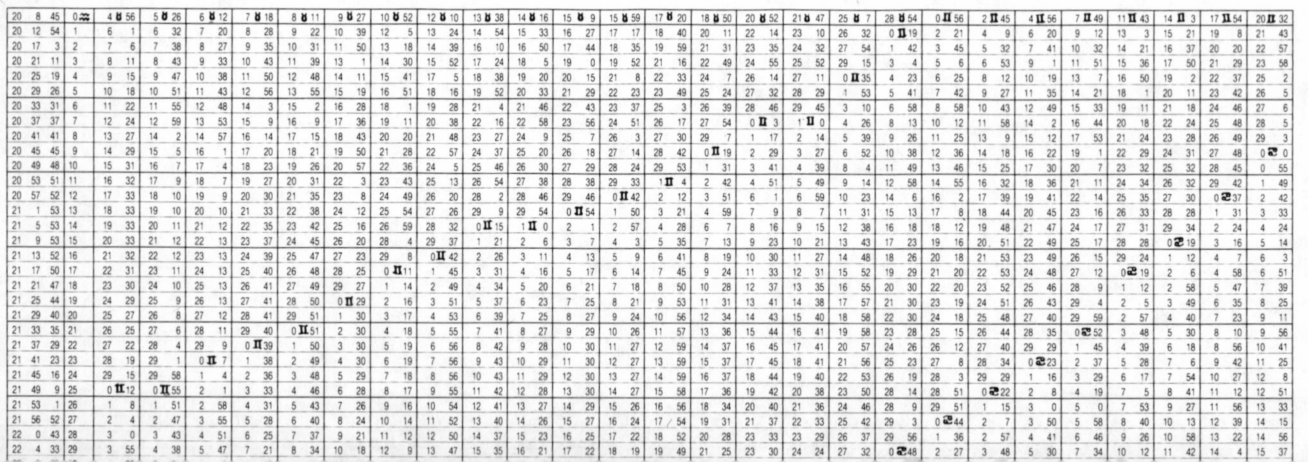

20 8 45	0 ♒	4 ♉ 56	5 ♉ 26	6 ♉ 12	7 ♉ 18	8 ♉ 11	9 ♉ 27	10 ♉ 52	12 ♉ 10	13 ♉ 38	14 ♉ 16	15 ♉ 9	15 ♉ 59	17 ♉ 20	18 ♉ 50	20 ♉ 52	21 ♉ 47	25 ♉ 7	28 ♉ 54	0 ♊ 56	2 ♊ 45	4 ♊ 56	7 ♊ 49	11 ♊ 43	14 ♊ 3	17 ♊ 54	20 ♊ 32
20 12 54	1	6 1	6 32	7 20	8 28	9 22	10 39	12 5	13 24	14 54	15 33	16 27	17 17	18 40	20 11	22 14	23 10	26 32	0 ♊ 19	2 21	4 9	6 20	9 12	13 3	15 21	19 8	21 43
20 17 3	2	7 6	7 38	8 27	9 35	10 31	11 50	13 18	14 39	16 10	16 50	17 44	18 35	19 59	21 31	23 35	24 32	27 54	1 42	3 45	5 32	7 41	10 32	14 21	16 37	20 20	22 57
20 21 11	3	8 11	8 43	9 33	10 43	11 39	13 1	14 30	15 52	17 24	18 5	19 0	19 52	21 16	22 49	24 55	25 52	29 15	3 4	5 6	6 53	9 1	11 51	15 36	17 50	21 29	23 58
20 25 19	4	9 15	9 47	10 38	11 50	12 48	14 11	15 41	17 5	18 38	19 20	20 15	21 8	22 33	24 7	26 14	27 11	0 ♊ 35	4 23	6 25	8 12	10 19	13 7	16 50	19 2	22 37	25 2
20 29 26	5	10 18	10 51	11 43	12 56	13 55	15 19	16 51	18 16	19 52	20 33	21 29	22 23	23 49	25 24	27 32	28 29	1 53	5 41	7 42	9 27	11 35	14 21	18 1	20 11	23 42	26 5
20 33 31	6	11 22	11 55	12 48	14 3	15 2	16 28	18 1	19 28	21 4	21 46	22 43	23 37	25 3	26 39	28 46	29 45	3 10	6 58	8 58	10 43	12 49	15 33	19 11	21 18	24 46	27 6
20 37 37	7	12 24	12 59	13 53	15 9	16 9	17 36	19 11	20 38	22 16	22 58	23 56	24 51	26 17	27 54	0 ♊ 3	1 ♊ 0	4 26	8 13	10 12	11 58	14 2	16 44	20 18	22 24	25 48	28 5
20 41 41	8	13 27	14 2	14 57	16 14	17 15	18 43	20 20	21 48	23 27	24 9	25 7	26 3	27 30	29 7	1 17	2 14	5 39	9 26	11 25	13 9	15 12	17 53	21 24	23 28	26 49	29 3
20 45 45	9	14 29	15 5	16 1	17 20	18 21	19 50	21 28	22 57	24 37	25 20	26 18	27 14	28 42	0 ♊ 19	2 29	3 27	6 52	10 38	12 36	14 18	16 22	19 1	22 29	24 31	27 48	0 ♋ 0
20 49 48	10	15 31	16 7	17 4	18 23	19 26	20 57	22 36	24 5	25 46	26 30	27 29	28 24	29 53	1 31	3 41	4 39	8 4	11 49	13 46	15 25	17 30	20 7	23 32	25 32	28 45	0 55
20 53 51	11	16 32	17 9	18 7	19 27	20 31	22 3	23 43	25 13	26 54	27 38	28 38	29 33	1 ♊ 4	2 42	4 51	5 49	9 14	12 58	14 55	16 32	18 36	21 11	24 34	26 32	29 42	1 49
20 57 52	12	17 33	18 10	19 9	20 30	21 35	23 8	24 49	26 20	28 2	28 46	29 46	0 ♊ 42	2 12	3 51	6 1	6 59	10 23	14 6	16 2	17 39	19 41	22 14	25 35	27 30	0 ♋ 37	2 42
21 1 53	13	18 33	19 10	20 10	21 33	22 38	24 12	25 54	27 26	29 9	29 54	0 ♊ 54	1 50	3 21	4 59	7 9	8 7	11 31	15 13	17 8	18 44	20 45	23 16	26 33	28 28	1 31	3 33
21 5 53	14	19 33	20 11	21 12	22 35	23 42	25 16	26 59	28 32	0 ♊ 15	1 ♊ 0	2 1	2 57	4 28	6 7	8 16	9 15	12 38	16 18	18 12	19 48	21 47	24 17	27 31	29 34	2 24	4 24
21 9 53	15	20 33	21 12	22 13	23 37	24 45	26 20	28 4	29 37	1 21	2 6	3 7	4 3	5 35	7 13	9 23	10 21	13 43	17 23	19 16	20 51	22 49	25 17	28 28	0 ♋ 19	3 16	5 14
21 13 52	16	21 32	22 12	23 13	24 39	25 47	27 23	29 8	0 ♊ 42	2 26	3 11	4 13	5 9	6 41	8 19	10 30	11 27	14 48	18 26	20 18	21 53	23 49	26 15	29 24	1 12	4 7	6 3
21 17 50	17	22 31	23 11	24 13	25 40	26 48	28 25	0 ♊ 11	1 45	3 31	4 16	5 17	6 14	7 45	9 24	11 33	12 31	15 52	19 29	21 20	22 53	24 48	27 12	0 ♋ 19	2 6	4 58	6 51
21 21 47	18	23 30	24 10	25 13	26 41	27 49	29 27	1 14	2 49	4 34	5 20	6 21	7 18	8 50	10 28	12 37	13 35	16 55	20 30	22 20	23 52	25 46	28 9	1 12	2 58	5 47	7 39
21 25 44	19	24 29	25 9	26 13	27 41	28 50	0 ♊ 29	2 16	3 51	5 37	6 23	7 25	8 21	9 53	11 31	13 41	14 38	17 57	21 30	23 19	24 51	26 43	29 4	2 5	3 49	6 35	8 25
21 29 40	20	25 27	26 8	27 12	28 41	29 51	1 30	3 17	4 53	6 39	7 25	8 27	9 24	10 56	12 34	14 43	15 40	18 58	22 30	24 18	25 48	27 40	29 59	2 57	4 40	7 23	9 11
21 33 35	21	26 25	27 6	28 11	29 40	0 ♊ 51	2 30	4 18	5 55	7 41	8 27	9 29	10 26	11 57	13 36	15 44	16 41	19 58	23 28	25 15	26 44	28 35	0 ♋ 52	3 48	5 30	8 10	9 56
21 37 29	22	27 22	28 4	29 9	0 ♊ 39	1 50	3 30	5 19	6 56	8 42	9 28	10 30	11 27	12 59	14 37	16 45	17 41	20 57	24 26	26 12	27 40	29 29	1 45	4 39	6 18	8 56	10 41
21 41 23	23	28 19	29 1	0 ♊ 7	1 38	2 49	4 30	6 19	7 56	9 43	10 29	11 30	12 27	13 59	15 37	17 45	18 41	21 56	25 23	27 8	28 34	0 ♋ 23	2 37	5 28	7 6	9 42	11 25
21 45 16	24	29 15	29 58	1 4	2 36	3 48	5 29	7 18	8 56	10 43	11 29	12 30	13 27	14 59	16 37	18 44	19 40	22 53	26 19	28 3	29 29	1 16	3 29	6 17	7 54	10 27	12 8
21 49 9	25	0 ♊ 12	0 ♊ 55	2 1	3 33	4 46	6 28	8 17	9 55	11 42	12 28	13 30	14 27	15 58	17 36	19 42	20 38	23 50	28 14	28 51	0 ♋ 22	2 8	4 19	7 5	8 41	11 12	12 51
21 53 1	26	1 8	1 51	2 58	4 31	5 43	7 26	9 16	10 54	12 41	13 27	14 29	15 26	16 56	18 34	20 40	21 36	24 46	28 9	29 51	1 15	3 0	5 0	7 53	9 27	11 56	13 33
21 56 52	27	2 4	2 47	3 55	5 28	6 40	8 24	10 14	11 52	13 40	14 26	15 27	16 24	17 54	19 31	21 37	22 33	25 42	29 3	0 ♋ 44	2 7	3 50	5 58	8 40	10 13	12 39	14 15
22 0 43	28	3 0	3 43	4 51	6 25	7 37	9 21	11 12	12 50	14 37	15 23	16 25	17 22	18 52	20 28	23 33	23 29	26 37	29 56	1 36	2 57	4 41	6 46	9 26	10 58	13 22	14 56
22 4 33	29	3 55	4 38	5 47	7 21	8 34	10 18	12 9	13 47	15 35	16 21	17 22	18 19	19 49	21 25	23 30	24 24	27 32	0 ♋ 48	2 27	3 48	5 30	7 34	10 12	11 42	14 4	15 37

2 0 4 0 7 0 11 0 14 0 18 0 21 59 25 19 28 40 30 2 31 46 33 20 35 39 37 58 40 43 41 54 45 30 48 50 50 22 51 32 52 57 54 34 56 28 57 29 59 00 59 56

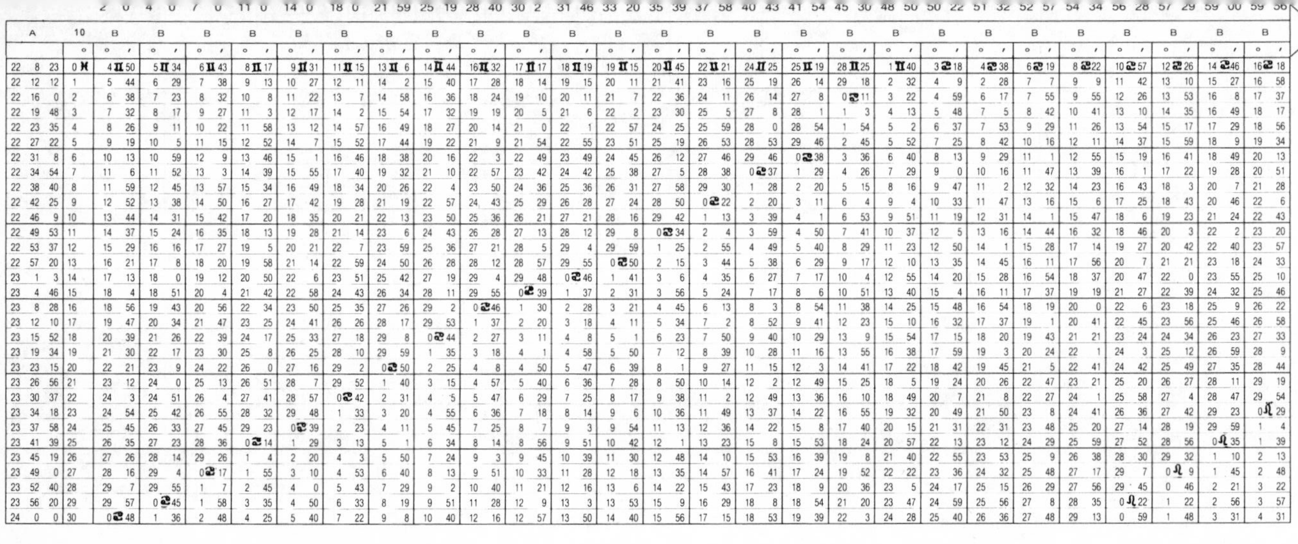

A	10	B	B	B	B	B	B	B	B	B	B	B	B	B	B	B	B	B	B	B	B	B	B	B	B	B	B
	°	° ′	° ′	° ′	° ′	° ′	° ′	° ′	° ′	° ′	° ′	° ′	° ′	° ′	° ′	° ′	° ′	° ′	° ′	° ′	° ′	° ′	° ′	° ′	° ′	° ′	° ′
22 8 23	0♓	4♊50	5♊34	6♊43	8♊17	9♊31	11♊15	13♊6	14♊44	16♊32	17♊17	18♊19	19♊15	20♊45	22♊21	24♊25	25♊19	28♊25	1♊40	3♋18	4♋38	6♋19	8♋22	10♋57	12♋26	14♋46	16♋18
22 12 12	1	5 44	6 29	7 38	9 13	10 27	12 11	14 2	15 40	17 28	18 14	19 15	20 11	21 41	23 16	25 19	26 14	29 18	2 32	4 9	2 28	7 7	9 9	11 42	13 10	15 27	16 58
22 16 0	2	6 38	7 23	8 32	10 8	11 22	13 7	14 58	16 36	18 24	19 10	20 11	21 7	22 36	24 11	26 14	27 8	0♋11	3 22	4 59	6 17	7 55	9 55	12 26	13 53	16 8	17 37
22 19 48	3	7 32	8 17	9 27	11 3	12 17	14 2	15 54	17 32	19 19	20 5	21 6	22 2	23 30	25 5	27 8	28 1	1 3	4 13	5 48	7 5	8 42	10 41	13 10	14 35	16 49	18 17
22 23 35	4	8 26	9 11	10 22	11 58	13 12	14 57	16 49	18 27	20 14	21 0	22 1	22 57	24 25	25 59	28 0	28 54	1 54	5 2	6 37	7 53	9 29	11 26	13 54	15 17	17 29	18 56
22 27 22	5	9 19	10 5	11 15	12 52	14 7	15 52	17 44	19 22	21 9	21 54	22 55	23 51	25 19	26 53	28 53	29 46	2 45	5 52	7 25	8 42	10 16	12 11	14 37	15 59	18 9	19 34
22 31 8	6	10 13	10 59	12 9	13 46	15 1	16 46	18 38	20 16	22 3	22 49	23 49	24 45	26 12	27 46	29 46	0♋38	3 36	6 40	8 13	9 29	11 1	12 55	15 19	16 41	18 49	20 13
22 34 54	7	11 6	11 52	13 3	14 39	15 55	17 40	19 32	21 10	22 57	23 42	24 42	25 38	27 5	28 38	0♋37	1 29	4 26	7 29	9 0	10 16	11 47	13 39	16 1	17 22	19 28	20 51
22 38 40	8	11 59	12 45	13 57	15 34	16 49	18 34	20 26	22 4	23 50	24 36	25 36	26 31	27 58	29 30	1 28	2 20	5 15	8 16	9 47	11 2	12 32	14 23	16 43	18 3	20 7	21 28
22 42 25	9	12 52	13 38	14 50	16 27	17 42	19 28	21 19	22 57	24 43	25 29	26 28	27 24	28 50	0♋22	2 20	3 11	6 4	9 4	10 33	11 47	13 16	15 6	17 25	18 43	20 46	22 6
22 46 9	10	13 44	14 31	15 42	17 20	18 35	20 21	22 13	23 50	25 36	26 21	27 21	28 16	29 42	1 13	3 39	4 1	6 53	9 51	11 19	12 31	14 1	15 47	18 6	19 23	21 24	22 43
22 49 53	11	14 37	15 24	16 35	18 13	19 28	21 14	23 6	24 43	26 28	27 13	28 12	29 8	0♋34	2 4	3 59	4 50	7 41	10 37	12 5	13 16	14 44	16 32	18 46	20 3	22 2	23 20
22 53 37	12	15 29	16 16	17 27	19 5	20 21	22 7	23 59	25 36	27 21	28 5	29 4	29 59	1 25	2 55	4 49	5 40	8 29	11 23	12 50	14 1	15 28	17 14	19 27	20 42	22 40	23 57
22 57 20	13	16 21	17 8	18 20	19 58	21 14	22 59	24 50	26 28	28 12	28 57	29 55	0♋50	2 15	3 44	5 38	6 29	9 17	12 10	13 35	14 45	16 11	17 56	20 7	21 21	23 18	24 33
23 1 3	14	17 13	18 0	19 12	20 50	22 6	23 51	25 42	27 19	29 4	29 48	0♋46	1 41	3 6	4 35	6 27	7 17	10 4	12 55	14 20	15 28	16 54	18 37	20 47	22 0	23 55	25 10
23 4 46	15	18 4	18 51	20 4	21 42	22 58	24 43	26 34	28 11	29 55	0♋39	1 37	2 31	3 56	5 24	7 17	8 6	10 51	13 40	15 4	16 11	17 37	19 19	21 27	22 39	24 32	25 46
23 8 28	16	18 56	19 43	20 56	22 34	23 50	25 35	27 26	29 2	0♋46	1 30	2 28	3 21	4 45	6 13	8 3	8 54	11 38	14 25	15 48	16 54	18 19	20 0	22 6	23 18	25 9	26 22
23 12 10	17	19 47	20 34	21 47	23 25	24 41	26 26	28 17	29 53	1 37	2 20	3 18	4 11	5 34	7 2	8 52	9 41	12 23	15 10	16 32	17 37	19 1	20 41	22 45	23 56	25 46	26 58
23 15 52	18	20 39	21 26	22 39	24 17	25 33	27 18	29 8	0♋44	2 27	3 11	4 8	5 1	6 23	7 50	9 40	10 29	13 9	15 54	17 15	18 20	19 43	21 21	23 24	24 34	26 23	27 33
23 19 34	19	21 30	22 17	23 30	25 8	26 25	28 10	29 59	1 35	3 18	4 1	4 58	5 50	7 12	8 39	10 28	11 16	13 55	16 38	17 59	19 3	20 24	22 1	24 3	25 12	26 59	28 9
23 23 15	20	22 21	23 9	24 22	26 0	27 16	29 2	0♋50	2 25	4 8	4 50	5 47	6 39	8 1	9 27	11 15	12 3	14 41	17 22	18 42	19 45	21 5	22 41	24 42	25 49	27 35	28 44
23 26 56	21	23 12	24 0	25 13	26 51	28 7	29 52	1 40	3 15	4 57	5 40	6 36	7 28	8 50	10 14	12 2	12 49	15 25	18 5	19 24	20 26	22 47	23 21	25 20	26 27	28 11	29 19
23 30 37	22	24 3	24 51	26 4	27 41	28 57	0♋42	2 31	4 5	5 47	6 29	7 25	8 17	9 38	11 2	12 49	13 36	16 10	18 49	20 7	21 8	22 27	24 1	25 58	27 4	28 47	29 54
23 34 18	23	24 54	25 42	26 55	28 32	29 48	1 33	3 20	4 55	6 36	7 18	8 14	9 6	10 36	11 49	13 37	14 22	16 55	19 32	20 49	21 50	23 8	24 41	26 36	27 42	29 23	0♌29
23 37 58	24	25 45	26 33	27 45	29 23	0♋39	2 23	4 11	5 45	7 25	8 7	9 3	9 54	11 13	12 36	14 22	15 8	17 40	20 15	21 31	22 31	23 48	25 20	27 14	28 19	29 59	1 4
23 41 39	25	26 35	27 23	28 36	0♋14	1 29	3 13	5 1	6 34	8 14	8 56	9 51	10 42	12 1	13 23	15 8	15 53	18 24	20 57	22 13	23 12	24 29	25 59	27 52	28 56	0♌35	1 39
23 45 19	26	27 26	28 14	29 26	1 4	2 20	4 3	5 50	7 24	9 3	9 45	10 39	11 30	12 48	14 10	15 53	16 39	19 8	21 40	22 55	23 53	25 9	26 38	28 30	29 32	1 10	2 13
23 49 0	27	28 16	29 4	0♋17	1 55	3 10	4 53	6 40	8 13	9 51	10 33	11 28	12 18	13 35	14 57	16 41	17 24	19 52	22 22	23 36	24 32	25 48	27 17	29 7	0♌9	1 45	2 48
23 52 40	28	29 7	29 55	1 7	2 45	4 0	5 43	7 29	9 2	10 40	11 21	12 16	13 6	14 22	15 43	17 23	18 9	20 36	23 5	24 17	25 15	26 29	27 56	29 45	0 46	2 21	3 22
23 56 20	29	29 57	0♋45	1 58	3 35	4 50	6 33	8 19	9 51	11 28	12 9	13 3	13 53	15 9	16 29	18 8	18 54	21 20	23 47	24 59	25 56	27 8	28 35	0♌22	1 22	2 56	3 57
24 0 0	30	0♋48	1 36	2 48	4 25	5 40	7 22	9 8	10 40	12 16	12 57	13 50	14 40	15 56	17 15	18 53	19 39	22 3	24 28	25 40	26 36	27 48	29 13	0 59	1 48	3 31	4 31

4 星曆簡表 1980—2000

1980	1	2	3	4	5	6	7	8	9	10	11	12
	14♍	14	3	26♌	29	10♍	25	13♎	2♏	22	14♐	7♑
	10♍	8	4	1	0	2	6	12	18	25	1♎	6
	27♍	25	23	21	20	20	22	25	28	2♎	6	8
	24♏	25	26	25	24	23	22	21	22	23	25	27
	19♐	20	21	21	21	20	19	19	18	19	19	20
	21♎	21	21	20	19	19	19	19	20	21	22	23

1987	1	2	3	4	5	6	7	8	9	10	11	12
	25♓	17♈	6♉	28	18♊	9♋	28	18♌	7♍	26	16♎	5♏
	18♓	24	0♈	8	15	21	26	0♉	0	27♈	23	21
	16♐	19	20	20	20	18	16	15	15	17	19	22
	24♐	25	26	27	26	25	24	23	23	23	24	26
	4♑	5	6	6	6	6	5	4	4	4	4	5
	9♏	9	9	9	8	7	7	7	7	8	9	11

1994	1	2	3	4	5	6	7	8	9	10	11	12
	10♑	4♒	27	21♓	14♈	7♉	29	21♊	11♋	29	15♌	26
	9♏	13	14	13	9	6	5	6	10	15	22	28
	27♒	0♓	3	7	10	12	12	11	9	7	6	6
	22♑	23	25	26	26	26	25	23	22	22	23	24
	19♑	20	21	21	22	21	21	20	19	19	19	20
	27♏	27	28	27	27	26	25	25	25	26	27	28

1981	1	2	3	4	5	6	7	8	9	10	11	12
	1♒	25	17♓	12♈	5♉	27	18♊	9♋	29	19♌	6♍	22
	9♎	10	8	5	1	0	2	6	12	18	25	1♏
	9♎	9	7	5	3	3	4	6	10	13	17	19
	29♏	0♐	0	0	29♏	28	27	26	26	27	29	1♐
	22♐	23	23	23	23	22	21	21	21	21	21	22
	24♎	24	24	23	22	21	21	21	22	23	24	25

1988	1	2	3	4	5	6	7	8	9	10	11	12
	26♏	17♐	6♑	26	16♒	5♓	23	6♈	10	3	29♓	7♈
	21♈	24	29	5♉	12	20	26	2♊	6	6	4	0
	26♐	29	1♑	2	2	0	28♐	27	27	28	0♑	2
	28♐	29	0♑	1	1	0	29♐	28	27	27	28	0♑
	6♑	7	8	9	8	8	7	6	6	6	6	7
	12♏	12	12	11	11	10	9	9	10	11	12	13

1995	1	2	3	4	5	6	7	8	9	10	11	12
	3♍	26♌	16	14	20	3♍	19	7♎	27	18♏	10♐	2♑
	5♐	10	14	15	14	10	7	5	7	10	16	23
	8♓	11	14	18	21	23	24	24	22	20	18	18
	25♑	27	29	0♒	0	0	29♑	28	27	26	27	28
	21♑	22	23	24	24	24	23	22	21	21	21	22
	29♏	0♐	0	0	29♏	28	28	27	27	28	29	0♐

1982	1	2	3	4	5	6	7	8	9	10	11	12
	7♎	17	19	10	1	3	13	29	17♏	8♐	0♑	23
	6♏	9	10	8	5	1	0	2	6	12	18	25
	21♎	22	20	18	16	15	16	18	21	24	28	1♏
	3♐	4	5	4	3	2	1	1	1	2	3	5
	24♐	25	25	25	25	25	24	23	23	23	24	25
	26♎	26	26	25	25	24	24	24	25	26	27	9

1989	1	2	3	4	5	6	7	8	9	10	11	12
	19♈	7♉	24	13♊	2♋	21	10♌	29	19♍	8♎	28	18♏
	27♉	27	29	4♊	10	17	24	0♋	6	10	11	9
	6♑	9	11	13	13	12	10	9	8	8	10	13
	2♑	4	5	5	5	4	3	2	1	1	2	4
	8♑	9	10	11	11	10	9	8	8	8	8	9
	14♏	15	15	14	13	13	12	12	12	13	14	16

1996	1	2	3	4	5	6	7	8	9	10	11	12
	26♑	20♒	12♓	7♈	0♉	22	14♊	5♋	25	14♌	1♍	17
	0♑	6	12	16	18	17	13	10	8	9	13	18
	19♓	22	25	29	2♈	5	7	7	6	3	1	0
	29♑	1♒	3	4	5	4	3	2	1	0	1	2
	23♑	24	25	26	26	26	25	24	24	23	24	24
	1♐	2	3	2	2	1	0	0	0	1	2	3

1983	1	2	3	4	5	6	7	8	9	10	11	12
	17♒	12♓	4♈	28	20♉	12♊	3♋	23	13♌	2♍	20	8♎
	1♐	7	10	11	9	5	2	1	3	7	13	19
	3♏	4	3	2	0	28♎	28	29	2♏	5	8	11
	7♐	8	9	9	8	7	6	5	5	6	8	9
	26♐	27	27	28	27	27	26	25	25	25	26	27
	29♎	29	29	28	27	27	26	26	27	28	29	0♏

1984	1	2	3	4	5	6	7	8	9	10	11	12
	26♎	11♏	23	28	24	15	13	22	8♐	27	19♑	12♒
	26♐	3♑	8	12	13	12	8	5	3	5	9	15
	14♏	16	16	14	12	11	10	10	12	15	19	22
	11♐	13	13	13	13	12	10	10	10	10	12	14
	28♐	29	0♑	0	0	29♐	28	27	27	27	28	29
	1♏	2	1	1	0	29♎	29	29	0♏	1	2	3

1985	1	2	3	4	5	6	7	8	9	10	11	12
	5♓	29	20♈	13♉	4♊	25	15♋	5♌	25	14♍	3♎	22
	22♑	29	5♒	11	15	17	16	13	9	7	9	13
	25♏	27	28	27	25	23	22	22	23	26	29	2♐
	15♐	17	18	18	17	16	15	14	14	15	16	18
	0♑	1	2	2	2	1	0	0	29♐	19	0♑	1
	4♏	4	4	3	3	2	1	2	2	3	4	6

1986	1	2	3	4	5	6	7	8	9	10	11	12
	11♏	0♐	16	2♑	15	23	21	13	15	25	13♒	4♓
	18♒	25	2♓	9	16	20	23	23	20	16	14	14
	5♐	8	9	9	8	6	4	4	4	6	9	12
	20♐	21	22	22	22	21	20	19	18	19	20	22
	2♑	3	4	4	4	3	3	2	2	2	2	3
	6♏	7	7	6	5	5	4	4	5	6	7	8

1990	1	2	3	4	5	6	7	8	9	10	11	12
	10♐	3♑	24	16♒	9♓	2♈	23	13♉	0♊	12	13	4
	5♋	2	1	3	7	13	20	26	3♌	8	12	14
	16♑	19	22	24	25	24	23	21	20	20	21	23
	6♑	8	9	9	9	9	8	6	6	6	6	8
	10♑	12	12	13	13	12	12	11	10	10	11	11
	17♏	17	17	17	16	15	15	15	15	16	17	18

1991	1	2	3	4	5	6	7	8	9	10	11	12
	28♉	4♊	14	0♋	16	4♌	22	12♍	1♎	21	12♏	3♐
	12♌	8	5	4	5	9	14	21	28	4♍	9	13
	26♑	0♒	2	5	6	6	5	3	1	1	1	3
	10♑	12	13	14	14	13	12	11	10	10	11	12
	13♑	14	14	15	15	15	14	13	12	12	13	14
	19♏	20	20	20	19	18	17	17	17	18	19	21

1992	1	2	3	4	5	6	7	8	9	10	11	12
	25♐	19♑	10♒	4♓	27	20♈	12♉	4♊	23	11♋	24	28
	14♍	13	9	6	4	6	10	15	21	28	4♎	9
	6♒	10	13	15	18	18	17	16	14	13	12	14
	14♑	16	17	18	18	17	16	15	14	14	15	16
	15♑	16	17	17	17	17	16	15	15	15	15	16
	22♏	22	22	22	21	21	20	20	20	21	22	23

1993	1	2	3	4	5	6	7	8	9	10	11	12
	21♋	11	10	19	2♌	18	5♍	24	14♎	3♏	25	17♐
	13♎	14	13	9	6	4	6	9	15	21	28	4♏
	16♒	20	23	26	29	0♓	0	28♒	26	25	24	25
	18♑	20	21	22	22	21	20	19	18	18	19	20
	17♑	18	19	19	19	19	18	17	17	17	17	18
	24♏	25	25	25	24	23	23	22	23	23	24	26

1997	1	2	3	4	5	6	7	8	9	10	11	12
	29♍	6♎	3	21♍	17	24	6♎	22	12♏	2♐	25	17♑
	25♑	3♒	9	15	20	22	22	19	15	13	13	17
	1♈	3	6	10	14	17	19	20	19	17	15	13
	3♒	5	7	8	9	9	8	6	5	5	5	6
	25♑	26	27	28	28	28	27	27	26	26	26	26
	4♐	5	5	5	4	4	3	2	2	3	4	5

1998	1	2	3	4	5	6	7	8	9	10	11	12
	12♒	6♓	29	22♈	15♉	7♊	28	19♋	9♌	27	16♍	3♎
	23♒	29	6♓	14	20	25	28	28	26	22	19	19
	13♈	15	17	21	25	29	2♉	3	3	1	29♈	27
	7♒	9	11	12	13	13	12	11	9	9	9	9
	27♑	28	29	0♒	0	0	0	29♑	28	28	28	28
	6♐	7	8	7	7	6	5	5	5	5	6	8

1999	1	2	3	4	5	6	7	8	9	10	11	12
	22♎	6♏	11	12	2	25♎	29	11♏	0♐	20	12♑	5♒
	23♓	28	4♈	12	19	26	1♉	5	6	3	29♈	26
	26♈	27	29	3♉	7	11	14	16	17	16	13	11
	11♒	13	14	16	17	17	16	15	14	13	13	13
	29♑	1♒	2	2	3	2	2	1	0	0	0	1
	9♐	10	10	10	9	9	8	7	7	8	9	10

2000	1	2	3	4	5	6	7	8	9	10	11	12
	29♒	23♓	14♈	7♉	29	20♊	10♋	1♌	21	9♍	29	17♎
	26♈	29	3♉	10	17	24	0♊	6	10	12	10	6
	9♉	10	11	15	19	23	26	29	1♊	0	28♉	25
	15♒	16	18	20	21	21	20	19	18	17	17	17
	2♒	3	4	4	5	5	4	3	3	2	2	3
	11♐	12	12	12	12	11	10	10	10	10	11	12

命理系列叢書

為提倡命理學，暨光大先賢之智慧，本公司出版了系列的命理叢書。為了更充實叢書的內涵，歡迎各界人士，對於四柱八字、易經、紫微斗數、奇門遁甲、太乙神數、天文星相、地理堪輿、手相面相、卜卦、擇日……等有關五術大作，踴躍投稿。

如果您對五術學有專精，有意投稿，請您用有格稿紙書寫，並加標點符號，本公司願意以堅強的編輯人員為您的大作做出版的服務，並配合廣大的行銷網路，將您心血的結晶，完美的傳送到海內外的讀者手中。

稿件請寄：台北市重慶北路二段二二九號之九
益群書店股份有限公司　編輯部收
服務電話：(02)5533122・5533123・5533124

一善居士命理乾坤叢書

(1) 易理金錢卦斷訣
使用金錢卦，從卜之基礎，裝卦法及解說各卦爻的意義，人人可以學習。
菊 16K 約 230 頁 $160 元

(2) 嫁娶安床擇日全書
用「通書造曆法則」簡易清晰的闡釋「嫁娶安床擇日」的法則與方法。
菊 16K 約 250 頁 $160 元

(3) 一善相法
作者將自己觀相印證之心得和相師們所傳之相法秘笈整理成書，人人可學。
菊 16K 約 280 頁 $160 元

(4) 陰陽宅斷訣
從地理基礎篇到三元地理、三合地理、九星地理、天星地理…各種陰陽宅之口訣。
菊 16K 約 312 頁 $220 元

(5) 一善手相秘訣
本書對手相有深入淺出的解析，輔以圖表的說明，引導讀者探尋掌中的奧秘。
菊 16K 約 400 頁 $200 元

(6) 地理葬課擇日全書
用淺顯的白話文，簡易清晰的解說「地理葬課擇日」的法則與方法。
菊 16K 約 360 頁 $220 元

(7) 奇門遁甲應用訣
從奇門遁甲的基礎與排盤至剋應篇並對吉格和凶格的解說詳細說明應用方法。
菊 16K 約 400 頁 $250 元

蔡上機命理星相系列叢書

(1)紫微斗數論命精蘊(全)

將斗數之命盤做整體的論斷推命詳述每一命宮的推論方法無師自通。

菊 16K 約 170 頁 $160 元

(2)紫微斗數命運寶典(初級)

最有系統的斗數綜合入門精義全文白話解析，研習斗數最佳指南。

菊 16K 約 320 頁 $200 元

(3)紫微斗數命運寶典(中級)

最有系統的斗數精微講義舉例應用說明甚多易學易懂。

菊 16K 約 540 頁 $200 元

(4)紫微斗數命運寶典(高級)

最有系統的斗數精微講義口訣應用簡單明瞭並加註釋。

菊 16K 約 300 頁 $200 元

(5)白話陽宅地理學

對陽宅之學理根源作系統的白話解析只要循序閱讀，便可融會貫通。

菊 16K 約 180 頁 $160 元

(6)西洋手相算命秘笈

從掌中形狀、色澤、掌紋…加上插圖解說，是學習手相，無師自通範本。

菊 16K 約 460 頁 $200 元

(7)人相心理兵策謀略秘笈

從人相心理學到兵策謀略之相互運用，是人際關係的最佳參考資料。

菊 16K 約 300 頁 $160 元

(8)美容化妝造型開運秘笈

藉由美容化妝造型設計的力量來趨吉避凶，而達到開運的結果。

菊 16K 約 200 頁 $160 元

李鐵筆命理講座叢書

(1)四柱八字命運學　以淺顯的白話文做深入的解說，由基礎入門。學習四柱八字命運學的最佳選擇。

(2)八字婚姻學　漫談婚姻絆脚石，四柱八字斷婚姻須知。幸福美滿的婚姻，靠夫妻共同維護。

(3)命名資料庫　詳細分析姓名學的學說主張，並依姓氏筆劃順序羅列合乎五行靈動力的吉詳名字，作爲讀者命名時的參考。

(4)公司行號命名資料庫　依命名學爲公司撰取佳名，撰得理想名號，公司飛黃騰達，財源滾滾，事事順心如意。

(5)靈符顯靈光　以生活中常用的符咒爲主，文體白話淺顯易懂，適合初學者或一般人研習參考，使您也能畫符並正確使用。

(6)紫微斗數命運學　指導您迅速準確的排出命盤，再依個人運勢吉凶作綜合研判，進而掌握機運變化，謀求應對之道。

(7)陽宅鑑定大法　深入淺出的分析如何鑑定陽宅—包括住家及辦公室。熟讀本書讓您坐擁艮宅，事事如意。

(8)手掌乾坤　採圖文並述的方法，提供最詳盡豐富的研究資料，使對命運有興趣的朋友能夠自行推命，掌握幸福人生。

(9)八字命學範例　實例解說一生的命運變化和福禍吉凶，瞭解「八字」的奧妙神奇。自我學習八字命理推論的參考良著。

(10)易經占卜應用　論述如何應用「易經」的原理而推衍引中的占卜術，以趨吉避凶，作爲行事進退攻守的準繩依據。

(11)神機妙算　爲「奇門遁甲」的應用方法，易學、有趣，人人都可應用本書，了解自己的性格、財運、事業……等。

(12)八字問答題　採用問答方式，將八字學理論做番新的說明，藉以突顯問題、解說疑難、掌握研學方向和方法。

(13)八字心理學　順著八字命學的進化、演繹之勢而寫，將八字學引導至更深一層的境界，來探討、研究人的心。

(14)擇日精華　將擇日學諸理的形成、演繹和應用，以淺顯易懂的文字逐一論述。迅速引導讀者，一窺擇日學之全貌。

國立中央圖書館出版品預行編目資料

西洋占星術精解 / 陳德馨著. --初版. --臺北
市：益群, 民85
面； 公分. —(命理天地；18)
ISBN 957-552-448-9(平裝)

1.占星術

292.22 84013158

◉版權所

命理天地(18)

西洋占星術精解

中華民國85年1月初版

著 者 陳德馨
發行人 劉英富
發行所 益群書店股份有限公司
台北市重慶北路2段229—9號
☎ 02-5533122 5533123 5533124
劃撥：0015152-2 傳眞：02-5531299
出版登記證：局版台業字第0668號

印刷所 眞雅美藝術印刷廠有限公司
台北縣中和市橋和路112巷10號
電話：02-2402729
傳眞：02-2402726

編號：B218-841221